U0906744

中国林业产业与林产品年鉴

YEARBOOK OF CHINA FOREST INDUSTRY

2019

国家林业和草原局　编

NATIONAL FORESTRY AND GRASSLAND ADMINISTRATION

中国林業出版社

图书在版编目(CIP)数据

中国林业产业与林产品年鉴. 2019 / 国家林业和草原局编. —北京：中国林业出版社，2021. 4
ISBN 978-7-5219-1115-2

Ⅰ. ①中… Ⅱ. ①国… Ⅲ. ①林业经济-中国-年鉴-2019 ②林产品-中国-年鉴-2019 Ⅳ. ①F326. 2-54 ②F426. 88-54

中国版本图书馆 CIP 数据核字(2021)第 060421 号

出版 中国林业出版社(100009 北京市西城区刘海胡同 7 号)
电话 (010)83143666
网址 http：//www. forestry. gov. cn/lycb. html **E-mail**：cfybook@ 163. com
发行 中国林业出版社
印刷 北京中科印刷有限公司
版次 2021 年 6 月第 1 版
印次 2021 年 6 月第 1 次
开本 889mm×1194mm 1/16
印张 37
字数 1600 千字
定价 399. 00 元

《中国林业产业与林产品年鉴》(2019)
编　委　会

《中国林业产业与林产品年鉴》(2019)

特约编委

《中国林业产业与林产品年鉴》(2019)

编 辑 部

《中国林业产业与林产品年鉴》(2019)

分 支 主 编

单宏臣　北京市园林绿化局
高正社　天津市规划和自然资源局
候聚敏　河北省林业和草原局
蒲建民(副)　河北省林业和草原局
邢俊华　山西省林业和草原局
周　浩(副)　山西省林业和草原局
张爱军　内蒙古自治区林业和草原局
周　义　辽宁省林业和草原局
王德增(副)　辽宁省林业和草原局
谭国庆　吉林省林业和草原局
金元日(副)　吉林省林业和草原局
高　明　黑龙江省林业和草原局
陈凯声(副)　黑龙江省林业和草原局
朱建华　上海市林业局
茅国梁(副)　上海市林业局
王晓南　江苏省林业局
朱云杰　浙江省林业局
叶兴发　安徽省林业局
章　纯(副)　安徽省林业局
郑盛文　福建省林业局
秦　军　江西省林业局
严　珲　江西省林业局
姜华先　山东省自然资源厅(山东省林业局)
肖武奇　河南省林业局
温保良(副)　河南省林业局
彭锦云　湖北省林业局
邓绍宏　湖南省林业局
林东红　广东省林业局
冷光明　广西壮族自治区林业局
李儒法　海南省林业局
高树坤　重庆市林业局
蔡　颖(副)　重庆市林业局
陈红权　四川省林业和草原局
胡志伟　贵州省林业局
李承胜　云南省林业和草原局
桑　珍　西藏自治区林业和草原局
靳　林　陕西省林业局
王顺彦　甘肃省林业和草原局
才让旦周　青海省林业和草原局
朱　斌　宁夏回族自治区林业和草原局
李　国(副)　宁夏回族自治区林业和草原局
曹定贵　新疆维吾尔自治区林业和草原局
戴君峰　新疆维吾尔自治区林业和草原局
刘　炜　内蒙古大兴安岭重点国有林管理局
涂海萍　中国吉林森林工业(集团)总公司
宋志刚　中国龙江森林工业(集团)总公司
王　勇(副)　中国龙江森林工业(集团)总公司
刘洪生　大兴安岭林业集团公司
康文学(副)　大兴安岭林业集团公司
滕晓宁　新疆生产建设兵团林业和草原局

《中国林业产业与林产品年鉴》(2019)
特 约 编 辑

编辑说明

一、《中国林业产业与林产品年鉴》是一部全面、系统、准确反映我国林业产业体系建设成就、机制、经验及其发展动态的大型资料性工具书。每年一卷，限收录上一年度信息与资料。

二、《中国林业产业与林产品年鉴》的基本任务是，为林业行业广大生产经营单位、企业、各级行政机关，广大国内外投资者、经济科学研究工作者，提供全国林业产业各支柱产业发展成就与水平、主要县（旗、市、区）林产品产销信息、国家有关政策法规、各省（区、市）与国有森工企业林业产业发展动态及其先进地县（市、局）经验与重点企业经营状况、林产品国际进出口贸易等资料。

三、第十一卷（2019卷）根据国家林业局林策发〔2007〕117号通知要求，以2018年资料为主，全卷200多万字。

四、本卷编纂内容分六大部分：（一）特辑，收录国家林业和草原局（原国家林业局）有关重要文件；（二）全国林业产业发展概述；（三）行业篇，包括种苗、茶、家具、造纸等林业产业支柱产业；（四）各省（区、市）林业产业，龙头企业及其品牌产品；（五）林产品主产县（旗、市、区、局）；（六）林产品进出口贸易资料。

五、本卷林业产业与林产品资料来源。《中国林业统计年鉴》《中国农业统计资料》及其他国家统计数据等；各县级资料，由各省组织下属各县（旗、市、区、局）林业部门根据相关统计调查资料收集整理，并经省、地、县三级审核，通过中国林业产业与林产品信息网络平台填写上报。

六、本卷所录资料，均不含台湾地区及香港、澳门特别行政区。

七、年鉴文字部分，实行条目编辑。条头设【 】。条目标题力求简明、规范。长条目设黑体和楷体两级层次标题。全卷编排按内容分类。

八、年鉴编撰及资料收集，分别由各省（区、市）林业厅（局）、四大国有林区森工集团、兵团林业和草原局和国家林业和草原局有关司（局）及有关协会承担。

九、年鉴计量单位、文字撰稿、资料选用均执行国家现行规定。

十、条目、文章，一律署名，文责自负。

十一、全书表号按照栏目或类目分别编排。

《中国林业产业与林产品年鉴》编辑部

《中国林业产业与林产品年鉴》编纂流程简图

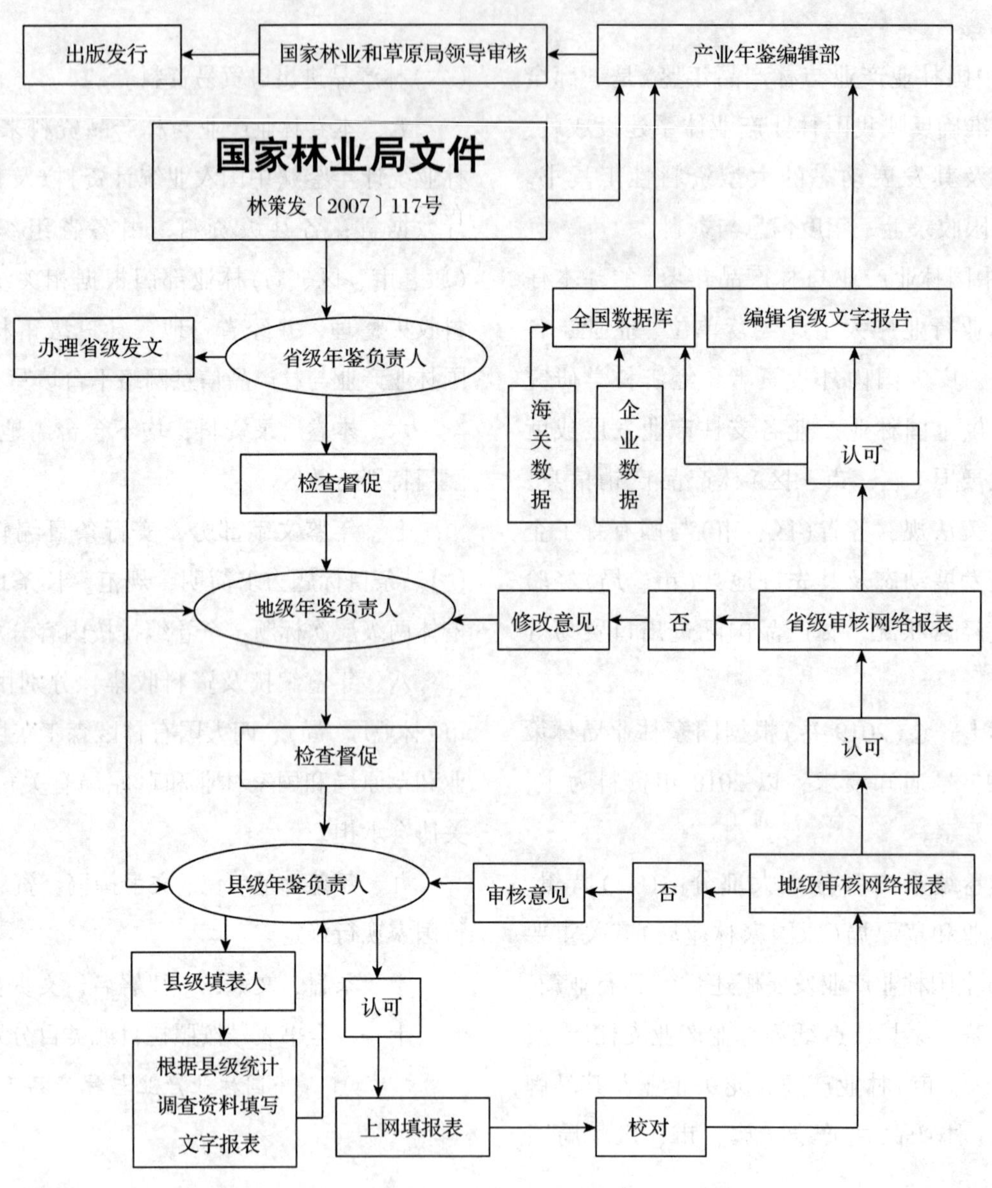

目　录

中国林业产业综述与行业篇

各省(自治区、直辖市)林业产业

林产品主产地及产量

林产品进出口

特　辑

SPECIAL

国家林业局关于进一步加强国家级森林公园管理的通知

林场发〔2018〕4号

各省、自治区、直辖市林业厅(局),内蒙古、吉林、龙江、大兴安岭森工(林业)集团公司,新疆生产建设兵团林业局,国家林业局各司局、各直属单位:

目前,全国已建立国家级森林公园881处,规划面积1278.62万公顷。国家级森林公园建设在有效保护森林风景资源、弘扬传播生态文化、满足公众美好生活需求、助力精准扶贫等方面发挥着重要作用,取得了显著成绩。与此同时,由于认识不足、监管不力、管理松散等原因,一些国家级森林公园重开发轻保护,甚至违规开发的现象依然存在。为进一步加强国家级森林公园管理,提升保护管理能力,加强保护和合理利用森林风景资源,现将有关事项通知如下:

一、切实提高对国家级森林公园管理工作重要性的认识

国家级森林公园是我国自然保护地的一种重要类型,是林业现代化建设的重要内容,在生态文明和美丽中国建设中具有重要地位。加强国家级森林公园管理是各级林业主管部门的重要职责,是国家级森林公园事业健康持续发展的根本保障。各级林业主管部门要深刻汲取祁连山生态破坏事件的教训,牢固树立“绿水青山就是金山银山”和以人民为中心的发展理念,坚持保护优先、合理利用的原则,加强组织领导,强化管理监督,履行责任担当,切实把国家级森林公园管理好、保护好、建设好,以更优质的自然资源和更美好的生态环境服务社会,造福一方,惠及群众。

二、全面提升国家级森林公园管理能力

(一)准确把握国家级森林公园功能定位。国家级森林公园属国家禁止开发区域,是禁止进行工业化城镇化开发的重点生态功能区。国家级森林公园的主体功能是保护国家重要森林风景资源和生物多样性、传播森林生态文化、开展森林生态旅游。要严格依据法律法规规定和相关规划实施强制性保护,严格控制人为因素对自然生态和文化自然遗产原真性、完整性的干扰,严禁不符合主体功能定位的各类开发活动。

(二)强化国家级森林公园总体规划权威性。编制国家级森林公园总体规划,必须严格遵循有关法律法规和技术规范,科学划定核心景观区、生态保育区、一般游憩区、管理服务区,按照不同功能分区的要求进行项目布局和建设。对重要森林风景资源要制定相应的保护措施,要把建设强度有效控制在生态承载力范围以内。必须坚持开发服从保护的原则,妥善处理旅游开发与生态保护的关系。要从严控制机动车道、住宿、游乐设施以及人造景观建设,杜绝贪大求洋、奢华铺张的建设之风。总体规划批准前,不得在森林公园内新建永久性建筑物、构筑物等人工设施。国家级森林公园与自然保护区交叉重叠的区域,应将二者规划相协调,并按自然保护区有关规定进行管理。

(三)严控建设项目使用国家级森林公园林地。要以总体规划统领国家级森林公园建设,不符合规划的建设项目一律不予办理建设项目使用林地审核审批手续和林木采伐手续。对索道、滑雪场、宗教建筑、水库等建设项目,要组织有关部门和专家进行必要性、可行性和合法性论证。基础设施、公共事业、民生项目,确需使用国家级森林公园林地的,应当避让核心景观区和生态保育区,提供比选方案、降低影响和修复生态的措施。要加强森林公园管理与森林资源管理间的沟通协调,堵塞审查环节漏洞,杜绝隐瞒国家级森林公园身份取得建设项目使用林地审核审批手续。

(四)严禁不符合国家级森林公园主体功能的

开发活动和行为。除《国家级森林公园管理办法》规定的禁止性行为以外，国家级森林公园内原则上禁止建设高尔夫球场、垃圾处理场、房地产、私人会所、工业园区、开发区、工厂、光伏发电、风力发电、抽水蓄能电站、非森林公园自用的水力发电项目，禁止开展开矿、开垦、挖沙、采石、取土以及商业性探矿勘查活动，禁止从事其他污染环境、破坏自然资源或自然景观的活动，禁止在开发建设中使用未经检疫的木材、木制品包装材料和木制电(光)缆盘。

(五)多措并举实现国家级森林公园管理规范化。要加强对国家级森林公园的政策法规宣传，认真贯彻执行《森林法》、《国家级森林公园管理办法》等法律法规规定；要采取签订保护管理目标责任书等形式，落实责任主体；要采取公园自查、专项督查、书面检查、实地检查、约谈、限期整改等方式方法，逐步实现国家级森林公园日常管理的规范化；要建立健全举报制度，及时发现违法违规问题。对发现的违法违规问题，各级林业主管部门要积极做好汇报和协调，形成政府支持推动、部门间分工协作、部门内相互配合的合力，有效打击国家级森林公园内的违法活动。对不能发挥主体功能甚至造成资源破坏损害严重的国家级森林公园，要坚决实施国家级森林公园淘汰退出机制。

三、有效解决国家级森林公园管理中的主要问题

(一)明晰国家级森林公园范围和界限。省级林业主管部门要统一组织，对本地区国家级森林公园的范围和界限进行逐一调查核实，确保每个国家级森林公园的范围和界限能准确落实到图纸、落实到全国林地“一张图”上。对因档案资料缺失导致范围不清或存在误差的，以及因历史原因将城镇建设用地、行政村建设用地、基本农田等划入森林公园范围的，应当根据实际情况，按照国家级森林公园设立的标准，合理确定国家级森林公园范围和界限，并按程序办理国家级森林公园改变经营范围的行政审批。

(二)明确国家级森林公园林地保护等级。县级以上林业主管部门应当按照《全国林地保护利用规划纲要(2010—2020年)》的要求，认真履行相关报批程序，及时将国家级森林公园内的林地划定为Ⅱ级及以上保护林地，逐步将国家级森林公园内符合《国家级公益林区划界定办法》规定的区划范围和区划标准的森林，按照《国家级公益林管理办法》的规定区划界定为国家级公益林，落实补偿措施，停止商业性采伐，切实加强国家级森林公园森林资源管理和保护。

(三)妥善处理国家级森林公园内采矿、采石等历史遗留问题。各级林业主管部门要全面落实国家禁止开发区域的要求，对国家级森林公园内的采矿、采石问题进行核实和梳理，根据国家相关法律、法规的规定，积极协助地方政府和相关部门，全面清理各类矿产资源开发项目，依法有序退出。因地方经济或民生服务必须保留的，在符合国家级森林公园改变经营范围审批条件的前提下，合理调整森林公园的范围。

本通知印发之日起3个月内，各省级林业主管部门要对本地区国家级森林公园开展全面排查，将无机构、无人员、无规划、无建设的“四无”森林公园以及存在重大违法违规建设的森林公园名单报送我局。我局将下发限期整改通知，对整改达不到要求的将按程序撤销该国家级森林公园，并对违法违规事件依法进行处理。局驻各地森林资源监督专员办事处对本监督区国家级森林公园建设管理中存在的突出问题及整改落实情况实施监督。

本通知自2018年1月19日起实施，有效期至2023年1月18日。

特此通知。

国家林业局

2018年1月12日

国家林业和草原局关于印发《中国森林旅游节管理办法》的通知

林场发〔2018〕50号

各省、自治区、直辖市林业厅(局),内蒙古、吉林、龙江、大兴安岭森工(林业)集团公司,新疆生产建设兵团林业局,国家林业和草原局各司局、各直属单位:

为进一步规范管理中国森林旅游节,扩大品牌影响力,推动森林旅游绿色创新发展,我局研究制定了《中国森林旅游节管理办法》(见附件),现印发给你们,请遵照执行。

附件:中国森林旅游节管理办法

国家林业和草原局

2018年5月11日

附件

中国森林旅游节管理办法

第一章 总 则

第一条 为规范中国森林旅游节(以下简称“森林旅游节”)的组织管理,提高活动质量,根据中共中央办公厅、国务院办公厅印发的《节庆活动管理办法(试行)》及其有关实施细则的规定,制定本办法。

第二条 森林旅游节是依托我国丰富的森林、湿地、草原、荒漠等自然资源,通过加强展示、推介、宣传和交流,进一步引导森林观光、森林体验、森林养生、森林康养、自然教育等森林旅游新业态发展,为扩大林业社会影响、促进林业供给侧结构性改革、推动生态文明建设而开展的节庆活动。

第三条 森林旅游节经全国清理和规范庆典研讨会论坛活动工作领导小组批准同意,由国家林业和草原局主办。必要时,国家林业和草原局可按规定申请与相关部门或者举办城市所在省级人民政府共同主办。

第四条 森林旅游节由举办城市人民政府、举办城市所在省级林业主管部门和其他相关部门承办。

第五条 森林旅游节坚持“绿色创新、开放共享、持续高效、节俭安全”的基本原则。

第六条 森林旅游节每年举办一届,每届森林旅游节确定一个主题。

第七条 森林旅游节使用专用节徽、节旗。

第二章 组织机构

第八条 国家林业和草原局设立“中国森林旅游节组织委员会”(以下简称“组委会”)和“组委会办公室”,组委会主任由国家林业和草原局领导担任,“国家林业和草原局森林旅游工作领导小组”成员单位,各省、自治区、直辖市林业厅(局),各森工(林业)集团主要负责人为组委会成员。

组委会办公室设在国家林业和草原局森林旅游管理办公室。

第九条 森林旅游节举办城市人民政府设立“中国森林旅游节执行委员会”(以下简称“执委会”)及其办公室。

第十条 每届森林旅游节可根据实际需要,确定协办单位、支持单位等,其方案由组委会办公室和执委会研究提出并报组委会批准。

第三章 任务分工

第十一条 国家林业和草原局森林旅游工作

领导小组行使组委会职责，开展以下工作并将相关事项报请组委会批准：

(一)审定森林旅游节总体方案；

(二)协调处理有关重大问题。

第十二条 组委会办公室承担组织协调举办森林旅游节的相关具体工作，主要是：

(一)推荐森林旅游节举办城市；

(二)组织拟订森林旅游节总体方案；

(三)制定分工计划，明确相关活动的责任单位；

(四)审定重要专项活动的方案；

(五)召开两次新闻发布会(分别在北京和举办城市)；

(六)负责总体指导、协调、监督、宣传等工作；

(七)履行森林旅游节报备、总结及其他程序性工作。

第十三条 执委会及其办公室接受组委会及其办公室的指导，为举办森林旅游节提供基础保障，主要任务是：

(一)根据森林旅游节总体方案，制定分工实施方案；

(二)提供森林旅游节所需活动场地，包括展示、会议、论坛、文化体育活动等所需场地；

(三)为各责任单位与当地相关方面沟通提供协调服务；

(四)落实住宿、餐饮、交通、安全等相关后勤保障工作；

(五)协助组委会办公室在举办城市召开新闻发布会；

(六)负责加大森林旅游节宣传，组织开展相关文化体育活动，邀请媒体广泛参与森林旅游节宣传报道；

(七)制定森林旅游节突发事件应急预案，及时处理突发事件。

第十四条 各省、自治区、直辖市林业厅(局)、各森工(林业)集团负责本行政区域内的相关组织协调工作，主要任务是：

(一)组织森林旅游展示、推介等事项；

(二)组织地(市)、县(区、市)、各类森林旅游地及相关企事业单位、社团等广泛参与森林旅游节相关活动；

(三)组织开展森林旅游节及相关活动的宣传。

第十五条 其他各责任单位根据分工计划履行相应职责。

第四章 工作程序

第十六条 确定森林旅游节承办城市采用申办制度，每届森林旅游节的申办时间截至前一年的8月底。

第十七条 申办城市应当具备下列条件：

(一)良好的森林旅游发展基础；

(二)市人民政府高度重视森林旅游节承办工作，能为活动举办提供必要的保障；

(三)具备举办大型活动的基础条件；

(四)申办工作得到所在省、自治区、直辖市人民政府认可。

第十八条 申办城市人民政府应当与所在省级林业主管部门协商并达成一致意见后，由申办城市人民政府向国家林业和草原局提出申请文件并附以下材料：

(一)承办森林旅游节的初步方案；

(二)基础保障承诺函(内容主要为本办法第十三条规定的7个方面)；

(三)与省级林业主管部门达成一致意见的书面证明材料。

第十九条 组委会办公室受理申办材料，组织开展实地考察，研究提出评估意见，经组委会同意后报国家林业和草原局批准。考察评估主要内容为本办法第十七条规定的承办条件。

第二十条 森林旅游节活动持续时间不少于一周。

第二十一条 各地开展的、有代表性的重大森林旅游活动，经组委会办公室审核后，可以纳入当年森林旅游节系列活动范围，但原则上活动数量不超过3个。

第二十二条 森林旅游节有关备案管理、经费管理、监督检查、领导干部出席、涉外活动等按照《节庆活动管理办法(试行)》及其实施细则的规定执行。

第二十三条 森林旅游节开幕前两个月在北京举办一次新闻发布会，开幕前一个月在举办城市举办一次新闻发布会。

第二十四条 鼓励各类森林旅游地在森林旅游节活动期间开展门票优惠及相关宣传活动。

第二十五条 森林旅游节实行信息公开制度，主动接受群众监督、社会监督和舆论监督，组委会办公室于每年度 3 月底前在国家林业和草原局政府网站向社会公布上一年度活动情况报告。

第五章 附 则

第二十六条 本办法自 2018 年 6 月 1 日起施行，有效期至 2023 年 5 月 31 日。

第二十七条 本办法由国家林业和草原局负责解释。

国家林业和草原局办公室关于发布 2018 年重点推广林业科技成果 100 项的通知

办科字〔2018〕80 号

各省、自治区、直辖市林业厅(局)，内蒙古、吉林、龙江、大兴安岭森工(林业)集团公司，新疆生产建设兵团林业局，国家林业和草原局各有关直属单位：

为深入贯彻党的十九大会议精神，加快落实《中华人民共和国促进科技成果转化法》《国家林业局促进科技成果转移转化行动方案》(林科发〔2017〕46 号)，扎实推进乡村振兴和脱贫攻坚战略，大力推动林业科技成果转移转化，努力实现生态建设、产业发展和扶贫富民的目标任务，我局围绕当前林业生态建设、产业发展以及扶贫富民的技术需求，遴选出 2018 年重点推广林业科技成果 100 项(见附件)，现予发布。

请各地各单位在实施各类林业科技推广示范、产业发展等项目时，根据生产实际，重点推广 2018 年林业科技成果 100 项。成果相关信息可登录“国家林业科技推广成果库管理信息系统”网站(http124. 205. 185. 558080index. asp)进行查询。

特此通知。

附件：2018 年重点推广林业科技成果 100 项

国家林业和草原局办公室

2018 年 5 月 21 日

附件

2018 年重点推广林业科技成果 100 项

一、用材林良种及丰产栽培技术(18 项)

序号	成果名称	成果单位	成果人
1	‘渤丰 3 号杨’杨树良种	辽宁省杨树研究所	蔄胜军
2	‘杂交鹅掌楸优无 1’等系列良种	江西省科学院生物资源研究所	余发新
3	‘白桦家系 3-12’等系列良种	东北林业大学	刘桂丰
4	‘天楸 1 号’等楸树系列良种	中国林业科学研究院林业研究所	王军辉
5	耐盐柳树育种关键技术创新与应用	江苏省沿江地区农业科学研究所	李　敏
6	杉木高生产力优质新品种选育及示范	浙江农林大学	黄华宏
7	高抗速生白榆良种选育	河南省林业科学研究院	张江涛
8	长白山区珍稀野生核桃楸果材兼用林选育	吉林省林业科学研究院	杨雨春
9	米老排良种早期选育及高效培育关键技术	中国林业科学研究院热带林业研究所	杨锦昌
10	楠木等 5 种珍贵树种种质资源保育与创新利用	浙江农林大学	童再康
11	木荷珍贵优质用材良种选育和定向培育技术	中国林业科学研究院亚热带林业研究所	周志春
12	杨树优质种质资源开发利用	山东省林业科学研究院	房　用
13	桢楠遗传资源及高效培育技术	四川省林业科学研究院	龙汉利
14	火力楠种质创新和繁育关键技术	中国林业科学研究院热带林业研究所	姜清彬
15	优良速生阔叶树种黄梁木和红椿定向培育技术	华南农业大学	陈晓阳

(续表)

序号	成果名称	成果单位	成果人
16	湿地松遗传资源高产脂测评技术与定向育种	中国林业科学研究院亚热带林业研究所	姜景民
17	油桐良种集约经营技术	湖北省林业科学研究院	曾祥福
18	阔叶树轻基质育苗的基质配方技术	广东省林业科学研究院	何波祥

二、经济林良种及丰产栽培技术(22 项)

序号	成果名称	成果单位	成果人
19	‘亚林 ZJ02 号’等油茶系列良种	中国林业科学研究院亚热带林业研究所	任华东
20	‘中仁 4 号’杏良种	国家林业局泡桐研究开发中心	乌云塔娜
21	‘西农枇杷 2 号’枇杷良种	西北农林科技大学	吴万兴
22	油茶高产优质新品种选育及示范	中国林业科学研究院亚热带林业研究所	姚小华
23	核桃良种选育及丰产栽培技术示范推广	陕西省安康市林业技术推广中心	曹席轶
24	柴达木枸杞良种选育与示范	青海省农林科学院	王占林
25	优质特色柿新品种选育与示范	中国林业科学研究院亚热带林业研究所	龚榜初
26	酸枣加工专用品种选育	河北省林业科学研究院	张建英
27	主要经济竹类新品种选育与育种技术	浙江省林业科学研究院	汪奎宏
28	油茶高产新品种应用和规模化扩繁技术集成示范	湖北省林业科技推广中心	周伟国
29	山苍子优良家系选育技术	中国林业科学研究院亚热带林业研究所	汪阳东
30	特色小浆果良种选育及产业化技术开发与示范	山东省林业科学研究院	孙　蕾
31	油茶优质丰产栽培技术体系	贵州省林业科学研究院	王　进
32	高寒区枣树设施促成栽培技术	山西省林业科学研究院	邢金香
33	薄壳山核桃苗木培育技术	云南省林业科学院	习学良
34	平欧杂种榛高效栽培与繁育技术推广示范	黑龙江省林业科学研究所	杨凯
35	云南特产大型丛生竹优良品种高效培育示范	西南林业大学	辉朝茂
36	文冠果种质资源引进技术	吉林省林业科学研究院	杨雨春
37	茶用菊花的脱毒复壮及产业化技术	河北省林业科学研究院	赵玉芬
38	蓝靛果种质资源创新培育与无性系快繁技术	中国科学院东北地理与农业生态研究所	赵恒田
39	经济林新型生物肥料关键技术创新与应用	山东省林业科学研究院	马海林
40	核桃专用复合微生物肥料的研究与示范	四川省林业科学研究院	庄国庆

三、森林经营技术(12 项)

序号	成果名称	成果单位	成果人
41	北方地区主要树种和典型林分森林质量精准提升经营技术集成与经营方案编制	中国林业科学研究院林业科技信息研究所	陈绍志
42	樟子松人工林稳定高效可持续经营技术	辽宁省固沙造林研究所	宋晓东
43	珍贵树种人工林林下植物生态经营模式及技术	中南林业科技大学	刘君昂
44	林业资源多层次信息服务技术	中国林业科学研究院资源信息研究所	唐小明
45	上阔下竹复合生态系统经营技术	南京林业大学	王福升
46	湿加松人工幼林营养诊断与施肥技术	广东省林业科学研究院	郭文冰
47	毛竹林资源信息管理关键技术及土壤肥力保持机制示范	福建农林大学	刘　健
48	竹林可持续覆盖栽培关键技术集成与示范推广	浙江农林大学	桂仁意
49	天然笃斯越桔果林优化经营与恢复技术	黑龙江省伊春林业科学院	王洪学

（续表）

序号	成果名称	成果单位	成果人
50	甘肃省亚高山人工云杉林结构优化及功能恢复模式	甘肃省白龙江林业管理局林业科学研究所	冯宜明
51	辽宁省造林模式研究与应用技术	沈阳农业大学	周永斌
52	广东地区森林对 PM2.5 等颗粒物的调控技术集成模式	广东省林业科学研究院	甘先华

四、生态修复与病虫害防治技术（14 项）

序号	成果名称	成果单位	成果人
53	三峡库区高效防护林体系构建及优化技术集成与示范	中国林业科学研究院森林生态环境与保护研究所	肖文发
54	沿海困难立地造林关键技术	江苏省林业科学研究院	季永华
55	亚热带泥质海岸防护林体系构建与功能提升技术	中国林业科学研究院亚热带林业研究所	虞木奎
56	平原防护林现代经营技术	黑龙江省森林与环境科学研究院	毕广有
57	民勤绿洲新型风沙灾害防治技术模式	甘肃省治沙研究所	唐进年
58	源头水源涵养林恢复与水生态功能改善技术与示范	中国科学院沈阳应用生态研究所	于立忠
59	石灰岩地区优良抗逆树种筛选及造林关键技术	华南农业大学	庄雪影
60	APF-I 型系列松墨天牛高效诱剂、ZM 型系列诱捕器及配套技术	福建农林大学	张飞萍
61	桉树重大害虫桉蝙蛾发生规律及防控技术创新与应用	广西壮族自治区林业有害生物防治检疫站	杨秀好
62	白屈菜碱杀虫药剂制备技术	东北林业大学	马 玲
63	高山毛顶蛾发生规律及寄生天敌控制利用技术	青海省森林病虫害防治检疫总站	李 涛
64	核桃内生拮抗菌筛选及抑病效果研究与应用	山西农业大学	王美琴
65	林地薇甘菊绿色防控及资源化利用技术	云南省林业科学院	季 梅
66	泡桐丛枝病发生的组学研究及其应用技术	河南农业大学	范国强

五、林下经济与观赏植物（15 项）

序号	成果名称	成果单位	成果人
67	利用沙棘剩余物培育功能食用菌技术	东北林业大学	邹 莉
68	四种重要林源药材优质高效栽培技术	浙江农林大学	斯金平
69	山参培育技术集成与示范	辽宁省桓仁满族自治县林业技术推广站	严春光
70	香榧林下经济关键技术推广与示范	浙江省林业科学研究院	宋其岩
71	不同区域林下药用植物栽培综合配套技术示范与推广	中国科学院西双版纳热带植物园	蔡传涛
72	‘粉黛’等百合系列良种	北京林业大学	贾桂霞
73	玉兰属观赏种质资源收集、新品种选育及产业化	浙江农林大学	申亚梅
74	中国特色花卉种业关键技术	北京林业大学	张启翔
75	梅花种质资源收集、创新和产品开发	浙江农林大学	赵宏波
76	园林植物新品种选育及产业化核心技术集成应用	扬州大学	陶 俊
77	观赏海棠种质基因库建立及良种选育	南京林业大学	张往祥
78	彩色乡土树种种质资源收集、选育与产业化关键技术	浙江森禾种业股份有限公司	郑勇平
79	景观用银杏种质资源的创新与种苗标准化快繁技术	扬州大学	李卫星
80	四川主要景观竹林资源保护关键技术	乐山师范学院	杨瑶君
81	浙江省乡土彩叶树种开发、彩叶林营建技术	浙江省亚热带作物研究所	陈秋夏

六、林产化学与木竹材加工利用技术(12 项)

序号	成果名称	成果单位	成果人
82	木质纤维糖基表面活性剂及其制备方法	中国林业科学研究院林产化学工业研究所	蒋剑春
83	气化供热活性炭生产联产生物质液体肥新技术	南京林业大学	周建斌
84	生物基净水关键技术	浙江农林大学	刘　力
85	人造板节能环保制造关键技术	中南林业科技大学	吴义强
86	大规格耐候性竹质重组结构材制造技术	中国林业科学研究院木材工业研究所	于文吉
87	中低温固化重组竹技术及产业化	福建农林大学	杨文斌
88	微波处理木材流体通道可控化技术	中国林业科学研究院木材工业研究所	林兰英
89	木质素基阻燃保温材料的制备技术	北华大学	姜贵全
90	木质素酚醛泡沫及连续化生产工艺技术	中国林业科学研究院林产化学工业研究所	胡立红
91	木质材料高温热处理关键技术开发与应用	南京林业大学	李延军
92	整竹快速软化炭化和等量去青定厚去黄关键技术	浙江农林大学	沈德长
93	橡胶木高温热改性生产炭化木产业化关键技术	中国热带农业科学院橡胶研究所	李家宁

七、智能装备与林特资源加工利用技术(7 项)

序号	成果名称	成果单位	成果人
94	林火自动探测系统	山东省青岛浩海网络科技股份有限公司	逄增伦
95	县级森林火灾预警技术系统	中国林业科学研究院森林生态环境与保护研究所	舒立福
96	长白山中华蜜蜂种群繁育与恢复技术	吉林省长白山科学研究院	蔡凤坤
97	花椒深加工与综合利用技术	西北农林科技大学	徐怀德
98	油茶籽品质变化规律和特色制油关键技术	中国林业科学研究院亚热带林业研究所	方学智
99	香榧传统加工品质提升关键技术	浙江农林大学	宋丽丽
100	油橄榄提取物高效加工及清洁循环利用关键技术	中国林业科学研究院林产化学工业研究所	王成章

国家林业和草原局公告

2018 年第 11 号

根据《中华人民共和国植物新品种保护条例》、《中华人民共和国植物新品种保护条例实施细则(林业部分)》规定，经国家林业和草原局植物新品种保护办公室审查，“粉玉”等 153 项植物新品种权申请符合授权条件，现决定授予植物新品种权(名单见附件)，并颁发《植物新品种权证书》。

特此公告。

附件：国家林业和草原局 2018 年第一批授予植物新品种权名单

国家林业和草原局

2018 年 7 月 5 日

附件

国家林业和草原局 2018 年第一批授予植物新品种权名单

序号	品种名称	所属属(种)	品种权号	授权日	品种权人	申请号	申请日	培育人
1	粉玉	蔷薇属	20180001	2018.6.15	云南锦苑花卉产业股份有限公司、石林锦苑康乃馨有限公司	20110123	2011.11.10	倪功、曹荣根、李飞鹏、杜福顺、田连通、白云评、乔丽婷、阳明祥
2	圣洁	蔷薇属	20180002	2018.6.15	通海锦海农业科技发展有限公司	20130103	2013.7.29	董春富、毕立坤、胡颖
3	满园红	蔷薇属	20180003	2018.6.15	云南鑫海汇花业有限公司、云南省农业科学院花卉研究所	20140010	2014.1.7	朱应雄、张应红、张颢、蹇洪英、唐开学、骆礼宾、张婷、张绍宏、陈敏、周宁宁、王其刚
4	杰施-科沃 8 (JFS-KW8)	槭属	20180004	2018.6.15	杰·弗兰克·施密特父子有限公司(J. Frank Schmidt & Son Co.)	20140042	2014.3.7	基思·沃伦 (Keith S. Warren)
5	杰施-科沃 202 (JFS-KW202)	槭属	20180005	2018.6.15	杰·弗兰克·施密特父子有限公司(J. Frank Schmidt & Son Co.)	20140043	2014.3.19	基思·沃伦 (Keith S. Warren)
6	紫馨	紫薇	20180006	2018.6.15	华中农业大学、武汉市农业科学院	20140066	2014.5.15	叶要妹、童俊、陈法志、段丽君、周媛、陈放、袁玮、李国瑞、董艳芳、徐冬云
7	银蝶	紫薇	20180007	2018.6.15	武汉市农业科学院、华中农业大学	20140067	2014.5.15	童俊、陈法志、叶要妹、段丽君、周媛、董艳芳、袁玮、陈放、李国瑞、郭彩霞
8	杂早 2 号	板栗	20180008	2018.6.15	河北省农林科学院昌黎果树研究所	20140098	2014.6.23	王广鹏、张树航、刘庆香、李颖、孔德军、高丽娟、李海山
9	鸿业榆	榆属	20180009	2018.6.15	辛集市美人榆农副产品有限公司	20140111	2014.7.15	黄印冉、张均营、黄印朋、黄钤彤、黄晓旭、黄锡军

(续表)

序号	品种名称	所属属(种)	品种权号	授权日	品种权人	申请号	申请日	培育人
10	公主梦	蔷薇属	20180010	2018.6.15	云南省农业科学院花卉研究所	20140149	2014.9.1	周宁宁、王其刚、唐开学、蹇洪英、陈敏、晏慧君、邱显钦、张婷、张颢
11	童话	蔷薇属	20180011	2018.6.15	中国农业大学、北京纳波湾园艺有限公司	20140176	2014.10.28	俞红强、金茂勇、游捷、王波、王勋曜、张娟、张炜俊、王佳鹿
12	海涛杨	杨属	20180012	2018.6.15	北京林业大学	20140210	2014.11.24	邬荣领、王忠、薄文浩、徐放、姜立波
13	云食1号	蔷薇属	20180013	2018.6.15	云南鑫海汇花业有限公司、云南省农业科学院花卉研究所	20140212	2014.11.28	朱应雄、晏慧君、李淑斌、王其刚、张应红、蹇洪英、吴旻、骆礼宾、张婷、唐开学
14	恋人	蔷薇属	20180014	2018.6.15	云南锦苑花卉产业股份有限公司	20140232	2014.12.6	倪功、曹荣根、田连通、白云评、乔丽婷、何琼、阳明祥
15	海华沙1 (Hiawatha 1)	槭属	20180015	2018.6.15	杰·弗兰克·施密特父子有限公司(J. Frank Schmidt & Son Co.)	20150034	2015.3.5	基思·沃伦 (Keith S. Warren)
16	皇锦杉	红豆杉属	20180016	2018.6.15	中南林业科技大学、新宁县基伟红豆杉种植专业合作社	20150088	2015.5.11	曹基武、刘春林、彭继庆、董旭杰、杨涛、曹基伟
17	炎欢3号	木通属	20180017	2018.6.15	长沙炎农生物科技有限公司	20150099	2015.5.30	王中炎、彭俊彩、蔡金术、王中兵、蔡志红
18	瑞普0306d (Ruipe0306d)	蔷薇属	20180018	2018.6.15	迪瑞特知识产权公司 (De Ruiter Intellectual Property B.V.)	20150166	2015.8.28	汉克·德·格罗特 (H.C.A. de Groot)
19	瑞普0306b (Ruipe0306b)	蔷薇属	20180019	2018.6.15	迪瑞特知识产权公司 (De Ruiter Intellectual Property B.V.)	20150167	2015.8.28	汉克·德·格罗特 (H.C.A. de Groot)
20	瑞姆普莱0002 (Ruimpl0002)	蔷薇属	20180020	2018.6.15	迪瑞特知识产权公司 (De Ruiter Intellectual Property B.V.)	20150175	2015.9.6	汉克·德·格罗特 (H.C.A. de Groot)
21	瑞普赫0105a (Ruiph0105a)	蔷薇属	20180021	2018.6.15	迪瑞特知识产权公司 (De Ruiter Intellectual Property B.V.)	20150177	2015.9.6	汉克·德·格罗特 (H.C.A. de Groot)
22	瑞普赫0132a (Ruiph0132a)	蔷薇属	20180022	2018.6.15	迪瑞特知识产权公司 (De Ruiter Intellectual Property B.V.)	20150178	2015.9.6	汉克·德·格罗特 (H.C.A. de Groot)
23	瑞普赫0416A (Ruiph0416A)	蔷薇属	20180023	2018.6.15	迪瑞特知识产权公司 (De Ruiter Intellectual Property B.V.)	20150179	2015.9.6	汉克·德·格罗特 (H.C.A. de Groot)
24	瑞普赫0441a (Ruiph0441a)	蔷薇属	20180024	2018.6.15	迪瑞特知识产权公司 (De Ruiter Intellectual Property B.V.)	20150181	2015.9.6	汉克·德·格罗特 (H.C.A. de Groot)
25	擎天	紫薇	20180025	2018.6.15	河南名品彩叶苗木股份有限公司	20150193	2015.9.21	王华明、石海燕、王秀娟、邵明丽、王华昭、袁向阳、崔晓琦、牛文梅、郑芳、贾涛、王丽青、祁峰、闫魁、孟庆明、曹倩、仪楠

（续表）

序号	品种名称	所属属(种)	品种权号	授权日	品种权人	申请号	申请日	培育人
26	瑞普德 0210A (RUIPD0210A)	蔷薇属	20180026	2018.6.15	迪瑞特知识产权公司 (De Ruiter Intellectual Property B.V.)	20150219	2015.10.14	汉克·德·格罗特 (H.C.A. de Groot)
27	瑞普格 0002A (RUIPG0002A)	蔷薇属	20180027	2018.6.15	迪瑞特知识产权公司 (De Ruiter Intellectual Property B.V.)	20150220	2015.10.14	汉克·德·格罗特 (H.C.A. de Groot)
28	瑞普吉 0126A (RUIPJ0126A)	蔷薇属	20180028	2018.6.15	迪瑞特知识产权公司 (De Ruiter Intellectual Property B.V.)	20150223	2015.10.14	汉克·德·格罗特 (H.C.A. de Groot)
29	桔月	蔷薇属	20180029	2018.6.15	北京市园林科学研究院	20150229	2015.10.26	周燕、冯慧、巢阳、王茂良、丛日晨、卜燕华、李纳新、范莉娟
30	翡翠	蔷薇属	20180030	2018.6.15	李林、云南省农业科学院花卉研究所	20150239	2015.11.11	王其刚、李林、张颢、唐开学、陈敏、晏慧君、张婷、周宁宁
31	新叶 1 号	核桃属	20180031	2018.6.15	新疆林业科学院	20160008	2015.12.30	徐业勇、王宝庆、王明、巴图、巴哈提牙儿、杨红丽、吐尔逊江·买买提艾力、艾尼瓦尔·扎米尔、艾买尔·吐尔地
32	波浪	胡枝子属	20180032	2018.6.15	北京农学院	20160010	2016.1.4	杨晓红、陈晓阳、解小娟、刘雯、刘克锋、冷平生、胡增辉
33	亚林柿砧 2 号	柿	20180033	2018.6.15	中国林业科学研究院亚热带林业研究所	20160035	2016.2.1	龚榜初、江锡兵、徐阳、吴开云
34	亚林柿砧 1 号	柿	20180034	2018.6.15	中国林业科学研究院亚热带林业研究所	20160037	2016.2.1	龚榜初、徐阳、江锡兵、吴开云
35	紫金	紫薇	20180035	2018.6.15	江苏省中国科学院植物研究所	20160041	2016.2.1	杨如同、王鹏、李林芳、李亚、王淑安、汪庆
36	粉宁香	紫薇	20180036	2018.6.15	江苏省中国科学院植物研究所	20160042	2016.2.1	王鹏、李亚、杨如同、李林芳、汪庆、王淑安
37	红袖添香	紫薇	20180037	2018.6.15	江苏省中国科学院植物研究所	20160043	2016.2.1	王鹏、李亚、杨如同、李林芳、汪庆、王淑安
38	金帝 1 号	文冠果	20180038	2018.6.15	北京林业大学、辽宁思路文冠果业科技开发有限公司	20160087	2016.4.19	关文彬、王青、于震、李国军、王富国、王俊杰、周祎鸣、向秋虹
39	瑞克德 2057A (RUICD2057A)	蔷薇属	20180039	2018.6.15	迪瑞特知识产权公司 (De Ruiter Intellectual Property B.V.)	20160122	2016.6.20	汉克·德·格罗特 (H.C.A. de Groot)
40	中科紫金 2 号	紫金牛属	20180040	2018.6.15	中国科学院华南植物园	20160131	2016.6.23	刘华、杨镇明、韦强、廖景平
41	火焰	紫薇属	20180041	2018.6.15	北京鲜花港投资发展中心、北京林业大学	20160135	2016.6.27	张启翔、赵飞、李国雷、席本野、赵宏博、刘海鹏、徐婉、蔡明、潘会堂、程堂仁、王佳
42	眷恋	紫薇属	20180042	2018.6.15	北京林业大学	20160136	2016.6.27	张启翔、徐婉、张亚东、蔡明、陈之琳、石俊、潘会堂、程堂仁、王佳
43	娇篮	紫薇属	20180043	2018.6.15	北京林业大学	20160137	2016.6.27	张启翔、徐婉、豆苏含、蔡明、陈之琳、石俊、潘会堂、程堂仁、王佳

(续表)

序号	品种名称	所属属(种)	品种权号	授权日	品种权人	申请号	申请日	培育人
44	灵梦	紫薇属	20180044	2018.6.15	北京林业大学	20160138	2016.6.27	张启翔、徐婉、蔡明、陈之琳、石俊、潘会堂、程堂仁、王佳、潘隆应、陈海强、朱媛
45	芭蕾玉姿	苹果属(除水果外)	20180045	2018.6.15	中国农业大学、北京中农富通园艺有限公司	20160142	2016.6.29	朱元娣、张文、张天柱、李光晨
46	金秀丽	槭属	20180046	2018.6.15	临安市林之源园艺场、叶喜阳	20160170	2016.7.19	叶喜阳、陈一锋、申亚梅、蔡国炎、王齐瑞
47	野香	核桃属	20180047	2018.6.15	山东省果树研究所	20160172	2016.7.21	张美勇、王贵芳、相昆、徐颖、薛培生、李国田、姚元涛、王晓芳、张艳、宋礼毓、李治国
48	野观	核桃属	20180048	2018.6.15	山东省果树研究所	20160173	2016.7.21	张美勇、徐颖、相昆、王贵芳、李国田、薛培生、王晓芳、姚元涛、宋礼毓、张艳、李治国
49	野早	核桃属	20180049	2018.6.15	山东省果树研究所	20160174	2016.7.21	张美勇、相昆、王贵芳、徐颖、李国田、薛培生、王晓芳、姚元涛、宋礼毓、张艳、李治国
50	洪桉樟	樟属	20180050	2018.6.15	洪江市金土地生态农业有限责任公司	20160189	2016.7.26	郑钦方、汪冶、杨子云、肖聪颖、杨怡男
51	亮彩	绣球属	20180051	2018.6.15	中国科学院植物研究所、青岛中科景观植物产业化发展有限公司	20160202	2016.8.2	唐宇丹、李霞、白红彤、法丹丹、张会金、安玉来、李慧、惠学娟、石雷、尤洪伟
52	娟红	紫薇	20180052	2018.6.15	日照市春雨园艺场	20160273	2016.10.8	许先练、范丰学、许春雷、许春雨
53	紫云	胡枝子属	20180053	2018.6.15	北京农学院	20160274	2016.10.10	杨晓红、陈晓阳
54	花之都	卫矛属	20180054	2018.6.15	花之都实业有限公司	20160280	2016.10.11	杨凯亮、张小俊、徐国超、陈彦辉、孙秋刚、康凌霄、王璞、李艳华、薛璐、王栓虎、牛长峰、牛义安、苏跃栋、陈俊凯、王方方
55	米槐1号	槐属	20180055	2018.6.15	雷茂端	20160288	2016.10.14	雷茂端、雷迎波、雷亚第
56	蒙林钟柏	圆柏属	20180056	2018.6.15	安文元	20160291	2016.10.28	安文元、张国盛、王林和、王文、张利俊、毛惠平、申秀枝
57	蓝韵	越桔属	20180057	2018.6.15	通化禾韵现代农业股份有限公司	20160293	2016.10.28	殷秀岩、隋明义、陈亮、谭志强
58	火凤凰	槭属	20180058	2018.6.15	河南名品彩叶苗木股份有限公司	20160310	2016.11.5	王华明、王景旭、石海燕、饶放、王华昭、袁向阳、刘鹏辉、闫立静、寇新良、贾涛、周耀宗、谷梅红、魏奎娇、王丽青、张亚民、仪楠、任甸甸、李红喜、周苗
59	金玉露	厚皮香属	20180059	2018.6.15	浙江森禾种业股份有限公司	20160317	2016.11.14	郑勇平、王春、顾慧、陈岗、何琦、尹庆平、陈慧芳、张光泉、刘丹丹

（续表）

序号	品种名称	所属属(种)	品种权号	授权日	品种权人	申请号	申请日	培育人
60	宁农杞4号	枸杞属	20180060	2018.6.15	宁夏农林科学院枸杞工程技术研究所	20160318	2016.11.17	王亚军、安巍、梁晓婕、曹有龙、李越鲲、尹跃、张曦燕、赵建华、石志刚、张波、巫鹏举
61	宁农杞5号	枸杞属	20180061	2018.6.15	宁夏农林科学院枸杞工程技术研究所	20160319	2016.11.17	安巍、王亚军、曹有龙、梁晓婕、尹跃、石志刚、赵建华、张曦燕、罗青、万如、刘兰英、李彦龙、樊云芳
62	财缘	木犀属	20180062	2018.6.15	南京林业大学、林富春	20160321	2016.11.16	段一凡、林富春、王贤荣、林晖、伊贤贵、王华辰、李涌福、陈林
63	润丰1号	榆属	20180063	2018.6.15	河北润丰林业科技有限公司、辛集市美人榆农副产品有限公司	20160384	2016.11.29	刘易超、陈丽英、樊彦聪、黄印朋、黄印冉、冯树香、闫淑芳
64	润丰2号	榆属	20180064	2018.6.15	河北润丰林业科技有限公司、辛集市美人榆农副产品有限公司	20160385	2016.11.29	刘易超、樊彦聪、陈丽英、黄印朋、黄印冉、闫淑芳、冯树香
65	开口笑	文冠果	20180065	2018.6.15	山东农业大学、山东沃奇农业开发有限公司	20160391	2016.12.6	孟凡志、李守科、臧德奎、刘国兴、郭先锋、王利、郭广智、陈仁鹏、郑书友、朱亮庆
66	迎春	柳属	20180066	2018.6.15	江苏省林业科学研究院	20160398	2016.12.14	王保松、陈庆生、施士争、何旭东、王伟伟、郑纪伟、涂忠虞、潘明建
67	喜洋洋	柳属	20180067	2018.6.15	江苏省林业科学研究院	20160399	2016.12.14	陈庆生、王保松、施士争、何旭东、王伟伟、郑纪伟、涂忠虞、潘明建
68	雪绒花	柳属	20180068	2018.6.15	江苏省林业科学研究院	20160400	2016.12.14	王保松、何旭东、陈庆生、施士争、王伟伟、王红玲、涂忠虞、潘明建
69	瑞雪	柳属	20180069	2018.6.15	江苏省林业科学研究院	20170001	2016.12.14	王保松、王伟伟、何旭东、陈庆生、周洁、姜开朋、涂忠虞、潘明建
70	紫嫣	柳属	20180070	2018.6.15	江苏省林业科学研究院	20170002	2016.12.14	王保松、施士争、何旭东、陈庆生、教忠意、王伟伟、涂忠虞、潘明建
71	仑山1号	紫薇属	20180071	2018.6.15	江苏农林职业技术学院	20170007	2016.12.9	邱国金、钱杨升、蒋小庚、胡卫霞、戴文
72	海滨梦幻	乌桕属	20180072	2018.6.15	江苏省林业科学研究院	20170008	2016.12.15	教忠意、隋德宗、王保松、窦全琴、陈庆生、王伟伟、郑纪伟
73	海滨紫晶	乌桕属	20180073	2018.6.15	江苏省林业科学研究院	20170009	2016.12.15	隋德宗、王保松、窦全琴、陈庆生、王伟伟、吴纲、教忠意、姜开朋
74	海滨晚霞	乌桕属	20180074	2018.6.15	江苏省林业科学研究院	20170010	2016.12.15	隋德宗、王保松、陈庆生、教忠意、王伟伟、郑纪伟
75	海滨绯红	乌桕属	20180075	2018.6.15	江苏省林业科学研究院	20170011	2016.12.15	陈庆生、隋德宗、王保松、王伟伟、教忠意、姜开朋

(续表)

序号	品种名称	所属属(种)	品种权号	授权日	品种权人	申请号	申请日	培育人
76	川硕	核桃属	20180076	2018.6.15	四川省林业科学研究院、四川伊可农业技术开发有限公司	20170027	2016.12.28	罗建勋、王准、宋鹏、刘芙蓉、钟明润、张志国、杨马进
77	亚林柿砧6号	柿	20180077	2018.6.15	中国林业科学研究院亚热带林业研究所	20170035	2017.1.3	龚榜初、吴开云、徐阳、江锡兵
78	亚林柿砧7号	柿	20180078	2018.6.15	中国林业科学研究院亚热带林业研究所	20170036	2017.1.3	龚榜初、徐阳、吴开云、江锡兵、范金根、滕国新
79	金槐J2	槐属	20180079	2018.6.15	广西壮族自治区中国科学院广西植物研究所	20170049	2017.1.10	邹蓉、史艳财、唐健民、蒋运生、熊忠臣、韦记青
80	金槐J3	槐属	20180080	2018.6.15	广西壮族自治区中国科学院广西植物研究所	20170050	2017.1.10	史艳财、唐健民、邹蓉、韦记青、蒋运生、熊忠臣、韦霄
81	鲁硕红	枣属	20180081	2018.6.15	山东省林业科学研究院	20170052	2017.1.11	王翠香、赵德田、韩传明、刘珍、孙超、孟晓烨、侯立群、王恩忠、张军武、赵登超、张万锋、韩振虎、刘孝美、陈新岭、任飞、朱文成
82	姹紫1号	槐属	20180082	2018.6.15	山东省林业科学研究院	20170054	2017.1.13	庞彩红、李双云、夏阳、臧真荣、姜福成、梁慧敏、杨勇、李自峰、王开芳、杨庆山、刘盛芳、付茵茵、周健、屈星、杨国良、魏海霞、屠永清
83	红粉1号	槐属	20180083	2018.6.15	山东省林业科学研究院	20170056	2017.1.13	庞彩红、夏阳、李双云、曹世杰、孙超、刘盛芳、杨勇、刘翠兰、张炳孝、王学文、梁慧敏、郭祁、周洪明、臧真荣、周健、王振猛、宫敬东
84	红粉2号	槐属	20180084	2018.6.15	山东省林业科学研究院	20170057	2017.1.13	夏阳、庞彩红、李双云、詹伟、屈星、李自峰、刘盛芳、孙超、臧真荣、付茵茵、王明竹、刘桂民、亓玉昆、王学文、李庆华、王振猛、曲法
85	红粉3号	槐属	20180085	2018.6.15	山东省林业科学研究院	20170058	2017.1.13	李双云、庞彩红、夏阳、梁慧敏、刘盛芳、王月海、杨勇、燕丽萍、臧真荣、詹伟、王明竹、王因花、刘桂民、张炳孝、姜福成、伊光灿
86	红粉5号	槐属	20180086	2018.6.15	山东省林业科学研究院	20170060	2017.1.13	李双云、夏阳、庞彩红、赵海洲、祁树安、曹世杰、杨勇、刘翠兰、臧真荣、刘盛芳、王守国、王永平、李自峰、曲法、于丽颖、胡丁猛
87	华箭	槐属	20180087	2018.6.15	山东省林业科学研究院	20170067	2017.1.13	夏阳、李双云、庞彩红、梁慧敏、付茵茵、刘盛芳、臧真荣、白玉梅、杨勇、亓玉昆、刘成、吴俊杰、刘莉娟、吕一凡

（续表）

序号	品种名称	所属属(种)	品种权号	授权日	品种权人	申请号	申请日	培育人
88	华祥	槐属	20180088	2018. 6. 15	山东省林业科学研究院	20170068	2017. 1. 13	李双云、庞彩红、夏阳、刘盛芳、付茵茵、臧真荣、梁慧敏、王学文、孙太元、白玉梅、杨勇、毛秀红、刘成、周洪明、姜福成、刘莉娟、曲法、亓玉昆、吕一凡
89	华月	槐属	20180089	2018. 6. 15	山东省林业科学研究院	20170069	2017. 1. 13	庞彩红、夏阳、李双云、付茵茵、刘翠兰、燕丽萍、刘盛芳、臧真荣、梁慧敏、王学文、姜福成、詹伟、毛秀红、孙兴华、宫敬东、王志明、亓玉昆
90	嫣红 3 号	槐属	20180090	2018. 6. 15	山东省林业科学研究院	20170075	2017. 1. 13	夏阳、李双云、庞彩红、梁慧敏、刘翠兰、刘盛芳、杨勇、燕丽萍、刘瑞梅、王守国、曹世杰、周洪明、杨庆山、亓玉昆、葛文华
91	紫玲珑	乌桕属	20180091	2018. 6. 15	浙江森禾种业股份有限公司、浙江省林业科学研究院	20170079	2017. 1. 16	郑勇平、王春、柳新红、顾慧、李因刚、尹庆平、陈岗、刘丹丹、杨家强、杨少宗、石从广
92	东方	南天竹属	20180092	2018. 6. 15	浙江森禾种业股份有限公司	20170080	2017. 1. 16	郑勇平、王春、魏斌、王越、杨家强、盛冬、尹庆平、陈慧芳、杜三峰、陈岗、刘丹丹
93	喜槐 1 号	槐属	20180093	2018. 6. 15	中喜生态产业股份有限公司	20170084	2017. 1. 18	张洪欣、张洪勋、孙成义、郭延海、李康
94	喜槐 2 号	槐属	20180094	2018. 6. 15	中喜生态产业股份有限公司	20170085	2017. 1. 18	张洪欣、张洪勋、孙成义、郭延海、李康
95	喜柳 2 号	柳属	20180095	2018. 6. 15	中喜生态产业股份有限公司	20170086	2017. 1. 18	张洪欣、张洪勋、孙成义、郭延海、李康
96	苏柳 1701	柳属	20180096	2018. 6. 15	江苏省林业科学研究院	20170092	2017. 2. 6	王保松、何旭东、王伟伟、郑纪伟、涂忠虞、教忠意、隋德宗、姜开朋
97	苏柳 1702	柳属	20180097	2018. 6. 15	江苏省林业科学研究院	20170093	2017. 2. 6	何旭东、王保松、王伟伟、郑纪伟、涂忠虞、张敏、周洁、张珏
98	苏柳 1703	柳属	20180098	2018. 6. 15	江苏省林业科学研究院	20170094	2017. 2. 6	施士争、王保松、何旭东、王红玲、黄瑞芳、张钰、王伟伟、涂忠虞
99	苏柳 1704	柳属	20180099	2018. 6. 15	江苏省林业科学研究院	20170095	2017. 2. 6	王保松、施士争、王伟伟、隋德宗、涂忠虞、王红玲、黄瑞芳、姜开朋
100	苏柳 1705	柳属	20180100	2018. 6. 15	江苏省林业科学研究院	20170096	2017. 2. 6	王保松、施士争、何旭东、王伟伟、隋德宗、教忠意、涂忠虞、潘明建
101	中核 3 号	核桃属	20180101	2018. 6. 15	中国农业科学院郑州果树研究所	20170099	2017. 2. 8	曹尚银、李好先、张杰、牛娟、赵弟广、张富红

(续表)

序号	品种名称	所属属(种)	品种权号	授权日	品种权人	申请号	申请日	培育人
102	中核4号	核桃属	20180102	2018.6.15	中国农业科学院郑州果树研究所	20170100	2017.2.8	曹尚银、李好先、张杰、牛娟、赵弟广、张富红
103	中核香	核桃属	20180103	2018.6.15	中国农业科学院郑州果树研究所	20170101	2017.2.8	曹尚银、李好先、张杰、牛娟、赵弟广、张富红
104	中石榴1号	石榴属	20180104	2018.6.15	中国农业科学院郑州果树研究所	20170103	2017.2.8	曹尚银、李好先、张杰、牛娟、赵弟广
105	中石榴2号	石榴属	20180105	2018.6.15	中国农业科学院郑州果树研究所	20170104	2017.2.8	曹尚银、李好先、张杰、牛娟、赵弟广
106	国油12	山茶属	20180106	2018.6.15	湖南省林业科学院	20170105	2017.2.10	王湘南、陈永忠、王瑞、彭邵锋、陈隆升、马力、许彦明、唐炜
107	国油13	山茶属	20180107	2018.6.15	湖南省林业科学院	20170106	2017.2.10	陈永忠、王湘南、彭邵锋、陈隆升、王瑞、马力、许彦明、唐炜
108	国油14	山茶属	20180108	2018.6.15	湖南省林业科学院	20170107	2017.2.10	陈隆升、王湘南、陈永忠、彭邵锋、马力、王瑞、许彦明、唐炜
109	国油15	山茶属	20180109	2018.6.15	湖南省林业科学院	20170108	2017.2.10	王湘南、陈永忠、王瑞、许彦明、马力、彭邵锋、陈隆升、唐炜 张震
110	华光榆	榆属	20180110	2018.6.15	中国林业科学研究院	20170112	2017.2.8	张华新、朱建峰、乔来秋、刘振晓、张庆国、杨秀艳、刘正祥、吴春红、邹祥峰
111	华玉榆	榆属	20180111	2018.6.15	中国林业科学研究院	20170113	2017.2.8	乔来秋、刘振晓、张华新、朱建峰、杨秀艳、刘正祥、张庆国、吴春红、邹祥峰
112	华健榆	榆属	20180112	2018.6.15	中国林业科学研究院	20170114	2017.2.8	张华新、朱建峰、乔来秋、刘振晓、徐化凌、杨秀艳、刘正祥、朱岩芳、邹祥峰
113	华冠榆	榆属	20180113	2018.6.15	中国林业科学研究院	20170116	2017.2.8	朱建峰、张华新、乔来秋、刘振晓、何洪兵、杨秀艳、刘正祥、任坚毅、邹祥峰
114	宁农杞10号	枸杞属	20180114	2018.6.15	宁夏农林科学院枸杞工程技术研究所	20170120	2017.2.23	曹有龙、罗青、张波、李彦龙、戴国礼、焦恩宁、赵建华、尹跃、安巍、王亚军、闫亚美
115	彩霞	紫薇	20180115	2018.6.15	湖南省林业科学院、长沙湘莹园林科技有限公司	20170126	2017.3.10	乔中全、王晓明、曾慧杰、李永欣、蔡能、王湘莹
116	紫莹	紫薇	20180116	2018.6.15	湖南省林业科学院、长沙湘莹园林科技有限公司	20170127	2017.3.10	王晓明、曾慧杰、乔中全、李永欣、蔡能、王湘莹
117	超群	野牡丹属	20180117	2018.6.15	广州市林业和园林科学研究院、中山大学	20170133	2017.3.20	代色平、倪建中、李许文、刘文、阮琳、周仁超、贺漫媚、王伟
118	云彩	野牡丹属	20180118	2018.6.15	广州市林业和园林科学研究院、中山大学	20170134	2017.3.20	代色平、倪建中、李许文、阮琳、刘文、周仁超、贺漫媚、王伟

（续表）

序号	品种名称	所属属(种)	品种权号	授权日	品种权人	申请号	申请日	培育人
119	天骄2号	野牡丹属	20180119	2018.6.15	广州市林业和园林科学研究院	20170136	2017.3.20	代色平、阮琳、刘文、倪建中、张继方、贺漫媚、李许文、王伟
120	幸福	榉属	20180120	2018.6.15	中南林业科技大学	20170143	2017.3.1	胡希军、金晓玲、邢文、刘彩贤、张亚平、曾艳、刘晓玲
121	中石4号	文冠果	20180121	2018.6.15	中国林业科学研究院林业研究所、彰武县德亚文冠果专业合作社	20170188	2017.4.10	王利兵、崔德石、毕泉鑫、于海燕、崔天鹏
122	中石9号	文冠果	20180122	2018.6.15	中国林业科学研究院林业研究所、彰武县德亚文冠果专业合作社	20170189	2017.4.10	王利兵、崔德石、毕泉鑫、于海燕、崔天鹏
123	丽园珍珠1号	枣属	20180123	2018.6.15	河北农业大学、河北禾木丽园农业科技股份有限公司	20170190	2017.4.17	申连英、毛永民、王晓玲、赵海峰、申宣科、赵伟
124	丽园珍珠2号	枣属	20180124	2018.6.15	河北农业大学、河北禾木丽园农业科技股份有限公司	20170191	2017.4.17	申连英、毛永民、王晓玲、赵海峰、申宣科、赵伟
125	丽园珍珠3号	枣属	20180125	2018.6.15	河北农业大学、河北禾木丽园农业科技股份有限公司	20170192	2017.4.17	申连英、王晓玲、毛永民、赵海峰、申宣科、赵伟
126	丽园珍珠4号	枣属	20180126	2018.6.15	河北农业大学、河北禾木丽园农业科技股份有限公司	20170193	2017.4.17	申连英、王晓玲、毛永民、赵海峰、申宣科、赵伟
127	丽园珍珠5号	枣属	20180127	2018.6.15	中国林业科学研究院林业研究所、河北农业大学	20170194	2017.4.17	林富荣、郑勇奇、李斌、郭文英、黄平、申连英、毛永民、王晓玲
128	丽园珍珠6号	枣属	20180128	2018.6.15	中国林业科学研究院林业研究所、河北农业大学	20170195	2017.4.17	林富荣、郑勇奇、李斌、郭文英、黄平、申连英、毛永民、王晓玲
129	秋风爽	决明属	20180129	2018.6.15	中国林业科学研究院林业研究所	20170202	2017.5.3	李斌、郑勇奇、林富荣、郭文英、郑世楷、于淑兰
130	蒙树赤焰	卫矛属	20180130	2018.6.15	内蒙古和盛生态科技研究院有限公司	20170215	2017.5.4	赵泉胜、铁英、封卫平、刘洋、陈燕
131	丹霞升	槭属	20180131	2018.6.15	山东农业大学	20170220	2017.5.5	丰震、李承水、邢祥胜、王延玲、徐金莲、刘惠
132	彩蝶翻飞	槭属	20180132	2018.6.15	山东农业大学	20170221	2017.5.5	丰震、王延玲、李承水、刘毓、刘国兴、李存华、钱见平、齐新玲、马立敏、吕传青
133	风度翩翩	槭属	20180133	2018.6.15	山东农业大学	20170222	2017.5.5	丰震、刘毓、刘媛、王延玲、李承水、李存华、刘国兴、王利、刘惠、徐金莲
134	红精灵	槭属	20180134	2018.6.15	山东农业大学	20170223	2017.5.5	丰震、刘毓、王延玲、李承水、刘媛、李存华、李文芳、张朋、程甜甜、乔谦、任红剑
135	齐鲁红	槭属	20180135	2018.6.15	山东农业大学	20170224	2017.5.5	丰震、刘毓、王延玲、李承水、刘媛、李存华、徐超、安凯、杜晓茜、徐金莲

(续表)

序号	品种名称	所属属(种)	品种权号	授权日	品种权人	申请号	申请日	培育人
136	黄淮4号杨	杨属	20180136	2018.6.15	中国林业科学研究院林业研究所	20170225	2017.5.8	苏晓华、姜岳忠、黄秦军、董玉峰、王卫东
137	中雄1号杨	杨属	20180137	2018.6.15	中国林业科学研究院林业研究所	20170226	2017.5.8	苏晓华、姜岳忠、黄秦军、董玉峰、王卫东
138	中雄2号杨	杨属	20180138	2018.6.15	中国林业科学研究院林业研究所	20170227	2017.5.8	苏晓华、姜岳忠、黄秦军、董玉峰、王卫东
139	中雄3号杨	杨属	20180139	2018.6.15	中国林业科学研究院林业研究所	20170228	2017.5.8	苏晓华、王胜东、黄秦军、茼胜军、梁德军、丁昌俊
140	中雄4号杨	杨属	20180140	2018.6.15	中国林业科学研究院林业研究所	20170229	2017.5.8	苏晓华、王福森、李晶、黄秦军、丁昌俊、张伟溪
141	中雄5号杨	杨属	20180141	2018.6.15	中国林业科学研究院林业研究所	20170230	2017.5.8	苏晓华、黄秦军、丁昌俊、张伟溪
142	玉山鱼榧	榧树属	20180142	2018.6.15	陈红星、张苏炯、喻卫武	20170232	2017.5.11	陈红星、张苏炯、喻卫武、姚小华、马顺水、倪伟成
143	磐安长榧	榧树属	20180143	2018.6.15	陈红星、张苏炯、姚小华	20170235	2017.5.11	陈红星、张苏炯、姚小华、楼新良、叶很淼、张汝其
144	淀西灯火	山茶属	20180144	2018.6.15	上海市园林科学规划研究院、上海星源农业实验场	20170256	2017.5.23	张斌、张冬梅、张浪、周和达、蔡军林、尹丽娟、有祥亮、罗玉兰、陈香波、姚惠明
145	新潮头饰	山茶属	20180145	2018.6.15	上海市园林科学规划研究院、上海星源农业实验场	20170257	2017.5.23	周和达、张冬梅、张浪、蔡军林、尹丽娟、有祥亮、罗玉兰、陈香波、张斌、姚惠明
146	淀西风情	山茶属	20180146	2018.6.15	上海市园林科学规划研究院、上海星源农业实验场	20170258	2017.5.23	张冬梅、张浪、周和达、蔡军林、尹丽娟、有祥亮、罗玉兰、陈香波、张斌、姚惠明
147	鲁绿	槭属	20180147	2018.6.15	山东农业大学	20170263	2017.5.23	丰震、王延玲、于晓艳、刘国兴、李存华、李承水、任红剑、乔谦、安凯
148	兴旺	槭属	20180148	2018.6.15	山东农业大学	20170264	2017.5.23	丰震、刘毓、王延玲、李承水、李存华、任红剑、乔谦、安凯
149	花曲柳1号	白蜡树属	20180149	2018.6.15	山东省林业科学研究院	20170274	2017.6.1	吴德军、燕丽萍、刘翠兰、姚俊修、刘桂民、杨庆山、王开芳、臧真荣、任飞
150	花曲柳2号	白蜡树属	20180150	2018.6.15	山东省林业科学研究院	20170275	2017.6.1	燕丽萍、吴德军、刘翠兰、王因花、王开芳、李善文、任飞、李庆华、杨庆山
151	花曲柳3号	白蜡树属	20180151	2018.6.15	山东省林业科学研究院	20170276	2017.6.1	吴德军、燕丽萍、刘翠兰、王因花、臧真荣、王振猛、任飞、王开芳
152	紫箭	白蜡树属	20180152	2018.6.15	山东省林业科学研究院	20170277	2017.6.1	刘翠兰、燕丽萍、吴德军、杨庆山、王因花、藏真荣、刘桂民、姚俊修、王开芳
153	盐蜡	白蜡树属	20180153	2018.6.15	山东省林业科学研究院	20170281	2017.6.1	燕丽萍、吴德军、刘翠兰、王因花、杨庆山、姚俊修、李庆华、王开芳、李善文

国家林业和草原局关于公布 2018 年认定命名国家林业产业示范园区名单的通知

林改发〔2018〕71 号

各省、自治区、直辖市林业厅(局),内蒙古、吉林、龙江、大兴安岭森工(林业)集团公司,新疆生产建设兵团林业局,国家林业和草原局各司局、各直属单位:

按照《国家林业产业示范园区认定命名办法》(办改字〔2016〕127 号),经地方人民政府和省级林业主管部门申报、现场查验、专家评审、社会公示等环节,我局同意认定命名河北省曹妃甸林业产业示范园区等 15 家园区(名单见附件)为国家林业产业示范园区,现予以公布。

相关省级林草主管部门要加强对国家林业产业示范园区建设运行的监督指导,制定扶持政策,切实采取措施,把园区建成创新高效、配套齐全、效益良好的示范园区,形成可复制、可推广的经验做法,引导林业产业质量、效益提高和动能转换,促进区域经济发展和农民增收,带动林业产业集聚协调融合发展。

特此通知。

附件:2018 年认定命名国家林业产业示范园区名单

国家林业和草原局

2018 年 7 月 24 日

附件

2018 年认定命名国家林业产业示范园区名单

一、河北省

1. 国家曹妃甸林业产业示范园区
2. 国家平泉山杏产业示范园区
3. 国家文安人造板产业示范园区

二、江苏省

4. 国家邳州木制品产业示范园区

三、浙江省

5. 国家安吉竹产业示范园区

四、福建省

6. 国家永春香产业示范园区
7. 国家漳平户外木竹制品产业示范园区

五、江西省

8. 国家南康家具产业示范园区

六、山东省

9. 国家曹县家居产业示范园区
10. 国家寿光木材加工贸易示范园区

七、湖南省

11. 国家绥宁木竹产业示范园区
12. 国家新田林产工业示范园区
13. 国家桃江楠竹产业示范园区
14. 国家冷水滩林业产业示范园区

八、四川省

15. 国家青神竹编产业示范园区

国家林业和草原局公告

2018 年第 14 号

根据《中华人民共和国标准化法》、《深化标准化工作改革方案》和《林业标准化管理办法》的相关要求，经研究，我局决定废止《轮胎式木材装载机》等 70 项林业行业标准(汇总表见附件)。

特此公告。

附件：废止林业行业标准汇总表

国家林业和草原局
2018 年 9 月 4 日

附件

废止林业行业标准汇总表

序号	标准编号	标准名称
1	LY/T 1047—1991	轮胎式木材装载机
2	LY/T 1051—2008	园林机械排气污染物测试方法
3	LY/T 1122—1993	山楂丰产技术
4	LY/T 1138—1993	运材挂车承载装置型式和基本参数
5	LY/T 1139—1993	运材挂车承载装置技术条件
6	LY/T 1145—1993	松香包装桶
7	LY/T 1148—1993	装载机木材抓具
8	LY/T 1155—1994	油锯橡胶把套
9	LY/T 1181—1995	苏云金芽孢杆菌制剂
10	LY/T 1190—1996	垫板回送机组
11	LY/T 1199—2003	林业机械油锯台架试验方法
12	LY/T 1208—1997	椴木栽培黑木耳技术
13	LY/T 1329—1999	核桃丰产与坚果品质
14	LY/T 1333—1999	合成革用微晶纤维素
15	LY/T 1343—1999	林木种子检验仪器技术条件
16	LY/T 1367—1999	衬板抛光机
17	LY/T 1427—1999	分板机
18	LY/T 1428—1999	加湿机
19	LY/T 1444. 2—2015	林区木材生产能耗第 2 部分：油锯燃料消耗量
20	LY/T 1444. 3—2005	林区木材生产能耗第 3 部分：集材机械燃料消耗量
21	LY/T 1444. 4—2015	林区木材生产能耗第 4 部分：绞盘机装车燃料消耗量

(续表)

序号	标准编号	标准名称
22	LY/T 1444. 5—2005	林区木材生产能耗第 5 部分：汽车运材燃料消耗量
23	LY/T 1444. 6—2015	林区木材生产能耗第 6 部分：贮木场生产能源消耗量
24	LY/T 1449—1999	东北、内蒙古国有林区木材生产能耗森铁蒸汽机车燃料消耗量
25	LY/T 1473—2008	除铁器
26	LY/T 1478—1999	集材捆木索
27	LY/T 1484—1999	弯把锯
28	LY/T 1531—2012	东北、内蒙古国有林区林业企业能量平衡测试通则
29	LY/T 1557—2000	名特优经济林基地建设技术规程
30	LY/T 1577—2009	食用菌、山野菜干制品压缩块
31	LY/T 1595—2002	芯板横向拼缝机制造与验收技术条件
32	LY/T 1596—2002	芯板横向拼缝机参数
33	LY/T 1597—2002	芯板横向拼缝机精度
34	LY/T 1628—2005	黄脊竹蝗防治技术规程
35	LY/T 1661—2006	木瓜栽培技术规程
36	LY/T 1678—2014	食用林产品产地环境通用要求
37	LY/T 1684—2007	森林食品总则
38	LY/T 1696—2007	姬松茸
39	LY/T 1702—2007	石榴栽培技术规程
40	LY/T 1748—2008	樱桃李栽培技术规程
41	LY/T 1768—2008	山核桃产品质量要求

（续表）

序号	标准编号	标准名称
42	LY/T 1771—2008	刺五加培育技术规程
43	LY/T 1777—2008	森林食品质量安全通则
44	LY/T 1778—2008	平贝母栽培技术规程
45	LY/T 1781—2008	甜樱桃贮藏保鲜技术规程
46	LY/T 1782—2008	无公害干果
47	LY/T 1799—2008	沙发松紧带自动张紧机
48	LY/T 1802—2008	水泥(石膏)刨花板压机通用技术条件
49	LY/T 1804—2008	石膏刨花板生产线验收通则
50	LY/T 1811—2008	定向刨花板生产线验收通则
51	LY/T 1838—2009	光皮树果实制油技术规程
52	LY/T 1839—2009	灌木铡粉机
53	LY/T 1841—2009	猕猴桃贮藏技术规程
54	LY/T 1907—2010	马尾松花粉生产技术规程
55	LY/T 1909—2010	美国黑核桃栽培技术规程
56	LY/T 1910—2010	食用桂花栽培技术规程

（续表）

序号	标准编号	标准名称
57	LY/T 1964—2011	酸枣
58	LY/T 1989—2011	园林机械坐骑式草坪割草机安全使用规程
59	LY/T 2035—2012	杏李生产技术规程
60	LY/T 2038—2012	橄榄丰产栽培技术规程
61	LY/T 2040—2012	北方杏鲍菇栽培技术规程
62	LY/T 2042—2012	九叶青花椒丰产栽培技术规程
63	LY/T 2048—2012	葎叶蛇葡萄育苗技术规程
64	LY/T 2115—2013	油茶饼粕有机肥
65	LY/T 2124—2013	人心果栽培技术规程
66	LY/T 2129—2013	甜樱桃栽培技术规程
67	LY/T 2132—2013	猴头菇干制品
68	LY/T 2343—2014	青梅生产技术规程
69	LY/T 2641—2016	杜仲雄花园营建技术规程
70	LY/T 2704—2016	杜仲种仁质量等级

国家林业和草原局公告

2018 年第 18 号

国家林业和草原局批准发布《林业及相关产品分类》等 120 项林业行业标准(见附件)，自 2019 年 5 月 1 日起实施。

特此公告。

附件 ：《林业及相关产品分类》等 120 项林业行业标准目录

国家林业和草原局
2018 年 12 月 29 日

附件

《林业及相关产品分类》等 120 项林业行业标准目录

序号	标准编号	标准名称	代替标准号
1	LY/T 2987—2018	林业及相关产品分类	
2	LY/T 2988—2018	森林生态系统碳储量计量指南	
3	LY/T 2989—2018	城市生态系统定位观测研究站建设技术规范	
4	LY/T 2990—2018	城市生态系统定位观测指标体系	
5	LY/T 2991—2018	煤矸石山生态修复综合技术规范	
6	LY/T 2992—2018	长江以北海岸带盐碱地造林技术规程	
7	LY/T 2994—2018	石漠化治理监测与评价规范	
8	LY/T 2995—2018	植物纤维阻沙固沙网	
9	LY/T 2996—2018	活沙障技术规程	
10	LY/T 2997—2018	高寒区沙化土地综合治理技术标准	
11	LY/T 2999—2018	中国森林认证野生动物饲养管理　操作指南	
12	LY/T 3000—2018	植物新品种特异性、一致性、稳定性测试指南　银杏	
13	LY/T 3001—2018	植物新品种特异性、一致性、稳定性测试指南　木瓜属	
14	LY/T 3002—2018	植物新品种特异性、一致性、稳定性测试指南　圆柏属	
15	LY/T 3003—2018	植物新品种特异性、一致性、稳定性测试指南　杉木属	
16	LY/T 3004.1—2018	核桃标准综合体　第 1 部分　核桃名词术语	LY/T 1329—1999 LY/T 1883—2010 LY/T 1884—2010 LY/T 2531—2015
	LY/T 3004.2—2018	核桃标准综合体　第 2 部分　核桃良种选育标准	
	LY/T 3004.3—2018	核桃标准综合体　第 3 部分　核桃嫁接苗培育和分级标准	
	LY/T 3004.4—2018	核桃标准综合体　第 4 部分　核桃优质丰产栽培技术规程	
	LY/T 3004.5—2018	核桃标准综合体　第 5 部分　核桃改劣换优技术规程	
	LY/T 3004.6—2018	核桃标准综合体　第 6 部分　核桃采收和采后处理	
	LY/T 3004.7—2018	核桃标准综合体　第 7 部分　核桃坚果丰产指标	
	LY/T 3004.8—2018	核桃标准综合体　第 8 部分　核桃坚果质量及检测	

（续表）

序号	标准编号	标准名称	代替标准号
17	LY/T 3005.1—2018	杜仲综合体　第 1 部分　良种选育技术规程	LY/T 1561—2015 LY/T 2641—2016 LY/T 2642—2016 LY/T 2704—2016
	LY/T 3005.2—2018	杜仲综合体　第 2 部分　采穗圃营建技术规程	
	LY/T 3005.3—2018	杜仲综合体　第 3 部分　嫁接育苗技术规程	
	LY/T 3005.4—2018	杜仲综合体　第 4 部分　果用杜仲栽培技术规程	
	LY/T 3005.5—2018	杜仲综合体　第 5 部分　雄花用杜仲栽培技术规程	
	LY/T 3005.6—2018	杜仲综合体　第 6 部分　材药兼用杜仲栽培技术规程	
	LY/T 3005.7—2018	杜仲综合体　第 7 部分　叶用杜仲栽培技术规程	
	LY/T 3005.8—2018	杜仲综合体　第 8 部分　剥皮再生技术规程	
	LY/T 3005.9—2018	杜仲综合体　第 9 部分　种仁质量等级	
18	LY/T 3006—2018	辣木籽质量等级	
19	LY/T 1207—2018	黑木耳块生产技术规程	LY/T 1207—2007
20	LY/T 3007—2018	油橄榄低产园改造技术规程	
21	LY/T 3008—2018	经济林品种区域试验技术规程	
22	LY/T 3009—2018	经济林嫁接方法	
23	LY/T 3010—2018	麻核桃坚果评价技术规范	
24	LY/T 3011—2018	榛仁质量等级	
25	LY/T 1747—2018	杨梅质量等级	LY/T 1747—2008
26	LY/T 1780—2018	干制红枣质量等级	LY/T 1780—2008
27	LY/T 2135—2018	石榴质量等级	LY/T 2135—2013
28	LY/T 1741—2018	酸角果实	LY/T 1741—2008
29	LY/T 1919—2018	元蘑干制品	LY/T 1919—2010
30	LY/T 1963—2018	澳洲坚果果仁	LY/T 1963—2011
31	LY/T 1921—2018	红松松籽	LY/T 1921—2010
32	LY/T 3012—2018	室内空气净化用活性炭	
33	LY/T 3013—2018	木质活性炭中氯化物和硫酸盐的测定　离子色谱法	
34	LY/T 3014—2018	杏壳净水用活性炭	
35	LY/T 3015—2018	塔拉粉	
36	LY/T 1041—2018	林业机械　苗圃筑床机	LY/T 1041—2011
37	LY/T 3016—2018	林业机械　履带式挖树机	
38	LY/T 3017—2018	园林机械　坐骑式果岭打药机	
39	LY/T 3018—2018	园林机械　以锂离子电池为动力源的旋刀步进式草坪修剪机	
40	LY/T 3019—2018	林业机械　以汽油机为动力的便携式割灌机和割草机　切割效率和切割燃油消耗率测试方法	
41	LY/T 3020—2018	园林机械　以锂离子电池为动力源的手持式绿篱修剪机	
42	LY/T 3021—2018	园林机械　以锂离子电池为动力源的便携式割灌机和割草机	
43	LY/T 3022—2018	园林机械　以锂离子电池为动力源的手持式链锯	
44	LY/T 3023—2018	园林机械　以锂离子电池为动力源的便携式吹、吸及吹吸风机	
45	LY/T 3024—2018	林业机械　带支架的可移动手持式挖坑机	
46	LY/T 3025—2018	多功能森林消防车	
47	LY/T 3026—2018	落叶松鞘蛾防治技术规程	

(续表)

序号	标准编号	标准名称	代替标准号
48	LY/T 3027—2018	沙鼠防治技术规程	
49	LY/T 3028—2018	无人机释放赤眼蜂技术指南	
50	LY/T 3029—2018	杨树烂皮病防治技术规程	
51	LY/T 3030—2018	松毛虫监测预报技术规程	
52	LY/T 3031—2018	竹卵圆蝽综合防治技术规程	
53	LY/T 1157—2018	檩材	LY/T 1157—2008
54	LY/T 1158—2018	椽材	LY/T 1158—2008
55	LY/T 1656—2018	实木包装箱板	LY/T 1656—2006
56	LY/T 3032—2018	废弃木质材料储存保管规范	
57	LY/T 3033—2018	户外用木材涂料人工老化试验方法	
58	LY/T 3034—2018	树脂浸渍改性木材生产通用技术要求	
59	LY/T 3035—2018	车削类工具木柄	
60	LY/T 3036—2018	阻燃木质材料吸湿性试验方法	
61	LY/T 3037—2018	乙酰化木材	
62	LY/T 3038—2018	结构用木质材料术语	
63	LY/T 3039—2018	正交胶合木	
64	LY/T 3040—2018	齿板连接性能测试方法	
65	LY/T 3041—2018	木结构金属紧固件连接循环荷载性能测试方法	
66	LY/T 3042—2018	民族乐器锯材　柳琴用材	
67	LY/T 3043—2018	民族乐器锯材阮用材	
68	LY/T 1700—2018	地采暖用木质地板	LY/T 1700—2007
69	LY/T 3044—2018	人造板防腐性能评价	
70	LY/T 3045—2018	人造板生产生命周期评价技术规范	
71	LY/T 3046—2018	油茶林下经济作物种植技术规程	
72	LY/T 3047—2018	日本落叶松纸浆林定向培育技术规程	
73	LY/T 3048—2018	麻栎炭用林培育技术规程	
74	LY/T 3049—2018	任豆丰产林栽培技术规程	
75	LY/T 3050—2018	辣木栽培技术规程	
76	LY/T 3051—2018	锥栗栽培技术规程	
77	LY/T 3052—2018	桑树栽培技术规程	
78	LY/T 3053—2018	核桃楸油料林栽培技术规程	
79	LY/T 3054—2018	榆叶梅油料林栽培技术规程	
80	LY/T 3055—2018	红豆树苗木培育技术规程	
81	LY/T 3056—2018	紫檀培育技术规程	
82	LY/T 3057—2018	‘清香’核桃嫁接育苗技术规程	
83	LY/T 3058—2018	紫薇扦插育苗技术规程	
84	LY/T 3059—2018	矮牵牛种苗生产技术规程	
85	LY/T 3060—2018	一串红种苗生产技术规程	
86	LY/T 3061—2018	樟树嫩枝扦插育苗技术规程	
87	LY/T 3062—2018	芳樟扦插采穗圃营建技术规程	

（续表）

序号	标准编号	标准名称	代替标准号
88	LY/T 3063—2018	干旱荒漠区樟子松育苗技术规程	
89	LY/T 3064—2018	平枝栒子育苗技术规程	
90	LY/T 3065—2018	水栒子播种育苗技术规程	
91	LY/T 3066—2018	湿地松嫩枝扦插育苗技术规程	
92	LY/T 3067—2018	崖柏播种和扦插育苗技术规程	
93	LY/T 3068—2018	毛梾育苗技术规程	
94	LY/T 3069—2018	欧洲花楸播种育苗技术规程	
95	LY/T 3070—2018	柳树培育技术规程	
96	LY/T 3071—2018	刺槐硬枝扦插育苗技术规程	
97	LY/T 3072—2018	秋枫播种育苗技术规程	
98	LY/T 3073—2018	古树名木管护技术规程	
99	LY/T 3074—2018	沙棘种质资源异地保存库营建技术规程	
100	LY/T 3075—2018	锈色粒肩天牛检疫技术规程	
101	LY/T 1011—2018	摆动筛	LY/T 1011—2001
102	LY/T 1031—2018	人造板生产用螺旋输送机	LY/T 1031—1991
103	LY/T 1098—2018	网带式单板干燥机 网带	LY/T 1098—1993
104	LY/T 1141—2018	成叠单板剪板机	LY/T 1141—1993
105	LY/T 1168—2018	辊筒运输机	LY/T 1168—1995
106	LY/T 1334—2018	磨刀机	LY/T 1334—2002 LY/T 1335—2002 LY/T 1336—2002
107	LY/T 1361—2018	单板挖补机	LY/T 1361—1999
108	LY/T 1423—2018	木材工业用旋风分离器	LY/T 1423—2002 LY/T 1424—2002
109	LY/T 1454—2018	人造板机械精度检验通则	LY/T 1454—1999
110	LY/T 1458—2018	单板铣边机	LY/T 1458—1999 LY/T 1459—1999 LY/T 1460—1999
111	LY/T 1455—2018	单板拼缝机	LY/T 1455—1999 LY/T 1456—1999 LY/T 1457—1999
112	LY/T 3076—2018	木地板包装设备	
113	LY/T 3077—2018	拼装式门扇榫卯加工机	
114	LY/T 3078—2018	木门门套组合加工机	
115	LY/T 3079—2018	连续式预压机	
116	LY/T 3080—2018	竹片剖切机	
117	LY/T 3081—2018	数控门扇生产线验收通则	
118	LY/T 3082—2018	复合式旋切机	
119	LY/T 3083—2018	C 型竹筷加工机	
120	LY/T 3084—2018	木质板件贴面热压机	

中国林业产业综述与行业篇

OVERVIEW OF CHINA'S FOREST INDUSTRY

2018 年全国林业统计年报数据及分析报告

【概　述】 2018 年是“十三五”规划和全面建成小康社会决胜阶段的关键之年，也是党和国家机构改革调整之年。草原和国家公园等自然保护地管理职能纳入国家林业和草原局后，全国林业和草原系统深入学习贯彻党的十九大精神和习近平新时代中国特色社会主义思想，按照党中央、国务院的决策部署，全面深化林业草原改革，积极推进国土绿化进程，着力提升林业草原发展质量效益，加强以国家公园为主体的自然保护地建设，林业草原经济稳中有增、运行良好。

【国土绿化与重点工程】

营造林任务全面完成 按照 2018～2020 年全国营造林生产滚动计划，2018 年造林任务 10100 万亩，森林抚育任务 12000 万亩。2018 年全国共完成造林面积 10949 万亩，完成森林抚育面积 13014 万亩，两项任务超额完成全年计划任务。

2018 年，造林面积超过 500 万亩的共有 9 个省份，分别是河北、内蒙古、湖南、四川、甘肃、云南、陕西、贵州和山西。

分方式和林种看，人工造林和退化林修复是造林的重要手段，2018 年共完成 7511 万亩，占全部造林面积的 68.60%。人工造林按林种主导功能分，防护林所占比重最大，面积达到 2789 万亩；经济林面积达到 1812 万亩；用材林面积达到 884 万亩。

国家林业重点生态工程 2018 年，国家林业重点生态工程完成造林面积 3665 万亩，占全部造林面积的 33.47%。草原重点生态工程建设加快推进，安排中央预算内资金 20 亿元，安排围栏建设任务 3107 万亩、退化草原改良 369 万亩、人工饲草地建设 89 万亩、舍饲棚圈建设 5.9 万亩、黑土滩治理 35 万亩、毒害草治理 100 万亩、岩溶地区草地治理 74 万亩。

森林抚育 2018 年，全年共完成森林抚育面积 13014 万亩，比 2017 年减少 2.04%。其中有 7 个省份森林抚育面积超 700 万亩，分别是广西、新疆、内蒙古、黑龙江、安徽、广东和湖南，7 省份森林抚育完成面积占全国森林抚育完成面积的一半。

森林质量精准提升工程 2018 年，在继续开展第一批森林质量精准提升工程示范项目的基础上，启动第二批 30 个森林质量精准提升工程示范项目，中央投资 13.04 亿元，安排造林及退化林修复建设任务 284.75 万亩，森林抚育任务 441 万亩。全年完成退化林修复面积 1994 万亩，比 2017 年增长 3.76%。在人工造林、退化林修复过程中注重优先营造混交林，全年新造和改造混交林面积 1418 万亩。

林木种苗 2018 年，全国苗木生产总量 646.38 亿株，可供当年造林绿化苗木 434 亿株。

【林业草原投资】

林业投资完成额 2018 年，全国林业投资完成额达到 4817 亿元，与 2017 年基本持平。其中：国家资金(含中央资金和地方资金)达到 2432 亿元，比 2017 年增长 7.67%。从资金来源看，在全部林业投资完成额中，中央财政资金、地方财政资金和社会资金(含国内贷款、企业自筹等其他社会资金)的结构比约为 1∶1∶2。国家资金(含中央资金和地方资金)为 2432 亿元，投资重点用于造林抚育与森林质量提升等生态建设与保护项目，占全部林业投资完成额的 50.49%。国内贷款、企业自筹、利用外资等其他社会资金实际完成投资 2385 亿元，其中 74.51%的资金用于木竹制品加工制造、林下经济、林业旅游休闲康养等重点林业产业发展领城。2018 年，林业实际利用外资金额 2.61 亿美元，比 2017 年降低 20.18%，占全国实际使用外资（FDI）金额(1350 亿美元)的 0.2%。从建设内容看，在全部林业投资完成额中，用于生态建设与保护方面的投资为 2126 亿元，用于林业产业发展方面的资金为 1926 亿元，用于林木种苗、森林防火、有害生物防治、林业公共管理等林业支撑与保障方面的投资为 608 亿元，用于林业社会性基础设施建设等其他资金 157 亿元。

中央林业草原资金投入规模 2018 年，林业和草原投入中央资金共计 1299.88 亿元，其中：中央预算内资金 217.5 亿元，中央财政专项资金 1082.38 亿元。

注：1 亩≈0.067 公顷。

【林业草原产业规模与结构】 2018 年，我国林业产业受整体经济形势影响增速有所放缓，但以森林旅游为主的林业第三产业仍然保持快速发展的势头，林业产业结构进一步优化。全国天然草原鲜草总产较 2017 年增长 3.24%，载畜能力增长 3.32%。

林业产业规模 2018 年，林业产业总产值达到 76272 亿元（按现价计算），比 2017 年增长 7.02%，增速放缓 2.78 个百分点。

分地区看，东部地区林业产业总产值为 33114 亿元，中部地区林业产业总产值为 19606 亿元，西部地区林业产业总产值 19488 亿元，东北地区林业产业总产值为 4064 亿元。受我国整体经济形势影响，各地区增速均有所放缓，但中、西部地区林业产业增长势头依然强劲，增速分别达到 8.84% 和 12.04%。东部地区林业产业总产值所占比重最大，占全部林业产业总产值的 43.42%。受国有林区天然林商业采伐全面停止和森工企业转型影响，东北地区林业产业总产值连续四年出现负增长。

林业产业总产值超过 4000 亿元的省份共有 9 个，分别是广东、山东、福建、广西、浙江、江苏、湖南、江西和安徽，与 2017 年相比增加安徽省，其中广东省林业产业总产值独占鳌头，是林业产业总产值唯一超过 8000 亿元的地区。

林业产业结构 分产业看，超过万亿元的林业支柱产业分别是经济林产品种植与采集业、木材加工及木竹制品制造业和以森林旅游为主的林业旅游与休闲服务业，产值分别达到 14492 亿元、12816 亿元和 13044 亿元，森林旅游产值首次超过木材加工。以森林旅游为主的林业第三产业增速最快，林业旅游与休闲服务业产值增速达 15.38%，全年林业旅游和休闲的人数达到 36.6 亿人次，比 2017 年增加 5.6 亿人次。林业三次产业结构比进一步得到优化，由 2017 年的 33 ∶ 48 ∶ 19 调整为 32 ∶ 46 ∶ 22，第三产业比重增加 3 个百分点。

【林业草原产品产量和服务】 2018 年，全国商品材产量比 2017 年增长 4.92%；各类经济林产品产量达到 1.81 亿吨；全国人造板产量保持稳定，与 2017 年基本持平；林化产品产量下降幅度较大；林业旅游与休闲人次显著增加；全国天然草原鲜草总产量连续 8 年超过 10 亿吨。

木材生产情况 2018 年，全国商品材总产量为 8811 万立方米，比 2017 年增长 4.92%。全国农民自用材采伐量 446 万立方米，农民烧材采伐量 1642 万立方米。

竹材生产情况 2018 年，大径竹产量为 31.55 亿根，比 2017 年增长 15.99%，其中毛竹 16.95 亿根，其他直径在 5 厘米以上的大径竹 14.60 亿根。竹产业产值达 2456 亿元。

各类经济林产品生产情况 2018 年，全国各类经济林产品产量达到 1.81 亿吨，比 2017 年减少 3.72%。从产品类别看，水果产量 14915 万吨，干果产量 1163 万吨，林产饮料 247 万吨，花椒、八角等林产调料产品 83 万吨，食用菌、竹笋干等森林食品 383 万吨，杜仲、枸杞等木本药材 364 万吨，核桃、油茶等木本油料 677 万吨，松脂、油桐等林产工业原料 248 万吨。木本油料产品增长较快，其中油茶籽产量 263 万吨，种植面积达到 6405 万亩，年产值达 1024 亿元。

花卉苗木生产情况 2018 年，花卉种植面积 2445 万亩，花卉及观赏苗木产业产值达到 2614 亿元。观赏苗木 117 亿株，切花切叶 177 亿支，盆栽植物 56 亿盆。花卉市场 4162 个，花卉企业 5 万家。花卉产业从业人员 523 万人。

人造板生产情况 2018 年，全国人造板总产量为 29909 万立方米，比 2017 年增长 1.43%。其中：胶合板 17898 万立方米，纤维板 6168 万立方米，刨花板产量 2732 万立方米，其他人造板 3111 万立方米（细木工板占 53%）。

木竹地板生产情况 2018 年，木竹地板产量为 7.89 亿平方米，比 2017 年减少 4.44%，其中：实木地板 1.17 亿平方米，实木复合地板 2.03 亿平方米，强化木地板（浸渍纸层压木质地板）3.94 亿平方米，竹地板等其他地板 7493 万平方米。

林化产品生产情况 2018 年，全国松香类产品产量 142 万吨，比 2017 年减少 14.46%。松节油类产品产量 24 万吨，樟脑产量 1.9 万吨，栲胶类产品产量 3165 吨。木炭、竹炭等木竹热解产品产量 146 万吨。

林业旅游发展情况 2018 年，全国林业旅游与休闲产业继续保持健康发展态势，达 36.6 亿人次，比 2017 年增加 5.6 亿人次。其中：全国森林旅游人数达 16 亿人次，同比增长 15%，接待床位总数 250 万张，接待餐位总数 530 万个。

草产品采集和草产量情况 2018 年，全国天然草原鲜草总产量 109942.02 万吨（较 2017 年增长 3.24%），折合干草约 33930.75 万吨，载畜能力约为 26717.12 万羊单位，均较 2017 年增长 3.32%。其中 23 个重点省份鲜草总产量达 102479.65 万吨，占全国总产量的 93.21%。全国共采集甘草 69422.8 吨，与 2017 年相比增加 24413.3 吨；采集麻黄草 13440.5 吨，与 2017 年相比增加 7294.6 吨；采集冬虫夏草 146.04 吨，与 2017 年相比减少 95.44 吨。 （国家林业和草原局规划财务司）

【2018 年全国林业产业统计表】

表 1　2018 年各地区林业

（按现行

地区	合计	涉　林		
		合计	其中:湿地产业	林木育种和育苗
全国合计	**245808400**	**233237826**	**2854968**	**24017953**
北　京	1506054	1506054	—	97398
天　津	327286	327286	—	5224
河　北	6913266	6897998	4110	585522
山　西	3697276	3680468	328	772228
内蒙古	2000547	1845472	16079	356732
内蒙古集团	242864	236179		3462
辽　宁	6331114	6235811	122089	545819
吉　林	3772380	3469179	—	261601
吉林集团	234728	226168	—	2509
长白山集团	216369	182287	—	2921
黑龙江	6316767	4435017	4713	452734
龙江集团	2236581	1034162	—	9945
上　海	366382	366382	—	2369
江　苏	11594763	11248001	287686	2341330
浙　江	10071035	10060868	2710	2119680
安　徽	11616059	11266058	208038	1406406
福　建	9296486	9250415	2704	163058
江　西	11951934	11099600	71226	1142818
山　东	24166237	24032683	53430	6116329
河　南	10094800	9865122	220	721046
湖　北	11885476	11197685	206939	849402
湖　南	15250786	13989755	1040990	1262032
广　东	9934785	9803370	342971	142021
广　西	19550093	16383559	5118	546472
海　南	3196309	3196039	—	14289
重　庆	5199893	5051183	160447	317042
四　川	14438460	13336326	39158	509575
贵　州	8855188	7900918	206012	614632
云　南	13395340	13036737	77243	389026
西　藏	294891	294891	—	31951
陕　西	10348411	10301460	1200	1320261
甘　肃	3743224	3603550	544	188387
青　海	493314	493314	458	27778
宁　夏	764420	763920	—	98891
新　疆	8009992	8006398	555	611234
新疆兵团	2672486	2672486	—	32061
大兴安岭	425432	292307	—	4666

注:本表中“内蒙古集团”“吉林集团”“长白山集团”“龙江集团”分别指内蒙古大兴安岭重点国有林管理局、吉林森工集团、长白山森工集

第一产业产值

价格计算）

单位:万元

产 业					林业系统非林产业
营造林	木材和竹材采运	经济林产品的种植与采集	花卉及其他观赏植物种植	陆生野生动物繁育与利用	
20653585	**12416766**	**144920194**	**26140638**	**5088690**	**12570574**
852771	10187	413607	124600	7491	—
98682	13085	193678	16617	—	—
1336581	58467	4425799	346167	145462	15268
916889	13832	1934978	37217	5324	16808
885080	32531	503727	16003	51399	155075
206326	445	6954	6	18986	6685
297904	112049	4364357	229948	685734	95303
244535	115784	2334146	61670	451443	303201
105275	20727	92586	385	4686	8560
61311	10482	78171	62	29340	34082
279004	40552	3275985	46378	340364	1881750
170984	713	844130	27	8363	1202419
58325	1157	230931	73600	—	—
848635	943463	4533217	2527712	53644	346762
325006	407753	6511639	498725	198065	10167
1515017	771389	6043569	1336370	193307	350001
358577	1691087	5349522	1504245	183926	46071
960916	729072	6108719	1984034	174041	852334
719044	402491	13296057	2877839	620923	133554
708694	265932	5481639	2413184	274627	229678
882789	244615	7227587	1697232	296060	687791
1986752	730115	7572728	2106192	331936	1261031
425479	902128	5962127	2333177	38438	131415
1213666	2872953	9915553	1506992	327923	3166534
113969	108818	2490059	437697	31207	270
696930	135324	3359575	488603	53709	148710
924187	725509	9051547	1831932	293576	1102134
825389	351385	5570263	457815	81434	954270
717243	681020	10235624	853967	159857	358603
207413	153	54258	1116	—	—
759073	33218	7857835	266870	64203	46951
370740	3047	3017260	20963	3153	139674
123972	264	335022	—	6278	—
163773	—	469215	31848	193	500
667737	19386	6695931	11786	324	3594
313785	3942	2315308	7340	50	—
168813	—	104040	139	14649	133125

团、龙江森工集团。下同。

表 2　2018 年各地区林业

(按现行

地区	合计	涉　林		
		合计	其中:湿地产业	木材加工和木、竹、藤、棕、苇制品制造
全国合计	**349958761**	**342627902**	**2122303**	**128158726**
北　京	243	243	—	—
天　津	—	—	—	—
河　北	6565839	6554780	—	3434968
山　西	628401	599257	—	94245
内蒙古	1669769	1617199	—	1438611
内蒙古集团	41506	1652	—	—
辽　宁	2899466	2865450	1000	1299405
吉　林	7786998	7485578	42117	2613330
吉林集团	441686	382378	—	282597
长白山集团	105751	43852	—	42620
黑龙江	4575747	2857437	265	1360313
龙江集团	1723605	479024	—	218735
上　海	2687200	2687200	—	487200
江　苏	28935517	27797510	1238936	17737650
浙　江	26493789	26489366	200	7298939
安　徽	18766804	18401382	127358	11061932
福　建	40039672	40004670	1126	13082546
江　西	21205434	20334007	7480	4026261
山　东	37972984	37895314	7420	21512306
河　南	7893605	7855394	—	3591940
湖　北	12755229	12292881	147501	3951431
湖　南	15786612	14825652	357187	4888108
广　东	53311612	53304926	1593	5297437
广　西	30356465	29970210	10893	18114017
海　南	2758390	2756420	—	260444
重　庆	3689380	3663722	5327	1005448
四　川	9977274	9695597	1445	2496556
贵　州	3961577	3887896	136102	1078452
云　南	5959590	5657746	36353	1748899
西　藏	3342	3342	—	460
陕　西	1345835	1324207	—	215894
甘　肃	236703	235158	—	6370
青　海	96961	96961	—	—
宁　夏	558996	558996	—	—
新　疆	864347	861777	—	46708
新疆兵团	15264	15264	—	795
大兴安岭	174980	47624	—	8856

第二产业产值
价格计算）

单位：万元

产　业						
木、竹、藤家具制造	木、竹、苇浆造纸和纸制品	林产化学产品制造	木质工艺品和木质文教体育用品制造	非木质林产品加工制造业	其他	林业系统非林产业
63560469	**66465191**	**6025110**	**8490306**	**58241270**	**11686830**	**7330859**
—	—	—	—	243	—	—
—	—	—	—	—	—	—
586920	27549	40034	13074	2396575	55660	11059
30224	600	1120	144	444819	28105	29144
14302	38377	3000	115	68363	54431	52570
—	—	—	—	1652	—	39854
569547	191186	3491	49195	651438	101188	34016
566257	497740	13052	27606	3611274	156319	301420
2392	—	10379	—	74351	12659	59308
79	—	—	—	182	971	61899
424443	271158	2224	82697	462107	254495	1718310
66756	31781	—	9087	41030	111635	1244581
1200000	1000000	—	—		—	—
2110899	4075141	429031	265304	2626682	552803	1138007
4820492	9300969	150634	2409713	2308740	199879	4423
2349952	629160	144725	618540	3281777	315296	365422
5833834	8601325	1094855	1432125	8115895	1844090	35002
12853087	446471	767026	288376	1759088	193698	871427
3200786	4960410	—	1836279	6144985	240548	77670
1298935	952968	22492	170439	1508978	309642	38211
1996742	1976142	52104	116500	3090176	1109786	462348
1889218	2402626	310148	334708	3758940	1241904	960960
17107354	22761938	719876	188868	6335081	894372	6686
1849263	3517119	1667187	210498	2310481	2301645	386255
36897	2167733	639	80041	210556	110	1970
1088033	749234	10636	109749	408988	291634	25658
3190794	1360074	159059	69643	1651962	767509	281677
292278	245323	47190	155320	1890310	179023	73681
190937	250659	381241	28484	2781204	276322	301844
850		—	—	—	2032	—
51275	39144	1200	2710	858799	155185	21628
6881	—		178	211515	10214	1545
—	—	—	—	54483	42478	—
	—	—	—	557800	1196	—
269	2145	200	—	705557	106898	2570
269	—	200	—	14000	—	—
—	—	3946	—	34454	368	127356

表3　2018年各地区林业第三产业产值
(按现行价格计算)

单位:万元

地区	合计	涉林产业							林业系统非林产业
		合计	其中:湿地产业	林业生产服务	林业旅游与休闲服务	林业生态服务	林业专业技术服务	林业公共管理及其他组织服务	
全国合计	**166960429**	**155691645**	**4032956**	**6079008**	**130437115**	**10323153**	**2667809**	**6184560**	**11268784**
北　京	476610	450009	—	27859	233314	111395	6424	71017	26601
天　津	2107	2107	—	—	2107	—	—	—	—
河　北	1058269	997194	23	53384	779163	40579	25687	98381	61075
山　西	649685	622097	3244	38442	313774	137802	5793	126286	27588
内蒙古	1335093	1071632	2382	92398	762326	88130	26593	102185	263461
内蒙古集团	306855	53499	—	17797	7921	10297	9369	8115	253356
辽　宁	1750757	1658707	4005	25490	1469494	123271	7440	33012	92050
吉　林	2421395	1840414	1020	61400	1474174	136490	28358	139992	580981
吉林集团	381253	120285	—	14687	29061	65439	1140	9958	260968
长白山集团	376201	105345	—	16340	22427	19652	1810	45116	270856
黑龙江	3792452	2021304	48333	40314	1529016	95536	17265	339173	1771148
龙江集团	2392858	784119	3510	3550	707757	15411	4068	53333	1608739
上　海	217008	217008	—	—	131769	82759	—	2480	—
江　苏	6859617	6737667	402882	614279	4561507	670087	232286	659508	121950
浙　江	12415384	12336624	141615	87910	11133093	317237	131336	667048	78760
安　徽	10062766	9673882	156958	409527	7204067	1204155	238677	617456	388884
福　建	9901540	9837389	2245	112166	9479100	101225	34428	110470	64151
江　西	11868288	11676425	112820	456375	9371894	1376837	151337	319982	191863
山　东	5219271	4867101	293103	249105	3669274	441061	289804	217857	352170
河　南	3131615	3093281	23464	80644	2265895	546636	64528	135578	38334
湖　北	13280639	12895851	92101	1200575	9105052	1797866	247979	544379	384788
湖　南	15532372	14404123	838690	769523	11000026	1348015	606225	680334	1128249
广　东	18429371	18328069	644400	19608	18029610	243859	3945	31047	101302
广　西	7175893	5633394	342255	595149	4421355	193823	155230	267837	1542499
海　南	430209	428279	156	2661	339479	23166	2688	60285	1930
重　庆	3716649	3580013	208636	59099	3074192	288729	60208	97785	136636
四　川	12992518	11567220	46421	165816	11039914	217517	95694	48279	1425298
贵　州	17283235	15687594	627935	533784	14609609	339812	54022	150367	1595641
云　南	2853021	2227323	31049	205356	1508562	196033	94596	222776	625698
西　藏	60660	60660	—	—	60660	—	—	—	—
陕　西	1511862	1426984	5500	45328	1097889	160446	28839	94482	84878
甘　肃	822786	770983	200	43771	513179	21935	23781	168317	51803
青　海	85064	85064	872	—	84080	984	—	—	—
宁　夏	300290	295247	—	44951	249596	469	120	111	5043
新　疆	928175	920104	—	23135	726564	12586	33107	124712	8071
新疆兵团	51784	51064	—	20	50914	—	—	130	720
大兴安岭	395828	277896	2647	20959	197381	4713	1419	53424	117932

表 4　2018 年各地区主要木材、竹材产品产量

地区	原木（万立方米）	薪材（万立方米）	农民烧材采伐量（万立方米）	毛竹（万根）	小杂竹（万吨）
全国合计	**8088.70**	**722.17**	**1641.59**	**169512.52**	**2185.65**
北　京	13.46	0.33	0.16	—	—
天　津	19.75	—	—	—	—
河　北	70.78	16.64	0.36	—	—
山　西	20.58	5.39	0.01	—	—
内蒙古	65.86	8.68	—	—	—
内蒙古集团	0.88	0.04	—	—	—
辽　宁	149.74	21.22	1.76	—	—
吉　林	162.75	2.72	—	—	—
吉林集团	21.82	0.46	—	—	—
长白山集团	12.41	0.14	—	—	—
黑龙江	63.35	7.23	0.00	—	—
龙江集团	1.33	0.09	—	—	—
上　海	—	—	—	—	0.00
江　苏	124.60	9.26	2.28	444.99	2.98
浙　江	119.37	4.05	2.05	19588.60	53.70
安　徽	394.72	55.78	50.51	12865.12	200.51
福　建	527.15	53.07	788.04	60131.00	105.34
江　西	251.84	5.17	52.06	18213.55	39.47
山　东	407.44	66.82	2.30	—	—
河　南	236.48	21.88	15.77	118.24	8.05
湖　北	180.70	29.06	29.54	2834.23	10.74
湖　南	265.51	20.56	31.93	17852.96	26.38
广　东	782.26	77.65	4.33	6063.43	364.55
广　西	2946.07	228.75	219.64	16767.47	81.11
海　南	193.68	4.72	0.23	0.40	0.03
重　庆	47.79	11.74	16.14	1765.90	218.28
四　川	210.95	19.74	15.57	4633.83	665.01
贵　州	260.59	17.66	56.41	1448.35	60.89
云　南	518.35	32.36	326.83	6163.42	347.94
西　藏	—	—	5.32	—	—
陕　西	7.35	0.65	19.02	621.02	0.63
甘　肃	4.20	0.25	1.29	—	0.05
青　海	0.06	—	—	—	—
宁　夏	—	—	—	—	—
新　疆	43.31	0.80	0.03	—	—
新疆兵团	8.24	—	—	—	—
大兴安岭	—	—	—	—	—

表 5　2018 年各地区主要经济林

地　区	各类经济林产品总量	水果产品								
		合　计	苹　果	柑　橘	梨	葡　萄	桃	杏	荔　枝	龙　眼
全国合计	**180784145**	**149145256**	**33883143**	**36908776**	**16214160**	**13999852**	**14205662**	**2079998**	**2475813**	**1829079**
北　京	592327	540624	67540	—	111243	28967	276126	15663	—	—
天　津	347208	343424	56912	—	77667	83517	69071	4307	—	—
河　北	9545656	8462513	2200950	—	3296769	1134114	1269788	196103	—	—
山　西	4841850	3838144	2142098	—	613965	281314	424213	120639	—	—
内蒙古	585496	521425	173976	18	84647	80523	2770	27876	—	—
内蒙古集团	3308	2501	—	—	—	—	—	—	—	—
辽　宁	7114855	6474456	2832058	—	1480928	468846	686771	120651	—	—
吉　林	651478	392478	91539	—	88498	133110	673	1819	—	—
吉林集团	14029	67	—	—	—	—	—	—	—	—
长白山集团	17108	383	—	—	375	8	—	—	—	—
黑龙江	960139	314630	133002	—	28919	68024	65	976	—	—
龙江集团	316209	4443	2	—	160	1242	—	—	—	—
上　海	291233	291060	—	103628	37925	65803	74301	29	—	—
江　苏	3373638	3129628	407695	32791	699499	1073246	693267	9241	—	—
浙　江	5133376	4521680	—	1644216	458212	841710	509169	—	—	—
安　徽	4622393	3927270	417866	22349	1288694	608571	1173799	32084	—	—
福　建	7013729	5340175	165713	3396067	203390	202702	137085	292	140221	214645
江　西	5692293	4761552	—	3934716	165859	131484	72979	—	—	—
山　东	18126505	17044190	8756979	—	1201320	1278902	4019592	322650	—	—
河　南	7849193	6685946	3316030	104755	1160257	646002	936094	120178	—	—
湖　北	9660619	7920556	15525	5450812	618501	453865	1174295	7512	—	—
湖　南	7730621	5898268	—	4582425	263481	356895	213269	1275	—	—
广　东	10991510	10160555	—	2510818	98811	5800	86858	—	1290298	852186
广　西	16617466	14777812	6548	6997787	393257	558656	313227	—	802974	611674
海　南	4594892	2048725	—	41399	—	—	1804	—	189018	55671
重　庆	4091874	3587277	4412	2474683	282522	128160	129666	12054	1468	26785
四　川	8803006	7346484	727220	3791444	765052	380867	510825	6438	22027	53398
贵　州	3794041	2805544	87807	581528	376915	346422	403392	2119	1208	798
云　南	9627773	6583411	327583	887493	484966	934992	296221	2261	28599	13682
西　藏	23086	15840	9660	1951	333	11	1353	—	—	—
陕　西	11446253	9504186	6402753	342096	390134	412086	407953	86406	—	240
甘　肃	5508084	5089757	3883297	7800	490551	423781	171738	69332	—	—
青　海	135708	21599	2112	—	2780	49	35	216	—	—
宁　夏	339254	170177	75042	—	2359	84024	6632	1072	—	—
新　疆	10664613	6625870	1578826	—	1046706	2787409	142631	918805	—	—
新疆兵团	2939595	1706255	578285	—	346470	681750	47608	31927	—	—
大兴安岭	13976	—	—	—	—	—	—	—	—	—

产品生产情况(一)

单位:吨

猕猴桃	其他水果	干果产品							
		合 计	板 栗	枣（干重）	柿子（干重）	仁用杏（大扁杏等甜杏仁）	榛 子	松 子	其他干果
1582249	**25966524**	**11629076**	**2272867**	**5473056**	**869430**	**75347**	**124972**	**97277**	**2716127**
14	41071	40031	26957	2037	7563	2605	—	—	869
—	51950	1833	1833	—	—	—	—	—	—
1067	363722	827915	374954	308500	101217	12430	12349	35	18430
42	255873	818597	12862	694273	98289	5606	135	188	7244
—	151615	32988	—	568	—	8830	12133	169	11288
—	2501	165	—	—	—	—	8	157	—
600	884602	428811	143563	141277	—	30526	81237	21282	10926
—	76839	30363	503	—	—	90	4166	20693	4911
—	67	3069	—	—	—	—	—	3069	—
—	—	5143	—	—	—	—	—	5143	—
—	83644	31777	—	—	—	8	10833	18152	2784
—	3039	9949	—	—	—	—	1670	7133	1146
1487	7887	—	—	—	—	—	—	—	—
14765	199124	50634	17906	5728	26017	—	—	—	983
86105	982268	82186	66673	1375	6097	—	—	—	8041
24470	359437	130128	88895	15653	20169	—	25	—	5386
33728	846332	128446	80415	8428	39089	—	—	—	514
63943	392571	26641	22533	770	1367	—	—	—	1971
20422	1444325	713283	267369	189034	76993	51	3111	—	176725
76174	326456	328532	106776	99707	115742	902	—	—	5405
52311	147735	462718	405495	17134	32038	230	—	—	7821
99588	381335	155709	112941	23781	14341	—	—	185	4461
6180	5309604	70578	25505	2700	37363	—	—	—	5010
12897	5080792	197309	109759	7008	66828	4	—	—	13710
—	1760833	2221275	—	—	—	—	—	—	2221275
43234	484293	35606	23358	3798	3142	1	—	929	4378
268603	820610	82724	52385	13056	3032	620	—	8465	5166
130928	874427	109075	87668	2549	3805	—	—	2995	12058
21044	3586570	242185	165913	1307	29955	—	—	16700	28310
—	2532	1096	20	—	2	—	—	—	1074
624555	837963	1141435	76998	841596	179388	8097	—	5036	30320
90	43168	119803	1586	107725	6993	233	15	1677	1574
2	16405	86	—	—	—	—	—	—	86
—	1048	77046	—	74106	—	—	—	—	2940
—	151493	3038558	—	2910946	—	5114	31	—	122467
—	20215	1181337	—	1181017	—	300	—	—	20
—	—	1708	—	—	—	—	937	771	—

表 6　2018 年各地区主要经济林

地　区	林产饮料产品(干重)			林产调料产品(干重)				
	合　计	毛　茶	其他林产饮料产品	合　计	花　椒	八　角	桂　皮	其他林产调料产品
全国合计	**2468514**	**2239439**	**229075**	**830671**	**449669**	**217057**	**87620**	**76325**
北　京	—	—	—	25	25	—	—	—
天　津	—	—	—	6	6	—	—	—
河　北	10	4	6	8257	8257	—	—	—
山　西	4	4	—	11960	11960	—	—	—
内蒙古	1000	—	1000	—	—	—	—	—
内蒙古集团	—	—	—	—	—	—	—	—
辽　宁	9000	—	9000	—	—	—	—	—
吉　林	—	—	—	—	—	—	—	—
吉林集团	—	—	—	—	—	—	—	—
长白山集团	—	—	—	—	—	—	—	—
黑龙江	8110	—	8110	1	—	—	—	1
龙江集团	—	—	—	—	—	—	—	—
上　海	4	4	—	—	—	—	—	—
江　苏	12498	12498	—	38	38	—	—	—
浙　江	173279	169008	4271	—	—	—	—	—
安　徽	132055	124046	8009	930	327	—	192	411
福　建	321967	317955	4012	—	—	—	—	—
江　西	46402	45504	898	385	6	37	143	199
山　东	50376	25694	24682	46028	37304	—	—	8724
河　南	22404	19376	3028	27824	27789	—	—	35
湖　北	312882	310101	2781	2554	1940	124	11	479
湖　南	134719	132283	2436	1512	442	69	120	881
广　东	85153	66762	18391	62487	—	5503	56565	419
广　西	68852	67151	1701	193005	14	163464	28841	686
海　南	719	31	688	22842	—	—	—	22842
重　庆	34018	33769	249	72114	70394	463	188	1069
四　川	155384	154266	1118	104458	104230	135	48	45
贵　州	266977	262028	4949	9815	8223	290	824	478
云　南	539148	415057	124091	157699	70104	46945	661	39989
西　藏	51	51	—	10	10	—	—	—
陕　西	88251	82086	6165	77705	77584	27	27	67
甘　肃	1761	1761	—	31010	31010	—	—	—
青　海	—	—	—	6	6	—	—	—
宁　夏	3490	—	3490	—	—	—	—	—
新　疆	—	—	—	—	—	—	—	—
新疆兵团	—	—	—	—	—	—	—	—
大兴安岭	—	—	—	—	—	—	—	—

产品生产情况(二)

单位:吨

森林食品					森林药材								
合　计	竹笋干	食用菌(干重)	山野菜(干重)	其他森林食品(干重)	合　计	银杏(白果)	山杏仁(苦杏仁)	杜　仲	黄　柏	厚　朴	山茱萸	枸　杞	沙　棘
3826928	**805691**	**2095646**	**360272**	**565319**	**3639167**	**188701**	**42195**	**202478**	**71066**	**201048**	**62100**	**362005**	**98352**
16	—	16	—	—	—	—	—	—	—	—	—	—	—
—	—	—	—	—	—	—	—	—	—	—	—	—	—
11174	—	5590	3670	1914	77229	—	20552	—	—	—	—	29902	3500
59903	—	49843	25	10035	40251	—	500	—	—	—	1438	178	9232
13222	—	11305	1769	148	16765	—	—	—	—	—	—	10454	416
400	—	213	187	—	242	—	—	—	—	—	—	—	—
126894	—	37691	48104	41099	35111	1506	7469	—	—	—	—	186	11
87881	—	64108	23129	644	129326	—	—	—	—	—	—	—	8
4144	—	3383	729	32	3111	—	—	—	—	—	—	—	—
10513	—	8996	1194	323	679	—	—	—	—	—	—	—	—
431094	—	325413	74085	31596	174253	—	300	—	—	—	—	66	2784
210601	—	139424	64391	6786	91116	—	—	—	—	—	—	—	—
169	169	—	—	—	—	—	—	—	—	—	—	—	—
61245	805	57722	1376	1342	116848	87391	130	—	—	—	—	—	—
245213	197434	45400	2359	20	17493	1764	—	444	—	1716	4217	—	—
161616	33107	100422	13710	14377	117990	2605	3	1469	118	811	463	1	—
728673	204101	453531	45627	25414	80404	452	—	890	—	5247	—	—	—
166356	49482	53623	7706	55545	98192	280	—	6915	105	2527	29	—	—
82234	—	26141	2093	54000	15807	8171	69	30	—	—	20	100	—
292751	1593	241466	38703	10989	204167	3291	150	21738	—	—	32090	1910	—
312938	16547	193714	22619	80058	274477	30086	16	23653	5245	13212	504	1886	—
144703	71911	38209	15971	18612	294934	3272	95	89850	4716	117340	110	1	—
79916	54779	23599	282	1256	100604	978	—	—	—	—	—	—	—
91605	33804	50763	145	6893	215847	8804	—	3160	—	5693	45	—	—
19322	622	100	—	18600	12523	—	—	—	—	—	—	—	—
145295	29499	8705	2893	104198	160642	2161	—	11496	10255	6572	180	30	26
204754	72900	90188	12604	29062	269696	16630	295	20945	41470	39245	114	—	—
133882	17143	95298	10909	10532	125129	6729	12	10299	7899	2166	309	78	—
132948	17344	58745	19783	37076	376703	175	—	548	914	3	—	—	—
70	—	58	—	12	475	—	—	—	—	—	—	400	—
78839	4446	57829	10723	5841	256510	13330	12604	10549	322	6502	22378	182	12510
2696	5	1806	330	555	151879	1076	—	492	22	14	203	91918	52020
7	—	7	—	—	85800	—	—	—	—	—	—	84600	1200
—	—	—	—	—	86858	—	—	—	—	—	—	86857	—
33	—	33	—	—	102465	—	—	—	—	—	—	53256	16645
33	—	33	—	—	23486	—	—	—	—	—	—	20136	3350
11479	—	4321	1657	5501	789	—	—	—	—	—	—	—	—

表7 2018年各地区主要经济林

地区	五味子	其他森林药材	木本油料					
			合计	油茶籽	核桃	油橄榄	油用牡丹籽	其他木本油料
全国合计	**24072**	**2387150**	**6766220**	**2629796**	**3820720**	**49089**	**32027**	**234588**
北京	—	—	11631	—	11584	—	47	—
天津	—	—	1945	—	1945	—	—	—
河北	—	23275	158558	—	158422	—	136	—
山西	2	28901	72991	—	71481	—	629	881
内蒙古	—	5895	96	—	—	—	—	96
内蒙古集团	—	242	—	—	—	—	—	—
辽宁	3426	22513	40583	—	1107	—	—	39476
吉林	4421	124897	11430	—	11430	—	—	—
吉林集团	132	2979	3638	—	3638	—	—	—
长白山集团	342	337	390	—	390	—	—	—
黑龙江	9107	161996	274	—	174	—	—	100
龙江集团	7292	83824	100	—	—	—	—	100
上海	—	—	—	—	—	—	—	—
江苏	—	29327	2747	260	2183	—	279	25
浙江	—	9352	92473	68523	23950	—	—	—
安徽	18	112502	131913	97267	23385	—	9281	1980
福建	—	73815	259469	174154	146	—	—	85169
江西	—	88336	455676	455454	5	—	—	217
山东	—	7417	174587	—	166006	—	7551	1030
河南	1500	143488	207425	49134	151990	—	4784	1517
湖北	297	199578	321135	194836	123487	160	2652	—
湖南	58	79492	1020260	1010844	7655	—	76	1685
广东	—	99626	154008	149194	—	—	—	4814
广西	—	198145	280240	273000	2560	—	—	4680
海南	—	12523	3844	3844	—	—	—	—
重庆	68	129854	48059	10518	29226	1118	267	6930
四川	50	150947	631757	23119	573685	20026	61	14866
贵州	656	96981	257688	83090	142398	37	170	31993
云南	139	374924	1121955	20043	1071092	804	11	30005
西藏	—	75	4647	2	4645	—	—	—
陕西	4282	173851	262251	16514	238329	42	5380	1986
甘肃	15	6119	110998	—	76302	26902	664	7130
青海	—	—	28210	—	28200	—	10	—
宁夏	—	1	1683	—	1654	—	29	—
新疆	—	32564	897687	—	897679	—	—	8
新疆兵团	—	—	28484	—	28476	—	—	8
大兴安岭	33	756	—	—	—	—	—	—

产品生产情况(三)

单位:吨

林产工业原料							
合 计	生 漆	油桐籽	乌桕籽	五倍子	棕 片	松 脂	紫胶(原胶)
2478313	**18882**	**348173**	**23237**	**21263**	**59051**	**1375367**	**6160**
—	—	—	—	—	—	—	—
—	—	—	—	—	—	—	—
—	—	—	—	—	—	—	—
—	—	—	—	—	—	—	—
—	—	—	—	—	—	—	—
—	—	—	—	—	—	—	—
—	—	—	—	—	—	—	—
—	—	—	—	—	—	—	—
—	—	—	—	—	—	—	—
—	—	—	—	—	—	—	—
—	—	—	—	—	—	—	—
—	—	—	—	—	—	—	—
—	—	—	—	—	—	—	—
—	—	—	—	—	—	—	—
1052	20	178	—	—	582	272	—
20491	110	1729	101	59	3612	14880	—
154595	85	26329	419	59	16503	107635	3565
137089	195	13563	118	20	3433	119760	—
—	—	—	—	—	—	—	—
80144	1998	66397	7845	3897	—	7	—
53359	2664	21400	10234	2767	3014	13280	—
80516	1120	26663	518	436	4345	47434	—
278209	—	8701	1047	—	4433	248015	573
792796	55	85617	383	169	3355	690217	—
265642	—	—	—	—	—	7712	—
8863	1458	4318	443	1918	646	80	—
7749	293	5238	628	209	1141	240	—
85931	7392	44470	1248	9536	6577	16708	—
473724	130	15766	27	34	7445	108490	2022
897	—	897	—	—	—	—	—
37076	3361	26905	226	1982	3965	637	—
180	1	2	—	177	—	—	—
—	—	—	—	—	—	—	—
—	—	—	—	—	—	—	—
—	—	—	—	—	—	—	—
—	—	—	—	—	—	—	—
—	—	—	—	—	—	—	—

表8　2018年各地区油茶

地区	油茶产业			
	年末实有油茶林面积(公顷)			
	合计	当年新造面积	当年低改面积	合计
全国合计	**4266648**	**144566**	**136004**	**79087**
北　京	—	—	—	—
天　津	—	—	—	—
河　北	—	—	—	—
山　西	—	—	—	—
内蒙古	—	—	—	—
内蒙古集团	—	—	—	—
辽　宁	—	—	—	—
吉　林	—	—	—	—
吉林集团	—	—	—	—
长白山集团	—	—	—	—
黑龙江	—	—	—	—
龙江集团	—	—	—	—
上　海	—	—	—	—
江　苏	52	—	—	—
浙　江	171951	2497	3325	1058
安　徽	141142	9373	1760	3161
福　建	218843	3994	7929	2130
江　西	916004	23274	15087	21965
山　东	—	—	—	—
河　南	52208	2350	80	1261
湖　北	279557	11704	2797	4818
湖　南	1385686	46665	60299	18790
广　东	177193	1228	57	1069
广　西	481200	27867	26600	11897
海　南	4395	500	—	617
重　庆	50498	5320	31	1542
四　川	34112	1629	368	1648
贵　州	154263	6434	16808	4560
云　南	173708	1242	723	3510
西　藏	110	110	—	—
陕　西	25726	379	140	1062
甘　肃	—	—	—	—
青　海	—	—	—	—
宁　夏	—	—	—	—
新　疆	—	—	—	—
新疆兵团	—	—	—	—
大兴安岭	—	—	—	—

与核桃产业发展情况

发展情况				核桃产业发展情况		
苗木产量(万株)		油茶籽产量(万吨)	油茶企业(个)	年末实有核桃种植面积(公顷)	苗木产量(万株)	核桃产量(干重)(万吨)
其中:一年生苗木产量	其中:二年留床苗木产量					
47294	**28866**	**263**	**2528**	**8165689**	**53095**	**382**
—	—	—	—	13414	—	1
—	—	—	—	1750	—	—
—	—	—	—	55694	1899	16
—	—	—	—	565180	1769	7
—	—	—	—	—	—	—
—	—	—	—	—	—	—
—	—	—	—	12421	40	—
—	—	—	—	30383	15	1
—	—	—	—	1642	—	—
—	—	—	—	—	—	—
—	—	—	—	992	8	—
—	—	—	—	—	—	—
—	—	—	—	—	—	—
—	—	—	—	2295	11682	—
463	585	7	234	78046	60	2
1553	1618	10	202	72422	2101	2
574	1556	17	133	1024	—	—
12456	8418	46	292	343	18	—
—	—	—	—	151326	11551	17
1142	195	5	13	217764	1731	15
2710	2020	19	213	184770	652	12
12248	6501	101	964	6134	4	1
595	219	15	98	—	—	—
7636	2751	27	65	115217	33	—
221	371	—	18	—	—	—
835	707	1	89	69239	1189	3
1103	544	2	9	1144283	9777	57
3141	1428	8	138	436807	1687	14
1970	1540	2	55	3509206	2471	107
—	—	—	—	5275	2	—
648	414	2	5	781122	4959	24
—	—	—	—	309273	687	8
—	—	—	—	33	—	3
—	—	—	—	2734	—	—
—	—	—	—	398542	759	90
—	—	—	—	11950	—	3
—	—	—	—	—	—	—

表 9　2018 年各地区花卉

地区	花卉产业					
	年末实有花卉种植面积（公顷）	切花切叶产量（万支）	盆栽植物产量（万盆）	观赏苗木产量（万株）	草坪产量（万平方米）	花卉市场（个）
全国合计	**1632754**	**1766386**	**564994**	**1166672**	**61702**	**4162**
北　京	4497	3300	15529	1729	431	15
天　津	370	36	2710	336	40	10
河　北	41344	12003	7033	117018	140	289
山　西	1598	285	6947	363	91	115
内蒙古	5206	2930	596	2850	8	104
内蒙古集团	—	—	—	—	—	—
辽　宁	32107	9504	9383	2237	7	23
吉　林	2222	2065	394	2886	101	41
吉林集团	—	—	—	—	—	—
长白山集团	—	—	—	—	—	—
黑龙江	886	2843	302	901	7	16
龙江集团	—	—	—	—	—	—
上　海	921	8267	18816	83	713	15
江　苏	310766	142947	34250	400559	20840	233
浙　江	67857	61145	39907	183910	4517	112
安　徽	46721	10393	17722	34297	12126	417
福　建	64909	162330	139059	25318	2474	217
江　西	57343	35238	11492	22729	1729	298
山　东	163535	165985	101578	91159	161	391
河　南	135693	65506	11884	50130	323	228
湖　北	107402	15784	19610	24208	1343	243
湖　南	67897	7695	4511	24842	5262	318
广　东	76125	278532	30656	16599	2572	129
广　西	32324	14100	7460	16768	5946	61
海　南	10222	68862	13135	2570	502	24
重　庆	35692	2060	2421	12151	725	108
四　川	52723	43585	24543	23006	476	380
贵　州	37904	8177	2659	32202	346	84
云　南	204395	622216	10635	15957	42	47
西　藏	136	62	1	19	—	3
陕　西	67020	6149	17841	38583	693	83
甘　肃	3007	7701	5214	2730	11	88
青　海	100	100	450	4	—	12
宁　夏	1385	6502	7568	7382	53	12
新　疆	444	50	688	13105	21	46
新疆兵团	51	—	88	367	—	4
大兴安岭	3	29	—	42	—	—

产业发展情况

花卉企业(个)		花农(万户)	花卉从业人员(万人)		控温温室面积(万平方米)	日光温室面积(万平方米)
合计	其中:大中型企业		合计	其中:专业技术人员		
53926	**9514**	**143.24**	**523.45**	**33.11**	**7651**	**17086**
226	81	0.07	0.87	0.08	88	353
23	5	0.07	0.33	0.03	52	87
1042	66	2.79	10.83	0.99	42	521
128	21	0.19	1.01	0.28	29	260
53	1	0.02	0.45	0.03	7	55
—	—	—	—	—	—	—
150	23	2.69	3.42	0.17	182	2319
137	7	0.22	0.49	0.05	17	10
—	—	—	—	—	—	—
—	—	—	—	—	—	—
28	1	0.02	0.25	0.02	1	8
—	—	—	—	—	—	—
145	64	0.05	0.45	0.07	155	439
6478	979	20.05	69.07	2.36	625	1049
9823	2829	15.58	66.36	4.52	677	975
1787	246	4.79	18.62	1.25	173	304
3506	961	6.29	30.39	1.96	1009	1783
1975	113	3.66	14.75	6.44	32	60
3684	940	18.46	57.64	3.72	2859	1355
3271	603	11.96	62.23	2.01	140	308
2410	258	5.74	26.70	1.67	136	200
2365	243	12.83	31.34	1.02	64	89
5593	1011	4.25	12.18	1.02	272	1187
1083	163	9.59	47.88	0.83	10	24
777	214	0.70	5.63	0.28	21	451
3016	261	4.42	14.06	0.67	28	57
3055	126	9.22	23.38	1.94	96	329
1150	80	0.45	2.34	0.20	51	60
905	56	5.30	10.93	0.92	492	2880
16	—	0.00	0.01	0.00	180	1220
686	82	2.61	9.54	0.34	49	91
282	44	0.97	1.46	0.17	120	165
41	10	0.02	0.08	0.00	2	4
52	16	0.18	0.48	0.04	17	361
39	10	0.09	0.30	0.04	25	85
3	1	0.01	0.03	0.00	11	62
—	—	0.00	0.01	0.00	1	1

表 10　2018 年各地区

地区	锯材	木片、木粒加工产品（万实积立方米）	人	
			总计	胶合板
全国合计	**8361.83**	**4088.95**	**29909.29**	**17898.33**
北　京	—	—	—	—
天　津	—	—	—	—
河　北	96.68	10.53	1588.13	657.52
山　西	16.30	11.63	31.35	1.96
内蒙古	1260.18	0.83	35.34	32.43
内蒙古集团	—	—	—	—
辽　宁	264.25	66.34	174.88	71.07
吉　林	98.46	23.15	320.69	142.34
吉林集团	0.11	0.16	115.05	—
长白山集团	0.25	—	1.12	1.12
黑龙江	434.64	43.16	68.12	42.60
龙江集团	8.96	0.90	7.36	0.56
上　海	—	—	—	—
江　苏	350.96	146.59	5743.47	3892.37
浙　江	363.29	36.02	510.24	182.18
安　徽	553.39	189.70	2513.07	1790.88
福　建	333.48	271.60	995.97	527.86
江　西	270.04	153.34	435.03	164.34
山　东	1197.75	1440.19	7488.85	5039.04
河　南	271.10	315.72	1642.20	721.44
湖　北	243.59	110.46	830.04	311.44
湖　南	471.61	36.49	714.39	449.08
广　东	178.99	244.95	1011.39	330.74
广　西	1242.04	722.61	4458.69	2988.43
海　南	103.01	13.83	42.73	32.24
重　庆	100.47	53.85	159.84	56.82
四　川	170.16	65.82	565.32	177.20
贵　州	170.02	15.78	145.97	67.79
云　南	150.35	108.13	384.19	195.82
西　藏	—	—	0.40	0.40
陕　西	7.40	6.59	26.89	10.48
甘　肃	1.25	—	4.61	0.71
青　海	—	—	—	—
宁　夏	—	—	—	—
新　疆	12.43	1.29	17.47	11.14
新疆兵团	1.41	0.61	—	—
大兴安岭	—	0.38	—	—

主要木竹加工产品产量

单位:万立方米

造　　板			实木地板	实木复合木地板	竹地板（含竹木复合地板）
纤维板	刨花板	细木工板			
6168.05	**2731.53**	**1636.03**	**11661.98**	**20318.18**	**6944.49**
—	—	—	—	—	—
—	—	—	—	—	—
464.68	256.49	204.93	—	—	—
18.19	0.98	0.82	—	—	—
—	0.06	2.42	14.40	5.50	—
—	—	—	—	—	—
45.33	13.47	1.68	646.77	1223.56	—
89.72	26.00	46.68	1092.65	2293.35	—
89.72	25.32	0.01	—	393.48	—
—	—	—	0.42	182.89	—
4.63	2.20	15.36	179.41	78.39	—
—	1.09	4.48	31.99	—	—
—	—	—	—	—	—
785.64	769.83	86.71	2709.29	5560.48	1302.98
81.02	8.72	238.31	3603.02	5801.41	699.49
368.03	185.31	92.28	255.20	1045.16	940.70
212.59	37.55	153.33	148.43	640.08	1495.76
108.99	39.36	86.52	782.63	265.83	1631.85
1382.77	640.39	195.12	431.04	1001.60	—
432.87	90.45	93.37	441.25	66.62	—
383.83	73.31	20.30	92.51	549.76	45.62
70.47	34.90	135.97	348.08	171.06	747.13
479.66	174.91	12.00	606.48	734.07	2.59
757.11	279.59	202.74	147.18	598.11	—
2.80	7.69	—	3.00	10.00	3.49
53.43	33.49	0.08	17.72	1.65	3.02
275.26	9.64	19.12	63.04	179.32	9.50
10.47	9.54	19.36	41.87	12.65	62.16
118.01	37.26	7.74	37.91	79.29	0.01
—	—	—	—	0.30	—
13.85	0.43	0.33	0.11	—	0.20
2.50	—	0.72	—	—	—
—	—	—	—	—	—
—	—	—	—	—	—
6.20	—	0.13	—	—	—
—	—	—	—	—	—
—	—	—	—	—	—

表 11　2018 年各地区

地区	松香类产品			松节油类产品			樟脑	
	合计	松香	松香深加工产品	合计	松节油	松节油深加工产品	合计	其中:合成樟脑
全国合计	**1421382**	**1167846**	**253536**	**242435**	**185973**	**56462**	**19442**	**13341**
北　京	—	—	—	—	—	—	—	—
天　津	—	—	—	—	—	—	—	—
河　北	—	—	—	—	—	—	—	—
山　西	—	—	—	—	—	—	—	—
内蒙古	—	—	—	—	—	—	—	—
内蒙古集团	—	—	—	—	—	—	—	—
辽　宁	—	—	—	—	—	—	—	—
吉　林	—	—	—	—	—	—	—	—
吉林集团	—	—	—	—	—	—	—	—
长白山集团	—	—	—	—	—	—	—	—
黑龙江	—	—	—	—	—	—	—	—
龙江集团	—	—	—	—	—	—	—	—
上　海	—	—	—	—	—	—	—	—
江　苏	9000	9000	—	—	—	—	—	—
浙　江	18000	1500	16500	5500	—	5500	—	—
安　徽	5411	5411	—	1493	1493	—	—	—
福　建	119944	95992	23952	16088	16088	—	10250	10250
江　西	140190	118408	21782	57783	27048	30735	471	6
山　东	—	—	—	—	—	—	—	—
河　南	—	—	—	—	—	—	—	—
湖　北	16219	16219	—	1430	1430	—	—	—
湖　南	89326	41109	48217	9051	5556	3495	5706	70
广　东	150573	94407	56166	33827	32377	1450	—	—
广　西	712576	655988	56588	89501	80995	8506	2000	2000
海　南	539	539	—	80	80	—	—	—
重　庆	1185	1185	—	—	—	—	—	—
四　川	125	58	67	—	—	—	1015	1015
贵　州	15863	12363	3500	2831	2331	500	—	—
云　南	142231	115467	26764	24851	18575	6276	—	—
西　藏	—	—	—	—	—	—	—	—
陕　西	200	200	—	—	—	—	—	—
甘　肃	—	—	—	—	—	—	—	—
青　海	—	—	—	—	—	—	—	—
宁　夏	—	—	—	—	—	—	—	—
新　疆	—	—	—	—	—	—	—	—
新疆兵团	—	—	—	—	—	—	—	—
大兴安岭	—	—	—	—	—	—	—	—

主要林产化工产品产量

冰片		栲胶类产品			紫胶类产品			林产天然香料
合计	其中:合成冰片	合计	栲胶	栲胶深加工产品	合计	紫胶	紫胶深加工产品	
1244	**1063**	**3165**	**3165**	—	**6570**	**5658**	**912**	**16063**
—	—	—	—	—	—	—	—	—
—	—	—	—	—	—	—	—	—
—	—	835	835	—	—	—	—	—
—	—	—	—	—	—	—	—	—
—	—	—	—	—	—	—	—	—
—	—	—	—	—	—	—	—	—
—	—	—	—	—	—	—	—	—
—	—	—	—	—	—	—	—	—
—	—	—	—	—	—	—	—	—
—	—	—	—	—	—	—	—	—
—	—	—	—	—	—	—	—	—
—	—	—	—	—	—	—	—	—
—	—	—	—	—	—	—	—	—
—	—	—	—	—	—	—	—	—
—	—	—	—	—	—	—	—	—
—	—	—	—	—	—	—	—	190
—	—	—	—	—	—	—	—	—
46	—	—	—	—	—	—	—	2100
—	—	—	—	—	—	—	—	—
—	—	1200	1200	—	—	—	—	—
—	—	—	—	—	—	—	—	6
120	—	—	—	—	23	23	—	872
—	—	—	—	—	550	550	—	920
150	150	1130	1130	—	3667	3667	—	—
—	—	—	—	—	—	—	—	—
—	—	—	—	—	—	—	—	—
170	170	—	—	—	—	—	—	3900
15	—	—	—	—	—	—	—	800
743	743	—	—	—	2330	1418	912	7275
—	—	—	—	—	—	—	—	—
—	—	—	—	—	—	—	—	—
—	—	—	—	—	—	—	—	—
—	—	—	—	—	—	—	—	—
—	—	—	—	—	—	—	—	—
—	—	—	—	—	—	—	—	—
—	—	—	—	—	—	—	—	—
—	—	—	—	—	—	—	—	—

表 12　2018 年各地区主要林产化工产品产量

地区	木竹热解产品					木质生物质成型燃料
	合计	木炭	竹炭	木质活性炭	其他	
全国合计	**1457014**	**444579**	**424063**	**467143**	**121229**	**944389**
北　京	—	—	—	—	—	—
天　津	—	—	—	—	—	—
河　北	45022	—	—	45022	—	5455
山　西	600	—	—	600	—	—
内蒙古	3000	—	—	3000	—	160251
内蒙古集团	—	—	—	—	—	—
辽　宁	—	—	—	—	—	—
吉　林	4859	—	—	4859	—	—
吉林集团	—	—	—	—	—	—
长白山集团	—	—	—	—	—	—
黑龙江	1455	1455	—	—	—	—
龙江集团	—	—	—	—	—	—
上　海	—	—	—	—	—	—
江　苏	—	—	—	—	—	—
浙　江	183932	30786	45019	51747	56380	319863
安　徽	98830	72297	8014	11886	6633	24586
福　建	453398	23097	173659	223642	33000	59560
江　西	240830	22659	156062	60809	1300	39190
山　东	22330	8010	—	14320	—	—
河　南	4080	4080	—	—	—	—
湖　北	1837	1050	225	533	29	208574
湖　南	148707	84402	37094	14184	13027	66829
广　东	9969	8911	—	1058	—	95
广　西	29420	19934	—	9451	35	8011
海　南	195	195	—	—	—	—
重　庆	3851	2504	1347	—	—	—
四　川	2962	662	2100	—	200	—
贵　州	78563	56066	263	19234	3000	4200
云　南	118253	108271	280	2300	7402	33775
西　藏	—	—	—	—	—	—
陕　西	—	—	—	—	—	10700
甘　肃	—	—	—	—	—	—
青　海	—	—	—	—	—	—
宁　夏	—	—	—	—	—	—
新　疆	200	200	—	—	—	—
新疆兵团	200	200	—	—	—	—
大兴安岭	4721	—	—	4498	223	3300

表 13　2018 年各地区林业旅游与休闲产业发展情况

地区	旅游人次	旅游收入（万元）	人均花费（元）	直接带动的其他产业产值（万元）
全国合计	**3664906252**	**130437115**	**356**	**107004212**
北　京	218992400	233314	11	112735
天　津	734000	2107	29	904
河　北	42616414	779163	183	774667
山　西	22515520	313774	139	218720
内蒙古	32724831	762326	233	1004732
内蒙古集团	362700	7921	218	2949
辽　宁	48778939	1469494	301	1152922
吉　林	31687672	1474174	465	316293
吉林集团	424911	29061	684	27707
长白山集团	427381	22427	525	45988
黑龙江	32223395	1529016	475	740585
龙江集团	13137324	707757	539	358726
上　海	13775513	131769	96	502
江　苏	148577338	4561507	307	3906750
浙　江	412918645	11133093	270	9705779
安　徽	166014224	7204067	434	8580509
福　建	206082916	9479100	460	8125200
江　西	164174164	9371894	571	19037355
山　东	132040681	3669274	278	5066884
河　南	114766063	2265895	197	1427158
湖　北	178735993	9105052	509	13001742
湖　南	173602003	11000026	634	6608316
广　东	295054869	18029610	611	2533736
广　西	113123043	4421355	391	3405560
海　南	16626416	339479	204	624428
重　庆	109631686	3074192	280	1260239
四　川	402434622	11039914	274	8280915
贵　州	414324926	14609609	353	8377194
云　南	50372613	1508562	299	651939
西　藏	2425592	60660	250	110178
陕　西	63007928	1097889	174	920420
甘　肃	17478940	513179	294	43544
青　海	10384244	84080	81	1154
宁　夏	7967435	249596	313	412812
新　疆	18793753	726564	387	472032
新疆兵团	2476712	50914	206	257653
大兴安岭	2319474	197381	851	128308

中国造纸工业

【纸及纸板生产和消费情况】

纸及纸板生产量和消费量 据中国造纸协会调查资料，2018年全国纸及纸板生产企业约2700家，全国纸及纸板生产量10435万吨，较上年增长-6.24%。消费量10439万吨，较上年增长-4.20%，人均年消费量为75千克(13.95亿人)。2009~2018年，纸及纸板生产量年均增长率2.12%，消费量年均增长率2.22%(见表1)。

表1 2018年纸及纸板生产和消费情况

品 种	生产量			消费量		
	2017年(万吨)	2018年(万吨)	同比增长率(%)	2017年(万吨)	2018年(万吨)	同比增长率(%)
总量	11130	10435	-6.24	10897	10439	-4.20
1. 新闻纸	235	190	-19.15	267	237	-11.24
2. 未涂布印刷书写纸	1790	1750	-2.23	1744	1751	0.40
3. 涂布印刷纸	765	705	-7.84	634	604	-4.73
其中：铜版纸	675	655	-2.96	585	581	-0.68
4. 生活用纸	960	970	1.04	890	901	1.24
5. 包装用纸	695	690	-0.72	707	701	-0.85
6. 白纸板	1430	1335	-6.64	1299	1219	-6.16
其中：涂布白纸板	1370	1275	-6.93	1238	1158	-6.46
7. 箱纸板	2385	2145	-10.06	2510	2345	-6.57
8. 瓦楞原纸	2335	2105	-9.85	2396	2213	-7.64
9. 特种纸及纸板	305	320	4.92	249	261	4.82
10. 其他纸及纸板	230	225	-2.17	201	207	2.99

纸及纸板主要产品生产和消费情况 ①新闻纸。2018年新闻纸生产量190万吨，较上年增长-19.15%；消费量237万吨，较上年增长-11.24%。2009~2018年生产量年均增长率-9.78%，消费量年均增长率-7.13%。

②未涂布印刷书写纸。2018年未涂布印刷书写纸生产量1750万吨，较上年增长-2.23%；消费量1751万吨，较上年增长0.40%。2009~2018年生产量年均增长率1.65%，消费量年均增长率1.76%。

③涂布印刷纸。2018年涂布印刷纸生产量705万吨，较上年增长-7.84%；消费量604万吨，较上年增长-4.73%。2009~2018年生产量年均增长率1.98%，消费量年均增长率3.00%。

其中：铜版纸。2018年铜版纸生产量655万吨，较上年增长-2.96%；消费量581万吨，较上年增长-0.68%。2009~2018年生产量年均增长率3.05%，消费量年均增长率4.26%。

④生活用纸。2018年生活用纸生产量970万吨，较上年增长1.04%；消费量901万吨，较上年增长1.24%。2009~2018年生产量年均增长率5.88%，消费量年均增长率6.10%。

⑤包装用纸。2018年包装用纸生产量690万吨，较上年增长-0.72%；消费量701万吨，较上年增长-0.85%。2009~2018年生产量年均增长率2.05%，消费量年均增长率1.99%。

⑥白纸板。2018 年白纸板生产量 1335 万吨，较上年增长-6.64%；消费量 1219 万吨，较上年增长-6.16%。2009～2018 年生产量年均增长率 1.67%，消费量年均增长率 0.55%。

其中：涂布白纸板。2018 年涂布白纸板生产量 1275 万吨，较上年增长-6.93%；消费量 1158 万吨，较上年增长-6.46%。2009～2018 年生产量年均增长率 1.65%，消费量年均增长率 0.47%。

⑦箱纸板。2018 年箱纸板生产量 2145 万吨，较上年增长-10.06%；消费量 2345 万吨，较上年增长-6.57%。2009～2018 年生产量年均增长率 2.42%，消费量年均增长率 2.93%。

⑧瓦楞原纸。2018 年瓦楞原纸生产量 2105 万吨，较上年增长-9.85%；消费量 2213 万吨，较上年增长-7.64%。2009～2018 年生产量年均增长率 2.30%，消费量年均增长率 2.59%。

⑨特种纸及纸板。2018 年特种纸及纸板生产量 320 万吨，较上年增长 4.92%；消费量 261 万吨，较上年增长 4.82%。2009～2018 年生产量年均增长率 8.78%，消费量年均增长率 6.83%。

【纸及纸板生产企业经济指标完成情况】 据国家统计局统计，2018 年规模以上[①]造纸生产企业 2657 家；主营业务收入 8152 亿元；工业增加值增速-0.70%；产成品存货 390 亿元，同比增长 14.31%；利润总额 466 亿元，同比增长-15.05%；资产总计 10505 亿元，同比增长 4.58%；资产负债率 59.30%，较上年增加 3.39 个百分点；负债总额 6229 亿元，同比增长 6.02%；在统计的 2657 家造纸生产企业中，亏损企业有 543 家，占 20.44%。

【纸浆生产和消耗情况】

2018 年纸浆生产情况 据中国造纸协会调查资料，2018 年全国纸浆生产总量 7201 万吨，较上年增长-9.41%。其中：木浆 1147 万吨，较上年增长 9.24%；废纸浆 5444 万吨，较上年增长-13.61%；非木浆 610 万吨，较上年增长 2.17%（见表 2）。

表 2 2009～2018 年纸浆生产情况

单位：万吨

品 种	年 份									
	2009	2010	2011	2012	2013	2014	2015	2016	2017	2018
纸浆合计	6733	7318	7723	7867	7651	7906	7984	7925	7949	7201
其中：1. 木浆	560	716	823	810	882	962	966	1005	1050	1147
2. 废纸浆	4997	5305	5660	5983	5940	6189	6338	6329	6302	5444
3. 非木浆	1176	1297	1240	1074	829	755	680	591	597	610
苇浆	144	156	158	143	126	113	100	68	69	49
蔗渣浆	98	117	121	90	97	111	96	90	86	90
竹浆	161	194	192	175	137	154	143	157	165	191
稻麦草浆	676	719	660	592	401	336	303	244	246	250
其他浆	97	111	109	74	68	41	38	32	31	30

2018 年纸浆消耗情况 2018 年全国纸浆消耗总量 9387 万吨，较上年增长-6.61%。木浆 3303 万吨，占纸浆消耗总量的 35%，其中进口木浆占 23%、国产木浆占 12%；废纸浆 5474 万吨，占纸浆消耗总量的 58%，其中用进口废纸制浆占 16%、用国产废纸制浆占 42%；非木浆 610 万吨，占纸浆消耗总量的 7%（见表 3）。

表 3 2018 年纸浆消耗情况

品 种	2017 年（万吨）	占比（%）	2018 年（万吨）	占比（%）	同比增长率（%）
总量	10051	100	9387	100	-6.61
1. 木浆	3151	31	3303	35	4.82

① 规模以上指当年产品销售收入在 2000 万元（含）以上，全书同。

(续表)

品　种	2017年(万吨)	占比(%)	2018年(万吨)	占比(%)	同比增长率(%)
(1)进口木浆	2111[a]	21	2166[b]	23	2.61
(2)国产木浆	1040	10	1137	12	9.33
2. 废纸浆	6303	63	5474	58	-13.15
(1)进口废纸浆	1	—	30	—	2900.00
(2)国产废纸浆	6302	63	5444	58	-13.61
其中：进口废纸制浆	2063	21	1457	16	-29.37
国产废纸制浆	4239	42	3987	42	-5.94
3. 非木浆	597	6	610	7	2.18

注：a. 2017年进口纸浆2372万吨，扣除溶解浆260万吨，废纸浆1万吨，实际木浆消耗量2111万吨。

b. 2018年进口纸浆2479万吨，扣除溶解浆283万吨，废纸浆30万吨，实际木浆消耗量2166万吨。

2018年废纸利用情况　2018年全国废纸回收总量4964万吨，较上年增长-6.07%，废纸回收率48%，废纸利用率64%，2009~2018年废纸回收总量年均增长率3.39%(见表4)。

表4　2009~2018年国内废纸利用情况

年份	国内废纸回收量(万吨)	废纸净进口量(万吨)	废纸浆消费量(万吨)	废纸回收率(%)	废纸利用率(%)
2009	3676	2750	4997	42.9	74.4
2010	4017	2435	5305	43.8	69.6
2011	4347	2728	5660	44.6	71.2
2012	4473	3007	5983	44.5	73.0
2013	4377	2924	5940	44.7	72.2
2014	4841	2752	6189	48.1	72.5
2015	4832	2928	6338	46.7	72.5
2016	4963	2850	6329	47.6	72.0
2017	5285	2572	6303	48.5	70.6
2018	4964	1703	5474	47.6	63.9

【纸制品生产和消费情况】　根据国家统计局数据，2018年全国规模以上纸制品生产企业4003家，生产量5578万吨，较上年增长-17.98%；消费量5273万吨，较上年增长-19.04%；进口量18万吨，出口量323万吨。2009~2018年，纸制品生产量年均增长率3.99%，消费量年均增长率3.88%。

【纸及纸板、纸浆、废纸及纸制品进出口情况】

纸及纸板、纸浆、废纸及纸制品进口情况　2018年纸及纸板进口622万吨，较上年增长33.48%；纸浆进口2479万吨，较上年增长4.51%；废纸进口1703万吨，较上年增长-33.79%；纸制品进口18万吨，较上年增长-5.26%。

2018年进口纸及纸板、纸浆、废纸、纸制品合计4822万吨，较上年增长-11.18%，用汇302.12亿美元，较上年增长15.67%。进口纸及纸板平均价格为888.99美元/吨，较上年平均价格增长-1.36%；进口纸浆平均价格为795.31美元/吨，较上年平均价格增长22.99%；进口废纸平均价格为252.03美元/吨，较上年平均价格增长10.33%(见表5)。

表5　2018年中国纸浆、废纸、纸及纸板、纸制品进口情况

品　种	2017年进口量(万吨)	2018年进口量(万吨)	同比增长率(%)
一、纸浆	2372	2479	4.51
二、废纸	2572	1703	-33.79
三、纸及纸板	466	622	33.48
1. 新闻纸	33	48	45.45
2. 未涂布印刷书写纸	63	85	34.92
3. 涂布印刷纸	45	49	8.89
其中：铜版纸	33	32	-3.03
4. 包装用纸	23	21	-8.70
5. 箱纸板	137	207	51.09
6. 白纸板	62	54	-12.90
其中：涂布白纸板	61	53	-13.11
7. 生活用纸	4	5	25.00
8. 瓦楞原纸	65	111	70.77
9. 特种纸及纸板	26	30	15.38
10. 其他纸及纸板	8	12	50.00
四、纸制品	19	18	-5.26
总计	5429	4822	-11.18

注：数据来源于海关总署。

纸及纸板、纸浆、废纸及纸制品出口情况　2018年纸及纸板出口618万吨，较上年增长-11.59%；纸浆出口9.99万吨，较上年增长1.22%；废纸出口0.06万吨，较上年增长-60.00%；纸制品出口323万吨，较上年增长5.21%。

2018年出口纸及纸板、纸浆、废纸、纸制品合计951.05万吨，较上年增长-6.39%，创汇192.69亿美元，较上年增长7.20%。出口纸及纸板平均价格为1408.57美元/吨，较上年平均价格增长 13.57%；出口纸浆平均价格为 1311.32 美元/吨，较上年平均价格增长-3.91%(见表 6)。

表 6　2018 年中国纸浆、废纸、纸及纸板、纸制品出口情况

品　种	2017 年出口量（万吨）	2018 年出口量（万吨）	同比增长率（%）
一、纸浆	9.87	9.99	1.22
二、废纸	0.15	0.06	-60.00
三、纸及纸板	699	618	-11.59
1. 新闻纸	1	1	0.00
2. 未涂布印刷书写纸	109	84	-22.94
3. 涂布印刷纸	176	150	-14.77
其中：铜版纸	123	106	-13.82
4. 包装用纸	11	10	-9.09
5. 箱纸板	12	7	-41.67
6. 白纸板	193	170	-11.92
其中：涂布白纸板	193	170	-11.92
7. 生活用纸	74	74	0.00
8. 瓦楞原纸	4	3	-25.00
9. 特种纸及纸板	82	89	8.54
10. 其他纸及纸板	37	30	-18.92
四、纸制品	307	323	5.21
总计	1016.02	951.05	-6.39

注：数据来源于海关总署。

纸及纸板各品种进出口量比重　2018 年纸及纸板各品种进口量比重：箱纸板占 33.3%，白纸板占 8.7%，瓦楞原纸占 17.8%，特种纸及纸板占 4.8%，包装用纸占 3.4%，涂布印刷纸占 7.9%，未涂布印刷书写纸占 13.7%，生活用纸占 0.8%，新闻纸占 7.7%，其他占 1.9%。

2018 年纸及纸板各品种出口量比重：白纸板占 27.5%，箱纸板占 1.1%，包装用纸占 1.6%，涂布印刷纸占 24.3%，未涂布印刷书写纸占 13.6%，生活用纸占 12.0%，新闻纸占 0.2%，瓦楞原纸占 0.5%，特种纸及纸板占 14.4%，其他占 4.9%。

纸及纸板主要产品 2018 年进出口情况　①新闻纸：2018 年进口量大于出口量，净进口量 47 万吨。

②未涂布印刷书写纸：2018 年进口量大于出口量，净进口量 1 万吨。

③涂布印刷纸：2018 年出口量大于进口量，净出口量 101 万吨。其中：铜版纸净出口量 74 万吨。

④生活用纸：2018 年出口量大于进口量，净出口量 69 万吨。

⑤包装用纸：2018 年进口量大于出口量，净进口量 11 万吨。

⑥白纸板：2018 年出口量大于进口量，净出口量 116 万吨。其中：涂布白纸板净出口量 117 万吨。

⑦箱纸板：2018 年进口量大于出口量，净进口量 200 万吨。

⑧瓦楞原纸：2018 年进口量大于出口量，净进口量 108 万吨。

⑨特种纸及纸板：2018 年出口量大于进口量，净出口量 59 万吨。

纸制品进出口情况　2018 年纸制品进口量 18 万吨，较上年减少 1 万吨，同比增长-5%。2018 年纸制品出口量 323 万吨，较上年增加 16 万吨，同比增长 5%。

【纸及纸板生产布局与集中度】　根据中国造纸协会调查资料，2018 年我国东部地区 11 个省(区、市)，纸及纸板产量占全国纸及纸板产量比例为 74.2%；中部地区 8 个省(区)比例为 16.3%；西部地区 12 个省(区、市)比例为 9.5%(见表 7)。

表 7　2018 年纸及纸板生产量区域布局变化

地区	2017 年		2018 年	
	产量（万吨）	比例（%）	产量（万吨）	比例（%）
东部地区	8332	74.9	7742	74.2
中部地区	1767	15.9	1697	16.3
西部地区	1031	9.2	996	9.5
合计	11130	100	10435	100

注：据中国造纸协会调查资料。

2018 年广东、山东、浙江、江苏、福建、河南、湖北、安徽、重庆、四川、广西、湖南、天津、河北、江西、海南和辽宁 17 个省(区、市)纸及纸板产量超过 100 万吨，产量合计 10047 万吨，占全国纸及纸板总产量的 96.28%(见表 8)。

表8 2018年纸及纸板产量100万吨以上的省(区、市)

省(区、市)	产量		
	2017年(万吨)	2018年(万吨)	同比增长率(%)
广东省	1885	1815	-3.71
山东省	1875	1810	-3.47
浙江省	1711	1510	-11.75
江苏省	1253	1141	-8.94
福建省	758	750	-1.06
河南省	568	490	-13.73
湖北省	267	325	21.72
安徽省	302	305	0.99
重庆市	309	288	-6.80
四川省	221	245	10.86
广西壮族自治区	251	240	-4.38
湖南省	290	235	-18.97
天津市	231	220	-4.76
河北省	297	205	-30.98
江西省	196	200	2.04
海南省	173	166	-4.05
辽宁省	97	102	5.15
合计	10684	10047	-5.96

注：据中国造纸协会调查资料。

表9 2018年重点造纸企业产量前30名企业

序号	单位名称	产量		
		2017年(万吨)	2018年(万吨)	同比增长率(%)
1	玖龙纸业(控股)有限公司	1313.00	1394.00	6.17
2	理文造纸有限公司	554.98	563.17	1.48
3	山鹰国际控股股份公司	358.00	461.00	28.77
4	山东太阳控股集团有限公司	443.16	459.73	3.74
5	山东晨鸣纸业集团股份有限公司	510.11	456.72	-10.47
6	华泰集团有限公司	313.17	313.64	0.15
7	中国纸业投资有限公司	280.00	290.00	3.57
8	宁波中华纸业有限公司(含宁波亚洲浆纸业有限公司)	228.00	252.11	10.57
9	江苏荣成环保科技股份有限公司	209.53	220.97	5.46
10	金东纸业(江苏)股份有限公司	206.41	191.00	-7.47
11	福建联盛纸业	236.00	182.00	-22.88
12	山东博汇集团有限公司	191.66	175.22	-8.58
13	亚太森博中国控股有限公司	142.00	153.64	8.20
14	东莞建晖纸业有限公司	147.93	150.71	1.88
15	金红叶纸业集团有限公司	107.02	146.00	36.42
16	浙江景兴纸业股份有限公司	139.19	138.72	-0.34
17	山东世纪阳光纸业集团有限公司	128.84	124.50	-3.37
18	维达国际控股有限公司	110.00	122.00	10.91
19	广西金桂浆纸业有限公司	93.00	109.10	17.31
20	武汉金凤凰纸业有限公司	83.88	104.19	24.21
21	海南金海浆纸业有限公司	110.00	103.78	-5.65
22	恒安国际集团有限公司	91.63	102.83	12.22
23	芬欧汇川(中国)有限公司	94.00	87.00	-7.45
24	东莞金洲纸业有限公司	108.80	85.21	-21.68
25	新乡新亚纸业集团股份有限公司	82.18	82.35	0.21
26	永丰余造纸(扬州)有限公司	65.10	65.40	0.46
27	大河纸业有限公司	61.84	62.95	1.79
28	漯河银鸽实业集团有限公司	63.95	61.84	-3.30
29	邹平汇泽实业有限公司(山东天地缘)	68.52	60.71	-11.40
30	金华盛纸业(苏州工业园区)有限公司	60.11	59.03	-1.80

中国种苗产业

【概　述】 2018年林木种苗生产总量充足，满足造林绿化需求。育苗面积、可供造林绿化苗木产量略有增加，但育苗总量略减；城乡美化、园林绿化、观赏景观等苗木个性化生产趋势明显，乡土、珍贵用材、彩叶观花观果、经济林等类型苗木的新育面积有所增加。

【林木种苗基地】

苗圃　全国实有苗圃总数36.3万个，其中国有性质苗圃为0.44万个，占苗圃总数的1.2%；2018年实际育苗面积141.5万公顷，其中国有苗圃育苗面积7.2万公顷，占总面积的5.1%；2018年新育面积的17.6万公顷，占育苗总面积的12.4%。同比2017年，全国苗圃总数减少0.54万个，其中，国有苗圃减少0.034万个。育苗面积减少0.3%；其中国有苗圃育苗面积减少0.28%；新育面积减少8.7%。树种主要结构为桂花、白蜡、油松、国槐、香樟、樟子松、栾树、杨树、女贞、海棠、悬铃木、榉树、云杉、白皮松、樱花、紫薇、樟树、柳树、红叶石楠、银杏、法国梧桐等。

良种基地　全国各省份(天津除外)，共有良种基地1058个，其中国家重点良种基地294个。良种基地总面积19.4万公顷(除天津没有良种基地)，其中种子园面积1.97万公顷，母树林面积12.6万公顷。同比2017年，良种基地减少65处，总面积减少5.4%。树种主要结构为红松、兴安落叶松、长白落叶松、杉木、樟子松、油松、马尾松、油茶、水曲柳、胡桃楸、核桃、华北落叶松、柞树、柠条锦鸡儿、杨树、云杉、湿地松、侧柏、华山松等。

采种基地　全国(天津、江苏、浙江、江西、海南、西藏除外)共有采种基地39.4万公顷，可采面积27.6万公顷，实际采种量104万千克。同比2017年，采种基地面积减少0.2%；可采面积减少12%；实际采种量104万千克，减少33.3%。树种主要结构为油松、红松、兴安落叶松、马尾松、柠条、樟子松、华山松、小叶锦鸡儿、杉木、山杏等。

【林木种子库存情况】　截至2018年种子采收前，种子库存种子303万千克，其中良种105万千克。同比2017年，库存种子减少49万千克，减少13.9%；良种增加23.2万千克，增加28.4%。主要树种有核桃、银杏、花椒、山杏、柠条、侧柏、刺槐、板栗、澳洲坚果、文冠果、油松、牡丹、红松、油茶、麻栎、沙枣、红枣等。

【种苗生产情况】

种子采收　全国共采收林木种子2493万千克，其中，良种830万千克，穗条21亿株。同比2017年，种子采收总量减少395万千克，减少13.7%。其中，良种减少227万千克，减少21.5%；穗条减少28.5万条(根)，减少57.5%。主要树种为银杏(占24.5%)、核桃(占17%)、山杏、油茶、花椒、油松、柠条、红松、侧柏、板栗、小叶锦鸡儿、杏、桃、澳洲坚果、刺槐等。

苗木生产　2018年全国苗木生产总量646亿株，容器苗90亿株，良种苗169亿株。同比2017年，苗木生产总量减少56亿株，减少8.0%；容器苗减少4亿株，减少4.3%；良种苗减少32亿株，减少15.9%。除留床苗外出圃可供2019年造林绿化苗木377亿株，其中容器苗62亿株，良种苗108亿株。同比2017年，可供下一年造林绿化苗木减少57亿株，减少13.1%。

【林木种苗使用情况】

造林绿化实际用种情况　实际用种2152万千克，其中用良种414万千克，良种穗条78亿条(根)。同比2017年实际用种减少233万千克，减少7.8%。良种减少195万千克，减少32%；穗条增加15.5亿条根，增加24.8%。

造林绿化实际用苗 ①除留圃苗木外，实际用苗木量为165亿株，容器苗木30亿株，良种苗木59亿株，同比2017年减少24亿株，减少13%。其中容器苗基本持平；良种苗59亿株，减少5.3亿株，减少8.2%。②实际用于防护林、用材林、经济林和其他林分的苗木，依次占2018年造林绿化使用总量的32.3%、16.9%、22.4%、28.4%。同比2017年，用于营造防护林、经济林的苗木分别增加9.1%、6.1%，用材林、其他林分分别减少1.9%、13.3%。③数量居前的主要树种依次为：油松、杉木、杨树、茶树、刺槐、侧柏、樟子松、油茶、梭梭、国槐等。可见实际用苗仍以国土绿化和防护林、经济林树种相对集中，城乡绿化美化树种多样化、个性化趋势明显。

【2018中国·合肥苗木花卉交易大会】 于10月19~21日，由国家林业和草原局、安徽省人民政府在中国中部花木城(肥西)主办。大会主题是"'苗会'美丽中国，助力乡村振兴"。交易会展览面积达10万平方米，其中组展招展面积3万平方米，共设展位558个。全国30个省(区、市)850家企业参展，台湾企业专设展区，另有来自荷兰、韩国、德国等的8家国外苗木花卉园艺企业参展。

据统计，首日现场签约林业招商项目25个，签约金额153.7亿元；来自全国各地的6100多名专业人士通过组委会报名参观展会和交流交易；苗交会吸引城乡居民约10万人观展。其间实现苗木花卉现场交易额1.6亿元，达成意向性协议金额23.8亿元。

国家林业和草原局副局长彭有冬、安徽省副省长张曙光共同巡馆并出席开幕式、林业招商项目签约仪式。国家林业和草原局林场种苗司、生态司、草原司、宣传办等有关司局，部分省(区、市)林业主管部门负责同志等参加。会议还举办苗木花卉产业发展高峰论坛，中国工程院院士尹伟伦等专家就我国主要苗木花卉资源现状、绿化观赏苗木应用趋势作了专题报告。

【组织编制《2019年度全国苗木供需分析报告》】 对于传统的苗木产业发展，需要政府营造一个良好的市场环境和经营秩序，产业才能不断通过自我更新实现升级。当前种苗市场存在结构性矛盾，突出表现为苗木供给总量严重过剩与结构性供给不足的矛盾。据统计，2018年全国可供造林绿化用苗木430亿株，当年造林绿化实际用苗量为165亿株，剩余的265亿株90%以上是松、杉、槐、杨等苗木，而珍贵树种、乡土树种、优质经济林品种等供不应求。分析其原因，最主要的是供求信息不对称，特别是缺乏全国性、区域性苗木供需统计分析，来引导苗木生产者和使用者的行为。政府要保护各种所有制的生产经营者依法平等使用生产要素、公平参与市场竞争、同等受到法律保护，通过加强市场信息服务，提升传统苗木产业的优势，激发市场需求，引导苗木生产和使用的发展方向，做好服务。为此国家林草局林场种苗司首次组织北京林业大学全国苗木供需分析研究组和中国(合肥)苗木交易市场编制完成《2019年度全国苗木供需分析报告》。报告包括分析方法、全国苗木供需分析、分地区苗木供需分析三个部分，对2019年全国苗木供需情况进行研究分析，提出对策与建议。 (于滨丽)

中国茶产业

【概　述】 2018 年茶叶生产稳定发展，产品结构继续优化，质量水平稳步提升，绿色效益初步显现，呈现健康发展的良好局面。

茶园面积稳中略增 据农情调度数据，2018 年 18 个茶叶主产省(区、市)茶园面积近 4400 万亩，同比增加 122 万亩，增速比上年略有下降。其中，采摘茶园面积 3400 万亩，同比增加 190 万亩。江西、湖北、湖南、四川、云南、陕西等省结合精准扶贫，新发展茶园面积均达到 10 万亩以上。

产品结构更趋优化 2018 年茶叶总产量近 260 万吨，同比增加 11 万吨。其中，绿茶、黑茶、红茶、乌龙茶、白茶、黄茶占比分别为 61.3%、13.8%、12.8%、10.5%、1.3%、0.3%，其中绿茶、乌龙茶产量比重持续下降，红茶、白茶、黄茶产量增长较快，较上年分别增加 15.4%、32%、44%。

绿色模式加快应用 各产区以实施茶叶绿色高质高效创建、有机肥替代化肥试点为抓手，加快集成推广病虫害绿色防控、农药减施增效技术、“有机肥+配方肥”以及“茶—沼—畜”等绿色生产模式，创建高标准生态茶园，夯实绿色发展基础。福建省绿色高质高效创建项目区化学农药和化肥用量较上年减少 20%以上。浙江省老茶园改造示范点通过改良土壤、减少化肥农药使用量等综合技术措施，化肥、农药使用量分别比上年减少 20%、25%。

质量效益稳步提升 通过推进标准化生产，各地加快创新适销对路优质茶叶，带动产业效益稳步提升。2018 年全国干毛茶年产值突破 2000 亿元，同比增长 10%左右，全国名优茶产量增加 1.3 万吨，有机茶等认证产品数量上升、供应充足。浙江、安徽、湖北等省的名优绿茶，湖南、四川等省的花香型红茶、红茯茶等优质红茶，产量、销量大幅增长，带动干毛茶效益提升。

优势品牌加快形成 各产区多措并举，多层次、多角度、多形式宣传推介，加快打造特色区域公用品牌和企业品牌。湖南省重点推介湖南红茶，江西省整合形成狗牯脑、婺源绿茶、庐山云雾、浮梁茶、宁红茶“四绿一红”区域品牌，贵州省树立“贵州绿茶”“贵州红茶”“贵州抹茶”“贵州黑茶”核心品牌，为产业发展注入新动能，带动质量效益提升。

产业融合深入推进 各产区加快推动一、二、三产融合发展，创新产业形态和经营模式，促进产业多元发展。电商销售加快增长。传统茶企纷纷开通电商渠道，同时涌现出艺福堂、茶里等销售额过亿元的专业电商品牌。北京小罐茶业有限公司线上线下融合发展，销售额突破 20 亿元。茶旅融合加快发展。重庆市开展采茶节、斗茶大赛、手工制茶比赛等区域特色鲜明、形式丰富多样的茶文化旅游活动，促进茶产业与休闲旅游融合发展。

存在困难和问题 一是绿色发展任务艰巨。绿色防控、统防统治、配方施肥等绿色生产技术加快推广，但多数地区的技术规范落实不到位、产品质量不达标，影响茶叶产品品质的提升。二是效益提升难度加大。目前，我国 25 年以上的老茶园约占茶园面积的 1/4，这些茶园品种老化、植株郁闭、营养失调，产量较低，品质也较差。同时，机械化水平提升缓慢，采工短缺困扰名优茶生产，用工成本增加严重影响夏秋茶等中低档茶叶效益。三是茶叶销售压力加大。近年来，全国茶叶产量逐年增加，部分企业库存增大，产业竞争加剧。据初步统计，2018 年未开采茶园达 900 多万亩，未来 2 至 3 年将集中进入丰产期，市场销售面临巨大压力。

表 1　2018 年茶叶主产区面积分布表

省份	茶园总面积(万亩)		采摘面积(万亩)		新建园面积(万亩)		无性系面积(万亩)		无公害面积(万亩)		有机茶面积(万亩)	
	2018 年	同比增长率(%)	2018 年	同比增长率(%)	2018 年	同比增长率(%)	2018 年	同比增长率(%)	2018 年	同比增长率(%)	2018 年	同比增长率(%)
贵州	717.00	0.00	560.00	6.67	0.00	-100.00	649.00	0.00	436.00	-13.32	19.00	-42.77
云南	630.00	1.69	600.00	2.65	10.06	5.89	230.00	0.00	530.00	0.00	45.50	0.00
湖北	559.51	4.95	433.75	8.19	24.43	-1.74	295.33	7.33	387.36	5.74	32.57	0.18
四川	545.00	2.00	417.30	8.00	10.70	97.78	419.65	5.33	—	—	5.95	100.00
福建	382.00	0.03	360.00	0.93	0.10	-97.96	365.00	0.00	130.00	8.33	85.00	6.25
浙江	300.50	0.33	274.00	1.48	1.10	-26.67	223.60	2.38	222.60	-5.40	18.72	0.38
安徽	288.40	6.81	261.20	3.24	6.39	12.70	107.40	6.97	172.40	-3.15	17.38	8.42
陕西	270.10	7.61	175.40	7.08	17.10	-11.40	86.20	13.57	108.40	26.19	23.10	5.48
河南	240.65	0.35	167.20	3.98	0.83	-18.63	94.97	3.33	166.90	7.33	22.10	2.31
湖南	238.40	8.96	187.20	5.23	19.60	60.66	154.10	14.91	165.20	7.48	15.73	33.31
江西	172.20	14.80	136.10	16.62	14.70	-2.00	112.90	18.22	133.90	23.52	35.50	2.31
广西	123.00	3.48	94.74	3.43	3.57	15.00	63.72	2.31	28.62	27.91	0.92	0.02
广东	90.23	6.28	—	—	5.33	6.60	—	—	6.00	9.09	—	—
重庆	85.76	9.39	56.52	9.18	7.36	20.66	49.41	16.53	17.28	18.93	2.33	71.32
山东	65.00	3.19	49.32	4.74	2.24	-26.33	12.29	12.70	48.84	3.37	7.78	5.85
江苏	51.00	0.00	44.70	0.00	0.00	-100.00	18.40	0.00	39.80	0.00	4.90	0.00
甘肃	17.40	-2.25	12.20	7.96	0.62	-11.43	4.12	17.71	17.40	-2.25	0.47	56.67
海南	3.40	19.30	1.96	1.03	0.50	-3.85	0.42	0.00	0.42	0.00	0.00	0.00
合计	4779.55	—	3831.59	—	124.62	—	2886.51	—	2611.12	—	336.95	—

表 2　2018 年干毛茶、名优茶主产区产量产值明细表

省份	干毛茶总产量(吨)		干毛茶总产值(万元)		名优茶总产量(吨)		名优茶总产值(万元)	
	2018 年	同比增长率(%)	2018 年	同比增长率(%)	2018 年	同比增长率(%)	2018 年	同比增长率(%)
贵州	350000.00	6.98	4000000.00	10.53	110000.00	2.14	1950000.00	6.77
云南	398400.00	2.80	1671921.53	18.65	244300.00	3.91	2014368.32	5.19
湖北	330075.57	4.95	1998894.02	10.07	121842.87	7.49	1253844.11	8.32
四川	295000.00	4.24	2420000.00	15.24	179000.00	4.86	2000000.00	23.69
福建	455000.00	0.66	2550000.00	8.51	296000.00	0.68	2295000.00	8.51
浙江	185600.00	4.27	2061434.00	6.37	89100.00	4.95	1816000.00	6.01
安徽	134923.00	0.46	1350023.00	21.46	45454.00	13.59	787252.00	8.19
陕西	96361.00	7.80	1537000.00	20.73	32825.00	4.48	855779.00	12.64
河南	68502.50	9.87	1196288.00	6.62	51377.00	8.33	1006134.00	5.06
湖南	213628.00	8.18	1304366.00	13.82	22257.00	20.04	363625.00	28.20
江西	69953.70	9.65	618143.40	11.78	17806.00	12.27	440740.40	8.45
广西	61559.64	2.99	563069.80	6.92	18406.06	1.98	269281.86	4.80
广东	95000.00	5.56	1750000.00	9.38	242.00	15.24	—	—
重庆	39593.55	7.16	284294.70	19.64	14854.60	9.91	165216.30	14.88
山东	26635.59	-0.36	631216.50	7.34	15922.08	1.16	472909.30	11.80

（续表）

省份	干毛茶总产量(吨)		干毛茶总产值(万元)		名优茶总产量(吨)		名优茶总产值(万元)	
	2018 年	同比增长率(%)	2018 年	同比增长率(%)	2018 年	同比增长率(%)	2018 年	同比增长率(%)
江苏	14428.80	0.91	253508.00	0.51	4061.00	−13.06	180830.00	−5.10
甘肃	1388.40	3.00	25200.00	5.00	628.00	0.32	14250.00	−4.10
海南	1050.00	5.00	8300.00	1.22	360.00	5.88	5800.00	13.73
合计	2837099.75	—	24223658.95	—	1264435.62	104.16	15891030.29	—

表 3　2018 年分品种茶业主产区产量表

省份	绿茶产量(吨)		红茶产量(吨)		乌龙茶产量(吨)		黑茶产量(吨)		白茶产量(吨)		黄茶产量(吨)	
	2018 年	同比增长率(%)	2018 年	同比增长率(%)	2018 年	同比增长率(%)	2018 年	同比增长率(%)	2018 年	同比增长率(%)	2018 年	同比增长率(%)
贵州	267000.00	4.62	49000.00	14.44	1025.00	0.00	31000.00	22.05	2000.00	−16.67	100.00	0.00
云南	174577.27	126.37	78920.63	2.33	1080.90	44.12	143225.80	2.99	595.40	230.78	0.00	0.00
湖北	201821.75	6.61	51701.63	6.88	2627.78	2.16	74931.79	4.37	351.74	31.74	40.00	0.00
四川	250000.00	6.38	16000.00	201.89	4200.00	−19.23	27000.00	50.00	0.00	0.00	0.00	0.00
福建	130000.00	−3.36	55000.00	1.39	240000.00	0.15	0.00	0.00	30000.00	36.99	0.00	0.00
浙江	168850.99	3.62	8304.71	16.97	310.90	−13.64	7609.50	7.94	453.90	−5.44	70.00	27.27
安徽	118442.00	−1.33	9049.50	−5.44	276.00	−16.36	355.00	69.05	69.00	100.00	5030.00	21.20
陕西	89403.00	8.53	3184.00	−16.42	23.50	6.82	3322.00	4.40	97.00	1840.00	0.00	0.00
河南	52499.00	3.29	12024.00	46.53	0.00	0.00	3930.00	18.48	50.00	1566.67	0.00	0.00
湖南	88578.00	4.14	29571.00	21.91	3020.00	−8.90	87420.00	7.46	1934.00	24.13	3105.00	59.80
江西	56359.20	12.51	13126.10	7.70	957.40	−39.63	0.00	0.00	0.00	0.00	14.50	141.67
广西	34251.55	1.88	24027.12	4.23	118.45	1.51	14744.10	13.58	596.40	5.46	11.00	100.00
广东	37460.00	7.84	7054.00	5.73	45129.00	6.98	—	—	—	—	11.00	10.00
重庆	33788.15	7.65	4657.40	8.31	500.00	−16.67	648.00	−2.11	0.00	0.00	0.00	0.00
山东	23750.22	−1.03	2882.16	5.53	1.30	−5.45	0.00	0.00	0.15	0.00	1.76	−18.52
江苏	10995.80	−0.96	3353.00	7.42	30.00	0.00	50.00	−33.33	0.00	0.00	0.00	0.00
甘肃	1283.60	5.37	104.80	−19.26	0.00	0.00	0.00	0.00	0.00	0.00	0.00	0.00
海南	1000.00	0.00	—	—	0.00	0.00	0.00	0.00	0.00	0.00	0.00	0.00
合计	1740060.53	—	367960.05	310.12	299300.23	—	394236.19	164.86	36147.59	3813.66	8383.26	—

（农业部种植业管理司　杜建斌）

【出口概况】 2018 年，中国茶叶出口总量达 36.5 万吨，同比增长 2.66%；出口均价 4.87 美元/千克，同比增长 7.27%；受出口均价大幅上涨影响，出口额达 17.8 亿美元，同比增长 10.1%。

从出口量看，除红茶出口量为 3.30 万吨、同比减少 7.2%外，其余茶类出口量均有不同幅度增长；绿茶继续雄踞榜首，达到 30.29 万吨；乌龙茶涨幅最大，达 17.2%。在出口均价方面，普洱茶是唯一下降的茶类，其均价为 9.44 美元/千克，降幅为 13.0%；而乌龙茶的出口均价则为 9.52 美元/千克，涨幅达到了 30.7%。

2018 年，中国茶叶出口至 128 个国家和地区。茶叶出口超过万吨的国家(地区)为 12 个，与上年持平；出口集中度高，排名前 20 位的国家(地区)占到总出口量的 82.4%。值得注意的是，中国茶叶对美出口并未受两国贸易摩擦的影响，出口茶叶量额均比 2017 年度有所提升。

表 4 2018 年中国茶叶分茶类出口量价额统计

茶类	出口量(万吨)	出口额(亿美元)	出口均价(美元/千克)	出口量同比增长率(%)	出口额同比增长率(%)	出口均价同比增长率(%)
花茶	0.69	0.66	9.57	12.31	30.09	15.83
绿茶	30.29	12.23	4.04	2.80	7.47	4.55
乌龙茶	1.90	1.80	9.52	17.19	53.22	30.74
普洱茶	0.30	0.28	9.44	9.10	-5.03	-12.95
红茶	3.30	2.81	8.5	-7.21	0.72	8.54
总量	36.47	17.78	4.87	2.66	10.13	7.27

表 5 2018 年出口量与出口额排名前 20 位的国家(地区)

序号	出口量排名前 20 位		出口额排名前 20 位	
	国家(地区)	总量(千克)	国家(地区)	总额(美元)
1	摩洛哥	77562486	中国香港	313257069
2	乌兹别克斯坦	24621983	摩洛哥	237062786
3	塞内加尔	17868451	越南	101379972
4	美国	15494689	美国	89431178
5	俄罗斯	14938464	马来西亚	77008552
6	加纳	14883085	塞内加尔	74710760
7	阿尔及利亚	14475175	加纳	64534540
8	中国香港	14126183	多哥	62576957
9	毛里塔尼亚	14121328	毛里塔尼亚	60277293
10	多哥	14041910	日本	58988148
11	日本	13355121	阿尔及利亚	50487212
12	德国	10855860	乌兹别克斯坦	47036145
13	贝宁	8703143	德国	44169053
14	喀麦隆	8564137	俄罗斯	41150939
15	巴基斯坦	8094467	缅甸	33901324
16	利比亚	7423873	韩国	31794757
17	泰国	5757117	西班牙	31274272
18	马里	5591195	泰国	29002899
19	法国	4825317	法国	28065922
20	越南	4341746	马里	24115944

东强西弱，发展空间广阔 2018 年，中国茶叶出口量前 5 位的省份分别为浙江(16.85 万吨)、安徽(5.92 万吨)、湖南(3.64 万吨)、福建(2.41 万吨)、江西(1.34 万吨)。从出口量增减来看，出口量增长超过 4000 吨的省份有浙江、福建和江西，其中，浙江省出口量增长超过 5500 吨，其他省增量均在 500 吨以下；而上海市出口量则减少了 1360 吨，湖南省出口量也减少了 1177 吨。

在出口额方面，排名前 5 位的省份分别为浙江(5.23 亿美元)、福建(3.46 亿美元)、安徽(2.47 亿美元)、湖北(1.45 亿美元)、湖南(0.95 亿美元)。从出口额增减来看，福建省增加额超过 1 亿美元，其他省份出口额增量则均在 0.3 亿美元以下；而广东省出口额则减少了 2400 万美元。受茶类出口均价影响，福建省出口额排名第二(出口量第四)，江西省出口额排名第八(出口量第五)。

表 6 2018 年中国各省份茶叶出口量变化表(前 20 位)

省份	2018 年出口量(千克)	2017 年出口量(千克)	增加量(千克)
浙江	168469098	162943150	5525948
安徽	59172003	59702010	-530007
湖南	36350653	37527568	-1176915
福建	24098107	19509915	4588192
江西	13431861	8919306	4512555
湖北	12167674	13116436	-948762
上海	10507725	11867890	-1360165
四川	9366522	10158337	-791815
河南	7547549	7073341	474208
云南	7108184	7757913	-649729
广东	6664514	6353417	311097
重庆	4466359	4000034	466325
贵州	1597016	2300448	-703432
广西	1151380	1329364	-177984
江苏	959127	1500223	-541096
山东	488226	329686	158540
海南	440350	308975	131375
天津	310097	140646	169451
陕西	233450	207463	25987
合计	364741807	355251869	9489938

表 7　2018 年中国各省份茶叶出口额变化表(前 20 位)

省市	2018 年出口额（美元）	2017 年出口额（美元）	增加量（美元）
浙江	523136694	494388188	28748506
福建	345984906	238960179	107024727
安徽	246609229	235241648	11367581
湖北	145205111	123947493	21257618
湖南	95337311	93169201	2168110
广东	80958675	105093224	-24134549
河南	73364592	46702412	26662180
江西	68417254	51695388	16721866
上海	61168458	64852782	-3684324
云南	33099638	36893327	-3793689

（续表）

省市	2018 年出口额（美元）	2017 年出口额（美元）	增加量（美元）
四川	28931856	39770176	-10838320
贵州	23670007	24652030	-982023
广西	12638820	14883533	-2244713
山东	9958897	1743716	8215181
天津	9954566	5207066	4747500
陕西	5610233	3754260	1855973
江苏	5306303	22464027	-17157724
重庆	3541163	3442006	99157
新疆	1640049	4609	1635440
合计	1777861336	1609637110	168224226

（梅　宇　梁　晓）

中国家具产业

【概　述】 家具行业包含木质家具，金属家具，塑料家具，竹、藤家具和其他家具制造5个子行业，规上(指“规模以上”，后同)企业数量主要集中在木质家具、金属家具、其他家具3个子行业。从近3年情况看，这3个子行业规上企业数量逐年增多，其中木质家具比重最大，占六成以上，塑料家具和竹、藤家具两个子行业数量保持稳定。国家统计局数据显示，2018年我国家具行业规上企业共有6300家，比上年增加300家，其中木质家具企业4156家(占65.97%)，金属家具企业1025家(占16.27%)，塑料家具企业94家(占1.49%)，竹、藤家具企业113家(占1.79%)，其他家具企业912家(占14.48%)。

2018年规上企业家具累计完成产量7.13亿件，同比下降1.27%，是近5年首次负增长。从地区分布来看，东部地区家具产量最大，累计完成5.71亿件，占全国家具产量(下同)的80.08%，同比下降2.34%；中部累计完成0.8亿件，占11.21%，同比增长2.54%；西部累计0.38亿件，占5.3%，同比增长13.9%；东北部累计0.24亿件，占3.41%，同比下降7.84%。

2018年家具行业规上企业累计完成主营业务收入7011.88亿元，同比增长4.33%；累计完成利润总额425.88亿元，同比增长4.33%。

2018年全国家具行业6300家规上企业中，亏损企业788家，同比增长7.80%；亏损面12.51%，同比增加0.9个百分点。累计亏损额32.83亿元，同比增长40.92%；累计营业费用298.71亿元，同比增长8.14%；管理费用399.63亿元，同比增长11.51；财务费用45.00亿元，同比下降19.52%。

2018年全国家具类限额以上企业累计实现商品零售额2249.8亿元，同比增长10.1%。

2018年累计完成出口交货值1749.78亿元，同比增长2.42%。2018年家具出口、进口规模均创新高。海关数据显示，2018年我国家具行业贸易总额588.67亿美元，同比增长8.06%，贸易顺差522.87亿美元。其中累计出口555.77亿美元，同比增长8.08%；累计进口32.90亿美元，同比增长7.80%。

家具行业轻工地位　根据国家统计局2011~2018年数据分析，家具行业出口交货值占轻工业全行业比重在这一期间逐年缓步提升，主营业务收入、利润占轻工业比重在2011~2017年基本逐年微增，但2018年占比均有所回落。

国家统计局数据显示，2018年家具行业规上企业的主营业务收入占轻工全行业的3.58%，比上年减少0.15个百分点，在轻工24个行业小类中位居第12，与上年名次相同。对轻工全行业主营业务收入增长的贡献率为2.64%。

2018年家具行业规上企业利润总额占轻工全行业的3.32%，比上年减少0.23个百分点，在轻工24个行业小类中位居第13，较上年下降2位。对轻工全行业利润总额增长的贡献率为2.47%。

2018年家具行业规上企业出口交货值占轻工出口交货值的6.91%，比上年提高0.13个百分点，与上年排名相同，居轻工各行业小类第7位。

国家统计局数据显示，2011~2018年家具行业主营业务收入利润率持续低于轻工业平均水平，近3年家具行业主营业务收入利润率逐年小幅回落，与轻工业主营业务收入利润率差距有所增加。

表1　2016~2018年家具各子行业规上企业数统计表

单位：家

行业	2018年	2017年	2016年
家具制造	6300	6000	5561
木质家具制造企业	4156	3931	3606
金属家具制造企业	1025	998	951
塑料家具制造企业	94	91	94
竹、藤家具制造企业	113	114	104
其他家具制造企业	912	866	806

木制家具　国家统计局数据显示，2018年全

国木质家具累计完成产量 24182.05 万件，同比下降 0.19%。木质家具产量前 5 位的地区依次是广东、江西、浙江、福建、四川，其中广东累计产量为 5739.1 万件(同比下降 5.59%)，占全国木质家具产量(下同)的 23.73%；江西累计 3241.51 万件(同比下降 3.93%)，占 13.4%；浙江累计 3162.22 万件(同比增长 9.30%)，占 13.08%；福建累计 3068.50 万件(同比下降 4.1%)，占 12.69%；四川累计 1539.88 万件(同比增长 20.48%)，占 6.37%。

产量前 10 位的地区中，四川、江苏、浙江、重庆同比正增长，增速依次居前 4 位，分别为 20.48%、15.27%、9.30%、5.03%，其中四川、浙江产量占比均比上年提升了一位，重庆由上年前十之外升为第十。其他地区产量同比下降，降幅居前的依次是北京、山东、广东，分别为 -12.16%、-5.78%、-5.59%。

2018 年木质家具制造业累计完成主营业务收入 4274.93 亿元(同比增长 3.87%)，占家具行业主营业务收入(下同)的 60.97%；金属家具完成 1358.09 亿元(同比增长 2.37%)，占 19.37%；其他家具制造完成 1170.52 亿元(同比增长 6.5%)，占 16.69%；竹、藤家具制造完成 109.65 亿元(同比增长 10.52%)，占 1.56%；塑料家具制造完成 98.69 亿元(同比增长 22.7%)，占 1.41%。

2018 年木质家具累计完成出口交货值 757.22 亿元(同比增长 0.02%)，占家具行业出口交货值的 43.28%。

表 2　2018 年全国主要家具产品产量表

产品名称	2018 年产量(万件)	2017 年产量(万件)	增速(%)
家具	71277	72195	-1.27
其中：木质家具	24182	24227	-0.19
金属家具	34399	35900	-4.18
软体家具	5828	5661	2.95

表 3　2018 年各地区家具产量表

地区名	2018 年产量(万件)	2017 年产量(万件)	增速(%)
全国	71277.36	72194.95	-1.27
北京市	620.57	703.34	-11.77
天津市	745.25	742.17	0.41
河北省	1858.69	1636.29	13.59
山西省	3.23	3.38	-4.30
内蒙古自治区	0.00	7.26	—
辽宁省	2212.56	2394.87	-7.61
吉林省	51.08	79.14	-35.45
黑龙江省	165.86	162.26	2.22
上海市	1666.73	1697.67	-1.82
江苏省	1511.31	1416.16	6.72
浙江省	21310.81	21187.98	0.58
安徽省	877.43	778.31	12.73
福建省	12960.90	14676.56	-11.69
江西省	3899.19	3867.31	0.82
山东省	1463.66	1748.90	-16.31
河南省	2284.09	2327.41	-1.86
湖北省	434.10	379.85	14.28
湖南省	493.67	437.58	12.82
广东省	14938.87	14637.54	2.06
广西壮族自治区	378.89	371.94	1.87
海南省	0.05	0.12	-59.66
重庆市	625.22	605.73	3.22
四川省	2311.47	1912.49	20.86
贵州省	192.86	193.92	-0.55
云南省	48.68	35.45	37.31
陕西省	174.03	136.34	27.65
甘肃省	6.07	5.35	13.53
青海省	1.02	2.17	-52.92
宁夏回族自治区	4.60	7.48	-38.48
新疆维吾尔自治区	36.47	39.98	-8.78

表 4　2018 年全国家具行业规模以上企业主营业务收入表

行业名称	2018 年主营业务收入(亿元)	2017 年主营业务收入(亿元)	增速(%)
家具制造业	7011.88	6720.90	4.33
其中：木质家具制造业	4274.93	4115.58	3.87
竹、藤家具制造业	109.65	99.21	10.52
金属家具制造业	1358.09	1326.64	2.37
塑料家具制造业	98.69	80.43	22.70
其他家具制造业	1170.52	1099.03	6.50

【家具进出口贸易】 2018 年我国家具出口额、进

口额均创新高。海关数据显示，2018 年我国家具行业贸易总额 588.67 亿美元，同比增长 8.06%，贸易顺差 522.87 亿美元。其中累计出口 555.77 亿美元，同比增长 8.08%；累计进口 32.90 亿美元，同比增长 7.80%，出口增速大于进口增速 0.28 个百分点。

出口贸易 2018 年我国家具出口额继续保持增长，创下新高。海关数据显示，家具累计出口额 555.77 亿美元，同比增长 8.08%。

出口商品情况 2018 年家具出口九大类商品中，坐具及其零件、木家具、金属家具出口额依次居前 3 位，3 类商品累计出口额占全国家具出口总额(下同)的 85%以上。海关数据显示，2018 年坐具及其零件累计出口额为 257.77 亿美元(占 46.38%)，同比增长 10.38%；木家具累计出口额为 134.89 亿美元(占 24.27%)，同比下降 1.77%；金属家具累计出口额为 85.12 亿美元(占 15.32%)，同比增长 16.22%。

从近 3 年出口数据看，坐具及其零件和金属家具的出口份额逐年增加，木家具出口占比逐年缩小。从出口增速看，2018 年所有类别中只有木家具出口同比下降；弹簧床垫，竹、藤、柳条及类似材料制家具和牙科、理发椅及其零件三类商品出口增速居前，分别为 41.75%、19.49%和 18.39%。

进口贸易 海关数据显示，2018 年我国家具累计进口 32.90 亿美元，同比增长 7.80%。2018 年我国九大类进口家具商品中，坐具及其零件和木家具进口额居前两位，两类商品累计进口额占全部家具进口额(下同)的近八成。海关数据显示，2018 年我国进口坐具及其零件累计 16.92 亿美元(占 51.44%)，同比增长 9.26%；木家具累计进口额 9.23 亿美元(占 28.06%)，同比增长 3.58%。

表 5 2018 年全国家具行业规模以上企业出口交货值表

行业名称	2018 年出口交货值(亿元)	2017 年出口交货值(亿元)	增速(%)
家具制造业	1749.78	1708.46	7.97
其中：木质家具制造业	757.22	757.09	9.39
竹、藤家具制造业	21.79	18.78	4.74
金属家具制造业	507.59	505.54	6.55
塑料家具制造业	45.42	41.40	6.69
其他家具制造业	417.76	385.65	7.32

【中国家具产业集群】 根据《中国轻工业特色区域和产业集群共建管理办法》，中国家具协会在中国轻工业联合会的指导下，在行业内积极稳妥地开展产业集群建设，产业集群数量不断增加，发展质量稳步提升，产业类型涵盖广泛，集群分布科学合理。

至 2018 年底，中国家具产业集群共计 51 个，其中新兴产业园区 13 个。2018 年，中国家具协会命名“中国沙集电商家具产业园”，与大连市普兰店区政府共建“中国橱柜名城”。此外，中国轻工业联合会与中国家具协会对中国家具商贸之都(乐从)和中国家具制造重镇、中国家具材料之都(龙江)进行复评，根据当地的产业发展情况和发展政策，分别更名为中国家居商贸与创新之都(乐从)和中国家具设计与制造重镇、中国家具材料之都(龙江)。

受地理区位、产业资源、历史文化、市场需求和政策支持等因素的影响，中国家具产业集群主要分布在东部沿海地区，并逐渐向中西部拓展。其中辽宁、河北、山东作为老牌的工业基地，分别有 3、3、4 个家具产业集群；江苏、浙江是繁荣的经济重地，分别有 6 个、8 个产业集群；广东是发达的开放口岸，建设有 9 个产业集群；福建有 1 个产业集群；河南、安徽、湖北等是中部崛起的重要力量，分别有 5 个、3 个、3 个产业集群；四川是川派家具的重要基地，具有 3 个产业集群；云南有丰富的木材资源，有 2 个产业集群。

表 6 中国家具产业集群类型及数量

产区类型	产区个数(个)	产区名称
传统家具产区	12	大涌、大江、三乡、剑川、阳信、海虞、碧溪、瑞丽、仙游、东阳、涞水、石薯
木制家具产区	6	宁津、庄河、玉环、崇州、南康、普兰店
金属家具产区	3	胜芳、樟树、庞村
办公校具产区	2	杭州、东升
商贸基地	5	乐从、武侯、香河、蠡口、厚街
出口基地	4	安吉、大岭山、海宁、胶西
新兴产业园区	13	潜江、彰武、红安、海安、原阳、龙游、监利、清丰、信阳、叶集、宁海、兰考、睢宁

（续表）

产区类型	产区个数（个）	产区名称
其他产区	6	新都（本土制造及产业园兼备）、周村（软体家具）、沙集（电商基地）、南城（校用家具）、龙江（家具制造及家具材料兼备）、瓜沥（浴柜家具）

注：中国家具协会参与命名或共建。

表 7　中国家具协会产业集群一览表

序号	时间	名称	所在地
1	2003 年 3 月	中国红木家具生产专业镇	广东省中山市大涌镇
2	2003 年 8 月	中国椅业之乡	浙江省湖州市安吉县
3	2004 年 3 月	中国家居商贸与创新之都	广东省佛山市顺德区乐从镇
4	2004 年 8 月	中国实木家具之乡	山东省德州市宁津县
5	2004 年 9 月	中国家具出口第一镇	广东省东莞市大岭山镇
6	2005 年 7 月	中国西部家具商贸之都	四川省成都市武侯区
7	2005 年 8 月	中国家具设计与制造重镇	广东省佛山市顺德区龙江镇
8	2005 年 8 月	中国家具材料之都	广东省佛山市顺德区龙江镇
9	2005 年 9 月	中国特色定制家具产业基地	河北省廊坊市胜芳镇
10	2006 年 12 月	中国实木家具产业基地	辽宁省大连市庄河市
11	2007 年 3 月	中国北方家具商贸之都	河北省廊坊市香河县
12	2007 年 5 月	中国欧式古典家具生产基地	浙江省台州市玉环县
13	2008 年 1 月	中国传统家具专业镇	广东省台山市大江镇
14	2008 年 5 月	中国古典家具名镇	广东省中山市三乡镇
15	2009 年 6 月	中国东部家具商贸之都	江苏省苏州市相成区蠡口镇
16	2009 年 12 月	中国民族木雕家具产业基地	云南省大理白族自治州剑川县
17	2010 年 4 月	中国板式家具产业基地	四川省成都市崇州市
18	2011 年 4 月	中国出口沙发产业基地	浙江省嘉兴市海宁市
19	2011 年 6 月	中国中部家具产业基地	江西省赣州市南康区

（续表）

序号	时间	名称	所在地
20	2011 年 7 月	中国古典家具文化产业基地	山东省滨州市阳信县
21	2011 年 7 月	中国北方家具出口产业基地	山东省胶州市杜村镇
22	2011 年 7 月	中国华中家具产业园	湖北省潜江市
23	2011 年 7 月	中国家具彰武新兴产业园区	辽宁省阜新市彰武县
24	2012 年 4 月	中国金属家具产业基地	江西省樟树市
25	2012 年 4 月	中国办公家具产业基地	浙江省杭州市
26	2012 年 10 月	中国浴柜之乡	浙江省杭州市瓜沥镇
27	2012 年 11 月	中国苏作红木家具名镇——海虞	江苏省常熟市海虞镇
28	2012 年 11 月	中国苏作红木家具名镇——碧溪	江苏省常熟市碧溪镇
29	2012 年 12 月	中国家具红安新兴产业园	湖北省黄冈市红安县
30	2012 年 12 月	中国西南家具产业基地	四川省成都市新都区
31	2013 年 4 月	中国（瑞丽）红木家具产业基地	云南省德宏傣族景颇族自治州瑞丽市
32	2013 年 4 月	中国仙作红木家具产业基地	福建省莆田市仙游县
33	2013 年 8 月	中国红木（雕刻）家具之都	浙江省金华市东阳市
34	2013 年 8 月	中国东部家具产业基地	江苏省南通市海安县
35	2014 年 3 月	中国中原家具产业园	河南省新乡市原阳县
36	2014 年 9 月	中国京作古典家具产业基地	河北省保定市涞水县
37	2014 年 11 月	中国钢制家具基地	河南省洛阳市庞村镇
38	2014 年 12 月	中国红木家居文化园	浙江省衢州市龙游县
39	2015 年 4 月	中国家具电商产销第一镇	江苏省徐州市睢宁县沙集镇
40	2015 年 5 月	中国长江经济带（湖北）家居产业园	湖北省荆州市监利县
41	2015 年 5 月	中国校具生产基地	江西省抚州市南城县
42	2015 年 5 月	中国中部（清丰）家具产业园	河南省濮阳市清丰县
43	2015 年 10 月	中国软体家具产业基地	山东省淄博市周村区

(续表)

序号	时间	名称	所在地
44	2015年11月	中国(信阳)新兴家居产业基地	河南省信阳市羊山新区
45	2015年11月	中国中部(叶集)家居产业园	安徽省六安市叶集实验区
46	2015年11月	中国家具展览贸易之都	广东省东莞市厚街镇
47	2016年7月	中国华东实木家具总部基地	浙江省宁波市宁海县
48	2016年7月	中国实木家具工匠之乡	浙江省宁波市宁海县
49	2017年4月	中国广作红木特色小镇	广东省广州市石碁镇
50	2017年7月	中国兰考品牌家居产业基地	河南省开封市兰考县
51	2017年8月	中国办公家具重镇	广东省中山市东升镇
52	2018年1月	中国沙集电商家具产业园	江苏省徐州市睢宁县沙集镇
53	2018年6月	中国橱柜名城	辽宁省大连市普兰店市

(中国家具协会)

【中国仙作红木家具产业基地——仙游】 仙游县地处福建东南沿海中部，隶属于莆田市。县境东接莆田市区，西接永春、德化，南连泉州市泉港区、惠安县、南安市，北接永泰，东南濒临湄洲湾，挨天然良港秀屿港，接肖厝港。海岸线长5千米，区域总面积1835平方千米。从县城至福州交通里程152千米，至莆田市区42千米，至泉州85千米，至厦门192千米。

行业发展情况 2018年福建省古典工艺家具产业实现产值400亿元，同比增长5.3%(其中规模以上企业166家，规模产值260多亿元，同比增长5%，占规模工业产值的42%左右)；创税1.5亿元，同比增长5%。福建省仙游县先后荣获世界中式古典家具之都、中国古典工艺家具之都、仙作红木家具产业基地、中国古典家具收藏文化名城、全国红木古典家具产业知名品牌创建示范区等称号。“仙游古典家具制作技艺”被国务院列入国家级非物质文化遗产保护名录。

发展措施 第一，满足中低消费群体的产品，提高市场占有率。引导企业进行专业化生产、分工协作，改变自产自销的现状，鼓励中小企业走“专、精、特、新”的发展道路，推动中小企业与大企业协作配套，打造利益共同体的企业“航母”。引导企业改变以往“坐商”的经营模式，走出去拓展市场，培育大量的经销商，组建营销联盟、中介机构，到全国各地、东南亚各大城市开办直营店、专卖店，扩大产品营销，拓展销售渠道。引导企业牢固树立做古典工艺家具就是做文化、做艺术、做精品的观念。开发旅游消费品市场，为仙游旅游业增添内容与收益，鼓励更多有条件的企业建立工艺旅游示范点，推动工艺美术旅游。

第二，转型升级必然会产生技术创新。生产技术创新中，建立几家大型的专业木材烘干中心，统一为行业企业服务；产品创新中，引导企业制定产品规划，形成相对完整的产品线；通过研发创新，进行产品结构的升级和转型。培育“仙游设计”“仙游创意”“仙游制造”等产品；管理创新上，向现代板式家具生产企业学习，包括ERP、条形码、识别芯片等，实现信息化管理，进一步控制材料消耗和成本。根据多品种、小批量、个性化定制、手工操作等特点更好地设计工艺流程。

第三，突破原材料制约的瓶颈。通过精挑细选、因材施工，提高木材利用率，使现有名贵材料生产出来的产品价值最大化，保障企业在成本上涨的情况下正常发展；加快开发利用替代木材，加大对替代木材的材性、制作工艺、烘干技术等方面的研发投入力度，为企业开发利用新的可替代木材提供技术支持；引导企业使用新材料的同时，通过产品的性价比，引导消费者转变原有观念，让更多的消费者认可、接受新材料生产出来的产品；通过合法有效的途径把更多稀缺的红木原材料引进“仙作”市场，确保“仙作”产业的原材料供应；建立红木种植基地，成立名贵植物研究所，开展名贵植物栽培试验研究、技术指导、推广等科技攻关，制定和完善一系列相关的标准和技术规范，促进大面积种植名贵树木，为产业长远发展提供资源保障。

2018年发展大事记 仙游县人民政府与京东集团合作，在福建仙游建立京东(仙游)数字经济产业园，建设1个平台——全球工艺美术品展示交易公共服务平台，3个中心——全球工艺美术大数据中心、京东电商生态产业集聚中心、仙游产业创新中心，1个研究院——中国“仙作”工艺美术产业研究院，以期破解原材料、营销、品牌品质、人才、供应链金融五大问题，推动仙游工艺美术产业转型升级高质量发展。成立仙作集体品牌保护领导工作小组，出台《仙作集体商标使用规范》，加强“仙作”集体商标的管理和使用规范，通过政府背书和行业龙头企业入驻形式，全面解决产品假冒伪劣等质量问题，提升仙作产品公信力和竞争力。

2018年活动 2018年11月8~12日，由中国工艺美术协会、中国家具协会主办的“2018年第六届中国(仙游)红木艺雕精品博览会”在海峡艺雕旅游城举办。本届博览会设有1个主会场(5万多平方米)、2个分会场(三福艺术馆、鲁艺红木园分会场)，展览总面积达13万平方米，设立了红木艺雕精品展、新时代红木中式家居装修装饰展、仙作古家具展、百佛展等特色展区，直接参展企业超过1000家，展出各种红木精品家具、工艺品30000多件。此外，还举办了“中国红木家具质量提升创新县”授牌仪式、2018年中国技能大赛——全国家具制作职业技能竞赛(福建分赛区)、莆田市第二届“海峡艺雕杯”手工木工职业技能竞赛、红木家装“全屋定制”市场研讨会、红木行业发展趋势暨核心竞争力研讨会、“仙作”工艺新品发布暨线上线下拍卖会、“2018年度‘仙作’十佳项目”评选、李耕画派作品展、百名网红带你逛红博会、“仙作”战略合作签约仪式等活动。

存在问题 “仙作”产业在发展中也存在着问题：企业做品牌、做实业的观念意识不强，各企业主要以“单兵”作战为主，缺乏“仙作”的全局理念；目前仙游县大部分企业仍然是以家族经营的管理模式为主，缺乏现代化企业管理体系，管理粗放落后，企业市场定位模糊，小而散、小而全；企业主要依靠扩大生产来提升交易额，整个市场差异化的营销体系尚未成熟，产品品牌的软实力欠缺；部分企业重材轻艺，产品文化艺术附加值不高，产品利润中主要依靠木材涨价，产品自身的附加值较低。名贵红木资源将日益稀缺，海黄、越黄、小叶紫檀已是一木难求，大红酸枝供应情况也不容乐观，传统红木产业将面临“无米之炊”的局面；当前原木交易市场缺乏统一管理，全县虽然有多家原木经营企业，但多数硬件比较简单，经营水平、交易规则相对原始，整个行业缺乏一个集仓储、交易、信息资讯于一体的市场平台，造成原木交易成本上升，无形中提高了原木价格；以上诸多因素造成红木原材料价格的大幅上涨，生产厂家成本也大幅增加，势必造成很多缺乏营销渠道和品牌支持且资金实力不足的红木企业被淘汰。

【中国红木(雕刻)家具之都——东阳】 东阳市地处浙江省中部，属长江三角洲经济区域，是国务院批准的对外开放城市和浙江中部的历史文化名城。东阳市总面积1747平方千米，总人口83万。东阳文化悠远，被誉为著名的教育之乡、建筑之乡、工艺美术之乡、文化影视名城(三乡一城)。

行业发展情况 2018年，东阳市以中央环保督察为契机，大力推进红木家具行业环保整治，通过规范提升、整合重组、关停淘汰，倒逼传统产业转型升级。东阳市木雕红木家具企业从2014年的3000多家压缩到2018年的1336家，其中销售额超2000万元以上的企业由2014年的36家增加到现在的200多家；全年产值从2014年的142亿元增加到2018年的200多亿元。通过近年的规范提升，东阳市红木家具行业初步形成了“家数精减、主体升级、产业规范”的新格局。

公共平台建设情况 经过多年发展，东阳木雕红木家具行业已形成东阳经济开发区、横店镇和南马镇三大产业基地，东阳中国木雕城、东阳红木家具市场和花园红木家具城三大交易市场，市场面积达200万平方米。为了推进产业健康持续发展，东阳市先后建成了中国木雕博物馆、国际会展中心等展示平台，并结合木雕小镇建设，建成了木材交易中心、木文化创意设计中心、中国东阳家具研究院以及国家木雕及红木制品质量监督检验中心、国家(东阳木雕)知识产权快速维权援助中心等平台。为引导产业集聚，大力拓展发展空间，加快推进红木小微园建设。目前，已建成的红木小微园有南马万洋众创城、南市红木产业创新综合体，共占地200多亩，建筑面积达28万平方米。特色小镇和小微园将成为产业集聚发展的主要平台。

品牌发展及重点企业情况 东阳木雕红木家具龙头骨干企业发展态势良好。截至2018年12月，全市木雕红木家具行业拥有浙江省级名牌11个，金华市级名牌25个，东阳市级名牌22个；浙江省著名商标企业6家，金华市著名商标企业22家，东阳市知名商标企业27家。以下为东阳市红木家具龙头企业情况：

①东阳市明堂红木家具有限公司。该公司是一家古典家具制造企业，占地面积160亩，工业园区内研发、生产、生活、办公、产品展示分区功能齐全，系家具行业标准生态工业园。多年来，公司产品销量在全国同行业中连续多年遥遥领先，设计作品屡获大奖，不断荣膺浙江省名牌产品、东阳市红木家具龙头企业等荣誉称号。

②浙江中信红木家具有限公司。该公司是一家高端红木家具生产企业，建立于1997年，占地面积达20余万平方米，拥有员工1000余人。在多年的发展中，其被授予浙江省名牌产品、东阳市木雕红木家具龙头企业等荣誉。

③浙江卓木王红木家具有限公司。该公司成立于1983年，公司面积达20万平方米，以园林式建筑形态精心打造，典雅精致。旗下有五大子品牌，已形成集提供中式装饰、红木家具、红木软装及配套产品全方位解决方案的平台型生态公司。

④浙江大清翰林古典艺术家具有限公司。该公司坐落于雷弄山脚下，江南园林风格建筑，环境宜人。经过多年的发展和积累，形成了以“德”为核心的企业经营文化，以“易”为核心的企业创新思想，汇集了大批人才和技术工匠。公司设计的产品在业界独树一帜，获得多项大奖，品牌知名度享誉全国。

⑤东阳市御乾堂宫廷红木家具有限公司。该公司是一家专业生产大红酸枝红木家具的综合企业，拥有3个生产基地，先后荣获浙江省著名商标、浙江省知名商号等荣誉称号。

2018年发展大事记 ①制定“浙江制造”团体标准。为加强行业标准化工作，由东阳市红木家具行业协会向浙江省品牌建设联合会申报的《红木家具》和《深色名贵硬木家具》“浙江制造”团体标准在2017年相继被批准立项。在充分调研行业和企业情况的基础上，2018年，东阳市红木家具行业协会组织东阳红木家具龙头骨干企业、省内优秀红木家具企业和相关事业单位开展标准制定工作。目前，《红木家具》和《深色名贵硬木家具》“浙江制造”团体标准均已发布实施。“浙江制造”标准以达到“国内一流、国际先进”水平为目标，质量指标远高于现行的国家标准及行业标准，“浙江制造”标准的制定将对扩大东阳红木家具行业影响力、推动产业发展具有重要意义。

②举办中国技能大赛——全国家具制作职业技能竞赛。在中国家具协会、中国轻工业职业技能鉴定指导中心的指导下，浙江省家具行业协会、东阳市人民政府联合主办了2018年中国技能大赛——全国家具制作职业技能竞赛浙江东阳赛区选拔赛。此次选拔赛于9月19~20日举行，有来自杭州市、东阳市、磐安县等全省各地的134名选手参赛，其中有13名选手晋级参加总决赛，4名选手跻身全国十强，其中银奖1人，铜奖3人。中国技能大赛在东阳连续两年的成功举办，不仅传承和弘扬了东阳红木家具雕刻艺术和传统家具制作技艺，更强有力地推动了木雕及红木家具产业的发展繁荣。

2018年活动汇总 ①举办第四届中国(东阳)木雕红木家具交易博览会。2018年5月31日至6月3日，第四届中国(东阳)木雕红木家具交易博览会在浙江东阳举行。该届博览会在东阳中国木雕城国际会展中心设置4个展厅，总面积达1.6万平方米。博览会期间还举办了各项行业活动，包括“2018中国红木家具大会——红木智造2025专题论坛”、第三届“中国的椅子”原创设计大赛启动仪式、3D动态版《清明上河图》首秀、“嗨夏东阳”木雕红木魅力游、东阳红木家具市场超级团购等。

②中国传统家具设计与创新论坛。2018年7月28日，举办中国传统家具设计与创新论坛，邀请南京林业大学古典家具与红木工艺研究所所长、南京明式家具研究学会副会长吕九芳教授和当代著名家具设计师乔子龙分别作主题演讲。

③开展行业培训。2018年7月及9月，东阳市人力资源和社会保障局及东阳市红木家具行业协会共同举办了东阳市红木家具行业手工木工中级技能培训，共计70多人参加，60人考试合格并

取得中级职业资格证书。

④举办首届“红创二代”新品展。2018 年 11 月 15~18 日，首届“红创二代”新品展正式亮相第十三届东博会，该展区由中国东阳家具研究院、市委人才办主办，东阳市红木家具行业协会青年企业家委员会承办。“红创二代”新品展区是由 21 位年轻的东阳红木家具企业接班人设计创作的红木家具新品的首次集中展出，结合产品现场讲述品牌创业故事，阐述设计理念和经营理念，分享产品文化与匠人精神，成为本届东博会的一大亮点。

⑤东阳红木家具企业组团参展。2018 年，东阳市红木家具行业协会积极组织优秀企业参加中国国际家具展览会・第三届摩登上海时尚家居展、国际名家具(东莞)展览会、中国国际(上海)红木文化博览会、杭州国际家具展览会、中国(深圳)国际红木艺术展暨中式生活博览会、昆明南亚东南亚国际木文化博览会、中国义乌国际森林产品博览会等展会，展示了新中式、新古典、古典等各式精美红木家具，展现了东阳不同风格家具的魅力。

【中国京作古典家具产业基地——涞水】

行业发展情况 涞水古典红木家具已有 300 多年的历史，是“中国京作古典家具发祥地”之一，是“中国京作古典家具产业基地”。近年来，涞水红木行业年销售收入以 30%的增速增长，产品在京津冀及蒙、晋、鲁等地市场份额不断增加。目前，涞水京作红木家具制销企业 400 余家，熟练技师近千人，从业人员上万人。2018 年产值达 15 亿元，销售收入达 16 亿元。涞水与其他产区相比，虽然规模还较小，但独有的区位优势、京作红木传统文化优势及享有的京津冀协同发展战略优势，使涞水红木产业发展潜力巨大，后发优势明显，正成为承接北京产业转移和外溢的首选地。

表 8 2016~2018 年涞水县家具行业发展情况汇总表

主要指标	2018 年	2017 年	2016 年
企业数量(个)	413	420	420
规模以上企业数量(个)	8	8	8
工业总产值(万元)	156000	162000	159800
规模以上企业工业总产值(万元)	13500	14400	13900
内销(万元)	184000	200000	198000
家具产量(万件)	2.8	3.2	3

中国京作古典家具艺术小镇 根据中共河北省委、河北省人民政府《关于建设特色小镇的指导意见》，由河北尚霖文化产业园投资有限公司牵头、中国家具协会配合，在县城北部规划了中国京作古典家具艺术小镇。小镇着力打造中国京作古典家具文化产业高地、环北京医疗养生度假目的地、国家 4A 级精品旅游区。建设京作古典家具产业园区、京作古典家具创意展示区、京作古典家具文化体验区、京作古典家具产业综合配套区、国际乡村营地公园、拒马河生态文化公园六大功能板块。项目建成后，将成为全国北方最具特色的古典家具、艺术品、工艺品展示、销售市场，京郊传统文化创意基地、儿童科普教育基地、京郊新兴特色旅游目标地以及北方最具特色的古典家具文化旅游目的地。

目前，小镇被中国城镇化促进会列入全国首批 103 个特色小镇培育名单；被河北省人民政府评定入围“河北省首批特色小镇”30 个创建类小镇名单；小镇概念性规划已编制完成。正在进行小镇项目所在地(东租村)征地拆迁及样板区(170 亩)、回迁区(235 亩)的可研、立项及详规编制工作，2019 年力争启动小镇样板区和回迁区建设。

品牌及重点企业情况 目前，涞水已先后推出隆德轩、森元宏、永蕊缘、万铭森、乾和祥、艺联、易联升、艺宝、精佳、华清壜、古艺坊、琨鑫、庆贤堂、珍木堂等多个品牌。河北古艺坊家具制造股份有限公司成功挂牌石家庄股权交易所，是河北省高新技术企业。隆德轩、森元宏、万铭森、永蕊缘、艺友、艺联在石家庄股权交易所孵化版挂牌。

①涞水县隆德轩红木家具有限公司。该公司成立于 2008 年，占地面积 20 亩，总资产 1.2 亿元，注册资本 3000 万元。年生产能力 3000 件/套。公司努力创建具有涞水特色的古典红木家具系列，“隆德轩”品牌深受红木消费者喜爱。2018 年销售收入达 1 亿元，产值达 7500 万元。

②涞水县万铭森家具制造有限公司。该公司创立于 2014 年，注册资金 500 万元，年生产红木家具 3000 件，主要生产大果紫檀及老挝红酸枝红木家具，建筑面积 1 万余平方米，占地 20 亩。2018 年销售收入达 0.8 亿元，产值达 5000 万元。

③河北古艺坊家具制造股份有限公司。该公司始创于1996年，现占地43亩，有中式家具专业技术人员270名，省内外拥有独立家具专卖机构27家，公司下辖三个自主品牌，“古艺坊”主营现代中式榆木家具，“和安泰”主营古典红木家具，“元永贞”主营高档民用家具。2018年销售收入达1.5亿元，产值达8000万元。

④涞水县永蕊家具坊。该公司是一家专业制作、修复各式明清硬木家具的手工企业。2010年永蕊家具坊的参展作品《梅花画案》在展会上被中国工艺美术学会授予工艺特色奖。2018年销售收入达0.5亿元，产值达2500万元。

⑤涞水县森源仿吉家具厂。该公司创建于1997年，占地15亩，主要生产书房、客厅、卧室系列红木家具及各种工艺品，家具制作材料以红酸枝为主，风格以明式、清式家具风格为主。生产的家具一直保持传统的优秀工艺技术，特别是榫卯结构与烫蜡工艺。2018年销售收入达0.5亿元，产值达3000万元。

2018年发展大事记 3月6日，故宫博物院宫廷部研究员周京南一行到涞水就京作红木家具制作发展情况调研。

3月13日，富华国际集团董事局主席陈丽华一行到涞水考察。

3月18日，涞水县核雕木雕艺术学馆首期培训班在涞水京作古典家具艺术小镇“鸿韵满堂”开课。涞水县核雕木雕艺术学馆在涞水县文化产业发展领导小组指导下，由涞水县文玩核桃协会发起，在涞水县古典艺术家具协会、涞水县电子商务协会、河北省收藏家协会的大力配合下成立。学馆旨在为京作核雕、木雕产业传承、发展提供培训平台，使更多的雕刻爱好者掌握一技之长、带动就业、增收致富。

5月27日，中国红木材质保障工程战略合作高峰论坛2018年河北站万铭森分会场隆重召开。在大家的共同见证下，万铭森与中国红木材质保障工程完成了现场签约，这标志着材保工程在涞水正式落地。

6月5日，河北工艺美术协会会长李平思一行到涞水就红木家具、文玩核桃产业进行考察、调研。6月14日，京东集团执行总裁兼首席公共事务官蓝烨一行到涞水京作古典家具艺术小镇考察。

7月2日，2018年中国技能大赛全国家具制作职业技能竞赛工作会议在北京召开。河北涞水再次入选成为2018年中国技能大赛全国家具制作职业技能竞赛举办地之一。

7月4日，江西省家具协会会长何炳进一行到涞水古典家具艺术小镇参观考察。“涞水京作木雕”被国家工商总局受理注册为地理标志商标。

8月18日，成功举办2018年中国技能大赛——全国家具制作职业技能竞赛涞水红木小镇杯·河北涞水选拔赛暨第五届涞水京作红木文化节、第四届文玩核桃博览会暨首届京东拍卖麻核桃文化节。

11月8日，参加2018年第十八届中国(北京)国际红木古典家具精品博览会。

面临问题 企业规模小，无法形成强企优企的引领、带动作用；创新、技术力量弱，制约产业优化升级；专业人才缺，产业发展动力和后劲不足；企业运作不规范，缺乏科学管理现代企业的观念和方法；品牌产品少，低价竞争阻碍了家具行业的发展。

【中国实木家具之乡——宁津】 宁津县位于山东省西北部冀鲁交界处，东邻乐陵市，南连陵县，西与北以漳卫新河为界，与河北省的吴桥、东光、南皮三县隔河相望。区划面积833平方千米，人口48万，是中国五金机械产业城、中国实木家具之乡、山东省实木家具示范县、山东省优质木制家具生产基地、山东省实木家具产业基地、中国民间艺术(杂技)之乡和中华蟋蟀第一县。

行业发展情况 宁津家具产业兴起于20世纪90年代，起始由加工业户自发形成，后经政府引导，逐步由小到大、由弱及强发展成为全县的富民产业和支柱产业。如今在宁津，家具产业已呈遍地开花之势，全县共有家具生产企业3078家，从业人员达到4.7万人，形成了1个家具园区、7个特色乡镇、180余个专业村的集群格局。

①产业初具规模，影响力不断提升。2004年，宁津县被中国轻工业联合会与中国家具协会授予“中国桌椅之乡”特色区域荣誉称号，先后被评为“山东省优质木质家具生产基地”和“山东省出口木

质品及家具质量安全监管示范区"；2011 年家具产业被列入山东省 30 个过百亿元省级产业集群，获得中国家具产业链模式创新金奖；2012 年被中国轻工业联合会和中国家具协会联合授予"中国实木家具之乡"特色区域荣誉称号；2013 年，宁津家具产业集群被中国家具协会授予"中国家具行业优秀产业集群"。2014 年宁津县家具产业基地被省轻工业协会授予"山东省实木家具产业基地"称号，这是山东省唯一获批的家具产业基地，成为德州市政府列入重点培植的 47 个工业产业基地之一。2017 年宁津县被授牌为"中国轻工业特色区域和产业集群创新升级示范区"。为进一步加快新旧动能转换，加快传统产业提档升级，宁津县申请成为环保倒逼中小企业转型升级试点县。

②产品种类齐全，市场覆盖广。宁津家具以实木为特色和优势，产品包括餐厅、厨具、酒店、卧房、套房、办公、软包家具以及实木门八大类上千个品种，形成了经典中式、简约欧式、现代中式、英式田园乡村、美式系列、后现代实木、明清古典等多种典型风格，其定位为中高端市场，在全国大部分省会城市及经济发达城市均建立了直营旗舰店或代理店，在全国近千个大中城市都可见到"宁津家具"的踪影，其中餐桌餐椅占长江以北地区市场份额的 50%以上，家具产品还远销美国、韩国、德国等 30 余个国家和地区。

③产业链条完整，分工协作强。经过多年的发展，宁津家具产业链已经形成了从木材经营、"白茬"加工、零部件配套、油漆购销、成品组合到产品销售的产、供、销一体化有机产业链。在这条完备的产业链中，既有集设计、研发、生产、销售于一体的企业 600 多家，也有只生产一件产品甚至某件产品零部件的小企业 2400 多家。同时，围绕家具生产又衍生出一系列家具原辅料供应链，形成了规模庞大的木(板)材供应市场，仅张大庄镇就有 100 多家木材板材经销户，年经销量超百万立方米。

④聚集效应明显，整体优势大。宁津家具产业已形成"1 区、7 镇、180 块"的特色区域布局，呈现出"家具产业园区带动乡镇聚集区、乡镇聚集区辐射专业村"的整体格局。"1 区"即县家具产业园区，聚集了华诺、宏发等 20 余家龙头骨干企业；"7 镇"是指 7 个专业乡镇，入区企业达到 2400 多家，聚集了全县 80%以上的家具生产企业；"180 块"是在全县范围内形成的 180 余个家具工业特型村，清明寺、齐东、齐西、张斋、郭相、小曹等专业村以生产加工"白茬"为主，家家户户是工厂，每村近 90%以上的劳动力均投入到这一产业中。

表 9　2016~2018 年宁津家具行业发展情况汇总表(生产型)

主要指标	2018 年	2017 年	2016 年
企业数量(个)	3078	3500	3453
规模以上企业数量(个)	256	258	232
主营业务收入(万元)	1152800	1174000	1127200
出口值(万美元)	2750	2800	2879
内销(万元)	1107800	1130500	1090600
家具产量(万件)	850	880	750

表 10　2016~2018 年宁津家具行业发展情况汇总表(流通型)

主要指标	2018 年	2017 年	2016 年
商场销售总面积(万平方米)	12	8.5	8
商场数量(个)	54	56	50
入驻品牌数量(个)	105	90	88
销售额(万元)	50000	48000	47000
家具销量(万件)	50	53	42

表 11　2016~2018 年宁津家具行业发展情况汇总表(产业园)

主要指标	2018 年	2017 年	2016 年
园区规划面积(万平方米)	112	88	40
已投产面积(万平方米)	55	35	15
入驻企业数量(个)	170	105	37
主营业务收入(万元)	430000	292500	156700
利税(万元)	109000	84000	35400
出口值(万美元)	830	780	190
内销额(万元)	415000	280900	151400
家具产量(万件)	289	230	135

平台建设情况　宁津家具产业集群以宁津家具梦工场为引领，加快家具产业"五中心一平台"建设，推动信息技术、产品设计研发、生产制造高度融合，融入智能家居理念，打造中国实木家具个性化定制生产基地。宁津家具梦工场是山东省首家家具创意主题孵化器、创客空间，占地 3000 多平方米，共包含"五区两中心"，分别是光影展示区、公共服务区、智能家具区、品牌展示区、联合办公区、设计中心、电商中心，是集创

新创业、研发设计、品牌孵化、精品展示于一体的家具产业创新龙头。

品牌发展及重点企业情况 宁津县家具产业规模以上企业全部建立了研发设计中心，产品档次显著提高。家具企业更加注重品牌建设，目前拥有“兴强”“万赢”“吉祥木”“德克”4 个山东省名牌产品和“美瑞克”1 个山东省著名商标。三江木业的“可可图斯”美式套房、汇丰家具的“左岸尚东”欧式套房、金楸林家具的“金楸林”英式田园套房及贵族系列套房、鸿源家具的“斯贝迪曼”法式套房、利德木业的“欧丽尔”欧式套房、大亨木业的“欧帝森”实木门等品牌家具已经成为全国一线城市的畅销品牌。

①山东华诺家具有限公司。公司由廊坊华日家具股份有限公司投资 19.5 亿元建设，主要生产木门、办公酒店家具、软体沙发等产品，每年可实现销售收入 10 亿元，创造就业岗位 4000 多个。

②宁津县三江木业有限公司。公司是一家拥有自营进出口权的技术密集型家具企业，产品获得全国 13 个家具质量检测机构认证，成为绿色家具名牌产品，出口韩国、日本等地。

③宁津宏发木业有限公司。公司是一家专业从事餐桌、餐椅生产的企业，是“全国民营企业重点骨干企业”，原材料由德国、法国直接购进，产品主要出口澳大利亚、阿拉伯、欧美、东亚等国家和地区，每年可生产各种高档餐桌椅 5 万套。

④山东德克家具有限公司。公司是全县家具行业的龙头示范企业之一，主要生产高档实木餐桌、餐椅，产品先后荣获“山东名牌”“绿色环保产品”“消费者满意产品”等荣誉称号。

⑤山东鸿源家具制造有限公司。公司是宁津家具行业的龙头示范企业之一，拥有从台湾引进的先进生产设备 180 台套，专业生产星级酒店客房、餐厅及办公家具，产品于 2006 年荣获“山东名牌”称号。

2018 年发展大事记 园区规划建设了总建筑面积约 112 万平方米的乡镇家具产业园区，园区实行统一规划、统一建设、统一安装环保设施，可容纳 300 家左右的中小企业入驻，项目 2019 年将全部实现投产。

2018 年活动汇总 成功举办 2018 年中国技能大赛——全国家具制作职业技能竞赛华日杯 · 山东赛区比赛，比赛由山东省轻工集体企业联社、宁津县人民政府、山东省家具协会主办，共有来自全省 9 个县(市、区)40 多家家具制造企业的近百名选手参赛。

(中国家具协会　中国轻工业联合会)

中国花卉产业

【概　述】 2018 年，我国花卉种植面积仍在扩大，销售额保持稳步上升，出口额与上一年基本保持一致。据初步统计，截至 2018 年底，全国花卉种植面积 146.12 万公顷，比 2017 年增加 4.95%；全国花卉保护地栽培总面积达 13.36 公顷，同比增长 11.06%，其中，温室面积由 2017 年 2.58 公顷上升到 2.93 公顷，同比增长 13.57%。销售额 1639.18 亿元，比 2017 年增长 6.91%；出口额 6.00 亿美元，与 2017 年基本持平。

2018 年，全国花卉从业人员 4877135 人，同比上升 0.45%；从业人员中，专业人员约 341901 人，同比增长 6.50%；拥有花卉企业 70758 家，同比上升 12.50%，其中种植面积 3 公顷以上或年营业额 500 万元以上的大中型企业 13712 家，同比上升 0.88%；全国已建设花卉市场 3051 个，同比上升 2.38%(表 1)。

表 1　2017~2018 年全国花卉产销基本情况

年份	种植面积（万公顷）	销售额（亿元）	出口额（亿美元）	从业人员（人）	专业人员（人）	企业（家）	大中型企业（家）	市场（个）
2017	139.23	1533.30	6.00	4855285	321034	80868	13592	2980
2018	146.12	1639.18	6.00	4877135	341901	70758	13712	3051
同比增长率(%)	4.95	6.91	0	0.45	6.50	-12.50	0.88	2.38

注：大中型企业指种植面积 3 公顷以上或年营业额 500 万元以上的企业。

根据 2018 年全国花卉数据统计分析，除鲜切花、食用与药用花卉、干燥花种植面积降低外，其他各类花卉种植面积仍在扩大，其中，工业及其他用途花卉种植面积增长速度最快，2018 年，工业及其他用途花卉种植面积占全国花卉种植面积的 5.09%，同比增长 13.24%；草坪种植面积虽仅占全国花卉种植面积的 3.85%，但 2018 年种植面积增长速度较快，同比增长 12.47%；盆栽植物和观赏苗木种植面积仍在稳步增长。2018 年，鲜切花种植面积减少 7.78%，干燥花种植面积减少 37.44%。

2018 年，除草坪和干燥花的销售额下降外，其他各类花卉销售额均有不同程度的增长。其中，种用花卉类销售额增幅最大，达 11.22%；鲜切花类销售额占全国花卉销售额 13.01%，同比增长 9.45%；观赏苗木的销售额仍是 2018 年花卉销售的主力军，占该年全国花卉销售额的 43.50%，销售额同比增长 9.14%。

（中国花卉协会）

各省(自治区、直辖市)林业产业

PROVINCIAL FOREST INDUSTRY

北京市林业产业

【概 述】 2018年，北京市园林绿化局以全面贯彻习近平新时代中国特色社会主义思想和党的十九大报告精神为统领，紧紧围绕首都园林绿化这个主题，积极主动服务首都城市战略定位，贯彻新发展理念，推动高质量发展，持续扩大绿色生态空间。

宏观发展思路——三个突出 ①突出科学发展。坚持绿水青水就是金山银山、人与自然和谐共生、山水林田湖草是一个生命共同体等新的发展理念，坚持节约优先、保护优先、自然恢复为主的方针，以专业方法、系统思维推进林业产业建设。②突出林业产业质量。尊重自然、顺应自然、保护自然，着力提升林业产业功能、把生态效益、经济效益、社会效益有机地结合起来。③突出以人为本。充分发挥园林绿化多产品、多功能、多效益的优势，大力促进造林绿化与生态文化融合发展，提升市民绿色福祉，带动农民就业增收，实现人与自然和谐共生。

总体发展成果 紧紧围绕乡村振兴和兴绿惠民，构建首都林业产业高精尖经济结构。

一是突出高效节水、优质安全，推动果树产业转型升级。完成1万亩低效果园更新改造，1万亩新建果园建设任务，完成3.8万亩果园节水配套工程，在3个区果园土壤环境调查试点基础上研究全市果园土壤环境调查方案。全市经济林面积203万亩，产值41.2亿元，28万户果农，户均收入1.47万元。果树基金累计完成投资3.08亿元，支持矮化密植果园1.6万亩，支持果园项目35个，与北京市农业投资有限公司各出资1亿元，共同发起设立子基金——北京市北农果品产业投资中心(有限合伙)，开展果树产业基金扩围工作。筹备成立北京葡萄酒产业发展促进会。全年食用林产品样品的抽样检测3018批次，其中定性检测1513批次，定量检测1501批次。样品抽检合格率达到99.77%，完成新申报无公害食用林产品产地认定131个、产品232个。

二是夯实基础，有序推进种苗行业高质量发展。全市苗圃数量1189个，苗圃面积达到24.3万亩，总产苗量8719万株，可为2019年提供绿化苗木2822万株。完成5000亩规模化苗圃建设任务，完成74家7.4万亩规模化苗圃检查验收工作。培育龙头企业1家，探索苗圃多元化发展，开展通州苗圃科普游试点工作。带动农民绿岗就业1万余人，其中当地劳动力7100余人，占比70%以上，涉及低收入户38人。启动“北京林木种质资源创新工程”，开展种质资源保存利用工作，审定林木品种8个。组织北京市2018年新一轮百万亩造林绿化工程苗木供需交流会，精准对接供求双方，开展新一轮百万亩绿化工程苗木质量检查，对全市15个区33个地块的116个苗圃进行实地检查，使苗批进场合格率达到93%，复检合格率100%，苗木“两证一签”拥有率、合格率分别达到100%和97%。

三是突出精准扶贫，加快蜂产业发展。全市蜜蜂饲养量达26.5万群，蜂蜜产量235.1万千克，蜂王浆产量5.16万千克，蜂花粉产量2.03万千克，蜂蜡产量14.55万千克，蜂业专业合作组织77个，有蜂业产业基地61个，有养蜂户1万户，养蜂总产值1.64亿元，蜂产品加工产值超过12亿元，出口创汇超过1800万美元。实施养蜂精准扶贫工程，重点帮扶昌平、密云、平谷、房山、延庆等地335户低收入农户从事养蜂行业，免费购置蜂群3000群、蜂机具6000余件，提供技术培训和指导4000余人次，并承诺对低收入户销售的蜂产品，各区合作社以高于市场15%的价格进行收购。实施京津冀现代化蜂授粉服务区建设工程，打造了全国首家中华蜜蜂崖壁蜂场，开展了首届世界蜜蜂日庆祝活动，成功举办了“21世纪第三届全国蜂业科技与蜂产业发展大会暨首届北京密云蜂产业发展高峰论坛”，首批国家森林小镇建设试点——北京市蜜蜂森林特色小镇项目正式获批。

四是持续促进全市花卉、林下经济发展。全

市花卉种植面积达到 7 万余亩，产值 12.7 亿元，促进农民就业 1000 余户，从业者超过 2 万人。全市林下经济累存面积 17.76 万亩，产值 3.26 亿元，实现收益 1.61 亿元，当年参与林下经济建设的林农为 1.01 万户，带动就业人数 1.43 万人。通过《北京花讯》，宣传花卉工作。启动研究花卉电商、花卉进超市、果品蔬菜市场政策，出台了《关于完善集体林权制度促进首都林业发展的实施意见》，开展了 15 个新型集体林场的试点；在房山区建立林业综合改革试验区。

【重点工作】

一是做好 2019 年世界园艺博览会北京展园、百果园的各项建设工作。北京园室外展园占地 5350 平方米，室内展区面积 150 平方米，项目建设预算资金为 6532.06 万元。截至 2018 年底，室外园整体工程完成 70%，其中主体建筑完成 90%，高大乔木及花灌木已在冻土前全部栽植完成；室内展园完成了设计方案，征集到 40 多家单位的千余件展品，并对征集到的展品在春季、秋季各预展一次。百果园占地面积 66657 平方米，投入总资金 5570.03 万元。截至 2018 年底，已完成总投资的 85%。绿化工程完成 85%，已完成栽植 4000 余株、180 个品种大规格果树。分别制订了展会期间百果园、北京园的运营维护方案，包括世园会 162 天展会期间的运营维护、活动组织、宣传推介、国内外游客引荐等。

二是高质量完成国家林草局和全市性重点活动任务，展示首都形象。经市领导批示同意，与北京农林科学研究院、顺义区政府编制第九届国际樱桃大会筹备方案。根据冬奥组委要求，依据农业部办公厅印发的《茄果类蔬菜等 58 类无公害农产品检测目录》，制定果品安全检测标准提升全市食品安全保障能力。举办 2018 年迎春年宵花展、第九届郁金香文化节、第十届月季文化节、第四届北京百合文化节、第十届菊花文化节等传统花事活动。参加在四川德阳举办的第八届中国月季展，在香港维多利亚公园举办的香港花卉展，在安徽合肥举办的苗木花卉交易大会，在雄安新区举办的第五届京津冀蒙林木种苗交易会。筹备参展 2019 年世界月季洲际大会。

三是抓好产业政策研究，促进产业转型升级增效。紧紧围绕高质量发展、构建首都高精尖经济结构，加强政策研究，力争在制度、政策体系上取得新突破。启动研究《首都都市型现代林业发展指导意见》《北京市果树产业技术服务体系团队建设实施方案》《北京果园星级评定标准和实施方案》，开展《京津冀果树产业营销体系建设》《北京果树产区规划》研究，继续研究《北京安全优质食用林产品评定方案》《林业产业政策性保险方案》和北京果品、花卉、蜂产品品牌战略方案、种苗产业战略提升方案。与市规土委沟通，针对规模化苗圃生产附属设施政策落地问题，研究制定了《北京市平原地区规模化苗圃附属设施用地管理办法》。研究制定了国家标准《蜂产业项目运营管理规范》。

【果树产业】 2018 年全市果品产量 6.6 亿千克，果品收入 40.4 亿元，果树产业已成为京郊果农增收致富的重要产业。加强食用林产品质量安全检测，抽检合格率达 100%。

世园会“百果园”建设 一是全力推进。百果园工程建设共分为绿化工程、景观工程、铺装工程、给排水工程、电气工程和标识工程 6 个标段，截至 2019 年 2 月 20 日，世园会“百果园”工程建设项目主体栽植任务基本完成。

二是周密组织展陈、运营工作。百果园展陈、运营主要包括室内外展陈、基础运营和主题活动三部分。室内展陈前期立项、预算评审和招投标工作已经完成，展陈方案也已经基本确定。运营方案已基本确定，基础运营正处于预算评审阶段。

三是认真筹划主题活动。主题活动拟按高端引领、特色突出、带动产业、服务观众的基本思路，组织开展专业论坛、果品展评、葡萄酒文化宣传与品鉴三大类共 6 场官方主题活动，目前已与市食药监局、市文旅委等相关单位进行了初步对接。

果树产业发展基金和政策性金融保险 ①果树产业发展基金扩展投资范围获市政府批准同意。一是 2018 年 10 月 24 日，副市长卢彦主持召开会议，专题研究并原则同意了果树产业发展基金扩展投资范围事宜。二是 2018 年果树产业发展基金共计投入果园建设资金3619万元，投资高效节水果园项目8个，果品产业链项目1个，支持矮化密植果园面积4485亩；累计完成投资3.42亿元，支持矮化密植果园16485亩，支持果园项目35个，其中家庭农场6个，合作社5个，企业24个。三是2018年果树产业发展基金参股设立的北农果品子基金，投资果品产业链项目1个，投资金额1000万元。

②政策性保险。《北京市密植果园金融综合解决方案》是农业农村部“金融支农服务创新试点”项目，2018年华农保险公司共承保北京“密植果园保险”126户次，13365.5亩，总保费1003万元，总保额12361.83万元。2018年春，北京市发生了严重冻害，华农保险共计为北京市供销社、永乐通等矮化密植果园赔付苗木和树体保险706.95万元，赔付率达236%。

果园土壤污染防治　一是及时制定并下发了《关于进一步加强果园生态环境保护工作的通知》。二是12月5日，组织举办果园化肥减量技术培训班，培训班邀请全国知名果园土壤专家、教授就“苹果提质增效关键技术”“桃园化肥减量技术”进行了培训，市、区两级果树管理相关专业技术人员177人参加了培训。

“果树产业与美丽乡村融合发展研究”取得预期成果　①组织开展“果树产业与美丽乡村融合发展研究”。全年，课题组共组织专项考察13次(北京10个区、21个村，上海、无锡、苏州三地14个考察点)，召开座谈会14次。在撰写课题报告阶段召开10次专家研讨会，对报告进行8次修改。

②新建、更新和改造果园。2018年北京市6个区共计完成果树栽植面积16165.8亩，其中新建果园8082.9亩、更新果园6662.9亩、改造果园1420亩。全市果园主栽树种平均成活率达到92.1%，高于国家规定合格率(85%)7个百分点，总体检查验收结果为合格。验收的同时还对果园的资金投入、果园认证、果园机械和基础设施等情况进行了调查登记，对164个果园实施了GPS定位，并拍摄了相关影视资料。

③技术培训推广。据统计，2018年市、区和乡镇三级产业发展部门共计举办各种类型的培训班、现场会2805次，参加人数达19万人次。培训内容为产业升级、有机化栽培、安全生产、农用机械、果品现代化营销等方面。

④科普宣传。2018年，全市已通过有机、绿色和无公害认证的、面积30亩以上的观光采摘园有454个，总面积15.6万亩。全年共在首都园林绿化政务网、官方微博、微信公众号等平台发布相关信息43期，覆盖122万人次，取得了显著的宣传效果。

【花卉产业】　2018年全市花卉种植面积7万余亩，产值12.7亿元，花卉企业180家，花农1000余户，花卉市场15家。

①世园会北京室外展园设计、建设工作。北京室外展园，位于中华园艺展示区华北组团之首。北京室外展园设计工作于2017年6月启动，通过公开招标，确定北京城建设计发展集团股份公司承担北京室外展园设计工作。设计方案以“展现人民对美好生活的向往”为目标，将北京人的园艺生活浓缩成“我家院儿”这样一个主题，让全世界从一个“小院落”看到一个“大北京”。设计布局上，四合院是整个北京室外展园的景观核心，取名“玉堂长春”。该方案通过了市政府的审议，并完成了世园会的方案确认。

5月3日，启动北京室外展园建设、监理招投标工作。7月30日，施工、监理单位进场施工。2018年底完成总工程量的70%。

②北京室内展区设计方案。世园会北京室内展区面积150平方米，位于中国馆一层，省(区、市)展区之首。设计方案以“京花京韵”为主题，通过赏花姿、闻花香、忆花事、叹花技，以地道的北京风韵、京城花事，迎接四海宾客。在162天的展期内有3次主题，设计围绕“京花京韵”总主题，设置三个副主题，春有“百花献瑞”，夏有“花乡花田”，秋有“京华金秋”。

③世园会北京参展展品。162天的展期，组织3次展区评比和4次展品评比。北京市园林绿化局联合市公园管理中心、北京花协于2018年1月启动了世园会北京展品征集工作，面向全市征集展品。

春季预展于4月28日至5月13日举行，秋季预展于9月29日至10月14日举行，两次预展共展示展品800余件，邀请业内专家对展品进行投票推荐，共推荐展品500余件。两次预展共吸引花卉园艺爱好者和游客万余人。

第八届中国月季展 第八届中国月季展由中国花卉协会月季分会、德阳市人民政府和四川省林业厅联合主办，是国内高规格的月季盛会，已成功举办了七届，北京市曾于2008年和2016年主办了第三届和第七届中国月季展。经市领导批准，北京市园林绿化局代表北京参加第八届中国月季展。

北京室外展园占地1000平方米，取名“万寿长春园”，将北京皇家园林文化和北京月季文化互相融合，展示北京特色月季。全园以一条小径串联九个特色景点，北京自育或特色的月季品种遍布全园，营造“松竹常青画中看，春色满园九重香”的意境。北京室内展区占地500平方米，集中展示北京参加评比的新优月季。

经专家组评选、群众评议、评委会审核，第八届中国月季展组委会授予北京市优秀组织奖、月季室外造园艺术特等奖、月季室内造景展特等奖，北京市成为唯一包揽室外造园和室内造景两项特等奖的参展城市。

此外，选送评比展品60件，获奖35件，其中金奖5个、银奖12个、铜奖18个。

组织并筹备2019年南阳世界月季洲际大会 由世界月季联合会、中国花卉协会主办，中国花卉协会月季分会、河南省花卉协会和南阳市人民政府承办的2019年世界月季洲际大会，将于2019年4月27日~5月2日在河南省南阳市举办。为此，按照市政府指示精神，北京市园林绿化局努力做好2019南阳世界月季洲际大会北京室内外展园建设筹备工作。

多项花卉文化宣传活动 迎春年宵花展活动于2月3日至3月2日在北京各大花卉市场举办。北京本地生产的年宵花卉占据市场半壁江山，主要种类以多肉、蝴蝶兰、迷你月季、丽格海棠等小型盆栽及组合盆栽类为主，深受年轻消费群体及家庭园艺消费者市场的喜爱。新型生态植物组合、鲜切花、球根花卉也崭露头角，得到越来越多的认可。本届活动再次邀请到包括天津、河北的协会组织和企业一同参与，体现了京津冀花卉产业协同发展。年宵花期间，还举办组合盆栽大赛以及兰花、梅花、水仙花展等专项展览活动。

第九届郁金香文化节于4月1日至5月10日在北京国际鲜花港举办。本届文化节以“花开盛世·一带一路”为主题，根据“21世纪海上丝绸之路”的设计理念展开，将“一带一路”互联互通的精神融合在一起，通过造型别致的郁金香花海展示出来。100个品种、400万株郁金香，创造了我国北方地区最早、品种最多、花期最长、种植面积最大的郁金香花展。同时园区还组织了丰富多彩的游园活动。

第十届北京月季文化节于5月11日至6月18日，在12个展区同时举办，以“爱月季·爱生活”为主题。活动期间共有2000多个月季品种、千万株月季、50余项花事活动服务首都市民。为庆祝北京月季文化节开展10周年，各展区在重点展示品种的同时，结合自身优势，主题活动重点突出互动性和科普性。

第四届北京百合文化节于6月29日至7月31日在延庆世葡园举办，主题是“相约延庆，盛世花海”。室内展区4500平方米，集中展示欧洲新优切花百合品种和百合插花花艺作品，还为游客提供插花体验等活动。室外展秉承传统文化“天人合一”的设计理念，64个品种、70多万株百合，共同打造了10万平方米靓丽缤纷的百合花海，成为全市独具特色的百合主题公园。此外，文化节期间，主办方还推出“赏百合、品花宴、看铁花”“第三届百合公主”“百合音乐主题趴之星光影院”“仲夏夜之约”假面舞会活动、亲子嘉年华等一系列特色主题活动。

第十届北京菊花文化节，于9月8日拉开大幕，活动持续到11月中旬。本届文化节的主题是“盛世华菊 傲芳染秋”，千余个品种、百万盆菊花，全市六大菊花展区在两个多月的时间里扮靓京城，喜迎首都市民参观游览。为了更好地庆祝北京菊花文化节开展10周年；北海公园邀请日本的菊花大师带来了日本传统菊花品种为菊展添姿添彩；天坛公园重点开展菊花文化系列科普活动；北京植物园5000平方米的菊海展区；世界花卉大观园用菊花立体雕塑和菊花盆景绘制出一个个充满诗情画意的景致，继续组织菊花擂台赛，传承传统菊花文化；世界葡萄博览园在展示菊花品种的同时结合中秋国庆举办民俗乐及其他系列主题活动，吸引游客参观。

北京市园林绿化局还组织参加了于3月16~25日在香港维多利亚公园举办的香港花卉展。本届花展中北京展区设计主题为“花漾街景美生活”，选取北京最富生活气息的胡同文化为设计元素，以北京市花菊花、展览主题花——大丽花为主花材，表达花卉给人们日常生活带来的美好和愉悦，凸显“心花放”的展会主题。而北京胡同呈现的景深效果，通过花卉巧妙搭配，使整个布景立体而生动，呈现出了一幅“心花放”的北京胡同生活画卷。在本次花展中北京荣获最佳设计金奖。

宣传花卉文化 为更好地宣传花卉文化，促进花卉产业发展，产业发展处继续组织编写《北京花卉》，2周一期，截至2018年底，全年已编写20余期，总编写108期。内容包括“本期花主”“花事动态”“美霞话市场”“付丽赏花”等，从各方面介绍花卉知识，宣传花卉文化。《北京花讯》在首都园林政务网、北京市园林绿化局官方微博、“书香园林”微信公众号等媒体刊登转载，得到社会关注与好评。

【蚕蜂产业】 2018年，全市蜜蜂饲养量达26.5万群，同比增加了1%，蜂蜜产量235.1万千克，蜂王浆产量5.16万千克，蜂花粉产量2.03万千克，蜂蜡产量14.55万千克，因受旱涝灾害影响，蜂蜜产量比上年减少65%，蜂王浆产量比上年减少16%，蜂花粉产量比上年减产22%，蜂蜡产量比上年减少27%。全市共有蜂业专业合作组织77个，有蜂业产业基地61个，有养蜂户1万户，养蜂万元户超过2500户，售蜂收入318.56万元，蜂授粉收入1073.1万元，养蜂总产值1.64亿元，蜂产品加工产值超过12亿元，出口创汇超过1800万美元。

蜂产业服务保障 ①领导重视，统一部署，推动全市蜂业快速发展。在推进精准扶贫和生态文明建设的大背景下，领导十分重视蜂业产业发展。4~5月，主管领导连续两次到门头沟和密云调研养蜂精准扶低工作，指出要结合门头沟区区域优势和资源优势，摸清底数，找准方向，明确重点，切实帮助农村低收入户养蜂增收脱低致富。5月，接待了广东省蜂产品协会考察。11月，接待了原亚美尼亚共和国副总统加吉克·阿鲁秋尼杨先生一行考察。

②产业扶持保障体系建设。2018年全市将蜂产业列为本区年度重点产业发展项目和重点发展工程，从精准扶贫、基地建设、蜜蜂授粉、组织发展、蜜蜂养殖等方面加大产业扶持力度，出台扶持政策，努力将蜂产业打造成富有活力的“空中产业”和“富民产业”。昌平区加大蜂产业扶持力度，对符合政策的新增蜂群和蜜蜂授粉给与资金补助；密云区连续13年出台产业扶持政策，专项扶持山区村队农户发展养蜂，扶持低收入农户及低收入村发展养蜂，年内新发展蜜蜂2.4万群；平谷区制订《平谷区2018年蜂产业奖励扶持政策实施方案》，并启动了千户养蜂精准扶贫项目，大力扶持蜂产业发展；延庆区制定了《北京市延庆区支持低收入村户林业产业发展实施细则》，将蜂产业列入精准扶贫工作范畴，该政策自2017年起连续实施三年，至2018年已新增2000群峰群，惠及低收入农户71户；大兴区出台了《2018年大兴区蜂产业规模化生产奖励政策》，重点加大蜜蜂授粉、无公害蜂产品生产和新发展蜂群的扶持力度。房山区大力扶持蜂产业发展，重点支持低收入村和低收入户发展养蜂生产。

③抗灾保蜂工作。2018年，旱涝灾害相继发生，7月中旬密云区遭遇历史罕见的特大暴雨，受损蜂群达6085群。灾害发生后，北京市各区及时组织，积极应对。一是加大产业扶持保障力度，积极争取设立抗旱保蜂救济金；二是拓宽养蜂致富渠道，实现产业功能的拓展；三是加强蜂群饲养管理，确保蜂群健康平稳发展；四是组织蜂农积极开展自救，力争将灾害损失降到最低程度。

④“双随机”检查工作。北京市蚕蜂站开展了双随机和行政执法检查工作。主持编制了《北京市蜂业生产质量安全检查报告》和《北京市养蜂场日志》，建立了双随机检查对象库和执法人员库，确定了抽查的频次、时间及检查内容等。

养蜂精准扶贫工程 ①精准帮扶低收入农户实现养蜂致富。年内，335户低收入户饲养蜜蜂9629群，生产各类蜂产品180多吨，实现产值480

万元。

②加强养蜂技术培训。通过开展蜂业乡土专家培养、科技下乡、新型蜂农培养和举办养蜂技术培训班，加强蜂农专业知识和实操能力培养。共举办各类蜂业技术培训班25期，培训蜂农4000余人次。

③保障低收入户良种供应。免费为低收入户选育并发放优良高产种蜂王1000余只，王台2000个，使低收入户蜜蜂良种覆盖率达100%。

④蜜蜂医院投入运营。年内，在密云区建成的全国首家蜜蜂医院正式投入运营，免费为低收入户检测常规蜜蜂寄生虫病、病毒病和微孢子虫病等，并开通技术咨询服务热线和微信公众号，专门配备专家和技术人员接听和作答，为蜂农开展服务。

⑤制定蜂产业精准扶贫国家标准。2018年，由市蚕蜂站主持制定的国家标准《蜂产业项目运营管理规范》(GB/Z 35035—2018)于5月正式发布。标准发布会在中央电视台《新闻联播》节目中播出。

⑥起草了《北京市蜂产业精准扶低行动计划(2018~2020)》。该行动计划由北京市蚕蜂站起草。行动计划正式实施后将对北京市各区开展蜂业，推进精准扶低、精准脱低起到重要的指导和推进作用。

京津冀蜜蜂授粉产业协同发展 2018年，北京市继续启动“京津冀现代化蜂授粉服务区建设工程”，为京津冀提供蜜蜂授粉技术支持和服务，开创了京津冀蜜蜂授粉联动的新模式。据统计，2018年，北京市组织10支蜜蜂授粉专业队，为北京及周边省市提供授粉服务，授粉面积达到65万余亩，作物平均增产超过10%，总增产值达4亿元，实现了蜂农、果农、菜农的多赢。

为全面推广蜜蜂为梨树授粉和蜜蜂为西瓜授粉技术的应用，4月8日，北京市蜜蜂为梨树授粉现场会在大兴区魏善庄镇召开；5月28日，蜜蜂授粉西瓜品鉴会在大兴区庞各庄镇召开，有力推动了京津冀蜜蜂授粉产业的快速发展；6月5日，CCTV2记者到北京市蜜蜂授粉基地，录制《甜蜜的事业——蜜蜂：养在深山少人知》专题片，并分别于7月21日在《深度财经》栏目和8月15日《经济半小时》中播出。

蜂业科研成果 2018年，市蚕蜂站继续承担国家蜂产业技术体系北京综合试验站工作，大力推广蜜蜂健康高效养殖技术、图文巢蜜、自流蜜、富硒蜜生产技术及蜂产品溯源管理技术、成功研制了新型智能化蜂箱。

①国家蜂产业技术体系北京试验站工作顺利开展。自2008年起承担国家蜂产业技术体系北京实验站工作，2018年，完善北京地区的西方蜜蜂标准化健康高效养殖技术，建设蜜蜂健康高效养殖技术基地1个，研发养蜂转运装备和机具2个。在昌平、门头沟、密云、平谷等区开展北京地区蜜蜂病虫害流行病学调查和蜂药、农药使用情况调查。试验新型中药及生物制剂，推广500群。继续在12个蜜蜂病虫害监测点，为蜜蜂白垩病和蜂螨风险评估技术平台、农药对蜜蜂健康影响风险评估平台提供监测数据。

②自流蜜生产技术逐步推广。结合中国蜂农取蜜习惯，北京市蚕蜂站研制成功系列自动流蜜巢脾、蜂箱，其中自流蜜装置完成第八代产品改进并开始逐步推广，自流蜜装置第八代产品有效解决了花粉堵塞、蜂蜜外溢、蜂蜜残留、挤压蜜蜂等问题。目前，已经在北京市门头沟区、平谷区、昌平区建成4个自流蜜生产基地，示范蜂群1000群，通过配套自流蜜生产技术，使基地蜂蜜产量提高20%，降低蜂农劳动强度80%，实现了规模化、集约化养蜂。8月7~8日在平谷区召开现场会并进一步开展推广应用，年底应用规模达到5000群。

③蜂产品溯源管理技术手段全面升级。联合中国农科院农业信息研究所，研发了基于手机APP软件的溯源信息管理系统，蜂农、合作社、加工企业、零售商和消费者可利用手机终端上传、储存和查询溯源信息，实现蜜蜂的大数据服务分析，对蜂产品生产环境、基本情况、蜂药及投入品管理、生产记录、收购、入库检测、加工记录、成品出入、销售等环节进行监管和溯源，既服务了蜂产业企业，也可供消费者和政府监管部门随时查询，真正实现蜂产品追溯的信息化、快捷化、透明化。

至2018年，已在密云和昌平的3个蜂场安装了监控设备和气象站，对两区的28名优秀蜂农进行溯源体系培训，学员使用手机应用程序进行蜂场信息上传操作。

④智能化蜂箱的开发研制取得新成果。由北京市蚕蜂站主持开发研制的智能化蜂箱已进入中试阶段。该蜂箱在朗式蜂箱结构基础上，采用生态木材质，调整箱体连接、保温、通风、除菌、防蜇、推拉巢门、饲喂和转运等装置结构，增加传感器和自动化控制装置的空间和接口，2018 年已完成设计并制作样品 200 套，在全国 40 多个蜂场开展试用。

⑤新型蜂毒采集设备应用推广。引进了新型蜂毒采集器，具有排毒量大、活性高、对蜜蜂伤害小等特点。至 2018 年已在密云区、平谷区、昌平区举办了 3 次面向全市的蜂毒生产技术培训班，并推广新型蜂毒采集器，在密云、平谷、昌平、房山等区 10 个大型蜂场开展推广应用，推广蜂群 1600 群，已采毒超过 5.6 千克。

⑥蜂业标准化生产体系基本建成。制订的两项国家标准《蜂产业项目运营管理规范》(GB/Z 35035—2018)和《王台型蜂王浆》(GB/T 35027—2018)均于 5 月正式发布。同时，北京市蚕蜂站还大力推广 8 项北京市蜂业行业地方标准，参与制定、应用国家标准和行业标准 81 项，加强 3 个国家级安全蜂产品生产标准化示范区建设，示范户达到 2500 户，示范蜂群 10 万群。

中华蜜蜂保护 2018 年，北京市在密云区冯家峪镇中华蜜蜂保护区内打造了 4 个特色蜂场。包括：全国最大的中华蜜蜂崖壁蜂场、原始数桶蜂场、特色加厚保温格子蜂箱蜂场、土耳其蜂箱蜂场，使国家级畜禽遗传保护品种——中华蜜蜂种群数量由 46 群增加到了 1.2 万群。同时，房山区积极申报中华蜂地理标识，努力打造房山品牌，助推北京市中蜂产业的发展与保护。5 月，在冯家峪镇举办了首届中华蜜蜂割蜜节活动，各大新闻媒体均进行了报道。

21 世纪第三届全国蜂业科技与蜂产业发展大会暨首届北京密云蜂业发展高峰论坛 11 月 7~9 日，由中国养蜂学会、国家优质蜂产品科技创新联盟及北京市密云区人民政府共同主办，北京市蚕业蜂业管理站、密云区园林绿化局和科学技术委员会承办的“21 世纪第三届全国蜂业科技与蜂产业发展大会暨首届北京密云蜂业发展高峰论坛”在密云区成功举办。农业农村部、中国农科院蜜蜂研究所、中国养蜂学会、台湾养蜂协会、北京市园林绿化局、北京市农林科学院、北京市科委及密云区政府等单位的领导出席会议，来自全国各地的蜜蜂行业领导、专家、学者、企业家和蜂农代表共计 800 余人参加了大会。

大会以“发展蜜蜂产业，共筑生态家园”为主题，交流报告 127 篇，展示科技创新成果 106 项，收集高质量的科技论文 116 篇。对近两年来中国蜂业在科技成果、产业发展经验、蜂产品营销品牌战略、中华蜜蜂保护利用、养蜂与精准扶贫等领域取得的成果进行了交流，并探讨蜂产业发展未来。会议期间还举办了第二届中国蜂业大奖赛，上百家蜂业企业的数百种产品参赛。

北京市森林蜜蜂特色小镇项目正式获批 2018 年 8 月，北京市申报的北京市森林蜜蜂特色小镇项目，获得国家林业和草原局首批批准。它是北京市首个获批建设的“国”字号特色小镇，也是全国首个以蜂业为特色的国家森林小镇。

首届世界蜜蜂日庆祝活动 5 月 20 日，北京市启动首届“世界蜜蜂日”系列庆祝活动，在密云蜜蜂大世界、冯家峪中蜂自然保护区、中国蜜蜂博物馆、春之谷国际蜜蜂教育基地设 4 个分会场，并参加了中国蜂产品协会在朝阳公园举办的“感恩蜜蜂 与爱同行”主题庆祝活动。向广大市民传播蜜蜂文化，弘扬蜜蜂精神，普及和推广蜂产品健康消费理念，让广大市民携手共同关爱蜜蜂，保护蜜蜂。

在“2018 中国蜂产业品牌盛典”上，北京市蜂业公司荣获 2018 中国蜂产品行业影响力十大品牌和中国蜂胶行业领军品牌两项殊荣。

【林下经济产业】 2018 年，全市在昌平、大兴、房山、丰台、怀柔、门头沟、密云、平谷、顺义、通州、延庆 11 个区继续推广林药、林花、林菌、林粮、林游、林草、林蔬、林桑、林禽、林蜂 10 种林下经济模式。全市林下经济累存面积 17.76 万亩，其中：2018 年当年新建面积 3.68 万亩，2018 年之前建设的现存面积 14.08 万亩。2018 年林下经济产值约 3.26 亿元人民币，实现收益 1.61 亿元人民币。

推广建设及服务工作 按照《关于实施乡村振兴战略 高质量推进美丽乡村绿化美化工作方案》(首绿办字〔2018〕12号)通知精神,赴密云区西田各庄镇康华远景公司商讨西田各庄镇林地林药示范林下种植中草药及仿野生种植前期工作;对延庆区四海镇楼梁村林地茶菊种植地块,海子口村林下中药苍术种植、玉竹种植、栎树蘑种植地块调研;帮助昌平区农户联系蒲公英等中药材收购工作,为农民做好林下经济产业销路服务保障工作。

林下经济现场观摩交流会 9月6日北京市园林绿化局治沙办举办了全市林下经济现场观摩交流会。北京农学院的专家介绍国内外林下经济发展案例及北京适合发展的林下经济模式,与会人员参观了北京八达岭森林公园体验中心和延庆四季花海的菊花生产基地以及产品深加工情况。全市40余名代表参加了此次活动。

林下经济产业发展成效 一是林下经济助力生态工程建设与发展。林下经济提高了林地资源的利用效率,提高了林下植被盖度、丰富林地景观,促进新农村暨美丽乡村的建设。

二是有利于拓展农民就业渠道,促进就业增收。林下经济的产出是种植普通农作物产值的1.5~10倍。据统计,2018年当年产值约3.26亿元,实现收益1.61亿元,当年参与林下经济户均增收约1.6万元,当年参与林下经济建设的林农为1.01万余户,带动就业人数1.43万人。

三是有利于延长产业链条,增加产品附加值。林下经济的许多产品可以直接食用,还可以深加工增值。企业的产值和收益也大幅度增加。

四是有利于强化市民生态文明意识,催生京郊旅游新热点。带动旅游、采摘、特色民俗游等产业发展,使越来越多的农户依托良好生态环境发展旅游业,实现一产、二产和三产的有机融合。2018年涉及林下经济建设的企业59个,合作组织90个。

【湿地和野生动植物保护】 北京市共有湿地5.14万公顷,占北京市国土面积的3.13%。北京湿地主要由天然和人工两大类11种类型组成,1公顷以上湿地约1916块,其中天然湿地2.38万公顷,占湿地总面积的46.4%,主要由河流、沼泽湿地组成;人工湿地2.76万公顷,占湿地总面积的53.6%,主要由水库、水塘及城市景观湿地等组成。北京市湿地生物多样性较为丰富,湿地内生长植物127科1017种,占北京市植物种类的48.7%;有野生动物89科393种,占野生动物种类的75.6%,其中鸟类58科276种,占鸟类种类的72%,包括国家一级保护鸟类6种,国家二级保护鸟类38种,北京市一级保护鸟类21种。

湿地保护修复 一是围绕贯彻落实《北京市湿地保护修复工作方案》,进一步加大湿地保护、修复与建设力度。根据《国务院办公厅关于印发湿地保护修复制度方案的通知》,国家林业和草原局等8个部门印发的《贯彻落实"湿地保护修复制度方案"的实施意见》(林函湿字〔2017〕63号),2018年2月,北京市人民政府办公厅印发了《北京市湿地保护修复制度工作方案》(京政办字〔2018〕3号),明确了2019~2020年北京市湿地保护修复工作的指导思想、基本原则、主要任务和保障措施。组织制定湿地保护修复三年行动计划,细化分解任务,将湿地面积、湿地保护率等指标落实到各区。

二是研究拟定了第二批市级湿地名录初稿,并征求了市水务局等相关部门以及相关区政府意见。组织开展新一轮全市湿地资源调查。截至2018年底,已完成了16个区的外业调查及内业整理工作。

三是创新性推进湿地保护与修复。遵循宜林则林、宜湿则湿、林水相依的原则,将湿地恢复与建设任务纳入新一轮百万亩造林绿化行动计划。加大湿地保护与修复工作力度,推进西城区西海、通州区马驹桥、东南郊以及延庆区野鸭湖、密云区穆家峪等湿地公园建设,全年恢复湿地1767公顷,新增湿地611公顷。

四是完善湿地保护修复配套制度。起草完成了列入湿地名录的湿地管理办法、湿地占用审批等保护管理制度初稿;积极推动《北京市湿地保护条例》的解读工作和出版工作。结合疏解整治促提升和乡村振兴战略,起草完成了小微湿地建设技术规程,以小微湿地建设为突破口,不断完善湿地保护网络体系。

五是强化湿地监管。开展了第一批市级湿地监测，建立了基于空间遥感监测技术的湿地资源监管模式和工作机制，及时发现、制止、处置涉及侵占湿地、违规违章建设等违法行为。

《湿地北京》获国家科学进步奖二等奖 1月8日，2017年度国家科学技术奖励大会在北京举行。由北京市园林绿化局和中国林科院合作完成的科普作品《湿地北京》荣获国家科学进步奖二等奖。

《湿地北京》以通俗易懂、简洁明快的语言，介绍了北京湿地变迁、北京湿地文化与湿地科技等。提出的北京湿地资源价值评价指标体系，“水文联通+微地形改造+基质恢复+植被恢复+岸坡恢复”退化湿地恢复关键技术，湿地植物多样性重建的土壤种子库技术及其应用方法以及鸟类栖息地选择研究等研究成果，为北京市湿地保护、恢复和管理提供了坚实的科学依据，对城市副中心、京津保中心区过渡带湿地恢复与建设、湿地公园建设提供了重要的指导和技术支撑作用。《湿地北京》的发布填补了我国湿地领域科普的空白。

“世界湿地日”主题宣传活动 2月2日，市园林绿化局在中国林科院报告厅举行了“世界湿地日”主题宣传活动。来自中国林科院、北京市各区园林绿化局以及翠湖、野鸭湖、汉石桥、长沟等单位的有关负责人约100人参加了活动。

野鸭湖湿地自然保护区总体规划编制情况调研 3月7日，市园林绿化局、市环保局对延庆区野鸭湖市级湿地自然保护区总体规划编制情况进行了调研。与会人员实地查看了野鸭湖湿地保护与恢复现场、配套设施建设情况，听取了野鸭湖湿地自然保护区管理处主要领导关于野鸭湖湿地自然保护区总体规划编制情况的汇报，并就现有规划编制中存在的问题进行了讨论和交流。

地方标准《湿地生态质量评估规范》正式发布 年内，由市园林绿化局组织制定的北京市地方标准《湿地生态质量评估规范》发布，于2018年4月1日起正式实施。标准从评估流程、指标选取与赋值、赋值标准、计算方法和等级划分等方面提出了相应的技术标准。该标准的出台，对于全面落实《北京市湿地保护修复工作方案》，进一步规范北京地区的湿地生态质量评估工作，有针对性地开展湿地恢复与建设，不断提升湿地生态质量、促进湿地生态系统健康具有重要意义。

密云区湿地建设进程 密云区园林绿化局多措并举全面推进湿地建设进程。一是加大湿地保护、修复与建设力度。根据《北京市湿地保护修复工作方案》，重点推进穆家峪湿地公园、白马关湿地保护小区、潮河下游湿地公园等项目建设，逐步建立以湿地公园为主体、湿地保护小区为补充的湿地生态保护体系。二是开展区级湿地名录公示工作。草拟完成密云区第一批区级湿地名录清单及保护范围，并征求水务等相关部门意见，进一步完善湿地名录划定及上报工作。三是推动落实密云区湿地普查工作。进一步摸清区域内湿地资源数量、质量及分布等情况，更新完善湿地资源数据，建立密云区湿地管理台账。四是强化湿地保护及监管。建立湿地保护管理长效机制，与落实“河长制”工作及海绵城市建设紧密结合，强化湿地项目后期管护，提高监测技术水平。五是广泛开展宣传教育。利用“湿地日”“爱鸟周”等多种形式的宣传教育活动，提高公众对湿地功能、效益等方面的认识，形成全社会关心、支持湿地保护和建设的良好社会氛围。

市委书记蔡奇到平谷湿地公园调研 7月9日，中共中央政治局委员、市委书记蔡奇到平谷湿地公园调研。实地察看平谷湿地公园绿色景观和生态保护工作，现场听取了森林城市创建等相关情况汇报。至2018年，平谷区已建成“一主四副多点”的休闲公园体系，其中，湿地公园建设面积1200亩，建成绿地600亩、水体面积300余亩、休闲步道2.5万平方米。分为湿地保育功能区、湿地生态功能展示体验区和服务管理区三个功能区域。市领导崔述强、卢彦陪同调研。

怀柔区湿地资源调查 怀柔区园林绿化局认真贯彻落实全市湿地资源调查有关文件精神，切实开展湿地资源调查。调查工作分为一般调查和重点调查，一般调查主要以永久性河流、库塘湿地为主，占全区湿地总面积的44.94%。重点调查主要涉及怀柔水库、大水峪水库、喇叭沟门保护小区、白河、琉璃庙湿地公园、汤河口湿地公园、北台上水库等，占湿地总面积的55.06%。调查显示，区湿地总面积达到4000余公顷，比2007年增加了1000余公顷，增加面积主要来源于永久性河流、季节性或间歇性河流以及库塘湿地面积的增加。

野生动植物保护及自然保护区建设与管理

①落实属地主体责任，进一步提升野生动植物保护管理水平。一是组织开展春季、秋冬季候鸟等野生动物保护工作。在3~5月、9~12月候鸟等野生动物大规模迁徙和集群活动期间，有针对性地加强检查督导、强化栖息地巡护看守，联合执法检查、专项打击和查处行动以及舆情引导，确保候鸟等安全过境。全市共出动警力2414人次，出动车辆1162车次，巡护自然保护地、野生动物活动区域381处，清理野生动物驯养繁殖、加工经营场所21处，开展宣传教育活动157次；立案侦查刑事案件14起，破获案件15起，抓获犯罪嫌疑人19人，查获解救各类野生动物1082只。

二是完成了第二次全国野生植物资源调查北京地区调查工作。按照国家林业和草原局要求，在系统填报了统计数据，已完成《第二次全国野生植物资源调查北京地区调查工作成果报告(初稿)》。

三是开展极度濒危野生植物保护。对北京无喙兰、丁香叶忍冬等极度濒危植物个体健康状况、种群生存力、生存威胁等情况详细调查，制订北京地区极度濒危野生植物野外生存状况调查及拯救方案。开展了百花山葡萄的拯救和野外回归工作。

四是组织开展《北京市实施〈中华人民共和国野生动物保护法〉办法》修订调研工作。组织野保站、法制处、森林公安局、执法监察大队、野生动物救护中心人员以及北京林业大学专家组成联合调研组，赴福建省林业厅和上海市林业局调研学习野生动物保护管理、野生动物栖息地保护、野生动物造成损失及补偿、野生动物保护执法等方面的经验。

五是做好海关执法罚没野生动植物制品的处置工作。会同工商、文化等部门，做好停止商业性加工销售象牙及制品活动后的象牙雕刻技艺转型、执法监管和宣传教育工作。代国家林业和草原局接收象牙等野生动物及其制品共计80987件，净重12832.81千克；接收了由北京市园林绿化局接收处置的野生动物植物制品3200余件，并根据专家鉴定意见封装。

六是抓好主题宣传活动。3月1日，在房山区十渡镇举办了“2018年世界野生动植物日”宣传活动。4月8日，在密云区不老屯镇举办主题为“保护鸟类资源，守护绿水青山”的第36届北京市“爱鸟周”宣传活动。9月16日在通州区大运河森林公园柳荫广场举办了第六个“北京湿地日”宣传活动，布设8处咨询展台，为市民提供野生动物保护、古树名木保护、生物多样性等方面内容的展示和咨询。创新性开展“进社区”“进学校”“进景区”“三进”活动。共发放宣传品15万余份，悬挂横幅1000余条，宣传展板400余块，受宣传教育群众达20余万人。

②坚持夯实基础，进一步提升自然保护区管理能力和水平。加大自然保护区监管力度。一是制订了《北京市自然保护地大检查工作方案》，首次开展大检查，初步摸清底数和管理薄弱环节。共核查疑似问题点位1174个。至2018年底，已整改完成779个，其余395个仍在全力推进整改。其间共下达限期整改通知书5份，立案调查24件，向有关部门移交违法线索6件，行政罚款84.6万元，拆除违法建设16.9万平方米。

二是按照《关于联合开展“绿盾2018”自然保护区监督检查专项行动的通知》(环生态函〔2018〕43号)文件精神，会同市环保局，完成了人为活动点位核查、督查督办以及生态环境部等七部门现地督查。

三是按照《国家林业局办公室关于开展野生动植物保护及自然保护区建设工程专项整治工作的通知》(办规字〔2017〕160号)的有关要求，完成了松山、百花山国家级自然保护区中央财政林业国家级自然保护区补助资金项目专项整治工作，向国家林草局报送了工程专项整治工作报告。

四是开展总体规划编制及修编工作。实施了松山、百花山国家级自然保护区以及雾灵山、云蒙山、云峰山、蒲洼、汉石桥、野鸭湖市级自然保护区总体规划的修编工作。其中百花山、雾灵山、云蒙山、云峰山保护区已完成初稿。

五是推进中央财政自然保护区补助和湿地保护补助项目申报与实施。完成了2017年“北京松山国家级自然保护区科普宣教项目”“北京百花山国家级自然保护区自然步道和解说标识建设项目”以及野鸭湖和汉石桥湿地自然保护区湿地保护与恢复补助项目，并进行了专家验收。进行了2018年松山国家级自然保护区补助资金以及汉石桥、野鸭湖等湿地保护补助资金项目的申报与落实。

六是服务2019年世园会和2022年冬奥会，抓好高山滑雪场、综合管廊等冬奥配套项目服务、技术指导以及生态保护措施落实。多次参加冬奥会和冬残奥会组织委员会、北京市重大项目建设指挥办公室、延庆区政府等部门相关会议，提出了北京市园林绿化局生态保护措施意见。督促落实《北京冬奥会延庆赛区核心区总体规划环境影响评价环境保护措施责任矩阵表》相关任务，并已启动冬奥延庆赛区外围松山自然保护区生态环境及生物多样性监测站运营项目建设。

七是完成了《京津冀自然保护区协同发展体系研究》课题。项目在分析大量生物多样性的数据基础上，提出了高保护价值的评价指标体系，明确了生物多样性保护优先区域，系统分析了自然保护区的空间布局，提出了优化设想，并提出了京津冀地区国家公园备选区域，为京津冀自然保护区协同发展提供了科技支撑。

截至2018年底，全市建立了17个园林绿化系统自然保护区，总面积为13.14万公顷，约占全市国土面积的8%。其中，国家级2个、市级8个、区级7个。北京市90%以上的国家和地区重点野生动植物及栖息地得到有效保护。

北京地区有维管束植物169科898属2088种。其中，国家二级重点保护野生植物有3种，包括：椴树科椴树属的紫椴、芸香科黄檗属的黄檗及野大豆。北京地区野生动物(脊椎动物)区系属于蒙新区东部草原、长白山地、松辽平原区系成分，具有古北界向东洋界过渡特征。据统计，北京陆生脊椎动物分布有89科460余种，按照《北京脊椎动物检索表》(1991)，两栖类5科10种，爬行类8科23种，鸟类58科375种，兽类18科53种。其中，国家重点保护野生动物61种。国家一级重点保护的有金钱豹、褐马鸡、黑鹳、白鹳、金雕等10种，国家二级重点保护的有斑羚、灰鹤、白枕鹤、大天鹅、鹰隼类、雕鸮类等51种。北京市重点保护野生动物222种。市一级重点保护的野生动物15目26科48种，包括貉、狼、赤狐、豹猫、花面狸、大白鹭、鸿雁、燕鸻、蓝翡翠、黄腹山雀、王锦蛇、金线蛙等；市二级重点保护的野生动物17目44科174种，包括水麝鼩、喜马拉雅水麝鼩、黑龙江刺猬、东方蝙蝠、黑斑蛙等。

全面停止商业性加工和销售象牙及制品 按照《国务院办公厅关于有序停止商业性加工销售象牙及制品活动的通知》和《国家林业局公告(2017年第8号)》要求，截至2017年12月31日，北京市的22家企业共47个象牙定点加工销售场所已全部停止相关经营活动。其中有9家企业的14个象牙定点加工销售场所，于2017年3月31日前停止了相关活动。北京市园林绿化局按照《国家林业局办公室关于做好全面停止商业性加工销售象牙及制品活动监督检查工作的通知》(办护字〔2017〕220号)要求，对19家企业的33个象牙定点加工销售场所开展了专项监督检查，并于2017年12月31日前全部停止了相关活动。2018年1月1日，国家林业局会同国家工商总局对北京市有序停止商业性加工销售象牙及制品工作进行了现场抽查，检查中没有发现违规行为。

“中国黑鹳之乡”放黑鹳 3月1日上午，北京市在房山区十渡镇举办了“2018年世界野生动植物日”宣传活动。北京市野生动物救护中心现场放归救护康复的1只国家一级保护野生动物黑鹳，2只国家二级保护野生动物红隼。

大兴区保护候鸟春季“清网专项行动” 3月1日至5月31日，大兴区开展保护候鸟春季“清网专项行动”。一是有针对性地开展野生动物保护宣传工作，提高市民的爱鸟护鸟意识；二是确定平原造林地块为巡查重点，将森林防火与“清网行动”有效结合，加大巡查力度；三是加强沟通合作，同大兴工商分局、食药所等单位协作，加强对集贸市场、农家院、饭店内非法经营野生动物及其制品的防控；四是加大森林公安民警执法力度，严厉打击非法猎捕野生动物等违法犯罪行为。

房山区首次发现震旦鸦雀 2018年2月，在房山区的北京牛口峪市级陆生野生动物疫源疫病监测站，发现号称“鸟中大熊猫”的震旦鸦雀。震旦鸦雀为中国独有，是一种体形长约18厘米的中型鸦雀，生活空间仅限于芦苇荡中，且数量过于稀少，是全球性濒危鸟种，已被列入国际鸟类红皮书，被称为“鸟中大熊猫”。

第36届“爱鸟周”　4月8日，北京市第36届爱鸟周宣传活动启动仪式在北京密云区不老屯镇举办。活动由北京市园林绿化局(首都绿化委员会办公室)、密云区人民政府和北京野生动物保护协会共同主办。活动现场向市民代表赠送了野生动物宣传海报。北京市野生动物救护中心在现场放归了救护康复的3只国家二级重点保护动物——2只猎隼和1只大鵟。4月9日，昌平区园林绿化局在滨河森林公园开展了系列宣传活动。活动以悬挂横幅、设立宣传栏、发放各种专业宣传资料等形式，开展爱鸟护鸟及保护野生动物咨询。共发放宣传材料5000余份，接受咨询百余人次。石景山园林绿化局也在北京国际雕塑公园开展了以“保护鸟类资源，守护绿水青山”为主题的“爱鸟周”系列宣传活动。5月3日，北京松山国家级自然保护区管理处与松山森林旅游区联合开展了“爱鸟周”暨“保护野生动物宣传月”科普宣教活动，共计120人参加。

自然保护地大检查工作培训　7月31日，北京市自然保护地大检查工作领导小组召开全市自然保护地大检查工作培训会。此次培训的主要目的是进一步认识自然保护地大检查的意义，理顺大检查的方法步骤，明确大检查工作的标准要求。海淀等11个相关区园林绿化局、房山区农委等6个相关部门、松山国家级自然保护区等5个直属单位及局相关处室，共85人参加了会议。副市长卢彦专门作了部署，对大检查工作提出了要求。

自然保护地大检查工作全面启动　一是市政府组织召开专题会议。市园林绿化局对大检查工作进行了部署，副市长卢彦参加会议并作了动员讲话。国家林业和草原局驻北京专员办专员到会。二是联合下发工作方案。市园林绿化局、市规划国土委、市环保局、市农业局联合下发了《北京市自然保护地大检查工作方案》，明确了重点检查内容、检查方法、标准以及时间节点等。此次检查共涉及6个大类79个自然保护地。三是加强组织协调，成立工作领导小组，加强对大检查工作的协调、指导和督促。四是组织开展自然保护地大检查工作培训。结合相关案例，重点对工作流程、检查标准、时间节点、报表填写等大检查工作方案有关内容进行了详细说明；从技术操作层面对图斑判读、交叉重叠等多种具体情况的处理方式进行讲解。五是加强宣传，强化社会监督。努力营造全社会关注和支持自然保护的良好氛围。

自然保护地大检查工作部署会　7月18日，北京市组织召开自然保护地大检查工作部署会。副市长卢彦参加会议并发表讲话。市园林绿化局局长邓乃平全面部署了本市自然保护地大检查工作，并提出明确要求。市园林绿化局副局长戴明超和国家林业和草原局驻北京森林资源监督办事处以及各相关区政府与市、区有关部门的主管领导参加了会议。

首批丁香叶忍冬幼苗回归松山自然保护区　7月13日，首批53株丁香叶忍冬幼苗从北京林业大学沐先运副教授实验室回归到北京松山国家级自然保护区。松山管理处高度重视此次珍稀植物回归实验，由专人监测和管护，在沐先运副教授的指导下，将对一年生、二年生和三年生幼苗的生长情况进行长期观测和记录，为后期科研工作提供数据。丁香叶忍冬为华北特有濒危植物，种群自我更新困难，濒临灭绝，已被列为北京市二级重点保护野生植物。

打击乱捕滥猎和非法经营候鸟违法犯罪活动电视电话会议　10月12日，北京市园林绿化局召开了乱捕滥猎和非法经营候鸟违法犯罪活动电视电话会议。市园林绿化局野生动植物保护处和市森林公安局各自通报了工作情况；房山、延庆区园林绿化局介绍了候鸟等野生动物保护工作开展情况。

大兴区打击乱捕滥猎和非法经营候鸟违法犯罪　大兴区自9月1日开展专项行动至年底，共出动民警243人次，巡逻车辆109车次，拆除粘网12张，巡护平原造林地块、荒地等野生动物活动较多的区域95处，有效保护了全区野生动物资源安全。

严厉打击犀牛和虎及其制品非法贸易专项行动视频会议　为贯彻落实国家林业和草原局召开的“严厉打击犀牛和虎及其制品非法贸易专项行动电视电话会议”精神，市园林绿化局组织召开全市电视电话会议，全面部署严厉打击犀牛和虎及其制品非法贸易专项行动。自即日起至12月31日，在全市范围内组织开展此专项行动，重点打击非法猎捕、杀害犀牛和虎，走私、非法收购、运输、出售犀牛和虎及其制品，非法加工、经营、利用犀牛角、虎骨、虎皮等制品的犯罪活动。市园林绿化局主管领导及有关单位和部门主要负责人参加了会议。

《城市绿地鸟类多样性及栖息地质量评价技术规程》地方标准通过专家审查 北京市质量技术监督局组织召开了《城市绿地鸟类多样性及栖息地质量评价技术规程》地方标准审查会。来自中国动物学会、中国林业科学研究院、中科院建筑设计研究院有限公司、北京林业大学、首都师范大学、房山区园林绿化局、北京松山国家级自然保护区等单位的专家参加了会议。该标准结合北京实际，依据国家和北京市相关标准，集成多年来的科研成果，制定出适合北京平原区、浅山区和延庆平原的各类城乡绿地鸟类多样性及栖息地质量评价的技术规程。该规程规定了包括评价区域确定、评价区域鸟类栖息地类型确定、数据收集和评价在内的评价流程；按照城乡绿地、旱地、水田3种类型，分设了一、二级指标及其权重；提供了遥感数据提取、田野调查两类指标数据获取方法；提出了鸟类多样性、陆域栖息地质量、水域栖息地质量、旱地栖息地质量、水田栖息地质量5项指标计算和赋值，以及评价总分计算和等级划分等技术内容。此外，该标准还给出了北京市平原区、浅山区和延庆平原的426种鸟类名录，103种保护及受胁鸟类名录，117种木本食源植物名录，以及推荐的8种食源作物名录。

（北京市园林绿化局）

天津市林业产业

【概　述】　2018 年，全市林业产业生产总值 32.97 亿元，其中：第一产业 32.73 亿元，第二产业 300 万元，第三产业 2100 万元。做法及成效体现在以下五个方面。

林木种苗产业　以“双城绿色生态屏障”的总体建设规划为依托，林木种苗做到选对树，育好苗，科学规划，合理安排，调优结构，满足了市场需求。截至 2018 年底，全市有苗圃 928 处，育苗面积达到 12647 公顷，为生态城市的绿化美化香化打下了本源性基础。

经济林建设　全市经济林依据地形与物候特点，进行科学规划，采取政策扶持、科技引领的方式，建成小枣基地、津西北水果基地和蓟县干鲜果品基地三大经济林基地。有经济林 4.13 万公顷，结果面积 3.61 万公顷，年产干鲜果 34.10 万吨。

美化香化都市，促进花卉产业发展　全市花卉种植面积 397 公顷。13 个花卉市场，74 个花卉企业，34 公顷温室。花农 1867 户，从业人员 5000 余人，年销售额近亿元。以市场需求为导向，促进了花卉产业的大力发展。

生态旅游　天津市东临渤海，北依燕山，河流湖泊众多，共有森林公园 3 处(国家级森林公园 1 处)、自然保护区 5 处(国家级保护区 1 处)。天津市在生态保护优先的前提下，积极推进以森林公园为主，自然保护区为辅的森林旅游业的发展，既促进全市生态建设，又推动了第三产业的发展。

林下经济　天津市林下经济主要采取示范引领、需求导向和政策扶持的方式助力，在静海区国家级林下经济示范基地的示范带动作用下，全市形成了林下种植、林下养殖和森林景观利用的经济发展模式。林下经济发展面积 1.32 万公顷，有 94 家林业专业农民合社，4 家国家级示范合作社，16 家市示范合作社，年产值约 14 亿元。

(天津市规划和自然资源局)

河北省林业产业

【概　述】 2018年，全省林业系统认真践行“绿水青山就是金山银山”理念，围绕政府要绿、群众得利，培育壮大林果富民产业。林板产业持续发展，文安、曹妃甸、平泉被授予国家人造板示范区、国家木材加工示范区，全省人造板产量居全国前列。鼓励发展中高档特色盆花、精品观赏苗木和多用途花卉，全省新增花卉种植面积2.1万亩，北京世界园艺博览会河北展区建设进展顺利。依托森林公园建设，打造了一批森林旅游精品项目。着力抓好省级质量安全示范区建设，新增高标准果品基地218万亩，果树结构调整201万亩；完成果品监测2156批次，抽检合格率达99.7%；积极组织参加国际果蔬展，河北果品知名度、外向度有了新提升。依托龙头企业、合作社，规划建设现代林果业示范园区，培育壮大果品产业。

2018年全省林业产业产值1453.7亿元，与上年同期相比下降7.8%，其中：第一产业产值691.3亿元，同比下降15.2%；第二产业产值656.6亿元，同比下降1.2%，第三产业产值105.8亿元，同比增长12.8%。第一产业产值降幅较大的主要原因是根据国家相关政策的调整和统计新规，进一步压实了干鲜果品产量，经济林产品的种植与采集产值比上年均降低25%。

林业产业结构不断优化。林业产业结构由“十二五”末期的49∶45∶6，调整为48∶45∶7，以森林旅游、林业休闲服务为主的林业第三产业成为林业经济新的增长。

2018年全年经济林产品总产量954.6万吨，其中：水果846.3万吨，干果82.8万吨，林产调料产品0.8万吨，森林食品1.1万吨，森林药材7.7万吨，木本油料15.9万吨。

全省木材产量87.4万立方米，与上年同期相比增长11%，其中：原木产量70.8万立方米，与上年同期相比基本持平，薪材产量16.6万立方米。村及村以下木材产量68.5万立方米，与上年同期相比增长16%。

全省人造板年产量1588.1万立方米，与上年同期相比下降4%，其中：胶合板产量657.5万立方米、纤维板产量464.7万立方米、刨花板产量256.5万立方米、其他人造板209.4万立方米，分别占人造板总产量的41%、29%、16%、14%，这一比重与上年同期同品(类)相比，胶合板、纤维板各增加1个百分点，刨花板和其他人造板各下降1个百分点。

【围场满族蒙古族自治县林业产业】 为深入贯彻落实党的十九大精神，牢固树立和践行“绿水青山就是金山银山”发展理念，按照“科学发展、绿色崛起、晋位赶超”总体要求，大力推进“生态林业、民生林业、法治林业、平安林业、创新林业”建设，充分发挥林业产业精准扶贫、精准脱贫作用，有效改善人居环境和生态环境，2018年县委、县政府制定出台了《自治县2018年国土绿化实施意见》和《自治县促进经济林产业发展奖励补助实施意见》等文件，落实资金1200万元支持经济林产业建设，有力地推进了围场林业产业发展。

生产任务全面完成。一是国家重点生态项目建设任务超额完成。围绕京津冀水源涵养功能区建设，立足造林绿化“一带”(冀蒙边界防风固沙林带)、“两域”(小滦河、阴河)、“三线”(沿河、沿路、环村)规划布局，突出沙地、干旱阳坡等重点区域，综合运用人工造林、封山育林等措施，有效推进林业生态建设。全年完成造林19.66万亩，其中京津风沙源治理工程2.5万亩，再造三个塞罕坝林场项目5.4万亩，山水林田湖综合治理造林项目3.15万亩，社会造林8.61万亩，完成上级下达任务18.36万亩的107%。二是美丽乡村绿化、廊道绿化和义务植树活动取得实效。2018年132个行政村完成人居环境综合整治村庄绿化任务，绿化总面积5500亩。其中，集中连片整治村30个，脱贫出列村80个，绿化面积3086.3亩；深度贫困村22个，绿化面积2413.7亩。截至2018年底，110个集中连片整治和脱贫出列村绿化任务全部完成。生态廊道绿化工程项目围绕承围、棋塞、承赤三条国省干道和御大线两侧1000米范围内山体可视面荒山荒地绿化美化工程共完成4777.4亩。弘扬“塞罕坝”精神，组织全县义务植树活动，全县义务植树共栽植各类乔、灌木94.5万株。三是湿地公园与湿地保护小区建设稳步推进。钓鱼台湿地已完成全部主体工程建设，进入养护阶段，湿地保护工程中停车场、巡护木栈道、湿地巡护木平台、巡护路跨河桥已完工；恢复区土地整理工程、栖息地恢复工程、湿地生态水管理工程、宣教工程均已全部完成。钓鱼台东山、西山、川地增绿工程已完成治理面积共1800亩。哨鹿苑湿地保护小区建设工程已完工。小滦河国家湿地公园已全部完成湿地保护工程、恢复工程、科普宣教工程、科研监测工程等建设任务，并按照国家湿地公园验收标准，逐一完善各项档案及外业工作。四是经济林产业快速发展，建设任务高效完成。立足经济林产业“四区两环七大基地”规划布局，按照“引导栽植一批、改造提升一批、管理增效一批”的发展思路，加快培育经济林产业。2018年全县完成经济林基地建设50330亩，其中：新栽鲜果5072亩、平榛502亩、沙棘18130亩、山杏860亩、文冠果1200亩、崖桑4450亩，完成苹果高接换头240亩、山杏改接杏扁994亩，完成平榛提质增效7330亩，完成苗木花卉11402亩，完成设施果栽植150亩。

【主要措施】 一是坚持行政推动。县委、县政府高度重视林业产业发展，出台了《自治县2018年国土绿化实施意见》和《自治县促进经济林产业发展奖励补助实施意见》，在全县农业农村工作会议上县政府将林业产业发展任务和5万亩经济林建设任务分解下达到各乡镇并签订了责任书，安排奖补资金专门支持产业发展，并将其作为对乡镇政府进行年终考核的一项内容。二是坚持政策拉动。县委、县政府制定了支持林业产业发展的政策，并从整合资金中拨出1200万元用于奖补发展林业产业，为林业产业发展提供了激励机制。三是做好规划布局。按照“引导栽植一批、改造提升一批、管理增效一批”的发展思路，规划了“四区两环七大基地”林业产业发展布局，明确发展目标和方向。“四区”指县域南部以苹果、梨为主的鲜果区，中部以仁用杏、榛子为主的干果区，接坝地区以沙棘为主的浆果区，西部以连翘、玫瑰为主的木本花卉中药材区；“两环”指旅游环线园林苗木产业，环县城周边时令果采摘产业；“七大基地”指苹果、仁用杏、榛子、沙棘、园林苗木、木本花卉中药材和时令果采摘基地。四是政策宣传驱动。在产业发展中注重宣传发动，先后对驻村工作队第一书记和驻村工作队员及全县312个行政村村干部宣讲林业产业发展奖励补助政策，利用广播、电视等新闻媒体向农户宣传政府对发展林业产业的支持政策，让有发展意向的农户和企业充分了解支持政策，确保经济林基地建设稳步推进。五是典型示范带动。按照“以点带面，点面结合”的原则，重点打造黄土坎乡海字村双千亩崖桑栽培基地，蓝旗卡伦乡下新房村千亩海棠基地，半截塔镇要路沟村千亩大果沙棘基地，御道口镇桦树林村千亩金莲花栽培基地，张家湾乡张家湾村千亩山杏改接杏扁基地，郭家湾乡郭家湾村百亩设施欧李栽培基地，四合永镇四棵树村百亩平榛栽植及提质增效基地，四合永镇掌字村百亩寒富苹果标准化栽培基地，腰站镇碑亭子村百亩文冠果栽培基地，四合永镇玛虎沟村林下百亩种药基地等示范工程10个，有效地带动全县林业产业全面、健康、有序发展。六是科技推广行动。为了做好科技推广，年初对部分果树发展重点乡村逐村进行果树栽培技术培训，重点推广苹果高接改优和苹果三优栽培技术、新品种引进栽培及种苗繁育技术。在四道沟、四合永、新地、龙头山等乡镇选定一批对发展林业产业积极性高、乐于学习、具有一定的技术的果农，作为林业产业科技示范和科技推广的示范户。一是在金红、k9、寒富等苹果树上推广GM256矮化砧木应用，“自由纺锤形”整形修剪技术，果园覆草技术，物理防治病虫害技术。二是新品种引进试验，引进高钙果、锦绣海棠、龙丰苹果、龙子宝葡萄、软枣猕猴桃、树莓等果树品种，由示范户进行栽培试验。三是科技培训，举办大型培训班1期，小型培训班39

期，培训全县林业干部职工及林果农8600人次，林果科技下乡3次，发放宣传资料6500份。四是加强技术合作，与河北农大共同研究仁用杏及沙棘生长结实情况；与承德市林业技术推广站合作实施山杏提质增效项目。

【发展成效】 一是注重培养农民技术人才。积极组织农村林果实用技术人才参与职称评定工作，50名农民获得农村林果实用技术人才职称，其中农民高级技师1名、农民技师3名、农民助理技师20名、农民技术员26名。二是积极参加农村林果实用技术人才技能大赛。在由承德市委组织部、市人社局、市林业局三个部门举办的2018年农村林果实用技术人才技能大赛上，县择优推荐4名农民技术人才积极参加，通过现场操作、理论讲解、专家质疑问答等程序，获得个人二等奖1名、三等奖3名的好成绩。三是积极参加果品大赛。在第二十二届中国(廊坊)农产品交易会举办的“太平杯”第三届京津冀果王争霸赛暨获奖产品展上，选送的沙棘王浆果饮荣获“名优产品奖”。

【存在问题】 一是气候条件不利于发展林业产业。围场春季多干旱，一些地方造林成活率和保存率较低，补植补造任务较大。二是受气候条件和地理位置影响，适合围场发展的经济林品种较少，果品种质资源匮乏，制约了林业产业发展。三是围场是贫困县，多数农民的经济实力相对薄弱，而发展林业产业是一个投资大、见效慢、风险高的行业，比较效益影响农民种植积极性。四是技术推广体系不健全，科技推广难度大。全县现有林业产业技术人员少，各乡镇林业站没有从事林业产业技术推广的专职或兼职人员。

(围场满族蒙古族自治县林业和草原局　潘景玉)

山西省林业产业

【概　述】 山西省林业产业逐步形成了以经济林为支柱、种苗花卉为主导、森林旅游康养为突破、林下经济为补充的绿色产业体系，为促进经济转型升级、助力脱贫攻坚、服务全面建设小康社会培育了新业态、增添了新动能。特别是在经济林产业发展上，充分发挥山西省经济林树种区域特色鲜明、种质资源丰富、产品种类多的独特优势，积极发掘产业链条长、经济效益明显、市场前景好的行业优势，大力发展红枣、核桃、仁用杏、花椒、柿子“五大传统”，积极培育推广双季槐、皂荚、连翘、沙棘等新兴特色经济林，2018 年全省有经济林面积 1900 多万亩，组建 8816 个林业新型经营主体。林草生态优势正在转变为发展优势、产业优势、经济优势、扶贫优势，成为推进林草事业实现高质量发展不可或缺的力量，承载着贫困地区、边远山区、广大林区群众增收致富的梦想，让群众有看得见、摸得着的获得感。

【干果经济林】 干果经济林立足区域优势，突出发展重点，推进提质增效，规模和效益同步发展。

干果经济林基地建设 坚持合理布局、适度规模的原则，在发展核桃、红枣等传统干果经济林的同时，在适宜地区积极发展了沙棘、连翘、油用牡丹、山桃、山杏等特色经济林。2018 年依托退耕还林等国土绿化工程，充分调动农民积极性，引导他们优先发展经济林，新发展干果特色经济林 100 万亩，经济林总面积达到 1900 多万亩。

一是编制了“两山”经济林扩容增量规划。根据吕梁山太行山重大生态修复工程规划工作的安排，编制了全省经济林扩容增量工程规划，压实三个阶段(2017～2020 年、2021～2025 年，2026～2035 年)的目标任务，把经济林扩容增量任务细化量化便捷化。

二是组织实施国家木本油料树种示范推广项目。依托国家财政农业综合开发木本油料项目，按照项目指引的要求，实施单位申报，组织专家评审，确定 13 个项目实施单位，项目已进入全面实施阶段。同时会同省农发办，对襄汾、洪洞、万荣、临猗、陵川等县就 2015～2017 年农业综合开发项目完成情况进行了抽查督查。

三是积极进行干果经济林灾害预防和灾后管理。4 月初根据气象预报，全省范围内将出现大范围降雪、降温和霜冻等灾害，山西省林业厅及时下发《关于积极应对经济林晚霜危害的紧急通知》。4 月 10 日续发了《关于加强冻害干果特色经济林管理的通知》。两个通知预发及时，应对措施扎实，有效地降低了霜害，为增产打下了较好基础。

四是启动实训基地和示范园遴选工作。在全省分树种、分区域、分类型，通过县申报、市推荐、省审定的办法，确定全省首批 10 个林业技术推广实训基地、20 个经济林示范园。

五是组织召开连翘改造经营现场推进会、协助召开国际沙棘大会。为推进全省连翘产业高质量发展，4 月在长子县召开了连翘改造经营现场推进会，推广三种改造模式和三种经营机制，为全省提供了可看可学可推广借鉴的好经验；9 月，在太原协助召开国际沙棘大会，在吕梁市岚县、文水、交城实地调研，设置参观路线，打造沙棘新建、改造、育苗和等培管现场观摩点，组织实地参观，为会议的成功举办奠定了坚实的基础。

六是开展了品牌化建设工作。按照《国家林业局造林绿化管理司关于推荐经济林产业区域特色品牌建设试点单位的通知》要求，确定阳高县为特色杏果产业区域特色品牌建设试点单位；在 2018 年中国(山西)特色农产品交易博览会上，“山西核桃”品牌确定为“2018 年最具影响力的山西农产品区域公用品牌”，副省长陈永奇主持授牌仪式并授牌。

经济林提质增效 2017 年 11 月下达经济林提质增效项目任务 200 万亩，投资 4 亿元，涉及 95

个县，其中58个贫困县实施150万亩，同时将晋西北19个贫困县的沙棘林改造纳入项目实施范围，在长治市开展野生连翘林改造试点工作，实现了贫困县脱贫项目任务全覆盖。项目共完成干果经济林综合管理161.85万亩，沙棘林改造35.15万亩，试点完成连翘林改造3万亩。通过项目实施，全省干果经济林管理水平有了较大提高，涌现出一批干果经济林管理典型。晋中林沃丰发展林核1号品种核桃，最高亩产达到400千克；稷山板枣2018年创历史新高，优质枣最高能卖到80元/千克；平顺大红袍花椒发展势头强劲，市场均价120元/千克；运城甜柿十分走俏，亩产在3000~6000千克，价格每千克6元。一是积极开展技术培训。在大同和晋中组织了2期干果经济林提质增效技术培训班，并指导市县在项目实施中广泛开展技术培训。稷山县以枣业中心的枣农培训中心为基点，举办枣树技术培训100多场，培训人数达到1万人次。二是组建专业技术服务队。干果经济林管理中的整形修剪、高接换种和沙棘连翘林改造等技术难度较大，各县根据实际情况组建了县乡级技术服务队，全省共组建专业技术服务队831支，人数13676人。左权县在8个乡镇组建了29支核桃专业技术服务队，技术人员达到430名；垣曲在全县11个乡(镇)成立了334名的核桃专业服务队。三是创新项目管理机制。近年来各地在项目实施过程中不断创新管理机制，研判了适合当地的项目实施模式，形成了以组建技术服务队为果农提供全方位技术服务的运作机制，其主要形式有3种："技术服务队+专业合作社(村集体)+农户""专业合作社(村集体)+技术队伍+农户"和"公司+合作社+农户"。四是制定完善了工作制度。分别制定了《经济林提质增效项目工作安排》《经济林提质增效项目工作制度》《经济林提质增效项目督查指导细则》。五是实行科室包片、全员包县项目管理制度。为强化项目管理，压实责任，实行科室包片、全员包县的项目管理制度，分5个组，32名技术人员参与，深入一线开展集中调研、指导和检查验收等活动，3~4月落实项目，4~6月指导实施、开展干果经济林晚霜冻害预防和灾后综合管理，6月起集中核查。至年底已通过了县级验收和省、市联合核查。六是对2016年项目整体实施情况回头看。根据省规划院核查结果，对2016年项目实施遗留问题，督促各县采取有效措施，压实责任，补齐短板，全面完成任务。

【种苗产业】 近年来，种苗产业紧紧围绕美丽山西、富裕山西的目标，结合转型综改，全面推进林业生态工程、脱贫工程，在一个战场打赢两个战役。抢抓机遇，强化管理，强基础、搭平台，为林业产业做出了积极贡献。

夯实种苗产业基础 全省现有各类苗木生产基地2万余处，其中国有苗圃379处，育苗面积9.72万亩；省直林局苗圃290处，育苗面积4.22万亩；乡村集体苗圃1170处，民营个体苗圃20266处。注册资本达2000万元以上民营种苗企业17家。全系统形成了以国有性质苗圃为骨干、社会民营苗圃为主力军、乡村集体苗圃为补充的社会化、多元化苗木生产大格局。种苗生产效益不断提升。全省育苗面积达110余万亩，年生产各类苗木60余亿株，出圃各类规格苗木26亿株，苗木产值达70多亿元，从业人员达110多万，惠及21.3万山区贫困人口，贫困户人均劳务增收2452元，种苗产业链逐步形成，有效提升脱贫的精准度和实效性。

强化良种兴林地位 山西立足于良种兴林，全面提升良种使用率，利用中央和省级林木良种补助资金，支持主要造林树种良种基地优良种子的生产，大力扶持造林绿化良种苗木培育。一是良种基地产量稳步提高。已建成国家重点林木良种基地11处，国家林木种质资源库2处，省级重点林木良种基地18处，良种和穗条产量逐步提升，年生产林木良种5.04万余千克，良种穗条10.8亿多条(节、根)，林木良种使用率达到65%以上，保证了全省造林绿化的需要。二是加强品种审定。审(认)定林木良种210个，其中用于生态造林良种103个，经济林木良种86个，特色经济林木良种21个，生态造林良种增益10%以上，经济林良种增益20%以上，推广后年产值达10.5亿元，开始步入逐步实现了育壮苗、产良种、产量高、效益好的良性循环。

搭建种苗服务平台 山西构建以协会为主体、种苗从业人员广泛参与的种苗社会化服务体系，全省林木种苗信息化、组织化程度显著提升。一是协会功能充分发挥。按照"协会组织、公司承办、行业搭台、企业唱戏"运作模式，自2012年开始，已成功举办了6届"山西省苗木及花卉博览会"，举办专业论坛6次，吸引省内外1300余家各类资材企业参展，约30万人次参观。组织会员省内外考察学习近20次，从业人员达3.6万人，累计达成购买意向交易额1.5亿。二是信息网络充分利用。充分利用"互联网+模式"，线上线下宣传种苗最新政策，在国家种苗网发布各类信息692条，在省林草局信息网发布信息67条，向《山西科技报》投稿31篇，同时，建立多个"苗木信息微信群"，创建"山西林业种苗"微信公众号，发布种苗供需信息近500条，累计阅读量达13万。

【花卉产业】 山西初步形成三大花卉优势产区：一是以太原、大同为主的蝴蝶兰、红掌等高档盆花主产地；二是以晋中、长治为主的观赏苗木主产地；三是以临汾、运城为主的鲜切花(包括食用、药用等功能性花卉)主产地，全省花卉及其优势产品区划生产布局初现。

截至2018年底，山西省花卉产业生产面积为7489.57公顷，比上一年增加了4.5%；全省花卉产值达到了15.68亿元，比上一年增加了19.6%；销售额25.64亿元，比上一年增加了15.18%；全省共有花卉生产经营企业308个，其中，营业额在500万元以上的大中型企业28个，从业人员6.22万人，花卉市场265个，花农1607户。

开展花卉评选活动 年初印发了《关于开展首批山西省特色花海、山西省花卉生产示范基地、山西省重点花文化基地评选认定工作的通知》，在全省范围内组织开展特色花海、花卉生产示范基地、重点花文化基地的评选认定工作。制订了《山西省特色花海评选办法(试行)》《山西省花卉生产示范基地认定办法(试行)》《山西省重点花文化基地认定管理办法(试行)》3个《办法》。经过材料审查、初评、实地考察及组织专家评审四个步骤，最终确定原平市人民政府申报的梨花花海等6家单位为山西省首批特色花海基地；确定山西环美园林绿化工程有限公司等4家公司为山西省花卉生产示范基地。

打造世园会山西展园 山西展园建设主题为"表里山河生态美、三晋大地日月新"，以"三晋新景观、美丽新家园"为理念，实现"建好山西园、展示新三晋"目标。2018年，山西省按照展会安排，序时完成展前工作。

培育山西特色花卉 2018年，同山西农大进行合作，在祁县苗圃试种了20个百合新品种，5个石竹新品种及6个菊花新品种，各品种花卉均生长良好。同时，总结出了一套完整的生产流程和栽培技术，为省内花卉企业进行品种推广奠定了基础。

弘扬花艺文化 山西(首届)组合盆栽暨插花花艺大赛于9月27~29日在太原煤炭交易中心举行。大赛主题为"芬芳三晋盛放龙城"。大赛设组合盆栽和插花花艺两个比赛项目，省内各花卉生产、经营企业的选手及社会各界花艺爱好者共83人参加了比赛，参赛作品达162份。共评选出金奖2个、银奖6个、铜奖12个。大赛期间，来自北京、上海等地及省内的花艺大师作了5场专题表演，并同现场的观众进行了交流互动。

提高花卉发展理念 加大宣传力度，充分利用广播电视、报纸、杂志、宣传册等形式，深入广泛宣传山西花卉，宣传山西花卉特色文化，推荐山西花卉企业。①网络平台宣传。通过《山西林业信息网》，不定期更新山西花卉工作动态。②微信公众号普及。通过"山西花卉"微信公众号共发布花卉新闻、花卉常识和养护知识262条，点击量达1800多人次。③花卉简报直播行业要闻。全年共编印山西《花卉简报》22期，面向相关单位、企业和个人发放了2200份。《中国花卉园艺杂志》《中国花卉报》《中国绿色时报》等宣传媒体共采集、刊登信息12条。

【森林旅游与康养】

森林旅游 依托优美森林风景，全省批准设立各类保护地330处，其中：自然保护区46处(国家级8处，省级38处)，森林公园143处[国家级25处，省级57处，县级(城郊型)61处]，湿地公园61处(国家级19处，省级42处)，风景名胜区49处(国家级6处，省级43处)，地质公园19处(国家级9处，省级10处)，沙漠公园12处(国家级12处)。总面积约2700万亩，约占全省国土面积的11.5%。景区中，有5A级景区3处，4A级景区18处。这些保护地基本囊括了山西省陆地生态系统中的精华资源，保护了全省著名的重要自然文化景观资源1800多处、90%以上的野生动植物种类资源、95%的野生植物群落类型，保存了全省5个大类20个分类的72种森林风景资源，占我国现有森林风景资源类型的86%，成为发展森林旅游的坚实基础。山西省还获得了"中国黑鹳之乡""中国大天鹅之乡""中国翅果油之乡"以及"全国最具影响力森林公园"等一系列全国性旅游品牌称号。

2018年以森林公园为主的森林旅游景区共接待游客3000多万人次，实现门票收入3.3亿元，森林旅游社会综合收入110多亿元。78个地处城镇周边的城郊型森林公园，日均接待40多万人次。直接提供5000多个公益服务就业岗位，带动了区域综合经济发展。

行政审批做到"六个"严格 一是严格申报森林公园初审。2018年共完成13处拟新设立国家级和省级森林公园材料稽核和实地勘查工作，并分别报送国家林业和草原局、山西省人民政府。拟新增森林公园生态主体功能区面积26576.51公顷，约占现有森林公园面积的8%。其中，完成右玉西口古道、怀仁龙首山、襄垣仙堂山、大宁二郎山4处国家级森林公园申报，面积15539.83公顷；完成新荣区古长城、太谷县凤凰山、左权县辽州、襄垣县仙堂山、稷山县蟠龙山、闻喜县峨嵋岭、盐湖区凤凰谷7处省级森林公园考察申报，总面积11036.68公顷。

二是严格规划材料评审。完成赵杲观、关帝山、交城山3处国家级森林公园总体规划上报。完成灵通山、华阳山、阳光、桦林背4处森林公园总体规划的审核评审，完善行政审批材料。

三是严格变更项目初审。完成乌金山、赵杲观、太行洪谷、恒山4处国家级森林公园改变经营范围初审申报并得到国家林业和草原局批复同意。

四是严格使用森林公园林地申报。完成云冈、恒山、交城山、关帝山、太岳山5处国家森林公园及长城山、安泽、龙王山森林公园使用林地前置审核。

五是严格森林体验、森林养生基地、森林旅游示范市县、重点森林旅游地等"国"字号项目推选申报。着力推进森林旅游景区命名挂牌，创建"国"字号品牌。全年共申报13处上述各类基地(县、市、森林公园)。汇总了乌金山国家森林公园等7处申报材料上报中国林业产业联合会。按照《国家林业局森林旅游管理办公室关于组织开展2018年全国森林旅游示范市县申报工作的通知》要求，汇总审核后上报安泽、沁源2个县。推荐太岳山国家森林公园、关帝山国家森林公园2个森林公园为"十三五"期间重点推荐森林旅游地。择优推荐山西金山森林体验基地和山西云丘山森林养生基地2处上报。

六是严格加强"四无"森林公园自查申报。

服务能力得到"六个"提升 一是提升森林公园日常管理服务能力。二是提升森林旅游宣传发动激励能力。三是提升生态保护红线区划管控能力。针对红线编制中的问题进行及时的技术指导服务。按时完成76处省级以上森林公园拟划入生态保护红线任务。四是提升资源交叉重叠情况核查厘清能力。先后完成9个批次46家单位的核查。为今后森林公园设立及建设中处理与矿产资源交叉重叠情况，厘清了正确的标准和方式。五是提升森林旅游和康养项目建设指导能力。完成太岳山、棋子山国家森林公园国家文化和保护利用项目年度计划申报并得到国家发改委同意，下达投资计划1920万元。推荐乌金山国家森林公园等7处森林旅游地报送招商需求信息表。六是提升推进全域森林旅游发展综合能力。2018年组织申报拟设立的13处森林公园：新设立森林公园有4处位于黄河板块(大宁二郎山、稷山县蟠龙山、闻喜县峨嵋岭、盐湖区凤凰谷)，3处位于长城板块(右玉西口古道、怀仁龙首山、新荣区古长城)，4处位于太行板块(太谷县凤凰山、左权县辽州、襄垣县仙堂山、仙堂山国家级)。

基础管理得到"六个"强化 一是强化森林公园森林风景资源保护管理。编制《自然景观资源保护条例》草案，并报送立法计划，为做大做强自然森林生态旅游奠定理论基础。汇总上报《山西省森林旅游地野生观赏花卉资源调查汇总表》，并对《国家林木(花卉)公园管理办法(征求意见稿)》和

《国家生态公园管理办法(征求意见稿)》提出修改建议。

二是强化森林公园森林旅游开发利用管理。按照森林旅游开发利用管理要求，提出"十三五"期间重点推介森林旅游地名单及山西省森林旅游地招商需求信息，上报国家林业和草原局，对《国家公园资源调查与评价规范》《国家公园总体规划技术规范》提出修改建议。

三是强化森林风景资源有偿使用管理。积极探索创新国有森林资源有偿使用方式，推进森林景观康养资源价值评估、作价入股，引深森林旅游引资合作开发建设。

四是强化森林公园新兴项目管理。与左权县联系，推动太行山国家森林步道左权段总体规划，探索森林步道建设发展的基本模式和办法，为其他县域森林步道乃至全省森林步道建设，做好示范和引领。

五是强化森林公园对外合作管理。结合省委省政府《关于推进旅游景区(景点)体制机制改革创新的意见》(晋发〔2016〕34号)精神，组织编写《关于利用国有森林资源合作开发森林旅游的指导意见》，指导意见的重点在于积极探索风景资源价格评估，作价入股，合资开发森林资源的有效方式方法，改革创新现行的森林旅游开发模式，有效解决森林资源两权分离、合作开发、有偿使用过程中的难点，确保森林资源有偿使用，探索森林旅游产业有序走向市场的新路子和新方法。指导意见已先后两次报省法制办征求意见。

六是强化公园管理单位自身建设。

森林康养 ①着力建设森林康养基地。经中国林业产业联合会森林康养分会批准，太岳云顶小镇、中条历山、晋中乌金山、五台山南梁沟等12个基地成为国家森林康养基地试点建设单位。沁源县成为全省唯一的全国森林康养基地建设试点县。省林草局森林康养办对各市林业局、省直各林局上报的共235个拟建森林康养基地进行了初步摸底，组织专家对18处重点森林康养基地进行实地考察。出台了《山西省森林康养基地申报评定办法(试行)》，组织评定首批省级森林康养基地。晋城市作为山西省农林文旅康融合发展整市推进试点，率先编制了全市森林康养产业发展总体规划。4月18日，省局康养办委托山西省林学会，印发了《关于开展2019年森林康养基地试点建设单位申报工作的通知》(晋林会字〔2019〕4号)。

②着力开展康养产业规划编制。5月8日，通过公开招标，选定业界知名的北京博雅方略旅游景观规划设计院，高标准编制全省森林康养发展总体规划。编制过程中，选择了七里峪、历山、王莽岭、芦芽山4个具有代表性的林区进行实地考察。5月27日，邀请来自同济大学、北京大学、上海交通大学、华东理工大学、中国林学会森林疗养分会等的专家学者共商共议山西森林康养产业发展蓝图，先后组织了3次论证会，听取各方面专家、部门意见，力争先导性、前瞻性、科学性、系统性、可操作性相结合。

③着力盘活森林资源。5月，聘请山西双元资产评估有限公司等5家公司，对省直林区范围内拟建的11处森林康养基地进行森林景观康养资源资产评估。评估经营面积19万亩，森林景观康养资源资产评估总值为13.5亿元。

【林下经济】 全省林下经济经营面积533万亩，实现产值16亿元，带动农户12.96万人。其中，林下种植面积125万亩，采用林菌、林药、林草等模式，品种有党参、黄芩、黄芪、金莲花、柴胡、连翘、木耳、猪苓、蘑菇等；林下养殖面积55万亩，采用林禽、林畜、林蜂等模式，主要品种有土鸡、火鸡、芦花鸡、右玉边鸡、森林猪、羊、牛、兔、蜜蜂、土蜂等；相关产品采集面积187万亩，主要对野生食用菌、野生中药材、山野菜、森林泉水、松针粉、松花粉等采集加工。

2014~2019年，按照每亩200元的补助标准，投入资金3665万元扶持发展林下经济示范基地86个，发展林下经济18.33万亩。

【岢岚县沙棘产业】

产业同农户联结，生态与脱贫双赢 岢岚县神堂坪乡辖14个行政村，总人口6350人。近年来，该乡按照全省"五个一批"生态扶贫的战略部署，立足本地适宜沙棘种植开发的实际，探索以扶贫攻坚造林专业合作社为主体的经营模式，带动农户发展沙棘产业增收，走出了一条生态建设与脱贫攻坚互促双赢的发展路子。

转化资源优势，创新合作经营思路 一是造林务工增收。神堂坪乡组建成立9个合作社，吸收贫困户184户424人。贫困社员通过造林增加劳务收入，提高了经济保障。二是拓展经营范围。在推动合作社造林的同时，依托本地丰富的资源，引导合作社流转沙棘林地，在造林空闲季节开展沙棘园改造，提高沙棘产量，实现贫困户由季节性增收向长期持续增收转变。

强化组织领导，构建合作经营机制 立足区域资源实际，把沙棘作为“一村一品一主体”主导产业，把合作社作为开发沙棘产业的实施主体，采取“党支部+合作社+基地+企业+农户”五位一体模式，提升合作经营组织化程度。一是政府引导。按照县委、县政府提出的依托42万亩沙棘林资源，建设7个万亩沙棘工业原材料林基地，打造全国“沙棘之乡”的部署，结合该乡资源优势，规划实施万亩沙棘林基地建设项目，对12600亩沙棘林进行技术改造和产业开发。二是强化组织领导。发挥村党支部的头雁引领作用，组织8个造林合作社承接实施沙棘林改造项目。三是让农户享受政策红利。引导农户和村集体将10011亩退耕还林地经营权流转给造林合作社，将现有沙棘林地按每亩300元折股，吸收包含184户贫困户在内的1377户农户入社分红，实现资源变资产、资产变资金、资金变股金、农民变股东。

深化产业开发，提高合作经营水平 为了把“小沙棘”做成“大产业”，让沙棘真正成为脱贫致富的“生态之果”，按照全县沙棘产业发展规划，一是科技化推进沙棘林改造。聘请专家精心设计方案，由合作社因地制宜采取带状疏伐、择伐疏伐、复壮更新等方式对沙棘林进行改造，改善林冠内通风透光条件，提高沙棘结果率和采摘率。二是规模化推进基地建设。结合退耕还林、荒山绿化和经济林建设，引进大果沙棘优良品种，推广林药间作模式，新建8000亩优质沙棘林示范基地，扶持合作社通过承包、入股、租赁等方式扩大经营规模，带动3500多户农户依靠沙棘产业增收。三是市场化推进产业开发。依托全县现有3户沙棘加工龙头企业13条生产线、开发出20多种新产品、年销售额达到1.2亿元，组建更多主营沙棘种植、采摘、收购、销售、初加工的合作社，推进专业化精细化分工经营，延伸产业链条，打造特色品牌，参与沙棘产业开发的农户年户均增收达到4600元。

优化运作方式，保证合作经营效益 为提高运营水平，确保各方受益，研究出台扶持沙棘产业发展办法，一是加快项目实施确保及早受益。由县乡村三级、驻村包扶单位和管涔山国有林管理局2个林场，帮扶合作社完成沙棘林改造6750亩，91户贫困户获得劳务收入74万元，户均收入8130元。二是打造示范典型。重点打造神堂坪村昌茂林业合作社，探索路径、作出示范，构建起“1+8”合作社联合经营体系。三是扶持龙头企业带动多方获益。在项目扶持、税收优惠等方面对龙头企业倾斜，协助山阳药业新上年转化2万吨沙棘果生产高纯黄酮项目，与高原圣果等大公司签约7个健字号品牌合作项目。将发展沙棘产业纳入“五位一体”金融扶贫范畴，引导1537户农户将每户5万元贷款入股沙棘生产项目，实现企业融资7685万元，农户不还息不还本连续三年获得4000元分红。企业承诺在保底收购价基础上每亩增拨60元，其中分成给村集体10元，合作社10元，沙棘管护、抚育合作社30元，10元用于奖补参加劳动的贫困户，实现多方共赢。

【蒲县核桃产业】

产业发展促进农民增收 在产业扶贫工作中，蒲县山中乡白家庄村成立兴农核桃合作社，流转土地，吸收资金，依托正茂核桃加工有限公司，建立电商平台，建成“公司+合作社+基地+农户”的产供销一条龙的发展模式，取得了“企业获利，农民致富”的良好效果。

龙头企业带动村集体经济发展壮大 2017年，白家庄村“两委”根据实际，探索“党支部+合作社+基地+农户+公司”发展模式，在党支部的引领下，依托县龙头企业正茂核桃加工有限公司，走“资源变资产、资金变股金、村民变股民”的路子，利用集体土地、扶贫项目资金等“红色股份”入股兴农核桃合作社参与分红。2016年集体经济“破零”，2017年集体经济收入3万元。

产业发展与农户利益有机契合 县政府出台

《蒲县林业资产扶贫试点实施方案》，引导农户以土地承包经营权、小额贷款等资产、资源入股到龙头企业和合作社。将财政扶贫资金、贫困户贷款等折股量化到贫困户，获得分红。一是流转农民承包土地经营权建立核桃种植基地，贫困户通过入股方式加入合作社，对核桃地进行统一管理，统一收购，由合作社免费提供修剪农具，化肥以及技术培训和支持；二是正茂核桃公司按照县委、县政府印发的《蒲县深入推进扶贫小额借贷工作实施方案》的政策引领，结合帮扶贫困户，与贫困户签订帮扶协议，使用贫困户扶贫小额贷款，贫困户获取入股分红，帮扶 86 户贫困户获取贷款，每户 5 万元，每年帮扶金额 3300 元，扶贫贷款项目的运作实施，为贫困户和企业搭建双赢桥梁。三是为解决种植户核桃销路难，以订单农业形式与农户签订供销合同，确定核桃收购保护价，收购时以市场价为准，根据合作社盈利情况，凡是贫困户每千克补助 0. 2~0. 5 元，稳固了企业与 95 户贫困农户的供销关系。

促进核桃品牌化、标准化发展　白家庄兴农核桃合作社核桃精细化管理示范园区改造后，2017 年核桃产量比 2016 年增加 20%，核桃产量和品质均得到大幅度提高。

同时，正茂公司通过以种植技术培训、保护价收购等风险保障机制，推动核桃品种改良，增加农民收入，调动广大农民栽植核桃的积极性，使核桃栽植走向规模化、一体化，年可加工核桃 5000 吨，实现销售收入 5000 余万元；搭建网络电子销售平台，优先聘用建档立卡贫困户，并根据贫困户自身条件安排就业 10 余人，同时安排大学生就业 10 人。

【长子县连翘产业】

改造小灌木，打造大产业　长子县遵照全省“一个战场打赢两场战役”和全市打造百万亩连翘基地的安排，“十三五”期间规划实施了“30 万亩连翘种植基地”。在工作中，县财政设立了专项资金，出台了连翘种植补贴政策，制定了连翘种植技术规程和管理办法，将连翘种植与乡村振兴、脱贫攻坚、旅游开发等工作相结合，加快推进连翘基地建设，2017 年发展连翘 21. 58 万亩，确保提前完成“十三五”期间 30 万亩连翘基地建设目标。

统筹兼顾，拉长产业链　将野生连翘提质增效项目与生态保护、生态旅游、产业扶贫、连翘基地等工作有机结合，统筹推进。一是与生态保护相结合。在西部山区建设了百里防火通道，提高了森林防火快速处置能力，方便了野生连翘改造工作，还为有害生物防治、野生动植物保护提供了便利，加强了生态资源的有效保护。二是与生态旅游相结合。南陈乡境内有亿年木化石、仙翁山、千佛寺、精卫湖等诸多旅游资源。以改造野生连翘为契机，将万亩连翘区、木化石、仙翁山、精卫湖、千佛寺等旅游资源串连成线，打造百里连翘长廊景观带，为发展旅游业打基础。三是与新栽连翘造林相结合。在改造过程中，对管理步道内的连翘和培育带中密度大的连翘，进行平茬移栽，节约了资源、保证了成活率、降低了新植连翘成本。四是与产业扶贫相结合。实施项目的合作社和专业队，优先吸纳周边有劳动能力的贫困户参与，通过务工增加贫困群众收入。4 个月内共吸纳石哲、南陈、大堡头等乡镇 23 个村 165 名贫困群众参与务工，人均增收 2000 元左右。

创新模式，因地因人施策　在野生连翘试点改造中，形成了 3 种改造模式。一是定株补植改造模式。对生长稀疏地段，采用补植加密、定株抚育的模式，去除连翘周围杂灌，进行鱼鳞坑整地，实行定株培育，并对空档较大地段就地移栽补植，提高亩均连翘分布密度。二是带状抚育改造模式。对密度较高的地段，充分考虑冠幅遮挡和通风透光等因素，采取 2 米管理步道、4 米培育带的改造模式，步道内清除所有灌木，移栽连翘用于空档地段和新造林地；培育带内清除杂灌、间密移栽、简单修剪，灌木枝条截短平铺在培育带内，再将步道内的腐殖熟土覆盖，增加养分。三是平茬复壮改造模式。对生长密度过大、生长衰弱的地段，按照 2 米管理步道、4 米培育带、4 米平茬带的作业单元，实行交替平茬、抚育复壮改造模式。管理步道内连翘进行移栽，其他灌木全部清理；培育带去除杂灌、降密移栽、简单修剪，蓄土保墒增加养分；平茬带内的连翘在 1. 2 米高度进行平茬复壮，实现新老更替、逐步改造。通过综合改造，提高了野生连翘开花挂果率，每亩青翘产量可由原来的25千克左右，提高到150千克左右。

强化措施，压实责任职责 严格责任，强化措施，确保项目顺利实施。一是细化量化任务。对试点范围的施工单位，划片落实改造任务，在鱼鳞坑整地、带状整地、新造林地等各个方面，与施工单位签订责任状，每一段、每一个点都明确了具体实施内容、完成时间、质量标准。二是严把质量标准关。在项目实施中，按照"去杂灌、定密度，理树形、增养分，提产量、增效益"的思路，制定了详细的技术要点，技术人员全程负责、跟队监管，严把技术质量关。三是动态督查管理。"两办"督查室牵头组成督查组，推行"清单+督查"制度，根据督查情况，列出问题清单，照单督查、整改销号，及时发现问题，及时解决问题，保证了项目的一种就管。

典型引领，增加辐射效应 为实现野生连翘有组织的管理、规范化的管护、有秩序的采摘销售，逐步探索总结了三种管理机制。一是村集体经营型。庞庄村，全村4865亩野生连翘每10亩为一股，折成股份486.5股，村民持股比例82.7%，村集体持股比例17.3%，改造后由村集体组建经营主体，年底按照股权比例分红收益，增加了村民收入，实现了村集体经济破零。二是大户经营型。凤台村，由承包大户负责野生连翘的管护、采摘、销售等工作，年底收益分配时，村集体以项目资金入股占总收益的15%，大户以连翘林地入股占总收益的85%。三是合作社经营型。善村，由合作社全面负责野生连翘的管护、采摘、销售等事宜，村集体以项目资金入股占总股份的10%，合作社以林地资源入股占总股份的90%，收益后按股分红。四是统一加工销售。搭建政府服务平台，签订收购合同，组织群众有秩序有计划地一坡一山采摘，杜绝抢青行为，保证青翘的质量和品质；采摘后当天完成烘炒等粗加工，按照合同出售，一改过去散户散卖相互压价或个体商贩货贱伤农的混乱局面。

【吕梁野山坡食品有限责任公司】 吕梁野山坡食品有限责任公司是一家以沙棘、梨果、红枣等蔬果产品综合研制、收购、生产、销售为主体的科技型民营企业，位于文水县开栅镇，于2001年7月成立，注册资金3000万元，2018年有资产2亿元，占地200亩，相继被评为农业产业化国家重点龙头企业、山西省著名商标企业、山西省农业标准化示范区等。

锐意进取勇作为 坚持质量第一。野山坡公司始终坚持以质量求生存，以信誉谋发展，以品质塑品牌，以品牌拓市场。凭借不畏艰难、追求卓越的精神，野山坡公司由小作坊逐步发展壮大成为农业产业化国家重点龙头企业。

带领乡亲致富。2010年，为了做强产业惠及乡亲，野山坡公司提出"资金变股金""村民变股民"策略，吸纳村民闲散资金方式扩大公司规模、壮大股东队伍，实现了在产业升级基础上带领全村共同致富的目标。积极推行"公司+基地+农户"经营模式，建起沙棘采收加工省级农业标准化示范区，向农户免费提供设备设施并对农户进行技术培训及指导，推行沙棘采收保护价和采收量累积奖励，让农户看得见、学得会、得到实惠。

担当社会责任。野山坡公司秉持企业良知，勇于担当责任，逢年过节都要慰问村里的孤寡老人、留守老人、五保户及贫困户，2014年起设立"壹圆爱心基金"，积极开展"金秋光彩助学"、关爱留守儿童、扶持贫困职工等各类献爱心活动。2016年与寨子沟村签订帮扶协议，深入实施产业扶贫和就业扶贫，为贫困户优先提供工作岗位，为部分残疾人提供福利岗位，为当地建设冷库存放沙棘，直接提供260多个就业岗位。

对标对表谋赶超 对标补齐短板。每年参加展销会时，野山坡公司都要组织研发、生产、销售等部门人员主动学习借鉴国内沙棘企业的好经验、好做法、好产品，认真听取同行业和顾客的意见建议，查找自身不足，补齐发展短板。2018年，国际沙棘协会在太原召开第八次大会并组织参观野山坡公司，公司领导把此次参观作为听取意见建议、查找自身不足的一个良机，看齐世界、对标对表，增强应对困难的韧劲，凝聚企业发展后劲。

苦练内功增强实力。公司科学制订2019年度发展规划，注重质量效益，提升发展品质，以"降成本、稳销量、提品质、增利润"为目标，向管理要效益，向品质要利润，通过健全内控机制、提高工作效率、降低运营成本、提升产品品质等手段，全面推进公司持续健康发展。

改革创新再出发　创新引领发展。野山坡公司始终注重科技创新和产品研发，2017 年建成沙棘产业高新技术研究开发中心，通过产学研合作等方式不断提升产品质量。近年来公司开发新产品 6 项、工艺改进 12 项、拥有外观专利 15 项，基本实现沙棘无废料加工，陆续开发出沙棘籽油、沙棘果油、沙棘代餐粉、沙棘全果素等新产品，沙棘原汁等已出口至美国、德国等国家。

持续加大研发投入，在加大产品开发、改进生产工艺、科技成果转化等方面持续发力，紧盯沙棘开发前沿领域，逐渐从食品领域扩展到医药、日化等行业进行多元化经营发展，提升企业核心竞争力，巩固龙头企业地位，努力建成国内第一、国际一流的沙棘企业。

【乡宁县云丘山旅游开发有限责任公司】　云丘山景区位于乡宁县关王庙乡，总面积 203 平方千米，其中核心景区 64.21 平方千米。至 2018 年已开发了 35 平方千米，发展休闲农业与乡村旅游，共涉及大河、坂儿上、东沟 3 个村委。2016 年 8 月景区被国家旅游局评定为全国“景区带村”旅游扶贫示范项目。云丘山景区内已有塔尔坡、康家坪、鼎石等 9 个传统古村落被住建部、财政部、国家旅游局等部门评为国家级传统古村落。2016 年景区内的大河村、康家坪村被省农业厅评为省级休闲农业与乡村旅游示范点。2017 年乡宁县云丘山旅游开发有限责任公司被省农业厅评为省级休闲农业与乡村旅游示范点。

党建引领，建设美丽乡村　云丘山景区以云丘山为依托，对村内进行美化、绿化、亮化，打造特色美丽乡村。设立农民科技培训中心和农副产品交易中心，发展独具特色的杂粮和农副产品及农副产品加工业，云丘太太饼的加工与制作、黑猪集中养殖等，延长了产业链，提高了农产品的附加值。设立爱国主义教育基地，弘扬革命传统教育，发展红色旅游。扩建村内文化广场，丰富村民及游客的文化生活。

乡宁县云丘山旅游开发有限责任公司与村委成立了村企联合党支部，建设美丽乡村，实施三个村委 16 个自然村 561 户居民整村搬迁 105687 平方米，其中建成长塔移民新村上下两层小院 64 套居民房，西红花坪移民新村 12 套，康家坪移民新村 48 套，大河居民楼 36 套。街道硬化、绿化、亮化、净化 19000 余平方米。配套实施供水、供暖、供电、排污、通讯、环卫等工程。鼓励当地村民结合自身优势，开办旅馆 10 个、农家乐 7 个，年收入 55 万元。

配套建设村级卫生所、农民健身广场、图书室、老年日间照料中心，景区还为照料中心每年提供经费 20 万元，用于 30 余名 70 岁以上老人的三餐补助及其他娱乐活动支出，聘请专业厨师、护工为老人服务，老人白天在照料中心活动，晚上回家居住。每年年底景区还为周边 2000 余口人发放价值 20 余万元的面粉；每年为村里 80 岁以上的老人发放生活补贴 500 元及生活用品；村里的孩子中高考取得优异成绩时，景区也会给予 500～1000 元的奖励。

云丘山与村党支部组织 382 户村民成立了上河优质粮食种植专业合作社，村民参与合作社经营并种植有机粮食和有机菜，人均月收入 3000 余元。合作社免费出资帮贫困户购买猪仔、羊羔，贫困户自己喂养，出栏后销售收入全部给贫困户，通过帮扶贫困户发展乡村旅游。

与台湾颐禾园有机农园合作，发展有机农业，建设有机农场，通过乡村旅游实施精准扶贫。2018 年有有机大棚 3 座，修建了食农教育馆 600 平方米，建设了有机蔬菜庄园 5 亩，种植有机小麦 2000 余亩，带动当地农户 175 户，农忙时人均月收入 2000 余元。通过招收智障残疾孩子，高薪聘请台湾的 2 名特教老师长期教这些孩子生活自理的方式和有机蔬菜的种植技能，让他们能通过自己的劳动来养自己，有 5 名智障儿童得到精准帮扶。

完善基础设施，提升人居环境　近年来，云丘山以交通、人居、饮水为主改善旅游基础设施，建设宾馆酒店、购物场所、医疗卫生、游乐设施，完善服务功能。与山西机电股份有限公司乡宁分公司合作修建 10 千伏乡村电力专线，修建了村民饮用水库 4 座，半寄宿制小学 1 座，以及污水处理厂环卫配套工程、集体供暖等；修建了乡村二线公路和旅游公路45千米。围绕“美丽乡村”建设要求，逐步完善村内的基础服务设施，对村庄进行了环境整治、污水治理、立面改造和道路拓宽、村庄美化绿化亮化等建设。通过污水处理厂项目的全面完成，生产、生活污水得到了有效治理，生态环境得到全面优化，打造了宜居宜业宜游的乡村环境。村民开办农家乐，成为各地游客的“养生乐园”，村里的河道漂流、水上乐园，成为夏季各地游客“欢乐的海洋”，村里的农业采摘园、绿色有机果蔬成了城里人的“香饽饽”，蹦极、空中飞人、滑索、玻璃桥冰洞等项目的建设，成为各地游客的“探险乐园”。

坚持全民参与，丰富旅游业态　云丘山公司与大河村委合作，以“华夏年轮，乡土文脉”为主题，开发了千年古村塔尔坡，在塔尔坡古村给原住村民提供商铺，统一管理，对他们开展培训，村民们唱民歌、演婚俗、练武术、蒸花馍、玩皮影戏，开铁匠铺、茶馆，做农家饭、磨豆腐、做水席、小吃等，丰富了乡村旅游的内容，并脱贫105人，人均月收入3000余元。

云丘山与坂儿上村委合作，保护开发了康家坪古村民宿。云丘山景区利用原村民居住的窑洞，邀请墨西哥、美国、澳大利亚的专家学者，共同开发打造了“会呼吸的生命居所”，居所的建设用石头、土、麦矶竿、木头建造而成。同时与台湾团队合作，打造出了康家坪民宿。已建造4座院落，13间客房，25个床位。民宿吸引了多个城市的众多游客争相体验。自2018年10月1日试营业至年底，累计接待游客5万余人次，体验民宿游客800余人。吸收当地20余人大学生就业，人均月收入4000余元。

坚持发展创新，吸引优质项目　云丘山坚持用创意丰富旅游休闲的内涵，通过乡村旅游，开创民办旅游先河，先后引进玻璃桥、蹦极、空中飞人、滑索、滑翔翼等新型旅游项目，有力地推动了云丘山景区的建设。传承云丘山太太饼、云丘水席等特色餐饮，使景区餐饮实现由农家乐向高端民宿的转型升级。研发了具有当地特色的手工艺品、植物染布，丰富了旅游产品。同时，以云丘山窑洞文化为基础，体验古典村落历史之厚重，展示美丽乡村建设的成果，提炼推广云丘特色产品与文化，增添“驴友”的回头率。

【第八届国际沙棘协会大会】　2018年9月18日上午，第八届国际沙棘协会大会在太原市隆重开幕。副省长陈永奇、全国绿化委员会办公室专职副主任胡章翠出席开幕式并致辞。国际沙棘协会主席郃源临、世界水土保持学会秘书长宁堆虎、德国沙棘协会主席约尔·托马斯·莫塞尔(Jörg-Thomas Mörsel)、印度沙棘协会秘书长维伦德拉·辛格(Virendra Singh)分别致辞。山西省林业厅党组书记、厅长任建中作题为《着力打造沙棘优势品牌　倾力推进生态脱贫攻坚》的主旨发言。国际沙棘协会技术委员会主任、芬兰图尔库大学教授海基·卡里欧(Heikki Kallio)主持大会。来自全球12个国家和全国各地的专家学者、业界人士共300余人参加大会。

开幕式上，颁发了国际沙棘协会终身成就奖和杰出贡献奖。中国林业科学研究院研究员黄铨获终身成就奖，德国沙棘协会主席约尔·托马斯·莫塞尔、黑龙江省农业科学院教授单金友、芬兰图尔库大学教授杨宝茹、俄罗斯利萨维科研究所高级研究员尤里·祖巴列夫(Yury A. Zubarev)获杰出贡献奖。

此届大会的主题是“沙棘产业——构建绿水青山，助力精准扶贫”，旨在交流沙棘资源培育利用研究成果，展望沙棘产业发展前景，加快山西沙棘资源建设与产业发展步伐，推进国际技术与经济交流。大会为期5天，开闭幕式外，举办了6场专题学术交流活动，举行会员代表大会，举办沙棘产品展览，赴吕梁市开展现场技术考察。

此届大会由国际沙棘协会、山西省人民政府主办，国际沙棘协会(中国)沙棘企业联合会、山西省林业厅承办，吕梁野山坡食品有限责任公司、北京宝得瑞健康产业有限公司、高原圣果沙棘制品有限公司、河北神兴沙棘研究院提供赞助。

(周　浩)

内蒙古自治区林业产业

【概　述】 2018年，内蒙古自治区的林业产业以提质增效为切入点，以加快产业转型升级为着力点，突出特色优势，强化创新驱动，发展新型业态，推动绿色增长、绿色惠民。全区林业产业呈现“稳中有进，特色突出”的发展态势，基本形成了以林木种苗培育、特色经济林、蒙中药材、木本油料、灌木原料、林下经济、生态旅游、沙产业等产业为主导，以“企业+基地+合作组织+农牧户”为利益联结机制，生态与产业互促共赢，大地增绿，企业增效，农牧民增收的绿色林业产业发展格局。全区林业总产值达到500亿元，农牧民人均林业收入达到883元。全区木材产量74.55万立方米，锯材产量1260万立方米，人造板产量35.3万立方米，木材加工业形成的锯材、木片、木制品等系列产品，产值达128亿元。全区各类经济林产品总量58.5万吨，其中，水果52.1万吨，干果3.3万吨，森林食品(食用菌、山野菜)1.3万吨，森林药材1.7万吨；经济林产品的种植采集产值达50.4亿元。林业旅游与休闲服务产值达76.2亿元。林业产业在推动绿色增长、促进贫困地区农牧民脱贫致富、绿色惠民等方面作用明显。

基地建设规模不断扩大　通过重点生态工程带动，吸引社会资本投入，企业、合作社和农牧户合作，全区已建成一批规模较大的沙区特色经济林、蒙中药材、林下经济、苗木花卉、人工驯养繁育野生动物等产业基地，基本形成呼伦贝尔榛子林基地，赤峰兴安盟文冠果、元宝枫等木本油料及特色果品基地，鄂尔多斯、呼和浩特沙棘基地，乌兰察布灌木饲料基地，巴彦淖尔枸杞基地，阿拉善肉苁蓉基地，乌海沙地葡萄基地，相应建设了7条三产融合发展产业带，形成“七地七带”发展布局。

特色产业初步形成　全区干果鲜果培育、沙生植物资源利用、特种野生动物繁育、果品饮料加工、林业生态旅游等一批特色产业，已形成了一定的规模，也有了自己的知名品牌、市场开发和效益同步提升。西部区的肉苁蓉、枸杞、葡萄等，中西部区的沙棘、小型水果、灌木饲料原料等，东部区的沙果、锦绣海棠、蒙富苹果、设施林果业等，以及通辽和赤峰市人造板加工等，在基地和园区建设、龙头企业和专业合作社培育、精深加工、品牌创建、市场开发等方面，已形成了较好的产业基础和发展势头。至2018年底，涉及种植、养殖、采集加工、景观利用等林下经济面积为1167万亩，参与农户达18.81万户。

龙头企业带动效果明显　龙头企业作为领头羊，为引导社会资本投入、扩大产业规模、提高产业质量和效益、实现农牧民就业增收，发挥了很好的示范、引领作用。宇航人集团、蒙草生态等12家企业，被评为国家林业重点龙头企业。沙漠之花等82家企业被评为自治区级林业产业化重点龙头企业。82家龙头企业总资产规模达370亿元，总销售收入达80亿元，其中总资产超1亿元的龙头企业35家，超10亿元的龙头企业4家。阿拉善盟先后培育和引进了内蒙古阿拉善苁蓉集团等25家林沙产业企业，通过“公司+基地+农牧户”的模式，直接和间接从事林沙产业的农牧民达1万多人，人均年收入3万~5万元，部分牧户达到10万~30万元，形成沙漠增绿、农牧民增收、企业增效的良性循环。内蒙古阿拉善苁蓉集团牵头组建了阿拉善盟宏魁沙产业专业合作社，采取“企业+专业合作社+农户”型的模式，与广大牧户共同建立经营实体，通过提升肉苁蓉的经济价值带动了人工种植梭梭的积极性，合作社社员由成立之初的4个嘎查83户牧民发展至2018年的8个嘎查118户牧民，入社梭梭林面积超过100万亩。东达蒙古王集团公司在库布其沙漠上种植300万亩沙柳、2万亩种苗、1万亩苜蓿，鄂尔多斯市乌审旗2017年林业总产值2.5亿元，农牧民来自林沙产业的收入人均达2300元以上。

科技支撑提升效益 各地通过加强基层林业科技人员、农牧民培训和科技推广服务体系建设，为企业与高等院校、科研院所搭建技术交流平台，促进了科技成果落地开花。林业企业也通过自主创新、实践，设立科研实验室，注册、申请国家专利等方式，提升企业科技化水平，提高产品科技含量和产品附加值。阿拉善林业部门常年下派科技特派员和科技人员，深入农牧区开展梭梭肉苁蓉、白刺锁阳、林果种植等方面的科技培训服务及种植技术推广，走科教兴林之路，以保证资源的高效利用，促进科技成果转化，真正通过科技与生产的紧密结合，提高农牧民的生产能力。每年举办林业专业科技培训班40余期，培训农牧民达4000余人次。内蒙古赤峰林科院和内蒙古农业大学共同建立的"国家林业局文冠果工程技术研究中心"于2016年7月获得国家林业局正式批复，是首家在内蒙古设立的国家级林业工程技术研究中心。该中心承担了多项文冠果专业技术领域的课题研究，将对内蒙古的文冠果深加工产业提供科技支撑。巴彦淖尔市磴口县的肉苁蓉产业企业创建自治区肉苁蓉产业技术创新战略联盟，先后与北京大学、中国农业大学、内蒙古大学等20多家国内知名院校及科研院所合作，开展了20余项科研项目的实施与研究。

【主要举措】

宏观引导和政策支撑 针对内蒙古的林业产业发展的实际，为引导、规范和促进林业产业发展，自治区政府先后出台了《关于加快林下经济发展的实施意见》，修订完善了《内蒙古自治区林业产业化重点龙头企业认定管理办法》。2014年《内蒙古自治区林业产业发展"十三五"规划》被列入自治区人民政府"十三五"审批类规划目录。2017年4月，自治区政府办公厅正式印发《内蒙古自治区林业产业发展"十三五"规划》，进一步明确了林业产业发展的指导思想、基本原则、总体思路、发展目标和建设重点，切实加强了对林业产业的宏观指导。全区各地根据地区产业发展特点，积极出台地方林业产业发展规划、意见或办法等文件，指导林业产业发展。赤峰市编制了《百万亩高效节水经济林五年发展规划(2011~2015)年》和《加快经济林产业发展实施方案》，把经济林建设纳入旗县责任目标考核内容专项推进；巴彦淖尔市出台了《巴彦淖尔市经济林产业发展规划(2018~2022)年》及《关于加快推进全市经济林产业发展的十条意见》；兴安盟印发了《关于推进绿色有机食品产业基地建设实施意见》《兴安盟实施林果业产能递增三年行动计划指导意见》及《兴安盟林果业补贴办法》。

培植龙头企业 积极培育发展壮大林业重点龙头企业，组织开展了自治区级林业产业重点龙头企业评选。按照国家林业局《国家林业重点龙头企业推选和管理工作实施方案(试行)》要求，组织开展了三批次国家林业重点龙头企业申报工作，内蒙古汉森酒业集团等12家企业被评为国家林业重点龙头企业。赤峰市、通辽市、乌海市也相继出台了龙头企业认定办法，共评选市级林业产业重点龙头企业66家。龙头企业在推动全区林业产业转型升级，扩大规模，提高质量效益，促进农牧民就业增收等方面发挥了积极的带动作用。

产业基地建设 基地建设是做强做大林业产业的基础和关键，离开基地支撑，谈不上产业发展。各盟(市)、旗(县)针对特色经济林、木本油料、林木种苗花卉、蒙中药材、特种野生动物繁育、林下经济等重点产业，集中资金、技术等建设了一批产业基地，同时，推进了示范基地建设。一是扩大规模，围绕市场需求和龙头企业需要，形成相对集中连片的规模化产业基地。二是提高质量，增加科技含量，适地适树适品种，集约化经营，标准化生产，提升林地产出效益。三是典型示范，通过典型示范基地，在新技术、新品种、新机制、新模式等方面，以点带面，发挥引导、示范和辐射作用。积极推选规模大、经营好、典型示范和辐射带动作用大的基地，参加国家标准化示范基地评选，以引领提升全区产业基地建设扩规模、上水平。

林产品品牌建设 引导和支持各盟(市)、旗(县)及涉林沙企业单位等提高林产品品牌建设意识，加强林产品品牌和知识产权建设保护。在内蒙古肉苁蓉申报地理标志产品成功的基础上，内蒙古自治区林业厅与自治区质检局配合，研究制定进一步促进林沙产品地理标志产品认证的相关措施，加大林业产品地理标志产品认定力度。全区已形成一批在区内外市场上具有一定知名度和占有率的林产品品牌。同时积极与有关地区、部门协调，推动乌海葡萄、巴彦淖尔枸杞、鄂尔多斯沙棘、呼伦贝尔木耳及扎兰屯榛子、赤峰寒富苹果、通辽锦绣海棠、兴安盟沙果等特色林产品品牌建设。

【通辽市林业产业】 2017 年通辽市实现林业产值 19.44 亿元，农牧民人均林业收入 690 元。林业产业已经成为新农村建设的新的经济增长点。

第一产业

①商品用材林基地建设。全市商品用材林基地面积已达 600 万亩，达到经营期后，预计每亩蓄积量可达 8~10 立方米，每年可提供木材 100 万立方米以上，为今后以杨木为原料的人造板产业发展奠定了坚实的基础。

②果树经济林基地建设。截至 2018 年底，全市以果树为主的经济林面积近 68.2 万亩，结果面积达 22.1 万亩。鲜果类产量达 14.1 万吨，年销售收入达 6.2 亿元。以科尔沁区、开鲁县、奈曼旗、库伦旗为重点，以沙地葡萄、黄太平、123 苹果、锦绣海棠和大扁杏为主的果树经济林基地初步建成。干鲜果品产业正处在起步阶段。科尔沁区莫力庙羊场的鲜食葡萄和开鲁县麦新、黑龙坝的中小型苹果(俗称蒙古野果)经过多年的培育和经营，已形成了具有一定地域特色的品牌，在通辽、沈阳、长春等地具有一定的知名度和较为广阔的市场，其销售收入每年都在持续增长。

③林下种植产业。全市林下种植面积 80 万亩，通过林粮、林经、林药间作，每年林下种植业收入可达 2 亿元。

第二产业

①木材及人造板加工产业。全市现有木材及人造板加工企业 113 家，总资产 9.4 亿元，年加工能力 100 万立方米，年实际加工量为 30 万立方米。年销售收入 6.3 亿元，上缴利税 7353 万元。从业人员 2399 人。通辽市锦秀木业有限公司生产的衣柜、橱柜、书柜、酒柜、饰面板等，深受客户欢迎。全年生产楼房木门系列 13500 樘、橱柜 15000 平方米、衣柜 12500 个、墙面板 12800 平方米、酒窖 1920 平方米，年销售额达 750 多万元。

②果品及精深加工。内蒙古沙枝食品有限公司是一家集生产、加工、储藏、配送为一体的综合服务性企业。2017 年生产以沙果为主的果肉饮料 1.5 万吨，果脯 300 吨，年消耗沙果 4000 吨。年产值 3000 万元。该企业是内蒙古东部区果汁生产规模最大的厂家之一。其产品先后荣获国家农业部“无公害农产品认证单位”“自治区消费者协会推荐商品”“通辽市消协诚信单位”“通辽市十大公众喜爱商标”。

第三产业 截至 2018 年，通辽市有国家级自然保护区 2 处。自治区级 4 处、市级 10 处、旗(县)级 49 处，国家级森林公园 1 处、自治区级森林公园 6 处，国家级沙漠公园 2 处，国家级湿地公园 3 处。2017 年，森林生态旅游年接待旅游人数 150 万人次以上，森林旅游综合收入 15 亿元。库伦旗银沙湾旅游景区是内蒙古金港文化有限公司开发的东北最大的沙漠旅游景区，位于库伦旗塔敏查干沙漠中段，景区总占地面积 5.3 万亩。经营项目以沙漠越野拉力赛、开放式滑沙场及品尝蒙古风情为主。2017 年该景区游客接待量 20 万人次，总收入 1200 万元。奈曼旗宝古图国家沙漠公园位于老哈河南岸沙带，建设占地 230 亩的自驾营区，2017 年共接待来自北京、天津、河北、辽宁、黑龙江等地及当地游客 50 余万人次。

产业发展政策与措施

①科学规划，各项产业全面发展。

②林下经济建设有所突破。利用每年 100 万亩新造林土地，间种轮种药材、食用菌、蔬菜等，提高销售收入 20% 以上，每年总收入达到 3.6 亿元。

③加快果树基地建设。大力发展以葡萄、黄太平、123 苹果以及锦绣海棠为主的经济林基地，提高林农收入。水果亩产量超过 500 千克。

【内蒙古吉奥尼葡萄酒业有限责任公司】 吉奥尼酒庄始建于 2008 年，地处黄河冲积扇一级台地，土质以沙壤土为主，富含有机质和矿物质。酒庄依偎在黄河中段、沙漠边际、乌海湖边，形成了得天独厚的“3S”(阳光、海岸、沙滩)葡萄种植区。已建成农业部葡萄标准示范园 1000 亩，年产优质酒庄酒300吨。2009年酒庄被评为“农业部葡萄标准示范园(创建)”；2014年葡萄及葡萄酒被中国质量认证中心认定为有机食品；2016年酒庄被认定为自治区农牧业产业化重点龙头企业，是自治区级农业标准化和服务业标准化试点单位。公司的葡萄酒荣获多项国际和国内大奖，其中吉奥尼经典乌海干红葡萄酒于2017年荣获第八届亚洲葡萄酒质量大赛银奖、全国糖酒会第十一届G100·超级葡萄酒评选赛银奖、2017英国品醇客亚洲葡萄酒大赛大赛奖，吉奥尼马瑟兰半干红葡萄酒荣获2017“丝绸之路”世界沙漠葡萄酒大赛大金奖和2017中国·国际马瑟兰葡萄酒大赛金奖。

公司以乌海沙漠葡萄酒产区为依托，充分发挥乌海湖边小气候、小产区的优势，秉承“好的葡萄酒是种出来的”理念，葡萄种植严格按照有机认证的标准，引入富含丰富矿物质的黄河水灌溉，使用有机肥，亩产量控制在400千克以内，为酿酒提供纯天然的有机原料，真正达到了酿制酒庄酒的质量标准。

(韩　英)

辽宁省林业产业

【概　述】 2018年辽宁省林草局全面贯彻落实习近平总书记在辽宁考察时和在深入推进东北振兴座谈会上的重要讲话精神，牢固树立“绿水青山就是金山银山”理念，积极引导全省各地依托资源优势，大力推进特色经济林和林下经济基地建设，并将特色经济林和林下经济基地作为省政府绩效考核任务。通过制订建设计划、强化调度、督导检查及指导服务，促进了全省特色经济林和林下经济产业发展。据统计，2018年完成经济林和林下经济建设面积18.02万亩，超额完成了省政府绩效考核5万亩的任务指标。截至2018年底，辽宁省商品用材林、种苗花卉、经济林、森林中药材、森林食品、野生动植物驯养繁殖利用、林产品加工、林业休闲旅游康养等林业八大产业，2018年全省实现林业总产值1098.1亿元。其中，以特色种植养殖为主的第一产业实现产值633.1亿元，林产品加工业实现产值289.9亿元，林业旅游休闲养生养老为主的第三产业实现产值175.1亿元。

加强林产品品牌培育工作。按照《国家林业局造林司关于推荐经济林产业区域特色特色品牌建设试点单位的通知》要求，积极组织市县进行申报推荐工作，2018年全省共有铁岭县铁岭榛子、凤城市凤城板栗、东港市东港板栗3个县(市)被国家林业和草原局命名为经济林区域特色品牌。同时，与省农委合作，开展“辽宁名牌农产品”和“辽宁特产之乡”评选工作，本溪裕祥明公司的木耳被认定为“辽宁名牌农产品”，有5个林特产品的乡镇被评为“辽宁特产之乡”。通过创建品牌，促进了全省林产品市场知名度的提升。截至2018年底，全省建成“中国经济林之乡”17个，“中国林业产业第一县”5个，“辽宁特产之乡”的林产品乡镇有30多个，“辽宁名牌农产品”的林产品4个。

【林业与金融政策】 为了加快推进林业和草原产业发展，辽宁省与金融部门合作，并与辽宁省农业担保公司，邮政储蓄银行辽宁省分行，达成战略合作，重点解决林农发展资金周期短、利率高、额度小、限制条件多的问题。由于政策得力，2018年全年发放贷款30亿元，初步解决了林农发展资金紧张的问题。

【集体林权制度改革】 截至2018年底，全省已完成确权面积7906万亩，占全省集体林业应改面积7910万亩的99.95%。全省已组建新型林业经营主体3079个，其中2017年底合作社2580，家庭林场599个。

【省级林业示范社】

东港市佳宏板栗专业合作社 位于东港市十字街镇宏天村，2016年12月29日注册，合作社法人刘伟，注册资金100万元，有成员111人。合作社建筑面积980平方米，经营场地1000平方米，拥有车辆3辆，叉车2台，板栗输送机2台，板栗倒步机6台，冷藏库5个，速冻库2个，注册“莓栗佳园”商标。有板栗生产基地3000多亩，年收获板栗1000余吨。合作社经营范围主要以板栗收购、冷储、加工、销售为主。合作社自成立以来，能够规范运行，各项规章制度健全，财务管理规范，具有较强的带动示范作用，带动周边1000余农户发展板栗。对板栗生产所需生产资料和产品进行统一购进、统一规程、统一技术、统一包装、统一销售，提高了板栗产量，解决了栗农板栗销售的后顾之忧，同时，带领合作社成员对板栗进行深加工，有效地解决了合作社成员和周边农户的就业问题，增加了收入，使合作社成员和周边农民真正得到实惠。2018年合作社板栗交易总量1665吨，经营收入1128万元，合作社全年盈余9.9万元，当年提取盈余公积金1.98万元；盈余返还5.99万元，盈余返还比例60%。

东港市裕臻板栗种植专业合作社 有成员120

名，合作社成员出资总额110万元，成员全部为农民。带动农户1060户，拥有板栗种植面积2000亩。合作社为丹东市、东港市及周边乡镇从事板栗种植产业的农民提供服务，统一组织购买板栗种植所需的生产资料；统一销售产品，引进新技术、新品种；开展相关的技术培训、技术交流和信息咨询，给合作社成员带来实惠。2018年合作社主要经营项目为板栗产品。2018年成员权益总额1661920.87元，比2017年同期增加11450元。其中；盈余公积增加11450元。根据合作社章程规定，经合作社理事会、监事会研究，通过成员大会表决2018年分配方案如下：

①板栗交易量1412201.5千克，交易额6556085元。②提取盈余公积的比例：合作社在当年盈余中分别提取。公积金，从当年盈余中提取5%，用于扩大经营服务或弥补亏损；公益金，从当年盈余中提取5%，用于文化、福利事业；教育基金，从当年盈余中提取5%，用于成员培训；风险基金，从当年盈余中提取5%，用于成员生产经营遭受重大经济损失的补贴。③盈余返还34350元，返还比例60%；剩余盈余返还11450元，返还比例20%。

（辽宁省林业和草原局）

吉林省林业产业

【概　况】　2018年，吉林省林业和草原局深入贯彻落实“绿水青山就是金山银山”和绿色发展理念，紧紧围绕深化林业重大改革、强化中央环保督察问题整改、打赢青山绿水保卫战、助力脱贫攻坚等重点任务，立足林业本职，坚持问题导向，强化改革创新，狠抓工作落实，较好完成了年初既定的各项目标任务，林业改革发展取得了明显成效。

林业重大改革　一是顺利完成国有林场改革任务。围绕改革时序进度要求，始终强化问题导向，突出顶层设计，强力破解难题，合力推进国有林场改革工作。截至2018年底，全省已基本完成国有林场改革任务，正在组织省级验收，待省级验收结束后，将正式向国家提出验收申请。全省国有林场由改革前的338个减少到89个，精简比例达到74%，整合幅度高于全国62.6个百分点。全省林业系统所属事业机构减少102个，事业编制减少2002个。改革过渡期后，全省林场职工总数将由4.5万人减少到1.3万人，精简比例达到70.9%，高于全国25.1个百分点。职工基本养老保险率由改革前的63%提高到100%，职工医疗保险参保率和住房公积金缴存率均达到100%，富余职工安置率达到97.6%。职工收入大幅度提高，人均年收入从2015年的1.52万元提高到2017年的2.7万元，增长了77.6%。二是国有林区改革扎实推进。深入落实国务院国有林区林场改革座谈会议精神，认真研究推进国有林区改革的路径办法，探索改革形式，经反复修改打磨，初步形成国有林区改革实施方案。三是完成东北虎豹国家公园体制试点相关工作。与相关部门通力配合，完成珲春东北虎监测示范点建设，实现了500平方千米数据通信全覆盖。认真梳理自然资源所有者和监管者职责，向国家林草局和中央编办提出划转建议。积极开展试点区重大工程项目梳理、多规衔接、保护设施项目申报及自然资源确权登记等工作，全力配合国家林草局编制完成《总体规划》，多次沟通协调反映吉林省利益诉求并达成一致意见。《总体规划》已完成多轮征求意见，正式上报国务院审定。

林业生态建设　一是国土绿化工作深入展开。全省共完成义务植树约3202万株，新建义务植树基地102个，面积6076亩。绿化美化村屯593个，其中创建省级绿美示范村屯50个，新增绿化面积34475亩。二是狠抓林地清收还林工作。针对林地清收还林和中央环保督察问题整改实际，主动挖潜加压，全省完成清收林地还林作业面积67万亩，超出省政府年初下达计划25万亩的168%。三是制定长白山林区森林生态修复工作方案。在坚持严格保护和自然恢复的基础上，落实森林生态修复具体措施，明确提出未来3年长白山林区生态修复的各项目标任务。四是全力提升中西部农防林更新改造水平。在完成农田防护林更新改造3万亩、退化林分修复6.3万亩等年度任务的基础上，重点研究谋划未来一个时期中西部防护林建设工作，编制了《中西部防护林网修复完善工程规划》及其实施方案。拟利用5年时间，在吉林省中西部地区启动农田防护林网修复完善工程，分步恢复新建和修复改造防护林带，提高中西部农田林网防护效能。五是全面完成西部防沙治沙年度任务。压实各级政府防沙治沙目标责任，将造林工程重点向中西部沙区倾斜，依托林地清收还林和国家重点造林工程，完成年度30万亩沙化土地治理任务。六是认真落实国家森林抚育补贴政策。强化森林经营，努力提高森林质量，全省完成森林抚育作业任务310万亩。

森林资源保护管理　一是严格森林资源管理。完成2017年度林地变更调查工作，积极配合国土部门开展了自然资源统一确权登记试点，完成全省国家级公益林区划落界2769.23万亩。积极做好2018年森林督查，完成国家林草局下达给吉林省的12980个疑似变化图斑现地核实工作。二是加强湿地保护管理体系建设。研究制定《吉林省重要湿地认定标准》，初步筛选了40块省级重要湿地。完成辽源凤鸣湖、长白泥粒河等11处国家湿地公园(试点)验收工作。组织开展了通化哈泥国家级自然保护区、辉南大椅山省级湿地保护区及白山珠宝河国家湿地公园等19家单位湿地保护与恢复项目建设，在向海、波罗湖保护区退耕还湿1000公顷和400公顷。三是加强自然保护地建设管理。制定下发《吉林省林业系统自然保护区标准化建设规范》《关于加强林业系统自然保护区规范化管理的指导意见(暂行)》和省直自然保护区自然资源资产管理制度，组织开展全省林业自然保护区勘边落界工作，完成泉阳泉、满天星、净月潭等14个国家级、省级森林公园总体规划审查工作，启动全省保护地大检查行动，检查各级各类保护地124处，对森林公园建设管理、机构建设情况进行了排查。白河园池湿地、头道松花江上游、甑峰岭3个自然保护区顺利晋升为国家级自然保护区。四是加强野生动植物保护工作。开展保护虎豹清山清套专项行动，出动人员35574人次，清理套夹网等猎具5499副(个)，解救、清缴野生动物活体3只、死体8只。处置野生动物损害补偿案件5082件，核定补偿资金1236万。开展中华秋沙鸭专项行动。全面加强野生动物疫源疫病监测防控工作，特别是非洲猪瘟疫情在我国发现后，及时启动应急预案，建立管理台账，加大监测巡护，有效落实控制非洲猪瘟传播蔓延措施。五是持续加大依法治林力度。加快推进林业立法进程，修订了《长白山国家级自然保护区管理条例》《吉林省野生植物保护条例》等10部法规列入省人大立法规划。相继开展了“春雷2018”“绿剑2018”等5个专项行动，共立涉林案件4388起，查破3964起。收缴木材1725立方米，收回林地512公顷，收缴野生动物1564只、动物制品487件、猎具2733件，行政罚款1387万元，挽回经济损失1.15亿元。

产业转型发展和科技兴林　2018年全省林业经济生产总产值达到1400亿元。一是积极推进林下经济“九个百”工程建设。统筹资源、政策等因素，重新调整和规划“九个百”工程的内容，制定出台《吉林省林业产业转型发展“九个百”工程实施方案》，确定了林业经济发展目标任务。二是全面落实林业产业发展扶持政策。利用省级林业改革发展资金，积极扶持长白山保护开发区和省蛟河实验区管理局开展森林休闲康养产业园建设项目。组织开展了2019年林业产业发展资金项目申报工作，向财政申请预下达资金1545万元。三是大力开展林业科技创新攻关。指导各级林业科研单位和林业企业开展科技攻关，参与国家重点科研创新，共争取各级科研立项30余项，项目资金近400万元。全省共申请认定林业科技成果21项。四是全面加快林业技术成果推广转化。组织开展了中央财政林业科技推广示范资金项目申报工作，共申报项目75项，确定林业科技推广示范项目36个，使用中央财政林业科技推广示范资金2100万元。

林业行业扶贫　一是开展建档立卡贫困人口选聘生态护林员工作。2018年共争取国家资金4000万元，比上年增加2000万元，用于继续选聘生态护林员，生态护林员人均年增加收入8000余元，实现了“一人增收，全家脱贫”。二是加强贫困地区植树造林、绿化美化村屯建设。整合林业生态建设资金，加大对贫困地区的投入力度，通过积极争取“三北”五期等营造林工程，在贫困地区开展国家重点工程造林9万亩，投入资金4500万元，相当于年度任务的300%。加强绿化美化贫困村屯建设，投入资金640万元，对贫困县中的16个村屯实施绿化美化，进一步改善贫困村人居环境。三是加大贫困地区林业产业转型发展助力脱贫。从吉林省林业资源特点和发展实际需求出发，依托林业“九个百”工程，带动贫困地区人口实现脱贫。投入产业扶持资金836.05万元，扶持重点贫困村发展产业项目4个。四是做好包保帮扶贫困村扶贫工作。制定了2018年脱贫攻坚计划，合理确定年度减贫任务，调整了脱贫攻坚领导帮扶结对对象，全局共计104名处以上干部结对帮扶贫困户224户，68名科级以下党员干部与贫困村的非贫困户一对一建立了联系，实现了对帮扶包保两个贫困对象帮扶结对全覆盖。

【2018年林草产业大事记】　1月22~26日，在吉林省林业技师学院举办全省林下经济发展专业技

术培训班，各市(州)林业(管)局，各县(市、区)林业局，长白山保护开发区林业局，白城市芦苇局，吉林森工集团，各国有林业局、森林经营局，省林业厅各所属单位产业工作负责人及工作人员参会。

3月6日，全省林业工作会议召开，吉林省林业厅厅长霍岩代表林业厅在会议上讲话，对2017年林业产业工作进行总结并部署2018年产业重点工作。

3月14日，省林业厅立足生态建设，促进产业发展，以促进扶贫对象增收致富为目标，实现林区贫困人口脱贫致富，制定下发《2018年产业扶贫工作要点》。

6月，为全面落实党中央乡村振兴战略，进一步挖掘吉林省林地和林特资源优势，培育农业农村新的经济增长点，加快现代农业和林业经济强省建设步伐，通过吉林省委、吉林省人民政府下发《关于大力实施“九个百”林业产业工程加快农村经济转型发展的意见》。

8月，吉林省林业厅副厅长孙光芝带队到韩国江原道交流洽谈，共同谋划江原道与吉林省林业合作发展的美好愿景。在韩国方面提出的“省道交流合作事业”提案的基础上，结合吉林省的林业实际和优势，对双方在合作共赢方面提出意见。

9月4日，按照党的十九大关于“坚决打赢脱贫攻坚战”的要求，和吉林省委、吉林省人民政府关于在2020年实现全省贫困地区和贫困群众全部脱贫的工作部署，为进一步发挥产业发展与引领群众创业在扶贫攻坚中的重要作用，省林业厅制定下发了《全省林业2018~2020年产业精准扶贫工作要点》。

9月27日，省林业厅副厅长孙光芝主持召开全省林业经济产业发展座谈会。围绕推进林业产业经济发展、带领职工增收致富、加快林业产业转型发展和推动科技产业项目落实，展开会谈。

10月，按照机构改革方案，吉林省林业厅更名为吉林省林业和草原局。

11月9日，省林草局印发《吉林省九大林草特色产业提升工程实施方案》。计划从2019年开始，在全省实施百万亩红松果材兼用林、百万亩经济林、百万亩林木种苗基地、百万亩森林(湿地、草原)中药材种植基地、百万亩绿色菌菜基地、百个陆生野生动物驯养繁殖基地、百个林草业旅游(康养基地)等九大建设工程，到2025年，基本形成产业体系、生产体系、加工体系、营销体系健全的九大林草特色产业。

11月13~14日，第四届“吉林省林蛙产业发展论坛”在长春市召开。

(吉林省林业和草原局)

黑龙江省林业产业

【概　述】 为深入贯彻习近平总书记"绿水青山就是金山银山，冰天雪地也是金山银山"重要指示，2018年黑龙江省委、省政府以习近平生态文明思想为统领，加快生态强省建设，加强生态环境保护，加快优势生态产业发展，深化生态文明体制改革，巩固提升绿色发展优势。全省的林业产业经济稳中求进，森林资源得到充分有效的保护、合理有序的开发与利用，森林得以休养生息，林业产业结构进一步优化，逐步形成了以林业生态建设与恢复为本，大力发展林菌、林果、林药、林下养殖、森林生态旅游、木材加工、进口木材加工等多业并举的产业发展格局。

全省林业总体情况 2018年，全省全年完成造林117万亩，完成计划任务100%，其中人工造林71.8万亩，封山育林45.2万亩，绿化村屯1453个，绿化道路1110.9千米，新建义务植树基地415个，义务植树株树2207万株，完成三北工程76万亩，培育苗木12万株。全省实现林业总产值1900亿元，占全省规模以上经济总产值的8.1%。林业产业的快速发展带动了产业链各环节运转，促进了生态建设，拉动了经济增长，增加了职工和林区农民收入，为林区社会和谐稳定及全省经济社会发展做出了积极贡献。

林菌产业 黑龙江是全国最大的食用菌生产基地，2018年生产黑木耳、香菇等各类食用菌430万吨，年综合产值360亿元。重点发展的有黑木耳、香菇、花菇、双孢菇、猴头菇，灵芝、松茸、羊肚菌等20多个品种。形成了尚志的帽儿山和苇河、东宁的绥阳、伊春的新青等几个大的产业基地，培育了黑尊、北货郎、尚志林管局、佰盛等龙头企业，全省有专业的合作组织300多家，基本形成了从菌包生产、挂袋种植、集中采购，到成品加工、现货交易、仓储物流一套完整的产业链条。

林果产业 2018年全省经济林种植面积达到232万亩，苹果、梨、葡萄、李子等水果产量25万吨，红松籽、榛子、核桃等坚果产量5.2千吨，蓝莓、沙棘等浆果产量8500吨。全省有林果生产加工企业600多家，坚果加工企业400多家，蓝莓加工企业200多家。其中规模以上加工企业27家，年加工量1.8万吨。伊春伊林集团、大兴安岭超越、富林和林格贝集团、延寿鼎鑫沙棘、通河大榛子、尚志红树莓、东宁芬河帝堡、伊春兴安红酒业、忠芝大山王、黑河长乐山大果沙棘等林果种植加工企业日趋壮大，生产的干果、果脯、果酒、饮料产品销往国内大中城市，速冻果、花青素及部分产品出口到日本、美国、捷克、韩国等国家。

中药材产业 黑龙江省是中药资源大省。据全国第三次中药资源普查数据显示，黑龙江省拥有中药材资源856种，其中植物类药材742种、菌藻类药材76种、动物类药材34种、矿物类药材1种、其他类3种。近几年，黑龙江省大力实施北药开发战略，科学保护、合理开发利用全省丰富的野生药材资源，大幅提升中药材种植面积，加强中药材基地建设。目前全省中药材种植产区主要有大庆、齐齐哈尔、哈尔滨东部山区、牡丹江及其东部地区、佳木斯地区、伊春地区、庆安铁力地区七大产区，包括37个市(县)和60~70个乡(镇)及其辖内的千余个村屯。全省药材人工种植和改培面积已经达到213万亩。主要种植品种为水飞蓟、防风、人参、板蓝根、龙胆草、库页红景天、桔梗、北沙参、辽细辛、黄芩、黄芪、甘草、党参、刺五加、五味子、柴胡等20余个品种。其中水飞蓟、防风、平贝、黄芪、人参、五味子种植面积较大。全省有四个中药材GAP种植基地，品种包括平贝和板蓝根两种，其中板蓝根的产量约占全国总产量的二分之一。全省的中药产品除本地企业加工利用外，大多以原料和饮片的形式通过药商收购销往安徽亳州、河北安国、河南禹州等国内大型中药材市场。

林下养殖 黑龙江省是产粮大省和畜牧大省，饲料资源丰富，气候寒冷，特别适合各类动物养殖，黑龙江省的肉类产品深受市场欢迎，毛皮质量居全国之冠，价格较其他省份也平均高出20%~30%。全省现有各类养殖合作社600多家，养殖繁育各类毛皮动物400万只、年产毛皮350万张，驯养梅花鹿、马鹿10万头，驯养出栏森林猪45万头、森林鸡600多万只以及大量林蛙、蜂等。2018年，黑龙江省森林动物驯养及加工产业需求值已达120亿元。随着人们对健康食品需求的不断增加，森林猪、森林鸡、林蛙、鹿茸的市场需要也在不断加大。全省养殖龙头企业牡丹江黑宝、尚志富森养貂、伊春宝宇森林猪、虎林黑蜂等也成长较快，不但养殖量增加，还延长了产业链条，构建了集养殖、毛皮加工、销售于一体的产业链条，中国北方高档特色肉食品、高质皮毛产品生产和加工基地正在形成。

生态旅游 2018年全省森林公园总数已达106个，其中国家级58个、省级48个；各类保护区224个，其中国家级33个、省级83个、市县级108个。有湿地类型保护区78个，其中国家级18个(含7处国际重要湿地)、省级60个。随着人们亲近自然、珍爱环境意识的不断增强，生态休闲旅游产品逐步受人所爱。凤凰山、亚布力、雪乡、小北湖、汤旺河、五营、帽儿山、扎龙、南瓮河、珍宝岛、镜泊源、兴凯湖等一大批旅游产品被国内外认可。2018年全省各森林湿地公园和保护区接待游客947.94万人次，旅游总收入达到246亿元。

木材加工产业 2018年，全省林产工业企业3157户，主要产品生产能力：锯材547万立方米、人造板320万立方米、强化复合地板1500万平方米、卫生筷212万标箱，主要加工产品有木结构建筑、地板、人造板、集成材、家具、定制锯材、小木制品及林化产品共计8个大类67个品种600余样，促进了木材精深加工产品和木材综合利用产品的发展。

进口木材及加工 黑龙江省毗邻俄罗斯，在对俄木材贸易中占据着得天独厚的地位。截止到2018年底，黑龙江省在俄采伐及加工企业257家。全省在俄购买、租用林地1200万公顷，累计实施森林采伐和木材加工项目171个，设计采伐能力2025万立方米，设计加工能力654万立方米。2018年底，全省进口原木和锯材1050.1万立方米(含纸浆折合)，主要用于省内加工和对外省销售。

龙头企业与品牌建设 2018年按照《黑龙江省林业厅发展省级林业龙头企业的意见》(黑林发〔2005〕71号)要求，经企业申请，有关市(地)林业(营林)局推荐，专家评审组考核认证，省林业厅龙头企业领导小组批准，黑龙江伊春林业发展集团股份有限公司、哈尔滨市阿蒙木业有限公司、黑龙江百世姑娘食品有限公司、依兰县满天星食用菌专业合作社、木兰县万宝工艺有限责任公司、海林市千菌方科技有限公司、绥芬河市鹏瑞经贸有限公司、黑河农耕大健康食品有限公司8家单位被授予“省级林业龙头企业”称号。

基础培训 黑龙江省林业和草原局(省林业厅于2018年10月机构改革后更名为省林业和草原局)于2018年12月份在哈尔滨市举办了省林业和草原局成立后第一期产业培训班。全省各基层林业局、林场近200人参加培训。主要培训内容：国家林草局关于发展经济林和林下经济的相关政策解读、林业产业与互联网融合、食用菌、北药发展实用技术与市场对策等内容。此次培训，邀请了黑龙江省农业科学院食用菌栽培学科带头人倪淑君研究员、东北林业大学林下经济协同创新中心常务副主任赵敏教授、阿里巴巴电商宣讲团成员郑琨等主讲嘉宾为学员讲授。

现场会推动 为落实习近平总书记指示，推动林业“粮头食尾、农头工尾”产业项目发展，加速实现林业产业兴林富民目标。省林业和草原局在伊春市召开全省林业产业(伊春)现场会，与会代表们参观了林业产业建设先进单位现场，重点观摩伊林集团翠峦工业园区、饮品加工基地和乌马河小浆果种植基地，并对全省林业产业发展存在的问题进行认真分析和讨论，对下一步全省的林业产业工作进行具体谋划，省林业厅副厅长侯绪珉主持会议并讲话，各市(地)林业(营林)局，鸡西绿海有限公司，厅林产总站、外合中心领导及相关人员参加了会议。

【哈尔滨市林业产业】 哈尔滨是黑龙江省重点林区之一，有75个国有林场，林业用地面积238万公顷，森林覆盖率46%，森林蓄积量9632万立方米。辖区内森林资源丰富，动植物种类繁多。全市有高等植物2400多种，其中具有经济价值的1000余种；有黑熊、鹿、林蛙等500余种野生动物。市属天然湿地面积29万公顷，8处省级自然保护区，16处湿地公园，14处森林公园。

近年来，哈尔滨市坚持以民生林业、现代林业、生态林业发展为导向，通过强化顶层规划设计、提高科技支撑、培育产业基地、实现跨界战略合作、打造林业品牌、树立行业标准、拓宽营销渠道等方式，构建现代林业产业精深加工产业集群。形成了以林业种植、林业养殖、森林旅游康养为三大基础板块，以林产品网络销售电商平台、林产品加工产业园、森林碳汇经济项目为三大创新板块的林业产业体系。2018年林业实现林业产值351亿元。

顶层设计构想 根据国家、黑龙江省有关方针政策，借鉴其他省份的成功经验，在开展大量调研的基础上，提出了哈尔滨林业转型发展“11311工程”。即：讲好“一个林业故事”——林业是供给侧结构性改革中的优势领域，林产品生产出来就是有机产品，是需求侧最大需要；做好“一个商业计划书”(顶层设计方案)——依据国家《林业发展“十三五”规划》和《黑龙江省林业产业发展规划(2016～2020)》原则要求，结合哈尔滨实际，制订《哈尔滨市林业产业发展规划》；构筑林产品市场竞争标准化、品牌化、模式化“三大保障体系”；握紧市场定价权这张王牌；实现千亿产值目标。

基础产业板块 一是紧紧围绕国内外市场需求，深挖食用菌产业优势。主要栽培黑木耳、大球盖菇、猴头、滑子菇、杏鲍菇等食用菌品种，食用菌生产达到17亿袋。在尚志、延寿、五常、宾县、方正、依兰、通河、香坊建设食用菌栽培基地。二是以调整林业产业结构为契机，加快生态经济林建设步伐。大力发展以红松、平欧大果榛子、浆果等为主的生态经济林建设，其中大果榛子栽植面积新增4.5万亩，面积达到7.7万亩；小浆果栽植面积达到10.5万亩。在依兰、方正、宾县、巴彦、木兰、通河、延寿、五常、阿城等县(市)建设红松林果基地；在道外、阿城、香坊、尚志、五常、宾县、巴彦、通河、依兰等县(市、区)建设大果榛子种植基地；在南岗、尚志、延寿、依兰、宾县、方正、木兰、通河等县(市、区)建立浆果种植基地。三是充分利用资源等优势，打造特色北药产业。扩大山参、五味子、柴胡、穿地龙、刺五加等北药种植面积。重点在依兰、通河和方正县打造创建优质道地中药材品种生产基地建设。四是重点打造哈尔滨华强皮草。在巴彦县丰乐乡貉、狐狸、獭兔养殖基地，尚志市帽儿山镇水貂养殖基地，阿城区平山镇水貂养殖基地，双城区的华隆蓝狐养殖基地，直属山河林场林蛙养殖基地，通河县铧子山林下猪基地，木兰县木兰橡果黑猪养殖基地，阿城区信诚牧业林下猪养殖基地，林下特色养殖产业成效明显，特色养殖数量达到550万头(只)。五是挖掘森林旅游康养产业潜力，打造生态复合康养大旅游模式。全市有14处森林公园(面积7.6万公顷)、16处湿地公园(面积29.5万公顷)，森林湿地旅游基础性资源优势明显。具备开发森林医养结合、旅游康养、社区康养模式的基础条件，森林生态复合型康养产业发展前景广阔。着力推进直属林场森林康养产业项目建设，规划设计哈尔滨林业休闲旅游、生态复合康养的大旅游模式。

产业创新板块 一是组建公司，搭建林业产业社会资本融入平台。哈尔滨市林业局依托四个直属林场注册了“哈尔滨盛林达林业发展有限公司”，力争在保护现有森林资源的前提下，积极与全社会涉林产业发展和投融资企业建立合作关系。重点与中化集团、阿里巴巴、一品农业、凯利集团等企业进行合作洽谈，由企业进行产业发展总体规划设计，林业局选取其中设计规范、规划合理、前瞻性强、操作性强的方案进行具体推进实施。二是与企业建立战略合作关系，开启跨界合作的新模式。在摒弃“排他性”“高门槛”等陈旧经营思维的基础上，与阿里巴巴、中化集团等大型企业和一品农业等中小型企业一同谋划全市林业产业发展，以“投资、规划、建设、收益一肩挑”的原则吸引社会资本注入林业，避免过去项目建设中规划与建设脱节，投资与收益不符，破解项目落地难、建设更难、收益难上加难的难题。与中化集团合作，借助中化集团打造哈东地区300千米现代农业观光带契机，整合全市林地资源，加快培育、打造有机绿色食品基地建设，提高市场竞争力；与阿里巴巴商务网站联合开展网络销售，将网络技术的特点和直销的优势结合起来，加强网络宣传与推广，增加企业与消费者互动，实现企业与市场有效对接，大量减少传统分销中的流通环节，有效降低成本；与一品农业合作，逐步在全市林业范围内统一打造森林种植、养殖、林产品加工和康养品牌，扩大“林哥”“林妹”“林嫂”“幸福林庄”等产品品牌影响。三是围绕现有产业基础，挂靠企业牵头发展。产业发展资金来源尤为关键，外部的资金给予不能从根本上拉动产业发展，甚至会形成依赖，只有企业与林农本身成为利益共同体才能真正激发产业发展动力。一品农业聘请了专业规划设计院，通过企业与专家共同深入到哈尔滨市国有林场进行了产业发展调研的方式，在对资源相对优势与劣势分析的基础上，形成了相对客观的发展规划。由一品农业牵头规划，相关企业具体牵头林业种植、养殖、森林旅游康养产业的发展建设。通过企业参与林下经济发展，吸引资金流注入林业产业，从根源上解决资金短缺、市场适应力差的问题。各项前期准备工作进入实质性推进阶段。

【佳木斯市林业产业】 佳木斯市林业产业主要以林菌、林果、林药、林下特色种植养殖业等为重点，围绕供给侧结构改革调整，重点推进产业上规模，深抓产业基地建设及大项目推进落实，并取得了一定实效。

工厂化生产成为带动林菌产业发展的主导形式 2018年，全市以黑木耳和香菇为主要品种的食用菌产业实现4.21亿袋，完成计划任务的100.2%，同比增长6%。已经成为推动林业经济发展的重点产业。全市共有5家制菌企业，其中规模较大的汤原亮子奔腾生物科技有限公司、汤原波巴布生物科技有限公司、桦南华腾生物科技有限公司3家集菌种研发、菌包生产、食用菌精深加工三位一体化的综合性食用菌生产企业，成为科技创新型龙头企业，带动了当地食用菌产业的稳定发展。产品品质不断提高，成为带动农民致富增收的重点产业之一。

基地化种植成为推进林果产业发展的主要方式 2018年，全市林果类面积新增10117亩，完成计划的124%。一是产业结构不断调整，品种栽植更加科学合理。通过近5年来的栽植实践，林果产业结构发生了一定变化。浆果类品种由于易成活、周期短、见效快等特点，越来越受到农户的青睐，栽植面积不断扩大，品种日趋丰富，仅2018年品种由原来的8种增加到13种。二是规模不断扩大，品种逐渐增加。全市林果类面积达到359690亩，同比增长11%。其中：全市浆果林面积达到50117亩。林果类品种在原有红松果材兼用林基础上，近年来新增了红树莓、大榛子、沙棘、蓝莓、黑果腺肋花楸、蔓越莓、蓝靛果等10余个品种。三是基地示范作用明显增强，林下经济实现提质增量。林果类成为发展林下经济的示范和引领产业，各地均有成型的林果类示范基地，桦南、汤原两县被国家林业局授予“2014~2015年国家林下经济示范基地”。佳木斯郊区红树莓面积已经达到13000亩，佳木斯市莲江口镇被誉为“全国红树莓第一镇”“农产品标准化出口基地”。抚远红海植业有限公司于2014年开始启动蔓越莓种植与深加工，2018年，蔓越莓种植面积达到1800亩，可产鲜果150余吨，价值3000余万元。

项目化带动成为推动林药产业发展的重点手段 全市中草药种植面积达到139300亩(包括桦南曙光和森工)，同比增长16%。主要栽植品种有紫苏、五味子、刺五加、柴胡、板兰根等30余个品种。通过引入工商资本参与林业产业发展，投资林业产业项目，激发了市场活力，进一步拓展了林下经济与社会资本合作的有效方法和途径，带动了林药产业的发展崛起，加快了林下经济向林业产业化转变的步伐。通过多年努力，“桦南紫苏”已被命名为国家地理标志产品，桦南县已成为黑龙江省紫苏之乡，产品远销国内外。

合作化组织成为引领林下特色种植养殖的首要选择 发展林下特色养殖13.7万只(头)，同比增长14%，养殖品种以水貂、林蛙、林下鸡、野猪、鹿、蜜蜂等为主。通过林农专业合作组织集约发展，使林下特色种植养殖规模不断扩大，抗风险能力增强。推进强强之间联合，解决了过去林业专业合作小、散、竞争力不强问题，有力地促进了新型林业经营主体的发展壮大。推进经营方式创新。实现效益共赢，风险共担。推进林业合作社规范化建设，帮助林业合作社整章建制，规范经营行为，争取和落实国家和省政策扶持。全市已成立林业专业合作社 114 个，1700 户农户和职工加入林业专业合作社，经营范围涵盖森林培育、林木种苗、野生动物特色养殖、食用菌、北药、浆果和坚果种植等领域，合作社经营林地面积达到 7870 亩。佳木斯市新星养鹿专业合作社、桦川县众鑫蓝莓种植专业合作社和桦川县横林食用菌专业合作社 3 家林业专业合作社被原国家林业局确认为全国首批林业专业合作社典型示范社，桦南晟泰养貂专业合作社、汤原阳光大榛子专业合作社等 5 家林业专业合作社被省林业厅确认为全省首批林业专业合作社。

特色化旅游成为凸显森林旅游的主要品牌 至 2018 年 9 月，全市共建有 8 个森林公园，其中：国家级森林公园 6 个(汤原大亮子河、同江街津山、富锦五顶山、桦川、抚远华夏东极、达勒国家森林公园)，省级森林公园 2 个(桦南七星湖、富锦荷兰郙)。全市森林公园总面积 56361.19 公顷。各地突出特色旅游，积极开拓市场。结合自身特色，规划了新的旅游线路，重点发展乡村游、生态游、休闲游，汤原大亮子河国家森林公园、富锦国家湿地公园已成为佳木斯市的旅游名片。抚远华夏东极森林公园是祖国大陆最早观看日出美景的地方，被誉为“太阳的故乡”。

(陈凯声)

上海市林业产业

【概　述】 根据上海市林业部门统计，截至2018年底，上海有果树面积21.59万亩，其中投产面积20.4万亩，占总面积的94.5%，桃、葡萄、柑橘、梨为四大主栽树种，主栽树种面积占果树总面积的92.6%，全年果品总产量32.9万吨，总产值23.33亿元(见表1)。

基本情况

①面积消长情况。2018年果树生产面积，较2017年减少1.88万亩，减幅为8.7%，四大主栽树种除了梨树小幅增加外，桃、柑橘、葡萄均较大幅度减少，其中柑橘减少0.62万亩，桃减少0.27万亩，葡萄减少0.92万亩，其他树种减少0.17万亩，主要是猕猴桃、银杏等。

表1　2017~2018年上海市果树生产情况对比表

项目	年份	合计	柑橘	桃	葡萄	梨	其他
面积(万亩)	2017年	23.47	6.03	6.96	6.00	2.71	1.77
	2018年	21.59	5.41	6.69	5.08	2.81	1.60
产量(万吨)	2017年	30.75	12.30	6.50	7.80	3.30	0.86
	2018年	32.88	13.64	7.40	6.62	4.32	0.90
产值(亿元)	2017年	22.95	2.63	7.09	8.41	2.84	1.98
	2018年	23.33	3.07	7.33	7.31	3.52	2.10

②产量产值情况。产量方面，2018年本市果树总产量32.88万吨，较2017年增加2.05万吨。桃、梨、柑橘大幅增产，葡萄减产。其中桃总产量达到7.4万吨，比2017年增产0.9万吨，按投产面积核算，平均亩产1160千克，892千克，较2017年增产30%。柑橘虽面积缩水，由于“大年”总产量反而增加1.31万吨，增幅10.7%，按投产面积核算，每亩增产1400千克；葡萄产量继续减少，从7.79万吨减至6.62万吨，减幅为17.8%，减产主要原因是面积减少。

产值方面，2018年总产值23.33亿元，较2017年的22.95亿元增加了0.38亿元。柑橘、桃、梨，合计增加1.36亿元，增幅达到10.8%；柑橘产值有所增加，主要得益于柑橘总产量增加及价格的上升。桃首次超过葡萄，成为全市产值最高的树种，总产值占全市果树总产值的31.4%。从价格来看，四大树种的单位售价均稳中有升，其中桃的单价从每千克8元上升至9.9元，梨从6.9元上升到8.1元，葡萄从8.6元上升到10.1元，柑橘从2.14元上升到2.25元。

主要工作

①果树培管技术研究。根据上海现有果树品种结构现状，重点开展了品种引育相关研究，其中2009年杂交09-1-1、09-12-2两个品种性状表现佳，桃早熟品种“加纳岩”品种通过认定，有望进一步推广；对上海本地选育的大团、新凤、晚湖景品种进行DNA分子标记鉴定桃种质亲缘关系；对爱媛28号生物学特性和物候期连续观测，制订技术方案。系统研究设施栽培下梨树产量、质量影响因子，形成促成、避雨、露地相结合的栽培技术模式；调查柑橘主要病虫害的发生情况，通过不同药剂的药效对比试验，形成了防控技术规范，在崇明各主栽乡镇推广；在金山区桃、葡萄、蓝莓等主栽树种上探索有机生产的可操作性，针对不同树种的病虫草害防控及土肥水管理等开展批试量测。

②“双增双减”项目实施。2018年是全市实施“双增双减”和果实套袋项目的第三年，各级林业部门按项目管理办法要求有序推进项目实施。全市共实施“双增双减”项目面积43万亩次，财政补贴资金为6196万元。其中推广有机肥7万多吨，实施面积20万亩，补贴资金3959万元；农药实施面积15万多亩，补贴资金1636万元；推广套袋3亿只，实施面积8万多亩，补贴资金600万元。项目实施期间组织对9个区开展专项检查，抽查树种、面积和农资数量，在果实套袋期间走访农户，并对套袋企业所提供的套袋质量及数量、农药使用情况进行了抽查；对29家有机肥企业开展现场

抽样，送专业机构检测，配合第三方验收单位开展项目验收。

③“安全优质信得过果园”创建。启动新一轮创建评选，共收到全市6个区15家果园的申报材料，树种包括桃、梨、葡萄、柑橘、柚等，全年完成三轮现场检查，对园容园貌、树体管理、制度建设、仓贮管理等进行打分；结合田间档案、果实质量、农残抽检的情况，进行综合评审，最终“上海黄艳霞葡萄种植专业合作社”等9家果园入选2018年度“安全优质信得过果园”。结合田间档案系统存在问题，完成信得过果园田间档案填报系统改版升级，增加了手机短信提醒、图片上传等功能。在12家“安全优质信得过果园”扩大试点果品溯源，为果园配置二维码打印机，增加了果品采收时间、品种等信息，由果园在果品成熟期自行打印。

④乡土专家队伍建设。新聘任3位林果乡土专家，乡土专家队伍扩大至45人。在金山、浦东、崇明、闵行等区的多家果园内开展了葡萄、蟠桃、梨、水蜜桃等树种的冬季修剪和春季萌芽期技术操作现场会11场，累计培训果农超过350人次。组织市乡土专家到沪郊4家果园进行了现场观摩与技术指导交流，观摩了葡萄、梨、猕猴桃等现代化设施种植模式，交流了生草栽培、园区机械化应用及桃树直杆式、斜立形栽培技术及果品短途物流包装技术等。举办了林果乡土行业知识培训班，传授果树营养需求和平衡施肥技术以及果品安全生产及采后技术的讲座。林果乡土专家们互通行业信息并交流林果生产技术，同时也为交流地点的果园提供实践经验和技术参考。

⑤林果品牌推介。精心策划线上和线下的品牌、产品和销售渠道宣传。通过上海广播电台线上节目、频率宣传、新媒体推广配合以及硬广投放的方式，增强本地果品品牌的影响力和知晓度。以“绿色上海”“上海林业”微信平台报名方式招募5场，1000余市民分别赴5家“安全优质信得过果园”体验亲子采摘活动。举办夏季地产优质果品推介会，21家“安全优质信得过果园”代表参加。以上海市“安全优质信得过果园”和“水果标准园”为主体的35家果品生产企业，在人流量较大的11家市区公园进行为期3个月的夏季果品展销。组织崇明、浦东等地果园优质柑橘进市区植物园、中山公园等8家公园直销。

⑥培训交流与考察。围绕果树生产组织开展各类技术培训、现场观摩、座谈交流活动，既有日本、欧洲等生产发达国家在果树建园、树形培育和省力化栽培方面的先进理念分享，也有国内产业现状，区域化、良种化、机械化等未来发展方向的分析，还从品种选育、病虫害防治、安全用药等实用技术方面进行了深入探讨。市林业总站与果树研究所联合编印《果树农事信息》30期，寄发6700余份，编印《乡土专家谈农事》5期，寄发500余份；分别组织区林果技术单位、市级研究所、乡土专家队伍、果园技术人员等赴河北保宁、河南郑州、广西南宁、浙江宁波等地学习交流当地果树品种、栽培模式和先进技术，进一步拓展本地林果从业者的思路眼界，也将外地更多新优的品种、技术成果推广应用于本地生产实践。

【闵行区林业产业】 到2018年底，闵行区有果树面积2111.2亩，其中已投产面积1506.9亩，新增面积473.1亩。果品产量达1336.9吨，比上年增加了263.6吨；总产值1956.1万元，比上年增长了406.5万元。

果树种植面积：桃树为711亩，占总面积的33.7%；葡萄为567亩，占总面积的26.9%；梨树为437.1亩，占总面积的20.7%；火龙果为120亩，占总面积的5.7%；其他小水果(猕猴桃、枇杷、无花果等)栽培面积276.1亩，占总面积的13.%。 (闵行区林业站)

【嘉定区果树产业】

果树生产基本情况 嘉定全区2018年有经济果林面积12928亩，其中已投产面积11504亩，年内新增果林面积339亩，全年果实总产量为15024吨，果品总产值为18223万元。较2017年总面积减少了1355亩，总产量减少了2184吨，总产值减少了2966万元。

嘉定区现有经济果林仍以葡萄为主栽品种，其次是桃和梨。葡萄种植面积为9972亩，占全区果树总面积的77.1%；桃树为1305亩，占全区果树总面积的10%；梨树为700亩，占全区果树总面积的5.4%。与上年相比，减少了柿品种，新增了蓝莓品种。柑橘、银杏、枇杷、猕猴桃、樱桃、无花果和火龙果等种植面积都有小幅度的增或减。

果树面积总量逐年减少，其中减少量最多的是葡萄，较上年减少了1300亩。原因是受各镇耕地约束性指标的调控，乡镇园林地(主要是葡萄)还耕力度比较大，乡镇逐步将园林地改为耕地。为了保护耕地，对合同到期的葡萄种植地进行还耕，改为高水平粮田，种植小麦、水稻等主要庄稼。 (嘉定区林业站)

【宝山区果树产业】 宝山区2018年有果树总面积3672.8亩，其中投产面积3632.4亩，新增面积40.4亩，果品总产量4615.1吨，比2017年增加了593.5吨，总产值6475.2万元，比2017年增加了974.3万元。全区葡萄面积为2053亩，占55.8%，梨面积为832.9亩，占22.6%，桃面积为400.5亩，占10.9%，柑橘面积为160亩，占4.3%，其他小水果面积226.4亩，占6.4%。全区水果平均亩产量为1270.5千克/亩，平均亩产值为17826.2元，平均单价为14.03元/千克。

全区3672.8亩果树主要集中在罗店、月浦、杨行和罗泾4个乡镇，罗店镇面积为2375亩，占全区果树生产总面积的64.7%。全区共有水果专业合作社4家，其中一家为市级水果标准园。农户110家，果农200位，其中30亩以上果园有27家。 (宝山区林业站)

【浦东新区果树产业】

面积 浦东果树总面积49674亩(详见表2)，连续十年减少，同比上年减少1.8%，主因是葡萄面积减少。果树树种面积变化表现为“一增一平三减”：“一增”是桃28569亩，比上年增517亩，为近十年首次变减为增，增幅1.8%；“一平”是梨6981亩，比上年减少19亩，基本持平；“三减”是葡萄7526.5亩，比上年减1025亩，减幅12%；小水果2175亩，比上年减少244亩，减幅10%；柑橘4422亩，比上年减149亩，减幅3.3%。

产量 桃平均亩产量达1113千克，同比上年又增39%。梨平均亩产量为1345千克，同比上年增产19.4%。葡萄推行控产栽培，平均亩产1200千克，增产4.4%。柑橘，平均亩产量2230千克，比上年增产17.5%。

效益 桃平均价格下降为每千克10.83元，平均亩产值达12045.3元，比上年增收6.3%，为历史最高；梨平均亩产值12699元，比上年增收6.23%；葡萄平均亩产值17534元，比上年减收1.2%。柑橘平均价格首次达到每千克2元以上，比上年高12.7%，平均亩产值4549元，比上年增收达32.3%。全区果树总产值为6.32亿元，平均亩产值13483元，分别比上年增加1.2%和4.3%，均创历史最高水平。在小水果方面，以火龙果、无花果、樱桃等为代表的树种继续表现出较好的效益和趋势。

主导品种与新增品种 桃树以大团、新凤、湖景蜜露为主体，占总面积的85%，其他为玉露、白凤、锦绣黄桃、川中岛等。新品种引进方面，种植了春晓(赤月)、白丽等日本品种，红霞、秋月等市农科院品种，丹霞玉露、新玉等奉化市桃研究所品种，柳条白凤等张家港品种，以及美国桃等共14个新品种(系)和一批本地自主选育的优良品系。梨品种以翠冠、清香梨为主，分别占总面积的85.5%和12.5%。栽培葡萄品种较多，有20余个。以巨峰、夏黑、醉金香和巨玫瑰等优质主推品种为主，面积分别占26.4%、22.2%、21.9%和15.0%。新品种引进方面，在田歌合作社新引进试种了上海农科院的申华、申玉等4个新品种。柑橘品种中宫川占总面积的78.9%，其他为尾张、无核橘、满头红等。

新模式与新技术 通过老果园更新改建，宽行高定干适合机械化的新桃园种植模式和肥水一体化技术得到了较大面积示范推广，桃树主干形、Y形架式也得到了探索应用，初步统计已达2000多亩。除梨树平棚架栽培面积较大外，主干形省工化栽培在平棋合作社初步获得成功，经测产翠冠梨第三年，株产16.5千克，折合亩产4580千克，创造了上海市梨第三年单产纪录。

表 2 2017~2018 年浦东新区果树情况对比表

年度	项目		合计	桃	梨	葡萄	柑橘	其他
2017	总面积(亩)		50595	28052	7000	8551	4572	2420
	其中	已投产面积(亩)	48244	26685	6756	8405	1860	508
		新增面积(亩)	1616	1140	245	163	13	55
	总产量(吨)		49321	21401	7610	9663	8612	2035
	总产值(万元)		62381	30248	8077	14916	1560	7580
	投产面积	亩产量(千克)	1022	802	1127	1150	1898	—
		亩产值(元)	12930	11335	11955	17746	3438	—
		单价(元/千克)	12. 65	14. 13	10. 61	15. 44	1. 81	—
2018	总面积(亩)		49674	28569	6981	7527	4423	2175
	其中	已投产面积(亩)	46842	27018	6547	7243	4168	1866
		新增面积(亩)	1985	1079	434	266	178	28
	总产量(吨)		59265	30057	8804	8692	9295	2416
	总产值(万元)		63156	32543	8314	12700	1896	7703
	投产面积	亩产量(千克)	1265	1113	1345	1200	2230	—
		亩产值(元)	13483	12045	12699	17534	4549	—
		单价(元/千克)	10. 66	10. 83	9. 44	14. 61	2. 04	—

(浦东新区农业技术推广中心)

【奉贤区果树产业】 2018 年奉贤区经济果林为 27724. 2 亩，投产 27604. 6 亩。其中桃 12478. 9 亩，投产 12471. 9 亩；梨 5236. 35 亩，投产 5236. 35 亩；柑橘 229. 1 亩，投产 214. 1 亩；葡萄 9198 亩，投产 9198 亩；枇杷 30. 5 亩，投产 28 亩；猕猴桃 36 亩，投产 36 亩；李子 10 亩，投产 10 亩；蓝莓 50 亩，投产 50 亩；柿子 41 亩，投产 41 亩；枣 14. 4 亩，投产 14. 4 亩；樱桃 78. 3 亩，投产 58. 2 亩；无花果 206. 6 亩，投产 206. 6 亩；火龙果 115 亩，投产 40 亩。

全区果树总产量为 41126. 9 吨，其中桃 15679. 4 吨，梨 10963. 3 吨，柑橘 430. 33 吨，葡萄 13455. 2 吨，枇杷 10. 06 吨，猕猴桃 33. 7 吨，李子 0. 8 吨，蓝莓 14. 8 吨，柿子 21. 3 吨，枣 3. 7 吨，樱桃 26. 1 吨，无花果 479. 2 吨，火龙果 9 吨。

2018 年新增经济果林 119. 6 亩，其中桃 7 亩，柑橘 15 亩，枇杷 2. 5 亩，樱桃 20. 1 亩，火龙果 75 亩。果树总体面积减少了 5994. 5 亩，其中：桃减少 1254 亩，梨减少 96. 25 亩，柑橘减少 116. 1 亩，葡萄减少 4409. 9 亩，枇杷减少 29. 5 亩，猕猴桃减少 9. 2 亩，果桑减少 10 亩，李减少 5 亩，蓝莓减少 38 亩，枣减少 26. 6 亩，樱桃增加 25. 1 亩，无花果增加 1. 9 亩，火龙果增加 75 亩。

三大主栽品种梨种植面积呈平衡发展，略有减少，桃、葡萄的种植面积呈大幅下降趋势，其他水果种植面积变化不大。桃面积减少主要是锦绣黄桃，2017 年种植面积 10773. 3 亩，2018 年为 9513. 2 亩，直接减少了 1260 亩，主要原因是部分桃树树龄老化、桃农老龄化。葡萄面积较上年大幅减少了 4409. 9 亩，减少的主要品种为醉金香、藤稔、巨峰、巨玫瑰和夏黑，分别减少 1610. 4 亩、922. 8 亩、774. 6 亩、560. 8 亩和 345. 8 亩，合计 4214. 4 亩，主要原因是土地承包合同到期后，村里将土地收回进行造林或者改种粮食作物。

(奉贤区林业站)

【松江区果树产业】 松江区 2018 年有果树总面积为 6057. 8 亩，其中已投产面积 5281. 4 亩，新增面积 73. 4 亩；果树总产量为 5232. 6 吨，总产值为 6442. 2 万元。桃、梨、葡萄三大主栽树种的面积分别为 1616. 6 亩、1648. 9 亩、1694. 9 亩，分别占总面积的 26. 69%、27. 22%、27. 98%，蓝莓等其他水果面积 1097. 4 亩，占 18. 12%(见表 3)。2018 年果树总面积比上年的 7576. 4 亩减少 1518. 6 亩，减幅达 20. 04%。一是葡萄面积比上年减少了 705

亩，主因是新浜镇的九亭园艺场、佘山镇陆其浜村、叶榭镇兴达村葡萄种植地合同到期，退林还耕；二是梨减少了200多亩，因车墩镇南门村葡萄种植地，用于南部大型社区的建设；三是泖港镇减少了250亩果桑。

表3　2018年松江区主要果树生产情况表

果树名称	面积（亩）	同比增长率（%）	总产量（吨）	同比增长率（%）	总产值（万元）	同比增长率（%）
桃	1616.6	-9.05	1082.7	21.39	1328.0	12.33
梨	1648.9	-10.55	1903.3	-11.37	1396.1	-18.29
葡萄	1694.9	-29.37	1953.7	-32.44	2454.1	-27.69
其他	1097.4	-29.47	292.9	-49.88	1264.0	-20.88
合计	6057.8	-20.04	5232.6	-19.69	6442.2	-18.27

（松江区林业站）

【金山区果树产业】　2018年底，金山区果树生产总面积为27086.8亩，其中已投产面积24471.5亩。果品总产量28224.6吨，总产值26461.3万元。在果树种类中，以桃、葡萄为主，面积分别为11369.9亩和8625.6亩，占总面积的41.98%和31.84%，另外还有少量梨、柑橘、猕猴桃等水果。

主要工作　一是以经济果林“双增双减”项目为抓手，增加果农收益。2018年通过积极宣传、指导“双增双减”这一惠农政策的实施，很大程度地降低了农户生产成本、增加了果农的收益，同时从源头上确保了果品安全。

二是以“安全优质信得过果园”创建为契机，指导果园创建。截至2017年底，金山区共有13家果园获得“安全优质信得过果园”授牌，2018年有2家果园自愿加入创建队伍。

三是实施老果园翻新计划及果园设施栽培计划，振兴经济果林。对金山区老果园改造建设项目进行了核查，项目涉及枫泾、吕巷、廊下3个乡镇，发展树种主要以桃、梨为主，还有少量柑橘等品种。改造项目建设总面积462.36亩。

四是标准园建设。全区已建成农业部水果标准园1个、上海市水果标准园5个。2018年有3家合作社列入创建市级水果标准园，另外1家合作社2018年底进入验收阶段。

五是做好果树病虫害监测及培训工作，及时发布病虫信息指导防治。开展橘小实蝇、桃潜叶蝇、桃蛀螟、梨小食心虫等经济果林病虫害监测。结合各项监测和踏查数据预测预报，截至2018年底共编写了33期病虫信息，积极指导全区各部门进行病虫害的防治工作。组织果树生产技术培训6次，主要是主栽品种桃和葡萄的新型生产技术推广，形式多样，实用性强，培训达200余人次。

六是参加优质果品评比，提升果品知名度。全区共有17家葡萄生产合作社选送了42个葡萄样品参评。评比产生了金奖3名、银奖4名、优质奖4名。金奖：上海市农业科学院廊下基地、上海施泉葡萄专业合作社、上海圣泉葡萄种植专业合作社。银奖：上海廊优农业科技有限公司、上海桂泉果蔬种植专业合作社、上海阿林果业专业合作社、上海瑾雄果蔬种植专业合作社。优质奖：上海瑞良果蔬种植专业合作社、上海果居园果业专业合作社、上海连农葡萄种植专业合作社、上海金吕葡萄专业合作社。

圣泉葡萄专业合作社选送的“夏黑”葡萄在2018年全国优质鲜食葡萄评比中获得金奖；枫锦果蔬专业合作社选送的“锦绣”黄桃在2018年“秦安杯”全国蜜桃大赛上获得银奖；在全国优质猕猴桃品鉴会上内府农业专业合作社选送的美味猕猴桃米良一号和中华猕猴桃金桃均获得银奖。

七是做好农产品质量安全监管工作，完成追溯体系建设。2018年全区有12家合作社，全面使用农业档案的电子化管理并完成上传工作，少量地产农产品的全程可追溯。

八是积极配合全区创建全国有机示范区，指导有机果园创建。在自愿申报的基础上，已遴选出8个集中连片、基础条件好的设施水果生产基地作为有机水果生产示范基地。全区有机水果生产实施面积872亩，主要以桃、梨、葡萄、蓝莓、火龙果为主，涉及廊下镇(天母果园20亩)，吕巷镇(蟠桃研究所160亩、施泉葡萄150亩、敏蓝蓝莓80亩、绿田蔬果164亩、月财果蔬258亩)，枫泾镇(枫锦果蔬20亩、根福果业20亩)。

(金山区林业站)

【青浦区果树产业】

水果生产基本情况 总面积呈缓慢下降趋势，2018年果树总面积减少395.32亩，降幅3.19%，其中四大主栽品种中葡萄减少617.55亩，降幅12.2%，桃基本持平，梨、柑橘略微增加(见表4)。从投产面积来看，基本变化不大，柑橘类主要是改种红美人，所以投产面积减少，其他水果类主要是种植枣和石榴的果园改种红美人，导致投产面积减少。

表4 2017~2018年青浦区水果生产情况对照表

单位：亩

	年份	桃	梨	葡萄	柑橘	枇杷	蓝莓	火龙果	其他	合计
总面积	2018	2465.88	1617.00	4445.85	907.73	1008.92	777.40	20.70	766.90	12010.38
	2017	2471.30	1509.00	5063.40	693.20	1267.40	719.70	17.70	664.00	12405.70
	净增	−5.42	108.00	−617.55	214.53	−258.48	57.70	3.00	102.90	−395.32
投产面积	2018	2378.88	1491.50	4384.85	549.93	961.92	757.70	15.70	450.70	10991.18
	2017	2331.50	1492.00	4963.60	616.80	1055.90	719.70	12.00	587.50	11779.00
	净增	47.38	−0.50	−578.85	−66.87	−93.98	38.00	3.70	−136.80	−787.82
总产量	2018	3366.02	1481.45	5475.80	552.30	108.05	122.70	10.40	288.80	11405.57
	2017	3207.20	1642.30	6608.50	413.60	216.10	138.90	5.60	327.40	12559.60
	净增	158.82	−160.85	−1132.70	138.70	−108.05	−16.20	4.80	−38.60	−1154.03
总产值	2018	2662.98	1186.63	4238.30	495.65	419.69	1090.20	22.00	424.10	10539.55
	2017	2705.10	1129.50	5573.60	572.90	451.00	1204.30	9.60	481.60	12127.60
	净增	−442.12	27.13	−1335.30	−77.25	−31.31	−114.10	13.60	−57.50	−1588.05

主导品种与主推技术

①主导品种与新增品种。青浦区果树种植以桃、梨、葡萄、柑橘四大树种为主，特色水果(以枇杷、蓝莓为主)相辅的品种格局。桃包括黄桃、水蜜桃、油桃、蟠桃，分别占64.95%、19.21%、15.44%、0.4%。黄桃以锦绣黄桃为主，锦圆、锦香为辅，分别占桃树总面积的39.32%、8.1%、17.52%；水蜜桃以湖景蜜露、白凤为主，大团蜜露、新凤蜜露、玉露、雨花露等为辅，分别占桃树总面积的5.4%、5.1%、1.01%、0.485、3.33%、1.52%；油桃以沪油004号为主，占桃树总面积的4.54%。

梨树中翠冠、黄花、菊水分别占梨树总面积的79.3%、6.98%、5.94%。新增梨树品种主要为新梨7号、秋月等，未形成规模。

葡萄主要以巨峰、醉金香、巨玫瑰、夏黑、藤稔、金手指、阳光玫瑰为主，分别占葡萄总面积的46.69%、5.6%、9.7%、18.68%、10.38%、1.53%、2.54%。

柑橘类主要以柚子、柑橘为主，其中柚子以马家柚为主，占柑橘类总面积的62.6%，柑橘以红美人为主，兴津、无核为辅，分别占柑橘类总面积的30.74%、2.06%、3.17%。2018年新增柑橘品种为红美人，主要集中在香花桥街道。

特色水果主要以蓝莓、枇杷、枣、樱桃、石榴为主，其他热带水果为辅，其中蓝莓、枇杷、枣、樱桃、石榴分别占果树总面积的6.47%、8.4%、2.2%、0.41%、0.47%。

②新模式与新技术。果园生草技术主推果园种植草头。2018年在练塘镇农业园区上海野龙果业推广，种植面积100多亩。绿色防控技术主要推广梨小食心虫迷向素260亩，安装太阳能杀虫灯15台。

(青浦区林业站)

【崇明区果树产业】 截至2018年底，崇明区果树种植总面积为72079.6亩，比上年减少了5347.16

亩，其中投产面积 70377. 3 亩。四大主栽果树桃、梨、葡萄、柑橘面积分别为 7443. 8 亩、6513. 7 亩、6446. 3 亩、46860. 3 亩，枇杷、猕猴桃、樱桃等小水果面积占总面积 6. 7%；果树生产面积相比于上海市其他区，崇明区种植面积最大，其中，又以柑橘面积最大(见表 5)。

表 5　2017~2018 年崇明区主要果树生产情况表

统计指标	桃		梨		葡萄		柑橘		小水果	
	2017 年	2018 年	2017 年	2018 年	2017 年	2018 年	2017 年	2018 年	2017 年	2018 年
总面积(亩)	7382	7444	5917	6514	6604	6446	53667	46860	4274	4815
总产量(吨)	8829	10145	9080	13745	8585	8800	112386	125318	3425	3692
总产值(万元)	7063	7609	6265	8522	7388	7480	23601	27570	4425	5904

2018 年崇明区果树总产量 161700. 3 吨，比 2017 年增加了 19395. 87 吨，其中，梨的产量明显增加，柑橘产量略有增加，其他果树产量上下浮动不大。从总产值来看，2018 年柑橘总产值 17570 万元，比 2017 年增加了 3968. 98 万元。

(崇明区林业站)

江苏省林业产业

【概　述】　截至2018年底，江苏省林木覆盖率23.2%，自然湿地保护总面积1460万亩，湿地保有量4230万亩，自然湿地保护率达到49.8%。2018年全省实现林业产值4702亿元，居全国第六位，以占全国0.7%的林地创造了占全国7%的林业产值。竹木地板产量超过3亿平方米，人造板产量超6000万立方米，分列全国第一和第二；林木种苗面积20.4万公顷，产量61.5亿株，拥有大中型苗木交易市场20家，居全国前列；银杏种植面积和果叶产量均居全国第一，并占全国一半以上。全省现有国家林业龙头企业18个。拥有森林公园69个，湿地公园66处，其中国家湿地公园及国家湿地公园(试点)26处、省级湿地公园38处。

为促进林业产业加速发展，江苏省制定规划，实施木竹精深加工、林木种苗花卉、特色经济林果及综合利用、林下经济、野生动植物经营利用、森林湿地生态旅游等林业产业提升工程，通过加强资源培育，不断提高森林质量和效益，加速产业转型升级，加快创新驱动发展，推进集约化经营，加大资源节约型、绿色环保型林产品开发力度，加快林木良种化进程，优化种苗结构，发展现代市场流通体系，建设类型多样、布局合理、管理科学、功能齐备、效益良好的林业旅游网络，加强林业对外交流合作，深入实施“走出去、引进来”战略，努力发展外向型经济，加速林业一、二、三产业融合发展。

产业集聚效应逐渐显现　全省林业产业规模快速壮大，产业集中度明显提高，林业产业区域化和专业化特征日益显现，形成了若干区域特色鲜明的林业产业集群和产业带，配套协作不断完善，产业集聚效应初步显现。邳州、宿迁地区成为全国人造板生产中心，邳州、泰兴地区成为全国药用银杏和果用银杏主产区，常州武进区、丹阳市成为全国地板产业集聚地，苏州、南京、南通成为家具制造业主要基地，武进区、句容市、沭阳市、江都区成长为规模庞大的苗木交易集散地。2018年，上述地区林业产业总产值占全省林业产业总产值的60%。

产业结构稳步优化　江苏省林业产业坚持以市场为导向，加快推进供给侧结构性改革，延长产业链条，拓宽发展空间，不断完善优化林业产业结构与布局。第一产业比重逐步降低，第二产业比重保持稳定，第三产业比重快速提高，工业化进程明显加快。林业产业链条不断延伸，产品系列化、品牌化发展加快，终端消费品比重大幅提高，资本密集型、技术密集型、规模以上林业企业大量涌现，林业企业活力和创新能力显著提升，林业服务业快速发展，产业发展质量明显提高。现已形成一、二、三产业协调发展，产品种类丰富的林业产业体系。随着绿色江苏建设和林权制度改革的不断推进，各地不断创新经营机制，激活林业生产要素市场，引导社会资本进军林业行业。全省以木竹加工为主的第二产业和森林旅游为代表的第三产业产值的比重逐年加大。林业龙头企业不断壮大，全省40强林业企业年总产值超过300亿元，其中有6家企业年产值超10亿元，大亚科技集团年产值超过100亿元。

【产业优势日趋明显】

木竹加工业　木竹加工产业是江苏省林业产业的一大特色，产值、产量、规模均处于全国前列。在原料供应上，一方面通过实施木材资源培育工程，全省可用资源稳步增加。2018年，全省有杨树成片林1000万亩以上，泗洪陈圩林场建有亚洲规模最大和品系最多的美洲黑杨种质资源库，保有42个品系、300多个无性系杨树优良品种；另一方面，通过进口木材弥补资源缺口。截至2018年底，全省以杨树为主要加工原料从简单初加工户到大型现代企业共6000多家，2018年木竹加工业总产值超过2000亿元。木竹制品出口额超

30亿美元。

林木种苗业 林木种苗的种植规模和产值位居全国前列。全省已经形成以淮北、沿江、苏南为主的三大苗木主产区，涌现出一批花木交易市场。如武进夏溪花木市场、句容唐陵苗木交易市场、如皋花木大世界、沭阳花木大世界等闻名全国的种苗交易市场，年销售额均在20亿元以上，其中武进夏溪花木市场2018年销售额达到180亿元。仅沭阳县拥有各类花木网店3万余家，从业人员20余万，平均1秒钟就有8.8件花木产品销往全国各地。

特色经济林果产业 2018年，特色经济林果种植与综合利用产值436亿元。其中银杏业产值超过70亿元，形成以采叶加工为主的邳州主产区和银杏果综合利用为主的泰兴主产区。全省银杏成片林总面积超过80万亩，年产白果1.2万吨，干青叶1.5万吨，银杏酮350吨。

野生动植物繁育利用产业 近年来，野生动植物繁育利用产业发展迅速，成为带动地区经济发展和促进农民增收致富的重要产业。全省拥有野生动植物繁育加工利用企业近百家，实现产值90亿元，从业人员2万人。

森林湿地生态旅游产业 由于其具有生态建设和产业发展的双重属性，正逐步发展为林业产业增长的新亮点。全省森林、湿地生态旅游人数超过8000万人次，旅游业从业人员达2.2万人。

此外，江苏省林产化工产业凭借江苏较强的经济实力、丰富的人才资源和科技优势，已成为林业经济发展中的重要组成部分。据不完全统计，截至2018年，全省现有林产化工企业约300家，其中，制浆造纸企业200多家，林产初级化学品及深加工产品生产企业20多家，活性炭及炭材料生产企业20家，植物提取物及其衍生物生产企业约30家，香料生产企业约50家。产品被广泛应用于化工、轻工、电子、机械、石油、军工和食品等行业。

【区域增收作用明显】 林业产业的健康快速发展，助推了地方经济，致富了一方百姓。特别是随着集体林权改革深入完善和林业产业稳步发展，农民拥有的林木资源财产权和林地承包经营权逐步转变为创业资本，种苗花卉、林下经济、木竹、特色经济林果等富民产业产值和产品产量稳步增长。

亚洲最大木材加工企业大亚集团，企业年收购周边农户次小薪材、枝丫材及加工剩余物62万吨，惠及周边农户4.2万户，直接带给农户年创收近3亿元，每户增加收入7000元。解决当地农民就业1200人，同时带动周边地区培育速生原料林，促进了地方财政增税、农业增效、农民增收、大地增绿。邳州市为全国林业产业第一县，集聚各类木材加工企2000余家，带动周边杨树种植基地20余万亩，连接农户14万人，安置就业人员1.4万人，带动农民每年每人平均增收1.5万元。另外邳州市作为全国最大的银杏叶药用采叶加工基地，陈楼、铁富、港上、邹庄4个镇30万农民从银杏产业中获得的纯收入近6亿元，人均达2000元。句容市唐陵村位于句容市茅山革命老区，十年前还是远近闻名的穷山沟、负债村，农村人均纯收入不到3000元。2007年，村书记依托唐陵村的资源优势，坚持走“村社合一”的发展路子，成立苗木专业合作社，带领党员干部和全村百姓因地制宜发展林木种苗产业，以实际行动做给农民看、带着农民干、帮助农民销、实现农民富。至2018年，唐陵苗木交易市场年交易额超过20亿元，唐陵村90%的农民从事林木种苗的种植和相关产业，农业收入的90%来自林木种苗，2018年唐陵村农民人均收入达到4.5万元，被地方政府誉为“唐陵模式”。

【创新能力明显增强】 江苏省林业科研实力较强，拥有一批致力于林业产业基础研究和应用研发的科研院校和科技人才，并建立了一批产学研企紧密结合的科技创新联盟。为推动林业产业供给侧改革，全省林业部门积极引导促进林业企业与高校、科研院所产学研合作，加快林业技术创新研发和推广，鼓励木材加工企业加大科技研发投入，加快木材加工产业提档升级，开展生产工艺、生产流程、生产自动化等方面技术改造和环保、降耗、节能改造。推动林产品加工企业实施兼并重组，积极培育林业龙头企业，扩大生产规模，提高产品质量，打造名牌产品。

（江苏省林业局）

浙江省林业产业

【概　述】 2018年，浙江省坚持创新、协调、绿色、开放、共享的林业发展理念，着力推进林业综合改革，加快一、二、三产融合发展，推动林业产业转型升级，林业改革和产业发展取得了巨大成就，逐步走出了一条“绿水青山就是金山银山”的现代林业发展路子。

产业规模快速增长　近年来，浙江省林业产业进入高速发展时期，规模快速壮大，产业集中度明显提高，林业产业区域化和专业化特征日益显现，形成了木业、竹业、花卉苗木、森林食品、森林旅游和休闲养生等若干区域特色鲜明的林业产业集群，配套协作不断完善，产业集聚效应初步显现。全省林业产业总产值从2010年的1964亿元增长到2018年的6207亿元，翻了3倍多，年均增幅达27%，林产品及木材相关产品进出口贸易总额超100亿美元，以全国2%的林地面积创造了全国8%的林业总产值，实现了从森林资源小省向林业经济大省跨越。杭州、台州、金华、湖州、宁波5个市林业总产值超过500亿元，占全省的63.4%，杭州市更是高达916亿元。浙北杭嘉湖地区成为人造板、竹木地板生产中心，浙南地区成为森林食品和森林药材主产区，浙中成为花卉苗木产业和家具制造业主要基地，天目山脉、会稽山脉成为经济林产品生产基地，长三角城市群周边和沿海地区成为森林旅游密集区。

发展质量明显提高　2018年林业第一产业1007亿元、第二产业2649亿元、第三产业2550亿元，林业一、二、三产比例由2010年的28∶50∶22，调整到2018年的16∶43∶41，第一、二产业比例逐年下降，第三产业增长势头迅猛，全省林业产业结构进一步优化。特别是森林康养和旅游产业，2018年产值达到2082亿元，占全省林业总产值的1/3，已经成为全省林业第一大产业。全省林业现代化进程明显加快，林业产业链条不断延伸，产品系列化、品牌化发展加快，终端消费品比重大幅提高，资本密集型、技术密集型、规模以上林业企业大量涌现，拥有国家林业重点龙头企业22家，省级林业重点龙头企业290家。浙江省的实木地板、木门、红木家具、竹材加工利用、铁皮石斛、香榧、山核桃以及森林旅游产值位居全国第一，成为全国最具影响力的林产品生产、贸易和消费大省。特别是自“五水共治”实施以来，浙江省更加注重产业发展质量的提升。如竹产业大县龙游于2014年在全县范围内开展了竹制品加工行业整治提升行动，对69家高污染的炭化(蒸煮)篾加工企业和70多家违建企业进行全部关停，并通过企业重组、设备改造、技术升级等措施，完成了竹产业的改造提升。重组后的龙游创伟竹业有限公司开展竹材炭化(蒸煮)篾废水环保达标技术攻关并取得突破，建成了年产10万吨竹材集中炭化(蒸煮)与废水处理的生产线。龙游神宇公司与中国林科院木工所合作，成功研发出高强度竹质车厢板，市场份额由原来的15%提高到40%以上。龙游外贸笋厂投资800万元开展技改项目，完成了年产5万吨水煮笋的原料罐自动化生产线及废水处理生产线，成功实现转型升级。

兴林富民成效显著　至2018年，全省90%以上的县(市、区)林业总产值超过10亿元，其中超过100亿元的县有19个、50亿~100亿元的县有26个。全省共建成现代林业园区269个，建设面积348万亩，总投资123亿元；木本油料种植总面积达417万亩，总产值86.9亿元；花卉苗木种植面积154万亩，从业人员67.72万人，产值232.5亿元；全省累计推广“一亩山万元钱”十大创新模式63.7万亩，实现总产值75.3亿元，增收31.7亿元，为促进农民收入持续普遍较快增长开辟了新路径。在重点林区县，农民增收的一半以上来自于林业。如安吉县依托竹木资源优势，实施一、二、三产融合发展。至2018年，全县形成竹地板、竹纤维、生物医药等八大系列3000余个品种，有竹产品及配套企业2450家。竹地板产量已占全世界产量的60%以上，竹工机械制造业占据了80%的国内市场，形成由原竹加工到生产成品的一条完整的竹材加工产业链。竹子在安吉实现了从竹根到竹梢，从生物到化学的全竹开发。2017年，全县竹产业总产值达到210亿元，以全国1.8%的立竹量，创造了全国10%以上的竹产值。竹产业为农民平均增收7000多元，约占农民收入的60%，成为农民增收、林业增效和乡村振兴的支柱产业。

新兴产业不断涌现 近年来，浙江省森林休闲养生、森林食品、森林碳汇、电子商务、特色经济林、竹藤产业、花卉苗木、野生动植物繁育与利用、林业物联网等林业新兴产业快速发展，林业生物质能源、生物质材料、生物制药等林业战略性新兴产业蓬勃兴起，发展迅猛，已成为林业新的经济增长点。2018年，全省森林休闲养生产业共接待游客4.1亿人次，产值达到2082亿元，排名全国首位。全省已命名森林特色小镇14个、森林人家269个。杭州、台州、金华、丽水、湖州5个市森林休闲养生产值达到200亿元以上。全省共有60多个县(市、区)、500多个乡镇、2000多个行政村、34万人直接从事森林休闲养生经营活动，带动社会就业人数136万人。林产品电子商务继续走在全国前列，全省现已形成280多个规模淘宝村，占全国总数的36%。比如，在以干果销售为主的"中国农村淘宝第一村"白牛村的带动下，临安市的林产品年网销额超过16亿元；庆元县竹制品销售网店达到300多家，占全县电子商务产品的70%以上，年销售总额达到5亿多元；浙江"花集网"是目前中国最大、最专业的鲜花订单交易中心，约占全国网络鲜花订单的2/3。

【林下经济】 全省经济林(包括竹林)总面积达到188.4万公顷，占到全省森林面积近1/3。经济树种面积97.38万公顷，占森林面积的16.04%；经济林蓄积量412.69万立方米，占森林蓄积量的1.39%。茶叶、柑橘、油茶、板栗、杨梅、蚕桑、山核桃合计占经济林面积的86.48%。木本油料总面积已达33.22万公顷，其中油茶16.67万公顷、山核桃6.33万公顷、香榧5.11万公顷。全省竹林面积91.02万公顷，占森林面积的13.79%。其中：毛竹林79.75万公顷，杂竹林11.27万公顷。

全省已建立现代林业园区566个，建成269个，建设规模348.3万亩，总投资123.8亿元。近5年浙江省连续实施的现代农业生产发展项目，在整体上提升了竹产业、油茶、山核桃和香榧等产业发展水平。基地和示范区的基础设施、生产装备明显改善，有效提高了丰产稳产和抵御自然灾害的能力，提升了产业化经营和管理的能力，增强了农民创业和持续增收的能力。

全省林业产业总产值5633亿元，其中各类经济林总产值606亿元。浙江省绍兴市柯桥区、诸暨市、嵊州市嵊州香榧被认定为中国特色农产品优势区，临安、常山、诸暨、奉化4县(市、区)被确定为全国经济林产业区域特色品牌建设试点单位，安吉县等4家单位被确定为国家级林下经济示范基地。涌现出一大批规模大、效益好、影响力强的林业龙头企业和专业合作社，一大批达到万元以上亩产值的竹笋、珍稀干鲜果和花卉苗木的基地和一大批高产高效的专业村、专业户。广大农民普遍得到实惠，发展经济林的积极性和主动性不断提高。

主要经验和做法 ①追求经济效益是加快经济林发展的内在需求。产业要发展、企业要利润、农民要增收，关键是经济效益的提高，经济效益是任何产业发展的原动力和内在需求。在经济林产业发展过程中，始终把最有优势和特色的竹产业、名特优干鲜果和木本粮油茶产业、花卉苗木等产业发展作为全省经济林产业建设的主攻方向，通过连续实施产业扶持项目，加快示范基地建设，依靠规模化、集约化经营，大幅度提高基地发展效益，各类高产高效典型不断涌现，亩产超万元的也屡见不鲜。因此，企业看到了发展前景，农民得到了实实在在的利益，激发了发展经济林的自主性、积极性，为产业发展不断注入原动力。

②制定扶持政策是推动产业发展的根本保证。2006年以来，各级党委、政府把促进林业增效和农民增收作为农村工作的重点，制定兴林富民政策，以政策导向和项目推动经济林发展。省级层面先后出台效益林业建设，生态高效林业基地建设，森林食品基地建设，竹产业提升，油茶、山核桃和香榧等木本油料产业发展等扶持政策；不

少市、县(市、区)根据当地实际情况和国家、浙江省产业发展政策导向，因地制宜确定当地主导产业，制定扶持政策，引导产业和社会资本向区域集中，促使生产要素向区域整合，形成了浙北、浙东和浙西南三大竹子发展区域，以浙西天目山脉为主的山核桃产业区域，以浙中会稽山脉为主的香榧产业区域，浙西、浙南油茶产业发展区域，以杭州、宁波、湖州、绍兴和金华等地区为重点的花卉苗木产业区域，有力地推动全省经济林产业的发展。

③实施产业项目是拉动经济林发展的强大引擎。国家和浙江省财政不断加大对经济林产业发展的支持力度，2008 年以来，浙江省先后组织实施现代农业竹产业生产发展项目、干果产业生产发展项目、木本油料产业提升项目、林下经济发展项目等 7 个大型项目，总投入超 17 亿元，其中省以上财政投入 8 亿多元。主要完成了新造良种基地 28.71 万亩，低产低效林改造提升或生态复合经营 66.07 万亩，在竹子、经济林基地中修建林区道路 7000 千米，修建一大批水利灌溉设施，开展了大规模的农民技术培训和联系示范户活动。此外，浙江省还积极争取国家、省级示范林建设及农业综合开发、科技推广、扶贫等项目资金用于经济林建设，通过项目整合，大力推动基础设施建设，高产良种发展以及低产低效林改造提升。不仅改善了产区生产条件，降低生产成本，提高经营能力，大幅提升经济效益，而且扩大了社会影响，有效引导社会资本投向林业。

④坚持科技示范是带动经济林发展的关键环节。林业产业发展离不开科技支撑，离不开先进实用技术的推广和示范。关键技术的突破，往往会带动整个产业的大发展。近年来，浙江省大力推广一竹三笋、竹林覆盖、测土施肥和水分管理等毛竹高效生态经营技术，竹子基地的经营水平和效益有了很大的提高，广大农民得到了实惠，经营竹林的主动性大大提高。如菜竹覆盖技术的推广，全省从 1991 年覆盖 90 亩雷竹林开始，到 2018 年已经扩大到 17 万亩，产值达到 20 亿元，平均亩产值 1.18 万元。又如毛竹覆盖技术，做到春节前出笋，赢得了市场和价格，经济效益非常明显，效益好的亩产有 2 万~3 万元。香榧通过人工授粉和雄枝高接等技术的推广，产量大幅度提高，效益翻倍增长，成为产区老百姓的聚宝盆。企业精深加工技术的突破也是延长产业链、增加产品附加值的重要手段，临安手剥山核桃加工技术的发明和运用，全省山核桃每年增效 1.5 亿元以上。

⑤基础设施建设是促进经济林发展的重要保障。基础设施建设是现代林业发展的重要标志。近年来，浙江省不断加大投入力度，生产经营条件显著改善。特别是在开展生态高效林业基地和现代林业园区建设时，始终把基础设施建设作为重点前置工作，一般安排财政项目资金的 25%~30%重点扶持。2011 年起全省实施林区道路建设工程，截至 2018 年，浙江省各级财政共安排林道补助资金 7.8 亿元，其中省级林道建设专项资金 2.1 亿元，地方一般转移支付资金 5.7 亿元。实际建成林道 36277.2 千米，其中主干道 20116.5 千米、辅助道 16160.7 千米。据统计和测算，平均修建每千米竹林道投入 30 万元左右(如道路硬化的 50 万元左右)，每年每千米竹林道可节约运输等成本 2.5 万元，平均每亩节约 110 元，4 年就可以收回建设成本。竹林道的修建提高了竹林经营和管理水平，大幅降低生产成本，有效提升抵御自然风险的能力，确保了丰产稳产目标的实现。浙江省花卉苗木种植业平均亩产超过 8500 元，其中大棚温室、水利灌溉等基础设施对效益提升的贡献率超过 50%。

⑥创新发展机制是促进经济林发展的加速动力。近年来，浙江省继续深化林权制度配套改革，建立和完善林权管理、资产评估、资源收储机制，加快林地林权流转，成为经济林规模化经营的加速器。据统计，近三年来实施的现代农业生产项目 80%以上的新造林地块都是通过流转取得。同时，不少地方创新发展机制和经营模式，涌现出“农民林地入股、股份保底分红、农民就地打工”等新模式，使农民身兼“地主、股东和工人”三种角色，有“租金、分红和工资”三块收入，农民红利不断增加，进一步激发了他们参与经济林建设的积极性、主动性。积极创新林业金融服务，推进林权抵押贷款，实行林业金融 IC 卡，盘活森林资源资产，为经济林发展提供资金保障。对符合

要求的经济林项目实行财政贴息政策，在安吉、余杭、德清等竹子主产区重点推进竹林政策性保险，增强抵御自然灾害风险和恢复生产能力。

⑦产业化经营是推进经济林发展的必由之路。浙江省积极鼓励企业、工商大户和民间资本参与经济林基地建设，推动产业化、规模化、集约化经营发展。企业和大户参与产业基地建设数量大幅提升。据不完全统计，2006 年以来，将近万家工商企业和大户参与经济林示范基地建设，引进社会资本 200 多亿元。浙江省实施的木本油料等项目 40%由农林和工商企业组织实施，投入水平和建设质量显著高于其他建设主体。同时鼓励、支持、引导农民组建专业合作社，组织化发展经济林。2018 年，全省共有农民林业专业合作社 1600 多家，社员数 15 万个，带动农户 80 万户，带动产业基地 600 万亩，有效促进了规模化和产业化经营，推动了标准化生产和品牌建设，提高了产品的附加值，增加了农民收入。经济林产业加工规模和技术水平不断提升。浙江省经济林产业和加工企业互为带动，互为促进，同步发展壮大，走上了“产业发展、企业增效、农民增收”的良性循环轨道，初步形成了“基地为依托、农户为主体、合作社为载体、企业为龙头”的产业化经营的新机制和新模式，成为推进经济林发展的必由之路。

【森林旅游业】 在温州、磐安、天台、开化等地成功举办浙江森林旅游节，组织参加 2018 年中国森林旅游节，浙江省 9 个单位入选最佳森林健康养生基地、最美森林人家、最美森林古道、最美民宿、最美森林露营地榜单，成为全国上榜数量最多的省份。年度创建全国森林旅游示范市 1 个，示范县 1 个。科学规划森林康养产业发展。起草《关于加快推进森林康养产业发展的意见》，组织《森林康养产业发展规划》编制研讨，科学规划森林康养新业态。积极培育二、三产特色载体。公布第四批森林特色小镇和森林人家名单，创建森林特色小镇 22 个、命名森林特色小镇 14 个、命名森林人家 111 个，批复森林休闲养生试点县 2 个，推进了全省 27 个产业类重大重点建设项目实施。组织推荐的余村竹博园和永嘉书院被评为全国森林体验基地和养生基地，南山木语等 4 家单位评为全国森林康养基地。

【新型经营主体】 利用林地股份合作、林木股份合作和股份制家庭林场三种成功模式，采取典型带头和考核推动，不断增加林业新型经营主体数量，培育林业新型经营组织共计 6000 余个。其中，股份合作组织近 200 家，经营林地面积 35 万亩，入社林农 1.8 万户；家庭林场 2000 余个，省级示范性家庭林场 75 个。开展省级林业重点龙头企业认定。公布新认定省级龙头企业 20 家，组织企业测评，合格通过 139 家，不合格取消称号 52 家。组织推荐 7 家企业入选第三批国家级林业重点龙头企业。绍兴会稽山香榧主产区(柯桥、诸暨、嵊州三县联合申报)被农业部、国家发改委、财政部、国家林业局等九部委评为“中国特色农产品优势区”，16 个林业品牌入选浙江省知名农业品牌百强榜。5 家林业龙头企业被列入第一批全国林业产业投资基金项目库，项目总投资额超过 30 亿元。培养林业职业经理人队伍。进一步加强林业经营管理人才职业化、规范化建设，全省各级累计培训规模经营主体带头人和林业职业经理人 1.2 万人次，全面提升职业能力和专业素养水平。

(浙江省林业局)

安徽省林业产业

【概　述】 2018年，安徽省推深做实林长制，实施林业增绿增效行动，持续推动林业产业转型升级、提质增效，全省林业产业经济发展呈现良好态势。

林业经济总量　2018年底实现林业总产值4044亿元，林业产业继续保持稳中有升的态势，产业集聚度明显提高，初步形成了皖北人造板家具产业群、沿江江淮苗木花卉产业群和皖南皖西竹产业群、特色经济林产业群和生态旅游产业群，木材加工、特色经济林、苗木花卉、森林旅游、林下经济等特色产业优势明显。2018年全省新造特色经济林、木本油料、苗木花卉等产业基地约29万亩，发展林下经济产业基地面积已达1283万亩，林下经济产值年均增长19.78%。全省林业产业发展逐步由数量扩张向质量提升转变。

龙头企业品质　全省现有国家级林业重点龙头企业26家，省级林业产业化龙头企业707家，其中二产加工类规模以上企业86家，产业化进程明显加快，三产服务流通类企业呈现出较大潜力，三只松鼠股份有限公司以年销售额超80亿元，跨入全省百强企业之列。18家企业获得中国驰名商标，147家企业产品获得省名牌产品，11家企业获得国家林业标准化示范企业称号，41家企业跻身省级高新技术企业，22家省级林业龙头企业进入全省农业产业化"甲级队"企业行列，34家省级林业龙头企业成为全省示范现代农业产业化联合体。

产业融合发展　全省国家级、省级农民林业专业合作社分别达到56家和450家，省级示范家庭林场70家，省级现代林业示范区65个；5处森林公园被授予全国"森林康养基地"称号；被中国林业产业联合会认定了10个中国林业产业特色示范区、1个国家森林生态标志产品体系建设试点市，安徽省被批准成为全国森林生态标志产品建设工程重点试点区域；有近250家省级林业产业化龙头企业建立了自己的旗舰店或其产品入驻国内知名淘宝店，林业企业电商销售普及率达到35%。

林业产业助农增收　通过编制林业特色产业扶贫技术指南，因地制宜发展林业产业，2018年全省共有1800多个贫困村、7.6万贫困户、10余万贫困人口参与发展木本油料、特色经济林、林下经济、花卉苗木、森林旅游等林业产业扶贫，全省70个扶贫开发任务县新建木本油料基地8万亩、新建特色经济林基地1.89万亩、新增竹林面积2.35万亩、新发展林下经济面积88万亩，林业旅游休闲康养人次达到1518.3万人次，山区农民林业综合性收入年均增长10%以上。全省选聘生态护林员15584名，出台生态护林员管理办法，每年争取中央财政补助资金9500万元，带动5万多人增收和稳定脱贫。

【主要举措】

促进产业融合发展　一是持续开展"中国森林体验基地""中国森林养生基地""中国慢生活休闲体验区、村(镇)"申报工作，加速林业产业与新产业、新业态融合发展；二是会同省农委、省发改委等部门向国家推荐砀山酥梨等为安徽省"中国特色农产品优势区"，同时与省农委联合开展特色农(林)产品资源状况调研活动，开展安徽省首批特色农(林)产品优势区创建工作，宁国山核桃产区、贵池西山焦枣产区被评为安徽省首批特色农(林)产品优势区；三是在已认定了8个中国林业产业特色示范区基础上，又着手申报安庆太湖、六安金寨的木本油料(油茶)特色产业示范区；四是开展省级现代林业示范区申报工作，在各地申报推荐、材料初审和专家评审的基础上，经厅长办公会审议通过并经公示无异议，淮北市杜集区经济林等15个省级现代林业示范区被评为第四批省级现代林业示范区。

培育林业经营主体　一是认定了707家省级林业产业化龙头企业、120家省级农民林业专业合作社示范社、70家示范家庭林场；二是推荐了13家省级农民林业专业合作社示范社作为2018年国家农民合作社示范社(林业)候选单位；三是持续开展了林业标准化示范企业推荐上报工作；四是按照国家林业和草原局相关要求，对安徽省第一、二批国家林业重点龙头企业开展了运行监测评估工作；五是与省建行合作，积极落实国家林业和草原局计划下达安徽省的16个林业产业项目基金。

推介森林休闲旅游 一是推荐了池州、六安、宣城等市和太湖县申报全国森林旅游示范县；二是推荐皇普山、马仁山、塔川、万佛山国家森林公园和平天湖、三汊河、管湾国家湿地公园为“十三五”期间重点推介森林旅游地；三是推荐了庐州省级森林公园和滨湖国家森林公园为“全国中小学生研学实践教育基地”；四是推荐了繁昌马仁奇峰森林养生基地、南陵丫山森林养生基地、潜山天柱山森林养生基地和石台县仙寓山森林养生基地为全国森林养生基地重点建设单位。

实施品牌提升行动 一是成立了国家林业局合肥山核桃工程技术研究中心、国家林业局合肥经济林产品检验检测中心，为安徽省经济林产品质量安全监管工作提供技术支撑；二是积极推进国家森林生态标志产品建设工程建设，成功将安徽省列为全国森林生态标志产品建设工程重点试点地，池州市被授牌成为国家森林生态产品生产基地创建试点市；三是组织省内近百家企业积极参加国家级林业重点展会和2018国际(眉山)竹产业交易博览会等，扩大林产品品牌影响力；四是加快推进林业标准化建设，积极向国家林业和草原局申报了3个全国林业标准化示范建设项目。

推进林业产业扶贫 一是积极推动《安徽省人民政府办公厅关于支持油茶产业扶贫的意见》出台，并将薄壳山核桃纳入其中，努力把发展油茶、薄壳山核桃产业打造成为贫困群众脱贫增收的重要力量；二是会同省农委印发《关于推广“四带一自”产业扶贫模式实施“一村一品”产业推进行动扎实做好2018~2020年特色种养业扶贫工作的意见》，建立完善带贫减贫机制；三是充分发挥资源优势，着力推动发展以绿色产业为主的林下经济，有效保护利用森林资源，走不砍树也能致富的新型林业发展之路。

【经济林发展】 截至2018年底，全省实有经济林面积995万亩，挂果面积490万亩，约占50%；基本上形成了以木本油料为主，木本油料林、水果林和茶叶三足鼎立的局面，其中以油茶、核桃、香榧、油用牡丹为主的木本油料林395万亩，占经济林总面积的39.7%；以梨、桃、葡萄、石榴为主的水果林245万亩，占经济林总面积的24.6%；毛茶237万亩，占经济林总面积的23.8%。全省有经济林加工企业500余家，其中木本油料加工企业120余家，约占24%，主要为油茶和山核桃加工企业。油茶加工企业100余家，其中年加工油茶籽5000吨以上的有12家，设计年加工量达到23万吨，年实际产油量1万吨左右；山核桃加工企业近20家，安徽詹氏食品科技股份有限公司、安徽山里仁食品股份有限公司等较具规模的加工企业年加工量约4000吨，产值近3亿元；香榧、油用牡丹等加工企业也在稳步发展、推进。

2017年全省经济林产品种植、采集、加工总值达到795亿元，占全省林业总产值的22%，其中一产产值548亿元。各类经济林产品总量达到443.3万吨，其中：水果384万吨，干果15万吨，木本油料11.9万吨。

【竹产业】 2018年，全省有竹林582.5万亩，占全省森林面积的9.8%。其中：毛竹(含刚竹)林491.5万亩、元杂竹(雷竹、红壳竹、桂竹、刚竹、淡竹等)91万亩，集中分布在皖南和大别山两大山区。全省竹林面积超过10万亩的县(市、区)达19个，30万亩以上县(市、区)6个(广德市、宁国市、黄山区、霍山县、泾县、休宁县)。竹培育、竹加工企业千余家，带动了一大批竹农走上了增收致富的道路，涌现出了广德森泰、宣州博亚、贵池鸿叶、舒城华竹等一批国家级林业产业化龙头企业。全省年产竹材1.11亿根、元杂竹20万吨、竹笋及其制品17.45万吨。2018年竹业总产值达到178.11亿元，占全省林业总产值的4.4%。

2018年新造竹林1.2万亩，其中：毛竹0.94万亩，元杂竹0.26万亩。累计建设各类竹子基地706个，其中2018年新建(含扩建)省级竹子科技示范园达7处，建设规模0.74万亩。(白卫萍)

福建省林业产业

【概　述】 2018 年福建林业产业工作以贯彻落实党的十九大精神为主线，重点落实福建省林业局党组提出的“主动融入三大战略、深入实施四项行动、精心打造三高林业、全力推动新时代福建林业加快发展”的工作要求，大力实施乡村振兴战略，以特色产业推动林业一、二、三产业融合发展，主动融入乡村振兴战略，促进产业转型升级。2018 年，全省林业产业总产值达 5924 亿元，同比增幅 18%(居全国第三位)；全省木材产量 580.22 万立方米，竹材产量 9.19 亿根，锯材 333.48 万立方米，人造板产量 995.97 万立方米(其中：胶合板 527.86 万立方米，纤维板 212.59 万立方米，刨花板 37.55 万立方米，其他人造板 217.97 万立方米)，木竹地板 3477.43 万平方米。

2018 年林业产业工作主要情况

林业产业供给侧结构性改革　一是制定了《产业升级行动方案》促林产业转型升级。组织开展了以特色产业推动林业一、二、三产融合发展调研，形成《大力实施乡村振兴战略　以特色产业推动一、二、三产融合发展》调研报告；并制订了以实施林竹、花卉苗木、森林旅游等“3 个千亿”产业升级行动为重点的《产业升级行动方案》。二是围绕地方优势特色抓产业聚集。鼓励区域优势特色地区申报区域品牌，国家林业和草原局认定的 15 个国家林业产业示范园区中，福建省的“国家永春香产业示范园区”和“国家漳平户外木竹制品产业示范园区”上榜。2018 年福建省著名农业品牌评审工作，福建省林业局申报的 2 个农产品区域公用品牌(清流鲜切花、武平富贵籽)、8 个福建名牌农产品(森竹户外木质园艺家具、孟宗笋、沈郎乡油茶、连天福铁皮石斛、瑞珀中碳户外重组竹地板、金水堂永春篾香、尚族工坊竹制家具、双棱竹木复合集装箱底板)上榜。建宁无患子等 15 个林业特色产品优势区被认定为“福建省特色农产品优势区”。三是抓龙头促带动。共认定 152 家企业为 2018~2020 年福建省林业产业化龙头企业。积极配合国家林草局做好国家林业重点龙头企业监测评价工作，淘汰了 2 家不合格企业。

打造林竹千亿产业　组织实施和细化《林竹千亿产业链实施方案》，2018 年林竹全产业链产值 4064 亿元，同比增长 21.9%。一是落实措施。明确“以二促一带三”发展战略，以实施乡村振兴战略为抓手，协调推进一、二、三产融合发展，重点抓好百亿元产值重点县(市)拉动、龙头企业带动、组织实施重大项目、笋竹精深加工驱动、品牌质量驱动、提升服务推动 6 个举措。二是抓增长点。积极落实增长目标分解工作，密切关注晋江、仙游、沙县、邵武、建瓯、永安等二产超百亿元的重点县(市、区)和秀屿、漳浦、政和等新增特色县发展，确保重点县发展目标。三是做强精深加工。省级财政下拨了 6000 万元支持 20 个项目县组织实施笋竹精深加工示范县，督促各地落实项目，撬动投资。为规范项目实施工作，印发了《福建省省级财政竹产业发展专项资金管理办法》，增加了对竹产业一、二、三产业融合发展的补助。继续支持永安举办 2018 国家(永安)竹博会，共完成 6 个笋竹精深加工项目签约，总投资额超过 5.2 亿元。继续支持邵武、政和举办的竹设计大赛，征集设计作品 1000 余件。

实施科技创新驱动　一是不断完善省级林业电商平台功能。经过 3 年的建设，福建省林业局与海峡股权交易中心共同搭建的省级电商平台“闽山碧”的功能已基本完善，涵盖了展示、电子商务、林权流转和信用融资服务等功能，平台总计入驻商户达 327 家、库存商品数量达 390 款。二是圆满完成“6·18”科企对接等各项任务。围绕科技创新驱动，制订了第十六届“6·18”林业总方案，以“绿水青山就是金山银山”为福建林业馆展示主题，林业展馆展品涵盖花卉种苗、木竹制品、林化产品等多个门类，展示福建林业生态文明建设的成绩、集体林权制度改革成就和科企、校企项目对接的成果。对接项目成效显著，共征集林业企业技术需求 56 项、科技成果 50 项。“6 · 18”期间，共有 35 家涉林企业参加福建省第八届民营企业产业项目洽谈会，总投资 81.86 亿元。

林业外经贸工作　一是在福州成功举办了第二十届“9 · 8”投洽会——森林旅游项目推介会。海峡股权交易中心、永泰县政府及部分国有林场在会上向到会的投资商推介了自身的业务内容和森林旅游资源，海峡股权交易中心与省林业局签订了战略合作协议，另有 9 家单位就森林旅游等 4 个项目签订了合作意向书。二是服务引导木材制品出口企业应对中美贸易摩擦有实效。及时与省内木竹制品出口企业沟通了解情况，认真分析，提出应对建议，并形成了《中美贸易摩擦对福建木竹制品出口的影响与对策建议》。三是搭建展会平台有实效。鼓励企业“走出去、请进来”，组织参加四川竹博会、海南香博会、义乌森博会等大型林业会展活动，累计达成合作意向 2989 项，签订销售合同 1.25 亿元。同时，大力推进与“一带一路”沿线国家林业合作，从而提高福建省林产品品牌知名度、市场占有率和竞争力。四是对台经贸合作成效显著。依托林博会等平台，新批办涉林台资企业 8 家，合同外资 6368 万美元。通过林博会、清流台湾农民创业园等平台，签订 8 个涉林台资项目，实际利用外资 0.25 亿美元，引进台湾“五新”成果 24 项，推广面积 2105 亩。

创新林业生产经营模式　一是流转整合森林资源。认真贯彻执行《福建省森林资源流转条例》，全面推行林权流转格式合同，着力加强林权流转服务，促进森林资源整合优化，实现规模经营。2018 年，全省新增林权流转面积 93.3 万亩，累计超过 1500 万亩。二是培育新型经营主体。全省新增林业专业合作社、家庭(股份)林场 363 家，累计 5236 家，经营面积达 1240.6 万亩，有力促进林业规模化、集约化、专业化经营。同时，积极引导社会资金以股份式、合作式、托管式、订单式等模式与林农建立紧密的利益联结机制，让林农从中受益。如沙县着力推广股权共有、经营共管、资本共享、收益共盈的混合所有制“四共一体”模式，合作经营面积已达 3.5 万亩。三是壮大林下经济。省级财政安排资金 0.7 亿元、累计投入 4 亿元，扶持发展林下种植、林下养殖、林下产品采集加工等林下经济，实现“以短养长”“不砍树，也致富”。全省林下经济发展面积达 2840 万亩。四是促进森林旅游。充分利用丰富的森林景观资源，加快全国森林旅游示范市(县)、全国森林康养基地、国家森林小镇试点、森林人家建设。2018 年，申报森林旅游示范市(县)各 1 个，已有 1 个示范市和 3 个示范县；全国森林养生基地 3 个，全国森林体验基地 2 个，全国森林康养示范基地 5 个；新增全国森林特色小镇 3 个；森林人家累计超过 600 家。

创新投融资支持模式　一是强化林农融资支持力度。全面推广林权抵押贷款和“福林贷”“惠林卡”等普惠林农的金融产品，进一步增强林业发展的金融支撑。截至 2018 年，全省各类林业贷款余额 261.6 亿元，其中林权抵押贷款余额 66.8 亿元。二是强化林业重大工程金融保障。省政府与国家林业和草原局、国家开发银行签署合作协议，推进重大林业生态工程建设。已签订贷款合同金额 175.5 亿元、放贷 23.9 亿元。三是强化林业金融风险防范。继续实施森林综合保险，全省超过 80%的森林参保；全省新建具有担保、收储功能的林权收储机构 3 家、累计 46 家，逐步建立评估、保险、监管、收储、处置“五位一体”的林业金融风险防控机制，让银行放贷放心、林农贷款省心。

存在的主要问题

林业产业发展方面　一是基础工作不扎实，对产业发展的政策研究还不深，促进一、二、三产业融合发展创新能力不足。二是林产工业转型升级缺乏有效抓手，受中美贸易摩擦影响，一些林业企业生产经营受影响，特别是出口型木竹加工企业。三是产业对林农脱贫增收贡献还不大，缺乏带动力强的大型林业骨干企业和知名品牌。

笋竹精深加工示范县项目实施方面　一是部分县对项目管理不够重视，项目实施和资金拨付进度偏慢。二是落实实施主体不到位，依托项目推动竹产业发展的作用还不明显。

(福建省林业局)

江西省林业产业

【概　述】 2018年，江西省林业局按照省委“二十四字”工作思路，认真践行“绿水青山就是金山银山”的发展理念，依托丰富的森林资源优势，打造美丽中国“江西样板”，推动林业产业高质量发展取得显著成效。

林业产业发展基本情况　全年实现林业总产值4502亿元，同比增长7.93%。其中第一产业1195亿元、第二产业2120亿元、第三产业1187亿元，分别增长4.73%、7.77%和11.77%。生产商品材257万立方米、大径竹2.13亿根、小杂竹39万吨，生产木竹加工产品4651万立方米、林产化工产品48吨、各类经济林产品568万吨。

全省有林产工业企业1.2万家，其中国家级林业龙头企业27家、省级林业龙头企业364家。中国驰名商标9个。形成了以抚州大亚等企业为龙头的人造板加工制造业产业集群，以南康实木家具和广丰、瑞昌红木家具为主的产业集群，以南城园林建筑及教学校具为主的产业集群。

林下经济完成投资3.7亿元，总产值1534亿元。新增省级林业补助专项资金1亿元。全年新增林下经济种植64.65万亩，实施油茶低改、竹类改造、林相改造118.65万亩，新建林区通达工程50项，共151千米。

林业投资　全年共争取中央和省级林业项目资金39.47亿元。完成林业投资114.85亿元，其中中央财政资金23.88亿元、地方财政资金38.24亿元、国内贷款4.32亿元、利用外资0.97亿元、自筹资金19.20亿元、其他28.24亿元。全年林业固定资产完成投资1.61亿元，自年初累计完成投资2.35亿元，新增固定资产85.38亿元。全年林业招商引资项目73个，累计签订协议资金139.37亿元，实际进资38.46亿元。林业利用外资项目10个，实际利用外资1408万美元，协议利用外资6054万美元。全省落实贴息贷款30亿元，下达贴息补助4329万元，获扶持林业企业130家、造林大户340个。落实农户和林业职工小额贷款贴息1176万元，惠及林农林业职工4200余户，户均增收2747元。

林业改革　江西省林权流转服务体系实现重点县全覆盖，全省75个县的433个乡镇、1397个村建立服务平台，实现平台挂牌、人员上岗、制度上墙。全省公共资源交易平台成交林权项目119项，涉及林地259宗、面积6.36万亩，交易金额2.47亿元。新增林权抵押贷款15.66亿元，累计发放198.65亿元，贷款余额57.88亿元。大力培育新型林业经营主体，已形成林业专业大户4855户、林业企业10100家、家庭林场934个、农民专业合作社2932家。

林下经济发展情况

①油茶产业。扎实推进高产油茶林建设，2018年新造高产油茶林36.6万亩，改造低产油茶林10.8万亩，油茶年产值达320.9亿元。全年共争取省级投资0.8亿元，补助新造、低改油茶林22.95万亩；同时整合国家重点长江、珠江流域防林工程项目5170万元，兜底扶持新造油茶林10.5万亩。全省有油茶种植专业大户1128户，家庭林场145个，林业合作社185个，带动参与农户数6万多户，有效促进农村集体经济发展和农民增收脱贫。在油茶品牌建设上，宜春市“袁州油茶”荣获全国经济林产业区域特色品牌建设试点单位，遂川县“遂川茶油”注册成为地理标志证明商标。

②竹产业。2018年，按照“先做后补、质量优先”原则，实施竹产业发展项目，全年共完成毛竹低产林改造37.05万亩、笋用竹(笋材两用林)基地建设9839亩、新造雷竹1.95万亩、竹林经营道路建设271.3千米，竹产业总产值299亿元，同比增长17.8%。项目的实施提高了竹林资源质量，增加了竹林效益。为促进竹产业高质量发展，资溪县全力打造资溪现代竹产业科技园。该园区是全省第一个以“竹产业”命名的产业园区，目标是

高标准打造专业的毛竹全产业链科技园区。有以江西竺尚竹业有限公司(资溪大庄)为龙头的5家企业正在建设，二期规划有竹研究院、竹特色展馆、竹公园等项目，主要引进毛竹科研、生产、生活性配套产业。江西省弋阳县以雷竹产业发展为指引，通过整合种养人才、引进经销人才的方式，着力打造区域特色产业。2018年4月，“弋阳竹笋”荣获全国经济林产业区域特色品牌建设试点单位。

③森林药材和食品产业。森林药材与食品产业的发展对江西省乡村振兴、林业产业提质增效具有重要意义。2018年全省完成森林药材种植面积19.8万亩。形成了以樟树、德兴等为代表的森林药材产业基地。5月中旬，江西省林业局公布新修订的《江西省森林食品基地认定办法》，认定第四批江西省森林食品基地17家，面积41572.95亩，产品涉及茶叶、竹笋等7个品类。建设省级森林药材类科技示范基地10个。完成了对63个森林食品基地产地环境监测。

④香精香料产业。2018年全省完成香精香料种植面积2.25万亩，初步形成了以金溪、吉水为代表的香精香料产业集群。5月初，金溪县依托当地蓬勃发展的香精香料产业，以“香产业、香文化、香生态”为主题，正式建成集听香、闻香、观香、识香、制香等为一体的香谷小镇，成为国内唯一的香精香料产业特色小镇，它们是金溪县对外宣传的新窗口、招商引资的重要平台。

⑤苗木花卉产业。全省全年林木种苗投资4580万元，新增苗木花卉种植面积4.05万亩，总产值达300亿元。确定了7家以“四化”苗木为主的省保障性苗圃，累计全省保障性苗圃54处，花卉市场336个，花卉企业1875个。

⑥森林康养、旅游产业。2018年，全省森林旅游与休闲接待1.64亿人次，森林旅游与休闲产业产值937亿元，直接带动其他产业产值1904亿元。新增5A级乡村旅游点7个、4A级乡村旅游点27个。建成森林景观改造提升科技示范基地10个、空气负(氧)离子监测点30处。在“省级示范森林公园”和“省级森林体验(养生)基地”创建命名评选活动中，11家单位评为省级森林体验基地，6家单位评为省级森林养生基地，7处森林公园命名“省级示范森林公园”。赣州市、鹰潭市、湾里区、武宁县被命名为“全国森林旅游示范市县”，大余、资溪、婺源3县被命名为“全国森林旅游示范县”。贵溪国家森林公园被中国林业产业联合会授予“中国森林体验基地”称号。江西九岭山国家级自然保护区、江西庐山国家级自然保护区荣获江西省生态文明示范基地称号。

【南康家具产业】 赣州市南康区是全国最大的实木家具生产基地、全国知名品牌创建示范区、国家家具产品质量提升示范区、中国实木家居之都。南康家具产业已形成集研发设计、智能制造、批发零售、物流仓储、电子商务、展览体验于一体的全产业链集群。2018年，南康区获批“国家南康家具产业示范园区”称号，“南康家具”成为全国首个以县级行政区划命名的工业集体商标，产业集群产值突破1600亿大关，实现南康家具产业发展历史性跨越。

6月21~27日，国家林业和草原局在赣州市南康家居小镇主办中国(赣州)第五届家具产业博览会，观展人数101.5万人次，签约成交101.4亿元，超过以往四届家博会总和，实现历史性突破。家博会首次采用“线下线上”方式，同步举办“数字家博、云上小镇”活动，参与网络直播超100万人次；阿里巴巴、京东两大电商平台网页浏览量超360万次，销售额超2.3亿元。入驻参展品牌企业(机构)数量是2017年的2.4倍，包括来自意大利、芬兰等地的全球一流设计研发、产销机构，索菲亚、曲美等几十家国内一线品牌。建成全国唯一的一家京东线上线下品牌家居体验馆。

【2018年江西省省级林业龙头企业】

南昌市(18家)

江西飞尚林产有限公司

江西晨鸣纸业有限责任公司

南昌华辉木业有限公司

江西丰林投资开发有限公司

江西省高氏林牧发展有限公司

江西淦鑫实业发展有限公司

江西金乔园林股份有限公司

江西卓茵园林景观工程有限公司

江西满园春园林景观有限公司
江西省磊鑫生态实业有限公司
南昌市林业投资发展有限公司
江西正邦林业开发有限公司
江西绿源油脂实业有限公司
江西省大白鲨油脂实业有限公司
江西林涛生态农业有限公司
南昌赣顺林业有限公司
南昌三友实业有限公司
江西德聚实业有限公司

九江市(25 家)

江西省久木木业有限公司
江西华昂实业有限公司
九江升科生态农业发展有限公司
修水县金园园林绿化有限公司
江西宏远喀斯特综合开发有限公司
江西艺邦木业有限公司
九江鄱雁养殖有限公司
江西福欣木业有限公司
江西中塘生态园林股份有限公司
江西万茂科技有限公司
江西立信园艺制品有限公司
江西仙客来生物科技有限公司
九江市鑫森林业专业合作社
江西神州通油茶投资有限公司
江西群鹿实业有限公司
江西省新光山水开发有限公司
九江市云山油茶科技发展有限公司
江西长发万亩油茶开发有限公司
武宁县西海生态农业综合开发有限公司
江西达辉农业开发有限公司
瑞昌市正方木业有限公司
瑞昌市建华木业有限公司
瑞昌市华中国际木业有限公司
江西江缘人造板木业有限公司
瑞昌乾亨农业科技有限公司

景德镇市(3 家)

江西景德中药有限公司
江西昌新农业发展有限公司
乐平市伯乐珍禽养殖专业合作社

萍乡市(25 家)

萍乡市博昌实业有限公司
江西多盛农林综合开发有限公司
莲花县华翔农林生态科技有限公司
莲花县森美农林开发有限公司
萍乡市翠涛毛竹专业合作社
萍乡市衍龙生态王蛇科技有限公司
萍乡市三友林果园开发有限公司
萍乡市仙居农业开发有限公司
萍乡市源盛祥林业有限责任公司
江西一统有机林农科技有限公司
江西福义实业有限公司
江西健航实业有限公司
芦溪县万龙山裕龙农林专业合作社
江西天天上农林科技有限公司
江西省丰瑞科技开发有限公司
江西宝鼎实业有限公司
江西乔盛茶皂素科技有限公司
萍乡市鑫绿地实业有限公司
江西吉内得实业有限公司
江西一德农业发展有限公司
萍乡莲信农林业投资有限公司
江西省芦溪县立新园林绿化工程有限公司
芦溪县宏厦绿色生态农业有限公司
江西天华生态农林有限公司
上栗县赤山镇新店龙溪生态林场

新余市(31 家)

新余市天欣源工贸有限公司
江西众鑫生态农业开发有限公司
新余仙女湖景笙农业综合开发有限公司
江西凯光新天地生态农林开发有限公司
分宜县钟氏木业有限公司
新余市泓鹏农村开发有限公司
新余市虹桥农业开发有限公司
江西珊娜果业有限公司
新余市欣源农业开发有限公司
江西新安农林生物科技有限公司
新余市创丰农业生态有限公司
新余市忠鸿林业开发有限公司
江西省新世界农林科技有限公司
江西顺民农林科技有限公司

新余市田丰生态农业开发有限公司
新余市新星园林有限责任公司
江西浩森东方生态科技有限公司
江西省湖龙农产品开发有限公司
新余市鑫海果业有限公司
新余市渝水区东湖林场
江西燕涞农业发展有限公司
江西绿阳林业有限公司
新余市欣欣荣农业科技有限公司
江西省梓海农林开发有限公司
江西省鹏乾生态农林开发有限责任公司
新余市龙水湾农业生态园
江西一鸣生态农业科技有限公司
新余市仙女湖畔生态农业开发有限公司
新余市蘑坊菌业有限公司
新余市文特家具有限公司
新余市新向农现代农业有限公司

鹰潭市(8家)

江西朝兴园林绿化有限公司
江西森禾林业科技有限公司
贵溪市樟塘综合养殖专业合作社
鹰潭市天元仙斛生物科技有限公司
贵溪欧绿多肉植物有限公司
贵溪市嘉鹏农业发展有限公司
江西九草铁皮石斛科技协同创新有限公司
江西巨茂实业有限公司

赣州市(55家)

江西省崇义华森竹业有限公司
江西永乐林源有限公司
崇义林业股份有限公司
江西虔心小镇生态农业有限责任公司
江西友尼宝农业科技股份有限公司
江西兴国嘉香乐食品有限公司
兴国红天下山茶油有限公司
会昌县绿能生态林业发展有限公司
会昌县中盛雨霖林业发展有限公司
崇义县林业投资有限责任公司
定南县黄金坳高山茶油有限公司
江西高峰生态农林开发有限公司
全南厚朴生态林业有限公司
赣州市永森林业发展有限公司
江西省华颐丰生态实业有限公司
兴国县赣兴油茶发展有限公司
兴国红土地生态农业开发有限公司
赣州源丰生态文化旅游发展有限公司
赣州金太阳科技林业有限公司
赣州市今日茶油实业有限公司
赣州市文华家瑞家具实业有限公司
于都东森源农林开发有限公司
江西宝生园农业开发有限公司
赣州裕丰林业开发有限公司
江西维平创业家具实业有限公司
瑞金市绿野轩林业有限责任公司
江西仟亿家具实业有限公司
上犹强旺油茶开发有限公司
大余县林盛木业有限责任公司
赣州华劲纸业有限公司
赣州市南康区昭玺家具有限公司
江西华亿木业有限公司
赣州市金溪农业开发有限公司
江西汇丰农林业科技有限公司
赣州市万林油茶开发有限公司
赣州春秋林业发展有限公司
江西客家农业发展有限公司
江西省金峰生态农林发展有限公司
崇义县嘉兴民营林场
江西绿野轩生物科技有限公司
瑞金市长源林业有限公司
瑞金市万山竹业专业合作社
江西知行合壹农业发展有限公司
赣州泰普化学有限公司
江西安投油茶科技有限公司
赣州市弘海农业发展有限责任公司
瑞金市绿溢林业发展有限公司
江西志盛木材干燥有限公司
江西友家食品有限公司
江西天乐缘家具有限公司
江西团团圆家具有限公司
江西红香阁红木家具有限公司
江西李氏王朝家具有限公司
江西富龙皇冠实业有限公司
于都中和光皮树开发有限公司

宜春市(53家)
江西福丰木业有限公司
宜丰县正邦林业开发有限公司
宜丰县景笙林业开发有限公司
江西金凤竹业有限公司
罗宾有限公司
江西三高绿健农业集团有限公司
江西丰顶山农林生态科技有限公司
宜春元博山茶油科技农业开发有限公司
江西星火农林科技发展有限公司
宜春市秀江园林景观工程有限公司
江西晶粹油茶林基地种植有限公司
江西博明雨花园林科技发展有限公司
江西青龙高科油脂有限公司
宜春市沐阳农林科技有限公司
宜春市阳光家居城有限公司
上高县九峰园林工程有限公司
江西省鑫隆农业发展有限公司
江西山友实业有限公司
江西省远南竹材集团有限公司
江西飞宇竹材股份有限公司
江西华昌竹业集团有限公司
江西松涛竹业有限公司
江西康达竹业科技股份有限公司
樟树市德泰木制品有限公司
江西邓志平园林绿化有限公司
江西丰茂林业开发有限公司
铜鼓县群生林场
江西铜鼓江桥竹木业有限责任公司
江西金丰食品有限责任公司
铜鼓县金轮实业有限公司
江西铜鼓华辉实业有限公司
江西腾达竹木业有限公司
江西省金松木业有限公司
江西樟树市艺霖实业有限公司
奉新园梦山庄有限公司
江西百峰岭林业生态综合开发有限公司
宜丰县丰祥木业有限公司
江西和顺景观园林建设工程有限公司
宜春市荣丰祥农林有限公司
江西省金桥农业科技发展有限公司
江西安竹科技有限公司
宜春惠众生物能源有限公司
万载县泰明竹木制品有限公司
宜春市明月山田心种养专业合作社
高安华木莲园林绿化有限公司
江西省龙润农业开发有限公司
江西省好口福油脂有限公司
丰城市宏泰农林投资有限公司
江西省天玉油脂有限公司
江西御润坊富硒山茶油有限公司
丰城森禾花卉园艺有限公司
丰城市天缘花木药材有限公司
江西省万通园林绿化工程有限责任公司

上饶市(64家)
德兴市兔宝宝装饰材料有限公司
江西年年新生态食品科技有限公司
德兴市鸿祥木业有限公司
德兴市畲民油脂化工有限责任公司
江西翰雨油茶有限公司
德兴市荣兴苗木有限责任公司
江西源森油茶科技股份有限公司
江西恩泉油脂有限公司
上饶府山实业有限公司
江西远泉林业股份有限公司
上饶市兴达林业发展有限公司
上饶县金旺林业开发有限公司
上饶市致诚实业有限公司
上饶县茶园林业发展有限公司
江西兴华绿色农业开发有限公司
江西博华农林开发有限公司
江西省翔宇农林综合开发有限公司
江西山旺鹿业特种养殖有限公司
江西绿丰实业有限公司
江西省广丰县岭底竹业有限公司
江西振发农业开发有限公司
江西春源绿色食品有限公司
江西三山实业有限公司
江西省绿清农林开发有限公司
江西恒森农林开发有限公司
玉山县绿涛造林工程有限责任公司
江西玉榧农业发展有限公司

江西宏业农林开发有限公司
婺源县乡村文化发展有限公司
婺源县华龙木雕有限公司
江西省百源木业有限公司
江西云河实业有限公司
江西省喜果绿化有限公司
江西省万年县绿源花木有限公司
江西绿野山茶油有限公司
江西横峰葛佬葛产业开发有限公司
横峰县青松绿化有限公司
上饶市广信园林绿化工程有限公司
弋阳县艺林农业开发有限公司
弋阳县顺弋实业有限公司
江西金标实业集团有限公司
江西惟德生态林业科技有限公司
江西和合家庭用品有限公司
江西福圣元生物科技有限公司
江西盛水实业集团有限公司
上饶市万和实业有限公司
江西千山农林开发有限公司
江西丰广实业有限公司
广丰区艺苑花卉苗木有限公司
江西齐力实业发展有限公司
婺源县五龙源激流有限责任公司
江西兴物市政园林绿化有限公司
江西婺源香榧产业发展有限公司
江西大明湖国际慢城旅游发展有限公司
德兴市丰园苗木专业合作社
德兴市宋氏葛业有限公司
江西省三青实业有限公司
江西圣诚实业有限公司
江西澳洋生态农业发展有限公司
江西桐源林业科技有限公司
江西广联农业有限公司
鄱阳县新水农业发展有限公司
江西省元宝山农业发展有限公司
鄱阳县森和农业发展有限公司

吉安市(31 家)

江西绿洲环保新材料股份有限公司
新干县恒荣制板厂
新干县林瑞木业有限公司
井冈山市井红饰材有限公司
江西金安林产实业有限公司
峡江县玉松林化有限公司
江西省吉水县兴华天然香料有限公司
永丰县李山林场
江西省宏冠绿色农庄有限公司
万安县祥霖山茶油有限公司
吉安市高盛生物科技发展有限公司
江西安邦林业开发有限公司
万安县井冈野猪豪猪养殖专业合作社
江西省青苹园林艺术有限公司
江西省金庐园林工程有限责任公司
江西绿海油脂有限公司
江西五百里井冈特产有限公司
江西普正制药有限公司
万安绿森木业有限公司
江西绿洲源木业股份有限公司
江西麦丹永明木业有限公司
江西赫信化学有限公司
江西鑫海花木有限公司
江西省福鑫生态农业发展有限公司
江西顺福堂中药饮片有限公司
江西华发木业有限公司
万安县赣鑫民营林场
江西吉安兴和木业有限公司
江西省固欧家居实业有限公司
安福县绿洲油茶开发有限公司
吉安小叶香樟木艺有限公司

抚州市(51 家)

大亚木业(江西)有限公司
江西多木园林有限公司
江西天香林业开发有限公司
江西思派思香料化工有限公司
江西大地常春实业有限公司
江西华南林业有限公司
东乡县兴林果业有限公司
江西裕林茶花科技开发有限公司
江西荣胜艺术有限公司
江西省润邦农业开发集团有限公司
江西艺美家具有限公司
江西吉仁林化实业有限公司

江西红润苗木有限公司
广昌县广龙雪松制板有限责任公司
江西雅姿农林发展有限公司
江西银树农林科技开发有限责任公司
抚州远安茗杏绿地花木有限公司
江西天顺生态农业有限公司
江西东伟实业有限公司
江西宏绿实业有限公司
江西艺景园林发展有限公司
抚州苍源中药材种植股份有限公司
江西中天农业生物工程有限公司
江西南方林场有限公司
资溪县康熊实业有限公司
资溪曼图林业有限公司
江西竺尚竹业有限公司
资溪县华森林业发展有限公司
江西南丰振宇实业集团有限公司
江西真诚校具实业有限公司
黎川盛世本香林业开发有限公司
江西森冠农业发展有限公司
南丰县富然农林牧发展有限公司
江西鸿飞园林珍稀苗木有限公司
江西省鑫成园林工程有限公司
抚州源野农牧业发展有限公司
江西绿满源食品有限公司
江西省高氏油茶产业发展有限公司
抚州市中盛农林开发有限公司
江西省资溪县实林木业有限公司
资溪县永盛林场(普通合伙人)
江西竹海农业发展有限公司
江西罗山峰生态科技有限公司
江西广雅食品有限公司
抚州市临川金山生物科技有限公司
抚州市临川龙鑫生态养殖有限公司
江西瑞科园林绿化工程有限公司
江西灵隐山生态农业有限公司
资溪县大山种养专业合作社
江西三农花木园林有限公司
抚州汇美农业发展有限公司

(江西省林业产业发展管理局)

山东省林业产业

【概　述】　2018年，山东认真贯彻落实中央关于推进经济高质量发展要求和第三届全国林业产业大会精神，以林业供给侧结构性改革为主线，不断深化集体林权制度配套改革，大力推进林业产业转型升级提质增效，全省林业产业发展形势总体平稳向好。全省实现林业总产值6735亿元，连续多年位居全国前列。

特色优势产业　省政府出台了《关于加快全省林业产业发展的意见》《关于加快特色经济林产业发展的意见》《关于加强林木种苗工作的实施意见》等文件，省里11个部门制定了《山东省林业产业发展规划(2017～2020)》，推动木材生产加工、果品生产加工、森林旅游、种苗花卉、野生动物驯养、林下经济、木本粮油等林业主导产业做大做强。全省人造板产量7488万立方米、产值1682亿元，分别占全国的25%和23%以上；林木种苗面积288万亩、花卉种植面积242万亩，产值814亿元；经济林产量年均保持在2000万吨以上，一产、二产产值达到2000亿元以上，均居全国前列。

新产业、新业态发展　深入落实《山东省木本油料产业提质增效转型升级实施方案(2016～2020年)》《山东省林木种苗提质增效转型升级实施方案(2016～2020年)》《山东省花卉产业提质增效转型升级实施方案(2016～2020年)》，引领发展林业新产业、新业态。大力支持油用牡丹、玫瑰、银杏、蓝莓、元宝枫、杜仲、毛梾、文冠果、榛子等新产业，走种植、加工、销售一体化经营模式路子，至2018年，种植面积超过120万亩，年产值突破500亿元。发展集生产基地、文化体验、旅游观光为一体的观光果园、森林公园、林园综合体等840多处，年接待游客达到1.2亿人次，直接带动其他产业产值529亿元，实现了一树多用、一林多用、一园多用，让林区变景区、林场变工厂、基地变公园、生态变商品。

林业产业集群建设　通过实施特色化、园区化发展战略，引导林产品加工业向优势产区集中，优势产区向产业园区集聚，实现一县一业、一区一品。全省经济林种植面积20万亩以上的县(市、区)达到40个，先后有34个县(市、区)获中国经济林之乡称号，15个县(市、区)获全国经济林建设先进县，7个县(市、区)成为经济林产业化示范县。木材加工业向临沂市兰山区、费县、寿光市、茌平县、禹城市、曹县、郓城县等优势产区集中，这7个县(市、区)人造板产量占全省80%以上。寿光、曹县、岚山、费县4个林业产业园区被认定为国家级林业产业示范园区。

培育壮大林业新型经营主体　修订了《山东省林业龙头企业认定管理办法》《山东省农民林业专业合作社省级示范社认定管理办法》，围绕构建新型林业经营体系，加快培育林业专业合作社、专业大户、家庭林场、林业企业等新型经营主体，发展适度规模经营。2018年认定省级示范社43家、省级林业龙头企业94家，累计已有省级示范社255家、省级龙头企业374家、国家级林业龙头企业32家。全省各类林业新型生产经营主体达到44708个，其中，林业专业合作社达11131家，林业企业16658家，涵盖林业生产各个领域。

打造林业产业品牌　机构改革后，新组建的省自然资源厅研究出台了《关于加快林产品品牌建设推进林业高质量发展的意见》，以林产品品牌建设为着力点，推动林业产业向高质量发展。全省有国家级林业龙头企业32家，国家级林业标准化企业11家，国家级核桃示范基地9处，中国森林食品示范品牌企业4个，临沂市被命名为“中国板材之都”，曹县成为“中国木艺之都”。林产品当中有中国驰名商标30多个、山东名牌86个、山东著名商标97个、山东省区域公用品牌18个、企业产品品牌74个。成功举办第十五届中国林产品交易会。吸引了17万余人次参展参会，交易总额24亿元，评选出参展产品奖256个，金奖297个，银奖

142 个，提升了山东省林产品知名度和市场影响力。

提高产业外向度 贯彻落实“一带一路”发展战略，坚持实施“走出去”“引进来”相结合，把产业基地建在境外，充分利用境外资源，引入国外先进生产技术和管理人才，开拓国际市场。2018 年，山东企业拥有的境外林地林权面积 334 万公顷，林木蓄积量超过 6 亿立方米，是省内林木蓄积量的 5 倍。在俄罗斯托木斯克州设立了中俄木材工贸使用区，总投资达到 9.6 亿美元，年采伐加工木材 450 万立方米。全省林产品出口到 120 多个国家和地区，出口种类达 200 多个，林产品进出口额达到 100 多亿美元。

【生态建设】

造林绿化 2018 年全年完成造林 221.23 万亩，同比增长 3.72%，其中人工造林 178.12 万亩，占造林面积的 80.52%，超额完成年度造林计划。从构成看，新造混交林 28.51 万亩，非林业用地造林 11.45 万亩，新造灌木林 1.31 万亩。完成森林抚育 227 万亩，占 2018 年林业生产计划的 127%，森林资源质量得到有效提升。年末实有封山育林 22.12 万亩，四旁零星植树 1.44 亿株，造林绿化工作深入开展，全省森林资源实现了持续稳定增长。从地区情况看，2018 年造林面积居前 5 位的是分别为滨州、德州、聊城、临沂、济宁，共完成造林面积 106 万亩，占全省总造林面积的 54.74%。其中滨州市围绕创建国家森林城市，广泛开展国土绿化行动，年度造林面积增长 17.43 万亩，同比增长 163.73%。从树种功能看，新造防护林 74.72 万亩，占人工造林面积的 41.95%，同比增长 16.62%，防护林仍为山东省的主要造林林种。新造经济林、用材林、特种用材林面积分别为 54.48 万亩、46.33 万亩和 2.58 万亩，同比增幅均超过 30%，分别占人工造林面积的 30.59%、26.01%和 1.45%。近年来受木材价格回暖影响，山东省新造用材林占比逐年上升。从经济成分看，非公经济造林 127.88 万亩，同比增长 26.77%，约占人工造林面积的 72%，占比与上年基本持平，仍为山东省人工造林的主体。公有经济造林 50.24 万亩，同比增长 26.77%，其中国有经济造林 7.6 万亩，集体经济造林 42.64 万亩。

林木种苗 全年全省林木种子采集量 3819 吨，同比增长 29.72%。当年苗木产量 49.5 亿株，同比减少 7.04%。育苗面积 273.43 万亩，同比减少 5.17%，其中国有育苗面积 6.55 万亩，同比增长 5.38%，林木种苗生产结构逐年优化调整。

林业重点工程 严格开展中央财政林业重点工程造林补贴省级验收，按照《造林技术规程》等规定标准加强技术管理。全年共完成林业重点工程造林 21.98 万亩，其中人工造林 21.04 万亩，森林抚育 6.65 万亩。从工程分类看，完成长江流域防护林系统工程造林 15.28 万亩，沿海防护林体系工程造林 6.7 万亩，分别占林业重点工程造林的 69.52%和 30.49%。

湿地、野生动植物保护 截至 2018 年底，山东省有黄河三角洲和南四湖 2 个国际重要湿地，所辖面积 203761 公顷。野生动植物保护管理进一步规范，省及 17 市(含原莱芜市)均设立野生动植物保护管理站。加强野生动物疫源疫病监测，全省共设立野生动物救护中心 72 个，野生动物疫源疫病监测站 33 个。推进野生动植物保护利用，全省野生动植物保护从业人员 1210 人，其中专业技术人员 547 人，占比 46%，专业化水平持续提升。

【产业发展】

林业产值 2018 年全省紧紧围绕实施新旧动能转换重大工程、打造乡村振兴齐鲁样板等决策部署，抓住供给侧结构性改革重大机遇，大力推动林业产业转型升级，推动林业高质量发展。全年实现林业总产值 6735.85 亿元，同比下降 2.20%。

从产业结构看，第一产业发展良好，产值 2416.62 亿元，同比增长 1.72%。其中经济林产品种植与采集业产值 1351.01 亿元，占第一产业产值的 56.87%，占比与上年基本持平。林木育种育苗、营造林、木材采运、花卉及其他观赏植物种植等产业发展势头强劲，产值稳步上升。第二产业优势突出，年产值 3797.3 亿元。人造板、木质品制造等产业发展强劲，其中人造板制造实现产值 1681.97 亿元，同比增长 3.57%，占第二产业产值的 44.29%，占林业总产值的 24.97%。受中央环保督查整改、地方统计口径变化等影响，木材加工、果蔬茶饮料加工产业产值同比分别减少21.45%和12.73%。第三产业稳步提升，年产值521.93亿元，同比增长0.98%。其中林业旅游与休闲服务产值366.93亿元，占第三产业产值的70.3%；林业专业技术服务领域发展较快，实现产值28.98亿元，同比增长12.68%；林业系统非林产业产值35.22亿元，同比增长56.47%，涉林产业带动效应明显提升。

从地区分布看，临沂、菏泽、烟台、潍坊、济宁林业产值继续位居全省前5位，产值合计4768.7亿元，占全省总产值的70.8%。其中临沂、菏泽林业产业仍保持发展势头，产值分别为1421.41亿元和1118.01亿元，同比增长3.16%和3.08%。潍坊、德州、淄博产值降幅较大，分别下降94.65亿元、43.08亿元和33.15亿元。主要原因是受中央环保督查整改影响，部分县区木材加工、林下种养殖、木质工艺品制造企业进行设备升级改造，重点企业出现转型、破产等情况。如潍坊寿光市晨鸣造纸企业进行生产结构调整，产品出口量下降，产值同比减少约71.74亿元；德州庆云县中澳集团、鼎力集团破产，产值同比减少约21.68亿元。

主要木材产品　全年商品材采伐产量474.26万立方米，同比增长12.44%。木材产品类型以原木为主，占总采伐量的85.91%。从来源看，全部采伐产品均出自人工林；从生产单位看，村及村以下各级组织和农民个人生产的木材仍占主导，占总采伐量的91.31%。非商品材采伐产量12.90万立方米，其中农民自用材10.59万立方米，农民烧材2.30万立方米。

主要经济林产品　2018年底全省实有经济林种植面积1932.12万亩，产量1812.65万吨，实现产值1329.53亿元，经济林产量和产值同比略有下降。其中水果种植面积1345.55万亩，同比增加1.48%，产量1704.12万吨，同比减少7.07%；干果种植面积252.85万亩，同比减少8.88%，产量71.33万吨，同比减少13.33%；木本油料种植面积263.28万亩，同比减少0.87%，产量17.46万吨，同比减少2.43%。受“倒春寒”、冰雹、“温比亚”台风等自然灾害影响，苹果、梨、桃等主要水果产量小幅减少，沾化冬枣、新泰樱桃等经济林产业区域特色产品产值下降。木本油料作物结构优化调整，菏泽等地油用牡丹籽种植面积减少，文冠果等成为新的经济作物增长点。

核桃、花卉等重点产业　2018年末实有核桃种植面积266.99万亩，与上年同期基本持平。花卉产业方面，年末实有花卉种植面积245.3万亩，同比增长1.29%，切花切叶、盆栽植物、观赏苗木产量同比分别增长16.44%、10.19%、11.19%，草坪产量同比下降59.14%，花卉产业转型升级成效显著。

木竹加工产业　2018年全省锯材产量1197.85万平方米，同比增长0.33%，其中普通锯材产量1147.42万平方米，占锯材总产量的95.79%。人造板产量7488.85万立方米，与上年同期基本持平。从产品类别看，胶合板产量205.37万立方米，同比下降3.92%，占全部产量的67.29%；纤维板、刨花板产量分别增长37.96万立方米和19.18万立方米，同比增长2.82%和3.09%，占全部产量的18.46%和8.55%，人造板产业顺应绿色环保要求正在逐步实现结构性调整优化。木竹地板产业量价齐升。2018年全省木地板产量4284.67万平方米，同比增长6.1%；每平方米价格199元，同比增长37.24%。其中实木地板产量431.04万立方米，同比增长52.06%，实木复合地板1001.6万平方米，同比减少16.34%，强化木地板2796.13万立方米，同比增长12.08%。

林业旅游　2018年全省林业旅游与休闲产业接待游客1.32亿人次，实现收入366.93亿元，直接带动其他产业产值506.69亿元。其中林业旅游产业对周边地区和产业带动效益凸显，实现收入336.05亿元，同比增长0.69%，直接带动其他产业产值445.22亿元，同比增长7.8%。

主要林产品价格　2018年全省主要经济林产品平均价格与上年同期基本持平，木材、核桃、板栗等主要林产品价格稳中有降。主要木材加工产品中，木地板价格增长较快，同比分别增长37.24%，中密度纤维板、刨花板、硬质纤维板价格变化不大，锯材、木片、胶合板平均价格呈下降趋势。

【从业人员】　截至2018年底，全省林业系统各类单位1828个，年末职工共计19222人，其中在岗职工18491人。年末实有离退休人员10570人。总体看，2018年全省林业系统在岗职工平均工资7.07万元，同比增长10.25%，在岗职工平均工资逐年上涨，职工待遇不断改善。从行业看，木材采运、林业工程技术与规划管理、经济林产品种植与采集、林业科技交流等行业收入增长较快，同比分别增长27.97%、26.36%、19.1%和16.82%。从地区看，菏泽、滨州、聊城等地在职人员工资增长较快，同比分别增长23.11%、20.34%、12.27%。离退休人员平均年生活费5.15万元，同比上涨23%，林业系统退休人员待遇保障稳定。2018年全省未发生林业系统职工伤亡事故。

【林业投资】 2018年全省林业系统累计完成投资304.55亿元，同比增长0.14%。从资金来源看，中央财政资金投资7.55亿元，资金规模相对稳定；地方财政资金投资61.76亿元，同比增长60.09%，占总投资的20.28%；社会资金投资176.23亿元，占全部投资的57.87%，占比较上年同期增长10.15个百分点。从投资方向看，林业产业发展类投资189.09亿元，同比增长2.04%，占总投资的62.09%，仍是山东省林业投资的主攻方向。林业支撑与保障投资41.84亿元，同比增长7.23%，其中林木种苗投资23.89亿元，成为重要的投资增长点。生态建设与保护、林业基础设施建设方向投资规模分别为71.51亿元和2.01亿元，占总投资额的23.48%和0.66%，投资结构基本稳定。

（山东省自然资源厅）

河南省林业产业

【资源概况】 2018年底，全省林地面积520.74万公顷，占全省土地面积的31.18%。森林面积403.18万公顷，占林地面积的77.42%，森林覆盖率为24.14%，林木绿化率为29.99%。全省活立木蓄积量26564.48万立方米，其中森林蓄积量20719.12万立方米。

国家级和省级自然保护区有25个，面积50.87万公顷，其中国家级自然保护区11个，面积34.67万公顷。省级以上森林公园有121个，面积29.08万亩，其中国家级森林公园32个，面积12.34万公顷。省级以上湿地公园48个，面积8.81万公顷，其中国家级湿地公园35个，面积8.13万公顷。

全省湿地总面积62.79万公顷，沙化土地面积59.68万公顷，荒漠化土地面积1.01万公顷，石漠化土地面积7.47万公顷。

【林产概况】 2018年，河南省林业产业牢固树立创新发展理念，认真贯彻落实省委、省政府决策部署和第三届全国林业产业大会精神，以推进林业供给侧结构性改革为主线，以市场需求为导向，以龙头带动为抓手，以实施《河南省“十三五”林业发展规划》和《森林河南生态建设规划(2018~2020年)》为载体，努力实现林业产业转型升级、贫困地区农民增收致富，着力推进一、二、三产业融合发展，林产品加工业结构逐步优化，林业产业化集群形成一定规模，全省林业产业不断发展壮大。2018年林业年产值达到2112亿元，其中第一产业产值1009.48亿元，第二产业产值789.36亿元，第三产业产值313.16亿元。一、二、三产业产值比例为48∶37∶15。

以森林资源培育为主的第一产业 2018年，河南积极组织实施天然林保护、退耕还林、长江防护林和农发项目等国家重点林业生态工程和山区造林、平原沙漠造林、廊道绿化、农田防护林、城郊及村镇绿化等省级重点林业生态工程建设以及外资造林项目，造林绿化持续推进，第一产业产值稳步增长。2018年一产产值为1009.48亿元，其中林木育种和育苗产值达72.1亿元，占一产产值的7.14%；营造林达70.88亿元，占一产产值的7.02%；木材和竹材采运达26.59亿元，占一产产值的2.63%；经济林产品种植与采集产值达到548.16亿元，占一产产值的54.3%；花卉及其他观赏植物种植类产值达到241.32亿元，占一产产值的23.91%；陆生野生动物繁育与利用达到27.46亿元，占一产产值的2.72%；其他22.97亿元，占一产产值的2.28%。特别是苹果、梨、杏、石榴、葡萄、油茶等类经济林产品继续保持发展优势。

以林产品加工为主的第二产业 全省用材林与工业原料林、经济林基地的快速发展持续助力林产品加工业。各地依据当地森林资源优势和地理区位优势，已逐步发展起一批以骨干企业为龙头的人造板、家具、经济林等林产品加工企业，促使林产品加工业规模不断壮大。2018年二产产值达789.36亿元，其中，木材加工和木、竹、藤、棕、苇制品制造产值359.19亿元，占林产品加工业的45.5%；木、竹、藤家具制造产值129.89亿元，占林产品加工业的16.46%；木、竹、苇浆造纸和纸制品产值95.30亿元，占林产品加工业的12.07%；林产化学产品制造产值2.25亿元，占林产品加工业的0.29%；木质工艺品和木质文教体育用品制造产值17.04亿元，占林产品加工业的2.16%；非木质林产品加工制造业产值150.91亿元，占林产品加工业的19.10%；其他产值30.96亿元，占林产品加工业的3.92%；非林产业产值3.82亿元，占林产品加工业的0.5%，有力地推动了当地经济的发展。以林果、木本油料、木本药材、茶、花卉等林产品为原料的非木质林产品加工业还有很大发展空间。

以森林旅游为主的第三产业 截止到2018年底，河南省级以上森林公园121个，其中国家级32个，省级89个，年接待游客3400多万人。第三产业产值达到313.16亿元，其中林业生产服务年产值达到8.06亿元，占2.6%；林业旅游与休闲服务226.59亿元，占72.36%；林业生态服务年产值达到54.67亿元，占17.46%；林业专业技术服务年产值达到6.45亿元，占2.06%；林业公共管理及其他组织服务年产值达到13.56亿元，占4.30%；林业系统非林产业年产值达到3.83亿元，占1.22%。全省森林旅游蓬勃发展，已成为地方调整农业结构、增加农民收入的支柱产业，为社会创造了更多的就业机会。

林下经济产业 随着全省集体林改的不断深化，各地充分利用集体林权制度主体改革的成果，因地制宜地积极发展林下经济，探索出了林药、林菌、林禽、林畜等复合经营模式，形成了近期得利、长期得林、远近结合、林农牧协调发展的双赢、多赢格局。

龙头企业、产业集群 全省已培育419家省级林业产业化重点龙头企业，其中14家国家林业重点龙头企业，林业产业集群123个。集群建设稳步发展，新的一批集群正在按计划培育。龙头企业在河南扶贫攻坚中发挥着重要带动和辐射作用。据不完全统计，2018年全省林业企业带动帮扶建档卡贫困户5.5万户、12.61万人，人均年增加收入达3653元。优质林果产业发展带动帮扶建档卡贫困户3万户、8.22万人，人均年增加收入达2787元。

国家储备林建设 拓宽融资渠道，以发展国家储备林基地建设为突破口，吸引更多资金投入到林业项目。河南省林业局与国家开发银行密切合作，国开行安排低利率、长周期、大规模开发性专项贷款，用于支持河南国家储备林基地建设。为加快推进河南国家储备林建设，充分发挥政策性和开发性银行贷款的促进作用，省林业局多次与国家开发银行河南省分行进行沟通协调，签署了共同推进河南省国家储备林等重点领域建设发展合作协议，并确定了以各地市为单位构筑项目建设统贷平台，为河南省启动利用贷款开展国家储备林建设提供了保障；探索出了政府与社会资本合作(PPP)、企业自主经营等项目运营模式，在各地政府主要领导的大力支持下，全省国家储备林项目建设快速推进。截至2018年底，国家林业和草原局已批复河南省国家储备林建设方案21个，已有10个国家储备林项目落地，完成营造林面积85万亩，已发放贷款23.45亿元。

【林业产业国际合作】 一是完成合格营造林面积21150.76公顷，其中防护林1575.81公顷、用材林16032.92公顷、经济林3542.03公顷，是年度目标任务的147%。二是积极推进外资项目水源涵养林建设。助力河道沿岸绿化水平提升。加大湿地保护管理工作，积极与国际金融组织、涉林境外非政府组织合作，把湿地保护和恢复作为生态建设的重要内容，2018年共营造河道绿化林2930.77亩。

【产业扶贫典型】

河南福森实业集团有限公司 河南福森实业集团有限公司是以“中医药健康产业”为龙头、下辖20个子公司的多元化综合性企业集团，主要涉及制药、新能源、食品饮料、农业种植、生态旅游、教育、通用航空、地产开发等行业，核心公司福森药业于2018年7月11日在香港主板挂牌上市，成为2018年河南省成功赴港上市的第一股。近年来，公司充分发挥多元化的产业优势，主动承担社会帮扶责任，响应“千企帮千村”号召，积极参与脱贫攻坚，探索产业带动脱贫模式，取得了一定的成效。一是采用工农融合“公司+基地+农户”的林业脱贫模式。公司紧抓双黄连及茶饮料系列产品每年需要金银花等中药材上万吨这一优势，采用“公司+基地+农户”模式大力发展金银花产业，以每亩600~800元的价格流转土地近3万亩，建立了万亩金银花种植基地、万亩有机林果基地和百亩特色名贵中药材种植基地。辐射带动周边23个村2000余人就近务工，季节性用工高峰日均在6000人以上。同时，在县委、政府出台扶持政策的支持下，公司牵头在12个乡镇推广种植金银花3.5万余亩，由公司统一提供种苗，统一指导管理，统一保底价收购，间接带动全县1万余人就业，实现稳定增收脱贫，每户年均增收1万元以上。二是采用景区带动的旅游脱贫模式。福森丹江大观苑景区，已成为南阳旅游的一张名片，年接待游客50万人次，带动丹江库区周边发展景区农家乐120多家、帮助村民就近建设农家乐22个，吸纳贫困户劳动力210余人，农家乐年户均增加收入5万元以上，其他群众年户均增收1万~3万元。三是采用生态产业助力贷的金融扶贫模式。福森集团发挥多元化优势，充分利用淅川信用联社推出产业扶贫助力贷产品，实施“龙头企业+贫困户”模式，与各乡镇贫困户联合成立公司或合作社，由福森集团主导经营，让贫困户参与分红。至2018年底，贷款到位资金3.5亿元，参与分红贫困户7000户，每年户均可得红利3000元。

卢氏县卢林核桃专业合作社联合社 卢氏县卢林核桃专业合作社联合社依据自身发展优势和生产需求，从本地实情出发，从广大贫困户实际需求出发，开展带贫帮扶工作。一是土地流转带贫：对于无劳动力经营或外出务工无人管理的贫困户家庭，合作社以高于当地平均价100~200元/亩的方式，把贫困户土地流转至合作社名下，按年度一次性支付全年地租，土地租金原则上在500~700元/亩，户均地租收入不低于3500元/年。二是劳务用工带贫：对于不能外出又没有其他创业能力的贫困农户，合作社在开展各项生产管理活动时，优先安排贫困户人员从事生产工作，女工50元/天、男工80元/天，年均贫困人员收入不低于3000元/人。三是劳动技能培训带贫：合作社针对贫困农户常年开展各项专业技能培训，在此基础上组织相关技术服务队，带、帮、扶开展创收。以嫁接为主的嫁接技术服务队，每年达80人次以上，人均创收5600元/年，以果园综合管护为主的核桃园综合管理服务队，每年达30人次以上，人均创收4800元/年。四是苗木销售带贫：针对社员，特别是贫困农户培育的优质良种核桃树苗，合作社优先销售，并以高出其他社员0.2~0.3元/株的优惠价格结账，切实保证贫困农户户均年增收3000元以上。五是中药材种植带贫：为扩大社员特别是贫困农户收入来源，合作社精心选择适宜中药材品种开展各种方式的专业种植或林下间作套种模式，在技术、种苗、销售等方面，合作社开展各种形式的帮扶措施，实现各种植贫困户年均增收不低于1500元的目标。六是电商销售带贫：充分利用合作社全省电商销售先进企业这一优势，把贫困农户的干、鲜核桃产品及核桃苗木及时通过网络平台销售出去，扩大带贫效果，确保贫困农户户均增收1500元/年。

信阳绿达山油茶资源发展有限公司 信阳绿达山油茶资源发展有限公司是一家专注于油茶产业的新型农业龙头企业。主要从事油茶资源整合、油茶种植示范基地及油茶籽初加工、木本油料种植推广、油茶优良品种的培育。公司立足“三基地一园区”的油茶产业发展格局，坚守“纯天然、达健康”的理念，以“振兴油茶资源发展产业，带动贫困人口脱贫致富”为使命。按照“公司+合作社+基地+农户”的发展模式，已经成为全县产业扶贫的领军企业和市农业产业化重点龙头企业。一是林地流转带贫：为推动产业扶贫，公司发起设立了绿达油茶合作社，按照“企业+合作社+基地+农户”的经营模式，合作社已与2871户农户签订了《茶园流转协议》，流转天然油茶园55406亩，年发放油茶园流转费用达443248元。二是转移就业带贫：基地通过油牡丹种植、油牡丹基地除草、低产油茶园改造务工，在家门口基地用工达2800个，其中贫困户务工900多个。三是产业带动带贫：以建高产油茶园基地为依托。在国家政策和资金扶持下，充分发挥县油茶办技术指导优势，对低产油茶林进行统一改培用工，解决贫困户在家门口就业带贫。以高于市场价0.4元/千克的价格收购油茶籽，与贫困户签订油茶籽预购协议带贫，户均增收200元。四是项目分红带贫：公司与熊湾村158户贫困户签订到户增收协议，公司吸收项目资金，发展油茶产业，为熊湾村158户贫困户分红47400元，户均增收300元。

【大事记】 1月29日，日本国际协力机构(JICA)中国事务所中里太治所长向河南省林业厅项目办公室颁发“日元贷款项目后评估A级证书”，表彰河南省林业厅项目办公室对日元贷款河南省植树造林项目的有效实施。这是JICA向中国日元贷款项目执行单位颁发的第一个后评估A级表彰证书。

1月31日，河南省林业厅副厅长李军与大自然保护协会(TNC)北京代表处马晋红首席代表签署合作框架协议(2018~2020)。以南水北调取水口的丹江湿地国家级自然保护区为国际合作示范点，采用“政府监督、公益参与”的方式，进行生态保护/修复/重建、构建面源污染防控机制、关注库区及周边流域内贫困问题，开展自然教育等多个方面的工作，为河南省及全国重要的水源地保护提供示范和经验。

3月5~6日，组织有关专家在郑州开展了欧洲投资银行贷款河南珍稀优质用材林可持续经营项目年度营造林作业设计评审。

5月22~23日，产业中心主要负责人员陪同省林业厅副厅长李军实地考察了三门峡卢氏、灵宝，对当地的核桃和苹果产业进行深入调研。

6月5日，全国油茶产业发展现场会在湖南衡阳举行，有油茶种植的15个省(区、市)林业部门负责人，油茶领域专家和企业负责人齐聚一堂，共商油茶产业发展大计。河南省林业厅厅长刘金山出席会议并发言。

6月4~9日，省林业厅副厅长李军带队陪同国家林业和草原局速丰办副主任石敏一行5人对新乡市国家储备林项目进展情况进行调研。

7月2~6日，欧洲投资银行贷款珍稀优质用材林项目和全球环境基金项目以及长江经济带珍稀树种保护与发展项目培训班在商城县举办。河南、广西、海南、福建、江西、安徽、四川7省(区)的200余人参加培训。国家林业和草原局世行项目管理中心副主任尹发权、河南省林业厅李军副厅长出席并讲话。

7月4日至9月30日，委托省林业调查规划院对欧洲投资银行贷款河南珍稀优质用材林可持续经营项目开展2018年度省级检查验收，对全省11个省辖市的27个项目单位2018年度项目实施情况进行核查，抽查1013个小班。完成合格营造林面积317261.4亩，是年度目标任务的147%。

8月16日，为践行“绿水青山就是金山银山”的发展理念，加快河南林业产业结构优化和转型升级，河南省林业厅联合国家开发银行河南省分行召开了河南省林业产业银企对接会，来自全省已上市(含新三板、新四板)、待上市或待进入新三板或新四板的林业企业及国家级林业产业化重点龙头企业负责人参加了会议，省林业厅厅长刘金山到会并发言。

9月7~12日，国家林业和草原局中南调查规划设计院(核查组)对信阳市南湾实验林场和泌阳马道林场2015年、2016年组织实施的中央基建投资国家储备林基地建设项目进行全面核查，核查结果：年度造林和现有林改培计划任务合格率均为100%。

9月20日，省林业厅厅长刘金山在郑州会见了日本三重县日中友协理事长花井伦大先生率领的三重县林业企业代表团，双方就在林业项目、林业贸易等领域加强合作、拓展交流交换了意见。

10月16~17日，省林业厅在郑州组织召开了全省国家储备林建设工作座谈会，交流国家储备林建设经验，分析问题，解答提问，研究对策。平顶山等13个省辖市、巩义等6个省直管县(市)、夏邑等3个县(市)林业局主要负责人参加会议。国开行河南分行相关部门负责人、上海财经大学PPP研究中心相关专家受邀到会听取意见、回应咨询。省林业厅厅长刘金山参加会议，副厅长李军主持座谈会。

10月18日，河南省南阳宝天曼等15家单位被中国林业产业联合会确定为第四批全国森林康养基地试点建设单位。

10月22~24日，中日民间绿化合作项目管理工作会议在郑州召开，20个省(区、市)项目单位的150人参加会议，国家林业和草原局对外合作项目中心副主任许强兴，省林业厅副厅长李军出席并讲话。与会人员赴孟津县实地调研了小渊基金项目实施成效。

11月1日，《河南省国家储备林建设规划(2017~2035年)》通过了省林业局组织的专家评审委员会的评审。

6月至11月，组织完成了2018中国(东北亚)森林博览会、第十五届中国林产品交易会(山东菏泽)、第十一届中国义乌国际森林产品博览会、第十四届海峡两岸林业博览会暨投资贸易洽谈会、中国-东盟博览会林木展5个国家级林业展会的参展工作等。

12月3~5日，省林业局在郑州举办了全省国家储备林项目建设管理培训班。各省辖市、省直管县林业局主管副局长、业务科长或专业技术人员，已批复建设方案中涉及的县(市、区)业务科长或专业技术人员，国家开发银行河南省分行相关人员，省林业局相关单位人员共230余人参加了培训，省林业厅副厅长李军到会并发言。

12月10日，国家发展改革委、财政部将河南省申报的欧洲投资银行贷款河南省森林资源发展和生态服务项目列入国家利用欧投行贷款2018～2019年备选规划，申请利用欧投行贷款1.5亿欧元。

12月29日，省林业局印发《河南省林业局关于公布河南省林业产业化重点龙头企业名单的通知》(豫林产〔2018〕251号)，完成了全省林业产业化重点龙头企业的新申报及复审企业的认定工作，并向社会公布了419家企业为河南省林业产业化省级重点龙头企业。

(肖建成　胡旭东　袁凤玉　王超)

湖北省林业产业

【2018年湖北省林业产业发展概况】 2018年，湖北林业产业积极融入精准扶贫和乡村振兴战略，深入推进林业产业供给侧结构性改革，大力发展木本粮油、苗木花卉、特色经济林、林下经济、中药材产业、森林康养等绿色富民产业，促进木材加工、林产化工、林浆纸等传统行业实现提档升级、转型发展。全省林业产业延续良好发展势头，2018年，全省实现林业总产值达3792.13亿元，同比增长15%以上。

林业产业发展主要特点 产业结构不断优化，三次产业同步发展。全省林业产业保持快速增长势头，2018年达到3792.13亿元，6年增加了两倍多。第一产业持续扩张，依托绿满荆楚行动、精准灭荒等工程，近年来全省新发展油茶219.4万亩、核桃89.75万亩、板栗130万亩、林下中药材50万亩、苗木花卉等其他特色经济林基地500万亩。第二产业提档升级，龙头企业不断壮大，全省新评定国家林业重点龙头企业20家，总数居全国前列，其中，中兴食品、宝源木业、康欣新材等年产值过10亿元。调结构、去产能步伐加快，淘汰小加工厂、小作坊等落后产能近1000家。第三产业蓬勃发展，2018年全省森林旅游、森林康养、林下采摘等服务业共接待1.78亿人次，直接收入910亿元，比2012年翻了两番，初步形成三次产业协调并进、融合发展新格局。林业扶贫效益初步显现，特色经济林、林下经济、森林旅游等成为山区农民增收的重要渠道。通城、阳新的油茶亩平均收益2600多元，保康、南漳、房县的核桃亩平均收益逾4000元。

主要工作完成情况

①引导林业龙头企业投身精准灭荒，积极开展产业基地建设。据不完全统计，全省有102家重点林业龙头企业投身精准灭荒共计营造各类经济林，原材料林基地达到51.5万亩，为林业产业持续健康发展提供了资源保障。

②积极培育新动能，推动林业产业高质量发展。全省林业产业认真落实新发展理念，坚持绿色、创新，走质量品牌发展之路，全年全省林产品取得产品专利167项，新产品研发241个，上市新产品171个。全省传统林产加工业转型升级加快，新兴产业高质量发展提速。

③认真实施林业产业发展补助项目，发挥政策扶持资金的撬动作用。组织开展40余家省级生态文明(林产品加工)专项资金竞争性分配工作。省级财政扶持林产品加工、竹产业发展专项资金1500万元基本落实到位。通过项目实施与绩效评估，项目实施的成效有所提升，促进龙头企业发展壮大，推进了龙头企业带动和引领作用，有力支持了全省“精准灭荒”和乡村振兴战略。

④破解企业融资难题，积极推进银企合作。择优组织19个重点龙头企业申报国家林草局产业发展基金，申报基金项目19个，申报基金90亿元，入选国家林业和草原局产业基金项目库17个，项目基金70.1亿元，项目总投资处在全国前列。6月5日、11月1日与省建行联合召开了两次银企对接会，组织入选项目单位与省建行开展业务对接，推动林业产业基金项目资金早日落地。

⑤加强项目跟踪督办，服务企业发展。抓好第二届中国武汉绿交会林业招商48个项目的落地生根，加强督办落实。据统计，全年全省落实林业招商项目32个，落实资金65.1亿元。积极跟踪督办省级财政扶持林产品加工、竹产业发展专项资金项目建设情况，完成项目完成情况自查报告，配合第三方评估机构对2017年林产品加工和竹产业项目实施进行绩效评估。下发通知对2018年专项资金项目进行跟踪监测，有效地加强了产业项目的实施管理。

⑥开展产业发展调研和林业龙头企业经济监测。全省确定了80家有代表性的企业为监测单位，重点对企业资产规模、销售收入、利税、带动农

户及农民增收等情况进行季度统计，为全面准确掌握全省林业经济运行情况，取得了较翔实的第一手资料，为领导决策和引导全省林业产业高质量发展提供了重要的理论依据。同时，通过产业发展调研，总结和宣传了一批产业精准扶贫、创新发展的典型，在全省进行了宣传和推广。

⑦服务龙头企业做大做强，积极“走出去”发展。组织省内涉林80余家企业参加义乌森博会、荷泽林博会、中国农博会、中国电子商务博览会等重要林产品展览、交易会，共有45个参展产品申报评奖，有21家参展产品获金奖、13家获得优质奖，获奖面占79.1%。积极推动本省林业重点龙头企业、特色林产品走出湖北，扩大湖北林业企业、林业产品的知名度。支持组织有外贸业务的重点林业企业参加“一带一路”，扩大对外贸易。

⑧大力培育龙头企业，推进林业产业品牌创建。优化和落实林业产业扶持政策，大力培育林业龙头企业，抓好2018年省级产业龙头企业认定评审和监测工作。支持企业争取中国驰名商标、湖北名牌，以及全国林业诚信企业、特色产业示范区等重点品牌。争取申报创建国家森林生态标志产品和森林生态标志产品建设基地。2018年新增国家级龙头企业6家、省级龙头企业62家；重新认定省级龙头企业166家。组织企业申报认定中国驰名商标、森林标志产品、全国林业诚信企业；培养认定一批示范基地、产业示范园区和林业特色优势区。

⑨着力抓好林业安全生产和森林食品安全监管工作。全年加强林业安全生产监管，认真落实国家林业和草原局，湖北省委、省政府、省安全生产委员会办公室、省食品药品安全委员会办公室有关工作部署，召开10次林业安全生产工作会议，其中湖北省林业局党组会议5次，先后印发了《2018年林业安全生产及森林食品安全工作要点的通知》等28个文件。制订《2018年全省林业“安全生产月”和“安全生产楚天行”活动方案》，上报汇报材料11次。认真开展安全宣传教育月“十个一”活动。两次开展林业安全专项检查督办，林业安全生产与食品安全监管保持向好的态势发展。

⑩开展林业产业新技术的培训。2018年9月27~28日，全省林业安全生产与电子商务和森林康养营建综合技术培训班在武汉举办。全省17各市(州)分管林业产业负责人、产业科长，重点龙头企业的代表、国家级森林公园负责人等150余人参加了培训。

主要工作亮点 一是林业招商引资成果显著。社会资本上山入林已成为新时尚，以林业资源、项目为载体，全省林业招商引资项目近100个，落实资金近500亿元。二是林业企业走出去发展再上新台阶。三是湖北林业品牌提升新高度、森林旅游产业突破性增长、创新安全生产管理，实现全行业全年无重大安全事故。

【木本油料】 2018年湖北省年末实有油茶林面积27.96万公顷，其中当年新造面积1.17万公顷、当年低产林改造的油茶面积2797公顷，年末实有油茶定点苗圃个数44个，全省定点苗圃面积427公顷，油茶苗木产量4818.3万株，其中：一年生苗木产量2710.36万株、二年以上留床苗木产量2019.73万株。全省油茶籽产量19.48万吨。全省油茶产业企业213个、年产值104.22亿元。年末实有核桃种植面积18.48万公顷，年末实有核桃定点苗圃个数21个，全省定点核桃苗圃面积138公顷，新培育核桃苗651.83万株，全省核桃干重产量12.35万吨。当年新育苗油用牡丹3430万株，油橄榄33万株，山桐子1600万株。当年新造油橄榄466.67公顷、油用牡丹1400公顷、山桐子8000公顷。组织实施2018年省级生态文明建设专项木本油料1000万元项目。对补助资金使用情况委托第三方振宇公司开展了育苗数量、质量、示范林完成面积和造林成活率、项目资金的管理、到位和使用情况等绩效监控工作。全年开展了木本油料产业扶贫工作。组织专家到来凤县、咸丰县等地进行木本油料技术培训与指导，鼓励贫困户参与基地建设，把木本油料产业发展同精准扶贫结合起来，帮助农民脱贫致富，促进山区经济发展。开展了全省木本油料产业的统计工作，对全省油茶、核桃、油用牡丹、山桐子、油橄榄的造林、育苗、加工企业、产量等情况进行了统计分析，为制定产业发展政策提供依据。

【自然保护区建设】 2018年全省现有6大类自然

保护地344个，其中自然保护区81个、风景名胜区35个、地质公园27个、森林公园96个、世界自然遗产1个。从事自然保护区建设的管理人数236人，全年自然保护区建设投资完成额3.945亿元，其中：中央投资2.23亿元、地方投资5897万元。推进保护区提档升级、基础设施建设和能力建设，指导宜昌市兴山县万朝山省级自然保护区晋升国家级通过国家林业和草原局评审；开展28家省级以上自然保护区资源动态监测体系建设调研；对七姊妹山、木林子、堵河源国家级自然保护区基础建设项目加强日常监管。组织指导国家级自然保护区申报2018年中央财政林业改革发展资金能力建设补助资金项目；完成龙感湖国家级自然保护区环保督查16、32号问题的整改及销号工作；联合省环保厅等五部门制定印发湖北省"绿盾2018"自然保护区监督检查专项行动实施方案，已完成神农架国家公园范围内和中华山鸟类升级自然保护区范围内22个问题销号；开展全省自然保护地大检查工作，掌握6大类344个自然保护地的基础底数和相关问题。安排部署全省11个国家级自然保护区迎接国家七部委组织的长江经济带国家级自然保护区管理评估；加大神农架国家公园对口联系工作，出台了《省林业厅贯彻落实〈神农架国家公园保护条例〉工作方案》，落实责任分工，细化工作措施。

【湿地保护与管理】 2018年全省湿地公园104个，其中：国际重要湿地4个，面积6.1万公顷。国家湿地公园66个。全年编制完成并印发了《2018年全省湿地保护工作要点》、《湿地保护修复制度实施方案》、会同省发改委和省财政厅联合印发《湖北省湿地保护修复"十三五"工程实施规划》(鄂林湿〔2018〕51号)并报三部委备案、组织编制《湖北省湿地生态补偿办法》报省发改委。武汉、宜昌等市已出台《湿地保护修复制度实施方案》，2018年7月25日，在洪湖召开了洪湖生态文明建设现场会，湖北省万勇副省长亲自赴现场调研参会，形成了省政府专题《会议纪要》《洪湖生态治理方案》。组织对2018年度到期的13个国家湿地公园进行省级初验与跟踪督办，最终有10个参加国家林业局试点验收。通山富水湖、孝感朱湖、松滋洈水、浠水策湖、随县封江口5个试点完成了国家考核评估工作，余下5个试点接受国家考核评估。完成《湖北省重要湿地和一般湿地认定标准》《第一批重要湿地名录》《湖北省湿地保护名录管理办法》编制工作。2018年度共争取中央财政湿地补助资金11300万元，2018年10月8至10日，在湖北生态工程职业技术学院举办了全省湿地保护管理培训班。并于2018年12月11至14日，与省野保站在蕲春赤龙湖联合举办全省湿地生态系统保护与管理培训班。

【科技推广】 2018年，以林业专家服务团、科技推广项目、科技下乡和科技服务为平台和抓手，组织科技人员下基层服务、送技术下乡，开展各类技术培训。在黄陂、安陆、随州、阳新、恩施、咸丰、京山、钟祥等地集中开展了技术培训服务和现场技术指导15期次，培训基层技术员、林农、大户和合作社人员1000多人次，发放各类培训资料2000份。完成"林下经济优化种植模式示范""油茶良种培育及优质栽培技术推广"中央财政林业科技推广示范项目，省科技支撑项目"主要经济林树种林下经济发展模式研究"等7个项目申报获批。黄冈市林科所申报中央财政林业科技推广油茶项目1项。重点推广"核桃丰产栽培技术""油茶良种繁育及综合配套技术集成示范""林药复合经营技术"等11项实用技术，将实用技术应用到基层，发挥推广示范效应。完成《红花油茶容器育苗技术规程》《金叶银杏栽培技术规程》《栾树栽培技术规程》等省级地方标准的项目。引种栽培林下百合、石斛、白芨等中药材品种3个，繁育栽培樱桃、杨梅、柑橘等经济林新品种2万多株，推广红花油茶优良品种4万多株。繁育良种苗木92万株，其中黄陂示范基地繁育优良油茶苗90万株，龙泉试验示范基地枇杷、杨梅、樱桃等其他经济林苗木2万株；完成2年生油茶苗60万株的转化推广，发挥新品种推广示范的作用。开展全省科技周宣传、林下经济技术培训、油茶产业扶贫培训等活动6次。

【林产工业】 2018年全省林业产业总产值3792.13亿元，其中第一产业产值1188.55亿元、第二产业产值 1275.52 亿元、第三产业产值 1328.06 亿元。全年全省商品材产量 209.76 万立方米，其中原木 180.7 万立方米、薪材 29.06 万立方米；非商品材 71.67 万立方米，其中农民自用材采伐量 42.13 万立方米、农民烧材 29.54 万立方米。竹材产量 3744.01 万根，其中毛竹 2834.23 万根、其他大径竹材 909.78 万根、小杂竹 10.74 万吨，竹产业年总产值 62.92 亿元。主要木竹加工产品包括锯材、木片、人造板、木竹地板及其他加工材五大类，年产量分别为：锯材 243.59 万立方米；木片 110.46 万立方米；人造板 830.04 万立方米，其中胶合板 311.44 万立方米、纤维板 383.83 万立方米、刨花板 73.31 万立方米、细木工板等其他人造板 61.46 万立方米；木竹地板 3326.27 万平方米；改性材与指接材等其他加工材 9.58 万立方米。主要林产化工产品有松香类产品 1.62 万吨、松节油类产品 1430 吨、木竹热解产品 1837 吨、木质生物质成型燃料 20.86 万吨。全省有 102 家重点林业龙头企业投身精准灭荒营造各类经济林、原材料林基地，全年全省林产品取得产品专利 167 项，新产品研发 241 个，上市新产品 171 个。全省传统林产加工业转型升级加快，新兴产业高质量发展提速。开展 40 余家省级生态文明(林产品加工)专项资金竞争性分配工作。省级财政扶持林产品加工、竹产业发展专项资金 1500 万元基本落实到位。择优组织 19 个重点龙头企业申报国家林业产业发展基金，申报入库基金项目 17 个，项目基金 70.1 亿元。

【主要经济林产品】 2018 年全省主要经济林产品总量年末实有种植面积 177.15 万公顷、产量 966.06 万吨。主要产品有水果、干果、林产饮料、林产调料、森林食品、木本药材、木本油料、林产工业原料八大类，经济林产品生产情况分别为：①水果产量 790.06 万吨，年末实有种植面积 47.45 万公顷，其中：苹果面积 1943 公顷、产量 1.55 万吨，柑橘面积 26.81 万公顷、产量 545.08 万吨，梨面积 4.25 万公顷、产量 61.85 万吨，葡萄面积 2.16 万公顷、产量 45.39 万吨，桃面积 8.11 万公顷、产量 117.43 万吨，杏面积 1323 公顷、产量 7512 吨，猕猴桃面积 1.49 万公顷、产量 5.23 万吨，其他水果面积 4.31 万公顷、产量 14.77 万吨。②干果产量 46.27 万吨，年末实有种植面积 31.62 万公顷，其中：板栗面积 28.94 万公顷、产量 40.55 万吨，枣面积 8328 公顷、产量 1.71 万吨，柿子面积 1.01 万公顷、产量 3.2 万吨，仁用杏面积 510 公顷、产量 230 吨，其他干果面积 7850 公顷、产量 7821 吨。③林产饮料产品 31.29 万吨，年末实有种植面积 32.41 万公顷，其中：毛茶面积 31.79 万公顷、产量 31.01 万吨，其他林产饮料产品面积 6191 公顷、产量 2781 吨。④林产调料产品 2554 吨，其中：花椒 1940 吨、八角 124 吨、桂皮 11 吨、其他调料产品 479 吨。⑤森林食品 31.29 万吨，其中：竹笋干 1.55 万吨、食用菌 19.37 万吨、山野菜 2.26 万吨、其他森林食品 8.01 万吨。⑥森林药材 27.45 万吨，年末实有种植面积 18.48 万公顷，其中：银杏面积 2.6 万公顷、产量 3.01 万吨，山杏仁面积 22 公顷、产量 16 吨，杜仲面积 3.26 万公顷、产量 2.37 万吨，黄柏面积 9733 公顷、产量 5245 万吨，厚朴面积 2.39 万公顷、产量 1.32 万吨，枸杞面积 1944 公顷、产量 1886 吨，山茱萸面积 491 公顷、产量 504 吨，五味子面积 622 公顷、产量 297 吨，其他森林药材面积 8.95 万公顷、产量 19.96 万吨。⑦木本油料 32.11 万吨，年末实有种植面积 47.2 万公顷，其中油茶籽 19.48 万吨、年末实有种植面积 27.96 万公顷，核桃 12.35 万吨、年末实有种植面积 18.48 万公顷，油用牡丹籽 2652 吨、年末实有种植面积 5196 公顷，油橄榄面积 1458 公顷、产量 160 吨，其他木本油料 1067 公顷。⑧林产工业原料 5.34 万吨，其中生漆 2664 吨、油桐籽 2.14 万吨、乌桕籽 1.02 万吨、五倍子 2767 吨、棕片 3014 吨、松脂 1.33 万吨。2018 年全部经济林产品的种植与采集总产值 722.78 亿元，其中水果种植 292.97 亿元、坚果及含油果和香料作物种植 69.61 亿元、茶及其他饮料作物的种植 155.44 亿元、森林药材的种植 60.43 亿元、森林食品种植 110.44 亿元。林产品的采集产值 33.87 亿元，油茶产业产值 104.22 亿元。

【苗木花卉】 2018 年林木种子采集量 2150 吨，育苗面积 4.21 万公顷，其中国有育苗面积 2673 公顷，全省当年苗木产量14.29亿株。当年林木育种与育苗总产值84.94亿元，其中林木育种7.61亿元、林木育苗77.33亿元。2018年末实有花卉种植面积10.74万公顷，切花切叶产量1.58亿支，盆花植物产量1.96亿盆，观赏苗木产量2.42亿株，草坪产量1342.69万平方米，全省共有花卉市场243个，花卉企业2410个，其中大中型花卉企业258个，花卉从业人员26.7万人，其中：专业技术人员1.67万人，花农5.74万户，控温温室面积135.68万平方米，日光温室面积200.07万平方米。全年花卉及其他观赏植物种植产值169.72亿元。

【森林公园和森林旅游】 2018年，全省森林公园96个，面积42.5万公顷。其中：国家级森林公园37个，面积31.6万公顷；省级森林公园59个，面积11.3万公顷。全省林业旅游与休闲产业1.79亿人次，收入910.51亿元，人均花费509元，林业旅游与休闲产业直接带动的其他产业产值1300.17亿元。其中：全省林业旅游1.56亿人次，旅游收入782.17亿元，林业旅游直接带动的其他产业产值1187.06亿元；林业疗养与休闲2256.59万人次，疗养与休闲收入128.34亿元，直接带动的其他产业产值113.11亿元。组织全省10个重点县市参加于2018年12月16~18日在广州举办的“2018年中国森林旅游节”，2家单位重点森林旅游项目签约总金额达25亿元，湖北省竹溪县派出一支由35人组成的大型文艺表演队伍，竹溪县荣获“2018年全国森林旅游示范县市”称号。完成5起森林公园占用林地可行性评估工作；组织森林公园管理人员参加各类森林公园建设及森林旅游管理培训班共计3期，培训38人；完成6家国家级森林公园省级评审、2个国家级森林公园申报工作；对4家国家级森林公园开展监督检查及“双随机一公开网上监管平台”的数据录入工作。推荐13家申报第四批全国森林康养基地试点建设单位，并全部获批授牌。

【野生动物驯养繁殖】 2018年全省野生动物繁育机构266个。全年陆生野生动物繁育与利用总产值29.61亿元。驯养繁殖的野生动物食品与毛皮革等加工制造产值28.36亿元。全年陆生野生动物繁育与利用单位4个，年末实有人数29人。

【林下经济发展】 2018年，全省林下经济总产值385.49亿元。全省林下经济面积已发展到86.67万公顷。共建立林下经济示范基地629个，其中国家级示范基地16个，从事林下经济专业合作组织达到1300个。林下经济已涵盖种植、养殖、林下产品采集加工、餐饮服务、生态休闲旅游等行业。确定了咸安、罗田、钟祥、谷城、恩施5个县(市、区)为全省第一批林下经济示范县创建单位；编制《2018年林下经济发展补助项目实施方案》，于2018年3月27~29日，组织全省第一批5个示范县的政府分管领导、林业局局长等人员到浙江安吉县考察学习。

(彭锦云)

湖南省林业产业

【概　述】 2018年全省林业产业总产值达4661亿元，较上年增长405亿元，同比增长9.5%，其中一产业产值1524亿元，二产业产值1584亿元，三产业产值1553亿元，全省林业产业发展再上新台阶。

品牌建设　一是打造"一县一特"主导特色产业。省林业局与省农委、省粮食局联合发布湖南省"一县一特"主导特色产业发展指导目录，湖南林业涵盖"2带2片11基地"(即衡邵罗霄山脉茶油产业带、长株潭百里花卉苗木产业带，湘西北茶油产业片、湘中道地药材产业片和6个道地药材产业基地、3个楠竹产业基地、2个花卉苗木产业基地)，着力打造7个区域品牌(即"湖南茶油""百里花卉""湘九味药材""通道黑老虎""桃江竹笋""邵东流泽玉竹""隆回金银花")。全省共有37个县(市、区)纳入特色产业发展范畴，其中特色产业主导区26个，特色产业辐射区11个。集中优惠政策、产业项目、扶持资金等向主导特色产业和区域品牌倾斜，有力促进了特色优势林业产业融合化与品牌化发展。二是加强林产品品牌认定。2018年，全省林业新增中国驰名商标2个，新增和重新认定湖南省名牌产品9个，获评2017~2018年度中国林业产业创新奖(森林食品类)12个，湖南中集竹木业发展有限公司等4家竹木加工企业被列为中国竹藤品牌集群首批成员单位。三是提升林产品质量。完成省林产品质量安全监测计划58批次，全省无林产品质量安全事故。

龙头企业　一是根据国家林业和草原局要求，组织对第一、二批国家林业重点龙头企业开展运行监测，建议取消运行监测不合格的龙头企业1家，全省国家林业重点龙头企业共23家。二是开展了湖南省林业产业龙头企业认定和运行监测，2018年新认定121家，取消运行监测不合格的龙头企业39家，全省林业产业龙头企业达590家。

产业园区建设　按照《湖南省人民政府关于深入推进农业"百千万"工程促进产业兴旺的意见》(湘政发〔2018〕3号)关于"产业兴旺"的战略部署要求，省林业厅与省财政厅联合印发《2018年度现代农业(林业)特色产业园省级示范园申报通知》，围绕实现"油茶、竹木、森林旅游与康养、林下经济"千亿产业发展目标，经创建主体自愿申报、县市林业和财政部门审核、省级专家评审等程序，共认定20个湖南省现代农(林)业特色产业园省级示范园。推进国家级产业园区建设，绥宁木竹产业示范园区、桃江楠竹产业示范园区等4家产业园被国家林业和草原局认定为国家林业产业示范园区。

资金投入　一是下达林产工业建设专项资金225万元和楠竹产业发展专项资金360万元。二是落实2018年湖南省现代农(林)业特色产业园省级示范园建设资金2000万元。三是全省林区道路养护资金投入3000万元。四是中央财政投入省林业产业龙头企业贷款贴息资金1757万元。五是推荐入库全国林业产业投资基金项目7个，召开银企对接会，争取到建行授信额度4.2亿元。

基础工作　一是扎实完成人大代表、政协委员关于推动全省楠竹、油茶产业发展有关建议、提案的答复工作，满意率100%。二是进一步推进解决省林业厅原直属企业改制遗留问题。三是深入开展林业产业扶贫工作。四是严格落实"一岗双责、党政同责、齐抓共管、失职追责"和"三个必须管"责任，抓实抓细安全生产工作，维持了全省林业行业的平安稳定。

【油茶产业】 截至2018年底，全省油茶总面积达到2111.1万亩，茶油产量26.2万吨，产值450亿元，各经济林指标均居全国前列。全省油茶面积5万亩以上的县(市、区)有74个，50万亩以上的有11个。①编制了《湖南省油茶产业发展规划(2018~2025年)》，明确了经济发展新格局下实现油茶千亿产业目标、路径与保障措施。②全年全省共投入油茶资金29.28亿元，其中中央资金1.83亿元，地方各级财政及整合资金5.3亿元。共完成油茶造林75.5万亩，油茶低产林改造118.4万亩，油茶幼林抚育192.8万亩，分别为计划任务的151%、118.4%、128.5%。在全省建17片新造油茶示范基地和10片高标准低改示范基地，通过严格把好各环节的质量关，推广新品种、新技术和管理新模式，发挥了良好示范效果。③抓品牌创建，产业效应有新突破。一是抓"湖南茶油"公用品牌基础体系建设。制订了"湖南茶油"团体标准和《"湖南茶油"公用品牌管理办法》等制度。二是抓品牌运营。15家企业获公用品牌使用授权，确立了举旗企业，建立了"湖南茶油"公共服务平台。品牌茶油进驻香港和澳门，在北京、珠海开设了"湖南茶油"展示体验中心。三是抓品牌宣传。全年油茶大事通过《湖南日报》、湖南广电有关媒体平台、红网、《香港商报》等媒体进行了广泛的宣传报道。④抓创新引领，产业发展有新动力。"油茶全产业链提质增效关键技术研究与示范"获省重大科技专项支持，"大三湘"获评"国家油茶加工技术研发专业中心"。"油茶综合效益统计评估体系研究"等成果初见成效。融资机制创新有新成果。通过"惠农担-油茶贷"，油茶企业和林农获银行资金近6亿元。"大三湘"公司获省国开行流动资金授信贷款2400万元。支持衡阳市、湖南粮食集团筹建油茶产业发展基金。⑤抓重大活动，湖南油茶影响力有新提升。成功承办了第十次全国油茶产业发展现场会，向全国展示了湖南省油茶发展新技术、新成果和新面貌；组织参展香港美食博览会、中部农博会、湖南农产品北京产销对接会等展会，举办了几场高规格的"湖南茶油"专场推介会，"湖南茶油"知名度和影响力不断扩大。指导湖南茶油康御"月宫一号365"航天专用产品新闻发布会；组织香港专家名流媒体高层到湘考察体验湖南茶油。常宁、浏阳等地，大三湘、湘西沃康、湘天华等企业举办油茶文化节。

【竹木产业】 深入贯彻《湖南省人民政府关于深入推进"百千万"工程促进产业兴旺的意见》(湘政发〔2018〕3号)文件精神，编制了《湖南省竹木产业发展规划(2018~2025年)》。2018年围绕千亿竹木产业发展所做工作：一是争取到桃江县、绥宁县、双牌县楠竹基地建设纳入了湖南省"一县一特"主导特色产业发展指导目录，"桃江竹笋"被列入湖南省竹产业区域品牌目录。二是落实省委、省政府领导的指示，加强了"三素"分离、竹建筑装饰材、竹餐具等新加工技术、产品的调研和项目对接。三是加强企业培育。认定24家竹木加工企业为省林业产业龙头企业，通过林产工业和楠竹产业发展专项技术和资金共支持34家重点竹木加工企业生产线改造升级、生产工艺和技术改良、产品研发创新，提高竹木加工产品附加值。四是承办第十届中国竹文化节，全国各地108家竹业企业参展，项目签约金额达30.4亿元。五是组织湖南省竹木加工重点企业参加2018中国森林旅游节、2018国际(眉山)竹产业交易博览会、2018年湖南贫困地区优质农产品(北京)产销对接会等知名展会。

【森林公园建设与生态旅游】 加强森林公园建设，完成了拟设立湖南腾云岭国家级森林公园、汨罗八景洞省级森林公园的申报和考察工作。11月，省政府批复设立洞口大湾等6处省级森林公园，全省省级以上森林公园增至121处。

打造森林旅游支柱产业。一是精心制定产业规划。完成编制《湖南森林旅游与康养千亿级产业发展行动计划(2018~2025年)》，推动行业健康发展。2018年全省森林旅游继续快速发展，全省森林公园2018年接待游客5454.26万人次，同比增长9.08%，创森林旅游综合收入598.91亿元，同比增长19.7%。重要节假日森林旅游行情持续火爆，"十一"黄金周期间，各大森林公园共接待游客689.54万人次，同比增长13.89%，实现旅游总收入42.8亿元，同比增长11.26%。二是精心筹备节庆会展。成功举办全省森林旅游工作会议以及2018中国森林旅游节湖南(浏阳)大围山杜鹃花节。精心组织参加了2018年中国森林旅游节，121个森林公园和10余家企业参加展出，推出20多项森林旅游产品，推出了湖南森林与湿地旅游画册、湖南森林(湿地)公园旅游图、湖南森林旅游风光视频、湖南森林和湿地旅游项目招商手册等，与广东、广西、江西、福建四省(区)共同签订森林旅游联合发展战略合作协议。三是培育精品旅游目的地。天际岭国家森林公园成功入选"全国中小学生研学实践教育基地";郴州市、洞口县、吉首市获得全国森林旅游示范市(县)命名。组织天际岭、大围山两个国家级森林公园积极申报全国森林养生基地和森林体验基地重点建设单位;组织桃花源等11个国家级森林公园和毛里湖等6个国家湿地公园作为"十三五"期间重点推介森林旅游地由国家林业和草原局向社会进行推介;在"寻找中国森林旅游美景推广地"活动中,大围山国家森林公园的杜鹃花海获评全国六处最美花海之一,莽山国家森林公园获评全国八处森林美景摄影地之一。四是精准制定行业标准。评审通过了《湖南省森林康养基地建设管理规范》。组织编制了《森林旅游示范市县评价标准》《康养林经营技术规范》《负氧离子监测规范》《森林康养服务设施建设规范》《森林康养导引系统规范》《森林康养产品项目设计规范》等地方标准。

【林下经济】 一是开展林下经济千亿产业培育行动。组织编制《湖南省林下经济千亿产业发展规划(2018~2025年)》,确定了以林下种植、林下养殖、相关产品采集加工等为主要内容,以林药、林禽林畜、特种养殖、林菌、资源昆虫、林下农经作物、林果、特用花卉、特色类茶、林特产品10种类型为主导的林下经济产业体系。二是持续推进林下经济示范基地创建工作。推荐申报国家林下经济示范基地27家,评选认定省级林下经济示范基地61家。三是强化国家林下经济示范基地管理。下发《关于报送林下经济发展情况的通知》,组织全省32家国家林下经济示范基地按时向国家林业和草原局报送了2017年度报告,强化了对国家示范基地的动态管理。四是配合开展第二批湖南省中药材种植基地示范县认定工作。协同省工业和信息化厅等7部门对14家申报单位进行了资料评审、现场核实等工作,最终认定安化县等8家单位为第二批湖南省中药材种植基地示范县。

【产业科技推广】 入户项目28项,重点发展油茶、黑老虎、碧桃等特色产业。继续与美国开展RPM容器育苗技术引进工作,在浏阳市龙伏基地开展试验示范。支持古丈县、城步县等6个贫困县开展基层推广站建设,夯实基层推广能力。全年共推广应用新成果、新技术120项次,建立示范基地18个,验收到期中央财政科技推广项目13个。全省科技进村入户行动覆盖1281个村21783户,示范面积33.4万亩。技术培训有序开展。全省共举办培训1708期,培训林农12.8万人次,印发技术资料42.7万份;与《湖南科技报》合作,开设"推广林业科技,促进兴林富民"专版,主推林农急需的各项实用技术,全年刊发10期,每期25万份。

【湖南林业产业大事记】 2018年11月14~16日,第十届中国竹文化节在益阳市桃江县竹海景区举办。该届竹文化节以"弘扬华夏竹文化 建设美好新家园"为主题,全国各地108家竹业企业参展,项目签约金额达30.4亿元。

着力打造油茶、竹木、森林旅游与康养、林下经济四大千亿产业。省林业厅组织编制了《湖南省油茶千亿产业发展规划(2018~2025)》等四大千亿产业规划,大力推进湖南林业产业发展,做好实施乡村振兴战略与打好精准脱贫攻坚战的有机衔接。

【国家林业重点龙头企业名录】

益阳森华林业发展有限公司
株洲松本林化有限公司
湖南福湘木业有限责任公司
伟特家居股份有限公司
湖南林之神生物科技有限公司
湖南山润油茶科技发展有限公司
衡阳市天天见梳篦实业有限公司
湖南省百山洁具有限责任公司
浏阳市金仁林业集团有限公司
湖南银山竹业有限公司
株洲市万樟园林绿化工程有限责任公司
娄底市海人科技开发有限公司
湖南贵太太茶油科技有限公司
湖南大三湘茶油股份有限公司
湖南桃花江竹材科技股份有限公司

湖南九九慢城杜仲产业集团有限公司
永州市异蛇科技实业有限公司
湖南省丰源体育科技有限公司
湖南长浏园林建设发展有限公司
湖南中南神箭竹木有限公司
湖南美森竹木住宅科技有限公司
湘潭盘龙生态农业示范园有限公司
湖南中联天地科技有限公司
湖南凯丰活性炭环保科技有限公司
湖南华泰家私有限责任公司
湖南吉星家居有限公司
蓝山县郁葱林业有限责任公司
永州市馨园园艺有限责任公司
东安县新科生态农业有限公司
双牌县聚农林场
湖南闽新人造板有限责任公司
湖南天沃科技有限公司

【省级林业产业龙头企业名录】

永州市异蛇产业有限公司
永州市异蛇科技实业有限公司
永州市山香香料有限公司
湖南新金浩茶油股份有限公司
湖南科茂林化有限公司
湖南敬和堂制药有限公司
永州利达工贸实业有限公司
湖南省江永县大众木业有限责任公司
湖南银光粮油股份有限公司
永州市湘南出口包装有限公司
永州市福源木业有限公司
湖南大自然制药有限公司
湖南湘浩油茶生物科技有限公司
江永县金榄果茶油有限责任公司
湖南省唐家山油茶开发有限公司
湖南果秀食品有限公司
湖南舜皇峰竹木有限公司
永州市鑫森农林业开发有限公司
永州市东安汤氏竹业有限公司
永州锦田木业有限公司
永州市阳明生态农业发展有限公司
湖南咏农投资开发有限公司
湖南希尔天然药业有限公司
湖南恒伟药业股份有限公司
蓝山县湘蓝竹木制品有限公司
蓝山县鑫旺竹业有限公司
湖南家乐竹木有限公司
新田苗木绿化有限公司
湖南林丰木业有限公司
永州伊园科技有限公司
永州万喜登农业发展有限公司
蓝山县景峰林业发展有限责任公司
永州市沐阳恬园农林开发有限公司
湖南恒康农林科技有限公司
湖南盛源竹业有限公司
湖南省康德佳林业科技有限公司
湖南栋梁木业有限公司
湖南天惠油茶开发有限公司
东安瑞峰农林牧发展有限公司
永州市建华林产科技开发有限公司
永州市永大九嶷油茶开发有限公司
湖南云生竹业科技有限公司
永州浙南竹木有限公司
湖南通天旅游文化传播有限公司
永兴县绿洲木业有限公司
湖南创兴人造板有限公司
郴州天湖绿色食品有限公司
郴州邦尔泰苏仙油脂有限公司
嘉禾嘉津实业有限公司
汝城县湘苏木业有限责任公司
资兴市华兴木制品有限公司
汝城县纯正木业有限公司
汝城县绿叶木业有限责任公司
宜章裕农林业发展有限公司
郴州华鼎粮油工业有限公司
郴州御林傢俬有限公司
湖南省绿色家园现代休闲农业有限公司
桂阳郁葱葱生态林业发展有限公司
永兴县源和油茶有限公司
湖南过山瑶农业有限公司
湖南利诺生物药业有限公司
湖南御仙生态农业发展有限公司
资兴市东江天然绿色食品有限公司

永兴泰宇茶油有限公司
宜章县盛世农业发展有限公司
宜章天泉林产品有限公司
宜章县林富生态农业发展有限公司
郴州皓翔农林产业有限公司
桂阳县天能生态农业发展有限公司
郴州湘众中药材种植贸易有限公司
湘林集团有限公司
湖南省丰源体育科技有限公司
邵阳佰龙竹木有限责任公司
湖南旺正新材料有限公司
洞口县佳利木业有限公司
洞口县五龙山胶合板厂
湖南崀山家俱有限公司
武冈市云山木业有限责任公司
绥宁县力马画材有限公司
湖南紫薇投资集团有限公司
湖南银山竹业有限公司
洞口佳和建材有限公司
邵阳市鑫众农林科技发展有限公司
邵阳市华立竹木制品有限公司
湖南李文食品有限公司
湖南瑞柏茶油有限公司
湖南百山洁具有限责任公司
邵阳心连心食品有限公司
湖南湘宝油茶开发有限公司
邵东县古奇洞玫瑰开发有限公司
邵阳天元木业有限公司
湖南省武冈市银林林业发展有限公司
湖南金杧果家居有限公司
邵阳市新康尼生态农业发展有限责任公司
湖南东方新绿洲农林科技有限公司
邵阳市檀香园现代农业综合开发有限公司
新宁县福鑫木业有限责任公司
邵阳市新绿洲农林高新科技发展股份有限公司
湖南华强粮油发展有限公司
湖南浩达农林发展有限责任公司
湖南美景生态农林发展有限公司
洞口县玉竹木业总厂
湖南青钱柳科技开发有限公司
城步苗族自治县鸿丰木业有限公司
新宁县崀山中药材种植有限责任公司
邵东县新屋农林发展有限责任公司
湖南鸿利药业有限公司
湖南雪湘玫瑰花农业科技有限公司
湖南家富三禾农林科技发展有限公司
邵阳县盛和农林科技发展有限公司
邵阳县五龙休闲农业开发有限公司
新宁县森鑫竹木发展有限公司
湖南益宏园林建设有限公司
武冈市青钱柳茶业有限公司
新邵南陌生物科技有限公司
湖南中集竹木业发展有限公司
湖南省林辉实业有限公司
邵阳县顺丰农业发展有限公司
邵阳县兴隆粮油食品有限公司
湖南坤乾食品有限公司
邵东县多特农业有限公司
隆回县建兴林业发展有限公司
隆回佳鼎木业有限公司
湖南古楼雪峰云雾茶有限公司
邵阳美源农林科技有限公司
会同县贤胜油业有限责任公司
湖南补天药业有限公司
湖南美森竹木住宅科技有限公司
怀化市恒裕竹木开发有限公司
湖南骏泰浆纸有限责任公司
会同县康奇瑞竹木有限公司
湖南鸿森木业有限公司
湖南佰诺酒业有限公司
沅陵大博农林开发有限公司
怀化市洪源农林开发有限公司
怀化市四宝山生物科技有限公司
湖南杨家将茶油股份有限公司
湖南省新晃县龙脑开发有限责任公司
湖南省怀化市华鑫生态科技发展有限公司
湖南恒森农业发展有限公司
溆浦乐园竹业有限公司
湖南洪江棓雅生物科技有限公司
湖南汉清生物技术有限公司
靖州县金茶油科技开发有限责任公司
怀化福民油茶发展有限公司

湖南金月云农林投资开发有限公司
芷江春知蓝笋业开发有限公司
怀化市洪江区欣隆竹胶板厂
湖南寰宇木业有限公司
怀化市靖萍农林牧综合开发有限公司
湖南生泰茶油有限公司
湖南博嘉魔力农业科技有限公司
湖南龙丰茯苓科技开发有限公司
湖南德宇农林发展有限公司
湖南一品东方生物科技有限公司
靖州县湘百仕酒业有限责任公司
湖南有生绿色产业开发集团有限公司
怀化市腾升油脂有限公司
湖南长江木业实业有限公司
湖南福湘木业有限责任公司
湖南山润油茶科技开发有限公司
岳阳纸业股份有限公司
湖南茂源林业有限责任公司
湖南大亨湖湘木业有限公司
湖南省福星林业股份有限公司
岳阳华信人造板有限公司
岳阳县芭蕉扇业有限责任公司
汨罗市宏达木业有限公司
湖南基荣木业有限公司
湘阴县兴湘木业有限责任公司
湖南省及时春金银花保健品有限公司
湖南给力生物能源股份有限公司
湖南省长康实业有限责任公司
岳阳县林园生态农业科技有限公司
湖南现代家俱装饰有限公司
临湘市晨星竹业有限公司
临湘市新兴实业有限公司
湖南正盛农林科技开发有限公司
岳阳绿普园林艺术有限公司
岳阳县雷公藤中药材种植专业合作社
湖南圣泰园林绿化有限公司
古丈县卓良木业有限责任公司
湘西老爹生物有限公司
湖南龙山县现代中药材开发有限责任公司
永顺县源植天然香精香料有限责任公司
湘西宏成制药有限责任公司
古丈县神土地农副特产制品厂
湖南边城生物科技有限公司
湘西自治州奥瑞克医药化工有限责任公司
泸溪县武陵阳光生物科技有限责任公司
湖南鸿光林产品开发有限公司
湖南鑫科牧业有限公司
龙山县恒龙中药业拓展有限公司
湘西自治州牛角生态农业科技开发有限公司
古丈罗马特种生物科技有限公司
衡阳市天天见梳篦实业集团有限公司
湖南开福家具有限公司
湖南省天福油脂有限公司
湖南大三湘油茶科技有限公司
祁东县宏泰家具实业有限公司
祁东县新丰果业有限公司
湖南森香木业有限公司
湖南江山生态农林发展有限公司
耒阳市神农农业科技发展有限公司
湖南省三香农林开发有限公司
湖南恒建农林综合开发有限公司
衡阳市嘉兴木业有限公司
湖南金昌生物技术有限公司
湖南隆昌农林开发有限公司
湖南省展望生物科技发展有限公司
湖南珍丰农业发展有限公司
湖南省易湘生态农业科技有限公司
湖南花果果农林综合开发有限公司
常宁市碧翔农业开发有限公司
湖南松林农业开发有限公司
耒阳市金鑫农业科技发展有限公司
湖南省广林农业科技开发有限公司
祁东县一家家居有限公司
湖南省洣江农林综合开发有限公司
衡阳市荣盛农业科技发展有限公司
湖南万象生物科技有限公司
湖南中联天地科技有限公司
澧县振顺人造板有限责任公司
桃源县桃花源跃宇竹业有限责任公司
常德市鼎城东方恒康竹业有限公司
汉寿县洞庭木业有限责任公司
湖南省石门县白云山国有林场

常德荣星家具有限公司
湖南省文源林业开发有限公司
常德湘大环保科技有限公司
湖南常德湘联实业有限责任公司
常德市卧山夫烙画有限公司
汉寿县绿博农业综合开发有限公司
汉寿县芙蓉林业园林有限责任公司
湖南林钰王科技环保有限公司
常德市鼎城金标粮油工业有限公司
常德市鼎城区富祥木业有限公司
湖南城头山农林开发有限公司
常德百佳园林建设有限责任公司
湖南天骄农林发展有限公司
湖南博邦农林科技股份有限公司
湖南周记工贸有限公司
常德市鼎城区天野竹业有限公司
湖南同飞农林科技开发有限公司
湖南天福农业综合开发有限公司
汉寿县湘汉苗木有限公司
澧县康园农业开发有限公司
汉寿县银河岸农林科技发展有限公司
湖南长笛龙吟竹业有限公司
湖南桃凌木业有限公司
湖南三力绿色生态产业发展有限公司
湖南无患子农林发展有限公司
湖南省石门县犟哥野生素食研制中心
澧县树大园林有限责任公司
湖南欢颜新材料科技有限公司
湖南润农生态茶油有限公司
湖南山晖农林投资开发有限公司
湖南申友农林投资有限公司
湖南波比木业有限责任公司
湖南唐臣粮油实业有限公司
湖南行寅贤农业科技有限公司
湖南农其科技开发有限公司
湖南明月山庄农业发展有限公司
湘潭市鑫美园林苗木有限责任公司
湖南汇景投资有限公司
湘潭市花园林产品交易市场有限公司
湘潭金峰生态农业有限责任公司
湖南荣和谷农业发展有限公司
湘潭市向阳苗木花卉有限公司
湖南月意生态工程有限公司
湖南鑫湘木业有限公司
湘潭县东兴木业有限责任公司
湖南省壹点园林有限公司
湘乡春天木业有限公司
湘潭市木材公司
湘潭康奕达油茶生物科技有限公司
湖南东方威生物制品有限公司
湖南润竹竹业有限公司
湖南陆陆木业有限公司
湖南昭舜农林开发有限公司
湘潭盘龙生态农业示范园有限公司
湖南百里醇油茶科技发展有限公司
湖南楚山宝农业发展有限公司
湖南泰格林纸集团有限责任公司
浏阳市永鑫建材有限责任公司
浏阳市金仁竹木工艺品有限公司
湖南地宝龙装饰材料有限公司
湖南望城出口包装有限公司
长沙千禧木业有限公司
浏阳市中南竹业有限公司
湖南圣保罗木业有限公司
浏阳市康明木业有限公司
浏阳市戴式木业厂
浏阳市顺捷木艺有限公司
长沙菱格木业有限公司
浏阳市古港镇虎康厨具用品厂
浏阳市恒春木业有限公司
长沙李氏家具有限公司
长沙市欧林雅家纺有限责任公司
长沙民湾家具制造有限公司
浏阳市龙伏镇圣丽亚木业厂
湖南文和家具有限公司
湖南贵太太茶油科技有限公司
湖南省达美包装有限公司
湖南省美津园粮油食品有限责任公司
湖南高鹏木艺有限公司
湖南森鑫环境景观园林工程有限公司
湖南金太阳木制品有限公司
浏阳市山田腾飞木业厂

长沙林盛林业科技开发有限责任公司
湖南雪丰建材有限公司
湖南怡人园林绿化有限公司
浏阳市富豪木业有限公司
浏阳市时上木业厂
长沙千龙湖生态农业开发有限公司
湖南瀚海林业发展有限公司
湖南天华油茶科技股份有限公司
湖南长浏园林建设发展有限公司
伟特家居股份有限公司
浏阳市闩山门业有限公司
浏阳市名柏木业有限公司
湖南顺天园林绿化有限公司
湖南省文华农业工程技术有限公司
湖南湘纯农业科技有限公司
浏阳市蜜蜂哥哥蜂产业专业合作社
浏阳市汉瑞木业有限公司
湖南宏健茶油生物科技有限公司
浏阳市佳源生态农林开发有限公司
湖南省海韵农业开发有限公司
浏阳五祥木业有限公司
浏阳市淳口镇永旺木业厂
长沙市壕铭文教用品有限公司
湖南江城景观建设有限公司
浏阳市沿溪家旺竹木制品厂
长沙一苇景观建材有限公司
浏阳市鑫昌鑫木业有限公司
湖南固得木艺有限公司
湖南裕容家具产业园有限公司
长沙三珍林业科技开发有限公司
湖南天泉生态草业工程有限公司
长沙天然油茶科技发展有限公司
湖南天合农业发展股份有限公司
长沙世光家具有限公司
湖南沩滨农业科技有限公司
长沙县多彩农业科技有限公司
长沙星城园林绿化工程有限公司
湖南九九慢城杜仲产业集团有限公司
湖南金霞(浏阳)油茶科技有限公司
湖南省晚安家居实业有限公司
湖南桃花江实业有限公司
益阳瑞亚高科纺织有限公司
益阳桃花江竹业发展有限公司
益阳海利宏竹业有限公司
湖南万森木业有限公司
桃江县湘益木业有限责任公司
益阳森华林业发展有限公司
益阳市远益竹青砧板有限公司
益阳市华林实业发展有限公司
湖南省科农林业科技开发有限公司
益阳市恒生木业有限公司
湖南省桃江县竹制品有限公司
湖南省桃江县杨林移民竹业有限责任公司
湖南省桃江县吉华竹木制品有限公司
桃江县罗家坪福利竹业有限公司
桃江县宏森木业有限责任公司
桃江县福森木业有限公司
益阳福民油茶产业发展有限公司
沅江市鸿海农业综合开发有限公司
湖南金柠农林科技综合开发有限公司
桃江县伊联木业有限责任公司
湖南三盟油茶科技开发有限公司
湖南瑞慧农林科技有限公司
益阳市新昌竹木制品有限公司
沅江市中旺木业有限公司
湖南风河竹木科技有限公司
益阳和祥竹业有限公司
桃江曙林家居有限公司
湖南绿苑园林景观工程有限公司
湖南力都科技有限公司
湖南省春龙竹艺有限公司
桃江县杨林木业有限公司
安化县龙塘柏溪竹业有限责任公司
湖南山山绿色食品有限公司
益阳冉哲竹木有限公司
湖南省西施园林科技有限公司
湖南顺德城家居股份有限公司
益阳市鸿顺竹木制品有限公司
湖南天翔生态竹业科技有限公司
益阳市银丰园林景观有限公司
桃江冰梦家居用品有限公司
桃江县汇泉农业发展有限公司

张家界久瑞生物科技有限公司
湖南张家界九天食品有限责任公司
张家界康华实业有限公司
张家界茅岩莓有限公司
张家界福安家木业有限公司
张家界惊梦酒业食品有限责任公司
张家界广惠众生态农业有限公司
湖南大湘西魔芋有限公司
张家界三木能源开发有限公司
桑植金桥农产品有限责任公司
张家界立功旅游农业发展公司
张家界大峡谷旅游景区管理有限公司
慈利县绿为装饰材料有限责任公司
株洲松本林化有限公司
株洲江山置业有限公司
株洲市丹陵花木有限责任公司
攸县奇瑞实木家私有限公司
湖南省绿达新材料有限公司
炎陵县振盛木业厂
茶陵古城香业有限责任公司
株洲云田花木有限公司
炎陵县南都木业厂
株洲县林之鹰竹胶板厂
湖南红星盛康油脂股份有限公司
茶陵县虎踞林场发展有限公司
茶陵县浙南竹木开发有限公司
株洲市万樟园林绿化工程有限责任公司
湖南省山森林业开发有限公司
炎陵县盛发木业有限责任公司
湖南森龙林业开发有限公司
湖南省慧科生态园林开发有限公司
醴陵金桥生态林农实业有限公司
株洲市大顺包装有限公司
茶陵县飞鹏竹木业有限公司
炎陵县金兴木业有限责任公司
茶陵县卧龙林业有限公司
醴陵金鼎生态农业科技开发有限公司
茶陵县强林林业有限责任公司
湖南省尚竹家居用品有限公司
湖南娄底响莲实业发展有限公司
湖南亲情果饮料有限公司
双峰县双龙家具装饰有限责任公司
湖南湘雪农业发展有限公司
涟源市祥兴农林科技开发有限公司
双峰县永盛木业胶板厂
新化县绿源农林科技有限公司
湖南贵鸿生态农业发展有限责任公司
湖南华泰农林科技有限公司
湖南汇美天下集团园林绿化有限公司
湖南瑞生源生物科技有限公司
湖南省新贵园农业科技发展有限公司
湖南味茹妨生物科技有限公司
湖南中南神箭竹木有限公司
娄底市海人科技开发有限公司
娄底市神州生物能源有限公司
湖南省大泽生农林开发有限公司
冷水江市潮盛生态林业发展有限公司
娄底市万花花卉有限公司
娄底市现代园林绿化有限公司
湖南省林海农林综合开发有限公司
湖南省桑圆门业有限责任公司
湖南省宜东农林发展有限公司
湖南省宇诚农业科技发展有限公司
涟源市利群农贸综合开发有限公司
新化县中派集成家具有限公司
新化县天龙山农林科技开发有限公司
新化县恒安工贸有限公司
冷水江市优景农业科技发展有限责任公司
湖南水云峰农业科技有限公司
冷水江市旭翔农业开发有限公司
涟源市南芙生态农业有限公司
涟源市翠远生态农业有限公司
湖南林之神生物科技有限公司
长沙刘沩农业开发有限公司
湖南锦绣江南农林科技发展有限公司
湖南麓山教育设备有限公司
宁乡县国泰实木家私厂
湖南省皇邦家居有限公司
湖南冠湘木业有限公司
茶陵县旺丰农林开发有限公司
湖南醴陵市恒盛生态农业有限公司
炎陵金紫峰粮油开发有限责任公司

湖南金森农林牧生态开发有限公司
湖南大森林生态科技发展有限公司
炎陵县青天木业有限公司
湖南百益嘉农林综合开发有限责任公司
攸县绿水青山林业科技有限公司
湖南湘春农业科技开发有限公司
韶山市宏发农林生态科技发展有限公司
湖南齐家油业有限公司
常宁市一滴香油茶有限公司
湖南陆轩然农业发展有限公司
湖南省银鑫油茶开发有限公司
湖南日灿农业生态科技发展有限公司
湖南恒信新型建材有限公司
衡阳县鑫鑫竹业有限公司
衡阳市星乐农业科技有限公司
湖南衡岳中药饮片有限公司
耒阳市奇宏林业有限公司
湖南玖一玉泉科技实业有限公司
衡阳市映华特色林果有限公司
湖南盛和现代农业有限公司
衡阳市湘蓝农业科技发展有限公司
衡阳市向日葵生态农业科技发展有限公司
衡东平光农业发展有限公司
湖南省山峰农业科技开发有限公司
湖南淳湘农林科技有限公司
湖南省阳雀湖农业开发有限公司
湖南西长生态农业科技有限公司
湖南名洋家具有限公司
张家界老山翁农业科技发展有限公司
张家界老道湾旅游休闲发展有限公司
张家界九姆山生态农业旅游观光园有限公司
益阳市通达竹木制品厂
益阳万维竹业有限公司
桃江风河智慧竹业有限公司
桃江县鑫盛竹业有限公司
益阳湖乡情有限责任公司
沅江市飞跃农业科技开发有限公司
湖南益森沅江枳壳中药研究所
湖南九富家居材料有限公司
湖南叶姿国际植物化妆品有限公司
湖南绿海园林有限公司
沅江市民心园林绿化有限公司
湖南省枝道木制品有限公司
益阳段氏木业有限公司
湖南云海农林开发有限公司
常德市天地农耕发展有限公司
湖南丰华惠民现代农业科技发展有限公司
澧县华诚彭山旅游度假庄园有限公司
石门县月岭君山农林科技发展有限公司
澧县森鑫苗木有限责任公司
湘楚世界(湖南)国际生态园发展有限公司
湖南易红堂家具制造有限公司
湖南省新化县伟星竹木制品有限公司
冷水江市龙盘山农林科技开发有限公司
涟源市康橙生物科技有限公司
冷水江市井湾春天生态农业有限公司
湖南省富晶生态农业科技发展有限公司
湖南湘中名望木业有限公司
湖南省玉友林农业开发有限公司
宜章泰丰农业开发科技生态园
湖南林之神玉泰农庄有限责任公司
汝城县热水高滩竹地板厂
汝城县德寿山森林公园有限公司
郴州市蜂尚蜂业有限公司
郴州市芝草农林科技开发有限公司
安仁县强农林业有限责任公司
湖南神乐生态庄园有限公司
桂阳佰草园中药材种植研发有限公司
湖南奎源农业开发有限公司
湖南盛源药业股份有限公司
湖南舜鼎生物能源科技开发有限公司
临武县宝源生态农业开发有限公司
宜章范家园生态旅游有限责任公司
郴州市汝华生态食品有限公司
宜章县万利豪猪特种养殖场
嘉禾汇景生态发展有限公司
郴州市林意园林工程有限公司
宜章林上林农业发展有限公司
桂阳县港龙家具有限公司
资兴市新斧家居有限责任公司
湖南绿橡生态农业发展有限公司
湖南风神油茶有限公司

湖南阳明竹咏科技有限公司
宁远县盘龙竹木制品有限公司
湖南南有新田矚目科技发展有限公司
永州市顺康生态农业发展有限公司
湖南和广生物科技有限公司
湖南省中科农业有限公司
湖南禾通生物科技有限公司
永州弘飞生态农业发展有限公司
蓝山县湘江源旅游开发有限公司
湖南绿园农林生态科技有限公司
怀化盛源油脂有限公司
怀化市辉皇旅游开发有限责任公司
湖南进庄农业科技发展有限公司
湖南翱康生物科技有限公司
洪江区华兴木业有限公司
怀化富丰高新农业科技开发有限公司
湘西亿利德生物科技开发有限公司
湖南湘泉药业股份有限公司
花垣县宏晟农业科技发展有限责任公司
湖南溢仁坊玫瑰科技有限公司
花垣五龙农业开发有限公司
隆回县金羊木业有限公司
新邵沁园生态农业发展有限公司
湖南省生源园林发展有限公司
新邵县玉辉农林开发有限公司
湖南华怡农业开发有限公司
隆回县宝诚农业开发有限公司
隆回大唐农业发展有限公司
绥宁县神农金康药用植物科技开发有限公司
湖南省海华农业综合开发有限公司

【湖南省2018年新增现代林业特色产业园】

市(州)	序号	县(市、区)	园区名称
长沙市	1	长沙县	长沙县达美木质循环包装现代林业特色产业园
株洲市	2	芦淞区	芦淞区花田半森林旅游与康养现代林业特色产业园
湘潭市	3	湘潭县	湘潭九华恩松酵素现代林业特色产业园
衡阳市	4	衡南县	衡南县展望油茶现代林业特色产业园
	5	珠晖区	衡阳市珠晖区向日葵蛙稻现代林业特色产业园
邵阳市	6	绥宁县	绥宁县“MKskateboard”楠竹滑板林产加工现代林业特色产业园
岳阳市	7	汨罗市	汨罗市西长花卉苗木现代林业特色产业园
	8	平江县	平江县山润油茶鲜果加工现代林业特色产业园
常德市	9	石门县	石门县月岭君山木本中药材现代林业特色产业园
张家界	10	永定区	张家界久瑞生物五倍子经济林综合利用现代林业特色产业园
益阳市	11	益阳市高新区	益阳高新区碳化竹凉席加工特色产业园
	12	桃江县	湖南桃江县宏森木业生态板材加工特色产业园
郴州市	13	安仁县	安仁县神乐园林下经济现代林业特色产业园
	14	桂东县	桂东县众意楠竹精深加工林业特色产业园
永州市	15	永州市经开区	永州经开区天沃油茶现代林业特色产业园
	16	祁阳县	祁阳县金浩油茶现代林业特色产业园
怀化市	17	中方县	中方县福民油茶特色产业园
娄底市	18	双峰县经开区	双峰县中南神箭楠竹现代林业特色产业园
湘西土家族苗族自治州	19	湘西经开区	湘西土家族苗族自治州和益生物科技木本中药材林业特色产业园
湖南环境生物职业技术学院	20	—	湖南省高端荫生花卉现代林业特色产业园

(谢　娴)

广东省林业产业

【概　述】 2018年，广东省林业产业工作致力于提升林业惠民富民效益，积极推进林业供给侧结构性改革，充分发挥林业在精准扶贫中的作用，大力发展特色优势产业，不断优化林业产业结构，促进三产融合发展，打造林业产业新业态。在经济下行及中美贸易摩擦叠加压力下，全省林业产业保持持续平稳的发展态势。截至2018年底，全省森林覆盖率达58.59%，森林蓄积量达5.52亿立方米，林业产业总产值达8167.58亿元。

【林业产业总产值】 2018年，全省林业产业总产值8167.58亿元，占全国林业产业总产值(76272亿元)的10.71%，比上年度增长1.81%，继续保持全国领先。林业产业总产值增速趋缓，较上年度下滑2.43个百分点。与2018年全省GDP增长率相比，低4.99个百分点。

全省林业产业三次产业结构不断调整，第一产业产值993.48亿元，占林业产业总产值的12.16%；第二产业产值5331.16亿元，占林业产业总产值的65.27%；第三产业产值1842.94亿元，占林业产业总产值的22.56%。林业三大产业结构比约为12：65：23，与上年度相比，第一产业权重上升0.37个百分点，第二产业权重下降0.09个百分点，第三产业权重下降0.29个百分点。

【林业产业各行业产值】 全省林业产业总产值统计涉及森林资源培育业、林木种苗与花卉业、野生动植物资源培育业、木竹材生产业、人造板制造业、木竹地板业、木竹藤制品业、木竹家具业、木竹浆纸业、森林食品药材和油料生产加工业、林产化工业、森林生态旅游业、林业服务业、林产品市场流通业14个行业。在调查收集了全省林业企业的基础信息上，重点调查了1000多家企业，其中包括21家国家林业重点龙头企业、201家省级林业龙头企业、14个国家林下经济示范基地以及90个省级林下经济示范基地。经调查统计，2018年全省林业产业总产值为8167.58亿元。其中：①森林资源培育业产值725.94亿元，占8.89%；②林木种苗与花卉业产值228.95亿元，占2.80%；③野生动植物资源培育业产值38.58亿元，占0.47%；④木竹材生产业产值96.06亿元，占1.18%；⑤人造板制造业产值312.28亿元，占3.82%；⑥木竹地板业产值380.39亿元，占4.66%；⑦木竹藤制品业产值276.74亿元，占3.39%；⑧木竹家具业产值2617.78亿元，占32.05%；⑨木竹浆纸业产值1208.25亿元，占14.79%；⑩森林食品药材和油料生产加工业产值325.16亿元，占3.98%；⑪林产化工业产值114.50亿元，占1.40%；⑫森林生态旅游业产值1673.26亿元，占20.49%；⑬林业服务业(含林业系统非林产业)产值169.68亿元，占2.08%。⑭林产品市场流通业统计值为交易额，不计入总产值。

2018年，第一产业的森林资源培育业、野生动植物资源培育业增长较快，其余行业增速较上年度均有所放缓，特别是第二产业的林产化工业、木竹地板业、人造板制造业及第三产业的森林生态旅游业发展速度明显下降。

【各地级市及省属单位林业产业产值】 经调查统计，2018年全省各地级市及省属单位林业产业产值如下：佛山市1285.50亿元，占15.74%；东莞市1147.88亿元，占14.05%；深圳市947.71亿元，占11.60%；广州市944.78亿元，占11.57%；中山市628.73亿元，占7.70%；肇庆市523.09亿元，占6.40%；江门市385.94亿元，占4.73%；湛江市347.81亿元，占4.26%；清远市251.05亿元，占3.07%；惠州市243.60亿元，占2.98%；韶关市220.21亿元，占2.70%；茂名市206.81亿元，占2.53%；珠海市204.99亿元，占2.51%；

阳江市 189.23 亿元，占 2.32%；梅州市 142.65 亿元，占 1.75%；河源市 142.48 亿元，占 1.74%；揭阳市 91.26 亿元，占 1.11%；云浮市 71.53 亿元，占 0.88%；汕头市 69.04 亿元，占 0.85%；汕尾市 63.82 亿元，占 0.78%；潮州市 41.12 亿元，占 0.50%；雷州林业局 12.89 亿元，占 0.16%；省直属林场 5.43 亿元，占 0.07%；国家级自然保护区 0.03 亿元。

调查表明，林业产业产值超过 500 亿元的地级市共有 6 个，分别是佛山市、东莞市、深圳市、广州市、中山市和肇庆市，与上年相同。上述 6 个地级市的木竹藤家具业、木竹浆纸业、人造板制造业企业规模化、品牌化发展已经比较成熟，产业集聚发展较好，产值多年位居全省前列。

全省大部分地级市拥有本地优势产业，如广州市的森林生态旅游业、木竹藤家具业、人造板制造业、木竹地板业、野生动植物资源培育业等；东莞市的木竹藤家具业、木竹浆纸业、森林生态旅游业等；佛山市的木竹藤家具业、木竹地板业、人造板制造业、森林生态旅游业、林木种苗与花卉业等；深圳市的木竹藤家具业、森林生态旅游业、木竹地板业等；中山市的木竹藤家具业、木竹地板业、林木种苗与花卉业等；肇庆市的森林生态旅游业、人造板制造业、林产化工业、木竹藤制品业等；江门市的木竹藤家具业、木竹浆纸业、人造板制造业、森林生态旅游业、木竹藤制品业等；湛江市的木竹浆纸业、森林资源培育业、木竹材生产业、人造板制造业等；清远市的森林资源培育业、森林生态旅游业、油茶产业等；惠州市的森林生态旅游业、森林资源培育业、人造板制造业等；韶关市的森林生态旅游业、人造板制造业、森林资源培育业；茂名市的森林资源培育业、野生动植物资源培育业等；梅州市的森林生态旅游业、油茶产业、森林资源培育业等。

【全省木材消耗量】 广东省是木材消耗大省，2018 年全省木材加工企业(未含家具业和木地板业)木材消耗量为 3023.1 万立方米，而同期全省木材采伐量仅为 859.9 万立方米，无法满足全省的木材消耗需求，只能依赖省外、国外供应。2018 年，胶合板产量 279.3 万立方米，消耗木材 558.6 万立方米，占总耗材量的 18.48%；纤维板产量 478.4 万立方米，消耗木材 669.8 万立方米，占总耗材量的 22.15%；刨花板产量 373.8 万立方米，消耗木材 448.6 万立方米，占总耗材量的 14.84%；其他人造板产量 54.7 万立方米，消耗木材 132.9 万立方米，占总耗材量的 4.40%；锯材产量 226.5 万立方米，消耗木材 339.8 万立方米，占总耗材量的 11.24%；木片产量 290.3 万立方米，消耗木材 319.3 万立方米，占总耗材量的 10.56%；单板产量 33.8 万立方米，消耗木材 60.8 万立方米，占总耗材量的 2.01%；木竹浆产量 141.0 万吨，消耗木材 493.4 万立方米，占总耗材量的 16.32%。

【林业龙头企业培育】 2018 年，为了加大龙头企业培育力度，增强产业发展韧劲和活力，省林业局牵头修订广东省龙头企业评选标准，颁布《广东省林业龙头企业申报认定与监测办法》。2018 年省级龙头企业新增 47 家，取消 12 家。国家林业重点龙头企业新增 5 家。截至 2018 年底，全省共有国家林业重点龙头企业 21 家，省级林业龙头企业 201 家。其中，省级林业龙头企业：梅州市 67 家，韶关市 29 家，河源市 20 家，广州市 13 家，茂名市 11 家，惠州市 10 家，肇庆市 8 家，中山市 7 家，潮州市 7 家，清远市 6 家，云浮市 5 家，湛江市 3 家，深圳市 3 家，佛山市 3 家，揭阳市 3 家，阳江市 2 家，江门市 2 家，东莞市 1 家，汕头市 1 家。

【典型林业企业】

广东嘉骏森林股份有限公司 公司位于博罗县，是一家集林木生产和加工为一体的林业种养加型企业，公司自有丰产林基地 3.2 万亩，带动农户种植面积 1.5 万亩。自有木材加工厂房面积 2 万平方米，固定资产投资 3000 万元。“嘉骏森林”品牌系列胶合板产品获“广东省名牌产品”“中国名优产品”等称号。该公司是惠州市农业龙头企业，广东省重点农业龙头企业。

广东态合堂实业有限公司 公司位于惠州市，是一家林下林药种植(仿野生石斛、猴耳环等)和加工的林业种养型企业。自有基地 3.5 万亩，带动农户种植面积 3 万亩。是“国家林下经济示范基地”。

紫金县承龙嶂龙王绿茶业有限公司 是一家茶叶种植、加工的林业种养型企业。公司为省农业龙头企业、省扶贫农业龙头企业、中国优质农产品示范基地等。公司拥有茶园面积1500亩，带动农户种植面积4100亩。该公司生产的茶品“龙王绿”获得有机产品认证证书、广东省名牌产品等证书。

龙川绿油农业发展有限公司 是一家油茶种植与加工的林业种养型企业。公司总资产3940万元。公司自有油茶种植面积4708亩，年产1000吨的压榨茶油生产线。“绿优原生”品牌产品获得广东省名牌产品、有机产品认证、省高新技术产品等多项证书。2018年被认定为“广东省重点农业龙头企业”。

河源市裕森农林发展有限公司 是一家以种植桉树为主的林业种养型企业，公司总资产5208万元。公司建有7万多亩工业用材林基地。2013年被认定为河源市重点农业龙头企业。公司种植葡萄、林下树植铁皮石斛、蓝莓、树葡萄、金线莲等。拥有铁皮石斛和金线莲的两项发明专利。

东源县大地农林发展有限公司 是一家油茶种植与加工的林业种养型企业。公司总资产3243万元。自有种植面积4260.5亩，带动农户种植面积3016亩。是广东产业扶贫示范基地、河源市重点农业龙头企业、高新技术企业等。公司拥有多项实用新型专利，注册有“万绿大地”和“云度”山茶油的品牌商标，种植的油茶籽取得有机产品认证。

连平县新然生态发展有限公司 是一家以种植杉木为主的林业种养型企业，公司现有总资产1786.91万元。自建有丰产林基地总面积10460亩。主要树种以杉木为主，桉树为辅。公司的基地被连平县林业局推荐为商品用材丰产林经营样板示范基地。

云浮市贞英木业有限公司 是一家中高密度纤维板生产的林产品加工型企业。占地面积500余亩，总资产1.387亿元，是广东省高新科技企业、广东省重点农业龙头企业。研发的新型板材“纤丝板©”获国家专利并通过美国CARB认证及欧盟ME-Mark认证。公司荣获了“广东省名牌产品”“高新技术企业”等称号。

罗定绿源人造板有限公司 是一家中高密度纤维板生产的林产品加工型企业，注册资本一亿元，公司占地241亩。公司2018年总资产3.25亿元。主要生产设备从德国、美国、奥地利等国家引进，形成具有国际先进水平的全自动控制生产系统。是广东省资源综合利用龙头企业。

阳春市威利邦木业有限公司 是一家中高密度纤维板生产的林产品加工型企业。公司总资产8826万元。公司获得了“ISO”质量、环境和职业健康安全三大管理体系认证。2018年获得“国家高新企业”认定。产品获得美国加州carb和全美EPA的双重认证。

英德市国业旅游开发有限公司 从事旅游观光、休闲度假。经营有“英西峰林”和“洞天仙境”两个知名景点，属省委扶贫联系点。年经营收入4093万元，净利润1173万元，自有基地3000亩，带动农户1050户，平均每户增收15800元，提供1万余个就业岗位。

广东韶红茶业有限公司 公司位于翁源县周陂镇，从事茶叶种植、加工和销售。年经营收入1085万元，净利润112万元，自有基地种植面积600亩，带动农户2370户，平均每户增收1890元。注册有“韶逸红”茶叶商标。

翁源县七仙子生态茶场 公司从事茶叶种植、加工、销售。年经营收入2788万元，净利润293万元，自有基地种植面积650亩，带动农户2570户，平均每户增收2250元。生产的“云雾仙子”有机茶获得广东省名优茶质量竞赛“金奖”，全国“中茶杯”名优茶评比金奖。

韶关奔阳食品有限公司 公司位于翁源县龙仙镇，以桃金娘果实为主要原料，生产“金娘红”牌果酒，省级林下经济示范基地。年经营收入5319万元，净利润99.97万元。自有基地400亩，带动农民种植桃金娘2600亩，参与农户1012户，平均每户增收6010元。

乳源瑶族自治县瑶山王茶业有限公司 从事茶叶种植、加工、销售。年经营收入5748万元，净利润637万元，自有基地面积3000亩，带动农户1110户，平均每户增收2051元。

南雄市鼎丰农业科技发展有限公司 从事蓝

莓种植、加工、销售和观光。年经营收入6186万元，净利润778万元，自有基地种植面积1791亩，带动农户2500户，平均每户增收1800元。蓝莓种植示范基地被认定为省级林下经济示范基地。

乐昌市银河农业发展有限公司 主要从事油茶种植。年经营收入1006万元，净利润136万元，自有基地种植面积3200亩，带动农户1260户，平均每户增收5738元。油茶项目为省级林下经济示范基地。

翁源县大树林业有限公司 公司主要从事林木种植。年经营收入1355.68万元，净利润29.41万元，自有基地种植面积12300亩，采用大径材经营模式种植优良品种杉树，林下套种草珊瑚500亩、三叉苦300多亩，带动农户336户，平均每户增收3416元。

广东万明农业科技有限公司 公司位于始兴县罗坝镇，从事农业技术研发，油茶种植。公司资产总值1508.91万元，年经营收入221.18万元，净利润53.3万元，自有基地种植面积5000亩，带动农户112户，平均每户增收680元。

翁源县恒之源农林科技有限公司 公司从事中药材种植，主要品种有：巴戟、牛大力、肉桂、吴株萸等。年经营收入861万元，净利润99万元，自有基地种植面积2500亩，带动农户2612户，平均每户增收6470元。药材种植项目认定为省级林下经济示范基地。

广东艺景生态环境建设有限公司 位于韶关市浈江区，从事苗木种植、园林设计、施工、养护等业务。年经营收入4625万元，净利润23.67万元，上缴税金137.84万元。自有基地783亩，带动农户339户，每户增收28000元。为省级农业重点龙头企业。

广东清景旅游开发有限公司 位于南雄市主田镇，为森林生态旅游型企业，提供餐饮、住宿、观光等服务，省级林下经济示范基地。公司资产总值5824万元，年经营收入618万元，净利润93万元，自有基地2300亩，带动农户200户，创造当地就业人数426人。

广东林科种苗有限公司 成立于2011年，经营林木种子苗木，拥有冷库、检验设备、检验人员、多种苗木和种子，林木苗木年生产、销售量700万~1100万株，林木种子年销售量80万千克，自有苗木种植基地197亩，带动171户。

广东花城园林有限公司 成立于2006年，主营业务为林业工程、园林工程、苗木生产经营、城市绿化养护和植物租赁，具有造林工程乙级、造林监理丙级等资质。自有苗木基地481亩。

广东如春生态集团有限公司 成立于1999年，主营生态环境修复、园林绿化、智慧林业、森林康养四大业务板块，具有园林绿化设计甲级、林业调查规划设计乙级、城乡规划编制乙级、旅游规划设计乙级等资质。

深圳市国艺园林建设有限公司 成立于1999年，从事城市园林规划设计、施工、养护，具有风景园林设计甲级、建筑装饰工程设计专项乙级、建筑装修装饰工程专业承包二级、市政公用工程施工总承包三级等资质。在深圳市福田保税区拥有2000平方米的自有办公场所。合同职工733人。自有基地种植面积500亩。

深圳市宏浩园林建设有限公司 成立于1995年，从事园林设计、施工、农业综合开发。公司在广东省高速公路绿化养护里程达到2580千米，在深圳市政绿地养护面积达到2200万平方米。合同职工325人。

深圳长江家具有限公司 成立于1986年，从事高档办公、酒店、医疗、公共、新中式民用定制家具研发、制造。是中央国家机关定点采购单位、中共中央直属机关定点采购单位。在河源市高新区有25万平方米的大型家具生产基地，拥有世界先进水平的智能生产线。合同职工354人。

广东珠江园林建设有限公司 成立于1995年，具有国家城市园林绿化一级、国家清洁行业一级、市政公用工程施工总承包三级等资质。主要承担佛山等地的市政园林施工和养护工程。合同职工321人。自有基地种植面积224.5亩。

广东茂益园林有限公司 成立于2011年，从事城市园林规划设计、施工、养护，具有林业调查规划设计丙级、造林工程规划设计丙级、林业有害生物防治丙级等资质。主要承担省内景观林带施工、林分改造等项目。合同职工36人。自有基地种植面积160亩，带动农户种植面积572亩。

中山市中泰龙办公用品有限公司 成立于

1983年，是一家集专业设计开发、生产、销售、物流为一体的大型办公家具生产企业。公司拥有50多万平方米标准化的生产基地，合同职工898人。

中山市派格家具有限公司 成立于2005年，是一家办公家具设计、开发、生产、销售一体的国际化大型办公家具企业，拥有现代化办公家具体验馆，拥有产品外观专利、实用专利100余项。拥有30多万平方米的标准化生产基地。合同职工342人。

中山市国景家具有限公司 成立于2003年，是一家设计、开发、生产、销售板式实木封边系列、软体系列、胶板/屏风系列、钢木结构系列的大型办公家具企业，拥有国际化原材料检测中心、智能化木皮加工中心、自动化的油漆加工中心。合同职工656人。

梅州福稻生态科技有限公司 是丰顺县一家种植油茶、南药及养殖企业，丰顺首家以中药材为主体的林下经济项目的企业，利用改良原国营桐梓洋林场的低产红花油茶林及老茶树，改建成生态型林场。自有基地面积1500亩，带动农户种植面积800亩。

大埔东茂林果种植有限公司 是一家种植蜜柚、林下药材企业。公司重视产销结合，建立百侯地区农村蜜柚流通服务网络，发挥龙头作用，促进农民增收。自有基地面积550亩，带动农户种植面积4680亩。

梅州市云岐圣峰生态农林发展有限公司 是五华县一家茶叶种植加工企业，“广东省重点农业龙头企业”。产品曾被评为广东省名牌产品、梅州市十大优质名茶、义乌茶博会“金奖”。自有基地面积1200亩，带动农户种植面积1200亩。

梅州啟明生物科技有限公司 是大埔县一家金线莲、铁皮石斛繁殖培育及种植企业，基地生产、检测、质控、储存、配送功能齐全，与广东瑞和公司共同制定《金线莲代用茶企业生产标准》。公司加强与农户的利益联结与共享，带动农民增收。自有基地面积200亩，带动农户种植面积112亩。

广东凯达茶业股份有限公司 是大埔县茶叶种植加工、茶叶新品种研发企业，是“广东省重点农业龙头企业”。其西岩山崇顶湖茶为国家地理标志保护产品、全国名特优新农产品、广东十大名茶。自有基地面积4363亩，带动农户种植面积11200亩。

梅州市华顺农林发展有限公司 是五华县一家茶叶种植加工、茶叶新品种研发企业，“广东省重点农业龙头企业”。产品被评为“粤茶杯”特等金奖、广东十大好春茶等。2017年被华南农业大学确定并建设为华顺农林产业学院。自有基地面积2600亩，带动农户种植面积800亩。

梅州市均保实业有限公司 是蕉岭县一家茶叶种植及加工企业。产品“猪兜窝”绿茶曾获三项省级奖项、广东省最具代表性地方特产称号。公司采用“公司+合作社+基地+农户”的产业化经营模式。自有基地面积595亩，带动农户种植面积1000亩。

广东兴东生态农林发展有限公司 是兴宁市一家生态农业观光、苗木培育及工程造林施工企业，是“广东省重点农业龙头企业”。是省林下经济示范基地、农业科技试验示范基地。打造有桃花园、樱花园、百果园，已初具规模。自有基地面积2050亩，带动农户种植面积1300亩。

梅州市京洲农林综合开发有限公司 是大埔县一家油茶种植加工及蜜蜂养殖和技术推广企业。采用“公司+基地+农户”的产业化经营模式。自有基地面积2080亩，带动农户种植面积300亩。

梅州市洲际实业有限公司 是梅江区一家苗木培育、造林工程施工企业，自有桉树林、松木杉木林基地。自有基地面积5829亩，带动农户种植面积815亩。

平远源丰农业发展有限公司 是一家集种植加工茶叶、农副产品及药用植物一体化的企业。华南农业大学科研教学实习基地，广东十大最美茶园。公司的石正云雾茶曾获23项省级奖项、8个注册商标、8项技术专利。产品销全国各地，出口日本、中东等地。自有基地面积2050亩，带动农户种植面积5000亩。

梅州市凯兴现代农业发展有限公司 是一家种植名贵树木、果树以及林下种养加工企业，是“广东省重点农业龙头企业”，国家级畜禽养殖标准化示范场、农业科技示范基地，是集林业综合开发、产品加工经营等功能于一体的生态农林示范园。自有基地面积 723 亩，带动农户种植面积 943 亩。

【林下经济示范基地】 根据《广东省人民政府办公厅转发省农业厅省林业厅关于进一步推进林下经济发展意见的通知》(粤林办〔2016〕124 号)的要求，广东省林业局一直把加快林下经济发展作为重点工作，在全省各地全力推进。2018 年，广东省财政安排经费 4600 万元对林下经济项目予以补助扶持，其中，林下经济示范县 8 个，省级林下经济示范基地 30 个，特色经济林项目 40 个。截止到 2018 年底，全省已建立林下经济示范县 28 个、国家级林下经济示范基地 14 个、省级林下经济示范基地 90 个。林下经济示范基地遍布 15 个地级市。

【森林资源培育业】 森林资源培育业包括商品用材林、特色经济林、珍贵树林、油茶林和竹林。2018 年森林资源培育业产值 725.94 亿元，较 2017 年(688.10 亿元)增长 5.50%。截至 2018 年底，全省林业用地共有 15977.25 万亩(其中有林地 13734.15 万亩)，森林资源培育业经营面积 5580 万亩，占全省林业用地的 34.92%。

商品用材林 商品用材林包括短轮伐期工业原料用材林、速生丰产用材林和一般用材林，主要树种有桉树、松树、杉木等。全省商品用材林经营面积 3475.95 万亩，其中短轮伐期工业原料用材林经营面积 671.40 万亩，速生丰产用材林经营面积 1196.55 万亩，一般用材林经营面积 1608 万亩。2012 年以来，广东省对发展桉树的原则是不再扩大种植面积。因此，速生丰产用材林中的桉树林的保有量从 2012 年开始逐年减少，2018 年广东桉树林面积仅为 1081.65 万亩。

特色经济林 广东特色经济林主要由以水果、调料香料、木本粮油、森林食品、森林药材等为主的林木组成。2018 年全省特色经济林经营面积 1075.2 万亩(农地上的经济林面积未计算在内)，与上年相比有一定减少。广东特色经济林种植区主要集中在肇庆、清远、韶关、河源、梅州和茂名等地区。

珍贵树林 全省珍贵树林主要树种有土沉香、檀香、降香黄檀和樟树等，2018 年全省珍贵树林经营面积为 129.9 万亩，与上年相比，增长 4.09%。珍贵树种种植地主要分布在肇庆、茂名、东莞、阳江和潮州等地区。

油茶林 2018 年全省油茶种植面积 265.8 万亩，较上年有小幅增加。河源市、梅州市是广东省油茶林主要种植区，两市种植面积之和占全省的 57.41%。其中河源市种植面积 72.3 万亩，占 29.13%，梅州市种植面积 70.95 万亩，占 28.28%。

竹林 全省竹林资源丰富，品种繁多，共有 20 属 150 多种竹子。2018 年全省竹林经营面积达 651 万亩，其中毛竹 270.3 万亩。与上年相比，全省竹林种植面积有所减少。

【林木种苗与花卉业】 广东林木种苗与花卉业包括造林种苗、经济林种苗、绿化种苗及木本花卉。2018 年，全省林木种苗与花卉业产值有所增长，企业在生产和经营方面逐步趋向多元化、产业化、市场化、区域化、规范化。同时，不断调整生产结构，向多目的、多用途、多品种、多规格、多色调、多品位等多元化方向发展。通过以花木生态环境为平台，结合苗圃建设、生态旅游、休闲体验、植物科普、文体康养等综合改造，实现苗木产销和生态旅游相结合的运营模式，实现经济效益、社会效益和生态效益的有机统一，如陈村花卉特色小镇、韶关樱花峪等。2018 年全省林木种苗与花卉业产值 228.95 亿元，较上年增长 3.33%。林木种苗与花卉业育苗面积 15.94 万亩，比上年减少 0.16%，其中：一般造林苗圃 1.59 万亩，经济林苗圃 6445.5 亩，绿化苗圃 8.99 万亩，综合类苗圃 4.72 万亩(木本花卉包含在绿化苗圃与综合类苗圃中)。林木种苗与花卉业主要分布在广州市、深圳市、佛山市、肇庆市、东莞市、韶关市、湛江市等地区。

【野生动植物资源培育业】 广东野生动植物资源培育业主要包括野生动物驯养繁殖及其产品加工利用、野生植物培育及其产品加工利用等。2018 年，全省野生动植物资源培育利用的规模企业有 99 家，行业总产值为 38.58 亿元，较上年增长 6.00%。野生动植物资源经营利用在产业化发展中已初具规模，逐渐形成一批有特色的龙头企业。

野生动物驯养繁殖及其产品加工利用 全省企业主要驯养繁殖的野生动物种类有鳄鱼、大鲵、竹鼠、蛇类、龟类、食蟹猴、蜜蜂、野生禽类等20多种野生动物。鳄鱼养殖主要分布在高州市、佛山市；大鲵养殖主要分布在广州市从化区、揭东县；竹鼠养殖主要分布在英德市、德庆县、阳山县；蛇类养殖区分布较广，全省各地均有养殖，尤以广州附近、粤北等地为多；龟类养殖主要在茂名市；食蟹猴养殖主要分布在广州市白云区和从化区；蜜蜂养殖则是遍布全省农村边远山区；野生禽类养殖主要分布在清远市清新区和韶关市浈江区等地。广东野生动物驯养繁殖产业，多数都是零散的个体户，产业规模小，未能形成规模化、产业化经营。活体销售是主要的销售方式，利用价值比较单一，产品附加值比较低。经营管理方面，企业缺少技术支撑，大多是凭借原始的粗放的经验养殖，养殖技术水平不高。

野生植物培育及其产品加工利用 全省企业主要培植的野生植物种类有铁皮石斛、五指毛桃、三叉苦、岗梅、无患子、牛樟芝、金线莲等。铁皮石斛种植地主要分布在韶关市、揭阳市、梅州市；五指毛桃种植地主要分布在河源市、梅州市；三叉苦、岗梅种植地主要分布在阳江市、肇庆市；无患子种植地主要分布在韶关市；牛樟芝种植地主要分布在潮州市；金线莲种植地主要分布在梅州市等。

【木竹材生产业】 广东木竹材生产业包括原木、锯材、木片、竹材、单板、薄木生产。2018年，由于上游的森林资源培育业加快更新改造，下游的木竹藤制品、木竹浆产量有一定的增长，2018年广东原木、锯材、木片、竹材产品产量较2017年均有不同程度的增加。2018年，单板产量首次出现下降，主要因为胶合板产量下降幅度较大，对旋切单板生产厂家影响颇大，部分厂家开始停产。

2018年全省木竹材生产业总产值96.06亿元，较上年增长1%。2018年，全省原木产量782.3万立方米，锯材产量226.5万立方米，木片产量290.3万立方米，竹材产量22264万根，单板产量33.8万立方米。

【人造板制造业】 广东人造板制造业包括胶合板、纤维板(主要统计中密度纤维板)、刨花板、其他人造板(主要统计细木工板)。2018年广东省人造板制造业继续加快转型升级，淘汰部分落后产能，广东中能木业有限公司等3家刨花板生产线升级改造相继完成，并投入使用，共生产约29万立方米刨花板。截至2018年底，全省年产10万立方米以上的中密度纤维板企业15家(其中连续平压生产线10条)，刨花板企业11家(其中连续平压生产线8条)，技术水平和产量均位居国内前列。同时，大中型企业环保整治工作已落实到位，为推动广东人造板产业可持续发展发挥重要作用。绿色环保、游离甲醛释放量更低或无添加甲醛产品成为骨干企业的主流产品，功能性人造板产品不断涌现，品种不断丰富。2018年广东省人造板行业全年产值虽略有上升，产量略为减少，但企业发展经营仍比较困难。

2018年全省人造板制造业总产值312.28亿元，较上年增长2.13%。截至2018年底，全省人造板总产量1186.2万立方米，较上年减少0.70%。其中胶合板产量279.3万立方米，比上年减少5.42%；中密度纤维板产量478.4万立方米，比上年增加3.66%；刨花板产量373.8万立方米，比上年减少6.15%，以细木工板为主的其他人造板产量54.7万立方米，比上年减少3.87%。

2018年，全省共有5个地级市人造板总产量超过100万立方米，分别是佛山市157.8万立方米，韶关市150.3万立方米，江门市119.2万立方米，惠州市104.7万立方米，广州市101.9万立方米，以上5市的人造板总产量为633.9万立方米，占全省人造板总产量的53.44%。

2018年，广东省人造板企业共计397家，平均年生产规模3万立方米，规模偏小。其中胶合板企业243家，平均生产规模1.2万立方米；中密度纤维板企业56家，平均生产规模8.5万立方米；刨花板企业65家，平均生产规模5.8万立方米。

【木竹地板业】 广东木竹地板业产品包括实木地板、实木复合地板、强化木地板、竹材地板。广东省木地板制造企业标准化生产程度高，生产效率高，企业规模效应及品牌效应显著，大自然家居(中国)有限公司、巴洛克木业(中山)有限公司、宜华生活科技股份有限公司、广东富林木业科技有限公司、东莞市洪梅赛维纳地板厂、深圳市圣象木业有限公司、广东柏高智能家居有限公司、泉发木制品(深圳)有限公司等都是广东省上规模的品牌木地板生产企业。

2018 年，全省木竹地板产量为 15661.48 万平方米，比上年减少 0.13%。其中，实木地板产量 2665.45 万平方米，实木复合地板产量 5981.75 万平方米，强化木地板产量 6962.13 万平方米，竹材地板产量 52.15 万平方米。广东省木地板企业主要分布在广州市、深圳市、佛山市、中山市等珠三角地区。

【木竹藤制品业】 广东木竹藤制品业主要产品类型包括木门窗、木线及木制装饰材料、木制包装箱、地台板、木塑材料等。2018 年全省木竹藤制品业产值为 276.74 亿元，较上年增长 1.30%；企业数量 2005 家，较上年增长 1.10%。木竹藤制品业产值超过 10 亿元的有 5 个市，分别是肇庆市 38.46 亿元、佛山市 34.34 亿元、广州市 25.17 亿元、深圳市 13.90 亿元和东莞市 11.97 亿元。

2018 年广东木竹藤制品业企业数量 2005 家，其中木门窗 295 家，木线及木制装饰材料 247 家，木制包装箱、地台板 90 家，木竹藤生活用品、工艺品等 1256 家，卫生筷子 20 家，木塑产品 54 家，生物质固体成型燃料 43 家。全省木竹藤制品企业大多数生产规模较小，其中木竹藤生活用品、工艺品的生产企业数量最多，共 1256 家，占行业的 62.64%。省内木竹藤制品代表性企业主要有：广宁县万众竹木业工艺制品有限公司、罗定市恒兆蒸笼有限公司、蕉岭县鹏宇装饰材料有限公司和阳江市阳东区大森竹木工艺品加工厂等。广东木竹藤产品以出口为主的竹制品企业产值稳步增长，但企业的机械化水平不高，绝大多数企业产品仍依靠农村中老年人手工编织，传统手工编织技艺面临后继乏人的局面。

【木竹藤家具业】 广东省家具行业已形成较为集中的产业集群，主要分布在广州、东莞、佛山、深圳、中山、江门等市，各市家具产业各具特色，广州市以定制家具和办公家具为主；深圳以家具设计和高端家具制造为主；中山市和江门市以办公家具为主；东莞市、佛山市以家具展览和销售为主，其中东莞市以家具出口为主，佛山市以家具内销为主。广东省家具产业形成一批具有鲜明特色的产业基地和小镇，其中：中山市大涌镇成为以红木家具生产、销售、旅游为一体的“中国红木家具专业镇”，东莞市大岭山镇成为“中国家具出口基地”，顺德乐从镇成为“中国家具商务之都”“中国家具采购中心”，顺德龙江镇成为“中国家具制造重镇”“中国家具材料之都”，东莞市厚街镇成为“中国家具展览之都”“广东国际家具采购中心”，顺德勒流镇成为家具五金小镇，顺德伦教镇成为木工机械制造小镇。广东家具业具有如下特点：

①广东家具业起步早，形成完整的产业链，家具设计水平、生产设备和技术、创新能力、产能和销量等方面都在全国家具业保持优势地位。2018 年规模企业总产值占全国规模企业份额的 29.6%，出口额占全国出口额的 36.1%，均位居全国家具行业领头羊的位置。

②广东家具企业，重视产品品牌建设，涌现出一批得到市场广泛认可的知名品牌，比如：“长江家具”“红苹果”“联邦”“皇朝”“欧派”“索菲亚”“健威”等，占有国内中高端市场的很大份额。广东家具企业，凭借产品质量优良，实施优质优价战略，产品单价明显高于国内同行，2018 年平均单价为 1387.72 元/件，比全国平均单价(983.75 元/件)高出 41.1%。

③个性化定制家具发展迅猛，经营业绩普遍大幅提升，涌现出一批如“欧派”“索菲亚”“好莱客”“尚品宅配”“维尚”等全国知名定制品牌，其中欧派家居集团股份有限公司成为首家年产值突破 100 亿元的家具企业，其余几家定制家具企业年产值也在 70 亿元左右。个性化定制家具尤其受到“90 后”“00 后”年轻一代的追捧，具有广阔的发展前景。

④广东的一批高等院校和职业技术学院设有家具设计与制造专业，为企业培养大量技术人才；广东省轻信委主办的“省长杯”工业设计大赛家具

专项赛，吸引行业内大批设计人员参与，大力推动设计人才的成长，为行业创新发展培养了大量人才。

⑤“数字化”“大数据”和“物联网”等先进技术的应用，助推广东家具业做大做强，并走出国门，开辟“一带一路”沿线国家的新市场。佛山维尚家具制造有限公司与泰国企业家合资建厂，在泰国当地实际丈量用户定制尺寸后，将数据发回国内设计中心，中心调用大数据进行图纸设计并生成数据包，发给泰国工厂，工厂控制中心的电脑读取数据，直接控制生产线自动下料生产，产品的每个部件自动生成电子二维码，装箱发货现场安装。整个过程采用数字化传输、调用大数据设计、数字化控制生产线运转、产品部件采用物联网技术进行包装装箱等，大幅提高生产效率，减低生产成本。

⑥广东生产实木家具的木材几乎全部依赖国外进口，主要进口地为：非洲、东南亚、巴西、俄罗斯、美国、加拿大、新西兰等，很多国家(地区)对原木出口制定限制政策，木材原料供应受影响较大。

据广东省家具协会统计，2018 年全省家具行业总产值 4350 亿元，同比增长 3.08%，占全国家具业总产值的 30%。规模以上企业主营业务收入 2073.1 亿元，同比下降 5.51%，占全国家具业规模以上企业主营业务收入(7011.9 亿元)的 29.57%。广东家具全年出口 193.74 亿美元，比上年同期降低 2.00%，占全国家具出口的 36.10%，较上年度略有下降。2018 年全省家具行业规模企业总产量 14938.87 万件，比上年同期(15017.59 万件)降低 0.52%，净减少 78.72 万件。广东规模企业家具产品平均单价 1387.72 元/件，比上年同期(1460.91 元/件)下降 5.01%，比全国(983.75 元/件)高出 41.06%。

2018 年全省木竹藤家具产值为 2617.78 亿元，比上年(2566.45 亿元)增长 2.00%。广东家具行业内销和出口均占领中国家具行业的龙头地位，长期领先国内同行。2018 年 广东省木竹家具企业 1454 家，其中年产值 1 亿元以下企业 1396 家、年产值 1 亿~10 亿元企业 46 家、年产值 10 亿元以上企业 12 家。

【木竹浆纸业】 广东省木竹浆纸业主要分布在东莞、江门、湛江、肇庆、韶关等市，产能集中度高。2018 年广东省木竹浆纸业发展具有如下主要特点：

①广东省木竹浆纸业产量一直保持在全国前列，在全国木竹浆纸业中占有重要地位。2018 年全省机制纸和纸板产量 2094.55 万吨，占全国产量的 20.0%，居全国第一；纸制品产量 1032.22 万吨，占全国产量的 18.5%，居全国第一；木(竹)化学浆产量 140.96 万吨，占全国产量的 11.7%，居全国第四。

②产能集中度高，已形成东莞造纸产业基地、江门银州湖纸业基地、湛江林浆纸结合产业基地、广宁特色纸产业基地 4 个产业集群，产业园区内统一建设热电站和污水处理站，统一供热、供电，污水集中统一处理，有利于清洁生产和降低企业生产成本，提高产品市场竞争力。

③产品类型全面，各产业基地的产品各具特色。东莞造纸产业基地以进口废纸为主要原料，生产瓦楞纸、箱纸板、灰纸板(含涂布白纸板)为主；江门银州湖纸业基地以进口漂白木浆板为主要原料，生产生活用纸原纸和纸制品为主；湛江林浆纸结合产业基地以自产漂白木浆为主要原料，生产文化用纸、复印纸、液体包装纸及热敏传真纸、无碳复写纸、感应纸等特种纸为主；广宁特色纸产业基地以自产木竹浆为主要原料，生产高档文化用纸为主。

据统计，2018 年广东省木竹浆纸业总产量 3267.73 万吨，较上年的 3464.59 万吨，减少 5.68%。其中，木(竹)化学浆产量 140.96 万吨，较上年增加 4.16%；机制纸和纸板产量 2094.55 万吨，较上年减少 3.82%；纸制品产量 1032.22 万吨，较上年减少 10.36%。

2018 年，广东省造纸行业有生产企业 1075 家，其中制浆企业 3 家，机制纸和纸板企业 249 家，纸制品企业 823 家。机制纸和纸板以瓦楞原纸、箱纸板、生活用纸为主。2018 年，广东省机制纸和纸板企业产能超过 10 万吨的有 47 家。其中，产能 100 万吨以上企业 5 家，产量 1122.33 万吨，占全省总产量的 53.58%；30 万~100 万吨企业 16 家；10 万~30 万吨企业 26 家。2018 年，全省木(竹)化学浆生产每年需要消耗约320万绝干吨木片，为广东速生丰产林的发展提供巨大的市场需求，促进速生丰产林从育苗、种植、抚育、砍伐、运输、削片等整条资源培育业产业链的发展，为山区农民脱贫致富、繁荣经济发挥重要作用。

【森林食品药材和油料生产加工业】 广东森林食品药材和油料生产加工业主要包括茶油、果品类(干、鲜果)、工业原料类、药材调料类、森林食品饮料类。

2018年，广东森林食品药材和油料生产加工业行业总产值325.16亿元，较上年度增加2.80%，行业总产值增速放缓。全省森林食品药材加工品种主要有：梅州市的板栗、柚子，南雄市的红菇，始兴县的木耳，仁化县的铁皮石斛、灵芝，高要市、德庆县、信宜市的肉桂，德庆县的首乌、巴戟，阳春市的春砂仁，清远市清新区的金银花，鹤山市的凉粉草，广宁县的竹笋，德庆县、五华县的巴戟，河源市的五指毛桃，恩平市的簕菜茶，紫金县的竹壳茶，龙门县的西溪笋，化州市的橘红，广州市从化区的蜂蜜，新兴县的凉果，江门市新会区的陈皮等。

广东油料生产加工主要以茶油加工为主，主要产品有食用油、药用茶油以及日用化工产品等。2018年全省油茶林面积265.8万亩，比上年增加3.38%；油茶籽产量14.92万吨，比上年增加19.17%；茶油产量2.98万吨，比上年增加19.20%。全省规模茶油加工企业26家，总设计产能达5.63万吨。其中，年产2000吨以下企业9家，设计产能3140吨；年产2000~5000吨企业12家，设计产能2.82万吨；年产5000吨以上企业4家，设计产能2.5万吨。广东油茶加工企业主要分布在粤东的梅州市、河源市和粤北的韶关市、清远市，其中产能最大的是梅州市(产能2.77万吨)，占总设计产能的49.17%。

由于全省优质高产新品种油茶的种植起步较晚，大部分新造油茶林未到丰产期，原材料不足，多数茶油加工企业未能达产，2018年总产量仅占设计产能的45.24%。2018年全省产茶油25490吨，其中肇庆市产茶油2000吨、清远市产茶油3500吨、梅州市产茶油10200吨、韶关市产茶油2300吨、汕头市产茶油300吨、云浮市产茶油200吨、河源市产茶油6690吨、揭阳市产茶油300吨。

【林产化工业】 广东林产化工业包括松香、树脂、松节油、活性炭及其他林化产品。2018年，以松香产业为主的广东林产化工业发展持续低迷；松香产量经过连续几年下降，去库存效果明显，库存压力基本缓解，供需基本平衡。

2018年，广东省林产化工业总产值114.50亿元，较上年增加0.20%。全省松香年产量6.22万吨，比上年减少0.23万吨，下降3.57%。全省松香及深加工行业共有40家企业，主要分布在肇庆市、云浮市、茂名市和韶关市等地。其中产能1万吨以上企业10家，占25%；产能1000吨至1万吨企业12家，占30%；产能1000吨以下企业18家，占45%。广东省的松香及其深加工企业不断稳步发展，实力不断增强，以广东华林化工有限公司、广东科茂林产化工有限公司等为代表的综合性林化产品生产企业，逐步成为国内重要的松香产品生产企业。

【森林生态旅游业】 2018年，全省森林生态旅游业保持平稳发展，旅游总收入为1673.26亿元，较上年增长0.50%。2018年森林生态旅游业总产值超过100亿元的地级市有6个，分别是：广州市286.83亿元、深圳市139.76亿元、梅州市134.63亿元，佛山市128.27亿元、韶关市124.68亿元、东莞市107.87亿元。森林生态旅游业总产值低于100亿元的地级市有15个：其中清远市83.00亿元、河源市80.67亿元、江门市77.42亿元、惠州市76.18亿元、珠海市69.13亿元、茂名市65.01亿元、肇庆市57.44亿元、云浮市53.34亿元、汕头市37.78亿元、揭阳市31.52亿元、阳江市30.31亿元、潮州市28.21亿元、汕尾市24.17亿元、中山市18.88亿元、湛江市18.16亿元。

广东森林生态旅游主要载体为各级森林公园、湿地公园、风景名胜区、地质公园、林业系统自然保护区、野生动物园、植物园等。截至2018年底，全省已设立森林公园1516处，其中县级以上森林公园712处。2018年7月至12月，广东省林业局相继印发《关于开展全省森林公园规范清理工作的通知(征求意见稿)》《广东省森林公园质量等级评定管理办法》及《广东省林业局关于加强省级森林公园总体规划编制相关工作的通知》，逐步推进森林公园建设管理的科学化、规范化、制度化。

湿地公园 2018 年全省新建湿地公园 17 个。截至 2018 年底，全省已建成湿地公园 241 个，面积 128.14 万亩，其中国家级湿地公园 27 个，面积 77.26 万亩；省级湿地公园 6 个，面积 2.05 万亩；市级湿地公园 35 个，面积 6.49 万亩；县级湿地公园 157 个，面积 40.96 万亩。

自然保护区 广东省共建成各级各类自然保护区 380 个，其中国家级 15 个、省级 63 个、市县级 302 个；按隶属系统分，林业系统自然保护区 290 个。2018 年广东自然保护区的陆地管护总面积 2005.65 万亩，约占全省陆地国土面积的 7.42%；海洋管护面积 550.20 万亩。

森林小镇 广东省大力推进全域森林小镇建设，2018 年，省林业局认定广州市从化区温泉镇等 32 个镇(街道)为“广东省森林小镇”，涉及全省 14 个地级以上市。截至 2018 年底，全省森林小镇数量达 70 个，为广东省实施乡村振兴战略，改善农村人居环境，建设宜居宜业美好家园提供有力保障。

森林城市 2018 年 10 月，深圳市、中山市被国家林业和草原局正式授予“国家森林城市”称号。至此，珠三角地区 9 市全部建成国家森林城市，实现了“国家森林城市”全覆盖，“珠三角国家森林城市群”雏形初现，为粤港澳大湾区全面建设构建了生态安全新格局。

森林康养基地 广东省积极开展森林康养探索与研究，鼓励各地积极创建和申报全国森林康养基地(试点)，发展集旅游、医疗、康养、教育、文化、扶贫于一体的林业综合服务，积极打造森林体验和森林养生产品，推动森林康养发展。截至 2018 年底，广东省已有国家级森林康养基地试点建设单位 7 个，省级森林康养基地(试点)单位 10 个。

森林旅游示范县、森林养生基地 2018 年，国家林业和草原局认定广州增城区、连南县为“全国森林旅游示范县”，至此，广东省已有 5 个县(区)获此荣誉。此外，中国林业产业联合会认定梅州市南寿峰健康产业园为“中国森林养生基地”，认定佛山市南海区丹灶镇为“中国慢生活休闲体验区”。

【林业服务业】 林业服务业是指在林业领域运用现代信息技术、科技手段和现代管理理念，为林业的发展提供技术、信息、咨询等服务的行业。广东林业服务业含林业规划设计、林业工程监理、林业评估认证、林业产权交易、林业技术培训和其他服务。

2018 年，全省林业服务业产值 169.68 亿元，较上年度增长 0.85%，其中，涉林服务业产值 100.14 亿元，林业系统非林产业产值 69.54 亿元。林业技术服务业总体发展势头平稳向好。截至 2018 年底，全省林业服务业各种类型单位共计 1593 个，其中林业规划设计型单位 253 家，林业工程监理型单位 134 家，林业评估认证型单位 35 家，林业产权交易型单位 11 家，林业技术培训和其他服务型单位 1160 家。林业技术服务单位主要集中在各地级市，以规划设计为例，林业调查规划设计资质甲级的单位有三家，主要分布在广州市，乙级和丙级资质的单位基本分布在市级以上地区。由市至县呈现减少趋势，市级林业技术服务单位相对集中，技术服务力量较强。

2018 年全省林业系统在岗职工 24186 人，其中中专及中专以下学历 10605 人，大专学历 7073 人，大学及大学以上学历 6508 人。相比其他行业，林业技术服务业人才相对缺乏，林业对口专业人才、高层次、高技能复合型人才紧缺。

【林产品市场流通业】 广东林产品市场流通业主要包括木材市场、人造板市场、家具市场和建材市场。2018 年全省专业大型木材人造板市场 24 家，大型家具市场有 365 家，专业建材规模(木质建材)市场有 103 家，全年销售额达 5845 亿元，较 2017 年增长 2.01%。全省林产品市场流通业领先全国市场。其中，网商电商全年销售额约占总销售额的 27.00%，约为 1578.2 亿元。林产品市场流通业以珠江三角洲区域最为发达，林产品市场流通业大型市场的分布主要集中分布在珠江三角洲的广州市、佛山市、东莞市、深圳市、江门市、中山市等地区。流通市场经营总面积 2514.3 万平方米，前六位的是佛山市 1498.7 万平方米，广州市 1357.9 万平方米，深圳市 1143.1 万平方米，东莞市 135.5 万平方米，江门市 79.5 万平方米，中山市 70.5 万平方米。

广东省林产品市场流通业的经营产值和经营规模居全国第一。随着全省林业产业的不断整合优化，林产品市场流通行业面临着不断改革与创新。整合林产品市场流通市场，加强规模专业林产品市场建设，优化提升林产品市场流通业科技平台是当下的技术课题。

随着电子商务的不断崛起，涉林产业的电子商务发展迅速，势头良好。广东林产品流通市场电商以“产品制造+电商+仓储物流+实体体验网点”的形式发展，形成网络化、智能化、服务化、高度分工协同化的市场流通形态，促进林业产业流通市场技术、产品和业务融合，催生发展销售额高增长的林业产业流通市场。2018 年全省涉林网络销售额同比增长高于全社会网络零售的增速。涉林网店数量不断增加，销售额稳步增长，带动了林业就业人数。发展涉林电子商务已经成为创新林产品交易方式、增加林农收入的有效措施。

2018 年，据广东省林产品大型流通市场规模和数量统计，2018 年广东省大型木材人造板市场企业 24 家，市场经营面积 374.1 万平方米，销售金额 859.6 亿元；大型家具市场企业 365 家，市场经营面积 1884.3 万平方米，销售金额 2510.9 亿元；大型建材市场企业 103 家，市场经营面积 255.9 万平方米，销售金额 2474.6 亿元。

【广东林业产业大事记】

6 月 29 日，广东省林业局在广州召开全省林业乡村振兴工作会议，印发《广东乡村振兴林业行动计划》，贯彻落实党中央、国务院和广东省委、省政府关于实施乡村振兴战略决策部署。

7 月，广东省政府印发《广东省促进全域旅游发展实施方案》，为森林旅游发展带来新机遇。

11 月，广东省林业局印发《关于森林旅游发展的意见(草案)》，提出 18 项工作重点及 6 项保障措施，对进一步提高森林资源保护和利用水平，挖掘森林旅游发展潜力，促进森林旅游发展新的增长极具有重要意义。

11 月 8~10 日，国家林业和草原局、新疆维吾尔自治区人民政府、广东省人民政府，在广州共同主办“首届中国新疆特色林果产品博览会”。

(吴灿军)

广西壮族自治区林业产业

【林业产业】 广西是全国林业资源大省，“八山一水一分田”发展林业的条件得天独厚。2018 年全区林业产业总产值达 5708 亿元，比 2017 年增长 9.9%，居全国第三位，其中第一产业产值 1955 亿元，比 2017 年增长 8.07%，第二产业产值 3036 亿元，比 2017 年增长 7.85%，第三产业产值 717 亿元，比 2017 年增长 19.10%；林业一、二、三产业比例为 34 : 54 : 12，产业结构趋于合理；全区现有林产加工企业 21000 多家，其中规模以上企业 1900 多家；木材加工和造纸产业是广西第九个千亿元产业，2018 年产值达 2395 亿元，占全区工业总产值的 11.5%。2018 年，全区木材产量达 3175 万立方米，居全国第一位，占全国木材产量的近 40%。人造板产量 4459 万立方米，其中胶合板产量 2988 万立方米，占人造板总产量的 67.01%；纤维板产量 757 万立方米，占人造板总产量的 16.98%；刨花板产量 280 万立方米，占人造板总产量的 6.28%；其他人造板产量 434 万立方米，占人造板总产量的 9.73%。锯材产量 1240 万立方米，木片、木颗粒产量 723 万立方米，木竹地板 1265 万平方米。人工林、经济林、速生丰产林面积及松香、八角、肉桂、茴油、桂油、木衣架等特色林产品产量均居全国第一位。广西已成为全国林业产业重要产区。

【森林资源加工利用】

龙头企业 2018 年 6 月 12 日，广西壮族自治区林业厅印发实施了《广西自治区级林业产业重点龙头企业认定和监测办法》(以下简称《办法》)。根据《办法》规定，在企业自愿申报，市、县林业局审核、推荐的基础上，经专家评审，广西壮族自治区林业厅审议，2018 年认定 5 家企业为自治区级林业产业重点龙头企业，4 家企业通过监测，2018 年认定的自治区级林业产业重点龙头企业运行监测年份至 2022 年。

2018 年自治区级林业产业重点龙头企业为：梧州市飞卓林产品实业有限公司、广西庚源香料有限责任公司、广西容县宏旺树脂有限公司、广西霖昇实业股份有限公司、广西崇左市中港木业有限公司。2018 年通过监测的自治区级林业产业重点龙头企业为：广西国旭林业发展集团股份有限公司、广西梧州桂森林产品发展有限公司、广西大地木业有限责任公司、崇左市恒宇木业有限公司。

2018 中国–东盟博览会林产品及木制品展 中国–东盟博览会林产品及木制品展(以下简称“林木展”)是中国–东盟区域内重要的林业专业展会、国家级林业重点展会，由国家林业和草原局、广西壮族自治区人民政府共同主办，中国–东盟博览会秘书处、广西壮族自治区林业局、中国林产工业协会承办，2018 年林木展于 11 月 16~19 日在南宁国际会展中心举办。展会紧密衔接“一带一路”的新理论新实践，以纪念中国–东盟建立战略伙伴关系 15 周年、东博会创办 15 周年、中国–东盟创新年、改革开放 40 周年为契机，突出“绿色、创新、合作”主题，以先进林业科技为支撑，积极推动林业产业转型升级，积极发展森林旅游等林业经济新业态，助力中国–东盟林业合作升级。

林木展展览面积达 20000 平方米，402 家企业参展。设置广西林业主题展区、林业装备展区、红木家具及工艺品展区(东盟馆)、人造板及木结构展区四大展区，现场客商业主 4 万多人次，签订采购订单和投资额超过 3 亿元。其中林业装备展区经贸效果明显，合同成交额超过 5000 万元。广西壮族自治区人民政府副主席李彬，国家林业和草原局总经济师张鸿文，越南农业与农村发展部副部长陈青南，马来西亚、老挝、越南、缅甸、泰国等东盟国家驻南宁总领事馆、商协会代表及中外客商出席开幕仪式并参观展会。重庆、江苏、江西、河南、云南、内蒙古、吉林等省(区、市)

林业单位和行业协会纷纷组团前来观摩、参展。

广西林业主题展区面积共6000平方米，展览极富特色，成为此次展览的亮点。广西国控林业投资股份有限公司等近百家林业企业参加了展览。展区细分为广西林业局形象展区、地方及区直林场展区、林业科技展区、林权交易展区、木材精深加工展区、花卉苗木展区、林下经济产品展区、森林旅游展区八大特色展区。展品种类丰富，涉及精品花卉、油茶、木雕工艺品、实木家具、板式家具、多功能全屋定制家具、林产化工、林下经济、森林旅游等。

2018年林木展还汇集广西最新林业科技成果、国内最新智能化林业装备、智能化家具设备成套生产线、智能环保板材成套生产线、最新绿色环保人造板材、木材加工残余物(废弃物)提纯生物新能源的技术及产品，绿色森林食品、国内精品红木家具、东盟国家特色竹木制品等展品亮点纷呈，展示了林业作为广西与东盟相互合作最具区位优势和资源优势的产业合作发展成果，获得了与会者的肯定和赞赏。

林木展紧扣中国与东盟林业合作热点，推动中国与东盟林业合作，取得了丰硕成果。印度尼西亚、老挝、缅甸、越南等东盟国家的众多企业参展积极踊跃，共有近60家东盟国家及区域外国家林木业生产企业参加展会，重点展示东盟国家特色红木家具、木制手工艺品、森林食品等。

展会期间举办了专业论坛、专业研讨会、专场贸易对接活动及木文化展示表演，传递最新信息、拓展更多商机、丰富展会内涵。包括举办第八届林产品国际贸易论坛、投资东盟介绍会(越南专场)、2018中国-东盟林木高峰论坛暨第三届中国(贵港)木材加工产业发展高峰论坛、中国-东盟林业装备采购对接会等行业论坛活动。通过高层的对话和务实的产业对接，凝聚共识，促成中国-东盟林业合作机制在官方高层和企业层面建立完善，启动更多的交流合作项目。在第八届林产品(南宁)国际贸易论坛上，来自中国林产工业协会、马来西亚木材工业局、菲律宾综合森林管理局、缅甸森林认证委员会、老挝林产工业协会、柬埔寨农林渔业部林产工业与国际合作局、越南木材和林产品协会的林业官员和专家就木材来源的合法性和林业的可持续发展进行了深入探讨并达成了共识。在2018中国-东盟林木高峰论坛暨第三届中国(贵港)木材加工产业发展高峰论坛中，国内的多位专家和企业家就国内木材加工业的质量提升、品牌建设和清洁生产环保等行业热点问题建言献策，为木材加工行业的转型升级提供了多项专业解决方案。

创建现代特色林业示范区 2018年，广西各地继续大力推进现代特色林业示范区建设。根据全区现代特色农业示范区建设增点扩面提质升级动员部署会精神，为了更有针对性、更有力地推动全区现代特色林业示范区创建工作，广西壮族自治区林业局起草了《广西现代特色林业示范区增点扩面提质升级三年(2018~2020年)行动方案》(以下简称《行动方案》)，在征求各方面意见基础上，结合三年来的创建实践对林业示范区创建标准及考评表作了修改。2018年7月自治区人民政府办公厅正式印发了该《行动方案》。

2018年全区新认定自治区级林业示范区26家，超额完成自治区下达的林业示范区年度创建任务(12家)。全区获得认定的各级现代特色林业示范区(园、点)达到141家。获得认定的各级示范区主导产业涵盖珍贵树种与优势用材林、特色经济林、花卉苗木、林下种养、林产品精深加工、森林生态文化旅游六大类别，努力补齐优势用材林、珍贵树种、林产品精深加工这三个类别和边境地区、贫困地区林业示范区创建量不足质量不高的短板，为全区各地提供可看、可学、可推广的发展现代林业样板。林业示范区的创建对加快全区林业产业转型升级，实现林业增效和林农增收起到了非常明显的示范引领作用，现代特色林业示范区已经成为广西推动林业现代化的主要载体。

为更好实施林业示范区增点扩面提质升级三年行动计划，持续提高各地区林业示范区创建能力和建设水平，2018年11月4~6日自治区林业局在南宁、崇左市举办了全区现代特色林业示范区创建业务培训班。全区各市及创建工作重点县、区直林业事业单位主抓示范区建设的负责人及业务骨干共130余人参加培训。通过现场参观和专家课堂讲解的形式，使参会人员充分了解林业示范区的创建意义和建设基础，掌握创建的基本内涵、重点内容和要求，熟悉创建模式和流程，同时对可能遇到的问题和困难进行分析探讨，提出切实有效的解决办法，提升了各地各单位创建业务能力。

广西壮族自治区林业局组织专家工作组，多次赴各地及相关区直林场开展常态化的指导服务和规划评审，传授先进的示范区经营管理经验，帮助各地开拓创建思路，厘清示范区创建工作的内涵，明确示范区发展方向，把握重点，压实责任，剖析问题，解决困难。

2018 年广西自治区林业局安排 1200 万元本级部门预算资金，支持示范区公共基础设施建设、机械设备购置等，同时整合森林质量提升、森林景观改造、林木良种、沃土工程、重点区域绿化、花卉产业示范、木本油料及特色经济林、林下经济、农村能源建设、林业技术推广等各项相关补助资金倾斜于示范区建设。引导各地政府投资平台积极参与示范区基础设施建设和主导产业发展，鼓励示范区经营业主加大资金和人才投入，逐步形成政府引导、企业主体、社会力量参与的多元化建设投入机制。

林产工业发展 2018 年，自治区林业局组织制定了《广西林产加工业行动计划》等文件，参与广西农产品加工业发展规划的修改完善，全力支持林业产业园区列入全区重点农产品加工园区名单。大力推进国家林业产业发展基金入库项目建设，全区共有 7 个项目列入第一批全国林业产业投资基金项目库。2018 年重点支持广西龙赞林业循环经济产业园、广西山圩林业生态产业园、广西桂中现代林业科技产业园、北流家具产业园等 20 个木材加工园区建设，着重提升园区基础设施和配套服务水平，加快培育国家林业产业示范园区和国家木材加工贸易示范区。

产业合作交流与招商引资 2018 年 5 月 8~10 日，组织企业参加了首届全国林业品牌推荐会暨中国林产品品牌建设成就展活动，通过参加此次活动，促进了公司产品品牌的宣传。5 月 10~13 日，自治区林业局组织企业参加 2018 年上海·全国优质农产品博览会森林食品专题展，促进广西森林食品的宣传与销售。11 月 1~4 日，自治区林业局组织参加第 11 届中国义乌森林产品博览会，促进广西林业企业与义乌的交流合作。11 月 16~19 日，在南宁国际会展中心举办 2018 中国-东盟博览会林木展，加深广西与国内兄弟省份的林业产业交流合作，也进一步增加了中国与东盟国家的产业合作。

区直林场人造板产业改革发展 2018 年，自治区林业局多次研究创新经营管理、加速技改创新、协调解决祥盛公司上市等问题，成立广西祥盛木业有限责任公司上市工作领导小组，全力加快区直人造板产业优化发展。大力推进区直林场肥料和花卉苗木企业优化经营相关工作，形成了广西华沃特生态肥业股份有限公司和广西八桂种苗公司优化经营工作方案。

建设万亿元林业绿色产业体系 2018 年，自治区人民政府出台《广西万亿元林业绿色产业高质量发展行动方案(2018~2022 年)》《广西木材加工业高质量发展行动计划(2019~2021 年)》等指导文件，通过抓创新、创品牌、拓市场提升全区林业绿色产业质量效益和竞争力，以市场需求为导向，切实推进林业供给侧结构性改革，以创建高产高效原料林基地、现代特色林业示范区、林产工业园区、森林公园、森林体验和康养基地为主要抓手，推进林业一、二、三产业融合发展，着力构建布局合理、集约发展、链条完备、结构优化、效益良好的林业绿色产业体系。

林业安全生产 认真贯彻国家和自治区安全生产会议精神，严格落实安全生产责任制度，全面部署开展安全生产专项检查和隐患整治，积极开展“安全生产活动月”活动，抓好节假日和汛期等重要时段的安全生产工作，2018 年，广西直属林业单位生产中未发生安全事故。

【森林旅游和森林康养】

森林公园建设和经营管理情况 截至 2018 年底，广西各级森林公园总数达到 67 处，其中国家级森林公园 23 处、自治区级森林公园 36 处、市(县)级森林公园 8 处。森林公园游道里程达 1259.84 千米，职工总数 3364 人，导游人数 239 人，车船总数 659 台(艘)，接待床位 13736 张，接待餐位 24880 个。2018 年，各级森林公园接待游客量 1137.05 万人次，收入总额 319349.87 万元，分别比上年增长 12.46%、16.18%。

2018 年广西各级森林公园全年共投入建设资金 107549.39 万元(其中国家投资 43446.29 万元，自筹 51906.30 万元，招商引资 12196.8 万元)。其中，森林公园环境保护投入 6137.2 万元，森林公园植树造林 215.68 公顷，改造林相 341.32 公顷。

截至 2018 年底，全区森林旅游地总数达到 212 处。其中，森林公园 67 处，湿地公园 24 处，自然保护区 78 处，风景名胜区 33 处，野生动物园 3 处，植物专类园 2 处，树木园 2 处，林业观光园 3 处。全年森林旅游接待超过 11312 万人次，同比增长 18%，全区森林旅游收入达到 420 亿元，同比增长 20%。全区森林旅游与森林公园建设与管理发展态势稳中向好。

森林公园行业管理 加大森林资源和森林风景资源保护力度。坚持重大建设项目使用森林公园林地进行专家论证和森林风景资源影响评价制度，加强对森林公园自身和重点工程项目建设使用森林公园林地管理，严格控制建设项目占用森林公园林地，大力强化森林公园征占用林地、项目建设监督。指导良凤江、大瑶山、龙胜温泉、大容山国家森林公园推进“十三五国家森林公园保护利用设施项目”。加强森林公园总体规划编制工作，组织平天山、龙峡山、飞龙湖国家森林公园以及金鸡山、大山顶、东兰红水河自治区森林公园等森林公园编制总体规划评审工作。继续加强森林公园业务培训，举办全区森林公园与森林旅游管理业务培训班，全区各级森林公园的负责人、业务人员共 50 多人参加培训。

城郊森林公园建设 遵循《全国城郊森林公园发展规划(2016~2025 年)》，加强城郊森林公园的建设发展。2018 年重点推动柳州市、玉林市、钦州市、贵港市等地继续把位于城郊的三门江、六万山、林湖、平天山等森林公园纳入城市建设、旅游发展的重点项目。加大资金投入。全区城郊型森林公园建设发展水平进一步提升。

森林公园“提质增量”工程 2018 年，进一步实施自治区林业厅与自治区旅游发展委联合制订的《加快林业与旅游产业融合发展实施方案》，在“十三五”期间以提升景区等级为目标，重点建设良凤江、大瑶山、姑婆山、大容山等 10 处森林公园。姑婆山、龙滩大峡谷 2 处森林公园正在创建 5A 级景区，另外有 5 处森林公园正创建 4A 级景区。通过创建 A 级景区，一批森林公园景观品位和旅游服务水平有明显的提升。

“环绿城南宁森林旅游圈”项目 2018 年，有序推进“环绿城南宁森林旅游圈”有关项目建设，深入打造“环绿城南宁森林旅游圈”。项目包括高峰林场、七坡林场、南宁树木园和广西林科院 4 家单位在南宁市 7 个城区内的 5 个森林公园林地，面积约 92 万亩。其中“七彩世界森林旅游项目”已列入自治区领导联系推进重大项目，高峰森林公园项目纳入自治区层面统筹推进重大项目。自治区人民政府与三立控股公司签订战略合作框架协议，将“环绿城南宁森林旅游圈”的七彩世界森林旅游项目列入战略合作项目。2018 年，“环绿城南宁森林旅游圈”完成投资约 2.2 亿元，项目建设初具规模。

林业与旅游部门合作 2018 年继续实施自治区林业厅与自治区旅发委联合印发《加快林业与旅游产业融合发展实施方案》中的森林旅游“510 工程”，即重点建设 10 处森林公园、10 处国家湿地公园、10 处自然保护区生态旅游区、10 处森林养生基地、10 处花卉苗木观光基地，有关项目建设有序推进并初显成效。

森林旅游系列评定 2018 年，自治区林业局成立了广西森林旅游资源开发利用与服务质量评定专家委员会，全面推动“森林公园”“森林康养基地”“森林体验基地”“森林人家”以及“花卉苗木观光基地”建设发展；建立了森林旅游资源开发利用与服务质量评定专家库；制定了《广西壮族自治区森林公园建设指南》和《广西壮族自治区森林公园质量等级评定办法》等 5 个评定办法；组织开展森林旅游系列等级评定工作，全年新建森林公园 52 个(2 个自治区级森林公园，其余 50 家未评等级)，评定森林康养基地 25 个、星级森林人家 30 家、广西森林体验基地 9 个、广西花卉苗木观光基地 8 个。

广西森林康养协会 广西森林康养协会在政府和有关部门的支持下，联合林业、旅游、医疗、卫生、科技等行业企业以及大专院校、科研机构，共同研究建立起符合广西实际情况的“互联网+森林资源+瑶医瑶药”森林康养体系，为广西的健康产业、森林旅游产业发展贡献力量。2018 年，成功召开了第一届第一次会员代表大会，表决并通过成立了广西森林康养协会监事会、广西森林康养协会专家委员会。广西森林康养协会 3 月正式授牌，4 月完成第一届第二次会员代表大会备案工作。此外，还举办了第一批森林康养专业服务人员专业培训班，培训人员通过严格考核认证，成为第一批森林康养专业服务人员，为森林康养工作提供人力支撑。

森林旅游宣传 高度重视并组织参加 2018 年中国森林旅游节。自治区林业局副局长邓建华带领森林公园等森林旅游景区有关负责人员参加国家林草局在广州举办的中国森林旅游节，并组织有关林业事业单位前往现场学习参观。为宣传推介广西森林旅游产业的资源优势和优惠政策，吸引社会资本投入广西森林旅游产业，自治区林业局陆续举办一系列精准招商推介活动，推出一批森林旅游招商引资项目，吸引了一批国内有实力的企业、集团到广西实地考察、洽谈森林旅游、森林康养项目，并对部分项目达成合作意向，成功引进三立控股集团、江苏东珠景观股份有限公司、棕榈股份等优质合作伙伴。

森林旅游安全管理 2018 年自治区林业局狠抓安全生产，在平时，尤其是重要节假日、旅游旺季都对森林旅游安全工作进行专项具体部署，按照“安全第一、预防为主、综合治理”的工作方针，落实各项安全生产责任制。2018 年全年没有发生重大旅游安全事故。

【花卉产业】

广西花卉协会工作 2018 年 1 月 26 日，广西花卉协会第六届会员代表大会二次会议暨第九届中国花卉博览会广西展团表彰大会在广西林科院召开。表彰奖励第九届中国花卉博览会广西展团先进单位及个人、中国-东盟林木展突出贡献单位、2017 年度广西花卉协会先进单位。5 月 10~15 日花卉协会分别与江西、福建两省花卉协会签订全面战略合作协议，进一步加深了兄弟省花卉协会的合作交流。7 月 5~6 日，应邀参加粤桂黔川滇 5 省(区)花卉协会共商组建泛珠区域花卉产业合作平台事宜，并签署《泛珠区域粤桂黔川滇花卉产业合作平台框架协议》，探索建立五省(区)花卉产业信息共享与交流的平台、花卉产业链，推动五省(区)花卉产业互补发展。7 月 14~16 日，应邀参加第十九届中国昆明国际花卉展，进一步开拓视野，拓宽思路。10 月 24~26 日，前往福建漳浦参加首届三角梅南北合作联席会议暨国际三角梅研究院成立大会，进一步提升桂闽花卉的交流合作。12 月 28~31 日，应邀参加在广州(陈村)举行的花卉旅游文化节暨国际花卉新优品种推介会，为桂粤花卉产业交流合作打下良好基础。

北京世界园艺博览会 2018 年是北京世园会室内外展园(区)全面建设攻坚阶段。为加快推进广西展园(区)设计建设，自治区林业局靠前对接，明确责任分工，落实参展经费，齐心协力做好广西室内外展园(区)设计和评审工作。截至年底，广西展区施工主体工程已完工，室内布展、展品征集等筹备工作也已全面启动，以“世界水准、中国气派、广西风采”为标准，向世界展示广西更高水平的花卉园艺成就。

花卉培训 为增强花卉行业管理部门的行业管理与服务功能，提高花卉管理者专业技术能力，推广应用现代林业花卉苗木新品种和新技术，自治区林业局于 2018 年 11 月 1~3 日在南宁市举办现代林业花卉苗木栽培技术示范推广培训班。全区各市、县林业主管部门花卉业务分管领导，各市林业主管部门花卉业务负责人参加培训。培训会现场考察了广西深根建设集团有限公司精品示范园、南宁市卉芜园林有限责任公司武鸣花卉播种标准化自动化技术示范基地、广西林科院花卉所基地，并进行了现场讨论和经验交流。

花卉展 2018 年 11 月 16~19 日，中国-东盟博览会林木展在南宁国际会展中心举办。此次展会设立了面积 300 平方米的综合花卉展区，采用特装的方式进行全面展示。展区中汇集了广西花卉协会 20 多家单位会员精心选送的兰花、盆栽花卉、插花花艺、盆景奇石、家庭园艺等 100 多个花卉品类，3000 多件花卉精品，广受好评。插花花艺分会举办了插花花艺展赛，活动取得了圆满成功。

全国首届园林绿化养护管理产业峰会 11 月

14~17 日，花卉协会联合风景园林部门在南宁市举办了全国首届园林绿化养护管理产业峰会，旨在进一步提高城市绿化养护水平，解决养护难题，引领园林养护产业新发展，促进园林企业转型升级，搭建园林养护人才平台。邀请养护专家进行技术讲座，全国共有 200 多人与会。 （罗小三）

海南省林业产业

【概　述】 2018年海南省林业产业通过政府引导支持，企业大力发展，做精做优花卉、油茶、林木种苗、乡土树种、木材加工业、林下经济、森林旅游、野生动物驯养等产业，实现生态效益、社会效益和经济效益的有机统一，有效促进了林业经济发展和农民增收，全年实现林业总产值达638.49亿元。

【花卉产业】 为推进海南热带特色花卉产业发展，省政府办公厅印发了《关于推进热带花卉产业发展实施方案》，2018年在全省开展了“花香海南”大行动。海南省林业局会同省农业厅、省科技厅、省政府研究室、海南大学、中国热科院、省农科院、省林科院以及重点花卉龙头企业等13个单位，开展全省花卉产业调研，编制了《海南省花卉产业发展规划(2018~2025)》。举办花卉技术培训班，加强花卉产业管理工作，省财政安排3200万元热带特色高效农业产业专项资金支持花卉产业，积极助推花卉产业转型升级，加快产业发展。2018年全省完成扩种特色花卉面积5333.3公顷，截至2018年底，全省花卉种植面积达1.3万公顷，花卉年产值达54亿元。

【油茶产业】 编制完成了《海南省油茶产业发展规划(2017~2025年)》，经省政府批准，2018年1月由海南省林业局和省发展改革委、省财政厅联合印发实施。大力推广油茶优良品种，建设油茶良种采穗圃13.3公顷，建设高产示范林20公顷，完成造林666.7公顷。截至2018年底，全省油茶现有栽培面积7000公顷，油茶籽产量1655吨，结实量2300吨。油茶加工企业68个，年产值43264.5万元。

【苗木产业】 建立海南省主要造林树种苗木质量分级标准。油茶、白木香、降香黄檀、木麻黄4个标准于2018年4月26日获得海南省质量技术监督部门批准。建立林木种苗综合信息服务管理平台，强力推广林木良种良苗，建立优良品种保障体系，提供良种造林植树。截至2018年底，全省共审(认)定油茶、沉香、兰花、鹌蕉、木麻黄、椰子等良种35个。全省苗圃总数660个，占地4400.53公顷，年产值30亿元。

【珍贵乡土树种】 引导有土地、有资金、有技术的企业和种植大户带头开展珍贵乡土树种种植，指导农户根据土地、经济条件和意愿，在房前屋后采取“四旁植树”形式种植珍贵乡土树种。全省完成特色经济林种植1400公顷，完成花梨、沉香等珍贵乡土树种植200公顷，全省珍贵乡土树种总面积达到14800公顷。

【木材加工业】 加强全省木材经营加工管理的指导、检查和督促，对小微型加工企业、长期停产、停业企业进行清理整顿，规范木材加工管理。鼓励和支持企业进行深、精加工，提高木材加工高新技术含量，延长产业链，鼓励利用采伐、造材、加工等三剩物加工项目，提高木材利用附加值。全省全年木材加工行业产值94.8亿元。其中：木、竹浆纸产值83.4亿元(浆产量约149.1万吨、产值约46.8亿元，纸产量90.6万吨、产值约36.6亿元)；锯材产值3.8亿元，产量约25万立方米；人造板产值3.3亿元，各类人造板等产量约7.6万立方米；木片产值2.6亿元，木片产量约26万吨；木、竹、藤制成品及其他产品产值1.7亿元。

【林下经济】 省委、省政府高度重视林下经济发展，把林下经济列入全省精准扶贫和“十三五”十二大重点产业的重要内容。重点培育以林下种植、林下养殖、林下产品采集加工、林下旅游为主的4种形式林下经济，并确定了林苗、林药、林菌、林茶(油茶)、林驯(野生动物驯养繁殖)、林蜂、林鸡、林畜(猪牛羊)、林下产品采集加工、林下旅游十大重点项目。省财政每年安排1000万元支持林下经济发展，对评为国家级和省级林下经济示范基地的单位分别给予一次性补贴50万元和25万元。2018年全省林下经济新增面积1.07万公顷、产值11.39亿元，新增就业人数5878人。截至2018年底，全省推荐评定国家级和省级林下经济示范基地114家(其中国家级6个，省级108个)。全省林下经济累计从业人数达60.85万人，面积16.97万公顷，产值148.88亿元。

【森林旅游产业】 截至2018年底，全省共设有各级森林公园28处，其中国家级森林公园9处，省级森林公园17处，市县级森林公园2处，总面积17.13万公顷。森林公园拥有游步道271千米，车船339台(艘)，床位1795张，餐位3146个，职工和导游总数分别约为4077人和472人，社会从业人员约4152人。2018年全省投入森林公园建设资金1.045亿元，其中国家及各级地方财政投入800万元，自筹资金9000万元，环境建设投入650万元。森林公园基础设施和旅游服务设施逐步完善，环境日趋安全美观，旅游条件和品质继续大幅提升。2018年全年共接待国内外游客662.84万人次，其中海外旅游人数6.98万人次，同比增长14%。森林公园总收入10.14亿元，首次突破10亿元，同比增长11%。2018年，海南热带野生动植物园和亚龙湾热带天堂森林公园分别被国家林业和草原局评为森林体验和森林养生国家重点建设基地重点单位。

【野生动物驯养业】 海南省野生动物驯养繁育大多数分布在海口市、文昌市、澄迈县、儋州市、万宁市、琼海市、屯昌县等地，主要养殖虎纹蛙、龟类、蛇类、食蟹猴、果子狸、原鸡、豪猪、竹鼠等。2018年，经野生动物行政主管部门批准的野生动物驯养繁殖场新增32家，总计397家，总产值达6亿元。

(海南省林业局)

重庆市林业产业

【概　述】 2018年，重庆市林业局认真落实市委、市政府工作部署，大力发展生态产业，着力推进“绿水青山”变成“金山银山”，实现资源总量和林业产值双增长。全市森林覆盖率由直辖初的20.98%提高到2018年底的48.3%；林业产业产值从直辖初的13.3亿元，增长到2018年的1260.6亿元，年均递增约24%，林业产业结构由87：7：6调整为41：29：30。

以强化规划引导生态产业健康发展　市委、市政府高度重视林业产业发展，将“乡村振兴战略行动计划”和“生态优先绿色发展战略行动计划”列入全市大力实施的“八项战略行动计划”，坚持生态优先、绿色发展，坚持生态产业化、产业生态化，坚持共抓大保护、不搞大开发，全力推进全市林业产业高质量发展。市林业局联合市发展改革委制订和修订了重庆市林业产业发展规划以及林下经济、木本油料、笋竹、森林旅游、森林康养、林产品加工贸易6个专项规划。以规划为引领，依托重点项目，扶持龙头企业，集中发展六大主导产业，积极推进林业一、二、三产业融合发展。

以建设基地壮大生态产业规模发展　深学笃用习近平生态文明思想，围绕筑牢长江上游重要生态屏障，开展大规模国土绿化提升行动，统筹生态效益、经济效益和社会效益的有机统一，因地制宜布局生态产业基地。截至2018年，全市建成以彭水、酉阳、秀山油茶，城口、巫溪核桃，奉节、合川油橄榄等为代表的木本油料基地202万亩；建成江津、酉阳、潼南、丰都、涪陵等区县种植花椒基地142万亩，产量30多万吨；建成荣昌、梁平、涪陵、南川、大足等笋竹基地423万亩，笋竹产业不断壮大；建设林下经济示范区县6个，发展林下经济510万亩、柑橘等水果636万亩；培育花卉苗木40余万亩，形成小苗、中苗、大苗梯度培育的发展格局；发展以黄连、金银花、云木香、杜仲、天麻、党参为主的中药材基地122万亩。全市林业特色种植基地累计达到2220万亩。支持林业产业品牌建设，2018年市林业局联合市发展改革委、市农业农村委命名涉林市级特色农产品优势区11个，获批涉林国家特色农产品优势区4个。

以加工贸易推动生态产业融合发展　坚持产业生态化、生态产业化的有机统一，坚持市场带动，把做大做强林产品加工贸易作为重要抓手，积极发展木材、林产品加工、木竹家具、纸浆和森林食品等林产品加工业和贸易业，有力推进林业一、二、三产业融合发展。2018年全年木材加工量135万立方米、木竹家具生产995万套、竹材(浆)生产120万吨、活性碳生产8000多吨、森林食品加工6.3万吨。以重庆理文公司为代表的林浆纸产业，年产量95万吨牛皮箱板纸和白面牛卡纸及18万吨竹木浆、50万吨生活用纸。重庆木门年产能力达800万樘，其中重庆星星套装门集团年生产能力280万套，年产值超过10亿元；重庆美心(集团)有限公司产品远销美国、英国、法国、波兰、南亚和东南亚等40多个国家和地区，出口销售额超过1.8亿美元，公司年销售总额超过40亿元。汇达柠檬、派森百NFC橙汁等森林食品加工系列产品驰名国内外。以“谭木匠”“山神漆器”“梁平竹帘”等为代表的竹木工艺品年产量达200万件。林产品商贸服务要素市场体系逐步形成，建成涪陵林权交易所、巴南铠恩国际家居名都、沙坪坝曾家木材市场、石柱黄连交易市场等。铠恩国际家居名都每年的家具交易金额超过100亿元。投资230亿元、占地4100亩土地的中国西部木材贸易港正式落地巴南建设，2018年中林集团重庆公司进港木材150万立方米，较2017年增长130%。

以生态旅游康养创新产业发展新业态　坚持学好用好“绿水青山就是金山银山”的“两山论”，

加快推进以森林、湿地等为主的生态旅游康养发展。建成全国森林旅游示范区(县)6个，市级以上森林公园(含生态公园)85个、湿地公园26个、风景名胜区36个、地质公园10个。2018年全市森林旅游康养业人数突破1亿人次，森林旅游康养综合收益达307亿元。仙女山、金佛山、四面山、康养石柱、三峡红叶等森林旅游康养品牌享誉国内外。累计建成森林人家3300余家，“大巴山森林人家”“黄水森林人家”“神女峰森林人家”“桃源人家”等品牌建设颇具引领力。城口县以“大巴山森林人家”品牌建设为引领，大力推进林旅深度融合，全县发展“大巴山森林人家”1500余家，打造集群片区5个、示范村17个，年接待游客超过110万人次，提供就业岗位6200余个，带动3000余户贫困户年均收入3万余元。

以龙头企业带动生态产业市场化发展 市政府与国家林草局、国开行签订共同推进重庆国家储备林等林业重点领域发展战略合作协议。用好绿色金融政策，由中林集团控股的市林业投资公司挂牌正式成立，争取到国开行政策性贷款150亿元，推动大业主实施大项目，发展大产业，启动500万亩国家储备林建设。注重市场主体培育，印发《支持民营经济发展的实施意见》，积极发挥林业龙头企业示范带动作用，推广“龙头企业+集体经济+基地或园区+农户”经营模式，着力服务于乡村振兴和脱贫攻坚大局，带动农户致富增收。江津区利用退耕还林政策，种植青花椒面积达52万亩，其中挂果投产36万亩，种植面积和产量位居全国首位，是江津区实施乡村振兴战略、助推精准脱贫的支柱产业。石柱县常年保持黄连在地面积5万亩，年产量1800吨以上，占全国的60%和世界的40%以上，年产值1.5亿元以上，年交易量2000吨以上，占全国的80%，被誉为中国黄连产业的“晴雨表”。长寿家居产业园和永川港桥工业园已入驻企业近100家，带动木材加工贸易产业发展。石柱县依托黄水国家森林公园大力发展生态旅游康养，2018年实现生态旅游收入84亿元。武隆区依托仙女山国家森林公园，走市场化、产业化、融合化路径，探索出一条欣欣向荣的国家森林公园发展之路，2018年全区实现生态旅游收入25亿元。秀山电商网络体系发展势头强劲，2018年交易额近120亿元，其中涉林产品交易额占30%以上。

(重庆市林业局)

四川省林业产业

【概 述】 2018年，四川省林业和草原局落实省级以上林草财政投入103.3亿元，完成营造林1083万亩，森林覆盖率达到38.83%、增长0.8个百分点；实现林业总产值3740.8亿元，同比增长10%；林业生态服务价值1.76万亿元，林业有害生物成灾率0.21‰、森林火灾受害率0.096‰、涉林案件综合查处率96.57%。

【林业产业基地增量提质】

当年培育 2018年，推进林业产业基地标准化、规模化和集约化建设，共培育林业产业基地540万亩。其中，新造380万亩，占70%，低改或抚育163万亩，占30%。在当年培育基地中，以花椒、核桃为主的特色经济林居多，占总面积的72%(见表1)。

基地总量 2018年，全省林业产业基地总规模达到8962.5万亩，其中木竹原料林基地5390.1万亩，占总基地面积的60%，位居第一(见表2)。

现代林业产业基地 2018年，21个市(州)的142个县(市、区)已建成现代林业产业基地2935万亩，其中木质原料林基地、木本油料、竹林基地面积位列前三，分别占总面积的36.3%、20.2%和17.9%(见表3)。

【林产加工能力持续提升】 2018年，木竹人造板、木竹地板、竹浆产能分别达到565万立方米、307万平方米、150.7万吨，林产品商品化率显著提升，成都平原区林板家具、川南竹产业、川东北特色经济林和川西生态旅游四大产业集群初步形成。

【林产品产量稍有波动】

木竹产品产量 2018年，全省原木、次小薪材较2017年大幅度减少，大径竹、杂竹材比2017年增幅很大(见表4)。

经济林产品产量 2018年，全省经济林产品总量达880万吨，比上年增长9.7%。其中花椒、油橄榄、核桃分别以24.6%、33.3%、74.8%的增速增长，比2017年增长20%以上(见表5、表6)。

木竹加工产品产量 2018年，全省木竹加工产品产量出现小幅收窄，木竹人造板、木竹地板及竹浆生产及造纸产量有所减少(见表7)。

表1 2018年全省林业产业基地当年培育情况表

培育种类	合计	木质原料林	竹林	特色干果	木本药材	木本油料	森林蔬菜	生物质能源
面积(万亩)	539.7	85.1	63.7	104.8	17.3	177.2	91.3	0.09
百分比(%)	100	15.8	11.8	19.4	3.2	32.8	16.9	0.1

表2 2018年全省林业产业基地构成表

培育种类	合计	木质原料林	竹林	特色干果	木本药材	木本油料	森林蔬菜	生物能源林
面积(万亩)	8962.5	3623.8	1766.4	824.8	336.4	2064.3	270.5	76.3
百分比(%)	100	40.4	19.7	9.2	3.8	23.0	3.0	0.9

表3 2017~2018年全省现代林业产业基地构成表

基地类型	合计	速生丰产用材林、珍贵树种用材林	纸浆竹林、材用竹林基地	笋用竹林、笋材两用竹林基地	木本油料	木本药材	木本调料	木本粮食	木本饮料	森林蔬菜	其他特色经济林基地
2017年面积	2761	1065	501	254	556	88	132	21	14	78	53
2018年面积	2935	1065	526	304	594	97	171	15	15	82	66

表 4　2017~2018 年全省木竹产品产量表

木竹产品	原木（万立方米）	次小薪材(万吨)	楠竹（万根）	杂竹材(鲜)（万吨）
2017 年产量	202.46	21.1	923.1	397
2018 年产量	211	19.7	4633.8	665
同比增长率(%)	-0.09	-79.1	47.3	67.5

表 5　2017~2018 年全省经济林产品产量表

单位：万吨

经济林产品	特色水果	特色干果	林产饮料	林产调料	森林药材	木本油料				森林食品
						小计	核桃	油橄榄	油茶籽	
2017 年产量	665	8	13.7	8.4	22.9	58.1	53.7	1.5	2.1	23.9
2018 年产量	735	8.3	15.5	10.4	27.0	63.1	57.4	2.0	2.3	20.5
同比增长率(%)	10.5	3.8	13.1	23.8	17.9	8.6	6.9	33.3	1	-14

表 6　2018 年主要经济林产品生产情况

指标名称	代码	面积(公顷)	产量(吨)
各类经济林总计	01	2628216	8803006
一、水果	02	777736	7346484
1. 苹果	03	53173	727220
2. 柑橘	04	351552	3791444
3. 梨子	05	77615	765052
4. 葡萄	06	32880	380867
5. 桃	07	54674	510825
6. 杏子	08	2217	6438
7. 荔枝	09	8908	33027
8. 龙眼	010	24152	53398
9. 猕猴桃	011	40532	268603
10. 其他水果	012	132033	820610
二、干果	013	131652	82724
1. 板栗	014	48599	52385
2. 枣	015	5694	13056
3. 柿子	016	1514	3032
4. 仁用杏	017	0	620
5. 榛子	018	0	0
6. 松子	019	62041	8465
7. 其他干果	020	13804	5166
三、林产饮料产品	021	245164	155384
1. 毛茶	022	222877	154266
2. 其他林产饮料产品	023	22287	1118
四、林产调料产品	024		104458
1. 花椒	025		104230

（续表）

指标名称	代码	面积(公顷)	产量(吨)
2. 八角	026		135
3. 桂皮	027		48
4. 其他林产调料产品	028		45
五、森林食品	029		204754
1. 竹笋干	030		72900
2. 食用菌	031		90188
3. 山野菜	032		12604
4. 其他森林食品	033		29062
六、森林药材	034	235836	269696
1. 银杏	035	34966	16630
2. 山杏仁	036	535	295
3. 杜仲	037	49265	20945
4. 黄柏	038	27910	41470
5. 厚朴	039	57842	39245
6. 山茱萸	040	228	114
7. 枸杞	0471	100	0
8. 沙棘	042	333	0
9. 五味子	043	47	50
10. 其他森林药材	044	64610	150947
七、木本油料	045	1237828	631757
1. 油茶籽	046	34112	23119
2. 核桃	047	1144283	573685
3. 油橄榄	048	26586	20026
4. 油用牡丹籽	049	1248	61
5. 其他木本油料	050	31599	14866

(续表)

指标名称	代码	面积(公顷)	产量(吨)
八、林业工业原料	051		7749
1. 生漆	052		293
2. 油桐籽	053		5238
3. 乌桕籽	054		628
4. 五倍子	055		209
5. 棕片	056		1141
6. 松脂	057		240
7. 紫胶	058		0
8. 天然橡胶	059		0

表7　2017~2018年全省木竹加工产品产量表

木竹加工产品	木竹人造板(万立方米)	木竹地板(万平方米)	竹浆生产及造纸(万吨)	竹笋加工(万吨)
2017年产量	625.4	553.1	180	46.9
2018年产量	565	307	150.7	—
同比增长率(%)	-9.7	-44.5	-16.3	—

【林业经济稳步增长】

市县林业产值情况　2018年，全省实现林业总产值3740.8亿元，比2010年增加195.5%。其中超过全省平均增速的有9个市(州)，超过30亿元的县级统计单位有40个，较2016年增加6个。新都、温江、都江堰、彭州、邛崃、崇州、纳溪、合江、叙永、朝天、沐川、峨眉山、南部、青神、长宁、雨城、南江17个县(市、区)林业总产值超过50亿元，其中崇州市达到96亿元(详见表8、表9)。

表8　2018年市、县林业总产值统计表

单位：个

总产值	合计	X<5亿元	5亿元≤X<30亿元	30亿元≤X<100亿元	X≥100亿元
市(州)	21	0	0	8	13
县级单位	183	45	98	40	0

表9　2018年林业总产值过百亿的市(州)情况表

序号	林业总产值过百亿的市(州)	产值(亿元)
1	成都市	807.8
2	泸州市	247.9
3	绵阳市	219.0
4	广元市	222.6
5	乐山市	257.7
6	南充市	192.8
7	眉山市	234.6
8	宜宾市	310.0
9	广安市	102.3
10	达州市	157.8
11	雅安市	150.8
12	巴中市	173.5
13	凉山彝族自治州	147.5

产值增速情况　2018年，全省林业总产值较2017年增长10%，其中第一产业减少1%，第二产业减少2.6%，第三产业增长1.6%。在21个市(州)中，超过全省平均增速的有10个市(州)(见表10)。

表10　2018年市(州)林业总产值增长情况表

单位：个

增长率	合计	<10%	10%≤X<30%	≥30%
市(州)	21	11	9	1

注：10%为2018年全省林业总产值平均增幅。

林业产值构成情况　2018年，全省林业第一、第二、第三产业产值的构成比为38.6∶26.7∶34.7。其中第三产业产值比重较2017年增加了1.6个百分点，表明以森林观光、休闲、度假、康养为主的生态旅游、仓储物流等服务业快速增长(见表11)。

表11　2018年全省林业总产值及构成表

统计指标	合计	第一产业	第二产业	第三产业
产值(亿元)	3740.8	1443.8	997.8	1299.2
构成百分比(%)	100	38.6	26.7	34.7

【竹产业】　2018年，起草并提请省委、省政府出台了《关于推进竹产业高质量发展建设美丽乡村竹林风景线的意见》。举办了全省竹产业高质量发展推进会，会议现场签约竹产业项目12个，协议金额91.69亿元。省财政将每年安排1亿元以上资金支持竹产业发展，并给予每个示范县一次性奖补

2000万元。指导宜宾市成功申办第十一届中国竹文化节，并组织参加了在第十届中国竹文化节上举行的授旗仪式。指导青神县举办了国际(眉山)竹产业交易博览会，参加2018首届世界竹藤大会并指导宜宾市和眉山市召开竹产业项目推介会和主题晚会。全省重点竹区积极推进以“宜长兴”“纳叙古”百里翠竹示范带和特色竹景观带为代表的竹林风景线建设。到2018年底，全省竹林面积达1760万亩，全省实现竹业总产值462亿元。

【木本油料产业】 十八大以来，四川省围绕木本油料产业提质增效多方面引导、支持全省木本油料产业发展。四川省政府出台了《关于加快木本油料产业发展的实施意见》(川办发〔2015〕36号)，要求从培育良种、加快建设产业基地、促进木本油料产业化经营、建立健全市场体系、培育新型主体五个方面着手，综合推进全省木本油料产业发展。四川省林业厅印发《关于推进木本油料重点县建设指导意见的通知》(川林发〔2017〕22号)，目标到2020年全省建成现代木本油料基地1500万亩，年产优质木本食用油10万吨，综合产值超过500亿元。印发《四川省林业厅关于开展木本油料重点县建设的通知》(川林函〔2017〕232号)，在广元市朝天区等25个县(市、区)启动木本油料重点县建设，明确了支持木本油料重点县建设政策措施，公布了首批25个重点培育木本油料重点县名单。在南充市营山县召开了新一轮现代林业重点县暨木本油料建设座谈会，总结了建设成绩，交流了建设成功经验和做法，查找了建设中存在的突出困难和问题，研究了推进木本油料产业发展的对策措施。截至2018年，全省现已建成木本油料重点县25个，有力带动了全省木本油料产业发展。

截至2018年底，四川省初步形成了以核桃、油橄榄、油茶为主的木本油料产业格局。现有木本油料基地2133.5万亩，其中核桃基地面积1942.8万亩，占比约91%，高产园面积593.6万亩，2018年核桃干果产量57.4万吨；油橄榄47万亩，高产园面积15.3万亩，2018年油橄榄鲜果产量20万吨；油茶49.9万亩，高产园面积9.4万亩，2018年油茶籽产量2.3万吨；杜仲83.1万亩，高产园面积20.1万亩(四川省杜仲多作为中药材用，产油脂很少)；其他木本油料面积10.7万亩。2018年，全省木本油料产业综合产值约200亿元，基本形成了以核桃、油橄榄为主的川北、凉山彝族自治州木本油料产业带。

【花椒产业】 起草并提请省政府办公厅印发《关于推进花椒产业持续健康发展的意见》，印发《推进四川花椒产业持续健康发展工作方案(2018~2022年)》，召开全省花椒产业持续健康发展推进会议。指导绵阳等10个市(州)编报花椒产业特优区创建实施方案。汉源等4个县(区)成功创建首批省级花椒特优区。统筹资金9500万元用于花椒产业发展。指导成立了国内第一个省级花椒产业联盟，推出“花椒贷”产品，首批试点发放贷款28笔、金额1758万元。启动“四川花椒”集体商标的注册申报工作。到2018年底，全省花椒种植面积达556万亩，实现综合产值106亿元，同比增长69%。

【中药材健康产业】 截至2018年底，全省种植森林药材336万亩，其中杜仲、黄柏、厚朴、乌梅、辛夷、银杏、红豆杉等木本药材240万亩，金银花、黄连、白及、重楼、石斛、天麻、柴胡等林下药材96万亩。2018年，全省产森林药材26万吨，其中“三木药材”(杜仲、黄柏、厚朴)产量10.1万吨。同时，在阿坝、甘孜、雅安、成都、绵阳、广元等地驯养繁殖林麝、梅花鹿等药用动物1.2万多头(只)。

【森林康养产业】 森林康养作为乡村振兴、绿色发展举措继续写入2018年省委1号文件。为推进森林康养，完成全国六项首创：出台《四川省森林自然教育基地评定办法》，成立四川省生态康养产业投融资联盟、四川省林学会森林康养专委会，在全国首创“森林康养月”“生态康养日”宣传机制并启动首届宣传活动；成功举办首届海峡两岸森林康养学术研讨会、首届自然笔记大赛、首届森林康项目投融资座谈会和项目路演、首届森林康养投融资项目培训、第四届森林康养年会、全省森林康养发展管理培训，指导召开了全国第五届自然教育论坛。新评定省级森林康养基地76处、省级森林康养人家163个；配合省委农工委实施了新津、古蔺、青川、会东等14个县(区)森林康养新业态示范县创建工作。争取1000万元奖补资金支持二郎山等10个森林康养基地项目建设，森林康养发展社会投入新增242亿元。

【林业生态旅游业】 2018年全省实现林业生态旅游直接收入1050亿元，接待游客3.2亿人次，带动社会收入2750亿元。举办的花卉(果类)节会涵盖15个市(州)、48个县(市、区)的26种花、17种果、共77场次。按照《关于全面推动四川林业高质量发展的意见》要求，高质量创建创建35家省级森林小镇。授予广元、雅安、眉山、甘孜等地申报58个单位四川省第二批四星级森林人家称号。实施“十万千米森林健身步道”行动，评选四川最美森林步(古)道。通过四川林业网和四川生态旅游网发布了2018四川花卉观赏指数和2018四川红叶观赏指数，全年发布41期花卉观赏指数和4期红叶观赏指数，有效引导了公众生态旅游出行。 (孙　艳)

贵州省林业产业

【发展情况】 2018年是贯彻落实十九大精神的开局之年，是决战脱贫攻坚的关键之年。贵州省集体林权制度改革向纵深推进，重点生态区人工商品林赎买改革试点启动实施。林业产业建设呈现良好发展态势，全年实现林业产业总产值3010亿元。

2018年林业产业工作概况

林产品品牌建设 全省共有15家企业(产品)通过了森林认证(CFCC)和生态原产地保护产品(PEOP)评定。5月，在贵定县召开了全国森林生态标志产品建设工作会议暨贵州刺梨产业扶贫推进会，启动全国森林生态标志产品建设工程，授予贵定县"国家森林生态标志产品生产基地创建试点县"，授予贵州山王果公司等13家企业"国家森林生态标志产品建设试点单位"。至2018年，全省共有50家涉林企业申报森标产品，国家林草局指定的中林森标公司正在逐个落实，开展产品质量检测等认定工作。

林业招商引资 出台《省发展改革委 省林业厅关于进一步加强林业项目库建设的通知》《省林业厅 省投促局关于加强林业招商引资引智工作的实施意见》两个文件，全省林业项目库入库的产业项目达到373个，为进一步做好招商引资项目储备、对接金融资本奠定了重要基础。6月，贵州特色林产品展销会暨林业招商引资推介会在贵州绿色农产品北京运营中心举办，全省51家涉林企业300多种林产品参加展销展示，全国100余家大型采购商参加活动。11个林业产业项目现场签约，签约金额114.6亿元。11月，在海上丝绸之路的起点——福建省南安市，省林业厅、南安市人民政府共同主办"2018贵州·南安林业经济合作推介会，来自海内外客商100余家参加活动，会上10个林业投资项目进行现场签约，总投资额达115.5亿元。9次赴册亨县调研指导招商引资工作，指导编制招商引资入库项目35个，邀请4家企业赴册亨考察，册亨县新增省外到位资金54亿元，占年度目标任务数的120%。2018年，全省共签约林业招商引资项目184个，总投资645.3亿元。履约项目174个，总投资264.4亿元，实际到位资金86.8亿元。

森林康养产业发展 印发《贵州省省级森林康养基地评定办法》和《贵州省省级森林康养基地管理办法》，与省委政研室共同开展省委重大研究课题——"推进森林康养产业发展研究"，指导康养基地建设和产业发展。7月7日，由国家林草局、贵州省政府、国际竹藤组织主办的"绿色产业与乡村振兴"主题论坛作为生态文明贵阳国际论坛2018年年会的十大主题论坛之一在贵阳举行。贵州省副省长吴强出席并致辞，国家林草局副局长彭有冬、国际竹藤组织总干事费翰思作主旨演讲，来自国际组织、国内大专院校、科研机构、金融机构、知名企业的85位嘉宾出席论坛，论坛总人数达300人。论坛发布了《绿色产业与乡村振兴贵阳共识》和第二批20家省级森林康养试点基地名单，省林业厅与国家开发银行贵州省分行签署了开发性金融支持林业发展合作备忘录。

主要做法 一是分解落实责任，层层传导压力。将年度产值目标分解落实到市(州)、县(市、区、特区)，层层落实责任。将各地产业发展情况作为厅处级干部联系督导县(市、区)林业工作的重要内容之一，加强督促指导。二是深入调查研究，破解发展难题。配合国家林草局有关部门到贵州开展"三变"改革调研，为国家林草局出台《关于进一步放活集体林经营权的意见》提供了有益的借鉴和启示。与省委政研室共同开展省委重大研究课题——"推进森林康养产业发展研究"，供省委、省政府决策参考。与贵阳医学院、省扎佐林场医院联合开展"森林环境对肺阻病影响的研究"，为诠释森林康养理论提供支撑。三是狠抓队伍建设，提高能力素质。围绕全年工作目标，不观望、不争论，集中精力、凝聚心智，坚持以党建促业务、聚共识，发挥党支部的战斗堡垒作用，结合基层党建和岗位大练兵，坚持在干中学、在学中干，制定了年度实施方案和计划，明确时间表、路线图、责任人，确保各项工作任务扎实推进。

（沈永生）

云南省林业产业

【全省林业产业发展情况】 云南独特的区位优势、丰富的气候类型和多样的资源优势，为林业产业发展提供了巨大空间，全省坚持绿色发展理念，大力推进林业供给侧结构性改革，坚持“产业发展生态化，生态建设产业化”发展思路，科学谋划林业产业体系建设，加快发展木本油料、林下经济、观赏苗木、森林旅游等特色林产业。经过长期不懈努力，全省木本油料、林下经济、森林生态旅游(森林康养)、观赏苗木等具有突出特色和比较优势的林业和草原绿色产业体系构建完成，林业行业总产值从2012年的886亿元增加到2018年的2221亿元，增长2.5倍，年均增长16.55%。

木本油料产业 云南省木本油料品种资源丰富、栽培历史悠久，发展优势明显、潜力巨大。自1995年省政府启动实施干果基地(第1、2期)、特色经济林基地建设项目以来，省级财政连续安排专项扶持资金，各地政府将其列为一把手工程，促进了全省木本油产业快速发展。在各级各相关部门和全省林农、林企的共同努力下，经过“十一五”“十二五”的发展，奠定了云南作为全国重要木本油料基地的产业基础和资源基础。“十三五”以来，全省木本油料产业的重点转向基地提质增效和产品精深加工为主的产业转型升级阶段。

健全完善政策机制 省委、省政府高度重视林草产业，通过制定和完善相应的政策措施和服务体系，逐步形成了权责明确、规范有序、运转高效、保障有力的新型林业管理体制和良性运行发展机制，进一步激发了林业发展活力，促进了林业产业发展。同时，省政府积极完善林业产业发展政策，先后出台了《关于加快核桃产业发展的意见》《关于加快木本油料产业发展的意见》，党的十八大后，又制定出台了《关于加快木本油料产业发展的实施意见》《云南省人民政府关于加快林下经济发展的意见》《云南省坚果产业发展报告(2018~2022)》《云南省绿色食品牌坚果产业三年行动计划》《加快核桃产业转型升级提升发展质量水平的指导意见》等一系列政策措施，将林业产业作为支撑云南省国民经济发展的重要支柱产业，加大了政策保障力度，促进健康快速发展。

完善投融资机制 一是积极依托国家天然林保护、退耕还林、防护林等重大生态建设项目，大规模营造生态经济型树种，不断扩大产业基地规模。二是持续加大财政投入，省级财政大力扶持木本油料、林下经济、低产低效林改造等林业产业建设，各地也依托资源优势，积极增加投入，加快林业产业发展。“十二五”期间，全省仅木本油料产业就下达资金13.45亿元，扩大基地建设；“十三五”以来又采取转移支付方式，进一步扩大投入，通过财政资金投入，有效带动社会资本投入木本油料产业发展。同时，省委、省政府统筹林业、银行金融机构等部门全力推进林权抵押贷款工作，将推进林权抵押贷款作为深化集体林权制度改革、促进产业发展的核心内容，先后下发了《关于改善金融服务支持林业发展和集体林权制度改革的实施意见》《关于加快推进林权抵押贷款工作的意见》《云南银行业林权抵押贷款管理暂行办法》等10余件涉及林权抵押贷款的政策文件，构建了林业投融资体系，创新了林业贷款机制，为林业金融服务创造条件。建立了银行业支持林业发展协作机制，形成了由林业、财政、金融、银行业金融机构和相关部门组成的云南省林业金融服务联席会议制度，召开林业金融服务协调工作会议，促成全省19个政策性银行、商业银行等金融机构开通林权抵押贷款业务，不断拓宽林业产业发展融资渠道，并利用国家林业贷款贴息项目杠杆作用，带动各类资金投入林产业建设，有力促进全省林业产业发展。

培育经营主体 全省林业产业发展始终坚持以市场为导向，积极探索有效发展模式，开展了林业产业省级龙头企业、林农业专业合作社省级示范社认定。企业通过采取“公司建基地、基地联农户”的模式，在企业与农民之间建立了稳定、合理的利益联结机制，使企业和农民形成了利益共同体，既解决了企业无土地、无原料的困境，又解决了农民无资金、无技术的难题，有力推动了林产业规模化、规范化、集约化发展。截至2018年，共培育国家级龙头企业12户，省级763户，从业人数30余万人，带动农户近500多万户，年销售收入过亿元的接近80户，实现销售收入354.44亿元，占全省林产品加工业销售收入的69.54%，20户企业被省政府评为“全省推进高原特色农业产业化发展先进龙头企业”，14户企业进入全省百强企业，4户企业被评为“云南省农产品出口工作先进单位”。发展林农专业合作社国家级示范社46家，省级示范社533家，加入合作社农户数近30万户，合作社经营林地面积近1000多万亩；全省涉林产品获得省级名牌认定43个，注册商标900余个，34户核桃企业通过了绿色、有机、无公害农产品认证，逐步形成了符合云南特色的产业化、规模化、集约化发展道路。

促进优势产业增效　一是出台政策。出台了《云南省林业和草原局关于促进林草产业高质量发展的实施意见》，成立了云南省林业和草原局产业工作领导小组，为产业发展提供政策和组织保障。二是科学规划。编制了《云南省木本油料产业发展规划》(2008~2020年)、《云南省油茶产业发展规划》(2011~2020年)，《云南省澳洲坚果产业发展规划》(2013~2020年)、《云南省高原特色现代农业“十三五”核桃产业发展规划》，为全省林业产业发展提供科学指导。三是制定标准。出台了《云南核桃采穗圃营建技术规范》《云南省木本油料种苗管理办法》等标准和管理规范。三是审定良种。省级先后审(认)定核桃良种113个、油茶良种19个、澳洲坚果良种13个、油橄榄良种9个。四是提升科技。依托云南省林业和草原科学院、高原木本油料种质创新与利用国家地方联合工程研究中心等研发单位建立科技创新平台，不断增强科技对林业产业发展的支撑作用。

【产业发展成效】

总体情况　一是全省林业产业快速发展。截至2018年，林业总产值达到2221亿元，同比增长13.56%。其中第一产业产值1339.53亿元，同比增长9.09%；第二产业产值595.96亿元，同比增长15.57%；第三产业产值285.3亿元，同比增长34.63%。全省有11个市(州)总产值达到100亿元以上，其中普洱、西双版纳、大理、临沧4个市(州)林业总产值达200亿元以上。12个市(州)林业产值同比增幅达10%以上。二是主要产品产量稳步增长。具有云南特色和优势的林产品保持平稳增长趋势，核桃、板栗、澳州坚果、茶叶、水果等持续增长，经济林产品的种植与采集产值1023.56亿元，同比增长6.2%，坚果和含油果的种植业产值249.09亿元，同比增长17.55%；花卉及其他观赏植物种植产值85.4亿元，同比增长5.03%。各类经济林产品总产量962.78万吨，同比增长9.58%。三是特色产业助力脱贫攻坚作用明显。林下经济、木本油料和森林旅游产值分别达到650亿元、310亿元和150.8亿元，野生食用菌年产量接近15万吨，产值突破100亿元，成为云南省第二大出口创汇农产品。香格里拉松茸、丽江羊肚菌、楚雄牛肝菌、大理鸡枞、易门干巴菌等地理标志性产品具有较高知名度，“云菌”品牌效应基本形成。云南核桃、鲁甸花椒、临沧澳洲坚果已成为云南特色品牌。“漾濞核桃”和“南华野生食用菌”林产品主产区被认定为第二批中国特色农产品优势区，“龙陵石斛”等6个林产品主产区被认定为第一批云南省特色农产品优势区。林业产业已成为云南省林农增收致富的“脱贫产业”，全省农民从林业中的收入人均超过2100元。

木本油料产业　截至2018年，全省木本油料种植面积5150万亩，产量129万吨，产值310亿元。其中，核桃面积4300万亩，产量119万吨，产值281亿元；澳洲坚果面积320万亩，产量3.8万吨，产值10.5亿元；油茶面积330万亩，产量1.8万吨，产值3.6亿元；油橄榄面积13.5万亩，产量840吨，产值1100万元；膏桐面积25.7万亩，产量150吨，产值125万元；油桐面积27.5万亩，产量8660吨，产值3800万元。

其中，永平、昌宁、凤庆等8个县核桃种植面积超过100万亩，漾濞、南华、鲁甸等28个县超过50万亩。漾濞、昌宁、大姚、楚雄、南华、凤庆、会泽、鲁甸8个县(市)先后荣获“中国名特优经济林核桃之乡”荣誉称号；大理白族自治州被评为“中国核桃第一州(市)”，全州12个县(市)有96%的乡镇、88%的行政村、50%以上的农户种植核桃，核桃成为山区群众的主要经济来源。

永德县、盈江县澳洲坚果种植面积超过15万亩，景洪市、云县、镇康县、临翔区、芒市、隆阳区、昌宁县7个县(市、区)超过5万亩。永德县获“中国澳洲坚果之乡”荣誉称号，也是全国第一个澳洲坚果之乡。

富宁县、广南县、腾冲市油茶种植面积超过50万亩，凤庆、盈江、龙陵、砚山、丘北5个县超过10万亩，建水、金平、昌宁、隆阳、陇川、梁河6个县(区)超过5万亩。

永仁县、玉龙县油橄榄种植面积超过3万亩，永胜县、峨山县、德钦县、香格里拉市4个县(市)超过1万亩。

全省119件林业类地理标志产品中，腾冲红花油茶、宾川拉乌核桃、漾濞核桃、景东核桃、漾濞大泡核桃、大姚核桃、昌宁核桃等7种木本油料产品获得地理标志认证；57件林业类“云南省名牌产品”中，木本油料类产品达到10件。

云南已成为全国重要的木本油料基地，成为全球最大的核桃、澳洲坚果种植和生产地区。核桃、油茶、澳洲坚果等木本油料成为主产区林农增收的“致富树”“摇钱树”，很多山区农户靠种植木本油料摆脱了贫困，改善了基础设施条件。

【林下经济发展】 云南省地处长江、珠江、湄公河等六大国际国内重要河流的源头和上游，是典型的高原山区省份，是我国四大林区之一，林地面积3.91亿亩，森林面积3.41亿亩。近几年，依托独特的地理区位、良好的生态环境、丰富的资源条件及广泛的社会群众基础，云南省林下经济产业蓬勃发展，通过开展林下种植、林下养殖、林果采摘及加工、森林资源采集及加工、生物质能源和森林景观利用等，初步形成了以林下养殖、林下种植、林产品采集加工、森林生态旅游等为重点，涉及林药、林菌、林花、林果、林菜、林草、林禽、林畜、林蜂、林景等领域的林下经济发展格局，云南省林下经济发展正逐步向产业经营转变。

总体情况 云南省委、省政府高度重视林下经济发展，2013年，省政府召开了全省林下经济现场会，讨论审议了《云南省林下经济发展规划纲要(2013~2020)》；2014年7月出台了《云南省人民政府关于加快林下经济发展的意见》(云政发〔2014〕29号)，制定了一系列措施，把发展林下经济作为巩固集体林权制度改革成果、促进绿色增长、提高林地产出、增加农民收入的有效途径。经过几年的推进发展，截至2018年12月底，全省林下经济经营面积达6800余万亩，每年主要产品产量750余万吨，产值超过650亿元，占全省林业总产值的32.58%，全省从事林下经济人数近900万人，占全省乡村从业人员的40.85%，林农来自林下经济的人均收入达到1100多元；林下养殖、林下产品采集加工，尤其中药材得以迅速发展，培育了“文山三七”“昭通天麻”“龙陵石斛”等一大批云南特色中药材品牌，全省认定和培育“云药之乡”56家，中药材良种繁育基地103家，中药材种植(养殖)科技示范园144家。

云南省国家林下经济示范基地 全省现有国家林下经济示范基地40个，其中县域示范基地5个(普洱市思茅区、楚雄彝族自治州南华县、临沧市凤庆县、丽江市玉龙县、昆明市宜良县)，企业示范基地1个(云南福滋农业科技开发有限公司)，服务精准扶贫国家林下经济及绿色产业示范基地34个。截至2018年，云南省国家林下经济示范基地已初步形成了以林下养殖、林下种植、林产品采集加工、森林生态旅游等为重点，涉及林药、林菌、林花、林果、林菜、林草、林禽、林畜、林虫、林景等领域的林下经济发展格局。全省国家级林下经济示范基地发展林下经营面积1660759万亩，产值达721231万元，其中，林下种植面积1635980万亩，产值316765万元；林下养殖2244.8万只，产值143926万元；相关产品采集加工10880.9万吨，产值97644万元，森林景观利用接待游客人数达11653.4万人次，产值162895万元。40个国家级示范基地中，主要以林药、林菌、林菜、林禽和林景发展模式为主。

主要成效 通过加强资源培育，增加林地产出效益，提高林地利用率，拓宽林业发展空间，增强了森林生态产品供给能力，全省林下经济发展呈较好态势。截至2017年12月底，全省林下经济经营面积、主要产品产量、产值均取得较大进展，尤其产值占比达到全省林业总产值的32.58%。

特色产业 野生食用菌年产量已达12万吨，总产值80余亿元，成为全省第二大出口创汇农产品；石斛种植面积超过10万亩，年产石斛产品9000余吨，经营加工企业近200多户；草果种植面积达130余万亩，产量3.4万吨，产值近10亿元；中药材种植面积达326.9万亩，产值173.1亿元，“文山三七”“昭通天麻”“龙陵石斛”等一大批云南特色中药材成为知名品牌，全省认定和培育“云药之乡”56家，中药材良种繁育基地103家，中药材种植(养殖)科技示范园144家；林产饮料51.18万吨，林产调料6.89万吨，森林食品62.4万吨。以国家公园、自然保护区、森林公园、湿地公园等森林景观为依托的林业旅游业产值达68.48亿元，比2011年增长了4倍多，森林生态旅游成为云南旅游业的重要内容。

脱贫攻坚 至2017年，全省从事林下经济人数达800余万人，全省林农来自林下经济的人均收入达到1100多元，发展林下经济成为山区农民脱贫致富的有效途径。大理白族自治州剑川县象图志磊农产品种植有限公司采取“公司+合作社+基地+贫困建档立卡户”的发展模式，仿野生种植林下中药材5000多亩，带动全乡劳动力参与到中药材种植，覆盖建档立卡贫困户102户，种植用工超过13万人次，2012~2017年连续四年实现当地药材种植农户年人均收入2.7万元以上，切实将精准扶贫落到了实处，为促进当地农民脱贫致富发挥了重要作用，有效带动了乡村经济的发展。宁洱通达中药材种植专业合作社与145户建档立卡贫困户551人签订茯苓种植协议，发放茯苓菌种32.1万袋，投入资金95.1万元，无偿提供种苗和技术服务，收购建档立卡贫困户鲜茯苓390吨，建档立卡贫困户收入最高的达12万元。楚雄、易门、宜良、香格里拉等地已成为云南野生菌生产、交易、加工、出口的主要基地，农户野生菌收入占到家庭收入的70%，最高的户均收入达到12万余元，发展林下经济已成为广大林农脱贫致富奔小康的重要手段，是当地扶贫攻坚的重要抓手。

生态建设 通过大力发展林下经济，拓宽了林农增收渠道，减少了林农通过销售林木增加收入的事件，有效保护森林资源，实现生态、经济、社会效益的统一发展，为森林云南建设奠定了坚实基础。云南省林地面积2607.11万公顷，占国土总面积的68%，活立木蓄积量19.13亿立方米、森林面积2273.56万公顷、森林蓄积量18.95亿立方米、森林覆盖率59.30%、乔木林平均每公顷蓄积量量94.8立方米。与第三次森林资源调查数据比较，全省森林覆盖率提高3.06个百分点，活立木蓄积量增加18.7%，森林蓄积量增加18.3%，乔木林每公顷蓄积增加12.2%。

区域特色 各地结合当地实际，充分发挥自然资源优势，突出重点和特色，一个区域一个特色的林下经济产业格局正在逐步形成。滇中地区以野生菌、林下药材及木本油料产品的加工及流通为主；滇东北地区以林下药材种植为主；滇南地区多种植石斛、三七等林下药材；滇西北及滇西南地区依托丰富的旅游资源开展森林生态旅游。已形成昆明木水花野生菌交易市场、南华野生菌交易市场、香格里拉松茸交易市场、昆明菊花园中药材交易市场、大理永平曲硐核桃交易市场等林下经济产品交易市场。

发展模式 各地积极探索林下经济发展模式，形成了“龙头企业+专业合作社+基地+农户”的运作模式，“合作社+基地+建档立卡户”的经营管理模式，企业与农户间“利益共享、风险共担”的利益分配机制等等，有力地带动了农户参与林下经济产业发展的积极性。保山市隆阳区下麦庄核桃种植专业合作社将全村96%以上的农户发展为社员，在发展核桃产业的同时，利用核桃林荫空间开展农、林作物间作，形成了农林牧循环发展的经济模式，实现农民人均纯收入8600元，成为当地绿色生态农业循环发展示范村；云南斛哥庄园有限公司打造集森林观光旅游、林下中药材种植为一体的林下经济发展新模式，带动农户3000余户，年产值近亿元。

企业带动 全省林业企业超过3万户，其中国家级林业产业龙头企业12户，省级龙头企业763户，实现销售收入354.44亿元，带动农户近500

万户。涉及林下经济产业的499户，占全省龙头企业的70.98%。云南利鲁环境建设有限公司、云南摩尔农庄生物科技开发有限公司、云南磨浆农业有限公司、宣威市汇丰食用菌开发有限公司等多家龙头企业年产值超亿元，有力地带动了全省林下经济发展。

【经济林产业发展】 云南省气候类型多样、经济林种质资源丰富，以核桃、红花油茶、澳洲坚果等木本油料为主的特色经济林栽培历史悠久、适应地域宽广、山区面积广阔、产业基础较好，具有大力发展的资源优势、产业优势和巨大潜力。"十三五"以来，云南省经济林产业建设在全面总结"十二五"建设成就的基础上，省林业和草原局牵头组织编制了高原特色现代农业"十三五"核桃产业发展规划，全省各地认真组织实施好核桃、油茶、澳洲坚果基地和提质增效示范项目建设任务，全省经济林产业建设稳步推进。按照省委、省政府建设"森林云南"的《决定》和加快木本油料产业发展的《意见》要求，依托得天独厚的自然条件，以农民增收致富及促进农村经济发展为目标，强化措施，精心组织，大力建设木本油料基地，全省特色经济林产业迅速发展，并成为全省林产业的主导产业。

基本情况 经济林产业一直是云南省的传统产业、特色产业、优势产业。"十二五"以来，省委、省政府按照"生态建设产业化，产业发展生态化"的发展思路，在巩固提升传统产业的同时，把加快发展具有地方特色、惠及千家万户的核桃、油茶、澳洲坚果作为产业培育重点，制定出台了核桃、澳洲坚果、油茶等产业发展的相关意见、扶持政策和考核奖惩措施，通过认真组织实施，全省以核桃、油茶、澳洲坚果为主的木本油料产业不断发展壮大，带动了林业经济的快速发展，为农民增收和经济社会发展作出了重要贡献。截至2018年底，全省经济林种植面积、投产面积、产量、产值较2017年都有所增加，全省经济林种植面积达677.64万公顷，投产面积317.59万公顷，产量760.56万吨，实现产值852.1亿元，加工量89.51万吨，附加产值239.6亿元，良种推广面积115.53万公顷，良种使用率96.06%。截至2018年12月底，全省木本油料种植面积343.33万公顷，产量129万吨，产值310亿元。其中，核桃面积2866666公顷，产量119万吨，产值281万元；澳洲坚果面积19.33万公顷，产量38000吨，产值10.5亿元；油茶面积22万公顷，产量1.8万吨，产值3.6亿元；油橄榄面积9000公顷，产量840吨，产值1100万元。核桃、澳洲坚果面积、产量和产值均居全国之冠，云南已成为全国重要的木本油料基地。全省有4648个农民专业合作社，2168个企业从事经济林产业种植、加工、销售，专业合作社入社农户达278127户，年产值千万以上企业达197户，省级以上龙头企业个数有254户，从业人员达822万人，农民来自经济林年人均收入达2900元，占农民年人均收入的19.66%，其中农民人均核桃收入达1500元。

主要做法 一是政策扶持是产业发展的重要保障。省委、省政府高度重视，尤其是省委、省政府主要领导和分管领导大力支持、亲自过问、高位推动。各地把核桃产业建设列为一把手工程，认真抓好落实。2008年，省政府与国家林业局签订了《建设云南木本油料产业示范区合作备忘录》，制定出台了《关于加快核桃产业发展的意见》。2009年，省政府制定出台了《关于加快木本油料产业发展的意见》，明确了省财政每年筹集1.3亿元专项资金，扶持核桃产业发展。2015年，省政府办公厅制定出台《关于加快木本油料产业发展的实施意见》，强调要抓住机遇、科学谋划、转型升级、强化保障，加快云南省高原特色木本油料产业建设，促进木本油料产业由数量增长型向质量和效益提升型转变，变资源优势为产业优势和经济优势，把木本油料建成支撑全省国民经济发展的重要支柱产业。二是科学规划是产业发展的重要前提。2009年以来，省发改委、省林业厅组织编制了《云南省木本油料产业发展规划》(2008~2020年)、《云南省油茶产业发展规划》(2011~2020年)，省林业厅组织编制了《云南省澳洲坚果产业发展规划》(2013~2020年)、《云南省高原特色现代农业"十三五"核桃产业发展规划》，规划到2020年，全省核桃面积稳定在4300万亩左右，综合产值达1150亿元。三是良种培育是产业发展的重要基础。2009年，省林业厅制定出台了《云南核桃采穗圃营建技术规范》《云南省木本油料种苗管理办法》。明确了全省木本油料种源管理及苗木生产、销售、使用的监管要求，规范了核桃采穗圃建设技术标准。四是示范推广是产业发展的重要支撑。省林业厅先后编印了《云南核桃栽培技术手册》，摄制了核桃栽培技术宣传片，全省宣传推广选一块好地、挖一个大塘、种一株优质苗、施一担农家肥、浇一桶定根水、盖一块地膜、围一圈篾笼的“七个一”种植技术标准，推行标准化种植，2011年以来，全省木本油料现场会提出要大力加强木本油料良种使用率、苗木合格率、造林面积核实率、造林保存率、挂果率和收益率等“六率”建设，扎实推进木本油料产业健康发展。五是模式创新是产业发展的重要手段。鼓励企业和大户建立原料林基地，引导群众成立核桃等木本油料专业合作社，2010年，省林业厅、省财政厅、省发改委联合制订出台了《云南省木本油料基地建设项目管理暂行办法》，明确了项目申报、组织实施、技术规范、项目管理、资金管理、检查验收工作的具体要求。六是以核桃为主的提质增效是产业发展的重要抓手。2015年，云南省加大了核桃提质增效示范项目扶持力度，省财政厅、省林业厅已下达任务计划(云财农〔2015〕282号)，全省15个市(州)(除西双版纳外)的86个县实施核桃提质增效示范建设50万亩，比上年翻了一番。旨在通过整形修剪、施肥抚育、品种改良、园地改平、树盘垄作、病虫害防治等提质增效技术措施，改善树势生长和提高产量与质量，提升核桃基地经营管理水平，为全省核桃基地提质增效做好示范。

(陶德双)

西藏自治区林业产业

【概　述】 2018年，西藏林业产业呈现良好发展态势，全区林业总产值35.89亿元，比2017年增长了11.6%。种苗生产、核桃等特色经济林种植、林下资源采集已成为第一产业的新亮点；国营、个体苗圃苗木圃存量达1亿多株，年均苗木出圃量超过3000万株；以核桃、苹果为主的特色经济林种植面积不断扩大；野生松茸、木耳、獐子菌、羊肚菌等林下资源产量稳中有升，取得了良好经济效益，藏香鸡等高原特色林下养殖品种助民增收效益显著；沙产业及设施林业发展潜力显现；生态旅游影响力不断增强，珠峰、雅鲁藏布大峡谷等国家级自然保护区和巴松错、然乌湖等国家森林公园已成为国内外游客出游的首选目的地。2018年联合区发改委印发《西藏林业产业发展规划2018~2025》。

林木苗圃　全区共有各类苗圃332个，经营总面积6.46万亩。2016年开始，西藏加大林木种苗基地建设力度，先后组织国有企业、林场建成拉萨、山南、林芝、昌都等市万亩林木种苗基地，是近几年发展最快的产业。

特色经济林果　全区现种植各类经济林33.84万亩，年产林果总量4.47万吨，年产值12.92亿元。其中，以核桃为主的木本油料经济林种植面积最大，达14.50万亩，年产量1.20万吨，产值4亿元。

林下经济　据不完全统计，全区林下中药材的年产量约为2482.40吨，年产值约1.20亿元；以松茸为代表的野生食用菌和野菜年产量1200.60吨，年产值约6.65亿元。

沙产业　日喀则市、拉萨市部分区域及山南市西部区域是西藏主要的沙化土地分布区。主要结合防沙治沙工程，在沙地上种植枸杞、甘草等经济作物，已种植枸杞9000亩，黑枸杞1800亩，甘草1000亩。同时引进中国科学院地理科学与资源研究所、成都大学、青岛冠中生态集团等科研团队开展沙化土地监测和治沙试验。

森林生态旅游　经过自治区各级林业部门20多年的努力，全区已经建立巴松湖、色季拉、岗仁波齐、然乌湖、姐德秀、班公湖、热振、尼木、比日神山9处国家森林公园，建立国家湿地公园18处，建立国际重要湿地2处，建立林业系统自然保护区60处。

存在的问题　①基础设施落后，投入不足。林产企业小、弱、散、基础设施薄弱，带动能力差，区内少有生产水平高、市场竞争力强、具有一定规模的林业龙头企业。由于国家层面对林业产业投入有限，地方财力匮乏，无法满足西藏林业产业更好更快发展的要求，资金匮乏和投入不足成为了制约地方林业产业发展的重要因素之一。

②林业产业体系发展缓慢。西藏林业产业仍处于低水平、低效益的初级阶段，产业发展较盲目、混乱，林业“大资源、小产业”的状况比较明显，基地化程度偏低，产业链短而脆弱，发展缓慢。

③林业产品品牌化程度不高。西藏林业产业经营主体主要以家庭分散经营为主，林业产品大多是地方品种或老品种，引进优良品种较少，品种结构单一，种养技术多是沿袭传统习惯，规模化经营的林业大户及公司、企业数量少，技术创新能力不强，未能形成市场引领带动性强的品牌企业，缺乏行业影响力。

④林业科技支撑短板明显。林业科研和科技创新的应用能力不强，科技成果储备和开发严重不足，加之科研资金投入有限，使得林业技术力量薄弱，产品附加值低，无法满足现代经济林产业发展的要求。

提质增效的举措　①加强产业示范基地建设，突出示范区的引领带动作用。由于全区地域宽广、气候差异明显，加强具有产业发展基础的县、乡示范基地建设，以林业产业发展示范区(基地)等为载体聚集人才与适用技术，发挥示范区(基地)的引领带动作用，切实推进西藏林业产业健康有序发展。

②集中力量培育优势产业，强化品牌建设。西藏具有独特的地理区位、生态产品供给潜力巨大，开展具有西藏特色的林业产业品牌建设，集中力量培育具有发展潜力的优势产业，如强化良种繁育、苗木供给、高原特色经济林果、森林康养、生态旅游产品等品牌建设和产业链培育。

③大力开展现有林业产业提质增效，助民增收。林业产业发展与农牧民息息相关。通过对西藏林业产业现状分析表明，当前具有30多万亩各类林业产业种植基地，而可供进一步拓展的空间比较有限，因此，需大力开展现有种植基地提质增效，优化产业结构，延长产业链，增强林业产业发展的韧劲，提高单位种植基地附加值。

④强化龙头企业扶持力度，健全产业支撑体系。龙头企业是行业的重要参与主体和新技术研发应用主体，也是产业品牌建设的主体。西藏林业产业发展需以龙头企业建设为抓手，开展“龙头企业+基地+农户”运营模式，以企业带领农牧民脱贫致富。因此，大力加强林业龙头企业的培育扶持力度，发挥龙头企业在组织生产、科技创新等方面的示范带动作用。

⑤强化科技支撑能力建设，增强林业产业发展内生动力。科技创新能力是产业发展的内在驱动力。强化内生力量建设的核心是大力促进产业科技发展，培养储备相关科技人才，增强科技对林业产业的贡献率。

⑥加大资金扶持力度。根据国家相关政策，结合实际，进一步落实相关优惠政策。逐步建立以政府投入为引导，以企业和专业合作组织、农牧民投入为主体的多元化投入机制。统筹各类造林投资，加大对木本油料基地建设的扶持力度，在生态治理项目建设中，因地制宜，增加乡土经济林树种比例，带动地方投资和各类社会投资积极参与。充分利用国家林业产业发展政策，扩大国有林场扶持、扶贫资金使用范围，积极争取各级财政加大对林业企业、产业基地建设的扶持力度，进一步推动林业产业发展，促进地方经济发展和农牧民增收。

(西藏自治区林业和草原局)

陕西省林业产业

【政策措施】 一是年初下发《关于下达2018年林业产业发展和林业产值目标任务的通知》，层层分解，细化任务，夯实责任。二是制定全年工作要点。部署安排2018年全省林业产业工作。三是印发《陕西省林业厅 陕西省财政厅关于下达2018年核桃等经济林产业发展资金项目计划的通知》，累计下达各市和贫困县建设项目资金1.35亿元，支持新建了17个标准化示范园。四是印发《关于做好2018年省级林业产业龙头企业推荐工作的通知》，经过逐级申报、省级核查、公示等程序，认定了29家林业产业省级龙头企业。五是下发《关于开展省级核桃示范基地申报认定工作的通知》，通过县级申报，市级推荐、省级核查、专家评审、公示等程序，认定了9个省级核桃示范基地。六是根据《关于报送林业产业典型经验材料的通知》文件要求，从各地市上报林业产业发展中的好机制、好模式、好经验中筛选精华汇编成册，及时发放至各县参考借鉴，指导当地产业发展。

【特色经济林】 一是干杂果特色经济林种植面积不断增大，产量稳步提高，综合效益显著增强。全年新造核桃等五大干杂果经济林62.08万亩，改造69.37万亩。产量达到118.68万吨，产值达到165.89亿元。其中核桃新建38.81万亩，改造43.24万亩；红枣新建2.55万亩，改造13.26万亩；花椒新建15.59万亩，改造2.84万亩。二是标准化示范基地建设稳步推进。2018年认定了“岐山县渭源核桃示范基地”等9个省级核桃示范基地，全省核桃省级示范基地达到34个，其中国家级核桃示范基地10个。为促进全省核桃示范基地建设规模化、标准化发展，发挥了强有力的支撑和带动作用。

8月9~10日在韩城市召开“全省林业产业工作推进会”，同时举办了核桃红枣花椒发展趋势专题讲座。会议总结交流了各地推进林业产业工作的成功经验，分析存在的问题，谋划和部署今后林业产业发展的新思路新路径。

【产业扶贫】 推进和支持贫困地区发展林业产业。一是2018年核桃等经济林产业发展资金项目计划向贫困地区双倾斜，支持贫困地区发展林业产业，其中56个贫困县占资金总额的64.9%，较上年增长12.4%。二是先后4次开展生态脱贫专项检查，梳理出林下经济发展规模小、品种单一、种植农户现代专业技术掌握不够、林地资源利用率不高等问题，及时整改解决问题。三是85%的省级以上龙头企业采取“龙头企业+基地+贫困户”的精准扶贫模式完成精准扶贫任务，林业龙头企业成为区县林业精准扶贫的主力。四是把履行精准扶贫任务作为安排精品示范园，考核申报龙头企业的首要条件。

【森林旅游】 加强森林公园暨森林旅游行业管理，做好新建晋升和森林公园年度考核工作。一是严格征占用森林公园林地审核，先后审核了延安国家森林公园、楼观台国家森林公园、龙头山森林公园等占地建设项目。二是加快总体规划编制工作。组织评审了嘉陵江源、少华山国家森林公园总体规划，上报国家林业和草原局审批。审查了南宫山、石门山森林公园总体规划，指导森林公园进一步修改完善。三是做好新建、晋升、变更工作。指导宁东森林公园做好晋升国家级森林公园相关工作；组织专家考察批复淳化仲山森林公园范围变更、玉虚洞森林公园撤销等事项。四是加强培训，增强管理能力。组织10余人次参加全国森林旅游第一期培训班，组织10处森林公园的负责人参加陕西省全域旅游培训班。五是下发全省森林公园划定生态保护红线紧急通知，要求各森林公园认真填报生态红线调查摸底表，为划定生态保护红线打好基础。六是开展森林公园监督检查和森林公园征占用林地专项检查工作。对黄陵等9处森林公园总体规划、经营管理活动进行了抽查，在“双随机一公开”系统中公布了抽查情况，针对个别森林公园总体规划工作滞后等问题，下发整改通知，限期整改。七是加强森林旅游宣传推介力度，组织参加了“2018 中国森林旅游节”活动。在全面展示陕西省森林旅游成就的同时，推荐上报了秦楚古道和子午古道两条森林旅游线路。

【种苗花卉】 开展种苗科研和品种审定，加强种苗信息服务。一是组织召开年度林木品种审定委员会审定会议，审(认)定通过“秦黑杨1号”杨树、“凤椒”花椒、“秦玉”牡丹等树种的18个品种为省级林木良种；完成新申报的“清香”核桃、“美国红仁核桃”等品种的资料审核和现场初审；《主要林木品种标准汇编》《苗木花卉园区标准》等4项地方标准起草工作基本完成。二是“榆林长柄扁桃优良种选育”和“经济林新品种选育及高效栽培技术研究”两个科技项目顺利完成，及时总结并上报省科技厅，其中“榆林长柄扁桃优良品种选育”已通过省科技厅验收。三是积极参与科技下乡，组织编印《核桃嫁接技术》《种子法知识问答》等宣传资料，赴汉中、榆林等地开展宣传活动。四是搞好种苗信息服务，组织开展良种生产使用情况调研，加强省种苗网、种苗微信公众号管理维护；做好种苗信息报送和编发。六是做好种苗生产供应信息统计。2018 年全省林木种子采收量可达 210 万千克，育苗 110 万亩，总产苗量 45 亿株，种苗综合产值超过 135 亿元。

【林下经济】 5月，结合全省森林生态效益补偿资金兑付落实情况检查，对全省林下经济发展情况进行调研。通过调研，基本摸清了全省林下经济发展的现状和问题，总结了各地发展林下经济的经验和模式，为下一步制定林下经济相关政策措施提供了第一手资料。省、市林业主管部门以及53个林区重点县(区)结合当地林下经济发展实际，制定了林下经济发展规划，提出了具体发展目标、措施和要求。各级林业部门切实加强组织领导，制定出台了促进发展新型林业经营主体的各项政策措施。新型林业经济主体以“企业+合作社+基地+农户”的发展模式，以政策服务、科技支撑为主的保障体系逐步完善。

2018 年全省林下经济面积发展到 2059 万亩，产值 198 亿元，其中以中药材、食用菌、农作物为主的林下种植业已发展到 277 万亩，年产值 43.6 亿元；林下养殖业发展到 538 万亩，养殖规模达到 1583 万头(只)，产值 36.8 亿元；中蜂养殖 67.9 万箱，产值 4.9 亿元；以农家乐、旅游精品基地、“森林人家”等内容为主的旅游业利用林地 542 万亩，年接待游客 3858 万人次，产值 84.2 亿元；林家乐、森林人家等依托森林景观资源开展生态旅游接待的农户数达到 1.1 万户，年接待人数达 1070 万人次，年产值 8.17 亿元；林下采集业利用林地 232 万亩，产量 25.6 万吨，产值 29 亿元。

【林业产业龙头企业管理】 印发了《关于做好 2018 年省级林业产业龙头企业推荐工作的通知》，全年新申报企业 47 家，最终认定 29 家企业为 2018 年陕西省林业产业省级龙头企业。全省省级林业产业龙头企业已达到 133 家。

根据《国家林业局林改司关于印发 2017 年全国林业产业投资基金项目申报指南的通知》(林改综〔2017〕77 号)文件要求，陕西省 11 家林业产业龙头企业成功入选国家产业基金项目库。根据国家林业和草原局文件要求，下发了《关于下达第一批全国林业产业投资基金项目库陕西省入库项目及建议计划的通知》。组织相关处室、各地市林业局负责人、建行陕西分行副行长、项目入库企业负责人召开了“全国林业产业投资基金陕西入库项目对接会”，为促进陕西省产业基金项目早日实施、提高项目融资落地率开展了大量工作。

【主要工作】

5月28~29日，举办了“省级林业产业龙头企业培训班”，会上对 2017 年度新认定的3个国家级林业重点龙头企业和 39 家省级林业龙头企业进行了授牌。针对林业产业发展模式及路径、企业管理和品牌打造等方面组织了培训。扶持企业做大做精做强，提高企业辐射带动区域经济发展和农民增收致富能力。

9月21日，组织省局机关及全省涉林龙头企业20余人，参加了由国家林草局、山东省人民政府在菏泽市举办的“第十五届中国林产品交易会”，展示的林业产品获7个金奖、1个银奖。

10月10日，组织榆林、延安等地的企业参加了国家林草局在内蒙古阿拉善盟举办的“2018沙产业创新博览会”。

11月1~4日，组织全省国家级林业重点龙头企业参加了国家林草局在浙江义乌举办的“全国林业重点龙头企业负责人培训班”。

11月5~9日，组织全省涉林企业参加了农高会，省林业局获组织奖，参展的多家企业荣获“后稷奖”。通过参展，展示了全省林业重点龙头企业的形象，提升了企业对外交流合作的能力，扩大了陕西林业、陕西林产品在国内国际的影响力和市场竞争力。也增强了龙头企业引领示范作用和社会责任感。

【林业企业典型】

安康华晔现代杜仲产业有限公司　是一家致力于杜仲综合利用及富硒农产品的种植、加工、销售以及技术研发的专业化农业发展公司，在秦巴腹地富硒区——汉阴县涧池镇五星村筹建集产业示范、林下种植、林下养殖、观光休闲于一体的“安康汉阴华晔现代杜仲产业示范园”。示范园占地面积2100亩，经过2年的建设，已建成高产“叶林栽培模式”的标准化杜仲示范园1000亩，高效“果林栽培模式”标准示范园800亩，杜仲良种苗繁育、采穗圃100亩；推广林下种植绞股蓝等中药材100亩，有机水稻种植区150亩，与之相配套的水、电、路相关配套设施都已建成，以休闲农业为核心的垂钓中心、富硒茶厂都已建成。与此同时，公司还与北京同仁堂药业公司合作，筹建了2万亩仿野生药材种植区和3万亩有机野生药材采集区，分别分布在汉阴的5个镇7个村(包括巴山山脉和秦岭南坡地区)。

凤县恒力农业开发有限责任公司　公司位于宝鸡市凤县双石铺镇双吉子，注册资金3960万元。公司现有职工168人，其中高级职称专家3人，技术和管理人员6人，是一家农业综合开发企业。经营范围：现代农业综合开发及现代农业休闲观光；特色核桃、花椒、苹果经济林种植；现代农业科技技术咨询；中药材种植开发；畜牧业养殖业等。2011年被宝鸡市人民政府授予“宝鸡市农业产业化重点龙头企业”。企业多次获得省市颁发的奖项。2018年11月被评为省级林业产业龙头企业、省级林业核桃示范基地等。公司拥有大型现代化农场一座，农场总面积6234亩，现种植核桃3000余亩，大红袍花椒500亩，苹果1500亩，其他各类林果及经济林2000余亩。带动周边村民及农户改造低产园核桃4000余亩，培训当地村民学习先进的核桃嫁接技术350余人次。公司与西北农林科技大学、省林业技术推广总站等科研院所开展了产、学、研合作，聘请有关专家指导公司开展良种选育、病虫害防治、嫁接、配方施肥、节水灌溉、间作套种及标准化示范园建设技术研发、集成、示范与推广。公司先后承担了省科技厅“核桃低产园改造技术研究与示范”“花椒标准化生产关键技术集成示范与推广”及宝鸡市科技局“花椒科技创业示范基地”等技术研发与产业化开发项目。

陕西长丰农林科技发展有限公司　公司2015年3月在镇安县成立，注册资金5600万元，是一家集红豆杉保护、培育、种植、科研、制药、关联产品开发销售，食用菌种植加工销售为一体的农林综合性企业。主营业务包括红豆杉培育科研种植及食用菌等关联产品的开发销售。主要发展的项目有：红豆杉“两园”建设项目，建设内容包括红豆杉科技创新示范园、红豆杉精准扶贫产业示范园，基地已建成1.73万亩；西口回族镇红豆杉食用菌生态产业园项目，建设占地19亩，可实现年产量300万袋；大坪镇林业废弃物综合开发产业园项目，总建设面积23.4亩，包括有机肥、有机饲料、生物燃料压缩块板块，其中有机肥生产车间已经建成投产。项目累计总投入达2.9亿元，基本构成“红豆杉—食用菌—菌渣处理—有机肥料(饲料)—农作物”全封闭的生态循环产业链。公司先后被评(聘)为陕西省林业龙头企业，陕西省林业产业协会副理事长单位，获得“优秀招商工作站”“先进带贫企业”“三变改革引路人精准扶贫排头兵”“优秀扶贫专家”等荣誉称号。

【野生动物繁育利用】　全年朱鹮繁育635只，超出年度目标任务的165%，朱鹮种群数量已达2973

只，其中人工饲养朱鹮种群数量443只，野外朱鹮数量2530只；林麝繁育6210头，超出年度目标计划的313%，共有林麝18881头。

近年来，陕西省加大了野生动物种群和人工繁育的力度，全省野生动物人工繁育产业呈现蓬勃发展之势。至2018年，全省批准的人工繁育野生动物单位达295家、经营利用单位达400余家，有林麝、梅花鹿、猕猴、雉鸡类、野猪、蓝狐等77种野生动物89.6万余只，产值达45亿元，取得了显著的经济效益。在不断壮大养殖规模的同时，逐步完善林麝全产业发展布局，成立了陕西省林麝养殖协会，创办了林麝繁育产业技术创新战略联盟，申报了国家级林麝工程研究中心，建立了良种繁育基地，编制完成了《陕西省林麝产业发展规划(2016~2030年)》《陕西省林麝野化放归实施方案(2016~2017)》《中国林麝保护研究中心申请报告》等多项规划和实施方案，并多次向省政府、国家林草局专题汇报，多方争取林麝产业发展资金。积极筹备成立了林麝养殖协会二级分会，及时召开了林麝产业发展座谈会。采取了全面耳号标记、规范谱系管理、严格种源调运等强化管理措施，开展了首次林麝野化放归，有效防止了种群退化。

【科技支撑】 根据陕西省林业生产实际，近几年组织实施国家和省级林业科技推广示范项目137项，其中，中央财政林业科技推广示范项目87项，省级财政林业科技推广项目50项。重点推广核桃、花椒、红枣、柿子、板栗、油茶、油用牡丹等经济林良种与丰产栽培，大粒樱桃、蓝莓、海棠等名特优杂果示范基地建设，防沙治沙、抗旱造林和困难立地植被恢复等技术，推广示范面积13.55万亩，培育了支柱产业。在韩城等地推广的花椒提质增效技术，使花椒亩产值由4000多元增加到7000多元。在大荔县推广的冬枣设施高效栽培技术，使大荔冬枣栽培处于全国领先水平，价格平均每千克20元，亩产值平均达2.4万元。

4月初，陕西省受冷空气影响气温骤降，经济林作物大面积遭受近年来最为严重的晚霜灾害。省林业厅及时发通知安排各县(市、区)做好灾情统计工作。并组织专业技术人员分赴核桃、花椒等主栽区，结合各自实际，针对不同情况，积极指导和帮助群众防灾抗灾。5月11日，召开了核桃等经济林低温晚霜冻害应对会商会，提出灾后应对措施和建议，全面做好灾后重建工作。

5月17日在洛南县张湾村举办了“陕西省生态脱贫中药材、核桃栽培管理技术培训班”。为当地贫困村建档立卡的近100名贫困户培训中药材种植技术和核桃园区管理技术。

7月9~10日在韩城市举办了“全省花椒优质丰产栽培技术培训班”。通过教授、专家现场授课、实地整形修剪操作，培训当地花椒重点县技术骨干及林农88人。

与此同时，大力开展科技下乡与科普宣传，促进了新技术的广泛应用。一是利用每年举行的“科技之春”“杨凌农高会”和“专家服务团”等活动，组织科技人员下乡指导、发放资料，深入普及林业新技术。二是结合林业重点工程建设和产业发展，编印了《核桃优质丰产栽培技术图例》《花椒优质丰产栽培技术图例》《陕西省核桃生产管理作业年历》等技术资料4.5万册(份)，及时下发到基层和群众手中。三是制定《核桃标准综合体》《花椒标准综合体》和修订《核桃低产园改造技术规程》《核桃丰产栽培技术规程》四项省级地方标准，规范了全省核桃和花椒育苗、建园、管护、苗木及产品质量等级，促进了核桃、花椒生产的标准化进程，为推动全省核桃、花椒产业健康发展发挥了重要作用。

【特色产业——宜君核桃】 宜君县是陕西省核桃主产大县之一。2009年省科技厅把宜君县列为全省核桃发展核心示范县；2010年省政府又将宜君县列为全省核桃发展重点县之一。宜君核桃栽植面积达到42.8万亩，其中挂果面积达到16万亩，年产核桃1.24万吨，产值2.48亿元，农民人均5.7亩，人均核桃收入3100元，占到农民人均纯收入的30%，核桃已经发展成为全县农民增收的重要支柱产业和精准扶贫主要产业之一。截至2018年，已建成33.33公顷以上县级示范园8个、6.67公顷以上乡村级示范园720个，培育66.67公顷以上的种植大户3个。农民年人均核桃收入超过3500元，超过农民年人均纯收入的35%，超过山区农民核桃收入的65%。（郝媛媛）

青海省林业产业

【概　述】 2018年，全省各级林业部门按照“东部沙棘、西部枸杞、南部藏茶、河湟杂果”的产业发展思路，坚持生态林业与民生林业协调发展、产业发展与精准扶贫紧密结合的目标，不断壮大和发展林业产业，初步实现了林业产业发展和生态建设的双赢。

政策规划引导明确产业发展目标　为推进全省林业产业持续快速发展，2016年以来，青海省政府先后出台《加快林业产业发展的实施意见》《加快有机枸杞产业发展的实施意见》《加快中藏药材种植基地建设的意见》。省级林业部门编制完成《青海省“十三五”林业产业发展规划》《青海省林下经济发展规划(2016~2025年)》《青海省中藏药材保护和发展规划(2016~2020年)》《青海省藏茶产业发展规划(2016~2025年)》《青海省有机枸杞产业发展规划(2018~2022年)》，编写《青海林业产业技术导则》，进一步厘清发展目标任务、发展思路和工作措施，加强科学技术支撑，夯实了林业产业发展政策基础。

特色产业带动农民增收致富　青海林业部门结合本地地域特点，特别是借助冷凉气候和高原污染少的自然优势，以“企业(合作社)+基地+农牧民”的模式，推进林业特色种植业、养殖业和生态旅游业发展。截至2018年底，全省经济林面积达到379.59万亩，其中：沙棘240.96万亩，枸杞74.49万亩，核桃24.39万亩，树莓10.74万亩，藏茶2.26万亩，樱桃3.18万亩，油用牡丹0.5万亩，葡萄、苹果、花椒、梨等其他杂果类23.07万亩。林业产业产值达到69.42亿元，林业产业的生态、社会和经济三大效益进一步提高。

【有机枸杞产业】 2018年，省级林业部门制定《青海省有机枸杞产业发展规划(2018~2022年)》《青海省有机枸杞标准化基地认定管理暂行办法(试行)》《青海省有机枸杞标准化基地建设技术规程(试行)》《青海省有机黑果枸杞标准化基地建设技术规程(试行)》等地方标准，进一步规范地块选择、良种推广、农药监管、科学施肥、鲜果烘干等生产经营，保障枸杞品质。在巩固现有建设成果基础上，引导枸杞产业从扩面增收向提质增效转变，重点支持有机枸杞标准化基地建设。2018年3月，青海省组建成立“青海省有机枸杞产业发展协会”和青海省“柴杞”品牌建设领导小组，安排支农林业改革发展资金1000万元，积极推进“柴杞——高原大枸杞”品牌商标注册、品牌标准制定、品牌战略发布会、人民大会堂宣传推介、白皮书发布、专题纪录片拍摄、销售终端店建设等。先后举办有机枸杞产业发展暨深化林改工作、有机枸杞品牌建设、有机(优良)中藏药材种植技术培训班等。2018年10月，在全国率先启动有机枸杞标准化基地认定工作，对取得有机枸杞标准化基地认定的公司、合作社，按认定面积申请财政资金补助，以鼓励更多的公司、合作社建设有机枸杞基地，以此巩固提升全国最大有机枸杞生产基地建设和国家级出口枸杞示范区建设。全力支持推动海西蒙古族藏族自治州政府和海南藏族自治州政府枸杞产业园区建设。诺木洪枸杞交易市场以企业为主体参与运营并投入使用，通过市场交易的枸杞占诺木洪地区总产量的80%以上，诺木洪枸杞产业园区跻身国家级现代农业产业园区。2018年，全省枸杞种植总面积达到74.49万亩，提前两年超额完成“十三五”规划任务，成为全国第二大枸杞种植生产区。其中有机枸杞种植面积17.6万亩，通过有机枸杞产品认证面积近8.34万亩，成为全国最大的有机枸杞种植地区。在获得全国权威有机认证机构颁发证书的6家企业中，青海省企业占5家。其中，格尔木亿林枸杞科技开发有限公司是国内首个获得有机枸杞认证证书的企业。青海省枸杞企业、合作社获得欧盟有机认证29家，获得农业部绿色食品认证12家，获得有机转换资格和良好农业规范认证 15 家。2018 年 7 月，柴达木枸杞成功列入中欧地理标志互认产品清单，标志着柴达木枸杞将打开海外市场，在全球范围内全面提升知名度和美誉度。2018 年积极争取各类资金投入，全年投入枸杞产业发展资金近 9 亿元，产值达 33.7 亿元，产业带动就业人数 10.09 万人，带动周边农户 1.7 万户 5.53 万人，户均增收 64923 元，人均增收 10999 元，支付劳动报酬 11.09 亿元。

【中藏药材产业】 在不断推动枸杞基地建设及产业发展的同时，青海林业部门大力发展中藏药材种植，2016~2018 年累计完成种植面积 45.7 万亩，种植区域从 2015 年农业区个别县发展到西宁、海东、海南、海北、黄南 5 个市(州)15 个县(区)，种植育苗面积从 2015 年的不足万亩增加到 2018 年的 24.9 万亩，成为全国第二大当归种植基地。互助、湟源等地农户种植的当归成为市场上抢手的“当归头”。发挥专家作用，强化调研指导，加强对种植育苗技术指导培训，培育了一批懂技术、会经营的种植大户。全省培育中藏药材产业企业、合作社 181 家，通过“企业(合作社)+基地+农户”的模式，带动中藏药材育苗、种植和加工产业链延伸。在湟中县多巴镇建成青海省首个集药材收购、加工、物流、电子商务于一体的中藏药材扶贫产业园。青海青宝贝农业科技开发有限公司中药材种植基地获得青海省首个中藏药国家有机认证基地证书，有机转化面积 10000 亩，有机认证基地 5000 亩。实施了“青海省天然林区中藏药材资源调查及品质研究”和“中藏药材资源普查、调查、监测评价”项目，借助省内外技术优势，完成天然林区野生中藏药材种质资源及青海道地药材品质普查。

青海中藏药材种植主要集中在浅、脑山区，这些地区大多是深度贫困地区。中藏药材当年种植、当年增收，当年投入、当年回收，群众增收脱贫效果明显，对脱贫攻坚和精准扶贫的贡献大而快。2018 年，全省中藏药材实现产值 8.25 亿元，带动就业人员 50.24 万人，带动农户数 3.42 万户，带动农户人数 13.9 万人，户均增收 5461 元，人均增收 364 元。支付各类劳动报酬 1.87 亿元，种植户增收 1500~10000 元。

【特色养殖产业】 青海特色养殖从过去单一的梅花鹿驯养繁殖发展到现在的梅花鹿、林麝、高原狼、藏雪鸡、孔雀、蓝马鸡等多品种养殖，养殖规模逐年增加。2018 年，梅花鹿等鹿类 2344 头、林麝 300 只、狼 105 只、孔雀 688 羽、藏雪鸡 2362 只，实现产值 7000 万元。

【旅游业】 按照全域旅游、生态旅游的目标，青海林业部门进一步推进旅游生态旅游业发展，林业生态旅游人数从 2017 年的 400 多万人增加到 2018 年的 1081 万人，首次突破千万人大关，旅游收入达到 8.8 亿元。全省建成国家级森林公园 7 处、省级森林公园 16 处，国家级自然保护区 7 处、省级自然保护区 4 处，国家级湿地公园 19 处、省级湿地公园 1 处，国家沙漠公园 12 处，森林康养基地 2 处，森林景观利用精准扶贫基地 3 处，森林人家 3 处、林家乐 8 处。完成互助北山、大通两个国家级森林公园基础设施建设项目。大通“边麻沟”和湟中“卡阳”“上山庄”山林花海旅游等森林景观利用生态旅游扶贫效益和示范带动作用进一步显现。“上山庄”花海入选 2018 中国森林旅游美景推广地名单，获得“最美花海”称号，树立了行业榜样。

【产业项目管理】 为推动林业产业高标准建设、高起点发展，各级林业部门始终坚持把严格管理放在首位，严格执行林产业项目管理办法和切块资金管理办法，强化项目建设和资金管理。先后制定藏茶、大宗中藏药材、核桃种植培育技术规程等 14 个行业、地方标准，安排技术推广项目 11 个。在生产基地建设中严格按照相关标准实施，促进林业产业标准化建设、规范化发展。组织开展林业产业“项目管理质量年”“项目建设质量年”活动，制定实施《青海省林业产业项目管理暂行办法》《林业产业财政补助资金管理办法》《林业产业项目申报指南》《林业产业发展项目进度管理制度》《关于进一步规范林业产业项目用地事宜的通知》等管理制度，加大项目组织管理培训，调研督查，严格林产业项目审核申报、省级项目库公示、“三级"验收、资金档案管理、绩效评价等程序，将项目审核、立项、审批、检查验收、资金兑现等权责全部下放到市、县级，实现了项目建设公开化、民主化、科学化管理，以保障项目建设质量，增大项目效益发挥。

【协会服务和企业带动产业发展】 成立青海省有机枸杞产业发展协会，完成青海经济林协会换届工作，积极开展藏茶产业发展协会、麝产业发展协会筹建工作。通过协会的示范引领作用，加快推进优势产业发展的进程。组织开展国家级和省级林业产业化龙头企业、国家级和省级林业专业合作社示范社评定工作。建立了全省林业产业化重点龙头企业管理台账，实行动态管理。2018 年，全省国家级林业产业化龙头企业发展到 4 家，省级林业产业化龙头企业发展到 80 家，农民林业专业合作社发展到 1018 家，其中省级林业专业合作社示范社 45 家。

【确保"十三五"目标顺利完成】 全面实施项目带动。充分发挥国家项目和省级支农资金杠杆作用，加快经济林种植基地、特色经济型野生动物养殖基地、森林旅游基地保险扩面，推进林权担保贷款，拓宽林业产业发展融资渠道。2018 年，积极争取投入林业产业发展资金近 15 亿元。扩大经济林等森林保险范围，保费支出 251 万元。2018 年全省经济林保险面积 22.4 万亩，林木种苗保险 1 万亩。

加大产业扶贫力度。把林业产业作为生态扶贫的重要抓手，在林产业项目申报、落实中，加强调研指导，全力支持有条件的建档立卡贫困户等农牧民、合作社积极发展林业产业，通过就地转移劳动力、土地流转等参与林业产业，带动实现技能学习、生产发展、收入增加。2018 年林业产业带动就业人数 65.87 万人，带动周边农户 12.51 万户，户均年增收 13871 元；带动周边农民人数 50.29 万人，人均年增收 2634 元，支付各类劳动报酬约 17.35 亿元。中藏药材种植成为青海省东部地区群众脱贫致富的重要途径。

积极开展项目推介。组织省内枸杞、沙棘、中藏药材、林麝养殖等企业参加义乌国际森林食品博览会、中国森林旅游节、青海省首届农民丰收节等省内外展会，青海省大漠红、诺蓝杞、三江雪、昆仑一号等枸杞产品，青海青沙棘产品，鹿茸、麝香等特色养殖产品，循化县大红包花椒等 35 种产品获展会金奖，进一步扩大了青海林产品的品牌影响力。 （才让旦周　强　毛）

宁夏回族自治区林业产业

【概　述】 近年来，全区特色经济林产业借力发展、顺势而为、优化升级，呈现出快速发展的良好态势。截至2018年，全区特色经济林面积310万亩，其中：枸杞在册面积100万亩、苹果56万亩、红枣54.8万亩、设施果树及花卉5.7万亩、鲜食葡萄4.6万亩、其他经济林89万亩(包括杏54.29万亩、桃1.6万亩、梨2.24万亩、木本油料27.33万亩、小杂果3.49万亩)，果品产量36.1万吨，枸杞干果总产量14万吨，产值约160亿元。基本形成了以中宁为核心、清水河流域和银川北部为两翼的"一核两带"枸杞产业带；以引(扬)黄灌区吴忠市利通区、孙家滩，中卫市沙坡头区、中宁县为主的苹果产业带；以中部干旱风沙区灵武、中宁、同心为主的红枣产业带；以银川、吴忠、中卫等城市为中心的设施果树、桃李杏和花卉产业集群；以红梅杏、小杂果、林下经济为主的南部山区生态经济林产业发展格局。全区林产品加工流通企业100多家，"灵武长枣""同心圆枣""彭阳红梅杏"获国家地理标志产品保护。"灵武长枣"荣获中国驰名商标，"南山阳光""沙坡头""扁担沟""塞硒士""甘城子"苹果，"茹河杏脯""朝那林下鸡""彭阳蜂蜜"等经济林品牌效应日益凸显，特色林产品已成为促进区域经济发展和农民脱贫致富的优势产业。

近年来，为突出特色，提升全区特色经济林产业发展水平，围绕高质量发展要求，结合精准扶贫和乡村振兴战略，大力推进果品品质提升带动区域公用品牌建设工作，先后开展了地方特色品种选优、优新品种引进、高标准现代果园建设、省力化科学修剪、增施有机肥、病虫害绿色防控及一、二、三产融合等方面工作，通过抓基地、扩规模，做示范、提质量，以点带面、引领示范，实现了特色经济林产业的区域化布局、标准化建园、规范化管理、品牌化发展，为取得生态效益和经济效益双赢做出了有益探索。

一是抓精品果生产，走高端化发展的路子。区域优势变为经济优势，助推乡村振兴，是特色经济林产业发展的重点。全区苹果、红枣等传统特色经济林产业以提质增效为核心，走"特色、精品、优质、高端"发展路子，重点提升灵武长枣、金冠苹果、精品红富士、大青葡萄、彭阳红梅杏等地方优势特色果品质量，市场竞争力明显增强，反季节灵武长枣鲜果价格高达180元/千克，精品富士3元/个，彭阳红梅杏20元/千克，大青葡萄售价10~16元/千克，精品果供不应求。中宁、沙坡头早熟苹果定价每千克在6元以上。同时，宁夏引进的果树优新品种品质上乘、风味浓郁，正果公司在中宁渠口种植的4000亩优质桃新品种，第三年进入盛果期，每千克售价20元，产品供不应求，设施果树引进的桃、鲜食葡萄部分品种表现极佳，效益良好，也激发了全区特色产业发展积极性，全区特色产业规模稳步推进。

二是抓基地建设，走规模化生产的路子。现有基地以提质增效为核心，重点推广苹果高光效树体改造、灵武长枣自由纺锤形改造、秋施有机肥、合理控灌、果园除草、精细化花果管理等技术，生产高档精品果，每年改造提升5万亩。新建基地重点推广宽行窄株密植的现代果园建园模式，结合节水滴灌，科学规划，应用开沟培肥整地、树干套袋、通行覆膜、纺锤形整形修剪、安全越冬等实用技术科学建园，确保一次性建园成功，为早果丰产打好基础。苹果乔砧密植、矮化密植格架栽培已在苹果主产区吴忠、中卫及固原原州区、彭阳多地规模化应用近2万亩。正果公司桃树主干形、"Y"字形宽行密植现代化建园规模达到0.5万亩，加快了我区经果林现代化发展步伐。

三是抓示范带动，走品牌化发展的路子。分区域、树种在全区范围内，充分发挥自治区专家团队优势，强化对基地的技术指导与服务，自治区级示范基地一定3年，目前已建成的中卫市南山台子、中宁县恩和、吴忠市孙家滩、扁担沟、彭阳、仁存渡护岸林场等优质苹果基地，灵武市银湖公司、宁六宝等红枣示范基地，大武口八大庄、吴忠林场、平罗姚伏镇等设施果树示范基地，中部干旱带红寺堡区鹏胜3个千亩园，贺兰金贵、兴庆区月牙湖特色林果综合示范基地，宁夏正果公司渠口和闽宁镇优质桃基地已成为引领带动当地产业发展的典型示范基地。通过抓示范、提质量，抓培训、增素质，抓市场、树品牌，全区经济林产业的知名度和美誉度进一步提升。

四是抓科技创新与推广，走优质高效的路子。组建20余位知名专家组成特色经济林专家团队，常年服务全区产业发展，及时解决制约产业提升的瓶颈问题。设施果树专家团队发挥技术优势，通过引进、吸收和自主创新等多种途径，实践总结了多项科技成果，其中包括灵武长枣自由纺锤形整形修剪及配套栽培、设施葡萄高干水平棚架立体复合种植栽培、特色林果优质高效节水栽培、宁夏大青葡萄简易避雨栽培、冬枣设施栽培等8项技术和自治区科技成果6项，制定发布地方标准10余项，成果推广示范面积10万亩以上，成效显著。

五是抓培训指导，全面提高从业者技术素养。按照果树生产关键环节，每年举办全区技术骨干培训4场次400人次以上，编印技术培训手册和资料2000余份；对重点示范基地开展不定期的田间实训培训和指导，以师带徒、手把手传授果树栽培技术，一个基地至少培养一名技术骨干，加强对闽宁镇贫困户庭院经济的入户培训指导，按照农户需求，随时入户指导。

六是抓宣传推介，进一步扩大市场占有率和品牌影响力。每年组织林产企业参加国内知名展会，增强宁夏果品产销对接，搭建交流合作平台，宣传推介提升宁夏知名度。

（宁夏林权服务与产业发展中心　李　国）

新疆维吾尔自治区林业产业

【特色林果业】 截至2018年底，全疆林果种植总面积1845.56万亩(不含兵团，下同)，果品总产量769.25万吨。全区林果业收入占农民人均收入的25%，部分林果主产县市占比达45%以上，林果业已成为新疆农业农村经济的支柱产业之一，更是南疆深度贫困地区农民脱贫攻坚奔小康的重要选项，在助力乡村振兴和脱贫攻坚中发挥了重要作用。

"推进南疆特色林果提质增效、助力脱贫攻坚"行动 2017年12月25日自治区党委、人民政府在阿克苏地区召开了"自治区特色林果业南疆工作推进会"，2018年2月26日自治区又召开"南疆特色林果业提质增效、助力脱贫攻坚行动"动员会。自治区林业厅联合自治区党委农办、"访惠聚"办印发了《关于推进南疆特色林果提质增效工作的通知》(新林发〔2018〕24号)，动员组织林果主产区各级党政部门，发挥"访惠聚"驻村工作队和深度贫困村第一书记的作用，加大基层人员培训和技术服务，确保特色林果提质增效工作稳步推进。

"百千万培训行动计划——林果科技进万家"行动 结合"推进南疆特色林果提质增效、助力脱贫攻坚"行动，自治区林业厅、新疆农科院、新疆林科院、新疆农业大学等单位组成的5个南疆林果业提质增效和技术指导服务团(组)，121名专家服务团队员进驻南疆林果主产县市(含22个深度贫困县)，开展常年驻点式的林果业全生产管理过程技术服务指导工作，提升基层林果技术管理人员技能，提高技术服务队派驻专家技术人员服务基层的能力和水平。

核桃、红枣密植果园疏密改造 针对红枣、核桃冠幅扩大，果园密度过高引发通风透光不良，果实品质下降等问题。为进一步提高核桃、红枣果实品质，结合"推进特色林果业提质增效、助力脱贫攻坚"行动，南疆各地区同步推进密植果园的疏密改造工作，2018年共完成密植园改造118万亩。

提质增效示范园建设 为充分发挥领导领办特色林果示范园的辐射、示范带动作用，进一步扩大标准化生产果园面积，以"推进特色林果业提质增效、助力脱贫攻坚"为契机，在林果主产区建立地州、县市、乡镇林果提质增效示范园，其中得到自治区下发补助资金的示范园达197个，面积6.31万亩，重点打造精细化管理的标准化精品示范园，做到每乡都有一个示范园、村村都有一个示范点。

有害生物防控 实行统防统治、联防联治，切实加大基础防治，全面普及石硫合剂喷洒、性诱剂等防治技术。以杏为例，通过加大人工防治和飞机防治力度，防控效果十分明显，食心虫蛀果率控制在3%以下，远低于2017年的80%。

首届中国新疆特色林果产品博览会 于2018年11月9~11日在广州市举办。博览会参展单位来自自治区13个地(州、市)82个县(市)。216家农林企业，选择163个种类、600多个名优特色干鲜果品、农副产品、旅游产品等参加展销推介。博览会现场签约额及意向金额共5.39亿元，现场销售额430万元。博览会期间，共接待采购商及观众5万多人次。

【林木种苗业】 2018年，全疆共有苗圃5011处，实际育苗面积46.2万亩，苗木总产量16.9亿株，其中良种苗木产量13.56亿株，产值57.9亿元。可供当年自治区林业生态治理工程、生态修复工程和特色林果产业苗木9亿株，其中良种苗木7.7亿株。造林良种使用率达到88.61%。14个国家重点林木良种基地、1个自治区重点林木良种基地、21处自治区林木良种生产基地和34个自治区林业保障性苗圃的基地供种率达74.5%。

一是加强和完善林木种苗行业管理，推进林

木良种选育推广体系建设。开展林木品种审(认)定工作，组织专家对各地申报的14个品种进行了良种审定前的现场核查，并完成了326个通过审(认)定良种的网上录入工作；对3个国家重点林木良种基地的规划布局、树种结构、面积进行了重新调整并批复；完成了云杉等8个树种育苗技术规程、标准化苗圃标准制定工作。成功协办第七届新疆苗木花卉博览会，博览会吸引全国数百家苗木花卉企业参展，达成意向型签约40亿元。

二是加强生物多样性的保护，积极推进林木种质资源保存利用体系建设。完成了新疆林木种质资源调查工作的外业补充调查任务，加快进行调查成果的整理、汇编工作；积极推进国家林木种质资源保存库建设，英吉沙县杏国家林木种质资源库基本完成工程建设任务；加快新疆国家林木种质资源保存库分库建设，在主体工程全部完成的基础上，已完成供热、供电等附属设施配套工程建设、供排水管网建设、消防设施工程建设。库体安装及设备调试工作年底收官。

三是严抓林木种苗行政执法工作。进一步完善对林木种苗的质量监督和市场监管。认真落实“全国林木种苗行政执法年”活动，指导各地(州、市)按照《关于加强种苗监督执法提高造林苗木质量的通知》和《新疆林木种苗行政执法年活动实施方案》要求开展执法检查活动。开展“双随机一公开”工作，建立被许可人名录库和林木种子双随机抽查人员名录库，印发《新疆维吾尔自治区林木种子生产经营许可随机抽查工作细则(试行)》，完成对10个被抽查单位的林木种子生产经营许可双随机抽查，并形成结果通报；开展自治区春季造林苗木的质量抽查工作，共抽查了4个地(州、市)的10个县(市、区)的28个苗批，苗批合格率78.6%；配合国家林业局林木种苗质量检验检测中心(石家庄)完成了对新疆2018年林木种苗质量的抽检工作，共抽检了4个地(州、市)11个县(市、区)120个苗批，合格率达92.5%。

【森林旅游业】 新疆森林旅游业已形成了以北疆天池、天山大峡谷、乌鲁木齐南山、乌苏佛山、贾登峪、白哈巴、那拉提、特克斯科桑溶洞、昭苏夏塔古道、南疆巩乃斯、巴楚胡杨林、泽普金湖杨等国家级森林公园为龙头，以自治区和县级森林公园为框架的旅游新格局，辐射到全区12个地(州、市)的40多个县(市)。形成了包括多种类型的森林风景资源在内的，与众多历史遗迹、人文景观和民俗风情交相辉映的特色鲜明的旅游景点，逐步建立了森林景观资源保护与开发建设相统一的运作机制。2018年接待旅游人数916万人次，实现旅游收入3.1亿元。

一是贯彻落实习近平总书记“绿水青山就是金山银山”理念，坚持“严格保护、合理利用、科学开发、永续发展”的原则，在严格保护的前提下，适度发展。二是积极推动森林康养产业发展，积极向国家林草局推荐6家森林康养基地为国家首批森林康养示范基地。三是借助各类大型展会，通过公共媒体和林果、土特农牧产品实物展示，为观众提供视觉和舌尖盛宴，推介新疆森林旅游。

【沙产业】 坚持生态效益与社会效益、经济效益相促进，人与自然和谐相处，积极推进沙产业发展。截至2018年，全区肉苁蓉、枸杞、沙棘、玫瑰、甘草等沙区特色经济植物种植面积达133.2万亩，总产量38.06万吨；沙产业年产值近41.1亿元。

【花卉业】 2018年，新疆花卉总面积已达5895亩(不含食用、药用和工业用花卉面积)，花卉市场42个。花卉产业呈现鲜切花、盆栽植物、观赏苗木、草坪、食用、药用和工业用花卉等多品种共同发展态势。

(新疆维吾尔自治区林业和草原局)

内蒙古大兴安岭重点国有林管理局林业产业

【概　述】　内蒙古大兴安岭是我国五大重点国有林区之一，是我国集中连片、面积最大的国有林区，其森林湿地生态系统维护着呼伦贝尔大草原和东北粮食主产区的生态安全，是祖国北方的重要生态安全屏障。1952 年设立内蒙古大兴安岭林管局并经中央批准开始有计划地整体开发。1995 年作为全国 57 家试点组建了内蒙古森工集团公司。2017 年 2 月 20 日，内蒙古大兴安岭重点国有林管理局成立，新一届领导班子坚持以习近平新时代中国特色社会主义思想为指引，深入贯彻落实党的十九大精神和习近平总书记系列重要讲话精神，紧紧围绕“五位一体”总体布局和“四个全面”战略布局，牢固树立和贯彻五大发展理念，以国有林区改革为统领，牢牢把握稳中求进的工作总基调，主动适应体制调整变化的新要求，坚决守住发展、生态、民生三条底线，科学谋划、统筹推进、分类施策、精准发力，集中力量解决制约林区发展的突出问题，生态、改革、发展、民生各个方面发生深层次变革，取得了阶段性成果。

【生态建设】　在全面停伐的大背景下，内蒙古大兴安岭重点国有林区已经踏上了全面建设生态文明的新征程，面对新体制、新定位、新形势、新要求，坚持生态优先战略，把生态保护作为林区奋力前行的首要职责。对待生态建设要像保护眼睛一样保护生态环境，像对待生命一样对待生态环境，建设好“山水林田湖”生命共同体，确保森林资源总量持续增加、森林资源质量持续提高、生态产品生产能力持续提升、生态功能持续增强。累计完成人工更新造林近 2000 万亩，有林地面积、活立木总蓄积量、森林覆盖率分别由开发初期的 636.51 万公顷、6.62 亿立方米、60.1%，提高到 2018 年的 827 万公顷、9.5 亿立方米和 77.44%。

【森林旅游业】　2018 年内蒙古大兴安岭林区编制完成了《内蒙古大兴安岭重点国有林区旅游深度总体策划》《内蒙古大兴安岭重点国有林区智慧旅游发展策划》，林区将以“旅游+”战略为指导，依托内蒙古大兴安岭独特的区位优势和自然资源，充分利用互联网的创新成果，全力打造“旅游+森林康养”、冰雪探险、绿色食品等森林生态产品，全面落实两个旅游《策划》，夯实林区旅游发展基础，打造内蒙古大兴安岭旅游品牌。一是在管理体制和运营模式上，采取规模化经营、公司化运作。通过组建“内蒙古大兴安岭旅游集团”实现“统一规划、统一品牌、统一营销、统筹经营”，从源头上解决“资源碎片、小而弱、多而散”的问题。二是在产业布局上，以林区 9 个国家级森林公园、12 个国家湿地公园、8 个国家级和省级自然保护区及面积 94 万公顷的北部原始林保护区为支撑，以打造南部、中部、北部三大旅游板块为重点，借助北部漠河，西部海拉尔、满洲里，南部阿尔山、扎兰屯，东部齐齐哈尔，东北部加格达奇 7 个进出林区的通道，以区带面、以面带点、以带穿线，形成“三区七向”的林区旅游发展格局。

【林下经济产业】　2018 年内蒙古大兴安岭林区在生态为本、保护优先前提下，为了推动林区实现全面转型中建立长效的产业发展新机制，建立科学有效的经济发展新模式，促进林业产业向规范化、规模化方向发展，内蒙古大兴安岭重点国有林管理局委托国家林草局林产工业规划设计院林业产业发展研究中心编制完成了《内蒙古大兴安岭重点国有林区林业产业转型发展规划》。《规划》以市场为导向，科学谋划产业布局，整合内蒙古大兴安岭林区资源，重点打造食用菌、北药、浆果、坚果、山野菜、森林动物养殖、绿化苗木、饮用水、森林食品、林特产品加工及森林康养等产业。内蒙古大兴安岭重点国有林管理局根据《规划》既定目标，结合林区实际，按照规模化、集约化的思路，分类实施，分区打造，各产业项目正在逐步推进中。

食用菌培植 内蒙古大兴安岭重点国有林区以黑木耳、滑子菇为主要产品的食用菌产业，经过多年的发展，已经成为林区职工群众就业和致富增收的重要途径。2018 年林区食用菌培植规模在 2800 多万袋，有培植户 600 余户，产量 1004 吨，平均售价 100 元/千克，食用菌产值达 1 亿元。同时，林区大力培育食用菌培植示范基地，培育阿里河、克一河、库都尔、满归等食用菌示范基地，各类食用菌培植总规模维持在 2000 万袋左右。林区 3 个食用菌加工企业——诺敏绿业有限公司、鲜卑鲜食品有限责任公司和白鹿岛科技食品有限公司运行良好。

经济林果种植 2018 年内蒙古大兴安岭重点国有林区以蓝莓、榛子、大果沙棘为主要品种的经济林果种植和种苗繁育已初具成效，树立了库都尔、吉文、阿里河和大杨树等经济林果种植示范基地，基地完成驯化、繁育、营造各种经济林总面积达 46000 余亩。其中，沙棘林总面积达 16000 亩，野生榛子繁育、驯化总面积达 28000 亩，蓝莓人工种植总面积达 2200 亩。年实现销售冷极品牌蓝莓果干 3. 27 吨，探索野生榛子林经营 10 万亩、蓝莓种苗 10 万余株、大果沙棘种苗 100 万株。

中草药培育 内蒙古大兴安岭重点国有林区的中草药种植业主要集中在绰源、图里河、吉文等林业局，品种有返魂草、芍药、防风、金莲花、北五味子等。2018 年加强对绰源、吉文等中草药种植示范基地的扶持，林区各类中草药种植总面积已达 10000 余亩，种植中草药家庭经济户达 130 余户。目前，林区中草药产业还处于资源培育期，后续的产业链条还在准备和筹备阶段，发展前景广阔。

森林牲畜养殖 内蒙古大兴安岭重点国有林区有丰富的林草资源，又有马匹良种资源和改良扩繁基础，2016 年“大兴安岭森林马”通过了国家畜禽资源委员会认定，林区马匹养殖与加工产业市场前景看好。2018 年林区从事马匹养殖的有 200 余户，分布的林场达 55 个，养殖马匹 8000 多匹。

特种动物养殖 内蒙古大兴安岭重点国有林区北部的“冷资源”优势明显，冬季气温可达零下 40℃，为发展北极狐养殖提供了得天独厚的自然环境。林区发展特种动物养殖业主要是以家庭为单位，养殖品种主要有北极狐、狍子、鹿和野猪等。2018 年建设了金河、吉文等特种动物养殖示范基地，从事特种动物养殖的家庭约有 360 余户，特种动物养殖总规模达 10000 余头(只)，其中北极狐种狐存栏 5000 只、出栏 20000 只，二代野猪存栏 5000 多头、出栏 4000 余头，销售二代野猪分割肉 50 余吨，平均售价 50 元/千克。

林下采集业 内蒙古大兴安岭重点国有林区林下资源丰富，品种多样，在采集季节，部分职工自愿上山进行野生资源采集，采集的产品主要有野生蓝莓、红豆、松籽、榛子、蘑菇和山野菜等，年可采集浆果、坚果 2000 吨以上，林下资源采集已成为林区职工特别是困难职工增收的一条重要途径。2018 年林区偃松子产量约 2260 吨，平均售价约 50 元/千克。

2018 年 11 月，绰源、图里河中草药种植示范基地，库都尔、吉文沙棘种植示范基地和大杨树的榛子林示范基地申报了“国家林下经济示范基地”，待国家林草局审批。

(许玉成)

吉林森工集团林业产业

【概　述】　中国吉林森林工业集团有限责任公司是全国首批57户大型试点企业集团和我国六大森工集团之一。形成了以森林资源培育为基础，涵盖木材加工、森林康养、森林食品、生态旅游、金融投资、房地产和矿产等业务板块的产业集群。注册资本5.06亿元，其中：吉林省国资委出资持股65%，中国青旅实业公司持股35%。

吉林森工集团适应木材减产、全面停伐的新形势，及时调整经营发展思路，充分利用长白山林区丰富的植物资源、林下资源、矿泉水资源以及景观资源，大力发展绿化苗木、森林特色食品、森林康养等接续替代产业，同时加快在南方发展速生丰产林和木材加工产业，走上了一条数业并举、多元发展的道路。

【森林资源培育产业】　以保护好现有森林资源为基础，以有效提升森林质量为目标，同时大力发展绿化苗木产业，打造森林资源经营产业新引擎。

生态建设　实施天然林停伐政策后，八个林业局主要承担生态建设职能，国家提供天保资金保障国有林区生态建设任务。2018年全年完成森林抚育101万亩、后备森林资源培育36万亩、更新造林1.8万亩和国家储备林项目建设3万亩。实现辖区连续39年无重大森林火灾。

绿化苗木　依托集团丰富的绿化苗木资源、充足的专业技术力量、成熟的苗木培育技术推进绿化苗木基地建设。2018年，域内苗木绿化基地总面积达到4.2万亩，培育珍贵树种有黄檗、水曲柳、胡桃楸等14个品种，储备苗木1400万株，2018年全年实现销售收入1205万元。

实施林板一体化战略　积极谋划人造板产业向域外速生丰产工业原料林富集的地区进军，先后在湖南、湖北重组并购森华木业公司和吉象人造林制品公司。启动环洞庭湖国家储备林基地建设项目，已收购林地63万亩。

【木材加工产业】　集团木材加工产业具有良好的发展基础和技术优势，企业遍布北京、湖南、湖北、四川、河北、江苏、辽宁7个地区，实现了全国战略布局。停伐政策后积极化解原料短缺问题，整合域内企业，淘汰落后产能，调整产能布局，继续做大做强以人造板集团、地板集团为龙头的木制品加工板块。

主要产品及生产能力　人造板205万立方米、实木复合地板430万平方米、实木复合门30万樘、家具2万套、橱柜10万平方米、百叶窗2万立方米、木结构房屋2万平方米。

核心产品品牌　“露水河”牌刨花板和“金桥”牌实木复合地板是业界集“中国名牌”“国家免检产品”和“中国驰名商标”三大国家最高荣誉于一身的知名品牌。“霍尔茨”牌欧式T型复合门被国家质检总局评定为“生态原产地保护产品”。

完成情况　2018年木材加工产业产值28.3亿元，其中人造板18亿元，地板6.2亿元，其他产品(含百叶窗、木门、家具等)4.1亿元。

【森林保健食品产业】　发挥资源优势，拓展发展空间，整合成立吉林森工特色食品集团，森林特色食品产业初具规模，开发出70多个品种的特色产品。2018年森林特色食品、药品产业产值17.2亿元，其中特色矿泉水、饮料6.3亿元，特色保健品产值0.85亿元。

矿泉水　“泉阳泉”牌矿泉水被国家评为“中国驰名商标”“中华人民共和国地理标志保护产品”“中国最具市场竞争力品牌”“国家级农业产业化重点龙头企业”等国家级最高荣誉。至2018年，生产能力200万吨，销售区域以东北三省为主并向京、津、冀拓展进而实现全国布局，产品研发在向高端矿泉水和细分品种上突破。

蓝莓　有1000公顷蓝莓园区，被国家列为全国农业生产标准化示范基地，产品有蓝莓酒、蓝莓饮料、花青素胶囊等产品。

人参 人参良种繁育公司从事人参深加工制品生产和销售以及原参的种植，生产“吉森参”品牌人参超微粉、人参切片，形成种植—加工—销售的发展体系，公司人参种植面积以每年50公顷的速度增长，已形成人参良种繁育基地的规模化建设。

饮料及坚果加工 森林食品科技有限公司(靖宇)建有先进的饮料灌装生产线和冻干生产线，拥有蓝莓饮料、食用菌、坚果等五大类20余种长白山林特系列产品。

二氢槲皮素及其制品 临江健维公司利用人工林落叶松废弃根部为原材料提取90%以上纯度二氢槲皮素产品，是国内首家专业生产二氢槲皮素的高新技术企业，自主研发的保健、美容系列产品于2015年5月成功上市。2018年，吉林省健维天然生物科技有限公司获“吉林省科技小巨人”称号。健维天然生物科技有限公司在加拿大成立全资子公司并取得保健品许可证(NPN号80080038)，与加拿大阳光(SUNSHINE)公司签订了代加工协议，阳光公司负责利用保健品许可证对二氢槲皮素进行保健品加工，产品名称为松鹤牌二氢槲皮素，其既可在国外进入保健品市场，也可通过电商平台返销国内。

蜂蜜 露水河天祥蜂蜜公司现形成5000吨生产能力，20余种系列产品，为下一步做强蜂蜜及系列产品打下了基础。

食品销售 北京森工食品有限公司、北京市天健商贸责任有限公司商贸营销平台，拥有90%北京商超系统的供货权，泉阳泉矿泉水成功中标南方航空公司航班饮用水，森林食品部分产品进入中石化、中石油和首农京粮集团渠道销售。

【森林康养产业】 通过改组方式成立了吉林森工森林康养集团，整合现有旅游资源，发展森林生态健康养生和休闲旅游度假，打造康养旅游产业体系。拥有临江、三岔子、湾沟、泉阳、松江河、露水河、红石、白石山8个国家级森林公园(总面积89773公顷)，14家宾馆酒店，1条白山湖通往长白山唯一水上航线，以及国际狩猎场、氡温泉疗养基地、国际旅行社、旅游汽车公司和停伐后闲置待开发的79个林场、10个贮木场、1个刨花板厂约1900公顷土地等丰富的康养旅游资源。

利用撤并林场及厂区闲置土地谋划了多个康养旅游项目，加强与长白山管委会及同业高端企业合作，通过引资、引产、引智多渠道推进长白山原始森林观光小火车、白河刨花板厂改造游客集散中心、松江河白溪林场游客集散中心等项目建设。通过多平台发布森工旅游咨询，开展旅行社精品线路营销活动提升森工旅游的知名度。2018年森林康养业产值2.9亿元。

(中国吉林森林工业集团有限责任公司)

大兴安岭林业集团公司林业产业

【概　述】 2018年，公司林业产业总产值99.6亿元，同比增长9.2%。其中第一产业产值42.5亿元，与上年持平；第二产业产值17.5亿元，同比增长14.1%；第三产业产值39.6亿元，同比增长18.6%。产业产值结构由停伐前的46.1∶38∶15.9调整为42.7∶17.6∶39.7，第三产业比重上升了23.8个百分点，第一、第二产业分别下降3.4、20.4个百分点。

森林资源管育得到全面加强，抚育质量位居全国前列，查处资源林政案件367起，收回林地293.4公顷；林地、湿地和野生动植物资源保护区内新发现栖息鸟类20余种。重点国有林区改革已全面实施。林业局分类考核体系全面建立，林业企业职能逐步归位。古莲河煤矿、神州北极木业经营效益持续向好，丽雪公司、电力工业局千余名转岗职工得到妥善安置。举办旅发大会，开发新林爱情小镇、塔河百里画廊、呼中白山、十八驿站鄂伦春文化园、松岭嫩江源等景区景点，营销信息有效送达11.7亿人次，接待旅游专列190列，旅游人数和收入分别增长12%、23%；电商产业园投入使用，电子商务交易额增长70.5%；农夫山泉桦树汁项目投入生产，矿泉水项目完成生产线调试；耕地有机认证面积3.1万亩，47种林(农)产品进入中石化营销网络，管护区经济蓬勃发展，人均增收1.85万元。林业职工脱贫解困三年工作目标如期完成。

【自然保护区】 到2018年末，林区共建成森林、湿地和野生动植物自然保护区32处，总面积215.3万公顷，占林区总面积的25.78%。其中：国家级保护区8处，分别为呼中、南瓮河、双河、绰纳河、多布库尔、北极村、岭峰和盘中，总面积98.1万公顷；省级保护区3处，分别为常青、漠河笃斯越橘和呼源钻天柳，总面积14.6万公顷；地级自然保护区、保护地21处，总面积102.6万公顷。按类型分：湿地类型自然保护区18处，总面积130.3万公顷；森林类型自然保护区9处，总面积65.3万公顷；野生动物类型自然保护区2处，总面积11.1万公顷；野生植物类型自然保护区3处，总面积8.6万公顷。

林区还建成12个野生动植物保护管理站，建成19个野生动物疫源疫病监测站。从事野生动植物及自然保护区管理的职工为255人，其中专业技术人员125人。2018年野生动植物保护投资完成72万元，全部为国家级投资。

【自然公园】 到2018年末，林区共建成湿地公园11个，总面积8.92万公顷。其中双河源、阿木尔、漠河九曲十八湾、古里河、砍都河、呼中呼玛河源、漠河大林河、十八站呼玛河、加格达奇甘河、塔河固奇谷10处为国家级湿地公园，面积8.45万公顷。新林奥库萨卡埃河为地级湿地公园，面积0.47万公顷。

林区共建成3个国家级森林公园，总面积为16.63万公顷。分别为呼中国家森林公园、北极村国家森林公园、加格达奇国家森林公园。共建成省级地质公园2个，面积为0.89万公顷，分别为呼中苍山石林地质公园、黑龙江漠河地质公园。

【林业投资】 2018年，国家计划投资37.62亿元，完成投资39.31亿元，其中国家投资38.5亿元，占总投资的97.9%，同比增长12.2%。在完成的投资中，固定资产投资完成4.35亿元，占总投资的11.06%。

林业生态建设与保护完成投资35.74亿元。其中天然林资源保护工程资金35.04亿元，新增抚育投资0.7亿元。天然林资源保护工程森林抚育补贴3.31亿元，后备资源培育(补造补造、人工造林)1.14亿元，森林管护事业费11.71亿元，政社性支出5.03亿元，社会保险6.06亿元，停伐补助

6.41亿元，停伐利息补助1.38亿元。森林防火与公安国家投资0.62亿元。林业基础设施建设完成投资2.95亿元，其中棚户区改造1.53亿元，社会性基础设施0.3亿元，防火应急道路0.23亿元，企业自有资金0.89亿元。

【资源管理】 2018年，活立木总蓄积量、森林覆盖率、森林面积分别比上年增长1125.1万立方米、0.11个百分点、0.9万公顷。累计查办毁林开垦等林政案件367起，收缴木材21.2立方米，收回林地4401亩，处理违法犯罪人员372人；督促各相关单位处理积案118起，收回林地282亩，处理违法人员120人。对国家林草局驻大兴安岭专员办交办的1104个判读疑似图斑进行现地核实。共计审核审批占地项目114个，审核上报国家林草局19个永久使用林地项目，获得批复18个；审批临时使用林地项目45个；审批直接为林业生产服务项目51个。组织开展了2017年度林地变更调查和塔河、加格达奇林业局建设用地变更登记试点工作。组织开展了塔河、图强、阿木尔、西林吉林业局二类调查，北极村、双河、岭峰、盘中国家级自然保护区的补充调查任务，完成松岭、十八站林业局森林经营方案专家评审工作，组织新林、韩家园、呼中、加格达奇4个林业局进行森林经营方案编制工作，制发全区资源档案管理办法。完善了管护工作的各项管护制度和内业建设，健全了三级队伍组织体系，层层签订了管护责任状，实现了全区管护范围全覆盖。积极探索管护人员依托管护站、瞭望塔、专业管护队伍。

【营林生产】 举办营林培训班600余期，培训人员22700余人次；完成景观廊道建设18135.1公顷，栽植花灌木5.8万余株；全面完成4万亩人工造林、31.3万亩补植补造年度计划任务，完成森林抚育236.9万亩(占计划的68.5%，剩余任务年底前完成)；完成义务植树85.9万株，超额完成0.6万株；调拨、购入西伯利亚红松、沙棘等种子近6000千克；有害生物防治“四率”指标均已达标。

制定了《管护区经济果材兼用林产业发展实施方案》和《大兴安岭沙棘造林技术标准(试行)》，完成了《大兴安岭林业集团公司经济果材兼用林发展规划(2019~2023年)》初稿，并于生产季节对各林业局沙棘和西伯利亚红松栽植工作开展了专项技术指导，完成沙棘和西伯利亚红松栽植5773亩。完成了《大兴安岭林业集团公司森林经营规划(2016~2050年)》编制工作，通过专项评审。

【管护区经济】 设立5000万元管护区经济发展基金，支持各地管护区经济发展。发展食用菌产业、浆果产业、山野菜产业等比较优势产业，106个管护区(林场、经营所)，共确定特色种养、采集加工、森林旅游等主营业务218个，成立联合体538个，建成示范基地314个，林业企业主营业务正在逐步重构。形成了以二十二站、翠峰等管护区为代表的“管护区+旅游经济”模式，以前哨管护区为代表的党建引领管护区经济发展模式，以呼玛县、韩家园、十八站等为代表的区域共建模式等各具特色的发展模式。神州北极木业与北京世纪天创智业系统集成技术有限公司，共同打造装配式木结构集成建筑“天创+神州”捆绑式品牌，实现产品重新定位和新的产业布局。制订下发了《大兴安岭地区管护区经济统计监测实施方案(试行)》。开展项目推介、技术指导、创业孵化、法律指导等方面的创业咨询服务，建立创业项目库，储备适合林区经济发展的投资少、风险小、见效快的创业项目48项。共举办食用菌栽培、北药种植、电子商务、旅游等各类培训班54期，培训人员3730余人次，专家和专业技术人员现场指导65次，制作发放北药种植、食用菌栽培等10种管护区经济实用技术手册1500余本。举办“第二届全民创业工艺品大赛”，展出根雕、玉石、桦树皮制品等作品224件，推动大兴安岭地区工艺品市场快速蓬勃发展。发放了林下生态产品旗舰店(专卖店)补贴资金27万元。

【生态旅游】 2018年，接待游客762.05万人次，实现旅游收入82.55亿元，同比分别增长12%和23%。制定出台了《关于推进全域旅游发展的实施意见》《旅游文化融合发展落实行动方案》等指导性文件。举办旅游发展大会、大北极旅游区推进会议，出台了《大北极旅游区开发建设指导意见》。

嫩江源景区、百泉谷景区配套服务设施基本完成，龙江第一湾景区电力、通讯建设项目已完成3座基站铁塔组建及全部转角杆位、线路中线放线勘测工作。累计投入旅游建设资金2.03亿元，新建改扩建旅游厕所42个、导览图51块、标识牌530块，新修和维修旅游公路467.2千米。聘请国内顶级专业团队。推出了找北探源游、极寒挑战游、湿地观光游等十大精品线路。策划了以"冰雪北极·冻感兴安"为主题的"极地冰雪季"，推出了"极寒挑战""冰雪狂欢""天象奇观""冰雪盛宴""极地祈福"和"寻爱之旅"六大项目，以及"玩转北极圣诞村""穿越冰雪森林""打卡爱情小镇""揽胜界江风情""寻觅黄金古驿"和"再现红色记忆"六条冬季旅游经典路线。参加海峡旅游博览会、中国黑龙江国际生态旅游峰会、2018中国国际旅游交易会等国家、省级相关展会32场次。开展了"冰雪北极·冻感兴安"中华名博兴安行活动，其中"中华新媒体名博大兴安岭行"微博话题阅读量已突破4416万，"冰雪北极·冻感兴安 "抖音话题已突破1066万播放量。举办"网红"培训班，培训人数达900人。开展冬季旅游全网络营销，在搜狐、新浪、腾讯、网易、人民网、凤凰网等有关门户网络媒体及地方网络媒体对大兴安岭地区冬季旅游进行专题整体推广。与广东省揭阳市对口合作，推动实施"潮人北上、北货南下"合作战略，两地旅游部门签订了《战略合作协议》。

【生态食品】 2018年，森林生态食品产业实现产值36.09亿元，同比增长6.21%。探索与市场对接，提高了松杉灵芝、香菇、滑子菇等销售情况较好的品种种植比例，食用菌生产菌包3165万袋，产量1303吨，野生食用菌采集152.7吨，加工343.1吨，实现产值2.22亿元。人工蓝莓、蓝靛果种植保存面积5856亩，人工蓝莓、蓝靛果采集133吨，野生蓝莓采集1683吨，野生红豆采集2341吨，全区浆果产业实现产值3.16亿元；累计建成森林生态食品示范基地184个，其中，食用菌种植标准化示范基地44个，浆果基地27个，北药基地49个，特色养殖基地47个，山野菜基地7个，冷水鱼等其他基地10个。国家林下经济示范基地运行良好，经营前景广阔，创建3个国家级绿色有机食品科技示范基地，拉动产业提升作用增强；韩家园林业局顺鑫合作社打造"基地+淘宝店+专营实体店"的经营模式、呼中区正达食用菌合作社"林场+合作社+职工"合作模式在发展林下经济中起到了示范带头作用，林下经济合作组织558个，其中，行业协会30个、合作社265个、联合体282个；"三品一标"认证数量达到191个，其中，绿色食品认证21个，有机产品认证112个，无公害产品53个，国家地理标志保护产品5个。

【特色养殖】 狐(貉)存栏49060只，同比增长17.8%；鹿存栏1687头，同比增长11.9%；牛存栏21455头，同比增长2.8%；猪存栏89016头，同比增长4.9%；羊存栏79342只，同比增长3.5%；家禽存栏661494羽，同比增长3.9%。肉类产量1393吨，同比增长4.4%；蛋类产量4515吨，同比增长4%；奶类产量1912吨，同比增长2.7%。全年畜牧业产值实现11.43亿元，比2017年增长5.6%。

大兴安岭绿健现代农业科技有限公司"橡雪"牌森林猪肉被评为2018年中国猪肉十大品牌，大兴安岭金岭牧业有限公司"库尔河森林珠"牌森林猪肉获第十五届中国林产品交易会金奖。至2018年，有森林猪产品3个大类15个品种，通过京东商城等"互联网+"平台销售森林猪产品151吨，实现销售收入1510万元，利润652万元。共举办各类养殖技术培训班18期，培训1214人次。

【科技创新】 投入经费400万元，组织实施了44个科技项目。对2013~2017年项目进行梳理，现场查验和财务审核项目32个，组织专家对69个地本级科技计划项目进行会议验收。众创空间新增科技型项目企业4个，共有入孵项目15个，与国家投资公司国投健康基金、北京裕隆投资有限公司、黑龙江省绿地股权金融交易中心、黑龙江粤融股权投资基金管理有限公司、哈尔滨益丰投资担保有限公司等投融资单位对接。征集管护区经济产业技术相关需求20项，编制食用菌、北药、浆果、森林野菜、有机猪、榛子等方面的发展管护区经济实用技术汇编，组织召开发展管护区经济实用技术推介会。举办林下经济技术人才培训班，共培训410人次。开展马铃薯优质品种及高产抗病品种筛选试验，已完成16个品种的播种工作。开展羊肚菌、毛尖蘑、榛蘑等珍稀食药用菌种研究，进行了试验数据采集，分离纯种菌株。培育的兴安08-031大豆品系经黑龙江省专家组正式命名为加农2号。

【电商产业】 成立电子商务发展服务中心，对电商管理人员、企业和大学生创业人员开展不同层面的业务培训共30场，培训人员1200人次。建成电商产业园、电商孵化器、众创空间11个，入驻在孵企业151家、创业者600余人。打造的大兴安岭地区电商产业园引入专业运营团队，分三期错位布局扩大辐射范围，孵化出至臻尚品、岭味堂等5个年销售额超千万元的电子商务应用企业。在天猫、京东等电商平台开设网店400多家，活跃微商900多个。组建大兴安岭北极珍品汇电子商务公司，负责地级电商平台北极珍品汇建设运营、网络营销和品牌建设。已上线8个大类350多种特色产品，实现销售额8193万元。

【森林康养】 通过互联网、QQ、微信等媒介，宣传大兴安岭老年疗养、老年服务、老年地产、老年餐饮等具有大兴安岭特色的养老服务信息。打造候鸟旅居老人健康养老基地，结合新型城镇化和美丽乡村建设，推进建设一批候鸟养老小镇、候鸟之家，形成以大型养老机构为主体，以休闲旅游接待场所为补充，以居家庭院式接待设施为辐射的分布式、多元化特色养老服务、候鸟式养老模式。以北极村5A级国家旅游景区为基础，精心设计了满足老年人休闲旅游、养生养老需求的精品线路，大力开发畅游界江黑龙江，感受民风古朴、乡土气息浓厚的自然原始村落，品尝地道的绿色食品旅居养老新模式。与地区卫计委密切联系，共同推进医养结合工作的开展，确保有许可证的养老机构与医疗机构签约率达到了100%，大兴安岭34家养老机构均与当地医疗卫生机构建立了合作关系，对养老机构内老人定期健康体检或进行义诊。

（康文学）

新疆生产建设兵团林业产业

【概　述】 新疆生产建设兵团(以下简称兵团)充分利用新疆资源优势，进一步增强林业产业工作的责任感、紧迫感和使命感，加强政策引导，积极调整林业产业结构，发展集生态、经济、社会效益于一身，融一、二、三产业为一体的特色林果产业、种苗花卉业和森林旅游业。积极培育沙生经济树种和沙生药材，建设沙漠公园，发展沙漠旅游；林下种植、养殖业等方面成效显著，林业在改善兵团垦区生态环境、促进团场职工脱贫奔小康和现代化进程中发挥了重要作用。

【经济林果产业】 截至2018年末，兵团林业产业总产值达274.78亿元，比2017年增加5.57亿元，增长了2.03%。林业一、二、三产业比例为97.56∶0.56∶1.88，第一产业268.06亿元，较2017年增加了7.28亿元，增加了2.72%，林果业是兵团林业产业的主导产业，并以特色林果生产、加工、销售为主体；第二产业1.53亿元，较2017年减少了0.62亿元，减少40.33%；第三产业5.18亿元，较2017年减少了1.09亿元，减少了21.12%。林果业从业人员总数24591人，其中：种植与采集业人员20935人，占从业人员总数的85.13%；储藏加工人员3013人，占从业人员总数的12.07%；营销人员263人，服务、管理等其他人员380人，两项占从业人员总数的2.8%。

经过多年的调整优化，林果产业向优势区域集中，布局趋于合理，逐步形成以一师、二师、三师、十四师、十三师为主要区域的红枣产业带，以核桃、杏、香梨、苹果、巴旦木为主的一师、二师、三师、四师、十四师为核心区域的南疆特色林果产业带，以鲜食、酿酒葡萄为主的第十三师和沿天山北坡北疆各师为中心的葡萄产业带。

兵团林业一产产值达268.06亿元，占林业产业总产值的97.56%。其中：林果业231.91亿元，占一产总产值的86.5%，林果业已成为兵团林业产业的主导产业，也是南疆兵团职工收入的主要来源之一；营造林31.38亿元，占林业一产总产值的11.71%；林木育种和育苗3.65亿元，占林业一产总产值的1.36%；花卉观赏植物等0.73亿元，占林业一产总产值的0.27%；木材采运0.39亿元，占林业一产总产值的0.16%。

截至2018年底，兵团经济林实有面积344.1万亩，年产量397.32万吨。当年林果总面积保持稳定。8种主产水果中苹果、葡萄和红枣产量分别较2017年增加0.2%、4.4%、3.6%，香梨产量下降13.2%，林果产品产量稳定在1.25吨/亩。果品商品率整体提升，果品质量趋优、趋稳，市场占比额提升，亩经济效益显著增加。

【林果产业龙头企业】 2018年，兵团围绕建设“绿色食品加工城”目标，通过师(市)行政引导、政策扶持、科技服务等方式，走规模化、专业化、产业化、精深加工道路，特色经济林产业已成为兵团职工脱贫致富的主导产业。

积极培育和扶持龙头企业，释放辐射效应，拉动小微企业。对地产果品，实行溯源跟踪，确保安全，兵团垦区生产的鲜食果品均通过国家A级绿色认证，远销东南亚及国内沿海省市等地，品牌效益明显增强。加强林果标准园、示范基地建设，加快发展林果产业龙头企业。截至2018年末，兵团有林业专业化企业9家(含木材加工企业3家)，林果业合作社200余家，红枣等果品加工合作社60余家，造林专业大户5家。有国家级、兵团级农业产业化龙头企业130家。其中，国家级14家，兵团级116家。销售收入超100亿元的企业2家，超30亿元的8家，超10亿元的13家。逐步形成果品加工、葡萄酒业、林农特产品加工等12个特色资源优势主导产业，优质特色干果、葡萄、良种繁育等十大标准化生产基地建设水平得到了全面提升。至2018年，兵团已拥有新疆名牌产品72个、新疆著名商标91件、中国驰名商标10件。如一师“天山玉”苹果、三师“兵团红”红枣、十四师“和田玉枣”等。兵团将新一代信息技术与林业产业培育、生产加工过程、流通销售环节结合,以“互联网+”战略为契机,拓宽林产品销售渠道,把兵团优质特色林果产品逐渐推向国内沿海地区,兵团的优质品牌苹果、红枣、核桃、枸杞、葡萄、葡萄干以及林副产品等已成为网上热销林果品,兵团每年网上林果产品销售额达3000万元以上。

【森林旅游业和休闲产业】 兵团各师在搞好试点、总结经验、完善政策的基础上,不断增强绿化美化工作的活力与动力,提高团场职工林业经营性收入的比重,为林业休闲旅游发展和职工增收搭建新的平台,开辟新的空间。四师、五师、六师、八师、十二师、十三师等连续多年举办蟠桃节、桃花节、葡萄采摘节、薰衣草节、草莓节、百花节、荷花节、爱鸟周等活动,举办沙漠公园、胡杨公园观光节,每年吸引大量游客前来旅游观光。十二师头屯河农场,利用林地种植蘑菇、灵芝等,发展森林旅游、采摘,既保护林地资源,又增加了职工收入,被确定为国家级优质绿色鲜食果品标准化建设示范园区、乌鲁木齐优质鲜食果品基地、乌鲁木齐三大副食品基地之一。头屯河农场开发的花田林海、开心农场、熏衣情缘、玫瑰滩等休闲乐园,被评为全国休闲农业及乡村旅游示范点,提高了团场职工林业经营性收入的比重。

2018年,兵团森林旅游业产值达5.09亿元,占林业总产值的1.85%。当年兵团接待林业旅游247.68万人次,人均消费206元,带动其他产业增收25.77亿元。

【林下经济产业】 林业生态建设,为兵团职工发展林下经济和沙产业等项目奠定了基础,带来了活力,成为职工脱贫致富的重要途径。各团场、连队根据实际情况积极发展林下养殖、林间种植,枣树、果园间作套种等,产品已占据周边市场。倡导并鼓励有一定生产能力的企业,从事林下经济建设工作,建设一批有市场潜力和经济效益的林下经济品牌产品。如八师121团军燕葡萄酒庄,是一家生产绿色食品的企业。酒庄实行一主多业的经营业态,在抓好主业的同时拉长产业链,利用林下开展林禽、林畜养殖,杨树与牧草复合种植,提高了林地土壤的肥力和水份,满足了杨树生长条件,又为牧草生长提供必要的环境,取得植培大径材和牧草种植双赢结果;十二师“桃园鸡”已成为团场的品牌;二师三十四团接种大芸0.1万亩,种植甘草0.5万亩,亩产值约为1200万元,取得良好的生态和经济效益。开展林下散养土鸡和奶牛的生态农业公司,土鸡和奶牛品质得到提升,林木生长的土壤肥力也得到了增强,养殖与育林一举两得,投资回报率达38.6%,打造了自己的特色品牌,提升了行业竞争力,增强了品牌带动效应。

【苗木花卉产业】 到2018年末,兵团实有育林面积5.7万亩,当年苗木产量4618.16万株。2018年花卉产业产值达0.734亿元,较上年增长448万元,增幅达8.64%。花卉盆栽植物产量88万盆,观赏苗木产量367.2万株,花卉市场4个,花卉企业3个,花卉从业人员339人。随着兵团城镇化建设的全面推进和职工生活水平的不断提高,兵团的花卉产业转型升级、提质增效的势头开始显现。

【木本油料产业】 截至2018年底,兵团木本油料实有面积18.52万亩,其中核桃18.26万亩、高产园面积9.3万亩,文冠果0.26万亩。木本油料结果面积为15.37万亩,结实量3.25万吨,产值6.15亿元,其中核桃结实面积15.14万亩、结实量3.24万吨、产值6.12亿元。以核桃为主的木本油料销售方式主要为中间商地头收购,少部分进入网上平台出售。加工方式一般为果农简单脱壳、清洗、晾晒粗加工。兵团范围内仅有“大漠绿岛”1个企业自有品牌。一师3团的核桃继2007年、2008年、2013年、2015年连续获金牌等荣誉后,2017年又获中国特色农产品优势区的荣誉称号。截至2018年底,兵团垦土的核桃种植户共计4120户,农工数约为9524人,主要参与核桃种植管理,从事核桃产业种植管理的农工人均年收入增长4000~5000元。

【主要工作举措】 ①注重向南发展，推进林果业提质增效。一是举办林果业提质增效培训班。加强林果业新技术、新模式、新经验示范、推广力度，以职工脱贫增收为主要任务，以提升产品品质和提高经济效益为主攻方向，通过系统培训稳步有序推动健全林果技术服务。二是抓实科研院校技术服务和支撑工作。组建林果提质增效专家技术服务团队数据库，选择兵团农垦科学院、石河子大学和塔里木大学专家，签订技术服务协议，将教学科研、基层培训指导双结合，把论文留在果园里，把成果留在职工家。三是加大新型经营主体扶持力度，发挥带动作用。新型经营主体培育速度加快，成立果蔬专业合作社 261 家，入社职工人数 8564 人。运用好中央财政林业贷款贴息补助资金，大力扶持新型经营主体，吸引更多的金融资本、社会资本投入林果业建设。四是积极培育扶持龙头企业，进一步加强林果产业体系建设。积极扶持当地龙头企业做大做强，提升了兵团经济的整体水平，促进了农产品加工业、流通服务业的发展，形成了一、二、三产业联动的可喜局面，进一步推动了工业化和城镇化的发展进程。②注重健全职能，提升服务意识。一是编制印发生产技术要点。为转变和健全“政”的职能，增强服务职工的意识和能力，组织专家制定全兵团林果业主栽品种的生产管理技术要点，重点针对育苗建园、水肥管理、整形修剪、花果管理、病虫害防治等生产管理技术，推广简约化栽培新技术、新模式、新品种，分季度印制宣传图册 5000 余份发放至职工。二是积极应对灾情。受大风和寒潮天气的影响，2018 年，林果业受灾涉及兵团 8 个师 30 个团，灾害发生后，及时调度上报灾情，指导各师根据灾害发生程度，分级指导，分类施策，促进受灾作物尽快恢复生长，将灾害损失降到最低。③注重政策研究，提升产业发展。深入推进林权制度改革，落实兵团党委推进团场综合配套改革总体部署，切实推进兵团国有果树地和农业生产设施用地确权承包工作，拟订人工林地、果园和农业大棚的确权承包指导意见，最大限度地调动职工发展林业产业的积极性，解放和发展生产力，促进林业产业持续健康发展。

（滕晓宁）

林产品主产地及产量

PRINCIPAL PRODUCTION COUNTIES AND OUTPUT OF FOREST PRODUCTS

表 1-1 原木主产地产量 (续表)

序号	原木主产地	产量（万立方米）
1	遵化市(冀)	1.91
2	丰润区(冀)	1.40
3	永清县(冀)	1.39
4	迁安市(冀)	1.23
5	丰南区(冀)	1.17
6	滦　县(冀)	0.91
7	滦平县(冀)	0.83
8	昌黎县(冀)	0.77
9	香河县(冀)	0.75
10	易　县(冀)	0.69
11	灵寿县(冀)	0.60
12	忻府区(晋)	0.63
13	阳曲县(晋)	0.61
14	沁　县(晋)	0.56
15	沁水县(晋)	0.52
16	屯留县(晋)	0.51
17	襄垣县(晋)	0.50
18	科尔沁左翼后旗(内蒙古)	11.00
19	阿鲁科尔沁旗(内蒙古)	9.56
20	敖汉旗(内蒙古)	7.64
21	巴林右旗(内蒙古)	5.01
22	巴林左旗(内蒙古)	4.57
23	扎鲁特旗(内蒙古)	4.44
24	翁牛特旗(内蒙古)	3.34
25	松山区(内蒙古)	2.80
26	乌兰浩特市(内蒙古)	2.00
27	奈曼旗(内蒙古)	1.66
28	宁城县(内蒙古)	1.45
29	元宝山区(内蒙古)	1.30
30	临河区(内蒙古)	1.20
31	乌拉特前旗(内蒙古)	1.20
32	林西县(内蒙古)	1.20
33	喀喇沁旗(内蒙古)	1.10
34	磴口县(内蒙古)	0.83
35	克什克腾旗(内蒙古)	0.80
36	多伦县(内蒙古)	0.73
37	开鲁县(内蒙古)	0.56
38	桓仁满族自治县(辽)	16.75
39	新宾满族自治县(辽)	9.50
40	本溪满族自治县(辽)	8.10
41	新民市(辽)	6.98
42	抚顺县(辽)	6.85
43	清原满族自治县(辽)	5.00
44	凌海市(辽)	3.24
45	凌源市(辽)	2.80
46	东洲区(辽)	2.70
47	建平县(辽)	2.15
48	朝阳县(辽)	2.10
49	西丰县(辽)	2.10
50	北镇市(辽)	2.09
51	辽中区(辽)	2.00
52	辽阳县(辽)	1.50
53	法库县(辽)	1.31
54	海城市(辽)	1.31
55	铁岭县(辽)	1.29
56	东港市(辽)	0.93
57	义　县(辽)	0.64
58	康平县(辽)	0.60
59	沈北新区(辽)	0.51
60	榆树市(吉)	9.50
61	德惠市(吉)	9.00
62	前郭尔罗斯蒙古族自治县(吉)	8.80
63	双辽市(吉)	6.57
64	东丰县(吉)	5.70
65	公主岭市(吉)	5.68
66	通化县(吉)	5.22
67	磐石市(吉)	3.00
68	辉南县(吉)	2.74
69	洮南市(吉)	2.54
70	永吉县(吉)	2.39
71	和龙市(吉)	2.37
72	大石头林业局(吉)	2.24
73	舒兰市(吉)	2.13
74	柳河县(吉)	2.01
75	和龙林业局(吉)	1.76
76	东辽县(吉)	1.60
77	敦化市(吉)	1.50
78	大兴沟林业局(吉)	1.42
79	延吉市(吉)	1.40
80	浑江区(吉)	1.21
81	农安县(吉)	1.20
82	图们市(吉)	1.07
83	集安市(吉)	1.04
84	江源区(吉)	0.95
85	上营森林经营局(吉)	0.84
86	伊通满族自治县(吉)	0.80
87	安图县(吉)	0.79
88	黄泥河林业局(吉)	0.74
89	龙井市(吉)	0.68
90	蛟河市(吉)	0.62
91	二道江区(吉)	0.61
92	昌邑区(吉)	0.57
93	白城市市辖区(吉)	0.54
94	八家子林业局(吉)	0.53
95	长白朝鲜族自治县(吉)	0.50
96	东昌区(吉)	0.50
97	望奎县(黑)	4.20
98	牡丹江市市本级(黑)	3.64
99	龙江县(黑)	3.36
100	肇东市(黑)	3.10
101	依兰县(黑)	2.78
102	汤原县(黑)	2.50
103	宝清县(黑)	2.37
104	孟家岗林场(黑)	2.24
105	克东县(黑)	1.87
106	七台河市市辖区(黑)	1.68
107	鸡东县(黑)	1.63
108	桦南县(黑)	1.60
109	虎林市(黑)	1.20
110	林甸县(黑)	1.16
111	杜尔伯特蒙古族自治县(黑)	1.06
112	富裕县(黑)	1.05
113	兰西县(黑)	1.00
114	肇州县(黑)	0.88
115	工农区(黑)	0.85
116	昂昂溪区(黑)	0.80
117	呼兰区(黑)	0.79
118	让胡路区(黑)	0.62
119	佳木斯市郊区(黑)	0.57
120	庆安国有林场管理局(黑)	0.55
121	鸡西市市辖区(黑)	0.52
122	拜泉县(黑)	0.50
123	泗洪县(苏)	5.55
124	东海县(苏)	5.23
125	赣榆区(苏)	3.66
126	沛　县(苏)	3.50
127	大丰区(苏)	2.90
128	金湖县(苏)	2.60
129	宿豫区(苏)	2.57
130	盱眙县(苏)	2.50
131	睢宁县(苏)	2.23
132	涟水县(苏)	2.20

（续表）

序号	原木主产地	产量（万立方米）
133	滨海县(苏)	2.19
134	沭阳县(苏)	2.00
135	灌南县(苏)	1.89
136	宿城区(苏)	1.87
137	高邮市(苏)	1.55
138	海州区(苏)	1.51
139	铜山区(苏)	1.49
140	阜宁县(苏)	1.37
141	建湖县(苏)	1.23
142	吴中区(苏)	1.20
143	贾汪区(苏)	1.09
144	江都区(苏)	0.80
145	宜兴市(苏)	0.68
146	兴化市(苏)	0.55
147	龙泉市(浙)	16.90
148	建德市(浙)	8.09
149	庆元县(浙)	7.98
150	开化县(浙)	7.67
151	江山市(浙)	6.02
152	武义县(浙)	3.77
153	松阳县(浙)	3.40
154	文成县(浙)	2.20
155	婺城区(浙)	2.18
156	安吉县(浙)	1.75
157	瑞安市(浙)	1.56
158	龙游县(浙)	1.50
159	云和县(浙)	1.45
160	越城区(浙)	1.41
161	磐安县(浙)	1.41
162	余杭区(浙)	1.28
163	常山县(浙)	1.00
164	兰溪市(浙)	0.64
165	永康市(浙)	0.56
166	潜山县(皖)	13.50
167	东至县(皖)	12.02
168	青阳县(皖)	11.40
169	祁门县(皖)	11.00
170	宣州区(皖)	9.43
171	旌德县(皖)	8.05
172	泾　县(皖)	7.70
173	五河县(皖)	7.50
174	颍上县(皖)	7.20
175	太和县(皖)	7.00
176	阜南县(皖)	6.90
177	太湖县(皖)	6.87
178	砀山县(皖)	6.76
179	定远县(皖)	6.22
180	明光市(皖)	5.77
181	南谯区(皖)	5.40
182	怀宁县(皖)	5.07
183	固镇县(皖)	5.00
184	黟　县(皖)	4.80
185	颍东区(皖)	4.00
186	颍州区(皖)	4.00
187	来安县(皖)	3.97
188	宿松县(皖)	3.79
189	颍泉区(皖)	3.50
190	界首市(皖)	3.20
191	绩溪县(皖)	3.20
192	广德县(皖)	3.00
193	濉溪县(皖)	2.96
194	全椒县(皖)	2.48
195	烈山区(皖)	2.11
196	桐城市(皖)	2.00
197	歙　县(皖)	1.96
198	宁国市(皖)	1.76
199	无为县(皖)	1.62
200	淮上区(皖)	1.60
201	岳西县(皖)	1.36
202	和　县(皖)	1.19
203	凤台县(皖)	1.15
204	凤阳县(皖)	1.02
205	郎溪县(皖)	0.69
206	杜集区(皖)	0.61
207	大观区(皖)	0.55
208	永丰县(赣)	18.10
209	崇义县(赣)	16.09
210	遂川县(赣)	14.10
211	安福县(赣)	12.80
212	新干县(赣)	10.19
213	永新县(赣)	10.08
214	信丰县(赣)	9.54
215	宜丰县(赣)	8.08
216	吉水县(赣)	7.85
217	泰和县(赣)	7.40
218	峡江县(赣)	6.20
219	万安县(赣)	5.22
220	吉安县(赣)	4.87
221	青原区(赣)	3.80
222	万载县(赣)	3.32
223	奉新县(赣)	3.29
224	全南县(赣)	2.59
225	铜鼓县(赣)	2.31
226	井冈山市(赣)	2.30
227	上犹县(赣)	2.26
228	靖安县(赣)	2.08
229	龙南县(赣)	1.91
230	安远县(赣)	1.89
231	资溪县(赣)	1.79
232	贵溪市(赣)	1.72
233	定南县(赣)	1.47
234	会昌县(赣)	1.31
235	永修县(赣)	1.28
236	临川区(赣)	1.19
237	黎川县(赣)	1.18
238	渝水区(赣)	1.11
239	都昌县(赣)	1.10
240	安义县(赣)	1.10
241	宜黄县(赣)	0.98
242	石城县(赣)	0.94
243	兴国县(赣)	0.92
244	乐安县(赣)	0.91
245	于都县(赣)	0.91
246	玉山县(赣)	0.71
247	宁都县(赣)	0.70
248	樟树市(赣)	0.53
249	金溪县(赣)	0.50
250	赣县区(赣)	0.50
251	平原县(鲁)	12.68
252	费　县(鲁)	12.14
253	莘　县(鲁)	10.43
254	齐河县(鲁)	10.00
255	高密市(鲁)	9.38
256	商河县(鲁)	8.20
257	长清区(鲁)	8.01
258	沂水县(鲁)	8.00
259	莒南县(鲁)	6.70
260	茌平县(鲁)	6.23
261	泗水县(鲁)	6.03
262	高唐县(鲁)	5.83
263	乐陵市(鲁)	5.00
264	成武县(鲁)	4.68

(续表)

序号	原木主产地	产量(万立方米)
265	平邑县(鲁)	4.60
266	沂南县(鲁)	4.53
267	冠　县(鲁)	4.23
268	兰陵县(鲁)	4.03
269	新泰市(鲁)	3.70
270	惠民县(鲁)	3.60
271	济阳区(鲁)	3.53
272	肥城市(鲁)	3.40
273	曲阜市(鲁)	3.20
274	罗庄区(鲁)	3.17
275	临清市(鲁)	3.16
276	高青县(鲁)	3.10
277	临邑县(鲁)	2.96
278	邹平县(鲁)	2.84
279	夏津县(鲁)	2.66
280	广饶县(鲁)	2.48
281	汶上县(鲁)	2.44
282	嘉祥县(鲁)	2.34
283	淄川区(鲁)	2.34
284	微山县(鲁)	2.00
285	江北水城旅游度假区(鲁)	1.79
286	武城县(鲁)	1.76
287	周村区(鲁)	1.70
288	平阴县(鲁)	1.44
289	博兴县(鲁)	1.41
290	德城区(鲁)	1.40
291	寿光市(鲁)	1.35
292	莱芜区(鲁)	1.26
293	陵城区(鲁)	1.20
294	青州市(鲁)	1.15
295	鱼台县(鲁)	1.14
296	垦利区(鲁)	1.13
297	岱岳区(鲁)	1.02
298	台儿庄区(鲁)	0.84
299	历城区(鲁)	0.82
300	寒亭区(鲁)	0.77
301	牟平区(鲁)	0.71
302	任城区(鲁)	0.69
303	博山区(鲁)	0.65
304	天桥区(鲁)	0.61
305	钢城区(鲁)	0.50
306	永城市(豫)	8.40
307	固始县(豫)	6.20
308	原阳县(豫)	5.10

(续表)

序号	原木主产地	产量(万立方米)
309	内黄县(豫)	4.90
310	栾川县(豫)	4.80
311	陕州区(豫)	4.14
312	柘城县(豫)	4.06
313	洛宁县(豫)	4.04
314	长垣县(豫)	3.66
315	鹿邑县(豫)	3.60
316	民权县(豫)	3.50
317	嵩　县(豫)	3.50
318	邓州市(豫)	3.30
319	灵宝市(豫)	3.30
320	辉县市(豫)	3.20
321	延津县(豫)	3.20
322	商城县(豫)	3.10
323	睢阳区(豫)	3.00
324	西峡县(豫)	2.80
325	禹州市(豫)	2.70
326	新蔡县(豫)	2.65
327	泌阳县(豫)	2.56
328	光山县(豫)	2.40
329	潢川县(豫)	2.35
330	上蔡县(豫)	2.20
331	临颍县(豫)	2.18
332	宁陵县(豫)	2.15
333	夏邑县(豫)	2.08
334	尉氏县(豫)	2.05
335	封丘县(豫)	2.03
336	太康县(豫)	2.00
337	建安区(豫)	1.94
338	博爱县(豫)	1.80
339	确山县(豫)	1.80
340	通许县(豫)	1.71
341	获嘉县(豫)	1.70
342	沁阳市(豫)	1.69
343	修武县(豫)	1.67
344	罗山县(豫)	1.66
345	郾城区(豫)	1.56
346	汝南县(豫)	1.55
347	南召县(豫)	1.55
348	浚　县(豫)	1.46
349	汝阳县(豫)	1.45
350	遂平县(豫)	1.39
351	西平县(豫)	1.39
352	宜阳县(豫)	1.34

(续表)

序号	原木主产地	产量(万立方米)
353	正阳县(豫)	1.33
354	孟州市(豫)	1.30
355	郏　县(豫)	1.26
356	武陟县(豫)	1.26
357	林州市(豫)	1.24
358	长葛市(豫)	1.20
359	项城市(豫)	1.20
360	新野县(豫)	1.20
361	兰考县(豫)	1.10
362	浉河区(豫)	1.09
363	社旗县(豫)	1.00
364	汤阴县(豫)	0.96
365	鲁山县(豫)	0.92
366	新安县(豫)	0.89
367	方城县(豫)	0.86
368	卫辉市(豫)	0.85
369	温　县(豫)	0.82
370	梁园区(豫)	0.81
371	安阳县(豫)	0.80
372	唐河县(豫)	0.78
373	淇　县(豫)	0.71
374	召陵区(豫)	0.70
375	平桥区(豫)	0.70
376	舞钢市(豫)	0.70
377	龙亭区(豫)	0.68
378	鄢陵县(豫)	0.63
379	渑池县(豫)	0.61
380	宛城区(豫)	0.60
381	淮阳县(豫)	0.57
382	襄城县(豫)	0.57
383	叶　县(豫)	0.50
384	石首市(鄂)	10.17
385	洪湖市(鄂)	10.00
386	潜江市(鄂)	7.80
387	崇阳县(鄂)	7.36
388	仙桃市(鄂)	7.25
389	京山县(鄂)	6.73
390	公安县(鄂)	6.50
391	江夏区(鄂)	6.29
392	钟祥市(鄂)	5.86
393	松滋市(鄂)	5.79
394	浠水县(鄂)	5.00
395	汉川市(鄂)	4.12
396	东宝区(鄂)	4.00

（续表）

序号	原木主产地	产量（万立方米）
397	谷城县(鄂)	3.67
398	荆州区(鄂)	3.55
399	沙洋县(鄂)	3.50
400	南漳县(鄂)	3.40
401	嘉鱼县(鄂)	3.30
402	房　县(鄂)	3.25
403	咸安区(鄂)	3.19
404	随　县(鄂)	2.99
405	曾都区(鄂)	2.87
406	应城市(鄂)	2.80
407	枝江市(鄂)	2.40
408	天门市(鄂)	1.90
409	枣阳市(鄂)	1.80
410	恩施市(鄂)	1.67
411	兴山县(鄂)	1.66
412	阳新县(鄂)	1.60
413	蔡甸区(鄂)	1.42
414	鹤峰县(鄂)	1.24
415	英山县(鄂)	1.10
416	老河口市(鄂)	1.10
417	宜城市(鄂)	1.10
418	建始县(鄂)	1.06
419	巴东县(鄂)	1.02
420	咸丰县(鄂)	1.00
421	竹山县(鄂)	1.00
422	孝南区(鄂)	0.96
423	麻城市(鄂)	0.87
424	蕲春县(鄂)	0.81
425	黄州区(鄂)	0.77
426	樊城区(鄂)	0.75
427	新洲区(鄂)	0.75
428	黄梅县(鄂)	0.74
429	保康县(鄂)	0.73
430	襄州区(鄂)	0.71
431	大悟县(鄂)	0.70
432	安陆市(鄂)	0.70
433	襄城区(鄂)	0.62
434	通山县(鄂)	0.61
435	湖北省太子山林场(鄂)	0.60
436	来凤县(鄂)	0.52
437	张湾区(鄂)	0.51
438	屈家岭管理区(鄂)	0.50
439	攸　县(湘)	10.33
440	江华瑶族自治县(湘)	8.45

（续表）

序号	原木主产地	产量（万立方米）
441	靖州苗族侗族自治县(湘)	7.44
442	鼎城区(湘)	7.10
443	洞口县(湘)	7.06
444	绥宁县(湘)	6.90
445	溆浦县(湘)	6.85
446	会同县(湘)	5.61
447	安化县(湘)	5.44
448	蓝山县(湘)	4.85
449	城步苗族自治县(湘)	4.57
450	通道侗族自治县(湘)	4.57
451	资兴市(湘)	3.95
452	桂东县(湘)	3.90
453	汝城县(湘)	3.70
454	金洞林场(湘)	3.60
455	宁乡市(湘)	3.51
456	澧　县(湘)	2.99
457	炎陵县(湘)	2.91
458	新宁县(湘)	2.80
459	芷江侗族自治县(湘)	2.80
460	益阳市市辖区(湘)	2.50
461	宜章县(湘)	2.35
462	桃源县(湘)	2.30
463	衡阳县(湘)	2.30
464	永兴县(湘)	2.26
465	汨罗市(湘)	2.26
466	隆回县(湘)	2.21
467	江永县(湘)	2.02
468	新晃侗族自治县(湘)	2.00
469	新化县(湘)	1.92
470	桂阳县(湘)	1.81
471	中方县(湘)	1.80
472	沅陵县(湘)	1.80
473	嘉禾县(湘)	1.70
474	辰溪县(湘)	1.63
475	道　县(湘)	1.62
476	常宁市(湘)	1.48
477	宁远县(湘)	1.47
478	苏仙区(湘)	1.41
479	新田县(湘)	1.40
480	武冈市(湘)	1.28
481	衡东县(湘)	1.20
482	衡南县(湘)	1.12
483	慈利县(湘)	1.12
484	湘潭市市辖区(湘)	1.11

（续表）

序号	原木主产地	产量（万立方米）
485	鹤城区(湘)	1.10
486	南　县(湘)	1.10
487	茶陵县(湘)	1.05
488	临武县(湘)	1.04
489	桑植县(湘)	1.00
490	安仁县(湘)	1.00
491	北湖区(湘)	1.00
492	零陵区(湘)	0.88
493	耒阳市(湘)	0.80
494	东安县(湘)	0.81
495	洪江市(湘)	0.79
496	祁东县(湘)	0.70
497	湘潭县(湘)	0.69
498	衡山县(湘)	0.67
499	冷水滩区(湘)	0.52
500	株洲县(湘)	0.52
501	岳阳市市辖区(湘)	0.50
502	高要区(粤)	25.25
503	紫金县(粤)	25.00
504	封开县(粤)	24.11
505	英德市(粤)	23.30
506	广宁县(粤)	21.46
507	台山市(粤)	21.27
508	鹤山市(粤)	20.81
509	开平市(粤)	17.40
510	德庆县(粤)	15.80
511	博罗县(粤)	14.55
512	恩平市(粤)	13.20
513	佛冈县(粤)	12.14
514	新会区(粤)	11.87
515	增城区(粤)	11.44
516	肇庆市林业总场(粤)	11.31
517	罗定市(粤)	10.75
518	新丰县(粤)	10.70
519	从化区(粤)	10.60
520	四会市(粤)	10.59
521	龙门县(粤)	10.35
522	曲江区(粤)	10.35
523	信宜市(粤)	10.31
524	五华县(粤)	9.80
525	龙川县(粤)	8.96
526	廉江市(粤)	8.27
527	化州市(粤)	7.72
528	郁南县(粤)	7.58

(续表)

序号	原木主产地	产量（万立方米）
529	和平县(粤)	7.50
530	大埔县(粤)	7.40
531	云安区(粤)	7.11
532	阳山县(粤)	6.56
533	乳源瑶族自治县(粤)	6.50
534	阳东区(粤)	6.33
535	高州市(粤)	6.31
536	连山壮族瑶族自治县(粤)	6.23
537	云城区(粤)	5.78
538	惠城区(粤)	5.50
539	新兴县(粤)	5.45
540	兴宁市(粤)	5.38
541	连州市(粤)	5.14
542	仁化县(粤)	4.92
543	韶关市属总林场(粤)	4.59
544	连南瑶族自治县(粤)	4.30
545	茂名市属总林场(粤)	4.03
546	清新区(粤)	2.56
547	龙埔林场(粤)	2.54
548	平远县(粤)	2.48
549	蓬江区(粤)	2.38
550	南雄市(粤)	2.27
551	蕉岭县(粤)	2.00
552	电白区(粤)	2.00
553	普宁市(粤)	1.97
554	潮安区(粤)	1.82
555	鼎湖区(粤)	1.61
556	梅江区(粤)	1.61
557	源城区(粤)	1.22
558	连平县(粤)	1.05
559	黄埔区(粤)	0.99
560	坡头区(粤)	0.90
561	大云雾林场(粤)	0.90
562	飞马林场(粤)	0.67
563	同乐林场(粤)	0.62
564	花都区(粤)	0.56
565	藤　县(桂)	94.05
566	博白县(桂)	76.55
567	田林县(桂)	68.98
568	武鸣区(桂)	68.40
569	上思县(桂)	68.16
570	灵山县(桂)	65.10
571	武宣县(桂)	63.15
572	平果县(桂)	60.13

(续表)

序号	原木主产地	产量（万立方米）
573	钦南区(桂)	52.93
574	苍梧县(桂)	52.80
575	北流市(桂)	52.75
576	八步区(桂)	52.59
577	右江区(桂)	47.48
578	融安县(桂)	44.30
579	浦北县(桂)	42.67
580	陆川县(桂)	41.00
581	柳江区(桂)	40.60
582	田东县(桂)	39.75
583	钦北区(桂)	36.17
584	西林县(桂)	34.05
585	马山县(桂)	30.73
586	南丹县(桂)	29.19
587	田阳县(桂)	27.16
588	天峨县(桂)	26.23
589	大桂山林场(桂)	25.20
590	三江侗族自治县(桂)	21.37
591	金秀瑶族自治县(桂)	19.50
592	隆林各族自治县(桂)	18.50
593	巴马瑶族自治县(桂)	18.00
594	维都林场(桂)	13.33
595	那坡县(桂)	12.81
596	凌云县(桂)	11.15
597	三门江林场(桂)	10.85
598	防城区(桂)	9.60
599	乐业县(桂)	9.14
600	派阳山林场(桂)	8.97
601	恭城瑶族自治县(桂)	8.80
602	柳北区(桂)	8.65
603	龙胜各族自治县(桂)	8.53
604	鹿寨县(桂)	8.48
605	凭祥市(桂)	8.29
606	荔浦县(桂)	7.72
607	德保县(桂)	7.45
608	全州县(桂)	7.01
609	平乐县(桂)	6.80
610	七坡林场(桂)	6.14
611	中国林科院热林中心(桂)	4.30
612	灵川县(桂)	3.80
613	东门林场(桂)	3.50
614	东兴市(桂)	2.70
615	玉州区(桂)	1.86
616	蒙山县(桂)	1.39

(续表)

序号	原木主产地	产量（万立方米）
617	港口区(桂)	0.73
618	儋州市(琼)	13.50
619	澄迈县(琼)	9.05
620	文昌市(琼)	6.69
621	万宁市(琼)	2.53
622	秀英区(琼)	1.95
623	洪雅县(川)	18.32
624	沐川县(川)	11.98
625	夹江县(川)	10.50
626	雨城区(川)	8.70
627	峨眉山市(川)	7.73
628	珙　县(川)	5.69
629	剑阁县(川)	5.37
630	宜宾县(川)	5.14
631	安州区(川)	5.00
632	东坡区(川)	4.83
633	平武县(川)	4.70
634	峨边彝族自治县(川)	4.69
635	北川羌族自治县(川)	4.38
636	沙湾区(川)	4.30
637	犍为县(川)	4.20
638	叙永县(川)	4.05
639	荣　县(川)	4.03
640	平昌县(川)	4.00
641	芦山县(川)	3.89
642	古蔺县(川)	3.70
643	乐山市市中区(川)	3.69
644	屏山县(川)	3.67
645	宝兴县(川)	3.23
646	丹棱县(川)	2.96
647	昭化区(川)	2.90
648	五通桥区(川)	2.81
649	开江县(川)	2.80
650	威远县(川)	2.78
651	马边彝族自治县(川)	2.62
652	宣汉县(川)	2.52
653	名山区(川)	2.00
654	筠连县(川)	1.96
655	彭州市(川)	1.92
656	泸　县(川)	1.88
657	青神县(川)	1.77
658	南江县(川)	1.76
659	什邡市(川)	1.73
660	天全县(川)	1.69

（续表）

序号	原木主产地	产量（万立方米）
661	南溪区(川)	1.69
662	井研县(川)	1.66
663	苍溪县(川)	1.53
664	江油市(川)	1.50
665	高　县(川)	1.45
666	巴州区(川)	1.44
667	邛崃市(川)	1.40
668	恩阳区(川)	1.37
669	通江县(川)	1.35
670	朝天区(川)	1.32
671	梓潼县(川)	1.20
672	崇州市(川)	1.15
673	仁寿县(川)	1.10
674	青川县(川)	1.06
675	绵竹市(川)	1.06
676	大竹县(川)	1.00
677	兴文县(川)	0.85
678	阆中市(川)	0.85
679	射洪县(川)	0.80
680	华蓥市(川)	0.72
681	江安县(川)	0.72
682	雁江区(川)	0.71
683	利州区(川)	0.71
684	合江县(川)	0.71
685	会理县(川)	0.69
686	双流区(川)	0.66
687	翠屏区(川)	0.65
688	简阳市(川)	0.64
689	达川区(川)	0.60
690	布拖县(川)	0.55
691	米易县(川)	0.55
692	大英县(川)	0.52
693	游仙区(川)	0.50
694	仁和区(川)	0.50
695	榕江县(黔)	35.10
696	黎平县(黔)	25.56
697	从江县(黔)	20.69
698	锦屏县(黔)	13.13
699	剑河县(黔)	8.50
700	三都水族自治县(黔)	7.50
701	天柱县(黔)	5.71
702	三穗县(黔)	4.95
703	荔波县(黔)	3.83
704	兴义市(黔)	2.75

（续表）

序号	原木主产地	产量（万立方米）
705	独山县(黔)	2.40
706	普安县(黔)	2.27
707	凤冈县(黔)	2.14
708	凯里市(黔)	1.95
709	赤水市(黔)	1.90
710	大方县(黔)	1.89
711	碧江区(黔)	1.67
712	余庆县(黔)	1.56
713	桐梓县(黔)	1.53
714	岑巩县(黔)	1.41
715	红花岗区(黔)	1.08
716	正安县(黔)	1.05
717	雷山县(黔)	1.03
718	湄潭县(黔)	0.98
719	道真仡佬族苗族自治县(黔)	0.95
720	仁怀市(黔)	0.92
721	遵义市市辖区(黔)	0.82
722	罗甸县(黔)	0.76
723	玉屏侗族自治县(黔)	0.65
724	镇远县(黔)	0.59
725	松桃苗族自治县(黔)	0.55
726	水城县(黔)	0.53
727	腾冲市(滇)	56.02
728	景洪市(滇)	26.02
729	隆阳区(滇)	23.45
730	富宁县(滇)	16.18
731	陆良县(滇)	15.08
732	广南县(滇)	12.17
733	麻栗坡县(滇)	11.18
734	马关县(滇)	10.76
735	芒　市(滇)	8.00
736	景东彝族自治县(滇)	7.95
737	罗平县(滇)	7.76
738	师宗县(滇)	7.30
739	石屏县(滇)	6.72
740	盈江县(滇)	6.49
741	弥勒市(滇)	6.34
742	云　县(滇)	5.58
743	瑞丽市(滇)	5.36
744	陇川县(滇)	4.48
745	梁河县(滇)	4.29
746	勐海县(滇)	4.00
747	西畴县(滇)	3.92
748	双柏县(滇)	3.74

（续表）

序号	原木主产地	产量（万立方米）
749	新平彝族傣族自治县(滇)	3.51
750	龙陵县(滇)	3.20
751	武定县(滇)	3.00
752	砚山县(滇)	2.99
753	牟定县(滇)	2.87
754	文山市(滇)	2.70
755	施甸县(滇)	2.50
756	宜良县(滇)	2.44
757	沧源佤族自治县(滇)	2.42
758	盐津县(滇)	2.19
759	双江拉祜族佤族布朗族傣族自治县(滇)	2.00
760	丘北县(滇)	1.72
761	镇雄县(滇)	1.71
762	楚雄市(滇)	1.67
763	建水县(滇)	1.57
764	镇康县(滇)	1.40
765	永胜县(滇)	1.31
766	个旧市(滇)	1.13
767	昌宁县(滇)	1.13
768	香格里拉市(滇)	1.08
769	富源县(滇)	1.00
770	绥江县(滇)	1.00
771	威信县(滇)	0.84
772	水富县(滇)	0.83
773	易门县(滇)	0.82
774	永善县(滇)	0.74
775	大关县(滇)	0.72
776	祥云县(滇)	0.62
777	宣威市(滇)	0.60
778	镇巴县(陕)	2.36
779	紫阳县(陕)	2.03
780	城固县(陕)	1.60
781	洛南县(陕)	0.59
782	岚皋县(陕)	0.54
783	高台县(甘)	0.59
784	阿克苏市(新)	1.80
785	泽普县(新)	1.60
786	玛纳斯县(新)	1.60
787	额敏县(新)	1.58
788	奇台县(新)	0.92
789	博乐市(新)	0.91
790	焉耆回族自治县(新)	0.91
791	沙湾县(新)	0.86

(续表)

序号	原木主产地	产量 (万立方米)
792	博湖县(新)	0.76
793	喀什市(新)	0.72
794	乌什县(新)	0.65
795	和硕县(新)	0.59
796	精河县(新)	0.58
797	新和县(新)	0.58
798	塔城市(新)	0.52
799	吉林森工人造板集团有限公司(吉林森工)	7.00
800	三岔子林业局(吉林森工)	4.06
801	临江林业局(吉林森工)	3.49
802	松江河林业有限公司(吉林森工)	3.20
803	红石林业局(吉林森工)	0.93
804	露水河林业局(吉林森工)	0.80
805	白石山林业局(吉林森工)	0.57
806	泉阳林业局(吉林森工)	0.50

表 1-2 锯材主产地产量

序号	锯材主产地	产量 (万立方米)
1	临漳县(冀)	67.98
2	魏　县(冀)	5.17
3	永年区(冀)	3.72
4	沙河市(冀)	2.80
5	藁城区(冀)	2.60
6	围场满族蒙古族自治县(冀)	2.00
7	正定县(冀)	1.30
8	任　县(冀)	1.20
9	丰南区(冀)	1.17
10	灵石县(晋)	1.10
11	奈曼旗(内蒙古)	1.16
12	巴林左旗(内蒙古)	1.10
13	巴林右旗(内蒙古)	0.80
14	锡林浩特市(内蒙古)	0.80
15	喀喇沁旗(内蒙古)	0.79
16	乌拉特前旗(内蒙古)	0.70
17	多伦县(内蒙古)	0.55
18	桓仁满族自治县(辽)	55.05
19	本溪满族自治县(辽)	22.00
20	新宾满族自治县(辽)	11.55
21	清原满族自治县(辽)	10.00
22	东洲区(辽)	8.00
23	振安区(辽)	5.00

(续表)

序号	锯材主产地	产量 (万立方米)
24	金普新区(辽)	4.11
25	新民市(辽)	3.29
26	东港市(辽)	2.50
27	凌源市(辽)	1.60
28	建平县(辽)	1.57
29	辽中区(辽)	1.20
30	海城市(辽)	1.10
31	辽阳县(辽)	0.90
32	义　县(辽)	0.64
33	盖州市(辽)	0.60
34	抚顺县(辽)	0.56
35	二道区(吉)	13.00
36	榆树市(吉)	8.00
37	辉南县(吉)	7.50
38	通化县(吉)	6.59
39	农安县(吉)	6.16
40	四平市铁东区(吉)	3.00
41	公主岭市(吉)	2.48
42	舒兰市(吉)	1.50
43	上营森林经营局(吉)	1.35
44	和龙市(吉)	1.18
45	蛟河市(吉)	0.96
46	浑江区(吉)	0.91
47	丰满区(吉)	0.75
48	抚松县(吉)	0.55
49	同江市(黑)	7.00
50	七台河市市辖区(黑)	4.52
51	呼兰区(黑)	2.30
52	肇东市(黑)	2.30
53	富裕县(黑)	2.22
54	孟家岗林场(黑)	1.19
55	爱辉区(黑)	1.00
56	集贤县(黑)	0.80
57	拜泉县(黑)	0.70
58	肇州县(黑)	0.63
59	让胡路区(黑)	0.62
60	林甸县(黑)	0.62
61	昂昂溪区(黑)	0.60
62	汤原县(黑)	0.60
63	丰　县(苏)	62.10
64	京口区(苏)	44.00
65	沭阳县(苏)	29.50
66	涟水县(苏)	18.00
67	泗洪县(苏)	8.59

(续表)

序号	锯材主产地	产量 (万立方米)
68	沛　县(苏)	6.50
69	灌云县(苏)	4.10
70	洪泽区(苏)	3.50
71	常熟市(苏)	2.50
72	滨海县(苏)	2.50
73	睢宁县(苏)	2.10
74	大丰区(苏)	2.03
75	阜宁县(苏)	1.85
76	金湖县(苏)	1.80
77	铜山区(苏)	1.78
78	泗阳县(苏)	1.73
79	盐都区(苏)	1.66
80	盱眙县(苏)	1.50
81	建湖县(苏)	1.37
82	仪征市(苏)	1.30
83	镇江市市辖区(苏)	1.10
84	宝应县(苏)	1.00
85	淮安区(苏)	0.90
86	淮阴区(苏)	0.75
87	通州区(苏)	0.55
88	江山市(浙)	109.34
89	龙泉市(浙)	15.40
90	建德市(浙)	5.76
91	婺城区(浙)	4.86
92	武义县(浙)	3.62
93	长兴县(浙)	3.10
94	松阳县(浙)	2.80
95	宁海县(浙)	2.25
96	桐庐县(浙)	1.95
97	浦江县(浙)	1.85
98	庆元县(浙)	1.74
99	云和县(浙)	1.45
100	余杭区(浙)	1.40
101	永康市(浙)	1.19
102	柯城区(浙)	1.17
103	天台县(浙)	1.10
104	磐安县(浙)	1.00
105	兰溪市(浙)	0.93
106	上虞区(浙)	0.79
107	瑞安市(浙)	0.73
108	宣州区(皖)	87.00
109	东至县(皖)	36.73
110	天长市(皖)	13.23
111	南谯区(皖)	11.90

（续表）

序号	锯材主产地	产量（万立方米）
112	青阳县(皖)	10.75
113	全椒县(皖)	10.00
114	阜南县(皖)	9.60
115	祁门县(皖)	8.90
116	颍州区(皖)	7.80
117	怀宁县(皖)	6.98
118	太和县(皖)	6.60
119	潜山县(皖)	6.50
120	黟　县(皖)	3.90
121	定远县(皖)	3.12
122	休宁县(皖)	3.00
123	明光市(皖)	2.90
124	太湖县(皖)	2.73
125	无为县(皖)	2.73
126	泾　县(皖)	2.65
127	界首市(皖)	2.50
128	宿松县(皖)	1.95
129	旌德县(皖)	1.63
130	郎溪县(皖)	1.50
131	和　县(皖)	1.15
132	岳西县(皖)	1.08
133	固镇县(皖)	1.00
134	桐城市(皖)	1.00
135	琅琊区(皖)	0.79
136	绩溪县(皖)	0.70
137	遂川县(赣)	8.50
138	新干县(赣)	7.29
139	信丰县(赣)	3.20
140	武宁县(赣)	3.00
141	泰和县(赣)	2.30
142	南昌县(赣)	2.06
143	峡江县(赣)	2.02
144	安义县(赣)	2.00
145	安福县(赣)	1.85
146	玉山县(赣)	1.83
147	渝水区(赣)	1.80
148	濂溪区(赣)	1.58
149	永新县(赣)	1.56
150	兴国县(赣)	1.50
151	宜丰县(赣)	1.20
152	余江县(赣)	1.20
153	吉州区(赣)	1.15
154	全南县(赣)	0.98
155	临川区(赣)	0.95

（续表）

序号	锯材主产地	产量（万立方米）
156	定南县(赣)	0.60
157	崇义县(赣)	0.60
158	安源区(赣)	0.58
159	宜黄县(赣)	0.58
160	萍乡市经济开发区(赣)	0.54
161	曹　县(鲁)	227.60
162	郯城县(鲁)	80.00
163	成武县(鲁)	62.37
164	梁山县(鲁)	28.95
165	诸城市(鲁)	25.50
166	章丘区(鲁)	22.40
167	寿光市(鲁)	14.01
168	长清区(鲁)	8.01
169	东平县(鲁)	7.26
170	嘉祥县(鲁)	6.88
171	沂源县(鲁)	5.00
172	临沭县(鲁)	4.23
173	高密市(鲁)	3.60
174	惠民县(鲁)	3.57
175	济阳区(鲁)	3.00
176	邹平县(鲁)	2.84
177	新泰市(鲁)	2.70
178	临邑县(鲁)	2.57
179	淄川区(鲁)	2.34
180	台儿庄区(鲁)	2.31
181	巨野县(鲁)	2.12
182	临清市(鲁)	2.00
183	历城区(鲁)	1.98
184	夏津县(鲁)	1.90
185	平阴县(鲁)	1.70
186	鱼台县(鲁)	1.67
187	昌乐县(鲁)	1.60
188	肥城市(鲁)	1.40
189	泰安市高新区(鲁)	1.38
190	桓台县(鲁)	1.30
191	安丘市(鲁)	1.17
192	莘　县(鲁)	1.12
193	沂南县(鲁)	1.10
194	五莲县(鲁)	1.10
195	潍坊市峡山区(鲁)	1.02
196	武城县(鲁)	0.93
197	乐陵市(鲁)	0.85
198	高青县(鲁)	0.82
199	汶上县(鲁)	0.81

（续表）

序号	锯材主产地	产量（万立方米）
200	宁津县(鲁)	0.80
201	邹城市(鲁)	0.68
202	兰陵县(鲁)	0.67
203	莒南县(鲁)	0.67
204	青州市(鲁)	0.60
205	潍城区(鲁)	0.56
206	临颍县(豫)	15.23
207	西华县(豫)	12.00
208	梁园区(豫)	9.24
209	睢阳区(豫)	7.00
210	川汇区(豫)	5.80
211	内黄县(豫)	5.62
212	汝阳县(豫)	5.25
213	镇平县(豫)	4.99
214	淮阳县(豫)	4.30
215	商水县(豫)	4.20
216	台前县(豫)	4.10
217	睢　县(豫)	3.92
218	太康县(豫)	3.90
219	祥符区(豫)	3.60
220	内乡县(豫)	3.50
221	郸城县(豫)	3.40
222	郾城区(豫)	3.16
223	固始县(豫)	3.10
224	嵩　县(豫)	3.00
225	虞城县(豫)	3.00
226	卫辉市(豫)	2.68
227	商城县(豫)	2.60
228	偃师市(豫)	2.57
229	淮滨县(豫)	2.50
230	桐柏县(豫)	2.35
231	新安县(豫)	2.28
232	卢氏县(豫)	2.24
233	源汇区(豫)	2.10
234	民权县(豫)	2.10
235	安阳县(豫)	2.00
236	宁陵县(豫)	1.98
237	新密市(豫)	1.90
238	长葛市(豫)	1.80
239	辉县市(豫)	1.80
240	获嘉县(豫)	1.60
241	尉氏县(豫)	1.58
242	社旗县(豫)	1.20
243	灵宝市(豫)	1.20

(续表)

序号	锯材主产地	产量(万立方米)
244	西平县(豫)	1.15
245	西峡县(豫)	1.15
246	息　县(豫)	1.01
247	舞阳县(豫)	1.00
248	新蔡县(豫)	0.98
249	泌阳县(豫)	0.97
250	鲁山县(豫)	0.95
251	叶　县(豫)	0.90
252	确山县(豫)	0.90
253	温　县(豫)	0.80
254	建安区(豫)	0.77
255	方城县(豫)	0.76
256	新野县(豫)	0.72
257	淇　县(豫)	0.71
258	原阳县(豫)	0.60
259	荥阳市(豫)	0.57
260	潢川县(豫)	0.57
261	宝丰县(豫)	0.55
262	孟津县(豫)	0.54
263	监利县(鄂)	23.00
264	石首市(鄂)	15.50
265	嘉鱼县(鄂)	7.69
266	伍家岗区(鄂)	7.65
267	松滋市(鄂)	7.35
268	谷城县(鄂)	5.74
269	公安县(鄂)	4.60
270	钟祥市(鄂)	3.60
271	孝南区(鄂)	3.00
272	潜江市(鄂)	2.00
273	崇阳县(鄂)	1.85
274	曾都区(鄂)	1.65
275	当阳市(鄂)	1.63
276	枝江市(鄂)	1.60
277	沙洋县(鄂)	1.60
278	沙市区(鄂)	1.48
279	蔡甸区(鄂)	1.42
280	老河口市(鄂)	1.10
281	蕲春县(鄂)	1.10
282	枣阳市(鄂)	0.85
283	东宝区(鄂)	0.80
284	襄城区(鄂)	0.72
285	宣恩县(鄂)	0.66
286	咸丰县(鄂)	0.61
287	巴东县(鄂)	0.58

(续表)

序号	锯材主产地	产量(万立方米)
288	建始县(鄂)	0.57
289	樊城区(鄂)	0.54
290	张湾区(鄂)	0.51
291	道　县(湘)	41.80
292	资阳区(湘)	13.15
293	江华瑶族自治县(湘)	11.10
294	汉寿县(湘)	9.50
295	赫山区(湘)	8.00
296	常德市市辖区(湘)	7.80
297	武冈市(湘)	6.84
298	鼎城区(湘)	6.70
299	靖州苗族侗族自治县(湘)	6.31
300	洞口县(湘)	5.80
301	北塔区(湘)	5.09
302	双牌县(湘)	4.10
303	衡山县(湘)	3.88
304	溆浦县(湘)	3.80
305	双峰县(湘)	3.60
306	安化县(湘)	3.58
307	金洞林场(湘)	3.50
308	中方县(湘)	3.20
309	会同县(湘)	3.20
310	永兴县(湘)	3.18
311	蓝山县(湘)	3.15
312	麻阳苗族自治县(湘)	2.50
313	安仁县(湘)	2.50
314	君山区(湘)	2.20
315	绥宁县(湘)	2.10
316	新宁县(湘)	2.10
317	澧　县(湘)	2.09
318	湘阴县(湘)	2.00
319	平江县(湘)	1.96
320	武陵区(湘)	1.91
321	祁东县(湘)	1.80
322	珠晖区(湘)	1.60
323	炎陵县(湘)	1.60
324	衡东县(湘)	1.60
325	芷江侗族自治县(湘)	1.57
326	安乡县(湘)	1.40
327	资兴市(湘)	1.38
328	衡南县(湘)	1.30
329	益阳市市辖区(湘)	1.30
330	通道侗族自治县(湘)	1.29
331	石峰区(湘)	1.12

(续表)

序号	锯材主产地	产量(万立方米)
332	嘉禾县(湘)	1.00
333	城步苗族自治县(湘)	1.00
334	辰溪县(湘)	0.97
335	江永县(湘)	0.95
336	湘潭县(湘)	0.95
337	汝城县(湘)	0.93
338	东安县(湘)	0.82
339	桃源县(湘)	0.80
340	新晃侗族自治县(湘)	0.80
341	新化县(湘)	0.75
342	宁远县(湘)	0.72
343	新田县(湘)	0.70
344	隆回县(湘)	0.65
345	沅陵县(湘)	0.60
346	洪江区(湘)	0.58
347	洪江市(湘)	0.54
348	桂阳县(湘)	0.51
349	高要区(粤)	16.84
350	龙门县(粤)	9.11
351	四会市(粤)	7.41
352	云安区(粤)	7.11
353	恩平市(粤)	7.10
354	蓬江区(粤)	6.39
355	新会区(粤)	5.94
356	阳东区(粤)	5.06
357	化州市(粤)	5.04
358	和平县(粤)	4.13
359	连山壮族瑶族自治县(粤)	4.00
360	连平县(粤)	3.55
361	惠城区(粤)	3.40
362	清新区(粤)	3.26
363	仁化县(粤)	3.10
364	博罗县(粤)	3.00
365	罗定市(粤)	2.90
366	龙川县(粤)	2.71
367	东源县(粤)	2.40
368	梅江区(粤)	1.35
369	大埔县(粤)	1.30
370	曲江区(粤)	1.15
371	鼎湖区(粤)	0.97
372	新丰县(粤)	0.87
373	潮安区(粤)	0.81
374	电白区(粤)	0.80
375	乳源瑶族自治县(粤)	0.60

（续表）

序号	锯材主产地	产量（万立方米）
376	雷州市(粤)	0.59
377	平远县(粤)	0.56
378	扶绥县(桂)	296.00
379	兴宾区(桂)	64.00
380	北流市(桂)	52.75
381	田林县(桂)	39.41
382	柳北区(桂)	30.00
383	苍梧县(桂)	29.20
384	八步区(桂)	28.80
385	玉州区(桂)	25.86
386	钦南区(桂)	25.00
387	龙胜各族自治县(桂)	21.73
388	平果县(桂)	18.23
389	西林县(桂)	16.60
390	藤　县(桂)	16.47
391	天峨县(桂)	13.77
392	田东县(桂)	12.56
393	防城区(桂)	11.98
394	那坡县(桂)	8.78
395	灵川县(桂)	7.85
396	灵山县(桂)	7.80
397	全州县(桂)	7.52
398	右江区(桂)	7.24
399	隆林各族自治县(桂)	7.14
400	凌云县(桂)	6.16
401	乐业县(桂)	5.14
402	陆川县(桂)	5.00
403	柳江区(桂)	4.60
404	平乐县(桂)	4.18
405	田阳县(桂)	3.77
406	钦北区(桂)	3.60
407	荔浦县(桂)	3.57
408	武宣县(桂)	3.30
409	博白县(桂)	2.80
410	三江侗族自治县(桂)	2.77
411	恭城瑶族自治县(桂)	2.60
412	金秀瑶族自治县(桂)	2.54
413	港口区(桂)	1.04
414	融安县(桂)	1.00
415	德保县(桂)	1.00
416	蒙山县(桂)	0.90
417	鹿寨县(桂)	0.86
418	巴马瑶族自治县(桂)	0.74
419	凭祥市(桂)	0.63

（续表）

序号	锯材主产地	产量（万立方米）
420	屯昌县(琼)	9.92
421	儋州市(琼)	6.20
422	文昌市(琼)	6.10
423	白沙黎族自治县(琼)	4.15
424	琼中黎族苗族自治县(琼)	2.64
425	澄迈县(琼)	1.85
426	秀英区(琼)	1.17
427	珙　县(川)	28.00
428	仪陇县(川)	18.00
429	大安区(川)	12.60
430	雨城区(川)	9.14
431	洪雅县(川)	9.00
432	乐山市市中区(川)	5.58
433	郫都区(川)	5.49
434	金牛区(川)	4.20
435	犍为县(川)	4.20
436	北川羌族自治县(川)	3.90
437	翠屏区(川)	3.88
438	威远县(川)	3.50
439	江油市(川)	3.20
440	邛崃市(川)	2.72
441	泸　县(川)	2.60
442	青白江区(川)	2.57
443	叙永县(川)	2.48
444	邻水县(川)	2.31
445	彭州市(川)	2.30
446	梓潼县(川)	2.10
447	宝兴县(川)	2.10
448	安州区(川)	2.00
449	盐亭县(川)	1.93
450	射洪县(川)	1.90
451	崇州市(川)	1.87
452	马边彝族自治县(川)	1.76
453	双流区(川)	1.74
454	仁寿县(川)	1.70
455	利州区(川)	1.45
456	筠连县(川)	1.35
457	旺苍县(川)	1.30
458	沙湾区(川)	1.20
459	雁江区(川)	1.15
460	丹棱县(川)	1.14
461	彭山区(川)	1.13
462	中江县(川)	1.10
463	平武县(川)	1.00

（续表）

序号	锯材主产地	产量（万立方米）
464	蓬溪县(川)	0.96
465	宣汉县(川)	0.95
466	蒲江县(川)	0.86
467	井研县(川)	0.75
468	广安区(川)	0.73
469	兴文县(川)	0.71
470	华蓥市(川)	0.71
471	天全县(川)	0.67
472	甘孜藏族自治州林业工程处(川)	0.63
473	通川区(川)	0.62
474	万源市(川)	0.61
475	达川区(川)	0.60
476	都江堰市(川)	0.60
477	五通桥区(川)	0.57
478	苍溪县(川)	0.52
479	从江县(黔)	9.90
480	黎平县(黔)	6.78
481	三都水族自治县(黔)	6.30
482	兴义市(黔)	6.00
483	绥阳县(黔)	6.00
484	仁怀市(黔)	5.13
485	剑河县(黔)	3.20
486	凯里市(黔)	2.87
487	大方县(黔)	2.80
488	普安县(黔)	2.10
489	锦屏县(黔)	1.79
490	独山县(黔)	1.50
491	碧江区(黔)	1.06
492	汇川区(黔)	1.05
493	湄潭县(黔)	0.98
494	桐梓县(黔)	0.93
495	余庆县(黔)	0.79
496	遵义市市辖区(黔)	0.65
497	凤冈县(黔)	0.65
498	正安县(黔)	0.62
499	道真仡佬族苗族自治县(黔)	0.61
500	腾冲市(滇)	33.61
501	双柏县(滇)	22.06
502	建水县(滇)	9.88
503	师宗县(滇)	7.30
504	龙陵县(滇)	4.80
505	西畴县(滇)	4.66
506	盈江县(滇)	3.33

(续表)

序号	锯材主产地	产量(万立方米)
507	芒　市(滇)	3.23
508	罗平县(滇)	2.78
509	富宁县(滇)	2.77
510	麻栗坡县(滇)	2.06
511	广南县(滇)	1.87
512	陇川县(滇)	1.70
513	南华县(滇)	1.60
514	沧源佤族自治县(滇)	1.57
515	陆良县(滇)	1.36
516	瑞丽市(滇)	1.29
517	耿马傣族佤族自治县(滇)	1.21
518	宾川县(滇)	0.99
519	隆阳区(滇)	0.96
520	楚雄市(滇)	0.89
521	兰坪白族普米族自治县(滇)	0.82
522	个旧市(滇)	0.80
523	镇康县(滇)	0.80
524	梁河县(滇)	0.77
525	马关县(滇)	0.71
526	泸水市(滇)	0.65
527	贡山独龙族怒族自治县(滇)	0.64
528	文山市(滇)	0.57
529	威信县(滇)	0.56
530	汉滨区(陕)	2.00
531	甘州区(甘)	0.80
532	玛纳斯县(新)	1.60
533	泽普县(新)	0.74
534	博湖县(新)	0.53
535	精河县(新)	0.53

表 1-3　木片主产地产量

序号	木片主产地	产量(万实积立方米)
1	曲阳县(冀)	1.60
2	围场满族蒙古族自治县(冀)	1.00
3	藁城区(冀)	0.99
4	灵石县(晋)	3.24
5	东港市(辽)	22.50
6	振安区(辽)	2.80
7	新宾满族自治县(辽)	2.40
8	清原满族自治县(辽)	2.00
9	本溪满族自治县(辽)	2.00
10	辽中区(辽)	1.60
11	海城市(辽)	1.05
12	抚顺县(辽)	0.95
13	二道区(吉)	1.25
14	安图县(吉)	1.03
15	牡丹江市市本级(黑)	10.71
16	龙江县(黑)	3.36
17	肇东市(黑)	1.60
18	拜泉县(黑)	0.80
19	泗阳县(苏)	65.85
20	泗洪县(苏)	59.33
21	新沂市(苏)	5.08
22	沛　县(苏)	3.30
23	金湖县(苏)	3.15
24	宜兴市(苏)	2.21
25	滨海县(苏)	2.00
26	灌云县(苏)	1.20
27	洪泽区(苏)	1.20
28	睢宁县(苏)	0.78
29	江山市(浙)	7.87
30	余杭区(浙)	2.45
31	长兴县(浙)	1.22
32	婺城区(浙)	0.70
33	浦江县(浙)	0.60
34	太和县(皖)	26.00
35	东至县(皖)	21.76
36	阜南县(皖)	9.80
37	潜山县(皖)	5.90
38	怀远县(皖)	5.80
39	泾　县(皖)	4.75
40	濉溪县(皖)	4.64
41	无为县(皖)	4.10
42	宿松县(皖)	3.62
43	定远县(皖)	2.50
44	青阳县(皖)	2.13
45	太湖县(皖)	2.11
46	旌德县(皖)	1.35
47	桐城市(皖)	1.10
48	固镇县(皖)	1.00
49	遂川县(赣)	8.00
50	安福县(赣)	6.26
51	月湖区(赣)	3.00
52	贵溪市(赣)	2.50
53	永新县(赣)	1.89
54	安源区(赣)	1.67
55	峡江县(赣)	1.00
56	吉安县(赣)	0.80
57	石城县(赣)	0.68
58	曹　县(鲁)	315.34
59	沂南县(鲁)	98.79
60	郯城县(鲁)	65.00
61	宁津县(鲁)	60.00
62	莘　县(鲁)	48.60
63	兰陵县(鲁)	39.88
64	河东区(鲁)	30.00
65	嘉祥县(鲁)	16.79
66	寿光市(鲁)	15.95
67	莒　县(鲁)	13.40
68	惠民县(鲁)	10.90
69	东平县(鲁)	10.24
70	齐河县(鲁)	9.80
71	新泰市(鲁)	9.08
72	宁阳县(鲁)	9.00
73	成武县(鲁)	7.30
74	巨野县(鲁)	7.05
75	梁山县(鲁)	6.59
76	商河县(鲁)	5.60
77	肥城市(鲁)	4.10
78	泰安市高新区(鲁)	4.02
79	济阳区(鲁)	4.00
80	诸城市(鲁)	3.99
81	峄城区(鲁)	3.12
82	莒南县(鲁)	2.80
83	章丘区(鲁)	2.70
84	陵城区(鲁)	2.40
85	泗水县(鲁)	2.04
86	临清市(鲁)	1.90
87	鱼台县(鲁)	1.70
88	邹平县(鲁)	1.60
89	临沭县(鲁)	1.60
90	临邑县(鲁)	1.57
91	高唐县(鲁)	1.50
92	安丘市(鲁)	1.03
93	沂源县(鲁)	0.90
94	乐陵市(鲁)	0.82
95	汶上县(鲁)	0.81
96	昌乐县(鲁)	0.80
97	邹城市(鲁)	0.66
98	淄川区(鲁)	0.57
99	博兴县(鲁)	0.52

（续表）

序号	木片主产地	产量(万实积立方米)
100	范　县(豫)	90.00
101	商水县(豫)	34.60
102	临颍县(豫)	33.75
103	固始县(豫)	17.30
104	武陟县(豫)	12.00
105	梁园区(豫)	11.03
106	西华县(豫)	11.00
107	洛宁县(豫)	10.20
108	濮阳县(豫)	8.10
109	淮阳县(豫)	6.40
110	南乐县(豫)	6.00
111	台前县(豫)	6.00
112	镇平县(豫)	5.07
113	长垣县(豫)	4.03
114	内黄县(豫)	3.80
115	淅川县(豫)	3.00
116	社旗县(豫)	3.00
117	太康县(豫)	3.00
118	建安区(豫)	2.95
119	郸城县(豫)	2.60
120	息　县(豫)	2.50
121	获嘉县(豫)	2.20
122	永城市(豫)	1.50
123	新郑市(豫)	1.50
124	鹿邑县(豫)	1.40
125	内乡县(豫)	1.20
126	西平县(豫)	1.15
127	虞城县(豫)	1.10
128	灵宝市(豫)	1.09
129	郾城区(豫)	1.03
130	通许县(豫)	0.93
131	尉氏县(豫)	0.90
132	民权县(豫)	0.86
133	栾川县(豫)	0.85
134	汝阳县(豫)	0.84
135	潢川县(豫)	0.83
136	淇　县(豫)	0.77
137	光山县(豫)	0.68
138	沈丘县(豫)	0.65
139	博爱县(豫)	0.55
140	松滋市(鄂)	20.42
141	监利县(鄂)	20.00
142	潜江市(鄂)	9.30
143	天门市(鄂)	7.60

（续表）

序号	木片主产地	产量(万实积立方米)
144	枣阳市(鄂)	2.80
145	仙桃市(鄂)	2.68
146	东宝区(鄂)	2.50
147	沙洋县(鄂)	2.20
148	谷城县(鄂)	2.15
149	老河口市(鄂)	2.00
150	西陵区(鄂)	2.00
151	钟祥市(鄂)	2.00
152	武穴市(鄂)	1.69
153	嘉鱼县(鄂)	1.28
154	新洲区(鄂)	0.60
155	麻城市(鄂)	0.56
156	襄城区(鄂)	0.53
157	沅江市(湘)	5.60
158	汉寿县(湘)	3.10
159	衡山县(湘)	2.91
160	东安县(湘)	2.85
161	湘阴县(湘)	2.30
162	双峰县(湘)	2.10
163	汨罗市(湘)	1.92
164	君山区(湘)	1.70
165	祁东县(湘)	1.60
166	益阳市市辖区(湘)	1.50
167	澧　县(湘)	1.37
168	岳阳县(湘)	1.00
169	珠晖区(湘)	0.90
170	武冈市(湘)	0.83
171	赫山区(湘)	0.70
172	靖州苗族侗族自治县(湘)	0.69
173	新宁县(湘)	0.60
174	沅陵县(湘)	0.51
175	雷州市(粤)	11.14
176	英德市(粤)	8.21
177	龙门县(粤)	6.38
178	恩平市(粤)	5.60
179	化州市(粤)	5.22
180	博罗县(粤)	5.00
181	乳源瑶族自治县(粤)	5.00
182	高要区(粤)	4.21
183	惠城区(粤)	2.30
184	新丰县(粤)	2.12
185	东源县(粤)	1.80
186	广宁县(粤)	1.41
187	高州市(粤)	1.32

（续表）

序号	木片主产地	产量(万实积立方米)
188	曲江区(粤)	1.13
189	仁化县(粤)	0.72
190	武鸣区(桂)	136.00
191	柳江区(桂)	122.60
192	博白县(桂)	31.80
193	兴宾区(桂)	20.00
194	苍梧县(桂)	15.80
195	田林县(桂)	14.40
196	防城区(桂)	12.06
197	全州县(桂)	10.84
198	钦南区(桂)	6.30
199	陆川县(桂)	6.00
200	八步区(桂)	5.33
201	钦北区(桂)	5.32
202	鱼峰区(桂)	4.98
203	灵山县(桂)	3.90
204	武宣县(桂)	3.50
205	鹿寨县(桂)	2.30
206	北流市(桂)	2.04
207	柳北区(桂)	2.00
208	灵川县(桂)	1.62
209	隆林各族自治县(桂)	1.50
210	右江区(桂)	1.50
211	西林县(桂)	1.43
212	田东县(桂)	1.10
213	荔浦县(桂)	1.06
214	港口区(桂)	1.04
215	儋州市(琼)	1.20
216	白沙黎族自治县(琼)	1.03
217	澄迈县(琼)	0.88
218	夹江县(川)	15.00
219	仪陇县(川)	15.00
220	郫都区(川)	6.62
221	屏山县(川)	3.30
222	彭山区(川)	3.28
223	乐山市市中区(川)	2.83
224	渠　县(川)	2.57
225	筠连县(川)	1.99
226	盐亭县(川)	1.90
227	蓬溪县(川)	1.50
228	安州区(川)	1.50
229	邻水县(川)	1.35
230	什邡市(川)	1.32
231	江油市(川)	1.30

(续表)

序号	木片主产地	产量(万实积立方米)
232	富顺县(川)	1.20
233	大邑县(川)	1.00
234	平武县(川)	1.00
235	蒲江县(川)	0.95
236	南溪区(川)	0.80
237	长宁县(川)	0.65
238	中江县(川)	0.60
239	兴义市(黔)	6.50
240	独山县(黔)	1.05
241	陆良县(滇)	5.74
242	双柏县(滇)	4.20
243	马关县(滇)	3.79
244	红塔区(滇)	3.07
245	建水县(滇)	2.02
246	沧源佤族自治县(滇)	1.52
247	砚山县(滇)	1.45
248	景洪市(滇)	0.92
249	牟定县(滇)	0.84
250	石屏县(滇)	0.65
251	罗平县(滇)	0.65
252	威信县(滇)	0.56
253	城固县(陕)	0.76
254	扶风县(陕)	0.57

表 2-1　胶合板主产地产量

序号	胶合板主产地	产量(万立方米)
1	霸州市(冀)	27.55
2	北戴河新区(冀)	8.00
3	正定县(冀)	6.30
4	灵寿县(冀)	4.06
5	青龙满族自治县(冀)	3.46
6	邢台市高新技术开发区(冀)	2.78
7	涿州市(冀)	0.60
8	任　县(冀)	0.55
9	元宝山区(内蒙古)	18.00
10	巴林右旗(内蒙古)	2.86
11	二连浩特市(内蒙古)	2.19
12	松山区(内蒙古)	1.17
13	红山区(内蒙古)	1.13
14	临河区(内蒙古)	0.84
15	杭锦后旗(内蒙古)	0.62
16	五原县(内蒙古)	0.56
17	新民市(辽)	8.92

(续表)

序号	胶合板主产地	产量(万立方米)
18	建平县(辽)	3.20
19	金普新区(辽)	2.15
20	龙城区(辽)	1.40
21	喀喇沁左翼蒙古族自治县(辽)	1.00
22	延吉市(吉)	5.80
23	德惠市(吉)	5.00
24	农安县(吉)	3.42
25	长岭县(吉)	2.75
26	安图县(吉)	2.58
27	二道区(吉)	2.00
28	公主岭市(吉)	1.68
29	西安区(吉)	1.14
30	四平市铁东区(吉)	1.00
31	白城市市辖区(吉)	0.60
32	牡丹江市市本级(黑)	12.94
33	拜泉县(黑)	3.20
34	肇州县(黑)	1.15
35	沭阳县(苏)	1060.00
36	邳州市(苏)	1052.50
37	泗阳县(苏)	545.90
38	相城区(苏)	274.05
39	丰　县(苏)	195.00
40	连云港市市辖区(苏)	147.45
41	灌南县(苏)	98.32
42	太仓市(苏)	75.00
43	铜山区(苏)	60.00
44	东海县(苏)	52.17
45	赣榆区(苏)	38.09
46	东台市(苏)	34.80
47	泗洪县(苏)	31.20
48	盱眙县(苏)	30.00
49	昆山市(苏)	27.30
50	涟水县(苏)	22.60
51	张家港市(苏)	21.00
52	洪泽区(苏)	20.00
53	新沂市(苏)	13.84
54	镇江市市辖区(苏)	10.10
55	宿豫区(苏)	6.94
56	江都区(苏)	6.79
57	睢宁县(苏)	6.55
58	海州区(苏)	5.86
59	宿城区(苏)	5.59
60	沛　县(苏)	5.20
61	启东市(苏)	3.20

(续表)

序号	胶合板主产地	产量(万立方米)
62	如东县(苏)	3.18
63	金湖县(苏)	3.00
64	淮安区(苏)	2.40
65	仪征市(苏)	2.11
66	宝应县(苏)	2.00
67	姜堰区(苏)	1.99
68	建湖县(苏)	1.59
69	宜兴市(苏)	1.21
70	高邮市(苏)	1.20
71	灌云县(苏)	1.20
72	阜宁县(苏)	1.02
73	响水县(苏)	0.92
74	常熟市(苏)	0.67
75	靖江市(苏)	0.60
76	通州区(苏)	0.58
77	大丰区(苏)	0.57
78	淮阴区(苏)	0.55
79	高港区(苏)	0.54
80	安吉县(浙)	36.50
81	龙泉市(浙)	21.30
82	建德市(浙)	8.84
83	江山市(浙)	7.76
84	吴兴区(浙)	7.60
85	庆元县(浙)	6.52
86	嵊州市(浙)	5.99
87	宁海县(浙)	3.79
88	龙游县(浙)	2.70
89	长兴县(浙)	2.64
90	桐庐县(浙)	2.35
91	文成县(浙)	2.30
92	常山县(浙)	2.17
93	上虞区(浙)	1.80
94	衢江区(浙)	1.25
95	柯城区(浙)	0.60
96	永康市(浙)	0.58
97	砀山县(皖)	137.85
98	广德县(皖)	53.30
99	天长市(皖)	47.63
100	宣州区(皖)	42.50
101	宁国市(皖)	16.54
102	怀宁县(皖)	14.30
103	太和县(皖)	12.90
104	青阳县(皖)	8.90
105	颍上县(皖)	7.29

（续表）

序号	胶合板主产地	产量（万立方米）
106	潜山县(皖)	5.70
107	宿松县(皖)	4.85
108	琅琊区(皖)	4.40
109	宜秀区(皖)	4.22
110	定远县(皖)	4.00
111	博望区(皖)	3.85
112	黟　县(皖)	3.18
113	利辛县(皖)	3.05
114	含山县(皖)	3.00
115	界首市(皖)	2.70
116	颍泉区(皖)	2.43
117	临泉县(皖)	2.40
118	颍州区(皖)	2.36
119	屯溪区(皖)	2.20
120	东至县(皖)	2.00
121	禹会区(皖)	1.85
122	郎溪县(皖)	1.60
123	当涂县(皖)	1.59
124	全椒县(皖)	1.55
125	烈山区(皖)	1.48
126	泾　县(皖)	1.40
127	明光市(皖)	1.30
128	和　县(皖)	1.15
129	五河县(皖)	1.00
130	太湖县(皖)	0.91
131	岳西县(皖)	0.80
132	大观区(皖)	0.63
133	绩溪县(皖)	0.59
134	南昌市市辖区(赣)	21.58
135	万载县(赣)	18.21
136	宜丰县(赣)	11.05
137	定南县(赣)	7.94
138	武宁县(赣)	7.88
139	安福县(赣)	5.81
140	峡江县(赣)	5.75
141	遂川县(赣)	5.00
142	新干县(赣)	4.75
143	东乡区(赣)	2.96
144	永丰县(赣)	2.60
145	万安县(赣)	2.30
146	泰和县(赣)	2.00
147	湘东区(赣)	2.00
148	贵溪市(赣)	1.60
149	余江县(赣)	1.58
150	南城县(赣)	1.35
151	南昌县(赣)	1.03
152	石城县(赣)	0.93
153	宜黄县(赣)	0.65
154	吉州区(赣)	0.63
155	曹　县(鲁)	1184.50
156	费　县(鲁)	501.60
157	沂水县(鲁)	310.00
158	高唐县(鲁)	174.00
159	巨野县(鲁)	106.23
160	寿光市(鲁)	98.17
161	金乡县(鲁)	90.00
162	嘉祥县(鲁)	73.26
163	高密市(鲁)	40.00
164	成武县(鲁)	36.45
165	昌乐县(鲁)	35.00
166	茌平县(鲁)	33.54
167	莘　县(鲁)	32.40
168	兰陵县(鲁)	29.96
169	惠民县(鲁)	29.90
170	东阿县(鲁)	29.10
171	平邑县(鲁)	28.20
172	微山县(鲁)	24.00
173	东平县(鲁)	23.67
174	罗庄区(鲁)	20.00
175	梁山县(鲁)	19.55
176	齐河县(鲁)	19.19
177	台儿庄区(鲁)	17.51
178	安丘市(鲁)	17.08
179	新泰市(鲁)	16.59
180	阳信县(鲁)	15.74
181	郯城县(鲁)	12.00
182	商河县(鲁)	11.80
183	曲阜市(鲁)	11.50
184	河东区(鲁)	8.10
185	潍城区(鲁)	8.10
186	汶上县(鲁)	6.15
187	诸城市(鲁)	5.76
188	莒南县(鲁)	5.50
189	泗水县(鲁)	5.38
190	宁阳县(鲁)	5.10
191	泰安市高新区(鲁)	5.00
192	莒　县(鲁)	4.51
193	陵城区(鲁)	4.50
194	邹平县(鲁)	4.25
195	肥城市(鲁)	4.00
196	青州市(鲁)	2.65
197	临邑县(鲁)	2.57
198	邹城市(鲁)	2.38
199	博兴县(鲁)	1.67
200	沂南县(鲁)	1.42
201	夏津县(鲁)	1.15
202	峄城区(鲁)	1.03
203	鱼台县(鲁)	1.02
204	高青县(鲁)	0.90
205	泰山区(鲁)	0.78
206	桓台县(鲁)	0.70
207	历城区(鲁)	0.67
208	五莲县(鲁)	0.65
209	宁津县(鲁)	0.60
210	沂源县(鲁)	0.60
211	长葛市(豫)	130.00
212	柘城县(豫)	55.61
213	兰考县(豫)	40.25
214	临颍县(豫)	30.13
215	梁园区(豫)	27.00
216	永城市(豫)	25.02
217	邓州市(豫)	16.00
218	鄢陵县(豫)	15.78
219	夏邑县(豫)	15.00
220	上蔡县(豫)	14.13
221	内乡县(豫)	13.00
222	固始县(豫)	12.30
223	建安区(豫)	11.00
224	宁陵县(豫)	10.96
225	尉氏县(豫)	10.50
226	禹州市(豫)	10.30
227	范　县(豫)	10.00
228	正阳县(豫)	9.80
229	祥符区(豫)	9.50
230	息　县(豫)	6.70
231	伊川县(豫)	6.50
232	镇平县(豫)	6.33
233	新蔡县(豫)	5.82
234	原阳县(豫)	5.35
235	郾城区(豫)	5.21
236	睢阳区(豫)	5.00
237	郸城县(豫)	4.60

(续表)

序号	胶合板主产地	产量(万立方米)
238	宛城区(豫)	4.50
239	太康县(豫)	4.20
240	延津县(豫)	3.90
241	获嘉县(豫)	3.87
242	罗山县(豫)	3.86
243	淮滨县(豫)	3.50
244	武陟县(豫)	3.50
245	内黄县(豫)	3.30
246	汝阳县(豫)	3.22
247	嵩　县(豫)	3.20
248	项城市(豫)	3.20
249	商水县(豫)	3.13
250	登封市(豫)	2.95
251	民权县(豫)	2.60
252	平舆县(豫)	2.58
253	淇　县(豫)	2.14
254	舞阳县(豫)	2.00
255	洛宁县(豫)	1.89
256	博爱县(豫)	1.60
257	新野县(豫)	1.60
258	西平县(豫)	1.44
259	偃师市(豫)	1.19
260	川汇区(豫)	1.16
261	泌阳县(豫)	1.15
262	叶　县(豫)	1.10
263	汝南县(豫)	1.05
264	确山县(豫)	1.00
265	遂平县(豫)	0.96
266	辉县市(豫)	0.85
267	孟津县(豫)	0.85
268	台前县(豫)	0.81
269	卫辉市(豫)	0.78
270	召陵区(豫)	0.58
271	修武县(豫)	0.52
272	东西湖区(鄂)	45.20
273	老河口市(鄂)	45.00
274	监利县(鄂)	36.50
275	松滋市(鄂)	19.35
276	新洲区(鄂)	15.00
277	宜城市(鄂)	14.30
278	京山县(鄂)	12.20
279	石首市(鄂)	11.72
280	嘉鱼县(鄂)	10.46
281	潜江市(鄂)	10.00
282	谷城县(鄂)	6.95
283	襄州区(鄂)	6.27
284	仙桃市(鄂)	6.20
285	曾都区(鄂)	5.63
286	随　县(鄂)	5.30
287	伍家岗区(鄂)	4.20
288	洪湖市(鄂)	3.80
289	咸安区(鄂)	3.16
290	通山县(鄂)	3.06
291	崇阳县(鄂)	3.00
292	夷陵区(鄂)	3.00
293	孝南区(鄂)	2.58
294	枣阳市(鄂)	2.50
295	公安县(鄂)	2.20
296	黄梅县(鄂)	2.05
297	远安县(鄂)	1.90
298	沙洋县(鄂)	1.00
299	樊城区(鄂)	0.73
300	张湾区(鄂)	0.72
301	襄城区(鄂)	0.58
302	炎陵县(湘)	58.13
303	宁乡市(湘)	15.00
304	湘阴县(湘)	15.00
305	衡山县(湘)	13.83
306	汉寿县(湘)	13.80
307	新田县(湘)	13.68
308	鹤城区(湘)	12.00
309	芦淞区(湘)	9.10
310	双峰县(湘)	8.80
311	常德市市辖区(湘)	7.90
312	常宁市(湘)	6.13
313	鼎城区(湘)	6.10
314	沅江市(湘)	5.80
315	祁东县(湘)	5.30
316	东安县(湘)	5.06
317	汝城县(湘)	4.00
318	武冈市(湘)	3.87
319	株洲县(湘)	3.80
320	桃江县(湘)	3.60
321	沅陵县(湘)	3.50
322	珠晖区(湘)	3.40
323	石峰区(湘)	3.32
324	醴陵市(湘)	2.75
325	湘潭市市辖区(湘)	2.70
326	洞口县(湘)	2.56
327	桃源县(湘)	2.20
328	赫山区(湘)	2.00
329	益阳市市辖区(湘)	2.00
330	湘潭县(湘)	2.00
331	荷塘区(湘)	1.81
332	大祥区(湘)	1.80
333	绥宁县(湘)	1.50
334	衡东县(湘)	1.50
335	澧　县(湘)	1.40
336	岳阳县(湘)	1.00
337	娄星区(湘)	0.90
338	慈利县(湘)	0.87
339	冷水江市(湘)	0.80
340	麻阳苗族自治县(湘)	0.80
341	茶陵县(湘)	0.75
342	石鼓区(湘)	0.72
343	岳阳楼区(湘)	0.69
344	洪江区(湘)	0.61
345	新晃侗族自治县(湘)	0.60
346	雨湖区(湘)	0.56
347	廉江市(粤)	35.00
348	开平市(粤)	30.00
349	东源县(粤)	26.40
350	高明区(粤)	24.75
351	德庆县(粤)	22.00
352	高州市(粤)	15.03
353	南海区(粤)	14.52
354	信宜市(粤)	7.00
355	南沙区(粤)	6.80
356	惠城区(粤)	5.40
357	蕉岭县(粤)	4.99
358	郁南县(粤)	4.22
359	仁化县(粤)	3.91
360	增城区(粤)	2.62
361	化州市(粤)	2.26
362	乳源瑶族自治县(粤)	2.00
363	平远县(粤)	1.86
364	清城区(粤)	1.84
365	新会区(粤)	1.70
366	清新区(粤)	1.30
367	连平县(粤)	1.00
368	源城区(粤)	0.85
369	高要区(粤)	0.71

（续表）

序号	胶合板主产地	产量（万立方米）
370	四会市(粤)	0.55
371	英德市(粤)	0.53
372	三水区(粤)	0.53
373	扶绥县(桂)	179.00
374	武鸣区(桂)	125.00
375	柳北区(桂)	86.98
376	柳江区(桂)	71.76
377	藤　县(桂)	68.12
378	浦北县(桂)	52.00
379	武宣县(桂)	46.45
380	右江区(桂)	35.86
381	灵山县(桂)	35.00
382	凭祥市(桂)	30.98
383	兴宾区(桂)	30.00
384	玉州区(桂)	29.35
385	北流市(桂)	24.13
386	陆川县(桂)	24.00
387	博白县(桂)	23.99
388	上思县(桂)	23.13
389	苍梧县(桂)	20.30
390	田林县(桂)	19.83
391	钦南区(桂)	19.48
392	防城区(桂)	18.05
393	平果县(桂)	16.88
394	全州县(桂)	15.92
395	荔浦县(桂)	15.29
396	金秀瑶族自治县(桂)	15.00
397	钦北区(桂)	14.50
398	西林县(桂)	13.86
399	平乐县(桂)	12.12
400	恭城瑶族自治县(桂)	12.00
401	龙胜各族自治县(桂)	11.65
402	灵川县(桂)	11.22
403	八步区(桂)	8.28
404	鹿寨县(桂)	7.69
405	港口区(桂)	7.00
406	田东县(桂)	6.60
407	六万林场(桂)	6.50
408	隆林各族自治县(桂)	6.37
409	青秀区(桂)	6.11
410	田阳县(桂)	5.42
411	鱼峰区(桂)	5.03
412	南丹县(桂)	4.05
413	凌云县(桂)	4.03

（续表）

序号	胶合板主产地	产量（万立方米）
414	马山县(桂)	3.80
415	东兴市(桂)	3.00
416	巴马瑶族自治县(桂)	2.96
417	大桂山林场(桂)	2.67
418	蒙山县(桂)	2.50
419	雅长林场(桂)	1.60
420	融安县(桂)	1.00
421	七坡林场(桂)	0.61
422	屯昌县(琼)	9.21
423	澄迈县(琼)	0.65
424	丹棱县(川)	15.56
425	井研县(川)	12.50
426	洪雅县(川)	10.00
427	利州区(川)	8.93
428	宜宾县(川)	8.30
429	前锋区(川)	8.00
430	万源市(川)	6.58
431	宣汉县(川)	6.26
432	雨城区(川)	6.10
433	华蓥市(川)	6.00
434	高坪区(川)	6.00
435	富顺县(川)	5.20
436	长宁县(川)	5.00
437	夹江县(川)	5.00
438	乐山市市中区(川)	4.60
439	渠　县(川)	4.00
440	蓬安县(川)	4.00
441	广汉市(川)	3.55
442	郫都区(川)	3.51
443	平武县(川)	3.20
444	旺苍县(川)	3.00
445	高　县(川)	2.75
446	东坡区(川)	2.50
447	江油市(川)	2.38
448	荣　县(川)	2.30
449	绵竹市(川)	1.76
450	通川区(川)	1.50
451	自流井区(川)	1.10
452	沙湾区(川)	1.05
453	剑阁县(川)	1.05
454	名山区(川)	1.05
455	旌阳区(川)	1.00
456	江安县(川)	0.85
457	隆昌县(川)	0.81

（续表）

序号	胶合板主产地	产量（万立方米）
458	安州区(川)	0.80
459	翠屏区(川)	0.70
460	会东县(川)	0.55
461	罗江区(川)	0.55
462	赤水市(黔)	11.34
463	兴义市(黔)	6.00
464	汇川区(黔)	3.00
465	三穗县(黔)	2.50
466	绥阳县(黔)	2.00
467	凯里市(黔)	1.80
468	凤冈县(黔)	0.70
469	玉屏侗族自治县(黔)	0.65
470	余庆县(黔)	0.61
471	南华县(滇)	27.44
472	广南县(滇)	22.55
473	昌宁县(滇)	17.12
474	双柏县(滇)	12.78
475	大姚县(滇)	4.65
476	马关县(滇)	3.79
477	云　县(滇)	3.30
478	景洪市(滇)	3.26
479	富宁县(滇)	3.25
480	石林彝族自治县(滇)	3.10
481	隆阳区(滇)	2.64
482	寻甸回族彝族自治县(滇)	2.50
483	楚雄市(滇)	2.50
484	麒麟区(滇)	2.00
485	西畴县(滇)	1.88
486	芒　市(滇)	1.72
487	砚山县(滇)	0.75
488	禄丰县(滇)	0.75
489	大理市(滇)	0.61
490	陆良县(滇)	0.60
491	文山市(滇)	0.55
492	扶风县(陕)	4.94
493	城固县(陕)	0.66
494	白河县(陕)	0.55

表 2-2　纤维板主产地产量

序号	纤维板主产地	产量（万立方米）
1	藁城区(冀)	121.05
2	易　县(冀)	29.00
3	唐　县(冀)	21.14

(续表)

序号	纤维板主产地	产量(万立方米)
4	邱　县(冀)	17.94
5	正定县(冀)	15.00
6	涿州市(冀)	0.51
7	台安县(辽)	24.00
8	辽中区(辽)	10.00
9	桓仁满族自治县(辽)	5.23
10	新宾满族自治县(辽)	4.33
11	德惠市(吉)	1.00
12	方正县(黑)	2.00
13	沭阳县(苏)	226.00
14	丹阳市(苏)	162.05
15	邳州市(苏)	53.00
16	灌南县(苏)	46.53
17	新沂市(苏)	35.35
18	张家港市(苏)	22.50
19	泗洪县(苏)	20.80
20	泗阳县(苏)	20.57
21	洪泽区(苏)	20.00
22	高邮市(苏)	18.60
23	滨海县(苏)	16.80
24	宿城区(苏)	16.50
25	赣榆区(苏)	15.00
26	淮阴区(苏)	12.60
27	东海县(苏)	12.50
28	宝应县(苏)	12.00
29	溧阳市(苏)	8.00
30	睢宁县(苏)	6.25
31	大丰区(苏)	4.40
32	宿豫区(苏)	1.49
33	涟水县(苏)	1.00
34	阜宁县(苏)	0.78
35	常熟市(苏)	0.75
36	文成县(浙)	39.19
37	江山市(浙)	13.26
38	常山县(浙)	10.81
39	上虞区(浙)	0.61
40	阜南县(皖)	43.00
41	怀宁县(皖)	24.30
42	五河县(皖)	24.00
43	太和县(皖)	22.60
44	宣州区(皖)	17.52
45	宁国市(皖)	17.25
46	琅琊区(皖)	16.70
47	固镇县(皖)	11.00

(续表)

序号	纤维板主产地	产量(万立方米)
48	东至县(皖)	11.00
49	定远县(皖)	11.00
50	南谯区(皖)	10.00
51	桐城市(皖)	6.50
52	怀远县(皖)	5.20
53	含山县(皖)	3.60
54	潜山县(皖)	2.20
55	颍泉区(皖)	1.10
56	界首市(皖)	1.10
57	禹会区(皖)	0.60
58	吉安县(赣)	18.00
59	抚州市市辖区(赣)	14.60
60	南昌市市辖区(赣)	11.91
61	信丰县(赣)	10.68
62	遂川县(赣)	10.00
63	永丰县(赣)	2.40
64	湘东区(赣)	1.20
65	南昌县(赣)	1.03
66	安源区(赣)	0.72
67	费　县(鲁)	150.00
68	茌平县(鲁)	117.95
69	嘉祥县(鲁)	38.72
70	惠民县(鲁)	29.90
71	寿光市(鲁)	26.46
72	广饶县(鲁)	19.70
73	邹城市(鲁)	18.68
74	高唐县(鲁)	15.00
75	禹城市(鲁)	15.00
76	齐河县(鲁)	11.45
77	郯城县(鲁)	10.00
78	巨野县(鲁)	9.50
79	薛城区(鲁)	8.00
80	沾化区(鲁)	6.35
81	东平县(鲁)	5.94
82	任城区(鲁)	5.70
83	汶上县(鲁)	4.10
84	沂水县(鲁)	4.00
85	鱼台县(鲁)	2.38
86	河东区(鲁)	2.00
87	新泰市(鲁)	1.87
88	潍城区(鲁)	1.80
89	博兴县(鲁)	1.68
90	沂南县(鲁)	1.32
91	梁山县(鲁)	1.00

(续表)

序号	纤维板主产地	产量(万立方米)
92	长葛市(豫)	128.00
93	濮阳县(豫)	39.00
94	范　县(豫)	35.00
95	夏邑县(豫)	27.00
96	汝南县(豫)	25.00
97	扶沟县(豫)	21.40
98	尉氏县(豫)	21.00
99	邓州市(豫)	14.00
100	罗山县(豫)	12.33
101	睢阳区(豫)	10.00
102	西华县(豫)	10.00
103	新乡县(豫)	9.57
104	兰考县(豫)	9.30
105	孟州市(豫)	9.00
106	固始县(豫)	8.20
107	临颍县(豫)	7.64
108	杞　县(豫)	5.20
109	商水县(豫)	4.48
110	郸城县(豫)	4.10
111	原阳县(豫)	3.60
112	泌阳县(豫)	3.60
113	内乡县(豫)	3.50
114	沈丘县(豫)	2.50
115	淮滨县(豫)	2.30
116	淇　县(豫)	1.80
117	新野县(豫)	1.20
118	淅川县(豫)	1.00
119	天门市(鄂)	34.90
120	石首市(鄂)	28.60
121	潜江市(鄂)	25.00
122	曾都区(鄂)	21.48
123	南漳县(鄂)	19.60
124	东宝区(鄂)	16.50
125	咸安区(鄂)	15.57
126	当阳市(鄂)	14.50
127	枝江市(鄂)	14.50
128	沙洋县(鄂)	14.00
129	蕲春县(鄂)	13.74
130	屈家岭管理区(鄂)	13.00
131	赤壁市(鄂)	13.00
132	云梦县(鄂)	11.00
133	麻城市(鄂)	6.88
134	嘉鱼县(鄂)	5.77
135	洪湖市(鄂)	3.00

（续表）

序号	纤维板主产地	产量（万立方米）
136	仙桃市(鄂)	2.70
137	孝南区(鄂)	1.98
138	黄梅县(鄂)	1.01
139	钟祥市(鄂)	0.80
140	资阳区(湘)	18.87
141	湘阴县(湘)	12.50
142	汉寿县(湘)	8.90
143	资兴市(湘)	6.86
144	华容县(湘)	6.50
145	湘潭县(湘)	2.30
146	冷水滩区(湘)	1.10
147	祁东县(湘)	0.80
148	开平市(粤)	50.00
149	封开县(粤)	31.66
150	茂南区(粤)	28.41
151	四会市(粤)	24.55
152	南海区(粤)	23.37
153	罗定市(粤)	20.85
154	清城区(粤)	20.66
155	阳东区(粤)	18.76
156	新丰县(粤)	8.77
157	郁南县(粤)	8.20
158	廉江市(粤)	4.05
159	清新区(粤)	3.00
160	高明区(粤)	1.90
161	恩平市(粤)	1.70
162	高要区(粤)	0.72
163	武宣县(桂)	58.92
164	博白县(桂)	55.97
165	藤　县(桂)	51.00
166	扶绥县(桂)	32.00
167	右江区(桂)	28.18
168	上思县(桂)	20.83
169	凭祥市(桂)	19.82
170	柳北区(桂)	19.49
171	兴宾区(桂)	12.00
172	蒙山县(桂)	10.00
173	钦北区(桂)	8.92
174	苍梧县(桂)	8.30
175	八步区(桂)	6.14
176	陆川县(桂)	5.00
177	灵川县(桂)	4.50
178	全州县(桂)	4.02
179	雅长林场(桂)	2.68

（续表）

序号	纤维板主产地	产量（万立方米）
180	鹿寨县(桂)	1.54
181	浦北县(桂)	1.20
182	双流区(川)	38.96
183	邛崃市(川)	31.02
184	仁寿县(川)	16.53
185	屏山县(川)	15.20
186	珙　县(川)	15.00
187	盐亭县(川)	13.00
188	昭化区(川)	12.05
189	梓潼县(川)	12.00
190	彭州市(川)	12.00
191	夹江县(川)	10.00
192	北川羌族自治县(川)	6.50
193	温江区(川)	5.60
194	高坪区(川)	5.55
195	名山区(川)	5.05
196	资中县(川)	5.00
197	彭山区(川)	4.29
198	大邑县(川)	4.03
199	安州区(川)	4.00
200	剑阁县(川)	2.80
201	崇州市(川)	2.02
202	江油市(川)	1.90
203	平武县(川)	1.00
204	旌阳区(川)	0.60
205	剑河县(黔)	4.20
206	双柏县(滇)	25.08
207	师宗县(滇)	10.50
208	寻甸回族彝族自治县(滇)	8.50
209	腾冲市(滇)	6.42
210	隆阳区(滇)	6.39
211	陇川县(滇)	5.80
212	富宁县(滇)	2.68
213	高陵区(陕)	10.00
214	勉　县(陕)	1.09
215	甘州区(甘)	1.00
216	吉林森工人造板集团有限公司(吉林森工)	89.72

表 2-3　刨花板主产地产量

序号	刨花板主产地	产量（万立方米）
1	藁城区(冀)	121.04
2	正定县(冀)	17.00

（续表）

序号	刨花板主产地	产量（万立方米）
3	唐　县(冀)	16.58
4	临漳县(冀)	4.05
5	吴桥县(冀)	4.00
6	邢台市高新技术开发区(冀)	0.87
7	普兰店市(辽)	7.78
8	新宾满族自治县(辽)	1.16
9	德惠市(吉)	1.00
10	牡丹江市市本级(黑)	0.69
11	沭阳县(苏)	126.00
12	丹阳市(苏)	85.20
13	宿豫区(苏)	38.26
14	灌云县(苏)	30.00
15	洪泽区(苏)	20.00
16	宿城区(苏)	18.90
17	泗阳县(苏)	10.61
18	丰　县(苏)	5.10
19	滨海县(苏)	1.10
20	建湖县(苏)	0.98
21	常熟市(苏)	0.95
22	阜宁县(苏)	0.65
23	淮阴区(苏)	0.55
24	吴兴区(浙)	3.77
25	江山市(浙)	1.40
26	南谯区(皖)	23.10
27	太和县(皖)	22.00
28	怀宁县(皖)	17.00
29	砀山县(皖)	15.10
30	泾　县(皖)	8.20
31	全椒县(皖)	6.00
32	潜山县(皖)	1.40
33	宿松县(皖)	1.31
34	界首市(皖)	1.30
35	东至县(皖)	0.90
36	琅琊区(皖)	0.69
37	东乡区(赣)	1.60
38	费　县(鲁)	100.00
39	寿光市(鲁)	68.18
40	沂水县(鲁)	21.00
41	茌平县(鲁)	11.40
42	山亭区(鲁)	8.85
43	郯城县(鲁)	8.00
44	禹城市(鲁)	5.80
45	微山县(鲁)	2.00
46	诸城市(鲁)	2.00

(续表)

序号	刨花板主产地	产量（万立方米）
47	东平县(鲁)	1.02
48	汶上县(鲁)	0.90
49	沂南县(鲁)	0.86
50	临颍县(豫)	20.33
51	睢　县(豫)	15.00
52	鄢陵县(豫)	7.70
53	建安区(豫)	7.60
54	西华县(豫)	6.00
55	睢阳区(豫)	5.50
56	兰考县(豫)	3.70
57	尉氏县(豫)	3.50
58	沈丘县(豫)	2.10
59	长葛市(豫)	1.90
60	郸城县(豫)	1.90
61	宁陵县(豫)	1.50
62	淮滨县(豫)	1.50
63	新安县(豫)	1.47
64	祥符区(豫)	1.30
65	南召县(豫)	1.29
66	平桥区(豫)	1.10
67	新野县(豫)	1.00
68	夏邑县(豫)	1.00
69	民权县(豫)	0.63
70	内乡县(豫)	0.60
71	监利县(鄂)	18.89
72	东宝区(鄂)	15.50
73	孝南区(鄂)	2.31
74	石首市(鄂)	1.56
75	通山县(鄂)	1.53
76	钟祥市(鄂)	1.20
77	湘阴县(湘)	23.00
78	炎陵县(湘)	7.40
79	鹤城区(湘)	2.00
80	汝城县(湘)	0.92
81	曲江区(粤)	30.93
82	仁化县(粤)	29.18
83	封开县(粤)	26.15
84	惠城区(粤)	23.32
85	化州市(粤)	8.02
86	龙川县(粤)	1.50
87	派阳山林场(桂)	33.00
88	八步区(桂)	23.87
89	荔浦县(桂)	6.71
90	融安县(桂)	2.00

(续表)

序号	刨花板主产地	产量（万立方米）
91	雁江区(川)	3.50
92	隆昌县(川)	1.28
93	江油市(川)	1.21
94	邛崃市(川)	1.11
95	平武县(川)	0.80
96	兴义市(黔)	1.20
97	昌宁县(滇)	7.49
98	寻甸回族彝族自治县(滇)	3.10
99	麒麟区(滇)	2.00
100	石林彝族自治县(滇)	1.50
101	五华区(滇)	1.21
102	吉林森工人造板集团有限公司(吉林森工)	25.32

表 2-4　细木工板(大芯板)主产地产量

序号	细木工板(大芯板)主产地	产量（万立方米）
1	灵寿县(冀)	1.96
2	藁城区(冀)	1.00
3	邢台市高新技术开发区(冀)	0.55
4	通辽经济技术开发区(内蒙古)	1.00
5	喀喇沁左翼蒙古族自治县(辽)	1.00
6	珲春市(吉)	8.00
7	双辽市(吉)	3.80
8	长岭县(吉)	3.80
9	延吉市(吉)	3.50
10	农安县(吉)	2.42
11	东辽县(吉)	1.90
12	西安区(吉)	1.28
13	德惠市(吉)	1.00
14	龙山区(吉)	1.00
15	牡丹江市市本级(黑)	2.01
16	昂昂溪区(黑)	2.00
17	北安市(黑)	1.54
18	望奎县(黑)	0.90
19	鸡东县(黑)	0.53
20	沭阳县(苏)	81.00
21	宿豫区(苏)	2.27
22	铜山区(苏)	0.60
23	江山市(浙)	62.97
24	余杭区(浙)	11.88
25	龙泉市(浙)	4.80
26	桐庐县(浙)	4.29
27	文成县(浙)	3.04

(续表)

序号	细木工板(大芯板)主产地	产量（万立方米）
28	义乌市(浙)	1.70
29	开化县(浙)	1.40
30	常山县(浙)	0.91
31	建德市(浙)	0.70
32	砀山县(皖)	53.42
33	潜山县(皖)	3.70
34	定远县(皖)	2.50
35	阜南县(皖)	1.00
36	宣州区(皖)	0.83
37	东至县(皖)	0.80
38	太湖县(皖)	0.78
39	新干县(赣)	14.42
40	遂川县(赣)	12.00
41	南昌市市辖区(赣)	11.46
42	定南县(赣)	5.15
43	武宁县(赣)	3.00
44	资溪县(赣)	2.26
45	铜鼓县(赣)	1.71
46	万载县(赣)	1.56
47	峡江县(赣)	1.00
48	黎川县(赣)	1.00
49	广昌县(赣)	0.97
50	安源区(赣)	0.95
51	永丰县(赣)	0.80
52	万安县(赣)	0.80
53	安福县(赣)	0.68
54	青原区(赣)	0.60
55	泰和县(赣)	0.60
56	梁山县(鲁)	4.48
57	任城区(鲁)	4.40
58	惠民县(鲁)	4.08
59	巨野县(鲁)	2.84
60	泰安市高新区(鲁)	2.80
61	成武县(鲁)	1.94
62	莘　县(鲁)	1.71
63	汶上县(鲁)	1.30
64	东平县(鲁)	0.77
65	齐河县(鲁)	0.61
66	沂南县(鲁)	0.51
67	南乐县(豫)	11.26
68	邓州市(豫)	6.40
69	汝阳县(豫)	6.28
70	淮滨县(豫)	4.50
71	新密市(豫)	3.10

（续表）

序号	细木工板(大芯板)主产地	产量（万立方米）
72	伊川县(豫)	3.00
73	鹿邑县(豫)	2.80
74	睢　县(豫)	2.60
75	义马市(豫)	2.26
76	孟津县(豫)	1.90
77	濮阳县(豫)	1.90
78	西平县(豫)	1.68
79	内乡县(豫)	1.30
80	嵩　县(豫)	1.30
81	睢阳区(豫)	1.00
82	临颍县(豫)	0.71
83	钟祥市(鄂)	3.50
84	石首市(鄂)	2.60
85	汉川市(鄂)	0.84
86	湘阴县(湘)	34.00
87	桃江县(湘)	12.50
88	鹤城区(湘)	8.50
89	冷水滩区(湘)	6.20
90	汉寿县(湘)	5.03
91	衡山县(湘)	4.76
92	中方县(湘)	4.50
93	新化县(湘)	4.25
94	北塔区(湘)	4.09
95	炎陵县(湘)	3.40
96	武冈市(湘)	3.26
97	双峰县(湘)	3.10
98	零陵区(湘)	2.20
99	祁东县(湘)	2.00
100	蓝山县(湘)	2.00
101	洞口县(湘)	2.00
102	资兴市(湘)	1.95
103	汝城县(湘)	1.87
104	湘潭县(湘)	1.80
105	双牌县(湘)	1.60
106	芦淞区(湘)	1.60
107	江永县(湘)	1.36
108	耒阳市(湘)	1.21
109	新宁县(湘)	1.10
110	隆回县(湘)	0.85
111	桃源县(湘)	0.80
112	临武县(湘)	0.76
113	湘乡市(湘)	0.76
114	江华瑶族自治县(湘)	0.53
115	清新区(粤)	4.53

（续表）

序号	细木工板(大芯板)主产地	产量（万立方米）
116	连州市(粤)	2.36
117	高要区(粤)	0.70
118	融安县(桂)	110.00
119	扶绥县(桂)	31.00
120	凌云县(桂)	2.94
121	青秀区(桂)	2.71
122	博白县(桂)	2.60
123	灵川县(桂)	2.30
124	田阳县(桂)	1.70
125	南丹县(桂)	1.53
126	陆川县(桂)	1.00
127	夹江县(川)	10.00
128	青神县(川)	2.08
129	平武县(川)	1.00
130	安州区(川)	1.00
131	沙湾区(川)	0.66
132	榕江县(黔)	12.34
133	剑河县(黔)	3.20
134	播州区(黔)	1.86
135	三都水族自治县(黔)	1.20
136	师宗县(滇)	3.40
137	马龙县(滇)	1.00

表 3-1　木地板主产地产量

序号	木地板主产地	产量（万平方米）
1	二连浩特市(内蒙古)	14.40
2	抚顺县(辽)	301.50
3	新民市(辽)	185.27
4	普兰店市(辽)	93.45
5	甘井子区(辽)	88.00
6	庄河市(辽)	26.70
7	新宾满族自治县(辽)	8.20
8	瓦房店市(辽)	1.11
9	龙城区(辽)	1.00
10	经济开发区(吉)	150.00
11	新元木业公司(吉)	98.33
12	珲春森林山公司(吉)	85.00
13	敦化市(吉)	77.90
14	昌邑区(吉)	58.00
15	延吉市(吉)	10.30
16	江源区(吉)	4.96
17	临江市(吉)	2.60
18	德惠市(吉)	1.00

（续表）

序号	木地板主产地	产量（万平方米）
19	船营区(吉)	0.90
20	牡丹江市市本级(黑)	58.02
21	嘉荫县(黑)	3.20
22	七台河市市辖区(黑)	1.92
23	五常市(黑)	1.00
24	常州经开区(苏)	22576.46
25	丹阳市(苏)	7026.60
26	沭阳县(苏)	525.00
27	邳州市(苏)	462.25
28	宜兴市(苏)	200.00
29	南通市市辖区(苏)	198.30
30	赣榆区(苏)	162.05
31	铜山区(苏)	130.00
32	张家港市(苏)	116.00
33	泗阳县(苏)	85.00
34	相城区(苏)	65.52
35	启东市(苏)	52.80
36	昆山市(苏)	29.00
37	常熟市(苏)	28.00
38	泗洪县(苏)	19.60
39	大丰区(苏)	6.20
40	镇江市市辖区(苏)	6.00
41	金坛区(苏)	5.00
42	邗江区(苏)	4.47
43	锡山区(苏)	2.40
44	高邮市(苏)	1.60
45	海安县(苏)	0.92
46	涟水县(苏)	0.60
47	吴兴区(浙)	380.70
48	越城区(浙)	275.07
49	常山县(浙)	200.00
50	桐庐县(浙)	199.71
51	龙泉市(浙)	178.00
52	萧山区(浙)	95.10
53	安吉县(浙)	89.50
54	长兴县(浙)	86.75
55	上虞区(浙)	19.44
56	建德市(浙)	9.60
57	开化县(浙)	7.20
58	嵊州市(浙)	6.53
59	兰溪市(浙)	6.39
60	柯城区(浙)	2.00
61	永康市(浙)	1.52
62	余杭区(浙)	0.58

(续表)

序号	木地板主产地	产量（万平方米）
63	南谯区(皖)	4460.00
64	来安县(皖)	682.50
65	定远县(皖)	600.00
66	宿松县(皖)	497.78
67	阜南县(皖)	460.00
68	怀宁县(皖)	400.00
69	砀山县(皖)	378.50
70	广德县(皖)	160.00
71	天长市(皖)	53.80
72	宣州区(皖)	47.29
73	黟　县(皖)	27.59
74	东至县(皖)	17.60
75	休宁县(皖)	7.00
76	旌德县(皖)	5.10
77	青阳县(皖)	4.27
78	岳西县(皖)	3.25
79	宜秀区(皖)	2.54
80	太湖县(皖)	1.75
81	潜山县(皖)	1.40
82	泾　县(皖)	1.06
83	颍上县(皖)	0.88
84	宜丰县(赣)	420.00
85	南昌市市辖区(赣)	270.50
86	靖安县(赣)	228.34
87	奉新县(赣)	148.79
88	铜鼓县(赣)	145.00
89	永新县(赣)	96.00
90	南昌县(赣)	56.00
91	临川区(赣)	53.34
92	资溪县(赣)	42.00
93	遂川县(赣)	15.00
94	玉山县(赣)	12.50
95	湘东区(赣)	12.00
96	宁都县(赣)	10.59
97	崇义县(赣)	10.29
98	吉安县(赣)	10.00
99	萍乡市武功山分局(赣)	8.69
100	东乡区(赣)	6.20
101	安福县(赣)	5.91
102	乐安县(赣)	3.50
103	石城县(赣)	2.02
104	萍乡市经济开发区(赣)	1.96
105	吉州区(赣)	1.73
106	武宁县(赣)	1.30

(续表)

序号	木地板主产地	产量（万平方米）
107	泰和县(赣)	1.00
108	永丰县(赣)	1.00
109	井冈山市(赣)	0.70
110	茌平县(鲁)	2904.13
111	任城区(鲁)	520.00
112	曹　县(鲁)	150.00
113	费　县(鲁)	110.00
114	成武县(鲁)	103.60
115	寿光市(鲁)	89.76
116	邹平县(鲁)	87.00
117	邹城市(鲁)	82.00
118	齐河县(鲁)	64.60
119	郯城县(鲁)	30.00
120	高唐县(鲁)	22.50
121	桓台县(鲁)	15.00
122	东平县(鲁)	13.88
123	梁山县(鲁)	12.00
124	禹城市(鲁)	10.00
125	睢阳区(豫)	200.00
126	邓州市(豫)	95.00
127	台前县(豫)	50.00
128	长葛市(豫)	10.00
129	尉氏县(豫)	10.00
130	固始县(豫)	4.80
131	宁陵县(豫)	3.13
132	睢　县(豫)	0.60
133	孝南区(鄂)	1155.77
134	嘉鱼县(鄂)	401.66
135	蔡甸区(鄂)	202.00
136	云梦县(鄂)	155.00
137	东宝区(鄂)	75.00
138	蕲春县(鄂)	19.93
139	公安县(鄂)	7.60
140	通山县(鄂)	4.04
141	咸丰县(鄂)	2.10
142	房　县(鄂)	2.00
143	鹤峰县(鄂)	0.75
144	长沙县(湘)	185.00
145	雨花区(湘)	149.00
146	珠晖区(湘)	100.00
147	武冈市(湘)	77.20
148	湘阴县(湘)	50.00
149	洪江区(湘)	36.00
150	沅陵县(湘)	15.00

(续表)

序号	木地板主产地	产量（万平方米）
151	洞口县(湘)	8.00
152	桃源县(湘)	7.80
153	汉寿县(湘)	5.80
154	靖州苗族侗族自治县(湘)	3.90
155	鹤城区(湘)	3.80
156	宁乡市(湘)	3.08
157	新化县(湘)	2.25
158	绥宁县(湘)	1.80
159	岳阳楼区(湘)	1.51
160	衡东县(湘)	1.10
161	零陵区(湘)	1.00
162	溆浦县(湘)	1.00
163	慈利县(湘)	0.87
164	麻阳苗族自治县(湘)	0.70
165	安化县(湘)	0.70
166	衡南县(湘)	0.60
167	芷江侗族自治县(湘)	0.55
168	增城区(粤)	280.00
169	澄海区(粤)	260.00
170	南海区(粤)	192.00
171	新会区(粤)	10.90
172	高要区(粤)	2.44
173	武鸣区(桂)	60.00
174	陆川县(桂)	1.20
175	鹿寨县(桂)	0.67
176	六万林场(桂)	0.55
177	温江区(川)	156.00
178	青白江区(川)	49.81
179	新都区(川)	26.18
180	剑阁县(川)	17.50
181	南江县(川)	13.80
182	郫都区(川)	11.96
183	洪雅县(川)	8.00
184	安州区(川)	8.00
185	彭州市(川)	3.69
186	华蓥市(川)	3.20
187	江油市(川)	2.13
188	涪城区(川)	1.52
189	蓬溪县(川)	1.20
190	平武县(川)	1.00
191	盐亭县(川)	0.80
192	凯里市(黔)	15.00
193	凤冈县(黔)	1.20
194	播州区(黔)	1.14

（续表）

序号	木地板主产地	产量（万平方米）
195	瑞丽市（滇）	28.85
196	盈江县（滇）	22.37
197	陇川县（滇）	8.70
198	芒　市（滇）	1.30
199	腾冲市（滇）	1.10
200	吉林森工集团金桥木业有限公司（吉林森工）	393.00

表 3-2　单板（刨切、旋切、微薄板）主产地产量

序号	单板（刨切、旋切、微薄板）主产地	产量（万立方米）
1	松山区（内蒙古）	1.17
2	奈曼旗（内蒙古）	1.00
3	新宾满族自治县（辽）	2.10
4	农安县（吉）	6.97
5	双辽市（吉）	3.10
6	白城市市辖区（吉）	2.33
7	前郭尔罗斯蒙古族自治县（吉）	1.35
8	德惠市（吉）	1.00
9	延吉市（吉）	0.90
10	望奎县（黑）	2.10
11	鸡东县（黑）	0.89
12	沭阳县（苏）	500.00
13	丰　县（苏）	160.00
14	邳州市（苏）	53.00
15	铜山区（苏）	8.00
16	镇江市市辖区（苏）	4.00
17	淮阴区（苏）	4.00
18	洪泽区（苏）	3.00
19	金湖县（苏）	3.00
20	滨海县（苏）	2.00
21	阜宁县（苏）	1.20
22	清江浦区（苏）	1.00
23	沛　县（苏）	0.80
24	怀远县（皖）	4.60
25	临泉县（皖）	2.80
26	潜山县（皖）	1.10
27	桐城市（皖）	1.00
28	五河县（皖）	1.00
29	界首市（皖）	0.90
30	南昌市市辖区（赣）	45.50
31	余江县（赣）	1.50
32	东乡区（赣）	1.30

（续表）

序号	单板（刨切、旋切、微薄板）主产地	产量（万立方米）
33	安福县（赣）	1.20
34	赣县区（赣）	0.62
35	月湖区（赣）	0.60
36	泰和县（赣）	0.60
37	曹　县（鲁）	200.00
38	郯城县（鲁）	60.00
39	梁山县（鲁）	51.00
40	诸城市（鲁）	5.76
41	平邑县（鲁）	3.20
42	莒南县（鲁）	2.80
43	沂源县（鲁）	2.00
44	汶上县（鲁）	1.20
45	商水县（豫）	34.60
46	邓州市（豫）	19.60
47	夏邑县（豫）	16.00
48	尉氏县（豫）	15.00
49	虞城县（豫）	7.00
50	宛城区（豫）	6.40
51	淮滨县（豫）	6.20
52	项城市（豫）	6.00
53	内乡县（豫）	3.50
54	桐柏县（豫）	3.20
55	舞阳县（豫）	2.50
56	延津县（豫）	2.30
57	确山县（豫）	2.00
58	鹿邑县（豫）	1.80
59	洛宁县（豫）	1.72
60	祥符区（豫）	1.30
61	新野县（豫）	1.00
62	唐河县（豫）	0.78
63	西峡县（豫）	0.61
64	潜江市（鄂）	10.00
65	南漳县（鄂）	2.60
66	枣阳市（鄂）	2.40
67	洪湖市（鄂）	1.00
68	黄梅县（鄂）	0.70
69	襄城区（鄂）	0.53
70	湘阴县（湘）	24.00
71	澧　县（湘）	2.30
72	汉寿县（湘）	1.80
73	汨罗市（湘）	1.28
74	蓝山县（湘）	1.20
75	祁东县（湘）	1.20
76	汝城县（湘）	1.12

（续表）

序号	单板（刨切、旋切、微薄板）主产地	产量（万立方米）
77	沅江市（湘）	0.80
78	零陵区（湘）	0.80
79	桃江县（湘）	0.70
80	鼎城区（湘）	0.60
81	英德市（粤）	24.50
82	东源县（粤）	21.60
83	惠城区（粤）	14.20
84	雷州市（粤）	12.29
85	清新区（粤）	10.82
86	新丰县（粤）	4.04
87	乳源瑶族自治县（粤）	4.00
88	仁化县（粤）	3.29
89	德庆县（粤）	3.00
90	连州市（粤）	2.80
91	高要区（粤）	2.18
92	电白区（粤）	1.20
93	阳山县（粤）	0.89
94	增城区（粤）	0.61
95	扶绥县（桂）	296.00
96	防城区（桂）	198.65
97	鹿寨县（桂）	101.20
98	兴宾区（桂）	75.00
99	浦北县（桂）	58.86
100	灵山县（桂）	44.80
101	武宣县（桂）	36.73
102	博白县（桂）	36.62
103	上思县（桂）	32.99
104	玉州区（桂）	32.85
105	钦北区（桂）	28.75
106	武鸣区（桂）	28.00
107	苍梧县（桂）	23.40
108	八步区（桂）	16.77
109	陆川县（桂）	10.00
110	钦南区（桂）	8.98
111	全州县（桂）	8.63
112	田东县（桂）	8.20
113	凭祥市（桂）	6.12
114	蒙山县（桂）	6.10
115	灵川县（桂）	3.24
116	乐业县（桂）	1.30
117	德保县（桂）	0.73
118	藤　县（桂）	0.53
119	儋州市（琼）	2.10
120	澄迈县（琼）	0.80

(续表)

序号	单板(刨切、旋切、微薄板)主产地	产量(万立方米)
121	夹江县(川)	10.00
122	乐山市市中区(川)	7.05
123	高　县(川)	2.80
124	昭化区(川)	2.20
125	砚山县(滇)	1.45
126	石林彝族自治县(滇)	1.20
127	腾冲市(滇)	0.80
128	青铜峡市(宁)	1.00
129	博湖县(新)	5.35
130	和静县(新)	1.20
131	吉林森工人造板集团有限公司(吉林森工)	115.04

表 3-3　木质家具主产地产量

序号	木质家具主产地	产量(万件)
1	顺平县(冀)	560.00
2	香河县(冀)	200.00
3	广平县(冀)	36.25
4	巨鹿县(冀)	22.00
5	宁晋县(冀)	11.64
6	围场满族蒙古族自治县(冀)	10.00
7	丰南区(冀)	6.00
8	秦皇岛开发区(冀)	5.00
9	平山县(冀)	3.46
10	栾城区(冀)	3.40
11	任丘市(冀)	2.27
12	永年区(冀)	1.50
13	鸡泽县(冀)	0.90
14	大名县(冀)	0.70
15	任　县(冀)	0.59
16	普兰店市(辽)	921.58
17	甘井子区(辽)	400.00
18	庄河市(辽)	60.00
19	龙城区(辽)	35.00
20	新宾满族自治县(辽)	14.90
21	兴城市(辽)	4.50
22	清原满族自治县(辽)	2.60
23	盖州市(辽)	1.45
24	连山区(辽)	1.00
25	振兴区(辽)	1.00
26	本溪市经济开发区(辽)	1.00
27	喀喇沁左翼蒙古族自治县(辽)	1.00
28	振安区(辽)	0.60

(续表)

序号	木质家具主产地	产量(万件)
29	桓仁满族自治县(辽)	0.60
30	船营区(吉)	9.33
31	敦化市(吉)	8.00
32	蛟河市(吉)	3.23
33	四平市铁东区(吉)	2.00
34	新元木业公司(吉)	1.88
35	长春市净月经济开发区(吉)	1.57
36	南关区(吉)	1.00
37	德惠市(吉)	1.00
38	九台区(吉)	0.52
39	五常市(黑)	6.00
40	克东县(黑)	3.10
41	克山县(黑)	1.20
42	宝清县(黑)	1.00
43	兰西县(黑)	1.00
44	沭阳县(苏)	80.00
45	贾汪区(苏)	4.70
46	淮安区(苏)	4.00
47	铜山区(苏)	4.00
48	沛　县(苏)	3.50
49	启东市(苏)	1.87
50	盐都区(苏)	1.60
51	阜宁县(苏)	1.60
52	涟水县(苏)	1.60
53	盱眙县(苏)	1.50
54	滨海县(苏)	1.10
55	靖江市(苏)	0.80
56	安吉县(浙)	1063.80
57	萧山区(浙)	305.00
58	建德市(浙)	190.05
59	婺城区(浙)	159.55
60	桐庐县(浙)	136.22
61	常山县(浙)	85.00
62	江山市(浙)	48.65
63	武义县(浙)	48.28
64	柯城区(浙)	42.98
65	龙泉市(浙)	34.10
66	开化县(浙)	28.00
67	嵊州市(浙)	24.35
68	温岭市(浙)	20.68
69	衢江区(浙)	19.60
70	上虞区(浙)	14.40
71	余杭区(浙)	10.96
72	松阳县(浙)	9.96

(续表)

序号	木质家具主产地	产量(万件)
73	瑞安市(浙)	8.79
74	义乌市(浙)	7.20
75	越城区(浙)	5.50
76	磐安县(浙)	4.98
77	宁海县(浙)	2.85
78	长兴县(浙)	2.54
79	永康市(浙)	1.29
80	秀洲区(浙)	1.10
81	吴兴区(浙)	0.79
82	潜山县(皖)	118.00
83	界首市(皖)	90.00
84	濉溪县(皖)	58.00
85	砀山县(皖)	32.00
86	临泉县(皖)	31.00
87	固镇县(皖)	20.00
88	颍州区(皖)	18.70
89	东至县(皖)	15.79
90	五河县(皖)	10.00
91	桐城市(皖)	7.50
92	定远县(皖)	6.00
93	歙　县(皖)	4.75
94	岳西县(皖)	2.86
95	阜南县(皖)	2.40
96	旌德县(皖)	2.00
97	黟　县(皖)	1.50
98	宿松县(皖)	1.35
99	龙南县(赣)	186.03
100	泰和县(赣)	123.00
101	贵溪市(赣)	63.00
102	吉水县(赣)	59.00
103	于都县(赣)	45.00
104	南昌市市辖区(赣)	40.00
105	永新县(赣)	28.00
106	临川区(赣)	18.20
107	宜黄县(赣)	14.27
108	玉山县(赣)	10.67
109	定南县(赣)	6.39
110	信丰县(赣)	5.80
111	崇义县(赣)	5.50
112	石城县(赣)	5.50
113	靖安县(赣)	5.50
114	永丰县(赣)	5.00
115	安福县(赣)	5.00
116	万载县(赣)	4.30

（续表）

序号	木质家具主产地	产量（万件）
117	南城县(赣)	4.00
118	寻乌县(赣)	3.70
119	南昌县(赣)	3.61
120	上犹县(赣)	3.60
121	湘东区(赣)	3.03
122	遂川县(赣)	3.00
123	赣县区(赣)	2.80
124	樟树市(赣)	2.60
125	全南县(赣)	2.49
126	奉新县(赣)	2.00
127	上饶县(赣)	1.78
128	永修县(赣)	1.30
129	余江县(赣)	1.30
130	兴国县(赣)	1.25
131	乐安县(赣)	1.25
132	武宁县(赣)	1.20
133	东乡区(赣)	1.20
134	安源区(赣)	1.10
135	萍乡市经济开发区(赣)	1.08
136	吉安县(赣)	1.00
137	会昌县(赣)	0.80
138	临沭县(鲁)	500.00
139	曹　县(鲁)	288.20
140	乐陵市(鲁)	150.00
141	郯城县(鲁)	58.00
142	济阳区(鲁)	26.00
143	肥城市(鲁)	25.80
144	莒南县(鲁)	18.00
145	河东区(鲁)	16.50
146	东平县(鲁)	15.70
147	莒　县(鲁)	14.00
148	新泰市(鲁)	13.30
149	梁山县(鲁)	8.00
150	昌乐县(鲁)	7.60
151	桓台县(鲁)	7.20
152	章丘区(鲁)	5.90
153	罗庄区(鲁)	5.00
154	惠民县(鲁)	5.00
155	周村区(鲁)	4.60
156	莱阳市(鲁)	4.00
157	博山区(鲁)	4.00
158	莘　县(鲁)	3.60
159	滨城区(鲁)	3.15
160	曲阜市(鲁)	3.00

（续表）

序号	木质家具主产地	产量（万件）
161	沂南县(鲁)	2.95
162	汶上县(鲁)	2.32
163	青州市(鲁)	1.99
164	沾化区(鲁)	1.50
165	沂源县(鲁)	1.50
166	五莲县(鲁)	1.05
167	平原县(鲁)	0.90
168	巨野县(鲁)	0.58
169	嵩　县(豫)	500.00
170	尉氏县(豫)	100.00
171	清丰县(豫)	84.00
172	项城市(豫)	66.30
173	镇平县(豫)	65.00
174	范　县(豫)	60.00
175	平桥区(豫)	58.00
176	沈丘县(豫)	50.20
177	夏邑县(豫)	50.00
178	原阳县(豫)	40.00
179	辉县市(豫)	35.00
180	濮阳县(豫)	27.50
181	梁园区(豫)	26.50
182	宁陵县(豫)	25.20
183	渑池县(豫)	25.00
184	登封市(豫)	20.00
185	西华县(豫)	18.00
186	虞城县(豫)	15.00
187	中牟县(豫)	15.00
188	台前县(豫)	13.50
189	太康县(豫)	13.00
190	西峡县(豫)	12.40
191	荥阳市(豫)	10.26
192	商水县(豫)	10.10
193	平舆县(豫)	9.86
194	西平县(豫)	9.50
195	郸城县(豫)	9.40
196	汤阴县(豫)	9.14
197	淮阳县(豫)	8.60
198	华龙区(豫)	8.40
199	桐柏县(豫)	7.30
200	邓州市(豫)	6.75
201	洛龙区(豫)	6.50
202	宝丰县(豫)	6.50
203	睢　县(豫)	6.00
204	南乐县(豫)	6.00

（续表）

序号	木质家具主产地	产量（万件）
205	汝阳县(豫)	5.34
206	湖滨区(豫)	5.20
207	睢阳区(豫)	5.00
208	商城县(豫)	5.00
209	固始县(豫)	5.00
210	获嘉县(豫)	4.80
211	方城县(豫)	4.71
212	淮滨县(豫)	4.50
213	永城市(豫)	4.30
214	山城区(豫)	4.12
215	殷都区(豫)	4.00
216	伊川县(豫)	4.00
217	安阳县(豫)	3.80
218	凤泉区(豫)	3.72
219	长葛市(豫)	3.60
220	杞　县(豫)	3.41
221	新野县(豫)	3.40
222	卧龙区(豫)	3.00
223	灵宝市(豫)	2.80
224	龙亭区(豫)	2.32
225	光山县(豫)	2.10
226	温　县(豫)	2.10
227	新密市(豫)	2.00
228	淅川县(豫)	2.00
229	社旗县(豫)	1.70
230	新郑市(豫)	1.50
231	鹿邑县(豫)	1.40
232	济源市(豫)	1.20
233	内乡县(豫)	1.00
234	息　县(豫)	0.85
235	孟津县(豫)	0.85
236	民权县(豫)	0.81
237	洛宁县(豫)	0.73
238	确山县(豫)	0.70
239	潜江市(鄂)	100.00
240	汉川市(鄂)	72.00
241	黄州区(鄂)	60.00
242	石首市(鄂)	20.00
243	天门市(鄂)	18.00
244	洪湖市(鄂)	17.40
245	宜城市(鄂)	16.00
246	掇刀区(鄂)	15.00
247	老河口市(鄂)	11.00
248	英山县(鄂)	10.00

(续表)

序号	木质家具主产地	产量(万件)
249	阳新县(鄂)	8.30
250	兴山县(鄂)	8.00
251	蔡甸区(鄂)	7.00
252	东宝区(鄂)	5.34
253	大悟县(鄂)	5.00
254	仙桃市(鄂)	4.94
255	随　县(鄂)	3.80
256	沙洋县(鄂)	2.60
257	巴东县(鄂)	2.00
258	利川市(鄂)	2.00
259	襄樊市市辖区(鄂)	1.80
260	樊城区(鄂)	1.60
261	咸安区(鄂)	1.44
262	应城市(鄂)	1.00
263	竹山县(鄂)	1.00
264	蕲春县(鄂)	0.85
265	钟祥市(鄂)	0.80
266	襄城区(鄂)	0.79
267	浠水县(鄂)	0.70
268	崇阳县(鄂)	0.60
269	咸丰县(鄂)	0.56
270	湘乡市(湘)	33.00
271	岳塘区(湘)	31.15
272	湘阴县(湘)	30.00
273	双峰县(湘)	25.00
274	蓝山县(湘)	25.00
275	新化县(湘)	20.00
276	长沙县(湘)	20.00
277	桂东县(湘)	17.40
278	汨罗市(湘)	15.82
279	资兴市(湘)	15.80
280	桃源县(湘)	15.50
281	新田县(湘)	14.40
282	武陵区(湘)	14.00
283	宜章县(湘)	14.00
284	中方县(湘)	12.60
285	邵东县(湘)	12.60
286	宁远县(湘)	12.00
287	南　县(湘)	12.00
288	临武县(湘)	11.80
289	慈利县(湘)	10.00
290	衡山县(湘)	7.31
291	新宁县(湘)	7.20
292	雨湖区(湘)	6.83
293	醴陵市(湘)	6.20
294	韶山市(湘)	6.00
295	衡阳县(湘)	5.80
296	石门县(湘)	5.60
297	珠晖区(湘)	5.00
298	澧　县(湘)	4.70
299	新晃侗族自治县(湘)	4.00
300	汉寿县(湘)	4.00
301	桃江县(湘)	3.50
302	衡南县(湘)	3.40
303	北塔区(湘)	2.75
304	零陵区(湘)	2.50
305	耒阳市(湘)	2.15
306	苏仙区(湘)	2.02
307	洞口县(湘)	2.00
308	津市市(湘)	2.00
309	会同县(湘)	2.00
310	永兴县(湘)	1.64
311	岳阳楼区(湘)	1.49
312	沅陵县(湘)	1.33
313	安化县(湘)	1.15
314	麻阳苗族自治县(湘)	1.10
315	绥宁县(湘)	0.90
316	华容县(湘)	0.83
317	株洲县(湘)	0.80
318	芷江侗族自治县(湘)	0.71
319	洪江市(湘)	0.67
320	隆回县(湘)	0.67
321	茶陵县(湘)	0.60
322	清城区(粤)	800.00
323	南海区(粤)	341.00
324	云安区(粤)	100.00
325	增城区(粤)	59.64
326	澄海区(粤)	58.00
327	江海区(粤)	18.60
328	禅城区(粤)	11.00
329	仁化县(粤)	9.40
330	四会市(粤)	8.00
331	茂南区(粤)	7.30
332	三水区(粤)	6.78
333	东源县(粤)	1.60
334	新丰县(粤)	1.55
335	全州县(桂)	113.00
336	恭城瑶族自治县(桂)	13.00
337	乐业县(桂)	11.00
338	平乐县(桂)	8.71
339	灵山县(桂)	6.49
340	融安县(桂)	5.00
341	陆川县(桂)	4.00
342	兴宾区(桂)	4.00
343	博白县(桂)	2.70
344	钦南区(桂)	1.50
345	灵川县(桂)	1.41
346	隆林各族自治县(桂)	1.20
347	新都区(川)	98.56
348	仁寿县(川)	58.00
349	东坡区(川)	26.00
350	江阳区(川)	25.00
351	万源市(川)	24.00
352	中江县(川)	24.00
353	盐亭县(川)	21.00
354	巴州区(川)	20.90
355	游仙区(川)	19.00
356	平昌县(川)	18.00
357	梓潼县(川)	16.50
358	珙　县(川)	15.00
359	峨眉山市(川)	15.00
360	宣汉县(川)	14.70
361	广安区(川)	14.40
362	井研县(川)	12.00
363	大英县(川)	10.00
364	西充县(川)	10.00
365	丹棱县(川)	9.70
366	利州区(川)	8.44
367	剑阁县(川)	8.00
368	南溪区(川)	8.00
369	安岳县(川)	6.00
370	高　县(川)	6.00
371	芦山县(川)	6.00
372	邛崃市(川)	5.36
373	筠连县(川)	4.90
374	长宁县(川)	4.80
375	邻水县(川)	4.40
376	金牛区(川)	4.20
377	渠　县(川)	4.10
378	江油市(川)	3.99
379	阆中市(川)	3.80
380	富顺县(川)	3.40

（续表）

序号	木质家具主产地	产量（万件）
381	恩阳区(川)	3.00
382	雷波县(川)	3.00
383	通江县(川)	3.00
384	广汉市(川)	2.70
385	郫都区(川)	2.52
386	达川区(川)	2.50
387	宜宾县(川)	2.30
388	金堂县(川)	2.12
389	温江区(川)	2.08
390	营山县(川)	2.00
391	北川羌族自治县(川)	2.00
392	仁和区(川)	2.00
393	苍溪县(川)	1.92
394	简阳市(川)	1.80
395	江安县(川)	1.80
396	南江县(川)	1.62
397	内江市市中区(川)	1.60
398	兴文县(川)	1.50
399	威远县(川)	1.50
400	古蔺县(川)	1.50
401	喜德县(川)	1.30
402	犍为县(川)	1.20
403	夹江县(川)	1.00
404	隆昌县(川)	1.00
405	武胜县(川)	0.80
406	嘉陵区(川)	0.80
407	德昌县(川)	0.69
408	仪陇县(川)	0.60
409	翠屏区(川)	0.60
410	播州区(黔)	28.60
411	兴义市(黔)	10.00
412	罗甸县(黔)	5.50
413	松桃苗族自治县(黔)	5.00
414	普安县(黔)	5.00
415	天柱县(黔)	3.00
416	沿河土家族自治县(黔)	2.35
417	道真仡佬族苗族自治县(黔)	2.10
418	镇远县(黔)	0.61
419	昌宁县(滇)	5.01
420	寻甸回族彝族自治县(滇)	3.77
421	牟定县(滇)	3.43
422	腾冲市(滇)	3.20
423	瑞丽市(滇)	3.14

（续表）

序号	木质家具主产地	产量（万件）
424	永德县(滇)	3.00
425	麒麟区(滇)	3.00
426	嵩明县(滇)	3.00
427	芒　市(滇)	2.58
428	沧源佤族自治县(滇)	2.50
429	禄丰县(滇)	2.13
430	马龙县(滇)	2.00
431	南华县(滇)	1.87
432	梁河县(滇)	1.30
433	宣威市(滇)	1.20
434	大关县(滇)	0.92
435	陇川县(滇)	0.80
436	云　县(滇)	0.71
437	镇康县(滇)	0.55
438	江川区(滇)	0.55
439	扶风县(陕)	16.32
440	渭滨区(陕)	1.60
441	商南县(陕)	1.21
442	子洲县(陕)	1.00
443	南郑区(陕)	0.90
444	喀什市(新)	1.66

表 3-4　卫生筷子主产地产量

序号	卫生筷子主产地	产量（标准箱）
1	连山区(辽)	2400
2	余杭区(浙)	153500
3	安吉县(浙)	85100
4	龙泉市(浙)	33032
5	潜山县(皖)	35400
6	东至县(皖)	31000
7	南昌县(赣)	1200000
8	靖安县(赣)	703800
9	贵溪市(赣)	485000
10	定南县(赣)	170000
11	全南县(赣)	154500
12	上饶县(赣)	125000
13	武宁县(赣)	112100
14	龙南县(赣)	106800
15	万载县(赣)	90000
16	铜鼓县(赣)	75000
17	奉新县(赣)	63240
18	会昌县(赣)	55000
19	万安县(赣)	43500
20	吉水县(赣)	28500
21	上犹县(赣)	26000
22	井冈山市(赣)	25600
23	寻乌县(赣)	20000
24	石城县(赣)	19800
25	信丰县(赣)	17000
26	泰和县(赣)	13439
27	湘东区(赣)	10000
28	于都县(赣)	6800
29	南城县(赣)	3600
30	横峰县(赣)	3333
31	临川区(赣)	2000
32	息　县(豫)	5000
33	来凤县(鄂)	6000
34	桃江县(湘)	13500000
35	蓝山县(湘)	3000000
36	大祥区(湘)	360000
37	茶陵县(湘)	78000
38	衡南县(湘)	58000
39	新邵县(湘)	50000
40	耒阳市(湘)	36800
41	城步苗族自治县(湘)	35000
42	长沙县(湘)	35000
43	资兴市(湘)	31585
44	鼎城区(湘)	28000
45	安化县(湘)	20605
46	祁东县(湘)	20000
47	洪江市(湘)	17000
48	衡阳县(湘)	15000
49	新化县(湘)	7500
50	衡东县(湘)	6000
51	株洲县(湘)	4000
52	隆回县(湘)	3000
53	零陵区(湘)	1800
54	溆浦县(湘)	1300
55	益阳市市辖区(湘)	1300
56	仁化县(粤)	620000
57	高要区(粤)	6000
58	琼山区(琼)	18000
59	安州区(川)	2850
60	盘龙区(滇)	20000
61	腾冲市(滇)	6500

表 4-1 木浆主产地产量

序号	木浆主产地	产量（万吨）
1	淮安区(苏)	2.50
2	安吉县(浙)	7.53
3	婺城区(浙)	4.50
4	潜山县(皖)	10.00
5	颍州区(皖)	7.50
6	淮上区(皖)	1.00
7	寿光市(鲁)	59.67
8	临清市(鲁)	19.00
9	广饶县(鲁)	6.30
10	新乡县(豫)	15.20
11	濮阳市高新区(豫)	15.00
12	淮滨县(豫)	10.00
13	武陟县(豫)	9.30
14	内乡县(豫)	5.00
15	潜江市(鄂)	8.00
16	南漳县(鄂)	6.00
17	黄州区(鄂)	4.00
18	老河口市(鄂)	4.00
19	岳阳楼区(湘)	70.00
20	湘潭县(湘)	17.50
21	沅江市(湘)	5.20
22	绥宁县(湘)	2.30
23	双峰县(湘)	1.00
24	钦南区(桂)	50.00
25	防城区(桂)	27.00
26	马山县(桂)	11.50
27	麒麟区(滇)	2.00

表 4-2 木浆纸主产地产量

序号	木浆纸主产地	产量（万吨）
1	顺平县(冀)	0.60
2	镇江市市辖区(苏)	9.39
3	淮安区(苏)	2.00
4	余杭区(浙)	76.11
5	瑞安市(浙)	12.15
6	淮上区(皖)	2.00
7	南昌市市辖区(赣)	54.74
8	广饶县(鲁)	139.00
9	宁阳县(鲁)	27.00
10	临清市(鲁)	24.00
11	桓台县(鲁)	23.20
12	新泰市(鲁)	21.04
13	东平县(鲁)	9.10
14	寒亭区(鲁)	7.39
15	昌乐县(鲁)	5.40
16	齐河县(鲁)	3.20
17	青州市(鲁)	1.92
18	濮阳市高新区(豫)	31.00
19	新乡县(豫)	12.90
20	台前县(豫)	12.70
21	武陟县(豫)	9.50
22	睢　县(豫)	6.20
23	淮滨县(豫)	5.50
24	内乡县(豫)	3.00
25	孝南区(鄂)	45.73
26	南漳县(鄂)	10.00
27	汝城县(湘)	252.00
28	岳阳楼区(湘)	92.00
29	常德市市辖区(湘)	30.00
30	安乡县(湘)	30.00
31	湘潭县(湘)	12.30
32	沅江市(湘)	7.80
33	绥宁县(湘)	1.23
34	南海区(粤)	54.18
35	兴宾区(桂)	100.00
36	钦南区(桂)	85.00
37	马山县(桂)	6.00

表 4-3 竹浆主产地产量

序号	竹浆主产地	产量（万吨）
1	来凤县(鄂)	20.00
2	洪江市(湘)	30.00
3	湘潭县(湘)	7.56
4	兴宾区(桂)	120.00
5	田东县(桂)	5.08
6	防城区(桂)	2.00
7	沐川县(川)	24.30
8	叙永县(川)	20.00
9	纳溪区(川)	8.50
10	江安县(川)	6.57
11	夹江县(川)	6.00
12	赤水市(黔)	16.00
13	新平彝族傣族自治县(滇)	2.90

表 4-4 竹浆纸主产地产量

序号	竹浆纸主产地	产量（万吨）
1	上饶县(赣)	1.05
2	来凤县(鄂)	5.00
3	汝城县(湘)	348.00
4	洪江市(湘)	17.00
5	湘潭县(湘)	4.30
6	新化县(湘)	0.68
7	兴宾区(桂)	12.00
8	田东县(桂)	2.54
9	陆川县(桂)	1.00
10	南溪区(川)	22.27
11	青神县(川)	15.00
12	沐川县(川)	11.46
13	犍为县(川)	11.03
14	纳溪区(川)	9.00
15	高　县(川)	5.00
16	东坡区(川)	3.20
17	达川区(川)	3.00
18	富顺县(川)	2.50
19	芦山县(川)	1.40
20	夹江县(川)	1.00
21	赤水市(黔)	4.80
22	新平彝族傣族自治县(滇)	3.60

表 4-5 其他纸主产地产量

序号	其他纸主产地	产量（万吨）
1	杜尔伯特蒙古族自治县(黑)	1.60
2	大同区(黑)	0.59
3	镇江市市辖区(苏)	191.00
4	洪泽区(苏)	10.00
5	吴中区(苏)	3.68
6	温岭市(浙)	70.50
7	越城区(浙)	22.17
8	衢江区(浙)	16.50
9	长兴县(浙)	8.88
10	金东区(浙)	7.48
11	庆元县(浙)	3.16
12	桐庐县(浙)	2.65
13	郎溪县(皖)	10.00
14	泾　县(皖)	4.40
15	奉新县(赣)	38.17
16	石城县(赣)	6.00
17	吉安县(赣)	2.00
18	永新县(赣)	0.86

（续表）

序号	其他纸主产地	产量（万吨）
19	龙口市(鲁)	13.00
20	太康县(豫)	35.00
21	内乡县(豫)	11.00
22	淮阳县(豫)	1.90
23	温　县(豫)	0.90
24	孝南区(鄂)	1.30
25	新晃侗族自治县(湘)	0.60
26	广宁县(粤)	10.00
27	北流市(桂)	31.00
28	田东县(桂)	8.56
29	全州县(桂)	5.52
30	陆川县(桂)	3.10
31	玉州区(桂)	0.60
32	富顺县(川)	1.50
33	仁和区(川)	1.00
34	播州区(黔)	26.00
35	芒　市(滇)	1.01
36	江川区(滇)	0.60

表 5-1　毛竹主产地产量

序号	毛竹主产地	产量（万根）
1	宜兴市(苏)	310.00
2	涟水县(苏)	30.00
3	阜宁县(苏)	27.00
4	盱眙县(苏)	5.00
5	溧阳市(苏)	5.00
6	吴中区(苏)	3.50
7	金坛区(苏)	2.62
8	仪征市(苏)	0.90
9	安吉县(浙)	2894.00
10	龙泉市(浙)	1580.00
11	龙游县(浙)	1500.00
12	庆元县(浙)	1187.00
13	余杭区(浙)	806.90
14	东阳市(浙)	558.00
15	衢江区(浙)	507.20
16	长兴县(浙)	500.53
17	吴兴区(浙)	431.95
18	宁海县(浙)	400.00
19	嵊州市(浙)	262.21
20	柯城区(浙)	255.00
21	建德市(浙)	229.65
22	上虞区(浙)	200.00

（续表）

序号	毛竹主产地	产量（万根）
23	萧山区(浙)	133.00
24	江山市(浙)	131.00
25	桐庐县(浙)	105.80
26	武义县(浙)	103.00
27	常山县(浙)	96.14
28	开化县(浙)	83.00
29	磐安县(浙)	72.75
30	松阳县(浙)	71.04
31	婺城区(浙)	61.80
32	越城区(浙)	57.98
33	兰溪市(浙)	20.00
34	瑞安市(浙)	17.38
35	温岭市(浙)	15.40
36	永康市(浙)	9.50
37	浦江县(浙)	5.20
38	义乌市(浙)	5.00
39	广德县(皖)	4000.00
40	歙　县(皖)	771.16
41	泾　县(皖)	500.00
42	东至县(皖)	413.10
43	休宁县(皖)	381.00
44	宣州区(皖)	347.96
45	潜山县(皖)	285.00
46	祁门县(皖)	220.00
47	宿松县(皖)	172.35
48	岳西县(皖)	165.50
49	黟　县(皖)	136.00
50	郎溪县(皖)	120.00
51	太湖县(皖)	89.92
52	旌德县(皖)	60.00
53	青阳县(皖)	58.46
54	绩溪县(皖)	56.00
55	无为县(皖)	43.00
56	徽州区(皖)	29.80
57	含山县(皖)	28.00
58	淮上区(皖)	11.00
59	屯溪区(皖)	2.40
60	宜秀区(皖)	2.07
61	桐城市(皖)	1.50
62	安福县(赣)	2154.60
63	贵溪市(赣)	1730.29
64	遂川县(赣)	1315.00
65	宜丰县(赣)	1150.00
66	崇义县(赣)	861.00

（续表）

序号	毛竹主产地	产量（万根）
67	乐安县(赣)	738.65
68	资溪县(赣)	680.00
69	定南县(赣)	600.00
70	上饶县(赣)	485.00
71	崇仁县(赣)	480.00
72	井冈山市(赣)	470.00
73	龙南县(赣)	406.87
74	芦溪县(赣)	380.00
75	青原区(赣)	360.00
76	宜黄县(赣)	350.00
77	武宁县(赣)	345.00
78	铜鼓县(赣)	320.00
79	南丰县(赣)	320.00
80	黎川县(赣)	298.43
81	广昌县(赣)	280.96
82	奉新县(赣)	261.82
83	万安县(赣)	250.00
84	临川区(赣)	249.55
85	南城县(赣)	249.50
86	万载县(赣)	235.00
87	新干县(赣)	232.00
88	宁都县(赣)	200.10
89	吉水县(赣)	153.60
90	横峰县(赣)	150.00
91	峡江县(赣)	147.00
92	萍乡市武功山分局(赣)	139.50
93	靖安县(赣)	131.18
94	上犹县(赣)	120.00
95	湘东区(赣)	115.00
96	会昌县(赣)	100.00
97	都昌县(赣)	90.00
98	于都县(赣)	89.60
99	泰和县(赣)	83.00
100	寻乌县(赣)	65.55
101	永丰县(赣)	65.00
102	金溪县(赣)	65.00
103	兴国县(赣)	61.00
104	吉安县(赣)	60.00
105	信丰县(赣)	55.60
106	樟树市(赣)	35.00
107	玉山县(赣)	31.00
108	全南县(赣)	30.90
109	永修县(赣)	19.85
110	赣县区(赣)	19.00

(续表)

序号	毛竹主产地	产量(万根)
111	永新县(赣)	18.00
112	安远县(赣)	11.82
113	渝水区(赣)	10.00
114	余江县(赣)	9.50
115	石城县(赣)	9.00
116	安源区(赣)	4.00
117	东乡区(赣)	3.00
118	新　县(豫)	53.66
119	淅川县(豫)	26.70
120	固始县(豫)	20.00
121	唐河县(豫)	6.80
122	平桥区(豫)	3.34
123	淮滨县(豫)	1.00
124	通山县(鄂)	638.48
125	赤壁市(鄂)	580.00
126	咸安区(鄂)	355.00
127	建始县(鄂)	100.00
128	崇阳县(鄂)	68.00
129	宜都市(鄂)	66.00
130	蕲春县(鄂)	53.10
131	鹤峰县(鄂)	50.00
132	恩施市(鄂)	35.20
133	沙洋县(鄂)	30.00
134	麻城市(鄂)	30.00
135	黄梅县(鄂)	20.00
136	钟祥市(鄂)	20.00
137	通城县(鄂)	19.60
138	英山县(鄂)	13.28
139	武穴市(鄂)	10.80
140	团风县(鄂)	10.27
141	随　县(鄂)	10.00
142	浠水县(鄂)	10.00
143	嘉鱼县(鄂)	9.88
144	阳新县(鄂)	9.10
145	石首市(鄂)	7.00
146	宣恩县(鄂)	2.52
147	江夏区(鄂)	2.35
148	咸丰县(鄂)	2.10
149	大悟县(鄂)	0.60
150	桃江县(湘)	3200.00
151	攸　县(湘)	2000.00
152	城步苗族自治县(湘)	1500.00
153	祁东县(湘)	580.00
154	宁乡市(湘)	535.00

(续表)

序号	毛竹主产地	产量(万根)
155	岳阳县(湘)	500.00
156	绥宁县(湘)	500.00
157	会同县(湘)	500.00
158	茶陵县(湘)	490.00
159	平江县(湘)	455.00
160	桃源县(湘)	430.00
161	炎陵县(湘)	420.00
162	桑植县(湘)	400.00
163	新化县(湘)	365.00
164	衡东县(湘)	365.00
165	鼎城区(湘)	310.00
166	资兴市(湘)	262.00
167	耒阳市(湘)	222.80
168	蓝山县(湘)	220.00
169	安化县(湘)	205.80
170	麻阳苗族自治县(湘)	200.00
171	汝城县(湘)	187.60
172	常德市市辖区(湘)	180.00
173	新宁县(湘)	150.00
174	双峰县(湘)	136.00
175	衡山县(湘)	133.01
176	桂东县(湘)	130.00
177	荷塘区(湘)	106.68
178	零陵区(湘)	100.00
179	洪江市(湘)	78.00
180	株洲县(湘)	75.00
181	苏仙区(湘)	75.00
182	洪江区(湘)	62.00
183	鹤城区(湘)	60.00
184	溆浦县(湘)	60.00
185	武冈市(湘)	54.83
186	汨罗市(湘)	52.80
187	北湖区(湘)	48.00
188	资阳区(湘)	45.42
189	东安县(湘)	43.84
190	衡阳县(湘)	36.00
191	隆回县(湘)	35.16
192	汉寿县(湘)	31.00
193	双牌县(湘)	28.00
194	南岳区(湘)	21.00
195	洞口县(湘)	20.90
196	华容县(湘)	18.00
197	澧　县(湘)	18.00
198	宜章县(湘)	17.80

(续表)

序号	毛竹主产地	产量(万根)
199	石鼓区(湘)	16.52
200	珠晖区(湘)	16.00
201	宁远县(湘)	15.00
202	沅陵县(湘)	15.00
203	新晃侗族自治县(湘)	15.00
204	新田县(湘)	14.00
205	中方县(湘)	13.00
206	通道侗族自治县(湘)	11.00
207	慈利县(湘)	10.00
208	赫山区(湘)	10.00
209	桂阳县(湘)	10.00
210	安仁县(湘)	9.50
211	冷水江市(湘)	8.50
212	道　县(湘)	7.60
213	涟源市(湘)	6.72
214	湘乡市(湘)	6.56
215	临武县(湘)	5.68
216	石门县(湘)	5.50
217	靖州苗族侗族自治县(湘)	4.80
218	湘潭县(湘)	4.15
219	新邵县(湘)	4.00
220	大祥区(湘)	3.10
221	芷江侗族自治县(湘)	2.95
222	邵东县(湘)	2.30
223	永兴县(湘)	1.61
224	醴陵市(湘)	1.27
225	益阳市市辖区(湘)	1.22
226	辰溪县(湘)	1.20
227	芦淞区(湘)	1.13
228	石峰区(湘)	1.00
229	韶山市(湘)	0.90
230	临澧县(湘)	0.80
231	连平县(粤)	1298.00
232	南雄市(粤)	431.73
233	和平县(粤)	400.00
234	连南瑶族自治县(粤)	304.00
235	信宜市(粤)	250.00
236	仁化县(粤)	232.00
237	五华县(粤)	198.00
238	化州市(粤)	186.92
239	高州市(粤)	166.03
240	云城区(粤)	147.05
241	封开县(粤)	132.62
242	龙川县(粤)	108.00

（续表）

序号	毛竹主产地	产量（万根）
243	曲江区(粤)	90.21
244	大埔县(粤)	73.00
245	蕉岭县(粤)	60.00
246	连山壮族瑶族自治县(粤)	53.00
247	廉江市(粤)	49.33
248	云安区(粤)	43.23
249	紫金县(粤)	35.00
250	郁南县(粤)	25.64
251	英德市(粤)	25.00
252	新会区(粤)	19.50
253	连州市(粤)	19.00
254	潮阳区(粤)	13.00
255	新丰县(粤)	7.96
256	乳源瑶族自治县(粤)	6.00
257	肇庆市林业总场(粤)	5.00
258	从化区(粤)	5.00
259	茂南区(粤)	2.11
260	电白区(粤)	0.80
261	全州县(桂)	2817.00
262	灵川县(桂)	1003.60
263	平乐县(桂)	877.77
264	南丹县(桂)	602.00
265	三江侗族自治县(桂)	570.00
266	田东县(桂)	542.00
267	龙胜各族自治县(桂)	380.07
268	港口区(桂)	352.10
269	融安县(桂)	290.00
270	荔浦县(桂)	186.00
271	田阳县(桂)	128.00
272	乐业县(桂)	128.00
273	巴马瑶族自治县(桂)	77.00
274	蒙山县(桂)	50.00
275	鹿寨县(桂)	32.00
276	东兴市(桂)	13.25
277	灵山县(桂)	11.01
278	恭城瑶族自治县(桂)	3.70
279	鱼峰区(桂)	1.70
280	那坡县(桂)	1.24
281	凌云县(桂)	1.20
282	东坡区(川)	1300.00
283	长宁县(川)	410.00
284	米易县(川)	269.70
285	纳溪区(川)	240.00
286	安州区(川)	200.00

（续表）

序号	毛竹主产地	产量（万根）
287	兴文县(川)	150.00
288	叙永县(川)	132.00
289	营山县(川)	100.00
290	仁寿县(川)	98.00
291	邻水县(川)	62.00
292	会理县(川)	50.66
293	筠连县(川)	38.00
294	恩阳区(川)	30.00
295	合江县(川)	23.00
296	平昌县(川)	21.00
297	威远县(川)	20.00
298	屏山县(川)	20.00
299	古蔺县(川)	20.00
300	万源市(川)	18.00
301	北川羌族自治县(川)	15.00
302	宣汉县(川)	14.30
303	珙　县(川)	12.50
304	大竹县(川)	10.00
305	富顺县(川)	9.10
306	江安县(川)	8.00
307	达川区(川)	8.00
308	江油市(川)	7.70
309	邛崃市(川)	6.98
310	宜宾县(川)	6.52
311	五通桥区(川)	5.27
312	都江堰市(川)	4.14
313	犍为县(川)	3.99
314	大邑县(川)	3.40
315	高　县(川)	3.00
316	高坪区(川)	2.20
317	仪陇县(川)	2.00
318	资中县(川)	2.00
319	泸　县(川)	1.60
320	彭州市(川)	1.27
321	崇州市(川)	0.91
322	赤水市(黔)	392.00
323	普安县(黔)	120.00
324	黎平县(黔)	72.87
325	天柱县(黔)	70.00
326	松桃苗族自治县(黔)	60.00
327	榕江县(黔)	59.00
328	兴义市(黔)	35.00
329	仁怀市(黔)	30.00
330	锦屏县(黔)	25.00

（续表）

序号	毛竹主产地	产量（万根）
331	从江县(黔)	6.04
332	镇远县(黔)	6.00
333	务川仡佬族苗族自治县(黔)	5.00
334	碧江区(黔)	3.01
335	玉屏侗族自治县(黔)	2.21
336	思南县(黔)	1.20
337	三都水族自治县(黔)	0.80
338	剑河县(黔)	0.60
339	寻甸回族彝族自治县(滇)	615.20
340	沧源佤族自治县(滇)	560.00
341	镇雄县(滇)	500.00
342	富源县(滇)	400.00
343	威信县(滇)	210.00
344	昌宁县(滇)	177.00
345	彝良县(滇)	150.00
346	腾冲市(滇)	150.00
347	永德县(滇)	123.60
348	建水县(滇)	120.00
349	镇康县(滇)	100.00
350	盈江县(滇)	100.00
351	施甸县(滇)	87.19
352	南涧彝族自治县(滇)	87.00
353	石屏县(滇)	86.50
354	云　县(滇)	61.12
355	芒　市(滇)	53.78
356	双柏县(滇)	53.10
357	兰坪白族普米族自治县(滇)	40.00
358	陇川县(滇)	38.90
359	凤庆县(滇)	38.00
360	双江拉祜族佤族布朗族傣族自治县(滇)	31.20
361	马关县(滇)	30.79
362	红塔区(滇)	30.20
363	禄丰县(滇)	29.60
364	隆阳区(滇)	27.35
365	文山市(滇)	24.20
366	福贡县(滇)	22.05
367	剑川县(滇)	20.00
368	富宁县(滇)	19.55
369	瑞丽市(滇)	17.62
370	永仁县(滇)	15.20
371	勐海县(滇)	15.00
372	石林彝族自治县(滇)	15.00

(续表)

序号	毛竹主产地	产量(万根)
373	梁河县(滇)	13.19
374	麻栗坡县(滇)	11.84
375	武定县(滇)	8.72
376	晋宁区(滇)	8.10
377	景东彝族自治县(滇)	8.00
378	宣威市(滇)	6.50
379	罗平县(滇)	5.20
380	西畴县(滇)	5.00
381	绥江县(滇)	5.00
382	澄江县(滇)	1.70
383	砚山县(滇)	1.44
384	元谋县(滇)	1.27
385	盐津县(滇)	1.00
386	马龙县(滇)	1.00
387	平利县(陕)	280.00
388	南郑区(陕)	150.00
389	石泉县(陕)	120.00
390	紫阳县(陕)	17.00

表 5-2 篙竹主产地产量

序号	篙竹主产地	产量(万根)
1	安吉县(浙)	330.00
2	吴兴区(浙)	94.98
3	长兴县(浙)	70.00
4	休宁县(皖)	5.00
5	潜山县(皖)	3.80
6	东至县(皖)	3.06
7	武宁县(赣)	223.00
8	吉水县(赣)	216.20
9	崇义县(赣)	172.00
10	资溪县(赣)	155.00
11	泰和县(赣)	108.00
12	上犹县(赣)	80.00
13	永丰县(赣)	80.00
14	永新县(赣)	63.00
15	横峰县(赣)	60.00
16	遂川县(赣)	50.00
17	湘东区(赣)	50.00
18	崇仁县(赣)	48.00
19	安福县(赣)	45.20
20	定南县(赣)	20.00
21	萍乡市武功山分局(赣)	14.60
22	井冈山市(赣)	10.10
23	信丰县(赣)	6.42
24	兴国县(赣)	6.00
25	峡江县(赣)	2.00
26	吉安县(赣)	1.50
27	赤壁市(鄂)	130.00
28	咸安区(鄂)	127.00
29	崇阳县(鄂)	26.00
30	麻城市(鄂)	13.60
31	松滋市(鄂)	3.50
32	茶陵县(湘)	180.00
33	桃源县(湘)	150.00
34	祁东县(湘)	120.00
35	岳阳县(湘)	100.00
36	鼎城区(湘)	89.00
37	资兴市(湘)	63.00
38	绥宁县(湘)	60.00
39	蓝山县(湘)	50.00
40	零陵区(湘)	50.00
41	新化县(湘)	50.00
42	洪江市(湘)	13.00
43	新宁县(湘)	12.00
44	新田县(湘)	10.00
45	南岳区(湘)	10.00
46	永兴县(湘)	9.48
47	城步苗族自治县(湘)	8.00
48	安化县(湘)	7.00
49	洞口县(湘)	4.80
50	隆回县(湘)	2.67
51	冷水滩区(湘)	0.80
52	龙门县(粤)	2894.00
53	四会市(粤)	631.50
54	英德市(粤)	630.00
55	高州市(粤)	588.80
56	仁化县(粤)	340.00
57	和平县(粤)	210.00
58	南雄市(粤)	203.12
59	连平县(粤)	130.00
60	五华县(粤)	100.00
61	曲江区(粤)	48.12
62	连州市(粤)	26.00
63	连南瑶族自治县(粤)	15.00
64	信宜市(粤)	12.00
65	云安区(粤)	9.15
66	浦北县(桂)	1312.00
67	平乐县(桂)	890.00
68	苍梧县(桂)	582.00
69	全州县(桂)	320.00
70	灵川县(桂)	250.10
71	三江侗族自治县(桂)	189.00
72	鹿寨县(桂)	165.00
73	融安县(桂)	157.00
74	荔浦县(桂)	147.00
75	博白县(桂)	145.55
76	北流市(桂)	117.00
77	恭城瑶族自治县(桂)	109.00
78	兴宾区(桂)	91.00
79	灵山县(桂)	78.12
80	陆川县(桂)	70.00
81	乐业县(桂)	53.00
82	蒙山县(桂)	50.00
83	龙胜各族自治县(桂)	43.77
84	田林县(桂)	16.72
85	钦北区(桂)	5.60
86	凌云县(桂)	2.50
87	武宣县(桂)	2.00
88	琼山区(琼)	0.70
89	资中县(川)	10.00
90	威信县(滇)	3890.00
91	汉滨区(陕)	20.00

表 5-3 藤类主产地产量

序号	藤类主产地	产量(万吨)
1	滨海县(苏)	0.80
2	潜山县(皖)	4.50
3	淮上区(皖)	3.00
4	太湖县(皖)	0.60
5	上饶县(赣)	0.96
6	武宁县(赣)	0.83
7	河东区(鲁)	1.00
8	渑池县(豫)	45.00
9	宁陵县(豫)	0.74
10	大悟县(鄂)	0.90
11	涟源市(湘)	3.57
12	冷水江市(湘)	2.00
13	株洲市市辖区(湘)	0.82
14	祁东县(湘)	0.70
15	化州市(粤)	18.98

（续表）

序号	藤类主产地	产量（万吨）
16	蒙山县(桂)	10.00
17	灵山县(桂)	0.80
18	南郑区(陕)	0.90

表 6-1　苹果主产地产量

序号	苹果主产地	产量（吨）
1	顺义区(京)	17620.00
2	昌平区(京)	11537.30
3	通州区(京)	8917.30
4	密云区(京)	8588.00
5	平谷区(京)	4383.10
6	房山区(京)	3551.70
7	门头沟区(京)	1703.20
8	大兴区(京)	1145.00
9	怀柔区(京)	1000.00
10	武清区(津)	20300.00
11	静海区(津)	4417.40
12	围场满族蒙古族自治县(冀)	260000.00
13	涿鹿县(冀)	41918.00
14	顺平县(冀)	39900.00
15	内丘县(冀)	33272.00
16	井陉县(冀)	32303.00
17	新河县(冀)	23336.00
18	魏　县(冀)	22836.00
19	行唐县(冀)	21060.00
20	成安县(冀)	19900.00
21	滦南县(冀)	16929.00
22	晋州市(冀)	16490.00
23	邱　县(冀)	15144.00
24	曲阳县(冀)	14600.00
25	永清县(冀)	14000.00
26	怀来县(冀)	11600.00
27	南皮县(冀)	10903.00
28	临城县(冀)	10484.00
29	肥乡区(冀)	10140.00
30	曲周县(冀)	9590.00
31	香河县(冀)	8500.00
32	清苑区(冀)	7967.00
33	海港区(冀)	7566.00
34	临漳县(冀)	6778.00
35	河间市(冀)	6485.00
36	肃宁县(冀)	6408.00
37	迁西县(冀)	6300.00

（续表）

序号	苹果主产地	产量（吨）
38	献　县(冀)	5523.00
39	宁晋县(冀)	5417.00
40	泊头市(冀)	5207.00
41	永年区(冀)	5000.00
42	平山县(冀)	4788.00
43	丰润区(冀)	4372.00
44	大名县(冀)	4180.00
45	沧　县(冀)	4082.00
46	涞水县(冀)	3847.00
47	博野县(冀)	3661.00
48	井陉矿区(冀)	3507.00
49	阜平县(冀)	3419.00
50	赞皇县(冀)	3417.00
51	满城区(冀)	3413.00
52	易　县(冀)	3172.00
53	鹿泉区(冀)	3079.00
54	柏乡县(冀)	2866.00
55	任丘市(冀)	2833.00
56	任　县(冀)	2785.00
57	丰南区(冀)	2559.00
58	广平县(冀)	2250.00
59	清河县(冀)	1800.00
60	黄骅市(冀)	1795.00
61	东光县(冀)	1574.00
62	滦平县(冀)	1562.00
63	邯山区(冀)	1555.00
64	磁　县(冀)	1471.00
65	古冶区(冀)	1414.00
66	曹妃甸区(冀)	1339.00
67	元氏县(冀)	1163.00
68	涉　县(冀)	1122.00
69	秦皇岛开发区(冀)	1008.00
70	平陆县(晋)	192000.00
71	河津市(晋)	24015.00
72	阳曲县(晋)	16285.00
73	原平市(晋)	9088.00
74	杏花岭区(晋)	3206.00
75	繁峙县(晋)	3200.00
76	晋源区(晋)	2352.00
77	忻府区(晋)	2343.30
78	陵川县(晋)	1553.00
79	长治市郊区(晋)	1308.00
80	宁城县(内蒙古)	34000.00
81	阿鲁科尔沁旗(内蒙古)	23000.00

（续表）

序号	苹果主产地	产量（吨）
82	奈曼旗(内蒙古)	21000.00
83	开鲁县(内蒙古)	20925.00
84	松山区(内蒙古)	15117.00
85	敖汉旗(内蒙古)	9991.00
86	林西县(内蒙古)	8600.00
87	巴林左旗(内蒙古)	5591.00
88	土默特左旗(内蒙古)	5423.00
89	元宝山区(内蒙古)	3500.00
90	喀喇沁旗(内蒙古)	3000.00
91	红山区(内蒙古)	2839.00
92	科尔沁左翼中旗(内蒙古)	1241.00
93	扎鲁特旗(内蒙古)	1080.00
94	盖州市(辽)	208740.00
95	普兰店市(辽)	172818.00
96	海城市(辽)	67000.00
97	台安县(辽)	60000.00
98	朝阳县(辽)	52000.00
99	喀喇沁左翼蒙古族自治县(辽)	35348.00
100	东港市(辽)	31947.00
101	连山区(辽)	31000.00
102	凌海市(辽)	27330.00
103	铁岭县(辽)	25000.00
104	建平县(辽)	24000.00
105	金普新区(辽)	21229.00
106	兴城市(辽)	18000.00
107	北镇市(辽)	14110.00
108	法库县(辽)	10960.00
109	新民市(辽)	10000.00
110	岫岩满族自治县(辽)	10000.00
111	抚顺县(辽)	6720.00
112	沈北新区(辽)	6295.00
113	千山区(辽)	4510.00
114	盘山县(辽)	3005.00
115	清原满族自治县(辽)	2200.00
116	宏伟区(辽)	2150.00
117	龙城区(辽)	1500.00
118	振安区(辽)	1500.00
119	大洼县(辽)	1080.00
120	永吉县(吉)	10000.00
121	集安市(吉)	6540.00
122	蛟河市(吉)	5597.00
123	东辽县(吉)	3000.00
124	四平市铁东区(吉)	3000.00
125	东丰县(吉)	1115.00

(续表)

序号	苹果主产地	产量(吨)
126	绿园区(吉)	1000.00
127	牡丹江市市本级(黑)	10542.00
128	七台河市市辖区(黑)	1908.00
129	赣榆区(苏)	39050.00
130	沛　县(苏)	30523.00
131	沭阳县(苏)	22596.00
132	东海县(苏)	18375.00
133	睢宁县(苏)	10300.00
134	邳州市(苏)	6760.00
135	铜山区(苏)	5752.00
136	阜宁县(苏)	4100.00
137	连云港市市辖区(苏)	2250.00
138	新沂市(苏)	1640.00
139	响水县(苏)	1083.00
140	砀山县(皖)	342836.00
141	烈山区(皖)	51360.00
142	凤阳县(皖)	10550.00
143	杜集区(皖)	6125.00
144	栖霞市(鲁)	1868686.00
145	蓬莱市(鲁)	843000.00
146	牟平区(鲁)	595270.00
147	招远市(鲁)	483000.00
148	海阳市(鲁)	360000.00
149	沂水县(鲁)	260610.00
150	莱阳市(鲁)	254390.00
151	荣成市(鲁)	243100.00
152	龙口市(鲁)	198720.00
153	冠　县(鲁)	180000.00
154	新泰市(鲁)	83679.00
155	南部山区管理区(鲁)	65840.00
156	巨野县(鲁)	59600.00
157	威海市经济技术开发区(鲁)	55993.00
158	平阴县(鲁)	54511.35
159	宁阳县(鲁)	46675.00
160	诸城市(鲁)	45000.00
161	临朐县(鲁)	43000.00
162	寒亭区(鲁)	38478.00
163	乐陵市(鲁)	35206.00
164	费　县(鲁)	35000.00
165	惠民县(鲁)	30500.00
166	寿光市(鲁)	28250.00
167	东阿县(鲁)	28000.00
168	成武县(鲁)	28000.00
169	福山区(鲁)	25800.00

(续表)

序号	苹果主产地	产量(吨)
170	五莲县(鲁)	25730.00
171	莒　县(鲁)	22885.00
172	邹城市(鲁)	21141.00
173	阳谷县(鲁)	19777.00
174	嘉祥县(鲁)	18120.00
175	高密市(鲁)	15728.00
176	平邑县(鲁)	15460.00
177	曲阜市(鲁)	15000.00
178	潍城区(鲁)	14700.00
179	夏津县(鲁)	14400.00
180	山亭区(鲁)	13050.00
181	莱芜区(鲁)	13038.00
182	肥城市(鲁)	12780.00
183	岱岳区(鲁)	12176.00
184	莘　县(鲁)	10677.33
185	章丘区(鲁)	10120.00
186	梁山县(鲁)	9518.00
187	东平县(鲁)	8351.00
188	莒南县(鲁)	8095.60
189	临邑县(鲁)	8093.00
190	昌乐县(鲁)	7600.00
191	平原县(鲁)	7500.00
192	乳山市(鲁)	7500.00
193	泗水县(鲁)	7468.00
194	昌邑市(鲁)	7395.00
195	鄄城县(鲁)	7000.00
196	沾化区(鲁)	6610.00
197	高青县(鲁)	6500.00
198	临清市(鲁)	6400.00
199	泰山区(鲁)	5710.00
200	阳信县(鲁)	5680.00
201	垦利区(鲁)	5250.00
202	齐河县(鲁)	4875.00
203	滨城区(鲁)	4875.00
204	武城县(鲁)	4535.00
205	济阳区(鲁)	4500.00
206	商河县(鲁)	4300.00
207	泰安市高新区(鲁)	4260.00
208	博兴县(鲁)	3757.00
209	青州市(鲁)	3720.00
210	高唐县(鲁)	3200.00
211	临淄区(鲁)	2816.00
212	宁津县(鲁)	2677.00
213	德城区(鲁)	2652.00

(续表)

序号	苹果主产地	产量(吨)
214	坊子区(鲁)	2500.00
215	茌平县(鲁)	2477.00
216	河东区(鲁)	2400.00
217	钢城区(鲁)	2000.00
218	陵城区(鲁)	1878.00
219	兰陵县(鲁)	1850.00
220	汶上县(鲁)	1600.00
221	长清区(鲁)	1550.00
222	济南市市中区(鲁)	1249.00
223	广饶县(鲁)	1108.00
224	周村区(鲁)	1071.00
225	灵宝市(豫)	1020500.00
226	虞城县(豫)	500000.00
227	洛宁县(豫)	276000.00
228	南乐县(豫)	119200.00
229	卢氏县(豫)	70350.00
230	夏邑县(豫)	64800.00
231	永城市(豫)	60010.00
232	通许县(豫)	45100.00
233	民权县(豫)	39320.00
234	梁园区(豫)	33464.00
235	汤阴县(豫)	33302.00
236	兰考县(豫)	25230.00
237	清丰县(豫)	19922.00
238	西华县(豫)	19800.00
239	林州市(豫)	19693.00
240	宜阳县(豫)	11200.00
241	濮阳市高新区(豫)	10950.00
242	卫辉市(豫)	10500.00
243	柘城县(豫)	9318.00
244	封丘县(豫)	9000.00
245	伊川县(豫)	8800.00
246	济源市(豫)	8000.00
247	襄城县(豫)	7914.00
248	濮阳县(豫)	7200.00
249	孟州市(豫)	6000.00
250	获嘉县(豫)	5985.00
251	孟津县(豫)	5945.00
252	杞　县(豫)	4800.00
253	项城市(豫)	4600.00
254	延津县(豫)	4560.00
255	武陟县(豫)	3767.00
256	沁阳市(豫)	3732.00
257	安阳县(豫)	3700.00

（续表）

序号	苹果主产地	产量（吨）
258	台前县(豫)	3400.00
259	扶沟县(豫)	3294.00
260	范　县(豫)	3160.00
261	长垣县(豫)	2900.00
262	睢阳区(豫)	2100.00
263	红旗区(豫)	2000.00
264	温　县(豫)	1800.00
265	新安县(豫)	1740.00
266	鹤山区(豫)	1700.00
267	凤泉区(豫)	1538.00
268	郸城县(豫)	1280.00
269	栾川县(豫)	1260.00
270	辉县市(豫)	1250.00
271	淇滨区(豫)	1162.00
272	禹州市(豫)	1062.00
273	登封市(豫)	1000.00
274	巴东县(鄂)	1852.00
275	钟祥市(鄂)	1350.00
276	盐源县(川)	500000.00
277	船山区(川)	9593.00
278	万源市(川)	8250.00
279	木里藏族自治县(川)	6074.90
280	昭觉县(川)	2650.00
281	会理县(川)	2383.50
282	南江县(川)	1632.00
283	西充县(川)	1485.00
284	理　县(川)	1301.00
285	普格县(川)	1146.00
286	乡城县(川)	1050.00
287	桐梓县(黔)	1250.00
288	马龙县(滇)	56250.00
289	漾濞彝族自治县(滇)	7000.00
290	洱源县(滇)	5400.00
291	陆良县(滇)	5168.00
292	富源县(滇)	4427.00
293	古城区(滇)	3080.00
294	永胜县(滇)	2866.00
295	永善县(滇)	2100.00
296	安宁市(滇)	2000.00
297	石林彝族自治县(滇)	1900.20
298	个旧市(滇)	1452.00
299	南华县(滇)	1345.00
300	鹤庆县(滇)	1142.50
301	弥勒市(滇)	1109.00

（续表）

序号	苹果主产地	产量（吨）
302	禄丰县(滇)	1074.00
303	香格里拉市(滇)	1057.70
304	宁蒗彝族自治县(滇)	1040.00
305	察雅县(藏)	4865.00
306	洛川县(陕)	553000.00
307	永寿县(陕)	350000.00
308	扶风县(陕)	302556.00
309	礼泉县(陕)	188496.00
310	韩城市林业局(陕)	126000.00
311	铜川市新区(陕)	65072.00
312	千阳县(陕)	32930.00
313	米脂县(陕)	28782.00
314	子洲县(陕)	7200.00
315	陈仓区(陕)	4860.00
316	绥德县(陕)	4348.00
317	旬阳县(陕)	3000.00
318	凤　县(陕)	2850.00
319	略阳县(陕)	2329.00
320	眉　县(陕)	2070.00
321	定边县(陕)	1580.00
322	甘谷县(甘)	287520.00
323	泾川县(甘)	75478.00
324	会宁县(甘)	57980.00
325	正宁县(甘)	55270.00
326	西峰区(甘)	50741.00
327	宁　县(甘)	23254.00
328	高台县(甘)	5715.00
329	靖远县(甘)	2100.00
330	甘州区(甘)	2000.00
331	利通区(宁)	23347.60
332	灵武市(宁)	13000.00
333	农垦事业管理局(宁)	12464.00
334	大武口区(宁)	5023.00
335	永宁县(宁)	4122.00
336	贺兰县(宁)	4000.00
337	青铜峡市(宁)	3000.00
338	沙坡头区(宁)	1673.00
339	宁夏仁存渡护岸林场(宁)	1544.28
340	惠农区(宁)	1100.00
341	中宁县(宁)	1100.00
342	阿克苏市(新)	199720.00
343	泽普县(新)	66757.00
344	新和县(新)	16130.00
345	沙湾县(新)	14500.00

（续表）

序号	苹果主产地	产量（吨）
346	英吉沙县(新)	3397.14
347	阜康市(新)	3192.00
348	塔城市(新)	2680.00
349	乌什县(新)	2600.00
350	昌吉市(新)	1170.00

表 6-2　梨主产地产量

序号	梨主产地	产量（吨）
1	大兴区(京)	34881.00
2	密云区(京)	21804.50
3	顺义区(京)	21530.00
4	房山区(京)	13323.50
5	通州区(京)	10329.20
6	怀柔区(京)	1843.70
7	昌平区(京)	1622.20
8	静海区(津)	15445.90
9	武清区(津)	3377.00
10	东丽区(津)	1709.00
11	晋州市(冀)	579984.00
12	泊头市(冀)	314455.00
13	魏　县(冀)	165610.00
14	宁晋县(冀)	150749.80
15	永清县(冀)	88000.00
16	曲阳县(冀)	63000.00
17	肃宁县(冀)	46636.00
18	南皮县(冀)	36544.00
19	博野县(冀)	24289.00
20	滦平县(冀)	22551.00
21	新河县(冀)	20148.00
22	成安县(冀)	19800.00
23	广平县(冀)	17500.00
24	河间市(冀)	17498.00
25	迁西县(冀)	16946.00
26	涿州市(冀)	15509.00
27	威　县(冀)	15000.00
28	高碑店市(冀)	14707.00
29	高阳县(冀)	14300.00
30	涿鹿县(冀)	12263.00
31	滦南县(冀)	9438.00
32	肥乡区(冀)	8930.00
33	清苑区(冀)	7708.00
34	新乐市(冀)	7609.00
35	吴桥县(冀)	7573.00

(续表)

序号	梨主产地	产量(吨)
36	柏乡县(冀)	5838.00
37	临漳县(冀)	5480.00
38	大名县(冀)	5334.00
39	怀来县(冀)	4900.00
40	丰南区(冀)	4810.00
41	曲周县(冀)	4781.00
42	青　县(冀)	4664.00
43	任丘市(冀)	4406.00
44	献　县(冀)	3938.00
45	沧　县(冀)	3444.00
46	海兴县(冀)	3077.00
47	永年区(冀)	3000.00
48	围场满族蒙古族自治县(冀)	2500.00
49	丰宁满族自治县(冀)	2492.00
50	东光县(冀)	2322.00
51	鹿泉区(冀)	2225.00
52	丰润区(冀)	1988.00
53	海港区(冀)	1744.00
54	邱　县(冀)	1714.00
55	霸州市(冀)	1655.00
56	古冶区(冀)	1433.00
57	赞皇县(冀)	1430.00
58	孟村回族自治县(冀)	1412.00
59	磁　县(冀)	1298.00
60	秦皇岛开发区(冀)	1131.00
61	无极县(冀)	1000.00
62	平陆县(晋)	30000.00
63	原平市(晋)	17532.00
64	清徐县(晋)	12500.00
65	忻府区(晋)	2436.30
66	晋源区(晋)	1885.00
67	河津市(晋)	1786.00
68	临河区(内蒙古)	20680.00
69	宁城县(内蒙古)	17000.00
70	杭锦后旗(内蒙古)	15000.00
71	喀喇沁旗(内蒙古)	8200.00
72	土默特左旗(内蒙古)	4393.00
73	五原县(内蒙古)	3500.00
74	巴林左旗(内蒙古)	2960.00
75	敖汉旗(内蒙古)	1819.00
76	松山区(内蒙古)	1591.00
77	奈曼旗(内蒙古)	1300.00
78	千山区(辽)	116653.00
79	建平县(辽)	82000.00
80	北镇市(辽)	62990.00
81	连山区(辽)	28000.00
82	海城市(辽)	21540.00
83	凌海市(辽)	20919.00
84	兴城市(辽)	10000.00
85	东港市(辽)	9635.00
86	朝阳县(辽)	7500.00
87	沈北新区(辽)	6749.00
88	岫岩满族自治县(辽)	5610.00
89	盖州市(辽)	4916.00
90	清原满族自治县(辽)	4350.00
91	金普新区(辽)	2871.00
92	桓仁满族自治县(辽)	2650.00
93	普兰店市(辽)	2510.00
94	大洼县(辽)	2334.00
95	东洲区(辽)	1909.00
96	喀喇沁左翼蒙古族自治县(辽)	1733.00
97	法库县(辽)	1700.00
98	龙井市(吉)	21859.00
99	延吉市(吉)	16400.00
100	和龙市(吉)	4960.00
101	东辽县(吉)	1400.00
102	牡丹江市市本级(黑)	18375.00
103	龙江县(黑)	1100.00
104	青浦区(沪)	1481.45
105	东海县(苏)	191802.00
106	丰　县(苏)	110000.00
107	赣榆区(苏)	80875.00
108	阜宁县(苏)	36000.00
109	如东县(苏)	32300.00
110	铜山区(苏)	28762.00
111	启东市(苏)	25183.00
112	睢宁县(苏)	24900.00
113	灌南县(苏)	17885.00
114	江阴市(苏)	14500.00
115	盐都区(苏)	10000.00
116	海安县(苏)	9200.00
117	沛　县(苏)	8997.00
118	宿豫区(苏)	8821.00
119	建湖县(苏)	7455.00
120	泗洪县(苏)	5800.00
121	宜兴市(苏)	5370.00
122	响水县(苏)	4829.00
123	高邮市(苏)	4600.00
124	兴化市(苏)	4450.00
125	沭阳县(苏)	4023.00
126	盱眙县(苏)	3800.00
127	靖江市(苏)	3010.00
128	泰兴市(苏)	2600.00
129	张家港市(苏)	2566.00
130	邳州市(苏)	2560.00
131	仪征市(苏)	2300.00
132	江都区(苏)	2250.00
133	东台市(苏)	2200.00
134	昆山市(苏)	2149.00
135	清江浦区(苏)	1800.00
136	新沂市(苏)	1710.00
137	淮安区(苏)	1550.00
138	姜堰区(苏)	1538.00
139	海州区(苏)	1500.00
140	宿城区(苏)	1300.00
141	秀洲区(浙)	27326.00
142	桐庐县(浙)	23145.00
143	天台县(浙)	16760.00
144	建德市(浙)	16576.00
145	余杭区(浙)	14019.00
146	义乌市(浙)	13074.00
147	金东区(浙)	9215.00
148	宁海县(浙)	7100.00
149	永康市(浙)	6850.00
150	文成县(浙)	4920.00
151	嵊州市(浙)	4500.00
152	上虞区(浙)	4150.00
153	松阳县(浙)	3848.00
154	长兴县(浙)	3050.00
155	浦江县(浙)	3030.00
156	婺城区(浙)	3013.00
157	云和县(浙)	2936.00
158	吴兴区(浙)	2690.00
159	温岭市(浙)	1756.80
160	萧山区(浙)	1400.00
161	龙泉市(浙)	1129.00
162	砀山县(皖)	1186700.00
163	固镇县(皖)	10000.00
164	杜集区(皖)	8120.00
165	颍上县(皖)	7020.00
166	凤阳县(皖)	6400.00
167	烈山区(皖)	6357.00

（续表）

序号	梨主产地	产量（吨）
168	怀远县(皖)	5697.00
169	五河县(皖)	5594.20
170	宜秀区(皖)	5500.00
171	阜南县(皖)	5000.00
172	宣州区(皖)	3018.00
173	淮上区(皖)	2500.00
174	和　县(皖)	1500.00
175	东至县(皖)	1450.00
176	颍东区(皖)	1280.00
177	歙　县(皖)	1265.00
178	颍泉区(皖)	1255.00
179	太湖县(皖)	1001.00
180	金溪县(赣)	34983.00
181	新干县(赣)	9237.00
182	黎川县(赣)	5466.00
183	靖安县(赣)	4206.00
184	余江县(赣)	4000.00
185	永修县(赣)	3190.00
186	兴国县(赣)	2597.00
187	峡江县(赣)	2500.00
188	南丰县(赣)	2478.00
189	于都县(赣)	1980.00
190	永丰县(赣)	1554.00
191	安福县(赣)	1536.00
192	奉新县(赣)	1388.00
193	湘东区(赣)	1300.00
194	上栗县(赣)	1300.00
195	会昌县(赣)	1255.00
196	定南县(赣)	1121.00
197	南城县(赣)	1080.00
198	赣县区(赣)	1050.00
199	上饶县(赣)	1002.00
200	莱阳市(鲁)	123054.00
201	龙口市(鲁)	91850.00
202	阳信县(鲁)	78637.00
203	冠　县(鲁)	76000.00
204	诸城市(鲁)	40305.00
205	栖霞市(鲁)	29709.00
206	南部山区管理区(鲁)	28588.00
207	夏津县(鲁)	28500.00
208	蓬莱市(鲁)	27200.00
209	齐河县(鲁)	26080.00
210	海阳市(鲁)	24400.00
211	费　县(鲁)	23000.00

（续表）

序号	梨主产地	产量（吨）
212	荣成市(鲁)	21850.00
213	惠民县(鲁)	17550.00
214	梁山县(鲁)	17280.00
215	岱岳区(鲁)	10985.00
216	昌邑市(鲁)	9525.00
217	沂水县(鲁)	9273.00
218	招远市(鲁)	9000.00
219	临朐县(鲁)	9000.00
220	宁阳县(鲁)	7787.00
221	东阿县(鲁)	7750.00
222	邹城市(鲁)	7456.00
223	嘉祥县(鲁)	6566.00
224	商河县(鲁)	6354.00
225	平邑县(鲁)	5630.00
226	寿光市(鲁)	4900.00
227	牟平区(鲁)	4760.00
228	阳谷县(鲁)	4650.00
229	莒南县(鲁)	4468.20
230	临清市(鲁)	4200.00
231	新泰市(鲁)	3919.00
232	济阳区(鲁)	3825.00
233	淄川区(鲁)	3500.00
234	兰陵县(鲁)	3245.00
235	泰安市高新区(鲁)	2800.00
236	山亭区(鲁)	2770.00
237	高密市(鲁)	2485.00
238	莘　县(鲁)	2152.00
239	平原县(鲁)	2000.00
240	河东区(鲁)	1830.00
241	泗水县(鲁)	1820.00
242	德城区(鲁)	1591.00
243	威海市经济技术开发区(鲁)	1575.00
244	天桥区(鲁)	1520.00
245	鄄城县(鲁)	1500.00
246	坊子区(鲁)	1500.00
247	高唐县(鲁)	1500.00
248	兖州区(鲁)	1500.00
249	鱼台县(鲁)	1410.00
250	汶上县(鲁)	1300.00
251	临淄区(鲁)	1188.00
252	临邑县(鲁)	1120.00
253	寒亭区(鲁)	1083.00
254	章丘区(鲁)	1050.00
255	桓台县(鲁)	1020.00

（续表）

序号	梨主产地	产量（吨）
256	兰考县(豫)	126000.00
257	永城市(豫)	88110.00
258	虞城县(豫)	65000.00
259	泌阳县(豫)	60000.00
260	方城县(豫)	45952.00
261	柘城县(豫)	29000.00
262	孟津县(豫)	25510.00
263	社旗县(豫)	24000.00
264	洛宁县(豫)	20100.00
265	西华县(豫)	18200.00
266	民权县(豫)	17420.00
267	长垣县(豫)	16500.00
268	南乐县(豫)	14280.00
269	商水县(豫)	12870.00
270	清丰县(豫)	12000.00
271	新蔡县(豫)	9037.00
272	济源市(豫)	8900.00
273	鄢陵县(豫)	8605.00
274	项城市(豫)	8000.00
275	南召县(豫)	7500.00
276	鲁山县(豫)	7260.00
277	唐河县(豫)	6534.00
278	舞钢市(豫)	6488.00
279	太康县(豫)	6180.00
280	卫辉市(豫)	6100.00
281	夏邑县(豫)	6000.00
282	舞阳县(豫)	6000.00
283	杞　县(豫)	5600.00
284	温　县(豫)	5210.00
285	获嘉县(豫)	5165.00
286	上蔡县(豫)	5155.00
287	封丘县(豫)	5000.00
288	汤阴县(豫)	4938.00
289	宜阳县(豫)	4720.00
290	新野县(豫)	4600.00
291	扶沟县(豫)	4524.00
292	栾川县(豫)	4500.00
293	沁阳市(豫)	4046.00
294	郾城区(豫)	3960.00
295	汝南县(豫)	3662.00
296	濮阳县(豫)	3600.00
297	伊川县(豫)	3450.00
298	邓州市(豫)	3358.00
299	延津县(豫)	3250.00

(续表)

序号	梨主产地	产量(吨)
300	息　县(豫)	3056.00
301	卢氏县(豫)	3040.00
302	林州市(豫)	3000.00
303	孟州市(豫)	3000.00
304	通许县(豫)	2750.00
305	潢川县(豫)	2550.00
306	淇滨区(豫)	2350.00
307	渑池县(豫)	2335.00
308	新密市(豫)	2300.00
309	梁园区(豫)	2207.00
310	驿城区(豫)	2100.00
311	登封市(豫)	2100.00
312	偃师市(豫)	1863.00
313	新　县(豫)	1800.00
314	襄城县(豫)	1665.00
315	遂平县(豫)	1520.00
316	龙亭区(豫)	1474.00
317	嵩　县(豫)	1400.00
318	郸城县(豫)	1370.00
319	郏　县(豫)	1350.00
320	睢阳区(豫)	1312.00
321	淇　县(豫)	1280.00
322	台前县(豫)	1200.00
323	建安区(豫)	1180.00
324	博爱县(豫)	1000.00
325	钟祥市(鄂)	132625.00
326	枝江市(鄂)	86206.00
327	京山县(鄂)	21300.00
328	咸丰县(鄂)	14042.00
329	老河口市(鄂)	14000.00
330	汉川市(鄂)	9000.00
331	蔡甸区(鄂)	6470.00
332	随　县(鄂)	5731.00
333	枣阳市(鄂)	5500.00
334	鹤峰县(鄂)	5000.00
335	监利县(鄂)	4098.00
336	建始县(鄂)	3571.00
337	蕲春县(鄂)	3450.00
338	新洲区(鄂)	3010.00
339	宣恩县(鄂)	2500.00
340	襄州区(鄂)	2340.00
341	沙洋县(鄂)	2160.00
342	松滋市(鄂)	1850.00
343	东宝区(鄂)	1800.00

(续表)

序号	梨主产地	产量(吨)
344	巴东县(鄂)	1454.00
345	黄陂区(鄂)	1350.00
346	阳新县(鄂)	1260.00
347	黄冈市市辖区(鄂)	1200.00
348	城步苗族自治县(湘)	74730.00
349	涟源市(湘)	54684.00
350	中方县(湘)	30500.00
351	临武县(湘)	14100.00
352	资兴市(湘)	9950.00
353	靖州苗族侗族自治县(湘)	8320.00
354	蓝山县(湘)	8230.00
355	宜章县(湘)	6320.00
356	绥宁县(湘)	5625.00
357	溆浦县(湘)	5140.00
358	平江县(湘)	4976.00
359	北湖区(湘)	4748.00
360	耒阳市(湘)	3150.00
361	石门县(湘)	2600.00
362	赫山区(湘)	2500.00
363	炎陵县(湘)	2268.00
364	珠晖区(湘)	2000.00
365	武冈市(湘)	1878.00
366	嘉禾县(湘)	1860.00
367	保靖县(湘)	1848.00
368	汝城县(湘)	1810.00
369	辰溪县(湘)	1520.00
370	长沙县(湘)	1500.00
371	衡东县(湘)	1500.00
372	道　县(湘)	1421.00
373	宁远县(湘)	1400.00
374	衡阳县(湘)	1340.00
375	慈利县(湘)	1161.00
376	连州市(粤)	31006.00
377	大埔县(粤)	4780.00
378	五华县(粤)	3729.00
379	阳山县(粤)	2135.00
380	广宁县(粤)	1194.00
381	全州县(桂)	43237.00
382	钦北区(桂)	18618.00
383	柳江区(桂)	17293.00
384	灵山县(桂)	17088.00
385	兴宾区(桂)	9200.00
386	平乐县(桂)	8503.00
387	恭城瑶族自治县(桂)	7865.00

(续表)

序号	梨主产地	产量(吨)
388	龙胜各族自治县(桂)	3503.00
389	南丹县(桂)	2795.00
390	隆林各族自治县(桂)	2291.00
391	鹿寨县(桂)	2101.00
392	金秀瑶族自治县(桂)	1304.00
393	那坡县(桂)	1291.00
394	武宣县(桂)	1211.00
395	天峨县(桂)	1138.60
396	苍溪县(川)	49500.00
397	双流区(川)	38219.00
398	龙泉驿区(川)	23315.00
399	华蓥市(川)	21518.00
400	会理县(川)	19029.15
401	邻水县(川)	15700.00
402	罗江区(川)	15000.00
403	万源市(川)	12100.00
404	安州区(川)	12000.00
405	南溪区(川)	11600.00
406	青白江区(川)	10000.00
407	宜宾县(川)	9620.00
408	金堂县(川)	8181.00
409	高　县(川)	7730.00
410	游仙区(川)	7700.00
411	长宁县(川)	7616.00
412	彭州市(川)	6863.00
413	绵竹市(川)	6492.00
414	南江县(川)	6014.00
415	翠屏区(川)	5980.00
416	旌阳区(川)	5240.00
417	屏山县(川)	5000.00
418	崇州市(川)	4777.00
419	威远县(川)	4665.00
420	古蔺县(川)	4000.00
421	阆中市(川)	3800.00
422	新都区(川)	3600.00
423	西充县(川)	3500.00
424	西昌市(川)	3251.00
425	巴州区(川)	3200.00
426	筠连县(川)	3200.00
427	中江县(川)	3000.00
428	通川区(川)	3000.00
429	珙　县(川)	2760.00
430	江安县(川)	2700.00
431	宁南县(川)	2459.00

（续表）

序号	梨主产地	产量（吨）
432	平昌县(川)	2430.00
433	昭觉县(川)	2240.00
434	大邑县(川)	1945.00
435	马边彝族自治县(川)	1924.00
436	雷波县(川)	1800.00
437	兴文县(川)	1638.00
438	荣　县(川)	1600.00
439	嘉陵区(川)	1500.00
440	隆昌县(川)	1461.00
441	乐至县(川)	1380.00
442	江油市(川)	1370.00
443	盐亭县(川)	1350.00
444	三穗县(黔)	22052.00
445	镇远县(黔)	16915.00
446	黎平县(黔)	11860.00
447	兴义市(黔)	11725.00
448	余庆县(黔)	11386.00
449	黔西县(黔)	9300.00
450	三都水族自治县(黔)	7011.00
451	遵义市市辖区(黔)	7000.00
452	桐梓县(黔)	6900.00
453	天柱县(黔)	4900.00
454	锦屏县(黔)	4073.00
455	播州区(黔)	3884.00
456	荔波县(黔)	3670.00
457	汇川区(黔)	2160.00
458	普安县(黔)	1600.00
459	独山县(黔)	1420.00
460	凤冈县(黔)	1130.00
461	巍山彝族回族自治县(滇)	27758.00
462	陆良县(滇)	16520.00
463	永胜县(滇)	15307.20
464	安宁市(滇)	14767.00
465	禄丰县(滇)	14599.00
466	麒麟区(滇)	12000.00
467	石林彝族自治县(滇)	11278.00
468	永善县(滇)	10600.00
469	洱源县(滇)	9100.00
470	漾濞彝族自治县(滇)	8000.00
471	个旧市(滇)	7950.00
472	楚雄市(滇)	6564.00
473	红塔区(滇)	5980.00
474	建水县(滇)	5373.00

（续表）

序号	梨主产地	产量（吨）
475	弥勒市(滇)	4858.00
476	文山市(滇)	4405.00
477	牟定县(滇)	4350.00
478	南华县(滇)	4123.00
479	江川区(滇)	3980.00
480	马龙县(滇)	3520.00
481	富源县(滇)	3470.00
482	广南县(滇)	3253.00
483	鹤庆县(滇)	3060.50
484	晋宁区(滇)	2613.70
485	云　县(滇)	2101.00
486	丘北县(滇)	1791.00
487	新平彝族傣族自治县(滇)	1682.00
488	宾川县(滇)	1640.00
489	大姚县(滇)	1425.00
490	云龙县(滇)	1380.00
491	施甸县(滇)	1236.00
492	峨山彝族自治县(滇)	1230.00
493	元谋县(滇)	1102.00
494	永平县(滇)	1063.00
495	阎良区(陕)	11948.00
496	米脂县(陕)	9644.00
497	洋　县(陕)	6352.00
498	绥德县(陕)	4254.00
499	南郑区(陕)	3500.00
500	子洲县(陕)	3100.00
501	略阳县(陕)	2159.00
502	永寿县(陕)	1800.00
503	汉滨区(陕)	1391.00
504	陈仓区(陕)	1245.00
505	甘州区(甘)	32000.00
506	高台县(甘)	8600.00
507	甘谷县(甘)	7754.00
508	七里河区(甘)	6750.00
509	会宁县(甘)	6058.00
510	陇西县(甘)	3719.00
511	嘉峪关市(甘)	3500.00
512	山丹县(甘)	2700.00
513	敦煌市(甘)	2000.00
514	灵武市(宁)	1222.00
515	农垦事业管理局(宁)	1088.00
516	伽师县(新)	2506.00

表 6-3　桃主产地产量

序号	桃主产地	产量（吨）
1	平谷区(京)	193447.00
2	大兴区(京)	29042.00
3	通州区(京)	14907.60
4	顺义区(京)	5540.00
5	房山区(京)	5332.90
6	昌平区(京)	4002.60
7	密云区(京)	2761.80
8	怀柔区(京)	2113.40
9	海淀区(京)	1168.80
10	静海区(津)	18611.10
11	武清区(津)	16636.00
12	宝坻区(津)	5768.00
13	满城区(冀)	62660.00
14	魏　县(冀)	43714.00
15	永清县(冀)	39000.00
16	广宗县(冀)	27000.00
17	丰润区(冀)	24126.00
18	顺平县(冀)	20600.00
19	定兴县(冀)	20428.00
20	高碑店市(冀)	14940.00
21	成安县(冀)	14800.00
22	邱　县(冀)	13673.00
23	山海关区(冀)	11891.00
24	晋州市(冀)	11624.00
25	香河县(冀)	10296.00
26	滦南县(冀)	7934.00
27	临漳县(冀)	7252.00
28	大名县(冀)	6129.00
29	宁晋县(冀)	6000.00
30	行唐县(冀)	5881.00
31	怀来县(冀)	4550.00
32	竞秀区(冀)	4543.00
33	路北区(冀)	4482.00
34	任丘市(冀)	4343.00
35	河间市(冀)	4185.00
36	广平县(冀)	4000.00
37	邯山区(冀)	3982.00
38	易　县(冀)	3927.00
39	肥乡区(冀)	3761.00
40	吴桥县(冀)	3693.00
41	曲阳县(冀)	3600.00
42	涞水县(冀)	3548.00
43	涿州市(冀)	3419.00
44	泊头市(冀)	3041.00

(续表)

序号	桃主产地	产量（吨）
45	永年区(冀)	3000.00
46	沧　县(冀)	2875.00
47	霸州市(冀)	2622.00
48	丰南区(冀)	2334.00
49	内丘县(冀)	2256.00
50	清苑区(冀)	2110.00
51	孟村回族自治县(冀)	1871.00
52	海港区(冀)	1826.00
53	北戴河区(冀)	1800.00
54	古冶区(冀)	1731.00
55	博野县(冀)	1649.00
56	肃宁县(冀)	1574.00
57	正定县(冀)	1564.00
58	鹿泉区(冀)	1434.00
59	阜平县(冀)	1432.00
60	新乐市(冀)	1222.00
61	栾城区(冀)	1203.00
62	任　县(冀)	1118.00
63	迁西县(冀)	1060.00
64	河津市(晋)	10022.00
65	晋源区(晋)	1445.00
66	普兰店市(辽)	112939.00
67	东港市(辽)	17461.00
68	盖州市(辽)	8825.00
69	连山区(辽)	6000.00
70	振安区(辽)	5000.00
71	海城市(辽)	4000.00
72	凌海市(辽)	3150.00
73	喀喇沁左翼蒙古族自治县(辽)	1687.00
74	建平县(辽)	1500.00
75	青浦区(沪)	3366.02
76	赣榆区(苏)	133125.00
77	新沂市(苏)	58260.00
78	丰　县(苏)	50000.00
79	铜山区(苏)	42156.00
80	邳州市(苏)	38260.00
81	泗阳县(苏)	30000.00
82	贾汪区(苏)	27450.00
83	泗洪县(苏)	27000.00
84	如东县(苏)	21000.00
85	沛　县(苏)	17986.00
86	江阴市(苏)	16400.00
87	盐都区(苏)	13500.00
88	连云港市市辖区(苏)	10147.00
89	阜宁县(苏)	8500.00
90	滨湖区(苏)	7600.00
91	兴化市(苏)	7390.00
92	睢宁县(苏)	6700.00
93	张家港市(苏)	5995.00
94	东海县(苏)	5362.00
95	宜兴市(苏)	4399.00
96	江都区(苏)	3790.00
97	建湖县(苏)	3692.00
98	丹阳市(苏)	3600.00
99	高邮市(苏)	3500.00
100	盱眙县(苏)	3315.00
101	灌南县(苏)	2932.00
102	靖江市(苏)	2900.00
103	吴中区(苏)	2877.60
104	姜堰区(苏)	2693.00
105	泰兴市(苏)	2600.00
106	通州区(苏)	2600.00
107	淮阴区(苏)	2453.00
108	昆山市(苏)	2263.00
109	仪征市(苏)	2100.00
110	扬中市(苏)	2040.00
111	宿豫区(苏)	1996.00
112	海安县(苏)	1800.00
113	启东市(苏)	1650.00
114	响水县(苏)	1556.00
115	如皋市(苏)	1500.00
116	沭阳县(苏)	1500.00
117	相城区(苏)	1285.00
118	海门市(苏)	1242.00
119	灌云县(苏)	1100.00
120	嵊州市(浙)	25000.00
121	长兴县(浙)	21200.00
122	宁海县(浙)	17000.00
123	义乌市(浙)	16131.00
124	建德市(浙)	11445.00
125	秀洲区(浙)	10970.00
126	桐庐县(浙)	9605.00
127	金东区(浙)	9422.00
128	余杭区(浙)	7946.00
129	吴兴区(浙)	6440.00
130	天台县(浙)	6000.00
131	浦江县(浙)	5541.00
132	上虞区(浙)	5475.00
133	松阳县(浙)	3346.00
134	永康市(浙)	3025.00
135	温岭市(浙)	1963.25
136	萧山区(浙)	1300.00
137	衢江区(浙)	1176.00
138	龙泉市(浙)	1043.00
139	砀山县(皖)	583028.00
140	来安县(皖)	45820.00
141	明光市(皖)	30300.00
142	全椒县(皖)	15400.00
143	南谯区(皖)	12000.00
144	无为县(皖)	11380.00
145	烈山区(皖)	10718.00
146	颍上县(皖)	9936.00
147	濉溪县(皖)	9667.00
148	颍泉区(皖)	8761.00
149	相山区(皖)	8340.00
150	当涂县(皖)	8055.00
151	凤阳县(皖)	5310.00
152	颍东区(皖)	4000.00
153	琅琊区(皖)	3400.00
154	歙　县(皖)	3074.00
155	阜南县(皖)	3000.00
156	宜秀区(皖)	2800.00
157	青阳县(皖)	2566.00
158	太湖县(皖)	2445.00
159	界首市(皖)	2250.00
160	杜集区(皖)	2035.00
161	含山县(皖)	2000.00
162	淮上区(皖)	2000.00
163	固镇县(皖)	2000.00
164	博望区(皖)	1900.00
165	芜湖县(皖)	1850.00
166	桐城市(皖)	1725.00
167	东至县(皖)	1670.00
168	会昌县(赣)	4746.00
169	永修县(赣)	3645.00
170	龙南县(赣)	3579.00
171	临川区(赣)	3020.00
172	于都县(赣)	2211.00
173	赣县区(赣)	1660.00
174	新干县(赣)	1473.00
175	石城县(赣)	1201.00
176	余江县(赣)	1000.00

(续表)

序号	桃主产地	产量（吨）	序号	桃主产地	产量（吨）	序号	桃主产地	产量（吨）
177	临朐县(鲁)	150000.00	221	临邑县(鲁)	5650.00	265	嵩　县(豫)	9127.00
178	沂水县(鲁)	148571.00	222	巨野县(鲁)	5600.00	266	济源市(豫)	9100.00
179	费　县(鲁)	145800.00	223	宁阳县(鲁)	5578.00	267	鲁山县(豫)	9100.00
180	平邑县(鲁)	143500.00	224	齐河县(鲁)	5340.00	268	洛宁县(豫)	9100.00
181	南部山区管理区(鲁)	132240.00	225	梁山县(鲁)	5288.00	269	孟津县(豫)	8900.00
182	青州市(鲁)	56580.00	226	淄川区(鲁)	5000.00	270	温　县(豫)	8680.00
183	邹城市(鲁)	55100.00	227	阳谷县(鲁)	4833.00	271	汤阴县(豫)	8447.00
184	冠　县(鲁)	54000.00	228	东阿县(鲁)	4200.00	272	辉县市(豫)	8200.00
185	新泰市(鲁)	52110.00	229	长清区(鲁)	4200.00	273	南召县(豫)	8000.00
186	诸城市(鲁)	50400.00	230	临淄区(鲁)	4042.00	274	项城市(豫)	8000.00
187	兰陵县(鲁)	49986.00	231	平原县(鲁)	3600.00	275	舞钢市(豫)	6880.00
188	钢城区(鲁)	48913.00	232	垦利区(鲁)	3550.00	276	潢川县(豫)	6820.00
189	莒　县(鲁)	48735.00	233	章丘区(鲁)	3475.00	277	沁阳市(豫)	6593.00
190	泗水县(鲁)	28550.00	234	武城县(鲁)	3435.00	278	民权县(豫)	6550.00
191	莱阳市(鲁)	28493.00	235	栖霞市(鲁)	3365.00	279	新野县(豫)	6500.00
192	枣庄市市中区(鲁)	25785.00	236	牟平区(鲁)	3199.00	280	夏邑县(豫)	6000.00
193	鱼台县(鲁)	25660.00	237	潍城区(鲁)	3000.00	281	遂平县(豫)	5800.00
194	历城区(鲁)	24000.00	238	高密市(鲁)	2750.00	282	杞　县(豫)	5600.00
195	岱岳区(鲁)	22525.00	239	兖州区(鲁)	2600.00	283	孟州市(豫)	5517.00
196	海阳市(鲁)	22500.00	240	临清市(鲁)	2600.00	284	商水县(豫)	5430.00
197	莱芜区(鲁)	21072.00	241	汶上县(鲁)	2400.00	285	驿城区(豫)	5000.00
198	昌乐县(鲁)	21000.00	242	平阴县(鲁)	2378.10	286	长垣县(豫)	4900.00
199	蓬莱市(鲁)	21000.00	243	茌平县(鲁)	2289.00	287	山城区(豫)	4900.00
200	五莲县(鲁)	20510.00	244	济南市市中区(鲁)	2236.00	288	平桥区(豫)	4550.00
201	肥城市(鲁)	20235.00	245	桓台县(鲁)	1790.00	289	卢氏县(豫)	4400.00
202	惠民县(鲁)	19600.00	246	广饶县(鲁)	1582.00	290	社旗县(豫)	4200.00
203	鄄城县(鲁)	18000.00	247	乐陵市(鲁)	1423.00	291	汝南县(豫)	4033.00
204	寿光市(鲁)	16400.00	248	陵城区(鲁)	1162.00	292	红旗区(豫)	4000.00
205	荣成市(鲁)	15000.00	249	莱芜市高新技术产业开发区(鲁)	1160.00	293	通许县(豫)	3900.00
206	济阳区(鲁)	14625.00	250	天桥区(鲁)	1010.00	294	封丘县(豫)	3800.00
207	曲阜市(鲁)	13500.00	251	兰考县(豫)	51300.00	295	获嘉县(豫)	3420.00
208	河东区(鲁)	13430.00	252	唐河县(豫)	37800.00	296	伊川县(豫)	3400.00
209	莒南县(鲁)	12115.40	253	武陟县(豫)	30583.00	297	邓州市(豫)	3107.00
210	夏津县(鲁)	11000.00	254	永城市(豫)	26870.00	298	郏　县(豫)	3100.00
211	泰安市高新区(鲁)	10450.00	255	光山县(豫)	22000.00	299	新蔡县(豫)	3100.00
212	昌邑市(鲁)	10092.00	256	太康县(豫)	17500.00	300	固始县(豫)	3000.00
213	微山县(鲁)	10000.00	257	卫辉市(豫)	15858.00	301	湛河区(豫)	2870.00
214	嘉祥县(鲁)	9120.00	258	郾城区(豫)	14010.00	302	襄城县(豫)	2835.00
215	东平县(鲁)	8262.00	259	栾川县(豫)	12870.00	303	上蔡县(豫)	2670.00
216	成武县(鲁)	8000.00	260	濮阳市高新区(豫)	12220.00	304	郸城县(豫)	2560.00
217	招远市(鲁)	8000.00	261	扶沟县(豫)	12105.00	305	登封市(豫)	2500.00
218	峄城区(鲁)	7640.00	262	宜阳县(豫)	10920.00	306	龙亭区(豫)	2432.00
219	德城区(鲁)	6030.00	263	博爱县(豫)	10500.00	307	渑池县(豫)	2335.00
220	坊子区(鲁)	6000.00	264	鄢陵县(豫)	10055.00	308	长葛市(豫)	2220.00

(续表)

序号	桃主产地	产量(吨)
309	新密市(豫)	2100.00
310	建安区(豫)	2050.00
311	新安县(豫)	1978.00
312	淇滨区(豫)	1916.00
313	禹王台区(豫)	1800.00
314	林州市(豫)	1750.00
315	台前县(豫)	1700.00
316	汝阳县(豫)	1580.00
317	中原区(豫)	1500.00
318	叶　县(豫)	1400.00
319	川汇区(豫)	1375.00
320	新　县(豫)	1360.00
321	洛龙区(豫)	1290.00
322	濮阳县(豫)	1200.00
323	安阳县(豫)	1100.00
324	枣阳市(鄂)	255641.00
325	随　县(鄂)	52116.00
326	枝江市(鄂)	34000.00
327	老河口市(鄂)	30000.00
328	孝南区(鄂)	25000.00
329	广水市(鄂)	22500.00
330	屈家岭管理区(鄂)	20000.00
331	新洲区(鄂)	18650.00
332	当阳市(鄂)	14588.00
333	沙洋县(鄂)	14175.00
334	钟祥市(鄂)	11200.00
335	襄州区(鄂)	11030.00
336	安陆市(鄂)	9853.00
337	蔡甸区(鄂)	7650.00
338	京山县(鄂)	6450.00
339	监利县(鄂)	5330.00
340	黄陂区(鄂)	4500.00
341	竹山县(鄂)	4500.00
342	汉川市(鄂)	3600.00
343	掇刀区(鄂)	3400.00
344	巴东县(鄂)	3360.00
345	阳新县(鄂)	2926.00
346	襄城区(鄂)	2700.00
347	嘉鱼县(鄂)	2562.00
348	麻城市(鄂)	2500.00
349	丹江口市(鄂)	1800.00
350	孝昌县(鄂)	1800.00
351	通城县(鄂)	1755.00
352	曾都区(鄂)	1671.00

(续表)

序号	桃主产地	产量(吨)
353	谷城县(鄂)	1670.00
354	浠水县(鄂)	1636.00
355	云梦县(鄂)	1560.00
356	宜都市(鄂)	1319.00
357	大冶市(鄂)	1300.00
358	松滋市(鄂)	1300.00
359	郧西县(鄂)	1052.00
360	黄冈市市辖区(鄂)	1050.00
361	郧阳区(鄂)	1000.00
362	东宝区(鄂)	1000.00
363	新化县(湘)	30000.00
364	安仁县(湘)	17500.00
365	资兴市(湘)	16054.00
366	津市市(湘)	10625.00
367	澧　县(湘)	8093.00
368	临武县(湘)	7380.00
369	慈利县(湘)	7245.00
370	赫山区(湘)	6900.00
371	新宁县(湘)	6000.00
372	临澧县(湘)	5995.00
373	石门县(湘)	4000.00
374	新田县(湘)	2800.00
375	宁远县(湘)	2600.00
376	道　县(湘)	2597.00
377	麻阳苗族自治县(湘)	2520.00
378	衡山县(湘)	2394.00
379	会同县(湘)	2000.00
380	衡东县(湘)	2000.00
381	冷水江市(湘)	2000.00
382	隆回县(湘)	1918.00
383	长沙县(湘)	1800.00
384	洞口县(湘)	1700.00
385	东安县(湘)	1482.00
386	北湖区(湘)	1312.00
387	蓝山县(湘)	1284.00
388	保靖县(湘)	1269.00
389	嘉禾县(湘)	1150.00
390	祁东县(湘)	1150.00
391	连平县(粤)	30780.00
392	连州市(粤)	5588.00
393	曲江区(粤)	2759.00
394	五华县(粤)	2451.00
395	恭城瑶族自治县(桂)	75800.00
396	平乐县(桂)	50949.00

(续表)

序号	桃主产地	产量(吨)
397	鹿寨县(桂)	12912.00
398	兴宾区(桂)	8715.00
399	天峨县(桂)	6859.10
400	全州县(桂)	6631.00
401	武鸣区(桂)	4286.00
402	田林县(桂)	3388.00
403	金秀瑶族自治县(桂)	3050.00
404	柳江区(桂)	2549.00
405	龙胜各族自治县(桂)	2196.00
406	隆林各族自治县(桂)	1490.00
407	八步区(桂)	1464.00
408	武宣县(桂)	1356.00
409	龙泉驿区(川)	60241.00
410	金堂县(川)	40692.00
411	西充县(川)	35000.00
412	青白江区(川)	25000.00
413	广汉市(川)	21055.00
414	双流区(川)	16993.00
415	大英县(川)	15106.00
416	丹棱县(川)	13910.00
417	安州区(川)	10000.00
418	会理县(川)	9823.00
419	邻水县(川)	4640.00
420	南江县(川)	4632.00
421	乐至县(川)	4500.00
422	盐源县(川)	4000.00
423	邛崃市(川)	3653.00
424	万源市(川)	3180.00
425	巴州区(川)	3060.00
426	高　县(川)	3010.00
427	中江县(川)	3000.00
428	屏山县(川)	3000.00
429	西昌市(川)	2530.00
430	阆中市(川)	2510.00
431	游仙区(川)	2510.00
432	隆昌县(川)	2334.00
433	嘉陵区(川)	1700.00
434	大邑县(川)	1655.00
435	宁南县(川)	1644.00
436	翠屏区(川)	1465.00
437	南溪区(川)	1200.00
438	筠连县(川)	1000.00
439	余庆县(黔)	69885.00
440	镇远县(黔)	31210.00

（续表）

序号	桃主产地	产量（吨）
441	兴义市(黔)	9668.00
442	桐梓县(黔)	7380.00
443	三都水族自治县(黔)	6152.00
444	播州区(黔)	4312.00
445	荔波县(黔)	4023.00
446	黎平县(黔)	3436.00
447	正安县(黔)	3100.00
448	凯里市(黔)	2704.00
449	独山县(黔)	2370.00
450	碧江区(黔)	2260.00
451	三穗县(黔)	2200.00
452	万山区(黔)	1550.00
453	普安县(黔)	1500.00
454	湄潭县(黔)	1260.00
455	天柱县(黔)	1260.00
456	道真仡佬族苗族自治县(黔)	1250.00
457	元江哈尼族彝族傣族自治县(滇)	37088.00
458	弥勒市(滇)	16202.00
459	建水县(滇)	11253.00
460	禄丰县(滇)	9774.00
461	永善县(滇)	9064.00
462	新平彝族傣族自治县(滇)	8151.00
463	个旧市(滇)	5586.00
464	文山市(滇)	4600.00
465	砚山县(滇)	3965.00
466	马龙县(滇)	3660.00
467	红塔区(滇)	3640.00
468	安宁市(滇)	3600.00
469	永胜县(滇)	3168.50
470	广南县(滇)	2898.00
471	楚雄市(滇)	2684.00
472	富宁县(滇)	2635.00
473	峨山彝族自治县(滇)	2502.00
474	牟定县(滇)	2200.00
475	双柏县(滇)	1791.00
476	云　县(滇)	1659.60
477	南华县(滇)	1578.00
478	易门县(滇)	1412.00
479	鹤庆县(滇)	1313.30
480	西畴县(滇)	1200.00
481	宾川县(滇)	1080.00
482	韩城市林业局(陕)	12400.00
483	眉　县(陕)	11668.00

（续表）

序号	桃主产地	产量（吨）
484	扶风县(陕)	10230.00
485	礼泉县(陕)	9187.00
486	旬阳县(陕)	8200.00
487	汉滨区(陕)	7265.00
488	永寿县(陕)	5591.00
489	汉台区(陕)	4000.00
490	渭滨区(陕)	3369.00
491	千阳县(陕)	2013.00
492	略阳县(陕)	1561.00
493	南郑区(陕)	1500.00
494	敦煌市(甘)	14000.00
495	玉门市(甘)	1000.00
496	利通区(宁)	3693.44
497	泽普县(新)	11180.00
498	喀什市(新)	7717.13
499	沙湾县(新)	4000.00
500	策勒县(新)	2827.00
501	墨玉县(新)	2149.00
502	和田县(新)	1305.00
503	洛浦县(新)	1280.00
504	英吉沙县(新)	1012.00

表 6-4　杏主产地产量

序号	杏主产地	产量（吨）
1	密云区(京)	4288.10
2	大兴区(京)	2730.00
3	平谷区(京)	1835.00
4	房山区(京)	1241.10
5	昌平区(京)	1212.40
6	怀柔区(京)	1191.70
7	满城区(冀)	15359.00
8	永清县(冀)	11000.00
9	顺平县(冀)	9000.00
10	新河县(冀)	6557.00
11	鹿泉区(冀)	3767.00
12	万全区(冀)	2480.00
13	易　县(冀)	1806.00
14	围场满族蒙古族自治县(冀)	1800.00
15	迁西县(冀)	1558.00
16	涞源县(冀)	1400.00
17	内丘县(冀)	1300.00
18	滦平县(冀)	1106.00
19	繁峙县(晋)	4000.00

（续表）

序号	杏主产地	产量（吨）
20	平陆县(晋)	3600.00
21	河津市(晋)	2018.00
22	临河区(内蒙古)	8848.00
23	准格尔旗(内蒙古)	5830.00
24	东胜区(内蒙古)	1035.00
25	北镇市(辽)	15980.00
26	凌海市(辽)	12125.00
27	千山区(辽)	4405.00
28	连山区(辽)	3600.00
29	海城市(辽)	1000.00
30	贾汪区(苏)	2853.00
31	铜山区(苏)	2488.00
32	赣榆区(苏)	1200.00
33	东海县(苏)	1057.00
34	邳州市(苏)	1000.00
35	相山区(皖)	20848.00
36	泾　县(皖)	1063.00
37	南部山区管理区(鲁)	64520.00
38	临朐县(鲁)	12000.00
39	东平县(鲁)	9881.00
40	邹城市(鲁)	9210.00
41	新泰市(鲁)	9115.00
42	淄川区(鲁)	9000.00
43	费　县(鲁)	9000.00
44	沂水县(鲁)	7920.00
45	济南市市中区(鲁)	6877.00
46	招远市(鲁)	5000.00
47	长清区(鲁)	4750.00
48	宁阳县(鲁)	4254.00
49	青州市(鲁)	4050.00
50	阳谷县(鲁)	3200.00
51	平阴县(鲁)	2900.00
52	微山县(鲁)	2700.00
53	泗水县(鲁)	2684.00
54	鱼台县(鲁)	2470.00
55	临清市(鲁)	2200.00
56	蓬莱市(鲁)	2000.00
57	莱芜区(鲁)	1979.00
58	梁山县(鲁)	1945.00
59	莱阳市(鲁)	1945.00
60	肥城市(鲁)	1905.00
61	夏津县(鲁)	1600.00
62	峄城区(鲁)	1530.00
63	历城区(鲁)	1500.00

(续表)

序号	杏主产地	产量(吨)
64	章丘区(鲁)	1050.00
65	宜阳县(豫)	6800.00
66	内乡县(豫)	6200.00
67	夏邑县(豫)	6000.00
68	舞钢市(豫)	5250.00
69	南乐县(豫)	5242.00
70	沁阳市(豫)	5090.00
71	新密市(豫)	3500.00
72	洛阳市高新区(豫)	3375.00
73	洛宁县(豫)	3370.00
74	渑池县(豫)	3175.00
75	郏　县(豫)	3100.00
76	栾川县(豫)	2950.00
77	登封市(豫)	2500.00
78	鲁山县(豫)	2493.00
79	博爱县(豫)	2000.00
80	济源市(豫)	2000.00
81	温　县(豫)	1560.00
82	嵩　县(豫)	1500.00
83	鄢陵县(豫)	1200.00
84	伊川县(豫)	1130.00
85	建安区(豫)	1110.00
86	青白江区(川)	1960.00
87	礼泉县(陕)	7200.00
88	志丹县(陕)	5800.00
89	韩城市林业局(陕)	2500.00
90	汉滨区(陕)	2375.00
91	旬阳县(陕)	1600.00
92	绥德县(陕)	1063.00
93	山丹县(甘)	4600.00
94	宁　县(甘)	2501.00
95	会宁县(甘)	2060.00
96	玉门市(甘)	1900.00
97	陇西县(甘)	1871.00
98	正宁县(甘)	1350.00
99	高台县(甘)	1150.00
100	英吉沙县(新)	155321.31
101	皮山县(新)	82690.00
102	乌什县(新)	43690.00
103	伽师县(新)	37010.00
104	托克逊县(新)	21717.00
105	策勒县(新)	18925.00
106	新和县(新)	16408.00
107	洛浦县(新)	15600.00

(续表)

序号	杏主产地	产量(吨)
108	于田县(新)	10570.00
109	和田县(新)	9450.00
110	喀什市(新)	8963.15
111	高昌区(新)	8787.00
112	墨玉县(新)	5967.00
113	阿图什市(新)	5401.00
114	鄯善县(新)	3220.00
115	民丰县(新)	2800.00

表 6-5　李主产地产量

序号	李主产地	产量(吨)
1	密云区(京)	4425.90
2	房山区(京)	1806.90
3	顺义区(京)	1480.00
4	昌平区(京)	702.60
5	怀柔区(京)	695.80
6	平谷区(京)	656.70
7	通州区(京)	560.00
8	满城区(冀)	6245.00
9	围场满族蒙古族自治县(冀)	2300.00
10	迁西县(冀)	2130.00
11	滦平县(冀)	827.00
12	敖汉旗(内蒙古)	2800.00
13	五原县(内蒙古)	1590.00
14	乌兰浩特市(内蒙古)	1200.00
15	开鲁县(内蒙古)	825.00
16	盖州市(辽)	6870.00
17	连山区(辽)	5000.00
18	船营区(吉)	4249.00
19	蛟河市(吉)	3668.00
20	东辽县(吉)	1700.00
21	杜尔伯特蒙古族自治县(黑)	13333.00
22	碾子山区(黑)	972.00
23	嵊州市(浙)	21000.00
24	浦江县(浙)	5541.00
25	松阳县(浙)	4818.00
26	永康市(浙)	3430.00
27	金东区(浙)	1650.00
28	桐庐县(浙)	1203.00
29	宁海县(浙)	1000.00
30	义乌市(浙)	958.00
31	余杭区(浙)	607.00
32	龙泉市(浙)	552.00

(续表)

序号	李主产地	产量(吨)
33	天台县(浙)	500.00
34	歙　县(皖)	930.10
35	新泰市(鲁)	2075.00
36	蓬莱市(鲁)	2000.00
37	莱芜区(鲁)	780.00
38	内乡县(豫)	26000.00
39	嵩　县(豫)	4000.00
40	商水县(豫)	2700.00
41	咸丰县(鄂)	1890.00
42	新化县(湘)	75000.00
43	祁东县(湘)	7800.00
44	宁远县(湘)	4980.00
45	中方县(湘)	4800.00
46	涟源市(湘)	3250.00
47	汝城县(湘)	1210.00
48	长沙县(湘)	1000.00
49	临澧县(湘)	510.00
50	麻阳苗族自治县(湘)	500.00
51	五华县(粤)	4500.00
52	曲江区(粤)	2112.00
53	阳山县(粤)	1987.00
54	广宁县(粤)	1377.00
55	八步区(桂)	54767.00
56	武宣县(桂)	33256.00
57	全州县(桂)	19616.00
58	恭城瑶族自治县(桂)	18325.00
59	天峨县(桂)	8379.10
60	鹿寨县(桂)	7961.00
61	田林县(桂)	6026.00
62	南丹县(桂)	5023.00
63	金秀瑶族自治县(桂)	3164.00
64	龙胜各族自治县(桂)	1793.00
65	苍梧县(桂)	1634.00
66	田东县(桂)	1310.00
67	屏山县(川)	103700.00
68	通川区(川)	15000.00
69	江油市(川)	7560.00
70	宜宾县(川)	7230.00
71	古蔺县(川)	5860.00
72	金堂县(川)	5421.00
73	江安县(川)	4600.00
74	兴文县(川)	3150.00
75	理　县(川)	2963.00
76	宣汉县(川)	2720.00

（续表）

序号	李主产地	产量（吨）
77	游仙区(川)	2100.00
78	开江县(川)	2000.00
79	巴州区(川)	1945.00
80	大竹县(川)	1500.00
81	北川羌族自治县(川)	1188.00
82	达川区(川)	950.00
83	苍溪县(川)	750.00
84	邻水县(川)	550.00
85	播州区(黔)	47740.00
86	沿河土家族自治县(黔)	41348.00
87	汇川区(黔)	19500.00
88	思南县(黔)	11968.00
89	岑巩县(黔)	4872.00
90	独山县(黔)	4610.00
91	黎平县(黔)	4557.55
92	罗甸县(黔)	4370.00
93	凯里市(黔)	2420.00
94	兴义市(黔)	2351.00
95	桐梓县(黔)	1800.00
96	碧江区(黔)	685.00
97	遵义市市辖区(黔)	523.00
98	文山市(滇)	60200.00
99	绥江县(滇)	52000.00
100	元江哈尼族彝族傣族自治县(滇)	38124.00
101	砚山县(滇)	12882.00
102	富宁县(滇)	1270.00
103	禄丰县(滇)	1099.00
104	石林彝族自治县(滇)	957.40
105	永胜县(滇)	940.00
106	双柏县(滇)	923.00
107	云　县(滇)	905.50
108	西畴县(滇)	900.00
109	汉滨区(陕)	1971.00
110	岚皋县(陕)	625.00
111	南郑区(陕)	600.00
112	敦煌市(甘)	1200.00
113	沙湾县(新)	2900.00

表 6-6　樱桃主产地产量

序号	樱桃主产地	产量（吨）
1	通州区(京)	4990.00
2	房山区(京)	1793.00

（续表）

序号	樱桃主产地	产量（吨）
3	昌平区(京)	1162.60
4	顺义区(京)	900.00
5	密云区(京)	670.50
6	海淀区(京)	503.50
7	平谷区(京)	427.00
8	门头沟区(京)	113.00
9	怀柔区(京)	102.50
10	山海关区(冀)	9970.00
11	赞皇县(冀)	5500.00
12	海港区(冀)	1244.00
13	永清县(冀)	600.00
14	鸡泽县(冀)	336.00
15	迁西县(冀)	326.00
16	井陉矿区(冀)	220.00
17	满城区(冀)	106.00
18	河津市(晋)	300.00
19	金普新区(辽)	90500.00
20	海安县(苏)	100.00
21	通州区(苏)	100.00
22	浦江县(浙)	955.00
23	天台县(浙)	200.00
24	温岭市(浙)	120.00
25	宁海县(浙)	120.00
26	含山县(皖)	120.00
27	岳西县(皖)	102.00
28	临朐县(鲁)	112000.00
29	栖霞市(鲁)	36451.00
30	福山区(鲁)	28900.00
31	莱阳市(鲁)	23031.00
32	蓬莱市(鲁)	21000.00
33	新泰市(鲁)	15975.00
34	山亭区(鲁)	14210.00
35	冠　县(鲁)	10610.00
36	肥城市(鲁)	10442.00
37	曲阜市(鲁)	9000.00
38	龙口市(鲁)	6090.00
39	五莲县(鲁)	5230.00
40	泰山区(鲁)	4294.00
41	莒南县(鲁)	4200.00
42	沂水县(鲁)	2865.00
43	青州市(鲁)	2500.00
44	章丘区(鲁)	2000.00
45	莱芜区(鲁)	1233.00
46	东平县(鲁)	1212.00

（续表）

序号	樱桃主产地	产量（吨）
47	泗水县(鲁)	870.00
48	费　县(鲁)	750.00
49	昌乐县(鲁)	660.00
50	巨野县(鲁)	630.00
51	兖州区(鲁)	450.00
52	高密市(鲁)	273.00
53	枣庄市市中区(鲁)	246.50
54	成武县(鲁)	160.00
55	鄄城县(鲁)	150.00
56	阳谷县(鲁)	130.00
57	梁山县(鲁)	100.00
58	卢氏县(豫)	10200.00
59	新密市(豫)	7100.00
60	镇平县(豫)	5000.00
61	栾川县(豫)	3400.00
62	台前县(豫)	3000.00
63	孟津县(豫)	1500.00
64	西工区(豫)	1000.00
65	长垣县(豫)	700.00
66	洛龙区(豫)	500.00
67	淮阳县(豫)	396.00
68	商水县(豫)	360.00
69	义马市(豫)	320.00
70	睢　县(豫)	290.00
71	襄城县(豫)	152.00
72	卫滨区(豫)	150.00
73	临颍县(豫)	132.00
74	禹王台区(豫)	110.00
75	房　县(鄂)	3161.00
76	保康县(鄂)	924.00
77	郧阳区(鄂)	200.00
78	澧　县(湘)	150.00
79	汶川县(川)	1850.00
80	理　县(川)	1749.00
81	巴州区(川)	625.00
82	木里藏族自治县(川)	100.00
83	播州区(黔)	2310.00
84	汇川区(黔)	1200.00
85	桐梓县(黔)	200.00
86	彝良县(滇)	1500.00
87	永胜县(滇)	627.40
88	禄丰县(滇)	318.00
89	大姚县(滇)	115.00
90	铜川市新区(陕)	9000.00

(续表)

序号	樱桃主产地	产量(吨)
91	西乡县(陕)	4160.00
92	眉　县(陕)	2990.00
93	渭滨区(陕)	1929.00
94	旬阳县(陕)	800.00
95	略阳县(陕)	759.00
96	韩城市林业局(陕)	720.00
97	南郑区(陕)	300.00
98	石泉县(陕)	250.00
99	汉滨区(陕)	148.00
100	白河县(陕)	128.00
101	镇坪县(陕)	120.00
102	乐都区(青)	800.00
103	喀什市(新)	133.57

表 6-7　猕猴桃主产地产量

序号	猕猴桃主产地	产量(吨)
1	振安区(辽)	400.00
2	岫岩满族自治县(辽)	100.00
3	桓仁满族自治县(辽)	100.00
4	新沂市(苏)	2260.00
5	赣榆区(苏)	2250.00
6	海门市(苏)	1844.00
7	江都区(苏)	610.00
8	邳州市(苏)	600.00
9	高港区(苏)	500.00
10	东台市(苏)	400.00
11	阜宁县(苏)	200.00
12	姜堰区(苏)	192.00
13	泗洪县(苏)	190.00
14	通州区(苏)	125.00
15	相城区(苏)	100.00
16	上虞区(浙)	7000.00
17	衢江区(浙)	4197.00
18	义乌市(浙)	2346.00
19	浦江县(浙)	2168.00
20	嵊州市(浙)	1800.00
21	宁海县(浙)	1500.00
22	长兴县(浙)	1160.00
23	桐庐县(浙)	1010.00
24	天台县(浙)	1000.00
25	柯城区(浙)	1000.00
26	余杭区(浙)	850.00
27	瑞安市(浙)	628.00
28	温岭市(浙)	507.50
29	婺城区(浙)	394.00
30	文成县(浙)	380.00
31	吴兴区(浙)	375.00
32	龙泉市(浙)	364.00
33	庆元县(浙)	275.00
34	永康市(浙)	190.00
35	开化县(浙)	100.00
36	岳西县(皖)	11020.00
37	歙　县(皖)	1725.00
38	休宁县(皖)	428.00
39	太湖县(皖)	302.00
40	五河县(皖)	231.32
41	博望区(皖)	230.00
42	奉新县(赣)	37897.00
43	安远县(赣)	4845.00
44	上栗县(赣)	1215.00
45	玉山县(赣)	754.00
46	安福县(赣)	200.00
47	黎川县(赣)	190.00
48	上饶县(赣)	182.00
49	濂溪区(赣)	150.00
50	湘东区(赣)	130.00
51	全南县(赣)	124.00
52	靖安县(赣)	114.00
53	芦溪县(赣)	101.00
54	余江县(赣)	100.00
55	泰安市高新区(鲁)	330.00
56	长清区(鲁)	150.00
57	内乡县(豫)	2600.00
58	栾川县(豫)	2450.00
59	卢氏县(豫)	1600.00
60	孟津县(豫)	1400.00
61	鲁山县(豫)	920.00
62	郸城县(豫)	670.00
63	舞阳县(豫)	600.00
64	洛宁县(豫)	350.00
65	汝南县(豫)	341.00
66	获嘉县(豫)	250.00
67	扶沟县(豫)	225.00
68	郾城区(豫)	219.00
69	长葛市(豫)	195.00
70	山阳区(豫)	189.00
71	平桥区(豫)	158.00
72	新　县(豫)	106.00
73	洛龙区(豫)	100.00
74	建始县(鄂)	14400.00
75	广水市(鄂)	7500.00
76	老河口市(鄂)	5000.00
77	鹤峰县(鄂)	2700.00
78	巴东县(鄂)	2166.00
79	郧阳区(鄂)	2000.00
80	丹江口市(鄂)	2000.00
81	夷陵区(鄂)	1000.00
82	黄陂区(鄂)	1000.00
83	房　县(鄂)	980.00
84	钟祥市(鄂)	850.00
85	秭归县(鄂)	778.00
86	松滋市(鄂)	750.00
87	通城县(鄂)	687.00
88	竹溪县(鄂)	573.00
89	随　县(鄂)	573.00
90	长阳土家族自治县(鄂)	500.00
91	襄州区(鄂)	402.00
92	咸丰县(鄂)	396.00
93	谷城县(鄂)	325.00
94	英山县(鄂)	290.00
95	新洲区(鄂)	259.00
96	安陆市(鄂)	250.00
97	竹山县(鄂)	250.00
98	保康县(鄂)	231.00
99	阳新县(鄂)	185.00
100	兴山县(鄂)	159.00
101	新化县(湘)	8000.00
102	新宁县(湘)	3000.00
103	保靖县(湘)	2913.00
104	靖州苗族侗族自治县(湘)	2620.00
105	桑植县(湘)	1900.00
106	隆回县(湘)	1352.00
107	道　县(湘)	1108.00
108	石门县(湘)	1080.00
109	沅陵县(湘)	1051.00
110	花垣县(湘)	1035.00
111	武冈市(湘)	616.00
112	麻阳苗族自治县(湘)	389.00
113	慈利县(湘)	376.00
114	祁东县(湘)	330.00
115	洞口县(湘)	300.00

（续表）

序号	猕猴桃主产地	产量（吨）
116	长沙县(湘)	300.00
117	绥宁县(湘)	280.00
118	零陵区(湘)	250.00
119	临武县(湘)	150.00
120	澧　县(湘)	150.00
121	宁乡市(湘)	120.00
122	桂东县(湘)	101.00
123	和平县(粤)	1287.00
124	龙门县(粤)	345.00
125	南丹县(桂)	2557.00
126	全州县(桂)	869.00
127	龙胜各族自治县(桂)	252.00
128	苍溪县(川)	54100.00
129	都江堰市(川)	45000.00
130	邛崃市(川)	43368.00
131	蒲江县(川)	37000.00
132	安州区(川)	24000.00
133	大邑县(川)	7524.00
134	名山区(川)	7500.00
135	昭化区(川)	6563.00
136	彭州市(川)	6098.00
137	什邡市(川)	5345.00
138	绵竹市(川)	5092.00
139	南江县(川)	4461.00
140	通川区(川)	3000.00
141	巴州区(川)	2245.00
142	南溪区(川)	1200.00
143	新都区(川)	1000.00
144	金堂县(川)	931.00
145	仪陇县(川)	900.00
146	兴文县(川)	896.00
147	崇州市(川)	845.00
148	游仙区(川)	820.00
149	北川羌族自治县(川)	778.00
150	邻水县(川)	400.00
151	剑阁县(川)	400.00
152	恩阳区(川)	345.00
153	双流区(川)	303.00
154	乐山市市中区(川)	280.00
155	平昌县(川)	220.00
156	宜宾县(川)	192.00
157	马边彝族自治县(川)	141.00
158	阆中市(川)	104.00
159	筠连县(川)	100.00

（续表）

序号	猕猴桃主产地	产量（吨）
160	正安县(黔)	6650.00
161	凯里市(黔)	1960.00
162	播州区(黔)	1076.00
163	三穗县(黔)	820.00
164	道真仡佬族苗族自治县(黔)	550.00
165	大方县(黔)	400.00
166	兴义市(黔)	400.00
167	桐梓县(黔)	350.00
168	三都水族自治县(黔)	326.00
169	黔西县(黔)	320.00
170	独山县(黔)	260.00
171	碧江区(黔)	160.00
172	湄潭县(黔)	120.00
173	永善县(滇)	3000.00
174	腾冲市(滇)	3000.00
175	建水县(滇)	1303.00
176	绥江县(滇)	840.00
177	永胜县(滇)	252.00
178	新平彝族傣族自治县(滇)	207.00
179	威信县(滇)	190.00
180	眉　县(陕)	405145.00
181	扶风县(陕)	31686.00
182	城固县(陕)	25590.00
183	渭滨区(陕)	4590.00
184	南郑区(陕)	900.00
185	汉滨区(陕)	812.00
186	镇坪县(陕)	750.00
187	略阳县(陕)	538.00
188	陈仓区(陕)	495.00
189	商南县(陕)	475.00
190	柞水县(陕)	400.00
191	佛坪县(陕)	310.00
192	西乡县(陕)	223.00
193	岚皋县(陕)	160.00
194	石泉县(陕)	150.00

表 6-8　鲜葡萄主产地产量

序号	鲜葡萄主产地	产量（吨）
1	通州区(京)	5600.00
2	静海区(津)	2201.90
3	顺平县(冀)	26000.00
4	满城区(冀)	11355.00
5	香河县(冀)	7130.00

（续表）

序号	鲜葡萄主产地	产量（吨）
6	广平县(冀)	2250.00
7	忻府区(晋)	1183.10
8	海南区(内蒙古)	1650.00
9	临河区(内蒙古)	1087.00
10	新民市(辽)	9900.00
11	东洲区(辽)	4990.00
12	铁锋区(黑)	3750.00
13	铜山区(苏)	30371.00
14	靖江市(苏)	3350.00
15	衢江区(浙)	9058.00
16	夏津县(鲁)	22500.00
17	新泰市(鲁)	7662.00
18	鄄城县(鲁)	1770.00
19	长垣县(豫)	38500.00
20	商水县(豫)	6180.00
21	嵩　县(豫)	5520.00
22	惠济区(豫)	3799.00
23	松滋市(鄂)	8800.00
24	钟祥市(鄂)	5230.00
25	蔡甸区(鄂)	3770.00
26	鼎城区(湘)	3300.00
27	耒阳市(湘)	3300.00
28	祁东县(湘)	2900.00
29	岳阳县(湘)	1500.00
30	兴宾区(桂)	5400.00
31	腾冲市(滇)	1800.00
32	玉门市(甘)	3400.00
33	永宁县(宁)	14700.00
34	青铜峡市(宁)	12000.00
35	利通区(宁)	4950.00
36	灵武市(宁)	1236.00
37	昌吉市(新)	33495.00
38	呼图壁县(新)	16733.00
39	巴里坤哈萨克自治县(新)	8608.00

表 6-9　山楂主产地产量

序号	山楂主产地	产量（吨）
1	临猗县(晋)	11000.00
2	河津市(晋)	7500.00
3	泽州县(晋)	5680.00
4	夏　县(晋)	3750.00
5	祁　县(晋)	3740.60
6	长治县(晋)	913.00

(续表)

序号	山楂主产地	产量(吨)
7	黎城县(晋)	800.00
8	尖草坪区(晋)	320.00
9	陵川县(晋)	155.00
10	长子县(晋)	130.00
11	清原满族自治县(辽)	2120.00
12	法库县(辽)	1900.00
13	新宾满族自治县(辽)	149.60
14	辉南县(吉)	670.00
15	费　县(鲁)	70000.00
16	平邑县(鲁)	26580.00
17	青州市(鲁)	22500.00
18	新泰市(鲁)	16940.00
19	沂源县(鲁)	15120.00
20	昌邑市(鲁)	12005.00
21	莱芜区(鲁)	9760.00
22	曲阜市(鲁)	4500.00
23	济阳区(鲁)	4400.00
24	岱岳区(鲁)	3769.00
25	钢城区(鲁)	2533.00
26	山亭区(鲁)	1855.00
27	河东区(鲁)	304.00
28	博山区(鲁)	260.00
29	平阴县(鲁)	219.00
30	阳谷县(鲁)	151.00
31	兖州区(鲁)	100.00
32	汝阳县(豫)	781.00
33	鹤山区(豫)	225.00
34	鹿寨县(桂)	1300.00

表 6-10　柚主产地产量

序号	柚主产地	产量(吨)
1	温岭市(浙)	1242.00
2	玉山县(赣)	35160.00
3	余江县(赣)	3000.00
4	于都县(赣)	2800.00
5	会昌县(赣)	452.00
6	沙市区(鄂)	2200.00
7	巴东县(鄂)	2073.50
8	咸丰县(鄂)	1295.00
9	津市市(湘)	10000.00
10	麻阳苗族自治县(湘)	5625.00
11	澧　县(湘)	4360.00
12	鼎城区(湘)	2350.00

(续表)

序号	柚主产地	产量(吨)
13	安仁县(湘)	1600.00
14	新化县(湘)	1500.00
15	耒阳市(湘)	1500.00
16	保靖县(湘)	680.00
17	南岳区(湘)	360.00
18	双峰县(湘)	299.00
19	五华县(粤)	18551.00
20	曲江区(粤)	2327.00
21	广宁县(粤)	576.00
22	乳源瑶族自治县(粤)	350.00
23	新丰江林管局(粤)	150.00
24	恭城瑶族自治县(桂)	157954.00
25	武宣县(桂)	14203.00
26	八步区(桂)	6620.00
27	全州县(桂)	6400.00
28	天峨县(桂)	4797.80
29	苍梧县(桂)	1901.00
30	田东县(桂)	1408.00
31	金秀瑶族自治县(桂)	660.00
32	龙胜各族自治县(桂)	538.00
33	那坡县(桂)	163.00
34	儋州市(琼)	4868.00
35	梓潼县(川)	3920.00
36	盐亭县(川)	2800.00
37	巴州区(川)	2612.00
38	达川区(川)	1000.00
39	邻水县(川)	450.00
40	岑巩县(黔)	20000.00
41	播州区(黔)	6445.00
42	碧江区(黔)	4180.00
43	罗甸县(黔)	986.00
44	思南县(黔)	720.00
45	万山区(黔)	380.00
46	瑞丽市(滇)	7860.90
47	西畴县(滇)	350.00
48	永胜县(滇)	245.70

表 6-11　柑橘主产地产量

序号	柑橘主产地	产量(吨)
1	张家港市(苏)	6302.00
2	吴中区(苏)	3805.60
3	滨湖区(苏)	2870.00
4	海门市(苏)	1270.00

(续表)

序号	柑橘主产地	产量(吨)
5	衢江区(浙)	134926.00
6	常山县(浙)	91316.00
7	金东区(浙)	63910.00
8	柯城区(浙)	54557.00
9	建德市(浙)	48400.00
10	松阳县(浙)	23689.00
11	天台县(浙)	20610.00
12	庆元县(浙)	16995.00
13	江山市(浙)	16500.00
14	瑞安市(浙)	16270.00
15	温岭市(浙)	14913.00
16	义乌市(浙)	10008.00
17	婺城区(浙)	9600.00
18	宁海县(浙)	7300.00
19	洞头区(浙)	3950.00
20	永康市(浙)	3255.00
21	龙泉市(浙)	2309.00
22	嵊州市(浙)	1200.00
23	上虞区(浙)	1150.00
24	余杭区(浙)	1102.00
25	太湖县(皖)	4472.00
26	宜秀区(皖)	4300.00
27	宿松县(皖)	4030.00
28	歙　县(皖)	2458.00
29	东至县(皖)	1570.00
30	南丰县(赣)	1350050.00
31	崇仁县(赣)	300000.00
32	新干县(赣)	242529.00
33	会昌县(赣)	165298.00
34	信丰县(赣)	104899.00
35	广昌县(赣)	91534.00
36	南城县(赣)	90600.00
37	兴国县(赣)	71138.00
38	金溪县(赣)	60672.00
39	赣县区(赣)	57386.00
40	遂川县(赣)	56952.00
41	临川区(赣)	56655.00
42	永修县(赣)	54673.00
43	龙南县(赣)	52437.00
44	靖安县(赣)	43600.00
45	玉山县(赣)	33000.00
46	吉水县(赣)	32199.00
47	黎川县(赣)	26422.00
48	武宁县(赣)	23854.00

（续表）

序号	柑橘主产地	产量（吨）
49	石城县(赣)	21936.00
50	全南县(赣)	21324.00
51	泰和县(赣)	14426.00
52	安福县(赣)	12278.00
53	樟树市(赣)	9746.00
54	湘东区(赣)	9500.00
55	定南县(赣)	8223.00
56	南昌县(赣)	8000.00
57	渝水区(赣)	6673.00
58	余江县(赣)	6000.00
59	永丰县(赣)	5523.00
60	峡江县(赣)	3300.00
61	奉新县(赣)	2744.00
62	井冈山市(赣)	2488.00
63	铜鼓县(赣)	1900.00
64	濂溪区(赣)	1650.00
65	横峰县(赣)	1593.00
66	上栗县(赣)	1100.00
67	内乡县(豫)	6200.00
68	淅川县(豫)	5000.00
69	枝江市(鄂)	704510.00
70	宜都市(鄂)	632218.00
71	秭归县(鄂)	601478.00
72	当阳市(鄂)	569520.00
73	丹江口市(鄂)	300000.00
74	松滋市(鄂)	265800.00
75	兴山县(鄂)	96918.00
76	南漳县(鄂)	73428.00
77	夷陵区(鄂)	71400.00
78	巴东县(鄂)	62750.00
79	长阳土家族自治县(鄂)	57300.00
80	点军区(鄂)	50200.00
81	漳河新区(鄂)	45000.00
82	阳新县(鄂)	43921.00
83	猇亭区(鄂)	37500.00
84	远安县(鄂)	25400.00
85	京山县(鄂)	23400.00
86	沙洋县(鄂)	21220.00
87	钟祥市(鄂)	21000.00
88	浠水县(鄂)	16748.00
89	宣恩县(鄂)	13750.00
90	通山县(鄂)	10230.00
91	鹤峰县(鄂)	10000.00
92	西陵区(鄂)	9210.00

（续表）

序号	柑橘主产地	产量（吨）
93	枣阳市(鄂)	8500.00
94	通城县(鄂)	7526.00
95	蔡甸区(鄂)	7340.00
96	嘉鱼县(鄂)	6815.00
97	监利县(鄂)	5944.00
98	随　县(鄂)	5582.00
99	咸丰县(鄂)	4587.00
100	房　县(鄂)	4085.00
101	伍家岗区(鄂)	3690.00
102	建始县(鄂)	3571.00
103	孝南区(鄂)	3000.00
104	云梦县(鄂)	2770.00
105	大冶市(鄂)	2050.00
106	掇刀区(鄂)	1850.00
107	谷城县(鄂)	1627.00
108	黄陂区(鄂)	1500.00
109	黄冈市市辖区(鄂)	1350.00
110	安陆市(鄂)	1143.00
111	新洲区(鄂)	1120.00
112	石门县(湘)	461800.00
113	洪江市(湘)	410000.00
114	慈利县(湘)	231459.00
115	澧　县(湘)	222881.00
116	资兴市(湘)	175000.00
117	邵东县(湘)	172000.00
118	道　县(湘)	139797.00
119	江永县(湘)	129070.00
120	保靖县(湘)	119511.00
121	宜章县(湘)	80120.00
122	沅江市(湘)	78000.00
123	辰溪县(湘)	69000.00
124	宁远县(湘)	67100.00
125	中方县(湘)	65020.00
126	临澧县(湘)	63895.00
127	安化县(湘)	62708.00
128	津市市(湘)	60000.00
129	麻阳苗族自治县(湘)	50036.00
130	新宁县(湘)	50000.00
131	东安县(湘)	43427.00
132	绥宁县(湘)	40000.00
133	安仁县(湘)	32150.00
134	冷水滩区(湘)	30510.00
135	华容县(湘)	30140.00
136	洞口县(湘)	30000.00

（续表）

序号	柑橘主产地	产量（吨）
137	岳阳县(湘)	30000.00
138	新化县(湘)	30000.00
139	永兴县(湘)	26988.00
140	涟源市(湘)	24200.00
141	靖州苗族侗族自治县(湘)	23650.00
142	临武县(湘)	23000.00
143	耒阳市(湘)	22000.00
144	隆回县(湘)	20086.00
145	鼎城区(湘)	18500.00
146	沅陵县(湘)	17500.00
147	醴陵市(湘)	15950.00
148	汝城县(湘)	13480.00
149	平江县(湘)	13215.00
150	江华瑶族自治县(湘)	13025.00
151	茶陵县(湘)	12500.00
152	衡阳县(湘)	12234.00
153	花垣县(湘)	12000.00
154	鹤城区(湘)	11105.00
155	溆浦县(湘)	9420.00
156	邵阳县(湘)	9300.00
157	大祥区(湘)	9300.00
158	桃源县(湘)	6735.00
159	株洲县(湘)	6480.00
160	常宁市(湘)	6300.00
161	苏仙区(湘)	6142.00
162	双峰县(湘)	5145.00
163	南　县(湘)	5000.00
164	雨湖区(湘)	4905.00
165	零陵区(湘)	4500.00
166	嘉禾县(湘)	3550.00
167	衡山县(湘)	3362.95
168	武冈市(湘)	3030.00
169	珠晖区(湘)	3000.00
170	北湖区(湘)	2821.00
171	炎陵县(湘)	2496.00
172	湘乡市(湘)	2310.00
173	洪江区(湘)	2159.00
174	汨罗市(湘)	2100.00
175	新田县(湘)	2012.00
176	衡东县(湘)	2000.00
177	冷水江市(湘)	1850.00
178	桂阳县(湘)	1712.00
179	金洞林场(湘)	1350.00
180	桂东县(湘)	1343.00

(续表)

序号	柑橘主产地	产量（吨）
181	德庆县(粤)	107935.00
182	仁化县(粤)	106605.00
183	新会区(粤)	103110.00
184	龙门县(粤)	83720.00
185	阳山县(粤)	80155.00
186	廉江市(粤)	58454.00
187	连州市(粤)	55919.00
188	四会市(粤)	50000.00
189	郁南县(粤)	46470.00
190	紫金县(粤)	43787.00
191	清新区(粤)	41200.00
192	曲江区(粤)	24895.00
193	英德市(粤)	19300.00
194	罗定市(粤)	17800.00
195	恩平市(粤)	15777.00
196	五华县(粤)	12973.00
197	广宁县(粤)	12379.00
198	连山壮族瑶族自治县(粤)	10939.00
199	连南瑶族自治县(粤)	9750.00
200	新丰县(粤)	9276.00
201	大埔县(粤)	6150.00
202	潮安区(粤)	5905.00
203	蕉岭县(粤)	5612.00
204	云安区(粤)	5000.00
205	信宜市(粤)	3560.00
206	云城区(粤)	3500.00
207	南澳县(粤)	2080.00
208	高州市(粤)	1978.00
209	普宁市(粤)	1893.00
210	乳源瑶族自治县(粤)	1500.00
211	荔浦县(桂)	475898.00
212	平乐县(桂)	432243.00
213	全州县(桂)	232498.00
214	恭城瑶族自治县(桂)	187728.00
215	融安县(桂)	172918.00
216	苍梧县(桂)	167757.00
217	西林县(桂)	146202.00
218	兴宾区(桂)	115168.00
219	武鸣区(桂)	89505.00
220	龙胜各族自治县(桂)	70574.00
221	浦北县(桂)	69589.00
222	金秀瑶族自治县(桂)	68550.00
223	柳江区(桂)	53605.00
224	武宣县(桂)	52553.00
225	扶绥县(桂)	50185.00
226	鹿寨县(桂)	48308.00
227	右江区(桂)	35459.00
228	八步区(桂)	22700.00
229	钦北区(桂)	20651.00
230	南丹县(桂)	20611.00
231	马山县(桂)	16700.00
232	巴马瑶族自治县(桂)	15235.00
233	北流市(桂)	11908.00
234	三江侗族自治县(桂)	10498.00
235	钦南区(桂)	9958.00
236	平果县(桂)	8587.00
237	田林县(桂)	7400.00
238	东兴市(桂)	5124.00
239	隆林各族自治县(桂)	3957.00
240	那坡县(桂)	3733.00
241	天峨县(桂)	2804.05
242	田东县(桂)	1191.40
243	文昌市(琼)	2622.00
244	蒲江县(川)	245000.00
245	金堂县(川)	182718.00
246	西充县(川)	157500.00
247	邛崃市(川)	105747.00
248	丹棱县(川)	105291.00
249	青神县(川)	63047.00
250	富顺县(川)	59552.00
251	渠　县(川)	53200.00
252	石棉县(川)	52800.00
253	威远县(川)	50368.00
254	宜宾县(川)	50351.00
255	翠屏区(川)	49120.00
256	江安县(川)	46954.00
257	嘉陵区(川)	39000.00
258	双流区(川)	35000.00
259	仪陇县(川)	26000.00
260	井研县(川)	23610.00
261	南溪区(川)	20500.00
262	安州区(川)	19200.00
263	青白江区(川)	18200.00
264	荣　县(川)	17853.00
265	屏山县(川)	17000.00
266	乐山市市中区(川)	16246.00
267	巴州区(川)	15980.00
268	大英县(川)	15032.00
269	通川区(川)	15000.00
270	隆昌县(川)	13995.00
271	五通桥区(川)	13120.00
272	罗江区(川)	13000.00
273	雷波县(川)	12820.00
274	内江市市中区(川)	12000.00
275	开江县(川)	10550.00
276	筠连县(川)	10200.00
277	合江县(川)	9900.00
278	中江县(川)	9800.00
279	阆中市(川)	9500.00
280	龙泉驿区(川)	9352.00
281	泸　县(川)	8077.00
282	新都区(川)	7800.00
283	江油市(川)	7560.00
284	旌阳区(川)	6514.00
285	高　县(川)	6260.00
286	南江县(川)	6254.00
287	船山区(川)	6088.00
288	大竹县(川)	5000.00
289	游仙区(川)	4900.00
290	宁南县(川)	4384.00
291	广汉市(川)	4060.00
292	珙　县(川)	3946.00
293	崇州市(川)	3766.00
294	平昌县(川)	3650.00
295	乐至县(川)	3550.00
296	兴文县(川)	3166.00
297	长宁县(川)	3020.00
298	广安区(川)	2950.00
299	苍溪县(川)	2900.00
300	涪城区(川)	2800.00
301	雁江区(川)	2734.30
302	龙马潭区(川)	2400.00
303	木里藏族自治县(川)	1840.60
304	宣汉县(川)	1710.00
305	会理县(川)	1422.75
306	前锋区(川)	1320.00
307	华蓥市(川)	1000.00
308	达川区(川)	1000.00
309	荔波县(黔)	42037.00
310	余庆县(黔)	39512.00
311	黎平县(黔)	21509.00
312	榕江县(黔)	15300.00

（续表）

序号	柑橘主产地	产量（吨）
313	天柱县(黔)	14905.00
314	三都水族自治县(黔)	14350.00
315	桐梓县(黔)	13000.00
316	七星关区(黔)	10685.00
317	锦屏县(黔)	9685.00
318	独山县(黔)	7505.00
319	播州区(黔)	6694.00
320	镇远县(黔)	5464.00
321	从江县(黔)	5112.00
322	湄潭县(黔)	4580.00
323	黔西县(黔)	3900.00
324	汇川区(黔)	1800.00
325	兴义市(黔)	1608.00
326	碧江区(黔)	1187.00
327	华宁县(滇)	270000.00
328	宾川县(滇)	95916.00
329	新平彝族傣族自治县(滇)	91379.00
330	建水县(滇)	77657.00
331	弥勒市(滇)	48964.00
332	元江哈尼族彝族傣族自治县(滇)	31336.00
333	永善县(滇)	27550.00
334	广南县(滇)	14496.00
335	永胜县(滇)	14128.30
336	芒　市(滇)	9830.79
337	马关县(滇)	8456.00
338	鹤庆县(滇)	7916.00
339	个旧市(滇)	5839.00
340	勐海县(滇)	3593.00
341	元谋县(滇)	3045.00
342	易门县(滇)	3006.60
343	富宁县(滇)	1921.00
344	西畴县(滇)	1719.00
345	文山市(滇)	1663.00
346	云　县(滇)	1256.80
347	城固县(陕)	189000.00
348	汉台区(陕)	50000.00
349	汉滨区(陕)	49782.00
350	旬阳县(陕)	32000.00
351	白河县(陕)	6120.00
352	南郑区(陕)	3600.00
353	紫阳县(陕)	2250.00

表 6-12　枇杷主产地产量

序号	枇杷主产地	产量（吨）
1	青浦区(沪)	107.79
2	吴中区(苏)	7867.00
3	海门市(苏)	1412.00
4	扬中市(苏)	600.00
5	通州区(苏)	200.00
6	余杭区(浙)	6805.00
7	建德市(浙)	4430.00
8	衢江区(浙)	4389.00
9	温岭市(浙)	3045.60
10	宁海县(浙)	2500.00
11	婺城区(浙)	2182.00
12	义乌市(浙)	1124.00
13	金东区(浙)	890.00
14	常山县(浙)	710.00
15	嵊州市(浙)	600.00
16	桐庐县(浙)	405.00
17	松阳县(浙)	356.00
18	天台县(浙)	300.00
19	瑞安市(浙)	298.00
20	秀洲区(浙)	203.00
21	开化县(浙)	200.00
22	文成县(浙)	122.00
23	永康市(浙)	105.00
24	浦江县(浙)	105.00
25	吴兴区(浙)	101.00
26	歙　县(皖)	5183.00
27	咸丰县(鄂)	359.00
28	宁远县(湘)	420.00
29	津市市(湘)	350.00
30	鼎城区(湘)	270.00
31	麻阳苗族自治县(湘)	170.00
32	冷水江市(湘)	100.00
33	石棉县(川)	11000.00
34	屏山县(川)	5000.00
35	游仙区(川)	2200.00
36	北川羌族自治县(川)	1598.00
37	绵竹市(川)	1549.00
38	仪陇县(川)	1500.00
39	巴州区(川)	1350.00
40	宁南县(川)	940.00
41	宣汉县(川)	565.00
42	达川区(川)	500.00
43	涪城区(川)	360.00
44	江油市(川)	155.00

（续表）

序号	枇杷主产地	产量（吨）
45	盐亭县(川)	155.00
46	邻水县(川)	120.00
47	兴义市(黔)	2580.00
48	桐梓县(黔)	1000.00
49	凯里市(黔)	962.00
50	遵义市市辖区(黔)	532.00
51	汇川区(黔)	504.00
52	播州区(黔)	364.00
53	独山县(黔)	210.00
54	镇远县(黔)	160.00
55	陇川县(滇)	642.00
56	石林彝族自治县(滇)	546.00
57	永胜县(滇)	319.00
58	元谋县(滇)	178.00
59	绥江县(滇)	150.00
60	石泉县(陕)	300.00
61	白河县(陕)	200.00
62	南郑区(陕)	120.00

表 6-13　杧果主产地产量

序号	杧果主产地	产量（吨）
1	罗定市(粤)	15800.00
2	雷州市(粤)	14067.50
3	五华县(粤)	1507.00
4	珠海市高新区(粤)	650.00
5	广宁县(粤)	273.00
6	田阳县(桂)	162345.00
7	田东县(桂)	140775.00
8	田林县(桂)	10802.00
9	那坡县(桂)	367.00
10	苍梧县(桂)	131.00
11	三亚市市辖区(琼)	348036.00
12	儋州市(琼)	1617.00
13	仁和区(川)	82719.00
14	攀枝花市东区(川)	4055.00
15	会理县(川)	1797.60
16	宁南县(川)	295.00
17	罗甸县(黔)	200.00
18	元江哈尼族彝族傣族自治县(滇)	127202.00
19	华坪县(滇)	112400.00
20	永胜县(滇)	22215.10
21	个旧市(滇)	7862.60

(续表)

序号	杧果主产地	产量(吨)
22	元谋县(滇)	2647.00
23	云　县(滇)	2150.00
24	古城区(滇)	500.00
25	双柏县(滇)	161.00

表 6-14　荔枝主产地产量

序号	荔枝主产地	产量(吨)
1	高州市(粤)	223608.00
2	廉江市(粤)	114632.00
3	化州市(粤)	29940.00
4	普宁市(粤)	28469.00
5	茂南区(粤)	22071.00
6	罗定市(粤)	12800.00
7	增城区(粤)	9709.25
8	南沙区(粤)	9502.00
9	郁南县(粤)	8698.00
10	五华县(粤)	7554.00
11	紫金县(粤)	6359.00
12	恩平市(粤)	5834.00
13	新会区(粤)	5401.00
14	雷州市(粤)	5344.50
15	云安区(粤)	5300.00
16	花都区(粤)	5100.00
17	茂名市属总林场(粤)	3456.00
18	龙门县(粤)	3000.00
19	从化区(粤)	1800.00
20	高要区(粤)	1498.00
21	潮南区(粤)	1022.40
22	信宜市(粤)	800.00
23	珠海市高新区(粤)	725.00
24	高明区(粤)	685.00
25	广宁县(粤)	480.00
26	蕉岭县(粤)	440.00
27	三水区(粤)	327.66
28	云城区(粤)	200.00
29	新兴县(粤)	188.00
30	南澳县(粤)	130.00
31	钦北区(桂)	168688.00
32	灵山县(桂)	165000.00
33	北流市(桂)	104117.00
34	浦北县(桂)	75000.00
35	武鸣区(桂)	13144.00
36	钦南区(桂)	9026.00

(续表)

序号	荔枝主产地	产量(吨)
37	苍梧县(桂)	4861.00
38	右江区(桂)	3375.00
39	扶绥县(桂)	1710.00
40	兴宾区(桂)	1395.00
41	玉州区(桂)	544.00
42	平果县(桂)	415.00
43	陆川县(桂)	400.00
44	港口区(桂)	350.00
45	武宣县(桂)	340.00
46	鹿寨县(桂)	250.00
47	田东县(桂)	233.00
48	马山县(桂)	207.00
49	巴马瑶族自治县(桂)	154.00
50	琼山区(琼)	30414.00
51	文昌市(琼)	27409.00
52	秀英区(琼)	13017.00
53	儋州市(琼)	6984.00
54	琼中黎族苗族自治县(琼)	1522.00
55	三亚市市辖区(琼)	257.10
56	宜宾县(川)	1691.00
57	屏山县(川)	500.00
58	乐山市市中区(川)	445.00
59	南溪区(川)	300.00
60	江安县(川)	257.00
61	元江哈尼族彝族傣族自治县(滇)	4675.00
62	新平彝族傣族自治县(滇)	1500.00
63	元谋县(滇)	410.00
64	盈江县(滇)	306.60
65	建水县(滇)	249.00
66	瑞丽市(滇)	193.00
67	麻栗坡县(滇)	184.40

表 6-15　龙眼主产地产量

序号	龙眼主产地	产量(吨)
1	高州市(粤)	163457.00
2	廉江市(粤)	31112.00
3	化州市(粤)	15114.00
4	罗定市(粤)	12500.00
5	恩平市(粤)	11123.00
6	茂南区(粤)	11007.00
7	增城区(粤)	5584.95
8	紫金县(粤)	4715.00

(续表)

序号	龙眼主产地	产量(吨)
9	云安区(粤)	4500.00
10	郁南县(粤)	4301.00
11	蕉岭县(粤)	3865.00
12	五华县(粤)	2906.00
13	雷州市(粤)	2849.70
14	新会区(粤)	2565.00
15	茂名市属总林场(粤)	2426.00
16	龙门县(粤)	2066.00
17	南沙区(粤)	2022.00
18	高要区(粤)	1654.00
19	花都区(粤)	1400.00
20	珠海市高新区(粤)	920.00
21	大埔县(粤)	795.00
22	信宜市(粤)	750.00
23	英德市(粤)	500.00
24	南澳县(粤)	427.00
25	连南瑶族自治县(粤)	350.00
26	三水区(粤)	197.86
27	新兴县(粤)	162.00
28	曲江区(粤)	152.00
29	云城区(粤)	150.00
30	新丰县(粤)	149.00
31	广宁县(粤)	131.00
32	武鸣区(桂)	84556.00
33	灵山县(桂)	50202.00
34	钦北区(桂)	38361.00
35	北流市(桂)	35202.00
36	武宣县(桂)	12614.00
37	兴宾区(桂)	10990.00
38	浦北县(桂)	10597.00
39	扶绥县(桂)	10308.00
40	钦南区(桂)	9096.00
41	右江区(桂)	5264.00
42	鹿寨县(桂)	4198.00
43	八步区(桂)	3091.00
44	柳江区(桂)	3086.00
45	平果县(桂)	2520.00
46	苍梧县(桂)	2346.00
47	马山县(桂)	2003.00
48	田东县(桂)	1819.00
49	金秀瑶族自治县(桂)	1284.00
50	巴马瑶族自治县(桂)	759.00
51	柳北区(桂)	600.00
52	玉州区(桂)	426.00

(续表)

序号	龙眼主产地	产量（吨）
53	田阳县(桂)	240.00
54	天峨县(桂)	212.80
55	港口区(桂)	178.00
56	陆川县(桂)	140.00
57	那坡县(桂)	127.00
58	琼山区(琼)	2700.00
59	儋州市(琼)	2156.00
60	三亚市市辖区(琼)	2019.30
61	文昌市(琼)	1506.00
62	琼中黎族苗族自治县(琼)	1334.00
63	泸　县(川)	20160.00
64	富顺县(川)	7923.00
65	龙马潭区(川)	6559.00
66	屏山县(川)	4500.00
67	高　县(川)	2230.00
68	宜宾县(川)	2118.00
69	南溪区(川)	1400.00
70	彭州市(川)	1300.00
71	翠屏区(川)	1100.00
72	江安县(川)	400.00
73	隆昌县(川)	330.00
74	筠连县(川)	150.00
75	雷波县(川)	115.00
76	永胜县(滇)	3092.70
77	元江哈尼族彝族傣族自治县(滇)	2781.00
78	鹤庆县(滇)	1681.00
79	元谋县(滇)	559.00
80	瑞丽市(滇)	532.00
81	富宁县(滇)	134.00
82	水富县(滇)	120.00
83	华宁县(滇)	100.00

表 6-16　香蕉主产地产量

序号	香蕉主产地	产量（吨）
1	高州市(粤)	935800.00
2	罗定市(粤)	18000.00
3	恩平市(粤)	16500.00
4	广宁县(粤)	6126.00
5	蓬江区(粤)	2366.00
6	五华县(粤)	2100.00
7	南澳县(粤)	1480.00
8	潮南区(粤)	790.00
9	田东县(桂)	146630.00
10	那坡县(桂)	7696.00
11	苍梧县(桂)	3733.00
12	玉州区(桂)	3248.00
13	陆川县(桂)	1100.00
14	儋州市(琼)	64503.00
15	会理县(川)	10298.40
16	宁南县(川)	1218.00
17	瑞丽市(滇)	79036.00
18	个旧市(滇)	32062.00
19	元江哈尼族彝族傣族自治县(滇)	19785.00
20	盈江县(滇)	14840.10
21	永胜县(滇)	6228.00
22	芒　市(滇)	2868.84
23	双柏县(滇)	1138.00
24	云　县(滇)	1077.80
25	元谋县(滇)	561.00

表 6-17　草莓主产地产量

序号	草莓主产地	产量（吨）
1	迁西县(冀)	1050.00
2	河津市(晋)	800.00
3	克什克腾旗(内蒙古)	200.00
4	桓仁满族自治县(辽)	334.00
5	清原满族自治县(辽)	150.00
6	长白朝鲜族自治县(吉)	1250.00
7	临江市(吉)	919.50
8	通化县(吉)	278.00
9	盐都区(苏)	9500.00
10	通州区(苏)	5020.00
11	泗阳县(苏)	3900.00
12	姜堰区(苏)	1670.00
13	海安县(苏)	1300.00
14	洪泽区(苏)	1100.00
15	淮安区(苏)	625.00
16	清江浦区(苏)	600.00
17	镇江市市辖区(苏)	129.10
18	建德市(浙)	24300.00
19	永康市(浙)	1430.00
20	颍上县(皖)	7155.00
21	桐城市(皖)	300.00
22	固镇县(皖)	300.00
23	蚌山区(皖)	280.00
24	安源区(赣)	180.00
25	莒南县(鲁)	52500.00
26	梁园区(豫)	7550.00
27	商水县(豫)	2940.00
28	封丘县(豫)	1500.00
29	辉县市(豫)	920.00
30	淮阳县(豫)	535.00
31	长垣县(豫)	480.00
32	光山县(豫)	315.00
33	管城回族区(豫)	105.00
34	汉川市(鄂)	3000.00
35	咸丰县(鄂)	360.00
36	郧阳区(鄂)	300.00
37	临武县(湘)	3100.00
38	南　县(湘)	3000.00
39	澧　县(湘)	590.00
40	鼎城区(湘)	470.00
41	长沙县(湘)	300.00
42	安化县(湘)	100.00
43	儋州市(琼)	145.00
44	郫都区(川)	490.00
45	通川区(川)	200.00
46	巴州区(川)	198.00
47	凯里市(黔)	5243.00
48	兴义市(黔)	160.00
49	个旧市(滇)	596.00
50	永胜县(滇)	151.20
51	腾冲市(滇)	100.00
52	南郑区(陕)	300.00
53	七里河区(甘)	135.00
54	陇西县(甘)	106.73

表 6-18　核桃主产地产量

序号	核桃主产地	产量（吨）
1	阜平县(冀)	7073.00
2	平山县(冀)	5462.00
3	平乡县(冀)	4400.00
4	成安县(冀)	1200.00
5	临漳县(冀)	1200.00
6	南宫市(冀)	613.00
7	深泽县(冀)	200.00
8	代　县(晋)	750000.00

(续表)

序号	核桃主产地	产量(吨)
9	古交市(晋)	90000.00
10	沁　县(晋)	2100.00
11	寿阳县(晋)	1530.00
12	泽州县(晋)	1050.00
13	平陆县(晋)	240.00
14	襄垣县(晋)	225.00
15	和顺县(晋)	140.00
16	集安市(吉)	720.00
17	八家子林业局(吉)	153.80
18	安图森林经营局(吉)	152.00
19	旌德县(皖)	2300.00
20	广德县(皖)	520.00
21	龙口市(鲁)	660.00
22	微山县(鲁)	520.00
23	成武县(鲁)	400.00
24	曹　县(鲁)	356.00
25	梁山县(鲁)	120.00
26	陕州区(豫)	450000.00
27	孟津县(豫)	13000.00
28	舞阳县(豫)	9000.00
29	南召县(豫)	7200.00
30	济源市(豫)	6800.00
31	鲁山县(豫)	5500.00
32	殷都区(豫)	5000.00
33	洛阳市高新区(豫)	2160.00
34	湖滨区(豫)	2000.00
35	渑池县(豫)	1280.00
36	辉县市(豫)	720.00
37	淮阳县(豫)	647.00
38	山城区(豫)	626.00
39	长葛市(豫)	605.00
40	汤阴县(豫)	600.00
41	宜城市(鄂)	30000.00
42	保康县(鄂)	4685.00
43	建始县(鄂)	3571.00
44	随　县(鄂)	830.00
45	丹江口市(鄂)	800.00
46	利川市(鄂)	382.00
47	会同县(湘)	2000.00
48	武冈市(湘)	125.00
49	隆林各族自治县(桂)	315.00
50	乐业县(桂)	174.00
51	德昌县(川)	68450.00
52	仁和区(川)	22245.00

(续表)

序号	核桃主产地	产量(吨)
53	昭化区(川)	17000.00
54	平武县(川)	16000.00
55	盐边县(川)	15000.00
56	资中县(川)	9000.00
57	盐亭县(川)	9000.00
58	雷波县(川)	8100.00
59	安居区(川)	7200.00
60	仪陇县(川)	4750.00
61	汶川县(川)	2780.00
62	黑水县(川)	2229.00
63	得荣县(川)	2000.00
64	巴塘县(川)	1909.00
65	威远县(川)	1800.00
66	叙永县(川)	1670.00
67	峨边彝族自治县(川)	1479.00
68	康定市(川)	819.00
69	丹巴县(川)	766.00
70	九寨沟县(川)	520.00
71	高　县(川)	240.00
72	大竹县(川)	200.00
73	彭山区(川)	165.00
74	邛崃市(川)	149.00
75	雅江县(川)	116.00
76	合江县(川)	110.00
77	罗甸县(黔)	510.00
78	松桃苗族自治县(黔)	450.00
79	黎平县(黔)	399.00
80	鲁甸县(滇)	345700.00
81	凤庆县(滇)	172500.00
82	巧家县(滇)	117711.00
83	会泽县(滇)	117500.00
84	景东彝族自治县(滇)	72645.00
85	云　县(滇)	60712.80
86	漾濞彝族自治县(滇)	50900.00
87	双江拉祜族佤族布朗族傣族自治县(滇)	41030.00
88	腾冲市(滇)	31180.00
89	禄劝彝族苗族自治县(滇)	26250.00
90	祥云县(滇)	21333.00
91	玉龙纳西族自治县(滇)	20088.00
92	陆良县(滇)	10960.00
93	大理市(滇)	7500.00
94	古城区(滇)	4250.00
95	麒麟区(滇)	4000.00

(续表)

序号	核桃主产地	产量(吨)
96	香格里拉市(滇)	3194.80
97	宁蒗彝族自治县(滇)	3150.00
98	东川区(滇)	2846.00
99	师宗县(滇)	2630.00
100	沾益区(滇)	2000.00
101	寻甸回族彝族自治县(滇)	1310.70
102	易门县(滇)	1060.00
103	石林彝族自治县(滇)	700.00
104	牟定县(滇)	671.00
105	广南县(滇)	534.00
106	芒　市(滇)	267.20
107	个旧市(滇)	241.00
108	嵩明县(滇)	240.00
109	晋宁区(滇)	229.30
110	安宁市(滇)	202.00
111	江川区(滇)	165.50
112	朗　县(藏)	260.00
113	汉滨区(陕)	12946.00
114	华州区(陕)	11796.00
115	临潼区(陕)	10500.00
116	平利县(陕)	6000.00
117	金台区(陕)	3060.00
118	渭滨区(陕)	1262.00
119	洋　县(陕)	1052.00
120	黄龙县(陕)	765.00
121	石泉县(陕)	500.00
122	志丹县(陕)	295.00
123	永寿县(陕)	175.00
124	陇西县(甘)	7974.00
125	七里河区(甘)	220.00
126	西夏区(宁)	180.00
127	鄯善县(新)	617.00
128	高昌区(新)	168.00
129	温宿县(新)	126.60
130	泉阳林业局(吉林森工)	180.00

表 6-19　鲜红枣主产地产量

序号	鲜红枣主产地	产量(吨)
1	平谷区(京)	2849.00
2	密云区(京)	1546.10
3	怀柔区(京)	1089.70
4	房山区(京)	453.10
5	通州区(京)	280.00

（续表）

序号	鲜红枣主产地	产量（吨）
6	静海区(津)	31586.90
7	东丽区(津)	575.00
8	沧　县(冀)	184333.00
9	行唐县(冀)	92522.00
10	新河县(冀)	83736.00
11	曲阳县(冀)	76580.00
12	阜平县(冀)	51875.00
13	献　县(冀)	37491.00
14	泊头市(冀)	34236.00
15	河间市(冀)	22055.00
16	南皮县(冀)	12547.00
17	怀来县(冀)	8000.00
18	青　县(冀)	6845.00
19	黄骅市(冀)	3194.00
20	涿鹿县(冀)	1285.00
21	任　县(冀)	927.00
22	滦平县(冀)	808.00
23	海兴县(冀)	723.00
24	柏乡县(冀)	510.00
25	大名县(冀)	428.00
26	东光县(冀)	274.00
27	成安县(冀)	200.00
28	鹿泉区(冀)	169.00
29	平山县(冀)	155.00
30	定兴县(冀)	120.00
31	夏　县(晋)	26250.00
32	榆次区(晋)	4200.00
33	定襄县(晋)	1634.00
34	祁　县(晋)	1500.40
35	清徐县(晋)	1100.00
36	阳曲县(晋)	528.00
37	灵石县(晋)	285.00
38	河曲县(晋)	221.40
39	潞城市(晋)	200.00
40	介休市(晋)	180.00
41	泽州县(晋)	130.00
42	杭锦后旗(内蒙古)	375.00
43	朝阳县(辽)	90000.00
44	浦江县(浙)	200.00
45	昌邑市(鲁)	16800.00
46	费　县(鲁)	8800.00
47	峄城区(鲁)	3280.00
48	新泰市(鲁)	1620.00

（续表）

序号	鲜红枣主产地	产量（吨）
49	济阳区(鲁)	940.00
50	东平县(鲁)	293.00
51	沂源县(鲁)	240.00
52	莱阳市(鲁)	163.00
53	灵宝市(豫)	20000.00
54	西华县(豫)	5800.00
55	洛阳市龙门文化旅游园区(豫)	450.00
56	新密市(豫)	120.00
57	巴东县(鄂)	902.00
58	临武县(湘)	28000.00
59	衡阳县(湘)	341.00
60	连州市(粤)	6606.00
61	全州县(桂)	9401.00
62	鹿寨县(桂)	307.00
63	八步区(桂)	185.00
64	龙胜各族自治县(桂)	111.00
65	旌阳区(川)	390.00
66	威远县(川)	133.00
67	元谋县(滇)	497.00
68	永胜县(滇)	261.20
69	清涧县(陕)	200000.00
70	佳　县(陕)	190000.00
71	绥德县(陕)	39000.00
72	神木市(陕)	18000.00
73	吴堡县(陕)	6500.00
74	府谷县(陕)	3000.00
75	榆阳区(陕)	800.00
76	甘州区(甘)	1200.00
77	高台县(甘)	1050.00
78	灵武市(宁)	17736.00
79	同心县(宁)	15000.00
80	沙坡头区(宁)	9408.00
81	利通区(宁)	4866.40
82	农垦事业管理局(宁)	2118.00
83	永宁县(宁)	1645.00
84	惠农区(宁)	400.00
85	若羌县(新)	112900.00
86	新和县(新)	64061.60
87	岳普湖县(新)	37139.00
88	且末县(新)	35084.00
89	喀什市(新)	27594.89
90	呼图壁县(新)	720.00
91	鄯善县(新)	524.00

表 6-20　石榴主产地产量

序号	石榴主产地	产量（吨）
1	吴中区(苏)	200.40
2	宿豫区(苏)	186.00
3	浦江县(浙)	168.00
4	烈山区(皖)	125734.00
5	禹会区(皖)	3750.00
6	杜集区(皖)	2260.00
7	濉溪县(皖)	101.00
8	峄城区(鲁)	18650.00
9	东平县(鲁)	5878.00
10	新泰市(鲁)	2075.00
11	泰山区(鲁)	1565.00
12	费　县(鲁)	880.00
13	梁山县(鲁)	360.00
14	枣庄市市中区(鲁)	246.50
15	莱芜区(鲁)	163.00
16	淅川县(豫)	5060.00
17	封丘县(豫)	2600.00
18	平桥区(豫)	2325.00
19	唐河县(豫)	1772.00
20	商水县(豫)	1050.00
21	长垣县(豫)	700.00
22	嵩　县(豫)	600.00
23	新密市(豫)	400.00
24	卫东区(豫)	151.00
25	内乡县(豫)	110.00
26	增城区(粤)	779.25
27	会理县(川)	120090.00
28	木里藏族自治县(川)	262.20
29	永胜县(滇)	46041.80
30	个旧市(滇)	2014.00
31	禄丰县(滇)	1139.00
32	双柏县(滇)	830.00
33	元谋县(滇)	728.00
34	宁蒗彝族自治县(滇)	400.00
35	喀什市(新)	23330.10
36	皮山县(新)	9352.00
37	策勒县(新)	8113.00
38	伽师县(新)	2047.00
39	鄯善县(新)	926.00
40	阿图什市(新)	596.00
41	高昌区(新)	104.00

表 6-21 青枣主产地产量

序号	青枣主产地	产量（吨）
1	昌平区(京)	1057.90
2	宝坻区(津)	140.00
3	松山区(内蒙古)	800.00
4	建平县(辽)	8000.00
5	贾汪区(苏)	1080.00
6	吴中区(苏)	280.50
7	义乌市(浙)	324.80
8	浦江县(浙)	110.00
9	庆云县(鲁)	12500.00
10	莱芜区(鲁)	1105.00
11	枣庄市市中区(鲁)	386.00
12	随　县(鄂)	3192.00
13	祁东县(湘)	17480.00
14	衡山县(湘)	795.77
15	雁峰区(湘)	400.00
16	安仁县(湘)	360.00
17	南岳区(湘)	345.00
18	雷州市(粤)	12795.80
19	青白江区(川)	277.00
20	元江哈尼族彝族傣族自治县(滇)	45106.00
21	元谋县(滇)	20147.00
22	双柏县(滇)	1885.00
23	禄丰县(滇)	1139.00
24	永胜县(滇)	110.80

表 6-22 蓝莓主产地产量

序号	蓝莓主产地	产量（吨）
1	通化县(吉)	8600.00
2	靖宇县(吉)	3883.00
3	集安市(吉)	2250.00
4	抚松县(吉)	1040.00
5	蛟河市(吉)	929.80
6	临江市(吉)	569.39
7	白河林业局(吉)	500.00
8	东丰县(吉)	118.00
9	爱辉区(黑)	473.00
10	尚志市(黑)	350.00
11	青浦区(沪)	122.70
12	天台县(浙)	350.00
13	建德市(浙)	250.00
14	庆元县(浙)	160.00
15	温岭市(浙)	142.50
16	永康市(浙)	120.00
17	宁海县(浙)	120.00
18	怀宁县(皖)	3590.00
19	旌德县(皖)	300.00
20	阜南县(皖)	150.00
21	桐城市(皖)	150.00
22	海阳市(鲁)	15200.00
23	曲阜市(鲁)	1125.00
24	平桥区(豫)	450.00
25	伊川县(豫)	180.00
26	随　县(鄂)	2000.00
27	掇刀区(鄂)	650.00
28	保康县(鄂)	300.00
29	大冶市(鄂)	300.00
30	屈家岭管理区(鄂)	150.00
31	长沙县(湘)	401.00
32	涟源市(湘)	340.00
33	冷水江市(湘)	300.00
34	通川区(川)	1500.00
35	凯里市(黔)	1770.00
36	播州区(黔)	291.00
37	独山县(黔)	263.00
38	兴义市(黔)	104.50
39	麒麟区(滇)	3500.00
40	澄江县(滇)	2100.00
41	楚雄市(滇)	500.00
42	石林彝族自治县(滇)	176.70
43	洱源县(滇)	120.00

表 6-23 板栗主产地产量

序号	板栗主产地	产量（吨）
1	灵寿县(冀)	3050.00
2	阜平县(冀)	564.00
3	鹰手营子矿区(冀)	459.00
4	平山县(冀)	431.00
5	东港市(辽)	34200.00
6	庄河市(辽)	8225.60
7	岫岩满族自治县(辽)	1760.00
8	辽阳县(辽)	250.00
9	赣榆区(苏)	3529.00
10	连云港市市辖区(苏)	1600.00
11	沭阳县(苏)	850.00
12	武义县(浙)	1530.00
13	云和县(浙)	1122.00
14	常山县(浙)	780.00
15	嵊州市(浙)	715.00
16	天台县(浙)	380.00
17	长兴县(浙)	178.00
18	开化县(浙)	100.00
19	太湖县(皖)	9986.00
20	广德县(皖)	3300.00
21	泾　县(皖)	2430.00
22	旌德县(皖)	1020.00
23	歙　县(皖)	623.10
24	祁门县(皖)	526.00
25	郎溪县(皖)	300.00
26	怀宁县(皖)	170.00
27	东至县(皖)	129.00
28	玉山县(赣)	467.00
29	全南县(赣)	303.00
30	泰和县(赣)	270.00
31	石城县(赣)	173.00
32	资溪县(赣)	168.00
33	莱芜区(鲁)	14000.00
34	乳山市(鲁)	7500.00
35	兰陵县(鲁)	2867.00
36	河东区(鲁)	600.00
37	光山县(豫)	4500.00
38	确山县(豫)	2900.00
39	唐河县(豫)	300.00
40	息　县(豫)	184.00
41	保康县(鄂)	5800.00
42	随　县(鄂)	5648.00
43	广水市(鄂)	5400.00
44	竹山县(鄂)	4165.00
45	团风县(鄂)	3450.00
46	红安县(鄂)	2544.00
47	黄陂区(鄂)	2200.00
48	鹤峰县(鄂)	1778.00
49	竹溪县(鄂)	1481.70
50	安陆市(鄂)	1400.00
51	曾都区(鄂)	1355.00
52	郧阳区(鄂)	800.00
53	宣恩县(鄂)	704.00
54	崇阳县(鄂)	568.00
55	利川市(鄂)	397.00
56	大悟县(鄂)	360.00

（续表）

序号	板栗主产地	产量（吨）
57	赤壁市（鄂）	253.00
58	黄州区（鄂）	210.00
59	涟源市（湘）	7040.00
60	新化县（湘）	5000.00
61	苏仙区（湘）	3825.00
62	会同县（湘）	3000.00
63	新田县（湘）	2341.00
64	汝城县（湘）	1892.00
65	双牌县（湘）	1400.00
66	安仁县（湘）	1215.00
67	衡阳县（湘）	860.00
68	衡山县（湘）	795.88
69	桑植县（湘）	750.00
70	洞口县（湘）	600.00
71	宜章县（湘）	560.00
72	新晃侗族自治县（湘）	550.00
73	攸　县（湘）	500.00
74	临湘市（湘）	500.00
75	娄星区（湘）	500.00
76	吉首市（湘）	451.00
77	湘潭县（湘）	260.00
78	醴陵市（湘）	165.00
79	雨湖区（湘）	150.00
80	韶山市（湘）	110.00
81	澧　县（湘）	100.00
82	连平县（粤）	4180.00
83	连州市（粤）	2098.00
84	东源县（粤）	1530.00
85	隆林各族自治县（桂）	8280.00
86	田东县（桂）	5083.00
87	巴马瑶族自治县（桂）	2952.00
88	乐业县（桂）	2341.00
89	荔浦县（桂）	1560.00
90	融安县（桂）	1256.00
91	武鸣区（桂）	957.00
92	鹿寨县（桂）	663.00
93	西林县（桂）	655.00
94	龙胜各族自治县（桂）	533.00
95	三江侗族自治县（桂）	486.00
96	武宣县（桂）	305.00
97	那坡县（桂）	209.00
98	扶绥县（桂）	195.00
99	恭城瑶族自治县（桂）	102.00

（续表）

序号	板栗主产地	产量（吨）
100	德昌县（川）	42000.00
101	仁和区（川）	6315.00
102	叙永县（川）	1120.00
103	米易县（川）	695.00
104	雷波县（川）	450.00
105	合江县（川）	375.00
106	北川羌族自治县（川）	210.00
107	崇州市（川）	157.00
108	罗甸县（黔）	6800.00
109	碧江区（黔）	1738.00
110	播州区（黔）	630.00
111	松桃苗族自治县（黔）	450.00
112	湄潭县（黔）	307.00
113	锦屏县（黔）	112.00
114	禄劝彝族苗族自治县（滇）	18000.00
115	武定县（滇）	6400.00
116	寻甸回族彝族自治县（滇）	3738.30
117	禄丰县（滇）	3375.00
118	宣威市（滇）	2500.00
119	石林彝族自治县（滇）	2400.00
120	易门县（滇）	1525.00
121	东川区（滇）	1500.00
122	大理市（滇）	1369.00
123	师宗县（滇）	600.00
124	江川区（滇）	580.00
125	元谋县（滇）	512.00
126	安宁市（滇）	480.00
127	腾冲市（滇）	421.00
128	麒麟区（滇）	350.00
129	牟定县（滇）	340.00
130	永善县（滇）	215.00
131	隆阳区（滇）	201.16
132	广南县（滇）	189.00
133	晋宁区（滇）	168.90
134	陆良县（滇）	160.00
135	香格里拉市（滇）	129.20
136	弥渡县（滇）	125.40
137	姚安县（滇）	125.00
138	丘北县（滇）	111.00
139	永平县（滇）	107.00
140	华宁县（滇）	100.00
141	汉滨区（陕）	14125.00
142	略阳县（陕）	1532.00

（续表）

序号	板栗主产地	产量（吨）
143	洋　县（陕）	1320.00
144	平利县（陕）	500.00
145	渭滨区（陕）	356.00

表 6-24　冬枣主产地产量

序号	冬枣主产地	产量（吨）
1	丰台区（京）	620.00
2	武清区（津）	1848.00
3	黄骅市（冀）	60680.00
4	泊头市（冀）	9087.00
5	孟村回族自治县（冀）	3760.00
6	沧　县（冀）	2290.00
7	沧州市临港经济技术开发区（冀）	840.00
8	沧州市南大港管理区（冀）	510.00
9	海兴县（冀）	509.00
10	青　县（冀）	500.00
11	任丘市（冀）	469.00
12	丛台区（冀）	220.00
13	南宫市（冀）	213.00
14	临猗县（晋）	260000.00
15	阳城县（晋）	443.00
16	青浦区（沪）	172.90
17	阜南县（皖）	200.00
18	颍上县（皖）	135.00
19	沾化区（鲁）	215000.00
20	无棣县（鲁）	103715.00
21	滨城区（鲁）	1445.00
22	寿光市（鲁）	1000.00
23	垦利区（鲁）	400.00
24	濮阳县（豫）	8090.00
25	长垣县（豫）	3000.00
26	范　县（豫）	585.00
27	睢　县（豫）	400.00
28	孝昌县（鄂）	500.00
29	云梦县（鄂）	250.00
30	孝南区（鄂）	150.00
31	苏仙区（湘）	742.00
32	衡东县（湘）	500.00
33	零陵区（湘）	200.00
34	阎良区（陕）	1050.00
35	温宿县（新）	191.00

表 6-25 鲜柿子主产地产量

(续表)

序号	鲜柿子主产地	产量（吨）
1	平谷区(京)	13680.00
2	房山区(京)	12315.10
3	密云区(京)	2737.10
4	昌平区(京)	2066.90
5	门头沟区(京)	1934.00
6	易　县(冀)	83520.00
7	满城区(冀)	70670.00
8	顺平县(冀)	24000.00
9	涞水县(冀)	21655.00
10	曲阳县(冀)	5200.00
11	临猗县(晋)	35000.00
12	夏　县(晋)	4300.00
13	阳城县(晋)	3380.00
14	泽州县(晋)	2159.00
15	平顺县(晋)	1870.00
16	定襄县(晋)	1861.00
17	建湖县(苏)	2365.00
18	贾汪区(苏)	1880.00
19	海门市(苏)	1174.00
20	天台县(浙)	7000.00
21	石城县(赣)	1245.00
22	莱芜区(鲁)	20565.00
23	海阳市(鲁)	14000.00
24	济阳区(鲁)	3375.00
25	沂源县(鲁)	2850.00
26	新泰市(鲁)	2568.70
27	梁山县(鲁)	2500.00
28	西华县(豫)	24000.00
29	灵宝市(豫)	19700.00
30	鲁山县(豫)	3700.00
31	方城县(豫)	3555.00
32	渑池县(豫)	2590.00
33	惠济区(豫)	1500.00
34	杞　县(豫)	1000.00
35	巴东县(鄂)	4091.00
36	五华县(粤)	6000.00
37	增城区(粤)	2420.95
38	广宁县(粤)	1749.00
39	恭城瑶族自治县(桂)	628434.00
40	荔浦县(桂)	15288.00
41	鹿寨县(桂)	14718.00
42	全州县(桂)	12068.00
43	天峨县(桂)	2610.50
44	八步区(桂)	1815.00
45	龙胜各族自治县(桂)	1530.00
46	文山市(滇)	9507.00
47	石林彝族自治县(滇)	4498.00
48	龙陵县(滇)	3565.00
49	施甸县(滇)	3019.00
50	华宁县(滇)	2300.00
51	旬阳县(陕)	13800.00
52	白河县(陕)	6800.00
53	洛南县(陕)	2830.00

表 6-26 其他果品主产地产量

(续表)

序号	其他果品主产地	品种	产量（吨）
1	喀什市(新)	巴旦木	351.40
2	芒　市(滇)	菠萝	9032.10
3	儋州市(琼)	菠萝	7200.00
4	田东县(桂)	菠萝	1360.00
5	陆川县(桂)	菠萝	700.00
6	盈江县(滇)	菠萝	294.30
7	广宁县(粤)	菠萝	209.00
8	竹山县(鄂)	番木瓜	1000.00
9	元谋县(滇)	番木瓜	824.00
10	瑞丽市(滇)	番木瓜	418.30
11	盈江县(滇)	番木瓜	194.90
12	红寺堡区(宁)	枸杞	168000.00
13	精河县(新)	枸杞	100000.00
14	靖远县(甘)	枸杞	28200.00
15	同心县(宁)	枸杞	16000.00
16	惠农区(宁)	枸杞	5409.60
17	杭锦后旗(内蒙古)	枸杞	5246.00
18	高台县(甘)	枸杞	4100.00
19	利通区(宁)	枸杞	3150.00
20	平罗县(宁)	枸杞	2800.00
21	甘州区(甘)	枸杞	2400.00
22	嘉峪关市(甘)	枸杞	2192.00
23	建始县(鄂)	枸杞	1000.00
24	沙坡头区(宁)	枸杞	850.00
25	永宁县(宁)	枸杞	268.00
26	灵武市(宁)	枸杞	250.00
27	焉耆回族自治县(新)	枸杞	227.00
28	临泽县(甘)	枸杞	137.00
29	大同县(晋)	枸杞	100.00
30	准格尔旗(内蒙古)	海棠	15000.00
31	怀来县(冀)	海棠	10670.00
32	清水河县(内蒙古)	海棠	5000.00
33	奇台县(新)	海棠	2499.00
34	吉木萨尔县(新)	海棠	1966.00
35	乌兰浩特市(内蒙古)	海棠	1300.00
36	库伦旗(内蒙古)	海棠	205.00
37	丰宁满族自治县(冀)	海棠	180.00
38	呼图壁县(新)	海棠	160.00
39	红山区(内蒙古)	海棠	154.00
40	托克托县(内蒙古)	海棠	150.00
41	塔城市(新)	海棠	100.00
42	江山市(浙)	核桃楸	22000.00
43	五常市(黑)	核桃楸	1100.00
44	通化县(吉)	核桃楸	250.80

（续表）

序号	其他果品主产地	品种	产量（吨）
45	清河县(冀)	红果	51450
46	密云区(京)	红果	6187.3
47	滦平县(冀)	红果	2625
48	平谷区(京)	红果	2393.4
49	晋州市(冀)	红果	1668
50	迁西县(冀)	红果	1540
51	怀柔区(京)	红果	844
52	泊头市(冀)	红果	738
53	嵩　县(豫)	红果	600
54	双阳区(吉)	红果	580
55	博野县(冀)	红果	467
56	易　县(冀)	红果	340
57	丰宁满族自治县(冀)	红果	256
58	涞水县(冀)	红果	187
59	宝坻区(津)	红果	134
60	武清区(津)	红果	110
61	白河林业局(吉)	红松坚果	4000.00
62	磐石市(吉)	红松坚果	2600.00
63	通化县(吉)	红松坚果	181.30
64	大兴沟林业局(吉)	红松坚果	150.00
65	抚松县(吉)	红松坚果	114.50
66	鹿寨县(桂)	金柑	17890.00
67	洱源县(滇)	梅	14400.00
68	漾濞彝族自治县(滇)	梅	6700.00
69	禄丰县(滇)	梅	509.00
70	宁海县(浙)	梅	200.00
71	新兴县(粤)	梅	157.00
72	吴兴区(浙)	梅	150.00
73	永胜县(滇)	梅	148.70
74	云　县(滇)	梅	124.90
75	新和县(新)	梅	106.96
76	大英县(川)	柠檬	4500.00
77	瑞丽市(滇)	柠檬	3674.00
78	木里藏族自治县(川)	柠檬	444.80
79	仪陇县(川)	柠檬	180.00
80	新宁县(湘)	脐橙	440000.00
81	邻水县(川)	脐橙	229400.00
82	会昌县(赣)	脐橙	135000.00
83	于都县(赣)	脐橙	79002.00
84	安仁县(湘)	脐橙	46000.00
85	崇义县(赣)	脐橙	40099.00
86	石城县(赣)	脐橙	15035.00
87	定南县(赣)	脐橙	10600.00
88	澧　县(湘)	脐橙	9167.00
89	上犹县(赣)	脐橙	2580.00
90	巴州区(川)	脐橙	1725.00
91	榕江县(黔)	脐橙	1522.00
92	石门县(湘)	脐橙	1000.00
93	石门县(湘)	脐橙	1000.00
94	零陵区(湘)	脐橙	300.00
95	双峰县(湘)	脐橙	260.00
96	融安县(桂)	桑葚	37620.00
97	夏津县(鲁)	桑葚	12400.00
98	泊头市(冀)	桑葚	7166.00
99	献　县(冀)	桑葚	2837.00
100	宜章县(湘)	桑葚	2118.00
101	平桥区(豫)	桑葚	800.00
102	封丘县(豫)	桑葚	700.00
103	永康市(浙)	桑葚	294.00
104	浦江县(浙)	桑葚	175.00
105	潜山县(皖)	桑葚	120.00
106	宁南县(川)	桑葚	115.00
107	宁海县(浙)	桑葚	100.00
108	华龙区(豫)	桑葚	100.00
109	尚志市(黑)	树莓	15000.00
110	封丘县(豫)	树莓	10000.00
111	佳木斯市郊区(黑)	树莓	6000.00
112	法库县(辽)	树莓	5000.00
113	怀远县(皖)	树莓	1654.00
114	湟源县(青)	树莓	820.00
115	湟源县(青)	树莓	820.00
116	章丘区(鲁)	树莓	450.00
117	北安市(黑)	树莓	410.00
118	永宁县(宁)	树莓	200.00
119	兴庆区(宁)	树莓	200.00
120	塔城市(新)	酸梅	100.00
121	大竹县(川)	笋用竹	50000.00
122	新化县(湘)	笋用竹	45000.00
123	富顺县(川)	笋用竹	37880.00
124	宁海县(浙)	笋用竹	28760.00
125	宁海县(浙)	笋用竹	28760.00
126	旌德县(皖)	笋用竹	20000.00
127	沧源佤族自治县(滇)	笋用竹	20000.00
128	绥江县(滇)	笋用竹	7400.00
129	旬阳县(陕)	笋用竹	5000.00
130	常山县(浙)	笋用竹	4950.00
131	大关县(滇)	笋用竹	3000.00
132	威信县(滇)	笋用竹	2000.00

(续表)

序号	其他果品主产地	品种	产量(吨)
133	歙　县(皖)	笋用竹	1000.00
134	祁门县(皖)	笋用竹	997.00
135	南岳区(湘)	笋用竹	900.00
136	华宁县(滇)	笋用竹	550.00
137	邻水县(川)	笋用竹	500.00
138	隆林各族自治县(桂)	笋用竹	400.00
139	安仁县(湘)	笋用竹	235.00
140	汶川县(川)	笋用竹	165.00
141	利州区(川)	笋用竹	137.00
142	建德市(浙)	甜瓜	17500.00
143	温　县(豫)	甜瓜	6000.00
144	阳曲县(晋)	甜瓜	2486.00
145	商水县(豫)	甜瓜	1821.00
146	太康县(豫)	甜瓜	1800.00
147	淮阳县(豫)	甜瓜	963.00
148	鼎城区(湘)	甜瓜	840.00
149	临颍县(豫)	甜瓜	669.00
150	华龙区(豫)	甜瓜	585.00
151	集贤县(黑)	甜瓜	210.00
152	阿鲁科尔沁旗(内蒙古)	文冠果	600000.00
153	靖远县(甘)	文冠果	1884.00
154	威远县(川)	无花果	10240.00
155	威海市经济技术开发区(鲁)	无花果	7100.00
156	阿图什市(新)	无花果	2657.00
157	岳普湖县(新)	无花果	1188.00
158	蓬莱市(鲁)	无花果	1100.00
159	兖州区(鲁)	无花果	300.00
160	新宁县(湘)	无花果	300.00
161	温岭市(浙)	无花果	231.00
162	通州区(苏)	无花果	160.00
163	靖江市(苏)	无花果	150.00
164	桐城市(皖)	无花果	150.00
165	封丘县(豫)	无花果	150.00
166	肃宁县(冀)	无花果	105.00
167	阿克苏市(新)	香梨	141260.00
168	新和县(新)	香梨	24205.30
169	尉犁县(新)	香梨	8738.00
170	乌什县(新)	香梨	5400.00
171	托克逊县(新)	香梨	240.00
172	和静县(新)	香梨	132.00
173	阿图什市(新)	香梨	108.00
174	绿园区(吉)	小浆果	7100.00
175	石泉县(陕)	小浆果	3500.00
176	石泉县(陕)	小浆果	3500.00
177	乌兰浩特市(内蒙古)	小浆果	582.00
178	河间市(冀)	小浆果	282.00
179	琼山区(琼)	椰子	1410.00
180	儋州市(琼)	椰子	1080.00
181	通河县(黑)	榛子	22800.00
182	铁岭县(辽)	榛子	10000.00
183	抚顺县(辽)	榛子	8250.00
184	辽阳县(辽)	榛子	3800.00
185	东洲区(辽)	榛子	3657.00
186	庄河市(辽)	榛子	942.95
187	永吉县(吉)	榛子	600.00
188	北安市(黑)	榛子	484.40
189	东丰县(吉)	榛子	335.00
190	坊子区(鲁)	榛子	200.00
191	舒兰市(吉)	榛子	191.40
192	通化县(吉)	榛子	181.80
193	集安市(吉)	榛子	152.00
194	新民市(辽)	榛子	144.00

表 7-1　母树林种子主产地产量

序号	母树林种子主产地	品种	产量(千克)
1	东安县(湘)	桉树	1000.00
2	东门林场(桂)	桉树	700.00
3	惠民县(鲁)	白蜡	12000.00
4	钟祥市(鄂)	白蜡	5000.00
5	南漳县(鄂)	白皮松	1000.00
6	渑池县(豫)	柏树	17550.00
7	互助土族自治县(青)	柏树	1103.00
8	鼎城区(湘)	池杉	430.00
9	汝阳县(豫)	刺槐	1573000.00
10	宁　县(甘)	刺槐	12200.00
11	贺兰县(宁)	刺槐	600.00
12	大悟县(鄂)	刺槐	200.00
13	大悟县(鄂)	刺槐	160.00
14	五峰土家族自治县(鄂)	鹅掌楸	450.00
15	黎平县(黔)	鹅掌楸	320.00
16	祁东县(湘)	枫香	3300.00
17	大悟县(鄂)	柑橘	150.00
18	大悟县(鄂)	广玉兰	312.00
19	大悟县(鄂)	广玉兰	210.00
20	南岳区(湘)	桂花	3000.00
21	冷水滩区(湘)	国外松	2300.00
22	宁乡市(湘)	国外松	300.00

（续表）

序号	母树林种子主产地	品种	产量（千克）
23	桐庐县(浙)	核桃	1350000.00
24	漾濞彝族自治县(滇)	核桃	300000.00
25	内乡县(豫)	核桃	13000.00
26	华宁县(滇)	核桃	4000.00
27	济源市(豫)	核桃	850.00
28	竹山县(鄂)	核桃	250.00
29	露水河林业局(吉林森工)	红松	1000000.00
30	安图森林经营局(吉)	红松	514000.00
31	新宾满族自治县(辽)	红松	472551.00
32	敦化林业局(吉)	红松	125000.00
33	孟家岗林场(黑)	红松	118407.62
34	辉南县(吉)	红松	60000.00
35	汤原县(黑)	红松	50000.00
36	临江市(吉)	红松	30000.00
37	抚松县(吉)	红松	27000.00
38	永吉县(吉)	红松	9950.00
39	安图县(吉)	红松	8000.00
40	通河县(黑)	红松	5000.00
41	本溪满族自治县(辽)	红松	5000.00
42	工农区(黑)	红松	3000.00
43	东洲区(辽)	红松	3000.00
44	鹤岗市市辖区(黑)	红松	2500.00
45	和龙林业局(吉)	红松	2500.00
46	东辽县(吉)	红松	2000.00
47	临江林业局(吉林森工)	红松	1500.00
48	长白朝鲜族自治县(吉)	红松	820.00
49	桦甸市(吉)	红松	250.00
50	佳木斯市郊区(黑)	红松	100.00
51	大悟县(鄂)	红叶臭椿	150.00
52	中国林科院热林中心(桂)	红锥	700.00
53	新宁县(湘)	厚朴	30000.00
54	桂东县(湘)	厚朴	17650.00
55	南郑区(陕)	厚朴	5200.00
56	新宾满族自治县(辽)	胡桃楸	517578.00
57	敦化林业局(吉)	胡桃楸	113000.00
58	五常市(黑)	胡桃楸	7500.00
59	三岔子林业局(吉林森工)	胡桃楸	5000.00
60	南郑区(陕)	华山松	26000.00
61	会东县(川)	华山松	5750.00
62	楚雄市(滇)	华山松	300.00
63	万源市(川)	华山松	200.00
64	敦化林业局(吉)	桦树	1000.00
65	玛纳斯县(新)	黄檗	1000.00
66	安福县(赣)	火炬松	250.00

（续表）

序号	母树林种子主产地	品种	产量（千克）
67	泌阳县(豫)	火柜松	150.00
68	英德市(粤)	火柜松	100.00
69	冷水江市(湘)	金钱松	100.00
70	固始县(豫)	栎类	16000.00
71	钟祥市(鄂)	栎类	15000.00
72	南岳区(湘)	柳杉	3000.00
73	洪雅县(川)	柳杉	1000.00
74	忻府区(晋)	柳树	154.00
75	金河林业局(内蒙古森工)	落叶松	10000.00
76	清原满族自治县(辽)	落叶松	3000.00
77	和林格尔县(内蒙古)	落叶松	1500.00
78	克山县(黑)	落叶松	1000.00
79	敦化林业局(吉)	落叶松	1000.00
80	甘河林业局(内蒙古森工)	落叶松	900.00
81	绰尔林业局(内蒙古森工)	落叶松	750.00
82	阿里河林业局(内蒙古森工)	落叶松	568.00
83	克东县(黑)	落叶松	300.00
84	长白朝鲜族自治县(吉)	落叶松	215.00
85	巴林左旗(内蒙古)	落叶松	160.00
86	淮滨县(豫)	落羽杉	10800.00
87	鼎城区(湘)	落羽杉	150.00
88	南郑区(陕)	马尾松	46000.00
89	松桃苗族自治县(黔)	马尾松	40000.00
90	蓝山县(湘)	马尾松	15000.00
91	祁东县(湘)	马尾松	14800.00
92	奉新县(赣)	马尾松	9000.00
93	南岳区(湘)	马尾松	5000.00
94	江永县(湘)	马尾松	5000.00
95	汝城县(湘)	马尾松	2000.00
96	湖北省太子山林场(鄂)	马尾松	1020.00
97	城固县(陕)	马尾松	200.00
98	竹山县(鄂)	马尾松	191.80
99	桐柏县(豫)	马尾松	160.00
100	高　县(川)	马尾松	120.00
101	新宁县(湘)	南方红豆杉	15000.00
102	北湖区(湘)	楠木	600.00
103	金洞林场(湘)	楠木	400.00
104	庆元县(浙)	楠木	121.00
105	盐池县(宁)	柠条	480000.00
106	米脂县(陕)	柠条	75000.00
107	同心县(宁)	柠条	72000.00
108	鄂托克前旗(内蒙古)	柠条	10000.00
109	大悟县(鄂)	泡桐	300.00
110	大悟县(鄂)	葡萄	2000.00

(续表)

序号	母树林种子主产地	品种	产量(千克)
111	巴州区(川)	桤木	1000.00
112	汨罗市(湘)	桤木	115.00
113	和林格尔县(内蒙古)	沙棘	350000.00
114	松桃苗族自治县(黔)	杉木	50000.00
115	祁东县(湘)	杉木	5300.00
116	威信县(滇)	杉木	4500.00
117	安福县(赣)	杉木	3200.00
118	江华瑶族自治县(湘)	杉木	2000.00
119	攸　县(湘)	杉木	1200.00
120	竹山县(鄂)	杉木	918.00
121	大悟县(鄂)	杉木	800.00
122	昌宁县(滇)	杉木	450.00
123	锦屏县(黔)	杉木	425.00
124	高　县(川)	杉木	400.00
125	祁门县(皖)	杉木	208.00
126	阳新县(鄂)	杉木	200.00
127	商城县(豫)	杉木	150.00
128	休宁县(皖)	杉木	103.00
129	南岳区(湘)	杉木	100.00
130	荆门市市辖区(鄂)	湿地松	850.00
131	汨罗市(湘)	湿地松	465.00
132	新宾满族自治县(辽)	水曲柳	89251.00
133	五常市(黑)	水曲柳	185.00
134	利川市(鄂)	水杉	500.00
135	鼎城区(湘)	水杉	200.00
136	永德县(滇)	思茅松	3200.00
137	阿鲁科尔沁旗(内蒙古)	文冠果	45000.00
138	万源市(川)	香椿	200.00
139	蓬溪县(川)	香椿	100.00
140	祁东县(湘)	香樟	3700000.00
141	翠屏区(川)	香樟	205000.00
142	安仁县(湘)	香樟	8400.00
143	屈家岭管理区(鄂)	香樟	2000.00
144	富顺县(川)	香樟	500.00
145	巴州区(川)	香樟	500.00
146	华宁县(滇)	香樟	400.00
147	敦化林业局(吉)	杨树	2000.00
148	宁阳县(鲁)	杨树	280.00
149	忻府区(晋)	杨树	274.00
150	新宁县(湘)	银杉	1000.00
151	邳州市(苏)	银杏	59450.00
152	龙泉市(浙)	油茶	1490000.00
153	桐庐县(浙)	油茶	390000.00
154	凤庆县(滇)	油茶	95000.00

(续表)

序号	母树林种子主产地	品种	产量(千克)
155	耒阳市(湘)	油茶	10000.00
156	辰溪县(湘)	油茶	5000.00
157	新　县(豫)	油茶	1066.00
158	廉江市(粤)	油茶	671.00
159	凌源市(辽)	油松	50000.00
160	南郑区(陕)	油松	8000.00
161	陵川县(晋)	油松	5000.00
162	正宁林业总场(甘)	油松	1833.00
163	忻府区(晋)	油松	1688.00
164	辉县市(豫)	油松	1260.00
165	卢氏县(豫)	油松	1235.00
166	韩城市林业局(陕)	油松	1000.00
167	沁　县(晋)	油松	860.00
168	洛南县(陕)	油松	314.00
169	宁城县(内蒙古)	油松	150.00
170	桥山林业局(陕)	油松	135.00
171	兰坪白族普米族自治县(滇)	云南松	10000.00
172	宣威市(滇)	云南松	6000.00
173	隆阳区(滇)	云南松	3500.00
174	腾冲市(滇)	云南松	3000.00
175	玛珂河林业局(青)	云杉	14000.00
176	嫩江县(黑)	云杉	480.00
177	门源回族自治县(青)	云杉	300.00
178	麦秀森林公园(青)	云杉	200.60
179	炉霍林业局(川)	云杉	100.00
180	克山县(黑)	樟子松	1000.00
181	嫩江县(黑)	樟子松	282.00
182	庆元县(浙)	珍稀乡土树种	690.30
183	黎平县(黔)	珍稀乡土树种	190.00

表 8-1　种子园种子主产地产量

序号	种子园种子主产地	品种	产量(千克)
1	盐津县(滇)	桉树	1103.00
2	东门林场(桂)	桉树	1000.00
3	钟祥市(鄂)	白蜡	5000.00
4	惠农区(宁)	白蜡	3000.00
5	平罗县(宁)	白蜡	1250.00
6	内乡县(豫)	柏树	72000.00
7	郧阳区(鄂)	柏树	10000.00
8	禹会区(皖)	柏树	1000.00
9	互助土族自治县(青)	柏树	236.00
10	石林彝族自治县(滇)	柏树	180.00
11	三台县(川)	柏树	100.00

（续表）

序号	种子园种子主产地	品种	产量（千克）
12	辉南县（吉）	班克松	13000.00
13	洪湖市（鄂）	池杉	5000.00
14	鼎城区（湘）	池杉	330.00
15	内乡县（豫）	刺槐	73000.00
16	南江县（川）	刺槐	3000.00
17	宁　县（甘）	刺槐	698.00
18	贺兰县（宁）	刺槐	400.00
19	冷水滩区（湘）	国外松	2180.00
20	宁乡市（湘）	国外松	300.00
21	内乡县（豫）	核桃	4100000.00
22	汝阳县（豫）	核桃	186480.00
23	南江县（川）	核桃	70000.00
24	昌宁县（滇）	核桃	15000.00
25	东平县（鲁）	核桃	10000.00
26	南郑区（陕）	核桃	7500.00
27	华宁县（滇）	核桃	4000.00
28	昭阳区（滇）	核桃	2000.00
29	新和县（新）	核桃	1350.00
30	仁寿县（川）	核桃	1267.00
31	竹山县（鄂）	核桃	1000.00
32	余杭区（浙）	核桃	810.00
33	新宾满族自治县（辽）	红松	4042615.00
34	抚顺县（辽）	红松	290000.00
35	临江市（吉）	红松	12000.00
36	龙井市（吉）	红松	5000.00
37	永吉县（吉）	红松	4550.00
38	露水河林业局（吉林森工）	红松	3108.00
39	临江林业局（吉林森工）	红松	2297.50
40	三岔子林业局（吉林森工）	红松	2100.00
41	北安市（黑）	红松	1200.00
42	鹤岗市市辖区（黑）	红松	500.00
43	敦化林业局（吉）	红松	200.00
44	工农区（黑）	红松	150.00
45	陆川县（桂）	红锥	160.00
46	新宾满族自治县（辽）	胡桃楸	5027137.00
47	平利县（陕）	华山松	150000.00
48	兴义市（黔）	华山松	50000.00
49	麒麟区（滇）	华山松	15000.00
50	兰坪白族普米族自治县（滇）	华山松	6000.00
51	万源市（川）	华山松	500.00
52	楚雄市（滇）	华山松	300.00
53	洱源县（滇）	华山松	150.00
54	固始县（豫）	槐树	30000.00
55	安福县（赣）	火柜松	270.00
56	泌阳县（豫）	火柜松	150.00
57	淅川县（豫）	栎类	10000000.00
58	郧阳区（鄂）	栎类	200000.00
59	南郑区（陕）	栎类	15000.00
60	浠水县（鄂）	栎类	320.00
61	竹山县（鄂）	柳杉	3000.00
62	南岳区（湘）	柳杉	200.00
63	新宾满族自治县（辽）	落叶松	2400032.00
64	清原满族自治县（辽）	落叶松	3000.00
65	和林格尔县（内蒙古）	落叶松	1000.00
66	岫岩满族自治县（辽）	落叶松	740.00
67	克山县（黑）	落叶松	250.00
68	东洲区（辽）	落叶松	206.00
69	静乐县（晋）	落叶松	200.00
70	万源市（川）	落叶松	100.00
71	孝昌县（鄂）	落羽杉	200.00
72	祁东县（湘）	马尾松	13800.00
73	南江县（川）	马尾松	5000.00
74	湖北省太子山林场（鄂）	马尾松	1020.00
75	麻城市（鄂）	马尾松	1000.00
76	湘潭县（湘）	马尾松	852.00
77	桐柏县（豫）	马尾松	500.00
78	南岳区（湘）	马尾松	400.00
79	恩阳区（川）	马尾松	200.00
80	桂阳县（湘）	马尾松	200.00
81	万源市（川）	马尾松	100.00
82	庆元县（浙）	楠木	132.00
83	盐池县（宁）	柠条	480000.00
84	原州区（宁）	柠条	2800.00
85	灵武市（宁）	柠条	1265.00
86	大悟县（鄂）	葡萄	190.00
87	新和县（新）	沙枣	600.00
88	祁东县（湘）	杉木	11020.00
89	淮滨县（豫）	杉木	10800.00
90	郧阳区（鄂）	杉木	5000.00
91	西畴县（滇）	杉木	4346.00
92	安福县（赣）	杉木	3100.00
93	岳阳县（湘）	杉木	3000.00
94	江华瑶族自治县（湘）	杉木	2000.00
95	黎平县（黔）	杉木	2000.00
96	会同县（湘）	杉木	1500.00
97	阳新县（鄂）	杉木	1200.00
98	攸　县（湘）	杉木	1200.00
99	大悟县（鄂）	杉木	1000.00

(续表)

序号	种子园种子主产地	品种	产量(千克)
100	筠连县(川)	杉木	1000.00
101	信丰县(赣)	杉木	686.00
102	崇仁县(赣)	杉木	460.00
103	昌宁县(滇)	杉木	450.00
104	威信县(滇)	杉木	450.00
105	高　县(川)	杉木	400.00
106	珙　县(川)	杉木	300.00
107	资兴市(湘)	杉木	224.00
108	古蔺县(川)	杉木	220.00
109	靖州苗族侗族自治县(湘)	杉木	219.00
110	曲江区(粤)	杉木	215.00
111	余江县(赣)	杉木	200.00
112	龙泉市(浙)	杉木	191.50
113	马关县(滇)	杉木	188.00
114	锦屏县(黔)	杉木	150.00
115	汨罗市(湘)	湿地松	3915.00
116	孝昌县(鄂)	湿地松	400.00
117	临江林业局(吉林森工)	水曲柳	165.00
118	潜江市(鄂)	水杉	500.00
119	乌拉特后旗(内蒙古)	香梨	60000.00
120	陵川县(晋)	杏树	36500.00

(续表)

序号	种子园种子主产地	品种	产量(千克)
121	乌拉特后旗(内蒙古)	杏树	12000.00
122	新和县(新)	杏树	3300.00
123	竹山县(鄂)	杏树	100.00
124	大悟县(鄂)	杨树	1500.00
125	原州区(宁)	油松	3500.00
126	北票市(辽)	油松	2000.00
127	正宁林业总场(甘)	油松	1280.00
128	土默特左旗(内蒙古)	油松	386.00
129	宁城县(内蒙古)	油松	310.00
130	卢氏县(豫)	油松	290.00
131	玛纳斯县(新)	榆树	800.00
132	兰坪白族普米族自治县(滇)	云南松	10000.00
133	隆阳区(滇)	云南松	3500.00
134	腾冲市(滇)	云南松	3000.00
135	兴义市(黔)	云南松	500.00
136	普格县(川)	云南松	270.00
137	楚雄市(滇)	云南松	200.00
138	甘州区(甘)	云杉	1000.00
139	炉霍林业局(川)	云杉	100.00
140	克东县(黑)	樟子松	400.00
141	克山县(黑)	樟子松	250.00

表 9-1　马尾松苗主产地产量

序号	马尾松苗主产地	产量(万株)
1	云和县(浙)	13.00
2	信丰县(赣)	160.00
3	遂川县(赣)	49.00
4	钟祥市(鄂)	500.00
5	蕲春县(鄂)	200.00
6	阳新县(鄂)	80.00
7	茶陵县(湘)	1800.00
8	蓝山县(湘)	600.00
9	汝城县(湘)	327.00
10	洞口县(湘)	145.00
11	新化县(湘)	100.00
12	江永县(湘)	63.78
13	辰溪县(湘)	62.00
14	新宁县(湘)	60.00
15	资兴市(湘)	50.00
16	中方县(湘)	30.00
17	慈利县(湘)	30.00
18	绥宁县(湘)	30.00
19	桂阳县(湘)	25.00

(续表)

序号	马尾松苗主产地	产量(万株)
20	桑植县(湘)	20.00
21	溆浦县(湘)	16.00
22	永兴县(湘)	16.00
23	新晃侗族自治县(湘)	15.00
24	临武县(湘)	13.00
25	信宜市(粤)	100.00
26	云安区(粤)	40.00
27	肇庆市林业总场(粤)	12.20
28	西林县(桂)	450.00
29	南丹县(桂)	303.00
30	平乐县(桂)	160.00
31	田东县(桂)	130.00
32	藤　县(桂)	100.00
33	派阳山林场(桂)	71.27
34	陆川县(桂)	70.00
35	田林县(桂)	65.00
36	蒙山县(桂)	50.00
37	那坡县(桂)	35.00
38	中国林科院热林中心(桂)	25.93

(续表)

序号	马尾松苗主产地	产量(万株)
39	七坡林场(桂)	15.92
40	北流市(桂)	15.00
41	八步区(桂)	13.00
42	宣汉县(川)	80.00
43	罗甸县(黔)	338.40
44	独山县(黔)	271.50
45	沿河土家族自治县(黔)	80.00
46	余庆县(黔)	25.00
47	黎平县(黔)	11.00
48	建水县(滇)	250.00
49	富宁县(滇)	210.00

表 9-2　落叶松苗主产地产量

序号	落叶松苗主产地	产量(万株)
1	赤城县(冀)	3675.00
2	丰宁满族自治县(冀)	750.00
3	围场满族蒙古族自治县(冀)	60.00
4	岢岚县(晋)	520.00

（续表）

序号	落叶松苗主产地	产量（万株）
5	宁武县(晋)	418.00
6	繁峙县(晋)	400.00
7	广灵县(晋)	60.00
8	神池县(晋)	58.00
9	宁城县(内蒙古)	204.00
10	松山区(内蒙古)	110.00
11	鄂温克族自治旗(内蒙古)	60.00
12	东乌珠穆沁旗(内蒙古)	45.00
13	清原满族自治县(辽)	2500.00
14	桓仁满族自治县(辽)	1200.00
15	铁岭县(辽)	300.00
16	抚顺县(辽)	272.00
17	本溪满族自治县(辽)	118.00
18	新宾满族自治县(辽)	69.00
19	明山区(辽)	15.00
20	蛟河市(吉)	1600.00
21	辉南县(吉)	1050.00
22	永吉县(吉)	165.00
23	舒兰市(吉)	91.85
24	长白朝鲜族自治县(吉)	68.00
25	东辽县(吉)	66.90
26	天桥岭林业局(吉)	30.00
27	安图县(吉)	25.00
28	通化县(吉)	21.00
29	尚志市(黑)	6500.00
30	爱辉区(黑)	6050.00
31	嫩江县(黑)	3295.00
32	汤原县(黑)	900.00
33	孙吴县(黑)	779.60
34	鸡东县(黑)	450.00
35	五大连池市(黑)	385.00
36	五常市(黑)	350.00
37	讷河市(黑)	300.00
38	克山县(黑)	195.00
39	尚志国有林场(黑)	130.50
40	集贤县(黑)	101.50
41	密山市(黑)	71.00
42	鹤岗市市辖区(黑)	70.00
43	桦南县(黑)	60.50
44	七台河市直属单位(黑)	54.00
45	嘉荫县(黑)	42.00
46	孟家岗林场(黑)	30.00
47	鸡西市市辖区(黑)	12.00
48	济源市(豫)	20.00

（续表）

序号	落叶松苗主产地	产量（万株）
49	宜城市(鄂)	150.00
50	建始县(鄂)	45.00
51	原州区(宁)	30.00
52	青河林场(新)	12.50
53	莫尔道嘎林业局(内蒙古森工)	200.00
54	阿里河林业局(内蒙古森工)	148.00
55	绰尔林业局(内蒙古森工)	130.00
56	金河林业局(内蒙古森工)	100.00
57	甘河林业局(内蒙古森工)	70.00
58	克一河林业局(内蒙古森工)	45.00

表 9-3　红松苗主产地产量

序号	红松苗主产地	产量（万株）
1	清原满族自治县(辽)	7500.00
2	新宾满族自治县(辽)	2885.00
3	桓仁满族自治县(辽)	1835.00
4	本溪满族自治县(辽)	803.00
5	庄河市(辽)	100.00
6	振安区(辽)	25.00
7	明山区(辽)	20.00
8	通化县(吉)	1950.80
9	蛟河市(吉)	1627.50
10	临江市(吉)	1000.00
11	珲春林业局(吉)	929.30
12	汪清林业局(吉)	902.30
13	柳河县(吉)	897.24
14	八家子林业局(吉)	770.00
15	长白朝鲜族自治县(吉)	690.00
16	敦化林业局(吉)	574.00
17	靖宇县(吉)	532.00
18	江源区(吉)	463.35
19	永吉县(吉)	450.00
20	敦化市(吉)	424.00
21	黄泥河林业局(吉)	400.00
22	天桥岭林业局(吉)	353.00
23	磐石市(吉)	320.00
24	舒兰市(吉)	262.45
25	安图县(吉)	250.00
26	抚松县(吉)	214.00
27	集安市(吉)	212.00
28	和龙市(吉)	150.00
29	上营森林经营局(吉)	150.00
30	辉南县(吉)	150.00

（续表）

序号	红松苗主产地	产量（万株）
31	大石头林业局(吉)	148.00
32	丰满区(吉)	138.00
33	东丰县(吉)	132.00
34	珲春市(吉)	101.20
35	桦甸市(吉)	98.00
36	龙井市(吉)	61.50
37	船营区(吉)	50.50
38	昌邑区(吉)	42.80
39	浑江区(吉)	41.90
40	东辽县(吉)	35.40
41	安图森林经营局(吉)	32.50
42	白山市市辖区(吉)	13.70
43	汤原县(黑)	3420.00
44	七台河市市辖区(黑)	1481.90
45	孙吴县(黑)	564.66
46	依兰县(黑)	400.00
47	鸡东县(黑)	398.00
48	桦南县(黑)	240.50
49	庆安国有林场(黑)	216.80
50	工农区(黑)	135.00
51	鹤岗市市辖区(黑)	130.00
52	尚志国有林场(黑)	92.00
53	孟家岗林场(黑)	80.00
54	桦川县(黑)	43.50
55	嘉荫县(黑)	37.00
56	克东县(黑)	20.00
57	富锦市(黑)	15.00
58	密山市(黑)	10.00
59	阿里河林业局(内蒙古森工)	172.10
60	满归林业局(内蒙古森工)	14.00
61	临江林业局(吉林森工)	783.53
62	白石山林业局(吉林森工)	567.11
63	露水河林业局(吉林森工)	389.60
64	松江河林业有限公司(吉林森工)	378.60
65	红石林业局(吉林森工)	355.00
66	三岔子林业局(吉林森工)	53.20

表 9-4　黑松苗主产地产量

序号	黑松苗主产地	产量（万株）
1	金普新区(辽)	200.00
2	图们市(吉)	85.00
3	前郭尔罗斯蒙古族自治县(吉)	37.60
4	新沂市(苏)	1710.00

(续表)

序号	黑松苗主产地	产量(万株)
5	莒南县(鲁)	3662.00
6	岱岳区(鲁)	1385.00
7	招远市(鲁)	800.00
8	新泰市(鲁)	525.00
9	泗水县(鲁)	496.00
10	费　县(鲁)	454.00
11	莱阳市(鲁)	440.00
12	栖霞市(鲁)	384.00
13	肥城市(鲁)	242.00
14	宁阳县(鲁)	201.00
15	海阳市(鲁)	190.00
16	博山区(鲁)	150.00
17	莱芜区(鲁)	80.00
18	威海市经济技术开发区(鲁)	41.00
19	德州市市辖区(鲁)	30.00
20	莒　县(鲁)	29.00
21	广饶县(鲁)	26.00
22	蓬莱市(鲁)	17.00
23	历城区(鲁)	15.00
24	牟平区(鲁)	12.00
25	安丘市(鲁)	11.90
26	潢川县(豫)	23.00

表 9-5　华山松苗主产地产量

序号	华山松苗主产地	产量(万株)
1	北京市林业种子苗木管理总站(京)	17.00
2	涿州市(冀)	50.00
3	玉田县(冀)	12.00
4	阳城县(晋)	146.50
5	屯留县(晋)	60.00
6	桓仁满族自治县(辽)	353.90
7	庄河市(辽)	120.00
8	泰安市泰山景区(鲁)	500.00
9	美姑县(川)	550.00
10	汉源县(川)	85.00
11	会东县(川)	50.20
12	昭阳区(滇)	600.00
13	富源县(滇)	500.00
14	宁蒗彝族自治县(滇)	135.00
15	腾冲市(滇)	100.00
16	寻甸回族彝族自治县(滇)	80.00
17	洱源县(滇)	70.00
18	罗平县(滇)	60.00

(续表)

序号	华山松苗主产地	产量(万株)
19	剑川县(滇)	48.00
20	东川区(滇)	33.96
21	玉龙纳西族自治县(滇)	33.00
22	五华区(滇)	25.53
23	龙陵县(滇)	25.00
24	古城区(滇)	20.00
25	易门县(滇)	20.00
26	丘北县(滇)	20.00
27	西山区(滇)	17.50
28	施甸县(滇)	16.00
29	南华县(滇)	15.00
30	双江拉祜族佤族布朗族傣族自治县(滇)	10.00
31	镇巴县(陕)	180.00
32	南郑区(陕)	50.00
33	留坝县(陕)	40.00
34	千阳县(陕)	39.00
35	正宁林业总场(甘)	162.00
36	华池林业总场(甘)	89.90
37	隆德县(宁)	320.00

表 9-6　湿地松苗主产地产量

序号	湿地松苗主产地	产量(万株)
1	宣州区(皖)	70.00
2	桐城市(皖)	11.00
3	吉安县(赣)	371.00
4	崇仁县(赣)	240.00
5	宁都县(赣)	200.00
6	铅山县(赣)	140.00
7	信丰县(赣)	130.00
8	青原区(赣)	100.00
9	全南县(赣)	47.00
10	广昌县(赣)	37.40
11	永新县(赣)	12.00
12	潢川县(豫)	140.00
13	浠水县(鄂)	1200.00
14	随　县(鄂)	900.00
15	钟祥市(鄂)	400.00
16	英山县(鄂)	350.00
17	京山县(鄂)	280.00
18	罗田县(鄂)	250.00
19	团风县(鄂)	120.00
20	麻城市(鄂)	80.00

(续表)

序号	湿地松苗主产地	产量(万株)
21	新洲区(鄂)	80.00
22	通城县(鄂)	30.00
23	崇阳县(鄂)	20.00
24	阳新县(鄂)	20.00
25	谷城县(鄂)	10.00
26	祁东县(湘)	135.00
27	桂阳县(湘)	124.00
28	新田县(湘)	80.00
29	隆回县(湘)	67.00
30	麻阳苗族自治县(湘)	62.00
31	临武县(湘)	28.00
32	新晃侗族自治县(湘)	25.00
33	连州市(粤)	195.00
34	化州市(粤)	145.00
35	钦南区(桂)	30.00
36	独山县(黔)	375.00
37	砚山县(滇)	300.00
38	富源县(滇)	60.00
39	姚安县(滇)	12.00

表 9-7　白皮松苗主产地产量

序号	白皮松苗主产地	产量(万株)
1	北京市林业种子苗木管理总站(京)	362.00
2	平谷区(京)	15.29
3	赵　县(冀)	25.00
4	涿州市(冀)	20.00
5	玉田县(冀)	20.00
6	临猗县(晋)	270.00
7	古交市(晋)	150.00
8	沁　县(晋)	143.00
9	平定县(晋)	80.00
10	河津市(晋)	50.00
11	夏　县(晋)	35.30
12	杏花岭区(晋)	17.00
13	泽州县(晋)	16.50
14	长清区(鲁)	1250.00
15	肥城市(鲁)	124.00
16	济南市市中区(鲁)	80.00
17	博山区(鲁)	21.00
18	诸城市(鲁)	18.00
19	周村区(鲁)	15.00
20	嵩　县(豫)	200.00

（续表）

序号	白皮松苗主产地	产量（万株）
21	宜阳县(豫)	40.50
22	林州市(豫)	30.52
23	禹州市(豫)	22.60
24	洛宁县(豫)	20.50
25	济源市(豫)	20.00
26	长葛市(豫)	16.27
27	蓝田县(陕)	3200.00
28	韩城市林业局(陕)	1672.00
29	渭滨区(陕)	780.00
30	扶风县(陕)	283.00
31	佛坪县(陕)	223.50
32	临潼区(陕)	130.00
33	千阳县(陕)	62.00
34	高陵区(陕)	21.00
35	长安区(陕)	14.00
36	宜君县(陕)	13.00
37	合水县(甘)	230.00
38	正宁林业总场(甘)	135.00
39	华池林业总场(甘)	30.69

表 9-8 油松苗主产地产量

序号	油松苗主产地	产量（万株）
1	北京市林业种子苗木管理总站(京)	916.00
2	丰宁满族自治县(冀)	9450.00
3	滦平县(冀)	7000.00
4	围场满族蒙古族自治县(冀)	4000.00
5	赤城县(冀)	3429.00
6	涿州市(冀)	150.00
7	满城区(冀)	80.00
8	阜平县(冀)	75.00
9	兴隆县(冀)	55.90
10	张家口市高新技术管理区(冀)	48.91
11	涞源县(冀)	45.00
12	易　县(冀)	20.00
13	邢台县(冀)	17.00
14	定兴县(冀)	15.00
15	安国市(冀)	10.00
16	鸡泽县(冀)	10.00
17	繁峙县(晋)	7531.00
18	岢岚县(晋)	4500.00
19	静乐县(晋)	4200.00
20	偏关县(晋)	3995.00

（续表）

序号	油松苗主产地	产量（万株）
21	宁武县(晋)	3600.00
22	新荣区(晋)	2900.00
23	长治市郊区(晋)	2705.00
24	平定县(晋)	2670.00
25	陵川县(晋)	2100.00
26	阳曲县(晋)	1822.00
27	娄烦县(晋)	1717.00
28	古交市(晋)	1500.00
29	沁　县(晋)	1470.00
30	浑源县(晋)	600.00
31	定襄县(晋)	600.00
32	河曲县(晋)	460.00
33	左权县(晋)	350.00
34	平顺县(晋)	310.00
35	广灵县(晋)	300.00
36	灵丘县(晋)	240.00
37	神池县(晋)	230.00
38	阳泉市郊区(晋)	206.00
39	大同县(晋)	200.00
40	屯留县(晋)	170.00
41	五台县(晋)	156.00
42	泽州县(晋)	151.00
43	阳城县(晋)	90.58
44	高平市(晋)	64.14
45	杏花岭区(晋)	60.00
46	五寨县(晋)	50.00
47	迎泽区(晋)	27.70
48	尖草坪区(晋)	20.85
49	晋城市城区(晋)	15.00
50	临猗县(晋)	12.00
51	万柏林区(晋)	11.10
52	清水河县(内蒙古)	720.00
53	林西县(内蒙古)	668.00
54	松山区(内蒙古)	433.00
55	宁城县(内蒙古)	273.00
56	土默特左旗(内蒙古)	210.00
57	翁牛特旗(内蒙古)	189.00
58	巴林左旗(内蒙古)	152.00
59	武川县(内蒙古)	150.00
60	鄂托克前旗(内蒙古)	75.19
61	达拉特旗(内蒙古)	61.43
62	阿鲁科尔沁旗(内蒙古)	60.00
63	扎鲁特旗(内蒙古)	18.80
64	赛罕区(内蒙古)	18.50

（续表）

序号	油松苗主产地	产量（万株）
65	北票市(辽)	370.00
66	龙城区(辽)	350.00
67	凌源市(辽)	225.00
68	北镇市(辽)	183.00
69	喀喇沁左翼蒙古族自治县(辽)	180.50
70	铁岭县(辽)	120.00
71	义　县(辽)	100.00
72	建平县(辽)	89.00
73	盖州市(辽)	62.00
74	本溪满族自治县(辽)	18.80
75	长白朝鲜族自治县(吉)	48.00
76	莒南县(鲁)	430.00
77	肥城市(鲁)	92.00
78	海阳市(鲁)	12.00
79	卢氏县(豫)	160.00
80	鹤山区(豫)	100.00
81	济源市(豫)	50.00
82	汤阴县(豫)	15.45
83	金川县(川)	90.00
84	千阳县(陕)	3241.00
85	横山区(陕)	1200.00
86	洛南县(陕)	1100.00
87	神木市(陕)	876.00
88	王益区(陕)	700.00
89	绥德县(陕)	685.50
90	榆阳区(陕)	212.00
91	米脂县(陕)	117.00
92	扶风县(陕)	105.00
93	定边县(陕)	80.00
94	桥山林业局(陕)	72.10
95	韩城市林业局(陕)	40.00
96	南郑区(陕)	35.00
97	子洲县(陕)	33.00
98	留坝县(陕)	30.00
99	志丹县(陕)	28.00
100	清涧县(陕)	20.70
101	正宁林业总场(甘)	2907.70
102	华池林业总场(甘)	1795.50
103	合水县(甘)	1100.00
104	泾川县(甘)	175.00
105	甘谷县(甘)	100.00
106	会宁县(甘)	13.20
107	七里河区(甘)	10.50
108	互助土族自治县(青)	2053.22

(续表)

序号	油松苗主产地	产量(万株)
109	乐都区(青)	684.13
110	同仁县(青)	126.00
111	平安区(青)	69.00
112	泾源县(宁)	3600.00
113	原州区(宁)	1043.00
114	彭阳县(宁)	880.00
115	隆德县(宁)	300.00
116	西夏区(宁)	24.00
117	盐池县(宁)	20.44
118	大武口区(宁)	15.20
119	舟曲生态建设局(插岗梁自然保护局)(甘)	30.00
120	阿夏自然保护局(甘)	24.49

表 9-9 樟子松苗主产地产量

序号	樟子松苗主产地	产量(万株)
1	北京市林业种子苗木管理总站(京)	16.00
2	丰宁满族自治县(冀)	3000.00
3	围场满族蒙古族自治县(冀)	2500.00
4	康保县(冀)	550.00
5	赤城县(冀)	400.80
6	新荣区(晋)	2300.00
7	偏关县(晋)	380.00
8	繁峙县(晋)	160.00
9	广灵县(晋)	150.00
10	左云县(晋)	100.00
11	河曲县(晋)	69.00
12	岢岚县(晋)	40.00
13	神池县(晋)	31.00
14	定襄县(晋)	30.00
15	五寨县(晋)	25.00
16	太仆寺旗(内蒙古)	2100.00
17	克什克腾旗(内蒙古)	1821.00
18	林西县(内蒙古)	1338.00
19	和林格尔县(内蒙古)	1200.00
20	扎鲁特旗(内蒙古)	734.80
21	多伦县(内蒙古)	678.00
22	清水河县(内蒙古)	634.00
23	鄂温克族自治旗(内蒙古)	580.00
24	达拉特旗(内蒙古)	538.24
25	鄂托克前旗(内蒙古)	352.66
26	乌兰浩特市(内蒙古)	347.00

(续表)

序号	樟子松苗主产地	产量(万株)
27	土默特左旗(内蒙古)	251.00
28	奈曼旗(内蒙古)	174.00
29	敖汉旗(内蒙古)	170.00
30	巴林右旗(内蒙古)	142.00
31	东乌珠穆沁旗(内蒙古)	129.00
32	翁牛特旗(内蒙古)	120.00
33	巴林左旗(内蒙古)	110.00
34	托克托县(内蒙古)	104.40
35	科尔沁左翼中旗(内蒙古)	80.00
36	正蓝旗(内蒙古)	66.00
37	开鲁县(内蒙古)	60.00
38	赛罕区(内蒙古)	59.00
39	库伦旗(内蒙古)	56.67
40	科尔沁区(内蒙古)	56.00
41	松山区(内蒙古)	46.20
42	阿拉善左旗(内蒙古)	16.52
43	鄂托克旗(内蒙古)	15.00
44	柳河县(吉)	1375.00
45	蛟河市(吉)	1226.50
46	九台区(吉)	267.00
47	长白朝鲜族自治县(吉)	153.00
48	临江市(吉)	123.57
49	辉南县(吉)	120.00
50	通化县(吉)	67.50
51	经济开发区(吉)	54.34
52	东丰县(吉)	50.00
53	集安市(吉)	45.00
54	江源区(吉)	40.00
55	东辽县(吉)	38.14
56	浑江区(吉)	32.00
57	白城市市辖区(吉)	13.38
58	尚志市(黑)	4500.00
59	讷河市(黑)	2569.00
60	嫩江县(黑)	2347.00
61	克东县(黑)	1100.00
62	汤原县(黑)	1060.00
63	孙吴县(黑)	780.90
64	逊克县(黑)	630.00
65	龙江县(黑)	409.00
66	集贤县(黑)	245.00
67	让胡路区(黑)	240.00
68	五大连池市(黑)	203.40
69	杜尔伯特蒙古族自治县(黑)	193.10
70	桦南县(黑)	182.85

(续表)

序号	樟子松苗主产地	产量(万株)
71	克山县(黑)	180.00
72	鸡东县(黑)	150.40
73	呼兰区(黑)	100.00
74	尚志国有林场(黑)	89.00
75	富锦市(黑)	70.00
76	孟家岗林场(黑)	70.00
77	密山市(黑)	47.00
78	大同区(黑)	40.00
79	神木市(陕)	1198.00
80	定边县(陕)	420.00
81	合水县(甘)	200.00
82	华池林业总场(甘)	132.42
83	泾川县(甘)	65.00
84	正宁林业总场(甘)	34.00
85	金川区(甘)	34.00
86	临泽县(甘)	29.40
87	甘州区(甘)	20.00
88	互助土族自治县(青)	278.28
89	德令哈市(青)	20.00
90	泾源县(宁)	3900.00
91	隆德县(宁)	1500.00
92	原州区(宁)	545.00
93	盐池县(宁)	531.88
94	灵武市(宁)	44.50
95	贺兰县(宁)	33.00
96	西夏区(宁)	31.00
97	平罗县(宁)	18.90
98	大武口区(宁)	18.74
99	兴庆区(宁)	15.31
100	利通区(宁)	11.71
101	灵武白芨滩国家级自然保护区(宁)	11.00
102	阜康市(新)	400.00
103	绰尔林业局(内蒙古森工)	183.00
104	满归林业局(内蒙古森工)	170.00
105	阿尔山林业局(内蒙古森工)	137.10
106	根河林业局(内蒙古森工)	107.00
107	克一河林业局(内蒙古森工)	32.00

表 9-10 杉木苗主产地产量

序号	杉木苗主产地	产量(万株)
1	建平县(辽)	355.00
2	龙泉市(浙)	230.00

（续表）

序号	杉木苗主产地	产量（万株）
3	东至县(皖)	310.00
4	祁门县(皖)	70.00
5	青阳县(皖)	40.00
6	广德县(皖)	15.30
7	宣州区(皖)	10.00
8	安福县(赣)	4569.00
9	寻乌县(赣)	1660.00
10	崇义县(赣)	1200.00
11	信丰县(赣)	1000.00
12	宜丰县(赣)	738.00
13	定南县(赣)	547.00
14	崇仁县(赣)	430.00
15	金溪县(赣)	420.00
16	全南县(赣)	350.00
17	铅山县(赣)	330.00
18	宁都县(赣)	200.00
19	井冈山市(赣)	200.00
20	黎川县(赣)	200.00
21	广昌县(赣)	171.10
22	永新县(赣)	132.00
23	铜鼓县(赣)	115.00
24	永丰县(赣)	100.00
25	上犹县(赣)	40.00
26	玉山县(赣)	19.00
27	于都县(赣)	11.00
28	新　县(豫)	1600.00
29	南漳县(鄂)	3000.00
30	阳新县(鄂)	800.00
31	嘉鱼县(鄂)	600.00
32	利川市(鄂)	500.00
33	竹溪县(鄂)	350.20
34	崇阳县(鄂)	300.00
35	罗田县(鄂)	300.00
36	大悟县(鄂)	160.00
37	红安县(鄂)	135.00
38	枣阳市(鄂)	120.00
39	黄梅县(鄂)	80.00
40	蕲春县(鄂)	80.00
41	郧阳区(鄂)	67.50
42	大冶市(鄂)	60.00
43	京山县(鄂)	60.00
44	谷城县(鄂)	42.00
45	鹤峰县(鄂)	40.00
46	桃江县(湘)	6800.00
47	茶陵县(湘)	3750.00
48	攸　县(湘)	2000.00
49	蓝山县(湘)	1200.00
50	汝城县(湘)	870.00
51	资兴市(湘)	600.00
52	江华瑶族自治县(湘)	565.00
53	隆回县(湘)	430.00
54	汨罗市(湘)	405.00
55	武冈市(湘)	360.00
56	靖州苗族侗族自治县(湘)	328.80
57	衡山县(湘)	298.28
58	麻阳苗族自治县(湘)	288.00
59	溆浦县(湘)	280.00
60	临澧县(湘)	280.00
61	新化县(湘)	250.00
62	慈利县(湘)	240.00
63	鼎城区(湘)	230.00
64	芷江侗族自治县(湘)	225.00
65	祁东县(湘)	173.00
66	宁远县(湘)	155.30
67	江永县(湘)	150.22
68	新田县(湘)	139.00
69	会同县(湘)	130.00
70	沅陵县(湘)	127.00
71	岳阳县(湘)	120.00
72	道　县(湘)	114.00
73	株洲县(湘)	101.00
74	中方县(湘)	100.00
75	桂阳县(湘)	98.00
76	金洞林场(湘)	75.60
77	新晃侗族自治县(湘)	75.00
78	永兴县(湘)	72.85
79	绥宁县(湘)	70.00
80	新宁县(湘)	60.00
81	辰溪县(湘)	60.00
82	耒阳市(湘)	40.00
83	津市市(湘)	36.00
84	临武县(湘)	30.00
85	常宁市(湘)	18.34
86	桂东县(湘)	16.00
87	株洲市市辖区(湘)	11.50
88	连州市(粤)	300.00
89	连山壮族瑶族自治县(粤)	300.00
90	新丰县(粤)	213.40
91	连南瑶族自治县(粤)	100.00
92	封开县(粤)	95.00
93	曲江区(粤)	90.49
94	郁南县(粤)	25.00
95	高要区(粤)	20.00
96	西林县(桂)	2762.00
97	田林县(桂)	2485.00
98	南丹县(桂)	1800.00
99	融安县(桂)	1660.00
100	八步区(桂)	1420.00
101	那坡县(桂)	1130.00
102	隆林各族自治县(桂)	300.00
103	武宣县(桂)	250.00
104	田东县(桂)	250.00
105	灵川县(桂)	200.00
106	维都林场(桂)	175.00
107	平乐县(桂)	100.00
108	藤　县(桂)	85.00
109	蒙山县(桂)	60.00
110	派阳山林场(桂)	27.16
111	中国林科院热林中心(桂)	15.48
112	邻水县(川)	280.00
113	珙　县(川)	200.00
114	汉源县(川)	182.00
115	宣汉县(川)	120.00
116	开江县(川)	74.00
117	甘孜州林业工程处(川)	22.50
118	达川区(川)	20.00
119	威远县(川)	15.00
120	高　县(川)	10.00
121	天柱县(黔)	500.00
122	榕江县(黔)	500.00
123	锦屏县(黔)	328.72
124	罗甸县(黔)	190.00
125	碧江区(黔)	180.00
126	万山区(黔)	154.60
127	镇远县(黔)	150.00
128	黎平县(黔)	126.00
129	余庆县(黔)	85.00
130	绥阳县(黔)	51.00
131	广南县(滇)	2356.00
132	丘北县(滇)	2230.00
133	马关县(滇)	1600.00
134	富宁县(滇)	1227.00

(续表)

序号	杉木苗主产地	产量(万株)
135	罗平县(滇)	800.00
136	镇康县(滇)	597.00
137	麒麟区(滇)	500.00
138	富源县(滇)	490.00
139	腾冲市(滇)	400.00
140	盐津县(滇)	400.00
141	砚山县(滇)	400.00
142	威信县(滇)	300.00
143	芒　市(滇)	200.00
144	镇雄县(滇)	174.00
145	陇川县(滇)	68.00
146	双江拉祜族佤族布朗族傣族自治县(滇)	60.00
147	昌宁县(滇)	54.00
148	西畴县(滇)	50.00
149	个旧市(滇)	45.90
150	龙陵县(滇)	45.00
151	石泉县(陕)	300.00
152	汉滨区(陕)	200.00

表 9-11　云杉苗主产地产量

序号	云杉苗主产地	产量(万株)
1	北京市林业种子苗木管理总站(京)	625.00
2	围场满族蒙古族自治县(冀)	300.00
3	康保县(冀)	130.00
4	赤城县(冀)	64.50
5	宁武县(晋)	3012.00
6	新荣区(晋)	188.00
7	繁峙县(晋)	160.00
8	浑源县(晋)	110.00
9	平定县(晋)	40.00
10	偏关县(晋)	32.00
11	克什克腾旗(内蒙古)	2083.00
12	土默特左旗(内蒙古)	83.00
13	多伦县(内蒙古)	82.00
14	清水河县(内蒙古)	81.00
15	扎鲁特旗(内蒙古)	55.00
16	松山区(内蒙古)	47.15
17	赛罕区(内蒙古)	28.00
18	开鲁县(内蒙古)	20.00
19	东河区(内蒙古)	20.00
20	宁城县(内蒙古)	16.00

(续表)

序号	云杉苗主产地	产量(万株)
21	托克托县(内蒙古)	14.40
22	巴林左旗(内蒙古)	13.00
23	科尔沁区(内蒙古)	12.00
24	达拉特旗(内蒙古)	10.09
25	东乌珠穆沁旗(内蒙古)	10.00
26	西乌珠穆沁旗(内蒙古)	10.00
27	敖汉旗(内蒙古)	10.00
28	桓仁满族自治县(辽)	584.70
29	振安区(辽)	150.00
30	庄河市(辽)	83.00
31	金普新区(辽)	40.00
32	甘井子区(辽)	11.40
33	明山区(辽)	10.00
34	通化县(吉)	3916.17
35	长白朝鲜族自治县(吉)	2236.00
36	江源区(吉)	605.50
37	敦化市(吉)	407.00
38	临江市(吉)	398.00
39	辉南县(吉)	350.00
40	柳河县(吉)	336.05
41	通化医药高新区(吉)	280.00
42	天桥岭林业局(吉)	176.40
43	浑江区(吉)	173.20
44	抚松县(吉)	147.00
45	珲春林业局(吉)	98.00
46	永吉县(吉)	70.00
47	舒兰市(吉)	54.81
48	珲春市(吉)	54.00
49	安图县(吉)	51.00
50	龙井市(吉)	50.60
51	伊通满族自治县(吉)	50.00
52	船营区(吉)	49.90
53	八家子林业局(吉)	46.00
54	乾安县(吉)	39.00
55	集安市(吉)	30.00
56	桦甸市(吉)	16.60
57	蛟河市(吉)	15.31
58	白山市市辖区(吉)	12.30
59	尚志市(黑)	4000.00
60	孙吴县(黑)	3003.00
61	嫩江县(黑)	973.00
62	鹤岗市市辖区(黑)	640.00
63	集贤县(黑)	512.00
64	克东县(黑)	450.00

(续表)

序号	云杉苗主产地	产量(万株)
65	五大连池市(黑)	239.70
66	讷河市(黑)	198.00
67	让胡路区(黑)	160.00
68	克山县(黑)	160.00
69	汤原县(黑)	90.00
70	尚志国有林场(黑)	83.00
71	呼兰区(黑)	80.00
72	富锦市(黑)	80.00
73	鸡东县(黑)	60.00
74	嘉荫县(黑)	33.90
75	呼玛县(黑)	20.00
76	佳木斯市郊区(黑)	20.00
77	密山市(黑)	15.00
78	庆安国有林场(黑)	11.21
79	通河县(黑)	10.00
80	炉霍县(川)	37000.00
81	若尔盖县(川)	720.00
82	金川县(川)	570.00
83	白玉林业局(川)	500.00
84	雅江县(川)	497.20
85	汉源县(川)	362.00
86	道孚林业局(川)	300.00
87	新龙林业局(川)	290.00
88	石棉县(川)	200.00
89	茂　县(川)	68.00
90	新龙县(川)	36.70
91	丹巴林业局(川)	32.00
92	乡城县(川)	12.00
93	香格里拉市(滇)	853.49
94	玉龙纳西族自治县(滇)	178.00
95	江达县(藏)	265.00
96	辛家山林业局(陕)	10.00
97	正宁林业总场(甘)	151.60
98	甘谷县(甘)	150.00
99	会宁县(甘)	60.00
100	泾川县(甘)	38.70
101	甘州区(甘)	30.00
102	华池林业总场(甘)	29.36
103	七里河区(甘)	13.45
104	互助土族自治县(青)	24641.98
105	泽库县(青)	15000.00
106	乐都区(青)	4021.25
107	化隆回族自治县(青)	1182.00
108	玛珂河林业局(青)	711.68

（续表）

序号	云杉苗主产地	产量（万株）
109	平安区(青)	602.00
110	麦秀森林公园(青)	432.86
111	同仁县(青)	149.00
112	祁连县(青)	100.00
113	门源回族自治县(青)	40.00
114	德令哈市(青)	35.00
115	湟源县(青)	25.00
116	兴海县(青)	20.28
117	泾源县(宁)	30500.00
118	隆德县(宁)	9000.00
119	原州区(宁)	5111.00
120	彭阳县(宁)	1670.00
121	西吉县(宁)	90.00
122	宁夏仁存渡护岸林场(宁)	49.50
123	大武口区(宁)	43.35
124	盐池县(宁)	15.64
125	兴庆区(宁)	11.20
126	沙湾县(新)	10.40
127	阿尔山林业局(内蒙古森工)	230.90
128	绰尔林业局(内蒙古森工)	83.00
129	阿里河林业局(内蒙古森工)	31.60
130	根河林业局(内蒙古森工)	14.00
131	松江河林业有限公司(吉林森工)	163.43
132	临江林业局(吉林森工)	142.40
133	露水河林业局(吉林森工)	79.20
134	红石林业局(吉林森工)	55.00
135	三岔子林业局(吉林森工)	30.90
136	洮河生态建设局(甘)	3891.50
137	白水江生态建设局(博峪河自然保护局)(甘)	863.00
138	舟曲生态建设局(插岗梁自然保护局)(甘)	345.16
139	阿夏自然保护局(甘)	37.15

表 9-12　柏树苗主产地产量

序号	柏树苗主产地	产量（万株）
1	蓟州区(津)	310.00
2	井陉县(冀)	3000.00
3	迁西县(冀)	45.00
4	隆尧县(冀)	35.00
5	平山县(冀)	15.00
6	奈曼旗(内蒙古)	60.00
7	东港市(辽)	586.00

（续表）

序号	柏树苗主产地	产量（万株）
8	庄河市(辽)	328.00
9	振安区(辽)	150.00
10	盖州市(辽)	74.00
11	建平县(辽)	51.00
12	北镇市(辽)	13.00
13	禹会区(皖)	20.00
14	高密市(鲁)	220.00
15	沂水县(鲁)	108.00
16	义马市(豫)	18.00
17	叶　县(豫)	13.00
18	建安区(豫)	12.00
19	郧西县(鄂)	630.00
20	巴东县(鄂)	150.00
21	孝昌县(鄂)	90.00
22	湖北省太子山林场(鄂)	30.00
23	兴山县(鄂)	20.00
24	崇阳县(鄂)	15.00
25	蔡甸区(鄂)	10.00
26	洞口县(湘)	210.00
27	桃江县(湘)	200.00
28	涟源市(湘)	168.00
29	零陵区(湘)	120.00
30	慈利县(湘)	90.00
31	隆回县(湘)	70.00
32	新宁县(湘)	60.00
33	武冈市(湘)	45.00
34	双峰县(湘)	40.00
35	衡山县(湘)	30.12
36	新田县(湘)	20.00
37	宁远县(湘)	13.00
38	邻水县(川)	470.00
39	宣汉县(川)	120.00
40	大英县(川)	50.00
41	金川县(川)	40.00
42	玉屏侗族自治县(黔)	92.00
43	岑巩县(黔)	33.00
44	镇远县(黔)	13.00
45	罗平县(滇)	400.00
46	宣威市(滇)	250.00
47	古城区(滇)	200.00
48	西畴县(滇)	80.00
49	易门县(滇)	60.00
50	砚山县(滇)	52.00
51	宾川县(滇)	40.00

（续表）

序号	柏树苗主产地	产量（万株）
52	石林彝族自治县(滇)	30.00
53	马龙县(滇)	20.00
54	鹤庆县(滇)	14.00
55	宁蒗彝族自治县(滇)	11.00
56	定边县(陕)	40.00
57	米脂县(陕)	15.00
58	互助土族自治县(青)	4884.02
59	乐都区(青)	180.91
60	大武口区(宁)	72.34
61	盐池县(宁)	22.90
62	灵武市(宁)	14.89

表 9-13　刺槐苗主产地产量

序号	刺槐苗主产地	产量（万株）
1	北京市林业种子苗木管理总站(京)	80.00
2	宽城满族自治县(冀)	1300.00
3	阜平县(冀)	756.00
4	曲阳县(冀)	121.00
5	安国市(冀)	23.00
6	井陉矿区(冀)	12.00
7	涿州市(冀)	10.00
8	陵川县(晋)	450.00
9	河津市(晋)	410.00
10	夏　县(晋)	156.00
11	平定县(晋)	150.00
12	平顺县(晋)	20.10
13	阳泉市郊区(晋)	19.60
14	左权县(晋)	10.00
15	喀喇沁左翼蒙古族自治县(辽)	513.00
16	凌源市(辽)	390.00
17	金普新区(辽)	330.00
18	灯塔市(辽)	222.30
19	连山区(辽)	200.00
20	铁岭县(辽)	135.00
21	明山区(辽)	120.00
22	龙城区(辽)	100.00
23	北镇市(辽)	66.00
24	东洲区(辽)	63.00
25	盖州市(辽)	59.00
26	法库县(辽)	48.00
27	本溪满族自治县(辽)	10.10
28	振安区(辽)	10.00

(续表)

序号	刺槐苗主产地	产量(万株)
29	栖霞市(鲁)	60.00
30	岱岳区(鲁)	55.00
31	宁阳县(鲁)	30.00
32	济阳区(鲁)	15.00
33	博山区(鲁)	15.00
34	建安区(豫)	270.00
35	卢氏县(豫)	160.00
36	范　县(豫)	50.00
37	宁陵县(豫)	45.00
38	商水县(豫)	38.00
39	宜阳县(豫)	38.00
40	遂平县(豫)	34.00
41	淇　县(豫)	30.00
42	栾川县(豫)	28.84
43	淇滨区(豫)	25.00
44	济源市(豫)	18.00
45	长葛市(豫)	12.52
46	郧西县(鄂)	77.00
47	利川市(鄂)	40.00
48	保康县(鄂)	23.00
49	英山县(鄂)	20.00
50	阳新县(鄂)	12.00
51	南江县(川)	35.00
52	宣汉县(川)	30.00
53	镇巴县(陕)	160.00
54	永寿县(陕)	95.00
55	柞水县(陕)	40.00
56	会宁县(甘)	805.00
57	合水县(甘)	760.00
58	泾川县(甘)	128.00
59	华池林业总场(甘)	101.58
60	甘谷县(甘)	15.00
61	彭阳县(宁)	2260.00
62	永宁县(宁)	302.00
63	中宁县(宁)	190.87
64	利通区(宁)	152.94
65	青铜峡市(宁)	80.50
66	同心县(宁)	78.40
67	原州区(宁)	66.00
68	灵武市(宁)	62.62
69	西夏区(宁)	60.00
70	盐池县(宁)	46.72
71	大武口区(宁)	43.75
72	贺兰县(宁)	43.40

(续表)

序号	刺槐苗主产地	产量(万株)
73	金凤区(宁)	43.07
74	平罗县(宁)	29.31
75	惠农区(宁)	12.00

表 9-14　泡桐苗主产地产量

序号	泡桐苗主产地	产量(万株)
1	安国市(冀)	10.00
2	岱岳区(鲁)	237.00
3	青州市(鲁)	13.00
4	民权县(豫)	98.00
5	睢　县(豫)	79.00
6	郸城县(豫)	68.00
7	长葛市(豫)	59.10
8	商水县(豫)	53.00
9	项城市(豫)	50.00
10	洛宁县(豫)	46.00
11	确山县(豫)	45.00
12	兰考县(豫)	40.00
13	西华县(豫)	23.00
14	杞　县(豫)	22.00
15	淇滨区(豫)	15.00
16	梁园区(豫)	14.60
17	淮阳县(豫)	14.00
18	睢阳区(豫)	12.00
19	长垣县(豫)	10.00
20	蕲春县(鄂)	80.00
21	连平县(粤)	630.00

表 9-15　柳树苗主产地产量

序号	柳树苗主产地	产量(万株)
1	北京市林业种子苗木管理总站(京)	207.00
2	平谷区(京)	32.73
3	蓟州区(津)	160.00
4	武清区(津)	140.00
5	宝坻区(津)	14.18
6	昌黎县(冀)	600.00
7	丰宁满族自治县(冀)	300.00
8	唐山市汉沽管理区(冀)	300.00
9	赤城县(冀)	246.00
10	迁西县(冀)	240.00
11	涿州市(冀)	150.00
12	遵化市(冀)	121.00
13	阜平县(冀)	112.00
14	邢台县(冀)	97.00
15	抚宁区(冀)	75.00
16	任　县(冀)	40.00
17	围场满族蒙古族自治县(冀)	30.00
18	南和县(冀)	26.00
19	宁晋县(冀)	23.20
20	高阳县(冀)	20.00
21	吴桥县(冀)	19.00
22	盐山县(冀)	18.75
23	井陉县(冀)	15.00
24	曲周县(冀)	15.00
25	乐亭县(冀)	12.20
26	平定县(晋)	400.00
27	繁峙县(晋)	360.00
28	定襄县(晋)	300.00
29	陵川县(晋)	128.00
30	潞城市(晋)	120.00
31	广灵县(晋)	90.00
32	泽州县(晋)	60.00
33	黎城县(晋)	57.00
34	河津市(晋)	50.00
35	屯留县(晋)	40.00
36	高平市(晋)	38.68
37	阳曲县(晋)	33.00
38	夏　县(晋)	27.70
39	临猗县(晋)	21.00
40	科尔沁区(内蒙古)	758.00
41	五原县(内蒙古)	699.00
42	达拉特旗(内蒙古)	491.30
43	科尔沁左翼中旗(内蒙古)	250.00
44	开鲁县(内蒙古)	100.00
45	杭锦后旗(内蒙古)	90.00
46	巴林右旗(内蒙古)	69.00
47	奈曼旗(内蒙古)	69.00
48	阿拉善左旗(内蒙古)	62.34
49	托克托县(内蒙古)	49.00
50	清水河县(内蒙古)	44.00
51	翁牛特旗(内蒙古)	30.00
52	鄂托克前旗(内蒙古)	26.91
53	红山区(内蒙古)	15.10
54	临河区(内蒙古)	11.00
55	乌拉特前旗(内蒙古)	10.00

（续表）

序号	柳树苗主产地	产量（万株）
56	铁岭县(辽)	720.00
57	东港市(辽)	405.00
58	法库县(辽)	153.00
59	义　县(辽)	100.00
60	灯塔市(辽)	44.40
61	振安区(辽)	40.00
62	盘山县(辽)	35.60
63	庄河市(辽)	35.00
64	大洼县(辽)	31.60
65	北镇市(辽)	18.00
66	大安市(吉)	320.00
67	乾安县(吉)	191.00
68	洮南市(吉)	150.00
69	前郭尔罗斯蒙古族自治县(吉)	123.00
70	蛟河市(吉)	101.00
71	双辽市(吉)	52.85
72	磐石市(吉)	30.00
73	公主岭市(吉)	30.00
74	浑江区(吉)	22.40
75	辉南县(吉)	20.00
76	白城市市辖区(吉)	14.99
77	桦甸市(吉)	10.00
78	龙江县(黑)	152.30
79	五常市(黑)	150.00
80	富锦市(黑)	80.00
81	讷河市(黑)	42.00
82	嫩江县(黑)	37.00
83	桦川县(黑)	32.20
84	集贤县(黑)	30.60
85	五大连池市(黑)	26.20
86	密山市(黑)	12.00
87	桦南县(黑)	11.00
88	新沂市(苏)	2420.00
89	江都区(苏)	625.00
90	洪泽区(苏)	300.00
91	响水县(苏)	241.00
92	盐都区(苏)	120.00
93	泗洪县(苏)	104.00
94	新北区(苏)	27.00
95	宿城区(苏)	24.00
96	睢宁县(苏)	12.00
97	泗阳县(苏)	10.00
98	海陵区(苏)	10.00
99	固镇县(皖)	100.00

（续表）

序号	柳树苗主产地	产量（万株）
100	五河县(皖)	23.40
101	岱岳区(鲁)	1498.00
102	齐河县(鲁)	858.00
103	高密市(鲁)	840.00
104	新泰市(鲁)	775.00
105	垦利区(鲁)	640.00
106	济阳区(鲁)	600.00
107	宁阳县(鲁)	600.00
108	莱芜区(鲁)	400.00
109	陵城区(鲁)	320.10
110	德州市市辖区(鲁)	300.00
111	乐陵市(鲁)	286.00
112	坊子区(鲁)	230.00
113	莘　县(鲁)	212.00
114	历城区(鲁)	100.00
115	商河县(鲁)	93.30
116	广饶县(鲁)	91.00
117	济南市市中区(鲁)	81.00
118	梁山县(鲁)	67.00
119	茌平县(鲁)	66.75
120	昌邑市(鲁)	51.50
121	武城县(鲁)	42.00
122	滨城区(鲁)	36.00
123	东平县(鲁)	36.00
124	嘉祥县(鲁)	34.00
125	莱阳市(鲁)	23.00
126	青州市(鲁)	20.00
127	阳信县(鲁)	19.50
128	高青县(鲁)	18.00
129	德城区(鲁)	10.00
130	惠民县(鲁)	10.00
131	牟平区(鲁)	10.00
132	平舆县(豫)	260.00
133	栾川县(豫)	201.78
134	台前县(豫)	198.00
135	汝南县(豫)	185.00
136	潢川县(豫)	118.00
137	杞　县(豫)	100.00
138	范　县(豫)	89.00
139	长葛市(豫)	78.49
140	商水县(豫)	71.25
141	长垣县(豫)	65.00
142	清丰县(豫)	47.00
143	原阳县(豫)	32.00

（续表）

序号	柳树苗主产地	产量（万株）
144	南乐县(豫)	30.00
145	上蔡县(豫)	26.00
146	汤阴县(豫)	13.00
147	樊城区(鄂)	25.00
148	若尔盖县(川)	524.40
149	宣汉县(川)	15.00
150	会宁县(甘)	503.00
151	临泽县(甘)	307.00
152	高台县(甘)	150.80
153	敦煌市(甘)	77.00
154	泾川县(甘)	46.00
155	甘州区(甘)	29.00
156	洮河生态建设局(甘)	16.80
157	合水县(甘)	15.00
158	化隆回族自治县(青)	43.00
159	乐都区(青)	23.84
160	原州区(宁)	887.00
161	中宁县(宁)	834.01
162	永宁县(宁)	657.00
163	同心县(宁)	569.50
164	利通区(宁)	444.82
165	青铜峡市(宁)	299.70
166	西夏区(宁)	226.00
167	沙坡头区(宁)	195.00
168	贺兰县(宁)	141.00
169	平罗县(宁)	112.00
170	金凤区(宁)	110.49
171	大武口区(宁)	86.01
172	兴庆区(宁)	66.90
173	灵武市(宁)	60.77
174	盐池县(宁)	16.04
175	焉耆回族自治县(新)	107.40

表 9-16　杨树苗主产地产量

序号	杨树苗主产地	产量（万株）
1	北京市林业种子苗木管理总站(京)	139.00
2	武清区(津)	301.00
3	蓟州区(津)	300.00
4	宝坻区(津)	179.33
5	北辰区(津)	23.00
6	涿州市(冀)	588.00
7	隆尧县(冀)	430.00
8	曲阳县(冀)	416.00

(续表)

序号	杨树苗主产地	产量(万株)
9	磁　县(冀)	410.00
10	魏　县(冀)	383.00
11	香河县(冀)	330.00
12	南皮县(冀)	225.00
13	泊头市(冀)	214.80
14	邢台县(冀)	210.00
15	任丘市(冀)	207.52
16	临城县(冀)	161.00
17	永年区(冀)	150.00
18	迁西县(冀)	150.00
19	临漳县(冀)	148.50
20	临西县(冀)	126.89
21	高阳县(冀)	120.00
22	宽城满族自治县(冀)	120.00
23	宁晋县(冀)	112.10
24	吴桥县(冀)	100.00
25	蠡　县(冀)	99.00
26	赤城县(冀)	91.13
27	丰宁满族自治县(冀)	90.00
28	昌黎县(冀)	60.00
29	新河县(冀)	31.00
30	曲周县(冀)	30.00
31	曹妃甸区(冀)	28.00
32	东光县(冀)	26.00
33	青　县(冀)	25.30
34	河间市(冀)	25.00
35	孟村回族自治县(冀)	25.00
36	盐山县(冀)	22.50
37	任　县(冀)	20.00
38	鸡泽县(冀)	17.00
39	平山县(冀)	16.00
40	满城区(冀)	10.00
41	繁峙县(晋)	520.00
42	平定县(晋)	500.00
43	定襄县(晋)	300.00
44	屯留县(晋)	273.30
45	河津市(晋)	150.00
46	夏　县(晋)	113.90
47	沁　县(晋)	100.00
48	河曲县(晋)	70.00
49	广灵县(晋)	60.00
50	阳城县(晋)	44.00
51	临猗县(晋)	42.00
52	平陆县(晋)	36.00
53	杏花岭区(晋)	31.00
54	左权县(晋)	30.00
55	阳曲县(晋)	26.20
56	泽州县(晋)	23.90
57	新荣区(晋)	20.00
58	岢岚县(晋)	12.00
59	浑源县(晋)	12.00
60	左云县(晋)	10.00
61	开鲁县(内蒙古)	3356.00
62	科尔沁左翼后旗(内蒙古)	2400.00
63	科尔沁区(内蒙古)	991.00
64	奈曼旗(内蒙古)	816.00
65	科尔沁左翼中旗(内蒙古)	800.00
66	林西县(内蒙古)	660.00
67	达拉特旗(内蒙古)	361.44
68	杭锦后旗(内蒙古)	135.00
69	扎鲁特旗(内蒙古)	124.00
70	乌拉特前旗(内蒙古)	120.00
71	阿拉善左旗(内蒙古)	106.62
72	翁牛特旗(内蒙古)	90.00
73	巴林右旗(内蒙古)	89.00
74	土默特左旗(内蒙古)	84.00
75	临河区(内蒙古)	80.80
76	托克托县(内蒙古)	70.60
77	清水河县(内蒙古)	64.00
78	鄂托克前旗(内蒙古)	63.98
79	巴林左旗(内蒙古)	63.00
80	乌兰浩特市(内蒙古)	58.00
81	敖汉旗(内蒙古)	50.00
82	库伦旗(内蒙古)	45.17
83	宁城县(内蒙古)	42.00
84	乌拉特中旗(内蒙古)	34.90
85	红山区(内蒙古)	32.94
86	正蓝旗(内蒙古)	17.00
87	玉泉区(内蒙古)	17.00
88	鄂托克旗(内蒙古)	13.00
89	西乌珠穆沁旗(内蒙古)	10.00
90	新民市(辽)	1883.00
91	铁岭县(辽)	675.00
92	喀喇沁左翼蒙古族自治县(辽)	399.50
93	法库县(辽)	321.00
94	凌源市(辽)	180.00
95	建平县(辽)	136.00
96	辽中区(辽)	129.00
97	大洼县(辽)	50.00
98	灯塔市(辽)	45.60
99	义　县(辽)	45.00
100	盘山县(辽)	26.60
101	北镇市(辽)	24.00
102	龙城区(辽)	20.00
103	老边区(辽)	14.00
104	本溪满族自治县(辽)	12.60
105	洮南市(吉)	1259.00
106	乾安县(吉)	1179.50
107	大安市(吉)	900.00
108	榆树市(吉)	470.00
109	双辽市(吉)	463.95
110	前郭尔罗斯蒙古族自治县(吉)	313.00
111	绿园区(吉)	280.00
112	白城市市辖区(吉)	121.00
113	农安县(吉)	63.53
114	磐石市(吉)	60.00
115	浑江区(吉)	35.70
116	宽城区(吉)	20.00
117	天桥岭林业局(吉)	12.00
118	林甸县(黑)	1200.00
119	让胡路区(黑)	1130.00
120	双城区(黑)	584.00
121	五常市(黑)	450.00
122	肇州县(黑)	345.00
123	克山县(黑)	245.00
124	汤原县(黑)	242.80
125	肇源县(黑)	220.00
126	杜尔伯特蒙古族自治县(黑)	210.00
127	龙江县(黑)	177.30
128	桦南县(黑)	140.00
129	尚志市(黑)	130.00
130	富锦市(黑)	110.00
131	望奎县(黑)	100.00
132	兰西县(黑)	80.00
133	拜泉县(黑)	61.10
134	呼兰区(黑)	60.00
135	大同区(黑)	59.00
136	富裕县(黑)	50.00
137	讷河市(黑)	43.00
138	绥滨县(黑)	36.00
139	桦川县(黑)	15.00
140	集贤县(黑)	15.00

（续表）

序号	杨树苗主产地	产量（万株）
141	庆安国有林场(黑)	11.03
142	邳州市(苏)	851.40
143	涟水县(苏)	700.00
144	洪泽区(苏)	300.00
145	宿城区(苏)	245.00
146	沛　县(苏)	225.00
147	响水县(苏)	141.00
148	泗阳县(苏)	130.00
149	泗洪县(苏)	123.00
150	淮阴区(苏)	120.00
151	清江浦区(苏)	90.00
152	大丰区(苏)	73.80
153	新沂市(苏)	60.00
154	宝应县(苏)	40.00
155	沭阳县(苏)	30.00
156	阜宁县(苏)	12.00
157	五河县(皖)	180.00
158	定远县(皖)	47.00
159	岱岳区(鲁)	3305.00
160	齐河县(鲁)	3000.00
161	新泰市(鲁)	2550.00
162	微山县(鲁)	2100.00
163	德州市市辖区(鲁)	1530.00
164	宁津县(鲁)	1200.00
165	高密市(鲁)	1200.00
166	冠　县(鲁)	987.50
167	东平县(鲁)	900.00
168	乐陵市(鲁)	847.00
169	济阳区(鲁)	816.00
170	宁阳县(鲁)	600.00
171	平原县(鲁)	540.00
172	泗水县(鲁)	460.00
173	章丘区(鲁)	426.00
174	武城县(鲁)	300.00
175	茌平县(鲁)	290.83
176	费　县(鲁)	242.00
177	陵城区(鲁)	207.15
178	肥城市(鲁)	197.00
179	嘉祥县(鲁)	168.00
180	惠民县(鲁)	113.50
181	商河县(鲁)	85.00
182	济南市市中区(鲁)	70.00
183	高青县(鲁)	65.00
184	梁山县(鲁)	57.00

（续表）

序号	杨树苗主产地	产量（万株）
185	莱阳市(鲁)	52.00
186	莒南县(鲁)	47.00
187	莱芜区(鲁)	42.00
188	鱼台县(鲁)	40.00
189	历城区(鲁)	24.00
190	平阴县(鲁)	21.00
191	青州市(鲁)	20.00
192	滨城区(鲁)	19.00
193	垦利区(鲁)	12.00
194	夏津县(鲁)	10.00
195	山亭区(鲁)	10.00
196	峄城区(鲁)	10.00
197	西华县(豫)	2250.00
198	卢氏县(豫)	861.80
199	获嘉县(豫)	829.00
200	商水县(豫)	760.00
201	尉氏县(豫)	750.00
202	台前县(豫)	633.10
203	民权县(豫)	414.00
204	虞城县(豫)	280.00
205	济源市(豫)	220.00
206	睢　县(豫)	210.00
207	上蔡县(豫)	185.00
208	潢川县(豫)	175.00
209	洛宁县(豫)	152.00
210	兰考县(豫)	150.00
211	夏邑县(豫)	144.00
212	温　县(豫)	135.00
213	汝南县(豫)	105.00
214	扶沟县(豫)	96.00
215	原阳县(豫)	93.00
216	内黄县(豫)	90.00
217	桐柏县(豫)	80.00
218	永城市(豫)	70.70
219	惠济区(豫)	65.50
220	祥符区(豫)	60.00
221	汤阴县(豫)	45.66
222	召陵区(豫)	45.00
223	长垣县(豫)	42.00
224	殷都区(豫)	37.00
225	睢阳区(豫)	33.00
226	梁园区(豫)	31.60
227	柘城县(豫)	30.00
228	确山县(豫)	30.00

（续表）

序号	杨树苗主产地	产量（万株）
229	龙亭区(豫)	25.20
230	杞　县(豫)	20.00
231	义马市(豫)	20.00
232	淇滨区(豫)	16.00
233	宜阳县(豫)	15.00
234	卫辉市(豫)	13.00
235	清丰县(豫)	10.00
236	潜江市(鄂)	1800.00
237	公安县(鄂)	550.00
238	洪湖市(鄂)	500.00
239	石首市(鄂)	300.00
240	天门市(鄂)	246.00
241	襄城区(鄂)	230.00
242	沙市区(鄂)	212.00
243	嘉鱼县(鄂)	200.00
244	仙桃市(鄂)	165.00
245	随　县(鄂)	120.00
246	云梦县(鄂)	110.00
247	黄梅县(鄂)	90.00
248	新洲区(鄂)	60.00
249	郧西县(鄂)	50.00
250	应城市(鄂)	30.00
251	阳新县(鄂)	20.00
252	蔡甸区(鄂)	10.00
253	安乡县(湘)	90.00
254	鼎城区(湘)	28.00
255	武陵区(湘)	27.00
256	甘孜县(川)	80.00
257	定边县(陕)	95.00
258	会宁县(甘)	600.00
259	临泽县(甘)	599.00
260	高台县(甘)	362.00
261	敦煌市(甘)	123.50
262	玉门市(甘)	49.95
263	甘州区(甘)	45.00
264	泽库县(青)	2500.00
265	乐都区(青)	1011.03
266	互助土族自治县(青)	377.07
267	都兰县(青)	363.10
268	化隆回族自治县(青)	133.00
269	德令哈市(青)	26.45
270	格尔木市(青)	13.20
271	永宁县(宁)	820.00
272	平罗县(宁)	605.08

(续表)

序号	杨树苗主产地	产量(万株)
273	西吉县(宁)	600.00
274	青铜峡市(宁)	589.03
275	中宁县(宁)	570.57
276	利通区(宁)	313.30
277	西夏区(宁)	222.00
278	贺兰县(宁)	203.00
279	金凤区(宁)	163.60
280	同心县(宁)	102.00
281	兴庆区(宁)	100.43
282	惠农区(宁)	100.00
283	沙坡头区(宁)	97.00
284	灵武市(宁)	80.47
285	盐池县(宁)	56.06
286	宁夏仁存渡护岸林场(宁)	27.77
287	灵武白芨滩国家级自然保护区(宁)	15.90
288	大武口区(宁)	10.70
289	精河县(新)	1123.35
290	墨玉县(新)	974.00
291	博乐市(新)	356.00
292	和田市(新)	313.00
293	焉耆回族自治县(新)	308.50
294	呼图壁县(新)	298.50
295	新和县(新)	178.50
296	策勒县(新)	151.00
297	皮山县(新)	150.00
298	沙湾县(新)	127.00
299	玛纳斯县(新)	100.00
300	于田县(新)	97.00
301	洛浦县(新)	88.00
302	和田县(新)	55.00
303	木垒哈萨克自治县(新)	54.00
304	博湖县(新)	52.00
305	且末县(新)	35.60
306	温泉县(新)	32.80
307	尉犁县(新)	16.00
308	岳普湖县(新)	13.50
309	南华生态建设局(甘)	11.65

表 9-17　白蜡苗主产地产量

序号	白蜡苗主产地	产量(万株)
1	北京市林业种子苗木管理总站(京)	357.00
2	平谷区(京)	12.46
3	蓟州区(津)	1176.00
4	武清区(津)	135.00
5	宝坻区(津)	81.45
6	唐山市汉沽管理区(冀)	600.00
7	南和县(冀)	204.00
8	沧　县(冀)	150.00
9	遵化市(冀)	137.00
10	邢台市高新技术开发区(冀)	120.00
11	新河县(冀)	84.00
12	高阳县(冀)	50.00
13	曹妃甸区(冀)	41.40
14	乐亭县(冀)	39.60
15	邢台县(冀)	35.00
16	盐山县(冀)	32.25
17	宁晋县(冀)	29.50
18	黄骅市(冀)	27.00
19	肥乡区(冀)	26.00
20	栾城区(冀)	25.00
21	沧州市南大港管理区(冀)	25.00
22	丛台区(冀)	22.00
23	正定县(冀)	18.00
24	定兴县(冀)	18.00
25	运河区(冀)	15.00
26	安国市(冀)	15.00
27	新华区(冀)	13.00
28	沧州市临港经济技术开发区(冀)	11.20
29	赵　县(冀)	10.00
30	满城区(冀)	10.00
31	临猗县(晋)	56.00
32	夏　县(晋)	44.90
33	定襄县(晋)	20.00
34	河津市(晋)	18.00
35	奈曼旗(内蒙古)	33.00
36	东港市(辽)	432.00
37	大洼县(辽)	28.20
38	振安区(辽)	25.00
39	响水县(苏)	265.00
40	邳州市(苏)	104.40
41	泗洪县(苏)	26.00
42	盐都区(苏)	20.00
43	沭阳县(苏)	15.00
44	蚌埠市市辖区(皖)	39.00
45	颍上县(皖)	32.40
46	禹会区(皖)	30.00
47	无棣县(鲁)	7755.50
48	惠民县(鲁)	3003.00
49	岱岳区(鲁)	1714.00
50	肥城市(鲁)	1666.00
51	垦利区(鲁)	1640.00
52	乐陵市(鲁)	1492.00
53	临邑县(鲁)	1250.00
54	商河县(鲁)	1184.00
55	梁山县(鲁)	784.00
56	陵城区(鲁)	575.50
57	莘　县(鲁)	530.00
58	宁阳县(鲁)	520.00
59	济阳区(鲁)	468.00
60	嘉祥县(鲁)	460.00
61	历城区(鲁)	400.00
62	曲阜市(鲁)	350.00
63	沾化区(鲁)	300.00
64	莱阳市(鲁)	232.00
65	滨城区(鲁)	220.00
66	坊子区(鲁)	200.00
67	武城县(鲁)	171.00
68	平原县(鲁)	160.00
69	德州市市辖区(鲁)	150.00
70	海阳市(鲁)	120.00
71	阳信县(鲁)	105.00
72	诸城市(鲁)	100.00
73	鱼台县(鲁)	100.00
74	高密市(鲁)	100.00
75	昌乐县(鲁)	85.00
76	成武县(鲁)	32.00
77	鄄城县(鲁)	30.00
78	博山区(鲁)	21.00
79	招远市(鲁)	20.00
80	德城区(鲁)	20.00
81	江北水城旅游度假区(鲁)	13.00
82	安丘市(鲁)	12.40
83	禹城市(鲁)	10.50
84	青州市(鲁)	10.00
85	牟平区(鲁)	10.00
86	濮阳县(豫)	1168.60
87	西华县(豫)	430.00
88	夏邑县(豫)	400.00
89	栾川县(豫)	352.68
90	获嘉县(豫)	278.00

（续表）

序号	白蜡苗主产地	产量（万株）
91	安阳县（豫）	230.00
92	范　县（豫）	230.00
93	清丰县（豫）	224.00
94	济源市（豫）	220.00
95	潢川县（豫）	115.00
96	永城市（豫）	95.60
97	邓州市（豫）	81.00
98	平舆县（豫）	80.00
99	长葛市（豫）	77.60
100	郾城区（豫）	75.40
101	新密市（豫）	60.00
102	长垣县（豫）	57.00
103	上蔡县（豫）	51.00
104	驿城区（豫）	50.00
105	温　县（豫）	49.00
106	商水县（豫）	44.80
107	孟津县（豫）	38.00
108	禹州市（豫）	36.00
109	宜阳县（豫）	27.30
110	惠济区（豫）	18.21
111	卫辉市（豫）	16.40
112	文峰区（豫）	15.00
113	鹤山区（豫）	15.00
114	原阳县（豫）	13.00
115	兰考县（豫）	12.10
116	遂平县（豫）	10.00
117	钟祥市（鄂）	200.00
118	京山县（鄂）	150.00
119	巴州区（川）	12.00
120	昭阳区（滇）	20.00
121	合水县（甘）	130.00
122	华池林业总场（甘）	55.05
123	正宁林业总场（甘）	12.25
124	敦煌市（甘）	10.20
125	中宁县（宁）	285.38
126	兴庆区（宁）	217.06
127	平罗县（宁）	214.71
128	青铜峡市（宁）	188.95
129	贺兰县（宁）	186.00
130	大武口区（宁）	73.30
131	灵武市（宁）	68.46
132	原州区（宁）	45.00
133	惠农区（宁）	11.25
134	玛纳斯县（新）	5083.40

（续表）

序号	白蜡苗主产地	产量（万株）
135	呼图壁县（新）	402.10
136	阜康市（新）	400.00
137	塔城市（新）	180.00
138	沙湾县（新）	117.00
139	尉犁县（新）	59.80
140	泽普县（新）	37.94
141	昌吉市（新）	11.25

表 9-18　水曲柳苗主产地产量

序号	水曲柳苗主产地	产量（万株）
1	振安区（辽）	40.00
2	通化县（吉）	359.80
3	敦化林业局（吉）	292.00
4	抚松县（吉）	167.00
5	临江市（吉）	132.00
6	蛟河市（吉）	73.70
7	浑江区（吉）	70.90
8	汪清林业局（吉）	55.00
9	长白朝鲜族自治县（吉）	42.00
10	永吉县（吉）	30.00
11	天桥岭林业局（吉）	25.00
12	磐石市（吉）	20.00
13	龙井市（吉）	15.55
14	敦化市（吉）	15.10
15	舒兰市（吉）	10.30
16	辉南县（吉）	10.00
17	嫩江县（黑）	180.00
18	尚志国有林场（黑）	29.00
19	松江河林业有限公司（吉林森工）	968.99
20	泉阳林业局（吉林森工）	150.00
21	露水河林业局（吉林森工）	141.80
22	临江林业局（吉林森工）	102.94
23	白石山林业局（吉林森工）	52.74
24	红石林业局（吉林森工）	50.00

表 9-19　榆树苗主产地产量

序号	榆树苗主产地	产量（万株）
1	北京市林业种子苗木管理总站（京）	144.00
2	蓟州区（津）	524.00
3	武清区（津）	23.10
4	丰宁满族自治县（冀）	1720.00

（续表）

序号	榆树苗主产地	产量（万株）
5	涿州市（冀）	67.50
6	盐山县（冀）	67.50
7	邢台县（冀）	46.00
8	吴桥县（冀）	45.00
9	临西县（冀）	25.00
10	宁晋县（冀）	17.10
11	任　县（冀）	13.00
12	托克托县（内蒙古）	1019.00
13	翁牛特旗（内蒙古）	718.00
14	巴林右旗（内蒙古）	598.00
15	奈曼旗（内蒙古）	314.00
16	杭锦后旗（内蒙古）	120.00
17	锡林浩特市（内蒙古）	120.00
18	正蓝旗（内蒙古）	103.00
19	清水河县（内蒙古）	101.00
20	鄂托克前旗（内蒙古）	91.35
21	乌拉特中旗（内蒙古）	90.00
22	达拉特旗（内蒙古）	81.63
23	正镶白旗（内蒙古）	55.86
24	武川县（内蒙古）	40.00
25	阿拉善左旗（内蒙古）	39.06
26	林西县（内蒙古）	36.80
27	开鲁县（内蒙古）	33.00
28	科尔沁左翼中旗（内蒙古）	20.00
29	通辽经济技术开发区（内蒙古）	15.00
30	扎鲁特旗（内蒙古）	11.30
31	乌拉特前旗（内蒙古）	10.00
32	苏尼特右旗（内蒙古）	10.00
33	大洼县（辽）	73.40
34	灯塔市（辽）	65.85
35	铁岭县（辽）	50.00
36	法库县（辽）	45.00
37	振安区（辽）	25.00
38	敦化市（吉）	100.00
39	榆树市（吉）	70.00
40	浑江区（吉）	19.40
41	龙江县（黑）	88.10
42	呼兰区（黑）	20.00
43	垦利区（鲁）	1140.00
44	乐陵市（鲁）	512.00
45	昌邑市（鲁）	151.00
46	东平县（鲁）	45.00
47	德城区（鲁）	14.00
48	永城市（豫）	34.40

(续表)

序号	榆树苗主产地	产量(万株)
49	卫辉市(豫)	14.00
50	甘州区(甘)	15.00
51	敦煌市(甘)	10.10
52	乐都区(青)	40.70
53	互助土族自治县(青)	34.16
54	永宁县(宁)	250.00
55	大武口区(宁)	159.15
56	盐池县(宁)	113.33
57	原州区(宁)	112.00
58	西夏区(宁)	96.00
59	利通区(宁)	90.80
60	灵武市(宁)	73.07
61	同心县(宁)	72.89
62	贺兰县(宁)	66.00
63	青铜峡市(宁)	57.35
64	平罗县(宁)	50.67
65	兴庆区(宁)	15.23
66	灵武白芨滩国家级自然保护区(宁)	12.80
67	金凤区(宁)	10.42
68	呼图壁县(新)	1960.00
69	玛纳斯县(新)	793.23
70	阜康市(新)	622.00
71	博乐市(新)	270.00
72	沙湾县(新)	157.00
73	木垒哈萨克自治县(新)	129.30
74	焉耆回族自治县(新)	52.08
75	和静县(新)	44.00

表 9-20 楠木苗主产地产量

序号	楠木苗主产地	产量(万株)
1	建德市(浙)	155.00
2	黎川县(赣)	260.00
3	崇义县(赣)	210.00
4	濂溪区(赣)	25.00
5	宁都县(赣)	20.00
6	信丰县(赣)	20.00
7	遂川县(赣)	15.00
8	永新县(赣)	12.00
9	上犹县(赣)	10.10
10	吉州区(赣)	10.00
11	竹山县(鄂)	300.00
12	湖北省太子山林场(鄂)	36.60
13	金洞林场(湘)	1296.00

(续表)

序号	楠木苗主产地	产量(万株)
14	涟源市(湘)	198.00
15	茶陵县(湘)	170.00
16	株洲县(湘)	24.00
17	新化县(湘)	20.00
18	临武县(湘)	20.00
19	天河区(粤)	15.00
20	连南瑶族自治县(粤)	10.00
21	邛崃市(川)	50.00
22	大邑县(川)	21.00
23	龙泉驿区(川)	20.00
24	郫都区(川)	15.00
25	思南县(黔)	138.70
26	碧江区(黔)	37.00
27	黎平县(黔)	22.60
28	余庆县(黔)	18.50

表 9-21 桉树苗主产地产量

序号	桉树苗主产地	产量(万株)
1	武宁县(赣)	186.00
2	雁峰区(湘)	10.00
3	雷州市(粤)	9540.00
4	四会市(粤)	780.00
5	高要区(粤)	500.00
6	新会区(粤)	410.00
7	封开县(粤)	230.00
8	开平市(粤)	175.00
9	化州市(粤)	151.00
10	广宁县(粤)	90.00
11	新丰县(粤)	23.60
12	钦南区(桂)	1100.00
13	陆川县(桂)	1100.00
14	灵山县(桂)	882.00
15	八步区(桂)	400.00
16	田林县(桂)	350.00
17	田东县(桂)	220.00
18	派阳山林场(桂)	168.10
19	维都林场(桂)	135.00
20	七坡林场(桂)	104.16
21	扶绥县(桂)	100.00
22	博白县(桂)	80.00
23	蒙山县(桂)	60.00
24	那坡县(桂)	50.00
25	柳江区(桂)	40.00

(续表)

序号	桉树苗主产地	产量(万株)
26	三门江林场(桂)	21.30
27	武鸣区(桂)	21.00
28	武宣县(桂)	10.00
29	儋州市(琼)	20.00
30	江油市(川)	60.00

表 9-22 香樟苗主产地产量

序号	香樟苗主产地	产量(万株)
1	如皋市(苏)	320.00
2	江都区(苏)	135.00
3	邗江区(苏)	55.25
4	新北区(苏)	48.00
5	武进区(苏)	47.00
6	溧阳市(苏)	37.90
7	金坛区(苏)	32.00
8	盐都区(苏)	17.00
9	宝应县(苏)	15.13
10	滨海县(苏)	15.00
11	秀洲区(浙)	297.00
12	金东区(浙)	101.00
13	定海区(浙)	36.50
14	宁海县(浙)	36.00
15	温岭市(浙)	17.00
16	吴兴区(浙)	12.10
17	婺城区(浙)	10.00
18	衢江区(浙)	10.00
19	潜山县(皖)	70.00
20	桐城市(皖)	28.00
21	东至县(皖)	14.50
22	龙南县(赣)	220.00
23	芦溪县(赣)	36.00
24	潢川县(豫)	250.00
25	郾城区(豫)	94.20
26	驿城区(豫)	20.00
27	孝昌县(鄂)	1500.00
28	天门市(鄂)	400.00
29	襄城区(鄂)	170.00
30	孝南区(鄂)	160.00
31	蔡甸区(鄂)	130.00
32	荆门市市辖区(鄂)	115.90
33	黄梅县(鄂)	90.00
34	阳新县(鄂)	80.00
35	谷城县(鄂)	66.00

（续表）

序号	香樟苗主产地	产量（万株）
36	仙桃市(鄂)	50.00
37	大冶市(鄂)	32.00
38	红安县(鄂)	11.60
39	樊城区(鄂)	10.00
40	涟源市(湘)	205.00
41	临澧县(湘)	130.00
42	汨罗市(湘)	120.00
43	新宁县(湘)	100.00
44	桂东县(湘)	45.00
45	湘潭市市辖区(湘)	36.80
46	苏仙区(湘)	35.00
47	桂阳县(湘)	27.00
48	雨湖区(湘)	26.00
49	安仁县(湘)	20.00
50	汉寿县(湘)	18.00
51	麻阳苗族自治县(湘)	13.00
52	株洲市市辖区(湘)	11.50
53	坡头区(粤)	112.00
54	潮南区(粤)	40.00
55	清新区(粤)	19.50
56	天河区(粤)	16.00
57	七坡林场(桂)	11.96
58	富顺县(川)	300.00
59	安州区(川)	240.00
60	龙泉驿区(川)	70.00
61	江油市(川)	40.00
62	宣汉县(川)	40.00
63	万源市(川)	23.00
64	营山县(川)	20.00
65	金堂县(川)	17.94
66	涪城区(川)	15.00
67	古蔺县(川)	13.00
68	犍为县(川)	12.00
69	新都区(川)	12.00
70	威远县(川)	10.00
71	乌当区(黔)	90.00
72	播州区(黔)	22.00
73	兴义市(黔)	13.20
74	镇远县(黔)	12.00
75	禄丰县(滇)	40.47
76	五华区(滇)	36.51
77	双江拉祜族佤族布朗族傣族自治县(滇)	21.20
78	南郑区(陕)	120.00
79	紫阳县(陕)	100.00

表 9-23　女贞苗主产地产量

序号	女贞苗主产地	产量（万株）
1	蓟州区(津)	120.00
2	开平区(冀)	74.00
3	乐亭县(冀)	12.80
4	北戴河区(冀)	12.00
5	满城区(冀)	10.00
6	阳泉市郊区(晋)	50.00
7	临猗县(晋)	15.00
8	托克托县(内蒙古)	50.10
9	赛罕区(内蒙古)	50.00
10	庄河市(辽)	36.00
11	九台区(吉)	95.00
12	公主岭市(吉)	40.00
13	新沂市(苏)	3230.00
14	大丰区(苏)	790.00
15	响水县(苏)	671.00
16	涟水县(苏)	400.00
17	阜宁县(苏)	275.00
18	滨海县(苏)	250.00
19	姜堰区(苏)	84.60
20	金坛区(苏)	79.00
21	宝应县(苏)	69.70
22	贾汪区(苏)	49.80
23	淮阴区(苏)	40.00
24	新北区(苏)	30.00
25	海门市(苏)	30.00
26	海陵区(苏)	23.00
27	睢宁县(苏)	22.00
28	溧阳市(苏)	21.70
29	沭阳县(苏)	10.00
30	婺城区(浙)	260.00
31	金东区(浙)	160.00
32	义乌市(浙)	50.50
33	宁海县(浙)	25.00
34	固镇县(皖)	30.00
35	颍上县(皖)	21.00
36	怀远县(皖)	19.00
37	芜湖县(皖)	12.00
38	颍东区(皖)	11.80
39	淮上区(皖)	11.00
40	兴国县(赣)	40.00
41	岱岳区(鲁)	1181.00
42	新泰市(鲁)	900.00
43	河东区(鲁)	762.00
44	乐陵市(鲁)	469.00
45	青州市(鲁)	220.00
46	武陟县(豫)	1196.00
47	济源市(豫)	530.00
48	内乡县(豫)	510.00
49	卧龙区(豫)	380.00
50	镇平县(豫)	160.00
51	宝丰县(豫)	92.00
52	范　县(豫)	89.00
53	桐柏县(豫)	40.00
54	宁陵县(豫)	33.00
55	浉河区(豫)	27.60
56	洛宁县(豫)	18.00
57	平桥区(豫)	18.00
58	兰考县(豫)	18.00
59	虞城县(豫)	14.00
60	蔡甸区(鄂)	800.00
61	新洲区(鄂)	52.00
62	谷城县(鄂)	42.00
63	樊城区(鄂)	25.00
64	枣阳市(鄂)	20.00
65	京山县(鄂)	16.00
66	阳新县(鄂)	10.00
67	鹤峰县(鄂)	10.00
68	汝城县(湘)	109.00
69	那坡县(桂)	53.00
70	邻水县(川)	1700.00
71	广汉市(川)	24.00
72	宣汉县(川)	20.00
73	巴州区(川)	12.00
74	贡井区(川)	10.00
75	余庆县(黔)	100.00
76	仁怀市(黔)	21.80
77	麒麟区(滇)	500.00
78	昭阳区(滇)	20.00
79	扶风县(陕)	75.00
80	南郑区(陕)	60.00
81	临潼区(陕)	52.00
82	西夏区(宁)	24.00

表 9-24 桂花苗主产地产量

序号	桂花苗主产地	产量(万株)
1	涟水县(苏)	400.00
2	江都区(苏)	136.00
3	泰兴市(苏)	95.00
4	姜堰区(苏)	89.60
5	溧阳市(苏)	58.60
6	金坛区(苏)	50.00
7	武进区(苏)	26.97
8	仪征市(苏)	24.00
9	沭阳县(苏)	20.00
10	婺城区(浙)	8300.00
11	义乌市(浙)	306.00
12	宁海县(浙)	180.00
13	永康市(浙)	151.03
14	金东区(浙)	140.00
15	龙泉市(浙)	70.00
16	温岭市(浙)	50.00
17	常山县(浙)	28.00
18	定海区(浙)	22.20
19	吴兴区(浙)	17.30
20	衢江区(浙)	15.00
21	秀洲区(浙)	11.10
22	云和县(浙)	11.00
23	绩溪县(皖)	120.00
24	宣州区(皖)	116.00
25	屯溪区(皖)	70.00
26	桐城市(皖)	13.00
27	祁门县(皖)	10.00
28	芜湖县(皖)	10.00
29	淮上区(皖)	10.00
30	全南县(赣)	1000.00
31	崇义县(赣)	689.00
32	宜丰县(赣)	433.00
33	渝水区(赣)	324.90
34	赣县区(赣)	270.00
35	铜鼓县(赣)	215.00
36	龙南县(赣)	200.00
37	永修县(赣)	199.80
38	信丰县(赣)	73.00
39	玉山县(赣)	50.00
40	芦溪县(赣)	45.00
41	宁都县(赣)	30.00
42	遂川县(赣)	12.00
43	海阳市(鲁)	20.00
44	宜阳县(豫)	119.20

(续表)

序号	桂花苗主产地	产量(万株)
45	卧龙区(豫)	80.00
46	新密市(豫)	60.00
47	济源市(豫)	50.00
48	方城县(豫)	48.00
49	固始县(豫)	20.00
50	嵩　县(豫)	10.00
51	新洲区(鄂)	410.00
52	赤壁市(鄂)	324.00
53	松滋市(鄂)	300.00
54	罗田县(鄂)	300.00
55	建始县(鄂)	300.00
56	大冶市(鄂)	276.00
57	宣恩县(鄂)	225.00
58	天门市(鄂)	200.00
59	南漳县(鄂)	200.00
60	襄城区(鄂)	184.00
61	应城市(鄂)	123.00
62	荆门市市辖区(鄂)	102.00
63	鹤峰县(鄂)	80.00
64	通城县(鄂)	53.00
65	蔡甸区(鄂)	52.00
66	仙桃市(鄂)	40.00
67	兴山县(鄂)	30.00
68	枣阳市(鄂)	30.00
69	利川市(鄂)	30.00
70	五峰土家族自治县(鄂)	30.00
71	樊城区(鄂)	25.00
72	黄梅县(鄂)	20.00
73	红安县(鄂)	16.20
74	巴东县(鄂)	15.00
75	郧阳区(鄂)	15.00
76	掇刀区(鄂)	15.00
77	通山县(鄂)	13.23
78	漳河新区(鄂)	13.00
79	张湾区(鄂)	10.00
80	长沙县(湘)	900.00
81	韶山市(湘)	700.00
82	雨花区(湘)	285.00
83	茶陵县(湘)	170.00
84	雁峰区(湘)	150.00
85	花垣县(湘)	150.00
86	湘乡市(湘)	105.00
87	嘉禾县(湘)	80.00
88	苏仙区(湘)	70.00

(续表)

序号	桂花苗主产地	产量(万株)
89	雨湖区(湘)	65.00
90	洞口县(湘)	54.00
91	汨罗市(湘)	45.00
92	麻阳苗族自治县(湘)	45.00
93	隆回县(湘)	33.00
94	湘潭市市辖区(湘)	31.80
95	鹤城区(湘)	20.00
96	南岳区(湘)	20.00
97	岳阳楼区(湘)	18.50
98	桂东县(湘)	18.00
99	汝城县(湘)	18.00
100	祁东县(湘)	15.20
101	冷水江市(湘)	12.00
102	双峰县(湘)	12.00
103	沅江市(湘)	10.00
104	南海区(粤)	11.00
105	清新区(粤)	10.80
106	五指山市(琼)	11.42
107	西充县(川)	750.00
108	安州区(川)	530.00
109	富顺县(川)	459.00
110	邻水县(川)	400.00
111	苍溪县(川)	300.00
112	郫都区(川)	300.00
113	金堂县(川)	281.00
114	恩阳区(川)	250.00
115	安岳县(川)	50.00
116	绵竹市(川)	33.75
117	屏山县(川)	33.50
118	贡井区(川)	30.00
119	万源市(川)	28.00
120	合江县(川)	22.00
121	新都区(川)	19.00
122	江油市(川)	15.00
123	雁江区(川)	12.00
124	威远县(川)	10.00
125	宣汉县(川)	10.00
126	余庆县(黔)	213.00
127	播州区(黔)	66.00
128	兴义市(黔)	55.61
129	万山区(黔)	40.00
130	岑巩县(黔)	28.00
131	遵义市市辖区(黔)	16.02
132	盐津县(滇)	430.00

（续表）

序号	桂花苗主产地	产量（万株）
133	古城区(滇)	300.00
134	麒麟区(滇)	200.00
135	昭阳区(滇)	10.00
136	汉滨区(陕)	1400.00
137	紫阳县(陕)	160.00
138	南郑区(陕)	100.00
139	旬阳县(陕)	75.00
140	宁陕县(陕)	20.60

表 9-25　广玉兰苗主产地产量

序号	广玉兰苗主产地	产量（万株）
1	江都区(苏)	120.00
2	泰兴市(苏)	68.00
3	金坛区(苏)	45.00
4	溧阳市(苏)	36.20
5	盐都区(苏)	20.00
6	宝应县(苏)	19.22
7	邗江区(苏)	15.40
8	姜堰区(苏)	13.27
9	仪征市(苏)	11.00
10	沭阳县(苏)	10.00
11	婺城区(浙)	37.00
12	宁海县(浙)	25.00
13	潜山县(皖)	50.00
14	濂溪区(赣)	15.00
15	镇平县(豫)	1800.00
16	建安区(豫)	650.00
17	南召县(豫)	500.00
18	方城县(豫)	100.00
19	宝丰县(豫)	87.00
20	邓州市(豫)	56.00
21	卧龙区(豫)	55.00
22	辉县市(豫)	26.00
23	长葛市(豫)	14.43
24	钟祥市(鄂)	120.00
25	天门市(鄂)	100.00
26	蔡甸区(鄂)	90.00
27	襄城区(鄂)	51.00
28	谷城县(鄂)	33.00
29	孝昌县(鄂)	27.00
30	孝南区(鄂)	21.00
31	枣阳市(鄂)	21.00
32	沙洋县(鄂)	16.00

（续表）

序号	广玉兰苗主产地	产量（万株）
33	应城市(鄂)	15.00
34	樊城区(鄂)	15.00
35	洞口县(湘)	18.00
36	贡井区(川)	10.00
37	乌当区(黔)	45.00
38	南郑区(陕)	30.00

表 9-26　雪松苗主产地产量

序号	雪松苗主产地	产量（万株）
1	北京市林业种子苗木管理总站(京)	11.00
2	邢台市高新技术开发区(冀)	30.00
3	夏　县(晋)	30.00
4	临猗县(晋)	23.00
5	河津市(晋)	20.00
6	江都区(苏)	10.00
7	沭阳县(苏)	10.00
8	泰山区(鲁)	1300.00
9	诸城市(鲁)	600.00
10	宁阳县(鲁)	520.00
11	肥城市(鲁)	155.00
12	莱芜区(鲁)	45.00
13	广饶县(鲁)	30.00
14	海阳市(鲁)	30.00
15	新泰市(鲁)	28.00
16	昌邑市(鲁)	19.00
17	高密市(鲁)	12.00
18	汝南县(豫)	2700.00
19	潢川县(豫)	185.00
20	登封市(豫)	100.00
21	宜阳县(豫)	37.80
22	惠济区(豫)	21.20
23	林州市(豫)	20.23
24	文峰区(豫)	15.00
25	蔡甸区(鄂)	10.00
26	麒麟区(滇)	400.00
27	石林彝族自治县(滇)	35.00
28	昭阳区(滇)	20.00
29	陆良县(滇)	17.00
30	香格里拉市(滇)	12.60
31	眉　县(陕)	85.90
32	阎良区(陕)	15.00
33	石泉县(陕)	15.00

（续表）

序号	雪松苗主产地	产量（万株）
34	韩城市林业局(陕)	13.70
35	南郑区(陕)	10.00
36	合水县(甘)	15.00

表 9-27　杏树苗主产地产量

序号	杏树苗主产地	产量（万株）
1	北京市林业种子苗木管理总站(京)	52.00
2	赤城县(冀)	180.00
3	怀来县(冀)	80.00
4	阜平县(冀)	24.00
5	邢台县(冀)	16.00
6	涿州市(冀)	12.00
7	陵川县(晋)	350.00
8	繁峙县(晋)	140.00
9	偏关县(晋)	35.00
10	岢岚县(晋)	20.00
11	奈曼旗(内蒙古)	1762.00
12	翁牛特旗(内蒙古)	546.00
13	和林格尔县(内蒙古)	300.00
14	达拉特旗(内蒙古)	263.70
15	清水河县(内蒙古)	165.00
16	鄂托克前旗(内蒙古)	77.18
17	东乌珠穆沁旗(内蒙古)	13.00
18	凌源市(辽)	687.00
19	喀喇沁左翼蒙古族自治县(辽)	647.00
20	建平县(辽)	538.00
21	北镇市(辽)	289.00
22	龙城区(辽)	200.00
23	义　县(辽)	100.00
24	庄河市(辽)	30.00
25	振安区(辽)	25.00
26	法库县(辽)	12.00
27	九台区(吉)	45.20
28	舒兰市(吉)	10.00
29	新泰市(鲁)	500.00
30	登封市(豫)	120.00
31	嵩　县(豫)	30.00
32	甘州区(甘)	45.00
33	敦煌市(甘)	19.21
34	玉门市(甘)	16.65
35	原州区(宁)	362.00
36	灵武市(宁)	282.91

(续表)

序号	杏树苗主产地	产量(万株)
37	隆德县(宁)	200.00
38	利通区(宁)	59.20
39	青铜峡市(宁)	16.30
40	托克逊县(新)	500.00
41	焉耆回族自治县(新)	373.60
42	高昌区(新)	23.30

表 9-28 核桃苗主产地产量

序号	核桃苗主产地	产量(万株)
1	迁西县(冀)	750.00
2	遵化市(冀)	504.00
3	涉　县(冀)	350.00
4	宽城满族自治县(冀)	170.00
5	邢台县(冀)	150.00
6	临城县(冀)	80.00
7	卢龙县(冀)	77.00
8	曲阳县(冀)	74.00
9	满城区(冀)	60.00
10	平山县(冀)	22.00
11	怀来县(冀)	20.00
12	阜平县(冀)	13.50
13	孝义市(晋)	200.00
14	临猗县(晋)	150.00
15	屯留县(晋)	130.00
16	定襄县(晋)	100.00
17	左权县(晋)	37.00
18	沁　县(晋)	31.00
19	阳城县(晋)	30.00
20	新北区(苏)	52.00
21	金坛区(苏)	34.50
22	响水县(苏)	10.00
23	建德市(浙)	250.00
24	颍泉区(皖)	150.00
25	桐城市(皖)	148.00
26	怀宁县(皖)	21.00
27	肥城市(鲁)	1340.00
28	岱岳区(鲁)	1264.00
29	章丘区(鲁)	158.00
30	宁阳县(鲁)	150.00
31	费　县(鲁)	117.00
32	河东区(鲁)	90.00
33	东阿县(鲁)	70.00
34	沂源县(鲁)	60.00

(续表)

序号	核桃苗主产地	产量(万株)
35	山亭区(鲁)	50.00
36	昌邑市(鲁)	47.00
37	东平县(鲁)	45.00
38	新泰市(鲁)	42.00
39	广饶县(鲁)	40.00
40	博山区(鲁)	36.00
41	牟平区(鲁)	24.00
42	青州市(鲁)	20.00
43	历城区(鲁)	20.00
44	平阴县(鲁)	15.00
45	栖霞市(鲁)	12.00
46	卢氏县(豫)	1200.00
47	济源市(豫)	600.00
48	内乡县(豫)	270.00
49	新密市(豫)	180.00
50	建安区(豫)	160.00
51	登封市(豫)	140.00
52	洛宁县(豫)	110.00
53	光山县(豫)	100.00
54	淅川县(豫)	50.00
55	嵩　县(豫)	50.00
56	灵宝市(豫)	45.00
57	宜阳县(豫)	32.00
58	平桥区(豫)	23.00
59	卫辉市(豫)	21.00
60	栾川县(豫)	19.95
61	南乐县(豫)	18.00
62	清丰县(豫)	10.00
63	房　县(鄂)	45.40
64	罗田县(鄂)	35.00
65	靖州苗族侗族自治县(湘)	22.80
66	南丹县(桂)	150.00
67	乐业县(桂)	18.00
68	简阳市(川)	7500.00
69	越西县(川)	1000.00
70	苍溪县(川)	1000.00
71	汉源县(川)	751.66
72	会东县(川)	531.30
73	昭觉县(川)	500.00
74	美姑县(川)	450.00
75	南江县(川)	426.20
76	盐源县(川)	350.00
77	昭化区(川)	330.00
78	通江县(川)	194.00

(续表)

序号	核桃苗主产地	产量(万株)
79	江油市(川)	152.00
80	仁寿县(川)	140.00
81	剑阁县(川)	120.00
82	朝天区(川)	120.00
83	万源市(川)	80.00
84	宣汉县(川)	80.00
85	金堂县(川)	75.00
86	顺庆区(川)	60.05
87	利州区(川)	50.00
88	蓬安县(川)	40.00
89	三台县(川)	30.00
90	青川县(川)	30.00
91	青白江区(川)	27.00
92	游仙区(川)	20.00
93	东兴区(川)	18.00
94	巴州区(川)	12.00
95	雁江区(川)	11.00
96	恩阳区(川)	10.00
97	威远县(川)	10.00
98	普安县(黔)	130.00
99	漾濞彝族自治县(滇)	1003.00
100	景东彝族自治县(滇)	312.00
101	大姚县(滇)	120.00
102	新平彝族傣族自治县(滇)	110.00
103	禄丰县(滇)	100.00
104	砚山县(滇)	80.00
105	香格里拉市(滇)	66.08
106	双柏县(滇)	42.00
107	双江拉祜族佤族布朗族傣族自治县(滇)	31.10
108	鲁甸县(滇)	30.00
109	西畴县(滇)	18.00
110	镇雄县(滇)	12.00
111	罗平县(滇)	10.00
112	彝良县(滇)	10.00
113	古城区(滇)	10.00
114	紫阳县(陕)	230.00
115	洛南县(陕)	170.00
116	绥德县(陕)	150.00
117	柞水县(陕)	145.00
118	商南县(陕)	135.00
119	眉　县(陕)	119.30
120	白河县(陕)	50.00
121	千阳县(陕)	48.00

（续表）

序号	核桃苗主产地	产量（万株）
122	汉滨区(陕)	30.00
123	米脂县(陕)	18.00
124	甘谷县(甘)	25.00
125	西夏区(宁)	10.00
126	焉耆回族自治县(新)	77.60
127	泽普县(新)	43.34
128	喀什市(新)	20.00

表 9-29 苹果苗主产地产量

序号	苹果苗主产地	产量（万株）
1	北京市林业种子苗木管理总站(京)	60.00
2	围场满族蒙古族自治县(冀)	450.00
3	昌黎县(冀)	360.00
4	遵化市(冀)	312.00
5	内丘县(冀)	225.00
6	宽城满族自治县(冀)	100.00
7	赤城县(冀)	27.00
8	安国市(冀)	20.00
9	平山县(冀)	19.00
10	宁晋县(冀)	15.00
11	开鲁县(内蒙古)	948.00
12	宁城县(内蒙古)	153.00
13	东河区(内蒙古)	60.00
14	清水河县(内蒙古)	20.00
15	科尔沁左翼中旗(内蒙古)	15.00
16	林西县(内蒙古)	12.92
17	盖州市(辽)	470.00
18	庄河市(辽)	90.00
19	法库县(辽)	72.00
20	龙城区(辽)	50.00
21	北镇市(辽)	33.00
22	河东区(鲁)	2830.00
23	栖霞市(鲁)	1566.00
24	泰安市高新区(鲁)	950.00
25	诸城市(鲁)	600.00
26	岱岳区(鲁)	562.00
27	历城区(鲁)	400.00
28	莒　县(鲁)	234.00
29	惠民县(鲁)	100.00
30	宁阳县(鲁)	100.00
31	牟平区(鲁)	88.00
32	蓬莱市(鲁)	70.00
33	莱阳市(鲁)	68.00
34	新泰市(鲁)	53.00
35	海阳市(鲁)	50.00
36	德州市市辖区(鲁)	30.00
37	沂源县(鲁)	11.00
38	威海市经济技术开发区(鲁)	10.00
39	武陟县(豫)	2600.00
40	洛宁县(豫)	354.00
41	登封市(豫)	100.00
42	灵宝市(豫)	90.00
43	西华县(豫)	35.00
44	昭阳区(滇)	900.00
45	宁蒗彝族自治县(滇)	70.00
46	古城区(滇)	30.00
47	千阳县(陕)	2630.00
48	扶风县(陕)	800.00
49	米脂县(陕)	200.00
50	泾川县(甘)	30.00
51	合水县(甘)	15.00
52	彭阳县(宁)	360.00
53	沙坡头区(宁)	200.00
54	大武口区(宁)	80.00
55	利通区(宁)	68.62
56	灵武市(宁)	41.56
57	阜康市(新)	150.00
58	呼图壁县(新)	29.00
59	博乐市(新)	18.00
60	昌吉市(新)	15.00

表 9-30 枫香苗主产地产量

序号	枫香苗主产地	产量（万株）
1	江都区(苏)	268.00
2	仪征市(苏)	47.00
3	云和县(浙)	51.10
4	衢江区(浙)	18.00
5	东至县(皖)	50.00
6	桐城市(皖)	45.00
7	潜山县(皖)	14.00
8	崇义县(赣)	650.00
9	信丰县(赣)	130.00
10	兴国县(赣)	104.00
11	宁都县(赣)	100.00
12	赣县区(赣)	80.00
13	广昌县(赣)	78.80
14	全南县(赣)	50.00
15	上犹县(赣)	48.00
16	石城县(赣)	40.00
17	铜鼓县(赣)	12.00
18	驿城区(豫)	90.00
19	遂平县(豫)	40.00
20	英山县(鄂)	250.00
21	罗田县(鄂)	250.00
22	阳新县(鄂)	65.00
23	大冶市(鄂)	18.00
24	通城县(鄂)	15.00
25	红安县(鄂)	15.00
26	茶陵县(湘)	300.00
27	东安县(湘)	199.50
28	宁远县(湘)	40.00
29	隆回县(湘)	30.00
30	沅陵县(湘)	20.00
31	绥宁县(湘)	18.00
32	南岳区(湘)	15.00
33	桂阳县(湘)	11.00
34	双峰县(湘)	10.00
35	博罗县(粤)	500.00
36	五华县(粤)	90.00
37	和平县(粤)	85.00
38	连州市(粤)	50.00
39	新丰县(粤)	39.50
40	龙门县(粤)	35.00
41	惠城区(粤)	30.00
42	龙川县(粤)	25.00
43	新会区(粤)	20.00
44	清新区(粤)	16.00
45	乳源瑶族自治县(粤)	15.00
46	潮安区(粤)	11.50
47	天河区(粤)	10.00
48	源城区(粤)	10.00
49	郁南县(粤)	10.00

表 9-31 柑橘苗主产地产量

序号	柑橘苗主产地	产量（万株）
1	宁海县(浙)	30.00
2	兴山县(鄂)	100.00
3	孝昌县(鄂)	15.00

(续表)

序号	柑橘苗主产地	产量(万株)
4	津市市(湘)	500.00
5	辰溪县(湘)	160.00
6	新宁县(湘)	100.00
7	芷江侗族自治县(湘)	35.82
8	沅江市(湘)	30.00
9	澧　县(湘)	21.00
10	鼎城区(湘)	18.00
11	洞口县(湘)	11.00
12	高要区(粤)	100.00
13	陆川县(桂)	28.00
14	苍溪县(川)	2000.00
15	安岳县(川)	156.00
16	通川区(川)	125.00
17	丹棱县(川)	70.00
18	金堂县(川)	45.00
19	巴州区(川)	35.00
20	恩阳区(川)	20.00
21	罗江区(川)	13.00
22	独山县(黔)	882.00
23	余庆县(黔)	77.00
24	思南县(黔)	56.60
25	罗甸县(黔)	42.20
26	桐梓县(黔)	11.00
27	华宁县(滇)	470.00
28	新平彝族傣族自治县(滇)	87.80
29	宾川县(滇)	38.00
30	昌宁县(滇)	14.00
31	汉滨区(陕)	30.00
32	紫阳县(陕)	20.00
33	旬阳县(陕)	15.00

表 9-32　栾树苗主产地产量

序号	栾树苗主产地	产量(万株)
1	北京市林业种子苗木管理总站(京)	325.00
2	平谷区(京)	10.30
3	蓟州区(津)	900.00
4	武清区(津)	24.00
5	遵化市(冀)	146.00
6	涿州市(冀)	117.00
7	高阳县(冀)	70.00
8	安国市(冀)	55.00
9	玉田县(冀)	15.00

(续表)

序号	栾树苗主产地	产量(万株)
10	任　县(冀)	10.00
11	平定县(晋)	30.00
12	临猗县(晋)	18.00
13	兴化市(苏)	400.00
14	大丰区(苏)	118.00
15	宿城区(苏)	102.00
16	溧阳市(苏)	91.40
17	江都区(苏)	82.00
18	金坛区(苏)	65.00
19	泰兴市(苏)	60.00
20	贾汪区(苏)	54.00
21	阜宁县(苏)	53.00
22	淮阴区(苏)	40.00
23	新北区(苏)	39.00
24	海门市(苏)	35.00
25	武进区(苏)	31.50
26	姜堰区(苏)	24.00
27	泗洪县(苏)	23.40
28	宝应县(苏)	19.67
29	睢宁县(苏)	14.00
30	沭阳县(苏)	10.00
31	海陵区(苏)	10.00
32	宁海县(浙)	75.00
33	秀洲区(浙)	36.70
34	婺城区(浙)	35.00
35	吴兴区(浙)	13.00
36	禹会区(皖)	80.00
37	宣州区(皖)	69.00
38	临泉县(皖)	50.00
39	固镇县(皖)	30.00
40	颍上县(皖)	26.00
41	怀远县(皖)	17.00
42	肥城市(鲁)	155.00
43	宁阳县(鲁)	140.00
44	梁山县(鲁)	129.00
45	陵城区(鲁)	65.00
46	鱼台县(鲁)	50.00
47	鄄城县(鲁)	38.00
48	茌平县(鲁)	18.25
49	成武县(鲁)	12.00
50	海阳市(鲁)	12.00
51	历城区(鲁)	10.00
52	汝阳县(豫)	620.00
53	潢川县(豫)	590.00

(续表)

序号	栾树苗主产地	产量(万株)
54	嵩　县(豫)	100.00
55	宜阳县(豫)	97.20
56	西华县(豫)	77.00
57	太康县(豫)	66.00
58	宝丰县(豫)	59.50
59	洛宁县(豫)	50.00
60	范　县(豫)	46.00
61	息　县(豫)	40.00
62	清丰县(豫)	34.00
63	长葛市(豫)	31.11
64	南乐县(豫)	30.00
65	新野县(豫)	30.00
66	宁陵县(豫)	27.00
67	湖滨区(豫)	25.20
68	淮阳县(豫)	21.00
69	伊川县(豫)	18.70
70	兰考县(豫)	18.00
71	北关区(豫)	16.00
72	鹤山区(豫)	14.00
73	沙洋县(鄂)	495.00
74	松滋市(鄂)	350.00
75	天门市(鄂)	300.00
76	孝昌县(鄂)	180.00
77	利川市(鄂)	150.00
78	阳新县(鄂)	132.00
79	枣阳市(鄂)	100.00
80	漳河新区(鄂)	80.00
81	襄城区(鄂)	70.00
82	谷城县(鄂)	50.00
83	掇刀区(鄂)	50.00
84	罗田县(鄂)	50.00
85	老河口市(鄂)	35.00
86	仙桃市(鄂)	35.00
87	新洲区(鄂)	30.00
88	蔡甸区(鄂)	26.00
89	樊城区(鄂)	26.00
90	浠水县(鄂)	20.30
91	崇阳县(鄂)	20.00
92	大冶市(鄂)	13.00
93	临澧县(湘)	150.00
94	武冈市(湘)	75.00
95	花垣县(湘)	60.00
96	新宁县(湘)	50.00
97	汉寿县(湘)	19.00

（续表）

序号	栾树苗主产地	产量（万株）
98	衡南县(湘)	16.50
99	龙泉驿区(川)	50.00
100	郫都区(川)	30.00
101	汉源县(川)	10.00
102	古蔺县(川)	10.00
103	兴义市(黔)	51.80
104	黎平县(黔)	22.60
105	罗甸县(黔)	15.00

表 9-33　银杏苗主产地产量

序号	银杏苗主产地	产量（万株）
1	北京市林业种子苗木管理总站(京)	48.00
2	平谷区(京)	11.77
3	蓟州区(津)	560.00
4	涿州市(冀)	130.00
5	大厂回族自治县(冀)	61.00
6	邢台县(冀)	27.00
7	高阳县(冀)	25.00
8	振安区(辽)	1150.00
9	庄河市(辽)	683.00
10	东港市(辽)	622.00
11	元宝区(辽)	300.00
12	金普新区(辽)	150.00
13	邳州市(苏)	30467.00
14	新沂市(苏)	3340.00
15	睢宁县(苏)	300.00
16	滨海县(苏)	200.00
17	盐都区(苏)	160.00
18	响水县(苏)	74.00
19	阜宁县(苏)	67.00
20	新北区(苏)	65.00
21	宝应县(苏)	18.83
22	宿城区(苏)	10.00
23	龙南县(赣)	150.00
24	兰陵县(鲁)	2801.00
25	岱岳区(鲁)	1558.00
26	肥城市(鲁)	615.00
27	海阳市(鲁)	370.00
28	高密市(鲁)	150.00
29	昌邑市(鲁)	108.50
30	宁阳县(鲁)	100.00
31	河东区(鲁)	53.00

（续表）

序号	银杏苗主产地	产量（万株）
32	博山区(鲁)	18.00
33	栖霞市(鲁)	18.00
34	东平县(鲁)	18.00
35	莱阳市(鲁)	12.00
36	历城区(鲁)	10.00
37	禹州市(豫)	71.46
38	潢川县(豫)	30.00
39	宜阳县(豫)	28.50
40	惠济区(豫)	10.20
41	建始县(鄂)	600.00
42	巴东县(鄂)	500.00
43	宣恩县(鄂)	454.50
44	竹溪县(鄂)	404.00
45	孝南区(鄂)	240.00
46	鹤峰县(鄂)	200.00
47	襄城区(鄂)	100.00
48	枣阳市(鄂)	48.00
49	仙桃市(鄂)	30.00
50	孝昌县(鄂)	30.00
51	利川市(鄂)	30.00
52	谷城县(鄂)	17.00
53	蔡甸区(鄂)	16.00
54	黄梅县(鄂)	15.00
55	京山县(鄂)	10.00
56	茶陵县(湘)	120.00
57	韶山市(湘)	20.00
58	苍溪县(川)	500.00
59	北川羌族自治县(川)	250.00
60	郫都区(川)	180.00
61	开江县(川)	165.00
62	西充县(川)	90.00
63	金堂县(川)	62.90
64	万源市(川)	36.00
65	宣汉县(川)	30.00
66	恩阳区(川)	12.00
67	巴州区(川)	10.00
68	新都区(川)	10.00
69	镇远县(黔)	37.00
70	余庆县(黔)	31.50
71	镇巴县(陕)	97.00
72	佛坪县(陕)	76.41
73	宁陕县(陕)	25.10
74	陕西省苗木繁育中心(陕)	17.00
75	洋　县(陕)	14.40

表 9-34　沙棘苗主产地产量

序号	沙棘苗主产地	产量（万株）
1	丰宁满族自治县(冀)	13490.00
2	围场满族蒙古族自治县(冀)	7000.00
3	偏关县(晋)	3700.00
4	岢岚县(晋)	800.00
5	桦林背林场(晋)	60.00
6	广灵县(晋)	60.00
7	浑源县(晋)	48.00
8	神池县(晋)	34.00
9	托克托县(内蒙古)	2310.00
10	翁牛特旗(内蒙古)	1200.00
11	清水河县(内蒙古)	1055.00
12	武川县(内蒙古)	706.00
13	宁城县(内蒙古)	483.00
14	科尔沁左翼中旗(内蒙古)	400.00
15	达拉特旗(内蒙古)	260.00
16	敖汉旗(内蒙古)	100.00
17	奈曼旗(内蒙古)	50.00
18	林西县(内蒙古)	45.00
19	正蓝旗(内蒙古)	10.00
20	建平县(辽)	2264.00
21	东辽县(吉)	15.45
22	孙吴县(黑)	413.00
23	嫩江县(黑)	240.00
24	讷河市(黑)	10.00
25	华池林业总场(甘)	112.08
26	乐都区(青)	1349.00
27	互助土族自治县(青)	460.00
28	化隆回族自治县(青)	55.00
29	原州区(宁)	180.00
30	尉犁县(新)	30.00
31	阜康市(新)	28.00
32	温泉县(新)	10.26

表 9-35　油茶苗主产地产量

序号	油茶苗主产地	产量（万株）
1	常山县(浙)	550.00
2	婺城区(浙)	72.80
3	云和县(浙)	35.00
4	江山市(浙)	25.00
5	绩溪县(皖)	100.00
6	怀宁县(皖)	95.00
7	芦溪县(赣)	1200.00
8	上饶县(赣)	390.00

(续表)

序号	油茶苗主产地	产量(万株)
9	信丰县(赣)	130.00
10	遂川县(赣)	16.00
11	商城县(豫)	900.00
12	新　县(豫)	800.00
13	光山县(豫)	300.00
14	浉河区(豫)	16.50
15	大悟县(鄂)	350.00
16	阳新县(鄂)	290.00
17	浠水县(鄂)	210.00
18	罗田县(鄂)	150.00
19	红安县(鄂)	120.00
20	麻城市(鄂)	100.00
21	团风县(鄂)	60.00
22	京山县(鄂)	60.00
23	孝昌县(鄂)	50.00
24	英山县(鄂)	50.00
25	大冶市(鄂)	47.00
26	咸安区(鄂)	40.00
27	黄梅县(鄂)	20.00
28	襄樊市市辖区(鄂)	12.30
29	茶陵县(湘)	2800.00
30	湘潭县(湘)	1220.00
31	鼎城区(湘)	1200.00
32	辰溪县(湘)	600.00
33	常宁市(湘)	584.00
34	株洲市市辖区(湘)	355.00
35	邵阳县(湘)	300.00
36	慈利县(湘)	250.00
37	花垣县(湘)	225.00
38	道　县(湘)	176.00
39	宁远县(湘)	174.70
40	桂阳县(湘)	170.00
41	衡山县(湘)	162.12
42	临澧县(湘)	160.00
43	耒阳市(湘)	150.00
44	醴陵市(湘)	101.00
45	新化县(湘)	100.00
46	苏仙区(湘)	85.00
47	衡南县(湘)	60.00
48	绥宁县(湘)	48.00

(续表)

序号	油茶苗主产地	产量(万株)
49	澧　县(湘)	40.00
50	长沙县(湘)	40.00
51	湘乡市(湘)	35.00
52	桂东县(湘)	14.00
53	广宁县(粤)	270.00
54	曲江区(粤)	133.78
55	信宜市(粤)	100.00
56	罗定市(粤)	85.00
57	高州市(粤)	45.00
58	和平县(粤)	40.00
59	平远县(粤)	35.00
60	田林县(桂)	1664.00
61	田阳县(桂)	900.00
62	巴马瑶族自治县(桂)	644.00
63	西林县(桂)	580.00
64	武宣县(桂)	460.00
65	右江区(桂)	350.00
66	防城区(桂)	300.00
67	龙胜各族自治县(桂)	188.00
68	维都林场(桂)	150.00
69	隆林各族自治县(桂)	115.40
70	八步区(桂)	80.00
71	凌云县(桂)	30.00
72	雅长林场(桂)	14.00
73	琼中黎族苗族自治县(琼)	120.00
74	澄迈县(琼)	92.00
75	秀英区(琼)	10.00
76	翠屏区(川)	680.00
77	达川区(川)	20.00
78	玉屏侗族自治县(黔)	1000.28
79	天柱县(黔)	460.00
80	松桃苗族自治县(黔)	350.00
81	碧江区(黔)	280.00
82	岑巩县(黔)	115.00
83	罗甸县(黔)	101.00
84	砚山县(滇)	270.00
85	广南县(滇)	252.00
86	富宁县(滇)	246.00
87	汉滨区(陕)	250.00
88	南郑区(陕)	60.00

表 9-36　荷木苗主产地产量

序号	荷木苗主产地	产量(万株)
1	龙泉市(浙)	65.00
2	江山市(浙)	13.90
3	信丰县(赣)	194.00
4	铅山县(赣)	64.00
5	宁都县(赣)	60.00
6	遂川县(赣)	53.00
7	上犹县(赣)	49.00
8	广昌县(赣)	37.40
9	铜鼓县(赣)	19.00
10	石城县(赣)	10.00
11	茶陵县(湘)	220.00
12	宁远县(湘)	24.00
13	桂阳县(湘)	10.00
14	连平县(粤)	364.50
15	普宁市(粤)	120.00
16	五华县(粤)	120.00
17	紫金县(粤)	100.00
18	连州市(粤)	98.00
19	惠城区(粤)	60.50
20	潮阳区(粤)	60.00
21	和平县(粤)	50.00
22	封开县(粤)	49.00
23	云安区(粤)	40.00
24	潮南区(粤)	40.00
25	龙门县(粤)	35.00
26	清新区(粤)	25.00
27	新会区(粤)	20.00
28	龙川县(粤)	20.00
29	罗定市(粤)	20.00
30	高要区(粤)	20.00
31	潮安区(粤)	19.50
32	新丰江林管局(粤)	15.00
33	新丰县(粤)	14.00
34	电白区(粤)	11.00
35	源城区(粤)	10.00
36	维都林场(桂)	10.00

表 9-37 其他主要苗圃苗木主产地产量 （续表）

序号	其他主要苗圃苗木主产地	品种	产量（万株）	序号	其他主要苗圃苗木主产地	品种	产量（万株）
1	盐津县(滇)	檫树	240.00	45	衡山县(湘)	国外松	608.31
2	大冶市(鄂)	檫树	12.00	46	红安县(鄂)	国外松	540.00
3	乐都区(青)	柽柳	1841.02	47	利川市(鄂)	国外松	500.00
4	垦利区(鲁)	柽柳	301.00	48	永丰县(赣)	国外松	440.00
5	互助土族自治县(青)	柽柳	267.90	49	桐柏县(豫)	国外松	400.00
6	平罗县(宁)	柽柳	32.61	50	黄梅县(鄂)	国外松	400.00
7	格尔木市(青)	柽柳	20.00	51	汨罗市(湘)	国外松	375.00
8	敦煌市(甘)	柽柳	14.30	52	零陵区(湘)	国外松	375.00
9	沅江市(湘)	池杉	60.00	53	枣阳市(鄂)	国外松	157.50
10	南　县(湘)	池杉	45.00	54	资兴市(湘)	国外松	130.00
11	龙井市(吉)	赤松	11.00	55	岳阳县(湘)	国外松	130.00
12	新荣区(晋)	杜松	36.00	56	道　县(湘)	国外松	110.00
13	偏关县(晋)	杜松	15.00	57	孝昌县(鄂)	国外松	100.00
14	汝城县(湘)	杜英	123.00	58	宁远县(湘)	国外松	100.00
15	雁峰区(湘)	杜英	108.00	59	临澧县(湘)	国外松	100.00
16	连州市(粤)	杜英	98.00	60	鼎城区(湘)	国外松	75.00
17	遂川县(赣)	杜英	50.00	61	大冶市(鄂)	国外松	62.00
18	崇义县(赣)	杜英	44.00	62	于都县(赣)	国外松	51.00
19	襄城区(鄂)	杜英	41.00	63	钟祥市(鄂)	国外松	50.00
20	涟源市(湘)	杜英	35.00	64	溆浦县(湘)	国外松	38.00
21	信丰县(赣)	杜英	30.00	65	新宁县(湘)	国外松	30.00
22	南岳区(湘)	杜英	21.00	66	津市市(湘)	国外松	30.00
23	新宁县(湘)	杜英	20.00	67	北塔区(湘)	国外松	26.00
24	蔡甸区(鄂)	杜英	17.00	68	大祥区(湘)	国外松	20.00
25	玉山县(赣)	杜英	15.00	69	双清区(湘)	国外松	15.00
26	上犹县(赣)	杜英	11.00	70	冷水滩区(湘)	国外松	10.00
27	双峰县(湘)	杜英	10.00	71	岱岳区(鲁)	合欢	727.00
28	商水县(豫)	鹅掌楸	42.00	72	潢川县(豫)	合欢	220.00
29	利川市(鄂)	鹅掌楸	40.00	73	东川区(滇)	合欢	110.00
30	海原县(宁)	枸杞	30600.00	74	宜阳县(豫)	合欢	87.80
31	中宁县(宁)	枸杞	3691.46	75	遂平县(豫)	合欢	60.00
32	西夏区(宁)	枸杞	1200.00	76	商水县(豫)	合欢	54.00
33	沙坡头区(宁)	枸杞	1058.00	77	乐陵市(鲁)	合欢	36.00
34	红寺堡区(宁)	枸杞	600.00	78	长葛市(豫)	合欢	32.64
35	托克托县(内蒙古)	枸杞	420.00	79	孝南区(鄂)	合欢	30.00
36	都兰县(青)	枸杞	365.93	80	沙洋县(鄂)	合欢	30.00
37	玉门市(甘)	枸杞	240.00	81	师宗县(滇)	合欢	25.00
38	惠农区(宁)	枸杞	200.00	82	秀洲区(浙)	合欢	14.10
39	博湖县(新)	枸杞	80.00	83	嘉禾县(湘)	合欢	12.00
40	呼图壁县(新)	枸杞	67.60	84	清丰县(豫)	合欢	11.00
41	贺兰县(宁)	枸杞	26.00	85	达拉特旗(内蒙古)	红枣	673.00
42	互助土族自治县(青)	枸杞	24.00	86	焉耆回族自治县(新)	红枣	244.80
43	蓝山县(湘)	国外松	1680.00	87	绥德县(陕)	红枣	125.00
44	茶陵县(湘)	国外松	1300.00	88	定襄县(晋)	红枣	100.00

(续表)

序号	其他主要苗圃苗木主产地	品种	产量(万株)
89	祁东县(湘)	红枣	73.00
90	泽州县(晋)	红枣	19.90
91	沙坡头区(宁)	红枣	18.00
92	罗江区(川)	红枣	15.00
93	喀喇沁左翼蒙古族自治县(辽)	红枣	10.80
94	龙川县(粤)	红锥	110.00
95	紫金县(粤)	红锥	100.00
96	茂南区(粤)	红锥	98.00
97	天河区(粤)	红锥	53.00
98	潮南区(粤)	红锥	15.00
99	鹤峰县(鄂)	厚朴	800.00
100	五峰土家族自治县(鄂)	厚朴	100.00
101	宣汉县(川)	厚朴	70.00
102	镇巴县(陕)	厚朴	66.00
103	新宁县(湘)	厚朴	50.00
104	蛟河市(吉)	胡桃楸	40.00
105	临江林业局(吉林森工)	胡桃楸	27.44
106	舒兰市(吉)	胡桃楸	26.50
107	通化县(吉)	胡桃楸	18.80
108	尉犁县(新)	胡杨	1667.20
109	沙湾县(新)	胡杨	96.00
110	泽普县(新)	胡杨	80.00
111	托克逊县(新)	胡杨	78.00
112	敦煌市(甘)	胡杨	71.30
113	玛纳斯县(新)	胡杨	38.80
114	博湖县(新)	胡杨	35.00
115	通许县(豫)	胡杨	30.10
116	额济纳旗(内蒙古)	胡杨	20.00
117	玉门市(甘)	胡杨	16.65
118	乌拉特前旗(内蒙古)	胡杨	15.00
119	牡丹江市市本级(黑)	桦树	400.00
120	互助土族自治县(青)	桦树	182.14
121	玛纳斯县(新)	桦树	109.80
122	汤原县(黑)	桦树	68.00
123	龙井市(吉)	桦树	30.00
124	赤城县(冀)	桦树	27.00
125	白山市市辖区(吉)	桦树	22.00
126	临江市(吉)	桦树	20.00
127	蓟州区(津)	槐树	1530.00
128	社旗县(豫)	槐树	250.00
129	沙坡头区(宁)	槐树	170.00
130	焉耆回族自治县(新)	槐树	154.50
131	敦煌市(甘)	槐树	64.90
132	邢台县(冀)	槐树	60.00

(续表)

序号	其他主要苗圃苗木主产地	品种	产量(万株)
133	新泰市(鲁)	槐树	36.00
134	阳信县(鲁)	槐树	31.50
135	鱼台县(鲁)	槐树	30.00
136	尉犁县(新)	槐树	27.50
137	牧野区(豫)	槐树	18.40
138	惠济区(豫)	槐树	18.02
139	石泉县(陕)	槐树	15.00
140	清丰县(豫)	槐树	14.00
141	正定县(冀)	槐树	12.00
142	桦甸市(吉)	槐树	10.00
143	安国市(冀)	槐树	10.00
144	桓仁满族自治县(辽)	黄檗	879.50
145	白山市市辖区(吉)	黄檗	63.10
146	通化县(吉)	黄檗	41.20
147	临江市(吉)	黄檗	40.00
148	玛纳斯县(新)	黄檗	19.50
149	舒兰市(吉)	黄檗	15.00
150	珲春林业局(吉)	黄檗	13.00
151	沙洋县(鄂)	黄连木	80.00
152	嵩　县(豫)	黄连木	45.00
153	姚安县(滇)	黄连木	30.00
154	泗水县(鲁)	黄连木	24.00
155	宜阳县(豫)	黄连木	23.30
156	殷都区(豫)	黄连木	21.00
157	龙泉驿区(川)	黄连木	10.00
158	岱岳区(鲁)	黄栌	841.00
159	青州市(鲁)	黄栌	440.00
160	北京市林业种子苗木管理总站(京)	黄栌	165.00
161	蓟州区(津)	黄栌	100.00
162	汝阳县(豫)	黄栌	63.00
163	井陉县(冀)	黄栌	45.00
164	成武县(鲁)	黄栌	20.00
165	泌阳县(豫)	火柜松	600.00
166	桐柏县(豫)	火柜松	500.00
167	淅川县(豫)	火柜松	29.00
168	松滋市(鄂)	火柜松	26.00
169	隆回县(湘)	金钱松	10.00
170	信宜市(粤)	开心果	15.00
171	陵川县(晋)	栎类	1350.00
172	宁阳县(鲁)	栎类	120.00
173	宾川县(滇)	栎类	30.00
174	个旧市(滇)	栎类	25.00
175	信丰县(赣)	栎类	10.00
176	麻阳苗族自治县(湘)	栎类	10.00

（续表）

序号	其他主要苗圃苗木主产地	品种	产量（万株）
177	利川市(鄂)	柳杉	900.00
178	叙永县(川)	柳杉	600.00
179	麒麟区(滇)	柳杉	500.00
180	罗平县(滇)	柳杉	200.00
181	汉源县(川)	柳杉	182.00
182	北川羌族自治县(川)	柳杉	150.00
183	宝兴县(川)	柳杉	150.00
184	邓州市(豫)	柳杉	123.00
185	珙　县(川)	柳杉	100.00
186	富源县(滇)	柳杉	95.00
187	安州区(川)	柳杉	90.00
188	建始县(鄂)	柳杉	60.00
189	鹤峰县(鄂)	柳杉	60.00
190	峨边彝族自治县(川)	柳杉	34.00
191	兴文县(川)	柳杉	30.00
192	开江县(川)	柳杉	30.00
193	克东县(黑)	柳杉	28.00
194	陆良县(滇)	柳杉	20.00
195	江都区(苏)	落羽杉	120.00
196	新北区(苏)	落羽杉	34.00
197	启东市(苏)	落羽杉	30.00
198	灌云县(苏)	落羽杉	10.20
199	盐都区(苏)	落羽杉	10.00
200	通川区(川)	木瓜	200.00
201	桐柏县(豫)	木瓜	50.00
202	确山县(豫)	木瓜	30.00
203	正安县(黔)	木瓜	28.00
204	巴州区(川)	木瓜	10.00
205	崇义县(赣)	南方红豆杉	312.00
206	汝城县(湘)	南方红豆杉	268.00
207	铜鼓县(赣)	南方红豆杉	260.00
208	桂东县(湘)	南方红豆杉	180.00
209	新宁县(湘)	南方红豆杉	150.00
210	昌宁县(滇)	南方红豆杉	144.00
211	龙南县(赣)	南方红豆杉	140.00
212	婺城区(浙)	南方红豆杉	98.00
213	石林彝族自治县(滇)	南方红豆杉	40.00
214	玉山县(赣)	南方红豆杉	30.00
215	衢江区(浙)	南方红豆杉	21.00
216	温岭市(浙)	南方红豆杉	18.00
217	黟　县(皖)	南方红豆杉	14.00
218	江山市(浙)	南方红豆杉	10.30
219	新化县(湘)	南方红豆杉	10.00
220	鄂托克前旗(内蒙古)	柠条	6361.88

（续表）

序号	其他主要苗圃苗木主产地	品种	产量（万株）
221	翁牛特旗(内蒙古)	柠条	2480.00
222	巴林右旗(内蒙古)	柠条	1140.00
223	左云县(晋)	柠条	1000.00
224	正镶白旗(内蒙古)	柠条	450.00
225	灵武市(宁)	柠条	420.00
226	科尔沁左翼中旗(内蒙古)	柠条	400.00
227	甘州区(甘)	柠条	225.00
228	阿拉善左旗(内蒙古)	柠条	216.00
229	达拉特旗(内蒙古)	柠条	190.00
230	苏尼特右旗(内蒙古)	柠条	180.00
231	镶黄旗(内蒙古)	柠条	120.00
232	东乌珠穆沁旗(内蒙古)	柠条	106.00
233	建平县(辽)	柠条	80.00
234	敖汉旗(内蒙古)	柠条	45.00
235	奈曼旗(内蒙古)	柠条	35.00
236	正蓝旗(内蒙古)	柠条	30.00
237	苏尼特左旗(内蒙古)	柠条	20.00
238	南华生态建设局(甘)	柠条	12.39
239	昌黎县(冀)	葡萄	5000.00
240	呼图壁县(新)	葡萄	223.00
241	法库县(辽)	葡萄	117.00
242	长垣县(豫)	葡萄	80.00
243	永年区(冀)	葡萄	60.00
244	怀来县(冀)	葡萄	60.00
245	五常市(黑)	葡萄	40.00
246	利通区(宁)	葡萄	32.13
247	昌吉市(新)	葡萄	18.00
248	江海区(粤)	葡萄	13.00
249	九台区(吉)	葡萄	11.61
250	蓬莱市(鲁)	葡萄	10.00
251	鸡泽县(冀)	葡萄	10.00
252	彭州市(川)	桤木	6000.00
253	宣汉县(川)	桤木	650.00
254	麒麟区(滇)	桤木	400.00
255	新都区(川)	桤木	300.00
256	安州区(川)	桤木	250.00
257	新平彝族傣族自治县(滇)	桤木	237.00
258	腾冲市(滇)	桤木	150.00
259	寻甸回族彝族自治县(滇)	桤木	100.00
260	巴州区(川)	桤木	100.00
261	富源县(滇)	桤木	90.00
262	龙陵县(滇)	桤木	75.00
263	砚山县(滇)	桤木	70.00
264	西畴县(滇)	桤木	65.00

(续表)

序号	其他主要苗圃苗木主产地	品种	产量(万株)
265	梓潼县(川)	桤木	60.00
266	罗平县(滇)	桤木	60.00
267	建水县(滇)	桤木	60.00
268	富宁县(滇)	桤木	40.00
269	大英县(川)	桤木	40.00
270	安宁市(滇)	桤木	26.00
271	师宗县(滇)	桤木	23.00
272	易门县(滇)	桤木	20.00
273	华宁县(滇)	桤木	16.00
274	铜鼓县(赣)	桤木	10.00
275	沧　县(冀)	千头椿	40.00
276	乐陵市(鲁)	千头椿	34.00
277	涿州市(冀)	千头椿	15.00
278	建安区(豫)	青桐	380.00
279	商水县(豫)	青桐	69.00
280	潢川县(豫)	青桐	46.00
281	东港市(辽)	沙松	113.50
282	焉耆回族自治县(新)	沙枣	641.60
283	临泽县(甘)	沙枣	470.00
284	阿拉善左旗(内蒙古)	沙枣	151.50
285	南华生态建设局(甘)	沙枣	136.85
286	鄂托克前旗(内蒙古)	沙枣	90.73
287	永宁县(宁)	沙枣	78.00
288	平罗县(宁)	沙枣	64.19
289	青铜峡市(宁)	沙枣	43.60
290	泽普县(新)	沙枣	43.24
291	大武口区(宁)	沙枣	40.60
292	利通区(宁)	沙枣	38.60
293	锡林浩特市(内蒙古)	沙枣	20.00
294	金川区(甘)	沙枣	20.00
295	惠农区(宁)	沙枣	20.00
296	贺兰县(宁)	沙枣	18.30
297	苏尼特右旗(内蒙古)	沙枣	15.00
298	西夏区(宁)	沙枣	12.00
299	甘州区(甘)	沙枣	12.00
300	托克逊县(新)	沙枣	11.00
301	灵武市(宁)	沙枣	10.78
302	杭锦后旗(内蒙古)	沙枣	10.50
303	蛟河市(吉)	山槐	20.00
304	临江市(吉)	山槐	18.00
305	宁津县(鲁)	石榴	240.00
306	砚山县(滇)	石榴	200.00
307	泗洪县(苏)	石榴	139.00
308	峄城区(鲁)	石榴	100.00

(续表)

序号	其他主要苗圃苗木主产地	品种	产量(万株)
309	姚安县(滇)	石榴	41.00
310	宾川县(滇)	石榴	28.00
311	怀远县(皖)	石榴	22.00
312	卫辉市(豫)	石榴	18.20
313	宜阳县(豫)	石榴	10.50
314	独山县(黔)	石榴	10.00
315	栾川县(豫)	水杉	1317.56
316	汪清林业局(吉)	水杉	673.00
317	利川市(鄂)	水杉	500.00
318	大丰区(苏)	水杉	265.00
319	婺城区(浙)	水杉	255.00
320	东台市(苏)	水杉	187.00
321	潢川县(豫)	水杉	150.00
322	仙桃市(鄂)	水杉	125.00
323	吴兴区(浙)	水杉	67.00
324	红安县(鄂)	水杉	63.00
325	南　县(湘)	水杉	50.00
326	盐都区(苏)	水杉	21.00
327	江都区(苏)	水杉	20.00
328	溧阳市(苏)	水杉	17.70
329	开江县(川)	水杉	15.00
330	罗甸县(黔)	水杉	10.00
331	景东彝族自治县(滇)	思茅松	20.00
332	岳普湖县(新)	酸梅	400.00
333	古城区(滇)	酸梅	20.00
334	新和县(新)	酸梅	10.50
335	天河区(粤)	桃花心木	20.00
336	开鲁县(内蒙古)	文冠果	484.00
337	建平县(辽)	文冠果	340.00
338	翁牛特旗(内蒙古)	文冠果	330.00
339	敖汉旗(内蒙古)	文冠果	300.00
340	科尔沁区(内蒙古)	文冠果	232.00
341	凌源市(辽)	文冠果	120.00
342	林西县(内蒙古)	文冠果	109.02
343	红山区(内蒙古)	文冠果	106.13
344	栖霞市(鲁)	文冠果	105.00
345	安丘市(鲁)	文冠果	52.50
346	巴林左旗(内蒙古)	文冠果	36.00
347	原州区(宁)	文冠果	35.00
348	龙城区(辽)	文冠果	20.00
349	通辽经济技术开发区(内蒙古)	文冠果	10.00
350	泰安市高新区(鲁)	香椿	3800.00
351	濮阳县(豫)	香椿	948.50
352	郧西县(鄂)	香椿	240.00

（续表）

序号	其他主要苗圃苗木主产地	品种	产量（万株）
353	新泰市(鲁)	香椿	210.00
354	青州市(鲁)	香椿	200.00
355	岱岳区(鲁)	香椿	192.00
356	西畴县(滇)	香椿	180.00
357	邻水县(川)	香椿	150.00
358	登封市(豫)	香椿	150.00
359	南丹县(桂)	香椿	80.00
360	商水县(豫)	香椿	45.00
361	石泉县(陕)	香椿	35.00
362	株洲县(湘)	香椿	28.00
363	乐山市市辖区(川)	香椿	20.00
364	鹤山区(豫)	香椿	16.80
365	白河县(陕)	香椿	13.00
366	栾川县(豫)	香椿	11.40
367	衡南县(湘)	香椿	11.30
368	禹州市(豫)	香椿	10.00
369	儋州市(琼)	橡胶	65.00
370	新泰市(鲁)	小檗	900.00
371	蓟州区(津)	小檗	340.00
372	青州市(鲁)	小檗	200.00
373	宜阳县(豫)	小檗	192.00
374	庄河市(辽)	小檗	175.00
375	商水县(豫)	小檗	152.00
376	安国市(冀)	小檗	60.00
377	沭阳县(苏)	小檗	25.00
378	阳泉市郊区(晋)	小檗	23.80
379	北戴河区(冀)	小檗	12.00
380	长垣县(豫)	小檗	10.00
381	乌兰浩特市(内蒙古)	小浆果	20.00
382	红山区(内蒙古)	银杉	15.81
383	略阳县(陕)	元宝枫	400.00
384	北京市林业种子苗木管理总站(京)	元宝枫	323.00
385	泗水县(鲁)	元宝枫	314.00

（续表）

序号	其他主要苗圃苗木主产地	品种	产量（万株）
386	建安区(豫)	元宝枫	270.00
387	宜阳县(豫)	元宝枫	171.00
388	蓟州区(津)	元宝枫	116.00
389	范　县(豫)	元宝枫	82.00
390	海阳市(鲁)	元宝枫	70.00
391	涿州市(冀)	元宝枫	60.00
392	平顺县(晋)	元宝枫	18.50
393	双柏县(滇)	云南松	400.00
394	鹤庆县(滇)	云南松	110.20
395	富源县(滇)	云南松	100.00
396	姚安县(滇)	云南松	31.00
397	南华县(滇)	云南松	30.00
398	古城区(滇)	云南松	30.00
399	江川区(滇)	云南松	25.00
400	西山区(滇)	云南松	24.10
401	宁蒗彝族自治县(滇)	云南松	18.00
402	龙陵县(滇)	云南松	15.00
403	香格里拉市(滇)	云南松	10.00
404	腾冲市(滇)	云南松	10.00
405	岚皋县(陕)	珍稀乡土树种	899.00
406	鹤峰县(鄂)	珍稀乡土树种	660.00
407	桃江县(湘)	珍稀乡土树种	600.00
408	新　县(豫)	珍稀乡土树种	280.00
409	江油市(川)	珍稀乡土树种	271.00
410	南郑区(陕)	珍稀乡土树种	240.00
411	昌宁县(滇)	珍稀乡土树种	64.00
412	威海市经济技术开发区(鲁)	珍稀乡土树种	43.80
413	淮阳县(豫)	珍稀乡土树种	43.00
414	巴州区(川)	珍稀乡土树种	30.00
415	中国林科院热林中心(桂)	珍稀乡土树种	16.00
416	竹山县(鄂)	珍稀乡土树种	10.00
417	元宝区(辽)	紫杉	400.00
418	振安区(辽)	紫杉	90.00

表 10-1　松香主产地产量

序号	松香主产地	产量（吨）
1	开化县(浙)	1500.00
2	旌德县(皖)	1000.00
3	全椒县(皖)	700.00
4	郎溪县(皖)	350.00
5	崇仁县(赣)	10000.00
6	吉安县(赣)	10000.00
7	遂川县(赣)	8800.00

（续表）

序号	松香主产地	产量（吨）
8	南昌市市辖区(赣)	8270.00
9	安福县(赣)	7140.00
10	宁都县(赣)	5120.00
11	安远县(赣)	4050.00
12	新干县(赣)	3915.00
13	会昌县(赣)	3280.00
14	永新县(赣)	3000.00

（续表）

序号	松香主产地	产量（吨）
15	永丰县(赣)	2500.00
16	泰和县(赣)	2200.00
17	临川区(赣)	2000.00
18	奉新县(赣)	1895.00
19	信丰县(赣)	1657.02
20	金溪县(赣)	879.00
21	吉州区(赣)	834.00

(续表)

序号	松香主产地	产量(吨)
22	于都县(赣)	640.00
23	上饶县(赣)	338.00
24	赣县区(赣)	188.00
25	内乡县(豫)	290.00
26	京山县(鄂)	780.00
27	沙洋县(鄂)	190.00
28	谷城县(鄂)	129.00
29	石峰区(湘)	10080.00
30	道　县(湘)	9035.00
31	双清区(湘)	3000.00
32	宜章县(湘)	1820.00
33	衡东县(湘)	350.00
34	衡山县(湘)	319.39
35	沅陵县(湘)	210.00
36	芦淞区(湘)	160.00
37	封开县(粤)	13305.00
38	高要区(粤)	12860.00
39	德庆县(粤)	10030.00
40	连山壮族瑶族自治县(粤)	5448.00
41	阳东区(粤)	3200.00
42	东源县(粤)	2500.00
43	和平县(粤)	1680.00
44	新兴县(粤)	887.00
45	英德市(粤)	500.00
46	信宜市(粤)	300.00
47	北流市(桂)	38740.00
48	藤　县(桂)	34829.00
49	防城区(桂)	29868.00
50	金秀瑶族自治县(桂)	10974.00
51	苍梧县(桂)	6850.00
52	恭城瑶族自治县(桂)	4066.00
53	钦南区(桂)	3000.00
54	右江区(桂)	1800.00
55	青秀区(桂)	541.00
56	天峨县(桂)	160.00
57	柳北区(桂)	115.00
58	锦屏县(黔)	1440.00
59	南华县(滇)	43867.00
60	双柏县(滇)	28215.00
61	宣威市(滇)	8500.00
62	云　县(滇)	4704.70
63	双江拉祜族佤族布朗族傣族自治县(滇)	3964.70
64	禄丰县(滇)	500.00
65	砚山县(滇)	420.00
66	施甸县(滇)	210.00
67	梁河县(滇)	120.00

表 10-2　松节油主产地产量

序号	松节油主产地	产量(吨)
1	开化县(浙)	5500.00
2	全椒县(皖)	250.00
3	南昌市市辖区(赣)	6190.00
4	遂川县(赣)	2150.00
5	吉安县(赣)	2000.00
6	万安县(赣)	862.00
7	新干县(赣)	785.00
8	泰和县(赣)	750.00
9	宁都县(赣)	734.00
10	永丰县(赣)	600.00
11	永新县(赣)	600.00
12	安福县(赣)	549.00
13	会昌县(赣)	525.00
14	奉新县(赣)	473.00
15	信丰县(赣)	397.68
16	吉州区(赣)	280.00
17	青原区(赣)	250.00
18	永修县(赣)	200.00
19	金溪县(赣)	143.00
20	靖安县(赣)	120.00
21	于都县(赣)	120.00
22	宜章县(湘)	780.00
23	道　县(湘)	729.00
24	炎陵县(湘)	100.00
25	德庆县(粤)	21000.00
26	阳东区(粤)	530.00
27	北流市(桂)	3268.00
28	苍梧县(桂)	1861.00
29	灵山县(桂)	1500.00
30	右江区(桂)	200.00
31	金秀瑶族自治县(桂)	144.00
32	锦屏县(黔)	180.00
33	南华县(滇)	8641.00
34	双柏县(滇)	1719.00
35	云　县(滇)	1196.00
36	双江拉祜族佤族布朗族傣族自治县(滇)	645.70

表 10-3　松脂主产地产量

序号	松脂主产地	产量(吨)
1	全椒县(皖)	1000.00
2	明光市(皖)	760.00
3	宣州区(皖)	568.00
4	潜山县(皖)	100.00
5	桐城市(皖)	100.00
6	吉水县(赣)	7650.00
7	万安县(赣)	6800.00
8	峡江县(赣)	6198.00
9	宁都县(赣)	6120.00
10	会昌县(赣)	4374.00
11	泰和县(赣)	3000.00
12	信丰县(赣)	2384.00
13	贵溪市(赣)	1800.00
14	于都县(赣)	955.00
15	上饶县(赣)	369.00
16	临川区(赣)	300.00
17	赣县区(赣)	227.00
18	兴国县(赣)	200.00
19	都昌县(赣)	200.00
20	万载县(赣)	185.00
21	松滋市(鄂)	300.00
22	随　县(鄂)	200.00
23	南漳县(鄂)	200.00
24	谷城县(鄂)	150.00
25	江华瑶族自治县(湘)	6845.00
26	新化县(湘)	2500.00
27	冷水滩区(湘)	1950.00
28	耒阳市(湘)	1600.00
29	衡阳县(湘)	1000.00
30	汨罗市(湘)	600.00
31	祁东县(湘)	410.00
32	新宁县(湘)	300.00
33	江永县(湘)	200.00
34	芷江侗族自治县(湘)	180.80
35	罗定市(粤)	86000.00
36	德庆县(粤)	85000.00
37	云安区(粤)	15000.00
38	郁南县(粤)	13580.00
39	云城区(粤)	8000.00
40	高州市(粤)	7305.00
41	连山壮族瑶族自治县(粤)	5295.00
42	四会市(粤)	5000.00
43	信宜市(粤)	2500.00
44	廉江市(粤)	1703.00

（续表）

序号	松脂主产地	产量（吨）
45	乳源瑶族自治县(粤)	550.00
46	曲江区(粤)	248.00
47	龙埔林场(粤)	106.67
48	大云雾林场(粤)	106.67
49	钦北区(桂)	41182.00
50	藤　县(桂)	37831.00
51	苍梧县(桂)	31121.00
52	防城区(桂)	30067.00
53	蒙山县(桂)	23000.00
54	灵川县(桂)	13952.00
55	武鸣区(桂)	13884.00
56	凭祥市(桂)	11118.00
57	全州县(桂)	8480.00
58	平乐县(桂)	7907.00
59	八步区(桂)	5149.00
60	右江区(桂)	5134.00
61	浦北县(桂)	4610.00
62	鹿寨县(桂)	4166.00
63	兴宾区(桂)	4113.00
64	恭城瑶族自治县(桂)	4066.00
65	西林县(桂)	3454.00
66	马山县(桂)	2350.00
67	武宣县(桂)	1520.00
68	中国林科院热林中心(桂)	1172.00
69	北流市(桂)	1150.00
70	田阳县(桂)	843.00
71	融安县(桂)	687.00
72	巴马瑶族自治县(桂)	476.00
73	陆川县(桂)	300.00
74	柳江区(桂)	155.00

（续表）

序号	松脂主产地	产量（吨）
75	七坡林场(桂)	150.00
76	琼中黎族苗族自治县(琼)	6037.00
77	南江县(川)	240.00
78	黎平县(黔)	5720.00
79	锦屏县(黔)	880.00
80	双江拉祜族佤族布朗族傣族自治县(滇)	3203.80
81	双柏县(滇)	1842.00
82	昌宁县(滇)	786.30

表 10-4　木炭主产地产量

序号	木炭主产地	产量（吨）
1	宝清县(黑)	200.00
2	长兴县(浙)	192.00
3	南谯区(皖)	50000.00
4	太湖县(皖)	4800.00
5	全椒县(皖)	4000.00
6	滁州市市辖区(皖)	380.00
7	和　县(皖)	200.00
8	郎溪县(皖)	200.00
9	永新县(赣)	5162.00
10	遂川县(赣)	2500.00
11	泰和县(赣)	1532.00
12	金溪县(赣)	1140.00
13	于都县(赣)	443.00
14	万安县(赣)	400.00
15	吉安县(赣)	100.00
16	嘉祥县(鲁)	7520.00
17	商城县(豫)	3300.00

（续表）

序号	木炭主产地	产量（吨）
18	永城市(豫)	200.00
19	建始县(鄂)	480.00
20	炎陵县(湘)	38000.00
21	湘潭县(湘)	2415.00
22	衡东县(湘)	2100.00
23	道　县(湘)	1710.00
24	绥宁县(湘)	1200.00
25	新宁县(湘)	1000.00
26	新化县(湘)	500.00
27	溆浦县(湘)	310.00
28	会同县(湘)	200.00
29	慈利县(湘)	200.00
30	汝城县(湘)	190.00
31	桂东县(湘)	190.00
32	辰溪县(湘)	170.00
33	祁东县(湘)	150.00
34	零陵区(湘)	120.00
35	娄星区(湘)	100.00
36	化州市(粤)	610.00
37	隆林各族自治县(桂)	1200.00
38	平昌县(川)	500.00
39	天柱县(黔)	2977.00
40	罗甸县(黔)	2500.00
41	余庆县(黔)	1550.00
42	锦屏县(黔)	550.00
43	凤冈县(黔)	500.00
44	荔波县(黔)	500.00
45	镇远县(黔)	360.00

表 10-5　其他主要林化产品主产地产量

序号	其他主要林化产品主产地	品种	产量（吨）
1	五峰土家族自治县(鄂)	单宁	16000.00
2	竹山县(鄂)	单宁	291.00
3	栾川县(豫)	栲胶	1200.00
4	右江区(桂)	栲胶	1055.00
5	苍梧县(桂)	脂松香	11677.00
6	英山县(鄂)	聚合松香	2000.00
7	苍梧县(桂)	歧化松香	4163.00
8	七坡林场(桂)	歧化松香	204.61
9	双柏县(滇)	歧化松香	3460.00
10	梅县区(粤)	合成龙脑	110.00

（续表）

序号	其他主要林化产品主产地	品种	产量（吨）
11	易门县(滇)	合成龙脑	550.00
12	金溪县(赣)	芳樟醇	1789.00
13	翠屏区(川)	芳樟醇	3900.00
14	云　县(滇)	紫胶	352.00
15	牟定县(滇)	紫胶	295.00
16	永德县(滇)	紫胶	160.00
17	双江拉祜族佤族布朗族傣族自治县(滇)	紫胶	116.60
18	宁城县(内蒙古)	活性炭	3724.70
19	松阳县(浙)	活性炭	6656.00

(续表)

序号	其他主要林化产品主产地	品种	产量(吨)
20	开化县(浙)	活性炭	4500.00
21	龙泉市(浙)	活性炭	3490.00
22	长兴县(浙)	活性炭	1030.00
23	玉山县(赣)	活性炭	15540.00
24	南城县(赣)	活性炭	10000.00
25	崇义县(赣)	活性炭	7240.00
26	铜鼓县(赣)	活性炭	4536.00
27	湘东区(赣)	活性炭	1500.00
28	渝水区(赣)	活性炭	653.00
29	芦溪县(赣)	活性炭	608.00
30	嘉祥县(鲁)	活性炭	14320.00
31	安仁县(湘)	活性炭	4000.00
32	桂东县(湘)	活性炭	2000.00
33	靖州苗族侗族自治县(湘)	活性炭	1600.00
34	安化县(湘)	活性炭	1500.00
35	东安县(湘)	活性炭	1000.00
36	中方县(湘)	活性炭	700.00
37	溆浦县(湘)	活性炭	530.00
38	绥宁县(湘)	活性炭	500.00
39	余庆县(黔)	活性炭	3550.00
40	锦屏县(黔)	活性炭	2350.00
41	从江县(黔)	活性炭	1220.00

(续表)

序号	其他主要林化产品主产地	品种	产量(吨)
42	高州市(粤)	橡胶及其制品	8546.00
43	屯昌县(琼)	橡胶及其制品	229329.00
44	儋州市(琼)	橡胶及其制品	69714.00
45	瑞丽市(滇)	橡胶及其制品	3622.40
46	芒 市(滇)	橡胶及其制品	2464.80
47	竹溪县(鄂)	生漆及其制品	510.00
48	镇雄县(滇)	生漆及其制品	100.00
49	石泉县(陕)	生漆及其制品	150.00
50	商南县(陕)	生漆及其制品	115.00
51	那坡县(桂)	茴油	2168.16
52	防城区(桂)	茴油	235.00
53	防城区(桂)	桂油	722.00
54	那坡县(桂)	桂油	385.84
55	梓潼县(川)	桂油	100.00
56	内乡县(豫)	栓皮	4500.00
57	西峡县(豫)	栓皮	1087.00
58	建始县(鄂)	栓皮	2000.00
59	保康县(鄂)	栓皮	1648.00
60	北川羌族自治县(川)	栓皮	2100.00
61	凤 县(陕)	栓皮	300.00
62	商南县(陕)	栓皮	200.00

表 11-1 野菜主产地产量

序号	野菜主产地	产量(吨)
1	围场满族蒙古族自治县(冀)	2300.00
2	赤城县(冀)	250.00
3	丰宁满族自治县(冀)	210.00
4	宁城县(内蒙古)	650.00
5	桓仁满族自治县(辽)	11000.00
6	新宾满族自治县(辽)	9555.00
7	岫岩满族自治县(辽)	2400.00
8	清原满族自治县(辽)	2100.00
9	东洲区(辽)	833.00
10	东港市(辽)	438.00
11	法库县(辽)	400.00
12	普兰店市(辽)	278.00
13	白河林业局(吉)	557.00
14	大石头林业局(吉)	411.00
15	浑江区(吉)	150.00
16	长白朝鲜族自治县(吉)	148.00
17	抚松县(吉)	114.00
18	嘉荫县(黑)	1955.00

(续表)

序号	野菜主产地	产量(吨)
19	北安市(黑)	920.00
20	五常市(黑)	900.00
21	宝清县(黑)	620.00
22	逊克县(黑)	342.00
23	鹤岗市市辖区(黑)	132.50
24	吴中区(苏)	3600.00
25	天台县(浙)	353.00
26	龙泉市(浙)	100.00
27	祁门县(皖)	882.00
28	太湖县(皖)	614.00
29	旌德县(皖)	280.00
30	潜山县(皖)	100.00
31	宁都县(赣)	1390.00
32	资溪县(赣)	530.00
33	上栗县(赣)	350.00
34	石城县(赣)	190.00
35	卢氏县(豫)	9500.00
36	洛阳市伊洛工业园区(豫)	600.00

(续表)

序号	野菜主产地	产量(吨)
37	辉县市(豫)	450.00
38	新 县(豫)	356.00
39	桐柏县(豫)	300.00
40	栾川县(豫)	240.00
41	商城县(豫)	170.00
42	叶 县(豫)	120.00
43	竹溪县(鄂)	10317.00
44	咸丰县(鄂)	1550.00
45	郧阳区(鄂)	1500.00
46	谷城县(鄂)	796.00
47	房 县(鄂)	786.00
48	丹江口市(鄂)	700.00
49	利川市(鄂)	300.00
50	阳新县(鄂)	156.00
51	沅陵县(湘)	10320.00
52	北湖区(湘)	2068.00
53	新宁县(湘)	2000.00
54	石门县(湘)	1530.00

（续表）

序号	野菜主产地	产量（吨）
55	桑植县(湘)	1500.00
56	祁阳县(湘)	1500.00
57	常宁市(湘)	1500.00
58	新化县(湘)	650.00
59	醴陵市(湘)	561.00
60	汉寿县(湘)	519.00
61	鹤城区(湘)	500.00
62	资兴市(湘)	425.00
63	临澧县(湘)	270.00
64	汨罗市(湘)	221.00
65	城步苗族自治县(湘)	200.00
66	吉首市(湘)	198.00
67	宁远县(湘)	190.00
68	汝城县(湘)	103.00
69	麻阳苗族自治县(湘)	100.00
70	连州市(粤)	390.00
71	井研县(川)	6300.00
72	雷波县(川)	2350.00
73	宣汉县(川)	1790.00
74	宜宾县(川)	1306.00
75	会东县(川)	1000.00
76	万源市(川)	930.00
77	青川县(川)	900.00
78	安州区(川)	720.00
79	游仙区(川)	500.00
80	兴文县(川)	316.00
81	宝兴县(川)	300.00
82	仁和区(川)	225.00
83	平昌县(川)	220.00
84	芦山县(川)	210.00
85	北川羌族自治县(川)	159.00
86	会理县(川)	150.00
87	汶川县(川)	138.00
88	西昌市(川)	133.00
89	播州区(黔)	765.00
90	天柱县(黔)	400.00
91	罗甸县(黔)	300.00
92	锦屏县(黔)	192.00
93	兴义市(黔)	150.00
94	从江县(黔)	100.00
95	双柏县(滇)	1651.00
96	麒麟区(滇)	1500.00
97	瑞丽市(滇)	681.40
98	隆阳区(滇)	635.60

（续表）

序号	野菜主产地	产量（吨）
99	昌宁县(滇)	540.70
100	元谋县(滇)	467.00
101	盈江县(滇)	465.30
102	腾冲市(滇)	400.00
103	永德县(滇)	324.00
104	大姚县(滇)	322.00
105	江川区(滇)	301.00
106	水富县(滇)	120.00
107	寻甸回族彝族自治县(滇)	110.00
108	西乡县(陕)	2025.00
109	南郑区(陕)	2000.00
110	勉　县(陕)	1658.00
111	略阳县(陕)	700.00
112	城固县(陕)	670.00
113	镇坪县(陕)	463.00
114	平利县(陕)	150.00

表 11-2　食用菌类主产地产量

序号	食用菌类主产地	产量（吨）
1	迁西县(冀)	1980.00
2	围场满族蒙古族自治县(冀)	1300.00
3	赤城县(冀)	750.00
4	丰宁满族自治县(冀)	155.00
5	左权县(晋)	7000.00
6	陵川县(晋)	120.00
7	敖汉旗(内蒙古)	2210.00
8	巴林左旗(内蒙古)	640.00
9	宁城县(内蒙古)	600.00
10	克什克腾旗(内蒙古)	263.00
11	东港市(辽)	18500.00
12	清原满族自治县(辽)	15000.00
13	兴城市(辽)	8000.00
14	桓仁满族自治县(辽)	5360.00
15	海城市(辽)	2950.00
16	新宾满族自治县(辽)	1700.00
17	大洼县(辽)	627.00
18	普兰店市(辽)	179.00
19	和龙市(吉)	3310.00
20	通化县(吉)	3279.40
21	天桥岭林业局(吉)	1960.00
22	大石头林业局(吉)	1923.50
23	敦化市(吉)	1679.47
24	抚松县(吉)	1519.10

（续表）

序号	食用菌类主产地	产量（吨）
25	大兴沟林业局(吉)	862.50
26	珲春市(吉)	688.50
27	汪清林业局(吉)	593.28
28	白河林业局(吉)	399.00
29	长白朝鲜族自治县(吉)	390.00
30	舒兰市(吉)	347.00
31	延吉市(吉)	240.00
32	蛟河市(吉)	166.25
33	图们市(吉)	163.00
34	浑江区(吉)	154.90
35	牡丹江市市本级(黑)	105053.00
36	汤原县(黑)	8000.00
37	嘉荫县(黑)	3030.00
38	五常市(黑)	1800.00
39	桦南县(黑)	1100.00
40	七台河市市辖区(黑)	892.00
41	铁力市(黑)	445.00
42	孙吴县(黑)	426.70
43	五大连池市(黑)	365.00
44	逊克县(黑)	330.00
45	北安市(黑)	330.00
46	双城区(黑)	320.00
47	宝清县(黑)	300.00
48	爱辉区(黑)	300.00
49	富锦市(黑)	300.00
50	尚志国有林场(黑)	236.00
51	同江市(黑)	200.00
52	鸡西市市辖区(黑)	200.00
53	鹤岗市市辖区(黑)	195.00
54	望奎县(黑)	155.00
55	恒山区(黑)	130.00
56	麻山区(黑)	112.50
57	丹阳市(苏)	16000.00
58	洪泽区(苏)	400.00
59	开化县(浙)	13900.00
60	龙泉市(浙)	12906.00
61	庆元县(浙)	5966.00
62	云和县(浙)	5798.00
63	温岭市(浙)	5620.00
64	桐庐县(浙)	1512.00
65	永康市(浙)	269.00
66	建德市(浙)	256.00
67	天台县(浙)	206.00
68	芜湖县(皖)	24700.00

(续表)

序号	食用菌类主产地	产量（吨）
69	潜山县(皖)	5900.00
70	祁门县(皖)	1575.00
71	宿松县(皖)	1280.00
72	东至县(皖)	1103.00
73	全椒县(皖)	1000.00
74	明光市(皖)	850.00
75	旌德县(皖)	680.00
76	太湖县(皖)	667.00
77	五河县(皖)	600.00
78	泾　县(皖)	570.00
79	桐城市(皖)	280.00
80	滁州市市辖区(皖)	255.00
81	黟　县(皖)	220.00
82	定远县(皖)	192.00
83	歙　县(皖)	113.00
84	渝水区(赣)	8250.00
85	黎川县(赣)	6437.00
86	金溪县(赣)	4622.00
87	铜鼓县(赣)	2050.00
88	上栗县(赣)	1800.00
89	永丰县(赣)	1072.00
90	定南县(赣)	1015.00
91	芦溪县(赣)	997.00
92	安福县(赣)	735.00
93	宁都县(赣)	654.00
94	临川区(赣)	650.00
95	上犹县(赣)	560.00
96	资溪县(赣)	529.00
97	奉新县(赣)	490.00
98	赣县区(赣)	462.00
99	会昌县(赣)	401.00
100	信丰县(赣)	400.00
101	遂川县(赣)	270.00
102	樟树市(赣)	246.00
103	玉山县(赣)	246.00
104	于都县(赣)	225.00
105	南城县(赣)	200.00
106	余江县(赣)	200.00
107	全南县(赣)	178.00
108	石城县(赣)	163.00
109	龙南县(赣)	142.70
110	永修县(赣)	140.40
111	万安县(赣)	120.00
112	兴国县(赣)	111.00
113	鱼台县(鲁)	2002.00
114	乐陵市(鲁)	1500.00
115	青州市(鲁)	480.00
116	章丘区(鲁)	216.00
117	西峡县(豫)	263101.00
118	卢氏县(豫)	68460.00
119	灵宝市(豫)	60000.00
120	夏邑县(豫)	20000.00
121	西平县(豫)	17083.00
122	西华县(豫)	12000.00
123	淮阳县(豫)	9683.00
124	淅川县(豫)	3560.00
125	辉县市(豫)	2500.00
126	方城县(豫)	2380.00
127	新野县(豫)	2000.00
128	内乡县(豫)	1800.00
129	舞钢市(豫)	1320.00
130	洛宁县(豫)	1310.00
131	叶　县(豫)	500.00
132	桐柏县(豫)	450.00
133	南召县(豫)	400.00
134	商城县(豫)	360.00
135	睢　县(豫)	350.00
136	栾川县(豫)	300.00
137	新　县(豫)	266.00
138	中牟县(豫)	120.00
139	郏　县(豫)	110.00
140	老城区(豫)	106.00
141	宜城市(鄂)	300000.00
142	随　县(鄂)	59856.00
143	南漳县(鄂)	40000.00
144	钟祥市(鄂)	15000.00
145	房　县(鄂)	8831.00
146	阳新县(鄂)	8010.00
147	京山县(鄂)	8000.00
148	保康县(鄂)	6500.00
149	谷城县(鄂)	3876.00
150	枣阳市(鄂)	3000.00
151	浠水县(鄂)	2020.00
152	曾都区(鄂)	1837.00
153	竹山县(鄂)	1500.00
154	建始县(鄂)	980.00
155	咸丰县(鄂)	965.00
156	郧阳区(鄂)	800.00
157	丹江口市(鄂)	600.00
158	老河口市(鄂)	500.00
159	英山县(鄂)	458.00
160	武穴市(鄂)	325.00
161	竹溪县(鄂)	300.00
162	襄州区(鄂)	204.00
163	麻城市(鄂)	120.00
164	新化县(湘)	5000.00
165	衡山县(湘)	4335.29
166	炎陵县(湘)	4142.00
167	沅陵县(湘)	2270.00
168	衡阳县(湘)	2210.00
169	道　县(湘)	2180.00
170	靖州苗族侗族自治县(湘)	1723.00
171	邵东县(湘)	1300.00
172	鹤城区(湘)	1200.00
173	北湖区(湘)	900.00
174	临武县(湘)	890.00
175	永兴县(湘)	768.00
176	汝城县(湘)	690.00
177	资兴市(湘)	648.00
178	花垣县(湘)	500.00
179	桑植县(湘)	480.00
180	涟源市(湘)	480.00
181	石门县(湘)	430.00
182	冷水滩区(湘)	363.00
183	绥宁县(湘)	300.00
184	慈利县(湘)	237.00
185	城步苗族自治县(湘)	230.00
186	宁远县(湘)	230.00
187	洞口县(湘)	210.00
188	大祥区(湘)	200.00
189	新宁县(湘)	200.00
190	津市市(湘)	150.00
191	武冈市(湘)	142.00
192	安仁县(湘)	128.00
193	平江县(湘)	121.00
194	江永县(湘)	120.00
195	桂东县(湘)	120.00
196	会同县(湘)	100.00
197	麻阳苗族自治县(湘)	100.00
198	大埔县(粤)	2880.00
199	阳山县(粤)	1542.00
200	清新区(粤)	250.00

（续表）

序号	食用菌类主产地	产量（吨）
201	蕉岭县(粤)	220.00
202	连州市(粤)	153.00
203	平远县(粤)	100.00
204	龙胜各族自治县(桂)	4050.00
205	融安县(桂)	1141.00
206	苍梧县(桂)	907.00
207	柳江区(桂)	860.00
208	天峨县(桂)	671.00
209	钦北区(桂)	503.00
210	金秀瑶族自治县(桂)	455.00
211	隆林各族自治县(桂)	102.00
212	儋州市(琼)	1200.00
213	青川县(川)	17000.00
214	朝天区(川)	12686.00
215	都江堰市(川)	11546.00
216	利州区(川)	4816.00
217	通江县(川)	3500.00
218	昭化区(川)	2720.00
219	旺苍县(川)	2555.00
220	江油市(川)	2260.00
221	南江县(川)	1975.00
222	会理县(川)	1740.00
223	德昌县(川)	1333.00
224	剑阁县(川)	1110.00
225	宣汉县(川)	1025.00
226	小金县(川)	900.00
227	木里藏族自治县(川)	691.70
228	游仙区(川)	690.00
229	冕宁县(川)	607.73
230	梓潼县(川)	600.00
231	万源市(川)	600.00
232	开江县(川)	550.00
233	青神县(川)	548.00
234	渠　县(川)	400.00
235	乡城县(川)	320.00
236	乐至县(川)	314.00
237	盐源县(川)	285.00
238	北川羌族自治县(川)	265.00
239	安州区(川)	260.00
240	西昌市(川)	215.00
241	金川县(川)	200.00
242	平昌县(川)	200.00
243	苍溪县(川)	200.00
244	丹巴县(川)	196.00

（续表）

序号	食用菌类主产地	产量（吨）
245	长宁县(川)	196.00
246	什邡市(川)	180.00
247	普格县(川)	161.40
248	九龙县(川)	138.00
249	井研县(川)	100.00
250	凯里市(黔)	5245.00
251	榕江县(黔)	953.00
252	仁怀市(黔)	756.00
253	荔波县(黔)	431.00
254	天柱县(黔)	345.00
255	兴义市(黔)	252.00
256	锦屏县(黔)	220.00
257	务川仡佬族苗族自治县(黔)	200.00
258	湄潭县(黔)	182.00
259	罗甸县(黔)	173.00
260	播州区(黔)	170.00
261	黎平县(黔)	120.00
262	碧江区(黔)	102.00
263	大姚县(滇)	8107.00
264	楚雄市(滇)	7562.00
265	南华县(滇)	6388.00
266	文山市(滇)	5829.00
267	禄丰县(滇)	5311.00
268	禄劝彝族苗族自治县(滇)	5200.00
269	永胜县(滇)	4100.00
270	鲁甸县(滇)	2600.00
271	鹤庆县(滇)	2585.30
272	富宁县(滇)	2255.00
273	双柏县(滇)	1918.00
274	腾冲市(滇)	1900.00
275	梁河县(滇)	1454.90
276	弥渡县(滇)	1339.00
277	施甸县(滇)	1237.00
278	晋宁区(滇)	1236.40
279	石屏县(滇)	1220.00
280	永平县(滇)	1100.00
281	陆良县(滇)	1056.00
282	香格里拉市(滇)	1025.96
283	漾濞彝族自治县(滇)	878.00
284	易门县(滇)	850.50
285	宁蒗彝族自治县(滇)	800.00
286	牟定县(滇)	728.00
287	玉龙纳西族自治县(滇)	710.00
288	大理市(滇)	625.00

（续表）

序号	食用菌类主产地	产量（吨）
289	峨山彝族自治县(滇)	510.00
290	洱源县(滇)	460.00
291	石林彝族自治县(滇)	400.00
292	巍山彝族回族自治县(滇)	380.00
293	新平彝族傣族自治县(滇)	354.00
294	绥江县(滇)	320.00
295	砚山县(滇)	300.00
296	云　县(滇)	225.00
297	云龙县(滇)	217.00
298	贡山独龙族怒族自治县(滇)	187.37
299	江川区(滇)	180.00
300	昌宁县(滇)	175.00
301	盈江县(滇)	157.00
302	广南县(滇)	151.00
303	马龙县(滇)	150.00
304	陇川县(滇)	134.80
305	元谋县(滇)	101.00
306	商南县(陕)	9756.00
307	西乡县(陕)	6326.00
308	城固县(陕)	5930.00
309	留坝县(陕)	4578.00
310	洛南县(陕)	3911.00
311	略阳县(陕)	2336.00
312	南郑区(陕)	1900.00
313	柞水县(陕)	1195.00
314	佛坪县(陕)	820.00
315	陈仓区(陕)	810.00
316	韩城市林业局(陕)	800.00
317	洋　县(陕)	688.00
318	勉　县(陕)	500.00
319	岚皋县(陕)	420.00
320	镇坪县(陕)	414.00
321	紫阳县(陕)	400.00
322	石泉县(陕)	230.00
323	露水河林业局(吉林森工)	130.00

表 11-3　竹笋主产地产量

序号	竹笋主产地	产量（吨）
1	宜兴市(苏)	240.00
2	嵊州市(浙)	77000.00
3	余杭区(浙)	74620.00
4	安吉县(浙)	70790.00
5	桐庐县(浙)	65420.00

(续表)

序号	竹笋主产地	产量（吨）
6	龙泉市(浙)	62693.00
7	吴兴区(浙)	36860.00
8	龙游县(浙)	31000.00
9	宁海县(浙)	28760.00
10	建德市(浙)	26500.00
11	松阳县(浙)	24440.00
12	衢江区(浙)	18750.00
13	庆元县(浙)	13425.00
14	越城区(浙)	12958.00
15	长兴县(浙)	5985.00
16	开化县(浙)	3950.00
17	常山县(浙)	3004.00
18	天台县(浙)	2840.00
19	武义县(浙)	2418.00
20	萧山区(浙)	2062.00
21	义乌市(浙)	1800.00
22	云和县(浙)	1682.00
23	浦江县(浙)	844.00
24	瑞安市(浙)	790.00
25	婺城区(浙)	500.00
26	兰溪市(浙)	478.00
27	永康市(浙)	457.00
28	文成县(浙)	420.00
29	江山市(浙)	365.00
30	温岭市(浙)	200.00
31	广德县(皖)	16000.00
32	歙　县(皖)	4340.50
33	宁国市(皖)	1724.00
34	祁门县(皖)	1550.00
35	绩溪县(皖)	1250.00
36	泾　县(皖)	1120.00
37	旌德县(皖)	1020.00
38	太湖县(皖)	634.00
39	黟　县(皖)	598.00
40	休宁县(皖)	537.00
41	芜湖县(皖)	400.00
42	岳西县(皖)	385.00
43	青阳县(皖)	368.00
44	徽州区(皖)	200.00
45	宿松县(皖)	195.00
46	东至县(皖)	109.00
47	郎溪县(皖)	100.00
48	铜鼓县(赣)	35000.00
49	崇义县(赣)	31500.00
50	上犹县(赣)	12064.00
51	万载县(赣)	11250.00
52	崇仁县(赣)	10050.00
53	金溪县(赣)	5273.00
54	上栗县(赣)	5000.00
55	资溪县(赣)	3640.00
56	黎川县(赣)	3550.00
57	宁都县(赣)	2219.00
58	全南县(赣)	2015.00
59	临川区(赣)	1625.00
60	遂川县(赣)	1190.00
61	井冈山市(赣)	1102.00
62	兴国县(赣)	900.00
63	宜丰县(赣)	850.00
64	萍乡市武功山分局(赣)	558.00
65	渝水区(赣)	504.90
66	信丰县(赣)	503.00
67	永丰县(赣)	480.00
68	赣县区(赣)	431.00
69	上饶县(赣)	420.00
70	南城县(赣)	370.00
71	万安县(赣)	346.00
72	安福县(赣)	280.00
73	玉山县(赣)	250.00
74	余江县(赣)	220.00
75	会昌县(赣)	185.00
76	石城县(赣)	182.00
77	于都县(赣)	180.00
78	靖安县(赣)	160.00
79	定南县(赣)	130.00
80	新　县(豫)	887.00
81	商城县(豫)	161.00
82	泌阳县(豫)	125.00
83	固始县(豫)	100.00
84	赤壁市(鄂)	3400.00
85	崇阳县(鄂)	2101.00
86	阳新县(鄂)	1275.00
87	竹山县(鄂)	1200.00
88	房　县(鄂)	902.00
89	松滋市(鄂)	230.00
90	通城县(鄂)	137.00
91	竹溪县(鄂)	135.00
92	武穴市(鄂)	109.00
93	郧阳区(鄂)	100.00
94	京山县(鄂)	100.00
95	新化县(湘)	45000.00
96	桃江县(湘)	32500.00
97	耒阳市(湘)	19000.00
98	城步苗族自治县(湘)	13200.00
99	衡山县(湘)	9031.87
100	炎陵县(湘)	8580.00
101	会同县(湘)	6000.00
102	资兴市(湘)	5860.00
103	桑植县(湘)	5555.00
104	苏仙区(湘)	5362.00
105	沅陵县(湘)	4670.00
106	涟源市(湘)	3432.00
107	安化县(湘)	3215.00
108	新宁县(湘)	3000.00
109	汝城县(湘)	2800.00
110	北湖区(湘)	2688.00
111	祁阳县(湘)	2000.00
112	鹤城区(湘)	1530.00
113	永兴县(湘)	1473.00
114	常宁市(湘)	1400.00
115	鼎城区(湘)	1370.00
116	零陵区(湘)	1300.00
117	冷水滩区(湘)	872.00
118	溆浦县(湘)	690.00
119	南岳区(湘)	680.00
120	隆回县(湘)	671.00
121	醴陵市(湘)	539.00
122	东安县(湘)	493.34
123	芷江侗族自治县(湘)	457.00
124	绥宁县(湘)	450.00
125	宁远县(湘)	450.00
126	宁乡市(湘)	400.00
127	平江县(湘)	393.00
128	宜章县(湘)	360.00
129	汨罗市(湘)	325.00
130	洞口县(湘)	300.00
131	临武县(湘)	295.00
132	慈利县(湘)	246.00
133	安仁县(湘)	235.00
134	衡阳县(湘)	230.00
135	洪江市(湘)	200.00
136	辰溪县(湘)	200.00
137	桂东县(湘)	185.00

（续表）

序号	竹笋主产地	产量（吨）
138	道　县(湘)	181.00
139	大祥区(湘)	156.00
140	麻阳苗族自治县(湘)	150.00
141	蓝山县(湘)	142.00
142	中方县(湘)	130.00
143	清新区(粤)	34700.00
144	云城区(粤)	23400.00
145	英德市(粤)	18523.00
146	仁化县(粤)	7560.00
147	龙门县(粤)	3000.00
148	阳山县(粤)	1842.00
149	云安区(粤)	1600.00
150	郁南县(粤)	950.00
151	连南瑶族自治县(粤)	717.00
152	乳源瑶族自治县(粤)	600.00
153	蕉岭县(粤)	520.00
154	连州市(粤)	488.00
155	四会市(粤)	350.00
156	信宜市(粤)	260.00
157	曲江区(粤)	233.00
158	平远县(粤)	150.00
159	田林县(桂)	5083.00
160	田阳县(桂)	2685.00
161	金秀瑶族自治县(桂)	1330.00
162	全州县(桂)	972.00
163	武鸣区(桂)	905.00
164	平乐县(桂)	705.00
165	北流市(桂)	632.00
166	柳江区(桂)	410.00
167	隆林各族自治县(桂)	400.00
168	龙胜各族自治县(桂)	380.00
169	苍梧县(桂)	363.00
170	灵山县(桂)	161.00
171	陆川县(桂)	140.00
172	恭城瑶族自治县(桂)	112.00
173	南丹县(桂)	110.00
174	叙永县(川)	130000.00
175	长宁县(川)	48000.00
176	隆昌县(川)	19462.00
177	雁江区(川)	17560.00
178	彭州市(川)	15000.00
179	古蔺县(川)	12150.00
180	宣汉县(川)	11790.00
181	江安县(川)	11400.00

（续表）

序号	竹笋主产地	产量（吨）
182	内江市市中区(川)	10300.00
183	威远县(川)	10000.00
184	珙　县(川)	10000.00
185	雨城区(川)	9850.00
186	宜宾县(川)	8595.00
187	资中县(川)	8000.00
188	屏山县(川)	8000.00
189	马边彝族自治县(川)	6527.00
190	乐至县(川)	5200.00
191	南溪区(川)	4361.00
192	西充县(川)	4000.00
193	绵竹市(川)	3980.00
194	万源市(川)	3780.00
195	洪雅县(川)	3600.00
196	翠屏区(川)	3430.00
197	合江县(川)	3000.00
198	芦山县(川)	2800.00
199	兴文县(川)	2360.00
200	都江堰市(川)	2050.00
201	大竹县(川)	2000.00
202	雷波县(川)	1645.00
203	安州区(川)	1400.00
204	江油市(川)	970.00
205	五通桥区(川)	893.00
206	东兴区(川)	820.00
207	金口河区(川)	751.00
208	仁和区(川)	750.00
209	沿滩区(川)	678.00
210	仁寿县(川)	624.00
211	巴州区(川)	600.00
212	宝兴县(川)	500.00
213	中江县(川)	450.00
214	平昌县(川)	400.00
215	沐川县(川)	370.00
216	邛崃市(川)	210.00
217	南江县(川)	200.00
218	北川羌族自治县(川)	200.00
219	利州区(川)	137.00
220	井研县(川)	120.00
221	绥阳县(黔)	50300.00
222	赤水市(黔)	43210.00
223	桐梓县(黔)	35701.00
224	罗甸县(黔)	2600.00
225	松桃苗族自治县(黔)	1500.00

（续表）

序号	竹笋主产地	产量（吨）
226	碧江区(黔)	1475.00
227	黎平县(黔)	1350.00
228	汇川区(黔)	1050.00
229	荔波县(黔)	800.00
230	天柱县(黔)	500.00
231	务川仡佬族苗族自治县(黔)	200.00
232	从江县(黔)	200.00
233	台江县(黔)	156.00
234	镇远县(黔)	152.00
235	大关县(滇)	50000.00
236	彝良县(滇)	47500.00
237	镇雄县(滇)	9000.00
238	绥江县(滇)	7400.00
239	陇川县(滇)	1887.00
240	文山市(滇)	1200.00
241	威信县(滇)	1200.00
242	新平彝族傣族自治县(滇)	770.00
243	盈江县(滇)	422.70
244	瑞丽市(滇)	324.00
245	永善县(滇)	266.50
246	梁河县(滇)	245.20
247	富宁县(滇)	186.00
248	贡山独龙族怒族自治县(滇)	180.43
249	施甸县(滇)	160.00
250	双柏县(滇)	150.00
251	水富县(滇)	150.00
252	鹤庆县(滇)	136.20
253	南涧彝族自治县(滇)	108.90
254	昌宁县(滇)	102.20
255	旬阳县(陕)	5000.00
256	南郑区(陕)	1200.00
257	镇坪县(陕)	844.00
258	石泉县(陕)	490.00
259	平利县(陕)	450.00
260	城固县(陕)	409.00

表 11-4　蕨菜主产地产量

序号	蕨菜主产地	产量（吨）
1	围场满族蒙古族自治县(冀)	1900.00
2	丰宁满族自治县(冀)	120.00
3	新宾满族自治县(辽)	1732.00
4	东港市(辽)	352.00
5	汪清县(吉)	328.70

(续表)

序号	蕨菜主产地	产量(吨)
6	黄泥河林业局(吉)	292.00
7	天桥岭林业局(吉)	215.00
8	蛟河市(吉)	194.80
9	东辽县(吉)	163.00
10	浑江区(吉)	160.00
11	长白朝鲜族自治县(吉)	156.00
12	北安市(黑)	680.00
13	黑河市直属林场(黑)	621.33
14	孙吴县(黑)	503.00
15	宝清县(黑)	460.00
16	逊克县(黑)	432.00
17	嘉荫县(黑)	420.00
18	嫩江县(黑)	322.00
19	爱辉区(黑)	200.00
20	桦南县(黑)	125.00
21	明光市(皖)	930.00
22	祁门县(皖)	880.00
23	泾　县(皖)	590.00
24	滁州市市辖区(皖)	294.00
25	南谯区(皖)	100.00
26	万载县(赣)	200.00
27	新　县(豫)	108.00
28	阳新县(鄂)	1751.00
29	五峰土家族自治县(鄂)	260.00
30	谷城县(鄂)	250.00
31	耒阳市(湘)	21000.00
32	沅陵县(湘)	3030.00
33	新宁县(湘)	1000.00
34	株洲县(湘)	520.00
35	资兴市(湘)	512.00
36	醴陵市(湘)	502.00
37	新化县(湘)	500.00
38	湘乡市(湘)	313.00
39	鹤城区(湘)	260.00
40	城步苗族自治县(湘)	210.00
41	涟源市(湘)	205.00
42	炎陵县(湘)	201.00

(续表)

序号	蕨菜主产地	产量(吨)
43	溆浦县(湘)	170.00
44	宣汉县(川)	1165.00
45	冕宁县(川)	389.97
46	芦山县(川)	300.00
47	筠连县(川)	110.00
48	宝兴县(川)	100.00
49	天柱县(黔)	5040.00
50	黎平县(黔)	566.00
51	务川仡佬族苗族自治县(黔)	300.00
52	从江县(黔)	180.00
53	播州区(黔)	155.00
54	罗甸县(黔)	150.00
55	腾冲市(滇)	4300.00
56	砚山县(滇)	2000.00
57	麒麟区(滇)	2000.00
58	鲁甸县(滇)	1500.00
59	弥渡县(滇)	1050.00
60	双柏县(滇)	1004.00
61	禄劝彝族苗族自治县(滇)	860.00
62	云龙县(滇)	850.00
63	云　县(滇)	850.00
64	双江拉祜族佤族布朗族傣族自治县(滇)	577.00
65	大姚县(滇)	472.00
66	江川区(滇)	410.00
67	石林彝族自治县(滇)	400.00
68	文山市(滇)	250.00
69	易门县(滇)	236.00
70	盈江县(滇)	222.50
71	鹤庆县(滇)	216.50
72	禄丰县(滇)	200.00
73	永胜县(滇)	150.00
74	贡山独龙族怒族自治县(滇)	128.70
75	陆良县(滇)	125.00
76	梁河县(滇)	120.00
77	永平县(滇)	110.00
78	平利县(陕)	120.00

表 11-5　香椿主产地产量

序号	香椿主产地	产量(吨)
1	新泰市(鲁)	13260.00
2	淄川区(鲁)	3900.00
3	青州市(鲁)	2300.00
4	博山区(鲁)	2160.00
5	邹平县(鲁)	900.00
6	平阴县(鲁)	410.00
7	东平县(鲁)	375.00
8	乐陵市(鲁)	370.00
9	岱岳区(鲁)	347.00
10	长清区(鲁)	125.00
11	辉县市(豫)	350.00
12	遂平县(豫)	320.00
13	桐柏县(豫)	150.00
14	新　县(豫)	126.00
15	谷城县(鄂)	235.00
16	五峰土家族自治县(鄂)	210.00
17	南漳县(鄂)	150.00
18	咸丰县(鄂)	100.00
19	沅陵县(湘)	578.00
20	石门县(湘)	300.00
21	城步苗族自治县(湘)	125.00
22	大竹县(川)	7500.00
23	雁江区(川)	1566.00
24	达川区(川)	700.00
25	罗甸县(黔)	200.00
26	鲁甸县(滇)	1200.00
27	腾冲市(滇)	258.00
28	禄丰县(滇)	224.00
29	陆良县(滇)	160.50
30	洱源县(滇)	128.00
31	双柏县(滇)	103.00
32	砚山县(滇)	100.00
33	南郑区(陕)	400.00
34	华阴市(陕)	300.00
35	周至县(陕)	100.00

表 11-6　其他主要森林蔬菜主产地产量

序号	其他主要森林蔬菜主产地	品种	产量(吨)
1	隆回县(湘)	百合	40000.00
2	盐亭县(川)	百合	2800.00
3	沅陵县(湘)	百合	710.00

(续表)

序号	其他主要森林蔬菜主产地	品种	产量(吨)
4	新化县(湘)	百合	600.00
5	新宁县(湘)	百合	100.00
6	石门县(湘)	百合	30.00

（续表）

序号	其他主要森林蔬菜主产地	品种	产量（吨）
7	江油市（川）	百合	30.00
8	耒阳市（湘）	百合	22.00
9	安化县（湘）	百合	16.00
10	邵东县（湘）	黄花菜	3600.00
11	祁东县（湘）	黄花菜	3010.00
12	耒阳市（湘）	黄花菜	3000.00
13	宁　县（甘）	黄花菜	1821.00
14	资兴市（湘）	黄花菜	486.00
15	北安市（黑）	黄花菜	380.00
16	巴州区（川）	黄花菜	244.00

（续表）

序号	其他主要森林蔬菜主产地	品种	产量（吨）
17	太湖县（皖）	黄花菜	200.00
18	东平县（鲁）	黄花菜	150.00
19	仁怀市（黔）	黄花菜	100.00
20	清原满族自治县（辽）	龙芽木	500.00
21	抚顺县（辽）	龙芽木	405.00
22	白河林业局（吉）	龙芽木	50.00
23	九寨沟县（川）	龙芽木	40.00
24	八家子林业局（吉）	龙芽木	26.00
25	平山区（辽）	龙芽木	20.00
26	明山区（辽）	龙芽木	10.00

表 11-7　茶叶主产地产量

序号	茶叶主产地	产量（吨）
1	宜兴市（苏）	6186.00
2	溧阳市（苏）	1850.00
3	金坛区（苏）	758.00
4	仪征市（苏）	525.00
5	连云港市市辖区（苏）	213.00
6	赣榆区（苏）	210.00
7	滨湖区（苏）	165.00
8	松阳县（浙）	14920.00
9	武义县（浙）	13255.00
10	嵊州市（浙）	8736.00
11	宁海县（浙）	6470.00
12	安吉县（浙）	6150.00
13	开化县（浙）	4400.00
14	建德市（浙）	2848.00
15	天台县（浙）	2710.00
16	兰溪市（浙）	2509.00
17	婺城区（浙）	2075.00
18	龙泉市（浙）	2058.00
19	长兴县（浙）	1930.00
20	衢江区（浙）	1353.00
21	吴兴区（浙）	1258.00
22	云和县（浙）	1196.00
23	浦江县（浙）	1030.00
24	义乌市（浙）	844.00
25	越城区（浙）	781.00
26	庆元县（浙）	524.00
27	文成县（浙）	474.00
28	常山县（浙）	364.00
29	歙　县（皖）	13078.00
30	郎溪县（皖）	12000.00

（续表）

序号	茶叶主产地	产量（吨）
31	休宁县（皖）	11700.00
32	宣州区（皖）	6501.00
33	祁门县（皖）	6480.00
34	南谯区（皖）	4410.00
35	岳西县（皖）	4011.00
36	潜山县（皖）	3800.00
37	东至县（皖）	3526.00
38	广德县（皖）	3300.00
39	滁州市市辖区（皖）	3003.00
40	宁国市（皖）	2823.00
41	太湖县（皖）	2488.00
42	黟　县（皖）	2235.00
43	泾　县（皖）	2015.00
44	绩溪县（皖）	1200.00
45	桐城市（皖）	750.00
46	屯溪区（皖）	643.00
47	宿松县（皖）	570.00
48	旌德县（皖）	378.00
49	怀宁县（皖）	282.00
50	青阳县（皖）	276.00
51	含山县（皖）	200.00
52	上犹县（赣）	5100.00
53	万载县（赣）	1943.00
54	铜鼓县（赣）	1300.00
55	兴国县（赣）	812.00
56	玉山县（赣）	675.00
57	泰和县（赣）	620.00
58	铅山县（赣）	580.00
59	上饶县（赣）	526.00
60	于都县（赣）	519.00

（续表）

序号	茶叶主产地	产量（吨）
61	崇义县（赣）	411.00
62	永丰县（赣）	391.00
63	靖安县（赣）	378.00
64	樟树市（赣）	301.25
65	遂川县（赣）	300.00
66	会昌县（赣）	261.00
67	永修县（赣）	259.00
68	定南县（赣）	177.00
69	寻乌县（赣）	163.00
70	万安县（赣）	128.00
71	安远县（赣）	115.00
72	宁都县（赣）	106.00
73	诸城市（鲁）	2626.00
74	莒南县（鲁）	2129.00
75	招远市（鲁）	800.00
76	海阳市（鲁）	610.00
77	五莲县（鲁）	570.00
78	莒　县（鲁）	489.00
79	沂水县（鲁）	441.00
80	临沭县（鲁）	390.00
81	泰山区（鲁）	237.00
82	岱岳区（鲁）	137.00
83	新泰市（鲁）	121.00
84	长清区（鲁）	110.00
85	光山县（豫）	9000.00
86	浉河区（豫）	8950.00
87	新　县（豫）	2234.00
88	商城县（豫）	1580.00
89	潢川县（豫）	1335.00
90	桐柏县（豫）	1000.00

(续表)

序号	茶叶主产地	产量（吨）
91	固始县(豫)	780.00
92	内乡县(豫)	210.00
93	西峡县(豫)	193.00
94	英山县(鄂)	34316.00
95	夷陵区(鄂)	25500.00
96	恩施市(鄂)	23406.00
97	宜都市(鄂)	18665.00
98	竹山县(鄂)	10500.00
99	咸丰县(鄂)	9951.00
100	竹溪县(鄂)	7680.00
101	保康县(鄂)	6656.00
102	宣恩县(鄂)	6500.00
103	秭归县(鄂)	6415.00
104	谷城县(鄂)	6012.00
105	随　县(鄂)	6000.00
106	崇阳县(鄂)	4166.00
107	长阳土家族自治县(鄂)	3300.00
108	巴东县(鄂)	3139.00
109	麻城市(鄂)	3051.00
110	远安县(鄂)	2500.00
111	五峰土家族自治县(鄂)	2430.00
112	兴山县(鄂)	2341.00
113	嘉鱼县(鄂)	1965.00
114	浠水县(鄂)	1719.00
115	阳新县(鄂)	1435.00
116	郧阳区(鄂)	1237.00
117	罗田县(鄂)	1236.00
118	南漳县(鄂)	1084.00
119	黄陂区(鄂)	900.00
120	当阳市(鄂)	858.00
121	房　县(鄂)	810.00
122	点军区(鄂)	780.00
123	建始县(鄂)	750.00
124	丹江口市(鄂)	600.00
125	枣阳市(鄂)	300.00
126	利川市(鄂)	300.00
127	京山县(鄂)	290.00
128	团风县(鄂)	269.00
129	天门市(鄂)	200.00
130	新洲区(鄂)	180.00
131	孝昌县(鄂)	150.00
132	神农架林区(鄂)	150.00
133	孝南区(鄂)	150.00
134	安陆市(鄂)	137.00
135	郧西县(鄂)	125.00
136	应城市(鄂)	125.00
137	钟祥市(鄂)	103.00
138	安化县(湘)	16986.20
139	新化县(湘)	13790.00
140	衡山县(湘)	8068.60
141	石门县(湘)	7800.00
142	祁阳县(湘)	6000.00
143	华容县(湘)	5900.00
144	汨罗市(湘)	4750.00
145	平江县(湘)	3998.00
146	桃源县(湘)	3800.00
147	湘潭市市辖区(湘)	2900.00
148	桃江县(湘)	2400.00
149	资兴市(湘)	2310.00
150	澧　县(湘)	1980.00
151	慈利县(湘)	1736.00
152	湘乡市(湘)	1528.00
153	邵东县(湘)	1200.00
154	江华瑶族自治县(湘)	1023.00
155	沅陵县(湘)	1000.00
156	汝城县(湘)	860.00
157	武冈市(湘)	732.00
158	桂东县(湘)	643.00
159	醴陵市(湘)	638.00
160	会同县(湘)	629.00
161	洞口县(湘)	600.00
162	耒阳市(湘)	550.00
163	常宁市(湘)	500.00
164	城步苗族自治县(湘)	450.00
165	炎陵县(湘)	426.00
166	蓝山县(湘)	412.00
167	涟源市(湘)	380.00
168	桑植县(湘)	380.00
169	宁远县(湘)	330.00
170	宜章县(湘)	320.00
171	津市市(湘)	300.00
172	鼎城区(湘)	290.00
173	吉首市(湘)	208.00
174	隆回县(湘)	204.00
175	溆浦县(湘)	168.00
176	株洲县(湘)	150.00
177	新宁县(湘)	150.00
178	临澧县(湘)	135.00
179	雨湖区(湘)	120.00
180	中方县(湘)	116.00
181	绥宁县(湘)	115.00
182	芷江侗族自治县(湘)	105.00
183	岳阳县(湘)	100.00
184	信宜市(粤)	9560.00
185	英德市(粤)	9535.00
186	潮安区(粤)	5903.00
187	廉江市(粤)	5279.00
188	蕉岭县(粤)	3566.00
189	紫金县(粤)	2032.00
190	仁化县(粤)	1342.00
191	清新区(粤)	1320.00
192	龙川县(粤)	1204.00
193	封开县(粤)	1099.00
194	五华县(粤)	824.50
195	乳源瑶族自治县(粤)	780.00
196	新丰县(粤)	755.00
197	平远县(粤)	730.00
198	曲江区(粤)	348.00
199	大埔县(粤)	325.00
200	普宁市(粤)	316.80
201	潮南区(粤)	261.70
202	开平市(粤)	220.00
203	德庆县(粤)	218.00
204	连平县(粤)	200.00
205	南澳县(粤)	185.00
206	恩平市(粤)	127.00
207	新丰江林管局(粤)	105.00
208	三江侗族自治县(桂)	13856.00
209	灵山县(桂)	8900.00
210	凌云县(桂)	5540.00
211	西林县(桂)	3250.00
212	苍梧县(桂)	1922.00
213	浦北县(桂)	1658.00
214	平乐县(桂)	1464.00
215	全州县(桂)	1336.00
216	龙胜各族自治县(桂)	788.00
217	恭城瑶族自治县(桂)	723.00
218	藤　县(桂)	624.00
219	八步区(桂)	603.00
220	金秀瑶族自治县(桂)	487.00
221	武鸣区(桂)	450.00
222	隆林各族自治县(桂)	395.00

（续表）

序号	茶叶主产地	产量（吨）
223	武宣县(桂)	225.00
224	钦北区(桂)	195.00
225	那坡县(桂)	170.00
226	灵川县(桂)	131.00
227	南丹县(桂)	105.00
228	屏山县(川)	17000.00
229	蒲江县(川)	12000.00
230	邛崃市(川)	7488.00
231	峨眉山市(川)	4286.00
232	高　县(川)	3440.00
233	雨城区(川)	2800.00
234	通江县(川)	2600.00
235	都江堰市(川)	2590.00
236	威远县(川)	2151.00
237	宜宾县(川)	1893.00
238	旺苍县(川)	1850.00
239	筠连县(川)	1790.00
240	叙永县(川)	1780.00
241	翠屏区(川)	1680.00
242	五通桥区(川)	1616.00
243	万源市(川)	1500.00
244	青川县(川)	1260.00
245	开江县(川)	800.00
246	雷波县(川)	770.00
247	青神县(川)	765.00
248	北川羌族自治县(川)	759.00
249	井研县(川)	666.00
250	宣汉县(川)	520.00
251	崇州市(川)	401.00
252	平昌县(川)	400.00
253	马边彝族自治县(川)	382.00
254	南溪区(川)	331.00
255	渠　县(川)	300.00
256	南江县(川)	268.00
257	兴文县(川)	240.00
258	大邑县(川)	166.00
259	绵竹市(川)	160.00
260	隆昌县(川)	150.00
261	江安县(川)	150.00
262	石阡县(黔)	31268.00
263	凤冈县(黔)	22600.00
264	湄潭县(黔)	14368.60
265	黎平县(黔)	12705.00
266	沿河土家族自治县(黔)	11669.00
267	独山县(黔)	10896.00
268	普安县(黔)	7150.00

（续表）

序号	茶叶主产地	产量（吨）
269	罗甸县(黔)	1340.00
270	黔西县(黔)	650.00
271	兴义市(黔)	584.80
272	桐梓县(黔)	480.00
273	仁怀市(黔)	450.00
274	遵义市市辖区(黔)	373.00
275	大方县(黔)	286.00
276	镇远县(黔)	195.00
277	汇川区(黔)	135.00
278	腾冲市(滇)	134200.00
279	昌宁县(滇)	27370.60
280	勐海县(滇)	26725.00
281	云　县(滇)	22365.00
282	永德县(滇)	16399.00
283	景东彝族自治县(滇)	13000.00
284	双江拉祜族佤族布朗族傣族自治县(滇)	12389.00
285	广南县(滇)	9829.00
286	芒　市(滇)	7990.48
287	勐腊县(滇)	5470.85
288	盈江县(滇)	3512.90
289	梁河县(滇)	3203.80
290	隆阳区(滇)	2515.00
291	元江哈尼族彝族傣族自治县(滇)	2032.00
292	陇川县(滇)	1776.10
293	施甸县(滇)	1383.00
294	麻栗坡县(滇)	969.00
295	双柏县(滇)	653.00
296	巍山彝族回族自治县(滇)	450.00
297	南华县(滇)	447.00
298	西畴县(滇)	370.00
299	富宁县(滇)	325.00
300	牟定县(滇)	217.00
301	楚雄市(滇)	128.00
302	峨山彝族自治县(滇)	110.00
303	大关县(滇)	105.00
304	水富县(滇)	100.00
305	平利县(陕)	12800.00
306	西乡县(陕)	10235.00
307	勉　县(陕)	10210.00
308	南郑区(陕)	6500.00
309	汉滨区(陕)	5842.00
310	岚皋县(陕)	4500.00
311	城固县(陕)	3800.00
312	镇巴县(陕)	3750.00

（续表）

序号	茶叶主产地	产量（吨）
313	商南县(陕)	1519.00
314	石泉县(陕)	1000.00
315	镇坪县(陕)	450.00
316	旬阳县(陕)	102.00
317	略阳县(陕)	100.00

表 11-8　矿泉水主产地产量

序号	矿泉水主产地	产量（吨）
1	靖宇县(吉)	1510000.00
2	长白朝鲜族自治县(吉)	101003.00
3	辉南县(吉)	12000.00
4	临江市(吉)	2000.00
5	于都县(赣)	22600.00
6	上犹县(赣)	10850.00
7	新　县(豫)	8169.00
8	建始县(鄂)	2500.00
9	枣阳市(鄂)	1820.00
10	城步苗族自治县(湘)	900200.00
11	蓝山县(湘)	200000.00
12	新晃侗族自治县(湘)	200000.00
13	临武县(湘)	120000.00
14	耒阳市(湘)	73500.00
15	隆回县(湘)	24000.00
16	宁乡市(湘)	20000.00
17	醴陵市(湘)	20000.00
18	中方县(湘)	14333.00
19	韶山市(湘)	13200.00
20	湘乡市(湘)	11302.00
21	桑植县(湘)	10000.00
22	邵东县(湘)	7000.00
23	石门县(湘)	2200.00
24	汨罗市(湘)	1520.00
25	安仁县(湘)	1500.00
26	株洲县(湘)	1000.00
27	五华县(粤)	3000.00
28	北流市(桂)	13890.00
29	六万林场(桂)	3532.00
30	天柱县(黔)	18000.00
31	碧江区(黔)	1000.00
32	江川区(滇)	5000.00
33	漾濞彝族自治县(滇)	3000.00
34	腾冲市(滇)	1500.00
35	吉林森工集团泉阳泉饮品有限公司(吉林森工)	644437.00

表 11-9 其他主要森林饮料主产地产量

(续表)

序号	其他主要森林饮料主产地	品种	产量(吨)
1	独山县(黔)	刺梨	4120.00
2	播州区(黔)	刺梨	2000.00
3	永德县(滇)	刺五加	16399.00
4	辉南县(吉)	刺五加	1500.00
5	五常市(黑)	刺五加	250.00
6	宝清县(黑)	刺五加	150.00
7	横峰县(赣)	葛根	58000.00
8	宜城市(鄂)	葛根	45000.00
9	浠水县(鄂)	葛根	7500.00
10	桑植县(湘)	葛根	4620.00
11	江山市(浙)	葛根	1600.00
12	北湖区(湘)	葛根	1400.00
13	石门县(湘)	葛根	1200.00
14	冷水江市(湘)	葛根	920.00
15	牟定县(滇)	葛根	215.00
16	新宁县(湘)	葛根	150.00
17	云　县(滇)	咖啡	10000.00
18	芒　市(滇)	咖啡	6015.28
19	盈江县(滇)	咖啡	5481.00
20	麻栗坡县(滇)	咖啡	484.70
21	双江拉祜族佤族布朗族傣族自治县(滇)	咖啡	286.00
22	瑞丽市(滇)	咖啡	254.70
23	勐海县(滇)	咖啡	234.00
24	勐腊县(滇)	咖啡	162.60
25	双柏县(滇)	咖啡	100.00
26	围场满族蒙古族自治县(冀)	苹果汁	17500.00
27	牟平区(鲁)	苹果汁	13864.00
28	灵宝市(豫)	苹果汁	13000.00
29	宁　县(甘)	苹果汁	11880.00
30	中宁县(宁)	苹果汁	10000.00
31	林西县(内蒙古)	苹果汁	6400.00
32	乐陵市(鲁)	苹果汁	5500.00
33	利通区(宁)	苹果汁	3191.27
34	济源市(豫)	苹果汁	3000.00
35	宁城县(内蒙古)	苹果汁	400.00
36	辉南县(吉)	苹果汁	330.00
37	古交市(晋)	沙棘	15000.00
38	岢岚县(晋)	沙棘	10500.00
39	和林格尔县(内蒙古)	沙棘	10000.00
40	建平县(辽)	沙棘	5000.00
41	敖汉旗(内蒙古)	沙棘	3500.00
42	围场满族蒙古族自治县(冀)	沙棘	3300.00
43	神池县(晋)	沙棘	2300.00
44	隆德县(宁)	沙棘	2000.00
45	孙吴县(黑)	沙棘	1300.00
46	乌什县(新)	沙棘	800.00
47	宁城县(内蒙古)	沙棘	600.00
48	昔阳县(晋)	沙棘	500.00
49	湟源县(青)	沙棘	200.00
50	阳曲县(晋)	沙棘	153.00
51	隆阳区(滇)	余甘子	19780.00
52	楚雄市(滇)	余甘子	466.00
53	潮南区(粤)	余甘子	405.60
54	漾濞彝族自治县(滇)	余甘子	150.00

表 11-10 主要森林饲料主产地产量

序号	主要森林饲料主产地	品种	产量(吨)
1	鄂托克旗(内蒙古)	阔叶维生素粉	800.00
2	公安县(鄂)	阔叶维生素粉	175.00
3	独山县(黔)	嫩树枝叶资源	2250000.00
4	昌宁县(滇)	嫩树枝叶资源	650000.00
5	庄河市(辽)	嫩树枝叶资源	299250.00
6	新宾满族自治县(辽)	嫩树枝叶资源	42966.00
7	姚安县(滇)	嫩树枝叶资源	32000.00
8	嵩　县(豫)	嫩树枝叶资源	6000.00
9	东安县(湘)	嫩树枝叶资源	5000.00
10	耒阳市(湘)	嫩树枝叶资源	3650.00
11	竹溪县(鄂)	嫩树枝叶资源	2500.00
12	沅陵县(湘)	嫩树枝叶资源	1987.00
13	竹山县(鄂)	嫩树枝叶资源	1500.00
14	浠水县(鄂)	嫩树枝叶资源	1500.00
15	五峰土家族自治县(鄂)	嫩树枝叶资源	1200.00
16	新化县(湘)	嫩树枝叶资源	1000.00
17	洪江市(湘)	嫩树枝叶资源	600.00
18	内乡县(豫)	嫩树枝叶资源	400.00
19	宁　县(甘)	嫩树枝叶资源	390.00
20	恩阳区(川)	嫩树枝叶资源	320.00
21	桐柏县(豫)	嫩树枝叶资源	300.00
22	随　县(鄂)	嫩树枝叶资源	200.00
23	安仁县(湘)	嫩树枝叶资源	160.00
24	屈家岭管理区(鄂)	嫩树枝叶资源	100.00
25	宁南县(川)	桑叶	326450.00
26	麒麟区(滇)	桑叶	210000.00
27	高　县(川)	桑叶	203580.00
28	昌宁县(滇)	桑叶	119209.00
29	石泉县(陕)	桑叶	110000.00
30	南漳县(鄂)	桑叶	50000.00

（续表）

序号	主要森林饲料主产地	品种	产量（吨）
31	融安县(桂)	桑叶	37620.00
32	独山县(黔)	桑叶	31000.00
33	临西县(冀)	桑叶	30000.00
34	那坡县(桂)	桑叶	29444.04
35	金秀瑶族自治县(桂)	桑叶	25185.00
36	正定县(冀)	桑叶	15000.00
37	莒南县(鲁)	桑叶	13500.00
38	歙　县(皖)	桑叶	12345.00
39	连南瑶族自治县(粤)	桑叶	11300.00
40	黟　县(皖)	桑叶	9000.00
41	阜南县(皖)	桑叶	7000.00
42	巴州区(川)	桑叶	7000.00
43	井研县(川)	桑叶	6100.00
44	威远县(川)	桑叶	5600.00
45	株洲县(湘)	桑叶	3600.00
46	隆林各族自治县(桂)	桑叶	3300.00
47	花垣县(湘)	桑叶	3300.00
48	潜山县(皖)	桑叶	2700.00
49	儋州市(琼)	桑叶	2500.00
50	苍梧县(桂)	桑叶	2350.00
51	高青县(鲁)	桑叶	2201.60
52	东平县(鲁)	桑叶	2000.00
53	岳西县(皖)	桑叶	1500.00
54	南华县(滇)	桑叶	1078.00
55	桐城市(皖)	桑叶	1000.00
56	平利县(陕)	桑叶	1000.00
57	开江县(川)	桑叶	1000.00
58	祁东县(湘)	桑叶	870.00
59	双柏县(滇)	桑叶	809.00
60	南郑区(陕)	桑叶	800.00
61	淅川县(豫)	桑叶	726.00
62	汉滨区(陕)	桑叶	700.00
63	武宣县(桂)	桑叶	679.00
64	北川羌族自治县(川)	桑叶	562.00
65	安州区(川)	桑叶	560.00
66	零陵区(湘)	桑叶	500.00
67	鼎城区(湘)	桑叶	500.00
68	沅陵县(湘)	桑叶	451.00
69	恩阳区(川)	桑叶	420.00
70	新泰市(鲁)	桑叶	403.75
71	永兴县(湘)	桑叶	300.00
72	盐津县(滇)	桑叶	300.00
73	鲁甸县(滇)	桑叶	300.00

（续表）

序号	主要森林饲料主产地	品种	产量（吨）
74	固始县(豫)	桑叶	300.00
75	播州区(黔)	桑叶	225.00
76	澧　县(湘)	桑叶	200.00
77	镇巴县(陕)	桑叶	168.00
78	嵩　县(豫)	桑叶	160.00
79	翠屏区(川)	桑叶	150.00
80	渠　县(川)	桑叶	122.00
81	仁寿县(川)	桑叶	110.00
82	屈家岭管理区(鄂)	桑叶	100.00
83	蓝山县(湘)	桑叶	100.00
84	米脂县(陕)	紫穗槐	75000.00
85	横山区(陕)	紫穗槐	53000.00
86	围场满族蒙古族自治县(冀)	紫穗槐	1850.00
87	冷水滩区(湘)	紫穗槐	160.00
88	浠水县(鄂)	紫穗槐	100.00

表 12-1　波斯菊主产地产量

序号	波斯菊主产地	花卉类别	单位	生产量
1	五原县(内蒙古)	城市绿化苗	万株	10.00
2	恩阳区(川)	城市绿化苗	万株	2.00
3	平罗县(宁)	观赏苗木	万株	20.00
4	遂川县(赣)	观赏苗木	万株	12.00
5	兴文县(川)	观赏苗木	万株	10.00
6	迁西县(冀)	观赏苗木	万株	5.00
7	老河口市(鄂)	观叶植物	万盆	120.00
8	旌阳区(川)	花卉用种子	千克	40.00
9	围场满族蒙古族自治县(冀)	花卉用种子	千克	30.00
10	武川县(内蒙古)	盆花	万盆	15.00
11	隆尧县(冀)	盆花	万盆	8.00
12	浠水县(鄂)	盆花	万盆	8.00
13	永清县(冀)	盆花	万盆	6.00
14	邗江区(苏)	盆花	万盆	5.00
15	洪泽区(苏)	盆花	万盆	5.00
16	会同县(湘)	盆花	万盆	5.00
17	浑源县(晋)	盆花	万盆	3.00
18	贺兰县(宁)	盆花	万盆	3.00
19	嘉陵区(川)	盆花	万盆	2.50
20	衡山县(湘)	盆花	万盆	1.46
21	康定市(川)	盆景	万盆	7.00
22	北湖区(湘)	盆景	万盆	2.60
23	怀远县(皖)	鲜切花	万支	1660.00
24	鱼台县(鲁)	鲜切花	万支	13.60
25	贡井区(川)	鲜切叶	万支	10.00

表 12-2 万寿菊主产地产量

序号	万寿菊主产地	花卉类别	单位	生产量
1	麒麟区(滇)	城市绿化苗	万株	5000.00
2	苏尼特右旗(内蒙古)	城市绿化苗	万株	30.00
3	尉犁县(新)	城市绿化苗	万株	14.58
4	博乐市(新)	城市绿化苗	万株	10.00
5	恩阳区(川)	城市绿化苗	万株	10.00
6	锡林浩特市(内蒙古)	城市绿化苗	万株	6.00
7	洮南市(吉)	城市绿化苗	万株	3.50
8	温泉县(新)	城市绿化苗	万株	3.00
9	威海市经济技术开发区(鲁)	城市绿化苗	万株	2.00
10	仙桃市(鄂)	观赏苗木	万株	1000.00
11	大武口区(宁)	观赏苗木	万株	30.00
12	元宝山区(内蒙古)	观赏苗木	万株	30.00
13	乌拉特后旗(内蒙古)	观赏苗木	万株	10.00
14	榆阳区(陕)	观赏苗木	万株	1.00
15	玉门市(甘)	花卉用种苗	千苗	80.00
16	莒南县(鲁)	盆花	万盆	150.00
17	商水县(豫)	盆花	万盆	102.00
18	武川县(内蒙古)	盆花	万盆	60.00
19	新泰市(鲁)	盆花	万盆	33.00
20	林西县(内蒙古)	盆花	万盆	30.00
21	嘉峪关市(甘)	盆花	万盆	16.40
22	博湖县(新)	盆花	万盆	11.00
23	敦煌市(甘)	盆花	万盆	10.00
24	满城区(冀)	盆花	万盆	10.00
25	鹿泉区(冀)	盆花	万盆	9.00
26	忻府区(晋)	盆花	万盆	9.00
27	魏　县(冀)	盆花	万盆	8.00
28	蠡　县(冀)	盆花	万盆	6.00
29	贺兰县(宁)	盆花	万盆	5.00
30	东洲区(辽)	盆花	万盆	3.30
31	孝南区(鄂)	盆花	万盆	3.00
32	会同县(湘)	盆花	万盆	2.00
33	浑源县(晋)	盆花	万盆	2.00
34	怀来县(冀)	盆花	万盆	1.20
35	芜湖县(皖)	盆花	万盆	1.00
36	长葛市(豫)	盆花	万盆	0.53
37	和静县(新)	盆景	万盆	30.00
38	儋州市(琼)	盆景	万盆	1.00
39	清水河县(内蒙古)	食用及药用花卉	千克	10000.00
40	围场满族蒙古族自治县(冀)	食用及药用花卉	千克	4000.00
41	内乡县(豫)	食用及药用花卉	千克	320.00
42	长葛市(豫)	鲜切花	万支	320.00
43	松山区(内蒙古)	鲜切花	万支	50.00

表 12-3 雏菊主产地产量

序号	雏菊主产地	花卉类别	单位	生产量
1	建安区(豫)	城市绿化苗	万株	800.00
2	西乌珠穆沁旗(内蒙古)	城市绿化苗	万株	200.00
3	大竹县(川)	城市绿化苗	万株	50.00
4	汉寿县(湘)	城市绿化苗	万株	25.00
5	双阳区(吉)	城市绿化苗	万株	22.00
6	洞口县(湘)	城市绿化苗	万株	2.10
7	恩阳区(川)	城市绿化苗	万株	2.00
8	柯城区(浙)	观赏苗木	万株	50.00
9	昌吉市(新)	观赏苗木	万株	1.00
10	武陟县(豫)	盆花	万盆	300.00
11	靖边县(陕)	盆花	万盆	42.60
12	淮安区(苏)	盆花	万盆	35.00
13	安义县(赣)	盆花	万盆	18.00
14	泊头市(冀)	盆花	万盆	13.99
15	北戴河区(冀)	盆花	万盆	10.70
16	西华县(豫)	盆花	万盆	9.00
17	平罗县(宁)	盆花	万盆	8.00
18	成安县(冀)	盆花	万盆	5.00
19	涿州市(冀)	盆花	万盆	5.00
20	普宁市(粤)	盆花	万盆	2.18
21	邗江区(苏)	盆花	万盆	2.00
22	会同县(湘)	盆花	万盆	2.00
23	明山区(辽)	盆花	万盆	2.00
24	公安县(鄂)	盆花	万盆	1.50
25	鼓楼区(豫)	盆花	万盆	1.00
26	黄骅市(冀)	盆花	万盆	1.00
27	郯城县(鲁)	鲜切花	万支	200.00
28	新丰县(粤)	鲜切花	万支	198.00
29	永宁县(宁)	鲜切花	万支	22.00
30	登封市(豫)	鲜切花	万支	10.00
31	东洲区(辽)	鲜切花	万支	7.40
32	无为县(皖)	鲜切花	万支	3.85
33	息　县(豫)	鲜切花	万支	1.50

表 12-4 紫叶李主产地产量

序号	紫叶李主产地	花卉类别	单位	生产量
1	潢川县(豫)	城市绿化苗	万株	310.00
2	坊子区(鲁)	城市绿化苗	万株	300.00
3	河东区(鲁)	城市绿化苗	万株	220.00
4	鄄城县(鲁)	城市绿化苗	万株	40.00
5	浠水县(鄂)	城市绿化苗	万株	30.00
6	安丘市(鲁)	城市绿化苗	万株	13.20
7	沾益区(滇)	城市绿化苗	万株	10.00
8	华容县(湘)	城市绿化苗	万株	5.00
9	襄城县(豫)	城市绿化苗	万株	4.00

（续表）

序号	紫叶李主产地	花卉类别	单位	生产量
10	武穴市(鄂)	城市绿化苗	万株	3.00
11	恩阳区(川)	城市绿化苗	万株	2.00
12	西华县(豫)	城市绿化苗	万株	1.20
13	威海市经济技术开发区(鲁)	城市绿化苗	万株	1.00
14	竹山县(鄂)	城市绿化苗	万株	0.90
15	东丰县(吉)	观赏苗木	万株	123.00
16	丰宁满族自治县(冀)	观赏苗木	万株	55.00
17	淄川区(鲁)	观赏苗木	万株	40.00
18	长葛市(豫)	观赏苗木	万株	24.10
19	陵城区(鲁)	观赏苗木	万株	23.10
20	巴州区(川)	观赏苗木	万株	20.00
21	开平区(冀)	观赏苗木	万株	20.00
22	永清县(冀)	观赏苗木	万株	18.00
23	曲阳县(冀)	观赏苗木	万株	15.00
24	嵩　县(豫)	观赏苗木	万株	15.00
25	武城县(鲁)	观赏苗木	万株	15.00
26	株洲县(湘)	观赏苗木	万株	15.00
27	新泰市(鲁)	观赏苗木	万株	11.00
28	长垣县(豫)	观赏苗木	万株	10.00
29	德城区(鲁)	观赏苗木	万株	9.48
30	章丘区(鲁)	观赏苗木	万株	7.00
31	太康县(豫)	观赏苗木	万株	6.00
32	蚌埠市市辖区(皖)	观赏苗木	万株	5.00
33	蚌山区(皖)	观赏苗木	万株	5.00
34	大厂回族自治县(冀)	观赏苗木	万株	5.00
35	莒　县(鲁)	观赏苗木	万株	5.00
36	迁安市(冀)	观赏苗木	万株	5.00
37	芜湖县(皖)	观赏苗木	万株	5.00
38	济阳区(鲁)	观赏苗木	万株	4.00
39	殷都区(豫)	观赏苗木	万株	3.10
40	丛台区(冀)	观赏苗木	万株	3.00
41	平罗县(宁)	观赏苗木	万株	3.00
42	涿州市(冀)	观赏苗木	万株	3.00
43	茌平县(鲁)	观赏苗木	万株	1.63
44	顺义区(京)	观赏苗木	万株	1.00
45	汶上县(鲁)	观赏苗木	万株	1.00
46	界首市(皖)	观赏苗木	万株	0.70
47	鹿泉区(冀)	观赏苗木	万株	0.65
48	巴州区(川)	盆花	万盆	4.00
49	西华县(豫)	鲜切花	万支	4.00

表 12-5　碧桃主产地产量

序号	碧桃主产地	花卉类别	单位	生产量
1	磁　县(冀)	城市绿化苗	万株	5000.00
2	竹溪县(鄂)	城市绿化苗	万株	1500.00

（续表）

序号	碧桃主产地	花卉类别	单位	生产量
3	安国市(冀)	城市绿化苗	万株	80.00
4	沭阳县(苏)	城市绿化苗	万株	20.00
5	安丘市(鲁)	城市绿化苗	万株	12.00
6	莱阳市(鲁)	城市绿化苗	万株	5.00
7	浠水县(鄂)	城市绿化苗	万株	3.00
8	津市市(湘)	城市绿化苗	万株	1.50
9	金凤区(宁)	城市绿化苗	万株	1.33
10	新郑市(豫)	城市绿化苗	万株	0.96
11	鄢陵县(豫)	观赏苗木	万株	316.00
12	范　县(豫)	观赏苗木	万株	30.00
13	长葛市(豫)	观赏苗木	万株	23.00
14	永清县(冀)	观赏苗木	万株	12.00
15	光山县(豫)	观赏苗木	万株	11.00
16	迁安市(冀)	观赏苗木	万株	10.00
17	宣恩县(鄂)	观赏苗木	万株	8.50
18	青　县(冀)	观赏苗木	万株	7.00
19	蚌山区(皖)	观赏苗木	万株	5.00
20	大厂回族自治县(冀)	观赏苗木	万株	5.00
21	鹤山区(豫)	观赏苗木	万株	5.00
22	平罗县(宁)	观赏苗木	万株	5.00
23	芜湖县(皖)	观赏苗木	万株	5.00
24	西平县(豫)	观赏苗木	万株	5.00
25	新泰市(鲁)	观赏苗木	万株	5.00
26	涿州市(冀)	观赏苗木	万株	5.00
27	陵城区(鲁)	观赏苗木	万株	3.66
28	邗江区(苏)	观赏苗木	万株	3.20
29	任丘市(冀)	观赏苗木	万株	3.02
30	北戴河区(冀)	观赏苗木	万株	2.90
31	定兴县(冀)	观赏苗木	万株	2.00
32	鱼台县(鲁)	观赏苗木	万株	1.70
33	高碑店市(冀)	观赏苗木	万株	1.00
34	南乐县(豫)	观赏苗木	万株	1.00
35	内江市市中区(川)	观赏苗木	万株	1.00
36	顺义区(京)	观赏苗木	万株	1.00
37	襄城县(豫)	观赏苗木	万株	0.80
38	鹿泉区(冀)	观赏苗木	万株	0.76
39	川汇区(豫)	观赏苗木	万株	0.62
40	汉源县(川)	鲜切花	万支	6.50

表 12-6　月季类主产地产量

序号	月季类主产地	花卉类别	单位	生产量
1	玛纳斯县(新)	城市绿化苗	万株	11000.00
2	潢川县(豫)	城市绿化苗	万株	960.00
3	韩城市林业局(陕)	城市绿化苗	万株	500.00
4	麒麟区(滇)	城市绿化苗	万株	500.00

(续表)

序号	月季类主产地	花卉类别	单位	生产量
5	华阴市(陕)	城市绿化苗	万株	150.00
6	雨花区(湘)	城市绿化苗	万株	60.00
7	宁城县(内蒙古)	城市绿化苗	万株	27.00
8	安丘市(鲁)	城市绿化苗	万株	21.00
9	大冶市(鄂)	城市绿化苗	万株	20.00
10	高陵区(陕)	城市绿化苗	万株	18.00
11	恩阳区(川)	城市绿化苗	万株	10.00
12	华容县(湘)	城市绿化苗	万株	10.00
13	武穴市(鄂)	城市绿化苗	万株	10.00
14	邵阳县(湘)	城市绿化苗	万株	4.50
15	瑞丽市(滇)	城市绿化苗	万株	1.20
16	卧龙区(豫)	观赏苗木	万株	11100.00
17	武进区(苏)	观赏苗木	万株	1500.00
18	无棣县(鲁)	观赏苗木	万株	1178.00
19	金堂县(川)	观赏苗木	万株	258.00
20	社旗县(豫)	观赏苗木	万株	100.00
21	千阳县(陕)	观赏苗木	万株	97.00
22	顺义区(京)	观赏苗木	万株	65.00
23	雨花区(湘)	观赏苗木	万株	65.00
24	双峰县(湘)	观赏苗木	万株	30.00
25	襄城县(豫)	观赏苗木	万株	30.00
26	涿州市(冀)	观赏苗木	万株	30.00
27	巴州区(川)	观赏苗木	万株	25.00
28	成武县(鲁)	观赏苗木	万株	25.00
29	安州区(川)	观赏苗木	万株	20.00
30	金川区(甘)	观赏苗木	万株	20.00
31	迁安市(冀)	观赏苗木	万株	15.00
32	德城区(鲁)	观赏苗木	万株	12.00
33	华州区(陕)	观赏苗木	万株	12.00
34	屈家岭管理区(鄂)	观赏苗木	万株	10.00
35	曲阳县(冀)	观赏苗木	万株	10.00
36	青　县(冀)	观赏苗木	万株	9.00
37	莒　县(鲁)	观赏苗木	万株	5.50
38	新泰市(鲁)	观赏苗木	万株	5.00
39	永年区(冀)	观赏苗木	万株	5.00
40	殷都区(豫)	观赏苗木	万株	4.80
41	北戴河区(冀)	观赏苗木	万株	3.70
42	恩阳区(川)	观赏苗木	万株	3.00
43	淮阳县(豫)	观赏苗木	万株	2.10
44	鹤山区(豫)	观赏苗木	万株	2.00
45	博山区(鲁)	观赏苗木	万株	1.50
46	孟村回族自治县(冀)	观赏苗木	万株	1.00
47	夏邑县(豫)	观赏苗木	万株	1.00
48	肥乡区(冀)	观叶植物	万盆	1485.00
49	仙桃市(鄂)	观叶植物	万盆	25.00

(续表)

序号	月季类主产地	花卉类别	单位	生产量
50	惠济区(豫)	观叶植物	万盆	12.00
51	旌阳区(川)	花卉用种苗	千苗	260.00
52	玉门市(甘)	花卉用种苗	千苗	31.60
53	望都县(冀)	盆花	万盆	1150.00
54	北镇市(辽)	盆花	万盆	701.00
55	兴庆区(宁)	盆花	万盆	350.00
56	新野县(豫)	盆花	万盆	100.00
57	大英县(川)	盆花	万盆	86.00
58	长治市郊区(晋)	盆花	万盆	60.00
59	睢　县(豫)	盆花	万盆	55.00
60	辉南县(吉)	盆花	万盆	50.00
61	郧西县(鄂)	盆花	万盆	38.00
62	睢阳区(豫)	盆花	万盆	30.00
63	巴州区(川)	盆花	万盆	29.00
64	阜南县(皖)	盆花	万盆	25.00
65	商水县(豫)	盆花	万盆	22.00
66	游仙区(川)	盆花	万盆	15.00
67	魏　县(冀)	盆花	万盆	13.00
68	凤泉区(豫)	盆花	万盆	10.00
69	河间市(冀)	盆花	万盆	10.00
70	曲周县(冀)	盆花	万盆	10.00
71	新宾满族自治县(辽)	盆花	万盆	10.00
72	涿州市(冀)	盆花	万盆	10.00
73	鼎城区(湘)	盆花	万盆	9.00
74	吴桥县(冀)	盆花	万盆	9.00
75	新乐市(冀)	盆花	万盆	8.50
76	鸡泽县(冀)	盆花	万盆	7.00
77	大厂回族自治县(冀)	盆花	万盆	5.00
78	旌阳区(川)	盆花	万盆	5.00
79	蠡　县(冀)	盆花	万盆	5.00
80	定兴县(冀)	盆花	万盆	4.00
81	义乌市(浙)	盆花	万盆	4.00
82	潢川县(豫)	盆花	万盆	3.90
83	方城县(豫)	盆花	万盆	3.00
84	新华区(豫)	盆花	万盆	3.00
85	潮安区(粤)	盆花	万盆	2.55
86	肥城市(鲁)	盆花	万盆	2.00
87	鹿泉区(冀)	盆花	万盆	2.00
88	高碑店市(冀)	盆花	万盆	1.00
89	迁安市(冀)	盆花	万盆	1.00
90	长葛市(豫)	盆花	万盆	0.61
91	颍上县(皖)	盆景	万盆	1.80
92	阳宗海(滇)	鲜切花	万支	10416.00
93	甘谷县(甘)	鲜切花	万支	8000.00
94	新都区(川)	鲜切花	万支	1782.00

（续表）

序号	月季类主产地	花卉类别	单位	生产量
95	宁阳县(鲁)	鲜切花	万支	1508.00
96	宛城区(豫)	鲜切花	万支	496.00
97	庄河市(辽)	鲜切花	万支	397.00
98	新野县(豫)	鲜切花	万支	330.00
99	新丰县(粤)	鲜切花	万支	308.00
100	振安区(辽)	鲜切花	万支	150.00
101	获嘉县(豫)	鲜切花	万支	112.00
102	甘井子区(辽)	鲜切花	万支	100.00
103	丰　县(苏)	鲜切花	万支	65.00
104	博山区(鲁)	鲜切花	万支	50.00
105	定南县(赣)	鲜切花	万支	44.50
106	宣汉县(川)	鲜切花	万支	35.30
107	西华县(豫)	鲜切花	万支	18.00
108	大英县(川)	鲜切花	万支	15.43
109	东洲区(辽)	鲜切花	万支	15.20
110	定兴县(冀)	鲜切花	万支	10.00
111	章丘区(鲁)	鲜切花	万支	10.00
112	衡山县(湘)	鲜切花	万支	9.07
113	郧西县(鄂)	鲜切花	万支	8.00
114	怀柔区(京)	鲜切花	万支	7.00
115	河间市(冀)	鲜切花	万支	5.00
116	芜湖县(皖)	鲜切花	万支	5.00
117	信宜市(粤)	鲜切花	万支	3.00
118	盐山县(冀)	鲜切花	万支	3.00
119	荣　县(川)	鲜切花	万支	1.00
120	永年区(冀)	鲜切花	万支	0.60
121	宁　县(甘)	穴盘苗	万株	230.00
122	甘州区(甘)	穴盘苗	万株	80.00

表 12-7　玫瑰主产地产量

序号	玫瑰主产地	花卉类别	单位	生产量
1	麒麟区(滇)	城市绿化苗	万株	4000.00
2	姚安县(滇)	城市绿化苗	万株	600.00
3	九台区(吉)	城市绿化苗	万株	120.00
4	应城市(鄂)	城市绿化苗	万株	50.00
5	大武口区(宁)	城市绿化苗	万株	40.50
6	竹溪县(鄂)	城市绿化苗	万株	35.00
7	大冶市(鄂)	城市绿化苗	万株	20.00
8	兴庆区(宁)	城市绿化苗	万株	19.10
9	恩阳区(川)	城市绿化苗	万株	15.00
10	芷江侗族自治县(湘)	城市绿化苗	万株	8.00
11	龙山区(吉)	城市绿化苗	万株	5.00
12	船营区(吉)	城市绿化苗	万株	3.00
13	托克托县(内蒙古)	城市绿化苗	万株	1.20
14	桃江县(湘)	城市绿化苗	万株	1.00

（续表）

序号	玫瑰主产地	花卉类别	单位	生产量
15	永城市(豫)	干花	万支	68.70
16	枣阳市(鄂)	工业及其他用途花卉	千克	10000000.00
17	昭阳区(滇)	工业及其他用途花卉	千克	5000.00
18	小金县(川)	工业及其他用途花卉	千克	237.00
19	安州区(川)	观赏苗木	万株	200.00
20	丰宁满族自治县(冀)	观赏苗木	万株	60.00
21	襄城县(豫)	观赏苗木	万株	45.00
22	平阴县(鲁)	观赏苗木	万株	35.00
23	绵竹市(川)	观赏苗木	万株	30.00
24	玉门市(甘)	观赏苗木	万株	25.13
25	沿河土家族自治县(黔)	观赏苗木	万株	22.00
26	迁安市(冀)	观赏苗木	万株	20.00
27	洛南县(陕)	观赏苗木	万株	14.50
28	腾冲市(滇)	观赏苗木	万株	10.00
29	龙口市(鲁)	观赏苗木	万株	9.00
30	莒　县(鲁)	观赏苗木	万株	8.00
31	沛　县(苏)	观赏苗木	万株	4.20
32	陵城区(鲁)	观赏苗木	万株	3.20
33	恩阳区(川)	观赏苗木	万株	3.00
34	昌吉市(新)	观赏苗木	万株	2.50
35	围场满族蒙古族自治县(冀)	观赏苗木	万株	2.00
36	内江市市中区(川)	观赏苗木	万株	1.80
37	博山区(鲁)	观赏苗木	万株	1.50
38	夏邑县(豫)	观赏苗木	万株	1.00
39	木垒哈萨克自治县(新)	花卉用种苗	千苗	46.00
40	古冶区(冀)	盆花	万盆	64.00
41	清丰县(豫)	盆花	万盆	60.00
42	杏花岭区(晋)	盆花	万盆	60.00
43	郧西县(鄂)	盆花	万盆	20.00
44	凤泉区(豫)	盆花	万盆	18.00
45	三亚市市辖区(琼)	盆花	万盆	16.00
46	定兴县(冀)	盆花	万盆	3.00
47	魏　县(冀)	盆花	万盆	2.00
48	信宜市(粤)	盆花	万盆	2.00
49	兴国县(赣)	盆花	万盆	1.50
50	平山县(冀)	盆花	万盆	1.00
51	新丰县(粤)	盆景	万盆	2.60
52	门头沟区(京)	食用及药用花卉	千克	130000.00
53	三亚市市辖区(琼)	食用及药用花卉	千克	81000.00
54	成武县(鲁)	食用及药用花卉	千克	80000.00
55	磐石市(吉)	食用及药用花卉	千克	50000.00
56	昭阳区(滇)	食用及药用花卉	千克	6000.00
57	仁寿县(川)	食用及药用花卉	千克	1570.00
58	思南县(黔)	食用及药用花卉	千克	120.00
59	晋宁区(滇)	鲜切花	万支	244342.00

(续表)

序号	玫瑰主产地	花卉类别	单位	生产量
60	平舆县(豫)	鲜切花	万支	157300.00
61	景东彝族自治县(滇)	鲜切花	万支	82613.00
62	广昌县(赣)	鲜切花	万支	50000.00
63	莒　县(鲁)	鲜切花	万支	22114.00
64	建安区(豫)	鲜切花	万支	15000.00
65	都江堰市(川)	鲜切花	万支	4233.00
66	巴林左旗(内蒙古)	鲜切花	万支	2600.00
67	凌源市(辽)	鲜切花	万支	2300.00
68	柞水县(陕)	鲜切花	万支	1000.00
69	涉　县(冀)	鲜切花	万支	800.00
70	新丰县(粤)	鲜切花	万支	703.00
71	清丰县(豫)	鲜切花	万支	650.00
72	江安县(川)	鲜切花	万支	600.00
73	喀喇沁左翼蒙古族自治县(辽)	鲜切花	万支	500.00
74	三亚市市辖区(琼)	鲜切花	万支	390.00
75	兴庆区(宁)	鲜切花	万支	319.50
76	东洲区(辽)	鲜切花	万支	231.00
77	石城县(赣)	鲜切花	万支	220.00
78	郾城区(豫)	鲜切花	万支	211.50
79	永胜县(滇)	鲜切花	万支	210.00
80	临川区(赣)	鲜切花	万支	180.00
81	台前县(豫)	鲜切花	万支	180.00
82	颍上县(皖)	鲜切花	万支	180.00
83	平山县(冀)	鲜切花	万支	152.00
84	辽中区(辽)	鲜切花	万支	125.00
85	辉南县(吉)	鲜切花	万支	120.00
86	吉安县(赣)	鲜切花	万支	120.00
87	什邡市(川)	鲜切花	万支	104.00
88	朝阳县(辽)	鲜切花	万支	100.00
89	固镇县(皖)	鲜切花	万支	100.00
90	龙南县(赣)	鲜切花	万支	91.00
91	松山区(内蒙古)	鲜切花	万支	60.00
92	浠水县(鄂)	鲜切花	万支	60.00
93	宣汉县(川)	鲜切花	万支	58.80
94	招远市(鲁)	鲜切花	万支	50.00
95	平桥区(豫)	鲜切花	万支	45.00
96	卫东区(豫)	鲜切花	万支	44.50
97	管城回族区(豫)	鲜切花	万支	40.00
98	巴州区(川)	鲜切花	万支	35.00
99	游仙区(川)	鲜切花	万支	35.00
100	会理县(川)	鲜切花	万支	32.40
101	南溪区(川)	鲜切花	万支	30.00
102	平原县(鲁)	鲜切花	万支	30.00
103	祁东县(湘)	鲜切花	万支	30.00
104	南丰县(赣)	鲜切花	万支	21.00

(续表)

序号	玫瑰主产地	花卉类别	单位	生产量
105	龙口市(鲁)	鲜切花	万支	13.00
106	安国市(冀)	鲜切花	万支	10.00
107	定兴县(冀)	鲜切花	万支	10.00
108	汪清县(吉)	鲜切花	万支	10.00
109	井研县(川)	鲜切花	万支	8.60
110	郧西县(鄂)	鲜切花	万支	7.50
111	红山区(内蒙古)	鲜切花	万支	7.00
112	衡山县(湘)	鲜切花	万支	5.41
113	碧江区(黔)	鲜切花	万支	5.00
114	满城区(冀)	鲜切花	万支	5.00
115	盐山县(冀)	鲜切花	万支	5.00
116	路北区(冀)	鲜切花	万支	4.00
117	丹棱县(川)	鲜切花	万支	3.60
118	洛南县(陕)	鲜切花	万支	3.40
119	章丘区(鲁)	鲜切花	万支	2.00
120	蔡甸区(鄂)	鲜切花	万支	1.80
121	海兴县(冀)	鲜切花	万支	1.50
122	荣　县(川)	鲜切花	万支	1.11
123	崇阳县(鄂)	鲜切花	万支	1.00
124	港口区(桂)	鲜切花	万支	0.57
125	普安县(黔)	鲜切叶	万支	300000.00

表 12-8　樱花主产地产量

序号	樱花主产地	花卉类别	单位	生产量
1	麒麟区(滇)	城市绿化苗	万株	500.00
2	栾川县(豫)	城市绿化苗	万株	245.00
3	潢川县(豫)	城市绿化苗	万株	98.00
4	上蔡县(豫)	城市绿化苗	万株	71.00
5	汝南县(豫)	城市绿化苗	万株	60.00
6	永城市(豫)	城市绿化苗	万株	32.10
7	扶风县(陕)	城市绿化苗	万株	30.00
8	沾益区(滇)	城市绿化苗	万株	30.00
9	安丘市(鲁)	城市绿化苗	万株	22.60
10	浠水县(鄂)	城市绿化苗	万株	15.00
11	中方县(湘)	城市绿化苗	万株	15.00
12	宁远县(湘)	城市绿化苗	万株	10.00
13	威海市经济技术开发区(鲁)	城市绿化苗	万株	10.00
14	桐城市(皖)	城市绿化苗	万株	8.00
15	舞阳县(豫)	城市绿化苗	万株	6.00
16	恩阳区(川)	城市绿化苗	万株	3.00
17	武穴市(鄂)	城市绿化苗	万株	3.00
18	襄城县(豫)	城市绿化苗	万株	3.00
19	阳新县(鄂)	城市绿化苗	万株	3.00
20	歙　县(皖)	城市绿化苗	万株	2.75
21	黟　县(皖)	城市绿化苗	万株	1.10

（续表）

序号	樱花主产地	花卉类别	单位	生产量
22	双峰县(湘)	城市绿化苗	万株	1.00
23	云溪区(湘)	城市绿化苗	万株	1.00
24	鄢陵县(豫)	观赏苗木	万株	209.00
25	长清区(鲁)	观赏苗木	万株	150.00
26	华宁县(滇)	观赏苗木	万株	57.00
27	范　县(豫)	观赏苗木	万株	50.00
28	金堂县(川)	观赏苗木	万株	46.56
29	长葛市(豫)	观赏苗木	万株	38.20
30	巴州区(川)	观赏苗木	万株	35.00
31	淄川区(鲁)	观赏苗木	万株	30.00
32	永寿县(陕)	观赏苗木	万株	25.00
33	陵城区(鲁)	观赏苗木	万株	17.00
34	武城县(鲁)	观赏苗木	万株	16.00
35	株洲县(湘)	观赏苗木	万株	16.00
36	新泰市(鲁)	观赏苗木	万株	12.00
37	德城区(鲁)	观赏苗木	万株	10.00
38	济阳区(鲁)	观赏苗木	万株	10.00
39	浦江县(浙)	观赏苗木	万株	9.00
40	广德县(皖)	观赏苗木	万株	5.60
41	大厂回族自治县(冀)	观赏苗木	万株	5.00
42	迁安市(冀)	观赏苗木	万株	5.00
43	旌阳区(川)	观赏苗木	万株	4.00
44	平桥区(豫)	观赏苗木	万株	3.00
45	常宁市(湘)	观赏苗木	万株	2.24
46	罗平县(滇)	观赏苗木	万株	2.20
47	成武县(鲁)	观赏苗木	万株	2.00
48	峰峰矿区(冀)	观赏苗木	万株	2.00
49	兴文县(川)	观赏苗木	万株	2.00
50	涿州市(冀)	观赏苗木	万株	2.00
51	大姚县(滇)	观赏苗木	万株	1.30
52	高碑店市(冀)	观赏苗木	万株	1.00
53	满城区(冀)	观赏苗木	万株	1.00
54	山海关区(冀)	观赏苗木	万株	1.00
55	顺义区(京)	观赏苗木	万株	1.00
56	吉州区(赣)	观赏苗木	万株	0.96
57	南郑区(陕)	花卉用种苗	千苗	1000.00
58	巴州区(川)	盆花	万盆	5.00
59	新丰县(粤)	鲜切花	万支	275.00
60	巴州区(川)	鲜切花	万支	13.00

表 12-9　海棠花主产地产量

序号	海棠花主产地	花卉类别	单位	生产量
1	齐河县(鲁)	城市绿化苗	万株	48000.00
2	麒麟区(滇)	城市绿化苗	万株	600.00
3	公主岭市(吉)	城市绿化苗	万株	200.00

（续表）

序号	海棠花主产地	花卉类别	单位	生产量
4	茌平县(鲁)	城市绿化苗	万株	95.10
5	扶风县(陕)	城市绿化苗	万株	50.00
6	沭阳县(苏)	城市绿化苗	万株	50.00
7	确山县(豫)	城市绿化苗	万株	40.00
8	彭阳县(宁)	城市绿化苗	万株	20.00
9	栾川县(豫)	城市绿化苗	万株	18.20
10	怀来县(冀)	城市绿化苗	万株	14.00
11	密山市(黑)	城市绿化苗	万株	4.50
12	洮南市(吉)	城市绿化苗	万株	2.00
13	围场满族蒙古族自治县(冀)	城市绿化苗	万株	2.00
14	恩阳区(川)	城市绿化苗	万株	1.00
15	宜城市(鄂)	城市绿化苗	万株	1.00
16	都江堰市(川)	观赏苗木	万株	620.00
17	陵城区(鲁)	观赏苗木	万株	87.53
18	成武县(鲁)	观赏苗木	万株	55.00
19	范　县(豫)	观赏苗木	万株	50.00
20	河间市(冀)	观赏苗木	万株	20.00
21	罗庄区(鲁)	观赏苗木	万株	15.00
22	永年区(冀)	观赏苗木	万株	14.00
23	德城区(鲁)	观赏苗木	万株	13.14
24	丛台区(冀)	观赏苗木	万株	12.00
25	川汇区(豫)	观赏苗木	万株	8.20
26	鹿泉区(冀)	观赏苗木	万株	7.90
27	北戴河区(冀)	观赏苗木	万株	5.80
28	迁西县(冀)	观赏苗木	万株	5.00
29	平罗县(宁)	观赏苗木	万株	3.00
30	淅川县(豫)	观赏苗木	万株	3.00
31	峰峰矿区(冀)	观赏苗木	万株	2.00
32	桦甸市(吉)	观赏苗木	万株	2.00
33	沂水县(鲁)	观赏苗木	万株	1.60
34	南乐县(豫)	观赏苗木	万株	0.90
35	方城县(豫)	观叶植物	万盆	0.90
36	泰安市高新区(鲁)	观叶植物	万盆	0.90
37	玉门市(甘)	花卉用种苗	千苗	100.00
38	禄丰县(滇)	花卉用种苗	千苗	10.00
39	郯城县(鲁)	盆花	万盆	6000.00
40	七坡林场(桂)	盆花	万盆	110.00
41	莒南县(鲁)	盆花	万盆	95.00
42	无为县(皖)	盆花	万盆	18.40
43	丰宁满族自治县(冀)	盆花	万盆	4.10
44	曲周县(冀)	盆花	万盆	4.00
45	巴州区(川)	盆花	万盆	3.00
46	蠡　县(冀)	盆花	万盆	2.00
47	平山县(冀)	盆花	万盆	1.30
48	会同县(湘)	盆花	万盆	1.00

(续表)

序号	海棠花主产地	花卉类别	单位	生产量
49	沁阳市(豫)	盆花	万盆	0.95
50	都江堰市(川)	盆景	万盆	484.00
51	翠屏区(川)	鲜切花	万支	0.90

表 12-10 杜鹃花主产地产量

序号	杜鹃花主产地	花卉类别	单位	生产量
1	竹溪县(鄂)	城市绿化苗	万株	800.00
2	东源县(粤)	城市绿化苗	万株	350.00
3	华容县(湘)	城市绿化苗	万株	300.00
4	新化县(湘)	城市绿化苗	万株	250.00
5	腾冲市(滇)	城市绿化苗	万株	200.00
6	桐柏县(豫)	城市绿化苗	万株	50.00
7	中方县(湘)	城市绿化苗	万株	20.00
8	五华县(粤)	城市绿化苗	万株	10.00
9	通城县(鄂)	城市绿化苗	万株	5.00
10	芷江侗族自治县(湘)	城市绿化苗	万株	4.20
11	驿城区(豫)	观赏苗木	万株	40000.00
12	崇阳县(鄂)	观赏苗木	万株	50.00
13	高　县(川)	观赏苗木	万株	20.00
14	兴文县(川)	观赏苗木	万株	10.00
15	盐都区(苏)	观赏苗木	万株	10.00
16	章丘区(鲁)	观赏苗木	万株	8.00
17	阳新县(鄂)	观赏苗木	万株	5.00
18	会理县(川)	观赏苗木	万株	3.50
19	雨湖区(湘)	观赏苗木	万株	2.10
20	恩阳区(川)	观赏苗木	万株	2.00
21	益阳市市辖区(湘)	观赏苗木	万株	2.00
22	昭阳区(滇)	观赏苗木	万株	2.00
23	遵义市市辖区(黔)	观赏苗木	万株	1.12
24	博罗县(粤)	观赏苗木	万株	1.00
25	龙南县(赣)	花卉用种苗	千苗	400.00
26	襄垣县(晋)	盆花	万盆	500.00
27	涿州市(冀)	盆花	万盆	25.00
28	鼎城区(湘)	盆花	万盆	18.00
29	兴国县(赣)	盆花	万盆	9.89
30	蔡甸区(鄂)	盆花	万盆	9.50
31	巴州区(川)	盆花	万盆	6.50
32	嵩　县(豫)	盆花	万盆	5.00
33	会同县(湘)	盆花	万盆	4.00
34	浠水县(鄂)	盆花	万盆	4.00
35	丰宁满族自治县(冀)	盆花	万盆	3.00
36	信宜市(粤)	盆花	万盆	3.00
37	东安县(湘)	盆花	万盆	2.00
38	永清县(冀)	盆花	万盆	2.00
39	新都区(川)	盆花	万盆	1.84

(续表)

序号	杜鹃花主产地	花卉类别	单位	生产量
40	坊子区(鲁)	盆花	万盆	1.50
41	三水区(粤)	盆花	万盆	1.20
42	樊城区(鄂)	盆花	万盆	1.00
43	鹤峰县(鄂)	盆花	万盆	1.00
44	平山县(冀)	盆花	万盆	1.00
45	维都林场(桂)	盆花	万盆	1.00
46	忻府区(晋)	盆花	万盆	0.66
47	五华县(粤)	盆景	万盆	100.00
48	隆尧县(冀)	盆景	万盆	8.00
49	遂川县(赣)	盆景	万盆	4.00
50	合江县(川)	盆景	万盆	2.50
51	新丰县(粤)	盆景	万盆	2.30
52	游仙区(川)	盆景	万盆	1.00
53	永兴县(湘)	盆景	万盆	0.60
54	苏仙区(湘)	鲜切花	万支	3500.00
55	新丰县(粤)	鲜切花	万支	600.00
56	宣汉县(川)	鲜切花	万支	27.30
57	贡井区(川)	鲜切花	万支	20.00

表 12-11 桂花主产地产量

序号	桂花主产地	花卉类别	单位	生产量
1	雁江区(川)	城市绿化苗	万株	3200.00
2	颍州区(皖)	城市绿化苗	万株	1200.00
3	襄城县(豫)	城市绿化苗	万株	1042.00
4	岳阳县(湘)	城市绿化苗	万株	1000.00
5	麒麟区(滇)	城市绿化苗	万株	700.00
6	光山县(豫)	城市绿化苗	万株	610.00
7	潢川县(豫)	城市绿化苗	万株	590.00
8	达川区(川)	城市绿化苗	万株	500.00
9	盐津县(滇)	城市绿化苗	万株	430.00
10	新田县(湘)	城市绿化苗	万株	400.00
11	浠水县(鄂)	城市绿化苗	万株	200.00
12	盐亭县(川)	城市绿化苗	万株	200.00
13	平乐县(桂)	城市绿化苗	万株	190.00
14	汨罗市(湘)	城市绿化苗	万株	180.00
15	社旗县(豫)	城市绿化苗	万株	160.00
16	湘乡市(湘)	城市绿化苗	万株	132.00
17	南漳县(鄂)	城市绿化苗	万株	120.00
18	武冈市(湘)	城市绿化苗	万株	120.00
19	南郑区(陕)	城市绿化苗	万株	100.00
20	新宁县(湘)	城市绿化苗	万株	100.00
21	华容县(湘)	城市绿化苗	万株	80.00
22	桐城市(皖)	城市绿化苗	万株	80.00
23	邓州市(豫)	城市绿化苗	万株	76.00
24	栾川县(豫)	城市绿化苗	万株	59.00

（续表）

序号	桂花主产地	花卉类别	单位	生产量
25	济源市(豫)	城市绿化苗	万株	53.00
26	恩阳区(川)	城市绿化苗	万株	52.00
27	通城县(鄂)	城市绿化苗	万株	52.00
28	保康县(鄂)	城市绿化苗	万株	51.00
29	邵阳县(湘)	城市绿化苗	万株	50.00
30	沭阳县(苏)	城市绿化苗	万株	50.00
31	玉山县(赣)	城市绿化苗	万株	50.00
32	屏山县(川)	城市绿化苗	万株	33.50
33	新化县(湘)	城市绿化苗	万株	30.00
34	黟　县(皖)	城市绿化苗	万株	30.00
35	普宁市(粤)	城市绿化苗	万株	25.00
36	枣阳市(鄂)	城市绿化苗	万株	25.00
37	中方县(湘)	城市绿化苗	万株	22.00
38	永城市(豫)	城市绿化苗	万株	21.10
39	建安区(豫)	城市绿化苗	万株	20.00
40	龙南县(赣)	城市绿化苗	万株	20.00
41	红安县(鄂)	城市绿化苗	万株	16.20
42	新　县(豫)	城市绿化苗	万株	16.00
43	沿河土家族自治县(黔)	城市绿化苗	万株	15.00
44	应城市(鄂)	城市绿化苗	万株	15.00
45	漳河新区(鄂)	城市绿化苗	万株	15.00
46	绵竹市(川)	城市绿化苗	万株	12.00
47	君山区(湘)	城市绿化苗	万株	10.00
48	思南县(黔)	城市绿化苗	万株	10.00
49	桃江县(湘)	城市绿化苗	万株	10.00
50	武穴市(鄂)	城市绿化苗	万株	10.00
51	禹会区(皖)	城市绿化苗	万株	10.00
52	云溪区(湘)	城市绿化苗	万株	10.00
53	楚雄市(滇)	城市绿化苗	万株	9.20
54	罗甸县(黔)	城市绿化苗	万株	8.40
55	花垣县(湘)	城市绿化苗	万株	8.00
56	津市市(湘)	城市绿化苗	万株	7.00
57	黎川县(赣)	城市绿化苗	万株	6.00
58	洞口县(湘)	城市绿化苗	万株	5.40
59	鹤峰县(鄂)	城市绿化苗	万株	5.00
60	淮上区(皖)	城市绿化苗	万株	5.00
61	利川市(鄂)	城市绿化苗	万株	5.00
62	湘东区(赣)	城市绿化苗	万株	5.00
63	新晃侗族自治县(湘)	城市绿化苗	万株	5.00
64	阳新县(鄂)	城市绿化苗	万株	5.00
65	芷江侗族自治县(湘)	城市绿化苗	万株	5.00
66	东宝区(鄂)	城市绿化苗	万株	3.00
67	安化县(湘)	城市绿化苗	万株	2.80
68	辰溪县(湘)	城市绿化苗	万株	2.60
69	宁远县(湘)	城市绿化苗	万株	2.60

（续表）

序号	桂花主产地	花卉类别	单位	生产量
70	碧江区(黔)	城市绿化苗	万株	2.50
71	扬中市(苏)	城市绿化苗	万株	2.00
72	麻栗坡县(滇)	城市绿化苗	万株	1.50
73	剑川县(滇)	城市绿化苗	万株	1.20
74	宜城市(鄂)	城市绿化苗	万株	1.20
75	大关县(滇)	城市绿化苗	万株	1.00
76	扶绥县(桂)	城市绿化苗	万株	1.00
77	郎溪县(皖)	城市绿化苗	万株	1.00
78	瑞丽市(滇)	城市绿化苗	万株	0.90
79	歙　县(皖)	城市绿化苗	万株	0.90
80	威信县(滇)	观赏苗木	万株	50000.00
81	周至县(陕)	观赏苗木	万株	30000.00
82	珠晖区(湘)	观赏苗木	万株	15000.00
83	苏仙区(湘)	观赏苗木	万株	5500.00
84	上犹县(赣)	观赏苗木	万株	905.00
85	邳州市(苏)	观赏苗木	万株	326.00
86	雨城区(川)	观赏苗木	万株	266.00
87	内乡县(豫)	观赏苗木	万株	220.00
88	潜江市(鄂)	观赏苗木	万株	200.00
89	巴州区(川)	观赏苗木	万株	106.00
90	崇阳县(鄂)	观赏苗木	万株	100.00
91	桂东县(湘)	观赏苗木	万株	100.00
92	龙南县(赣)	观赏苗木	万株	100.00
93	雨花区(湘)	观赏苗木	万株	95.00
94	汝城县(湘)	观赏苗木	万株	88.00
95	平桥区(豫)	观赏苗木	万株	65.00
96	浦江县(浙)	观赏苗木	万株	61.00
97	鄢陵县(豫)	观赏苗木	万株	61.00
98	兴义市(黔)	观赏苗木	万株	55.61
99	株洲县(湘)	观赏苗木	万株	53.00
100	庆元县(浙)	观赏苗木	万株	42.00
101	邛崃市(川)	观赏苗木	万株	30.00
102	双峰县(湘)	观赏苗木	万株	30.00
103	太和县(皖)	观赏苗木	万株	30.00
104	武进区(苏)	观赏苗木	万株	26.25
105	播州区(黔)	观赏苗木	万株	26.00
106	芦淞区(湘)	观赏苗木	万株	26.00
107	慈利县(湘)	观赏苗木	万株	20.00
108	大英县(川)	观赏苗木	万株	20.00
109	宁远县(湘)	观赏苗木	万株	20.00
110	高　县(川)	观赏苗木	万株	18.50
111	莱阳市(鲁)	观赏苗木	万株	18.00
112	渠　县(川)	观赏苗木	万株	18.00
113	游仙区(川)	观赏苗木	万株	15.00
114	祁门县(皖)	观赏苗木	万株	12.00

(续表)

序号	桂花主产地	花卉类别	单位	生产量
115	桂阳县(湘)	观赏苗木	万株	11.00
116	京山县(鄂)	观赏苗木	万株	10.50
117	合江县(川)	观赏苗木	万株	10.00
118	盐都区(苏)	观赏苗木	万株	10.00
119	普安县(黔)	观赏苗木	万株	8.50
120	广德县(皖)	观赏苗木	万株	7.50
121	长葛市(豫)	观赏苗木	万株	7.28
122	蔡甸区(鄂)	观赏苗木	万株	7.00
123	方城县(豫)	观赏苗木	万株	7.00
124	莒　县(鲁)	观赏苗木	万株	6.33
125	雨湖区(湘)	观赏苗木	万株	6.10
126	芜湖县(皖)	观赏苗木	万株	6.00
127	江阳区(川)	观赏苗木	万株	5.10
128	都江堰市(川)	观赏苗木	万株	5.00
129	兴文县(川)	观赏苗木	万株	5.00
130	北塔区(湘)	观赏苗木	万株	4.00
131	东兴区(川)	观赏苗木	万株	3.90
132	会理县(川)	观赏苗木	万株	3.50
133	罗平县(滇)	观赏苗木	万株	3.20
134	陆川县(桂)	观赏苗木	万株	3.00
135	旌阳区(川)	观赏苗木	万株	2.40
136	川汇区(豫)	观赏苗木	万株	2.10
137	开福区(湘)	观赏苗木	万株	2.00
138	泌阳县(豫)	观赏苗木	万株	2.00
139	湘东区(赣)	观赏苗木	万株	2.00
140	湘阴县(湘)	观赏苗木	万株	2.00
141	大姚县(滇)	观赏苗木	万株	1.30
142	昌乐县(鲁)	观赏苗木	万株	1.00
143	松桃苗族自治县(黔)	观赏苗木	万株	1.00
144	界首市(皖)	观赏苗木	万株	0.60
145	淮阳县(豫)	观赏苗木	万株	0.54
146	湖滨区(豫)	观叶植物	万盆	5000.00
147	广汉市(川)	观叶植物	万盆	21.56
148	大竹县(川)	观叶植物	万盆	3.00
149	罗平县(滇)	观叶植物	万盆	1.16
150	广陵区(苏)	观叶植物	万盆	1.00
151	平利县(陕)	观叶植物	万盆	0.80
152	龙南县(赣)	花卉用种苗	千苗	1000.00
153	梅江区(粤)	花卉用种苗	千苗	300.00
154	莒　县(鲁)	盆花	万盆	85.00
155	泰山区(鲁)	盆花	万盆	40.00
156	巴州区(川)	盆花	万盆	26.00
157	沂水县(鲁)	盆花	万盆	12.00
158	莒南县(鲁)	盆花	万盆	4.00

(续表)

序号	桂花主产地	花卉类别	单位	生产量
159	临淄区(鲁)	盆花	万盆	1.00
160	沂南县(鲁)	盆景	万盆	2500.00
161	招远市(鲁)	盆景	万盆	9.00
162	桐柏县(豫)	盆景	万盆	5.00
163	新丰县(粤)	盆景	万盆	3.60
164	沂源县(鲁)	盆景	万盆	2.65
165	宣恩县(鄂)	盆景	万盆	2.00
166	益阳市市辖区(湘)	盆景	万盆	1.00
167	巴州区(川)	鲜切花	万支	70.00
168	芜湖县(皖)	鲜切叶	万支	15.00

表 12-12　黄杨类主产地产量

序号	黄杨类主产地	花卉类别	单位	生产量
1	潢川县(豫)	城市绿化苗	万株	1150.00
2	新泰市(鲁)	城市绿化苗	万株	922.00
3	沭阳县(苏)	城市绿化苗	万株	300.00
4	上蔡县(豫)	城市绿化苗	万株	185.00
5	惠济区(豫)	城市绿化苗	万株	20.00
6	恩阳区(川)	城市绿化苗	万株	16.00
7	宁远县(湘)	城市绿化苗	万株	6.00
8	望都县(冀)	观赏苗木	万株	1880.00
9	涿州市(冀)	观赏苗木	万株	150.00
10	内乡县(豫)	观赏苗木	万株	80.00
11	平山县(冀)	观赏苗木	万株	69.80
12	确山县(豫)	观赏苗木	万株	60.00
13	运河区(冀)	观赏苗木	万株	50.00
14	迁安市(冀)	观赏苗木	万株	33.00
15	永清县(冀)	观赏苗木	万株	32.00
16	西平县(豫)	观赏苗木	万株	20.00
17	巴州区(川)	观赏苗木	万株	15.00
18	河间市(冀)	观赏苗木	万株	11.10
19	满城区(冀)	观赏苗木	万株	10.00
20	嵩　县(豫)	观赏苗木	万株	10.00
21	青　县(冀)	观赏苗木	万株	9.00
22	鸡泽县(冀)	观赏苗木	万株	8.00
23	山海关区(冀)	观赏苗木	万株	6.00
24	孟村回族自治县(冀)	观赏苗木	万株	1.50
25	沂水县(鲁)	观赏苗木	万株	1.30
26	罗平县(滇)	观赏苗木	万株	0.60
27	满城区(冀)	观叶植物	万盆	50.00
28	磁　县(冀)	盆花	万盆	10000.00
29	巴州区(川)	盆花	万盆	6.00
30	隆尧县(冀)	盆景	万盆	10.00

表 12-13 矮牵牛主产地产量 （续表）

序号	矮牵牛主产地	花卉类别	单位	生产量
1	公主岭市(吉)	城市绿化苗	万株	100.00
2	沭阳县(苏)	城市绿化苗	万株	100.00
3	望花区(辽)	城市绿化苗	万株	50.00
4	阿巴嘎旗(内蒙古)	城市绿化苗	万株	21.50
5	尉犁县(新)	城市绿化苗	万株	12.50
6	龙山区(吉)	城市绿化苗	万株	12.30
7	博乐市(新)	城市绿化苗	万株	10.00
8	雨花区(湘)	城市绿化苗	万株	10.00
9	莱阳市(鲁)	城市绿化苗	万株	8.00
10	温泉县(新)	城市绿化苗	万株	6.00
11	密山市(黑)	城市绿化苗	万株	5.00
12	锡林浩特市(内蒙古)	城市绿化苗	万株	5.00
13	龙凤区(黑)	城市绿化苗	万株	3.00
14	洮南市(吉)	城市绿化苗	万株	1.50
15	大武口区(宁)	观赏苗木	万株	30.00
16	平罗县(宁)	观赏苗木	万株	20.00
17	金川区(甘)	观赏苗木	万株	16.00
18	长垣县(豫)	观赏苗木	万株	4.00
19	迁西县(冀)	观赏苗木	万株	2.00
20	毕拉河林业局(内蒙古森工)	观赏苗木	万株	1.30
21	武川县(内蒙古)	观叶植物	万盆	20.00
22	莫尔道嘎林业局(内蒙古森工)	观叶植物	万盆	2.50
23	开福区(湘)	观叶植物	万盆	1.50
24	玉门市(甘)	花卉用种苗	千苗	550.00
25	长沙县(湘)	盆花	万盆	300.00
26	莒南县(鲁)	盆花	万盆	245.00
27	西夏区(宁)	盆花	万盆	120.00
28	七坡林场(桂)	盆花	万盆	100.00
29	嘉峪关市(甘)	盆花	万盆	50.00
30	滦平县(冀)	盆花	万盆	40.00
31	忻府区(晋)	盆花	万盆	34.00
32	永清县(冀)	盆花	万盆	23.00
33	敦煌市(甘)	盆花	万盆	20.00
34	惠农区(宁)	盆花	万盆	20.00
35	北戴河区(冀)	盆花	万盆	18.30
36	博湖县(新)	盆花	万盆	16.00
37	龙口市(鲁)	盆花	万盆	16.00
38	贵溪市(赣)	盆花	万盆	12.70
39	会宁县(甘)	盆花	万盆	10.00
40	涿州市(冀)	盆花	万盆	10.00
41	高邑县(冀)	盆花	万盆	8.00
42	鹿泉区(冀)	盆花	万盆	8.00
43	邗江区(苏)	盆花	万盆	7.20
44	托克托县(内蒙古)	盆花	万盆	6.20
45	蠡　县(冀)	盆花	万盆	6.00
46	贺兰县(宁)	盆花	万盆	5.50
47	山海关区(冀)	盆花	万盆	4.40
48	高台县(甘)	盆花	万盆	3.00
49	井研县(川)	盆花	万盆	3.00
50	宁远县(湘)	盆花	万盆	3.00
51	孝南区(鄂)	盆花	万盆	3.00
52	怀来县(冀)	盆花	万盆	2.60
53	大厂回族自治县(冀)	盆花	万盆	2.00
54	芜湖县(皖)	盆花	万盆	2.00
55	魏　县(冀)	盆花	万盆	1.00
56	商水县(豫)	盆花	万盆	0.90
57	和静县(新)	盆景	万盆	40.00
58	肇州县(黑)	鲜切花	万支	20.60
59	甘州区(甘)	穴盘苗	万株	80.00

表 12-14 一串红主产地产量

序号	一串红主产地	花卉类别	单位	生产量
1	公主岭市(吉)	城市绿化苗	万株	20.00
2	龙山区(吉)	城市绿化苗	万株	10.10
3	枣阳市(鄂)	城市绿化苗	万株	8.00
4	密山市(黑)	城市绿化苗	万株	5.00
5	洮南市(吉)	城市绿化苗	万株	3.40
6	船营区(吉)	城市绿化苗	万株	3.00
7	恩阳区(川)	城市绿化苗	万株	3.00
8	襄城县(豫)	观赏苗木	万株	140.00
9	大武口区(宁)	观赏苗木	万株	20.00
10	大名县(冀)	观赏苗木	万株	0.70
11	仙桃市(鄂)	观叶植物	万盆	700.00
12	丰满区(吉)	花卉用种苗	千苗	300000.00
13	龙南县(赣)	花卉用种苗	千苗	500.00
14	旌阳区(川)	花卉用种子	千克	60.00
15	北镇市(辽)	盆花	万盆	503.00
16	西夏区(宁)	盆花	万盆	240.00
17	长沙县(湘)	盆花	万盆	180.00
18	蔡甸区(鄂)	盆花	万盆	150.00
19	旅顺口区(辽)	盆花	万盆	75.00
20	滦平县(冀)	盆花	万盆	70.00
21	新泰市(鲁)	盆花	万盆	64.00
22	莒南县(鲁)	盆花	万盆	47.00
23	和静县(新)	盆花	万盆	20.00
24	鼎城区(湘)	盆花	万盆	13.00
25	北戴河区(冀)	盆花	万盆	12.80
26	忻府区(晋)	盆花	万盆	12.00
27	鹿泉区(冀)	盆花	万盆	11.00
28	嘉峪关市(甘)	盆花	万盆	10.00

(续表)

序号	一串红主产地	花卉类别	单位	生产量
29	孝南区(鄂)	盆花	万盆	10.00
30	丰宁满族自治县(冀)	盆花	万盆	7.00
31	博湖县(新)	盆花	万盆	5.00
32	蠡　县(冀)	盆花	万盆	5.00
33	平桥区(豫)	盆花	万盆	5.00
34	吴桥县(冀)	盆花	万盆	5.00
35	贺兰县(宁)	盆花	万盆	4.50
36	井研县(川)	盆花	万盆	3.40
37	路北区(冀)	盆花	万盆	3.00
38	宁远县(湘)	盆花	万盆	3.00
39	潢川县(豫)	盆花	万盆	2.30
40	敦煌市(甘)	盆花	万盆	2.00
41	满城区(冀)	盆花	万盆	2.00
42	鹰手营子矿区(冀)	盆花	万盆	2.00
43	商水县(豫)	盆花	万盆	1.50
44	怀来县(冀)	盆花	万盆	1.20
45	儋州市(琼)	盆花	万盆	1.00
46	会同县(湘)	盆花	万盆	1.00
47	迁安市(冀)	盆花	万盆	1.00
48	费　县(鲁)	盆景	万盆	83.00
49	松山区(内蒙古)	鲜切花	万支	50.00
50	肇州县(黑)	鲜切花	万支	21.00
51	甘州区(甘)	穴盘苗	万株	80.00

表 12-15　鸡冠花主产地产量

序号	鸡冠花主产地	花卉类别	单位	生产量
1	西乌珠穆沁旗(内蒙古)	城市绿化苗	万株	200.00
2	大武口区(宁)	城市绿化苗	万株	20.00
3	尉犁县(新)	城市绿化苗	万株	6.25
4	密山市(黑)	城市绿化苗	万株	5.00
5	恩阳区(川)	城市绿化苗	万株	4.00
6	沭阳县(苏)	干花	万支	10.00
7	乌拉特后旗(内蒙古)	观赏苗木	万株	18.00
8	毕拉河林业局(内蒙古森工)	观赏苗木	万株	0.90
9	长沙县(湘)	盆花	万盆	250.00
10	贵溪市(赣)	盆花	万盆	35.70
11	忻府区(晋)	盆花	万盆	21.00
12	贺兰县(宁)	盆花	万盆	14.00
13	会宁县(甘)	盆花	万盆	10.00
14	北戴河区(冀)	盆花	万盆	9.40
15	博湖县(新)	盆花	万盆	9.00
16	隆尧县(冀)	盆花	万盆	8.00
17	鼎城区(湘)	盆花	万盆	6.00
18	潢川县(豫)	盆花	万盆	3.50
19	浑源县(晋)	盆花	万盆	3.00

(续表)

序号	鸡冠花主产地	花卉类别	单位	生产量
20	信宜市(粤)	盆花	万盆	3.00
21	丰宁满族自治县(冀)	盆花	万盆	2.00
22	高碑店市(冀)	盆花	万盆	2.00
23	永清县(冀)	盆花	万盆	2.00
24	满城区(冀)	盆花	万盆	1.00
25	颍泉区(皖)	盆花	万盆	1.00
26	和静县(新)	盆景	万盆	20.00
27	新丰县(粤)	鲜切花	万支	68.00
28	会宁县(甘)	鲜切花	万支	3.00

表 12-16　康乃馨主产地产量

序号	康乃馨主产地	花卉类别	单位	生产量
1	麒麟区(滇)	城市绿化苗	万株	1000.00
2	襄城县(豫)	观赏苗木	万株	20.00
3	旌阳区(川)	花卉用种苗	千苗	30.00
4	襄城区(鄂)	盆花	万盆	4.80
5	浠水县(鄂)	盆花	万盆	3.00
6	莒　县(鲁)	盆花	万盆	2.00
7	新丰县(粤)	盆景	万盆	0.55
8	晋宁区(滇)	鲜切花	万支	94610.00
9	景东彝族自治县(滇)	鲜切花	万支	72045.00
10	江川区(滇)	鲜切花	万支	42510.00
11	普安县(黔)	鲜切花	万支	20000.00
12	阳宗海(滇)	鲜切花	万支	7742.00
13	凌源市(辽)	鲜切花	万支	800.00
14	永清县(冀)	鲜切花	万支	200.00
15	青浦区(沪)	鲜切花	万支	170.00
16	临川区(赣)	鲜切花	万支	140.00
17	隆德县(宁)	鲜切花	万支	102.00
18	吉安县(赣)	鲜切花	万支	100.00
19	招远市(鲁)	鲜切花	万支	35.00
20	会理县(川)	鲜切花	万支	32.40
21	鲁甸县(滇)	鲜切花	万支	25.00
22	龙南县(赣)	鲜切花	万支	12.80
23	大武口区(宁)	鲜切花	万支	9.00
24	路北区(冀)	鲜切花	万支	5.00
25	井研县(川)	鲜切花	万支	3.50
26	信宜市(粤)	鲜切花	万支	3.00
27	西华县(豫)	鲜切花	万支	2.00
28	广昌县(赣)	鲜切叶	万支	20000.00

表 12-17　非洲菊主产地产量

序号	非洲菊主产地	花卉类别	单位	生产量
1	澄江县(滇)	城市绿化苗	万株	92000.00
2	通城县(鄂)	城市绿化苗	万株	11.00

（续表）

序号	非洲菊主产地	花卉类别	单位	生产量
3	曲阜市(鲁)	干花	万支	60.00
4	郯城县(鲁)	观赏苗木	万株	3200.00
5	平原县(鲁)	花卉用种苗	千苗	8000.00
6	古冶区(冀)	盆花	万盆	28.00
7	祁东县(湘)	盆花	万盆	13.20
8	峄城区(鲁)	盆花	万盆	1.50
9	井研县(川)	盆花	万盆	1.30
10	会同县(湘)	盆花	万盆	1.00
11	武川县(内蒙古)	盆花	万盆	1.00
12	普兰店市(辽)	鲜切花	万支	85000.00
13	濮阳市高新区(豫)	鲜切花	万支	15000.00
14	莒　县(鲁)	鲜切花	万支	11050.00
15	晋宁区(滇)	鲜切花	万支	9875.00
16	阳宗海(滇)	鲜切花	万支	7485.00
17	石林彝族自治县(滇)	鲜切花	万支	3800.00
18	新都区(川)	鲜切花	万支	2637.00
19	临沭县(鲁)	鲜切花	万支	2100.00
20	邗江区(苏)	鲜切花	万支	2000.00
21	费　县(鲁)	鲜切花	万支	700.00
22	柞水县(陕)	鲜切花	万支	500.00
23	凌源市(辽)	鲜切花	万支	400.00
24	盐都区(苏)	鲜切花	万支	400.00
25	漳河新区(鄂)	鲜切花	万支	250.00
26	兰陵县(鲁)	鲜切花	万支	235.21
27	简阳市(川)	鲜切花	万支	160.00
28	管城回族区(豫)	鲜切花	万支	53.00
29	泰安市高新区(鲁)	鲜切花	万支	40.00
30	庄河市(辽)	鲜切花	万支	38.00
31	青浦区(沪)	鲜切花	万支	32.00
32	赤水市(黔)	鲜切花	万支	20.00
33	海陵区(苏)	鲜切花	万支	20.00
34	路北区(冀)	鲜切花	万支	15.00
35	迁西县(冀)	鲜切花	万支	15.00
36	鱼台县(鲁)	鲜切花	万支	11.70
37	海城市(辽)	鲜切花	万支	10.00
38	平谷区(京)	鲜切花	万支	9.00
39	南乐县(豫)	鲜切花	万支	2.00
40	平阴县(鲁)	鲜切花	万支	1.20
41	涉　县(冀)	鲜切叶	万支	600.00

表 12-18　百合主产地产量

序号	百合主产地	花卉类别	单位	生产量
1	安国市(冀)	城市绿化苗	万株	120.00
2	通化县(吉)	城市绿化苗	万株	120.00
3	呼玛县(黑)	城市绿化苗	万株	20.00

（续表）

序号	百合主产地	花卉类别	单位	生产量
4	龙山区(吉)	城市绿化苗	万株	5.20
5	锡林浩特市(内蒙古)	城市绿化苗	万株	3.00
6	清新区(粤)	观赏苗木	万株	523.00
7	七台河市市辖区(黑)	观赏苗木	万株	210.00
8	江油市(川)	观赏苗木	万株	200.00
9	双峰县(湘)	观赏苗木	万株	80.00
10	长垣县(豫)	观赏苗木	万株	20.00
11	双辽市(吉)	观赏苗木	万株	6.00
12	魏　县(冀)	观赏苗木	万株	3.00
13	恩阳区(川)	观赏苗木	万株	2.00
14	南郑区(陕)	花卉用种球	千粒	300.00
15	旌阳区(川)	花卉用种球	千粒	12.00
16	宁城县(内蒙古)	盆花	万盆	15.00
17	雨山区(皖)	盆花	万盆	12.00
18	隆尧县(冀)	盆花	万盆	10.00
19	德昌县(川)	盆花	万盆	8.20
20	永清县(冀)	盆花	万盆	6.00
21	江安县(川)	盆花	万盆	5.00
22	潮安区(粤)	盆花	万盆	3.08
23	颍泉区(皖)	盆花	万盆	3.00
24	合江县(川)	盆花	万盆	2.50
25	洞口县(湘)	盆花	万盆	2.30
26	平山县(冀)	盆花	万盆	2.00
27	会同县(湘)	盆花	万盆	1.00
28	新丰县(粤)	盆景	万盆	0.55
29	兴义市(黔)	食用及药用花卉	千克	100000.00
30	浠水县(鄂)	食用及药用花卉	千克	1120.00
31	增城区(粤)	鲜切花	万支	140199.80
32	驿城区(豫)	鲜切花	万支	100000.00
33	景东彝族自治县(滇)	鲜切花	万支	81164.00
34	凌源市(辽)	鲜切花	万支	40700.00
35	普兰店市(辽)	鲜切花	万支	30000.00
36	广昌县(赣)	鲜切花	万支	10000.00
37	建安区(豫)	鲜切花	万支	3500.00
38	江川区(滇)	鲜切花	万支	2395.00
39	金普新区(辽)	鲜切花	万支	1599.00
40	晋宁区(滇)	鲜切花	万支	960.00
41	柞水县(陕)	鲜切花	万支	500.00
42	临川区(赣)	鲜切花	万支	480.00
43	新丰县(粤)	鲜切花	万支	223.00
44	石林彝族自治县(滇)	鲜切花	万支	210.00
45	涉　县(冀)	鲜切花	万支	200.00
46	东洲区(辽)	鲜切花	万支	179.00
47	吉安县(赣)	鲜切花	万支	100.00
48	盐都区(苏)	鲜切花	万支	100.00

(续表)

序号	百合主产地	花卉类别	单位	生产量
49	漳河新区(鄂)	鲜切花	万支	100.00
50	振安区(辽)	鲜切花	万支	74.00
51	兴义市(黔)	鲜切花	万支	70.00
52	永清县(冀)	鲜切花	万支	50.00
53	鄢陵县(豫)	鲜切花	万支	42.00
54	甘井子区(辽)	鲜切花	万支	40.00
55	招远市(鲁)	鲜切花	万支	35.00
56	会理县(川)	鲜切花	万支	32.40
57	金东区(浙)	鲜切花	万支	30.00
58	隆德县(宁)	鲜切花	万支	25.20
59	宣汉县(川)	鲜切花	万支	24.10
60	贡井区(川)	鲜切花	万支	20.00
61	海城市(辽)	鲜切花	万支	20.00
62	庄河市(辽)	鲜切花	万支	15.00
63	海陵区(苏)	鲜切花	万支	14.00
64	龙南县(赣)	鲜切花	万支	12.80
65	东川区(滇)	鲜切花	万支	12.00
66	路北区(冀)	鲜切花	万支	12.00
67	昭阳区(滇)	鲜切花	万支	10.00
68	武义县(浙)	鲜切花	万支	9.00
69	井研县(川)	鲜切花	万支	5.20
70	安国市(冀)	鲜切花	万支	5.00
71	丹棱县(川)	鲜切花	万支	3.60
72	兴庆区(宁)	鲜切花	万支	3.60
73	蔡甸区(鄂)	鲜切花	万支	2.30
74	沙洋县(鄂)	鲜切花	万支	2.00
75	西华县(豫)	鲜切花	万支	2.00
76	信宜市(粤)	鲜切花	万支	2.00
77	南丰县(赣)	鲜切花	万支	1.90
78	翠屏区(川)	鲜切花	万支	1.60
79	平谷区(京)	鲜切花	万支	1.00
80	盐山县(冀)	鲜切花	万支	1.00
81	怀柔区(京)	鲜切花	万支	0.80
82	港口区(桂)	鲜切花	万支	0.66
83	海兴县(冀)	鲜切花	万支	0.60
84	江安县(川)	鲜切叶	万支	600.00

表 12-19　菊花主产地产量

序号	菊花主产地	花卉类别	单位	生产量
1	安仁县(湘)	城市绿化苗	万株	10000.00
2	老河口市(鄂)	城市绿化苗	万株	200.00
3	邵东县(湘)	城市绿化苗	万株	200.00
4	宜城市(鄂)	城市绿化苗	万株	100.00
5	新晃侗族自治县(湘)	城市绿化苗	万株	15.00
6	船营区(吉)	城市绿化苗	万株	5.00

(续表)

序号	菊花主产地	花卉类别	单位	生产量
7	梁园区(豫)	观赏苗木	万株	442.00
8	范　县(豫)	观赏苗木	万株	40.00
9	大武口区(宁)	观赏苗木	万株	30.00
10	周至县(陕)	观赏苗木	万株	10.00
11	金川区(甘)	观赏苗木	万株	8.00
12	魏　县(冀)	观赏苗木	万株	6.00
13	定兴县(冀)	观赏苗木	万株	5.00
14	永年区(冀)	观赏苗木	万株	5.00
15	恩阳区(川)	观赏苗木	万株	3.00
16	顺义区(京)	观赏苗木	万株	1.00
17	石泉县(陕)	观叶植物	万盆	300.00
18	肥乡区(冀)	观叶植物	万盆	86.00
19	宁晋县(冀)	观叶植物	万盆	0.66
20	旌阳区(川)	花卉用种苗	千苗	80.00
21	睢阳区(豫)	盆花	万盆	500.00
22	增城区(粤)	盆花	万盆	396.00
23	馆陶县(冀)	盆花	万盆	253.00
24	商水县(豫)	盆花	万盆	210.00
25	兰陵县(鲁)	盆花	万盆	205.61
26	蔡甸区(鄂)	盆花	万盆	200.00
27	鼎城区(湘)	盆花	万盆	195.00
28	禹王台区(豫)	盆花	万盆	90.00
29	顺河回族区(豫)	盆花	万盆	62.00
30	新泰市(鲁)	盆花	万盆	62.00
31	曲阜市(鲁)	盆花	万盆	60.00
32	内乡县(豫)	盆花	万盆	35.00
33	宁阳县(鲁)	盆花	万盆	31.00
34	潍城区(鲁)	盆花	万盆	31.00
35	固镇县(皖)	盆花	万盆	20.00
36	肃宁县(冀)	盆花	万盆	20.00
37	祥符区(豫)	盆花	万盆	20.00
38	郧西县(鄂)	盆花	万盆	20.00
39	运河区(冀)	盆花	万盆	20.00
40	沂水县(鲁)	盆花	万盆	18.00
41	鄄城县(鲁)	盆花	万盆	15.00
42	北戴河区(冀)	盆花	万盆	13.30
43	高邑县(冀)	盆花	万盆	10.00
44	章丘区(鲁)	盆花	万盆	10.00
45	涿州市(冀)	盆花	万盆	10.00
46	莒　县(鲁)	盆花	万盆	8.00
47	港闸区(苏)	盆花	万盆	6.10
48	武冈市(湘)	盆花	万盆	6.00
49	潢川县(豫)	盆花	万盆	5.40
50	延津县(豫)	盆花	万盆	5.01
51	青　县(冀)	盆花	万盆	5.00

（续表）

序号	菊花主产地	花卉类别	单位	生产量
52	嵩　县(豫)	盆花	万盆	5.00
53	浠水县(鄂)	盆花	万盆	5.00
54	义乌市(浙)	盆花	万盆	5.00
55	赵　县(冀)	盆花	万盆	5.00
56	平山县(冀)	盆花	万盆	4.00
57	肥城市(鲁)	盆花	万盆	3.80
58	南乐县(豫)	盆花	万盆	3.50
59	东平县(鲁)	盆花	万盆	3.00
60	河间市(冀)	盆花	万盆	3.00
61	鸡泽县(冀)	盆花	万盆	3.00
62	路北区(冀)	盆花	万盆	3.00
63	襄城区(鄂)	盆花	万盆	3.00
64	信宜市(粤)	盆花	万盆	3.00
65	潮安区(粤)	盆花	万盆	2.78
66	旌阳区(川)	盆花	万盆	2.40
67	方城县(豫)	盆花	万盆	2.30
68	金堂县(川)	盆花	万盆	2.30
69	宝丰县(豫)	盆花	万盆	2.00
70	海兴县(冀)	盆花	万盆	1.90
71	武陵区(湘)	盆花	万盆	1.70
72	任丘市(冀)	盆花	万盆	1.66
73	丰宁满族自治县(冀)	盆花	万盆	1.50
74	津市市(湘)	盆花	万盆	1.50
75	北京市大东流苗圃（京)	盆花	万盆	1.22
76	高要区(粤)	盆花	万盆	1.00
77	满城区(冀)	盆花	万盆	1.00
78	杞　县(豫)	盆花	万盆	1.00
79	迁安市(冀)	盆花	万盆	1.00
80	芜湖县(皖)	盆花	万盆	1.00
81	新华区(豫)	盆花	万盆	1.00
82	崇阳县(鄂)	盆花	万盆	0.70
83	芷江侗族自治县(湘)	盆花	万盆	0.60
84	株洲县(湘)	盆景	万盆	6.40
85	常宁市(湘)	盆景	万盆	1.20
86	万全区(冀)	食用及药用花卉	千克	200000.00
87	界首市(皖)	食用及药用花卉	千克	50000.00
88	宁晋县(冀)	食用及药用花卉	千克	6000.00
89	歙　县(皖)	食用及药用花卉	千克	29.60
90	宁远县(湘)	食用及药用花卉	千克	16.60
91	平谷区(京)	食用及药用花卉	千克	5.85
92	普兰店市(辽)	鲜切花	万支	100000.00
93	邳州市(苏)	鲜切花	万支	3102.00
94	卫滨区(豫)	鲜切花	万支	1000.00
95	沛　县(苏)	鲜切花	万支	600.00
96	青浦区(沪)	鲜切花	万支	511.10

（续表）

序号	菊花主产地	花卉类别	单位	生产量
97	沙市区(鄂)	鲜切花	万支	347.00
98	新丰县(粤)	鲜切花	万支	173.00
99	东洲区(辽)	鲜切花	万支	170.00
100	永清县(冀)	鲜切花	万支	100.00
101	吉州区(赣)	鲜切花	万支	97.90
102	宣汉县(川)	鲜切花	万支	52.50
103	定兴县(冀)	鲜切花	万支	40.00
104	海陵区(苏)	鲜切花	万支	37.00
105	迁西县(冀)	鲜切花	万支	30.00
106	兴庆区(宁)	鲜切花	万支	28.40
107	敦煌市(甘)	鲜切花	万支	8.00
108	满城区(冀)	鲜切花	万支	5.00
109	西华县(豫)	鲜切花	万支	4.00
110	崇阳县(鄂)	鲜切花	万支	3.00
111	荣　县(川)	鲜切花	万支	1.00
112	涉　县(冀)	鲜切叶	万支	300.00
113	游仙区(川)	鲜切叶	万支	20.00

表 12-20　红檵木主产地产量

序号	红檵木主产地	花卉类别	单位	生产量
1	茶陵县(湘)	城市绿化苗	万株	150.00
2	华容县(湘)	城市绿化苗	万株	150.00
3	潢川县(豫)	城市绿化苗	万株	120.00
4	浠水县(鄂)	城市绿化苗	万株	120.00
5	岳阳县(湘)	城市绿化苗	万株	100.00
6	雨花区(湘)	城市绿化苗	万株	58.00
7	屏山县(川)	城市绿化苗	万株	25.00
8	中方县(湘)	城市绿化苗	万株	25.00
9	新宁县(湘)	城市绿化苗	万株	20.00
10	新田县(湘)	城市绿化苗	万株	20.00
11	宁远县(湘)	城市绿化苗	万株	16.00
12	沭阳县(苏)	城市绿化苗	万株	10.00
13	武陵区(湘)	城市绿化苗	万株	9.00
14	普宁市(粤)	城市绿化苗	万株	8.20
15	鹤峰县(鄂)	城市绿化苗	万株	5.00
16	津市市(湘)	城市绿化苗	万株	5.00
17	芷江侗族自治县(湘)	城市绿化苗	万株	4.20
18	辰溪县(湘)	城市绿化苗	万株	2.10
19	双清区(湘)	城市绿化苗	万株	2.00
20	沅陵县(湘)	城市绿化苗	万株	1.80
21	黟　县(皖)	城市绿化苗	万株	1.50
22	田东县(桂)	城市绿化苗	万株	0.60
23	铅山县(赣)	观赏苗木	万株	9900.00
24	武进区(苏)	观赏苗木	万株	4500.00
25	雨花区(湘)	观赏苗木	万株	85.00

(续表)

序号	红檵木主产地	花卉类别	单位	生产量
26	南郑区(陕)	观赏苗木	万株	80.00
27	庆元县(浙)	观赏苗木	万株	51.00
28	崇阳县(鄂)	观赏苗木	万株	50.00
29	巴州区(川)	观赏苗木	万株	40.00
30	双峰县(湘)	观赏苗木	万株	40.00
31	游仙区(川)	观赏苗木	万株	40.00
32	株洲县(湘)	观赏苗木	万株	38.00
33	万山区(黔)	观赏苗木	万株	35.00
34	浦江县(浙)	观赏苗木	万株	12.00
35	阳新县(鄂)	观赏苗木	万株	5.00
36	常宁市(湘)	观赏苗木	万株	3.75
37	高　县(川)	观赏苗木	万株	3.50
38	兴文县(川)	观赏苗木	万株	2.00
39	永兴县(湘)	观赏苗木	万株	0.70
40	慈利县(湘)	观叶植物	万盆	20.00
41	龙南县(赣)	花卉用种苗	千苗	1500.00
42	雨花区(湘)	盆花	万盆	40.00
43	巴州区(川)	盆花	万盆	16.50
44	孝南区(鄂)	盆景	万盆	3.00
45	巴州区(川)	鲜切叶	万支	12.00

表 12-21　红掌主产地产量

序号	红掌主产地	花卉类别	单位	生产量
1	顺义区(京)	观赏苗木	万株	5.00
2	七坡林场(桂)	观叶植物	万盆	38.00
3	顺义区(京)	观叶植物	万盆	20.00
4	淇　县(豫)	观叶植物	万盆	5.00
5	美兰区(琼)	观叶植物	万盆	4.00
6	颍州区(皖)	盆花	万盆	480.00
7	濮阳市高新区(豫)	盆花	万盆	400.00
8	东丽区(津)	盆花	万盆	201.00
9	大英县(川)	盆花	万盆	70.00
10	平阴县(鲁)	盆花	万盆	30.00
11	兴庆区(宁)	盆花	万盆	27.00
12	三亚市市辖区(琼)	盆花	万盆	20.00
13	伊川县(豫)	盆花	万盆	20.00
14	莒　县(鲁)	盆花	万盆	9.00
15	北京市大东流苗圃(京)	盆花	万盆	8.17
16	栾城区(冀)	盆花	万盆	8.00
17	长清区(鲁)	盆花	万盆	8.00
18	鄄城县(鲁)	盆花	万盆	6.00
19	虞城县(豫)	盆花	万盆	3.80
20	义乌市(浙)	盆花	万盆	3.10
21	贺兰县(宁)	盆花	万盆	2.00
22	大竹县(川)	盆花	万盆	1.00

(续表)

序号	红掌主产地	花卉类别	单位	生产量
23	敦煌市(甘)	盆花	万盆	1.00
24	坊子区(鲁)	盆花	万盆	1.00
25	高碑店市(冀)	盆花	万盆	1.00
26	忻府区(晋)	盆花	万盆	0.96
27	洞头区(浙)	盆花	万盆	0.80
28	丰宁满族自治县(冀)	盆花	万盆	0.80
29	和平县(粤)	盆景	万盆	650.00
30	五华县(粤)	盆景	万盆	50.00
31	汉源县(川)	盆景	万盆	5.20
32	新丰县(粤)	盆景	万盆	0.55
33	三亚市市辖区(琼)	鲜切花	万支	720.00
34	琼山区(琼)	鲜切花	万支	423.00
35	鄢陵县(豫)	鲜切花	万支	263.00
36	保亭黎族苗族自治县(琼)	鲜切花	万支	15.50
37	儋州市(琼)	鲜切花	万支	3.00

表 12-22　富贵竹主产地产量

序号	富贵竹主产地	花卉类别	单位	生产量
1	五华县(粤)	城市绿化苗	万株	300.00
2	澄迈县(琼)	城市绿化苗	万株	220.00
3	秀英区(琼)	城市绿化苗	万株	4.00
4	建安区(豫)	观赏苗木	万株	50.00
5	阳宗海(滇)	观叶植物	万盆	6471.00
6	建安区(豫)	观叶植物	万盆	20.00
7	鹤城区(湘)	观叶植物	万盆	15.00
8	宁城县(内蒙古)	观叶植物	万盆	5.00
9	永清县(冀)	观叶植物	万盆	2.00
10	洞口县(湘)	观叶植物	万盆	1.60
11	大英县(川)	观叶植物	万盆	1.00
12	龙南县(赣)	花卉用种苗	千苗	300.00
13	巴州区(川)	盆花	万盆	43.00
14	雨山区(皖)	盆花	万盆	10.00
15	青　县(冀)	盆花	万盆	5.00
16	会同县(湘)	盆花	万盆	2.00
17	峄城区(鲁)	盆花	万盆	2.00
18	涿州市(冀)	盆花	万盆	2.00
19	新华区(豫)	盆花	万盆	1.00
20	会理县(川)	盆景	万盆	10.10
21	孟村回族自治县(冀)	盆景	万盆	2.00
22	宝丰县(豫)	盆景	万盆	1.50
23	昌吉市(新)	盆景	万盆	1.00
24	新丰县(粤)	盆景	万盆	0.88
25	兴国县(赣)	盆景	万盆	0.53
26	邗江区(苏)	鲜切花	万支	3348.00
27	永丰县(赣)	鲜切花	万支	10.00

（续表）

序号	富贵竹主产地	花卉类别	单位	生产量
28	西华县(豫)	鲜切花	万支	7.00
29	美兰区(琼)	鲜切叶	万支	11000.00
30	琼山区(琼)	鲜切叶	万支	2800.00
31	文昌市(琼)	鲜切叶	万支	1300.00
32	儋州市(琼)	鲜切叶	万支	10.00
33	贡井区(川)	鲜切叶	万支	10.00
34	巴州区(川)	鲜切叶	万支	5.00
35	桂阳县(湘)	鲜切叶	万支	2.00
36	卫东区(豫)	鲜切叶	万支	2.00
37	盐山县(冀)	鲜切叶	万支	1.00

表 12-23　草花主产地产量

序号	草花主产地	花卉类别	单位	生产量
1	竹溪县(鄂)	城市绿化苗	万株	2100.00
2	辉南县(吉)	城市绿化苗	万株	1650.00
3	新化县(湘)	城市绿化苗	万株	300.00
4	兴庆区(宁)	城市绿化苗	万株	80.00
5	博乐市(新)	城市绿化苗	万株	20.00
6	锡林浩特市(内蒙古)	城市绿化苗	万株	15.00
7	恩阳区(川)	城市绿化苗	万株	12.00
8	韩城市林业局(陕)	观赏苗木	万株	700.00
9	永德县(滇)	观赏苗木	万株	100.00
10	隆德县(宁)	观赏苗木	万株	60.00
11	金川区(甘)	观赏苗木	万株	50.00
12	碾子山区(黑)	观赏苗木	万株	20.00
13	彭州市(川)	观赏苗木	万株	14.43
14	遂川县(赣)	观赏苗木	万株	14.00
15	青浦区(沪)	观叶植物	万盆	1087.20
16	满城区(冀)	观叶植物	万盆	72.60
17	芜湖县(皖)	观叶植物	万盆	10.00
18	顺义区(京)	盆花	万盆	5791.00
19	青浦区(沪)	盆花	万盆	1002.77
20	西夏区(宁)	盆花	万盆	180.00
21	大洼县(辽)	盆花	万盆	164.00
22	秀洲区(浙)	盆花	万盆	160.00
23	涿州市(冀)	盆花	万盆	135.00
24	莒南县(鲁)	盆花	万盆	121.00
25	北京市大东流苗圃（京）	盆花	万盆	48.08
26	莒　县(鲁)	盆花	万盆	45.00
27	义乌市(浙)	盆花	万盆	45.00
28	婺城区(浙)	盆花	万盆	41.50
29	栖霞市(鲁)	盆花	万盆	40.00
30	北戴河区(冀)	盆花	万盆	26.30
31	彭州市(川)	盆花	万盆	24.94
32	武川县(内蒙古)	盆花	万盆	20.00

（续表）

序号	草花主产地	花卉类别	单位	生产量
33	成武县(鲁)	盆花	万盆	15.00
34	乌当区(黔)	盆花	万盆	15.00
35	隆尧县(冀)	盆花	万盆	12.00
36	山海关区(冀)	盆花	万盆	10.50
37	肃宁县(冀)	盆花	万盆	10.00
38	章丘区(鲁)	盆花	万盆	10.00
39	长葛市(豫)	盆花	万盆	8.60
40	津市市(湘)	盆花	万盆	6.00
41	魏　县(冀)	盆花	万盆	6.00
42	永清县(冀)	盆花	万盆	6.00
43	崇阳县(鄂)	盆花	万盆	2.00
44	东平县(鲁)	盆花	万盆	1.00
45	南　县(湘)	盆景	万盆	8.00
46	吉州区(赣)	盆景	万盆	3.49
47	益阳市市辖区(湘)	盆景	万盆	3.00
48	彭州市(川)	鲜切花	万支	1905.00
49	青浦区(沪)	鲜切花	万支	303.00
50	成安县(冀)	鲜切花	万支	130.00
51	曲阜市(鲁)	鲜切花	万支	100.00
52	栖霞市(鲁)	鲜切叶	万支	20.00
53	贺兰县(宁)	穴盘苗	万株	150.00

表 12-24　吊兰主产地产量

序号	吊兰主产地	花卉类别	单位	生产量
1	沭阳县(苏)	城市绿化苗	万株	20.00
2	五华县(粤)	城市绿化苗	万株	10.00
3	红安县(鄂)	城市绿化苗	万株	9.50
4	龙南县(赣)	观赏苗木	万株	100.00
5	建安区(豫)	观赏苗木	万株	20.00
6	蚌山区(皖)	观赏苗木	万株	2.00
7	恩阳区(川)	观赏苗木	万株	2.00
8	夏邑县(豫)	观赏苗木	万株	1.00
9	阳新县(鄂)	观赏苗木	万株	1.00
10	博罗县(粤)	观赏苗木	万株	1.00
11	大英县(川)	观叶植物	万盆	15.00
12	永清县(冀)	观叶植物	万盆	12.00
13	嵩　县(豫)	观叶植物	万盆	12.00
14	太康县(豫)	观叶植物	万盆	9.20
15	隆尧县(冀)	观叶植物	万盆	9.00
16	商水县(豫)	观叶植物	万盆	3.00
17	忻府区(晋)	观叶植物	万盆	1.57
18	固始县(豫)	观叶植物	万盆	1.50
19	龙南县(赣)	花卉用种苗	千苗	400.00
20	鹤城区(湘)	盆花	万盆	30.00
21	涿州市(冀)	盆花	万盆	25.00

(续表)

序号	吊兰主产地	花卉类别	单位	生产量
22	高邑县(冀)	盆花	万盆	20.00
23	运河区(冀)	盆花	万盆	20.00
24	太和县(皖)	盆花	万盆	20.00
25	山海关区(冀)	盆花	万盆	19.00
26	雨山区(皖)	盆花	万盆	18.00
27	莒　县(鲁)	盆花	万盆	18.00
28	贵溪市(赣)	盆花	万盆	12.30
29	黄骅市(冀)	盆花	万盆	10.00
30	郧西县(鄂)	盆花	万盆	7.50
31	会同县(湘)	盆花	万盆	6.00
32	兴庆区(宁)	盆花	万盆	6.00
33	青　县(冀)	盆花	万盆	5.00
34	峄城区(鲁)	盆花	万盆	5.00
35	鱼台县(鲁)	盆花	万盆	4.50
36	魏　县(冀)	盆花	万盆	4.00
37	西华县(豫)	盆花	万盆	4.00
38	浠水县(鄂)	盆花	万盆	4.00
39	迁安市(冀)	盆花	万盆	3.60
40	任丘市(冀)	盆花	万盆	3.54
41	东洲区(辽)	盆花	万盆	3.10
42	蠡　县(冀)	盆花	万盆	3.00
43	阳新县(鄂)	盆花	万盆	3.00
44	宁远县(湘)	盆花	万盆	3.00
45	高碑店市(冀)	盆花	万盆	2.00
46	会宁县(甘)	盆花	万盆	2.00
47	贺兰县(宁)	盆花	万盆	1.80
48	公安县(鄂)	盆花	万盆	1.70
49	洞口县(湘)	盆花	万盆	1.50
50	洪泽区(苏)	盆花	万盆	1.00
51	新华区(豫)	盆花	万盆	1.00
52	鹤峰县(鄂)	盆花	万盆	1.00
53	沁阳市(豫)	盆花	万盆	0.92
54	庆元县(浙)	盆花	万盆	0.90
55	五华县(粤)	盆景	万盆	100.00
56	会理县(川)	盆景	万盆	10.10
57	兴国县(赣)	盆景	万盆	6.45
58	招远市(鲁)	盆景	万盆	6.00
59	石城县(赣)	盆景	万盆	4.00
60	献　县(冀)	盆景	万盆	3.80
61	潢川县(豫)	盆景	万盆	3.50
62	孟村回族自治县(冀)	盆景	万盆	3.00
63	北湖区(湘)	盆景	万盆	2.10
64	昌乐县(鲁)	盆景	万盆	1.00
65	昌吉市(新)	盆景	万盆	1.00
66	新丰县(粤)	盆景	万盆	0.55

(续表)

序号	吊兰主产地	花卉类别	单位	生产量
67	新丰县(粤)	鲜切花	万支	135.00
68	会宁县(甘)	鲜切花	万支	2.00

表 12-25　法桐主产地产量

序号	法桐主产地	花卉类别	单位	生产量
1	隆阳区(滇)	城市绿化苗	万株	31325.00
2	济源市(豫)	城市绿化苗	万株	4100.00
3	新泰市(鲁)	城市绿化苗	万株	1321.00
4	河东区(鲁)	城市绿化苗	万株	370.00
5	辉县市(豫)	城市绿化苗	万株	230.00
6	永清县(冀)	城市绿化苗	万株	180.00
7	安阳县(豫)	城市绿化苗	万株	160.00
8	郸城县(豫)	城市绿化苗	万株	135.00
9	汝南县(豫)	城市绿化苗	万株	125.00
10	光山县(豫)	城市绿化苗	万株	100.00
11	茌平县(鲁)	城市绿化苗	万株	86.62
12	安国市(冀)	城市绿化苗	万株	80.00
13	鄄城县(鲁)	城市绿化苗	万株	70.00
14	淮滨县(豫)	城市绿化苗	万株	50.00
15	上蔡县(豫)	城市绿化苗	万株	46.00
16	沭阳县(苏)	城市绿化苗	万株	30.00
17	兰考县(豫)	城市绿化苗	万株	20.00
18	浠水县(鄂)	城市绿化苗	万株	20.00
19	杞　县(豫)	城市绿化苗	万株	15.00
20	安丘市(鲁)	城市绿化苗	万株	10.80
21	龙南县(赣)	城市绿化苗	万株	10.00
22	宜城市(鄂)	城市绿化苗	万株	10.00
23	襄城县(豫)	城市绿化苗	万株	5.50
24	曲周县(冀)	城市绿化苗	万株	4.00
25	红安县(鄂)	城市绿化苗	万株	3.60
26	威海市经济技术开发区(鲁)	城市绿化苗	万株	2.50
27	西华县(豫)	城市绿化苗	万株	2.00
28	尉氏县(豫)	城市绿化苗	万株	1.20
29	民权县(豫)	观赏苗木	万株	367.00
30	陵城区(鲁)	观赏苗木	万株	276.22
31	鄢陵县(豫)	观赏苗木	万株	223.00
32	涿州市(冀)	观赏苗木	万株	200.00
33	范　县(豫)	观赏苗木	万株	140.00
34	成安县(冀)	观赏苗木	万株	120.00
35	宁晋县(冀)	观赏苗木	万株	75.00
36	长葛市(豫)	观赏苗木	万株	43.20
37	川汇区(豫)	观赏苗木	万株	9.00
38	肥乡区(冀)	观赏苗木	万株	6.00
39	鹤山区(豫)	观赏苗木	万株	5.00
40	广德县(皖)	观赏苗木	万株	4.20

（续表）

序号	法桐主产地	花卉类别	单位	生产量
41	高碑店市(冀)	观赏苗木	万株	4.00
42	淮阳县(豫)	观赏苗木	万株	3.70
43	井陉矿区(冀)	观赏苗木	万株	3.00
44	莒　县(鲁)	观赏苗木	万株	3.00
45	蚌埠市市辖区(皖)	观赏苗木	万株	2.00
46	成武县(鲁)	观赏苗木	万株	2.00
47	开平区(冀)	观赏苗木	万株	2.00
48	魏　县(冀)	观赏苗木	万株	2.00
49	鱼台县(鲁)	观赏苗木	万株	1.50
50	广平县(冀)	观赏苗木	万株	1.10
51	沁阳市(豫)	观赏苗木	万株	0.63

表 12-26　蝴蝶兰主产地产量

序号	蝴蝶兰主产地	花卉类别	单位	生产量
1	秀英区(琼)	城市绿化苗	万株	230.00
2	南岳区(湘)	城市绿化苗	万株	100.00
3	建安区(豫)	城市绿化苗	万株	30.00
4	惠济区(豫)	观赏苗木	万株	200.00
5	翠屏区(川)	观赏苗木	万株	132.00
6	灵宝市(豫)	观赏苗木	万株	48.00
7	邳州市(苏)	观叶植物	万盆	105.00
8	博罗县(粤)	观叶植物	万盆	5.00
9	禹城市(鲁)	花卉用种苗	千苗	5000.00
10	顺德区(粤)	盆花	万盆	3000.00
11	青浦区(沪)	盆花	万盆	60.00
12	兴庆区(宁)	盆花	万盆	50.00
13	禹会区(皖)	盆花	万盆	50.00
14	丰宁满族自治县(冀)	盆花	万盆	42.00
15	三亚市市辖区(琼)	盆花	万盆	40.00
16	贺兰县(宁)	盆花	万盆	20.00
17	津南区(津)	盆花	万盆	16.50
18	牟平区(鲁)	盆花	万盆	15.00
19	长清区(鲁)	盆花	万盆	12.00
20	东丽区(津)	盆花	万盆	10.00
21	莒　县(鲁)	盆花	万盆	10.00
22	阳信县(鲁)	盆花	万盆	10.00
23	韩城市林业局(陕)	盆花	万盆	6.00
24	普宁市(粤)	盆花	万盆	5.18
25	阎良区(陕)	盆花	万盆	5.00
26	涿州市(冀)	盆花	万盆	5.00
27	东洲区(辽)	盆花	万盆	4.70
28	莱阳市(鲁)	盆花	万盆	4.00
29	章丘区(鲁)	盆花	万盆	3.00
30	坊子区(鲁)	盆花	万盆	2.00
31	济阳区(鲁)	盆花	万盆	2.00

（续表）

序号	蝴蝶兰主产地	花卉类别	单位	生产量
32	迁安市(冀)	盆花	万盆	2.00
33	北京市大东流苗圃（京）	盆花	万盆	1.35
34	兴国县(赣)	盆花	万盆	1.30
35	高碑店市(冀)	盆花	万盆	1.00
36	永清县(冀)	盆花	万盆	1.00
37	五华县(粤)	盆景	万盆	200.00
38	新丰县(粤)	盆景	万盆	5.40
39	三亚市市辖区(琼)	鲜切花	万支	800.00
40	新丰县(粤)	鲜切花	万支	615.00
41	文昌市(琼)	鲜切花	万支	60.00
42	长清区(鲁)	鲜切花	万支	30.00
43	泰山区(鲁)	鲜切花	万支	27.30
44	颍上县(皖)	鲜切花	万支	27.00
45	龙华区(琼)	鲜切花	万支	10.00
46	鱼台县(鲁)	鲜切花	万支	4.38

表 12-27　茶花主产地产量

序号	茶花主产地	花卉类别	单位	生产量
1	竹溪县(鄂)	城市绿化苗	万株	150.00
2	雨花区(湘)	城市绿化苗	万株	120.00
3	麒麟区(滇)	城市绿化苗	万株	100.00
4	五华县(粤)	城市绿化苗	万株	100.00
5	新田县(湘)	城市绿化苗	万株	30.00
6	中方县(湘)	城市绿化苗	万株	25.00
7	红安县(鄂)	城市绿化苗	万株	22.80
8	洞口县(湘)	城市绿化苗	万株	22.00
9	新宁县(湘)	城市绿化苗	万株	20.00
10	宁远县(湘)	城市绿化苗	万株	12.00
11	华容县(湘)	城市绿化苗	万株	10.00
12	阳新县(鄂)	城市绿化苗	万株	10.00
13	新化县(湘)	城市绿化苗	万株	9.00
14	楚雄市(滇)	城市绿化苗	万株	7.20
15	津市市(湘)	城市绿化苗	万株	6.00
16	珠晖区(湘)	城市绿化苗	万株	5.00
17	通城县(鄂)	城市绿化苗	万株	3.00
18	腾冲市(滇)	城市绿化苗	万株	2.00
19	鹤峰县(鄂)	城市绿化苗	万株	1.50
20	辰溪县(湘)	城市绿化苗	万株	1.20
21	邵阳县(湘)	城市绿化苗	万株	1.10
22	岳阳县(湘)	城市绿化苗	万株	1.00
23	平利县(陕)	城市绿化苗	万株	0.60
24	汨罗市(湘)	观赏苗木	万株	120.00
25	汝城县(湘)	观赏苗木	万株	120.00
26	高　县(川)	观赏苗木	万株	52.00
27	龙南县(赣)	观赏苗木	万株	50.00

(续表)

序号	茶花主产地	花卉类别	单位	生产量
28	武冈市(湘)	观赏苗木	万株	42.00
29	宁远县(湘)	观赏苗木	万株	30.00
30	株洲县(湘)	观赏苗木	万株	22.00
31	邵东县(湘)	观赏苗木	万株	20.00
32	双峰县(湘)	观赏苗木	万株	12.00
33	崇阳县(鄂)	观赏苗木	万株	10.00
34	巴州区(川)	观赏苗木	万株	8.00
35	盐都区(苏)	观赏苗木	万株	5.00
36	丹棱县(川)	观赏苗木	万株	2.30
37	章丘区(鲁)	观赏苗木	万株	2.00
38	云　县(滇)	观赏苗木	万株	1.20
39	大姚县(滇)	观赏苗木	万株	1.13
40	沅陵县(湘)	观赏苗木	万株	0.81
41	竹山县(鄂)	观赏苗木	万株	0.80
42	高　县(川)	观叶植物	万盆	5.17
43	普安县(黔)	观叶植物	万盆	2.12
44	冷水滩区(湘)	观叶植物	万盆	1.00
45	石泉县(陕)	观叶植物	万盆	0.80
46	澧　县(湘)	花卉用种苗	千苗	2000.00
47	龙南县(赣)	花卉用种苗	千苗	300.00
48	筠连县(川)	盆花	万盆	68.00
49	婺城区(浙)	盆花	万盆	63.00
50	遂川县(赣)	盆花	万盆	26.00
51	巴州区(川)	盆花	万盆	15.00
52	浠水县(鄂)	盆花	万盆	12.00
53	武冈市(湘)	盆花	万盆	11.00
54	石城县(赣)	盆花	万盆	9.00
55	阳新县(鄂)	盆花	万盆	5.00
56	会同县(湘)	盆花	万盆	3.00
57	潮安区(粤)	盆花	万盆	2.87
58	公安县(鄂)	盆花	万盆	1.40
59	洞口县(湘)	盆花	万盆	1.30
60	大冶市(鄂)	盆花	万盆	1.00
61	息　县(豫)	盆花	万盆	0.80
62	兴国县(赣)	盆花	万盆	0.80
63	新丰县(粤)	盆景	万盆	4.60
64	鹤城区(湘)	盆景	万盆	2.30
65	新丰县(粤)	鲜切花	万支	608.00
66	翠屏区(川)	鲜切花	万支	1.40
67	大悟县(鄂)	穴盘苗	万株	1.20

表 12-28　红叶石楠主产地产量

序号	红叶石楠主产地	花卉类别	单位	生产量
1	襄城县(豫)	城市绿化苗	万株	3000.00
2	麒麟区(滇)	城市绿化苗	万株	2000.00
3	岳阳县(湘)	城市绿化苗	万株	1000.00
4	潢川县(豫)	城市绿化苗	万株	900.00
5	颍州区(皖)	城市绿化苗	万株	600.00
6	竹溪县(鄂)	城市绿化苗	万株	600.00
7	光山县(豫)	城市绿化苗	万株	320.00
8	新田县(湘)	城市绿化苗	万株	300.00
9	华容县(湘)	城市绿化苗	万株	200.00
10	南漳县(鄂)	城市绿化苗	万株	200.00
11	浠水县(鄂)	城市绿化苗	万株	200.00
12	花垣县(湘)	城市绿化苗	万株	135.00
13	茶陵县(湘)	城市绿化苗	万株	120.00
14	沭阳县(苏)	城市绿化苗	万株	100.00
15	桐城市(皖)	城市绿化苗	万株	100.00
16	栾川县(豫)	城市绿化苗	万株	97.00
17	郸城县(豫)	城市绿化苗	万株	75.00
18	汝南县(豫)	城市绿化苗	万株	70.00
19	红安县(鄂)	城市绿化苗	万株	67.50
20	邵阳县(湘)	城市绿化苗	万株	60.00
21	达川区(川)	城市绿化苗	万株	50.00
22	辉县市(豫)	城市绿化苗	万株	50.00
23	宜城市(鄂)	城市绿化苗	万株	50.00
24	阳新县(鄂)	城市绿化苗	万株	45.00
25	叶　县(豫)	城市绿化苗	万株	40.00
26	新化县(湘)	城市绿化苗	万株	35.00
27	永城市(豫)	城市绿化苗	万株	30.70
28	枣阳市(鄂)	城市绿化苗	万株	30.00
29	保康县(鄂)	城市绿化苗	万株	23.00
30	淇　县(豫)	城市绿化苗	万株	20.00
31	息　县(豫)	城市绿化苗	万株	20.00
32	湘东区(赣)	城市绿化苗	万株	20.00
33	新宁县(湘)	城市绿化苗	万株	20.00
34	沿河土家族自治县(黔)	城市绿化苗	万株	20.00
35	宁远县(湘)	城市绿化苗	万株	15.00
36	腾冲市(滇)	城市绿化苗	万株	10.00
37	舞阳县(豫)	城市绿化苗	万株	10.00
38	中方县(湘)	城市绿化苗	万株	10.00
39	津市市(湘)	城市绿化苗	万株	8.00
40	威海市经济技术开发区(鲁)	城市绿化苗	万株	7.00
41	恩阳区(川)	城市绿化苗	万株	6.00
42	芷江侗族自治县(湘)	城市绿化苗	万株	6.00
43	含山县(皖)	城市绿化苗	万株	5.00
44	鹤峰县(鄂)	城市绿化苗	万株	5.00
45	郎溪县(皖)	城市绿化苗	万株	5.00
46	兴国县(赣)	城市绿化苗	万株	5.00
47	东宝区(鄂)	城市绿化苗	万株	4.00

（续表）

序号	红叶石楠主产地	花卉类别	单位	生产量
48	涪城区(川)	城市绿化苗	万株	3.00
49	西华县(豫)	城市绿化苗	万株	3.00
50	辰溪县(湘)	城市绿化苗	万株	2.20
51	香格里拉市(滇)	城市绿化苗	万株	1.69
52	山阳区(豫)	城市绿化苗	万株	1.30
53	黟　县(皖)	城市绿化苗	万株	1.30
54	宛城区(豫)	城市绿化苗	万株	1.20
55	桃江县(湘)	城市绿化苗	万株	1.00
56	水富县(滇)	城市绿化苗	万株	0.60
57	周至县(陕)	观赏苗木	万株	30000.00
58	武进区(苏)	观赏苗木	万株	7200.00
59	苏仙区(湘)	观赏苗木	万株	4800.00
60	鄢陵县(豫)	观赏苗木	万株	304.00
61	浦江县(浙)	观赏苗木	万株	223.00
62	桂东县(湘)	观赏苗木	万株	200.00
63	崇阳县(鄂)	观赏苗木	万株	150.00
64	雨花区(湘)	观赏苗木	万株	150.00
65	长葛市(豫)	观赏苗木	万株	131.10
66	郧西县(鄂)	观赏苗木	万株	100.00
67	襄州区(鄂)	观赏苗木	万株	80.00
68	确山县(豫)	观赏苗木	万株	75.00
69	平桥区(豫)	观赏苗木	万株	72.00
70	慈利县(湘)	观赏苗木	万株	70.00
71	双峰县(湘)	观赏苗木	万株	60.00
72	庆元县(浙)	观赏苗木	万株	37.00
73	西平县(豫)	观赏苗木	万株	26.00
74	万山区(黔)	观赏苗木	万株	25.00
75	柯城区(浙)	观赏苗木	万株	20.00
76	嵩　县(豫)	观赏苗木	万株	20.00
77	游仙区(川)	观赏苗木	万株	18.00
78	株洲县(湘)	观赏苗木	万株	18.00
79	莒　县(鲁)	观赏苗木	万株	12.00
80	大冶市(鄂)	观赏苗木	万株	10.00
81	鹤山区(豫)	观赏苗木	万株	10.00
82	沂水县(鲁)	观赏苗木	万株	10.00
83	广汉市(川)	观赏苗木	万株	9.95
84	汝阳县(豫)	观赏苗木	万株	8.90
85	通城县(鄂)	观赏苗木	万株	6.80
86	高　县(川)	观赏苗木	万株	4.20
87	汉源县(川)	观赏苗木	万株	3.50
88	兴文县(川)	观赏苗木	万株	3.00
89	湘阴县(湘)	观赏苗木	万株	2.30
90	公安县(鄂)	观赏苗木	万株	2.20
91	韶山市(湘)	观赏苗木	万株	2.20
92	南乐县(豫)	观赏苗木	万株	2.10

（续表）

序号	红叶石楠主产地	花卉类别	单位	生产量
93	雨湖区(湘)	观赏苗木	万株	2.10
94	成武县(鲁)	观赏苗木	万株	2.00
95	鸡泽县(冀)	观赏苗木	万株	2.00
96	魏　县(冀)	观赏苗木	万株	2.00
97	夏邑县(豫)	观赏苗木	万株	2.00
98	沁阳市(豫)	观赏苗木	万株	1.50
99	罗平县(滇)	观赏苗木	万株	0.70
100	淮阳县(豫)	观赏苗木	万株	0.54
101	潢川县(豫)	观叶植物	万盆	4.60
102	平利县(陕)	观叶植物	万盆	0.80
103	龙南县(赣)	花卉用种苗	千苗	600.00
104	南郑区(陕)	花卉用种苗	千苗	100.00
105	雨花区(湘)	盆花	万盆	95.00
106	巴州区(川)	盆花	万盆	6.00
107	北湖区(湘)	盆景	万盆	6.50
108	宣汉县(川)	鲜切花	万支	15.60
109	巴州区(川)	鲜切叶	万支	15.00

表 12-29　红枫主产地产量

序号	红枫主产地	花卉类别	单位	生产量
1	麒麟区(滇)	城市绿化苗	万株	500.00
2	达川区(川)	城市绿化苗	万株	100.00
3	上蔡县(豫)	城市绿化苗	万株	55.00
4	潢川县(豫)	城市绿化苗	万株	30.00
5	龙南县(赣)	城市绿化苗	万株	15.00
6	新　县(豫)	城市绿化苗	万株	13.00
7	沭阳县(苏)	城市绿化苗	万株	10.00
8	新田县(湘)	城市绿化苗	万株	10.00
9	舞阳县(豫)	城市绿化苗	万株	7.20
10	恩阳区(川)	城市绿化苗	万株	6.00
11	彭阳县(宁)	城市绿化苗	万株	5.00
12	武穴市(鄂)	城市绿化苗	万株	5.00
13	浠水县(鄂)	城市绿化苗	万株	5.00
14	阳新县(鄂)	城市绿化苗	万株	4.00
15	华容县(湘)	城市绿化苗	万株	2.00
16	桐城市(皖)	城市绿化苗	万株	2.00
17	确山县(豫)	观赏苗木	万株	85.00
18	南郑区(陕)	观赏苗木	万株	50.00
19	蕲春县(鄂)	观赏苗木	万株	50.00
20	龙南县(赣)	观赏苗木	万株	35.00
21	宁远县(湘)	观赏苗木	万株	20.00
22	巴州区(川)	观赏苗木	万株	15.00
23	浦江县(浙)	观赏苗木	万株	13.00
24	宁晋县(冀)	观赏苗木	万株	10.00
25	游仙区(川)	观赏苗木	万株	8.00

(续表)

序号	红枫主产地	花卉类别	单位	生产量
26	长葛市(豫)	观赏苗木	万株	4.30
27	莒　县(鲁)	观赏苗木	万株	3.00
28	双峰县(湘)	观赏苗木	万株	2.00
29	兴文县(川)	观赏苗木	万株	2.00
30	茌平县(鲁)	观赏苗木	万株	0.70
31	大悟县(鄂)	观赏苗木	万株	0.60
32	龙南县(赣)	花卉用种苗	千苗	200.00
33	巴州区(川)	盆花	万盆	3.00

表 12-30　紫薇主产地产量

序号	紫薇主产地	花卉类别	单位	生产量
1	盐津县(滇)	城市绿化苗	万株	510.00
2	新　县(豫)	城市绿化苗	万株	408.00
3	新田县(湘)	城市绿化苗	万株	200.00
4	雨花区(湘)	城市绿化苗	万株	190.00
5	光山县(豫)	城市绿化苗	万株	165.00
6	团风县(鄂)	城市绿化苗	万株	50.00
7	浠水县(鄂)	城市绿化苗	万株	50.00
8	华容县(湘)	城市绿化苗	万株	26.00
9	济源市(豫)	城市绿化苗	万株	22.00
10	保康县(鄂)	城市绿化苗	万株	20.00
11	利川市(鄂)	城市绿化苗	万株	20.00
12	思南县(黔)	城市绿化苗	万株	20.00
13	威海市经济技术开发区(鲁)	城市绿化苗	万株	15.00
14	中方县(湘)	城市绿化苗	万株	15.00
15	沿河土家族自治县(黔)	城市绿化苗	万株	12.00
16	龙南县(赣)	城市绿化苗	万株	10.00
17	罗甸县(黔)	城市绿化苗	万株	10.00
18	宁远县(湘)	城市绿化苗	万株	6.00
19	鹤峰县(鄂)	城市绿化苗	万株	5.00
20	红安县(鄂)	城市绿化苗	万株	3.60
21	邵阳县(湘)	城市绿化苗	万株	3.30
22	通城县(鄂)	城市绿化苗	万株	3.00
23	武穴市(鄂)	城市绿化苗	万株	3.00
24	安化县(湘)	城市绿化苗	万株	2.32
25	含山县(皖)	城市绿化苗	万株	2.00
26	黎川县(赣)	城市绿化苗	万株	2.00
27	麻栗坡县(滇)	城市绿化苗	万株	1.30
28	新晃侗族自治县(湘)	城市绿化苗	万株	1.00
29	泰兴市(苏)	观赏苗木	万株	309.00
30	新野县(豫)	观赏苗木	万株	280.00
31	潜江市(鄂)	观赏苗木	万株	200.00
32	南漳县(鄂)	观赏苗木	万株	150.00
33	社旗县(豫)	观赏苗木	万株	150.00
34	鄢陵县(豫)	观赏苗木	万株	142.00

(续表)

序号	紫薇主产地	花卉类别	单位	生产量
35	镇平县(豫)	观赏苗木	万株	120.00
36	雨花区(湘)	观赏苗木	万株	70.00
37	汨罗市(湘)	观赏苗木	万株	65.00
38	襄州区(鄂)	观赏苗木	万株	60.00
39	金堂县(川)	观赏苗木	万株	58.80
40	浦江县(浙)	观赏苗木	万株	50.00
41	襄城县(豫)	观赏苗木	万株	50.00
42	株洲县(湘)	观赏苗木	万株	50.00
43	确山县(豫)	观赏苗木	万株	40.00
44	庆元县(浙)	观赏苗木	万株	33.00
45	宁远县(湘)	观赏苗木	万株	30.00
46	平桥区(豫)	观赏苗木	万株	26.00
47	巴州区(川)	观赏苗木	万株	25.00
48	长葛市(豫)	观赏苗木	万株	20.10
49	祁门县(皖)	观赏苗木	万株	18.00
50	兴义市(黔)	观赏苗木	万株	14.83
51	广德县(皖)	观赏苗木	万株	14.70
52	范　县(豫)	观赏苗木	万株	10.00
53	屈家岭管理区(鄂)	观赏苗木	万株	10.00
54	阳新县(鄂)	观赏苗木	万株	8.00
55	北塔区(湘)	观赏苗木	万株	6.20
56	章丘区(鲁)	观赏苗木	万株	6.00
57	蚌山区(皖)	观赏苗木	万株	5.00
58	兴文县(川)	观赏苗木	万株	5.00
59	旌阳区(川)	观赏苗木	万株	4.50
60	蚌埠市市辖区(皖)	观赏苗木	万株	3.00
61	丛台区(冀)	观赏苗木	万株	3.00
62	泌阳县(豫)	观赏苗木	万株	2.50
63	固镇县(皖)	观赏苗木	万株	2.00
64	内江市市中区(川)	观赏苗木	万株	2.00
65	夏邑县(豫)	观赏苗木	万株	2.00
66	公安县(鄂)	观赏苗木	万株	1.90
67	顺义区(京)	观赏苗木	万株	1.20
68	罗平县(滇)	观赏苗木	万株	1.19
69	满城区(冀)	观赏苗木	万株	1.00
70	迁安市(冀)	观赏苗木	万株	1.00
71	普安县(黔)	观赏苗木	万株	0.80
72	翠屏区(川)	观叶植物	万盆	188.00
73	南郑区(陕)	花卉用种苗	千苗	1800.00
74	龙南县(赣)	花卉用种苗	千苗	300.00
75	巴州区(川)	盆花	万盆	8.00

表 12-31　其他花卉主产地产量

序号	其他花卉主产地	品种	花卉类别	单位	生产量
1	儋州市(琼)	巴西铁	观叶植物	万盆	5.00

（续表）

序号	其他花卉主产地	品种	花卉类别	单位	生产量
2	高碑店市(冀)	巴西铁	盆花	万盆	1.00
3	琼山区(琼)	巴西铁	盆景	万盆	950.00
4	建安区(豫)	白碧桃	城市绿化苗	万株	200.00
5	广德县(皖)	白及	观赏苗木	万株	6335.00
6	新宁县(湘)	白及	食用及药用花卉	千克	200000.00
7	汉寿县(湘)	白鹃梅	观赏苗木	万株	95.00
8	龙山区(吉)	百日草	城市绿化苗	万株	8.40
9	五原县(内蒙古)	百日草	城市绿化苗	万株	5.00
10	密山市(黑)	百日草	城市绿化苗	万株	4.50
11	平罗县(宁)	百日草	观赏苗木	万株	30.00
12	金川区(甘)	百日草	观赏苗木	万株	20.00
13	元宝山区(内蒙古)	百日草	观赏苗木	万株	5.00
14	龙南县(赣)	百日草	花卉用种苗	千苗	300.00
15	北戴河区(冀)	百日草	盆花	万盆	9.70
16	忻府区(晋)	百日草	盆花	万盆	5.50
17	武川县(内蒙古)	百日草	盆花	万盆	5.00
18	孝南区(鄂)	百日草	盆花	万盆	3.00
19	安国市(冀)	薄荷	鲜切叶	万支	10.00
20	莱阳市(鲁)	彩叶草	城市绿化苗	万株	7.00
21	迁西县(冀)	彩叶草	观赏苗木	万株	3.00
22	仙桃市(鄂)	彩叶草	观叶植物	万盆	70.00
23	嵩　县(豫)	彩叶草	观叶植物	万盆	5.00
24	大悟县(鄂)	彩叶草	观叶植物	万盆	0.90
25	北戴河区(冀)	彩叶草	盆花	万盆	9.50
26	永清县(冀)	彩叶草	盆花	万盆	8.00
27	忻府区(晋)	彩叶草	盆花	万盆	5.30
28	武川县(内蒙古)	彩叶草	盆花	万盆	5.00
29	孝南区(鄂)	彩叶草	盆花	万盆	5.00
30	满城区(冀)	彩叶草	盆花	万盆	2.00
31	宁远县(湘)	彩叶草	盆花	万盆	2.00
32	商水县(豫)	彩叶草	盆花	万盆	0.90
33	崇阳县(鄂)	彩叶草	盆花	万盆	0.70
34	北戴河区(冀)	草芙蓉	盆花	万盆	6.50
35	长沙县(湘)	茶梅	城市绿化苗	万株	80.00
36	华容县(湘)	茶梅	城市绿化苗	万株	6.00
37	珠晖区(湘)	茶梅	城市绿化苗	万株	3.00
38	通城县(鄂)	茶梅	城市绿化苗	万株	2.00
39	义乌市(浙)	茶梅	观赏苗木	万株	50.00
40	南郑区(陕)	茶梅	观赏苗木	万株	20.00
41	邗江区(苏)	茶梅	观赏苗木	万株	4.50
42	阳新县(鄂)	茶梅	观赏苗木	万株	2.00
43	浠水县(鄂)	茶梅	盆花	万盆	6.00
44	大冶市(鄂)	茶梅	盆花	万盆	1.00
45	会同县(湘)	茶梅	盆花	万盆	1.00
46	崇阳县(鄂)	茶梅	盆花	万盆	0.80

（续表）

序号	其他花卉主产地	品种	花卉类别	单位	生产量
47	大悟县(鄂)	茶梅	鲜切花	万支	1.20
48	息　县(豫)	茶梅	鲜切花	万支	1.20
49	沭阳县(苏)	常春藤类	城市绿化苗	万株	100.00
50	新泰市(鲁)	常春藤类	观赏苗木	万株	10.00
51	成武县(鲁)	常春藤类	观叶植物	万盆	30.00
52	义乌市(浙)	常春藤类	观叶植物	万盆	28.40
53	嵩　县(豫)	常春藤类	观叶植物	万盆	6.00
54	永清县(冀)	常春藤类	观叶植物	万盆	2.00
55	高邑县(冀)	常春藤类	盆花	万盆	15.00
56	忻府区(晋)	常春藤类	盆花	万盆	3.00
57	洪泽区(苏)	常春藤类	盆景	万盆	2.00
58	鹤峰县(鄂)	赤楠	城市绿化苗	万株	10.00
59	龙南县(赣)	赤楠	观赏苗木	万株	50.00
60	鼎城区(湘)	赤楠	观赏苗木	万株	3.00
61	雨湖区(湘)	赤楠	观赏苗木	万株	2.20
62	龙南县(赣)	赤楠	花卉用种苗	千苗	400.00
63	建安区(豫)	垂丝海棠	城市绿化苗	万株	650.00
64	襄城县(豫)	垂丝海棠	城市绿化苗	万株	420.00
65	潢川县(豫)	垂丝海棠	城市绿化苗	万株	30.00
66	沭阳县(苏)	垂丝海棠	城市绿化苗	万株	10.00
67	舞阳县(豫)	垂丝海棠	城市绿化苗	万株	3.30
68	阜南县(皖)	垂丝海棠	城市绿化苗	万株	3.00
69	浠水县(鄂)	垂丝海棠	城市绿化苗	万株	2.00
70	建安区(豫)	垂丝海棠	观赏苗木	万株	120.00
71	长葛市(豫)	垂丝海棠	观赏苗木	万株	68.70
72	光山县(豫)	垂丝海棠	观赏苗木	万株	31.00
73	长垣县(豫)	垂丝海棠	观赏苗木	万株	6.00
74	高碑店市(冀)	垂丝海棠	观赏苗木	万株	3.00
75	恩阳区(川)	垂丝海棠	观赏苗木	万株	2.00
76	鱼台县(鲁)	垂丝海棠	观赏苗木	万株	2.00
77	章丘区(鲁)	垂丝海棠	观赏苗木	万株	2.00
78	莒　县(鲁)	垂丝海棠	观赏苗木	万株	1.00
79	顺义区(京)	垂丝海棠	观赏苗木	万株	1.00
80	东兴区(川)	垂丝海棠	观赏苗木	万株	0.60
81	息　县(豫)	垂丝海棠	盆花	万盆	3.20
82	洪泽区(苏)	垂丝海棠	盆景	万盆	2.00
83	新丰县(粤)	垂丝海棠	盆景	万盆	0.55
84	新丰县(粤)	垂丝海棠	鲜切花	万支	166.00
85	长沙县(湘)	葱兰	城市绿化苗	万株	300.00
86	沭阳县(苏)	葱兰	城市绿化苗	万株	200.00
87	新化县(湘)	葱兰	城市绿化苗	万株	200.00
88	洞口县(湘)	葱兰	城市绿化苗	万株	5.70
89	大冶市(鄂)	葱兰	观赏苗木	万株	5.00
90	仙桃市(鄂)	葱兰	观叶植物	万盆	10.00
91	竹山县(鄂)	葱兰	观叶植物	万盆	1.00

(续表)

序号	其他花卉主产地	品种	花卉类别	单位	生产量
92	襄城区(鄂)	葱兰	盆花	万盆	2.60
93	潢川县(豫)	翠柏	城市绿化苗	万株	29.00
94	姚安县(滇)	翠柏	城市绿化苗	万株	25.00
95	敦煌市(甘)	翠柏	城市绿化苗	万株	3.70
96	芜湖县(皖)	翠柏	观赏苗木	万株	5.00
97	鼎城区(湘)	翠柏	观赏苗木	万株	2.20
98	隆尧县(冀)	翠柏	观叶植物	万盆	10.00
99	北镇市(辽)	翠柏	盆花	万盆	340.00
100	蚌山区(皖)	翠柏	盆景	万盆	100.00
101	潢川县(豫)	翠柏	盆景	万盆	2.00
102	新丰县(粤)	翠柏	盆景	万盆	0.99
103	莫尔道嘎林业局(内蒙古森工)	翠雀	食用及药用花卉	千克	2.50
104	龙山区(吉)	大丽花	城市绿化苗	万株	4.50
105	恩阳区(川)	大丽花	观赏苗木	万株	2.00
106	永清县(冀)	大丽花	花卉用种球	千粒	5.00
107	新泰市(鲁)	大丽花	盆花	万盆	26.00
108	北戴河区(冀)	大丽花	盆花	万盆	11.40
109	会宁县(甘)	大丽花	盆花	万盆	10.00
110	高邑县(冀)	大丽花	盆花	万盆	6.00
111	普宁市(粤)	大丽花	盆花	万盆	3.52
112	潢川县(豫)	大丽花	盆花	万盆	3.50
113	嵩　县(豫)	大丽花	盆花	万盆	1.50
114	商水县(豫)	大丽花	盆花	万盆	1.10
115	贡井区(川)	大丽花	鲜切叶	万支	10.00
116	通道侗族自治县(湘)	大血藤	盆景	万盆	5.00
117	永清县(冀)	大岩桐	盆花	万盆	1.00
118	潢川县(豫)	淡竹	城市绿化苗	万株	105.00
119	新宁县(湘)	淡竹	食用及药用花卉	千克	50000.00
120	沭阳县(苏)	倒挂金钟	城市绿化苗	万株	2.00
121	高碑店市(冀)	倒挂金钟	盆花	万盆	1.00
122	永清县(冀)	倒挂金钟	盆花	万盆	1.00
123	麒麟区(滇)	灯盏花	城市绿化苗	万株	1000.00
124	七坡林场(桂)	灯盏花	盆景	万盆	83.00
125	五原县(内蒙古)	地肤	城市绿化苗	万株	10.00
126	武川县(内蒙古)	地肤	盆花	万盆	3.00
127	商水县(豫)	地肤	盆花	万盆	1.10
128	安国市(冀)	地锦	城市绿化苗	万株	500.00
129	龙凤区(黑)	地锦	城市绿化苗	万株	2.00
130	满城区(冀)	地锦	观赏苗木	万株	10.00
131	涿州市(冀)	地锦	观赏苗木	万株	10.00
132	高碑店市(冀)	地锦	观叶植物	万盆	1.00
133	禹会区(皖)	地石榴	观赏苗木	万株	10.00
134	隆尧县(冀)	地石榴	盆景	万盆	5.00

(续表)

序号	其他花卉主产地	品种	花卉类别	单位	生产量
135	安国市(冀)	棣棠	城市绿化苗	万株	100.00
136	涿州市(冀)	棣棠	观赏苗木	万株	5.00
137	北戴河区(冀)	棣棠	观赏苗木	万株	2.00
138	邗江区(苏)	棣棠	观赏苗木	万株	2.00
139	章丘区(鲁)	棣棠	观赏苗木	万株	1.00
140	西华县(豫)	吊金钱	盆花	万盆	1.30
141	安国市(冀)	丁香类	城市绿化苗	万株	200.00
142	望奎县(黑)	丁香类	城市绿化苗	万株	100.00
143	潢川县(豫)	丁香类	城市绿化苗	万株	60.00
144	大同区(黑)	丁香类	城市绿化苗	万株	11.20
145	敦煌市(甘)	丁香类	城市绿化苗	万株	4.50
146	龙凤区(黑)	丁香类	城市绿化苗	万株	3.00
147	洮南市(吉)	丁香类	城市绿化苗	万株	1.00
148	围场满族蒙古族自治县(冀)	丁香类	城市绿化苗	万株	1.00
149	丰宁满族自治县(冀)	丁香类	观赏苗木	万株	160.00
150	铁锋区(黑)	丁香类	观赏苗木	万株	138.66
151	大洼县(辽)	丁香类	观赏苗木	万株	63.00
152	五常市(黑)	丁香类	观赏苗木	万株	40.00
153	忻府区(晋)	丁香类	观赏苗木	万株	23.50
154	涿州市(冀)	丁香类	观赏苗木	万株	10.00
155	北戴河区(冀)	丁香类	观赏苗木	万株	7.40
156	集贤县(黑)	丁香类	观赏苗木	万株	6.00
157	玉门市(甘)	丁香类	观赏苗木	万株	5.67
158	大厂回族自治县(冀)	丁香类	观赏苗木	万株	3.00
159	迁安市(冀)	丁香类	观赏苗木	万株	3.00
160	滦平县(冀)	丁香类	观赏苗木	万株	2.30
161	平罗县(宁)	丁香类	观赏苗木	万株	2.00
162	昌吉市(新)	丁香类	观赏苗木	万株	1.50
163	二道区(吉)	丁香类	观赏苗木	万株	1.00
164	夏邑县(豫)	丁香类	观赏苗木	万株	1.00
165	围场满族蒙古族自治县(冀)	丁香类	花卉用种子	千克	200.00
166	长治县(晋)	丁香类	盆花	万盆	1.00
167	衡山县(湘)	丁香类	盆花	万盆	0.62
168	安国市(冀)	杜仲	城市绿化苗	万株	50.00
169	襄城县(豫)	杜仲	城市绿化苗	万株	40.00
170	济源市(豫)	杜仲	城市绿化苗	万株	35.00
171	无为县(皖)	杜仲	观赏苗木	万株	33.84
172	汝阳县(豫)	杜仲	观赏苗木	万株	5.50
173	成武县(鲁)	杜仲	观赏苗木	万株	4.00
174	南乐县(豫)	杜仲	观赏苗木	万株	1.00
175	迁安市(冀)	杜仲	观赏苗木	万株	1.00

（续表）

序号	其他花卉主产地	品种	花卉类别	单位	生产量
176	夏邑县(豫)	杜仲	观叶植物	万盆	1.00
177	灵宝市(豫)	杜仲	食用及药用花卉	千克	13000.00
178	应城市(鄂)	对节白蜡	城市绿化苗	万株	5.00
179	华容县(湘)	对节白蜡	城市绿化苗	万株	2.00
180	建安区(豫)	对节白蜡	观赏苗木	万株	60.00
181	高碑店市(冀)	对节白蜡	观赏苗木	万株	3.00
182	孝南区(鄂)	对节白蜡	盆景	万盆	10.00
183	浠水县(鄂)	对节白蜡	盆景	万盆	2.00
184	湖北省太子山林场管理局(鄂)	对节白蜡	盆景	万盆	0.60
185	恩阳区(川)	多花蔷薇	城市绿化苗	万株	2.00
186	北戴河区(冀)	多花蔷薇	观赏苗木	万株	11.60
187	涿州市(冀)	多花蔷薇	观赏苗木	万株	10.00
188	章丘区(鲁)	多花蔷薇	观赏苗木	万株	5.00
189	潢川县(豫)	多花蔷薇	盆花	万盆	2.80
190	东安县(湘)	多花蔷薇	盆花	万盆	2.00
191	井研县(川)	多花蔷薇	鲜切花	万支	3.60
192	雨花区(湘)	凤凰竹	盆花	万盆	65.00
193	博罗县(粤)	凤梨类	观赏苗木	万株	1.00
194	顺义区(京)	凤梨类	观叶植物	万盆	58.60
195	石泉县(陕)	凤梨类	观叶植物	万盆	2.00
196	东台市(苏)	凤梨类	盆花	万盆	280.00
197	儋州市(琼)	凤梨类	盆花	万盆	110.00
198	青浦区(沪)	凤梨类	盆花	万盆	81.00
199	涿州市(冀)	凤梨类	盆花	万盆	25.00
200	诸城市(鲁)	凤梨类	盆花	万盆	20.00
201	兴庆区(宁)	凤梨类	盆花	万盆	17.00
202	义乌市(浙)	凤梨类	盆花	单位	14.50
203	东洲区(辽)	凤梨类	盆花	万盆	9.00
204	丰宁满族自治县(冀)	凤梨类	盆花	万盆	2.50
205	虞城县(豫)	凤梨类	盆花	万盆	2.10
206	北京市大东流苗圃（京）	凤梨类	盆花	万盆	1.42
207	忻府区(晋)	凤梨类	盆花	万盆	1.35
208	永清县(冀)	凤梨类	盆花	万盆	1.00
209	涉　县(冀)	凤梨类	鲜切花	万支	100.00
210	恩阳区(川)	凤尾竹	城市绿化苗	万株	2.00
211	江安县(川)	凤尾竹	观赏苗木	万株	50.00
212	长治县(晋)	凤尾竹	观叶植物	万盆	1.00
213	巴州区(川)	凤尾竹	盆花	万盆	6.00
214	会同县(湘)	凤尾竹	盆花	万盆	3.00
215	巴州区(川)	凤尾竹	鲜切叶	万支	5.00
216	恩阳区(川)	凤仙花	观赏苗木	万株	2.00
217	旌阳区(川)	凤仙花	花卉用种子	千克	50.00

（续表）

序号	其他花卉主产地	品种	花卉类别	单位	生产量
218	七坡林场(桂)	凤仙花	盆花	万盆	92.00
219	滦平县(冀)	凤仙花	盆花	万盆	30.00
220	北戴河区(冀)	凤仙花	盆花	万盆	7.80
221	东洲区(辽)	凤仙花	盆花	万盆	4.00
222	会同县(湘)	凤仙花	盆花	万盆	2.00
223	涿州市(冀)	凤仙花	盆花	万盆	2.00
224	忻府区(晋)	凤仙花	盆花	万盆	1.50
225	平山县(冀)	凤仙花	盆花	万盆	1.40
226	新华区(豫)	凤仙花	盆花	万盆	1.00
227	商水县(豫)	凤仙花	盆花	万盆	0.70
228	新丰县(粤)	凤仙花	鲜切花	万支	277.00
229	松山区(内蒙古)	凤仙花	鲜切花	万支	30.00
230	定远县(皖)	扶郎花	观赏苗木	万株	200.00
231	献　县(冀)	扶郎花	鲜切花	万支	877.00
232	泽州县(晋)	扶郎花	鲜切花	万支	30.00
233	恩阳区(川)	扶桑	观赏苗木	万株	1.20
234	宁远县(湘)	扶桑	盆花	万盆	2.00
235	易　县(冀)	福禄考	观赏苗木	万株	100.00
236	昌吉市(新)	福禄考	观赏苗木	万株	1.50
237	五常市(黑)	福禄考	花卉用种苗	千苗	10.00
238	北戴河区(冀)	福禄考	盆花	万盆	14.60
239	涿州市(冀)	福禄考	盆花	万盆	10.00
240	忻府区(晋)	福禄考	盆花	万盆	8.00
241	临泉县(皖)	刚竹	城市绿化苗	万株	2000.00
242	沭阳县(苏)	刚竹	城市绿化苗	万株	200.00
243	襄城县(豫)	刚竹	观赏苗木	万株	700.00
244	夏邑县(豫)	刚竹	观赏苗木	万株	1.00
245	桑植县(湘)	珙桐	城市绿化苗	万株	1000.00
246	利川市(鄂)	珙桐	城市绿化苗	万株	5.00
247	沭阳县(苏)	珙桐	城市绿化苗	万株	1.00
248	建安区(豫)	枸骨	城市绿化苗	万株	35.00
249	沭阳县(苏)	枸骨	城市绿化苗	万株	10.00
250	禹会区(皖)	枸骨	城市绿化苗	万株	10.00
251	新　县(豫)	枸骨	城市绿化苗	万株	7.00
252	新宁县(湘)	枸骨	城市绿化苗	万株	5.00
253	华容县(湘)	枸骨	城市绿化苗	万株	1.00
254	川汇区(豫)	枸骨	观赏苗木	万株	3.70
255	双峰县(湘)	枸骨	观赏苗木	万株	1.00
256	襄城县(豫)	枸骨	观赏苗木	万株	1.00
257	义乌市(浙)	枸骨	观赏苗木	万株	1.00
258	宁远县(湘)	枸骨	盆花	万盆	1.00
259	孝南区(鄂)	枸骨	盆景	万盆	5.00
260	浠水县(鄂)	枸骨	盆景	万盆	3.00
261	顺义区(京)	观叶芋类	观叶植物	万盆	36.10
262	义乌市(浙)	观叶芋类	观叶植物	万盆	10.00

(续表)

序号	其他花卉主产地	品种	花卉类别	单位	生产量
263	东丽区(津)	观叶芋类	盆花	万盆	60.00
264	青浦区(沪)	观叶芋类	盆花	万盆	44.33
265	涿州市(冀)	观叶芋类	盆花	万盆	25.00
266	海陵区(苏)	观叶芋类	盆花	万盆	10.00
267	定南县(赣)	观叶芋类	盆景	万盆	9.80
268	新丰县(粤)	观叶芋类	盆景	万盆	0.77
269	迁西县(冀)	观叶芋类	鲜切叶	万支	20.00
270	贡井区(川)	观叶芋类	鲜切叶	万支	10.00
271	贺兰县(宁)	光叶蔷薇	观赏苗木	万株	0.60
272	迁安市(冀)	龟背竹	盆花	万盆	2.00
273	涿州市(冀)	龟背竹	盆花	万盆	2.00
274	东安县(湘)	龟背竹	盆花	万盆	1.00
275	会理县(川)	龟背竹	盆景	万盆	10.10
276	昌吉市(新)	龟背竹	盆景	万盆	1.00
277	潢川县(豫)	桧柏	城市绿化苗	万株	123.00
278	忻府区(晋)	桧柏	城市绿化苗	万株	25.00
279	新宁县(湘)	桧柏	城市绿化苗	万株	20.00
280	安国市(冀)	桧柏	城市绿化苗	万株	10.00
281	沭阳县(苏)	桧柏	城市绿化苗	万株	10.00
282	金凤区(宁)	桧柏	城市绿化苗	万株	6.14
283	鄂托克前旗(内蒙古)	桧柏	城市绿化苗	万株	4.05
284	利川市(鄂)	桧柏	城市绿化苗	万株	1.00
285	永清县(冀)	桧柏	城市绿化苗	万株	1.00
286	望都县(冀)	桧柏	观赏苗木	万株	1520.00
287	鄢陵县(豫)	桧柏	观赏苗木	万株	85.00
288	鹤山区(豫)	桧柏	观赏苗木	万株	26.00
289	汝阳县(豫)	桧柏	观赏苗木	万株	11.36
290	北戴河区(冀)	桧柏	观赏苗木	万株	6.20
291	高碑店市(冀)	桧柏	观赏苗木	万株	2.00
292	井陉矿区(冀)	桧柏	观赏苗木	万株	2.00
293	迁安市(冀)	桧柏	观赏苗木	万株	2.00
294	山海关区(冀)	桧柏	观赏苗木	万株	2.00
295	潢川县(豫)	海桐	城市绿化苗	万株	390.00
296	浠水县(鄂)	海桐	城市绿化苗	万株	40.00
297	枣阳市(鄂)	海桐	城市绿化苗	万株	5.00
298	恩阳区(川)	海桐	城市绿化苗	万株	1.00
299	巴州区(川)	海桐	观赏苗木	万株	12.00
300	内江市市中区(川)	海桐	观赏苗木	万株	1.00
301	石鼓区(湘)	海桐	盆花	万盆	58.00
302	巴州区(川)	海桐	盆花	万盆	4.00
303	潢川县(豫)	海桐	盆花	万盆	3.90
304	麒麟区(滇)	含笑	城市绿化苗	万株	700.00
305	潢川县(豫)	含笑	城市绿化苗	万株	43.00
306	新田县(湘)	含笑	城市绿化苗	万株	10.00

(续表)

序号	其他花卉主产地	品种	花卉类别	单位	生产量
307	大冶市(鄂)	含笑	城市绿化苗	万株	5.00
308	禄丰县(滇)	含笑	城市绿化苗	万株	5.00
309	浠水县(鄂)	含笑	城市绿化苗	万株	3.00
310	普宁市(粤)	含笑	城市绿化苗	万株	2.10
311	崇阳县(鄂)	含笑	观赏苗木	万株	50.00
312	龙南县(赣)	含笑	观赏苗木	万株	25.00
313	阳新县(鄂)	含笑	观赏苗木	万株	5.00
314	蔡甸区(鄂)	含笑	观赏苗木	万株	4.00
315	义乌市(浙)	含笑	观赏苗木	万株	3.00
316	常宁市(湘)	含笑	观赏苗木	万株	0.70
317	龙南县(赣)	含笑	花卉用种苗	千苗	200.00
318	南郑区(陕)	含笑	花卉用种苗	千苗	40.00
319	潢川县(豫)	含笑	盆花	万盆	1.50
320	会同县(湘)	含笑	盆花	万盆	1.00
321	涿州市(冀)	含笑	盆花	万盆	1.00
322	新丰县(粤)	含笑	盆景	万盆	2.20
323	新丰县(粤)	含笑	鲜切花	万支	547.00
324	蚌山区(皖)	含羞草	观叶植物	万盆	3.00
325	鼎城区(湘)	含羞草	盆花	万盆	2.20
326	西华县(豫)	含羞草	盆花	万盆	2.00
327	会同县(湘)	含羞草	盆花	万盆	1.00
328	涿州市(冀)	含羞草	盆花	万盆	1.00
329	彭阳县(宁)	荷兰菊	城市绿化苗	万株	30.00
330	涿州市(冀)	荷兰菊	观赏苗木	万株	80.00
331	昌吉市(新)	荷兰菊	观赏苗木	万株	1.00
332	博罗县(粤)	荷兰菊	观叶植物	万盆	2.00
333	顺义区(京)	荷兰菊	鲜切花	万支	162.00
334	尉犁县(新)	黑心菊	城市绿化苗	万株	6.25
335	密山市(黑)	黑心菊	城市绿化苗	万株	4.50
336	龙山区(吉)	黑心菊	城市绿化苗	万株	4.20
337	五原县(内蒙古)	黑心菊	城市绿化苗	万株	2.00
338	昌吉市(新)	黑心菊	观赏苗木	万株	1.00
339	潢川县(豫)	红碧桃	城市绿化苗	万株	150.00
340	安国市(冀)	红碧桃	城市绿化苗	万株	50.00
341	彭阳县(宁)	红碧桃	城市绿化苗	万株	10.00
342	浠水县(鄂)	红碧桃	城市绿化苗	万株	3.00
343	崇阳县(鄂)	红碧桃	观赏苗木	万株	50.00
344	嵩　县(豫)	红碧桃	观赏苗木	万株	17.00
345	长垣县(豫)	红碧桃	观赏苗木	万株	5.00
346	涿州市(冀)	红碧桃	观赏苗木	万株	5.00
347	北戴河区(冀)	红碧桃	观赏苗木	万株	3.30
348	莒　县(鲁)	红碧桃	观赏苗木	万株	3.00
349	顺义区(京)	红碧桃	观赏苗木	万株	3.00
350	迁安市(冀)	红碧桃	观赏苗木	万株	2.00
351	巴州区(川)	红碧桃	盆花	万盆	10.00

（续表）

序号	其他花卉主产地	品种	花卉类别	单位	生产量
352	田东县(桂)	红花	城市绿化苗	万株	4.00
353	恩阳区(川)	红花	观赏苗木	万株	1.00
354	成武县(鲁)	红花	食用及药用花卉	千克	1400.00
355	潢川县(豫)	红瑞木	城市绿化苗	万株	115.00
356	安国市(冀)	红瑞木	城市绿化苗	万株	50.00
357	博乐市(新)	红瑞木	城市绿化苗	万株	10.00
358	九台区(吉)	红瑞木	观赏苗木	万株	160.00
359	丰宁满族自治县(冀)	红瑞木	观赏苗木	万株	40.00
360	北戴河区(冀)	红瑞木	观赏苗木	万株	6.50
361	涿州市(冀)	红瑞木	观赏苗木	万株	5.00
362	平罗县(宁)	红瑞木	观赏苗木	万株	2.00
363	顺义区(京)	红瑞木	观赏苗木	万株	2.00
364	昌吉市(新)	红瑞木	观赏苗木	万株	1.00
365	潢川县(豫)	红叶小檗	城市绿化苗	万株	640.00
366	沭阳县(苏)	红叶小檗	城市绿化苗	万株	200.00
367	安国市(冀)	红叶小檗	城市绿化苗	万株	80.00
368	威海市经济技术开发区(鲁)	红叶小檗	城市绿化苗	万株	5.00
369	恩阳区(川)	红叶小檗	城市绿化苗	万株	1.60
370	望都县(冀)	红叶小檗	观赏苗木	万株	2100.00
371	易　县(冀)	红叶小檗	观赏苗木	万株	200.00
372	涿州市(冀)	红叶小檗	观赏苗木	万株	120.00
373	鹤山区(豫)	红叶小檗	观赏苗木	万株	25.00
374	迁安市(冀)	红叶小檗	观赏苗木	万株	20.00
375	川汇区(豫)	红叶小檗	观赏苗木	万株	10.00
376	顺义区(京)	红叶小檗	观赏苗木	万株	10.00
377	义马市(豫)	红叶小檗	观赏苗木	万株	5.20
378	迁西县(冀)	红叶小檗	观赏苗木	万株	5.00
379	大厂回族自治县(冀)	红叶小檗	观赏苗木	万株	3.00
380	井陉矿区(冀)	红叶小檗	观赏苗木	万株	3.00
381	忻府区(晋)	红叶小檗	观赏苗木	万株	1.40
382	昌吉市(新)	红叶小檗	观赏苗木	万株	1.00
383	满城区(冀)	红叶小檗	观叶植物	万盆	10.00
384	夏邑县(豫)	红叶小檗	观叶植物	万盆	1.00
385	靖边县(陕)	红叶小檗	鲜切叶	万支	0.90
386	沭阳县(苏)	红叶小檗球	城市绿化苗	万株	20.00
387	安国市(冀)	红叶小檗球	城市绿化苗	万株	2.00
388	平罗县(宁)	红叶小檗球	观赏苗木	万株	3.00
389	涿州市(冀)	红叶小檗球	观赏苗木	万株	2.00
390	湘阴县(湘)	红叶小檗球	观赏苗木	万株	1.00
391	新宁县(湘)	厚朴	城市绿化苗	万株	100.00
392	新晃侗族自治县(湘)	厚朴	城市绿化苗	万株	4.00

（续表）

序号	其他花卉主产地	品种	花卉类别	单位	生产量
393	双阳区(吉)	黄刺玫	城市绿化苗	万株	100.00
394	大武口区(宁)	黄刺玫	城市绿化苗	万株	30.00
395	安国市(冀)	黄刺玫	城市绿化苗	万株	5.00
396	襄城县(豫)	黄刺玫	观赏苗木	万株	10.00
397	涿州市(冀)	黄刺玫	观赏苗木	万株	5.00
398	迁安市(冀)	黄刺玫	观赏苗木	万株	3.00
399	昌吉市(新)	黄刺玫	观赏苗木	万株	1.00
400	平罗县(宁)	黄刺玫	观赏苗木	万株	0.80
401	宁　县(甘)	黄刺玫	穴盘苗	万株	120.00
402	四会市(粤)	惠兰	盆花	万盆	530.45
403	新丰县(粤)	惠兰	盆景	万盆	0.88
404	潢川县(豫)	火棘	城市绿化苗	万株	96.00
405	竹溪县(鄂)	火棘	城市绿化苗	万株	20.00
406	新宁县(湘)	火棘	城市绿化苗	万株	10.00
407	兴义市(黔)	火棘	观赏苗木	万株	2500.00
408	鼎城区(湘)	火棘	观赏苗木	万株	5.50
409	长垣县(豫)	火棘	观赏苗木	万株	5.00
410	兴文县(川)	火棘	观赏苗木	万株	1.00
411	潢川县(豫)	火棘	盆景	万盆	4.10
412	孝南区(鄂)	火棘	盆景	万盆	3.00
413	丹棱县(川)	火棘	盆景	万盆	0.90
414	商水县(豫)	霍香蓟	盆花	万盆	2.50
415	鹤峰县(鄂)	鸡爪槭	城市绿化苗	万株	10.00
416	恩阳区(川)	鸡爪槭	城市绿化苗	万株	4.00
417	襄城县(豫)	鸡爪槭	城市绿化苗	万株	3.00
418	浠水县(鄂)	鸡爪槭	城市绿化苗	万株	2.00
419	浦江县(浙)	鸡爪槭	观赏苗木	万株	12.00
420	柯城区(浙)	鸡爪槭	观赏苗木	万株	10.00
421	旌阳区(川)	鸡爪槭	观赏苗木	万株	3.50
422	广德县(皖)	鸡爪槭	观赏苗木	万株	1.10
423	内江市市中区(川)	鸡爪槭	观赏苗木	万株	0.70
424	新丰县(粤)	鸡爪槭	盆景	万盆	1.30
425	潢川县(豫)	夹竹桃类	城市绿化苗	万株	30.00
426	新宁县(湘)	夹竹桃类	城市绿化苗	万株	10.00
427	西平县(豫)	夹竹桃类	观赏苗木	万株	20.00
428	迁安市(冀)	夹竹桃类	观赏苗木	万株	1.00
429	浠水县(鄂)	结香	城市绿化苗	万株	1.00
430	竹溪县(鄂)	金弹子	城市绿化苗	万株	2.00
431	邛崃市(川)	金弹子	盆景	万盆	13.10
432	孝南区(鄂)	金弹子	盆景	万盆	4.00
433	丹棱县(川)	金弹子	盆景	万盆	1.80
434	川汇区(豫)	金光菊	观叶植物	万盆	20.00
435	魏　县(冀)	金光菊	盆花	万盆	6.00
436	涿州市(冀)	金鸡菊	观赏苗木	万株	50.00
437	昌吉市(新)	金鸡菊	观赏苗木	万株	1.00

(续表)

序号	其他花卉主产地	品种	花卉类别	单位	生产量
438	宁远县(湘)	金鸡菊	盆花	万盆	3.00
439	大武口区(宁)	金银木	城市绿化苗	万株	39.13
440	安国市(冀)	金银木	城市绿化苗	万株	5.00
441	兴庆区(宁)	金银木	城市绿化苗	万株	5.00
442	丰宁满族自治县(冀)	金银木	观赏苗木	万株	65.00
443	北戴河区(冀)	金银木	观赏苗木	万株	5.90
444	涿州市(冀)	金银木	观赏苗木	万株	5.00
445	高碑店市(冀)	金银木	观赏苗木	万株	1.00
446	平罗县(宁)	金银木	观赏苗木	万株	1.00
447	迁安市(冀)	金银木	观赏苗木	万株	1.00
448	新宁县(湘)	金银木	食用及药用花卉	千克	200000.00
449	潢川县(豫)	锦带花	城市绿化苗	万株	130.00
450	兴庆区(宁)	锦带花	城市绿化苗	万株	38.00
451	大武口区(宁)	锦带花	城市绿化苗	万株	17.80
452	安国市(冀)	锦带花	城市绿化苗	万株	10.00
453	丰宁满族自治县(冀)	锦带花	观赏苗木	万株	155.00
454	襄城县(豫)	锦带花	观赏苗木	万株	10.00
455	涿州市(冀)	锦带花	观赏苗木	万株	8.00
456	山海关区(冀)	锦带花	观赏苗木	万株	2.00
457	满城区(冀)	锦熟黄杨	鲜切叶	万支	9.70
458	满城区(冀)	景天	城市绿化苗	万株	100.00
459	大武口区(宁)	景天	城市绿化苗	万株	18.00
460	密山市(黑)	景天	城市绿化苗	万株	5.00
461	锡林浩特市(内蒙古)	景天	城市绿化苗	万株	3.00
462	涿州市(冀)	景天	观赏苗木	万株	180.00
463	襄城县(豫)	景天	观赏苗木	万株	70.00
464	盐都区(苏)	景天	观赏苗木	万株	10.00
465	昌吉市(新)	景天	观赏苗木	万株	1.00
466	丛台区(冀)	景天	观叶植物	万盆	20.00
467	忻府区(晋)	景天	盆花	万盆	1.80
468	高碑店市(冀)	韭菜莲	盆花	万盆	1.00
469	恩阳区(川)	桔梗	城市绿化苗	万株	14.00
470	涿州市(冀)	桔梗	观赏苗木	万株	2.00
471	围场满族蒙古族自治县(冀)	桔梗	花卉用种子	千克	460.00
472	江川区(滇)	桔梗	鲜切花	万支	3209.00
473	石林彝族自治县(滇)	桔梗	鲜切花	万支	500.00
474	沭阳县(苏)	君子兰	城市绿化苗	万株	10.00
475	绿园区(吉)	君子兰	观赏苗木	万株	30.00
476	宁城县(内蒙古)	君子兰	观赏苗木	万株	7.29
477	固始县(豫)	君子兰	观叶植物	万盆	5.00

(续表)

序号	其他花卉主产地	品种	花卉类别	单位	生产量
478	博罗县(粤)	君子兰	观叶植物	万盆	1.00
479	商水县(豫)	君子兰	观叶植物	万盆	1.00
480	津南区(津)	君子兰	盆花	万盆	15.20
481	济阳区(鲁)	君子兰	盆花	万盆	10.00
482	章丘区(鲁)	君子兰	盆花	万盆	4.00
483	浠水县(鄂)	君子兰	盆花	万盆	3.00
484	任丘市(冀)	君子兰	盆花	万盆	2.85
485	高碑店市(冀)	君子兰	盆花	万盆	2.00
486	迁安市(冀)	君子兰	盆花	万盆	2.00
487	肃宁县(冀)	君子兰	盆花	万盆	2.00
488	永清县(冀)	君子兰	盆花	万盆	2.00
489	鱼台县(鲁)	君子兰	盆花	万盆	2.00
490	涿州市(冀)	君子兰	盆花	万盆	2.00
491	贺兰县(宁)	君子兰	盆花	万盆	1.80
492	丰宁满族自治县(冀)	君子兰	盆花	万盆	1.50
493	东平县(鲁)	君子兰	盆花	万盆	1.00
494	洪泽区(苏)	君子兰	盆花	万盆	1.00
495	登封市(豫)	君子兰	盆花	万盆	0.60
496	昌吉市(新)	君子兰	盆景	万盆	1.00
497	新丰县(粤)	君子兰	盆景	万盆	0.55
498	贡井区(川)	君子兰	鲜切花	万支	20.00
499	新宁县(湘)	苦竹	城市绿化苗	万株	30.00
500	建安区(豫)	蜡梅	城市绿化苗	万株	320.00
501	潢川县(豫)	蜡梅	城市绿化苗	万株	160.00
502	达川区(川)	蜡梅	城市绿化苗	万株	100.00
503	保康县(鄂)	蜡梅	城市绿化苗	万株	40.00
504	栾川县(豫)	蜡梅	城市绿化苗	万株	3.00
505	恩阳区(川)	蜡梅	城市绿化苗	万株	1.00
506	保康县(鄂)	蜡梅	工业及其他用途花卉	千克	121.00
507	鄢陵县(豫)	蜡梅	观赏苗木	万株	896.00
508	襄城县(豫)	蜡梅	观赏苗木	万株	300.00
509	巴州区(川)	蜡梅	观赏苗木	万株	14.00
510	淮阳县(豫)	蜡梅	观赏苗木	万株	4.50
511	嵩　县(豫)	蜡梅	观赏苗木	万株	1.20
512	成武县(鲁)	蜡梅	观赏苗木	万株	0.90
513	保康县(鄂)	蜡梅	盆花	万盆	15.00
514	巴州区(川)	蜡梅	盆花	万盆	4.00
515	潢川县(豫)	蜡梅	盆花	万盆	3.00
516	孝南区(鄂)	蜡梅	盆景	万盆	1.00
517	宣汉县(川)	蜡梅	鲜切花	万支	39.60
518	巴州区(川)	蜡梅	鲜切花	万支	35.00
519	麒麟区(滇)	兰草	城市绿化苗	万株	1000.00
520	南岳区(湘)	兰草	城市绿化苗	万株	25.00

（续表）

序号	其他花卉主产地	品种	花卉类别	单位	生产量
521	雨城区(川)	兰草	观赏苗木	万株	76.00
522	古蔺县(川)	兰草	观赏苗木	万株	10.00
523	恩阳区(川)	兰草	观赏苗木	万株	1.00
524	楚雄市(滇)	兰草	观叶植物	万盆	615.00
525	雅长林场(桂)	兰草	花卉用种苗	千苗	75.00
526	平乐县(桂)	兰草	盆花	万盆	9996.00
527	双峰县(湘)	兰草	盆花	万盆	200.00
528	巍山彝族回族自治县(滇)	兰草	盆花	万盆	83.00
529	鼎城区(湘)	兰草	盆花	万盆	12.00
530	潢川县(豫)	兰草	盆花	万盆	2.00
531	新华区(豫)	兰草	盆花	万盆	2.00
532	榕江县(黔)	兰草	盆花	万盆	1.20
533	宣汉县(川)	兰草	鲜切花	万支	38.70
534	潢川县(豫)	连翘	城市绿化苗	万株	180.00
535	竹溪县(鄂)	连翘	城市绿化苗	万株	20.00
536	安国市(冀)	连翘	城市绿化苗	万株	10.00
537	浠水县(鄂)	连翘	城市绿化苗	万株	10.00
538	甘州区(甘)	连翘	城市绿化苗	万株	8.00
539	敦煌市(甘)	连翘	城市绿化苗	万株	3.50
540	围场满族蒙古族自治县(冀)	连翘	城市绿化苗	万株	2.00
541	玉门市(甘)	连翘	城市绿化苗	万株	1.97
542	恩阳区(川)	连翘	城市绿化苗	万株	1.00
543	襄城县(豫)	连翘	观赏苗木	万株	300.00
544	丰宁满族自治县(冀)	连翘	观赏苗木	万株	150.00
545	北镇市(辽)	连翘	观赏苗木	万株	70.00
546	迁安市(冀)	连翘	观赏苗木	万株	20.00
547	涿州市(冀)	连翘	观赏苗木	万株	15.00
548	莒　县(鲁)	连翘	观赏苗木	万株	8.00
549	顺义区(京)	连翘	观赏苗木	万株	6.00
550	嵩　县(豫)	连翘	观赏苗木	万株	6.00
551	殷都区(豫)	连翘	观赏苗木	万株	3.10
552	高碑店市(冀)	连翘	观赏苗木	万株	2.00
553	井陉矿区(冀)	连翘	观赏苗木	万株	2.00
554	滦平县(冀)	连翘	观赏苗木	万株	1.70
555	平罗县(宁)	连翘	观赏苗木	万株	1.50
556	集贤县(黑)	连翘	观赏苗木	万株	1.00
557	魏　县(冀)	连翘	观赏苗木	万株	1.00
558	沭阳县(苏)	凌霄花类	城市绿化苗	万株	20.00
559	涿州市(冀)	凌霄花类	观赏苗木	万株	2.00
560	栾川县(豫)	流苏	城市绿化苗	万株	182.50
561	潢川县(豫)	流苏	城市绿化苗	万株	180.00
562	安丘市(鲁)	流苏	城市绿化苗	万株	2.80

（续表）

序号	其他花卉主产地	品种	花卉类别	单位	生产量
563	河东区(鲁)	流苏	观赏苗木	万株	110.00
564	沂水县(鲁)	流苏	观赏苗木	万株	3.50
565	博山区(鲁)	流苏	观赏苗木	万株	1.50
566	北京市大东流苗圃（京）	流苏	观赏苗木	万株	0.76
567	莒　县(鲁)	流苏	盆花	万盆	2.00
568	新泰市(鲁)	龙柏	城市绿化苗	万株	1172.00
569	潢川县(豫)	龙柏	城市绿化苗	万株	418.00
570	威海市经济技术开发区(鲁)	龙柏	城市绿化苗	万株	112.00
571	华容县(湘)	龙柏	城市绿化苗	万株	3.00
572	襄城县(豫)	龙柏	观赏苗木	万株	300.00
573	范　县(豫)	龙柏	观赏苗木	万株	50.00
574	芜湖县(皖)	龙柏	观赏苗木	万株	5.00
575	常宁市(湘)	龙柏	观赏苗木	万株	3.60
576	涿州市(冀)	龙柏	观赏苗木	万株	2.00
577	泰安市高新区(鲁)	龙柏	观叶植物	万盆	0.68
578	潢川县(豫)	龙柏	盆景	万盆	3.20
579	秀英区(琼)	龙舌兰牡丹	鲜切花	万支	150.00
580	竹溪县(鄂)	罗汉松	城市绿化苗	万株	85.00
581	潢川县(豫)	罗汉松	城市绿化苗	万株	67.00
582	浠水县(鄂)	罗汉松	城市绿化苗	万株	21.00
583	中方县(湘)	罗汉松	城市绿化苗	万株	20.00
584	新田县(湘)	罗汉松	城市绿化苗	万株	10.00
585	扶绥县(桂)	罗汉松	城市绿化苗	万株	9.30
586	宁远县(湘)	罗汉松	城市绿化苗	万株	8.00
587	华容县(湘)	罗汉松	城市绿化苗	万株	6.00
588	普宁市(粤)	罗汉松	城市绿化苗	万株	5.70
589	新宁县(湘)	罗汉松	城市绿化苗	万株	5.00
590	陆川县(桂)	罗汉松	城市绿化苗	万株	3.00
591	黎川县(赣)	罗汉松	城市绿化苗	万株	2.00
592	钦南区(桂)	罗汉松	城市绿化苗	万株	1.50
593	阳新县(鄂)	罗汉松	城市绿化苗	万株	0.80
594	龙南县(赣)	罗汉松	观赏苗木	万株	50.00
595	崇阳县(鄂)	罗汉松	观赏苗木	万株	40.00
596	石城县(赣)	罗汉松	观赏苗木	万株	12.00
597	浦江县(浙)	罗汉松	观赏苗木	万株	6.00
598	渠　县(川)	罗汉松	观赏苗木	万株	2.30
599	常宁市(湘)	罗汉松	观赏苗木	万株	0.60
600	巴州区(川)	罗汉松	盆花	万盆	6.00
601	歙　县(皖)	罗汉松	盆景	万盆	3.22
602	双峰县(湘)	罗汉松	盆景	万盆	2.00
603	丹棱县(川)	罗汉松	盆景	万盆	1.80
604	新丰县(粤)	罗汉松	盆景	万盆	0.77
605	兴文县(川)	罗汉竹	观赏苗木	万株	6.00

(续表)

序号	其他花卉主产地	品种	花卉类别	单位	生产量
606	巴州区(川)	罗汉竹	盆花	万盆	3.00
607	巴州区(川)	罗汉竹	鲜切叶	万支	6.00
608	涿州市(冀)	落地生根	盆花	万盆	3.00
609	迁安市(冀)	麻叶绣线菊类	观赏苗木	万株	10.00
610	安国市(冀)	马蔺	城市绿化苗	万株	100.00
611	五原县(内蒙古)	马蔺	城市绿化苗	万株	10.00
612	涿州市(冀)	马蔺	观赏苗木	万株	50.00
613	贺兰县(宁)	马蔺	盆花	万盆	50.00
614	东洲区(辽)	马蔺	盆花	万盆	7.00
615	永清县(冀)	马蹄井	花卉用种球	千粒	15.00
616	旌阳区(川)	马蹄井	花卉用种球	千粒	3.00
617	旌阳区(川)	马蹄井	盆景	万盆	1.20
618	阜南县(皖)	马蹄井	食用及药用花卉	千克	2500000.00
619	路北区(冀)	马蹄井	鲜切花	万支	5.00
620	麒麟区(滇)	麦冬	城市绿化苗	万株	3000.00
621	华容县(湘)	麦冬	城市绿化苗	万株	100.00
622	恩阳区(川)	麦冬	城市绿化苗	万株	25.00
623	新化县(湘)	麦冬	观赏苗木	万株	200.00
624	满城区(冀)	麦冬	观叶植物	万盆	10.00
625	鸡泽县(冀)	麦冬	盆花	万盆	40.00
626	鱼台县(鲁)	麦冬	盆花	万盆	2.42
627	建安区(豫)	满天星	城市绿化苗	万株	200.00
628	恩阳区(川)	满天星	城市绿化苗	万株	2.50
629	恩阳区(川)	满天星	观赏苗木	万株	1.00
630	鼎城区(湘)	满天星	盆花	万盆	1.10
631	永清县(冀)	满天星	盆花	万盆	1.00
632	临川区(赣)	满天星	鲜切花	万支	470.00
633	吉安县(赣)	满天星	鲜切花	万支	100.00
634	婺城区(浙)	满天星	鲜切花	万支	48.00
635	龙南县(赣)	满天星	鲜切花	万支	25.90
636	石林彝族自治县(滇)	满天星	鲜切花	万支	10.00
637	东洲区(辽)	满天星	鲜切花	万支	5.90
638	西华县(豫)	满天星	鲜切花	万支	2.00
639	新宁县(湘)	毛竹	城市绿化苗	万株	50.00
640	满城区(冀)	毛竹	城市绿化苗	万株	2.00
641	云溪区(湘)	毛竹	工业及其他用途花卉	千克	3000000.00
642	潢川县(豫)	梅花	城市绿化苗	万株	103.00
643	浠水县(鄂)	梅花	城市绿化苗	万株	3.00
644	恩阳区(川)	梅花	城市绿化苗	万株	1.50
645	蕲春县(鄂)	梅花	观赏苗木	万株	20.00
646	巴州区(川)	梅花	观赏苗木	万株	10.00
647	川汇区(豫)	梅花	观赏苗木	万株	2.30
648	襄城县(豫)	梅花	观赏苗木	万株	0.80
649	鼎城区(湘)	梅花	盆花	万盆	8.00
650	巴州区(川)	梅花	盆花	万盆	6.00
651	潢川县(豫)	梅花	盆花	万盆	2.20
652	河间市(冀)	梅花	盆花	万盆	2.00
653	卢氏县(豫)	梅花	盆花	万盆	1.00
654	歙　县(皖)	梅花	盆景	万盆	11.29
655	孝南区(鄂)	梅花	盆景	万盆	2.00
656	都江堰市(川)	梅花	鲜切花	万支	465.00
657	宣汉县(川)	梅花	鲜切花	万支	28.50
658	巴州区(川)	梅花	鲜切花	万支	25.00
659	平桥区(豫)	梅花	鲜切花	万支	6.00
660	射洪县(川)	梅花	鲜切花	万支	1.00
661	潢川县(豫)	美国红栌	城市绿化苗	万株	31.00
662	迁安市(冀)	美国红栌	观赏苗木	万株	8.00
663	涿州市(冀)	美国红栌	观赏苗木	万株	5.00
664	开平区(冀)	美丽天人菊	盆花	万盆	1.50
665	麒麟区(滇)	米兰	城市绿化苗	万株	300.00
666	普宁市(粤)	米兰	观赏苗木	万株	1.60
667	阳新县(鄂)	米兰	盆花	万盆	6.00
668	会理县(川)	米兰	盆景	万盆	10.10
669	恩阳区(川)	茉莉花	城市绿化苗	万株	2.50
670	芷江侗族自治县(湘)	茉莉花	城市绿化苗	万株	2.40
671	巴州区(川)	茉莉花	观赏苗木	万株	10.00
672	恩阳区(川)	茉莉花	观赏苗木	万株	1.30
673	普宁市(粤)	茉莉花	观赏苗木	万株	0.65
674	巴州区(川)	茉莉花	盆花	万盆	25.00
675	运河区(冀)	茉莉花	盆花	万盆	20.00
676	涿州市(冀)	茉莉花	盆花	万盆	10.00
677	宁远县(湘)	茉莉花	盆花	万盆	2.00
678	新华区(豫)	茉莉花	盆花	万盆	2.00
679	高碑店市(冀)	茉莉花	盆花	万盆	1.00
680	浠水县(鄂)	茉莉花	盆景	万盆	0.80
681	昌乐县(鲁)	茉莉花	盆景	万盆	0.70
682	麒麟区(滇)	牡丹	城市绿化苗	万株	500.00
683	恩阳区(川)	牡丹	城市绿化苗	万株	2.50
684	老城区(豫)	牡丹	观赏苗木	万株	4000.00
685	襄城县(豫)	牡丹	观赏苗木	万株	300.00
686	保康县(鄂)	牡丹	观赏苗木	万株	214.00
687	洛阳市龙门文化旅游园区(豫)	牡丹	观赏苗木	万株	120.00
688	魏　县(冀)	牡丹	观赏苗木	万株	34.00
689	临城县(冀)	牡丹	观赏苗木	万株	20.00
690	沙河市(冀)	牡丹	观赏苗木	万株	20.00

（续表）

序号	其他花卉主产地	品种	花卉类别	单位	生产量
691	成武县(鲁)	牡丹	观赏苗木	万株	13.00
692	涿州市(冀)	牡丹	观赏苗木	万株	10.00
693	铜川市新区(陕)	牡丹	观赏苗木	万株	6.00
694	贺兰县(宁)	牡丹	观赏苗木	万株	3.70
695	恩阳区(川)	牡丹	观赏苗木	万株	1.30
696	鼎城区(湘)	牡丹	盆花	万盆	6.00
697	巴州区(川)	牡丹	盆花	万盆	5.00
698	南关区(吉)	牡丹	盆花	万盆	1.00
699	平山县(冀)	牡丹	盆花	万盆	0.90
700	宁晋县(冀)	牡丹	食用及药用花卉	千克	1000.00
701	浠水县(鄂)	牡丹	食用及药用花卉	千克	600.00
702	沛　县(苏)	牡丹	鲜切花	万支	400.00
703	平山县(冀)	牡丹	鲜切花	万支	34.50
704	巴州区(川)	牡丹	鲜切花	万支	10.00
705	柏乡县(冀)	牡丹	鲜切花	万支	8.00
706	宁　县(甘)	牡丹	穴盘苗	万株	800.00
707	巴州区(川)	木芙蓉	观赏苗木	万株	35.00
708	金堂县(川)	木芙蓉	观赏苗木	万株	1.80
709	巴州区(川)	木芙蓉	盆花	万盆	3.00
710	巴州区(川)	木芙蓉	鲜切花	万支	16.00
711	巴州区(川)	木芙蓉	鲜切叶	万支	12.00
712	建安区(豫)	木槿	城市绿化苗	万株	320.00
713	潢川县(豫)	木槿	城市绿化苗	万株	230.00
714	新宁县(湘)	木槿	城市绿化苗	万株	50.00
715	济源市(豫)	木槿	城市绿化苗	万株	42.00
716	息　县(豫)	木槿	城市绿化苗	万株	22.00
717	威海市经济技术开发区(鲁)	木槿	城市绿化苗	万株	4.00
718	浠水县(鄂)	木槿	城市绿化苗	万株	2.00
719	鹤峰县(鄂)	木槿	城市绿化苗	万株	1.40
720	襄城县(豫)	木槿	观赏苗木	万株	300.00
721	范　县(豫)	木槿	观赏苗木	万株	100.00
722	迁安市(冀)	木槿	观赏苗木	万株	10.00
723	章丘区(鲁)	木槿	观赏苗木	万株	10.00
724	武进区(苏)	木槿	观赏苗木	万株	9.00
725	嵩　县(豫)	木槿	观赏苗木	万株	6.00
726	莒　县(鲁)	木槿	观赏苗木	万株	5.00
727	涿州市(冀)	木槿	观赏苗木	万株	5.00
728	新泰市(鲁)	木槿	观赏苗木	万株	4.00
729	井陉矿区(冀)	木槿	观赏苗木	万株	3.00
730	平桥区(豫)	木槿	观赏苗木	万株	2.00
731	顺义区(京)	木槿	观赏苗木	万株	2.00
732	沅江市(湘)	木槿	观赏苗木	万株	2.00
733	鸡泽县(冀)	木槿	观赏苗木	万株	1.20
734	陵城区(鲁)	木槿	观赏苗木	万株	1.10

（续表）

序号	其他花卉主产地	品种	花卉类别	单位	生产量
735	夏邑县(豫)	木槿	观赏苗木	万株	1.00
736	巴州区(川)	木槿	盆花	万盆	45.00
737	潢川县(豫)	南天竹	城市绿化苗	万株	180.00
738	黟　县(皖)	南天竹	城市绿化苗	万株	20.00
739	浠水县(鄂)	南天竹	城市绿化苗	万株	13.00
740	新宁县(湘)	南天竹	城市绿化苗	万株	10.00
741	宁远县(湘)	南天竹	城市绿化苗	万株	7.00
742	巴州区(川)	南天竹	观赏苗木	万株	15.00
743	柯城区(浙)	南天竹	观赏苗木	万株	5.00
744	兴文县(川)	南天竹	观赏苗木	万株	3.00
745	潢川县(豫)	南天竹	观叶植物	万盆	4.00
746	巴州区(川)	南天竹	盆花	万盆	6.00
747	巴州区(川)	南天竹	鲜切花	万支	2.80
748	巴州区(川)	南天竹	鲜切叶	万支	12.00
749	双阳区(吉)	婆婆纳	城市绿化苗	万株	14.00
750	桦甸市(吉)	婆婆纳	观赏苗木	万株	2.00
751	麒麟区(滇)	葡萄	城市绿化苗	万株	2000.00
752	新宁县(湘)	葡萄	城市绿化苗	万株	20.00
753	安国市(冀)	葡萄	城市绿化苗	万株	1.00
754	威海市经济技术开发区(鲁)	葡萄	城市绿化苗	万株	1.00
755	范　县(豫)	葡萄	观赏苗木	万株	100.00
756	襄城县(豫)	葡萄	观赏苗木	万株	100.00
757	周至县(陕)	七叶树	城市绿化苗	万株	60.00
758	襄城县(豫)	七叶树	城市绿化苗	万株	40.00
759	潢川县(豫)	七叶树	城市绿化苗	万株	17.00
760	保康县(鄂)	七叶树	城市绿化苗	万株	15.00
761	竹溪县(鄂)	七叶树	城市绿化苗	万株	15.00
762	利川市(鄂)	七叶树	城市绿化苗	万株	1.00
763	南郑区(陕)	七叶树	观赏苗木	万株	20.00
764	确山县(豫)	七叶树	观赏苗木	万株	20.00
765	扶风县(陕)	七叶树	观赏苗木	万株	17.30
766	襄州区(鄂)	七叶树	观赏苗木	万株	10.00
767	涿州市(冀)	七叶树	观赏苗木	万株	2.00
768	元宝山区(内蒙古)	千日红	观赏苗木	万株	5.00
769	长沙县(湘)	千日红	盆花	万盆	220.00
770	中江县(川)	千日红	盆花	万盆	1.50
771	华容县(湘)	青枫	城市绿化苗	万株	8.00
772	东宝区(鄂)	青枫	城市绿化苗	万株	3.00
773	巴州区(川)	青枫	盆花	万盆	5.00
774	田东县(桂)	秋风	城市绿化苗	万株	1.40
775	确山县(豫)	楸树	城市绿化苗	万株	30.00
776	鄄城县(鲁)	楸树	城市绿化苗	万株	3.00
777	安丘市(鲁)	楸树	城市绿化苗	万株	0.70
778	宜城市(鄂)	楸树	城市绿化苗	万株	0.70

(续表)

序号	其他花卉主产地	品种	花卉类别	单位	生产量
779	汝南县(豫)	楸树	观赏苗木	万株	270.00
780	襄城县(豫)	楸树	观赏苗木	万株	200.00
781	范　县(豫)	楸树	观赏苗木	万株	100.00
782	成武县(鲁)	楸树	观赏苗木	万株	45.00
783	西平县(豫)	楸树	观赏苗木	万株	25.00
784	洛阳市伊洛工业园区(豫)	楸树	观赏苗木	万株	22.00
785	淮阳县(豫)	楸树	观赏苗木	万株	17.00
786	茌平县(鲁)	楸树	观赏苗木	万株	15.15
787	川汇区(豫)	楸树	观赏苗木	万株	13.00
788	涿州市(冀)	楸树	观赏苗木	万株	2.00
789	旌阳区(川)	球根海棠	花卉用种子	千克	40.00
790	涿州市(冀)	球根海棠	盆花	万盆	5.00
791	衡山县(湘)	球根海棠	盆花	万盆	0.63
792	旌阳区(川)	球根海棠	盆景	万盆	1.60
793	新丰县(粤)	雀梅藤	盆景	万盆	2.86
794	北镇市(辽)	忍冬类	观赏苗木	万株	110.00
795	丰宁满族自治县(冀)	忍冬类	观赏苗木	万株	50.00
796	涿州市(冀)	忍冬类	观赏苗木	万株	2.00
797	麒麟区(滇)	榕树(小叶榕)	城市绿化苗	万株	500.00
798	达川区(川)	榕树(小叶榕)	城市绿化苗	万株	150.00
799	龙南县(赣)	榕树(小叶榕)	城市绿化苗	万株	20.00
800	武鸣区(桂)	榕树(小叶榕)	城市绿化苗	万株	8.24
801	秀英区(琼)	榕树(小叶榕)	城市绿化苗	万株	6.00
802	钦南区(桂)	榕树(小叶榕)	城市绿化苗	万株	5.00
803	云溪区(湘)	榕树(小叶榕)	城市绿化苗	万株	5.00
804	龙南县(赣)	榕树(小叶榕)	观赏苗木	万株	40.00
805	巴州区(川)	榕树(小叶榕)	观赏苗木	万株	10.00
806	信宜市(粤)	榕树(小叶榕)	观赏苗木	万株	6.00
807	龙南县(赣)	榕树(小叶榕)	花卉用种苗	千苗	200.00
808	涿州市(冀)	榕树(小叶榕)	盆花	万盆	10.00
809	巴州区(川)	榕树(小叶榕)	盆花	万盆	5.00

(续表)

序号	其他花卉主产地	品种	花卉类别	单位	生产量
810	东洲区(辽)	榕树(小叶榕)	盆花	万盆	2.50
811	新丰县(粤)	榕树(小叶榕)	盆景	万盆	20.90
812	潢川县(豫)	瑞香	盆花	万盆	2.50
813	新丰县(粤)	瑞香	盆景	万盆	1.76
814	涿州市(冀)	箬竹	观赏苗木	万株	1.00
815	威海市经济技术开发区(鲁)	三色堇	城市绿化苗	万株	1.00
816	襄城县(豫)	三色堇	观赏苗木	万株	100.00
817	甘井子区(辽)	三色堇	盆花	万盆	260.00
818	北戴河区(冀)	三色堇	盆花	万盆	16.40
819	巴州区(川)	三色堇	盆花	万盆	12.00
820	东洲区(辽)	三色堇	盆花	万盆	4.70
821	商水县(豫)	三色堇	盆花	万盆	4.00
822	芜湖县(皖)	三色堇	盆花	万盆	1.00
823	和静县(新)	三色堇	盆景	万盆	20.00
824	松山区(内蒙古)	三色堇	鲜切花	万支	20.00
825	东洲区(辽)	三色堇	鲜切花	万支	6.80
826	三亚市市辖区(琼)	散尾葵	观赏苗木	万株	11.80
827	高碑店市(冀)	散尾葵	观叶植物	万盆	2.00
828	涿州市(冀)	散尾葵	盆花	万盆	10.00
829	琼山区(琼)	散尾葵	鲜切叶	万支	5100.00
830	儋州市(琼)	散尾葵	鲜切叶	万支	2.00
831	麒麟区(滇)	山茶花	城市绿化苗	万株	500.00
832	新田县(湘)	山茶花	城市绿化苗	万株	100.00
833	华容县(湘)	山茶花	城市绿化苗	万株	20.00
834	桃江县(湘)	山茶花	城市绿化苗	万株	1.00
835	巴州区(川)	山茶花	观赏苗木	万株	15.00
836	屈家岭管理区(鄂)	山茶花	观赏苗木	万株	1.00
837	卫东区(豫)	山茶花	盆花	万盆	17.00
838	巴州区(川)	山茶花	盆花	万盆	8.00
839	鼎城区(湘)	山茶花	盆花	万盆	5.00
840	永清县(冀)	山茶花	盆花	万盆	3.00
841	武陵区(湘)	山茶花	盆花	万盆	2.30
842	衡山县(湘)	山茶花	盆花	万盆	0.80
843	巴州区(川)	山茶花	鲜切花	万支	35.00
844	巴州区(川)	山茶花	鲜切叶	万支	25.00
845	鄂托克前旗(内蒙古)	山桃	城市绿化苗	万株	9.11
846	甘州区(甘)	山桃	城市绿化苗	万株	8.00
847	安国市(冀)	山桃	城市绿化苗	万株	2.00
848	丰宁满族自治县(冀)	山桃	观赏苗木	万株	200.00
849	北塔区(湘)	山桃	观赏苗木	万株	7.20

（续表）

序号	其他花卉主产地	品种	花卉类别	单位	生产量
850	涿州市(冀)	山桃	观赏苗木	万株	1.00
851	集贤县(黑)	山桃	观赏苗木	万株	0.60
852	浠水县(鄂)	山茱萸	城市绿化苗	万株	12.00
853	石城县(赣)	山茱萸	观赏苗木	万株	10.00
854	锡林浩特市(内蒙古)	芍药	城市绿化苗	万株	5.40
855	九台区(吉)	芍药	城市绿化苗	万株	3.57
856	恩阳区(川)	芍药	城市绿化苗	万株	3.00
857	范　县(豫)	芍药	观赏苗木	万株	100.00
858	襄城县(豫)	芍药	观赏苗木	万株	100.00
859	开平区(冀)	芍药	观赏苗木	万株	20.00
860	涿州市(冀)	芍药	观赏苗木	万株	10.00
861	围场满族蒙古族自治县(冀)	芍药	观赏苗木	万株	5.00
862	贺兰县(宁)	芍药	观赏苗木	万株	1.60
863	昌吉市(新)	芍药	观赏苗木	万株	1.50
864	潢川县(豫)	芍药	盆花	万盆	3.30
865	潮安区(粤)	芍药	盆花	万盆	2.58
866	成武县(鲁)	芍药	食用及药用花卉	千克	100000.00
867	新宁县(湘)	芍药	食用及药用花卉	千克	10000.00
868	赤城县(冀)	芍药	食用及药用花卉	千克	5000.00
869	金堂县(川)	芍药	食用及药用花卉	千克	3000.00
870	浠水县(鄂)	芍药	食用及药用花卉	千克	30.00
871	中江县(川)	芍药	鲜切花	万支	800.00
872	巴州区(川)	芍药	鲜切花	万支	25.00
873	宁　县(甘)	芍药	穴盘苗	万株	360.00
874	恩阳区(川)	射干	城市绿化苗	万株	3.00
875	安国市(冀)	射干	城市绿化苗	万株	2.00
876	围场满族蒙古族自治县(冀)	射干	观赏苗木	万株	8.00
877	定兴县(冀)	射干	观赏苗木	万株	3.00
878	新宁县(湘)	射干	食用及药用花卉	千克	10000.00
879	文昌市(琼)	石斛兰	盆景	万盆	1.20
880	新宁县(湘)	石斛兰	食用及药用花卉	千克	100000.00
881	庆元县(浙)	石斛兰	食用及药用花卉	千克	11200.00
882	雅长林场(桂)	石斛兰	食用及药用花卉	千克	1.00
883	秀英区(琼)	石斛兰	鲜切叶	万支	51.00
884	龙华区(琼)	石斛兰	鲜切叶	万支	1.00
885	涿州市(冀)	石莲花	盆花	万盆	4.00
886	浠水县(鄂)	石榴	城市绿化苗	万株	2.00
887	恩阳区(川)	石榴	城市绿化苗	万株	1.30
888	涿州市(冀)	石榴	观赏苗木	万株	2.00
889	巴州区(川)	石榴	盆花	万盆	2.00
890	峄城区(鲁)	石榴	盆景	万盆	2.00
891	巴州区(川)	石榴	鲜切花	万支	12.00

（续表）

序号	其他花卉主产地	品种	花卉类别	单位	生产量
892	武陵区(湘)	石蒜	观赏苗木	万株	1.20
893	莱阳市(鲁)	石竹	城市绿化苗	万株	7.00
894	密山市(黑)	石竹	城市绿化苗	万株	5.00
895	船营区(吉)	石竹	城市绿化苗	万株	3.00
896	涿州市(冀)	石竹	观赏苗木	万株	50.00
897	昌吉市(新)	石竹	观赏苗木	万株	1.50
898	旌阳区(川)	石竹	花卉用种苗	千苗	40.00
899	西夏区(宁)	石竹	花卉用种子	千克	20.00
900	西夏区(宁)	石竹	盆花	万盆	300.00
901	长沙县(湘)	石竹	盆花	万盆	240.00
902	蔡甸区(鄂)	石竹	盆花	万盆	100.00
903	祁东县(湘)	石竹	盆花	万盆	18.20
904	莒　县(鲁)	石竹	盆花	万盆	10.00
905	会同县(湘)	石竹	盆花	万盆	1.00
906	开平区(冀)	石竹	盆花	万盆	1.00
907	七坡林场(桂)	石竹	盆景	万盆	165.00
908	旌阳区(川)	石竹	盆景	万盆	1.70
909	兴庆区(宁)	石竹	鲜切花	万支	4209.00
910	永宁县(宁)	石竹	鲜切花	万支	20.00
911	尉犁县(新)	矢车菊	城市绿化苗	万株	2.08
912	恩阳区(川)	矢车菊	城市绿化苗	万株	1.30
913	安国市(冀)	柿	城市绿化苗	万株	1.00
914	襄城县(豫)	柿	观赏苗木	万株	10.00
915	麒麟区(滇)	水仙	城市绿化苗	万株	300.00
916	襄城县(豫)	水仙	观赏苗木	万株	10.00
917	永清县(冀)	水仙	花卉用种球	千粒	55.00
918	旌阳区(川)	水仙	花卉用种球	千粒	8.00
919	涿州市(冀)	水仙	盆花	万盆	5.00
920	东洲区(辽)	水仙	盆花	万盆	2.90
921	洞口县(湘)	水仙	盆花	万盆	1.20
922	旌阳区(川)	水仙	盆景	万盆	1.60
923	涿州市(冀)	丝兰	观赏苗木	万株	25.00
924	永清县(冀)	丝绵木	城市绿化苗	万株	58.00
925	栾川县(豫)	丝绵木	城市绿化苗	万株	18.50
926	安国市(冀)	丝绵木	城市绿化苗	万株	5.00
927	襄城县(豫)	丝绵木	城市绿化苗	万株	0.80
928	鄢陵县(豫)	丝绵木	观赏苗木	万株	187.00
929	丰宁满族自治县(冀)	丝绵木	观赏苗木	万株	35.00
930	陵城区(鲁)	丝绵木	观赏苗木	万株	10.00
931	成武县(鲁)	丝绵木	观赏苗木	万株	5.00
932	北京市大东流苗圃（京）	丝绵木	观赏苗木	万株	2.26
933	高碑店市(冀)	丝绵木	观赏苗木	万株	2.00
934	宣汉县(川)	四季竹	鲜切花	万支	21.70

(续表)

序号	其他花卉主产地	品种	花卉类别	单位	生产量
935	沾益区(滇)	四照花	城市绿化苗	万株	20.00
936	涿州市(冀)	太平花	观赏苗木	万株	1.00
937	恩阳区(川)	昙花	城市绿化苗	万株	1.00
938	威海市经济技术开发区(鲁)	唐菖蒲	城市绿化苗	万株	2.00
939	恩阳区(川)	唐菖蒲	城市绿化苗	万株	1.00
940	晋宁区(滇)	唐菖蒲	鲜切花	万支	240.00
941	管城回族区(豫)	唐菖蒲	鲜切花	万支	60.00
942	兴庆区(宁)	唐菖蒲	鲜切花	万支	40.50
943	海陵区(苏)	唐菖蒲	鲜切花	万支	11.00
944	蔡甸区(鄂)	唐菖蒲	鲜切花	万支	1.00
945	西峡县(豫)	藤本月季	城市绿化苗	万株	17.10
946	华容县(湘)	藤本月季	城市绿化苗	万株	2.00
947	迁安市(冀)	藤本月季	观赏苗木	万株	14.00
948	定兴县(冀)	藤本月季	观赏苗木	万株	2.00
949	顺义区(京)	藤本月季	观赏苗木	万株	1.00
950	颍泉区(皖)	藤本月季	盆花	万盆	14.00
951	高碑店市(冀)	藤本月季	盆花	万盆	3.00
952	长葛市(豫)	藤本月季	鲜切花	万支	80.00
953	巴州区(川)	藤本月季	鲜切花	万支	60.00
954	恩阳区(川)	藤类	城市绿化苗	万株	1.00
955	山海关区(冀)	藤类	观赏苗木	万株	1.00
956	信宜市(粤)	藤萝	观叶植物	万盆	3.80
957	敦煌市(甘)	藤萝	盆花	万盆	6.58
958	孝南区(鄂)	天蓝绣球	盆花	万盆	3.00
959	安国市(冀)	天目琼花	城市绿化苗	万株	5.00
960	九台区(吉)	天目琼花	观赏苗木	万株	20.00
961	涿州市(冀)	天目琼花	观赏苗木	万株	5.00
962	五原县(内蒙古)	天人菊	城市绿化苗	万株	10.00
963	巴州区(川)	贴梗海棠	观赏苗木	万株	11.00
964	南郑区(陕)	贴梗海棠	观赏苗木	万株	5.00
965	涿州市(冀)	贴梗海棠	观赏苗木	万株	1.00
966	巴州区(川)	贴梗海棠	盆花	万盆	10.00
967	新丰县(粤)	贴梗海棠	盆景	万盆	1.54
968	新丰县(粤)	贴梗海棠	鲜切花	万支	340.00
969	巴州区(川)	贴梗海棠	鲜切花	万支	5.20
970	涿州市(冀)	晚香玉	盆花	万盆	3.00
971	威海市经济技术开发区(鲁)	卫矛类	城市绿化苗	万株	5.00
972	易　县(冀)	卫矛类	观赏苗木	万株	350.00
973	襄城县(豫)	卫矛类	观赏苗木	万株	100.00
974	鹤山区(豫)	卫矛类	观赏苗木	万株	60.00
975	肥乡区(冀)	卫矛类	观赏苗木	万株	32.00
976	涿州市(冀)	卫矛类	观赏苗木	万株	30.00
977	曲阳县(冀)	卫矛类	观赏苗木	万株	23.00

(续表)

序号	其他花卉主产地	品种	花卉类别	单位	生产量
978	泊头市(冀)	卫矛类	观赏苗木	万株	18.77
979	忻府区(晋)	卫矛类	观赏苗木	万株	16.30
980	迁安市(冀)	卫矛类	观赏苗木	万株	15.00
981	夏邑县(豫)	卫矛类	观赏苗木	万株	1.00
982	北京市大东流苗圃(京)	文冠果	观赏苗木	万株	2.10
983	围场满族蒙古族自治县(冀)	文冠果	花卉用种子	千克	10.00
984	宁　县(甘)	文冠果	穴盘苗	万株	150.00
985	文昌市(琼)	五味子类	观赏苗木	万株	4.95
986	新宁县(湘)	五针松	城市绿化苗	万株	20.00
987	浠水县(鄂)	五针松	盆景	万盆	2.00
988	吉安县(赣)	勿忘草	鲜切花	万支	100.00
989	潢川县(豫)	西府海棠	城市绿化苗	万株	80.00
990	安国市(冀)	西府海棠	城市绿化苗	万株	20.00
991	安丘市(鲁)	西府海棠	城市绿化苗	万株	13.40
992	浠水县(鄂)	西府海棠	城市绿化苗	万株	3.00
993	息　县(豫)	西府海棠	城市绿化苗	万株	2.00
994	鄢陵县(豫)	西府海棠	观赏苗木	万株	174.00
995	济阳区(鲁)	西府海棠	观赏苗木	万株	50.00
996	丰宁满族自治县(冀)	西府海棠	观赏苗木	万株	48.00
997	曲阳县(冀)	西府海棠	观赏苗木	万株	45.00
998	淄川区(鲁)	西府海棠	观赏苗木	万株	40.00
999	西平县(豫)	西府海棠	观赏苗木	万株	30.00
1000	涿州市(冀)	西府海棠	观赏苗木	万株	15.00
1001	开平区(冀)	西府海棠	观赏苗木	万株	10.00
1002	鸡泽县(冀)	西府海棠	观赏苗木	万株	8.00
1003	长葛市(豫)	西府海棠	观赏苗木	万株	5.80
1004	滦平县(冀)	西府海棠	观赏苗木	万株	3.70
1005	定兴县(冀)	西府海棠	观赏苗木	万株	3.00
1006	莒　县(鲁)	西府海棠	观赏苗木	万株	3.00
1007	山海关区(冀)	西府海棠	观赏苗木	万株	3.00
1008	北戴河区(冀)	西府海棠	观赏苗木	万株	2.10
1009	顺义区(京)	西府海棠	观赏苗木	万株	2.00
1010	襄城县(豫)	西府海棠	观赏苗木	万株	0.80
1011	新泰市(鲁)	西府海棠	盆花	万盆	20.00
1012	峄城区(鲁)	西府海棠	盆花	万盆	1.00
1013	蓬莱市(鲁)	仙客来	观赏苗木	万株	2.00
1014	永清县(冀)	仙客来	花卉用种球	千粒	14.00
1015	旌阳区(川)	仙客来	花卉用种子	千克	30.00
1016	牟平区(鲁)	仙客来	盆花	万盆	13.00
1017	鹿泉区(冀)	仙客来	盆花	万盆	10.00
1018	栾城区(冀)	仙客来	盆花	万盆	10.00

（续表）

序号	其他花卉主产地	品种	花卉类别	单位	生产量
1019	丰宁满族自治县（冀）	仙客来	盆花	万盆	7.60
1020	涿州市（冀）	仙客来	盆花	万盆	5.00
1021	大厂回族自治县（冀）	仙客来	盆花	万盆	3.00
1022	蠡　县（冀）	仙客来	盆花	万盆	3.00
1023	高密市（鲁）	仙客来	盆花	万盆	2.60
1024	忻府区（晋）	仙客来	盆花	万盆	2.60
1025	迁安市（冀）	仙客来	盆花	万盆	2.33
1026	定兴县（冀）	仙客来	盆花	万盆	2.00
1027	莒　县（鲁）	仙客来	盆花	万盆	2.00
1028	贺兰县（宁）	仙客来	盆花	万盆	1.50
1029	峄城区（鲁）	仙客来	盆花	万盆	1.00
1030	鄄城县（鲁）	仙客来	盆景	万盆	10.00
1031	威海市经济技术开发区（鲁）	现代月季	城市绿化苗	万株	2.00
1032	武陟县（豫）	现代月季	观赏苗木	万株	80.00
1033	范　县（豫）	现代月季	观赏苗木	万株	30.00
1034	满城区（冀）	现代月季	观赏苗木	万株	2.00
1035	大名县（冀）	现代月季	观赏苗木	万株	1.00
1036	井陉矿区（冀）	现代月季	观赏苗木	万株	1.00
1037	襄城县（豫）	现代月季	观赏苗木	万株	0.80
1038	颍泉区（皖）	现代月季	盆花	万盆	150.00
1039	肃宁县（冀）	现代月季	盆花	万盆	20.00
1040	东洲区（辽）	现代月季	盆花	万盆	8.10
1041	山海关区（冀）	现代月季	盆花	万盆	7.50
1042	忻府区（晋）	现代月季	盆花	万盆	3.00
1043	樊城区（鄂）	现代月季	盆花	万盆	2.00
1044	清江浦区（苏）	现代月季	盆景	万盆	20.00
1045	江川区（滇）	现代月季	鲜切花	万支	983.00
1046	顺义区（京）	现代月季	鲜切花	万支	300.00
1047	永清县（冀）	现代月季	鲜切花	万支	200.00
1048	海陵区（苏）	现代月季	鲜切花	万支	83.00
1049	平谷区（京）	现代月季	鲜切花	万支	64.50
1050	婺城区（浙）	现代月季	鲜切花	万支	48.00
1051	东丽区（津）	现代月季	鲜切花	万支	35.00
1052	贡井区（川）	现代月季	鲜切花	万支	20.00
1053	崇阳县（鄂）	现代月季	鲜切花	万支	1.00
1054	旌阳区（川）	小苍兰	花卉用种球	千粒	3.00
1055	增城区（粤）	小苍兰	盆花	万盆	160.00
1056	涿州市（冀）	小苍兰	盆花	万盆	2.00
1057	大武口区（宁）	小丽花	城市绿化苗	万株	20.00
1058	高邑县（冀）	小丽花	盆花	万盆	17.00
1059	和静县（新）	小丽花	盆景	万盆	20.00
1060	甘州区（甘）	杏	城市绿化苗	万株	8.00

（续表）

序号	其他花卉主产地	品种	花卉类别	单位	生产量
1061	襄城县（豫）	杏	观赏苗木	万株	10.00
1062	威海市经济技术开发区（鲁）	绣球花	城市绿化苗	万株	2.00
1063	武陵区（湘）	绣球花	观赏苗木	万株	1.40
1064	北镇市（辽）	绣球花	盆花	万盆	30.00
1065	莒　县（鲁）	绣球花	盆花	万盆	3.00
1066	颍东区（皖）	绣球花	鲜切花	万支	40.00
1067	博乐市（新）	萱草	城市绿化苗	万株	10.00
1068	围场满族蒙古族自治县（冀）	萱草	城市绿化苗	万株	10.00
1069	易　县（冀）	萱草	观赏苗木	万株	550.00
1070	涿州市（冀）	萱草	观赏苗木	万株	180.00
1071	桦甸市（吉）	萱草	观赏苗木	万株	100.00
1072	开平区（冀）	萱草	观赏苗木	万株	100.00
1073	满城区（冀）	萱草	观赏苗木	万株	20.00
1074	二道区（吉）	萱草	观赏苗木	万株	3.00
1075	顺义区（京）	萱草	观赏苗木	万株	2.00
1076	昌吉市（新）	萱草	观赏苗木	万株	1.50
1077	成武县（鲁）	萱草	盆花	万盆	12.30
1078	顺义区（京）	雁来红	观赏苗木	万株	10.00
1079	涿州市（冀）	雁来红	盆花	万盆	2.00
1080	峄城区（鲁）	雁来红	盆花	万盆	1.00
1081	普宁市（粤）	羊蹄甲类	城市绿化苗	万株	2.60
1082	田东县（桂）	羊蹄甲类	城市绿化苗	万株	0.60
1083	腾冲市（滇）	叶子花	城市绿化苗	万株	50.00
1084	兴义市（黔）	叶子花	观赏苗木	万株	650.00
1085	涿州市（冀）	叶子花	盆花	万盆	10.00
1086	峄城区（鲁）	叶子花	盆花	万盆	2.00
1087	从江县（黔）	叶子花	鲜切花	万支	8.00
1088	永清县（冀）	夜来香	盆花	万盆	2.00
1089	腾冲市（滇）	一品红	城市绿化苗	万株	80.00
1090	罗甸县（黔）	一品红	城市绿化苗	万株	32.40
1091	会理县（川）	一品红	观赏苗木	万株	3.50
1092	七坡林场（桂）	一品红	观叶植物	万盆	41.00
1093	顺义区（京）	一品红	花卉用种苗	千苗	238.00
1094	旌阳区（川）	一品红	花卉用种苗	千苗	20.00
1095	平利县（陕）	一品红	花卉用种苗	千苗	2.10
1096	涿州市（冀）	一品红	盆花	万盆	10.00
1097	秀英区（琼）	一品红	盆花	万盆	9.00
1098	孝南区（鄂）	一品红	盆花	万盆	5.00
1099	坊子区（鲁）	一品红	盆花	万盆	3.50
1100	潮安区（粤）	一品红	盆花	万盆	3.18
1101	鹰手营子矿区（冀）	一品红	盆花	万盆	3.00
1102	东洲区（辽）	一品红	盆花	万盆	2.80
1103	普宁市（粤）	一品红	盆花	万盆	2.33

(续表)

序号	其他花卉主产地	品种	花卉类别	单位	生产量
1104	大厂回族自治县(冀)	一品红	盆花	万盆	1.00
1105	迁安市(冀)	一品红	盆花	万盆	1.00
1106	新丰县(粤)	一品红	盆景	万盆	0.66
1107	新丰县(粤)	一品红	鲜切花	万支	55.00
1108	丰宁满族自治县(冀)	樱桃	观赏苗木	万株	360.00
1109	山海关区(冀)	樱桃	观赏苗木	万株	6.30
1110	顺义区(京)	樱桃	观赏苗木	万株	2.00
1111	新丰县(粤)	鹰爪枫	盆景	万盆	0.66
1112	安国市(冀)	迎春	城市绿化苗	万株	20.00
1113	恩阳区(川)	迎春	城市绿化苗	万株	3.00
1114	新泰市(鲁)	迎春	观赏苗木	万株	8.00
1115	涿州市(冀)	迎春	观赏苗木	万株	3.00
1116	迁安市(冀)	迎春	观赏苗木	万株	2.00
1117	魏　县(冀)	迎春	观赏苗木	万株	2.00
1118	崇阳县(鄂)	鱼尾葵	鲜切叶	万支	2.50
1119	潢川县(豫)	榆叶梅	城市绿化苗	万株	87.00
1120	大武口区(宁)	榆叶梅	城市绿化苗	万株	18.34
1121	杜尔伯特蒙古族自治县(黑)	榆叶梅	城市绿化苗	万株	8.00
1122	安丘市(鲁)	榆叶梅	城市绿化苗	万株	5.10
1123	莱阳市(鲁)	榆叶梅	城市绿化苗	万株	5.00
1124	大同区(黑)	榆叶梅	城市绿化苗	万株	4.20
1125	兴庆区(宁)	榆叶梅	城市绿化苗	万株	3.90
1126	敦煌市(甘)	榆叶梅	城市绿化苗	万株	3.50
1127	金凤区(宁)	榆叶梅	城市绿化苗	万株	2.31
1128	威海市经济技术开发区(鲁)	榆叶梅	城市绿化苗	万株	1.00
1129	襄城县(豫)	榆叶梅	观赏苗木	万株	100.00
1130	丰宁满族自治县(冀)	榆叶梅	观赏苗木	万株	85.00
1131	新泰市(鲁)	榆叶梅	观赏苗木	万株	15.00
1132	忻府区(晋)	榆叶梅	观赏苗木	万株	9.00
1133	定兴县(冀)	榆叶梅	观赏苗木	万株	5.00
1134	涿州市(冀)	榆叶梅	观赏苗木	万株	5.00
1135	迁安市(冀)	榆叶梅	观赏苗木	万株	4.00
1136	永清县(冀)	榆叶梅	观赏苗木	万株	3.00
1137	玉门市(甘)	榆叶梅	观赏苗木	万株	2.83
1138	滦平县(冀)	榆叶梅	观赏苗木	万株	2.40
1139	围场满族蒙古族自治县(冀)	榆叶梅	观赏苗木	万株	1.00
1140	商水县(豫)	榆叶梅	观叶植物	万盆	1.50
1141	潢川县(豫)	榆叶梅	盆花	万盆	3.50
1142	武陵区(湘)	羽叶甘蓝	观叶植物	万盆	2.10

(续表)

序号	其他花卉主产地	品种	花卉类别	单位	生产量
1143	莒南县(鲁)	羽叶甘蓝	盆花	万盆	177.00
1144	孝南区(鄂)	羽叶甘蓝	盆花	万盆	5.00
1145	商水县(豫)	羽叶甘蓝	盆花	万盆	1.00
1146	甘州区(甘)	羽叶甘蓝	穴盘苗	万株	80.00
1147	潢川县(豫)	玉兰类	城市绿化苗	万株	980.00
1148	麒麟区(滇)	玉兰类	城市绿化苗	万株	500.00
1149	上蔡县(豫)	玉兰类	城市绿化苗	万株	76.00
1150	华容县(湘)	玉兰类	城市绿化苗	万株	50.00
1151	光山县(豫)	玉兰类	城市绿化苗	万株	30.00
1152	桐城市(皖)	玉兰类	城市绿化苗	万株	20.00
1153	鹤峰县(鄂)	玉兰类	城市绿化苗	万株	1.00
1154	沭阳县(苏)	玉兰类	干花	万支	50.00
1155	五峰土家族自治县(鄂)	玉兰类	观赏苗木	万株	300.00
1156	潜江市(鄂)	玉兰类	观赏苗木	万株	200.00
1157	镇平县(豫)	玉兰类	观赏苗木	万株	180.00
1158	内乡县(豫)	玉兰类	观赏苗木	万株	120.00
1159	汝南县(豫)	玉兰类	观赏苗木	万株	36.00
1160	长葛市(豫)	玉兰类	观赏苗木	万株	29.38
1161	芜湖县(皖)	玉兰类	观赏苗木	万株	20.00
1162	新泰市(鲁)	玉兰类	观赏苗木	万株	19.00
1163	大厂回族自治县(冀)	玉兰类	观赏苗木	万株	8.00
1164	淅川县(豫)	玉兰类	观赏苗木	万株	7.00
1165	涿州市(冀)	玉兰类	观赏苗木	万株	7.00
1166	蔡甸区(鄂)	玉兰类	观赏苗木	万株	6.00
1167	巴州区(川)	玉兰类	观赏苗木	万株	5.00
1168	淮阳县(豫)	玉兰类	观赏苗木	万株	3.20
1169	北戴河区(冀)	玉兰类	观赏苗木	万株	3.00
1170	宝丰县(豫)	玉兰类	观赏苗木	万株	1.00
1171	巴州区(川)	玉兰类	盆花	万盆	4.00
1172	潢川县(豫)	玉兰类	盆花	万盆	3.30
1173	新丰县(粤)	玉兰类	盆景	万盆	0.77
1174	新丰县(粤)	玉兰类	鲜切花	万支	341.00
1175	巴州区(川)	玉兰类	鲜切叶	万支	6.00
1176	安国市(冀)	玉簪类	城市绿化苗	万株	50.00
1177	桦甸市(吉)	玉簪类	观赏苗木	万株	200.00
1178	涿州市(冀)	玉簪类	观赏苗木	万株	200.00
1179	顺义区(京)	玉簪类	观赏苗木	万株	5.00
1180	二道区(吉)	玉簪类	观赏苗木	万株	2.00
1181	麒麟区(滇)	郁金香	城市绿化苗	万株	300.00
1182	翠屏区(川)	郁金香	观赏苗木	万株	146.00
1183	仙桃市(鄂)	郁金香	观叶植物	万盆	10.00
1184	五常市(黑)	郁金香	花卉用种苗	千苗	10.00
1185	永清县(冀)	郁金香	花卉用种球	千粒	66.00

（续表）

序号	其他花卉主产地	品种	花卉类别	单位	生产量
1186	旌阳区(川)	郁金香	花卉用种球	千粒	42.00
1187	游仙区(川)	郁金香	盆花	万盆	150.00
1188	什邡市(川)	郁金香	盆花	万盆	27.94
1189	洛南县(陕)	郁金香	盆花	万盆	5.20
1190	旌阳区(川)	郁金香	盆花	万盆	2.00
1191	肃宁县(冀)	郁金香	盆花	万盆	1.00
1192	峄城区(鲁)	郁金香	盆花	万盆	1.00
1193	新丰县(粤)	郁金香	盆景	万盆	0.55
1194	新丰县(粤)	郁金香	鲜切花	万支	121.00
1195	吉安县(赣)	郁金香	鲜切花	万支	60.00
1196	高坪区(川)	郁金香	鲜切花	万支	30.00
1197	隆德县(宁)	郁金香	鲜切花	万支	27.00
1198	伊川县(豫)	郁金香	鲜切花	万支	23.00
1199	沙洋县(鄂)	郁金香	鲜切花	万支	3.00
1200	蔡甸区(鄂)	郁金香	鲜切花	万支	1.00
1201	华容县(湘)	鸢尾类	城市绿化苗	万株	50.00
1202	恩阳区(川)	鸢尾类	城市绿化苗	万株	1.00
1203	威海市经济技术开发区(鲁)	鸢尾类	城市绿化苗	万株	1.00
1204	玉门市(甘)	鸢尾类	城市绿化苗	万株	1.00
1205	襄城县(豫)	鸢尾类	观赏苗木	万株	700.00
1206	易　县(冀)	鸢尾类	观赏苗木	万株	400.00
1207	涿州市(冀)	鸢尾类	观赏苗木	万株	200.00
1208	桦甸市(吉)	鸢尾类	观赏苗木	万株	20.00
1209	惠济区(豫)	鸢尾类	观赏苗木	万株	14.20
1210	定兴县(冀)	鸢尾类	观赏苗木	万株	10.00
1211	开平区(冀)	鸢尾类	观赏苗木	万株	8.00
1212	满城区(冀)	鸢尾类	观赏苗木	万株	7.21
1213	顺义区(京)	鸢尾类	观赏苗木	万株	5.00
1214	白山市市辖区(吉)	鸢尾类	花卉用种苗	千苗	30.00
1215	望都县(冀)	鸢尾类	盆花	万盆	1150.00
1216	新丰县(粤)	鸢尾类	鲜切花	万支	125.00
1217	甘州区(甘)	鸢尾类	穴盘苗	万株	10.00
1218	镇平县(豫)	元宝枫	城市绿化苗	万株	500.00
1219	栾川县(豫)	元宝枫	城市绿化苗	万株	123.50
1220	潢川县(豫)	元宝枫	城市绿化苗	万株	60.00
1221	光山县(豫)	元宝枫	城市绿化苗	万株	50.00
1222	大冶市(鄂)	元宝枫	城市绿化苗	万株	30.00
1223	安国市(冀)	元宝枫	城市绿化苗	万株	20.00
1224	丰宁满族自治县(冀)	元宝枫	观赏苗木	万株	80.00
1225	永清县(冀)	元宝枫	观赏苗木	万株	33.00
1226	成武县(鲁)	元宝枫	观赏苗木	万株	12.00
1227	丹棱县(川)	元宝枫	观赏苗木	万株	1.80
1228	顺义区(京)	元宝枫	观赏苗木	万株	1.00

（续表）

序号	其他花卉主产地	品种	花卉类别	单位	生产量
1229	金川区(甘)	月见草	观赏苗木	万株	12.00
1230	九台区(吉)	月见草	观赏苗木	万株	6.87
1231	阿鲁科尔沁旗(内蒙古)	云杉	城市绿化苗	万株	260.00
1232	新宾满族自治县(辽)	云杉	城市绿化苗	万株	14.00
1233	忻府区(晋)	云杉	城市绿化苗	万株	7.50
1234	丰宁满族自治县(冀)	云杉	观赏苗木	万株	647.00
1235	清原满族自治县(辽)	云杉	观赏苗木	万株	500.00
1236	江达县(藏)	云杉	观赏苗木	万株	230.00
1237	定襄县(晋)	云杉	观赏苗木	万株	0.80
1238	围场满族蒙古族自治县(冀)	云杉	花卉用种子	千克	500.00
1239	七坡林场(桂)	杂种香水月季	花卉用种苗	千苗	83.00
1240	广汉市(川)	杂种香水月季	鲜切花	万支	16.00
1241	涿州市(冀)	早园竹	观赏苗木	万株	1.00
1242	泌阳县(豫)	皂角	观赏苗木	万株	3.00
1243	金堂县(川)	皂角	观赏苗木	万株	2.10
1244	巴州区(川)	皂角	观赏苗木	万株	2.00
1245	旌阳区(川)	皂角	观赏苗木	万株	1.00
1246	三水区(粤)	长春花	城市绿化苗	万株	75.00
1247	鼎城区(湘)	长春花	盆花	万盆	23.00
1248	莒　县(鲁)	长寿花	盆花	万盆	15.00
1249	丰宁满族自治县(冀)	长寿花	盆花	万盆	8.00
1250	曲周县(冀)	长寿花	盆花	万盆	8.00
1251	涿州市(冀)	长寿花	盆花	万盆	5.00
1252	高碑店市(冀)	长寿花	盆花	万盆	3.00
1253	永清县(冀)	长寿花	盆花	万盆	3.00
1254	贺兰县(宁)	长寿花	盆花	万盆	1.20
1255	西华县(豫)	长寿花	鲜切花	万支	2.00
1256	浠水县(鄂)	栀子花	城市绿化苗	万株	40.00
1257	华容县(湘)	栀子花	城市绿化苗	万株	8.00
1258	岳阳县(湘)	栀子花	城市绿化苗	万株	5.00
1259	恩阳区(川)	栀子花	城市绿化苗	万株	3.00
1260	利川市(鄂)	栀子花	城市绿化苗	万株	2.00
1261	武陵区(湘)	栀子花	城市绿化苗	万株	1.70
1262	双峰县(湘)	栀子花	观赏苗木	万株	600.00
1263	新化县(湘)	栀子花	观赏苗木	万株	50.00
1264	巴州区(川)	栀子花	观赏苗木	万株	15.00
1265	万山区(黔)	栀子花	观赏苗木	万株	2.20

(续表)

序号	其他花卉主产地	品种	花卉类别	单位	生产量
1266	兴文县(川)	栀子花	观赏苗木	万株	2.00
1267	襄城县(豫)	栀子花	观叶植物	万盆	5.00
1268	巴州区(川)	栀子花	盆花	万盆	22.00
1269	雨山区(皖)	栀子花	盆花	万盆	11.00
1270	襄城区(鄂)	栀子花	盆花	万盆	5.20
1271	兴国县(赣)	栀子花	盆花	万盆	1.68
1272	涿州市(冀)	栀子花	盆花	万盆	1.00
1273	高　县(川)	栀子花	盆景	万盆	35.00
1274	江安县(川)	栀子花	盆景	万盆	2.00
1275	平桥区(豫)	栀子花	食用及药用花卉	千克	320000.00
1276	巴州区(川)	栀子花	鲜切花	万支	53.00
1277	榕江县(黔)	栀子花	鲜切花	万支	3.50
1278	宁远县(湘)	中华蚊母	城市绿化苗	万株	16.00
1279	鹤峰县(鄂)	中华蚊母	城市绿化苗	万株	1.50
1280	新化县(湘)	中华蚊母	观赏苗木	万株	200.00
1281	孝南区(鄂)	中华蚊母	盆景	万盆	2.00
1282	三亚市市辖区(琼)	朱蕉	城市绿化苗	万株	4.00
1283	儋州市(琼)	朱蕉	鲜切叶	万支	3.00
1284	汝南县(豫)	竹柳	城市绿化苗	万株	185.00
1285	忻府区(晋)	竹柳	城市绿化苗	万株	12.50
1286	华容县(湘)	竹柳	城市绿化苗	万株	2.00
1287	范　县(豫)	竹柳	观赏苗木	万株	40.00
1288	巴州区(川)	竹柳	观赏苗木	万株	20.00
1289	鸡泽县(冀)	竹柳	观赏苗木	万株	5.80
1290	任丘市(冀)	竹柳	观赏苗木	万株	5.10
1291	栾川县(豫)	紫荆	城市绿化苗	万株	432.00
1292	潢川县(豫)	紫荆	城市绿化苗	万株	70.00
1293	利川市(鄂)	紫荆	城市绿化苗	万株	10.00
1294	浠水县(鄂)	紫荆	城市绿化苗	万株	5.00
1295	恩阳区(川)	紫荆	城市绿化苗	万株	3.00
1296	威海市经济技术开发区(鲁)	紫荆	城市绿化苗	万株	1.00
1297	田东县(桂)	紫荆	城市绿化苗	万株	0.80
1298	鄢陵县(豫)	紫荆	观赏苗木	万株	265.00
1299	襄城县(豫)	紫荆	观赏苗木	万株	33.00
1300	巴州区(川)	紫荆	观赏苗木	万株	20.00
1301	海阳市(鲁)	紫荆	观赏苗木	万株	16.00
1302	茌平县(鲁)	紫荆	观赏苗木	万株	5.21
1303	新泰市(鲁)	紫荆	观赏苗木	万株	5.00
1304	兴文县(川)	紫荆	观赏苗木	万株	4.00
1305	成武县(鲁)	紫荆	观赏苗木	万株	2.00
1306	涿州市(冀)	紫荆	观赏苗木	万株	1.00
1307	巴州区(川)	紫荆	盆花	万盆	8.00
1308	襄城区(鄂)	紫罗兰	盆花	万盆	3.60
1309	衡山县(湘)	紫罗兰	盆花	万盆	0.92

(续表)

序号	其他花卉主产地	品种	花卉类别	单位	生产量
1310	新丰县(粤)	紫罗兰	鲜切花	万支	144.00
1311	宁远县(湘)	紫茉莉	盆花	万盆	1.00
1312	邓州市(豫)	紫菀	城市绿化苗	万株	107.00
1313	潢川县(豫)	紫薇类	城市绿化苗	万株	670.00
1314	黟　县(皖)	紫薇类	城市绿化苗	万株	25.00
1315	花垣县(湘)	紫薇类	城市绿化苗	万株	20.00
1316	桐城市(皖)	紫薇类	城市绿化苗	万株	20.00
1317	辉县市(豫)	紫薇类	城市绿化苗	万株	10.00
1318	田东县(桂)	紫薇类	城市绿化苗	万株	0.65
1319	汝南县(豫)	紫薇类	观赏苗木	万株	150.00
1320	新泰市(鲁)	紫薇类	观赏苗木	万株	13.00
1321	北戴河区(冀)	紫薇类	观赏苗木	万株	7.60
1322	涿州市(冀)	紫薇类	观赏苗木	万株	3.00
1323	丹棱县(川)	紫薇类	观赏苗木	万株	2.30
1324	双峰县(湘)	紫薇类	观赏苗木	万株	2.00
1325	湘阴县(湘)	紫薇类	观赏苗木	万株	1.50
1326	永兴县(湘)	紫薇类	观赏苗木	万株	0.80
1327	蔡甸区(鄂)	紫薇类	盆花	万盆	7.00
1328	新丰县(粤)	紫薇类	盆景	万盆	0.66
1329	苏仙区(湘)	紫薇类	鲜切花	万支	5500.00
1330	兴庆区(宁)	紫叶矮樱	城市绿化苗	万株	56.98
1331	金凤区(宁)	紫叶矮樱	城市绿化苗	万株	14.36
1332	潢川县(豫)	紫叶矮樱	城市绿化苗	万株	9.00
1333	安国市(冀)	紫叶矮樱	城市绿化苗	万株	5.00
1334	永城市(豫)	紫叶矮樱	干花	万支	26.40
1335	玉门市(甘)	紫叶矮樱	观赏苗木	万株	58.94
1336	金川区(甘)	紫叶矮樱	观赏苗木	万株	25.00
1337	开平区(冀)	紫叶矮樱	观赏苗木	万株	20.00
1338	忻府区(晋)	紫叶矮樱	观赏苗木	万株	9.66
1339	涿州市(冀)	紫叶矮樱	观赏苗木	万株	2.00
1340	定襄县(晋)	紫叶矮樱	观赏苗木	万株	0.70
1341	安国市(冀)	紫叶稠李	城市绿化苗	万株	5.00
1342	望都县(冀)	紫叶稠李	观赏苗木	万株	1550.00
1343	丰宁满族自治县(冀)	紫叶稠李	观赏苗木	万株	10.00
1344	曲阳县(冀)	紫叶稠李	观赏苗木	万株	10.00
1345	肇州县(黑)	紫叶稠李	观赏苗木	万株	9.00
1346	太康县(豫)	紫叶稠李	观赏苗木	万株	5.00
1347	涿州市(冀)	紫叶稠李	观赏苗木	万株	2.00
1348	滦平县(冀)	紫叶稠李	观赏苗木	万株	1.10
1349	二道区(吉)	紫叶稠李	观赏苗木	万株	1.00
1350	双峰县(湘)	紫叶稠李	观赏苗木	万株	1.00
1351	围场满族蒙古族自治县(冀)	紫叶稠李	观赏苗木	万株	1.00
1352	玉门市(甘)	紫叶稠李	观赏苗木	万株	0.58

（续表）

序号	其他花卉主产地	品种	花卉类别	单位	生产量
1353	沭阳县(苏)	紫叶桃	城市绿化苗	万株	10.00
1354	华容县(湘)	紫叶桃	城市绿化苗	万株	8.00
1355	威海市经济技术开发区(鲁)	紫叶桃	城市绿化苗	万株	1.00
1356	株洲县(湘)	紫叶桃	观赏苗木	万株	17.00

（续表）

序号	其他花卉主产地	品种	花卉类别	单位	生产量
1357	蚌山区(皖)	紫叶桃	观赏苗木	万株	5.00
1358	潢川县(豫)	紫竹	城市绿化苗	万株	31.00
1359	黟　县(皖)	紫竹	城市绿化苗	万株	15.00
1360	广德县(皖)	紫竹	观赏苗木	万株	1.80
1361	南郑区(陕)	紫竹	花卉用种苗	千苗	1000.00

表 12-32　草坪主产地产量

序号	草坪主产地	产量（万平方米）
1	顺义区(京)	165.00
2	通州区(京)	34.85
3	怀柔区(京)	15.33
4	涿州市(冀)	70.00
5	香河县(冀)	45.00
6	涉　县(冀)	7.33
7	任　县(冀)	5.00
8	围场满族蒙古族自治县(冀)	1.10
9	北戴河区(冀)	0.70
10	定襄县(晋)	2.00
11	海城市(辽)	7.00
12	珲春林业局(吉)	2.50
13	青浦区(沪)	53.30
14	如皋市(苏)	2000.00
15	武进区(苏)	1800.00
16	沭阳县(苏)	1400.00
17	常熟市(苏)	536.00
18	金坛区(苏)	350.00
19	宜兴市(苏)	333.00
20	泗洪县(苏)	233.00
21	泗阳县(苏)	200.10
22	太仓市(苏)	73.34
23	扬中市(苏)	58.00
24	溧阳市(苏)	46.00
25	靖江市(苏)	42.00
26	响水县(苏)	38.00
27	丹阳市(苏)	36.00
28	江都区(苏)	19.98
29	阜宁县(苏)	17.20
30	盐都区(苏)	16.00
31	滨海县(苏)	10.00
32	吴中区(苏)	6.40
33	如东县(苏)	5.18
34	涟水县(苏)	4.80
35	余杭区(浙)	2593.30
36	婺城区(浙)	155.00

（续表）

序号	草坪主产地	产量（万平方米）
37	萧山区(浙)	146.00
38	常山县(浙)	128.00
39	嵊州市(浙)	100.00
40	金东区(浙)	65.00
41	瑞安市(浙)	56.00
42	衢江区(浙)	55.30
43	武义县(浙)	44.00
44	义乌市(浙)	17.20
45	龙泉市(浙)	5.00
46	南谯区(皖)	7992.00
47	颍上县(皖)	243.00
48	定远县(皖)	120.00
49	滁州市市辖区(皖)	97.80
50	阜南县(皖)	70.00
51	芜湖县(皖)	65.00
52	淮上区(皖)	25.00
53	太湖县(皖)	12.11
54	蚌埠市市辖区(皖)	10.00
55	宜秀区(皖)	7.00
56	界首市(皖)	6.50
57	禹会区(皖)	3.00
58	屯溪区(皖)	2.00
59	潜山县(皖)	1.80
60	桐城市(皖)	1.20
61	横峰县(赣)	133.40
62	濂溪区(赣)	130.00
63	靖安县(赣)	128.00
64	贵溪市(赣)	120.50
65	永修县(赣)	120.00
66	奉新县(赣)	110.00
67	宁都县(赣)	50.50
68	临川区(赣)	36.00
69	吉水县(赣)	30.00
70	芦溪县(赣)	26.00
71	于都县(赣)	21.20
72	吉安县(赣)	20.00

（续表）

序号	草坪主产地	产量（万平方米）
73	南城县(赣)	15.00
74	赣县区(赣)	13.00
75	萍乡市经济开发区(赣)	10.99
76	全南县(赣)	10.50
77	渝水区(赣)	8.90
78	南昌县(赣)	8.00
79	石城县(赣)	8.00
80	金溪县(赣)	7.40
81	资溪县(赣)	6.50
82	安源区(赣)	6.30
83	余江县(赣)	5.00
84	遂川县(赣)	4.50
85	龙南县(赣)	3.80
86	玉山县(赣)	3.00
87	广昌县(赣)	2.67
88	泰和县(赣)	2.00
89	南丰县(赣)	2.00
90	永丰县(赣)	1.00
91	历城区(鲁)	43.30
92	宁阳县(鲁)	40.00
93	商河县(鲁)	20.00
94	高唐县(鲁)	13.33
95	成武县(鲁)	12.05
96	泰安市高新区(鲁)	8.00
97	莱山区(鲁)	6.00
98	长清区(鲁)	6.00
99	临朐县(鲁)	4.00
100	章丘区(鲁)	2.20
101	济南市高新区(鲁)	1.00
102	招远市(鲁)	1.00
103	鄢陵县(豫)	79.59
104	淮滨县(豫)	65.00
105	长葛市(豫)	46.00
106	新　县(豫)	19.00
107	建安区(豫)	15.00
108	光山县(豫)	10.00

(续表)

序号	草坪主产地	产量(万平方米)
109	潢川县(豫)	10.00
110	卧龙区(豫)	4.00
111	淅川县(豫)	2.00
112	获嘉县(豫)	1.70
113	唐河县(豫)	1.60
114	仙桃市(鄂)	210.00
115	松滋市(鄂)	129.00
116	漳河新区(鄂)	67.46
117	谷城县(鄂)	65.00
118	安陆市(鄂)	30.00
119	大冶市(鄂)	30.00
120	公安县(鄂)	25.00
121	孝昌县(鄂)	15.00
122	嘉鱼县(鄂)	13.32
123	云梦县(鄂)	13.30
124	黄梅县(鄂)	13.00
125	汉川市(鄂)	12.00
126	阳新县(鄂)	8.20
127	恩施市(鄂)	8.10
128	蔡甸区(鄂)	8.00
129	新洲区(鄂)	5.40
130	建始县(鄂)	5.00
131	荆州区(鄂)	3.50
132	武穴市(鄂)	3.00
133	崇阳县(鄂)	3.00
134	钟祥市(鄂)	3.00
135	随　县(鄂)	2.20
136	大悟县(鄂)	2.00
137	屈家岭管理区(鄂)	2.00
138	洪湖市(鄂)	2.00
139	枣阳市(鄂)	2.00
140	丹江口市(鄂)	1.70
141	江夏区(鄂)	1.20
142	竹山县(鄂)	1.00
143	浠水县(鄂)	1.00
144	苏仙区(湘)	1480.00
145	岳阳县(湘)	1150.00
146	北湖区(湘)	216.00
147	长沙县(湘)	200.00
148	鼎城区(湘)	180.00
149	汝城县(湘)	161.00
150	珠晖区(湘)	150.00
151	湘潭县(湘)	82.50
152	湘潭市市辖区(湘)	82.50

(续表)

序号	草坪主产地	产量(万平方米)
153	资兴市(湘)	60.00
154	赫山区(湘)	55.00
155	芷江侗族自治县(湘)	52.00
156	资阳区(湘)	52.00
157	沅江市(湘)	50.00
158	宁乡市(湘)	43.00
159	洪江市(湘)	24.00
160	华容县(湘)	20.00
161	石门县(湘)	20.00
162	涟源市(湘)	14.50
163	宁远县(湘)	13.55
164	东安县(湘)	12.98
165	雨花区(湘)	12.90
166	双清区(湘)	10.00
167	汉寿县(湘)	8.60
168	石峰区(湘)	7.49
169	新化县(湘)	5.00
170	零陵区(湘)	5.00
171	中方县(湘)	5.00
172	大祥区(湘)	4.00
173	祁东县(湘)	3.70
174	衡阳县(湘)	3.00
175	武陵区(湘)	2.70
176	常宁市(湘)	2.00
177	慈利县(湘)	2.00
178	石鼓区(湘)	2.00
179	武冈市(湘)	1.45
180	隆回县(湘)	1.30
181	靖州苗族侗族自治县(湘)	1.21
182	辰溪县(湘)	0.80
183	永兴县(湘)	0.60
184	增城区(粤)	287.71
185	花都区(粤)	7.00
186	潮安区(粤)	4.55
187	南海区(粤)	3.10
188	柳江区(桂)	2577.67
189	荔浦县(桂)	50.00
190	玉州区(桂)	43.00
191	龙胜各族自治县(桂)	13.00
192	陆川县(桂)	10.00
193	灵山县(桂)	4.00
194	钦南区(桂)	1.50
195	北流市(桂)	1.30
196	武宣县(桂)	0.86

(续表)

序号	草坪主产地	产量(万平方米)
197	苍梧县(桂)	0.80
198	全州县(桂)	0.80
199	龙华区(琼)	200.00
200	文昌市(琼)	94.90
201	儋州市(琼)	20.00
202	屯昌县(琼)	5.60
203	青白江区(川)	110.72
204	德昌县(川)	40.85
205	翠屏区(川)	28.40
206	江阳区(川)	23.00
207	彭州市(川)	18.60
208	邛崃市(川)	15.00
209	长宁县(川)	9.80
210	都江堰市(川)	7.45
211	广汉市(川)	5.50
212	江油市(川)	5.50
213	井研县(川)	3.80
214	五通桥区(川)	3.20
215	巴州区(川)	2.50
216	万源市(川)	2.00
217	恩阳区(川)	2.00
218	顺庆区(川)	0.86
219	高　县(川)	0.75
220	汇川区(黔)	28.00
221	播州区(黔)	10.67
222	遵义市市辖区(黔)	1.30
223	腾冲市(滇)	20.00
224	嵩明县(滇)	12.00
225	兰坪白族普米族自治县(滇)	3.00
226	施甸县(滇)	2.10
227	瑞丽市(滇)	2.00
228	楚雄市(滇)	1.93
229	鄠邑区(陕)	333.50
230	汉台区(陕)	1.00
231	甘州区(甘)	3.30
232	宁　县(甘)	0.60
233	贺兰县(宁)	21.00

表 13-1　木雕主产地产值

序号	木雕主产地	产值(万元)
1	顺平县(冀)	1450.00
2	博野县(冀)	35.00
3	围场满族蒙古族自治县(冀)	13.00

（续表）

序号	木雕主产地	产值（万元）
4	新宾满族自治县(辽)	40425.00
5	桓仁满族自治县(辽)	450.00
6	辉南县(吉)	3300.00
7	临江市(吉)	1059.00
8	蛟河市(吉)	100.00
9	磐石市(吉)	50.00
10	敦化市(吉)	20.00
11	丰满区(吉)	10.00
12	铁力市(黑)	5550.00
13	五常市(黑)	40.00
14	丰　县(苏)	15000.00
15	滨海县(苏)	500.00
16	邗江区(苏)	500.00
17	兴化市(苏)	488.00
18	泰兴市(苏)	5.50
19	开化县(浙)	22000.00
20	瑞安市(浙)	12750.00
21	温岭市(浙)	7250.00
22	义乌市(浙)	3000.00
23	常山县(浙)	2100.00
24	庆元县(浙)	294.00
25	阜南县(皖)	12250.00
26	黟　县(皖)	600.00
27	蚌埠市市辖区(皖)	344.00
28	绩溪县(皖)	320.00
29	潜山县(皖)	168.00
30	歙　县(皖)	100.00
31	五河县(皖)	98.00
32	泾　县(皖)	25.00
33	岳西县(皖)	10.00
34	余江县(赣)	69000.00
35	安福县(赣)	1568.00
36	铅山县(赣)	1180.00
37	永丰县(赣)	800.00
38	青原区(赣)	500.00
39	兴国县(赣)	200.00
40	上犹县(赣)	50.00
41	曲阜市(鲁)	6500.00
42	坊子区(鲁)	500.00
43	青州市(鲁)	320.00
44	汶上县(鲁)	200.00
45	沂源县(鲁)	37.00
46	濮阳市高新区(豫)	12500.00
47	洛宁县(豫)	7100.00

（续表）

序号	木雕主产地	产值（万元）
48	卫辉市(豫)	2930.00
49	桐柏县(豫)	1500.00
50	新　县(豫)	1025.00
51	西峡县(豫)	263.00
52	灵宝市(豫)	110.00
53	宝丰县(豫)	80.00
54	淅川县(豫)	23.00
55	老城区(豫)	12.00
56	祥符区(豫)	2.00
57	谷城县(鄂)	6611.00
58	宜城市(鄂)	5000.00
59	老河口市(鄂)	4000.00
60	南漳县(鄂)	2560.00
61	宣恩县(鄂)	2250.00
62	竹山县(鄂)	1910.00
63	阳新县(鄂)	1200.00
64	利川市(鄂)	1000.00
65	掇刀区(鄂)	500.00
66	保康县(鄂)	200.00
67	浠水县(鄂)	200.00
68	建始县(鄂)	100.00
69	京山县(鄂)	100.00
70	大悟县(鄂)	18.00
71	公安县(鄂)	6.00
72	蕲春县(鄂)	5.00
73	衡东县(湘)	12000.00
74	永兴县(湘)	6000.00
75	洞口县(湘)	5000.00
76	祁东县(湘)	3700.00
77	资兴市(湘)	3395.00
78	北湖区(湘)	2410.00
79	江华瑶族自治县(湘)	2025.00
80	南岳区(湘)	2000.00
81	珠晖区(湘)	2000.00
82	湘潭县(湘)	1958.00
83	临武县(湘)	1650.00
84	武陵区(湘)	1367.00
85	汨罗市(湘)	1102.50
86	沅陵县(湘)	1050.00
87	石门县(湘)	1000.00
88	衡山县(湘)	903.10
89	醴陵市(湘)	600.00
90	湘乡市(湘)	588.00
91	会同县(湘)	500.00

（续表）

序号	木雕主产地	产值（万元）
92	新化县(湘)	500.00
93	零陵区(湘)	500.00
94	新晃侗族自治县(湘)	360.00
95	新宁县(湘)	300.00
96	益阳市市辖区(湘)	260.00
97	茶陵县(湘)	260.00
98	桃源县(湘)	220.00
99	隆回县(湘)	180.00
100	芷江侗族自治县(湘)	180.00
101	长沙县(湘)	150.00
102	宁远县(湘)	150.00
103	麻阳苗族自治县(湘)	122.00
104	东安县(湘)	120.00
105	鹤城区(湘)	110.00
106	靖州苗族侗族自治县(湘)	103.00
107	华容县(湘)	100.00
108	临湘市(湘)	60.00
109	双峰县(湘)	50.00
110	岳阳县(湘)	20.00
111	苏仙区(湘)	15.00
112	德庆县(粤)	10696.70
113	东源县(粤)	560.00
114	英德市(粤)	500.00
115	化州市(粤)	245.00
116	龙门县(粤)	2.00
117	紫金县(粤)	1.50
118	钦北区(桂)	40418.00
119	陆川县(桂)	1200.00
120	博白县(桂)	750.00
121	北流市(桂)	225.00
122	平乐县(桂)	110.00
123	青神县(川)	72195.00
124	邻水县(川)	1800.00
125	富顺县(川)	800.00
126	江油市(川)	620.00
127	都江堰市(川)	395.00
128	宜宾县(川)	270.00
129	高　县(川)	120.00
130	安州区(川)	100.00
131	仁和区(川)	5.00
132	芦山县(川)	2.68
133	雷山县(黔)	1026.00
134	兴义市(黔)	620.00
135	播州区(黔)	460.00

(续表)

序号	木雕主产地	产值(万元)
136	镇远县(黔)	200.00
137	榕江县(黔)	180.00
138	思南县(黔)	100.00
139	普安县(黔)	30.00
140	从江县(黔)	2.00
141	剑川县(滇)	40120.00
142	腾冲市(滇)	6500.00
143	文山市(滇)	3679.00
144	麒麟区(滇)	500.00
145	施甸县(滇)	430.00
146	瑞丽市(滇)	355.00
147	寻甸回族彝族自治县(滇)	201.00
148	洱源县(滇)	200.00
149	华宁县(滇)	110.00
150	昌宁县(滇)	91.00
151	江川区(滇)	62.00
152	元谋县(滇)	34.00
153	长安区(陕)	12107.00

表 13-2　竹雕主产地产值

序号	竹雕主产地	产值(万元)
1	徽州区(皖)	13850.00
2	黟　县(皖)	2600.00
3	潜山县(皖)	56.00
4	歙　县(皖)	50.00
5	玉山县(赣)	1000.00
6	井冈山市(赣)	288.00
7	安福县(赣)	280.00
8	尉氏县(豫)	1100.00
9	宝丰县(豫)	15.00
10	竹山县(鄂)	789.00
11	浠水县(鄂)	10.00
12	北湖区(湘)	4100.00
13	衡山县(湘)	2364.76
14	桃江县(湘)	2000.00
15	资兴市(湘)	1712.00
16	祁东县(湘)	675.00
17	醴陵市(湘)	300.00
18	临湘市(湘)	80.00
19	汨罗市(湘)	64.24
20	汉寿县(湘)	51.00
21	岳阳楼区(湘)	50.00
22	会同县(湘)	50.00

(续表)

序号	竹雕主产地	产值(万元)
23	宁远县(湘)	50.00
24	新宁县(湘)	10.00
25	乐山市市中区(川)	22500.00
26	江安县(川)	2200.00
27	翠屏区(川)	1170.00
28	邻水县(川)	1025.00
29	长宁县(川)	850.00
30	高　县(川)	60.00
31	都江堰市(川)	8.00
32	玉屏侗族自治县(黔)	400.00
33	镇远县(黔)	100.00
34	榕江县(黔)	56.00
35	从江县(黔)	2.00
36	腾冲市(滇)	50.00

表 13-3　竹编主产地产值

序号	竹编主产地	产值(万元)
1	阜宁县(苏)	350.00
2	洪泽区(苏)	150.00
3	余杭区(浙)	78577.00
4	萧山区(浙)	26320.00
5	瑞安市(浙)	5250.00
6	浦江县(浙)	3333.00
7	武义县(浙)	2197.00
8	常山县(浙)	1600.00
9	龙泉市(浙)	1000.00
10	柯城区(浙)	374.00
11	永康市(浙)	311.00
12	阜南县(皖)	40000.00
13	旌德县(皖)	6200.00
14	宿松县(皖)	4420.00
15	太湖县(皖)	3990.00
16	岳西县(皖)	3200.00
17	郎溪县(皖)	2867.00
18	屯溪区(皖)	2020.00
19	广德县(皖)	500.00
20	歙　县(皖)	407.00
21	潜山县(皖)	254.00
22	祁门县(皖)	170.00
23	界首市(皖)	150.00
24	绩溪县(皖)	30.00
25	泾　县(皖)	15.00
26	宁国市(皖)	6.50

(续表)

序号	竹编主产地	产值(万元)
27	新干县(赣)	77545.00
28	铜鼓县(赣)	24587.00
29	宁都县(赣)	5194.00
30	武宁县(赣)	4257.00
31	宜丰县(赣)	3800.00
32	崇义县(赣)	2864.00
33	广昌县(赣)	1598.00
34	玉山县(赣)	700.00
35	遂川县(赣)	684.00
36	萍乡市武功山分局(赣)	461.00
37	定南县(赣)	420.00
38	铅山县(赣)	230.00
39	赣县区(赣)	67.00
40	安源区(赣)	45.00
41	上犹县(赣)	45.00
42	石城县(赣)	11.00
43	寻乌县(赣)	4.00
44	泰和县(赣)	0.80
45	坊子区(鲁)	3080.00
46	卫辉市(豫)	2786.00
47	新　县(豫)	2298.00
48	尉氏县(豫)	1600.00
49	栾川县(豫)	1155.00
50	商城县(豫)	500.00
51	唐河县(豫)	480.00
52	嵩　县(豫)	240.00
53	新野县(豫)	150.00
54	汝阳县(豫)	52.00
55	淮滨县(豫)	20.00
56	崇阳县(鄂)	35000.00
57	竹山县(鄂)	9198.00
58	黄梅县(鄂)	3000.00
59	阳新县(鄂)	1200.00
60	赤壁市(鄂)	120.00
61	利川市(鄂)	100.00
62	浠水县(鄂)	80.00
63	随　县(鄂)	38.00
64	大悟县(鄂)	10.00
65	保康县(鄂)	10.00
66	公安县(鄂)	6.20
67	沙洋县(鄂)	6.00
68	来凤县(鄂)	5.00
69	屈家岭管理区(鄂)	2.00
70	咸丰县(鄂)	1.20

（续表）

序号	竹编主产地	产值（万元）
71	北湖区(湘)	8960.00
72	永兴县(湘)	7870.00
73	资兴市(湘)	7012.00
74	衡东县(湘)	6000.00
75	湘潭县(湘)	4836.00
76	金洞林场(湘)	4720.00
77	雨湖区(湘)	2876.00
78	中方县(湘)	2800.00
79	江华瑶族自治县(湘)	2000.00
80	湘潭市市辖区(湘)	1977.50
81	洪江市(湘)	1350.00
82	临湘市(湘)	1300.00
83	珠晖区(湘)	1000.00
84	溆浦县(湘)	930.00
85	安仁县(湘)	910.00
86	娄星区(湘)	805.00
87	益阳市市辖区(湘)	800.00
88	宜章县(湘)	662.00
89	衡山县(湘)	541.80
90	双峰县(湘)	500.00
91	安化县(湘)	500.00
92	临武县(湘)	500.00
93	蓝山县(湘)	500.00
94	冷水江市(湘)	385.00
95	澧　县(湘)	350.00
96	武陵区(湘)	335.00
97	汨罗市(湘)	334.80
98	醴陵市(湘)	322.00
99	沅陵县(湘)	270.00
100	桃江县(湘)	250.00
101	新晃侗族自治县(湘)	200.00
102	鼎城区(湘)	200.00
103	茶陵县(湘)	200.00
104	冷水滩区(湘)	200.00
105	汝城县(湘)	192.00
106	保靖县(湘)	140.00
107	慈利县(湘)	105.00
108	会同县(湘)	100.00
109	岳阳县(湘)	90.00
110	武冈市(湘)	90.00
111	新化县(湘)	50.00
112	麻阳苗族自治县(湘)	50.00
113	双清区(湘)	50.00
114	芷江侗族自治县(湘)	48.00

（续表）

序号	竹编主产地	产值（万元）
115	桂东县(湘)	42.00
116	宁远县(湘)	20.00
117	新邵县(湘)	20.00
118	新宁县(湘)	20.00
119	湘乡市(湘)	19.50
120	信宜市(粤)	92850.00
121	罗定市(粤)	7200.00
122	高州市(粤)	945.00
123	和平县(粤)	350.00
124	梅县区(粤)	200.00
125	清新区(粤)	150.00
126	高要区(粤)	80.00
127	五华县(粤)	50.00
128	龙门县(粤)	30.00
129	南雄市(粤)	10.68
130	博白县(桂)	113650.00
131	浦北县(桂)	10590.00
132	北流市(桂)	3520.00
133	陆川县(桂)	1800.00
134	乐业县(桂)	1678.00
135	蒙山县(桂)	1000.00
136	灵山县(桂)	800.00
137	八步区(桂)	240.00
138	西林县(桂)	200.00
139	田阳县(桂)	146.00
140	井研县(川)	30600.00
141	东坡区(川)	28057.60
142	沐川县(川)	11800.00
143	江油市(川)	5600.00
144	顺庆区(川)	5470.00
145	邛崃市(川)	4765.00
146	雨城区(川)	4400.00
147	渠　县(川)	4000.00
148	兴文县(川)	3507.00
149	恩阳区(川)	3000.00
150	纳溪区(川)	2980.00
151	达川区(川)	2750.00
152	翠屏区(川)	2730.00
153	青神县(川)	2034.00
154	邻水县(川)	2000.00
155	合江县(川)	1980.00
156	彭山区(川)	1852.00
157	高坪区(川)	1100.00
158	安居区(川)	750.00

（续表）

序号	竹编主产地	产值（万元）
159	武胜县(川)	600.00
160	仁寿县(川)	469.00
161	南江县(川)	413.00
162	开江县(川)	300.00
163	长宁县(川)	253.00
164	北川羌族自治县(川)	240.00
165	名山区(川)	224.00
166	平昌县(川)	200.00
167	宝兴县(川)	190.00
168	米易县(川)	154.00
169	叙永县(川)	120.00
170	安岳县(川)	90.00
171	梓潼县(川)	58.00
172	岳池县(川)	55.00
173	华蓥市(川)	50.00
174	高　县(川)	30.00
175	屏山县(川)	30.00
176	都江堰市(川)	25.00
177	布拖县(川)	20.00
178	嘉陵区(川)	15.00
179	盐源县(川)	3.00
180	务川仡佬族苗族自治县(黔)	1500.00
181	赤水市(黔)	850.00
182	罗甸县(黔)	803.20
183	三穗县(黔)	380.00
184	播州区(黔)	360.00
185	榕江县(黔)	230.00
186	荔波县(黔)	70.00
187	镇远县(黔)	60.00
188	黎平县(黔)	39.00
189	普安县(黔)	20.00
190	思南县(黔)	20.00
191	碧江区(黔)	10.00
192	从江县(黔)	8.00
193	文山市(滇)	5695.00
194	富宁县(滇)	900.00
195	昌宁县(滇)	629.00
196	鲁甸县(滇)	500.00
197	姚安县(滇)	308.00
198	宣威市(滇)	250.00
199	彝良县(滇)	150.00
200	盈江县(滇)	140.00
201	贡山独龙族怒族自治县(滇)	132.00
202	楚雄市(滇)	124.00

(续表)

序号	竹编主产地	产值(万元)
203	腾冲市(滇)	120.00
204	施甸县(滇)	110.00
205	西畴县(滇)	110.00
206	景东彝族自治县(滇)	100.00
207	永德县(滇)	100.00
208	兰坪白族普米族自治县(滇)	80.00
209	华宁县(滇)	55.00
210	马龙县(滇)	50.00
211	永平县(滇)	25.00
212	威信县(滇)	20.00
213	元谋县(滇)	12.00
214	嵩明县(滇)	10.00
215	绥江县(滇)	10.00
216	江川区(滇)	3.20
217	盐津县(滇)	2.00
218	新平彝族傣族自治县(滇)	2.00
219	蓝田县(陕)	9320.00
220	南郑区(陕)	650.00
221	平利县(陕)	200.00
222	洋　县(陕)	45.00
223	镇巴县(陕)	5.00

表 13-4　藤编主产地产量

序号	藤编主产地	产值(万元)
1	五常市(黑)	80.00
2	盐都区(苏)	2550.00
3	滨海县(苏)	1500.00
4	邳州市(苏)	1023.00
5	灌云县(苏)	400.00
6	沛　县(苏)	50.00
7	萧山区(浙)	9900.00
8	武义县(浙)	1661.00
9	常山县(浙)	1295.00
10	文成县(浙)	1.30
11	阜南县(皖)	500000.00
12	桐城市(皖)	2500.00
13	太湖县(皖)	1207.00
14	祁门县(皖)	132.00
15	潜山县(皖)	127.00
16	黟　县(皖)	100.00
17	颍上县(皖)	0.80
18	新干县(赣)	77544.00
19	南昌市市辖区(赣)	6480.00
20	广昌县(赣)	500.00
21	定南县(赣)	500.00
22	安源区(赣)	363.00
23	赣县区(赣)	117.00
24	宁都县(赣)	75.00
25	上犹县(赣)	40.00
26	石城县(赣)	27.00
27	寻乌县(赣)	3.00
28	无棣县(鲁)	45826.00
29	邹平县(鲁)	14800.00
30	临沭县(鲁)	895.00
31	河东区(鲁)	830.00
32	东平县(鲁)	150.00
33	汶上县(鲁)	136.00
34	任城区(鲁)	115.00
35	陵城区(鲁)	70.00
36	固始县(豫)	30000.00
37	宁陵县(豫)	6317.00
38	卫辉市(豫)	2869.00
39	渑池县(豫)	1800.00
40	新　县(豫)	1768.00
41	尉氏县(豫)	1500.00
42	方城县(豫)	650.00
43	新野县(豫)	150.00
44	镇平县(豫)	86.00
45	汝阳县(豫)	46.00
46	淅川县(豫)	12.00
47	襄州区(鄂)	10000.00
48	竹山县(鄂)	7888.00
49	枣阳市(鄂)	5000.00
50	宣恩县(鄂)	1500.00
51	郧西县(鄂)	750.00
52	浠水县(鄂)	35.00
53	江夏区(鄂)	4.00
54	永兴县(湘)	6667.00
55	湘潭县(湘)	3956.00
56	娄星区(湘)	885.00
57	双峰县(湘)	800.00
58	溆浦县(湘)	640.00
59	汨罗市(湘)	398.52
60	蓝山县(湘)	230.00
61	衡山县(湘)	197.10
62	鼎城区(湘)	190.00
63	资兴市(湘)	145.00
64	冷水江市(湘)	110.00
65	临湘市(湘)	35.00
66	芷江侗族自治县(湘)	18.00
67	宁远县(湘)	10.00
68	新宁县(湘)	10.00
69	桑植县(湘)	3.00
70	道　县(湘)	1.97
71	高要区(粤)	50.00
72	蒙山县(桂)	1000.00
73	灵山县(桂)	700.00
74	田阳县(桂)	242.00
75	陆川县(桂)	90.00
76	儋州市(琼)	800.00
77	崇州市(川)	8000.00
78	邻水县(川)	1000.00
79	江油市(川)	320.00
80	高　县(川)	160.00
81	绵竹市(川)	104.00
82	宝兴县(川)	11.00
83	思南县(黔)	1800.00
84	罗甸县(黔)	100.00
85	从江县(黔)	5.00
86	文山市(滇)	2816.00
87	峨山彝族自治县(滇)	2718.00
88	腾冲市(滇)	600.00
89	富宁县(滇)	532.00
90	沧源佤族自治县(滇)	200.00
91	盈江县(滇)	100.00
92	昌宁县(滇)	87.00
93	施甸县(滇)	56.00
94	瑞丽市(滇)	46.00
95	南郑区(陕)	5000.00
96	平利县(陕)	150.00
97	镇巴县(陕)	10.00
98	宁　县(甘)	3.20

表 13-5　棕编主产地产值

序号	棕编主产地	产值(万元)
1	永康市(浙)	10.00
2	浦江县(浙)	9.00
3	太湖县(皖)	916.00
4	潜山县(皖)	27.00
5	赣县区(赣)	388.00

（续表）

序号	棕编主产地	产值（万元）
6	石城县（赣）	18.00
7	寻乌县（赣）	2.00
8	沂源县（鲁）	3.00
9	汝阳县（豫）	53.00
10	竹山县（鄂）	1191.00
11	大悟县（鄂）	9.00
12	阳新县（鄂）	5.00
13	江华瑶族自治县（湘）	1500.00
14	祁东县（湘）	503.00
15	资兴市（湘）	315.00
16	醴陵市（湘）	300.00
17	溆浦县（湘）	160.00
18	衡山县（湘）	143.82
19	沅陵县（湘）	113.00
20	临武县（湘）	60.00
21	安化县（湘）	20.00
22	零陵区（湘）	20.00
23	汝城县（湘）	16.00
24	岳阳县（湘）	15.00
25	宁远县（湘）	10.00
26	芷江侗族自治县（湘）	2.00
27	江油市（川）	590.00
28	罗甸县（黔）	100.00
29	播州区（黔）	100.00
30	思南县（黔）	5.00
31	从江县（黔）	2.00
32	黎平县（黔）	0.60
33	腾冲市（滇）	180.00
34	陆良县（滇）	62.00
35	富源县（滇）	16.00
36	隆阳区（滇）	1.00
37	南郑区（陕）	600.00
38	镇巴县（陕）	3.00

表 14-1 2018 年驯养野生动物与利用

（续表）

序号	主产地	动物种类	驯养数量（只、头、条）
1	汤阴县（豫）	鹌鹑	100000
2	巴东县（鄂）	鹌鹑	1000
3	惠城区（粤）	巴西龟	15000
4	托克托县（内蒙古）	白腹锦鸡	15
5	蓬莱市（鲁）	白腹锦鸡	12
6	鹿泉区（冀）	白腹锦鸡	10
7	湘潭县（湘）	白冠长尾雉	83
8	北戴河区（冀）	白冠长尾雉	37
9	湘潭县（湘）	白鹤	202
10	澄江县（滇）	白孔雀	1900
11	阜宁县（苏）	白孔雀	200
12	原平市（晋）	白孔雀	35
13	蔡甸区（鄂）	白孔雀	18
14	北戴河区（冀）	白孔雀	17
15	五华区（滇）	白孔雀	15
16	昌邑区（吉）	白眉蝮蛇	7000
17	吴兴区（浙）	白眉山鹧鸪	120
18	岱岳区（鲁）	白天鹅	480
19	内江市市中区（川）	白天鹅	180
20	丘北县（滇）	白天鹅	150
21	华容县（湘）	白天鹅	20
22	乌拉特前旗（内蒙古）	白天鹅	20
23	和静县（新）	白天鹅	14
24	蓝山县（湘）	白鹇	2000
25	平乐县（桂）	白鹇	470
26	北戴河区（冀）	白鹇	91
27	遂川县（赣）	白鹇	80
28	昌宁县（滇）	白鹇	41
29	偃师市（豫）	白鹇	20
30	宁阳县（鲁）	白腰文鸟	16000
31	丘北县（滇）	斑头雁	300
32	阳谷县（鲁）	斑头雁	200
33	江川区（滇）	斑头雁	150
34	华容县（湘）	斑头雁	100
35	荆州区（鄂）	斑头雁	50
36	甘州区（甘）	斑头雁	42
37	湖北省太子山林场（鄂）	斑头雁	27
38	偃师市（豫）	斑头雁	16
39	和静县（新）	斑头雁	15
40	高台县（甘）	斑头雁	10
41	南昌县（赣）	斑嘴鸭	254000
42	监利县（鄂）	斑嘴鸭	30000
43	永修县（赣）	斑嘴鸭	13000
44	鼎城区（湘）	斑嘴鸭	8000
45	洪湖市（鄂）	斑嘴鸭	8000
46	茶陵县（湘）	斑嘴鸭	4500
47	郎溪县（皖）	斑嘴鸭	3130
48	吴兴区（浙）	斑嘴鸭	3010
49	华容县（湘）	斑嘴鸭	3000
50	南　县（湘）	斑嘴鸭	3000
51	利川市（鄂）	斑嘴鸭	2790
52	桐城市（皖）	斑嘴鸭	1628
53	金湖县（苏）	斑嘴鸭	1595
54	高邮市（苏）	斑嘴鸭	1450
55	平罗县（宁）	斑嘴鸭	400
56	丘北县（滇）	斑嘴鸭	350
57	武进区（苏）	斑嘴鸭	286
58	利辛县（皖）	斑嘴鸭	110

(续表)

序号	主产地	动物种类	驯养数量(只、头、条)
59	乌拉特前旗(内蒙古)	斑嘴鸭	100
60	济阳区(鲁)	斑嘴鸭	50
61	兴化市(苏)	斑嘴鸭	10
62	辽阳县(辽)	北极狐	80000
63	金湖县(苏)	北极狐	200
64	青州市(鲁)	北极狐	200
65	渝水区(赣)	菜蛇	10000
66	咸丰县(鄂)	菜蛇	8100
67	阳新县(鄂)	菜蛇	3000
68	威远县(川)	菜蛇	2400
69	播州区(黔)	菜蛇	2000
70	南　县(湘)	菜蛇	2000
71	宁远县(湘)	菜蛇	1200
72	砚山县(滇)	菜蛇	1700
73	敦化市(吉)	蚕	24800000
74	东辽县(吉)	蚕	20000000
75	蛟河市(吉)	蚕	2655220
76	英德市(粤)	草龟	4000
77	惠城区(粤)	草龟	2450
78	江都区(苏)	草龟	2000
79	金坛区(苏)	草龟	1200
80	儋州市(琼)	草龟	1000
81	原州区(宁)	草兔	329
82	阜康市(新)	草兔	300
83	咸丰县(鄂)	草兔	280
84	集安市(吉)	蟾蜍	1120000
85	屯溪区(皖)	蟾蜍	300000
86	宁国市(皖)	蟾蜍	10000
87	鄄城县(鲁)	刺猬	5200
88	梁山县(鲁)	刺猬	280
89	麻栗坡县(滇)	刺猬	216
90	安化县(湘)	刺猬	50
91	邻水县(川)	刺猬	36
92	禄丰县(滇)	刺猬	20
93	渑池县(豫)	大雁	32085
94	永修县(赣)	大雁	17600
95	密山市(黑)	大雁	10000
96	曲江区(粤)	大雁	10000
97	株洲市市辖区(湘)	大雁	10000
98	怀远县(皖)	大雁	5000
99	富裕县(黑)	大雁	3000
100	吴中区(苏)	大雁	2689
101	东辽县(吉)	大雁	2500
102	江都区(苏)	大雁	2000

(续表)

序号	主产地	动物种类	驯养数量(只、头、条)
103	松山区(内蒙古)	大雁	2000
104	咸丰县(鄂)	大雁	2000
105	都昌县(赣)	大雁	1800
106	鼎城区(湘)	大雁	1500
107	平罗县(宁)	大雁	1400
108	五河县(皖)	大雁	1400
109	安阳县(豫)	大雁	1000
110	盐津县(滇)	大雁	1000
111	保靖县(湘)	大雁	600
112	茶陵县(湘)	大雁	600
113	新晃侗族自治县(湘)	大雁	500
114	定远县(皖)	大雁	415
115	荆州区(鄂)	大雁	300
116	双辽市(吉)	大雁	120
117	乌拉特前旗(内蒙古)	大雁	120
118	栾川县(豫)	大雁	90
119	林西县(内蒙古)	大雁	80
120	屯溪区(皖)	大雁	60
121	岱岳区(鲁)	大雁	58
122	内江市市中区(川)	大雁	50
123	湘潭县(湘)	大雁	42
124	北戴河区(冀)	丹顶鹤	20
125	蓬莱市(鲁)	丹顶鹤	10
126	东辽县(吉)	雕	1000
127	英德市(粤)	鳄龟	2000
128	阜宁县(苏)	鳄龟	1850
129	高邮市(苏)	鳄龟	400
130	让胡路区(黑)	鸸鹋	300
131	青铜峡市(宁)	鸸鹋	150
132	彭州市(川)	鸸鹋	120
133	牟定县(滇)	鸸鹋	41
134	光山县(豫)	鸸鹋	10
135	乌拉特前旗(内蒙古)	鸸鹋	10
136	偃师市(豫)	鸸鹋	10
137	让胡路区(黑)	非洲鸵鸟	1100
138	射洪县(川)	非洲鸵鸟	500
139	牙克石市(内蒙古)	非洲鸵鸟	300
140	黎城县(晋)	非洲鸵鸟	100
141	祥云县(滇)	非洲鸵鸟	100
142	深泽县(冀)	非洲鸵鸟	59
143	禄丰县(滇)	非洲鸵鸟	50
144	弥勒市(滇)	非洲鸵鸟	36
145	钦南区(桂)	非洲鸵鸟	30
146	溧阳市(苏)	非洲鸵鸟	24

（续表）

序号	主产地	动物种类	驯养数量（只、头、条）
147	玉山县(赣)	非洲鸵鸟	24
148	寒亭区(鲁)	非洲鹦鹉	53
149	泰兴市(苏)	非洲鹦鹉	13
150	武清区(津)	非洲鹦鹉	10
151	临西县(冀)	凤头鹦鹉	1050
152	宁河区(津)	凤头鹦鹉	700
153	昌吉市(新)	凤头鹦鹉	13
154	栾川县(豫)	复齿鼯鼠	200
155	延吉市(吉)	狗熊	340
156	资溪县(赣)	狗熊	200
157	安图森林经营局(吉)	狗熊	70
158	铁岭市经济开发区(辽)	狗熊	60
159	平桥区(豫)	贵妃鸡	6500
160	吉安县(赣)	贵妃鸡	5000
161	双辽市(吉)	贵妃鸡	60
162	乐都区(青)	贵妃鸡	40
163	北戴河区(冀)	贵妃鸡	26
164	利通区(宁)	贵妃鸡	20
165	襄州区(鄂)	果子狸	13000
166	万安县(赣)	果子狸	9800
167	大洼县(辽)	果子狸	5890
168	安宁市(滇)	果子狸	3000
169	恭城瑶族自治县(桂)	果子狸	3000
170	桃源县(湘)	果子狸	1800
171	鹤城区(湘)	果子狸	1780
172	高邮市(苏)	果子狸	1682
173	万宁市(琼)	果子狸	1643
174	栾川县(豫)	果子狸	1500
175	洋　县(陕)	果子狸	1170
176	屯溪区(皖)	果子狸	1134
177	松滋市(鄂)	果子狸	1100
178	铜鼓县(赣)	果子狸	1026
179	东宝区(鄂)	果子狸	1000
180	吉水县(赣)	果子狸	1000
181	保靖县(湘)	果子狸	800
182	利川市(鄂)	果子狸	740
183	江山市(浙)	果子狸	700
184	茂南区(粤)	果子狸	650
185	遂川县(赣)	果子狸	590
186	西峡县(豫)	果子狸	584
187	沅陵县(湘)	果子狸	421
188	江安县(川)	果子狸	400
189	石林彝族自治县(滇)	果子狸	320
190	麻阳苗族自治县(湘)	果子狸	310

（续表）

序号	主产地	动物种类	驯养数量（只、头、条）
191	大英县(川)	果子狸	300
192	平桥区(豫)	果子狸	300
193	新丰县(粤)	果子狸	269
194	兴文县(川)	果子狸	242
195	灵川县(桂)	果子狸	236
196	澄迈县(琼)	果子狸	209
197	高州市(粤)	果子狸	200
198	宁陕县(陕)	果子狸	200
199	伊川县(豫)	果子狸	200
200	屏山县(川)	果子狸	180
201	白河县(陕)	果子狸	160
202	卢氏县(豫)	果子狸	160
203	咸丰县(鄂)	果子狸	150
204	内乡县(豫)	果子狸	130
205	泰和县(赣)	果子狸	130
206	安州区(川)	果子狸	115
207	富宁县(滇)	果子狸	106
208	禄丰县(滇)	果子狸	100
209	寻甸回族彝族自治县(滇)	果子狸	100
210	高　县(川)	果子狸	90
211	紫阳县(陕)	果子狸	68
212	耒阳市(湘)	果子狸	60
213	芷江侗族自治县(湘)	果子狸	60
214	儋州市(琼)	果子狸	50
215	巴东县(鄂)	果子狸	40
216	镇雄县(滇)	果子狸	40
217	青川县(川)	果子狸	38
218	盈江县(滇)	果子狸	37
219	白河县(陕)	果子狸	35
220	南丹县(桂)	果子狸	33
221	平乐县(桂)	果子狸	31
222	兴山县(鄂)	果子狸	23
223	麻栗坡县(滇)	果子狸	20
224	恩阳区(川)	果子狸	15
225	北湖区(湘)	海狸鼠	17600
226	安仁县(湘)	海狸鼠	4000
227	遂川县(赣)	海狸鼠	2000
228	平乐县(桂)	海狸鼠	440
229	桑植县(湘)	豨猪	830
230	师宗县(滇)	豨猪	183
231	会昌县(赣)	豪猪	8415
232	临川区(赣)	豪猪	4000
233	桃源县(湘)	豪猪	3600
234	东至县(皖)	豪猪	3200

(续表)

序号	主产地	动物种类	驯养数量（只、头、条）
235	安宁市(滇)	豪猪	3000
236	隆阳区(滇)	豪猪	2726
237	咸丰县(鄂)	豪猪	2370
238	陇川县(滇)	豪猪	1805
239	利川市(鄂)	豪猪	1679
240	楚雄市(滇)	豪猪	1621
241	洞口县(湘)	豪猪	1400
242	万安县(赣)	豪猪	1300
243	昌宁县(滇)	豪猪	1232
244	盈江县(滇)	豪猪	1120
245	内江市市中区(川)	豪猪	1000
246	名山区(川)	豪猪	962
247	崇阳县(鄂)	豪猪	960
248	儋州市(琼)	豪猪	950
249	元江哈尼族彝族傣族自治县(滇)	豪猪	936
250	昌宁县(滇)	豪猪	907
251	江山市(浙)	豪猪	900
252	靖州苗族侗族自治县(湘)	豪猪	890
253	邻水县(川)	豪猪	887
254	威远县(川)	豪猪	854
255	播州区(黔)	豪猪	826
256	阳新县(鄂)	豪猪	800
257	英德市(粤)	豪猪	750
258	南江县(川)	豪猪	720
259	昌宁县(滇)	豪猪	714
260	太湖县(皖)	豪猪	706
261	铅山县(赣)	豪猪	700
262	万宁市(琼)	豪猪	693
263	芦山县(川)	豪猪	600
264	兴宁市(粤)	豪猪	600
265	岳西县(皖)	豪猪	551
266	道　县(湘)	豪猪	540
267	君山区(湘)	豪猪	500
268	麻阳苗族自治县(湘)	豪猪	500
269	柞水县(陕)	豪猪	496
270	独山县(黔)	豪猪	486
271	腾冲市(滇)	豪猪	480
272	龙门县(粤)	豪猪	460
273	汇川区(黔)	豪猪	423
274	辰溪县(湘)	豪猪	405
275	恭城瑶族自治县(桂)	豪猪	400
276	祥云县(滇)	豪猪	400
277	巴东县(鄂)	豪猪	370
278	勉　县(陕)	豪猪	369

(续表)

序号	主产地	动物种类	驯养数量（只、头、条）
279	新丰江林管局(粤)	豪猪	357
280	兴国县(赣)	豪猪	350
281	桑植县(湘)	豪猪	320
282	永胜县(滇)	豪猪	309
283	香格里拉市(滇)	豪猪	306
284	麻城市(鄂)	豪猪	300
285	平桥区(豫)	豪猪	300
286	通城县(鄂)	豪猪	300
287	新化县(湘)	豪猪	300
288	五华县(粤)	豪猪	290
289	瑞丽市(滇)	豪猪	285
290	连州市(粤)	豪猪	282
291	德昌县(川)	豪猪	257
292	屏山县(川)	豪猪	257
293	东源县(粤)	豪猪	250
294	蓝山县(湘)	豪猪	250
295	鹤城区(湘)	豪猪	236
296	平乐县(桂)	豪猪	229
297	江安县(川)	豪猪	218
298	寻甸回族彝族自治县(滇)	豪猪	209
299	茶陵县(湘)	豪猪	205
300	常宁市(湘)	豪猪	200
301	凌云县(桂)	豪猪	200
302	龙山县(湘)	豪猪	200
303	四会市(粤)	豪猪	200
304	盐津县(滇)	豪猪	200
305	宁乡市(湘)	豪猪	170
306	溧阳市(苏)	豪猪	164
307	三都水族自治县(黔)	豪猪	160
308	双江拉祜族佤族布朗族傣族自治县(滇)	豪猪	160
309	郁南县(粤)	豪猪	155
310	衡东县(湘)	豪猪	150
311	茂南区(粤)	豪猪	150
312	文山市(滇)	豪猪	137
313	阜南县(皖)	豪猪	136
314	广南县(滇)	豪猪	135
315	连平县(粤)	豪猪	130
316	宾川县(滇)	豪猪	129
317	澧　县(湘)	豪猪	120
318	昭化区(川)	豪猪	115
319	麻栗坡县(滇)	豪猪	106
320	兴义市(黔)	豪猪	105
321	黎川县(赣)	豪猪	100
322	隆回县(湘)	豪猪	100

（续表）

序号	主产地	动物种类	驯养数量（只、头、条）
323	芦溪县(赣)	豪猪	100
324	乳源瑶族自治县(粤)	豪猪	100
325	芷江侗族自治县(湘)	豪猪	100
326	禄丰县(滇)	豪猪	94
327	富宁县(滇)	豪猪	92
328	龙陵县(滇)	豪猪	86
329	铜鼓县(赣)	豪猪	85
330	博白县(桂)	豪猪	80
331	奉新县(赣)	豪猪	80
332	米易县(川)	豪猪	80
333	沿河土家族自治县(黔)	豪猪	80
334	罗甸县(黔)	豪猪	75
335	南海区(粤)	豪猪	70
336	云　县(滇)	豪猪	65
337	兴山县(鄂)	豪猪	62
338	恩阳区(川)	豪猪	50
339	遂川县(赣)	豪猪	50
340	沿河土家族自治县(黔)	豪猪	50
341	沾益区(滇)	豪猪	50
342	乐业县(桂)	豪猪	46
343	梁河县(滇)	豪猪	45
344	那坡县(桂)	豪猪	40
345	沿河土家族自治县(黔)	豪猪	40
346	株洲县(湘)	豪猪	40
347	长宁县(川)	豪猪	34
348	玉龙纳西族自治县(滇)	豪猪	32
349	新丰县(粤)	豪猪	28
350	锦屏县(黔)	豪猪	26
351	泰和县(赣)	豪猪	25
352	清新区(粤)	豪猪	24
353	乌兰浩特市(内蒙古)	豪猪	24
354	晋宁区(滇)	豪猪	21
355	个旧市(滇)	豪猪	20
356	江川区(滇)	豪猪	20
357	务川仡佬族苗族自治县(黔)	豪猪	20
358	彝良县(滇)	豪猪	20
359	镇远县(黔)	豪猪	20
360	石泉县(陕)	豪猪	10
361	通城县(鄂)	和尚鹦鹉	800
362	安岳县(川)	和尚鹦鹉	700
363	滦　县(冀)	和尚鹦鹉	195
364	彭州市(川)	和尚鹦鹉	130
365	武清区(津)	和尚鹦鹉	120
366	吴兴区(浙)	和尚鹦鹉	100

（续表）

序号	主产地	动物种类	驯养数量（只、头、条）
367	昌吉市(新)	和尚鹦鹉	53
368	金坛区(苏)	和尚鹦鹉	30
369	海安县(苏)	河鹿	955
370	颍上县(皖)	河鹿	761
371	吴兴区(浙)	河鹿	370
372	江山市(浙)	河鹿	300
373	衡南县(湘)	河鹿	200
374	常宁市(湘)	河鹿	100
375	独山县(黔)	河鹿	56
376	柞水县(陕)	河鹿	36
377	吴中区(苏)	河鹿	31
378	潜江市(鄂)	黑斑蛙	130000000
379	临川区(赣)	黑斑蛙	92560000
380	珠晖区(湘)	黑斑蛙	38000000
381	沙洋县(鄂)	黑斑蛙	12144000
382	清新区(粤)	黑斑蛙	9600000
383	松滋市(鄂)	黑斑蛙	9450000
384	洪湖市(鄂)	黑斑蛙	8400000
385	桃江县(湘)	黑斑蛙	5670000
386	荆州区(鄂)	黑斑蛙	5500000
387	宁远县(湘)	黑斑蛙	5500000
388	东兴区(川)	黑斑蛙	5430600
389	麻阳苗族自治县(湘)	黑斑蛙	4600000
390	桐城市(皖)	黑斑蛙	4490800
391	南　县(湘)	黑斑蛙	4292500
392	溧阳市(苏)	黑斑蛙	4125000
393	广水市(鄂)	黑斑蛙	3930000
394	宿松县(皖)	黑斑蛙	3612000
395	花垣县(湘)	黑斑蛙	3400000
396	京山县(鄂)	黑斑蛙	3000000
397	蓝山县(湘)	黑斑蛙	3000000
398	五华县(粤)	黑斑蛙	3000000
399	宁乡市(湘)	黑斑蛙	2810000
400	新化县(湘)	黑斑蛙	2400000
401	彭州市(川)	黑斑蛙	2317000
402	东安县(湘)	黑斑蛙	2100000
403	兴文县(川)	黑斑蛙	2095500
404	赤壁市(鄂)	黑斑蛙	2000000
405	大邑县(川)	黑斑蛙	2000000
406	监利县(鄂)	黑斑蛙	2000000
407	株洲县(湘)	黑斑蛙	1900000
408	泰兴市(苏)	黑斑蛙	1884700
409	奉新县(赣)	黑斑蛙	1806000
410	荣　县(川)	黑斑蛙	1450000

(续表)

序号	主产地	动物种类	驯养数量(只、头、条)
411	黟　县(皖)	黑斑蛙	1400000
412	仙桃市(鄂)	黑斑蛙	1380000
413	铜鼓县(赣)	黑斑蛙	1300000
414	邵阳县(湘)	黑斑蛙	1200000
415	南溪区(川)	黑斑蛙	1155000
416	咸丰县(鄂)	黑斑蛙	1120000
417	保靖县(湘)	黑斑蛙	1000000
418	随　县(鄂)	黑斑蛙	1000000
419	吴兴区(浙)	黑斑蛙	1000000
420	雨湖区(湘)	黑斑蛙	1000000
421	江都区(苏)	黑斑蛙	930000
422	井研县(川)	黑斑蛙	850000
423	澧　县(湘)	黑斑蛙	820000
424	麻城市(鄂)	黑斑蛙	780000
425	资兴市(湘)	黑斑蛙	780000
426	独山县(黔)	黑斑蛙	762982
427	济阳区(鲁)	黑斑蛙	750000
428	慈利县(湘)	黑斑蛙	732000
429	江安县(川)	黑斑蛙	689800
430	屯溪区(皖)	黑斑蛙	660000
431	保康县(鄂)	黑斑蛙	600000
432	桃源县(湘)	黑斑蛙	600000
433	会同县(湘)	黑斑蛙	560000
434	利川市(鄂)	黑斑蛙	560000
435	邻水县(川)	黑斑蛙	515000
436	大祥区(湘)	黑斑蛙	500000
437	南雄市(粤)	黑斑蛙	500000
438	漾濞彝族自治县(滇)	黑斑蛙	450000
439	海安县(苏)	黑斑蛙	448000
440	宣州区(皖)	黑斑蛙	411200
441	五河县(皖)	黑斑蛙	400400
442	金坛区(苏)	黑斑蛙	400000
443	通州区(苏)	黑斑蛙	375000
444	宁国市(皖)	黑斑蛙	317000
445	绥宁县(湘)	黑斑蛙	300000
446	阳新县(鄂)	黑斑蛙	300000
447	义乌市(浙)	黑斑蛙	300000
448	大观区(皖)	黑斑蛙	250000
449	团风县(鄂)	黑斑蛙	250000
450	高邮市(苏)	黑斑蛙	210000
451	洪江市(湘)	黑斑蛙	210000
452	兴化市(苏)	黑斑蛙	210000
453	大英县(川)	黑斑蛙	200000
454	新晃侗族自治县(湘)	黑斑蛙	200000

(续表)

序号	主产地	动物种类	驯养数量(只、头、条)
455	简阳市(川)	黑斑蛙	163000
456	绩溪县(皖)	黑斑蛙	150000
457	津南区(津)	黑斑蛙	150000
458	高　县(川)	黑斑蛙	145000
459	乐至县(川)	黑斑蛙	123300
460	双峰县(湘)	黑斑蛙	120000
461	姜堰区(苏)	黑斑蛙	111500
462	龙山县(湘)	黑斑蛙	110000
463	龙马潭区(川)	黑斑蛙	100000
464	海陵区(苏)	黑斑蛙	80000
465	仁寿县(川)	黑斑蛙	70000
466	长宁县(川)	黑斑蛙	54385
467	苏仙区(湘)	黑斑蛙	50000
468	铜山区(苏)	黑斑蛙	50000
469	鄄城县(鲁)	黑斑蛙	30000
470	隆回县(湘)	黑斑蛙	30000
471	青浦区(沪)	黑斑蛙	30000
472	湘阴县(湘)	黑斑蛙	30000
473	武进区(苏)	黑斑蛙	20700
474	安州区(川)	黑斑蛙	20000
475	嘉鱼县(鄂)	黑斑蛙	20000
476	米易县(川)	黑斑蛙	20000
477	通城县(鄂)	黑斑蛙	20000
478	雨花区(湘)	黑斑蛙	20000
479	金乡县(鲁)	黑斑蛙	15000
480	海门市(苏)	黑斑蛙	12000
481	瑞丽市(滇)	黑斑蛙	11000
482	芷江侗族自治县(湘)	黑斑蛙	10100
483	芜湖县(皖)	黑斑蛙	10000
484	湘潭市市辖区(湘)	黑斑蛙	10000
485	播州区(黔)	黑斑蛙	2400
486	娄星区(湘)	黑斑蛙	2200
487	辰溪县(湘)	黑斑蛙	2160
488	屏山县(川)	黑斑蛙	1000
489	灌云县(苏)	黑斑蛙	87
490	五常市(黑)	黑龙江林蛙	1500000
491	砚山县(滇)	黑眉蛇	6000
492	竹山县(鄂)	黑眉蛇	3000
493	耒阳市(湘)	黑眉蛇	2000
494	绥宁县(湘)	黑眉蛇	2000
495	溧阳市(苏)	黑眉蛇	750
496	宣州区(皖)	黑眉蛇	220
497	屯溪区(皖)	黑眉蛇	187
498	青川县(川)	黑眉蛇	100

（续表）

序号	主产地	动物种类	驯养数量（只、头、条）
499	邛崃市(川)	黑天鹅	100000
500	岱岳区(鲁)	黑天鹅	690
501	岳塘区(湘)	黑天鹅	300
502	阳谷县(鲁)	黑天鹅	160
503	鼎城区(湘)	黑天鹅	110
504	武清区(津)	黑天鹅	100
505	蔡甸区(鄂)	黑天鹅	96
506	姜堰区(苏)	黑天鹅	50
507	高台县(甘)	黑天鹅	40
508	和静县(新)	黑天鹅	37
509	江川区(滇)	黑天鹅	30
510	甘州区(甘)	黑天鹅	22
511	东丽区(津)	黑天鹅	20
512	北戴河区(冀)	黑天鹅	13
513	湘潭县(湘)	黑天鹅	12
514	偃师市(豫)	黑天鹅	12
515	托克托县(内蒙古)	黑天鹅	10
516	乌拉特前旗(内蒙古)	黑天鹅	10
517	吴中区(苏)	黑天鹅	10
518	榆树市(吉)	黑熊	3370
519	都江堰市(川)	黑熊	2869
520	大邑县(川)	黑熊	897
521	陇川县(滇)	黑熊	565
522	雁江区(川)	黑熊	844
523	潮安区(粤)	黑熊	270
524	勉　县(陕)	黑熊	206
525	雁江区(川)	黑熊	198
526	桓仁满族自治县(辽)	黑熊	170
527	雁江区(川)	黑熊	170
528	敦化市(吉)	黑熊	155
529	钦南区(桂)	黑熊	116
530	渭滨区(陕)	黑熊	112
531	和龙市(吉)	黑熊	84
532	琼山区(琼)	黑熊	80
533	雨花区(湘)	黑熊	60
534	同江市(黑)	黑熊	50
535	崇义县(赣)	黑熊	46
536	珲春市(吉)	黑熊	45
537	龙井市(吉)	黑熊	43
538	泰兴市(苏)	黑熊	42
539	九寨沟县(川)	红腹锦鸡	1500
540	乌拉特前旗(内蒙古)	红腹锦鸡	1030
541	铜山区(苏)	红腹锦鸡	500
542	白河县(陕)	红腹锦鸡	250

（续表）

序号	主产地	动物种类	驯养数量（只、头、条）
543	利川市(鄂)	红腹锦鸡	100
544	内江市市中区(川)	红腹锦鸡	100
545	鹿泉区(冀)	红腹锦鸡	80
546	锦江区(川)	红腹锦鸡	46
547	偃师市(豫)	红腹锦鸡	30
548	湘潭县(湘)	红腹锦鸡	22
549	宁国市(皖)	红腹锦鸡	20
550	托克托县(内蒙古)	红腹锦鸡	20
551	阳谷县(鲁)	红腹锦鸡	20
552	安丘市(鲁)	红腹锦鸡	19
553	蓬莱市(鲁)	红腹锦鸡	12
554	武清区(津)	红腹锦鸡	10
555	义乌市(浙)	红腹锦鸡	10
556	安仁县(湘)	红颊竹鼠	800
557	三都水族自治县(黔)	红颊竹鼠	200
558	利川市(鄂)	红颊竹鼠	100
559	郎溪县(皖)	鸿雁	900
560	宜丰县(赣)	鸿雁	800
561	海门市(苏)	鸿雁	700
562	南雄市(粤)	鸿雁	700
563	岱岳区(鲁)	鸿雁	500
564	惠城区(粤)	鸿雁	420
565	阳谷县(鲁)	鸿雁	260
566	桐城市(皖)	鸿雁	154
567	北戴河区(冀)	鸿雁	31
568	雨花区(湘)	猴子	30
569	林甸县(黑)	狐狸	126875
570	梁山县(鲁)	狐狸	16073
571	双城区(黑)	狐狸	15000
572	嫩江县(黑)	狐狸	10000
573	曹　县(鲁)	狐狸	5560
574	松山区(内蒙古)	狐狸	5000
575	武穴市(鄂)	狐狸	5000
576	蠡　县(冀)	狐狸	3800
577	东平县(鲁)	狐狸	2000
578	启东市(苏)	狐狸	1400
579	前郭尔罗斯蒙古族自治县(吉)	狐狸	1200
580	肥城市(鲁)	狐狸	1000
581	岳西县(皖)	狐狸	800
582	永宁县(宁)	狐狸	726
583	大武口区(宁)	狐狸	660
584	昌乐县(鲁)	狐狸	550
585	泰安市高新区(鲁)	狐狸	550
586	临江市(吉)	狐狸	500

(续表)

序号	主产地	动物种类	驯养数量(只、头、条)
587	成武县(鲁)	狐狸	400
588	利辛县(皖)	狐狸	400
589	平阴县(鲁)	狐狸	400
590	敦化市(吉)	狐狸	200
591	舒兰市(吉)	狐狸	200
592	乌兰浩特市(内蒙古)	狐狸	100
593	偃师市(豫)	狐狸	100
594	惠民县(鲁)	狐狸	60
595	辉县市(豫)	狐狸	10
596	云梦县(鄂)	虎皮鹦鹉	1600000
597	贵溪市(赣)	虎皮鹦鹉	5210
598	金乡县(鲁)	虎皮鹦鹉	2000
599	津南区(津)	虎皮鹦鹉	950
600	松滋市(鄂)	虎皮鹦鹉	332
601	昌吉市(新)	虎皮鹦鹉	90
602	枣阳市(鄂)	虎纹蛙	1300000
603	泰和县(赣)	虎纹蛙	200000
604	汉川市(鄂)	虎纹蛙	120000
605	桐庐县(浙)	虎纹蛙	120000
606	大邑县(川)	虎纹蛙	50000
607	鼎城区(湘)	虎纹蛙	30000
608	耒阳市(湘)	虎纹蛙	20000
609	平桥区(豫)	虎纹蛙	16000
610	洪湖市(鄂)	虎纹蛙	10000
611	青浦区(沪)	虎纹蛙	2000
612	永兴县(湘)	虎纹蛙	760
613	安阳县(豫)	虎纹蛙	100
614	钦南区(桂)	滑鼠蛇	125800
615	儋州市(琼)	滑鼠蛇	103100
616	浦北县(桂)	滑鼠蛇	44600
617	澄迈县(琼)	滑鼠蛇	40300
618	瑞丽市(滇)	滑鼠蛇	38500
619	高州市(粤)	滑鼠蛇	26000
620	博白县(桂)	滑鼠蛇	24720
621	增城区(粤)	滑鼠蛇	17600
622	上犹县(赣)	滑鼠蛇	16000
623	平乐县(桂)	滑鼠蛇	14793
624	电白区(粤)	滑鼠蛇	8800
625	阳山县(粤)	滑鼠蛇	7800
626	灵川县(桂)	滑鼠蛇	7150
627	惠城区(粤)	滑鼠蛇	3600
628	源城区(粤)	滑鼠蛇	3000
629	通州区(苏)	滑鼠蛇	2100
630	英德市(粤)	滑鼠蛇	1500

(续表)

序号	主产地	动物种类	驯养数量(只、头、条)
631	雷山县(黔)	滑鼠蛇	1000
632	宣州区(皖)	滑鼠蛇	1000
633	恭城瑶族自治县(桂)	滑鼠蛇	800
634	武鸣区(桂)	滑鼠蛇	551
635	遂川县(赣)	滑鼠蛇	500
636	泰兴市(苏)	滑鼠蛇	380
637	奉新县(赣)	滑鼠蛇	150
638	罗甸县(黔)	滑鼠蛇	50
639	临川区(赣)	环颈雉	50000
640	巴东县(鄂)	环颈雉	19800
641	宁乡市(湘)	环颈雉	17200
642	弥勒市(滇)	环颈雉	16700
643	安化县(湘)	环颈雉	12500
644	岳西县(皖)	环颈雉	11500
645	京山县(鄂)	环颈雉	10000
646	兰溪市(浙)	环颈雉	10000
647	山亭区(鲁)	环颈雉	10000
648	江山市(浙)	环颈雉	6000
649	安仁县(湘)	环颈雉	5000
650	嘉鱼县(鄂)	环颈雉	5000
651	绥宁县(湘)	环颈雉	5000
652	月湖区(赣)	环颈雉	5000
653	泰和县(赣)	环颈雉	4705
654	香格里拉市(滇)	环颈雉	4400
655	宁国市(皖)	环颈雉	4300
656	兴山县(鄂)	环颈雉	4000
657	南　县(湘)	环颈雉	3800
658	新化县(湘)	环颈雉	3200
659	威远县(川)	环颈雉	2780
660	谷城县(鄂)	环颈雉	2000
661	衡东县(湘)	环颈雉	2000
662	东兴区(川)	环颈雉	1200
663	阳山县(粤)	环颈雉	1100
664	保康县(鄂)	环颈雉	980
665	泰兴市(苏)	环颈雉	760
666	隆德县(宁)	环颈雉	610
667	奉新县(赣)	环颈雉	580
668	芷江侗族自治县(湘)	环颈雉	520
669	中宁县(宁)	环颈雉	510
670	湘潭县(湘)	环颈雉	506
671	金坛区(苏)	环颈雉	500
672	兴化市(苏)	环颈雉	500
673	雨湖区(湘)	环颈雉	500
674	高　县(川)	环颈雉	410

（续表）

序号	主产地	动物种类	驯养数量（只、头、条）
675	利川市(鄂)	环颈雉	300
676	南郑区(陕)	环颈雉	300
677	遂川县(赣)	环颈雉	265
678	乐至县(川)	环颈雉	200
679	黟　县(皖)	环颈雉	200
680	鼓楼区(豫)	环颈雉	100
681	吴兴区(浙)	环颈雉	100
682	镇雄县(滇)	环颈雉	100
683	乐都区(青)	环颈雉	40
684	和静县(新)	环颈雉	34
685	青川县(川)	环颈雉	30
686	偃师市(豫)	环颈雉	30
687	北戴河区(冀)	环颈雉	22
688	华坪县(滇)	环颈雉	12
689	芦山县(川)	环颈雉	12
690	五华区(滇)	浣熊	22
691	北戴河区(冀)	浣熊	19
692	吴兴区(浙)	黄缘闭壳龟	5700
693	安吉县(浙)	黄缘闭壳龟	5000
694	秀洲区(浙)	黄缘闭壳龟	3000
695	江都区(苏)	黄缘闭壳龟	700
696	广陵区(苏)	黄缘闭壳龟	470
697	启东市(苏)	黄缘闭壳龟	300
698	兴化市(苏)	黄缘闭壳龟	230
699	溧阳市(苏)	黄缘闭壳龟	220
700	海陵区(苏)	黄缘闭壳龟	50
701	通州区(苏)	黄缘闭壳龟	40
702	惠城区(粤)	黄缘龟	320
703	金坛区(苏)	黄缘龟	45
704	海安县(苏)	黄缘龟	10
705	宣州区(皖)	灰鼠蛇	3000
706	芜湖县(皖)	灰天鹅	2000
707	姜堰区(苏)	灰天鹅	31
708	溧阳市(苏)	灰胸竹鸡	460
709	勉　县(陕)	灰胸竹鸡	100
710	高台县(甘)	灰雁	4000
711	华容县(湘)	灰雁	2000
712	儋州市(琼)	灰雁	1900
713	平罗县(宁)	灰雁	1030
714	兰溪市(浙)	灰雁	700
715	郎溪县(皖)	灰雁	620
716	岱岳区(鲁)	灰雁	500
717	柘城县(豫)	灰雁	500
718	济阳区(鲁)	灰雁	300

（续表）

序号	主产地	动物种类	驯养数量（只、头、条）
719	南昌县(赣)	灰雁	200
720	沭阳县(苏)	灰雁	200
721	宁河区(津)	灰雁	20
722	玉龙纳西族自治县(滇)	灰雁	18
723	和静县(新)	灰雁	13
724	柞水县(陕)	火鸡	3578
725	松山区(内蒙古)	火鸡	500
726	峄城区(鲁)	火鸡	400
727	吴兴区(浙)	火鸡	120
728	乌兰浩特市(内蒙古)	火鸡	100
729	利通区(宁)	火鸡	30
730	双辽市(吉)	火鸡	30
731	蔡甸区(鄂)	火鸡	22
732	托克托县(内蒙古)	火鸡	20
733	乐都区(青)	火鸡	15
734	蓬莱市(鲁)	火烈鸟	33
735	武清区(津)	火烈鸟	10
736	宁国市(皖)	棘胸蛙	404170
737	安吉县(浙)	棘胸蛙	400000
738	江川区(滇)	棘胸蛙	193000
739	开化县(浙)	棘胸蛙	160000
740	牟定县(滇)	棘胸蛙	130750
741	龙陵县(滇)	棘胸蛙	130000
742	绩溪县(皖)	棘胸蛙	100000
743	江华瑶族自治县(湘)	棘胸蛙	100000
744	华坪县(滇)	棘胸蛙	80210
745	江永县(湘)	棘胸蛙	74000
746	桐庐县(浙)	棘胸蛙	70000
747	松阳县(浙)	棘胸蛙	65000
748	奉新县(赣)	棘胸蛙	58800
749	黟　县(皖)	棘胸蛙	57500
750	崇义县(赣)	棘胸蛙	56000
751	苍梧县(桂)	棘胸蛙	50000
752	江山市(浙)	棘胸蛙	50000
753	湘东区(赣)	棘胸蛙	50000
754	连州市(粤)	棘胸蛙	47000
755	麻阳苗族自治县(湘)	棘胸蛙	45000
756	靖州苗族侗族自治县(湘)	棘胸蛙	41000
757	龙山县(湘)	棘胸蛙	40000
758	资兴市(湘)	棘胸蛙	40000
759	芦山县(川)	棘胸蛙	35000
760	沅陵县(湘)	棘胸蛙	32700
761	安福县(赣)	棘胸蛙	32000
762	龙门县(粤)	棘胸蛙	30000

(续表)

序号	主产地	动物种类	驯养数量(只、头、条)
763	咸丰县(鄂)	棘胸蛙	27000
764	衡东县(湘)	棘胸蛙	20000
765	苏仙区(湘)	棘胸蛙	20000
766	歙　县(皖)	棘胸蛙	17000
767	蓝山县(湘)	棘胸蛙	16000
768	磐安县(浙)	棘胸蛙	13000
769	义乌市(浙)	棘胸蛙	10000
770	禄丰县(滇)	棘胸蛙	9500
771	宣州区(皖)	棘胸蛙	8000
772	蒙山县(桂)	棘胸蛙	6000
773	慈利县(湘)	棘胸蛙	5000
774	永康市(浙)	棘胸蛙	5000
775	祥云县(滇)	棘胸蛙	3500
776	名山区(川)	棘胸蛙	3000
777	清新区(粤)	棘胸蛙	2000
778	新晃侗族自治县(湘)	棘胸蛙	1200
779	巴东县(鄂)	棘胸蛙	1000
780	永胜县(滇)	棘胸蛙	1000
781	辰溪县(湘)	棘胸蛙	500
782	南雄市(粤)	棘胸蛙	500
783	泰和县(赣)	棘胸蛙	360
784	彭州市(川)	棘胸蛙	90
785	楚雄市(滇)	棘胸蛙	20
786	溧阳市(苏)	尖吻蝮	5000
787	连州市(粤)	尖吻蝮	2050
788	蒙山县(桂)	尖吻蝮	2000
789	株洲县(湘)	尖吻蝮	2000
790	巴东县(鄂)	尖吻蝮	1500
791	芷江侗族自治县(湘)	尖吻蝮	1400
792	保靖县(湘)	尖吻蝮	1300
793	宣州区(皖)	尖吻蝮	860
794	泰兴市(苏)	尖吻蝮	280
795	屯溪区(皖)	尖吻蝮	150
796	遂川县(赣)	尖吻蝮	25
797	通城县(鄂)	金刚鹦鹉	800
798	嵩明县(滇)	金刚鹦鹉	200
799	偃师市(豫)	金刚鹦鹉	112
800	清丰县(豫)	金刚鹦鹉	100
801	湘乡市(湘)	金刚鹦鹉	22
802	寒亭区(鲁)	金刚鹦鹉	14
803	溧阳市(苏)	金环蛇	650
804	安丘市(鲁)	金丝雀	200
805	蓝山县(湘)	孔雀	10000
806	兰考县(豫)	孔雀	4000

(续表)

序号	主产地	动物种类	驯养数量(只、头、条)
807	石林彝族自治县(滇)	孔雀	3300
808	偃师市(豫)	孔雀	2033
809	常山县(浙)	孔雀	1500
810	北流市(桂)	孔雀	1465
811	永康市(浙)	孔雀	900
812	余江县(赣)	孔雀	800
813	永年区(冀)	孔雀	650
814	乌兰浩特市(内蒙古)	孔雀	630
815	荣　县(川)	孔雀	509
816	株洲县(湘)	孔雀	400
817	武陵区(湘)	孔雀	320
818	如东县(苏)	孔雀	280
819	让胡路区(黑)	孔雀	270
820	柯城区(浙)	孔雀	230
821	莱阳市(鲁)	孔雀	220
822	瑞安市(浙)	孔雀	220
823	沭阳县(苏)	孔雀	200
824	枣阳市(鄂)	孔雀	200
825	宁乡市(湘)	孔雀	180
826	淅川县(豫)	孔雀	125
827	卢氏县(豫)	孔雀	100
828	伊川县(豫)	孔雀	100
829	乌拉特前旗(内蒙古)	孔雀	65
830	青铜峡市(宁)	孔雀	55
831	歙　县(皖)	孔雀	55
832	常宁市(湘)	孔雀	50
833	建德市(浙)	孔雀	50
834	双辽市(吉)	孔雀	50
835	大武口区(宁)	孔雀	24
836	东河区(内蒙古)	孔雀	15
837	中阳县(晋)	孔雀	13
838	惠民县(鲁)	孔雀	12
839	泽普县(新)	孔雀	12
840	甘谷县(甘)	孔雀	10
841	寒亭区(鲁)	蓝顶亚马逊鹦鹉	18
842	宁国市(皖)	蓝孔雀	62000
843	京山县(鄂)	蓝孔雀	22000
844	武穴市(鄂)	蓝孔雀	18000
845	寻甸回族彝族自治县(滇)	蓝孔雀	11177
846	江川区(滇)	蓝孔雀	11000
847	沙洋县(鄂)	蓝孔雀	3000
848	桐庐县(浙)	蓝孔雀	3000
849	月湖区(赣)	蓝孔雀	3000
850	兴义市(黔)	蓝孔雀	2800

（续表）

序号	主产地	动物种类	驯养数量（只、头、条）
851	寒亭区(鲁)	蓝孔雀	2783
852	楚雄市(滇)	蓝孔雀	2540
853	阎良区(陕)	蓝孔雀	2200
854	博白县(桂)	蓝孔雀	2000
855	昌邑区(吉)	蓝孔雀	2000
856	益阳市市辖区(湘)	蓝孔雀	2000
857	阳谷县(鲁)	蓝孔雀	1800
858	新平彝族傣族自治县(滇)	蓝孔雀	1600
859	柞水县(陕)	蓝孔雀	1536
860	庆云县(鲁)	蓝孔雀	1500
861	芜湖县(皖)	蓝孔雀	1400
862	临川区(赣)	蓝孔雀	1370
863	谷城县(鄂)	蓝孔雀	1300
864	衡东县(湘)	蓝孔雀	1300
865	安丘市(鲁)	蓝孔雀	1125
866	邹平县(鲁)	蓝孔雀	1090
867	通山县(鄂)	蓝孔雀	1000
868	盐亭县(川)	蓝孔雀	1000
869	兰溪市(浙)	蓝孔雀	960
870	遂川县(赣)	蓝孔雀	960
871	建水县(滇)	蓝孔雀	836
872	洋　县(陕)	蓝孔雀	830
873	湘潭县(湘)	蓝孔雀	804
874	南昌县(赣)	蓝孔雀	800
875	苏仙区(湘)	蓝孔雀	800
876	武清区(津)	蓝孔雀	800
877	宜丰县(赣)	蓝孔雀	700
878	启东市(苏)	蓝孔雀	620
879	岱岳区(鲁)	蓝孔雀	600
880	平桥区(豫)	蓝孔雀	600
881	磐安县(浙)	蓝孔雀	580
882	龙山县(湘)	蓝孔雀	500
883	青州市(鲁)	蓝孔雀	500
884	丘北县(滇)	蓝孔雀	500
885	北戴河区(冀)	蓝孔雀	490
886	梁河县(滇)	蓝孔雀	480
887	永清县(冀)	蓝孔雀	468
888	勉　县(陕)	蓝孔雀	460
889	阜南县(皖)	蓝孔雀	400
890	桂阳县(湘)	蓝孔雀	400
891	汇川区(黔)	蓝孔雀	400
892	泰和县(赣)	蓝孔雀	400
893	湘东区(赣)	蓝孔雀	400
894	新晃侗族自治县(湘)	蓝孔雀	400

（续表）

序号	主产地	动物种类	驯养数量（只、头、条）
895	弥勒市(滇)	蓝孔雀	348
896	泽州县(晋)	蓝孔雀	330
897	昭阳区(滇)	蓝孔雀	330
898	乌拉特前旗(内蒙古)	蓝孔雀	315
899	崇义县(赣)	蓝孔雀	300
900	东安县(湘)	蓝孔雀	300
901	桐城市(皖)	蓝孔雀	280
902	连州市(粤)	蓝孔雀	255
903	恩阳区(川)	蓝孔雀	250
904	洪湖市(鄂)	蓝孔雀	250
905	文山市(滇)	蓝孔雀	244
906	鼓楼区(豫)	蓝孔雀	240
907	利川市(鄂)	蓝孔雀	200
908	龙马潭区(川)	蓝孔雀	200
909	内江市市中区(川)	蓝孔雀	200
910	兴山县(鄂)	蓝孔雀	200
911	义乌市(浙)	蓝孔雀	200
912	长治县(晋)	蓝孔雀	200
913	五华区(滇)	蓝孔雀	151
914	吴兴区(浙)	蓝孔雀	150
915	嘉鱼县(鄂)	蓝孔雀	120
916	江永县(湘)	蓝孔雀	120
917	榕江县(黔)	蓝孔雀	110
918	儋州市(琼)	蓝孔雀	100
919	光山县(豫)	蓝孔雀	100
920	荣　县(川)	蓝孔雀	100
921	栾川县(豫)	蓝孔雀	90
922	金湖县(苏)	蓝孔雀	80
923	洛阳市伊洛工业园区(豫)	蓝孔雀	79
924	蔡甸区(鄂)	蓝孔雀	70
925	和静县(新)	蓝孔雀	70
926	滦平县(冀)	蓝孔雀	70
927	锦屏县(黔)	蓝孔雀	65
928	化隆回族自治县(青)	蓝孔雀	64
929	芷江侗族自治县(湘)	蓝孔雀	56
930	独山县(黔)	蓝孔雀	53
931	大悟县(鄂)	蓝孔雀	50
932	江华瑶族自治县(湘)	蓝孔雀	50
933	五河县(皖)	蓝孔雀	50
934	华宁县(滇)	蓝孔雀	46
935	禄丰县(滇)	蓝孔雀	45
936	满城区(冀)	蓝孔雀	40
937	阳山县(粤)	蓝孔雀	38
938	湘乡市(湘)	蓝孔雀	34

(续表)

序号	主产地	动物种类	驯养数量(只、头、条)
939	玉龙纳西族自治县(滇)	蓝孔雀	32
940	碧江区(黔)	蓝孔雀	30
941	个旧市(滇)	蓝孔雀	30
942	河津市(晋)	蓝孔雀	30
943	临泽县(甘)	蓝孔雀	30
944	资兴市(湘)	蓝孔雀	30
945	蓬莱市(鲁)	蓝孔雀	29
946	云　县(滇)	蓝孔雀	29
947	湖北省太子山林场(鄂)	蓝孔雀	27
948	乐都区(青)	蓝孔雀	26
949	临猗县(晋)	蓝孔雀	22
950	德昌县(川)	蓝孔雀	21
951	溧阳市(苏)	蓝孔雀	20
952	泗水县(鲁)	蓝孔雀	20
953	高台县(甘)	蓝孔雀	15
954	名山区(川)	蓝孔雀	12
955	兴文县(川)	蓝孔雀	12
956	泽普县(新)	蓝孔雀	12
957	山阳区(豫)	蓝孔雀	11
958	米易县(川)	蓝孔雀	10
959	颍上县(皖)	蓝孔雀	10
960	乐都区(青)	狼	95
961	北戴河区(冀)	狼	30
962	辉县市(豫)	狼	20
963	和静县(新)	狼	11
964	长沙县(湘)	老虎	82
965	清丰县(豫)	老虎	77
966	姜堰区(苏)	老虎	22
967	辉县市(豫)	老虎	15
968	舒兰市(吉)	冷水鱼	8071000
969	敦化市(吉)	冷水鱼	1020000
970	汪清县(吉)	冷水鱼	623500
971	通化县(吉)	冷水鱼	557300
972	安图森林经营局(吉)	冷水鱼	105500
973	珲春林业局(吉)	冷水鱼	80350
974	凤　县(陕)	林麝	11312
975	南　县(湘)	林麝	2000
976	灵宝市(豫)	林麝	1130
977	青川县(川)	林麝	714
978	宝兴县(川)	林麝	700
979	玉龙纳西族自治县(滇)	林麝	540
980	镇巴县(陕)	林麝	500
981	略阳县(陕)	林麝	474
982	房　县(鄂)	林麝	432

(续表)

序号	主产地	动物种类	驯养数量(只、头、条)
983	汉源县(川)	林麝	400
984	眉　县(陕)	林麝	363
985	勉　县(陕)	林麝	322
986	宁陕县(陕)	林麝	303
987	金川县(川)	林麝	267
988	洋　县(陕)	林麝	261
989	怀来县(冀)	林麝	200
990	佛坪县(陕)	林麝	141
991	祁连县(青)	林麝	128
992	朝天区(川)	林麝	126
993	都江堰市(川)	林麝	85
994	华阴市(陕)	林麝	80
995	茂　县(川)	林麝	60
996	石泉县(陕)	林麝	50
997	旺苍县(川)	林麝	50
998	香格里拉市(滇)	林麝	50
999	平利县(陕)	林麝	32
1000	鄄城县(鲁)	林麝	26
1001	吉利区(豫)	林麝	10
1002	乐都区(青)	林麝	10
1003	舒兰市(吉)	林蛙	56058540
1004	永吉县(吉)	林蛙	26370000
1005	清原满族自治县(辽)	林蛙	25000000
1006	安图县(吉)	林蛙	20040000
1007	大石头林业局(吉)	林蛙	6320000
1008	安图森林经营局(吉)	林蛙	6300000
1009	蛟河市(吉)	林蛙	5678661
1010	振安区(辽)	林蛙	5000000
1011	通化县(吉)	林蛙	4313000
1012	黄泥河林业局(吉)	林蛙	3920000
1013	柳河县(吉)	林蛙	3612000
1014	白山市市辖区(吉)	林蛙	3400000
1015	桦甸市(吉)	林蛙	3110000
1016	辉南县(吉)	林蛙	2560000
1017	长白朝鲜族自治县(吉)	林蛙	2400000
1018	辽阳县(辽)	林蛙	2300000
1019	抚松县(吉)	林蛙	2110000
1020	珲春林业局(吉)	林蛙	2023299
1021	嫩江县(黑)	林蛙	1936000
1022	浑江区(吉)	林蛙	1834000
1023	天桥岭林业局(吉)	林蛙	1600000
1024	白河林业局(吉)	林蛙	1530000
1025	大兴沟林业局(吉)	林蛙	1200000
1026	汪清县(吉)	林蛙	1065000

（续表）

序号	主产地	动物种类	驯养数量（只、头、条）
1027	麻山区(黑)	林蛙	1000000
1028	东昌区(吉)	林蛙	403060
1029	汪清林业局(吉)	林蛙	353786
1030	临沭县(鲁)	林蛙	300000
1031	启东市(苏)	林蛙	200000
1032	图们市(吉)	林蛙	200000
1033	喀喇沁旗(内蒙古)	林蛙	120000
1034	丰满区(吉)	林蛙	100000
1035	安化县(湘)	林蛙	80000
1036	黑河市直属林场(黑)	林蛙	60000
1037	鹤岗市市辖区(黑)	林蛙	45000
1038	船营区(吉)	林蛙	30000
1039	西平县(豫)	林蛙	30000
1040	江源区(吉)	林蛙	16000
1041	靖宇县(吉)	林蛙	3000
1042	洪湖市(鄂)	绿头鸭	57000
1043	平罗县(宁)	绿头鸭	8000
1044	君山区(湘)	绿头鸭	3500
1045	夹江县(川)	绿头鸭	3000
1046	华容县(湘)	绿头鸭	1400
1047	松滋市(鄂)	绿头鸭	1250
1048	武进区(苏)	绿头鸭	1050
1049	大洼县(辽)	绿头鸭	1000
1050	宣州区(皖)	绿头鸭	670
1051	金坛区(苏)	绿头鸭	470
1052	利通区(宁)	绿头鸭	270
1053	师宗县(滇)	绿头鸭	200
1054	吴兴区(浙)	绿头鸭	130
1055	临朐县(鲁)	绿头鸭	110
1056	光山县(豫)	绿头鸭	100
1057	太湖县(皖)	绿头鸭	60
1058	济阳区(鲁)	绿头鸭	50
1059	宁河区(津)	绿头鸭	50
1060	姜堰区(苏)	绿头鸭	45
1061	高台县(甘)	绿头鸭	21
1062	汉川市(鄂)	绿头野鸭	35000
1063	汝城县(湘)	绿头野鸭	10000
1064	昌邑区(吉)	绿头野鸭	2000
1065	江安县(川)	绿头野鸭	1000
1066	大洼县(辽)	绿头野鸭	500
1067	萧山区(浙)	绿头野鸭	100
1068	巴林左旗(内蒙古)	马鹿	3910
1069	桦南县(黑)	马鹿	2000
1070	铁力市(黑)	马鹿	750

（续表）

序号	主产地	动物种类	驯养数量（只、头、条）
1071	清原满族自治县(辽)	马鹿	700
1072	阿鲁科尔沁旗(内蒙古)	马鹿	200
1073	高台县(甘)	马鹿	160
1074	爱辉区(黑)	马鹿	150
1075	元宝山区(内蒙古)	马鹿	150
1076	新宾满族自治县(辽)	马鹿	144
1077	围场满族蒙古族自治县(冀)	马鹿	137
1078	昌邑区(吉)	马鹿	112
1079	克什克腾旗(内蒙古)	马鹿	100
1080	祁连县(青)	马鹿	96
1081	盈江县(滇)	马鹿	89
1082	逊克县(黑)	马鹿	65
1083	根河林业局(内蒙古森工)	马鹿	53
1084	松山区(内蒙古)	马鹿	50
1085	林西县(内蒙古)	马鹿	41
1086	牙克石市(内蒙古)	马鹿	40
1087	和静县(新)	马鹿	27
1088	乐都区(青)	马鹿	26
1089	泽普县(新)	马鹿	16
1090	阜康市(新)	马鹿	15
1091	甘州区(甘)	马鹿	13
1092	黑河市直属林场(黑)	马鹿	10
1093	东丽区(津)	蟒蛇	40
1094	西丰县(辽)	梅花鹿	13000
1095	永吉县(吉)	梅花鹿	11150
1096	宜阳县(豫)	梅花鹿	8000
1097	蛟河市(吉)	梅花鹿	5730
1098	东丰县(吉)	梅花鹿	5500
1099	宏伟区(辽)	梅花鹿	3000
1100	江油市(川)	梅花鹿	3000
1101	双阳区(吉)	梅花鹿	2450
1102	辉南县(吉)	梅花鹿	2300
1103	通化县(吉)	梅花鹿	2131
1104	铁岭市经济开发区(辽)	梅花鹿	1950
1105	多伦县(内蒙古)	梅花鹿	1850
1106	东港市(辽)	梅花鹿	1800
1107	屈家岭管理区(鄂)	梅花鹿	1532
1108	潜山县(皖)	梅花鹿	1480
1109	清原满族自治县(辽)	梅花鹿	1300
1110	高州市(粤)	梅花鹿	1200
1111	丹江口市(鄂)	梅花鹿	1000
1112	德惠市(吉)	梅花鹿	1000
1113	新宁县(湘)	梅花鹿	1000
1114	新宾满族自治县(辽)	梅花鹿	924

(续表)

序号	主产地	动物种类	驯养数量(只、头、条)
1115	临江市(吉)	梅花鹿	800
1116	集安市(吉)	梅花鹿	610
1117	京山县(鄂)	梅花鹿	610
1118	吴兴区(浙)	梅花鹿	610
1119	安宁市(滇)	梅花鹿	578
1120	贺兰县(宁)	梅花鹿	500
1121	莱山区(鲁)	梅花鹿	500
1122	湘潭县(湘)	梅花鹿	500
1123	北湖区(湘)	梅花鹿	492
1124	蔡甸区(鄂)	梅花鹿	490
1125	珲春市(吉)	梅花鹿	490
1126	朝阳县(辽)	梅花鹿	480
1127	佳木斯市郊区(黑)	梅花鹿	480
1128	昌邑区(吉)	梅花鹿	460
1129	郧西县(鄂)	梅花鹿	450
1130	茂南区(粤)	梅花鹿	448
1131	西夏区(宁)	梅花鹿	441
1132	围场满族蒙古族自治县(冀)	梅花鹿	425
1133	乐都区(青)	梅花鹿	411
1134	吉水县(赣)	梅花鹿	410
1135	白河林业局(吉)	梅花鹿	400
1136	大洼县(辽)	梅花鹿	400
1137	隆德县(宁)	梅花鹿	399
1138	恒山区(黑)	梅花鹿	370
1139	金凤区(宁)	梅花鹿	360
1140	汤原县(黑)	梅花鹿	360
1141	五常市(黑)	梅花鹿	350
1142	图们市(吉)	梅花鹿	343
1143	沙坡头区(宁)	梅花鹿	326
1144	玉龙纳西族自治县(滇)	梅花鹿	321
1145	栾川县(豫)	梅花鹿	320
1146	嫩江县(黑)	梅花鹿	313
1147	东昌区(吉)	梅花鹿	310
1148	本溪满族自治县(辽)	梅花鹿	307
1149	石林彝族自治县(滇)	梅花鹿	300
1150	寿光市(鲁)	梅花鹿	300
1151	昭化区(川)	梅花鹿	289
1152	逊克县(黑)	梅花鹿	262
1153	九寨沟县(川)	梅花鹿	261
1154	大石头林业局(吉)	梅花鹿	260
1155	湟源县(青)	梅花鹿	260
1156	景东彝族自治县(滇)	梅花鹿	260
1157	双城区(黑)	梅花鹿	260
1158	玉山县(赣)	梅花鹿	240

(续表)

序号	主产地	动物种类	驯养数量(只、头、条)
1159	湖北省太子山林场(鄂)	梅花鹿	230
1160	兰溪市(浙)	梅花鹿	230
1161	上营森林经营局(吉)	梅花鹿	230
1162	梓潼县(川)	梅花鹿	230
1163	靖宇县(吉)	梅花鹿	225
1164	抚松县(吉)	梅花鹿	202
1165	宁陕县(陕)	梅花鹿	201
1166	阿鲁科尔沁旗(内蒙古)	梅花鹿	200
1167	白河县(陕)	梅花鹿	200
1168	大英县(川)	梅花鹿	200
1169	溧阳市(苏)	梅花鹿	200
1170	七台河市直属单位(黑)	梅花鹿	200
1171	让胡路区(黑)	梅花鹿	200
1172	泗水县(鲁)	梅花鹿	200
1173	楚雄市(滇)	梅花鹿	197
1174	敦化市(吉)	梅花鹿	195
1175	祁连县(青)	梅花鹿	195
1176	永胜县(滇)	梅花鹿	191
1177	颍上县(皖)	梅花鹿	189
1178	桓仁满族自治县(辽)	梅花鹿	187
1179	金东区(浙)	梅花鹿	180
1180	瑞安市(浙)	梅花鹿	180
1181	莱阳市(鲁)	梅花鹿	179
1182	赤壁市(鄂)	梅花鹿	170
1183	龙山区(吉)	梅花鹿	150
1184	马龙县(滇)	梅花鹿	150
1185	平利县(陕)	梅花鹿	150
1186	泽州县(晋)	梅花鹿	146
1187	通州区(苏)	梅花鹿	144
1188	长白朝鲜族自治县(吉)	梅花鹿	140
1189	贵德县(青)	梅花鹿	136
1190	宜章县(湘)	梅花鹿	136
1191	克什克腾旗(内蒙古)	梅花鹿	135
1192	济南市市中区(鲁)	梅花鹿	130
1193	麻山区(黑)	梅花鹿	130
1194	内乡县(豫)	梅花鹿	130
1195	武进区(苏)	梅花鹿	124
1196	平安区(青)	梅花鹿	120
1197	小金县(川)	梅花鹿	120
1198	兴义市(黔)	梅花鹿	119
1199	柳河县(吉)	梅花鹿	110
1200	绩溪县(皖)	梅花鹿	108
1201	屯溪区(皖)	梅花鹿	105
1202	朝天区(川)	梅花鹿	103

（续表）

序号	主产地	动物种类	驯养数量（只、头、条）
1203	古城区(滇)	梅花鹿	100
1204	桂东县(湘)	梅花鹿	100
1205	合江县(川)	梅花鹿	100
1206	南召县(豫)	梅花鹿	100
1207	松滋市(鄂)	梅花鹿	100
1208	秀洲区(浙)	梅花鹿	100
1209	安吉县(浙)	梅花鹿	97
1210	北戴河区(冀)	梅花鹿	96
1211	洛阳市伊洛工业园区(豫)	梅花鹿	95
1212	瑞丽市(滇)	梅花鹿	95
1213	海门市(苏)	梅花鹿	90
1214	开化县(浙)	梅花鹿	90
1215	宾川县(滇)	梅花鹿	86
1216	松阳县(浙)	梅花鹿	86
1217	镇远县(黔)	梅花鹿	85
1218	海港区(冀)	梅花鹿	84
1219	蓝山县(湘)	梅花鹿	82
1220	宁国市(皖)	梅花鹿	81
1221	崇义县(赣)	梅花鹿	80
1222	龙江县(黑)	梅花鹿	80
1223	平阴县(鲁)	梅花鹿	80
1224	天桥岭林业局(吉)	梅花鹿	80
1225	鹰手营子矿区(冀)	梅花鹿	80
1226	昭阳区(滇)	梅花鹿	77
1227	柯城区(浙)	梅花鹿	76
1228	铜山区(苏)	梅花鹿	74
1229	西峡县(豫)	梅花鹿	73
1230	大悟县(鄂)	梅花鹿	70
1231	凤冈县(黔)	梅花鹿	70
1232	牟平区(鲁)	梅花鹿	70
1233	乌拉特前旗(内蒙古)	梅花鹿	70
1234	旺苍县(川)	梅花鹿	65
1235	喀喇沁旗(内蒙古)	梅花鹿	63
1236	元江哈尼族彝族傣族自治县(滇)	梅花鹿	63
1237	寻甸回族彝族自治县(滇)	梅花鹿	62
1238	德令哈市(青)	梅花鹿	60
1239	洞头区(浙)	梅花鹿	60
1240	桦甸市(吉)	梅花鹿	60
1241	兰坪白族普米族自治县(滇)	梅花鹿	60
1242	都江堰市(川)	梅花鹿	59
1243	偃师市(豫)	梅花鹿	59
1244	中宁县(宁)	梅花鹿	59
1245	芜湖县(皖)	梅花鹿	55
1246	沿河土家族自治县(黔)	梅花鹿	54

（续表）

序号	主产地	动物种类	驯养数量（只、头、条）
1247	芒　市(滇)	梅花鹿	52
1248	江都区(苏)	梅花鹿	51
1249	昌乐县(鲁)	梅花鹿	50
1250	东宝区(鄂)	梅花鹿	50
1251	临川区(赣)	梅花鹿	50
1252	芦山县(川)	梅花鹿	50
1253	略阳县(陕)	梅花鹿	50
1254	宁　县(甘)	梅花鹿	50
1255	甘谷县(甘)	梅花鹿	46
1256	永康市(浙)	梅花鹿	46
1257	禹会区(皖)	梅花鹿	44
1258	吴中区(苏)	梅花鹿	42
1259	恩阳区(川)	梅花鹿	40
1260	龙山县(湘)	梅花鹿	40
1261	武清区(津)	梅花鹿	40
1262	义乌市(浙)	梅花鹿	40
1263	清丰县(豫)	梅花鹿	38
1264	金川县(川)	梅花鹿	37
1265	建德市(浙)	梅花鹿	35
1266	宁城县(内蒙古)	梅花鹿	35
1267	大邑县(川)	梅花鹿	32
1268	歙　县(皖)	梅花鹿	32
1269	余杭区(浙)	梅花鹿	31
1270	崇仁县(赣)	梅花鹿	30
1271	隆回县(湘)	梅花鹿	30
1272	汪清县(吉)	梅花鹿	30
1273	永清县(冀)	梅花鹿	30
1274	浑源县(晋)	梅花鹿	28
1275	姜堰区(苏)	梅花鹿	22
1276	仁寿县(川)	梅花鹿	22
1277	苏仙区(湘)	梅花鹿	20
1278	紫阳县(陕)	梅花鹿	20
1279	弥勒市(滇)	梅花鹿	19
1280	华宁县(滇)	梅花鹿	16
1281	井冈山市(赣)	梅花鹿	16
1282	磐安县(浙)	梅花鹿	15
1283	普安县(黔)	梅花鹿	15
1284	如东县(苏)	梅花鹿	15
1285	施甸县(滇)	梅花鹿	15
1286	遂川县(赣)	梅花鹿	15
1287	桐庐县(浙)	梅花鹿	15
1288	五华区(滇)	梅花鹿	15
1289	呈贡区(滇)	梅花鹿	12
1290	德昌县(川)	梅花鹿	12

(续表)

序号	主产地	动物种类	驯养数量（只、头、条）
1291	吉利区(豫)	梅花鹿	12
1292	麻城市(鄂)	梅花鹿	12
1293	大武口区(宁)	梅花鹿	10
1294	隆德县(宁)	蒙古兔	1100
1295	宜宾县(川)	猕猴	42400
1296	吴中区(苏)	猕猴	13766
1297	新野县(豫)	猕猴	5500
1298	开平市(粤)	猕猴	2700
1299	曾都区(鄂)	猕猴	2500
1300	呈贡区(滇)	猕猴	1310
1301	松滋市(鄂)	猕猴	1000
1302	祁门县(皖)	猕猴	820
1303	耿马傣族佤族自治县(滇)	猕猴	542
1304	南郑区(陕)	猕猴	370
1305	汇川区(黔)	猕猴	321
1306	北戴河区(冀)	猕猴	239
1307	独山县(黔)	猕猴	210
1308	元江哈尼族彝族傣族自治县(滇)	猕猴	130
1309	正定县(冀)	猕猴	130
1310	资兴市(湘)	猕猴	120
1311	内乡县(豫)	猕猴	80
1312	五华区(滇)	猕猴	67
1313	洛阳市伊洛工业园区(豫)	猕猴	60
1314	岱岳区(鲁)	猕猴	44
1315	海门市(苏)	猕猴	32
1316	建德市(浙)	猕猴	22
1317	和静县(新)	猕猴	20
1318	雨湖区(湘)	猕猴	20
1319	安丘市(鲁)	猕猴	17
1320	偃师市(豫)	猕猴	17
1321	肥城市(鲁)	猕猴	14
1322	通州区(苏)	猕猴	12
1323	青浦区(沪)	猕猴	11
1324	泽州县(晋)	猕猴	10
1325	姜堰区(苏)	麋鹿	115
1326	古城区(滇)	麋鹿	30
1327	围场满族蒙古族自治县(冀)	麋鹿	22
1328	杜尔伯特蒙古族自治县(黑)	貉	89000
1329	富裕县(黑)	貉	30000
1330	林甸县(黑)	貉	19031
1331	大洼县(辽)	貉	12840
1332	蠡　县(冀)	貉	12470
1333	榆树市(吉)	貉	10400
1334	东辽县(吉)	貉	5500
1335	梁山县(鲁)	貉	5097
1336	栾川县(豫)	貉	3400
1337	兴城市(辽)	貉	3000
1338	喀喇沁左翼蒙古族自治县(辽)	貉	2900
1339	让胡路区(黑)	貉	1950
1340	成武县(鲁)	貉	1500
1341	舒兰市(吉)	貉	1200
1342	峄城区(鲁)	貉	1100
1343	曹　县(鲁)	貉	1060
1344	鹤岗市市辖区(黑)	貉	1000
1345	蛟河市(吉)	貉	500
1346	偃师市(豫)	貉	500
1347	贺兰县(宁)	貉	300
1348	兰考县(豫)	貉	300
1349	乌兰浩特市(内蒙古)	貉	290
1350	平阴县(鲁)	貉	30
1351	津南区(津)	牡丹鹦鹉	1050
1352	陆川县(桂)	牡丹鹦鹉	300
1353	勐海县(滇)	尼罗鳄	2400
1354	岱岳区(鲁)	疣鼻天鹅	60
1355	宁河区(津)	疣鼻天鹅	16
1356	汤原县(黑)	狍子	300
1357	松山区(内蒙古)	狍子	200
1358	本溪满族自治县(辽)	狍子	160
1359	克什克腾旗(内蒙古)	狍子	160
1360	围场满族蒙古族自治县(冀)	狍子	119
1361	绰尔林业局(内蒙古森工)	狍子	65
1362	绰源林业局(内蒙古森工)	狍子	14
1363	巴林右旗(内蒙古)	狍子	12
1364	林西县(内蒙古)	狍子	10
1365	颍州区(皖)	七彩山鸡	31000
1366	武清区(津)	七彩山鸡	15000
1367	金湖县(苏)	七彩山鸡	9500
1368	芜湖县(皖)	七彩山鸡	8500
1369	简阳市(川)	七彩山鸡	8000
1370	昭阳区(滇)	七彩山鸡	6690
1371	渭滨区(陕)	七彩山鸡	6200
1372	禄丰县(滇)	七彩山鸡	6100
1373	南江县(川)	七彩山鸡	5500
1374	赤壁市(鄂)	七彩山鸡	5000
1375	广水市(鄂)	七彩山鸡	5000
1376	耒阳市(湘)	七彩山鸡	4000
1377	鼎城区(湘)	七彩山鸡	3000
1378	邻水县(川)	七彩山鸡	2200

（续表）

序号	主产地	动物种类	驯养数量（只、头、条）
1379	淮阴区（苏）	七彩山鸡	2000
1380	平桥区（豫）	七彩山鸡	1950
1381	南雄市（粤）	七彩山鸡	1600
1382	名山区（川）	七彩山鸡	1131
1383	碧江区（黔）	七彩山鸡	1000
1384	嘉鱼县（鄂）	七彩山鸡	1000
1385	茶陵县（湘）	七彩山鸡	920
1386	通城县（鄂）	七彩山鸡	800
1387	汇川区（黔）	七彩山鸡	762
1388	枣阳市（鄂）	七彩山鸡	750
1389	漾濞彝族自治县（滇）	七彩山鸡	500
1390	屏山县（川）	七彩山鸡	449
1391	文山市（滇）	七彩山鸡	309
1392	临泽县（甘）	七彩山鸡	300
1393	三都水族自治县（黔）	七彩山鸡	300
1394	兴义市（黔）	七彩山鸡	265
1395	江川区（滇）	七彩山鸡	200
1396	乳源瑶族自治县（粤）	七彩山鸡	200
1397	泰和县（赣）	七彩山鸡	200
1398	米易县（川）	七彩山鸡	120
1399	利通区（宁）	七彩山鸡	110
1400	宾川县（滇）	七彩山鸡	100
1401	光山县（豫）	七彩山鸡	100
1402	乌拉特前旗（内蒙古）	七彩山鸡	100
1403	彭州市（川）	七彩山鸡	80
1404	巧家县（滇）	七彩山鸡	66
1405	阜康市（新）	七彩山鸡	30
1406	临猗县（晋）	七彩山鸡	14
1407	麻栗坡县（滇）	七彩山鸡	12
1408	舒兰市（吉）	森林鸡	2154708
1409	敦化市（吉）	森林鸡	302500
1410	白河林业局（吉）	森林鸡	50000
1411	大石头林业局（吉）	森林鸡	26000
1412	通化县（吉）	森林鸡	11550
1413	图们市（吉）	森林鸡	10000
1414	西安区（吉）	森林鸡	10000
1415	浑江区（吉）	森林鸡	5950
1416	师宗县（滇）	森林鸡	3300
1417	前郭尔罗斯蒙古族自治县（吉）	森林鸡	2200
1418	汪清县（吉）	森林鸡	800
1419	双辽市（吉）	森林鸡	600
1420	二道江区（吉）	森林猪	2300
1421	大石头林业局（吉）	森林猪	1424
1422	舒兰市（吉）	森林猪	320

（续表）

序号	主产地	动物种类	驯养数量（只、头、条）
1423	天桥岭林业局（吉）	森林猪	300
1424	昌邑区（吉）	森林猪	203
1425	浑江区（吉）	森林猪	85
1426	靖宇县（吉）	森林猪	71
1427	敦化市（吉）	森林猪	25
1428	抚松县（吉）	森林猪	23
1429	扎鲁特旗（内蒙古）	沙鸡	600
1430	惠城区（粤）	山斑鸠	800
1431	楚雄市（滇）	山斑鸠	510
1432	禄丰县（滇）	山斑鸠	500
1433	龙泉市（浙）	山鸡	20000
1434	云龙县（滇）	山鸡	11000
1435	都昌县（赣）	山鸡	6000
1436	通城县（鄂）	山鸡	5000
1437	嘉荫县（黑）	山鸡	2500
1438	咸丰县（鄂）	山鸡	2000
1439	元宝山区（内蒙古）	山鸡	1000
1440	云　县（滇）	山鸡	1000
1441	乌兰浩特市（内蒙古）	山鸡	765
1442	围场满族蒙古族自治县（冀）	山鸡	600
1443	三都水族自治县（黔）	山鸡	200
1444	浑源县（晋）	山鸡	130
1445	伊川县（豫）	山鸡	100
1446	华宁县（滇）	山鸡	24
1447	临泽县（甘）	山鸡	10
1448	嘉荫县（黑）	山猪	110
1449	惠城区（粤）	山猪	60
1450	南昌县（赣）	蛇	152500
1451	零陵区（湘）	蛇	120000
1452	义乌市（浙）	蛇	100000
1453	襄州区（鄂）	蛇	60000
1454	岳池县（川）	蛇	50000
1455	株洲市市辖区（湘）	蛇	50000
1456	高要区（粤）	蛇	48000
1457	灵山县（桂）	蛇	35000
1458	四会市（粤）	蛇	34000
1459	武穴市（鄂）	蛇	30000
1460	沿滩区（川）	蛇	27800
1461	新丰县（粤）	蛇	27500
1462	武陵区（湘）	蛇	26600
1463	柯城区（浙）	蛇	26000
1464	万安县（赣）	蛇	25600
1465	新化县（湘）	蛇	25000
1466	陇川县（滇）	蛇	23000

(续表)

序号	主产地	动物种类	驯养数量（只、头、条）
1467	祁门县(皖)	蛇	21000
1468	洋　县(陕)	蛇	21000
1469	镇远县(黔)	蛇	20000
1470	桃江县(湘)	蛇	17000
1471	洞口县(湘)	蛇	15000
1472	兴国县(赣)	蛇	15000
1473	洪江区(湘)	蛇	14000
1474	泰和县(赣)	蛇	13480
1475	郁南县(粤)	蛇	12800
1476	曲江区(粤)	蛇	11500
1477	株洲县(湘)	蛇	11000
1478	掇刀区(鄂)	蛇	10000
1479	清新区(粤)	蛇	9400
1480	黎川县(赣)	蛇	8900
1481	雷州市(粤)	蛇	8600
1482	沅陵县(湘)	蛇	8233
1483	盘龙区(滇)	蛇	8210
1484	凤冈县(黔)	蛇	8000
1485	龙泉市(浙)	蛇	6639
1486	黟　县(皖)	蛇	6330
1487	乐至县(川)	蛇	5720
1488	田阳县(桂)	蛇	5700
1489	吉水县(赣)	蛇	5200
1490	常山县(浙)	蛇	5000
1491	开化县(浙)	蛇	5000
1492	英德市(粤)	蛇	5000
1493	余江县(赣)	蛇	5000
1494	北流市(桂)	蛇	4500
1495	谷城县(鄂)	蛇	4500
1496	荆州区(鄂)	蛇	4500
1497	潜山县(皖)	蛇	4230
1498	广南县(滇)	蛇	4200
1499	五华县(粤)	蛇	4050
1500	安化县(湘)	蛇	4000
1501	恩阳区(川)	蛇	4000
1502	内江市市中区(川)	蛇	4000
1503	湘东区(赣)	蛇	3800
1504	湘潭县(湘)	蛇	3610
1505	安福县(赣)	蛇	3200
1506	永康市(浙)	蛇	3110
1507	苍梧县(桂)	蛇	3000
1508	双峰县(湘)	蛇	3000
1509	宜城市(鄂)	蛇	3000
1510	江永县(湘)	蛇	2800

(续表)

序号	主产地	动物种类	驯养数量（只、头、条）
1511	玉山县(赣)	蛇	2800
1512	江安县(川)	蛇	2700
1513	岳西县(皖)	蛇	2469
1514	高邮市(苏)	蛇	2391
1515	仪陇县(川)	蛇	2200
1516	青州市(鲁)	蛇	2050
1517	那坡县(桂)	蛇	2000
1518	阳新县(鄂)	蛇	2000
1519	白河县(陕)	蛇	1900
1520	苏仙区(湘)	蛇	1800
1521	邻水县(川)	蛇	1700
1522	锦屏县(黔)	蛇	1600
1523	勉　县(陕)	蛇	1500
1524	阳山县(粤)	蛇	1500
1525	云城区(粤)	蛇	1500
1526	碧江区(黔)	蛇	1420
1527	松阳县(浙)	蛇	1350
1528	麻城市(鄂)	蛇	1300
1529	玉屏侗族自治县(黔)	蛇	1300
1530	建德市(浙)	蛇	1150
1531	南郑区(陕)	蛇	1100
1532	辰溪县(湘)	蛇	1000
1533	金湖县(苏)	蛇	1000
1534	东兴区(川)	蛇	875
1535	兴义市(黔)	蛇	810
1536	萍乡市经济开发区(赣)	蛇	780
1537	利川市(鄂)	蛇	700
1538	靖州苗族侗族自治县(湘)	蛇	600
1539	连州市(粤)	蛇	520
1540	桑植县(湘)	蛇	520
1541	海港区(冀)	蛇	500
1542	金东区(浙)	蛇	500
1543	湘潭市市辖区(湘)	蛇	328
1544	隆回县(湘)	蛇	300
1545	丘北县(滇)	蛇	250
1546	武冈市(湘)	蛇	200
1547	松滋市(鄂)	蛇	170
1548	卢氏县(豫)	蛇	100
1549	南雄市(粤)	蛇	100
1550	翠屏区(川)	蛇	12
1551	栾川县(豫)	麝鼠	1350
1552	渭滨区(陕)	麝鼠	800
1553	北戴河区(冀)	狮子	41
1554	辉县市(豫)	狮子	10

（续表）

序号	主产地	动物种类	驯养数量（只、头、条）
1555	乌拉特前旗（内蒙古）	石鸡	25000
1556	乌拉特后旗（内蒙古）	石鸡	5000
1557	古交市（晋）	石鸡	200
1558	乌兰浩特市（内蒙古）	石鸡	50
1559	和静县（新）	石鸡	15
1560	儋州市（琼）	石金钱龟	34100
1561	英德市（粤）	石金钱龟	5000
1562	惠城区（粤）	石金钱龟	3420
1563	英德市（粤）	石蛙	1300000
1564	花垣县（湘）	石蛙	500000
1565	建德市（浙）	石蛙	460000
1566	龙泉市（浙）	石蛙	161000
1567	罗甸县（黔）	石蛙	150000
1568	德昌县（川）	石蛙	110500
1569	城步苗族自治县（湘）	石蛙	80000
1570	仁化县（粤）	石蛙	72000
1571	连平县（粤）	石蛙	60000
1572	利川市（鄂）	石蛙	46000
1573	屏山县（川）	石蛙	40000
1574	宁远县（湘）	石蛙	32000
1575	安化县（湘）	石蛙	30600
1576	瑞安市（浙）	石蛙	20000
1577	绩溪县（皖）	石蛙	15000
1578	乳源瑶族自治县（粤）	石蛙	13000
1579	石泉县（陕）	石蛙	11000
1580	蓝山县（湘）	石蛙	10000
1581	普安县（黔）	石蛙	10000
1582	桃源县（湘）	石蛙	10000
1583	新平彝族傣族自治县（滇）	石蛙	10000
1584	博白县（桂）	石蛙	9000
1585	新平彝族傣族自治县（滇）	石蛙	8000
1586	蒙山县（桂）	石蛙	7000
1587	凌云县（桂）	石蛙	5000
1588	双江拉祜族佤族布朗族傣族自治县（滇）	石蛙	3000
1589	柯城区（浙）	石蛙	2500
1590	桃江县（湘）	石蛙	2000
1591	锦屏县（黔）	石蛙	1500
1592	东安县（湘）	石蛙	1200
1593	桂东县（湘）	石蛙	500
1594	辰溪县（湘）	石蛙	400
1595	鹤城区（湘）	石蛙	400
1596	兴宁市（粤）	石蛙	100
1597	琼山区（琼）	食蟹猴	30200
1598	呈贡区（滇）	食蟹猴	5786

（续表）

序号	主产地	动物种类	驯养数量（只、头、条）
1599	高要区（粤）	食蟹猴	3926
1600	元江哈尼族彝族傣族自治县（滇）	食蟹猴	1200
1601	海门市（苏）	食蟹猴	219
1602	诸城市（鲁）	水貂	6000000
1603	尚志市（黑）	水貂	150000
1604	喀喇沁旗（内蒙古）	水貂	46000
1605	东港市（辽）	水貂	42000
1606	昌乐县（鲁）	水貂	34000
1607	抚远县（黑）	水貂	30000
1608	新宾满族自治县（辽）	水貂	23650
1609	尚志国有林场（黑）	水貂	22200
1610	东平县（鲁）	水貂	22000
1611	孟家岗林场（黑）	水貂	21300
1612	蠡　县（冀）	水貂	14490
1613	舒兰市（吉）	水貂	10300
1614	梁山县（鲁）	水貂	8500
1615	昌邑区（吉）	水貂	5100
1616	峄城区（鲁）	水貂	5000
1617	青州市（鲁）	水貂	400
1618	让胡路区（黑）	水貂	270
1619	阜宁县（苏）	水貂	50
1620	钦南区（桂）	水律蛇	59300
1621	清新区（粤）	水律蛇	40750
1622	连山壮族瑶族自治县（粤）	水律蛇	27053
1623	陆川县（桂）	水律蛇	25000
1624	普安县（黔）	水律蛇	14500
1625	涟源市（湘）	水律蛇	12000
1626	连州市（粤）	水律蛇	8260
1627	云安区（粤）	水律蛇	7600
1628	资兴市（湘）	水律蛇	7000
1629	洪泽区（苏）	水律蛇	5000
1630	南　县（湘）	水律蛇	4000
1631	仁化县（粤）	水律蛇	4000
1632	南海区（粤）	水律蛇	3400
1633	大英县（川）	水律蛇	3000
1634	云城区（粤）	水律蛇	2250
1635	连平县（粤）	水律蛇	1880
1636	麻城市（鄂）	水律蛇	1500
1637	宁远县（湘）	水律蛇	1300
1638	保靖县（湘）	水律蛇	700
1639	茂　县（川）	水律蛇	700
1640	金坛区（苏）	水律蛇	600
1641	雷州市（粤）	水律蛇	400
1642	新丰江林管局（粤）	水律蛇	320

(续表)

序号	主产地	动物种类	驯养数量(只、头、条)
1643	利川市(鄂)	水律蛇	300
1644	昌邑区(吉)	松鼠	400
1645	龙山区(吉)	松鼠	62
1646	龙潭区(吉)	松鼠	30
1647	蓬莱市(鲁)	松鼠猴	15
1648	昌吉市(新)	松鼠猴	10
1649	呈贡区(滇)	松鼠猴	10
1650	昌吉市(新)	太阳锥尾鹦鹉	156
1651	武清区(津)	太阳锥尾鹦鹉	130
1652	吴兴区(浙)	太阳锥尾鹦鹉	100
1653	偃师市(豫)	太阳锥尾鹦鹉	30
1654	寒亭区(鲁)	太阳锥尾鹦鹉	13
1655	彭州市(川)	太阳锥尾鹦鹉	10
1656	宁河区(津)	桃脸牡丹鹦鹉	260
1657	西平县(豫)	兔	50000
1658	让胡路区(黑)	兔	40000
1659	独山县(黔)	兔	10880
1660	龙泉市(浙)	兔	5000
1661	敦化市(吉)	兔	3000
1662	黎川县(赣)	兔	2000
1663	瑞安市(浙)	兔	2000
1664	名山区(川)	兔	1250
1665	平桥区(豫)	兔	300
1666	巴东县(鄂)	兔	150
1667	新丰江林管局(粤)	兔	150
1668	湖北省太子山林场(鄂)	兔	100
1669	伊川县(豫)	兔	90
1670	莱阳市(鲁)	兔	80
1671	合水县(甘)	兔	50
1672	富宁县(滇)	豚鼠	10000
1673	兴国县(赣)	豚鼠	5760
1674	彭州市(川)	豚鼠	1200
1675	独山县(黔)	豚鼠	1193
1676	利川市(鄂)	豚鼠	1000
1677	株洲市市辖区(湘)	豚鼠	1000
1678	满城区(冀)	鸵鸟	700
1679	德昌县(川)	鸵鸟	302
1680	西平县(豫)	鸵鸟	250
1681	石林彝族自治县(滇)	鸵鸟	135
1682	辰溪县(湘)	鸵鸟	80
1683	松山区(内蒙古)	鸵鸟	80
1684	芦山县(川)	鸵鸟	68
1685	米易县(川)	鸵鸟	50
1686	新平彝族傣族自治县(滇)	鸵鸟	40

(续表)

序号	主产地	动物种类	驯养数量(只、头、条)
1687	北戴河区(冀)	鸵鸟	33
1688	普安县(黔)	鸵鸟	30
1689	临泽县(甘)	鸵鸟	21
1690	乌拉特前旗(内蒙古)	鸵鸟	20
1691	永清县(冀)	鸵鸟	20
1692	独山县(黔)	鸵鸟	16
1693	偃师市(豫)	鸵鸟	16
1694	泽普县(新)	鸵鸟	16
1695	恩阳区(川)	鸵鸟	15
1696	乌兰浩特市(内蒙古)	鸵鸟	15
1697	湘乡市(湘)	鸵鸟	15
1698	牟定县(滇)	鸵鸟	13
1699	惠民县(鲁)	鸵鸟	10
1700	通州区(苏)	鸵鸟	10
1701	襄城区(鄂)	王锦蛇	80000
1702	涟源市(湘)	王锦蛇	39800
1703	仙桃市(鄂)	王锦蛇	26250
1704	鹤城区(湘)	王锦蛇	26000
1705	通城县(鄂)	王锦蛇	25000
1706	陆川县(桂)	王锦蛇	22000
1707	宁乡市(湘)	王锦蛇	20500
1708	屯溪区(皖)	王锦蛇	16434
1709	金坛区(苏)	王锦蛇	15000
1710	溧阳市(苏)	王锦蛇	15000
1711	保靖县(湘)	王锦蛇	14000
1712	上犹县(赣)	王锦蛇	14000
1713	房　县(鄂)	王锦蛇	12050
1714	绥宁县(湘)	王锦蛇	10000
1715	浠水县(鄂)	王锦蛇	10000
1716	秀洲区(浙)	王锦蛇	10000
1717	江山市(浙)	王锦蛇	9300
1718	宣州区(皖)	王锦蛇	8400
1719	仁寿县(川)	王锦蛇	8000
1720	竹山县(鄂)	王锦蛇	7500
1721	耒阳市(湘)	王锦蛇	6000
1722	株洲县(湘)	王锦蛇	6000
1723	巴东县(鄂)	王锦蛇	5700
1724	澧　县(湘)	王锦蛇	5200
1725	利川市(鄂)	王锦蛇	5200
1726	芷江侗族自治县(湘)	王锦蛇	4710
1727	资兴市(湘)	王锦蛇	4500
1728	兰溪市(浙)	王锦蛇	4340
1729	南溪区(川)	王锦蛇	4000
1730	南　县(湘)	王锦蛇	3100

（续表）

序号	主产地	动物种类	驯养数量（只、头、条）
1731	慈利县（湘）	王锦蛇	3000
1732	大观区（皖）	王锦蛇	3000
1733	宿松县（皖）	王锦蛇	3000
1734	宜丰县（赣）	王锦蛇	3000
1735	白河县（陕）	王锦蛇	2900
1736	恩阳区（川）	王锦蛇	2500
1737	麻城市（鄂）	王锦蛇	2500
1738	平桥区（豫）	王锦蛇	1820
1739	三都水族自治县（黔）	王锦蛇	1800
1740	通州区（苏）	王锦蛇	1800
1741	广水市（鄂）	王锦蛇	1500
1742	遂川县（赣）	王锦蛇	1290
1743	宁国市（皖）	王锦蛇	1001
1744	蓝山县（湘）	王锦蛇	1000
1745	义乌市（浙）	王锦蛇	1000
1746	太湖县（皖）	王锦蛇	980
1747	朝天区（川）	王锦蛇	960
1748	屏山县（川）	王锦蛇	750
1749	衡东县（湘）	王锦蛇	700
1750	兴文县（川）	王锦蛇	688
1751	保康县（鄂）	王锦蛇	500
1752	青川县（川）	王锦蛇	500
1753	祥云县（滇）	王锦蛇	500
1754	大悟县（鄂）	王锦蛇	460
1755	连州市（粤）	王锦蛇	460
1756	昭化区（川）	王锦蛇	450
1757	安化县（湘）	王锦蛇	400
1758	郎溪县（皖）	王锦蛇	400
1759	泰兴市（苏）	王锦蛇	400
1760	惠城区（粤）	王锦蛇	300
1761	嘉鱼县（鄂）	王锦蛇	300
1762	茂　县（川）	王锦蛇	300
1763	新晃侗族自治县（湘）	王锦蛇	300
1764	娄星区（湘）	王锦蛇	200
1765	奉新县（赣）	王锦蛇	100
1766	镇雄县（滇）	王锦蛇	80
1767	黟　县（皖）	王锦蛇	60
1768	青州市（鲁）	王锦蛇	30
1769	兴化市（苏）	王锦蛇	30
1770	秀洲区（浙）	乌梢蛇	21000
1771	威远县（川）	乌梢蛇	13500
1772	桃源县（湘）	乌梢蛇	12000
1773	仁寿县（川）	乌梢蛇	10000
1774	溧阳市（苏）	乌梢蛇	5000
1775	安化县（湘）	乌梢蛇	4800
1776	耒阳市（湘）	乌梢蛇	4000
1777	巴东县（鄂）	乌梢蛇	2200
1778	连州市（粤）	乌梢蛇	2200
1779	绥宁县（湘）	乌梢蛇	2000
1780	屯溪区（皖）	乌梢蛇	2000
1781	竹山县（鄂）	乌梢蛇	2000
1782	南　县（湘）	乌梢蛇	1800
1783	麻城市（鄂）	乌梢蛇	1500
1784	盐亭县（川）	乌梢蛇	1500
1785	宣州区（皖）	乌梢蛇	1160
1786	祥云县（滇）	乌梢蛇	1100
1787	义乌市（浙）	乌梢蛇	1000
1788	利川市（鄂）	乌梢蛇	600
1789	泗水县（鲁）	乌梢蛇	500
1790	宁国市（皖）	乌梢蛇	245
1791	青川县（川）	乌梢蛇	200
1792	泰兴市（苏）	乌梢蛇	180
1793	永清县（冀）	乌梢蛇	100
1794	青州市（鲁）	乌梢蛇	50
1795	安吉县（浙）	乌梢蛇	35
1796	枣阳市（鄂）	蜈蚣	700000
1797	光山县（豫）	蜈蚣	500
1798	高州市（粤）	暹罗鳄	259152
1799	潮南区（粤）	暹罗鳄	22000
1800	孝南区（鄂）	暹罗鳄	20000
1801	四会市（粤）	暹罗鳄	3500
1802	临川区（赣）	暹罗鳄	150
1803	安阳县（豫）	暹罗鳄	120
1804	芒　市（滇）	暹罗鳄	26
1805	华阴市（陕）	蝎子	1200000
1806	枣阳市（鄂）	蝎子	300000
1807	淅川县（豫）	蝎子	20000
1808	内江市市中区（川）	蝎子	1970
1809	根河林业局（内蒙古森工）	驯鹿	145
1810	大关县（滇）	驯鹿	51
1811	澄迈县（琼）	眼镜蛇	129120
1812	普安县（黔）	眼镜蛇	65500
1813	秀洲区（浙）	眼镜蛇	60000
1814	东宝区（鄂）	眼镜蛇	30000
1815	涟源市（湘）	眼镜蛇	26000
1816	上犹县（赣）	眼镜蛇	21000
1817	通城县（鄂）	眼镜蛇	20000
1818	英德市（粤）	眼镜蛇	20000

(续表)

序号	主产地	动物种类	驯养数量(只、头、条)
1819	大观区(皖)	眼镜蛇	18000
1820	钦南区(桂)	眼镜蛇	15000
1821	儋州市(琼)	眼镜蛇	13600
1822	博白县(桂)	眼镜蛇	13100
1823	祁东县(湘)	眼镜蛇	13000
1824	增城区(粤)	眼镜蛇	12500
1825	瑞丽市(滇)	眼镜蛇	12460
1826	恩阳区(川)	眼镜蛇	12000
1827	陆川县(桂)	眼镜蛇	8000
1828	电白区(粤)	眼镜蛇	7000
1829	兰溪市(浙)	眼镜蛇	6980
1830	琼山区(琼)	眼镜蛇	5900
1831	高要区(粤)	眼镜蛇	5000
1832	溧阳市(苏)	眼镜蛇	5000
1833	平乐县(桂)	眼镜蛇	4771
1834	泰和县(赣)	眼镜蛇	4700
1835	屯溪区(皖)	眼镜蛇	4452
1836	连州市(粤)	眼镜蛇	3800
1837	云安区(粤)	眼镜蛇	3640
1838	资兴市(湘)	眼镜蛇	3500
1839	遂川县(赣)	眼镜蛇	3170
1840	南　县(湘)	眼镜蛇	2700
1841	南海区(粤)	眼镜蛇	2700
1842	惠城区(粤)	眼镜蛇	2660
1843	松滋市(鄂)	眼镜蛇	2500
1844	茂南区(粤)	眼镜蛇	2300
1845	江山市(浙)	眼镜蛇	2200
1846	新晃侗族自治县(湘)	眼镜蛇	2200
1847	大英县(川)	眼镜蛇	2000
1848	宁远县(湘)	眼镜蛇	2000
1849	株洲县(湘)	眼镜蛇	2000
1850	乳源瑶族自治县(粤)	眼镜蛇	1800
1851	桂阳县(湘)	眼镜蛇	1650
1852	临川区(赣)	眼镜蛇	1500
1853	金坛区(苏)	眼镜蛇	1200
1854	黎城县(晋)	眼镜蛇	1100
1855	麻城市(鄂)	眼镜蛇	1000
1856	浠水县(鄂)	眼镜蛇	1000
1857	灵川县(桂)	眼镜蛇	600
1858	珙　县(川)	眼镜蛇	500
1859	邻水县(川)	眼镜蛇	500
1860	义乌市(浙)	眼镜蛇	500
1861	道　县(湘)	眼镜蛇	400
1862	麻阳苗族自治县(湘)	眼镜蛇	400

(续表)

序号	主产地	动物种类	驯养数量(只、头、条)
1863	三都水族自治县(黔)	眼镜蛇	370
1864	米易县(川)	眼镜蛇	300
1865	泰兴市(苏)	眼镜蛇	280
1866	宣州区(皖)	眼镜蛇	200
1867	青州市(鲁)	眼镜蛇	100
1868	兴宁市(粤)	眼镜蛇	100
1869	永清县(冀)	眼镜蛇	100
1870	龙泉市(浙)	羊驼	60000
1871	惠民县(鲁)	羊驼	60
1872	岱岳区(鲁)	羊驼	12
1873	赵　县(冀)	羊驼	12
1874	蔡甸区(鄂)	羊驼	10
1875	洛阳市伊洛工业园区(豫)	羊驼	10
1876	五河县(皖)	野鸡	20200
1877	栾川县(豫)	野鸡	18900
1878	南昌县(赣)	野鸡	8100
1879	梓潼县(川)	野鸡	8000
1880	汝城县(湘)	野鸡	6496
1881	洞口县(湘)	野鸡	6000
1882	双峰县(湘)	野鸡	5800
1883	乌拉特前旗(内蒙古)	野鸡	5100
1884	高邮市(苏)	野鸡	5000
1885	松山区(内蒙古)	野鸡	5000
1886	新平彝族傣族自治县(滇)	野鸡	5000
1887	阳新县(鄂)	野鸡	5000
1888	昌邑区(吉)	野鸡	4500
1889	内江市市中区(川)	野鸡	4500
1890	宁城县(内蒙古)	野鸡	4000
1891	余江县(赣)	野鸡	3000
1892	安宁市(滇)	野鸡	2500
1893	独山县(黔)	野鸡	2000
1894	歙　县(皖)	野鸡	2000
1895	仁化县(粤)	野鸡	1500
1896	淮阴区(苏)	野鸡	1000
1897	林西县(内蒙古)	野鸡	1000
1898	西平县(豫)	野鸡	1000
1899	游仙区(川)	野鸡	1000
1900	株洲县(湘)	野鸡	1000
1901	恩阳区(川)	野鸡	975
1902	克什克腾旗(内蒙古)	野鸡	850
1903	集安市(吉)	野鸡	730
1904	仪陇县(川)	野鸡	600
1905	大关县(滇)	野鸡	540
1906	娄星区(湘)	野鸡	500

（续表）

序号	主产地	动物种类	驯养数量（只、头、条）
1907	平桥区(豫)	野鸡	500
1908	连州市(粤)	野鸡	475
1909	井冈山市(赣)	野鸡	350
1910	巴林右旗(内蒙古)	野鸡	300
1911	本溪满族自治县(辽)	野鸡	300
1912	兰考县(豫)	野鸡	300
1913	米易县(川)	野鸡	300
1914	左权县(晋)	野鸡	299
1915	麻栗坡县(滇)	野鸡	270
1916	龙潭区(吉)	野鸡	200
1917	伊川县(豫)	野鸡	200
1918	马龙县(滇)	野鸡	150
1919	扎鲁特旗(内蒙古)	野鸡	150
1920	镇远县(黔)	野鸡	130
1921	沿河土家族自治县(黔)	野鸡	120
1922	双辽市(吉)	野鸡	100
1923	五台县(晋)	野鸡	60
1924	托克托县(内蒙古)	野鸡	58
1925	望奎县(黑)	野鸡	58
1926	三都水族自治县(黔)	野鸡	50
1927	房　县(鄂)	野鸡	40
1928	喀喇沁旗(内蒙古)	野鸡	37
1929	巧家县(滇)	野鸡	25
1930	和静县(新)	野鸡	22
1931	石泉县(陕)	野鸡	20
1932	玉龙纳西族自治县(滇)	野鸡	15
1933	渑池县(豫)	野猪	27592
1934	汝城县(湘)	野猪	11000
1935	栾川县(豫)	野猪	10900
1936	双江拉祜族佤族布朗族傣族自治县(滇)	野猪	9300
1937	洞口县(湘)	野猪	5000
1938	祁东县(湘)	野猪	4360
1939	梓潼县(川)	野猪	4000
1940	汤原县(黑)	野猪	3800
1941	清原满族自治县(辽)	野猪	3500
1942	峨边彝族自治县(川)	野猪	3330
1943	香格里拉市(滇)	野猪	2806
1944	五常市(黑)	野猪	2500
1945	东至县(皖)	野猪	2200
1946	城步苗族自治县(湘)	野猪	2100
1947	万安县(赣)	野猪	2100
1948	武胜县(川)	野猪	2000
1949	巴东县(鄂)	野猪	1955
1950	恭城瑶族自治县(桂)	野猪	1600

（续表）

序号	主产地	动物种类	驯养数量（只、头、条）
1951	鸡东县(黑)	野猪	1600
1952	内乡县(豫)	野猪	1300
1953	中阳县(晋)	野猪	1200
1954	扎鲁特旗(内蒙古)	野猪	1100
1955	云龙县(滇)	野猪	1050
1956	宝清县(黑)	野猪	1000
1957	洮南市(吉)	野猪	1000
1958	汪清县(吉)	野猪	1000
1959	新宁县(湘)	野猪	1000
1960	腾冲市(滇)	野猪	970
1961	昌宁县(滇)	野猪	931
1962	宁城县(内蒙古)	野猪	900
1963	新兴区(黑)	野猪	859
1964	辉南县(吉)	野猪	850
1965	巴林右旗(内蒙古)	野猪	800
1966	郧西县(鄂)	野猪	800
1967	鹤岗市市辖区(黑)	野猪	792
1968	陇川县(滇)	野猪	750
1969	爱辉区(黑)	野猪	740
1970	沅陵县(湘)	野猪	679
1971	克什克腾旗(内蒙古)	野猪	600
1972	沙坡头区(宁)	野猪	600
1973	铅山县(赣)	野猪	590
1974	北安市(黑)	野猪	563
1975	白河县(陕)	野猪	560
1976	集安市(吉)	野猪	550
1977	盈江县(滇)	野猪	538
1978	蠡　县(冀)	野猪	530
1979	芦山县(川)	野猪	500
1980	万源市(川)	野猪	500
1981	咸丰县(鄂)	野猪	500
1982	游仙区(川)	野猪	500
1983	余江县(赣)	野猪	500
1984	麻山区(黑)	野猪	480
1985	玉龙纳西族自治县(滇)	野猪	461
1986	梁山县(鲁)	野猪	458
1987	巴林左旗(内蒙古)	野猪	450
1988	建德市(浙)	野猪	450
1989	新宾满族自治县(辽)	野猪	439
1990	辰溪县(湘)	野猪	406
1991	慈利县(湘)	野猪	400
1992	元宝山区(内蒙古)	野猪	400
1993	双峰县(湘)	野猪	370
1994	七台河市直属单位(黑)	野猪	365

(续表)

序号	主产地	动物种类	驯养数量(只、头、条)
1995	乐至县(川)	野猪	359
1996	茂　县(川)	野猪	353
1997	临江市(吉)	野猪	350
1998	嫩江县(黑)	野猪	350
1999	石林彝族自治县(滇)	野猪	350
2000	富宁县(滇)	野猪	328
2001	甘河林业局(内蒙古森工)	野猪	321
2002	马龙县(滇)	野猪	320
2003	西乌珠穆沁旗(内蒙古)	野猪	320
2004	小金县(川)	野猪	311
2005	宝兴县(川)	野猪	300
2006	儋州市(琼)	野猪	300
2007	谷城县(鄂)	野猪	300
2008	耒阳市(湘)	野猪	300
2009	蒙山县(桂)	野猪	300
2010	松山区(内蒙古)	野猪	300
2011	苏仙区(湘)	野猪	300
2012	祥云县(滇)	野猪	300
2013	盐亭县(川)	野猪	300
2014	仪陇县(川)	野猪	300
2015	本溪满族自治县(辽)	野猪	290
2016	江永县(湘)	野猪	290
2017	九寨沟县(川)	野猪	280
2018	永胜县(滇)	野猪	280
2019	通化县(吉)	野猪	276
2020	喀喇沁旗(内蒙古)	野猪	275
2021	屏山县(川)	野猪	264
2022	蓝山县(湘)	野猪	260
2023	保康县(鄂)	野猪	252
2024	玉山县(赣)	野猪	250
2025	中宁县(宁)	野猪	226
2026	北川羌族自治县(川)	野猪	200
2027	锦屏县(黔)	野猪	200
2028	喀喇沁左翼蒙古族自治县(辽)	野猪	200
2029	兴宁市(粤)	野猪	200
2030	铜鼓县(赣)	野猪	181
2031	梁河县(滇)	野猪	180
2032	砚山县(滇)	野猪	175
2033	楚雄市(滇)	野猪	160
2034	冷水滩区(湘)	野猪	160
2035	新化县(湘)	野猪	160
2036	宾川县(滇)	野猪	156
2037	瑞安市(浙)	野猪	150
2038	青川县(川)	野猪	133

(续表)

序号	主产地	动物种类	驯养数量(只、头、条)
2039	精河县(新)	野猪	130
2040	镇雄县(滇)	野猪	130
2041	西畴县(滇)	野猪	120
2042	伊川县(豫)	野猪	120
2043	江川区(滇)	野猪	110
2044	卢氏县(豫)	野猪	110
2045	南郑区(陕)	野猪	110
2046	前郭尔罗斯蒙古族自治县(吉)	野猪	110
2047	五大连池市(黑)	野猪	110
2048	左权县(晋)	野猪	102
2049	灵宝市(豫)	野猪	100
2050	喜德县(川)	野猪	100
2051	沿河土家族自治县(黔)	野猪	100
2052	麻栗坡县(滇)	野猪	97
2053	乳源瑶族自治县(粤)	野猪	96
2054	讷河市(黑)	野猪	90
2055	仁寿县(川)	野猪	81
2056	繁峙县(晋)	野猪	80
2057	邻水县(川)	野猪	75
2058	宁　县(甘)	野猪	75
2059	普安县(黔)	野猪	75
2060	长白朝鲜族自治县(吉)	野猪	73
2061	和静县(新)	野猪	70
2062	绩溪县(皖)	野猪	70
2063	石泉县(陕)	野猪	69
2064	抚松县(吉)	野猪	68
2065	个旧市(滇)	野猪	64
2066	岱岳区(鲁)	野猪	63
2067	利州区(川)	野猪	60
2068	牟定县(滇)	野猪	60
2069	新平彝族傣族自治县(滇)	野猪	60
2070	泰和县(赣)	野猪	52
2071	江安县(川)	野猪	50
2072	利川市(鄂)	野猪	40
2073	罗甸县(黔)	野猪	40
2074	兴文县(川)	野猪	40
2075	桦甸市(吉)	野猪	39
2076	巴州区(川)	野猪	32
2077	围场满族蒙古族自治县(冀)	野猪	31
2078	遂川县(赣)	野猪	30
2079	新丰江林管局(粤)	野猪	30
2080	禄丰县(滇)	野猪	29
2081	大邑县(川)	野猪	27
2082	溧阳市(苏)	野猪	24

（续表）

序号	主产地	动物种类	驯养数量（只、头、条）
2083	新丰县（粤）	野猪	24
2084	连州市（粤）	野猪	23
2085	平罗县（宁）	野猪	23
2086	林西县（内蒙古）	野猪	20
2087	兴义市（黔）	野猪	20
2088	阳山县（粤）	野猪	20
2089	金坛区（苏）	野猪	15
2090	巧家县（滇）	野猪	15
2091	德昌县（川）	野猪	13
2092	宁武县（晋）	野猪	12
2093	太湖县（皖）	野猪	10
2094	杜尔伯特蒙古族自治县（黑）	银狐	128500
2095	让胡路区（黑）	银狐	30000
2096	东港市（辽）	银狐	9000
2097	昌邑区（吉）	银狐	3500
2098	宁河区（津）	银狐	2970
2099	临泽县（甘）	银狐	2500
2100	贺兰县（宁）	银狐	200
2101	遂川县（赣）	银环蛇	1850
2102	溧阳市（苏）	银环蛇	650
2103	华阴市（陕）	鹦鹉	60000
2104	泰安市高新区（鲁）	鹦鹉	12158
2105	滦　县（冀）	鹦鹉	170
2106	潮安区（粤）	鹦鹉	150
2107	丰润区（冀）	鹦鹉	60
2108	莱阳市（鲁）	鹦鹉	38
2109	启东市（苏）	鹦鹉	10
2110	岱岳区（鲁）	鸳鸯	1290
2111	阳谷县（鲁）	鸳鸯	250
2112	桐城市（皖）	鸳鸯	49
2113	锦江区（川）	鸳鸯	35
2114	华容县（湘）	鸳鸯	20
2115	蓬莱市（鲁）	鸳鸯	20
2116	偃师市（豫）	鸳鸯	20
2117	湘潭县（湘）	鸳鸯	12
2118	栾川县（豫）	鹧鸪	15300
2119	溧阳市（苏）	鹧鸪	13000
2120	利通区（宁）	鹧鸪	1000
2121	金坛区（苏）	鹧鸪	630
2122	麻栗坡县（滇）	鹧鸪	259
2123	中宁县（宁）	鹧鸪	130
2124	米易县（川）	鹧鸪	11
2125	桐城市（皖）	雉鸡	25388
2126	利川市（鄂）	雉鸡	10353

（续表）

序号	主产地	动物种类	驯养数量（只、头、条）
2127	颍上县（皖）	雉鸡	8000
2128	铜山区（苏）	雉鸡	5200
2129	靖州苗族侗族自治县（湘）	雉鸡	4860
2130	祥符区（豫）	雉鸡	4200
2131	溧阳市（苏）	雉鸡	2030
2132	金坛区（苏）	雉鸡	2000
2133	宿松县（皖）	雉鸡	2000
2134	南　县（湘）	雉鸡	1500
2135	峄城区（鲁）	雉鸡	1500
2136	英德市（粤）	雉鸡	1400
2137	永胜县（滇）	雉鸡	1160
2138	南召县（豫）	雉鸡	1000
2139	新晃侗族自治县（湘）	雉鸡	800
2140	巴东县（鄂）	雉鸡	600
2141	江永县（湘）	雉鸡	500
2142	长治县（晋）	雉鸡	500
2143	利辛县（皖）	雉鸡	450
2144	海门市（苏）	雉鸡	300
2145	新丰江林管局（粤）	雉鸡	200
2146	宣州区（皖）	雉鸡	200
2147	且末县（新）	雉鸡	54
2148	乌拉特前旗（内蒙古）	雉鸡	30
2149	榕江县（黔）	雉鸡	20
2150	巧家县（滇）	雉鸡	17
2151	新宾满族自治县（辽）	中国林蛙	529128600
2152	西丰县（辽）	中国林蛙	30000000
2153	敦化林业局（吉）	中国林蛙	4260000
2154	绰源林业局（内蒙古森工）	中国林蛙	3020000
2155	东港市（辽）	中国林蛙	2054600
2156	蒙山县（桂）	中国林蛙	10000
2157	瑞安市（浙）	中华鳖	3000
2158	耒阳市（湘）	中华鳖	800
2159	溧阳市（苏）	中华大蟾蜍	302000
2160	金坛区（苏）	中华大蟾蜍	290000
2161	昌邑区（吉）	中华大蟾蜍	100000
2162	利川市（鄂）	中华大蟾蜍	100000
2163	苍溪县（川）	中华大蟾蜍	80000
2164	渭滨区（陕）	中华大蟾蜍	75000
2165	贵溪市（赣）	中华大蟾蜍	50600
2166	简阳市（川）	中华大蟾蜍	23000
2167	吴中区（苏）	中华大蟾蜍	12000
2168	泰兴市（苏）	中华大蟾蜍	9800
2169	邻水县（川）	中华大蟾蜍	5500
2170	咸丰县（鄂）	中华大蟾蜍	5000

(续表)

序号	主产地	动物种类	驯养数量(只、头、条)
2171	宣州区(皖)	中华大蟾蜍	3302
2172	名山区(川)	中华大蟾蜍	2800
2173	荣　县(川)	中华大蟾蜍	400
2174	三都水族自治县(黔)	中华竹鼠	24500
2175	汝城县(湘)	中华竹鼠	19686
2176	镇康县(滇)	中华竹鼠	12000
2177	南丹县(桂)	中华竹鼠	6688
2178	南雄市(粤)	中华竹鼠	4130
2179	安福县(赣)	中华竹鼠	2800
2180	辰溪县(湘)	中华竹鼠	2284
2181	安宁市(滇)	中华竹鼠	2100
2182	吉水县(赣)	中华竹鼠	2000
2183	蓝山县(湘)	中华竹鼠	2000
2184	陆川县(桂)	中华竹鼠	2000
2185	南　县(湘)	中华竹鼠	2000
2186	独山县(黔)	中华竹鼠	1577
2187	新宁县(湘)	中华竹鼠	1500
2188	沅陵县(湘)	中华竹鼠	1240
2189	鹤城区(湘)	中华竹鼠	1040
2190	桂东县(湘)	中华竹鼠	1000
2191	绥宁县(湘)	中华竹鼠	1000
2192	通道侗族自治县(湘)	中华竹鼠	1000
2193	泰和县(赣)	中华竹鼠	712
2194	麻阳苗族自治县(湘)	中华竹鼠	700
2195	祥云县(滇)	中华竹鼠	560
2196	弥勒市(滇)	中华竹鼠	538
2197	隆回县(湘)	中华竹鼠	500
2198	苏仙区(湘)	中华竹鼠	500
2199	芷江侗族自治县(湘)	中华竹鼠	500
2200	株洲县(湘)	中华竹鼠	500
2201	龙陵县(滇)	中华竹鼠	445
2202	常宁市(湘)	中华竹鼠	300
2203	凌云县(桂)	中华竹鼠	300
2204	遂川县(赣)	中华竹鼠	140
2205	青铜峡市(宁)	珠鸡	1400
2206	翁牛特旗(内蒙古)	珠鸡	1000
2207	峄城区(鲁)	珠鸡	800
2208	北戴河区(冀)	珠鸡	256
2209	伊川县(豫)	珠鸡	212
2210	贺兰县(宁)	珠鸡	80
2211	双辽市(吉)	珠鸡	50
2212	乌拉特前旗(内蒙古)	珠鸡	50
2213	利通区(宁)	珠鸡	30
2214	吴兴区(浙)	珠鸡	20

(续表)

序号	主产地	动物种类	驯养数量(只、头、条)
2215	临猗县(晋)	珠鸡	10
2216	恭城瑶族自治县(桂)	竹鼠	350000
2217	平乐县(桂)	竹鼠	191845
2218	汨罗市(湘)	竹鼠	75000
2219	隆阳区(滇)	竹鼠	23524
2220	瑞丽市(滇)	竹鼠	22730
2221	连山壮族瑶族自治县(粤)	竹鼠	10588
2222	连州市(粤)	竹鼠	10470
2223	安化县(湘)	竹鼠	9000
2224	永德县(滇)	竹鼠	7730
2225	乳源瑶族自治县(粤)	竹鼠	7000
2226	兴国县(赣)	竹鼠	6920
2227	施甸县(滇)	竹鼠	6917
2228	花垣县(湘)	竹鼠	6500
2229	江安县(川)	竹鼠	6300
2230	钦南区(桂)	竹鼠	6030
2231	昌宁县(滇)	竹鼠	5884
2232	罗甸县(黔)	竹鼠	5225
2233	江永县(湘)	竹鼠	5200
2234	洞口县(湘)	竹鼠	5000
2235	株洲市市辖区(湘)	竹鼠	5000
2236	清新区(粤)	竹鼠	4615
2237	四会市(粤)	竹鼠	4500
2238	镇远县(黔)	竹鼠	4345
2239	双峰县(湘)	竹鼠	4200
2240	建水县(滇)	竹鼠	4114
2241	锦屏县(黔)	竹鼠	3930
2242	陇川县(滇)	竹鼠	3917
2243	榕江县(黔)	竹鼠	3620
2244	广南县(滇)	竹鼠	3570
2245	盈江县(滇)	竹鼠	3488
2246	禄丰县(滇)	竹鼠	3300
2247	田阳县(桂)	竹鼠	3235
2248	内江市市中区(川)	竹鼠	3000
2249	阳山县(粤)	竹鼠	3000
2250	郁南县(粤)	竹鼠	3000
2251	麻栗坡县(滇)	竹鼠	2906
2252	宁乡市(湘)	竹鼠	2890
2253	双江拉祜族佤族布朗族傣族自治县(滇)	竹鼠	2570
2254	兴义市(黔)	竹鼠	2555
2255	从江县(黔)	竹鼠	2528
2256	漾濞彝族自治县(滇)	竹鼠	2500
2257	会昌县(赣)	竹鼠	2310
2258	英德市(粤)	竹鼠	2200

（续表）

序号	主产地	动物种类	驯养数量（只、头、条）
2259	北流市（桂）	竹鼠	2000
2260	慈利县（湘）	竹鼠	2000
2261	凤冈县（黔）	竹鼠	2000
2262	江华瑶族自治县（湘）	竹鼠	2000
2263	武冈市（湘）	竹鼠	2000
2264	竹山县（鄂）	竹鼠	2000
2265	安州区（川）	竹鼠	1800
2266	新晃侗族自治县（湘）	竹鼠	1800
2267	灵川县（桂）	竹鼠	1760
2268	澧　县（湘）	竹鼠	1600
2269	三穗县（黔）	竹鼠	1544
2270	湘潭县（湘）	竹鼠	1505
2271	常山县（浙）	竹鼠	1500
2272	儋州市（琼）	竹鼠	1500
2273	临川区（赣）	竹鼠	1400
2274	娄星区（湘）	竹鼠	1300
2275	于都县（赣）	竹鼠	1280
2276	大关县（滇）	竹鼠	1220
2277	武鸣区（桂）	竹鼠	1212
2278	樟树市（赣）	竹鼠	1200
2279	三都水族自治县（黔）	竹鼠	1100
2280	龙陵县（滇）	竹鼠	1050
2281	云　县（滇）	竹鼠	1020
2282	雷山县（黔）	竹鼠	1000
2283	龙山县（湘）	竹鼠	1000
2284	浦北县（桂）	竹鼠	1000
2285	道　县（湘）	竹鼠	900
2286	连平县（粤）	竹鼠	850
2287	保靖县（湘）	竹鼠	800
2288	普安县（黔）	竹鼠	700
2289	砚山县（滇）	竹鼠	700
2290	湘东区（赣）	竹鼠	650
2291	巴东县（鄂）	竹鼠	600
2292	衡东县（湘）	竹鼠	600
2293	株洲县（湘）	竹鼠	600
2294	石林彝族自治县（滇）	竹鼠	560
2295	兴文县（川）	竹鼠	551
2296	新化县（湘）	竹鼠	505
2297	碧江区（黔）	竹鼠	500
2298	高州市（粤）	竹鼠	500

（续表）

序号	主产地	动物种类	驯养数量（只、头、条）
2299	桃江县（湘）	竹鼠	500
2300	乐业县（桂）	竹鼠	480
2301	富宁县（滇）	竹鼠	450
2302	米易县（川）	竹鼠	450
2303	巧家县（滇）	竹鼠	415
2304	大英县（川）	竹鼠	400
2305	乐至县（川）	竹鼠	380
2306	博白县（桂）	竹鼠	350
2307	梁河县（滇）	竹鼠	320
2308	黎川县（赣）	竹鼠	300
2309	马关县（滇）	竹鼠	300
2310	南溪区（川）	竹鼠	300
2311	新丰县（粤）	竹鼠	298
2312	华宁县（滇）	竹鼠	297
2313	彝良县（滇）	竹鼠	265
2314	麻城市（鄂）	竹鼠	262
2315	龙门县（粤）	竹鼠	250
2316	丘北县（滇）	竹鼠	250
2317	屏山县（川）	竹鼠	227
2318	汇川区（黔）	竹鼠	212
2319	双清区（湘）	竹鼠	200
2320	松滋市（鄂）	竹鼠	200
2321	兴宁市（粤）	竹鼠	200
2322	盐津县（滇）	竹鼠	200
2323	常宁市（湘）	竹鼠	160
2324	井冈山市（赣）	竹鼠	150
2325	房　县（鄂）	竹鼠	140
2326	荣　县（川）	竹鼠	120
2327	玉龙纳西族自治县（滇）	竹鼠	110
2328	衡南县（湘）	竹鼠	100
2329	弥勒市（滇）	竹鼠	70
2330	新平彝族傣族自治县（滇）	竹鼠	61
2331	恩阳区（川）	竹鼠	50
2332	那坡县（桂）	竹鼠	40
2333	宣州区（皖）	竹鼠	40
2334	牟定县（滇）	竹鼠	15
2335	大理市（滇）	棕熊	467
2336	北戴河区（冀）	棕熊	32
2337	和龙市（吉）	棕熊	14

表 15-1 银杏(白果)主产地产量

序号	银杏(白果)主产地	产量(吨)
1	振安区(辽)	10.00
2	高港区(苏)	4000.00
3	大丰区(苏)	1680.00
4	兴化市(苏)	1100.00
5	新沂市(苏)	860.00
6	盱眙县(苏)	140.00
7	响水县(苏)	83.00
8	灌南县(苏)	81.00
9	阜宁县(苏)	45.00
10	连云港市市辖区(苏)	27.00
11	赣榆区(苏)	20.00
12	明光市(皖)	800.00
13	泾　县(皖)	280.00
14	五河县(皖)	216.00
15	宁国市(皖)	125.00
16	绩溪县(皖)	80.00
17	来安县(皖)	30.00
18	南谯区(皖)	20.00
19	上饶县(赣)	15.00
20	嵩　县(豫)	266.70
21	禹州市(豫)	80.00
22	宜阳县(豫)	38.00
23	京山县(鄂)	800.00
24	崇阳县(鄂)	250.00
25	宣恩县(鄂)	225.00
26	丹江口市(鄂)	100.00
27	大悟县(鄂)	65.00
28	通城县(鄂)	45.00
29	浠水县(鄂)	24.00
30	竹溪县(鄂)	10.00
31	麻城市(鄂)	10.00
32	衡阳县(湘)	265.00
33	东安县(湘)	182.00
34	江华瑶族自治县(湘)	115.00
35	洞口县(湘)	110.00
36	连山壮族瑶族自治县(粤)	18.00
37	青川县(川)	5000.00
38	开江县(川)	4600.00
39	西充县(川)	750.00
40	都江堰市(川)	698.00
41	华蓥市(川)	400.00
42	朝天区(川)	252.00
43	兴文县(川)	100.00
44	旌阳区(川)	75.00

(续表)

序号	银杏(白果)主产地	产量(吨)
45	绵竹市(川)	57.00
46	江安县(川)	22.00
47	威远县(川)	15.00
48	湄潭县(黔)	352.00
49	遵义市市辖区(黔)	300.00
50	道真仡佬族苗族自治县(黔)	220.00
51	思南县(黔)	20.00
52	务川仡佬族苗族自治县(黔)	20.00
53	沿河土家族自治县(黔)	15.00
54	洋　县(陕)	225.00
55	石泉县(陕)	187.00
56	佛坪县(陕)	25.00

表 15-2 黄柏主产地产量

序号	黄柏主产地	产量(吨)
1	鹤峰县(鄂)	2400.00
2	宣恩县(鄂)	1925.00
3	竹溪县(鄂)	20.00
4	安化县(湘)	2112.00
5	桑植县(湘)	500.00
6	蓝山县(湘)	360.00
7	冷水江市(湘)	100.00
8	桂东县(湘)	79.00
9	新宁县(湘)	20.00
10	武冈市(湘)	19.00
11	常宁市(湘)	13.00
12	道　县(湘)	11.00
13	北川羌族自治县(川)	1157.00
14	汉源县(川)	500.00
15	长宁县(川)	450.00
16	宜宾县(川)	413.00
17	美姑县(川)	250.00
18	崇州市(川)	224.00
19	泸　县(川)	165.00
20	通江县(川)	150.00
21	叙永县(川)	128.00
22	雨城区(川)	100.00
23	汶川县(川)	98.00
24	邻水县(川)	55.00
25	邛崃市(川)	50.00
26	绵竹市(川)	49.00
27	珙　县(川)	25.00
28	蓬安县(川)	25.00

(续表)

序号	黄柏主产地	产量(吨)
29	越西县(川)	14.00
30	渠　县(川)	12.00
31	湄潭县(黔)	465.00
32	遵义市市辖区(黔)	60.00
33	余庆县(黔)	40.00
34	黔西县(黔)	30.00
35	岑巩县(黔)	20.00
36	大关县(滇)	300.00
37	水富县(滇)	25.00
38	绥江县(滇)	12.00
39	罗平县(滇)	10.00

表 15-3 菊花主产地产量

序号	菊花主产地	产量(吨)
1	安国市(冀)	800.00
2	临西县(冀)	55.00
3	盐都区(苏)	4000.00
4	灌云县(苏)	230.00
5	建德市(浙)	13.50
6	旌德县(皖)	4500.00
7	歙　县(皖)	1692.50
8	颍上县(皖)	360.00
9	颍泉区(皖)	300.00
10	桐城市(皖)	150.00
11	界首市(皖)	85.00
12	绩溪县(皖)	36.00
13	潜山县(皖)	14.00
14	井冈山市(赣)	250.00
15	铜鼓县(赣)	210.00
16	东平县(鲁)	450.00
17	南部山区管理区(鲁)	11.00
18	太康县(豫)	350.00
19	新野县(豫)	100.00
20	天门市(鄂)	760.00
21	麻城市(鄂)	60.00
22	宁远县(湘)	137.20
23	耒阳市(湘)	20.00
24	商南县(陕)	248.40
25	华阴市(陕)	180.00

表 15-4 金银花主产地产量

序号	金银花主产地	产量（吨）
1	广宗县(冀)	80.00
2	藁城区(冀)	50.00
3	临西县(冀)	35.00
4	鸡泽县(冀)	27.00
5	安国市(冀)	20.00
6	阳曲县(晋)	15.30
7	瑞安市(浙)	60.00
8	松阳县(浙)	24.00
9	广德县(皖)	2318.00
10	怀远县(皖)	600.00
11	万安县(赣)	125.00
12	永丰县(赣)	100.00
13	玉山县(赣)	50.00
14	赣县区(赣)	44.00
15	横峰县(赣)	41.00
16	余江县(赣)	30.00
17	井冈山市(赣)	28.03
18	兴国县(赣)	10.00
19	平邑县(鲁)	54000.00
20	新泰市(鲁)	16000.00
21	曹　县(鲁)	1500.00
22	泗水县(鲁)	600.00
23	宁阳县(鲁)	300.00
24	齐河县(鲁)	51.00
25	东平县(鲁)	50.00
26	博山区(鲁)	50.00
27	南部山区(鲁)	32.60
28	临沭县(鲁)	30.00
29	乐陵市(鲁)	27.00
30	登封市(豫)	2000.00
31	南乐县(豫)	900.00
32	睢　县(豫)	600.00
33	嵩　县(豫)	260.00
34	商水县(豫)	180.00
35	汤阴县(豫)	100.00
36	伊川县(豫)	30.00
37	辉县市(豫)	26.00
38	梁园区(豫)	20.00
39	宜阳县(豫)	19.00
40	阳新县(鄂)	325.00
41	随　县(鄂)	180.00
42	麻城市(鄂)	50.00
43	隆回县(湘)	28000.00
44	宜章县(湘)	2620.00
45	涟源市(湘)	504.00
46	岳阳县(湘)	400.00
47	桑植县(湘)	150.00
48	益阳市市辖区(湘)	150.00
49	汨罗市(湘)	148.50
50	冷水江市(湘)	100.00
51	辰溪县(湘)	50.00
52	耒阳市(湘)	40.00
53	汝城县(湘)	38.00
54	麻阳苗族自治县(湘)	35.00
55	洞口县(湘)	30.00
56	湘阴县(湘)	21.00
57	醴陵市(湘)	11.00
58	隆林各族自治县(桂)	950.00
59	八步区(桂)	19.00
60	剑阁县(川)	500.00
61	达川区(川)	200.00
62	绥阳县(黔)	30050.00
63	兴义市(黔)	361.03
64	岑巩县(黔)	34.00
65	务川仡佬族苗族自治县(黔)	20.00
66	思南县(黔)	20.00
67	余庆县(黔)	12.00
68	天柱县(黔)	10.00
69	云龙县(滇)	120.00
70	腾冲市(滇)	50.00
71	华州区(陕)	200.00

表 15-5 厚朴主产地产量

序号	厚朴主产地	产量（吨）
1	松阳县(浙)	162.00
2	芦溪县(赣)	550.00
3	遂川县(赣)	100.00
4	上饶县(赣)	29.00
5	宣恩县(鄂)	3031.00
6	鹤峰县(鄂)	2568.00
7	巴东县(鄂)	62.50
8	通城县(鄂)	11.00
9	浠水县(鄂)	10.00
10	道　县(湘)	5673.00
11	安化县(湘)	3905.00
12	龙山县(湘)	3000.00
13	洞口县(湘)	1100.00
14	蓝山县(湘)	735.00
15	新化县(湘)	720.00
16	江华瑶族自治县(湘)	550.00
17	桂东县(湘)	295.00
18	芷江侗族自治县(湘)	210.00
19	资兴市(湘)	160.00
20	苏仙区(湘)	138.00
21	新宁县(湘)	100.00
22	隆回县(湘)	70.00
23	冷水江市(湘)	50.00
24	麻阳苗族自治县(湘)	32.00
25	桑植县(湘)	10.00
26	八步区(桂)	52.00
27	北川羌族自治县(川)	19175.00
28	汶川县(川)	1760.00
29	什邡市(川)	145.00
30	崇州市(川)	142.00
31	通江县(川)	130.00
32	芦山县(川)	100.00
33	叙永县(川)	81.00
34	三台县(川)	70.00
35	邻水县(川)	50.00
36	德昌县(川)	42.00
37	汉源县(川)	40.00
38	邛崃市(川)	30.00
39	绵竹市(川)	12.00
40	黔西县(黔)	450.00
41	城固县(陕)	2716.00
42	佛坪县(陕)	60.00

表 15-6 丹参主产地产量

序号	丹参主产地	产量（吨）
1	安国市(冀)	800.00
2	鸡东县(黑)	90.00
3	滨海县(苏)	1500.00
4	界首市(皖)	300.00
5	新泰市(鲁)	23000.00
6	沂源县(鲁)	7018.00
7	平邑县(鲁)	5360.00
8	泗水县(鲁)	1500.00
9	沂水县(鲁)	1300.00
10	东平县(鲁)	500.00
11	汶上县(鲁)	250.00

(续表)

序号	丹参主产地	产量(吨)
12	章丘区(鲁)	207.00
13	鄄城县(鲁)	120.00
14	南部山区管理区(鲁)	54.30
15	宁阳县(鲁)	40.00
16	沂南县(鲁)	10.63
17	方城县(豫)	1500.00
18	孟津县(豫)	1500.00
19	桐柏县(豫)	600.00
20	辉县市(豫)	52.00
21	商水县(豫)	25.00
22	竹溪县(鄂)	40.00
23	剑阁县(川)	1500.00
24	东川区(滇)	737.00
25	永寿县(陕)	500.00

表 15-7　天麻主产地产量

序号	天麻主产地	产量(吨)
1	辉南县(吉)	900.00
2	抚松县(吉)	231.15
3	岳西县(皖)	3450.00
4	商水县(豫)	25.00
5	汝阳县(豫)	12.00
6	罗田县(鄂)	11000.00
7	英山县(鄂)	8334.00
8	南漳县(鄂)	500.00
9	竹溪县(鄂)	50.00
10	靖州苗族侗族自治县(湘)	1958.00
11	平武县(川)	20000.00
12	朝天区(川)	300.00
13	汇川区(黔)	765.00
14	桐梓县(黔)	400.00
15	雷山县(黔)	328.00
16	彝良县(滇)	11140.50
17	镇雄县(滇)	1800.00
18	大关县(滇)	800.00
19	香格里拉市(滇)	416.70
20	威信县(滇)	310.00
21	腾冲市(滇)	300.00
22	鹤庆县(滇)	183.00
23	古城区(滇)	130.00
24	禄丰县(滇)	90.00
25	姚安县(滇)	82.00
26	弥渡县(滇)	62.00

(续表)

序号	天麻主产地	产量(吨)
27	通海县(滇)	56.00
28	玉龙纳西族自治县(滇)	43.10
29	永胜县(滇)	16.69
30	云龙县(滇)	12.00
31	佛坪县(陕)	219.00
32	商南县(陕)	193.70
33	周至县(陕)	33.00
34	泉阳林业局(吉林森工)	10.00

表 15-8　人参主产地产量

序号	人参主产地	产量(吨)
1	新宾满族自治县(辽)	1247.00
2	桓仁满族自治县(辽)	15.00
3	庄河市(辽)	13.00
4	长白朝鲜族自治县(吉)	6550.00
5	抚松县(吉)	6313.00
6	通化县(吉)	4854.80
7	辉南县(吉)	1200.00
8	柳河县(吉)	530.50
9	临江市(吉)	483.10
10	珲春市(吉)	302.20
11	和龙市(吉)	200.00
12	集安市(吉)	36.00
13	通化医药高新区(吉)	20.00
14	汪清县(吉)	18.00
15	庆安国有林场区(黑)	6186.00
16	爱辉区(黑)	2000.00
17	逊克县(黑)	829.00
18	工农区(黑)	611.00
19	绥棱县(黑)	485.00
20	鹤岗市市辖区(黑)	374.80
21	鸡东县(黑)	333.00
22	尚志市(黑)	150.00
23	铁力市(黑)	10.00
24	露水河林业局(吉林森工)	1200.00
25	临江林业局(吉林森工)	423.00
26	红石林业局(吉林森工)	17.00
27	泉阳林业局(吉林森工)	15.00
28	三岔子林业局(吉林森工)	10.00

表 15-9　黄芪主产地产量

序号	黄芪主产地	产量(吨)
1	围场满族蒙古族自治县(冀)	106.00
2	赤城县(冀)	20.00
3	广灵县(晋)	1250.00
4	浑源县(晋)	280.00
5	武川县(内蒙古)	1200.00
6	清水河县(内蒙古)	800.00
7	太仆寺旗(内蒙古)	210.00
8	喀喇沁旗(内蒙古)	35.00
9	松山区(内蒙古)	10.00
10	北票市(辽)	1850.00
11	喀喇沁左翼蒙古族自治县(辽)	60.00
12	汪清县(吉)	140.00
13	白城市市辖区(吉)	90.00
14	龙江县(黑)	180.00
15	逊克县(黑)	84.00
16	爱辉区(黑)	80.00
17	滨海县(苏)	700.00
18	沂水县(鲁)	471.00
19	木里藏族自治县(川)	18.19
20	子洲县(陕)	1200.00
21	陇西县(甘)	20114.40
22	阿克塞哈萨克族自治县(甘)	290.00
23	正宁县(甘)	28.00
24	互助土族自治县(青)	6728.00
25	湟源县(青)	2027.30
26	乐都区(青)	1200.00
27	化隆回族自治县(青)	631.00
28	贵德县(青)	290.00
29	尖扎县(青)	56.50
30	平安区(青)	46.00
31	祁连县(青)	32.00

表 15-10　黄精主产地产量

序号	黄精主产地	产量(吨)
1	龙泉市(浙)	600.00
2	旌德县(皖)	2000.00
3	广德县(皖)	1523.00
4	祁门县(皖)	860.00
5	青阳县(皖)	800.00
6	歙　县(皖)	160.00
7	东至县(皖)	16.00
8	肥城市(鲁)	100.00
9	泰安市泰山景区(鲁)	23.00

（续表）

序号	黄精主产地	产量（吨）
10	南部山区管理区(鲁)	14.00
11	崇阳县(鄂)	2000.00
12	新化县(湘)	15556.00
13	隆回县(湘)	1000.00
14	宁远县(湘)	104.40
15	宜章县(湘)	62.00
16	鹤城区(湘)	54.00
17	冷水江市(湘)	25.00
18	清新区(粤)	35.00
19	安岳县(川)	3000.00
20	筠连县(川)	1950.00
21	恩阳区(川)	100.00
22	都江堰市(川)	60.00
23	榕江县(黔)	72.00
24	龙陵县(滇)	220.00
25	腾冲市(滇)	200.00
26	麒麟区(滇)	150.00
27	沾益区(滇)	100.00
28	昌宁县(滇)	60.00
29	楚雄市(滇)	50.00
30	巍山彝族回族自治县(滇)	35.00
31	师宗县(滇)	30.00
32	勐海县(滇)	30.00
33	易门县(滇)	24.50
34	马龙县(滇)	20.00
35	贡山独龙族怒族自治县(滇)	10.70
36	古城区(滇)	10.00

表 15-11　石斛主产地产量

序号	石斛主产地	产量（吨）
1	松阳县(浙)	1651.00
2	温岭市(浙)	50.00
3	永康市(浙)	48.00
4	义乌市(浙)	41.35
5	余杭区(浙)	32.00
6	兰溪市(浙)	20.00
7	天台县(浙)	18.00
8	庆元县(浙)	11.00
9	瑞安市(浙)	10.00
10	濂溪区(赣)	32.00
11	余江县(赣)	20.00
12	京山县(鄂)	35.00
13	祁阳县(湘)	300.00

（续表）

序号	石斛主产地	产量（吨）
14	新宁县(湘)	15.00
15	高州市(粤)	270.00
16	平远县(粤)	40.16
17	仁化县(粤)	19.55
18	兴宁市(粤)	10.17
19	龙门县(粤)	10.00
20	八步区(桂)	14.00
21	合江县(川)	1980.00
22	德昌县(川)	1200.00
23	金堂县(川)	200.00
24	夹江县(川)	200.00
25	赤水市(黔)	2500.00
26	独山县(黔)	178.00
27	沿河土家族自治县(黔)	10.00
28	思南县(黔)	10.00
29	龙陵县(滇)	3400.00
30	芒　市(滇)	2500.80
31	隆阳区(滇)	1829.00
32	腾冲市(滇)	1000.00
33	勐海县(滇)	720.00
34	梁河县(滇)	690.00
35	陇川县(滇)	292.90
36	勐腊县(滇)	165.10
37	文山市(滇)	97.30
38	双江拉祜族佤族布朗族傣族自治县(滇)	57.00
39	昌宁县(滇)	35.97
40	楚雄市(滇)	19.00
41	麻栗坡县(滇)	15.00
42	石林彝族自治县(滇)	15.00

表 15-12　杜仲主产地产量

序号	杜仲主产地	产量（吨）
1	青阳县(皖)	584.00
2	祁门县(皖)	310.00
3	怀宁县(皖)	230.00
4	桐城市(皖)	150.00
5	太湖县(皖)	82.00
6	泾　县(皖)	55.00
7	遂川县(赣)	420.00
8	上栗县(赣)	400.00
9	芦溪县(赣)	208.00
10	上饶县(赣)	15.00

（续表）

序号	杜仲主产地	产量（吨）
11	永丰县(赣)	14.00
12	永新县(赣)	13.00
13	商城县(豫)	115.00
14	禹州市(豫)	95.00
15	嵩　县(豫)	60.00
16	泌阳县(豫)	50.00
17	新野县(豫)	50.00
18	鲁山县(豫)	30.00
19	宝丰县(豫)	30.00
20	英山县(鄂)	3500.00
21	南漳县(鄂)	800.00
22	咸丰县(鄂)	225.00
23	鹤峰县(鄂)	175.00
24	丹江口市(鄂)	100.00
25	竹溪县(鄂)	100.00
26	巴东县(鄂)	84.00
27	京山县(鄂)	61.00
28	谷城县(鄂)	26.00
29	襄州区(鄂)	18.00
30	涟源市(湘)	1050.00
31	蓝山县(湘)	550.00
32	新化县(湘)	200.00
33	洞口县(湘)	170.00
34	冷水江市(湘)	135.00
35	安化县(湘)	116.00
36	桂东县(湘)	57.00
37	武冈市(湘)	54.00
38	江华瑶族自治县(湘)	52.00
39	新宁县(湘)	50.00
40	麻阳苗族自治县(湘)	42.00
41	道　县(湘)	40.00
42	隆回县(湘)	30.00
43	北湖区(湘)	28.00
44	醴陵市(湘)	28.00
45	北塔区(湘)	21.00
46	耒阳市(湘)	20.00
47	雨湖区(湘)	20.00
48	会同县(湘)	10.00
49	娄星区(湘)	10.00
50	隆林各族自治县(桂)	120.00
51	平武县(川)	10000.00
52	朝天区(川)	2000.00
53	北川羌族自治县(川)	1615.00
54	德昌县(川)	520.00

(续表)

序号	杜仲主产地	产量(吨)
55	汉源县(川)	380.00
56	长宁县(川)	318.00
57	宜宾县(川)	302.00
58	通江县(川)	200.00
59	崇州市(川)	199.00
60	叙永县(川)	132.00
61	仁和区(川)	120.00
62	泸　县(川)	116.00
63	汶川县(川)	92.00
64	三台县(川)	75.00
65	什邡市(川)	58.00
66	绵竹市(川)	50.00
67	越西县(川)	43.00
68	蓬安县(川)	40.00
69	剑阁县(川)	23.00
70	珙　县(川)	18.00
71	华蓥市(川)	12.00
72	顺庆区(川)	12.00
73	兴文县(川)	10.00
74	遵义市市辖区(黔)	1500.00
75	桐梓县(黔)	380.00
76	罗甸县(黔)	120.00
77	汇川区(黔)	112.00
78	湄潭县(黔)	85.00
79	凯里市(黔)	80.00

(续表)

序号	杜仲主产地	产量(吨)
80	碧江区(黔)	56.00
81	余庆县(黔)	52.00
82	黔西县(黔)	38.00
83	务川仡佬族苗族自治县(黔)	30.00
84	岑巩县(黔)	23.00
85	兴义市(黔)	14.33
86	仁怀市(黔)	10.00
87	绥江县(滇)	300.00
88	罗平县(滇)	63.00
89	水富县(滇)	10.00
90	城固县(陕)	1890.00
91	佛坪县(陕)	50.00
92	汉台区(陕)	25.00

表 15-13　五味子主产地产量

序号	五味子主产地	产量(吨)
1	桓仁满族自治县(辽)	750.00
2	清原满族自治县(辽)	600.00
3	抚顺县(辽)	225.00
4	东港市(辽)	93.00
5	集安市(吉)	2203.00
6	抚松县(吉)	815.00
7	通化县(吉)	547.70
8	浑江区(吉)	348.00

(续表)

序号	杜仲主产地	产量(吨)
9	和龙市(吉)	120.00
10	汪清县(吉)	59.10
11	桦甸市(吉)	54.00
12	东丰县(吉)	50.00
13	白河林业局(吉)	30.00
14	黄泥河林业局(吉)	28.00
15	长白朝鲜族自治县(吉)	26.00
16	柳河县(吉)	25.50
17	二道江区(吉)	21.61
18	蛟河市(吉)	10.50
19	尚志市(黑)	700.00
20	桦南县(黑)	230.00
21	汤原县(黑)	100.00
22	鸡东县(黑)	80.00
23	逊克县(黑)	60.00
24	双城区(黑)	55.00
25	铁力市(黑)	50.00
26	佳木斯市郊区(黑)	30.00
27	云龙县(滇)	20.00
28	兰坪白族普米族自治县(滇)	15.00
29	商南县(陕)	236.00
30	石泉县(陕)	20.00
31	泉阳林业局(吉林森工)	50.00
32	三岔子林业局(吉林森工)	50.00
33	红石林业局(吉林森工)	18.10

表 15-14　其他中药材主产地产量

序号	其他中药材主产地	品种	产量(吨)
1	社旗县(豫)	艾叶	9800.00
2	老河口市(鄂)	艾叶	4500.00
3	桐柏县(豫)	艾叶	4000.00
4	嵩　县(豫)	艾叶	2800.00
5	宜章县(湘)	艾叶	2536.00
6	驿城区(豫)	艾叶	2000.00
7	阜南县(皖)	艾叶	1800.00
8	云溪区(湘)	艾叶	1500.00
9	襄城区(鄂)	艾叶	420.00
10	大悟县(鄂)	艾叶	420.00
11	五华县(粤)	艾叶	300.00
12	竹溪县(鄂)	艾叶	200.00
13	汤阴县(豫)	艾叶	180.00
14	邻水县(川)	艾叶	100.00
15	竹山县(鄂)	艾叶	88.00

(续表)

序号	其他中药材主产地	品种	产量(吨)
16	镇平县(豫)	艾叶	82.00
17	淇滨区(豫)	艾叶	70.00
18	汝阳县(豫)	艾叶	60.00
19	商南县(陕)	艾叶	56.10
20	宜阳县(豫)	艾叶	29.00
21	颍泉区(皖)	艾叶	24.00
22	赣县区(赣)	艾叶	23.00
23	孝昌县(鄂)	艾叶	20.00
24	醴陵市(湘)	艾叶	20.00
25	兴国县(赣)	艾叶	10.30
26	昌宁县(滇)	桉	563.57
27	德庆县(粤)	巴戟天	96250.00
28	新化县(湘)	白扁豆	50.00
29	玉龙纳西族自治县(滇)	白附子	11947.70
30	新洲区(鄂)	白花蛇	6400.00

（续表）

序号	其他中药材主产地	品种	产量（吨）
31	龙陵县(滇)	白花蛇	860.00
32	崇阳县(鄂)	白及	1000.00
33	镇坪县(陕)	白及	850.00
34	广德县(皖)	白及	810.00
35	巍山彝族回族自治县(滇)	白及	750.00
36	洪江市(湘)	白及	265.00
37	祁门县(皖)	白及	260.00
38	鹤峰县(鄂)	白及	215.00
39	新宁县(湘)	白及	200.00
40	玉龙纳西族自治县(滇)	白及	189.60
41	仁和区(川)	白及	150.00
42	华州区(陕)	白及	150.00
43	石林彝族自治县(滇)	白及	100.00
44	麒麟区(滇)	白及	100.00
45	汉寿县(湘)	白及	84.00
46	腾冲市(滇)	白及	80.00
47	朝天区(川)	白及	70.00
48	古城区(滇)	白及	69.00
49	东至县(皖)	白及	66.00
50	京山县(鄂)	白及	60.00
51	东川区(滇)	白及	42.80
52	天柱县(黔)	白及	40.00
53	祁东县(湘)	白及	27.00
54	木里藏族自治县(川)	白及	27.00
55	大关县(滇)	白及	25.00
56	师宗县(滇)	白及	21.20
57	石泉县(陕)	白及	20.00
58	马龙县(滇)	白及	20.00
59	岳西县(皖)	白及	12.00
60	新洲区(鄂)	白前	9000.00
61	孙吴县(黑)	白芍	2784.70
62	嫩江县(黑)	白芍	1368.00
63	老河口市(鄂)	白芍	1200.00
64	夏邑县(豫)	白芍	450.00
65	虞城县(豫)	白芍	400.00
66	新泰市(鲁)	白芍	400.00
67	零陵区(湘)	白芍	350.00
68	麻城市(鄂)	白芍	250.00
69	睢　县(豫)	白芍	130.00
70	界首市(皖)	白芍	130.00
71	永城市(豫)	白芍	80.00
72	芜湖县(皖)	白芍	45.00
73	竹溪县(鄂)	白芍	40.00
74	灵宝市(豫)	白术	2200.00

（续表）

序号	其他中药材主产地	品种	产量（吨）
75	颍东区(皖)	白术	2100.00
76	磐安县(浙)	白术	1200.00
77	滨海县(苏)	白术	800.00
78	玉龙纳西族自治县(滇)	白术	764.40
79	安国市(冀)	白术	500.00
80	界首市(皖)	白术	480.00
81	太康县(豫)	白术	300.00
82	鹤峰县(鄂)	白术	260.00
83	来凤县(鄂)	白术	120.00
84	永城市(豫)	白术	100.00
85	砀山县(皖)	白术	70.89
86	新宁县(湘)	白术	50.00
87	孙吴县(黑)	白术	48.75
88	桑植县(湘)	白术	30.00
89	建德市(浙)	白术	30.00
90	安国市(冀)	白芷	700.00
91	界首市(皖)	白芷	600.00
92	茶陵县(湘)	白芷	200.00
93	鄄城县(鲁)	白芷	125.00
94	宁远县(湘)	白芷	76.80
95	竹溪县(鄂)	白芷	20.00
96	宜阳县(豫)	白芷	11.00
97	龙山县(湘)	百合	100000.00
98	隆回县(湘)	百合	40000.00
99	沅陵县(湘)	百合	710.00
100	新化县(湘)	百合	600.00
101	镇坪县(陕)	百合	320.00
102	松桃苗族自治县(黔)	百合	200.00
103	郎溪县(皖)	百合	200.00
104	会理县(川)	百合	134.00
105	汉寿县(湘)	百合	105.00
106	桃源县(湘)	百合	70.00
107	竹溪县(鄂)	百合	50.00
108	花垣县(湘)	百合	50.00
109	天柱县(黔)	百合	40.00
110	张湾区(鄂)	百合	20.00
111	安国市(冀)	百合	20.00
112	江川区(滇)	百合	12.00
113	赤城县(冀)	百合	10.00
114	耒阳市(湘)	败酱草	1200.00
115	宝清县(黑)	板蓝根	47545.00
116	独山县(黔)	板蓝根	36000.00
117	武定县(滇)	板蓝根	7000.00
118	红岗区(黑)	板蓝根	2100.00

(续表)

序号	其他中药材主产地	品种	产量(吨)
119	榕江县(黔)	板蓝根	1774.00
120	那坡县(桂)	板蓝根	1629.00
121	陇西县(甘)	板蓝根	1316.70
122	滨海县(苏)	板蓝根	700.00
123	龙江县(黑)	板蓝根	600.00
124	让胡路区(黑)	板蓝根	300.00
125	安国市(冀)	板蓝根	300.00
126	龙南县(赣)	板蓝根	280.00
127	杜尔伯特蒙古族自治县(黑)	板蓝根	280.00
128	文山市(滇)	板蓝根	147.00
129	逊克县(黑)	板蓝根	96.00
130	乐业县(桂)	板蓝根	66.00
131	八步区(桂)	板蓝根	54.00
132	太康县(豫)	板蓝根	45.00
133	阳曲县(晋)	板蓝根	35.60
134	永寿县(陕)	板蓝根	30.00
135	七里河区(甘)	板蓝根	30.00
136	宜阳县(豫)	板蓝根	27.00
137	围场满族蒙古族自治县(冀)	板蓝根	11.00
138	清新区(粤)	板蓝根	10.50
139	潜江市(鄂)	半夏	5000.00
140	阜南县(皖)	半夏	2500.00
141	安国市(冀)	半夏	500.00
142	天门市(鄂)	半夏	169.00
143	沙洋县(鄂)	半夏	150.00
144	东宝区(鄂)	半夏	100.00
145	麻阳苗族自治县(湘)	半夏	60.00
146	砀山县(皖)	半夏	40.19
147	枣阳市(鄂)	薄荷	526.00
148	安国市(冀)	薄荷	300.00
149	临泉县(皖)	薄荷	200.00
150	淮滨县(豫)	薄荷	25.00
151	思南县(黔)	薄荷	10.00
152	磐安县(浙)	贝母	2650.00
153	通化县(吉)	贝母	2039.50
154	海安县(苏)	贝母	1400.00
155	鹤峰县(鄂)	贝母	500.00
156	辉南县(吉)	贝母	450.00
157	建德市(浙)	贝母	55.71
158	铁力市(黑)	贝母	50.00
159	红石林业局(吉林森工)	贝母	25.00
160	北安市(黑)	贝母	17.40
161	兰溪市(浙)	贝母	11.00
162	琼山区(琼)	槟榔	2500.00

(续表)

序号	其他中药材主产地	品种	产量(吨)
163	罗甸县(黔)	冰片	1000.00
164	耒阳市(湘)	苍耳子	20.00
165	京山县(鄂)	苍术	2000.00
166	南漳县(鄂)	苍术	1500.00
167	郧西县(鄂)	苍术	600.00
168	赤城县(冀)	苍术	300.00
169	江源区(吉)	苍术	160.00
170	丰宁满族自治县(冀)	苍术	51.00
171	东丰县(吉)	苍术	50.00
172	喀喇沁左翼蒙古族自治县(辽)	苍术	30.00
173	通化县(吉)	苍术	28.50
174	围场满族蒙古族自治县(冀)	苍术	21.00
175	嫩江县(黑)	苍术	17.00
176	木里藏族自治县(川)	苍术	10.00
177	腾冲市(滇)	草果	28000.00
178	贡山独龙族怒族自治县(滇)	草果	5195.00
179	福贡县(滇)	草果	5141.51
180	马关县(滇)	草果	4118.30
181	梁河县(滇)	草果	900.00
182	沧源佤族自治县(滇)	草果	120.00
183	禹会区(皖)	侧柏	10.00
184	辉县市(豫)	侧柏叶	190.00
185	武宁县(赣)	茶树	455.00
186	林甸县(黑)	柴胡	3212.00
187	陇西县(甘)	柴胡	1178.00
188	米易县(川)	柴胡	850.00
189	安国市(冀)	柴胡	500.00
190	卫辉市(豫)	柴胡	300.00
191	昭化区(川)	柴胡	240.00
192	邳州市(苏)	柴胡	197.00
193	辉县市(豫)	柴胡	180.00
194	正宁县(甘)	柴胡	175.20
195	大石头林业局(吉)	柴胡	150.50
196	阳曲县(晋)	柴胡	61.20
197	竹溪县(鄂)	柴胡	60.00
198	广灵县(晋)	柴胡	50.00
199	赤城县(冀)	柴胡	50.00
200	丰宁满族自治县(冀)	柴胡	46.00
201	龙凤区(黑)	柴胡	30.00
202	宜阳县(豫)	柴胡	29.00
203	永年区(冀)	柴胡	18.00
204	南部山区(鲁)	柴胡	16.20
205	围场满族蒙古族自治县(冀)	柴胡	12.00
206	辉南县(吉)	车前子	160.00

（续表）

序号	其他中药材主产地	品种	产量（吨）
207	化州市(粤)	沉香	9400.00
208	嫩江县(黑)	赤芍	9600.00
209	东川区(滇)	赤芍	1716.00
210	贵德县(青)	赤芍	200.00
211	龙江县(黑)	赤芍	135.00
212	通河县(黑)	赤芍	111.60
213	竹溪县(鄂)	赤芍	80.00
214	甘河林业局(内蒙古森工)	赤芍	20.00
215	虎林市(黑)	赤小豆	3500.00
216	香格里拉市(滇)	川芎	52.80
217	辉南县(吉)	穿山甲	300.00
218	新宾满族自治县(辽)	刺五加	6722.00
219	虎林市(黑)	刺五加	3000.00
220	清原满族自治县(辽)	刺五加	400.00
221	桦南县(黑)	刺五加	300.00
222	辉南县(吉)	刺五加	160.00
223	东港市(辽)	刺五加	57.00
224	大石头林业局(吉)	刺五加	44.26
225	桓仁满族自治县(辽)	刺五加	40.00
226	方正县(黑)	刺五加	40.00
227	东丰县(吉)	刺五加	30.00
228	振安区(辽)	刺五加	20.00
229	本溪市经济开发区(辽)	刺五加	20.00
230	北安市(黑)	刺五加	14.14
231	乐都区(青)	大黄	4800.00
232	洱源县(滇)	大黄	2400.00
233	贵德县(青)	大黄	1900.00
234	北川羌族自治县(川)	大黄	1600.00
235	祁连县(青)	大黄	900.00
236	尖扎县(青)	大黄	206.00
237	木里藏族自治县(川)	大黄	171.04
238	白玉林业局(川)	大黄	100.00
239	平安区(青)	大黄	12.00
240	安国市(冀)	大青叶	500.00
241	耒阳市(湘)	大青叶	200.00
242	商南县(陕)	丹皮	138.80
243	砀山县(皖)	丹皮	82.61
244	宜阳县(豫)	丹皮	23.00
245	互助土族自治县(青)	当归	31931.90
246	乐都区(青)	当归	8500.00
247	湟源县(青)	当归	3150.30
248	化隆回族自治县(青)	当归	1503.00
249	东川区(滇)	当归	1290.00
250	德钦县(滇)	当归	506.00

（续表）

序号	其他中药材主产地	品种	产量（吨）
251	门源回族自治县(青)	当归	400.00
252	玉龙纳西族自治县(滇)	当归	322.10
253	香格里拉市(滇)	当归	258.50
254	师宗县(滇)	当归	165.60
255	陇西县(甘)	当归	148.00
256	昌宁县(滇)	当归	147.00
257	贵德县(青)	当归	100.00
258	祁连县(青)	当归	60.00
259	平安区(青)	当归	35.00
260	沾益区(滇)	当归	20.00
261	丰宁满族自治县(冀)	当归	18.00
262	正宁县(甘)	当归	16.00
263	陇西县(甘)	党参	42541.40
264	正宁县(甘)	党参	279.50
265	辉南县(吉)	党参	170.00
266	汪清县(吉)	党参	168.70
267	会理县(川)	党参	134.00
268	巍山彝族回族自治县(滇)	党参	120.00
269	围场满族蒙古族自治县(冀)	党参	113.00
270	新化县(湘)	党参	100.00
271	东川区(滇)	党参	92.00
272	木里藏族自治县(川)	党参	67.00
273	江源区(吉)	党参	50.00
274	竹溪县(鄂)	党参	40.00
275	辉县市(豫)	党参	20.00
276	平安区(青)	党参	16.00
277	兰坪白族普米族自治县(滇)	党参	12.00
278	竹溪县(鄂)	地骨皮	60.00
279	鹤峰县(鄂)	独活	250.00
280	竹溪县(鄂)	独活	100.00
281	镇坪县(陕)	独活	50.00
282	瑞安市(浙)	莪术	60.00
283	昌宁县(滇)	番木瓜	91.00
284	林甸县(黑)	防风	3212.00
285	藁城区(冀)	防风	1850.00
286	安国市(冀)	防风	600.00
287	白城市市辖区(吉)	防风	330.00
288	桦南县(黑)	防风	300.00
289	逊克县(黑)	防风	154.00
290	赤城县(冀)	防风	40.00
291	丰宁满族自治县(冀)	防风	38.00
292	龙凤区(黑)	防风	15.00
293	围场满族蒙古族自治县(冀)	防风	13.00
294	甘河林业局(内蒙古森工)	防风	10.00

(续表)

序号	其他中药材主产地	品种	产量(吨)
295	耒阳市(湘)	枫香	12.00
296	仁寿县(川)	蜂蜜	2097.00
297	宝清县(黑)	蜂蜜	1875.00
298	广宁县(粤)	蜂蜜	1782.00
299	南丹县(桂)	蜂蜜	1000.00
300	南郑区(陕)	蜂蜜	800.00
301	石门县(湘)	蜂蜜	600.00
302	腾冲市(滇)	蜂蜜	400.00
303	中方县(湘)	蜂蜜	360.00
304	桐柏县(豫)	蜂蜜	350.00
305	神农架林区(鄂)	蜂蜜	300.00
306	太湖县(皖)	蜂蜜	100.00
307	桑植县(湘)	蜂蜜	100.00
308	九寨沟县(川)	蜂蜜	62.00
309	建德市(浙)	蜂蜜	50.00
310	贡山独龙族怒族自治县(滇)	蜂蜜	42.80
311	黎平县(黔)	蜂蜜	27.45
312	麒麟区(滇)	蜂蜜	25.00
313	福贡县(滇)	蜂蜜	24.50
314	竹溪县(鄂)	蜂蜜	20.00
315	赣县区(赣)	蜂蜜	10.00
316	石棉县(川)	佛手	130.00
317	靖州苗族侗族自治县(湘)	茯苓	61000.00
318	罗田县(鄂)	茯苓	15000.00
319	英山县(鄂)	茯苓	13592.00
320	岳西县(皖)	茯苓	12000.00
321	崇义县(赣)	茯苓	1120.00
322	景东彝族自治县(滇)	茯苓	850.00
323	楚雄市(滇)	茯苓	668.00
324	古城区(滇)	茯苓	220.00
325	桑植县(湘)	茯苓	100.00
326	榕江县(黔)	茯苓	76.00
327	潜山县(皖)	茯苓	46.00
328	木里藏族自治县(川)	茯苓	11.69
329	耒阳市(湘)	浮萍	300.00
330	古城区(滇)	附子	1200.00
331	香格里拉市(滇)	附子	951.80
332	德钦县(滇)	附子	350.30
333	永胜县(滇)	附子	199.60
334	寻甸回族彝族自治县(滇)	附子	40.00
335	广德县(皖)	覆盆子	2932.00
336	玉山县(赣)	覆盆子	1000.00
337	黟　县(皖)	覆盆子	120.00
338	横峰县(赣)	覆盆子	106.80
339	绩溪县(皖)	覆盆子	36.00
340	龙泉市(浙)	覆盆子	20.00
341	兴国县(赣)	覆盆子	15.00
342	陇西县(甘)	甘草	533.00
343	子洲县(陕)	甘草	200.00
344	阿克塞哈萨克族自治县(甘)	甘草	200.00
345	白城市市辖区(吉)	甘草	120.00
346	克什克腾旗(内蒙古)	甘草	110.00
347	博湖县(新)	甘草	80.00
348	喀喇沁旗(内蒙古)	甘草	20.00
349	达拉特旗(内蒙古)	甘草	12.00
350	茶陵县(湘)	干姜	520.00
351	赣县区(赣)	干姜	216.00
352	师宗县(滇)	高良姜	22140.00
353	舒兰市(吉)	藁本	81.00
354	宜城市(鄂)	葛根	3000.00
355	镇坪县(陕)	葛根	2000.00
356	玉山县(赣)	葛根	1875.00
357	祁东县(湘)	葛根	1650.00
358	广德县(皖)	葛根	1245.00
359	耒阳市(湘)	葛根	600.00
360	平远县(粤)	葛根	581.00
361	桐柏县(豫)	葛根	450.00
362	桑植县(湘)	葛根	400.00
363	竹溪县(鄂)	葛根	200.00
364	兴义市(黔)	葛根	120.00
365	双江拉祜族佤族布朗族傣族自治县(滇)	葛根	86.00
366	嵩明县(滇)	葛根	80.00
367	新化县(湘)	葛根	50.00
368	岳西县(皖)	葛根	38.00
369	汝城县(湘)	葛根	20.00
370	榕江县(黔)	钩藤	2449.00
371	辰溪县(湘)	钩藤	200.00
372	天柱县(黔)	钩藤	132.90
373	岑巩县(黔)	钩藤	40.00
374	兴义市(黔)	钩藤	12.00
375	精河县(新)	枸杞子	100000.00
376	西夏区(宁)	枸杞子	14400.00
377	德令哈市(青)	枸杞子	7325.00
378	惠农区(宁)	枸杞子	5409.60
379	杭锦后旗(内蒙古)	枸杞子	5246.00
380	原州区(宁)	枸杞子	2750.00
381	山丹县(甘)	枸杞子	1930.00
382	敦煌市(甘)	枸杞子	900.00

（续表）

序号	其他中药材主产地	品种	产量（吨）
383	阜康市(新)	枸杞子	225.00
384	利通区(宁)	枸杞子	150.00
385	渑池县(豫)	枸杞子	120.00
386	禹州市(豫)	枸杞子	102.00
387	盐池县(宁)	枸杞子	79.70
388	吉木萨尔县(新)	枸杞子	70.00
389	达拉特旗(内蒙古)	枸杞子	50.00
390	巴东县(鄂)	枸杞子	30.00
391	吉水县(赣)	枸杞子	20.00
392	桦甸市(吉)	枸杞子	10.00
393	宁阳县(鲁)	瓜蒌	150000.00
394	滨海县(苏)	瓜蒌	5000.00
395	安国市(冀)	瓜蒌	1000.00
396	潜山县(皖)	瓜蒌	94.00
397	华容县(湘)	瓜蒌	32.00
398	竹溪县(鄂)	瓜蒌	30.00
399	云安区(粤)	桂枝	280.00
400	信宜市(粤)	桂枝	15.00
401	滨海县(苏)	何首乌	6000.00
402	楚雄市(滇)	何首乌	600.00
403	兴义市(黔)	何首乌	278.00
404	青秀区(桂)	何首乌	30.00
405	汝城县(湘)	何首乌	20.00
406	淮阳县(豫)	黑芝麻	535.00
407	商水县(豫)	黑芝麻	15.00
408	商南县(陕)	黄姜	1037.00
409	会理县(川)	黄荆	134.00
410	耒阳市(湘)	黄荆	40.00
411	临湘市(湘)	黄荆	21.00
412	镇坪县(陕)	黄连	1500.00
413	北川羌族自治县(川)	黄连	1081.00
414	彭州市(川)	黄连	500.00
415	鹤峰县(鄂)	黄连	480.00
416	珙　县(川)	黄连	220.00
417	竹溪县(鄂)	黄连	75.00
418	桑植县(湘)	黄连	12.00
419	楚雄市(滇)	黄连	10.00
420	平邑县(鲁)	黄芩	48960.00
421	沂源县(鲁)	黄芩	2460.00
422	宁晋县(冀)	黄芩	2120.00
423	广灵县(晋)	黄芩	500.00
424	子洲县(陕)	黄芩	320.00
425	安国市(冀)	黄芩	300.00
426	南部山区(鲁)	黄芩	65.45

（续表）

序号	其他中药材主产地	品种	产量（吨）
427	丰宁满族自治县(冀)	黄芩	62.00
428	楚雄市(滇)	黄芩	45.00
429	永寿县(陕)	黄芩	37.00
430	喀喇沁左翼蒙古族自治县(辽)	黄芩	36.00
431	阳曲县(晋)	黄芩	25.50
432	武川县(内蒙古)	黄芩	24.00
433	围场满族蒙古族自治县(冀)	黄芩	16.00
434	赤城县(冀)	黄芩	10.00
435	安国市(冀)	藿香	300.00
436	清新区(粤)	藿香	37.00
437	资中县(川)	姜黄	1400.00
438	鼎城区(湘)	金樱子	30.00
439	安国市(冀)	荆芥	1000.00
440	密山市(黑)	桔梗	50000.00
441	玉龙纳西族自治县(滇)	桔梗	6307.00
442	松山区(内蒙古)	桔梗	980.00
443	德钦县(滇)	桔梗	692.80
444	香格里拉市(滇)	桔梗	634.20
445	滨海县(苏)	桔梗	500.00
446	舒兰市(吉)	桔梗	450.00
447	喀喇沁左翼蒙古族自治县(辽)	桔梗	324.00
448	安国市(冀)	桔梗	300.00
449	围场满族蒙古族自治县(冀)	桔梗	61.00
450	沂源县(鲁)	桔梗	56.00
451	梨树区(黑)	桔梗	50.00
452	通化县(吉)	桔梗	49.80
453	丰宁满族自治县(冀)	桔梗	24.00
454	凌源市(辽)	桔梗	22.00
455	临朐县(鲁)	桔梗	22.00
456	砀山县(皖)	桔梗	21.25
457	都江堰市(川)	桔梗	15.00
458	振安区(辽)	桔梗	10.00
459	应城市(鄂)	决明子	200.00
460	临泉县(皖)	决明子	200.00
461	辉县市(豫)	决明子	180.00
462	竹溪县(鄂)	决明子	30.00
463	喀喇沁左翼蒙古族自治县(辽)	苦参	1110.00
464	多伦县(内蒙古)	苦参	240.00
465	桂阳县(湘)	苦参	120.00
466	凌源市(辽)	苦参	93.00
467	丰宁满族自治县(冀)	苦参	43.00
468	竹溪县(鄂)	款冬花	30.00
469	沁　县(晋)	连翘	1400.00
470	嵩　县(豫)	连翘	950.00

(续表)

序号	其他中药材主产地	品种	产量(吨)
471	洛南县(陕)	连翘	800.00
472	商南县(陕)	连翘	438.90
473	渑池县(豫)	连翘	359.00
474	左权县(晋)	连翘	300.00
475	沁源县(晋)	连翘	150.00
476	武乡县(晋)	连翘	100.00
477	青州市(鲁)	连翘	100.00
478	靖州苗族侗族自治县(湘)	灵芝	2600.00
479	旌德县(皖)	灵芝	1400.00
480	宜章县(湘)	灵芝	962.00
481	通化县(吉)	灵芝	380.10
482	抚松县(吉)	灵芝	69.46
483	清新区(粤)	灵芝	46.50
484	红石林业局(吉林森工)	灵芝	46.00
485	五华县(粤)	灵芝	33.00
486	崇义县(赣)	灵芝	33.00
487	天柱县(黔)	灵芝	12.70
488	景东彝族自治县(滇)	龙胆草	150.00
489	昌宁县(滇)	龙胆草	30.00
490	辉南县(吉)	龙胆草	12.00
491	化州市(粤)	龙眼肉	36.00
492	陆川县(桂)	龙眼肉	25.00
493	耒阳市(湘)	芦根	300.00
494	鄂托克前旗(内蒙古)	麻黄	3320.00
495	达拉特旗(内蒙古)	麻黄	500.00
496	克什克腾旗(内蒙古)	麻黄	100.00
497	林西县(内蒙古)	麻黄	61.00
498	耒阳市(湘)	马齿苋	2000.00
499	兴国县(赣)	马齿苋	13.00
500	襄城区(鄂)	麦冬	6800.00
501	宁阳县(鲁)	麦冬	700.00
502	永城市(豫)	麦冬	32.00
503	麻阳苗族自治县(湘)	麦冬	16.00
504	通河县(黑)	满山红	120.00
505	丘北县(滇)	玫瑰花	650.00
506	盐都区(苏)	玫瑰花	600.00
507	东平县(鲁)	玫瑰花	500.00
508	虞城县(豫)	玫瑰花	21.00
509	屈家岭管理区(鄂)	玫瑰花	20.00
510	谷城县(鄂)	木瓜	12328.00
511	桐柏县(豫)	木瓜	3000.00
512	南漳县(鄂)	木瓜	2000.00
513	宣州区(皖)	木瓜	1431.00
514	昌宁县(滇)	木瓜	117.36

(续表)

序号	其他中药材主产地	品种	产量(吨)
515	鹤峰县(鄂)	木瓜	80.00
516	兰坪白族普米族自治县(滇)	木瓜	35.00
517	宝丰县(豫)	木瓜	28.00
518	辉南县(吉)	木通	50.00
519	桑植县(湘)	木通	40.00
520	玉龙纳西族自治县(滇)	木香	16105.40
521	北川羌族自治县(川)	木香	9200.00
522	洱源县(滇)	木香	3900.00
523	德钦县(滇)	木香	570.90
524	楚雄市(滇)	木香	450.00
525	香格里拉市(滇)	木香	363.10
526	耒阳市(湘)	南蛇藤	100.00
527	黟 县(皖)	南天竹	10.00
528	惠民县(鲁)	牛蒡子	800.00
529	耒阳市(湘)	牛蒡子	20.00
530	新宾满族自治县(辽)	蒲公英	5428.00
531	辉南县(吉)	蒲公英	4000.00
532	舒兰市(吉)	蒲公英	450.00
533	长清区(鲁)	蒲公英	200.00
534	华阴市(陕)	蒲公英	100.00
535	东丰县(吉)	蒲公英	100.00
536	安国市(冀)	蒲公英	100.00
537	临江市(吉)	蒲公英	40.00
538	耒阳市(湘)	蒲公英	40.00
539	惠民县(鲁)	蒲公英	40.00
540	襄城区(鄂)	蒲公英	30.00
541	思南县(黔)	蒲公英	20.00
542	东平县(鲁)	蒲公英	10.00
543	竹溪县(鄂)	七叶树	50.00
544	耒阳市(湘)	千金藤	10.00
545	东至县(皖)	芡实	80.00
546	固始县(豫)	芡实	30.00
547	玉龙纳西族自治县(滇)	羌活	22.30
548	白玉林业局(川)	羌活	18.00
549	玉龙纳西族自治县(滇)	秦艽	12660.40
550	云龙县(滇)	秦艽	300.00
551	香格里拉市(滇)	秦艽	232.70
552	德钦县(滇)	秦艽	108.88
553	宁蒗彝族自治县(滇)	秦艽	15.00
554	祁东县(湘)	青蒿	580.00
555	耒阳市(湘)	青蒿	500.00
556	会理县(川)	青蒿	119.00
557	高昌区(新)	肉苁蓉	4370.00
558	高台县(甘)	肉苁蓉	850.00

（续表）

序号	其他中药材主产地	品种	产量（吨）
559	阿拉善右旗(内蒙古)	肉苁蓉	582.50
560	磴口县(内蒙古)	肉苁蓉	387.00
561	且末县(新)	肉苁蓉	370.00
562	阿拉善左旗(内蒙古)	肉苁蓉	224.30
563	额济纳旗(内蒙古)	肉苁蓉	200.00
564	乌兰布和示范区(内蒙古)	肉苁蓉	20.00
565	湘乡市(湘)	肉苁蓉	10.30
566	德庆县(粤)	肉桂	20833.00
567	广宁县(粤)	肉桂	1056.00
568	鼎湖区(粤)	肉桂	952.00
569	信宜市(粤)	肉桂	395.00
570	封开县(粤)	肉桂	395.00
571	宣威市(滇)	三七	7000.00
572	腾冲市(滇)	三七	3400.00
573	石林彝族自治县(滇)	三七	2800.00
574	马关县(滇)	三七	1634.50
575	兴义市(黔)	三七	303.50
576	西畴县(滇)	三七	260.00
577	麒麟区(滇)	三七	200.00
578	个旧市(滇)	三七	79.00
579	古城区(滇)	三七	41.00
580	昌宁县(滇)	三七	37.90
581	东平县(鲁)	三七	10.00
582	阳新县(鄂)	桑椹	200.00
583	黟　县(皖)	桑椹	30.00
584	潜山县(皖)	桑椹	14.00
585	兴国县(赣)	桑椹	11.00
586	耒阳市(湘)	桑叶	80.00
587	双峰县(湘)	桑枝	25.00
588	金堂县(川)	沙参	2680.00
589	通化县(吉)	沙参	2306.00
590	安国市(冀)	沙参	800.00
591	会理县(川)	沙参	154.00
592	桓仁满族自治县(辽)	沙参	50.00
593	勐腊县(滇)	砂仁	10283.80
594	马关县(滇)	砂仁	2223.80
595	翠屏区(川)	砂仁	552.00
596	信宜市(粤)	砂仁	400.00
597	扶绥县(桂)	砂仁	350.00
598	勐海县(滇)	砂仁	12.00
599	西畴县(滇)	山豆根	220.00
600	淮阳县(豫)	山药	8881.00
601	东平县(鲁)	山药	1200.00
602	安国市(冀)	山药	1200.00

（续表）

序号	其他中药材主产地	品种	产量（吨）
603	兴义市(黔)	山药	308.00
604	商南县(陕)	山药	227.80
605	腾冲市(滇)	山药	200.00
606	鄄城县(鲁)	山药	160.00
607	蕲春县(鄂)	山药	12.00
608	嵩　县(豫)	山萸肉	1800.00
609	宜阳县(豫)	山萸肉	20.00
610	内乡县(豫)	山萸肉	16.00
611	汝阳县(豫)	山萸肉	12.00
612	宁阳县(鲁)	山楂	37000.00
613	南部山区(鲁)	山楂	6000.00
614	嵩　县(豫)	山楂	2300.00
615	五华县(粤)	山楂	300.00
616	辉南县(吉)	山楂	210.00
617	都江堰市(川)	射干	1560.00
618	新洲区(鄂)	射干	72.00
619	双峰县(湘)	射干	10.00
620	汝城县(湘)	升麻	442.00
621	会理县(川)	生姜	134.00
622	思南县(黔)	生姜	100.00
623	耒阳市(湘)	生姜	100.00
624	天柱县(黔)	生姜	90.00
625	兴国县(赣)	生姜	70.00
626	竹溪县(鄂)	生姜	50.00
627	石城县(赣)	生姜	10.00
628	会理县(川)	石榴皮	283.00
629	乳源瑶族自治县(粤)	松香	400.00
630	辉南县(吉)	苏子	110.00
631	宜阳县(豫)	酸枣仁	189.00
632	南部山区(鲁)	酸枣仁	18.00
633	青州市(鲁)	酸枣仁	15.00
634	阿拉善右旗(内蒙古)	锁阳	2200.00
635	阿拉善左旗(内蒙古)	锁阳	949.45
636	宣州区(皖)	太子参	1018.00
637	凯里市(黔)	太子参	379.00
638	阳新县(鄂)	太子参	105.00
639	岑巩县(黔)	太子参	103.00
640	渝水区(赣)	太子参	43.00
641	天柱县(黔)	太子参	41.00
642	宁远县(湘)	天冬	85.60
643	永胜县(滇)	天冬	21.25
644	玉龙纳西族自治县(滇)	天冬	18.90
645	安国市(冀)	天南星	800.00
646	德昌县(川)	土茯苓	650.00

(续表)

序号	其他中药材主产地	品种	产量（吨）
647	耒阳市(湘)	土茯苓	300.00
648	鼎城区(湘)	土茯苓	22.00
649	逊克县(黑)	菟丝子	625.00
650	达川区(川)	乌梅	15000.00
651	天台县(浙)	乌药	20.00
652	沅江市(湘)	吴茱萸	8000.00
653	建德市(浙)	吴茱萸	144.00
654	汨罗市(湘)	吴茱萸	105.00
655	玉山县(赣)	吴茱萸	100.00
656	郎溪县(皖)	吴茱萸	50.00
657	祁东县(湘)	吴茱萸	37.00
658	花垣县(湘)	吴茱萸	30.00
659	新化县(湘)	吴茱萸	22.00
660	兴义市(黔)	吴茱萸	20.00
661	岑巩县(黔)	吴茱萸	18.00
662	播州区(黔)	五倍子	530.00
663	桑植县(湘)	五倍子	450.00
664	思南县(黔)	五倍子	100.00
665	武冈市(湘)	五倍子	83.00
666	邻水县(川)	五倍子	45.00
667	荔波县(黔)	五倍子	32.00
668	务川仡佬族苗族自治县(黔)	五倍子	12.00
669	新宾满族自治县(辽)	细辛	1842.00
670	清原满族自治县(辽)	细辛	800.00
671	桓仁满族自治县(辽)	细辛	400.00
672	通化县(吉)	细辛	300.00
673	桐柏县(豫)	夏枯草	3500.00
674	昭化区(川)	夏枯草	230.00
675	耒阳市(湘)	夏枯草	80.00
676	靖江市(苏)	香橼	1450.00
677	会理县(川)	小茴香	184.00
678	围场满族蒙古族自治县(冀)	杏仁	1200.00
679	鹤庆县(滇)	续断	712.00
680	云龙县(滇)	续断	500.00
681	腾冲市(滇)	续断	500.00
682	楚雄市(滇)	续断	440.00
683	古城区(滇)	续断	400.00
684	玉龙纳西族自治县(滇)	续断	243.10
685	永胜县(滇)	续断	213.79
686	昌宁县(滇)	续断	197.00
687	木里藏族自治县(川)	续断	164.00
688	磐安县(浙)	玄参	1040.00
689	鹤峰县(鄂)	玄参	75.00
690	双峰县(湘)	玄参	50.00

(续表)

序号	其他中药材主产地	品种	产量（吨）
691	磐安县(浙)	延胡索	805.00
692	思南县(黔)	盐肤木	1000.00
693	耒阳市(湘)	盐肤木	200.00
694	义乌市(浙)	益母草	325.00
695	高州市(粤)	益智仁	7500.00
696	防城区(桂)	益智仁	2000.00
697	信宜市(粤)	益智仁	580.00
698	封开县(粤)	益智仁	365.00
699	儋州市(琼)	益智仁	20.00
700	师宗县(滇)	薏苡仁	8393.60
701	兴义市(黔)	薏苡仁	8368.10
702	新宾满族自治县(辽)	淫羊藿	2979.00
703	桓仁满族自治县(辽)	淫羊藿	400.00
704	天柱县(黔)	淫羊藿	11.00
705	安化县(湘)	玉竹	22155.00
706	慈利县(湘)	玉竹	3000.00
707	涟源市(湘)	玉竹	2710.00
708	祁东县(湘)	玉竹	2500.00
709	东港市(辽)	玉竹	350.00
710	敦化林业局(吉)	玉竹	272.00
711	会理县(川)	玉竹	214.00
712	振兴区(辽)	玉竹	140.00
713	桂阳县(湘)	玉竹	100.00
714	南部山区管理区(鲁)	玉竹	60.00
715	苏仙区(湘)	玉竹	50.00
716	宛城区(豫)	月季	900.00
717	姚安县(滇)	月季	480.00
718	宜阳县(豫)	皂刺	13.00
719	伊川县(豫)	皂角	1320.00
720	宜章县(湘)	皂角	320.00
721	广昌县(赣)	泽泻	995.40
722	安国市(冀)	知母	500.00
723	临西县(冀)	知母	70.00
724	广水市(鄂)	栀子	5000.00
725	唐河县(豫)	栀子	3000.00
726	孝南区(鄂)	栀子	1260.00
727	翠屏区(川)	栀子	828.00
728	永兴县(湘)	栀子	413.30
729	建德市(浙)	栀子	319.00
730	玉山县(赣)	栀子	150.00
731	珙　县(川)	栀子	50.00
732	冷水江市(湘)	栀子	10.00
733	沅江市(湘)	枳实	2500.00
734	澧　县(湘)	枳实	200.00

（续表）

序号	其他中药材主产地	品种	产量（吨）
735	商南县(陕)	猪苓	390.10
736	辉南县(吉)	猪苓	350.00
737	佛坪县(陕)	猪苓	213.00
738	留坝县(陕)	猪苓	150.00
739	朝天区(川)	猪苓	15.00
740	耒阳市(湘)	竹叶	80.00
741	清新区(粤)	竹叶	20.00
742	耒阳市(湘)	紫花地丁	60.00
743	桦南县(黑)	紫苏	400.00
744	耒阳市(湘)	紫苏	200.00
745	安国市(冀)	紫苏	50.00
746	灌云县(苏)	紫苏	40.00

表 16-1　2018 年主要森林旅游资源与利用

序号	县(旗、市、区、局、场)	森林公园及自然保护区（名称）	级别	实际接待人数（万人次）	旅游总收入（万元）	其中:门票收入（万元）
1	北京市西山林场（京）	北京西山国家森林公园	国家	206.00	565.63	478.83
2	北京市十三陵林场(京)	北京十三陵国家森林公园	国家	36.18	494.20	9.30
3	北京市八达岭林场（京）	北京八达岭国家森林公园	国家	5.03	110.77	53.10
4	平山县(冀)	河北驼梁自然保护区	国家	86.40	5843.00	3162.00
5	平山县(冀)	平山县天桂山风景名胜区	国家	42.64	3433.00	2589.00
6	迁西县(冀)	景忠山景区	国家	150.00	18750.00	1000.00
7	山海关区(冀)	山海关国家森林公园	国家	10.30	286.00	0.00
8	北戴河区(冀)	秦皇岛野生动物园	国家	90.00	7800.00	7800.00
9	涉　县(冀)	娲皇宫风景名胜区	国家	123.60	6180.00	6180.00
10	内丘县(冀)	太子岩景区	国家	17.00	1073.00	510.00
11	阜平县(冀)	天生桥国家地质公园	国家	2.80	784.00	200.00
12	唐　县(冀)	潭瀑峡景区	国家	40.00	700.00	700.00
13	唐　县(冀)	西胜沟景区	国家	20.00	100.00	100.00
14	曲阳县(冀)	虎山风景区	国家	3.13	454.00	311.00
15	赤城县(冀)	大海陀国家级自然保护区	国家	0.20	3.00	3.00
16	赤城县(冀)	黑龙山国家森林公园	国家	1.20	27.00	27.00
17	滦平县(冀)	白草洼国家森林公园	国家	2.60	137.00	61.00
18	丰宁满族自治县(冀)	白云古洞景区	国家	2.00	80.00	80.00
19	丰宁满族自治县(冀)	千松坝森林公园	国家	10.90	830.00	800.00
20	丰宁满族自治县(冀)	河北丰宁海留图国家湿地公园	国家	14.00	5190.00	1680.00
21	围场满族蒙古族自治县(冀)	塞罕坝国家森林公园	国家	73.00	9800.00	9800.00
22	浑源县(晋)	恒山国家森林公园	国家	728.64	44864.00	6413.00
23	阳泉市郊区(晋)	翠峰山自然风景名胜区	国家	6.20	2450.00	2450.00
24	长治市郊区(晋)	老顶山国家森林公园	国家	29.12	816.00	0.00
25	忻府区(晋)	禹王洞国家森林公园	国家	1.50	18.00	18.00
26	武川县(内蒙古)	哈达门国家森林公园	国家	3.20	104.00	104.00
27	红山区(内蒙古)	红山国家森林公园	国家	2.70	13.50	0.00
28	元宝山区(内蒙古)	兴隆国家森林公园	国家	3.13	1250.00	0.00
29	阿鲁科尔沁旗(内蒙古)	高格斯台罕乌拉国家级自然保护区	国家	5.50	3500.00	0.00
30	巴林右旗(内蒙古)	赛罕乌拉国家级自然保护区	国家	1.08	333.00	0.00
31	克什克腾旗(内蒙古)	黄岗梁国家森林公园	国家	20.00	12000.00	0.00
32	克什克腾旗(内蒙古)	白音敖包自然保护区	国家	20.00	14000.00	0.00

(续表)

序号	县(旗、市、区、局、场)	森林公园及自然保护区(名称)	级别	实际接待人数(万人次)	旅游总收入(万元)	其中:门票收入(万元)
33	克什克腾旗(内蒙古)	桦木沟生态旅游	国家	30.00	17000.00	0.00
34	克什克腾旗(内蒙古)	克旗达里诺尔自然保护区	国家	30.00	13000.00	0.00
35	克什克腾旗(内蒙古)	世界地质公园阿斯哈图石林景区	国家	13.00	11000.00	0.00
36	翁牛特旗(内蒙古)	红山玉龙沙湖国际生态文化旅游区	国家	28.00	5394.00	0.00
37	喀喇沁旗(内蒙古)	马鞍山国家森林公园	国家	6.00	3600.00	150.00
38	喀喇沁旗(内蒙古)	旺业甸国家森林公园	国家	14.00	8400.00	0.00
39	宁城县(内蒙古)	杜鹃山庄景区	国家	5.00	3120.00	0.00
40	宁城县(内蒙古)	黑里河道须沟生态旅游景区	国家	28.90	18037.00	0.00
41	宁城县(内蒙古)	藏龙谷景区	国家	0.12	75.00	0.00
42	宁城县(内蒙古)	大坝沟生态旅游景区	国家	2.00	1248.00	0.00
43	敖汉旗(内蒙古)	大黑山国家级自然保护区	国家	2.70	1610.00	470.00
44	科尔沁左翼后旗(内蒙古)	大青沟自然保护区	国家	28.00	873.00	721.00
45	达拉特旗(内蒙古)	达拉特旗响沙湾旅游区	国家	12.23	4990.00	4491.00
46	达拉特旗(内蒙古)	达拉特旗恩格贝旅游区	国家	6.12	1810.00	1629.00
47	磴口县(内蒙古)	纳林湖生态旅游景区	国家	5.00	1200.00	150.00
48	多伦县(内蒙古)	滦河源国家森林公园	国家	18.00	36.00	6.00
49	额济纳旗(内蒙古)	内蒙古额济纳胡杨林国家级自然保护区	国家	31.00	6014.00	4424.00
50	大连市高新技术园区(辽)	大连英歌石植物园	国家	5.00	300.00	60.00
51	甘井子区(辽)	大连金龙寺国家森林公园	国家	18.50	225.30	185.60
52	甘井子区(辽)	大连西郊国家森林公园	国家	351.20	15892.10	0.00
53	金普新区(辽)	大赫山国家森林公园	国家	141.00	3000.00	0.00
54	长海县(辽)	大连长山群岛国家海岛森林公园	国家	133.00	112820.00	320.00
55	普兰店市(辽)	二龙山国家森林公园	国家	0.70	4.80	4.80
56	普兰店市(辽)	老帽山森林景区	国家	10.00	400.00	200.00
57	庄河市(辽)	大连天门山国家森林公园	国家	10.60	1120.00	389.00
58	庄河市(辽)	辽宁仙人洞国家森林公园	国家	20.00	3030.00	2000.00
59	抚顺县(辽)	三块石森林公园	国家	106.00	6800.00	5300.00
60	新宾满族自治县(辽)	新宾满族自治县岗山国家森林公园	国家	12.60	1610.00	850.00
61	新宾满族自治县(辽)	新宾满族自治县和睦国家森林公园	国家	26.00	2940.00	1260.00
62	新宾满族自治县(辽)	新宾满族自治县猴石国家森林公园	国家	35.00	3500.00	2230.00
63	清原满族自治县(辽)	红河峡谷国家森林公园	国家	28.00	9960.00	3360.00
64	明山区(辽)	本溪环城国家森林公园	国家	5.00	20.00	0.00
65	南芬区(辽)	大冰沟国家森林公园	国家	50.00	3000.00	60.00
66	北镇市(辽)	青岩寺风景区	国家	190.00	115000.00	9500.00
67	北镇市(辽)	辽宁医巫闾山国家级风景名胜区	国家	106.40	89500.00	5320.00
68	北镇市(辽)	辽宁医巫闾山国家森林公园	国家	80.00	66500.00	4000.00
69	盖州市(辽)	盖州国家森林公园	国家	42.16	6024.00	2008.00
70	西丰县(辽)	西丰县冰砬山国家森林公园	国家	2.90	620.00	8.00
71	龙城区(辽)	朝阳鸟化石国家地质公园	国家	27.00	500.00	350.00
72	朝阳县(辽)	努鲁尔虎山自然保护区	国家	20.00	690.00	650.00
73	喀喇沁左翼蒙古族自治县(辽)	辽宁楼子山国家级自然保护区	国家	3.00	200.00	0.00
74	北票市(辽)	大黑山国家森林公园	国家	2.00	2812.00	120.00
75	凌源市(辽)	青龙河国家级自然保护区	国家	35.00	1250.00	0.00

（续表）

序号	县(旗、市、区、局、场)	森林公园及自然保护区(名称)	级别	实际接待人数(万人次)	旅游总收入(万元)	其中:门票收入(万元)
76	蛟河市(吉)	吉林拉法山国家森林公园	国家	23.70	43000.00	1247.00
77	磐石市(吉)	吉林官马莲花山国家森林公园	国家	13.90	1140.00	597.00
78	集安市(吉)	集安市五女峰国家森林公园	国家	13.50	1800.00	650.00
79	临江市(吉)	临江五道沟国家湿地公园	国家	5.00	200.00	30.00
80	临江市(吉)	吉林国家森林公园	国家	12.00	1400.00	100.00
81	前郭尔罗斯蒙古族自治县(吉)	吉林查干湖国家级自然保护区	国家	218.00	182247.00	0.00
82	白城市市辖区(吉)	白城市查干浩特旅游经济开发区	国家	12.00	650.00	0.00
83	黄泥河林业局(吉)	老白山原始生态风景区	国家	5.50	800.00	0.00
84	大石头林业局(吉)	大石头亚光湖国家湿地公园	国家	6.00	60.00	0.00
85	八家子林业局(吉)	延边仙峰国家森林公园	国家	5.20	4.00	1.00
86	方正县(黑)	黑龙江双子山国家森林公园	国家	3.50	120.00	80.00
87	五常市(黑)	国家龙凤国家森林公园	国家	2.00	100.00	30.00
88	绥滨县(黑)	绥滨月牙湖国家湿地公园	国家	3.20	600.00	96.00
89	集贤县(黑)	黑龙江省七星山国家森林公园	国家	6.00	116.00	0.00
90	大同区(黑)	大庆国家森林公园	国家	3.00	65.00	0.00
91	桦川县(黑)	黑龙江桦川国家森林公园	国家	0.83	130.00	0.00
92	汤原县(黑)	大亮子河国家森林公园	国家	28.00	3700.00	0.00
93	同江市(黑)	街津山国家森林公园	国家	10.30	485.00	240.00
94	七台河市市辖区(黑)	西大圈国家森林公园	国家	2.50	51.00	27.00
95	牡丹江市市本级(黑)	小北湖国家森林公园	国家	27.50	4506.00	96.00
96	牡丹江市市本级(黑)	牡丹峰国家森林公园	国家	8.04	234.00	160.00
97	牡丹江市市本级(黑)	三道关国家森林公园	国家	3.60	300.00	52.00
98	牡丹江市市本级(黑)	绥芬河国家森林公园	国家	0.32	64.00	3.20
99	孙吴县(黑)	孙吴县胜山要塞国家森林公园	国家	1.30	560.00	40.00
100	邳州市(苏)	邳州国家级银杏博览园	国家	120.00	3643.00	0.00
101	溧阳市(苏)	溧阳天目湖国家森林公园	国家	156.10	19558.93	9146.93
102	吴中区(苏)	东吴国家森林公园	国家	70.00	1735.00	1318.00
103	吴中区(苏)	西山国家森林公园	国家	410.00	16840.00	3800.00
104	崇川区(苏)	南通狼山国家森林公园	国家	95.00	2000.00	1100.00
105	清江浦区(苏)	讲述淮安古淮河国家湿地公园	国家	60.00	800.00	0.00
106	盱眙县(苏)	铁山寺国家森林公园	国家	8.00	30000.00	0.00
107	盱眙县(苏)	第一山国家森林公园	国家	2.00	5700.00	0.00
108	建湖县(苏)	九龙口国家湿地公园	国家	10.35	920.00	310.00
109	东台市(苏)	黄海海滨国家森林公园	国家	154.60	8000.00	4620.00
110	大丰区(苏)	江苏省大丰麋鹿国家级自然保护区	国家	18.00	1200.00	712.00
111	润州区(苏)	南山国家森林公园	国家	5.00	1000.00	200.00
112	兴化市(苏)	江苏兴化里下河国家湿地公园	国家	16.00	2000.00	1600.00
113	姜堰区(苏)	江苏姜堰溱湖国家湿地公园	国家	249.00	130010.00	35273.00
114	泗洪县(苏)	江苏泗洪洪泽湖湿地国家级自然保护区	国家	450.00	68660.00	27000.00
115	余杭区(浙)	杭州径山(山沟沟)国家森林公园	国家	262.40	16450.00	0.00
116	永康市(浙)	方岩风景名胜区	国家	271.00	21001.00	13050.00
117	衢江区(浙)	紫微山国家森林公园	国家	63.00	6482.00	1080.42
118	常山县(浙)	浙江三衢国家森林公园	国家	30.00	2000.00	100.00

(续表)

序号	县(旗、市、区、局、场)	森林公园及自然保护区(名称)	级别	实际接待人数(万人次)	旅游总收入(万元)	其中:门票收入(万元)
119	开化县(浙)	钱江源国家森林公园	国家	47.84	486.40	679.70
120	开化县(浙)	古田山国家级自然保护区	国家	28.50	562.00	562.00
121	温岭市(浙)	大溪国家森林公园	国家	115.00	763.00	553.00
122	庆元县(浙)	百山祖国家级自然保护区	国家	3.96	784.08	190.55
123	庆元县(浙)	庆元国家森林公园	国家	0.80	20.20	0.80
124	龙泉市(浙)	凤阳山国家级自然保护区	国家	50.00	30000.00	5000.00
125	蚌埠市市辖区(皖)	龙子湖风景区	国家	30.00	3000.00	600.00
126	五河县(皖)	沱湖湿地公园	国家	180.00	10000.00	0.00
127	博望区(皖)	采石风景区横山片区	国家	6.50	8750.00	0.00
128	雨山区(皖)	采石风景区	国家	38.40	4865.00	2304.00
129	含山县(皖)	褒禅山风景区	国家	30.00	1200.00	900.00
130	含山县(皖)	太湖山国家森林公园	国家	20.00	750.00	600.00
131	和　县(皖)	鸡笼山国家森林公园	国家	15.00	27550.00	0.00
132	相山区(皖)	相山公园	国家	30.00	900.00	30.00
133	怀宁县(皖)	怀宁县观音湖湿地公园	国家	26.00	12700.00	0.00
134	潜山县(皖)	天柱山国家森林公园	国家	380.00	300000.00	0.00
135	太湖县(皖)	花亭湖国家湿地公园	国家	525.00	94500.00	15750.00
136	岳西县(皖)	鹞落坪国家级自然保护区	国家	8.00	2880.00	0.00
137	岳西县(皖)	古井园国家级自然保护区	国家	0.50	182.00	0.00
138	岳西县(皖)	妙道山国家森林公园	国家	1.20	432.00	0.00
139	桐城市(皖)	安徽桐城嬉子湖国家湿地公园	国家	16.00	900.00	640.00
140	屯溪区(皖)	花山谜窟风景区	国家	92.60	13800.00	6482.00
141	歙　县(皖)	徽州国家森林公园	国家	15.00	1598.00	0.00
142	休宁县(皖)	齐云山国家森林公园	国家	201.00	63007.00	2816.00
143	黟　县(皖)	塔川国家森林公园	国家	400.00	2000.00	800.00
144	祁门县(皖)	黄山市祁门县牯牛降国家级自然保护区	国家	58.00	32480.00	4640.00
145	滁州市市辖区(皖)	琅琊山国家森林公园	国家	135.00	25000.00	0.00
146	阜南县(皖)	王家坝国家湿地公园	国家	45.00	4500.00	0.00
147	颍上县(皖)	迪沟国家湿地公园	国家	18.00	2700.00	900.00
148	东至县(皖)	东至县大历山风景区	国家	20.00	1600.00	25.00
149	东至县(皖)	安徽池州升金湖国家级自然保护区	国家	15.00	1173.00	0.00
150	青阳县(皖)	九华山国家森林公园	国家	45.00	600.00	55.00
151	宣州区(皖)	敬亭山国家森林公园	国家	262.40	418.60	307.60
152	广德县(皖)	横山国家森林公园	国家	850.00	300000.00	0.00
153	旌德县(皖)	马家溪国家森林公园	国家	10.00	30.00	0.00
154	湘东区(赣)	萍乡市湘东区碧湖潭国家森林公园	国家	17.25	859.70	0.00
155	永修县(赣)	柘林湖国家森林公园	国家	36.00	12600.00	0.00
156	贵溪市(赣)	江西阳际峰国家级自然保护区	国家	158.00	80112.00	0.00
157	赣县区(赣)	江西大湖江国家湿地公园	国家	7.00	3200.00	0.00
158	上犹县(赣)	五指峰国家森林公园	国家	21.50	13975.00	0.00
159	崇义县(赣)	崇义县阳明山国家森林公园	国家	210.00	48510.00	272.52
160	龙南县(赣)	九连山国家森林公园	国家	1.15	64.10	0.00
161	宁都县(赣)	翠微峰国家森林公园	国家	83.00	29888.00	0.00

（续表）

序号	县(旗、市、区、局、场)	森林公园及自然保护区（名称）	级别	实际接待人数（万人次）	旅游总收入（万元）	其中:门票收入（万元）
162	兴国县(赣)	潋江国家湿地公园	国家	6.00	4200.00	0.00
163	遂川县(赣)	江西罗霄山大峡谷国家森林公园	国家	7.00	500.00	120.00
164	遂川县(赣)	江西南风面国家级自然保护区	国家	8.00	720.00	0.00
165	万安县(赣)	万安县国家森林公园	国家	25.00	8000.00	0.00
166	万安县(赣)	万安县国家湿地公园	国家	24.00	7400.00	0.00
167	铜鼓县(赣)	天柱峰国家森林公园	国家	31.22	20280.10	2528.40
168	樟树市(赣)	阁皂山国家森林公园	国家	71.60	14400.00	0.00
169	南丰县(赣)	南丰县潭湖旅游风景区	国家	30.00	4.50	0.00
170	玉山县(赣)	怀玉山国家森林公园	国家	35.12	24343.00	0.00
171	铅山县(赣)	鹅湖山国家森林公园	国家	160.00	44251.00	0.00
172	铅山县(赣)	武夷山国家级自然保护区	国家	154.00	50000.00	0.00
173	横峰县(赣)	江西岑山国家森林公园	国家	5.00	500.00	0.00
174	济南市历下区(鲁)	千佛山风景名胜区	国家	417.00	6924.80	4166.95
175	章丘区(鲁)	山东章丘国家森林公园	国家	15.00	6897.00	650.00
176	莱芜区(鲁)	山东莱芜华山国家森林公园	国家	22.00	325.00	0.00
177	钢城区(鲁)	棋山幽峡国家森林公园	国家	30.20	1480.00	0.00
178	淄川区(鲁)	山东峨庄古村落国家森林公园	国家	45.00	3600.00	930.00
179	峄城区(鲁)	山东峄城古石榴国家森林公园	国家	105.00	7600.00	300.00
180	台儿庄区(鲁)	台儿庄运河国家湿地公园	国家	110.00	46000.00	3300.00
181	山亭区(鲁)	枣庄市抱犊崮国家森林公园	国家	20.36	725.02	0.00
182	长岛县(鲁)	长岛烽山林海国家森林公园	国家	24.10	755.00	755.00
183	龙口市(鲁)	南山国家森林公园	国家	20.00	5000.00	2000.00
184	招远市(鲁)	罗山国家森林公园	国家	2.50	140.00	100.00
185	临朐县(鲁)	沂山风景区	国家	14.00	1354.00	0.00
186	青州市(鲁)	仰天山国家森林公园	国家	3.00	166.07	145.66
187	诸城市(鲁)	密州国家森林公园	国家	50.00	5142.00	0.00
188	安丘市(鲁)	山东留山古火山国家森林公园	国家	20.00	30.00	30.00
189	泗水县(鲁)	泗水泗河源国家湿地公园	国家	6.00	110.00	0.00
190	泗水县(鲁)	泉林国家森林公园	国家	4.00	85.00	0.00
191	曲阜市(鲁)	尼山国家森林公园	国家	350.00	9500.00	560.00
192	宁阳县(鲁)	蟠龙山国家森林公园	国家	101.00	380.00	0.00
193	东平县(鲁)	东平县滨湖国家湿地公园	国家	50.00	25000.00	0.00
194	东平县(鲁)	东平县腊山国家森林公园	国家	50.00	5000.00	300.00
195	新泰市(鲁)	山东莲花山国家森林公园	国家	42.00	18500.00	480.00
196	泰安市高新区(鲁)	泰安徂徕山国家森林公园	国家	2.80	100.00	100.00
197	五莲县(鲁)	五莲山旅游度假区	国家	110.00	13000.00	2700.00
198	罗庄区(鲁)	临沂武河国家湿地公园	国家	20.00	500.00	0.00
199	沂南县(鲁)	孟良崮国家森林公园	国家	0.67	30.70	20.10
200	郯城县(鲁)	山东省郯城国家银杏公园	国家	60.00	130.00	0.00
201	莒南县(鲁)	莒南县天马岛旅游区	国家	33.00	4300.00	4000.00
202	夏津县(鲁)	山东夏津黄河故道国家森林公园	国家	620.00	34100.00	0.00
203	惠民县(鲁)	武圣园	国家	10.00	80.00	50.00
204	邹平县(鲁)	鹤伴山国家森林公园	国家	47.00	5938.00	2585.00

(续表)

序号	县(旗、市、区、局、场)	森林公园及自然保护区(名称)	级别	实际接待人数(万人次)	旅游总收入(万元)	其中:门票收入(万元)
205	曹　县(鲁)	曹县黄河故道国家湿地公园	国家	5.00	150.00	0.00
206	登封市(豫)	嵩山国家森林公园	国家	1100.00	32480.00	0.00
207	龙亭区(豫)	开封市万岁山国家森林公园	国家	13.00	670.00	195.00
208	栾川县(豫)	龙峪湾国家森林公园	国家	35.40	6821.00	260.00
209	栾川县(豫)	老君山国家级自然保护区	国家	85.00	1.10	4400.00
210	嵩　县(豫)	白云山国家森林公园	国家	108.60	45000.00	3801.00
211	嵩　县(豫)	天池山国家森林公园	国家	72.20	30200.00	1588.40
212	嵩　县(豫)	木札岭国家森林公园	国家	89.10	38100.00	2673.00
213	洛宁县(豫)	神灵寨国家森林公园	国家	21.00	1345.00	0.00
214	鲁山县(豫)	伏牛山国家级自然保护区	国家	65.00	21500.00	260.00
215	新城区(豫)	白龟湖国家湿地公园	国家	12.00	1100.00	0.00
216	殷都区(豫)	漳河国家湿地公园	国家	1.60	35.00	0.00
217	林州市(豫)	五龙洞国家森林公园	国家	11.57	160.00	110.00
218	淇　县(豫)	云梦山国家森林公园	国家	60.08	14000.00	0.00
219	修武县(豫)	河南云台山国家森林公园	国家	110.00	15182.00	0.00
220	南乐县(豫)	南乐县马颊河国家湿地公园	国家	28.00	3000.00	0.00
221	濮阳县(豫)	濮阳金堤河国家湿地公园	国家	18.50	2200.00	0.00
222	禹州市(豫)	鸠山大鸿寨国家森林公园	国家	280.00	18110.00	0.00
223	三门峡市市辖区(豫)	亚武山国家森林公园	国家	1.50	48.00	10.00
224	南召县(豫)	伏牛山国家地质公园	国家	60.00	9000.00	4800.00
225	内乡县(豫)	宝天曼生物圈保护区	国家	11.60	1200.00	560.00
226	桐柏县(豫)	桐柏山淮源风景名胜区	国家	25.00	350.00	350.00
227	梁园区(豫)	商丘市黄河故道国家森林公园	国家	4.45	710.00	0.00
228	光山县(豫)	河南大苏山国家森林公园	国家	3.00	300.00	120.00
229	光山县(豫)	河南光山龙山湖国家湿地公园	国家	6.00	240.00	0.00
230	新　县(豫)	连康山国家森林公园	国家	390.00	1280.00	501.00
231	商城县(豫)	河南商城黄柏山国家森林公园	国家	40.00	9800.00	1500.00
232	商城县(豫)	河南大别山国家级自然保护区	国家	45.00	11800.00	2500.00
233	淮阳县(豫)	河南淮阳龙湖国家湿地公园	国家	140.00	12880.00	5400.00
234	西平县(豫)	棠溪源国家森林公园	国家	8.70	442.00	156.00
235	确山县(豫)	薄山国家森林公园	国家	10.00	40.00	30.00
236	蔡甸区(鄂)	武汉市蔡甸区九真山国家森林公园	国家	64.50	9501.00	3780.00
237	蔡甸区(鄂)	武汉市蔡甸区嵩阳森林公园	国家	45.00	3690.00	1350.00
238	阳新县(鄂)	阳新王英仙岛湖风景旅游区	国家	38.00	23500.00	3500.00
239	大冶市(鄂)	雷山森林公园	国家	300.00	23.00	0.00
240	张湾区(鄂)	湖北省十堰市黄龙滩国家湿地公园	国家	30.00	10000.00	0.00
241	郧阳区(鄂)	湖北苍浪山国家森林公园	国家	35.00	300.00	0.00
242	郧西县(鄂)	汉江瀑布群森林公园	国家	39.00	16700.00	2940.00
243	竹山县(鄂)	九女峰国家森林公园	国家	11.00	98.00	28.00
244	竹山县(鄂)	圣水湖国家湿地公园	国家	8.00	800.00	88.00
245	竹溪县(鄂)	十八里长峡国家级自然保护区	国家	20.00	200.00	0.00
246	房　县(鄂)	湖北诗经源国家森林公园	国家	0.20	100.00	0.00
247	丹江口市(鄂)	湖北丹江口国家森林公园	国家	40.00	4000.00	0.00

（续表）

序号	县(旗、市、区、局、场)	森林公园及自然保护区（名称）	级别	实际接待人数（万人次）	旅游总收入（万元）	其中:门票收入（万元）
248	五峰土家族自治县(鄂)	后河国家级自然保护区	国家	1.89	178.22	0.00
249	五峰土家族自治县(鄂)	柴埠溪国家森林公园	国家	7.36	701.95	0.00
250	樊城区(鄂)	长寿岛国家湿地公园	国家	2.00	800.00	0.00
251	襄州区(鄂)	湖北鹿门寺国家森林公园	国家	7.30	170.00	130.00
252	谷城县(鄂)	薤山国家森林公园	国家	38.00	2360.00	410.00
253	谷城县(鄂)	谷城汉江国家湿地公园	国家	10.00	2200.00	0.00
254	谷城县(鄂)	谷城南河国家级自然保护区	国家	10.00	880.00	0.00
255	保康县(鄂)	湖北省保康县尧治河生态公园	国家	30.00	8300.00	3000.00
256	保康县(鄂)	湖北省保康县五道峡国家级自然保护区	国家	35.00	5122.38	2800.00
257	枣阳市(鄂)	国有枣阳市白竹园寺国家森林公园	国家	20.00	1050.00	800.00
258	荆门市市辖区(鄂)	千佛洞国家森林公园	国家	0.80	160.00	0.00
259	京山县(鄂)	惠亭湖国家湿地公园	国家	100.00	10000.00	0.00
260	京山县(鄂)	湖北京山大洪山景区	国家	210.00	40000.00	2500.00
261	荆州区(鄂)	八岭山国家森林公园	国家	20.00	150.00	100.00
262	罗田县(鄂)	大别山国家级自然保护区	国家	54.00	37800.00	4132.00
263	英山县(鄂)	吴家山国家森林公园	国家	10.00	800.00	200.00
264	英山县(鄂)	桃花冲森林公园	国家	9.80	750.00	180.00
265	浠水县(鄂)	浠水县三角山国家森林公园	国家	1.91	438.00	121.00
266	麻城市(鄂)	湖北五脑山国家森林公园	国家	56.80	4269.00	260.00
267	通城县(鄂)	大溪国家湿地公园	国家	23.00	11500.00	0.00
268	崇阳县(鄂)	湖北崇阳青山国家湿地公园	国家	12.00	1500.00	360.00
269	咸丰县(鄂)	坪坝营生态旅游区	国家	510.00	18.00	0.00
270	潜江市(鄂)	湖北省返湾湖国家湿地公园	国家	12.00	4890.00	0.00
271	湖北省太子山林场(鄂)	太子山国家森林公园	国家	15.26	1322.00	504.00
272	雨花区(湘)	天际岭国家森林公园	国家	81.00	2500.00	1100.00
273	攸　县(湘)	酒埠江国家森林公园	国家	12.00	24600.00	8600.00
274	茶陵县(湘)	茶陵云阳国家森林公园	国家	66.00	180.00	120.00
275	韶山市(湘)	滴水洞景区	国家	242.72	17.96	0.00
276	南岳区(湘)	南岳衡山国家级自然保护区	国家	890.00	700500.00	39500.00
277	衡阳县(湘)	湖南省衡阳县岣嵝峰国家森林公园	国家	90.00	19740.00	3600.00
278	衡南县(湘)	岐山国家森林公园	国家	33.00	1260.00	0.00
279	祁东县(湘)	四明山国家森林公园	国家	6.70	1180.00	0.00
280	常宁市(湘)	天堂山国家森林公园	国家	55.00	34552.00	628.00
281	邵阳县(湘)	天子湖国家湿地公园	国家	3.50	12.00	0.00
282	洞口县(湘)	罗溪国家森林公园	国家	23.26	16632.00	0.00
283	新宁县(湘)	舜皇山国家级自然保护区	国家	10.80	1500.00	0.00
284	城步苗族自治县(湘)	两江峡谷国家森林公园	国家	5.00	400.00	0.00
285	武冈市(湘)	云山国家森林公园	国家	30.00	250.00	210.00
286	岳阳县(湘)	大云山国家森林公园	国家	22.00	1360.00	270.00
287	华容县(湘)	华容县东湖国家湿地公园	国家	2.00	100.00	0.00
288	平江县(湘)	幕阜山国家森林公园	国家	15.00	9000.00	600.00
289	临湘市(湘)	五尖山国家森林公园	国家	93.00	737.10	105.30
290	鼎城区(湘)	湖南省常德花岩溪国家森林公园	国家	11.00	3400.00	250.00

(续表)

序号	县(旗、市、区、局、场)	森林公园及自然保护区(名称)	级别	实际接待人数(万人次)	旅游总收入(万元)	其中:门票收入(万元)
291	安乡县(湘)	黄山头国家森林公园	国家	130.00	1100.00	450.00
292	汉寿县(湘)	湖南汉寿竹海国家森林公园	国家	47.00	8.00	0.00
293	桃源县(湘)	乌云界国家级自然保护区	国家	50.00	75.00	30.00
294	石门县(湘)	湖南夹山森林公园	国家	250.00	20000.00	0.00
295	石门县(湘)	湖南壶瓶山自然保护区	国家	120.00	24000.00	0.00
296	津市市(湘)	嘉山国家森林公园	国家	63.91	71.37	0.00
297	津市市(湘)	毛里湖国家湿地公园	国家	20.00	1500.00	0.00
298	桑植县(湘)	峰峦溪国家森林公园	国家	25.00	1584.00	1384.00
299	桑植县(湘)	八大公山国家级自然保护区	国家	3.20	300.00	0.00
300	桃江县(湘)	桃花江国家森林公园	国家	100.00	3000.00	150.00
301	桃江县(湘)	壹方山水安宁竹谷国家森林康养基地	国家	50.00	2500.00	0.00
302	苏仙区(湘)	苏仙岭-万华岩风景名胜区	国家	79.00	1325.00	632.00
303	苏仙区(湘)	飞天山国家地质公园	国家	35.00	1485.00	1050.00
304	宜章县(湘)	郴州莽山国家森林公园	国家	1.60	2666.00	144.00
305	永兴县(湘)	湖南永兴丹霞国家森林公园	国家	68.69	26916.00	18958.00
306	嘉禾县(湘)	嘉禾国家森林公园	国家	32.24	10880.00	0.00
307	临武县(湘)	西瑶绿谷国家森林公园	国家	33.47	21363.00	0.00
308	桂东县(湘)	湖南省八面山国家级自然保护区	国家	34.00	11220.00	3060.00
309	冷水滩区(湘)	腾云岭国家森林公园	国家	9.20	900.00	0.00
310	祁阳县(湘)	太白山国家森林公园	国家	2.00	100.00	0.00
311	东安县(湘)	舜皇山国家森林公园	国家	1.40	380.00	70.00
312	双牌县(湘)	阳明山国家森林公园	国家	29.00	5600.00	1600.00
313	宁远县(湘)	湖南九嶷山国家森林公园	国家	124.50	3520.00	1874.00
314	蓝山县(湘)	湘江源国家森林公园	国家	18.00	10260.00	0.00
315	洪江区(湘)	湖南省嵩云山国家森林公园	国家	317.00	109500.00	0.00
316	鹤城区(湘)	怀化市中破国家森林公园	国家	150.00	2300.00	0.00
317	沅陵县(湘)	沅陵国家森林公园	国家	11.00	5350.00	0.00
318	溆浦县(湘)	湖南溆浦思蒙国家湿地公园	国家	45.00	13900.00	0.00
319	溆浦县(湘)	湖南溆浦国家森林公园	国家	90.00	28600.00	560.00
320	靖州苗族侗族自治县(湘)	五龙潭国家湿地公园	国家	2.10	1210.00	0.00
321	靖州苗族侗族自治县(湘)	湖南靖州国家森林公园	国家	5.30	3560.00	0.00
322	新化县(湘)	新化县大熊山国家森林公园	国家	58.00	8000.00	200.00
323	涟源市(湘)	涟源市龙山国家森林公园	国家	68.46	15460.00	0.00
324	仁化县(粤)	广东丹霞山国家级自然保护区	国家	264.50	58100.00	5863.30
325	韶关市属总林场(粤)	韶关国家森林公园	国家	197.00	580.00	0.00
326	南海区(粤)	西樵山国家森林公园	国家	360.00	8820.00	6503.00
327	新会区(粤)	广东圭峰山国家森林公园	国家	625.00	8149.45	10.87
328	广宁县(粤)	竹海国家森林公园	国家	3.91	576.00	151.00
329	龙门县(粤)	南昆山国家森林公园	国家	166.80	48066.23	0.00
330	梅县区(粤)	广东雁鸣湖国家森林公园	国家	45.00	2800.00	850.00
331	新丰江林管局(粤)	新丰江国家森林公园	国家	195.72	7158.80	3716.50
332	连南瑶族自治县(粤)	连南瑶排梯田国家湿地公园	国家	9.50	3800.00	0.00
333	英德市(粤)	广东石门台国家级自然保护区	国家	5.00	2072.00	199.00

（续表）

序号	县(旗、市、区、局、场)	森林公园及自然保护区(名称)	级别	实际接待人数(万人次)	旅游总收入(万元)	其中:门票收入(万元)
334	郁南县(粤)	广东郁南大河国家湿地公园	国家	1.00	1.00	0.00
335	郁南县(粤)	大王山国家森林公园	国家	30.00	10.00	0.00
336	青秀区(桂)	南宁花雨湖生态休闲旅游区	国家	23.00	3200.00	690.00
337	苍梧县(桂)	苍梧县飞龙湖国家森林公园	国家	0.85	35.00	0.00
338	金秀瑶族自治县(桂)	大瑶山国家级自然保护区	国家	57.60	90011.00	0.00
339	三门江林场(桂)	三门江国家森林公园	国家	20.00	404.00	0.00
340	儋州市(琼)	蓝洋温泉国家森林公园	国家	35.00	1100.00	0.00
341	文昌市(琼)	铜鼓岭国家级自然保护区	国家	40.50	2033.00	0.00
342	大邑县(川)	西岭国家森林公园	国家	85.00	44249.00	5800.00
343	彭州市(川)	白水河国家森林公园	国家	60.00	5000.00	0.00
344	彭州市(川)	白水河国家级自然保护区	国家	12.00	11450.00	0.00
345	邛崃市(川)	邛崃市天台山国家森林公园	国家	32.53	20512.45	1005.81
346	合江县(川)	福宝国家森林公园	国家	85.00	44200.00	3550.00
347	叙永县(川)	四川画稿溪国家级自然保护区	国家	8.00	500.00	0.00
348	绵竹市(川)	九龙山麓棠山国家4A级景区	国家	120.00	103000.00	260.00
349	盐亭县(川)	高山国家森林公园	国家	117.00	3000.00	0.00
350	安州区(川)	千佛山国家森林公园	国家	20.00	800.00	0.00
351	梓潼县(川)	七曲山国家森林公园	国家	200.53	18217.00	9606.00
352	北川羌族自治县(川)	四川北川国家森林公园	国家	90.15	28900.00	12210.00
353	利州区(川)	天曌山国家森林公园	国家	33.00	5300.00	1620.00
354	昭化区(川)	四川柏林湖国家湿地公园	国家	12.00	32.00	13.00
355	青川县(川)	唐家河国家级自然保护区	国家	5.20	921.00	187.00
356	剑阁县(川)	剑门关国家森林公园	国家	265.50	80150.00	8850.00
357	苍溪县(川)	苍溪国家森林公园	国家	80.00	200.00	0.00
358	蓬溪县(川)	中国红海	国家	38.79	45560.00	1163.00
359	乐山市市中区(川)	乐山大佛风景名胜区	国家	334.00	132275.00	101750.00
360	高坪区(川)	凌云山生态公园	国家	27.01	7825.00	1566.58
361	西充县(川)	青龙湖国家湿地公园	国家	3.80	808.00	0.00
362	长宁县(川)	蜀南花海	国家	26.00	3100.00	1100.00
363	长宁县(川)	蜀南竹海	国家	68.82	15396.00	5759.15
364	兴文县(川)	石海风景名胜区	国家	60.63	5681.23	4846.36
365	屏山县(川)	长江上游珍稀特有鱼类国家级自然保护区	国家	8.00	4000.00	0.00
366	屏山县(川)	老君山国家级自然保护区	国家	12.00	6000.00	0.00
367	达川区(川)	四川省铁山国家森林公园	国家	21.00	3820.00	0.00
368	宣汉县(川)	百里峡自然保护区	国家	21.20	3150.00	0.00
369	宣汉县(川)	四川宣汉国家森林公园	国家	40.12	11316.00	0.00
370	大竹县(川)	五峰山国家森林公园	国家	86.00	38000.00	296.00
371	渠　县(川)	四川賨人谷国家森林公园	国家	28.20	4836.00	1524.00
372	宝兴县(川)	四川省夹金山国家森林公园	国家	67.80	63100.00	210.00
373	夹金山林业局(川)	夹金山国家森林公园(宝兴部分)	国家	8.82	680.00	131.00
374	巴州区(川)	天马山国家森林公园	国家	14.23	2843.80	100.10
375	通江县(川)	空山国家森林公园	国家	75.00	27062.00	0.00
376	南江县(川)	南江县米仓山国家森林公园	国家	381.70	143782.00	51120.00

(续表)

序号	县(旗、市、区、局、场)	森林公园及自然保护区(名称)	级别	实际接待人数(万人次)	旅游总收入(万元)	其中:门票收入(万元)
377	理塘县(川)	海子山国家级自然保护区	国家	1.10	110.00	0.00
378	巴塘县(川)	措普沟国家森林公园	国家	6.00	60.00	0.00
379	稻城县(川)	亚丁国家级自然保护区	国家	315.03	3100300.00	902392.21
380	白玉林业局(川)	沙鲁里山国家森林公园	国家	0.20	10.00	0.00
381	力邱河林业局(川)	四川荷花海国家森林公园	国家	1.50	112.00	0.00
382	水城县(黔)	水城县玉舍国家森林公园	国家	185.32	92700.00	0.00
383	红花岗区(黔)	遵义市凤凰山国家森林公园	国家	270.00	330000.00	0.00
384	汇川区(黔)	贵州省遵义市汇川海龙屯旅游景区	国家	21.78	773.34	0.00
385	绥阳县(黔)	绥阳双河洞国家地质公园	国家	20.30	1780.00	1208.00
386	务川仡佬族苗族自治县(黔)	务川洪渡河国家湿地公园	国家	28.00	65000.00	0.00
387	赤水市(黔)	燕子岩国家森林公园	国家	20.00	24680.00	533.00
388	赤水市(黔)	竹海国家森林公园	国家	42.00	51282.00	862.00
389	沿河土家族自治县(黔)	沿河乌江国家湿地公园	国家	158.60	31094.10	0.00
390	沿河土家族自治县(黔)	贵州麻阳河国家级自然保护区	国家	317.30	62188.20	0.00
391	兴义市(黔)	马岭河峡谷风景名胜区	国家	375.70	405756.00	9562.10
392	独山县(黔)	紫林山国家森林公园	国家	10.00	260.00	60.00
393	石林彝族自治县(滇)	石林风景名胜区	国家	290.00	50000.00	37700.00
394	禄劝彝族苗族自治县(滇)	轿子山国家级自然保护区	国家	32.90	3270.00	847.00
395	沾益区(滇)	珠江源国家森林公园	国家	30.00	400.00	300.00
396	江川区(滇)	江川区星云湖国家湿地公园	国家	23.00	810.00	0.00
397	澄江县(滇)	禄充风景区	国家	110.00	1500.00	1500.00
398	易门县(滇)	龙泉国家森林公园	国家	25.00	14.50	0.00
399	新平彝族傣族自治县(滇)	云南磨盘山国家森林公园	国家	8.34	309.00	136.00
400	彝良县(滇)	乌蒙山国家级自然保护区	国家	9.00	250.00	0.00
401	古城区(滇)	观音峡景区	国家	60.00	2700.00	675.00
402	古城区(滇)	黑龙潭公园	国家	100.00	4200.00	3000.00
403	双柏县(滇)	哀牢山国家级自然保护区双柏片区	国家	12.50	4800.00	0.00
404	永仁县(滇)	方山国家3A级旅游风景区	国家	133.00	13640.00	0.00
405	漾濞彝族自治县(滇)	石门光景区	国家	24.00	2700.00	0.00
406	祥云县(滇)	清华洞国家森林公园	国家	65.00	830.00	0.00
407	宾川县(滇)	鸡足山风景名胜区	国家	64.98	14620.00	0.00
408	巍山彝族回族自治县(滇)	巍宝山国家森林公园	国家	14.01	273.36	212.03
409	永平县(滇)	宝台山国家森林公园	国家	3.54	4056.00	0.00
410	香格里拉市(滇)	普达措国家森林公园	国家	110.99	14412.42	4370.02
411	香格里拉市(滇)	石卡雪山风景名胜区	国家	12.63	1254.02	1148.00
412	蓝田县(陕)	王顺山国家森林公园	国家	45.00	190.00	0.00
413	鄠邑区(陕)	陕西太平国家森林公园	国家	52.46	2065.40	0.00
414	鄠邑区(陕)	西安朱雀国家森林公园	国家	16.30	1800.00	0.00
415	印台区(陕)	玉华宫国家森林公园	国家	96.20	58000.00	905.60
416	眉　县(陕)	太白山国家森林公园	国家	50.00	18000.00	7500.00
417	辛家山林业局(陕)	陕西通天河国家森林公园	国家	4.65	106.50	85.10
418	马头滩林业局(陕)	陕西嘉陵江源国家森林公园	国家	3.85	116.45	97.70
419	永寿县(陕)	云集生态园	国家	18.00	5480.00	1081.00

(续表)

序号	县(旗、市、区、局、场)	森林公园及自然保护区(名称)	级别	实际接待人数(万人次)	旅游总收入(万元)	其中:门票收入(万元)
420	华州区(陕)	少华山国家森林公园	国家	52.00	8000.00	1600.00
421	南郑区(陕)	黎坪国家森林公园	国家	92.00	46000.00	5520.00
422	洋　县(陕)	陕西省朱鹮国家级自然保护区	国家	25.00	1250.00	28.50
423	洋　县(陕)	陕西省长青国家级自然保护区	国家	45.00	4950.00	546.00
424	西乡县(陕)	陕西省米仓山自然保护区	国家	2.60	436.00	0.00
425	略阳县(陕)	陕西省五龙洞国家森林公园	国家	5.00	500.00	88.00
426	留坝县(陕)	陕西紫柏山国家森林公园	国家	17.00	3845.00	600.00
427	佛坪县(陕)	佛坪县熊猫谷景区	国家	52.00	4160.00	1560.00
428	宁陕县(陕)	宁陕县上坝河国家森林公园	国家	12.00	830.00	600.00
429	岚皋县(陕)	南宫山国家森林公园	国家	6.50	1300.00	650.00
430	平利县(陕)	陕西省平利县千家坪国家森林公园	国家	19.00	5950.00	0.00
431	柞水县(陕)	牛背梁国家森林公园	国家	232.00	43260.00	240.00
432	嘉峪关市(甘)	嘉峪关市嘉峪关文物景区	国家	199.50	13732.77	13166.24
433	正宁林业总场(甘)	甘肃子午岭国家森林公园调令关景区	国家	5.00	6.00	0.00
434	互助土族自治县(青)	青海省北山国家森林公园	国家	22.00	8360.00	752.00
435	尖扎县(青)	尖扎县坎布拉国家森林公园	国家	15.90	3690.00	1232.00
436	青海湖国家级自然保护区(青)	青海青海湖国家级自然保护区	国家	400.46	56203.89	15343.30
437	青海省孟达自然保护区(青)	青海孟达国家级自然保护区	国家	12.50	415.00	415.00
438	兴庆区(宁)	宁夏黄沙古渡国家湿地公园	国家	68.66	1674.49	334.15
439	兴庆区(宁)	银川市鸣翠湖国家湿地公园	国家	23.60	987.00	528.00
440	金凤区(宁)	银川花博园	国家	113.00	90.00	90.00
441	金凤区(宁)	宝湖公园	国家	22.00	15.00	0.00
442	金凤区(宁)	阅海国家湿地公园	国家	23.00	783.00	204.00
443	平罗县(宁)	宁夏蕾牧高科生态园	国家	8.00	100.00	0.00
444	平罗县(宁)	庙庙湖生态旅游区	国家	2.00	80.00	60.00
445	西吉县(宁)	火石寨国家森林公园	国家	13.00	950.00	390.00
446	泾源县(宁)	六盘山国家森林公园	国家	93.40	45300.00	6700.00
447	高昌区(新)	艾丁湖国家湿地公园	国家	1.60	50.00	42.00
448	阜康市(新)	新疆天山天池景区	国家	270.00	333000.00	0.00
449	尉犁县(新)	罗布淖尔国家湿地公园	国家	32.00	4000.00	1600.00
450	和静县(新)	巩乃斯国家森林公园	国家	8.50	270.67	107.87
451	和静县(新)	新疆巴音布鲁克国家级自然保护区	国家	134.77	27202.00	2572.82
452	乌什县(新)	乌什托什干河国家湿地公园	国家	8.40	234.00	28.00
453	泽普县(新)	金湖杨国家森林公园	国家	24.17	4325.00	133.00
454	克一河林业局(内蒙古森工)	兴安国家森林公园	国家	1.30	49.90	0.00
455	阿里河林业局(内蒙古森工)	阿里河国家森林公园	国家	1.20	10.08	7.18
456	根河林业局(内蒙古森工)	根河源国家湿地公园	国家	6.50	1200.90	164.00
457	满归林业局(内蒙古森工)	伊克萨玛国家森林公园	国家	3.00	900.00	0.00
458	毕拉河林业局(内蒙古森工)	达尔滨湖国家森林公园	国家	0.78	97.50	55.90
459	松江河林业有限公司(吉林森工)	松江河国家森林公园	国家	10.26	905.98	0.00
460	泉阳林业局(吉林森工)	吉林泉阳泉国家森林公园	国家	0.50	95.00	0.00
461	露水河林业局(吉林森工)	露水河国家森林公园	国家	5.40	690.00	75.24
462	白石山林业局(吉林森工)	白石山吉林国家森林公园	国家	0.85	900.00	0.00

(续表)

序号	县(旗、市、区、局、场)	森林公园及自然保护区(名称)	级别	实际接待人数(万人次)	旅游总收入(万元)	其中:门票收入(万元)
463	迭部生态建设局(甘)	腊子口国家森林公园	国家	0.75	10.50	0.00
464	洮河生态建设局(甘)	冶力关国家森林公园	国家	2.40	375.02	191.50
465	井陉矿区(冀)	清凉湾湿地公园	省	5.00	50.00	0.00
466	井陉矿区(冀)	杏花沟湿地公园	省	10.00	200.00	0.00
467	井陉县(冀)	河北南寺掌省级自然保护区	省	5.00	240.00	160.00
468	鹿泉区(冀)	封龙山森林公园	省	12.00	340.00	280.00
469	遵化市(冀)	鹫峰山省级森林公园	省	6.30	186.00	130.00
470	迁安市(冀)	山叶口省级森林公园	省	13.00	1300.00	650.00
471	迁安市(冀)	徐流口省级森林公园	省	9.00	515.00	0.00
472	迁安市(冀)	白羊峪旅游区	省	14.00	1200.00	560.00
473	清河县(冀)	快活林森林公园	省	5.00	215.00	0.00
474	清徐县(晋)	山西省葡峰森林公园	省	45.00	7650.00	0.00
475	古交市(晋)	山西省金牛森林公园	省	20.00	20.00	0.00
476	屯留县(晋)	老爷山森林公园	省	16.00	182.00	11.00
477	泽州县(晋)	山西省珏山森林公园	省	18.80	913.00	257.00
478	东河区(内蒙古)	南海湿地自然保护区	省	100.00	794.00	0.00
479	松山区(内蒙古)	老府林场乌梁苏森林公园	省	1.40	600.00	0.00
480	阿鲁科尔沁旗(内蒙古)	沙日温都保护区	省	3.50	2000.00	0.00
481	翁牛特旗(内蒙古)	松树山自然保护区	省	0.01	6.00	0.00
482	科尔沁左翼中旗(内蒙古)	乌斯吐自然保护区	省	0.80	241.00	0.00
483	乌拉特前旗(内蒙古)	乌梁素海水禽湿地自然保护区	省	2.00	30.00	10.00
484	锡林浩特市(内蒙古)	内蒙古自治区遗鸥自然保护区	省	5.00	200.00	0.00
485	甘井子区(辽)	大连大黑石省级森林公园	省	50.00	2320.00	0.00
486	普兰店市(辽)	巍霸山森林景区	省	6.00	19.00	19.00
487	海城市(辽)	白云山省级保护区	省	1.65	300.00	300.00
488	清原满族自治县(辽)	辽宁浑河源省级保护区	省	17.00	1280.00	580.00
489	溪湖区(辽)	溪湖区东风湖	省	110.00	1350.00	1150.00
490	桓仁满族自治县(辽)	枫林谷森林公园	省	13.70	836.70	656.70
491	凌海市(辽)	岩井寺森林公园	省	2.52	75.00	75.00
492	辽阳县(辽)	辽阳核伙沟森林公园	省	10.00	300.00	45.00
493	盘山县(辽)	绕阳湖水利风景区	省	2.80	1142.40	22.40
494	朝阳县(辽)	清风岭自然保护区	省	19.00	580.00	550.00
495	朝阳县(辽)	朝阳县柳城湿地	省	6.00	230.00	200.00
496	建平县(辽)	辽宁建平天秀山森林公园	省	60.00	30.00	30.00
497	喀喇沁左翼蒙古族自治县(辽)	辽宁省龙凤山森林公园	省	10.00	1500.00	100.00
498	凌源市(辽)	牛河梁省级森林公园	省	6.00	200.00	0.00
499	连山区(辽)	灵山寺森林公园	省	22.00	1175.00	786.00
500	双辽市(吉)	吉林双辽一马树省级森林公园	省	8.10	380.00	40.00
501	通河县(黑)	铧子山森林公园	省	22.00	150.00	70.00
502	碾子山区(黑)	蛇洞山省级森林公园	省	142.60	23900.00	0.00
503	密山市(黑)	铁西省级森林公园	省	18.00	125.00	80.00
504	逊克县(黑)	黑龙江东山省级森林公园	省	2.10	54.00	0.00
505	贾汪区(苏)	大洞山森林公园	省	37.00	370.00	10.00

（续表）

序号	县(旗、市、区、局、场)	森林公园及自然保护区（名称）	级别	实际接待人数（万人次）	旅游总收入（万元）	其中：门票收入（万元）
506	邳州市(苏)	邳州古栗园省级森林公园	省	40.00	1342.00	0.00
507	邳州市(苏)	艾山风景名胜区	省	140.00	3760.00	205.00
508	邳州市(苏)	邳州黄草山省级森林公园	省	50.00	2364.00	0.00
509	金坛区(苏)	茅山风景区	省	71.35	5148.91	0.00
510	吴中区(苏)	光福自然保护区	省	70.00	1735.00	1318.00
511	吴中区(苏)	东山省级森林公园	省	50.60	636.90	636.90
512	吴中区(苏)	光福香雪海省级森林公园	省	44.50	3559.20	369.20
513	灌云县(苏)	灌云县大伊山森林公园	省	63.88	1195.58	589.01
514	洪泽区(苏)	洪泽湖东部湿地自然保护区	省	80.00	20500.00	0.00
515	洪泽区(苏)	洪泽湖古堰森林公园	省	20.00	5000.00	0.00
516	盐都区(苏)	华都森林公园	省	10.00	3000.00	0.00
517	盐都区(苏)	大纵湖湿地公园	省	45.00	15000.00	2500.00
518	邗江区(苏)	瓜洲湿地公园	省	3.01	714.00	512.00
519	宁海县(浙)	南溪温泉森林公园	省	70.00	9635.00	7000.00
520	义乌市(浙)	华溪森林公园	省	14.00	255.00	205.00
521	义乌市(浙)	德胜岩森林公园	省	22.00	4500.00	0.00
522	温岭市(浙)	温岭江厦森林公园	省	10.00	50.00	0.00
523	龙泉市(浙)	白云岩景区	省	10.00	5000.00	500.00
524	禹会区(皖)	涂山风景区	省	100.00	175.00	0.00
525	怀远县(皖)	安徽怀远滨淮省级湿地公园	省	95.00	1020.00	0.00
526	五河县(皖)	大巩山森林公园	省	200.00	9500.00	0.00
527	凤台县(皖)	茅仙洞省级森林公园	省	7.60	621.00	228.00
528	含山县(皖)	大鱼滩省级湿地公园	省	6.00	23.00	0.00
529	烈山区(皖)	龙脊山风景区	省	30.00	5968.00	0.00
530	宜秀区(皖)	巨石山森林公园	省	80.00	10010.00	500.00
531	太湖县(皖)	太湖九井溪森林公园	省	52.00	157.50	0.00
532	宿松县(皖)	白崖寨旅游风景区	省	17.20	535.00	0.00
533	宿松县(皖)	小孤山旅游风景名胜区	省	19.00	270.00	200.00
534	岳西县(皖)	岳西县彩虹瀑布	省	25.00	9000.00	2800.00
535	岳西县(皖)	明堂山	省	30.00	10800.00	3900.00
536	桐城市(皖)	安徽省龙眠山省级森林公园	省	1.50	700.00	0.00
537	黟　县(皖)	五溪山省级自然保护区	省	25.00	130.00	35.00
538	颍州区(皖)	颍州西湖景区	省	5.10	375.00	76.00
539	颍上县(皖)	颍上县八里河省级自然保护区	省	95.00	11400.00	3800.00
540	砀山县(皖)	黄河湿地自然保护区	省	75.50	19825.00	0.00
541	郎溪县(皖)	观天下	省	10.00	800.00	150.00
542	广德县(皖)	卢村笄山竹海森林公园	省	1050.00	60000.00	0.00
543	广德县(皖)	柏垫茅田山省级森林公园	省	300.00	8000.00	0.00
544	绩溪县(皖)	障山省级森林公园	省	30.00	1300.00	1000.00
545	萍乡市武功山分局(赣)	萍乡武功山风景名胜区	省	32.17	10751.00	10751.00
546	永修县(赣)	云居山省级自然保护区	省	6.20	2170.00	0.00
547	渝水区(赣)	百丈峰森林公园	省	5.30	3000.00	0.00
548	余江县(赣)	江西余江马岗岭省级森林公园	省	36.00	1200.00	0.00

(续表)

序号	县(旗、市、区、局、场)	森林公园及自然保护区(名称)	级别	实际接待人数(万人次)	旅游总收入(万元)	其中:门票收入(万元)
549	余江县(赣)	江西白鸡峰省级森林公园	省	10.00	1500.00	0.00
550	龙南县(赣)	金鸡寨森林公园	省	3.60	46.60	0.00
551	龙南县(赣)	安基山森林公园	省	3.40	57.10	0.00
552	龙南县(赣)	武当山森林公园	省	9.50	490.57	410.00
553	于都县(赣)	于都县罗田岩森林公园	省	16.50	170.00	0.00
554	于都县(赣)	于都县屏山省级森林公园	省	30.00	1400.00	400.00
555	兴国县(赣)	兴国县均福山森林公园	省	5.50	3850.00	0.00
556	峡江县(赣)	玉笥山	省	46.00	5.90	1.60
557	永丰县(赣)	永丰县水浆自然保护区	省	1.00	500.00	0.00
558	万载县(赣)	九龙庙森林公园	省	1.00	1000.00	0.00
559	万载县(赣)	万载县竹山洞风景名胜区	省	10.00	10000.00	800.00
560	万载县(赣)	万载县三十把省级自然保护区	省	1.50	300.00	0.00
561	临川区(赣)	江西金山岭省级森林公园	省	11.00	30.00	0.00
562	南丰县(赣)	南丰县观必上乐园	省	12.89	1.90	0.00
563	南丰县(赣)	南丰县观必上乐园	省	12.89	1.90	0.00
564	玉山县(赣)	江西玉山信江源省级自然保护区	省	20.40	12745.00	0.00
565	玉山县(赣)	玉山冰江省级森林公园	省	12.00	5028.00	0.00
566	长清区(鲁)	卧龙峪森林公园	省	11.00	180.00	18.00
567	长清区(鲁)	五峰山森林公园	省	15.00	793.00	83.00
568	莱芜区(鲁)	莱芜九龙大峡谷省级地质公园	省	98.00	1020.00	310.00
569	莱芜区(鲁)	莱芜雪野省级风景名胜区	省	405.00	5020.00	0.00
570	莱芜区(鲁)	云台山省级森林公园	省	25.00	320.00	0.00
571	莱芜区(鲁)	莱芜莲花山省级森林公园	省	91.00	1098.00	263.00
572	沂源县(鲁)	沂源县鲁山森林公园	省	1.60	42.70	42.70
573	沂源县(鲁)	织女洞森林公园	省	10.00	65.00	62.00
574	昌乐县(鲁)	昌乐仙月湖湿地公园	省	3.00	210.00	0.00
575	青州市(鲁)	青州市驼山省级森林公园	省	1.00	46.00	46.00
576	诸城市(鲁)	绿园森林公园	省	0.60	800.00	0.00
577	寿光市(鲁)	寿光渤海省级森林公园	省	34.00	690.00	170.00
578	微山县(鲁)	南四湖省级自然保护区	省	440.00	30.00	0.00
579	鱼台县(鲁)	旧城湿地公园	省	1.60	1400.00	0.00
580	鱼台县(鲁)	鹿洼湿地公园	省	1.43	913.00	0.00
581	泗水县(鲁)	泗水县青龙山省级森林公园	省	4.00	60.00	0.00
582	泗水县(鲁)	泗水尹城省级湿地公园	省	3.00	10.00	0.00
583	梁山县(鲁)	水泊梁山风景名胜区	省	43.98	19840.00	0.00
584	东平县(鲁)	东平湖风景名胜区	省	140.00	76000.00	2000.00
585	新泰市(鲁)	泰安寺山省级地质公园	省	5.00	80.00	50.00
586	新泰市(鲁)	泰安青云山省级地质公园	省	11.00	850.00	0.00
587	新泰市(鲁)	泰安太平山省级自然保护区	省	7.00	3400.00	0.00
588	新泰市(鲁)	泰安新汶省级森林公园	省	23.00	4200.00	450.00
589	新泰市(鲁)	泰安青云湖省级湿地公园	省	20.00	600.00	0.00
590	泰安市泰山景区(鲁)	泰山省级自然保护部	省	562.80	79000.00	41000.00
591	五莲县(鲁)	大青山旅游度假区	省	65.00	8300.00	190.00

(续表)

序号	县(旗、市、区、局、场)	森林公园及自然保护区(名称)	级别	实际接待人数(万人次)	旅游总收入(万元)	其中:门票收入(万元)
592	费　县(鲁)	山东天蒙旅游塔山森林公园	省	150.00	11000.00	150.00
593	乐陵市(鲁)	山东乐陵金丝小枣森林公园	省	8.00	1600.00	240.00
594	江北水城旅游度假区(鲁)	聊城南湖湿地公园	省	9.16	291.00	160.00
595	荥阳市(豫)	郑州黄河湿地森林公园	省	70.00	850.00	0.00
596	荥阳市(豫)	桃花峪森林公园	省	58.00	1350.00	780.00
597	荥阳市(豫)	环翠峪森林公园	省	45.00	1200.00	580.00
598	新密市(豫)	神仙洞省级森林公园	省	145.00	7792.00	7792.00
599	登封市(豫)	大熊山森林公园	省	10.20	110.00	0.00
600	孟津县(豫)	小浪底森林公园	省	35.00	280.00	0.00
601	汝阳县(豫)	大虎岭森林公园	省	5.50	200.00	0.00
602	汝阳县(豫)	西泰山景区	省	155.00	22800.00	0.00
603	叶　县(豫)	望夫石森林公园	省	3.00	60.00	0.00
604	内黄县(豫)	二帝陵森林公园	省	133.00	6700.00	2870.00
605	林州市(豫)	好地掌森林公园	省	1.20	32.90	0.00
606	林州市(豫)	白泉省级森林公园	省	18.00	100.00	0.00
607	淇　县(豫)	纣王殿森林公园	省	25.30	600.00	0.00
608	卫辉市(豫)	跑马岭地质公园	省	23.60	4600.00	708.00
609	中站区(豫)	龙翔省级森林公园	省	4.50	453.00	0.00
610	南乐县(豫)	南乐县昌乐森林公园	省	22.00	2600.00	0.00
611	范　县(豫)	黄河省级湿地公园	省	230.00	3960.00	0.00
612	濮阳县(豫)	张辉公园	省	8.70	1000.00	0.00
613	禹州市(豫)	禹州市森林植物园	省	220.00	3700.00	0.00
614	卧龙区(豫)	独山森林公园	省	10.00	90.00	90.00
615	方城县(豫)	方城县七峰山省级森林公园	省	11.00	3000.00	2000.00
616	镇平县(豫)	菩提寺森林公园	省	25.00	1350.00	400.00
617	浉河区(豫)	信阳四望山自然保护区	省	106.00	14290.00	0.00
618	固始县(豫)	安山森林公园	省	11.00	600.00	220.00
619	川汇区(豫)	川汇区生态园	省	17.00	980.00	0.00
620	确山县(豫)	乐山森林公园	省	300.00	12000.00	4000.00
621	蔡甸区(鄂)	湖北省后官湖湿地公园	省	162.00	35083.00	0.00
622	蔡甸区(鄂)	索子长河湿地公园	省	26.00	5332.00	468.00
623	蔡甸区(鄂)	湖北省沉湖湿地自然保护区	省	83.00	11454.00	0.00
624	阳新县(鄂)	阳新县网湖湿地公园	省	8.00	800.00	0.00
625	阳新县(鄂)	阳新县莲花湖湿地公园	省	10.00	1000.00	0.00
626	阳新县(鄂)	阳新县七峰山生态旅游区	省	4.00	1000.00	0.00
627	张湾区(鄂)	西沟大自然保护区	省	50.00	30000.00	0.00
628	郧西县(鄂)	五龙河自然保护区	省	33.00	14500.00	2550.00
629	竹山县(鄂)	大百川公园	省	10.00	988.00	0.00
630	竹山县(鄂)	白玉坪森林公园	省	12.00	79.00	0.00
631	房　县(鄂)	湖北野人谷省级自然保护区	省	30.00	18000.00	1950.00
632	房　县(鄂)	湖北柳树垭省级森林公园	省	6.00	1600.00	450.00
633	丹江口市(鄂)	龙口省级森林公园	省	5.00	500.00	0.00
634	丹江口市(鄂)	五朵峰省级自然保护区	省	8.00	800.00	0.00

(续表)

序号	县(旗、市、区、局、场)	森林公园及自然保护区(名称)	级别	实际接待人数(万人次)	旅游总收入(万元)	其中:门票收入(万元)
635	谷城县(鄂)	承恩寺森林公园	省	22.00	33.00	0.00
636	保康县(鄂)	湖北省保康县官山森林公园	省	2.60	740.00	0.00
637	钟祥市(鄂)	客店大洪山风景区	省	20.00	11000.00	900.00
638	荆州区(鄂)	红旗林场	省	10.00	200.00	150.00
639	石首市(鄂)	南岳山森林公园	省	36.00	600.00	0.00
640	团风县(鄂)	湖北大崎山省级自然保护区	省	3.00	5597.00	0.00
641	蕲春县(鄂)	太平森林公园	省	3.50	25.00	0.00
642	麻城市(鄂)	湖北麻城狮子峰省级森林公园	省	6.51	1583.00	735.00
643	麻城市(鄂)	湖北麻城龟峰山风景区森林公园	省	11.28	1847.00	1820.00
644	武穴市(鄂)	湖北省横岗山森林公园武穴	省	7.00	235.00	0.00
645	通城县(鄂)	药姑山自然保护区	省	26.00	13000.00	0.00
646	通城县(鄂)	锡山森林公园	省	20.00	10000.00	0.00
647	曾都区(鄂)	随州银杏省级森林公园	省	22.50	1600.00	900.00
648	广水市(鄂)	中华山省级鸟类自然保护区	省	0.10	2.50	0.00
649	随　县(鄂)	随县七尖峰森林公园	省	12.00	1200.00	0.00
650	巴东县(鄂)	巴山森林公园	省	2.30	336.00	46.00
651	仙桃市(鄂)	仙桃市赵西垸省级森林公园	省	80.00	2700.00	640.00
652	雨花区(湘)	石燕湖省级森林公园	省	76.70	3133.00	943.00
653	长沙县(湘)	大山冲森林公园	省	4.00	80.00	0.00
654	长沙县(湘)	影珠山森林公园	省	34.00	680.00	0.00
655	长沙县(湘)	北山森林公园	省	10.00	200.00	0.00
656	湘潭县(湘)	齐白石森林公园	省	28.60	2856.00	0.00
657	衡东县(湘)	湖南衡东天光山	省	10.00	2000.00	0.00
658	隆回县(湘)	望云山森林公园	省	23.00	2668.00	0.00
659	隆回县(湘)	白马山森林公园	省	40.00	4640.00	0.00
660	岳阳楼区(湘)	麻布山森林公园	省	25.00	1750.00	0.00
661	君山区(湘)	君山区天井山省级森林公园	省	1.50	210.00	0.00
662	华容县(湘)	华容县桃花山森林公园	省	10.00	1000.00	0.00
663	湘阴县(湘)	湘阴县鹅形山森林公园	省	12.00	1350.00	320.00
664	平江县(湘)	福寿山省级森林公园	省	9.50	6000.00	800.00
665	平江县(湘)	连云山省级森林公园	省	4.20	2400.00	0.00
666	汨罗市(湘)	神鼎山	省	12.96	702.00	0.00
667	汨罗市(湘)	玉池山	省	8.95	485.00	0.00
668	澧　县(湘)	湖南省澧县天供山森林公园	省	21.00	1538.00	840.00
669	临澧县(湘)	太浮山风景名胜区	省	20.00	1600.00	0.00
670	益阳市市辖区(湘)	北峰山森林公园	省	0.80	100.00	20.00
671	苏仙区(湘)	王仙岭生态公园	省	25.00	565.00	350.00
672	祁阳县(湘)	大江省级自然保护区	省	2.00	50.00	0.00
673	江永县(湘)	湖南江永源口自然保护区	省	61.00	24480.00	2000.00
674	鹤城区(湘)	怀化市凉山森林公园	省	180.00	2500.00	1500.00
675	辰溪县(湘)	辰溪县仙人界森林公园	省	6.54	21.00	0.00
676	麻阳苗族自治县(湘)	西晃山省级森林公园	省	22.00	280.00	0.00
677	新晃侗族自治县(湘)	黄家垄森林公园	省	20.00	200.00	0.00

（续表）

序号	县(旗、市、区、局、场)	森林公园及自然保护区（名称）	级别	实际接待人数（万人次）	旅游总收入（万元）	其中:门票收入（万元）
678	芷江侗族自治县(湘)	三道坑自然保护区	省	140.00	17021.30	0.00
679	娄星区(湘)	洪家山森林公园	省	90.00	165.00	0.00
680	冷水江市(湘)	紫云峰森林公园	省	1.65	300.00	0.00
681	涟源市(湘)	涟源市包围山省级森林公园	省	9.00	248.00	0.00
682	花垣县(湘)	花垣县古苗河自然保护区	省	15.00	60.00	15.00
683	黄埔区(粤)	广东天鹿湖森林公园	省	18.50	100.00	70.00
684	花都区(粤)	王子山森林公园	省	5.61	134.08	134.08
685	增城区(粤)	白水寨风景名胜区	省	60.00	3605.00	3605.00
686	从化区(粤)	广东马骝山南药省级森林公园	省	1.00	200.00	30.00
687	南雄市(粤)	韶关帽子峰省级森林公园	省	15.98	1021.50	0.00
688	潮南区(粤)	广东大南山森林公园	省	26.30	2600.00	0.00
689	鹤山市(粤)	广东大雁山森林公园	省	48.00	20.10	0.00
690	茂南区(粤)	茂名市森林公园	省	57.11	1039.59	909.42
691	化州市(粤)	化州市六王山森林公园	省	12.72	19968.00	0.00
692	鼎湖区(粤)	黄金谷森林公园	省	15.00	500.00	50.00
693	四会市(粤)	广东贞山森林公园	省	100.00	10000.00	0.00
694	博罗县(粤)	博罗县罗浮山森林公园	省	100.00	20000.00	6000.00
695	平远县(粤)	平远县五指石省级风景名胜区	省	25.00	17500.00	1730.00
696	龙川县(粤)	霍山森林公园	省	10.79	3775.00	485.00
697	连南瑶族自治县(粤)	连南板洞省级自然保护区	省	4.50	1800.00	0.00
698	连南瑶族自治县(粤)	连南大鲵省级自然保护区	省	3.00	1200.00	0.00
699	清新区(粤)	广东太和洞森林公园	省	106.00	19800.00	318.00
700	清新区(粤)	广东笔架山森林公园	省	30.00	5000.00	300.00
701	英德市(粤)	清远宝晶宫省级风景名胜区	省	48.00	4600.00	1600.00
702	英德市(粤)	广东英西省级地质公园	省	45.00	2000.00	1500.00
703	连州市(粤)	清远天湖省级森林公园	省	5.80	140.00	0.00
704	云城区(粤)	云浮蟠龙洞省级风景名胜区	省	300.00	500.00	60.00
705	郁南县(粤)	九星湖省级湿地公园	省	10.00	20.00	0.00
706	钦北区(桂)	广西钦州市八寨沟旅游区	省	100.49	52235.00	5087.00
707	浦北县(桂)	广西五皇山自治区森林公园	省	10.00	110.45	103.00
708	六万林场(桂)	广西六万大山森林公园	省	10.00	200.00	47.00
709	都江堰市(川)	灵岩山省级森林公园	省	8.00	323.19	23.19
710	彭州市(川)	白鹿森林公园	省	120.00	11000.00	0.00
711	自流井区(川)	四川省飞龙峡森林公园	省	108.00	21000.00	2160.00
712	荣　县(川)	四川省高石梯森林公园	省	25.00	505.00	0.00
713	富顺县(川)	四川省青山岭森林公园	省	25.00	4200.00	0.00
714	仁和区(川)	万宝营森林公园	省	0.30	11.90	0.00
715	仁和区(川)	大黑山森林公园	省	1.10	135.00	0.00
716	普威林业局(川)	白洼森林康养基地	省	0.50	3.20	0.00
717	江阳区(川)	泸州方山森林公园	省	31.00	4150.00	384.00
718	龙马潭区(川)	九狮山风景名胜区	省	3.00	60.00	60.00
719	泸　县(川)	玉蟾山风景名胜区	省	150.00	41850.00	100.00
720	古蔺县(川)	红龙湖森林公园	省	11.19	125.53	0.00

(续表)

序号	县(旗、市、区、局、场)	森林公园及自然保护区(名称)	级别	实际接待人数(万人次)	旅游总收入(万元)	其中:门票收入(万元)
721	旌阳区(川)	四川省崴螺山森林公园	省	3.20	120.00	24.00
722	绵竹市(川)	剑南春森林公园	省	2.96	353.00	0.00
723	绵竹市(川)	孝德年画村景区	省	129.00	77400.00	0.00
724	江油市(川)	江油市观雾山森林公园	省	10.00	712.00	0.00
725	朝天区(川)	四川水磨沟自然保护区	省	2.80	794.50	84.60
726	剑阁县(川)	四川省翠云廊古柏自然保护区	省	5.33	20670.00	7300.00
727	苍溪县(川)	四川九龙山自然保护区	省	17.80	0.22	0.00
728	船山区(川)	灵泉寺	省	92.45	22852.00	3344.00
729	射洪县(川)	四川省花果山森林公园	省	50.00	10000.00	0.00
730	东兴区(川)	四川省长江森林公园	省	0.60	4.20	0.00
731	威远县(川)	四川省葱菇塘森林公园	省	12.00	1150.00	0.00
732	峨边彝族自治县(川)	峨边彝族自治县黑竹沟风景名胜区	省	58.80	6257.35	2591.10
733	仁寿县(川)	黑龙滩森林公园	省	23.00	648.00	0.00
734	丹棱县(川)	九龙山森林公园	省	4.00	180.00	0.00
735	翠屏区(川)	四川省七星山森林公园	省	16.80	2536.00	9.00
736	宜宾县(川)	七星山省级森林公园	省	33.70	6741.00	1290.00
737	宜宾县(川)	石城山省级森林公园	省	26.50	3981.00	923.00
738	南溪区(川)	云台山森林公园	省	18.00	10048.00	0.00
739	江安县(川)	青峰寺森林公园	省	1.50	100.00	0.00
740	江安县(川)	连天山森林公园	省	7.93	481.00	0.00
741	高　县(川)	高县七仙湖湿地公园	省	8.70	2625.00	0.00
742	兴文县(川)	僰王山风景名胜区	省	52.87	1823.96	1231.16
743	屏山县(川)	老君山省级森林公园	省	17.00	8500.00	0.00
744	通川区(川)	四川省千口岭森林公园	省	30.00	3000.00	0.00
745	通川区(川)	四川省犀牛山森林公园	省	200.00	20000.00	0.00
746	达川区(川)	达川区真佛山风景区	省	6.00	75.00	0.00
747	达川区(川)	达川区雷音铺森林公园	省	11.00	2400.00	0.00
748	万源市(川)	四川省东林山森林公园	省	4.25	35.00	0.00
749	万源市(川)	四川省黑宝山森林公园	省	5.00	40.00	0.00
750	恩阳区(川)	四川省章怀山森林公园	省	12.00	1600.00	600.00
751	安岳县(川)	四川省千佛寨森林公园	省	8.35	3343.00	0.00
752	汶川县(川)	草坡自然保护区	省	64.00	3184.00	0.00
753	理　县(川)	毕棚沟自然风景区	省	69.00	9000.00	0.00
754	茂　县(川)	叠溪-松坪沟风景名胜区	省	30.00	2000.00	0.00
755	茂　县(川)	九鼎山-文镇沟大峡谷风景名胜区	省	10.00	3000.00	0.00
756	丹巴县(川)	莫斯卡自然保护区	省	3.65	360.00	0.00
757	雅江县(川)	庆大沟森林公园	省	1.00	1900.00	0.00
758	雅江县(川)	神仙山自然保护区	省	1.00	2000.00	0.00
759	新龙县(川)	雄龙西自然保护区	省	2.00	2000.00	0.00
760	德格县(川)	四川新路海自然保护区	省	1.05	1260.00	60.00
761	理塘县(川)	格木自然保护区	省	0.90	70.00	0.00
762	理塘县(川)	扎嘎神山自然保护区	省	0.70	50.00	0.00
763	金阳县(川)	百草坡自然保护区	省	7.90	8000.00	0.00

（续表）

序号	县（旗、市、区、局、场）	森林公园及自然保护区（名称）	级别	实际接待人数（万人次）	旅游总收入（万元）	其中：门票收入（万元）
764	冕宁县(川)	四川灵山森林公园	省	61.57	1477.75	62.93
765	乌当区(黔)	香纸沟-盘龙山公园	省	5.00	5000.00	0.00
766	乌当区(黔)	羊昌黄连森林公园	省	0.50	100.00	0.00
767	遵义市市辖区(黔)	贵州农业博览园	省	22.50	1500.00	350.00
768	遵义市市辖区(黔)	云门囤景区	省	45.20	8450.00	5424.00
769	沿河土家族自治县(黔)	贵州沿河乌江森林公园	省	52.80	10364.70	0.00
770	兴义市(黔)	泥凼石林风景名胜区	省	3.97	4287.60	0.00
771	兴义市(黔)	鲁布格风景名胜区	省	12.46	13456.80	0.00
772	凯里市(黔)	凯里石仙山森林公园	省	109.60	10960.00	0.00
773	凯里市(黔)	凯里罗汉山森林公园	省	308.00	30800.00	0.00
774	腾冲市(滇)	北海湿地自然保护区	省	45.00	1560.00	1110.00
775	龙陵县(滇)	松山旅游小镇	省	0.53	42.00	0.00
776	楚雄市(滇)	紫溪山转让保护区	省	35.00	218.00	218.00
777	双柏县(滇)	南安森林公园	省	25.60	2500.00	0.00
778	牟定县(滇)	牟定县化佛山风景区	省	6.20	310.00	0.00
779	麻栗坡县(滇)	老山省级自然保护区	省	0.57	300.00	0.00
780	丘北县(滇)	云南丘北县普者黑省级自然保护区	省	501.00	116305.00	6950.00
781	芒　市(滇)	芒市孔雀谷森林公园	省	23.76	1352.00	895.00
782	香格里拉市(滇)	虎跳峡风景名胜区	省	140.39	6825.23	6503.80
783	扶风县(陕)	陕西省野河自然保护区	省	13.00	90.00	90.00
784	眉　县(陕)	红河谷森林公园	省	128.60	8800.00	3200.00
785	紫阳县(陕)	陕西省擂鼓台森林公园	省	18.40	8400.00	40.00
786	平利县(陕)	女娲山森林公园	省	6.00	1920.00	0.00
787	洛南县(陕)	陕西省玉虚洞	省	0.70	92.00	35.00
788	七里河区(甘)	兰州石佛沟国家森林公园	省	26.00	460.00	72.00
789	西峰区(甘)	小崆峒	省	15.00	6.50	6.50
790	华池林业总场(甘)	东华池森林公园	省	0.20	0.20	0.00
791	湟源县(青)	湟源大黑沟省级森林公园	省	5.00	125.00	125.00
792	平安区(青)	峡群省级森林公园	省	4.86	297.00	297.00
793	祁连县(青)	青海黑河大峡谷森林公园	省	280.00	789.00	0.00
794	德令哈市(青)	德令哈柏树山森林公园	省	1.20	231.00	0.00
795	德令哈市(青)	可鲁克湖托素湖自然保护区	省	24.40	320.00	320.00
796	井陉矿区(冀)	清凉山	地	10.00	1000.00	300.00
797	阿鲁科尔沁旗(内蒙古)	根皮庙	地	5.00	3000.00	0.00
798	林西县(内蒙古)	林西县三楞山旅游区	地	0.25	321.00	0.00
799	林西县(内蒙古)	林西县大冷山森林公园	地	2.36	3250.00	0.00
800	林西县(内蒙古)	林西县九佛山旅游区	地	0.89	1230.00	0.00
801	克什克腾旗(内蒙古)	黄岗梁野生动物狩猎场	地	10.00	14000.00	0.00
802	法库县(辽)	五龙山自然保护区	地	5.20	390.00	190.00
803	抚顺县(辽)	天女山森林公园	地	82.00	2870.00	2460.00
804	振安区(辽)	丹东市五龙山自然保护区	地	6.00	1660.00	360.00
805	朝阳县(辽)	槐树洞	地	9.00	340.00	300.00
806	敦化市(吉)	敦化市雁鸣湖丹江山庄旅游度假区	地	0.50	40.00	0.00

(续表)

序号	县(旗、市、区、局、场)	森林公园及自然保护区(名称)	级别	实际接待人数(万人次)	旅游总收入(万元)	其中:门票收入(万元)
807	敦化市(吉)	敦化市布库里山旅游度假	地	0.30	30.00	30.00
808	敦化市(吉)	敦化市寒葱岭红叶谷	地	6.60	83.00	50.00
809	灌云县(苏)	灌云县伊芦山森林公园	地	35.35	558.12	351.48
810	江都区(苏)	扬州渌洋湖市级自然保护区	地	7.00	80.00	0.00
811	镇江市市辖区(苏)	圌山风景名胜区	地	1.50	50.00	0.00
812	金东区(浙)	金东区龙头殿森林公园	地	20.00	400.00	0.00
813	常山县(浙)	常山不老泉市级森林公园	地	10.00	1200.00	0.00
814	济南市市中区(鲁)	市中区大石崮市级森林公园	地	4.50	265.00	212.00
815	长清区(鲁)	莲台山森林公园	地	10.50	650.00	24.00
816	长清区(鲁)	双泉庵森林公园	地	7.00	490.00	0.00
817	济阳区(鲁)	济阳县垛石滨河市级森林公园	地	4.00	510.00	0.00
818	济阳区(鲁)	济阳县胜源市级森林公园	地	1.00	290.00	0.00
819	淄川区(鲁)	马鞍山森林公园	地	16.00	370.00	130.00
820	淄川区(鲁)	三龙山森林公园	地	3.60	240.00	95.00
821	栖霞市(鲁)	崮山自然保护区	地	2.00	200.00	60.00
822	诸城市(鲁)	大山森林公园	地	3.00	1401.00	0.00
823	安丘市(鲁)	青云山市级森林公园	地	178.00	1500.00	1000.00
824	惠济区(豫)	郑州黄河风景名胜区	地	81.00	3771.00	1300.00
825	老城区(豫)	上清宫森林公园	地	130.00	887.00	617.00
826	殷都区(豫)	塔山森林公园	地	0.25	12.20	5.00
827	林州市(豫)	柏尖山森林公园	地	50.00	1200.00	0.00
828	林州市(豫)	天平山森林公园	地	6.10	195.60	126.60
829	林州市(豫)	水河森林公园	地	7.00	60.00	0.00
830	濮阳市高新区(豫)	濮上生态园区	地	45.00	3000.00	0.00
831	浉河区(豫)	五曲峡森林公园	地	110.00	14850.00	0.00
832	阳新县(鄂)	阳新县石田古驿景区	地	5.00	1200.00	0.00
833	阳新县(鄂)	阳新县父子山登山健身步道	地	4.00	1200.00	0.00
834	阳新县(鄂)	阳新县兴国南市园博园	地	6.00	1500.00	0.00
835	随　县(鄂)	炎帝故里风景名胜区	地	60.00	12000.00	3600.00
836	随　县(鄂)	西游记游园	地	80.00	16000.00	8000.00
837	洪江市(湘)	雪峰山森林公园	地	2.70	1570.00	620.00
838	韶关市属总林场(粤)	韶关市九曲水森林公园	地	2.00	50.00	0.00
839	潮南区(粤)	汕头市翠湖自然保护区	地	12.46	1300.00	0.00
840	江海区(粤)	江门市白水带森林公园	地	268.00	29.38	14.00
841	四会市(粤)	四会市莲塘迳湿地公园	地	1.50	150.00	0.00
842	龙门县(粤)	大观园市级森林公园	地	125.40	39467.80	0.00
843	龙门县(粤)	龙门温泉市级森林公园	地	51.86	16884.37	0.00
844	梅县区(粤)	梅县区松口南寿峰市级森林公园	地	17.20	1200.00	330.00
845	清新区(粤)	清远市清泉湾森林公园	地	23.00	8420.00	810.00
846	潮安区(粤)	潮州市丹桂森林公园	地	2.60	335.00	0.00
847	钦南区(桂)	广西钦南那雾山市级森林公园	地	25.00	250.00	0.00
848	陆川县(桂)	陆川县谢仙嶂旅游风景区	地	100.00	700.00	0.00
849	陆川县(桂)	陆川龙珠湖旅游风景区	地	110.00	5000.00	0.00

（续表）

序号	县(旗、市、区、局、场)	森林公园及自然保护区（名称）	级别	实际接待人数（万人次）	旅游总收入（万元）	其中:门票收入（万元）
850	陆川县(桂)	陆川谢鲁山庄风景区	地	130.00	6000.00	0.00
851	资中县(川)	资中县白云峡森林公园	地	1.00	100.00	0.00
852	嘉陵区(川)	太和鹭鸟自然保护区	地	100.00	2800.00	0.00
853	西充县(川)	百福寺森林公园	地	31.10	8262.00	0.00
854	屏山县(川)	越西森林公园	地	3.00	1500.00	0.00
855	宣汉县(川)	笔架山风景区	地	33.50	2370.00	0.00
856	德格县(川)	四川多普沟自然保护区	地	0.88	1050.00	30.00
857	盐源县(川)	四川泸沽湖自然保护区	地	25.40	16325.00	2031.00
858	兴义市(黔)	兴义坡岗喀斯特植被州级保护区	地	11.45	12366.00	0.00
859	台江县(黔)	贵州台江南宫州级自然保护区	地	1.20	39.00	0.00
860	麒麟区(滇)	克依黑风景区	地	200.00	6000.00	700.00
861	双柏县(滇)	白竹山州级自然保护区	地	8.20	2200.00	0.00
862	双柏县(滇)	恐龙河州级自然保护区	地	11.50	3200.00	0.00
863	元谋县(滇)	元谋土林州级自然保护区	地	50.00	2128.00	1643.00
864	弥渡县(滇)	太极山自然保护区	地	7.00	28.00	0.00
865	金凤区(宁)	银川市森林公园	地	40.00	210.84	0.00
866	迁安市(冀)	挂云山景区	县	4.00	230.00	140.00
867	迁安市(冀)	迁安塔寺峪景区	县	10.00	560.00	350.00
868	内丘县(冀)	寒山	县	18.00	872.00	360.00
869	唐　县(冀)	全胜峡景区	县	30.00	600.00	600.00
870	顺平县(冀)	顺平县龙潭湖风景区	县	3.60	156.00	40.00
871	沽源县(冀)	金莲川	县	150.00	110.00	100.00
872	泽州县(晋)	泽州县龙王山森林公园	县	5.00	6.00	0.00
873	永济市(晋)	雪花山	县	20.00	1000.00	680.00
874	红山区(内蒙古)	南山生态园	县	2.50	6.25	0.00
875	松山区(内蒙古)	松山区东山皇家漫甸	县	0.90	400.00	0.00
876	阿鲁科尔沁旗(内蒙古)	阿日宝利格	县	1.50	1000.00	0.00
877	阿鲁科尔沁旗(内蒙古)	巴彦花水库	县	2.50	2000.00	0.00
878	锡林浩特市(内蒙古)	锡林浩特市南山森林公园	县	20.00	1000.00	0.00
879	朝阳县(辽)	苏营子湿地	县	10.00	270.00	230.00
880	绿园区(吉)	长春市关东文化园	县	110.00	11000.00	0.00
881	舒兰市(吉)	九龙山森林公园	县	80.00	1300.00	0.00
882	东丰县(吉)	江城公园	县	10.00	200.00	30.00
883	宝清县(黑)	梨树山庄	县	10.90	1090.00	218.00
884	宝清县(黑)	圣洁摇篮山滑雪场	县	12.00	1200.00	720.00
885	岳西县(皖)	映山红大观园	县	20.00	7200.00	1200.00
886	祁门县(皖)	祁门县柏溪燕山(九都山)景区	县	29.00	8120.00	0.00
887	祁门县(皖)	黄山市祁门县九龙池景区	县	54.00	27000.00	162.00
888	祁门县(皖)	黄山 168 [illegible]步	县	28.00	28000.00	0.00
889	颍东区(皖)	阜阳三角洲公园	县	3.50	5000.00	0.00
890	东至县(皖)	东至县仙寓山-南溪古寨风景区	县	2.90	260.00	10.00
891	东至县(皖)	东至县马坑紫石塔自然保护区	县	2.80	210.00	0.00
892	永修县(赣)	燕山龙源峡风景区	县	3.50	1225.00	0.00

(续表)

序号	县(旗、市、区、局、场)	森林公园及自然保护区(名称)	级别	实际接待人数(万人次)	旅游总收入(万元)	其中:门票收入(万元)
893	兴国县(赣)	兴国园岭(丹霞湖)县级自然保护区	县	2.60	1820.00	0.00
894	泰和县(赣)	泰和县紫瑶山自然保护区	县	12.00	10.00	0.00
895	泰和县(赣)	泰和县天湖山自然保护区	县	10.00	8.00	0.00
896	遂川县(赣)	遂川大坝里县级自然保护区	县	2.30	140.00	0.00
897	遂川县(赣)	遂川县五指峰县级自然保护区	县	2.00	160.00	0.00
898	鱼台县(鲁)	孟楼湿地公园	县	3.10	2100.00	0.00
899	阳信县(鲁)	阳信县万亩梨园风景区	县	39.00	20000.00	3900.00
900	管城回族区(豫)	潮湖生态园	县	2.00	160.00	130.00
901	汝阳县(豫)	龙隐景区	县	51.00	1606.00	0.00
902	伊川县(豫)	伊川鹤鸣峡风景区	县	18.00	1080.00	1080.00
903	伊川县(豫)	伊川县荆山公园	县	30.00	600.00	600.00
904	伊川县(豫)	伊川万安山山顶公园	县	10.00	680.00	300.00
905	延津县(豫)	黄河故道森林公园	县	9.00	945.00	270.00
906	华龙区(豫)	东北庄园区	县	3.30	607.00	162.00
907	禹州市(豫)	无梁周定王陵	县	40.00	530.00	0.00
908	禹州市(豫)	浅井逍遥观	县	70.00	1250.00	0.00
909	长葛市(豫)	鑫亮园	县	4.00	800.00	0.00
910	灵宝市(豫)	灵宝市亚武山	县	1.70	67.00	10.00
911	内乡县(豫)	二龙山景区	县	25.60	2560.00	1580.00
912	内乡县(豫)	云露山	县	12.30	830.00	580.00
913	新野县(豫)	新野县白河滩湿地公园	县	100.00	2000.00	0.00
914	宁陵县(豫)	宁陵万顷梨园景区	县	48.00	1850.00	0.00
915	虞城县(豫)	黄河故道森林公园	县	16.00	210.00	0.00
916	虞城县(豫)	虞城县森林公园	县	40.00	320.00	0.00
917	商水县(豫)	商水县白鹭公园	县	1.50	160.00	0.00
918	商水县(豫)	陆捷生态园	县	0.82	124.00	0.00
919	商水县(豫)	商水县和畅生态园	县	0.35	32.00	0.00
920	商水县(豫)	商水县银杏博览园	县	0.60	60.00	0.00
921	商水县(豫)	指南针葡萄园	县	1.01	53.00	0.00
922	竹山县(鄂)	女娲湖风景点	县	3.00	133.00	0.00
923	竹山县(鄂)	女娲山文化景区	县	9.80	780.00	128.00
924	大悟县(鄂)	悟峰山度假区	县	5.00	400.00	260.00
925	广水市(鄂)	三潭风景区	县	7.00	600.00	210.00
926	株洲县(湘)	国有凤凰山林场	县	0.54	800.00	0.00
927	邵阳县(湘)	河伯岭自然保护区	县	5.00	22.00	0.00
928	汨罗市(湘)	八景洞	县	1.22	186.00	0.00
929	道　县(湘)	月岩国家森林公园	县	5.10	0.91	0.00
930	鹤城区(湘)	怀化大峡谷	县	240.00	3000.00	1200.00
931	辰溪县(湘)	刘晓森林公园	县	6.50	600.00	0.00
932	溆浦县(湘)	米粮洞自然保护区	县	7.00	700.00	0.00
933	溆浦县(湘)	圣人山自然保护区	县	8.00	900.00	0.00
934	新化县(湘)	新化县古台山森林公园	县	6.50	800.00	0.00
935	从化区(粤)	广州从化外婆家森林公园	县	1.40	250.00	25.00

（续表）

序号	县(旗、市、区、局、场)	森林公园及自然保护区（名称）	级别	实际接待人数（万人次）	旅游总收入（万元）	其中:门票收入（万元）
936	新丰县(粤)	新丰县大席森林公园	县	0.80	430.00	0.00
937	新丰县(粤)	新丰县黄磜樱花公园	县	9.00	150.00	0.00
938	南雄市(粤)	韶关南雄香草世界县级森林公园	县	11.00	657.73	0.00
939	南雄市(粤)	韶关南雄泉水谷县级森林公园	县	4.50	450.00	0.00
940	顺德区(粤)	顺德翠湖森林公园	县	13.18	636.19	517.63
941	化州市(粤)	化州市橘州生态林公园	县	8.30	563.00	0.00
942	化州市(粤)	化州市尖岗岭森林公园	县	16.81	16873.00	0.00
943	信宜市(粤)	信宜市太华山森林公园	县	5.00	150.00	80.00
944	广宁县(粤)	宝锭山景区	县	2.30	430.00	88.00
945	高要区(粤)	肇庆市紫云谷风景区	县	10.11	402.30	335.51
946	四会市(粤)	四会水迳森林公园	县	1.20	130.00	0.00
947	四会市(粤)	四会江林湖森林公园	县	3.30	350.00	0.00
948	四会市(粤)	四会皇帝岭森林公园	县	2.20	200.00	0.00
949	四会市(粤)	四会壮坑森林公园	县	2.10	230.00	0.00
950	四会市(粤)	四会黄牛头森林公园	县	3.20	320.00	0.00
951	四会市(粤)	四会黄田森林公园	县	11.00	1200.00	0.00
952	四会市(粤)	四会五指山森林公园	县	1.10	100.00	0.00
953	四会市(粤)	四会市飞鹅岭森林公园	县	50.00	500.00	0.00
954	四会市(粤)	四会市奇石河森林公园	县	10.00	500.00	200.00
955	五华县(粤)	五华双龙山旅游区	县	16.00	46.00	22.50
956	五华县(粤)	五华县新丰寨旅游区	县	13.00	25.00	10.00
957	五华县(粤)	五华县益塘水库	县	40.00	90.00	73.00
958	源城区(粤)	桂山(野趣沟)县级森林公园	县	12.10	687.15	347.29
959	连山壮族瑶族自治县(粤)	连山县鹰扬关景区	县	1.72	22.36	22.36
960	连山壮族瑶族自治县(粤)	连山县大旭山景区	县	1.86	61.38	61.38
961	连南瑶族自治县(粤)	连南县西北山森林公园	县	12.00	4800.00	0.00
962	连南瑶族自治县(粤)	连南县东山森林公园	县	7.00	3000.00	0.00
963	连南瑶族自治县(粤)	连南县大埂森林公园	县	9.20	3800.00	0.00
964	连州市(粤)	清远连州巿峰山县级森林公园	县	29.00	96.00	0.00
965	潮安区(粤)	潮州市潮安区凤翔峡森林公园	县	16.00	135.00	53.00
966	普宁市(粤)	普宁善德梅海	县	42.00	186.00	15.00
967	陆川县(桂)	陆川县东山休闲养生风景区	县	40.00	800.00	0.00
968	德保县(桂)	红叶森林公园	县	9.10	4000.00	546.00
969	游仙区(川)	渔父村森林公园	县	6.60	495.00	0.00
970	游仙区(川)	游仙水禽湿地自然保护区	县	40.60	7352.00	0.00
971	井研县(川)	研溪湿地	县	120.00	1200.00	0.00
972	长宁县(川)	七洞沟	县	19.50	680.00	56.50
973	长宁县(川)	佛来山	县	58.60	5760.00	0.00
974	长宁县(川)	泽鸿故居	县	5.00	10.00	0.00
975	德格县(川)	四川阿须湿地自然保护区	县	0.52	630.00	12.00
976	德格县(川)	四川志巴沟自然保护区	县	0.35	420.00	12.00
977	德格县(川)	四川阿木拉自然保护区	县	0.70	840.00	18.00
978	遵义市市辖区(黔)	漫花谷景区	县	12.80	755.00	236.00

(续表)

序号	县(旗、市、区、局、场)	森林公园及自然保护区(名称)	级别	实际接待人数(万人次)	旅游总收入(万元)	其中:门票收入(万元)
979	播州区(黔)	洪关太阳坪景区	县	46.00	2221.00	150.00
980	绥阳县(黔)	绥阳县观音岩县级森林公园	县	6.80	398.90	89.60
981	江川区(滇)	江川区碧云寺森林旅游区	县	12.00	530.00	72.00
982	江川区(滇)	江川区李家山古滇国墓葬遗址森林旅游区	县	1.30	12.00	0.00
983	江川区(滇)	江川区白山寺森林公园	县	6.30	360.00	0.00
984	通海县(滇)	秀山公园	县	21.00	146.00	146.00
985	华宁县(滇)	华宁县象鼻温泉度假村	县	2.60	533.00	0.00
986	施甸县(滇)	摩苍林场	县	2.00	544.00	0.00
987	腾冲市(滇)	云峰山森林公园	县	8.50	1130.00	150.00
988	腾冲市(滇)	樱花谷森林公园	县	2.20	85.00	85.00
989	腾冲市(滇)	火山地质公园	县	56.00	2120.00	1800.00
1000	昌宁县(滇)	云南昌宁澜沧江县级自然保护区	县	11.33	8029.00	0.00
1001	漾濞彝族自治县(滇)	脉地大花园	县	12.00	1200.00	0.00
1002	漾濞彝族自治县(滇)	马鹿塘大花园	县	15.00	1500.00	0.00
1003	瑞丽市(滇)	瑞丽市莫里热带雨林风景名胜区	县	50.00	1500.00	1500.00
1004	安宁市(滇)	安宁青龙水神峤旅游区	县	1.70	58.60	8.60
1005	西乡县(陕)	午子山	县	24.30	1410.00	420.00
1006	榆阳区(陕)	红石峡森林公园	县	2.00	70.00	60.00
1007	靖边县(陕)	五台森林公园	县	34.00	4220.00	0.00
1008	洛南县(陕)	洛南县老君山	县	15.30	4680.00	700.00

表 17-1 蜂蜜主产地产量

(续表)

序号	蜂蜜主产地	养蜂户数(户)	蜜蜂饲养数量(群)	蜂蜜产量(千克)	序号	蜂蜜主产地	养蜂户数(户)	蜜蜂饲养数量(群)	蜂蜜产量(千克)
1	门头沟区(京)	420	20000	650000.00	20	泽州县(晋)	90	2000	50000.00
2	房山区(京)	919	32077	149183.30	21	平陆县(晋)	7	—	2440.00
3	通州区(京)	19	985	29550.00	22	忻府区(晋)	105	—	75135.14
4	顺义区(京)	138	20000	110000.00	23	清水河县(内蒙古)	8	—	16000.00
5	大兴区(京)	37	4000	93000.00	24	新宾满族自治县(辽)	490	9060	47880.00
6	怀柔区(京)	180	14500	40000.00	25	清原满族自治县(辽)	280	15000	160000.00
7	平谷区(京)	314	24000	180000.00	26	桓仁满族自治县(辽)	45	—	1520.00
8	平山县(冀)	521	3156	77158.00	27	盖州市(辽)	30	1740	34805.00
9	海港区(冀)	3	300	4500.00	28	凌源市(辽)	800	52000	40000000.00
10	大名县(冀)	97	—	2100.00	29	永吉县(吉)	30	—	21000.00
11	永年区(冀)	4	—	8500.00	30	蛟河市(吉)	90	2152	64794.00
12	馆陶县(冀)	2	500	4000.00	31	舒兰市(吉)	23	4682	198850.00
13	阜平县(冀)	450	32000	3200000.00	32	东丰县(吉)	15	30	8000.00
14	丰宁满族自治县(冀)	112	3360	15760.00	33	通化县(吉)	2	—	4600.00
15	围场满族蒙古族自治县(冀)	15	15	10000.00	34	辉南县(吉)	186	6500	8600.00
16	古交市(晋)	3	3	6000.00	35	白山市市辖区(吉)	60	4200	6600.00
17	襄垣县(晋)	3	3	500.00	36	长白朝鲜族自治县(吉)	142	7520	6900.00
18	沁水县(晋)	1200	—	1023000.00	37	临江市(吉)	45	—	65000.00
19	陵川县(晋)	—	16300	16300.00	38	洮南市(吉)	100	—	300000.00

（续表）

序号	蜂蜜主产地	养蜂户数（户）	蜜蜂饲养数量（群）	蜂蜜产量（千克）
39	图们市（吉）	—	—	14300.00
40	敦化市（吉）	7	1	13115.00
41	和龙市（吉）	320	19000	380000.00
42	汪清县（吉）	2	—	4200.00
43	安图县（吉）	20	5000	4227000.00
44	黄泥河林业局（吉）	33	3080	95000.00
45	大石头林业局（吉）	—	—	2052.00
46	八家子林业局（吉）	119	3580	1895000.00
47	和龙林业局（吉）	40	3550	124250.00
48	汪清林业局（吉）	66	1200	39950.00
49	大兴沟林业局（吉）	15	—	39000.00
50	天桥岭林业局（吉）	180	3402	121000.00
51	白河林业局（吉）	45	1350	1800.00
52	上营森林经营局（吉）	100	42000	3150000.00
53	依兰县（黑）	3	1	5000.00
54	方正县（黑）	89	—	201100.00
55	通河县（黑）	15	100000	4000000.00
56	尚志市（黑）	1700	1700	1500000.00
57	五常市（黑）	210	—	8000.00
58	鸡西市市辖区（黑）	20	—	200.00
59	梨树区（黑）	5	140	700.00
60	麻山区（黑）	10	—	4500.00
61	鸡东县（黑）	236	11000	240000.00
62	虎林市（黑）	200	30000	8000.00
63	密山市（黑）	4	—	10750.00
64	鹤岗市市辖区（黑）	97	5979	179370.00
65	工农区（黑）	22	—	120000.00
66	集贤县（黑）	40	870	43000.00
67	宝清县（黑）	326	326	1875000.00
68	嘉荫县（黑）	210	12000	300000.00
69	铁力市（黑）	10	—	1000.00
70	同江市（黑）	8	—	6850.00
71	茄子河区（黑）	3	170	4000.00
72	七台河市市辖区（黑）	105	2	100750.00
73	爱辉区（黑）	—	5000	150000.00
74	嫩江县（黑）	36	—	91000.00
75	逊克县（黑）	32	6000	179860.00
76	孙吴县（黑）	80	—	127150.00
77	北安市（黑）	5	10	1000.00
78	五大连池市（黑）	11	1600	40000.00
79	绥棱县（黑）	22	—	51400.00
80	呼玛县（黑）	5	—	15000.00
81	贾汪区（苏）	3	—	12300.00
82	吴中区（苏）	267	6610	3921980.00

（续表）

序号	蜂蜜主产地	养蜂户数（户）	蜜蜂饲养数量（群）	蜂蜜产量（千克）
83	灌云县（苏）	6	—	8200.00
84	洪泽区（苏）	5	80	2000.00
85	盐都区（苏）	10	350	6000.00
86	广陵区（苏）	4	—	3500.00
87	京口区（苏）	—	—	450000.00
88	萧山区（浙）	87	13067	53000.00
89	宁海县（浙）	950	9000	8000000.00
90	瑞安市（浙）	—	11381	3000.00
91	秀洲区（浙）	20	911	36440.00
92	嵊州市（浙）	109	—	1820000.00
93	婺城区（浙）	537	37209	4315200.00
94	金东区（浙）	28	—	900000.00
95	义乌市（浙）	123	8641	395153.00
96	永康市（浙）	145	11600	783000.00
97	常山县（浙）	200	135	700000.00
98	芜湖县（皖）	50	6000	60000.00
99	五河县（皖）	20	20	200000.00
100	潜山县（皖）	154	230	14000.00
101	岳西县（皖）	180	985	2250.00
102	桐城市（皖）	250	15400	1500000.00
103	歙　县（皖）	234	13758	363115.00
104	祁门县（皖）	120	3539	24537.00
105	颍州区（皖）	18	—	3800.00
106	临泉县（皖）	320	5200	540000.00
107	阜南县（皖）	70	1	70000.00
108	界首市（皖）	40	1050	80000.00
109	东至县（皖）	47	—	4731.00
110	绩溪县（皖）	2500	98000	33000000.00
111	芦溪县（赣）	40	128	8600.00
112	余江县（赣）	95	—	12000.00
113	赣县区（赣）	106	106	9850.00
114	信丰县（赣）	—	—	121800.00
115	上犹县（赣）	175	—	35000.00
116	崇义县（赣）	1062	6374	50992.00
117	龙南县（赣）	65	3003	150150.00
118	定南县（赣）	1050	—	11000.00
119	宁都县（赣）	30	—	48000.00
120	于都县（赣）	100	4200	43000.00
121	兴国县（赣）	268	4680	111.00
122	石城县（赣）	20	600	5000.00
123	青原区（赣）	3	160	290.00
124	吉水县（赣）	4	—	200.00
125	泰和县（赣）	50	—	2000.00
126	遂川县（赣）	240	80	500000.00

(续表)

序号	蜂蜜主产地	养蜂户数(户)	蜜蜂饲养数量(群)	蜂蜜产量(千克)
127	永新县(赣)	8	—	19630.00
128	井冈山市(赣)	23	—	27000.00
129	宜丰县(赣)	1350	50000	475000.00
130	靖安县(赣)	—	—	378870.00
131	铜鼓县(赣)	—	26230	224000.00
132	崇仁县(赣)	2	—	2100.00
133	广昌县(赣)	28	—	42000.00
134	上饶县(赣)	6038	65800	840000.00
135	玉山县(赣)	1120	1667	33580.00
136	铅山县(赣)	228	—	342.00
137	平阴县(鲁)	61	2300	72840.00
138	章丘区(鲁)	356	—	367000.00
139	南部山区管理区(鲁)	164	11786	181231.00
140	博山区(鲁)	65	4800	72000.00
141	高青县(鲁)	29	175	8350.00
142	沂源县(鲁)	289	1950	157000.00
143	莱阳市(鲁)	11	240	3800.00
144	青州市(鲁)	560	33500	1675000.00
145	汶上县(鲁)	—	800	26500.00
146	泗水县(鲁)	139	11773	209970.00
147	梁山县(鲁)	5	—	10000.00
148	宁阳县(鲁)	30	—	3000.00
149	东平县(鲁)	50	50	10000.00
150	新泰市(鲁)	165	—	4730.00
151	泰安市高新区(鲁)	13	13	117000.00
152	莒　县(鲁)	1270	167600	11200000.00
153	夏津县(鲁)	25	2000	20000.00
154	乐陵市(鲁)	60	560	1350.00
155	江北水城旅游度假区(鲁)	27	573	17860.00
156	惠民县(鲁)	58	—	1300.00
157	邹平县(鲁)	58	—	75000.00
158	曹　县(鲁)	9	1100	33000.00
159	成武县(鲁)	30	—	1000.00
160	新密市(豫)	900	—	101000.00
161	栾川县(豫)	600	11000	113000.00
162	宜阳县(豫)	21	32	124.00
163	洛阳市伊洛工业园区(豫)	16	1900	360000.00
164	殷都区(豫)	59	102	6200.00
165	林州市(豫)	130	130	260000.00
166	中站区(豫)	7	7	5000.00
167	南乐县(豫)	45	1800	64000.00
168	南召县(豫)	1000	—	5000.00
169	西峡县(豫)	1621	12105	126431.30
170	镇平县(豫)	120	187	3014.00
171	内乡县(豫)	70	170	300.00
172	淅川县(豫)	184	—	34720.00
173	唐河县(豫)	16	—	4100.00
174	新野县(豫)	15	—	500.00
175	桐柏县(豫)	300	—	1000.00
176	邓州市(豫)	150	7100	102000.00
177	平桥区(豫)	632	75520	188980.00
178	确山县(豫)	10	—	6000.00
179	遂平县(豫)	12	—	5000.00
180	黄陂区(鄂)	3008	60005	8000000.00
181	阳新县(鄂)	65	—	1646.00
182	竹山县(鄂)	2600	—	1000.00
183	竹溪县(鄂)	250	800	20000.00
184	房　县(鄂)	3620	36281	230486.00
185	兴山县(鄂)	65	300	180000.00
186	五峰土家族自治县(鄂)	30012	15062	53218.00
187	襄城区(鄂)	30	730	1550.00
188	南漳县(鄂)	650	20000	60000.00
189	保康县(鄂)	2100	25300	365000.00
190	老河口市(鄂)	20	—	20000.00
191	东宝区(鄂)	190	2000	50000.00
192	屈家岭管理区(鄂)	4	150	1000.00
193	京山县(鄂)	2000	200000	150000.00
194	孝昌县(鄂)	20	500	2000.00
195	大悟县(鄂)	216	6	2190.00
196	云梦县(鄂)	46	230	20000.00
197	罗田县(鄂)	453	—	33975.00
198	英山县(鄂)	102	—	10200.00
199	麻城市(鄂)	2000	23000	2500000.00
200	崇阳县(鄂)	980	15000	150000.00
201	广水市(鄂)	1200	15000	300000.00
202	随　县(鄂)	380	42000	4286000.00
203	建始县(鄂)	5000	1140[illegible]	50000.00
204	巴东县(鄂)	4182	12297	119448.00
205	来凤县(鄂)	85	—	10000.00
206	神农架林区(鄂)	2500	45000	300000.00
207	雨花区(湘)	70	—	720.00
208	宁乡市(湘)	560	114	4100.00
209	株洲县(湘)	36	820	12000.00
210	攸　县(湘)	3000	—	60000.00
211	茶陵县(湘)	2680	31800	479000.00
212	湘潭市市辖区(湘)	448	—	90002.00
213	湘潭县(湘)	222	—	4522.00
214	湘乡市(湘)	182	—	46000.00

（续表）

序号	蜂蜜主产地	养蜂户数（户）	蜜蜂饲养数量（群）	蜂蜜产量（千克）
215	祁东县（湘）	70	520	130000.00
216	耒阳市（湘）	12	36	400.00
217	邵阳县（湘）	66	3600	12500.00
218	隆回县（湘）	160	—	3000.00
219	洞口县（湘）	80	—	10000.00
220	绥宁县（湘）	60	730	1660.00
221	新宁县（湘）	125	8500	100000.00
222	城步苗族自治县（湘）	23	—	16000.00
223	岳阳县（湘）	300	—	30000.00
224	汨罗市（湘）	25	6	8000.00
225	鼎城区（湘）	147	18800	900000.00
226	澧　县（湘）	981	110000	2800000.00
227	津市市（湘）	10	10	5000.00
228	慈利县（湘）	—	4000	60000.00
229	安化县（湘）	618	8402	44220.00
230	北湖区（湘）	826	8960	16800.00
231	永兴县（湘）	58	600	1200.00
232	临武县（湘）	72	1125	3350.00
233	汝城县（湘）	14	936	10000.00
234	桂东县（湘）	700	2800	4200.00
235	安仁县（湘）	65	1320	5600.00
236	资兴市（湘）	3168	33848	256703.00
237	零陵区（湘）	100	2500	3000.00
238	冷水滩区（湘）	8	8	930.00
239	祁阳县（湘）	50	200	5000.00
240	东安县（湘）	50	—	1000.00
241	江永县（湘）	60	1000	10000.00
242	宁远县（湘）	280	7500	30000.00
243	蓝山县（湘）	32	512	10240.00
244	沅陵县（湘）	1243	27530	11022.00
245	会同县（湘）	50	—	6000.00
246	麻阳苗族自治县（湘）	35	—	29000.00
247	芷江侗族自治县（湘）	650	2560	35950.00
248	通道侗族自治县（湘）	5	1	100.00
249	新化县（湘）	420	21000	28650.00
250	花垣县（湘）	60	40	4000.00
251	龙山县（湘）	3345	23421	117105.00
252	增城区（粤）	385	18350	79620.00
253	曲江区（粤）	—	—	49000.00
254	仁化县（粤）	160	2800	62000.00
255	潮南区（粤）	50	—	15000.00
256	雷州市（粤）	146	730	26280.00
257	化州市（粤）	1040	—	54300.00
258	信宜市（粤）	12000	—	511300.00

（续表）

序号	蜂蜜主产地	养蜂户数（户）	蜜蜂饲养数量（群）	蜂蜜产量（千克）
259	广宁县（粤）	—	—	1782000.00
260	高要区（粤）	152	15000	120000.00
261	龙门县（粤）	2500	120000	1200000.00
262	五华县（粤）	100	—	40000.00
263	平远县（粤）	960	28000	305000.00
264	和平县（粤）	7800	—	195000.00
265	东源县（粤）	48	480	2400.00
266	清新区（粤）	39	—	2500.00
267	英德市（粤）	165	15000	245000.00
268	潮安区（粤）	181	2700	54500.00
269	普宁市（粤）	38	—	8300.00
270	新兴县（粤）	114	—	27230.00
271	鹿寨县（桂）	—	—	311000.00
272	苍梧县（桂）	—	20000	195000.00
273	藤　县（桂）	236	—	807000.00
274	蒙山县（桂）	2400	—	2400000.00
275	钦南区（桂）	1500	8000	15000.00
276	灵山县（桂）	3000	50000	200000.00
277	陆川县（桂）	1400	15000	60000.00
278	北流市（桂）	206	3600	2100.00
279	那坡县（桂）	—	—	122.00
280	隆林各族自治县（桂）	217	750	2060.00
281	秀英区（琼）	26	20200	808040.00
282	儋州市（琼）	620	1100	17500.00
283	大邑县（川）	70	84000	18900.00
284	彭州市（川）	310	46000	850000.00
285	自流井区（川）	2	28	320.00
286	荣　县（川）	20	—	2300.00
287	普威林业局（川）	8	—	500.00
288	古蔺县（川）	600	6000	45000.00
289	梓潼县（川）	50	—	300.00
290	北川羌族自治县（川）	552	1200	4600.00
291	平武县（川）	8000	2000	50000.00
292	旺苍县（川）	6500	—	16000.00
293	嘉陵区（川）	12	105	320.00
294	仁寿县（川）	202	3020	20978.00
295	丹棱县（川）	16	—	95700.00
296	屏山县（川）	35	30	20000.00
297	大竹县（川）	125	85	31300.00
298	万源市（川）	4300	32000	390000.00
299	宝兴县（川）	21	500	9000.00
300	夹金山林业局（川）	65	1097	4623.00
301	恩阳区（川）	200	400	12000.00
302	南江县（川）	973	—	75000.00

(续表)

序号	蜂蜜主产地	养蜂户数(户)	蜜蜂饲养数量(群)	蜂蜜产量(千克)
303	新龙林业局(川)	4	100	140.00
304	盐源县(川)	5	—	2000.00
305	遵义市市辖区(黔)	4552	52310	130775.00
306	汇川区(黔)	1100	—	34092.00
307	播州区(黔)	10944	13946	58573.00
308	务川仡佬族苗族自治县(黔)	6000	18000	48000.00
309	仁怀市(黔)	15	120	10000.00
310	碧江区(黔)	13	1500	3700.00
311	思南县(黔)	85	3	1850.00
312	沿河土家族自治县(黔)	400	—	20000.00
313	松桃苗族自治县(黔)	500	20	12000.00
314	兴义市(黔)	1650	5200	300000.00
315	普安县(黔)	485	—	7100.00
316	凯里市(黔)	66	1550	7750.00
317	三穗县(黔)	5	800	4300.00
318	镇远县(黔)	337	—	13000.00
319	天柱县(黔)	156	4500	14500.00
320	台江县(黔)	765	10080	42000.00
321	雷山县(黔)	428	4219	8675.00
322	独山县(黔)	38	1800	9000.00
323	东川区(滇)	20	2000	20000.00
324	石林彝族自治县(滇)	11	11	26000.00
325	马龙县(滇)	500	1500	3000.00
326	江川区(滇)	32	45	8200.00
327	澄江县(滇)	10	1000	300.00
328	华宁县(滇)	27	11000	27000.00
329	新平彝族傣族自治县(滇)	1	100	250.00
330	施甸县(滇)	63	10555	58000.00
331	腾冲市(滇)	9870	61430	183000.00
332	昌宁县(滇)	237	1425	11400.00
333	盐津县(滇)	1002	2300	3100.00
334	绥江县(滇)	133	16000	35000.00
335	威信县(滇)	120	5000	50000.00
336	永胜县(滇)	3035	15500	300000.00
337	宁蒗彝族自治县(滇)	300	1500	7500.00
338	云　县(滇)	1980	7890	82000.00
339	永德县(滇)	1442	2	72100.00
340	镇康县(滇)	—	—	200.00
341	双江拉祜族佤族布朗族傣族自治县(滇)	—	—	12000.00
342	楚雄市(滇)	15	—	9522.00
343	双柏县(滇)	750	25200	42820.00
344	南华县(滇)	320	1620	2847.00
345	姚安县(滇)	47	591	15100.00

(续表)

序号	蜂蜜主产地	养蜂户数(户)	蜜蜂饲养数量(群)	蜂蜜产量(千克)
346	大姚县(滇)	—	—	16747.00
347	元谋县(滇)	100	1000	1341.00
348	禄丰县(滇)	5	—	110967.00
349	西畴县(滇)	—	—	17250.00
350	马关县(滇)	—	1650	2000.00
351	广南县(滇)	680	2600	5000.00
352	勐海县(滇)	8000	65000	260.00
353	漾濞彝族自治县(滇)	3500	—	69000.00
354	宾川县(滇)	2000	5000	2000.00
355	永平县(滇)	3600	—	36000.00
356	云龙县(滇)	60	220	1320.00
357	洱源县(滇)	460	1380	4140.00
358	剑川县(滇)	650	13550	96780.00
359	瑞丽市(滇)	870	43500	217700.00
360	芒　市(滇)	—	—	39200.00
361	梁河县(滇)	100	—	300.00
362	盈江县(滇)	—	—	70400.00
363	陇川县(滇)	110	2113	16620.00
364	泸水市(滇)	—	—	600.00
365	贡山独龙族怒族自治县(滇)	800	—	42821.00
366	兰坪白族普米族自治县(滇)	1773	—	35460.00
367	香格里拉市(滇)	—	—	17000.00
368	嵩明县(滇)	600	—	3000.00
369	扶风县(陕)	80	0	260000.00
370	凤　县(陕)	2200	36971	12400.00
371	马头滩林业局(陕)	1	200	3500.00
372	永寿县(陕)	340	—	600000.00
373	华阴市(陕)	86	2700	14000.00
374	志丹县(陕)	1000	1600	28000.00
375	黄龙县(陕)	1659	90000	1350000.00
376	桥山林业局(陕)	7	—	670.00
377	南郑区(陕)	1300	—	450000.00
378	洋　县(陕)	1300	—	25000.00
379	略阳县(陕)	3300	—	310000.00
380	镇巴县(陕)	1500	—	120000.00
381	留坝县(陕)	170	—	50000.00
382	佛坪县(陕)	525	19000	240000.00
383	横山区(陕)	35	2000	25000.00
384	定边县(陕)	—	860	5200.00
385	绥德县(陕)	117	—	310970.00
386	岚皋县(陕)	6100	71000	320.00
387	镇坪县(陕)	1860	35000	262800.00
388	旬阳县(陕)	1200	20000	250000.00
389	商南县(陕)	—	10872	101056.00

(续表)

序号	蜂蜜主产地	养蜂户数（户）	蜜蜂饲养数量（群）	蜂蜜产量（千克）
390	甘谷县(甘)	72	5100	204000.00
391	宁　县(甘)	50	1200	16500.00
392	西夏区(宁)	4	4	27000.00
393	贺兰县(宁)	2	2	2000.00
394	盐池县(宁)	104	1248	450000.00
395	西吉县(宁)	100	1500	2250.00
396	泾源县(宁)	1521	25000	370000.00
397	彭阳县(宁)	2600	13000	130000.00
398	泽普县(新)	1	1800	50000.00
399	甘河林业局(内蒙古森工)	2	21	840.00
400	临江林业局(吉林森工)	25	200	6000.00
401	吉林森工集团股份公司(吉林森工)	—	—	22520.00
402	舟曲生态建设局(插岗梁自然保护局)(甘)	78	4	3300.00
403	白水江生态建设局(博峪河自然保护局)(甘)	8	—	5000.00

注:表内“—”表示数据无法获得。

表 17-2　蜂王浆主产地产量

序号	蜂王浆主产地	产量（千克）
1	门头沟区(京)	27000.00
2	房山区(京)	237.00
3	顺义区(京)	1100.00
4	大兴区(京)	1510.00
5	怀柔区(京)	400.00
6	平谷区(京)	12000.00
7	平山县(冀)	234.00
8	海港区(冀)	100.00
9	馆陶县(冀)	120.00
10	围场满族蒙古族自治县(冀)	5000.00
11	古交市(晋)	200.00
12	泽州县(晋)	300.00
13	盖州市(辽)	872.00
14	凌源市(辽)	1000.00
15	蛟河市(吉)	147.00
16	舒兰市(吉)	2170.00
17	辉南县(吉)	1800.00
18	长白朝鲜族自治县(吉)	151.00
19	临江市(吉)	600.00
20	白河林业局(吉)	560.00
21	依兰县(黑)	500.00
22	方正县(黑)	12500.00
23	通河县(黑)	100000.00
24	五常市(黑)	200.00
25	鸡东县(黑)	4000.00
26	虎林市(黑)	1000.00
27	工农区(黑)	550.00
28	集贤县(黑)	2610.00
29	宝清县(黑)	22500.00
30	铁力市(黑)	200.00
31	七台河市市辖区(黑)	1300.00
32	嫩江县(黑)	4340.00
33	五大连池市(黑)	2000.00
34	绥棱县(黑)	642.50
35	贾汪区(苏)	610.00
36	吴中区(苏)	3000.00
37	盐都区(苏)	1500.00
38	京口区(苏)	4000.00
39	萧山区(浙)	69000.00
40	宁海县(浙)	4000.00
41	秀洲区(浙)	6900.00
42	嵊州市(浙)	338000.00
43	婺城区(浙)	69050.00
44	义乌市(浙)	19710.00
45	永康市(浙)	1506.00
46	常山县(浙)	80000.00
47	芜湖县(皖)	48000.00
48	五河县(皖)	2000.00
49	桐城市(皖)	150000.00
50	歙　县(皖)	50760.00
51	东至县(皖)	697.00
52	绩溪县(皖)	9000.00
53	余江县(赣)	500.00
54	会昌县(赣)	15800.00
55	井冈山市(赣)	420.00
56	广昌县(赣)	5600.00
57	平阴县(鲁)	200.00
58	章丘区(鲁)	23757.00
59	南部山区(鲁)	21343.00
60	博山区(鲁)	4800.00
61	高青县(鲁)	700.00
62	沂源县(鲁)	3500.00
63	青州市(鲁)	100500.00
64	汶上县(鲁)	400.00
65	泗水县(鲁)	13300.00
66	东平县(鲁)	5000.00
67	新泰市(鲁)	200.00
68	泰安市高新区(鲁)	2460.00
69	莒　县(鲁)	27000.00
70	夏津县(鲁)	4800.00
71	乐陵市(鲁)	550.00
72	曹　县(鲁)	3300.00
73	栾川县(豫)	230.00
74	南乐县(豫)	4560.00
75	淅川县(豫)	5000.00
76	桐柏县(豫)	1500.00
77	平桥区(豫)	16863.00
78	黄陂区(鄂)	15000.00
79	襄城区(鄂)	900.00
80	保康县(鄂)	7000.00
81	京山县(鄂)	5000.00
82	大悟县(鄂)	160.00
83	云梦县(鄂)	2000.00
84	麻城市(鄂)	15000.00
85	崇阳县(鄂)	20000.00
86	随　县(鄂)	45000.00
87	巴东县(鄂)	100.00
88	宁乡市(湘)	223.00
89	茶陵县(湘)	330.00
90	湘潭市市辖区(湘)	4560.00

(续表)

序号	蜂王浆主产地	产量(千克)
91	韶山市(湘)	21000.00
92	祁东县(湘)	1650.00
93	耒阳市(湘)	100.00
94	隆回县(湘)	130.00
95	新宁县(湘)	5000.00
96	城步苗族自治县(湘)	300.00
97	鼎城区(湘)	73000.00
98	澧　县(湘)	1000.00
99	北湖区(湘)	9600.00
100	资兴市(湘)	1858.00
101	麻阳苗族自治县(湘)	340.00
102	新化县(湘)	8872.00
103	龙山县(湘)	1115.00
104	蒙山县(桂)	210.00
105	钦南区(桂)	500.00
106	北流市(桂)	280.00
107	大邑县(川)	696.00
108	彭州市(川)	4800.00
109	古蔺县(川)	1200.00
110	播州区(黔)	209.00
111	兴义市(黔)	10000.00
112	永胜县(滇)	10000.00
113	扶风县(陕)	5000.00
114	南郑区(陕)	700.00
115	略阳县(陕)	200.00
116	佛坪县(陕)	980.00
117	定边县(陕)	1100.00
118	甘谷县(甘)	51000.00
119	西夏区(宁)	100.00
120	盐池县(宁)	20000.00
121	泽普县(新)	400.00

表 17-3　蜂胶主产地产量

序号	蜂胶主产地	产量(千克)
1	门头沟区(京)	1300.00
2	房山区(京)	2005.35
3	顺义区(京)	450.00
4	大兴区(京)	70.00
5	平谷区(京)	100.00
6	平山县(冀)	17.20
7	永年区(冀)	40.00
8	馆陶县(冀)	40.00
9	阜平县(冀)	200000.00
10	泽州县(晋)	100.00
11	清水河县(内蒙古)	4500.00
12	盖州市(辽)	103.20
13	辉南县(吉)	520.00
14	长白朝鲜族自治县(吉)	725.00
15	白河林业局(吉)	56.00
16	通河县(黑)	1000.00
17	鸡东县(黑)	1800.00
18	虎林市(黑)	500.00
19	铁力市(黑)	100.00
20	汤原县(黑)	30.00
21	茄子河区(黑)	17.00
22	七台河市市辖区(黑)	210.00
23	逊克县(黑)	4000.00
24	贾汪区(苏)	100.00
25	盐都区(苏)	150.00
26	萧山区(浙)	395.00
27	秀洲区(浙)	60.00
28	婺城区(浙)	3820.00
29	义乌市(浙)	261.00
30	永康市(浙)	50.00
31	芜湖县(皖)	240.00
32	桐城市(皖)	15000.00
33	歙　县(皖)	10500.00
34	东至县(皖)	1082.00
35	绩溪县(皖)	15000.00
36	南部山区管理区(鲁)	863.60
37	高青县(鲁)	18.00
38	青州市(鲁)	3350.00
39	汶上县(鲁)	33.00
40	泗水县(鲁)	2390.00
41	新泰市(鲁)	185.00
42	泰安市高新区(鲁)	288.00
43	莒　县(鲁)	1200.00
44	夏津县(鲁)	100.00
45	乐陵市(鲁)	88.00
46	曹　县(鲁)	1300.00
47	南乐县(豫)	5280.00
48	淅川县(豫)	3000.00
49	桐柏县(豫)	1500.00
50	平桥区(豫)	9885.00
51	黄陂区(鄂)	601.00
52	保康县(鄂)	5500.00
53	屈家岭管理区(鄂)	980.00
54	京山县(鄂)	15.00
55	麻城市(鄂)	300000.00
56	崇阳县(鄂)	1000.00
57	随　县(鄂)	500.00
58	巴东县(鄂)	20.00
59	宁乡市(湘)	456.00
60	茶陵县(湘)	650.00
61	湘潭县(湘)	228.00
62	韶山市(湘)	370.00
63	新宁县(湘)	15000.00
64	鼎城区(湘)	5600.00
65	澧　县(湘)	2800.00
66	北湖区(湘)	2800.00
67	临武县(湘)	10.00
68	汝城县(湘)	230.00
69	资兴市(湘)	3293.00
70	通道侗族自治县(湘)	80.00
71	新化县(湘)	18260.00
72	龙山县(湘)	2230.00
73	潮安区(粤)	2525.00
74	蒙山县(桂)	90.00
75	陆川县(桂)	2000.00
76	大邑县(川)	995.00
77	彭州市(川)	950.00
78	古蔺县(川)	100.00
79	翠屏区(川)	15030.00
80	万源市(川)	800.00
81	播州区(黔)	152.00
82	兴义市(黔)	500.00
83	华宁县(滇)	30000.00
84	永胜县(滇)	5000.00
85	宾川县(滇)	100.00
86	南郑区(陕)	12000.00
87	甘谷县(甘)	300.00
88	盐池县(宁)	300.00
89	泽普县(新)	120.00

表 17-4　蜂花粉主产地产量

序号	蜂花粉主产地	产量(千克)
1	门头沟区(京)	3300.00
2	房山区(京)	5101.00
3	顺义区(京)	4500.00
4	大兴区(京)	3600.00

（续表）

序号	蜂花粉主产地	产量（千克）
5	怀柔区(京)	500.00
6	平谷区(京)	1500.00
7	海港区(冀)	150.00
8	馆陶县(冀)	1000.00
9	阜平县(冀)	200000.00
10	围场满族蒙古族自治县(冀)	2000.00
11	泽州县(晋)	650.00
12	清水河县(内蒙古)	60.00
13	盖州市(辽)	1742.00
14	凌源市(辽)	100000.00
15	舒兰市(吉)	1050.00
16	辉南县(吉)	1130.00
17	长白朝鲜族自治县(吉)	19.00
18	临江市(吉)	80.00
19	白河林业局(吉)	2250.00
20	通河县(黑)	200000.00
21	鸡东县(黑)	2000.00
22	虎林市(黑)	2000.00
23	宝清县(黑)	180000.00
24	铁力市(黑)	120.00
25	汤原县(黑)	150.00
26	茄子河区(黑)	340.00
27	七台河市市辖区(黑)	85.00
28	逊克县(黑)	3000.00
29	绥棱县(黑)	1927.50
30	贾汪区(苏)	950.00
31	吴中区(苏)	1000.00
32	京口区(苏)	800.00
33	萧山区(浙)	75.00
34	宁海县(浙)	200000.00
35	秀洲区(浙)	2950.00

（续表）

序号	蜂花粉主产地	产量（千克）
36	嵊州市(浙)	260000.00
37	婺城区(浙)	34530.00
38	义乌市(浙)	29676.00
39	永康市(浙)	2290.00
40	常山县(浙)	60000.00
41	芜湖县(皖)	30000.00
42	岳西县(皖)	7500.00
43	桐城市(皖)	150000.00
44	歙　县(皖)	27300.00
45	东至县(皖)	430.00
46	绩溪县(皖)	30000.00
47	广昌县(赣)	14000.00
48	平阴县(鲁)	600.00
49	南部山区管理区(鲁)	11853.00
50	莱阳市(鲁)	40.00
51	青州市(鲁)	277136.00
52	汶上县(鲁)	667.00
53	泗水县(鲁)	11800.00
54	梁山县(鲁)	50.00
55	新泰市(鲁)	315.00
56	泰安市高新区(鲁)	4050.00
57	莒　县(鲁)	9700.00
58	夏津县(鲁)	15000.00
59	乐陵市(鲁)	450.00
60	淅川县(豫)	3000.00
61	桐柏县(豫)	800.00
62	平桥区(豫)	17520.00
63	黄陂区(鄂)	90000.00
64	保康县(鄂)	16500.00
65	屈家岭管理区(鄂)	20.00
66	京山县(鄂)	20.00

（续表）

序号	蜂花粉主产地	产量（千克）
67	麻城市(鄂)	300000.00
68	崇阳县(鄂)	30000.00
69	随　县(鄂)	50000.00
70	巴东县(鄂)	20.00
71	宁乡市(湘)	110.00
72	新宁县(湘)	2500.00
73	鼎城区(湘)	5200.00
74	澧　县(湘)	100000.00
75	安化县(湘)	150.00
76	北湖区(湘)	11600.00
77	临武县(湘)	110.00
78	祁阳县(湘)	1500.00
79	麻阳苗族自治县(湘)	1100.00
80	通道侗族自治县(湘)	100.00
81	新化县(湘)	18850.00
82	龙山县(湘)	5575.00
83	潮安区(粤)	2525.00
84	蒙山县(桂)	600.00
85	陆川县(桂)	150.00
86	大邑县(川)	15920.00
87	彭州市(川)	80000.00
88	兴义市(黔)	80000.00
89	华宁县(滇)	1600.00
90	永胜县(滇)	165000.00
91	陇川县(滇)	50.00
92	南郑区(陕)	4500.00
93	甘谷县(甘)	102000.00
94	西夏区(宁)	50.00
95	盐池县(宁)	8000.00
96	泽普县(新)	2500.00
97	甘河林业局(内蒙古森工)	31.50

林产品进出口

FOREIGN TRADE STATISTICS OF FOREST PRODUCTS

表 1　原木出口量值表

国家/地区	出口数量（立方米）	出口金额（美元）
44034980 热带红木原木		
合计	3	1574
越南	3	1574
44034990 其他热带木原木		
合计	59705	20635032
越南	51729	18033240
孟加拉国	7976	2601792
44039930 红木原木,但编码 44034980 所列热带红木除外		
合计	100	258700
中国香港	100	258700
44039950 水曲柳原木		
合计	22	11191
日本	22	11191
44039990 未列名非针叶木原木		
合计	12497	2698069
越南	11737	1979717
中国香港	582	680719
孟加拉国	178	37633

表 2　原木进口量值表

国家/地区	进口数量（立方米）	进口金额（美元）
44031100 用油漆、着色剂、杂酚油或其他防腐剂处理的针叶木原木		
合计	286101	53623251
新西兰	285856	53504815
美国	110	80480
葡萄牙	57	20968
乌拉圭	52	9674
越南	25	5700
保加利亚	1	1582
中国[①]	0	32
44031200 用油漆、着色剂、杂酚油或其他防腐剂处理的非针叶木原木		
合计	124	196848
美国	58	183850
西班牙	66	12998
44032110 红松和樟子松原木,截面尺寸≥15cm		
合计	3142478	352055357

（续表）

国家/地区	进口数量（立方米）	进口金额（美元）
俄罗斯	2605911	290833574
波兰	315483	34339776
立陶宛	83147	10127700
拉脱维亚	46658	5853268
乌克兰	35800	4242390
白俄罗斯	25530	3105225
丹麦	10232	1234320
德国	6702	864748
葡萄牙	8179	837170
爱沙尼亚	2589	326352
比利时	1658	210100
法国	589	80734
44032120 辐射松原木,截面尺寸≥15cm		
合计	19208942	2648770746
新西兰	16302461	2285714742
澳大利亚	2656069	333449954
智利	221243	25894602
西班牙	25316	3240511
巴西	2596	324620
南非	896	97555
加拿大	263	37009
厄瓜多尔	98	11753
44032130 落叶松原木,截面尺寸≥15cm		
合计	2006955	234177321
俄罗斯	1987169	231601163
新西兰	10902	1472783
美国	4483	596120
朝鲜	1624	183718
波兰	1510	154390
丹麦	765	98124
德国	326	48563
法国	110	13951
比利时	66	8509
44032140 花旗松原木,截面尺寸≥15cm		
合计	1601110	294076299
美国	728396	148350630
新西兰	512969	76261616
加拿大	318548	63174603
法国	29387	4411128
澳大利亚	5371	744291
比利时	3406	600486

（续表）

国家/地区	进口数量（立方米）	进口金额（美元）
德国	2876	512780
波兰	149	19747
丹麦	8	1018
44032190 其他松木原木,截面尺寸≥15cm		
合计	4717232	597598963
美国	2173569	270120576
乌拉圭	1946145	245395086
澳大利亚	387714	53219469
南非	101459	11877090
俄罗斯	51313	8536844
加拿大	19936	3292232
新西兰	16687	2651801
巴西	7415	867414
波兰	3293	466033
丹麦	1800	252825
委内瑞拉	2723	230395
朝鲜	1834	203305
白俄罗斯	1531	183979
法国	740	106196
哥斯达黎加	221	63087
阿根廷	463	55543
日本	97	33286
德国	157	23784
罗马尼亚	71	9420
塞尔维亚	24	3992
越南	37	3910
智利	3	2696
44032210 红松和樟子松原木,截面尺寸<15cm		
合计	23543	2279322
俄罗斯	18994	1845811
白俄罗斯	1367	158076
波兰	1399	145902
乌克兰	1334	86987
葡萄牙	426	39640
拉脱维亚	23	2872
立陶宛	0	34
44032220 辐射松原木,截面尺寸<15cm		
合计	857985	100623493
澳大利亚	701058	80919442
新西兰	148817	18673367

① 数据不含中国香港、中国澳门和中国台湾。

（续表）

国家/地区	进口数量（立方米）	进口金额（美元）
西班牙	7680	983073
智利	270	30174
南非	136	14499
厄瓜多尔	24	2938
44032230 落叶松原木，截面尺寸<15cm		
合计	366453	38090172
俄罗斯	365724	37996250
新西兰	727	93682
美国	2	240
44032240 花旗松原木，截面尺寸<15cm		
合计	28361	4990809
加拿大	9117	1737889
美国	7388	1639583
新西兰	11282	1536104
澳大利亚	574	77233
44032290 其他松木原木，截面尺寸<15cm		
合计	114443	15207162
南非	59838	6682802
美国	18059	3586968
澳大利亚	22835	2870796
加拿大	7903	1352846
乌拉圭	3436	400503
新西兰	1304	171169
巴西	631	69926
俄罗斯	286	41509
白俄罗斯	106	12764
日本	3	12294
巴拉圭	15	3525
委内瑞拉	27	2060
44032300 冷杉和云杉原木，截面尺寸≥15cm		
合计	4214531	612473680
俄罗斯	2235375	284830236
美国	679227	131611201
加拿大	482719	87466426
德国	185624	24844494
捷克	169061	21883356
法国	90821	12525446
爱沙尼亚	88741	12210317
丹麦	73439	9110418
拉脱维亚	58072	7616129
斯洛伐克	40510	5561006
立陶宛	36644	4819599
澳大利亚	15947	2143974
日本	11528	1599473

（续表）

国家/地区	进口数量（立方米）	进口金额（美元）
波兰	12774	1507906
白俄罗斯	11807	1479405
罗马尼亚	6200	1057030
挪威	6493	907318
斯洛文尼亚	3971	536806
比利时	2939	394908
瑞典	2344	335013
朝鲜	279	32058
乌克兰	16	1161
44032400 冷杉和云杉原木，截面尺寸<15cm		
合计	706450	79770316
俄罗斯	678461	75378028
加拿大	12305	1971180
日本	7579	1048285
美国	4951	986894
爱沙尼亚	1636	205675
白俄罗斯	716	85844
澳大利亚	711	83496
拉脱维亚	59	7231
立陶宛	32	3683
44032500 其他针叶木原木，截面尺寸≥15cm		
合计	3943064	695074240
美国	1382869	270580317
加拿大	1395768	257638104
日本	660947	89102917
澳大利亚	300359	42398206
乌拉圭	110021	13476858
哥斯达黎加	35802	11330255
新西兰	31138	4755250
危地马拉	8796	2834339
俄罗斯	9464	1534934
法国	4055	608725
厄瓜多尔	618	169839
墨西哥	634	143495
越南	521	124268
中国台湾	153	81284
萨尔瓦多	219	67144
马来西亚	451	60318
南非	304	38873
丹麦	268	36726
德国	226	35738
比利时	229	31003
巴西	222	25647
44032600 其他针叶木原木，截面尺寸<15cm		

（续表）

国家/地区	进口数量（立方米）	进口金额（美元）
合计	395263	56785805
日本	242297	31547974
加拿大	84373	14275473
美国	30708	6116326
澳大利亚	35894	4592200
新西兰	1867	244232
越南	124	9600
44034100 深红色红柳桉木、浅红色红柳桉木及巴梼红柳桉木原木		
合计	14637	2763918
马来西亚	9589	2170599
巴西	4905	550815
澳大利亚	143	42504
44034910 柚木原木		
合计	17805	10073065
缅甸	3222	2838353
哥斯达黎加	3737	2023820
委内瑞拉	2306	978262
巴西	1791	896562
越南	554	576668
贝宁	938	517753
巴拿马	895	502474
纳米比亚	1026	346659
马来西亚	901	312416
苏里南	699	157189
哥伦比亚	285	140993
所罗门群岛	329	122202
中国台湾	52	113222
厄瓜多尔	205	102967
中非	114	74238
赞比亚	156	72366
加纳	138	70657
多哥	94	41129
尼日利亚	86	40191
巴布亚新几内亚	38	30628
科特迪瓦	51	28251
泰国	53	27144
南苏丹	44	19800
喀麦隆	39	18859
刚果（金）	46	13500
老挝	6	6762
44034920 奥克曼木（奥克榄）原木		
合计	782466	227540399
赤道几内亚	521148	144548771

(续表)

国家/地区	进口数量(立方米)	进口金额(美元)
刚果(布)	261195	82949675
加蓬	57	21730
刚果(金)	49	17324
加纳	17	2899
44034930 龙脑香木(克隆木)原木		
合计	257	123940
泰国	178	101647
柬埔寨	79	22293
44034940 山樟木(香木)原木		
合计	9976	3014923
马来西亚	9976	3014923
44034950 印加木(波罗格)原木		
合计	285941	137514660
巴布亚新几内亚	283045	135770507
马来西亚	1381	967017
所罗门群岛	1499	768336
瓦努阿图	16	8800
44034960 大干巴豆木(门格里斯或康派斯)原木		
合计	4824	1280682
巴布亚新几内亚	3047	943212
马来西亚	1777	337470
44034970 异翅香木原木		
合计	48695	10887099
巴布亚新几内亚	48695	10887099
44034980 热带红木原木		
合计	712301	564530559
尼日利亚	317893	235498638
塞拉利昂	143795	105699146
加纳	102139	75339697
马里	48969	37018584
印度尼西亚	14547	23030829
老挝	6545	15377210
冈比亚	19990	14978401
巴拿马	4456	13529512
刚果(布)	20324	12498259
几内亚比绍	10153	7622117
刚果(金)	12613	7596503
印度	104	5011095
莫桑比克	4110	2276084
越南	720	1878488
哥斯达黎加	541	1628622
尼加拉瓜	579	1599707
瓦努阿图	1395	905905

(续表)

国家/地区	进口数量(立方米)	进口金额(美元)
马来西亚	349	662803
贝宁	798	591008
所罗门群岛	938	521103
墨西哥	71	155413
伯利兹	86	151676
赤道几内亚	223	137457
喀麦隆	139	136462
塞内加尔	170	127883
布基纳法索	136	98743
萨尔瓦多	34	91800
泰国	126	82572
危地马拉	44	61325
几内亚	81	58320
加蓬	56	50550
坦桑尼亚	20	35460
巴布亚新几内亚	39	24004
多哥	29	21474
玻利维亚	41	15921
新加坡	25	9747
乌干达	23	8041
44034990 其他热带木原木		
合计	6448111	1882425297
巴布亚新几内亚	1682725	381183605
所罗门群岛	1770042	378137261
莫桑比克	369999	221222725
喀麦隆	664810	214598031
赤道几内亚	695227	192922041
刚果(布)	262614	92846652
赞比亚	46325	50922550
利比里亚	170993	46587999
中非	126899	46381063
苏里南	157695	42059983
圭亚那	78742	32424181
安哥拉	53022	25191487
澳大利亚	63022	21531441
老挝	35474	16277982
厄瓜多尔	73346	16118777
巴拿马	26551	15758464
刚果(金)	22511	13780468
墨西哥	18153	11900247
越南	25122	10740223
哥伦比亚	12297	6602573
坦桑尼亚	8495	6056039
加蓬	9204	5741354

(续表)

国家/地区	进口数量(立方米)	进口金额(美元)
马来西亚	17788	5456378
柬埔寨	12820	5455584
加纳	9977	4165943
秘鲁	5485	2979696
中国台湾	5777	2829346
尼日利亚	4830	2641699
玻利维亚	2445	1587011
洪都拉斯	2307	1566544
尼加拉瓜	1403	1515039
阿根廷	1272	1110930
巴拉圭	846	922814
新加坡	4219	628710
菲律宾	1435	530987
巴西	525	319100
危地马拉	555	305560
印度尼西亚	468	249901
科特迪瓦	332	241360
委内瑞拉	306	101402
纳米比亚	164	95995
萨尔瓦多	221	86457
南非	98	79161
瓦努阿图	93	79050
乌干达	133	76759
塞内加尔	347	73746
哥斯达黎加	180	55656
几内亚	104	42598
泰国	215	37282
帕劳	66	33213
塞尔维亚	75	33111
伯利兹	70	30289
津巴布韦	168	29208
缅甸	52	23515
印度	16	21709
阿曼	30	16550
尼泊尔	1	10202
南苏丹	17	5100
法国	3	2546
44039100 栎木(橡木)原木		
合计	1274585	433775644
法国	389959	134057579
美国	297913	112682708
俄罗斯	164439	55847930
德国	133740	43162797
比利时	125876	38787416

（续表）

国家/地区	进口数量（立方米）	进口金额（美元）
加拿大	63811	19825464
塞尔维亚	20299	6296244
罗马尼亚	17226	5206360
斯洛文尼亚	11326	3301627
保加利亚	10118	2971677
丹麦	9149	2868556
斯洛伐克	10314	2703261
荷兰	3946	1105515
捷克	2997	1040558
瑞士	2506	903173
卢森堡	1943	732506
朝鲜	3904	627872
乌克兰	704	441683
土耳其	1852	417050
瑞典	1065	317879
韩国	591	150500
奥地利	294	131488
日本	237	71675
中国	135	45517
波黑	64	26829
中国台湾	65	24513
克罗地亚	43	14283
波兰	68	11807
澳大利亚	1	1100
西班牙	0	77
44039300 水青冈木（山毛榉木）原木，截面尺寸≥15cm		
合计	759457	172223539
德国	414770	94609342
法国	81067	18124079
丹麦	75402	17166337
比利时	66867	15641885
瑞士	40480	9416431
卢森堡	19964	4821189
斯洛伐克	12696	2586602
波兰	16566	2336013
巴布亚新几内亚	4042	1658866
瑞典	7047	1615245
捷克	6946	1542080
斯洛文尼亚	7212	1455435
罗马尼亚	3251	584855
荷兰	1548	302585
塞尔维亚	891	195021
克罗地亚	309	63967

（续表）

国家/地区	进口数量（立方米）	进口金额（美元）
西班牙	291	62474
危地马拉	46	19981
日本	39	17322
所罗门群岛	22	3619
美国	1	211
44039400 水青冈木（山毛榉木）原木，截面尺寸<15cm		
合计	480	115641
斯洛文尼亚	377	86846
斯洛伐克	55	19127
塞尔维亚	48	9668
44039500 桦木原木，截面尺寸≥15cm		
合计	2171073	286747427
俄罗斯	1744303	219303240
拉脱维亚	332911	53445767
爱沙尼亚	87883	13001124
瑞典	2671	415564
立陶宛	1889	307128
挪威	816	133388
美国	149	59239
法国	248	43922
丹麦	48	13207
波兰	111	12800
澳大利亚	44	12048
44039600 桦木原木，截面尺寸<15cm		
合计	40412	4694248
俄罗斯	32495	3689044
拉脱维亚	6837	867884
爱沙尼亚	1080	137320
44039700 杨木原木		
合计	561542	60216494
俄罗斯	478022	49755850
新西兰	23039	2696256
爱沙尼亚	21483	2305991
美国	11064	1726266
比利时	6743	971233
拉脱维亚	8353	933737
加拿大	6808	858556
法国	3326	459641
塞尔维亚	465	235726
德国	1629	194133
丹麦	514	55212
北马其顿	72	16074
克罗地亚	15	3189

（续表）

国家/地区	进口数量（立方米）	进口金额（美元）
保加利亚	6	2664
波黑	3	1614
日本	0	352
44039800 桉木原木		
合计	850535	111516679
澳大利亚	437206	57607135
巴西	190521	20607681
乌拉圭	60835	9857694
巴布亚新几内亚	49764	9129172
所罗门群岛	28348	3957148
新西兰	32098	3482506
智利	28064	3146416
美国	11814	1771891
南非	7534	1246159
马来西亚	2406	321649
西班牙	340	226687
安哥拉	1056	93149
厄瓜多尔	352	48497
哥伦比亚	102	12193
秘鲁	86	6018
巴拉圭	6	2340
老挝	3	344
44039930 红木原木，但编码 44034980 所列热带红木除外		
合计	94506	201578922
老挝	58924	94801501
印度	1432	57792248
越南	17565	24167216
缅甸	10613	16105012
柬埔寨	2423	3570176
马来西亚	1216	2108628
泰国	1142	1602094
尼日利亚	273	656838
印度尼西亚	151	273416
莫桑比克	289	187735
巴布亚新几内亚	254	181825
坦桑尼亚	77	53851
刚果（金）	61	30718
澳大利亚	46	23850
赞比亚	8	14886
瓦努阿图	32	8928
44039940 泡桐木原木		
合计	0	705
日本	0	705

(续表)

国家/地区	进口数量(立方米)	进口金额(美元)
44039950 水曲柳原木		
合计	93989	31294576
俄罗斯	93989	31294576
44039960 北美硬阔叶木原木		
合计	998568	474149369
美国	885116	437278132
加拿大	88320	29959046
塞尔维亚	9402	2877765
法国	4919	1120298
斯洛伐克	3563	876660
保加利亚	1968	580603
比利时	1687	478113
罗马尼亚	1574	373613
德国	716	222473
中国	377	129714
丹麦	507	127596
克罗地亚	102	33627
斯洛文尼亚	140	28656
澳大利亚	1	24066
日本	34	17106
爱沙尼亚	93	10563
越南	37	8505
波黑	12	2833
44039980 其他温带非针叶木原木		
合计	157432	37912096
塞尔维亚	36625	10467131
罗马尼亚	25811	4674993
俄罗斯	18792	4138374
美国	9362	3338675
日本	2298	2339753
加拿大	7388	2031501
法国	7828	1805820
爱沙尼亚	13529	1620057
保加利亚	4965	1383082
所罗门群岛	9127	1347711
丹麦	4474	1011796
拉脱维亚	3161	639057
朝鲜	3716	588540
德国	2001	438525
波兰	1617	368377
列支敦士登	1181	266572
克罗地亚	1493	258019
立陶宛	967	249346
意大利	67	221645

(续表)

国家/地区	进口数量(立方米)	进口金额(美元)
瑞士	852	210379
比利时	739	180023
韩国	538	122037
波黑	258	68469
挪威	279	50706
斯洛文尼亚	181	37445
斯洛伐克	20	16893
肯尼亚	92	14260
智利	27	13055
巴布亚新几内亚	30	5752
科特迪瓦	14	4103
44039990 未列名非针叶木原木		
合计	2744839	544799682
巴布亚新几内亚	1433152	263972833
所罗门群岛	976729	165172664
莫桑比克	42989	21328820
澳大利亚	56136	19818416
老挝	18954	8081545
苏里南	31305	7470547
厄瓜多尔	29541	6888508
巴拿马	12113	5640921
赤道几内亚	21663	5325497
乌拉圭	28243	4365833
安哥拉	8075	4185322
墨西哥	4579	3460739
哥伦比亚	7322	2787068
越南	5237	2273422
美国	3604	2002587
尼日利亚	3682	1842950
赞比亚	2021	1620340
玻利维亚	1389	1231861
中国台湾	2276	1163036
保加利亚	4643	1109588
塞尔维亚	3213	930786
坦桑尼亚	968	841584
利比里亚	2982	750595
中非	1592	745006
印度尼西亚	2269	705855
圭亚那	776	681256
巴西	3668	679768
哥斯达黎加	1908	668629
罗马尼亚	3149	664656
南非	4822	645305
巴拉圭	1029	536909

(续表)

国家/地区	进口数量(立方米)	进口金额(美元)
爱沙尼亚	4427	513851
秘鲁	1050	503097
刚果(布)	1635	487110
日本	3039	484100
萨尔瓦多	1251	444167
智利	2234	430877
危地马拉	1179	394039
瓦努阿图	38	356699
马来西亚	1476	337487
法国	1319	324538
菲律宾	431	319489
西班牙	817	310937
新加坡	1605	241235
加纳	331	214287
喀麦隆	699	209797
阿根廷	443	199748
委内瑞拉	334	173197
津巴布韦		168241
几内亚	151	142270
斐济	19	133018
洪都拉斯	177	129679
意大利	152	107114
柬埔寨	198	92749
加蓬	237	79376
克罗地亚	392	67150
加拿大	259	53915
比利时	206	43459
葡萄牙	84	38278
缅甸	48	36108
泰国	49	32411
拉脱维亚	269	29715
尼加拉瓜	40	20244
丹麦	105	18294
斯洛伐克	19	14888
德国	20	13603
新西兰	9	13099
马里	21	9099
科特迪瓦	21	9078
波黑	21	4811
希腊	2	3666
波兰	2	1534
塞内加尔	1	382

表 3　锯材出口量值表

国家/地区	出口数量（立方米）	出口金额（美元）
44069100 已浸渍针叶木铁道及电车道枕木		
合计	5582	2856387
加纳	1885	787920
马来西亚	1268	779009
中国台湾	544	405398
坦桑尼亚	350	175830
越南	272	141601
尼日利亚	354	139360
新加坡	232	111341
肯尼亚	103	64431
日本	177	48808
阿联酋	111	44668
牙买加	83	42418
约旦	47	34793
科特迪瓦	32	33036
印度尼西亚	80	23816
韩国	14	8277
科威特	9	6944
伊拉克	15	4571
刚果(金)	5	2783
吉布提	1	1383
44069200 已浸渍非针叶木铁道及电车道枕木		
合计	328	77129
日本	237	52300
文莱	46	11358
刚果(金)	13	5215
孟加拉国	4	2421
斯里兰卡	8	2296
吉布提	17	2079
缅甸	1	949
伊朗	2	511
44071110 红松和樟子松木材，经纵锯、纵切、刨切或旋切，厚>6mm		
合计	31919	17995893
日本	29693	16547697
韩国	907	611158
泰国	493	345516
美国	492	344629
中国台湾	145	83736
孟加拉国	100	19196
安提瓜和巴布达	9	13224
阿联酋	20	6500
科威特	9	5643

（续表）

国家/地区	出口数量（立方米）	出口金额（美元）
尼日尔	18	5586
毛里塔尼亚	18	5118
马尔代夫	4	4712
俄罗斯	9	1938
吉布提	2	1240
44071120 辐射松木材，经纵锯、纵切、刨切或旋切，厚>6mm		
合计	31446	18259045
日本	18065	11008392
韩国	8556	5434091
中国台湾	1243	749105
毛里求斯	717	233264
文莱	947	172852
马尔代夫	475	127291
柬埔寨	617	126726
澳大利亚	224	113622
加拿大	90	75822
越南	252	60496
巴基斯坦	128	41669
马来西亚	55	37066
科威特	12	36572
印度	56	31383
古巴	8	9209
瑞士	1	1485
44071130 花旗松木材，经纵锯、纵切、刨切或旋切，厚>6mm		
合计	598	335025
日本	367	289046
安哥拉	63	23093
孟加拉国	162	19591
毛里塔尼亚	6	3295
44071190 其他松木木材，经纵锯、纵切、刨切或旋切，厚>6mm		
合计	8535	2927988
日本	1796	824613
文莱	1878	624809
斯里兰卡	1955	614712
马来西亚	770	331259
印度尼西亚	518	221621
韩国	237	120033
柬埔寨	923	42523
乍得	120	37350
美国	36	27011
马尔代夫	45	18424

（续表）

国家/地区	出口数量（立方米）	出口金额（美元）
毛里塔尼亚	31	13766
巴基斯坦	55	12917
菲律宾	53	11154
贝宁	34	8830
加纳	30	6660
蒙古	6	6209
阿尔及利亚	24	5141
纳米比亚	9	584
阿联酋	15	372
44071200 冷杉及云杉木材，经纵锯、纵切、刨切或旋切，厚>6mm		
合计	6905	5423217
日本	6090	4452735
墨西哥	420	759132
韩国	331	196956
印度尼西亚	51	7954
马来西亚	13	6440
44071900 其他针叶木木材，经纵锯、纵切、刨切或旋切，厚>6mm		
合计	19229	14361172
日本	10569	8719735
韩国	5649	3728984
德国	265	577012
美国	966	408819
泰国	658	339880
中国台湾	374	338840
中国香港	393	84882
巴基斯坦	105	44188
越南	43	40894
塞拉利昂	90	36875
菲律宾	104	34296
斐济	10	5129
印度	2	1575
汤加	1	63
44072200 苏里南肉豆蔻木、细孔绿心樟及美洲轻木木材，经纵锯、纵切、刨切或旋切，厚>6mm		
合计	24	21546
日本	24	21546
44072500 深红色红柳桉木、浅红色红柳桉木及巴栲红柳桉木木材，经纵锯、纵切、刨切或旋切，厚>6mm		
合计	1016	297968
中国香港	1016	297968

(续表)

国家/地区	出口数量（立方米）	出口金额（美元）
44072600 经纵锯、纵切、刨切或旋切的白黄柳桉木等木材,厚>6mm		
合计	68	23180
中国香港	65	22115
巴基斯坦	3	1065
44072700 经纵锯、纵切、刨切或旋切的沙比利木材,厚>6mm		
合计	94	42574
吉尔吉斯斯坦	45	19511
马来西亚	22	12505
越南	27	10558
44072910 经纵锯、纵切、刨切或旋切的柚木木材,厚>6mm		
合计	2523	2379511
泰国	740	770467
中国台湾	492	536018
巴基斯坦	578	272131
越南	165	190629
马来西亚	125	132171
土耳其	115	131399
美国	29	114647
比利时	93	76143
日本	32	58027
希腊	78	35423
意大利	37	35150
柬埔寨	10	11900
中国香港	21	5824
俄罗斯	5	4500
波兰	2	3330
南非	1	1752
44072920 经纵锯、纵切、刨切或旋切的非洲桃花心木木材,厚>6mm		
合计	14	8587
印度尼西亚	12	6046
韩国	2	2541
44072930 波罗格木木材,经纵锯、纵切、刨切或旋切,厚>6mm		
合计	35	107880
印度尼西亚	22	75952
牙买加	4	15720
马尔代夫	6	10972
新加坡	3	5236
44072990 未列名热带木木材,经纵锯、纵切、刨切或旋切,厚>6mm		

(续表)

国家/地区	出口数量（立方米）	出口金额（美元）
合计	429	326085
印度尼西亚	78	117686
韩国	107	102930
马来西亚	72	41535
日本	54	24761
菲律宾	49	17707
越南	47	14740
中国香港	22	6726
44079100 栎木(橡木)木材,经纵锯、纵切、刨切或旋切,厚>6mm		
合计	9919	13970627
德国	3063	5165726
日本	3366	4111080
韩国	1720	2582117
法国	980	1088558
以色列	161	279367
比利时	133	207501
英国	98	175176
越南	122	126593
爱尔兰	36	78507
柬埔寨	58	53660
马来西亚	27	40300
加拿大	42	12720
澳大利亚	28	11344
圭亚那	12	8500
阿富汗	32	7470
印度尼西亚	30	6912
蒙古	4	6536
葡萄牙	5	5880
斯里兰卡	1	1500
瑞典	1	653
中国香港	0	396
新加坡	0	131
44079200 水青冈木(山毛榉木)木材,经纵锯、纵切、刨切或旋切,厚>6mm		
合计	19	19956
澳大利亚	19	19956
44079300 槭木(枫木)木材,经纵锯、纵切、刨切或旋切,厚>6mm		
合计	1252	1096670
印度尼西亚	795	643604
韩国	230	235043
中国台湾	79	107520
日本	128	71517

(续表)

国家/地区	出口数量（立方米）	出口金额（美元）
刚果(金)	8	28058
澳大利亚	11	10484
瑞典	1	444
44079400 樱桃木木材,经纵锯、纵切、刨切或旋切,厚>6mm		
合计	11	25351
日本	7	15601
法国	4	9750
44079500 白蜡木木材,经纵锯、纵切、刨切或旋切,厚>6mm		
合计	4605	4274703
日本	4225	4021043
韩国	379	251728
德国	1	1713
西班牙	0	177
印度尼西亚	0	29
以色列	0	13
44079600 桦木木材,经纵锯、纵切、刨切或旋切,厚>6mm		
合计	3983	1629622
日本	3869	1519808
韩国	82	57146
美国	15	37148
加拿大	17	15520
44079700 杨木木材,经纵锯、纵切、刨切或旋切,厚>6mm		
合计	1209	454607
越南	986	269327
日本	89	102807
中国台湾	107	69593
肯尼亚	23	9113
乌兹别克斯坦	4	3767
44079910 红木木材,但编码 44072940 所列热带红木木材除外,经纵锯、纵切、刨切或旋切,厚>6mm		
合计	19	22525
韩国	18	21776
日本	1	375
印度尼西亚	0	374
44079920 泡桐木木材,经纵锯、纵切、刨切或旋切,厚>6mm		
合计	102335	70190857
美国	35623	26269236
日本	27905	20825288

（续表）

国家/地区	出口数量（立方米）	出口金额（美元）
韩国	8234	3781064
澳大利亚	4135	3207923
中国台湾	3652	3160078
德国	3025	2031646
阿联酋	1279	1324690
越南	2345	1288915
斯洛文尼亚	2378	1088201
西班牙	2271	1026934
马来西亚	1364	641894
法国	1310	623996
意大利	1222	575051
尼加拉瓜	997	470370
荷兰	584	430023
捷克	786	354702
俄罗斯	459	261274
加拿大	320	216722
柬埔寨	398	191823
突尼斯	174	177639
泰国	219	175270
波兰	246	156657
留尼汪	254	144114
英国	186	141621
牙买加	155	134068
以色列	215	130569
罗马尼亚	143	122143
比利时	235	114077
孟加拉国	234	108901
哥伦比亚	206	107634
海地	116	88663
南非	170	86303
阿尔巴尼亚	167	84163
洪都拉斯	179	83512
哥斯达黎加	174	79313
危地马拉	108	61114
墨西哥	124	54241
萨尔瓦多	87	41910
葡萄牙	80	41077
哈萨克斯坦	61	38747
津巴布韦	129	34333
巴拿马	68	32018
克罗地亚	60	29280
芬兰	45	27504
希腊	62	27394
斯洛伐克	52	26491

（续表）

国家/地区	出口数量（立方米）	出口金额（美元）
尼泊尔	21	15156
爱沙尼亚	18	13078
印度尼西亚	10	12200
马尔代夫	4	7103
新加坡	16	6592
尼日利亚	8	4300
拉脱维亚	5	4235
奥地利	4	3732
爱尔兰	6	3154
巴西	4	2046
萨摩亚	3	600
南苏丹	0	75
44079930 经纵锯、纵切、刨切或旋切的北美硬阔叶木材，厚>6mm		
合计	8253	9511589
德国	2647	3025152
日本	1448	1736872
意大利	1115	1175277
韩国	874	1151658
美国	976	1096723
泰国	419	634741
柬埔寨	254	256013
印度尼西亚	145	172040
波兰	84	90109
文莱	211	81176
以色列	46	52728
越南	20	26579
英国	7	7928
中国香港	1	3165
加拿大	1	820
瑞典	1	424
中国台湾	4	184
44079980 经纵锯、纵切、刨切或旋切的其他温带非针叶木材，厚>6mm		
合计	9140	9248652
日本	7588	7399692
韩国	1157	1491285
美国	275	273112
马来西亚	59	42000
文莱	57	34800
塞浦路斯	4	7763
44079990 其他经纵锯、纵切、刨切或旋切的非叶木木材，厚>6mm		
合计	6180	4607293

（续表）

国家/地区	出口数量（立方米）	出口金额（美元）
中国台湾	1600	1445876
韩国	738	730073
美国	1216	708737
马尔代夫	537	623143
日本	515	310047
尼日尔	560	198502
伊朗	185	125096
瑞典	91	122900
马里	200	77079
新加坡	26	49980
孟加拉国	158	49731
澳大利亚	53	31152
以色列	13	27515
阿联酋	73	25762
毛里塔尼亚	60	18000
加拿大	10	17313
中国香港	15	16922
越南	11	8615
阿根廷	39	5640
马来西亚	10	4076
乍得	4	3582
印度尼西亚	1	3354
坦桑尼亚	64	2784
埃及	1	924
卢森堡	0	490

表 4　锯材进口量值表

国家/地区	进口数量（立方米）	进口金额（美元）
44061100 未浸渍针叶木铁道及电车道枕木		
合计	9456	1350177
俄罗斯	9456	1350177
44061200 未浸渍非针叶木铁道及电车道枕木		
合计	232	72627
马来西亚	232	72627
44069100 已浸渍针叶木铁道及电车道枕木		
合计	85	6008
加拿大	85	5573
美国	0	435
44071110 红松和樟子松木材，经纵锯、纵切、刨切或旋切，厚>6mm		
合计	9804316	1834620608
俄罗斯	8943631	1643828189
乌克兰	366026	70460526

(续表)

国家/地区	进口数量(立方米)	进口金额(美元)
芬兰	237008	57446352
瑞典	110010	29339700
白俄罗斯	41649	8210821
德国	33007	7146198
爱沙尼亚	14474	3714032
巴西	15653	3707673
拉脱维亚	13922	3628822
立陶宛	13617	3531069
罗马尼亚	5560	1261015
阿根廷	2404	592082
奥地利	2352	493079
波兰	1328	463457
乌拉圭	1682	328625
挪威	647	139406
英国	418	83555
美国	63	68204
西班牙	277	55349
捷克	242	49650
日本	131	25356
智利	94	23680
委内瑞拉	117	20975
中国	2	2482
加拿大	2	311
44071120 辐射松木材,经纵锯、纵切、刨切或旋切,厚>6mm		
合计	1135942	290822812
智利	722155	184566907
新西兰	360147	93421036
西班牙	27880	6797122
澳大利亚	15794	3551090
巴西	6641	1551926
阿根廷	1702	404390
荷兰	106	206055
乌拉圭	615	139919
中国	440	92687
瑞典	222	50968
俄罗斯	148	22126
津巴布韦	92	18465
日本	0	108
意大利	0	13
44071130 花旗松木材,经纵锯、纵切、刨切或旋切,厚>6mm		
合计	227340	46959740
加拿大	200833	42372975

(续表)

国家/地区	进口数量(立方米)	进口金额(美元)
美国	11885	2591792
日本	12464	1296682
法国	553	191472
中国台湾	59	133310
新西兰	277	124731
英国	623	123057
德国	389	73778
比利时	256	51883
芬兰	1	60
44071190 其他松木木材,经纵锯、纵切、刨切或旋切,厚>6mm		
合计	2890750	538870132
俄罗斯	1782152	285074239
美国	351090	71834123
巴西	260997	57358744
加拿大	177356	47811859
乌拉圭	121124	26106456
阿根廷	54623	12642058
芬兰	35032	9191757
瑞典	29486	8013078
乌克兰	35769	7305214
拉脱维亚	7296	3104085
澳大利亚	4261	2194166
波兰	3612	1989332
德国	6357	1563599
白俄罗斯	5749	1116774
委内瑞拉	4502	813101
爱沙尼亚	2772	680867
新西兰	1675	653980
立陶宛	2170	504792
罗马尼亚	1436	284845
印度尼西亚	56	176987
朝鲜	1054	131925
奥地利	641	121879
日本	1271	113072
智利	135	28307
捷克	41	26897
荷兰	21	13260
瑞士	49	12240
越南	19	1487
中国台湾	4	860
保加利亚	0	97
中国	0	52

(续表)

国家/地区	进口数量(立方米)	进口金额(美元)
44071200 冷杉及云杉木材,经纵锯、纵切、刨切或旋切,厚>6mm		
合计	9443043	1972632792
俄罗斯	4909726	955617552
加拿大	2712551	549733433
芬兰	880975	228115650
瑞典	561965	144046667
德国	112465	25653744
奥地利	69787	18005277
爱沙尼亚	39364	9891698
拉脱维亚	29053	6723418
罗马尼亚	29835	6613175
丹麦	17887	5775471
捷克	24968	5590933
日本	12734	5434894
白俄罗斯	12664	2565496
乌克兰	9793	2055562
韩国	2653	1868919
美国	3354	1062453
挪威	3025	758373
立陶宛	3379	744938
克罗地亚	1395	512256
瑞士	478	497599
法国	1767	367082
比利时	967	244009
印度尼西亚	66	184188
斯洛文尼亚	464	127044
朝鲜	805	112035
斯洛伐克	393	105892
意大利	41	93571
黑山	169	65307
荷兰	183	38529
马来西亚	56	11512
波兰	32	8414
中国	49	7701
44071900 其他针叶木木材,经纵锯、纵切、刨切或旋切,厚>6mm		
合计	1378750	307921876
加拿大	1083589	239716850
美国	109992	27810661
巴西	65658	14493900
日本	44708	8128872
阿根廷	16976	3901705
乌拉圭	15807	3616160

（续表）

国家/地区	进口数量（立方米）	进口金额（美元）
瑞典	8895	2375173
俄罗斯	9586	1977206
芬兰	6206	1748463
乌克兰	3837	840730
澳大利亚	1188	531972
爱沙尼亚	1613	515843
委内瑞拉	2639	372854
德国	1739	371291
越南	2812	268925
新西兰	476	263639
罗马尼亚	1020	240131
英国	1046	206432
老挝	325	203270
中国台湾	137	92420
喀麦隆	119	75689
西班牙	34	51106
巴布亚新几内亚	72	38972
汤加	82	30840
肯尼亚	3	20565
韩国	150	13135
波兰	4	8561
奥地利	37	6511
44072100 美洲桃花心木木材，经纵锯、纵切、刨切或旋切，厚>6mm		
合计	21350	11352801
印度尼西亚	20614	10995567
菲律宾	449	202659
斐济	204	108970
汤加	83	45430
秘鲁	0	175
44072200 苏里南肉豆蔻木、细孔绿心樟及美洲轻木木材，经纵锯、纵切、刨切或旋切，厚>6mm		
合计	22519	15554876
厄瓜多尔	20028	14419716
巴布亚新几内亚	2485	1131770
圭亚那	6	3390
44072500 深红色红柳桉木、浅红色红柳桉木及巴栲红柳桉木木材，经纵锯、纵切、刨切或旋切，厚>6mm		
合计	7705	3190225
马来西亚	5312	1951011
印度尼西亚	1659	891873
乌拉圭	387	199518

（续表）

国家/地区	进口数量（立方米）	进口金额（美元）
澳大利亚	134	100673
安哥拉	145	28900
老挝	68	17188
中国台湾	0	1062
44072600 经纵锯、纵切、刨切或旋切的白黄柳桉木等木材，厚>6mm		
合计	11984	4035192
马来西亚	8707	2424970
印度尼西亚	2801	1127269
澳大利亚	326	252228
意大利	85	167069
中国台湾	52	59552
中国香港	13	4104
44072700 经纵锯、纵切、刨切或旋切的沙比利木材，厚>6mm		
合计	73538	50463185
喀麦隆	35329	25010996
刚果（布）	25885	17527904
中非	6058	4300006
加蓬	4343	2644594
刚果（金）	869	618624
安哥拉	332	191783
越南	555	103117
意大利	62	27804
尼日利亚	71	25115
加纳	34	13242
44072800 经纵锯、纵切、刨切或旋切的伊罗科木木材，厚>6mm		
合计	3	1972
喀麦隆	3	1972
44072910 经纵锯、纵切、刨切或旋切的柚木木材，厚>6mm		
合计	41610	30255281
印度尼西亚	8664	8156847
老挝	12020	7353351
委内瑞拉	5717	3590264
巴西	4604	3283081
贝宁	5064	3045718
科特迪瓦	2602	1792344
缅甸	1019	1419243
哥斯达黎加	478	363368
中国台湾	171	234053
尼日利亚	264	176244
越南	98	168456

（续表）

国家/地区	进口数量（立方米）	进口金额（美元）
赞比亚	211	164297
特立尼达和多巴哥	202	139341
马来西亚	88	72268
莫桑比克	98	70708
多哥	80	58684
巴拿马	80	47980
泰国	55	40342
坦桑尼亚	50	37003
厄瓜多尔	19	18937
斯里兰卡	20	15775
印度	6	6977
44072920 经纵锯、纵切、刨切或旋切的非洲桃花心木木材，厚>6mm		
合计	6257	3720610
加蓬	3606	1879431
刚果（布）	1015	644160
喀麦隆	875	449659
中国台湾	176	368379
刚果（金）	201	177908
印度尼西亚	261	123143
中非	91	52695
西班牙	16	14819
阿根廷	8	3474
科特迪瓦	7	3455
葡萄牙	0	2188
奥地利	1	1299
44072930 波罗格木木材，经纵锯、纵切、刨切或旋切，厚>6mm		
合计	155670	137837299
印度尼西亚	149780	133183974
马来西亚	4266	3430243
巴布亚新几内亚	934	621050
所罗门群岛	552	489240
乌拉圭	52	47256
新加坡	35	31288
老挝	30	27680
斐济	16	4185
喀麦隆	5	2383
44072940 热带红木木材，经纵锯、纵切、刨切或旋切，厚>6mm		
合计	120479	143922503
印度尼西亚	37515	71958404
尼日利亚	57989	47073209
贝宁	8126	6705320

(续表)

国家/地区	进口数量(立方米)	进口金额(美元)
加纳	5328	4310623
冈比亚	3638	2936006
莫桑比克	3656	2453068
老挝	1094	2320098
印度	201	1789118
越南	562	1081796
巴拿马	237	773476
马来西亚	307	582664
加蓬	822	462280
喀麦隆	54	362579
巴布亚新几内亚	404	248392
缅甸	128	167108
中国台湾	74	145266
日本	15	144086
泰国	68	102015
所罗门群岛	135	82583
柬埔寨	37	56492
刚果(布)	3	48918
尼日尔	57	44532
西班牙	1	29299
伯利兹	12	19472
巴西	5	16329
乌干达	10	5527
坦桑尼亚	0	2450
澳大利亚	1	1100
尼加拉瓜	0	235
意大利	0	58
44072990 未列名热带木木材,经纵锯、纵切、刨切或旋切,厚>6mm		
合计	6174217	2142647590
泰国	4403069	1394188879
加蓬	551161	290886598
马来西亚	230617	86002513
喀麦隆	126381	71479030
越南	127143	45240655
菲律宾	300987	41501981
印度尼西亚	109474	41387378
秘鲁	43722	33042545
莫桑比克	40178	25347579
巴西	35768	21396576
缅甸	60103	19780506
赞比亚	13401	9952857
柬埔寨	26360	8509640
加纳	16947	7600300

(续表)

国家/地区	进口数量(立方米)	进口金额(美元)
刚果(布)	14430	7216612
坦桑尼亚	6616	5972647
玻利维亚	7813	5314024
斯里兰卡	15627	4675475
塞拉利昂	8540	4282810
赤道几内亚	4490	2726165
中国台湾	4605	2486641
巴拉圭	2553	2356224
尼日利亚	2955	1477941
斐济	2633	1361641
厄瓜多尔	1888	805128
苏里南	1794	766464
贝宁	1328	701584
中非	1480	686347
科特迪瓦	1110	680896
巴布亚新几内亚	1789	444789
几内亚	1148	440939
安哥拉	1600	439816
印度	214	346323
利比里亚	945	332519
意大利	253	301867
冈比亚	588	294882
阿根廷	173	242334
津巴布韦	823	214620
美国	332	207026
老挝	517	178150
所罗门群岛	382	176513
哥伦比亚	298	165157
刚果(金)	230	156831
纳米比亚	216	141907
澳大利亚	350	124673
圭亚那	538	120995
墨西哥	70	73190
日本	14	72610
智利	100	69287
韩国	68	50561
委内瑞拉	125	45454
巴拿马	73	39198
危地马拉	31	29809
哥斯达黎加	38	28471
葡萄牙	30	22827
尼加拉瓜	32	16166
新加坡	26	14195
南苏丹	18	10532

(续表)

国家/地区	进口数量(立方米)	进口金额(美元)
德国	1	9256
西班牙	10	5481
俄罗斯	11	1702
拉脱维亚	1	1589
新西兰	0	180
土耳其	0	90
马达加斯加	0	15
44079100 栎木(橡木)木材,经纵锯、纵切、刨切或旋切,厚>6mm		
合计	1513668	942536110
美国	1201666	776039769
俄罗斯	204708	95429356
加拿大	38891	28388877
法国	33302	21130712
德国	8976	4859715
匈牙利	3989	3539443
克罗地亚	6171	3376869
越南	2899	2959832
乌克兰	5228	2368316
意大利	889	618028
斯洛文尼亚	1182	528895
奥地利	924	492778
日本	413	420397
比利时	683	395212
斯洛伐克	852	363225
罗马尼亚	519	290944
波黑	394	260625
保加利亚	416	193840
捷克	237	148162
波兰	117	114443
立陶宛	147	110591
塞尔维亚	161	90626
西班牙	184	85541
荷兰	95	62613
马来西亚	155	58054
朝鲜	137	54968
爱沙尼亚	91	40114
土耳其	49	39579
埃及	61	27576
泰国	63	27262
拉脱维亚	33	14442
缅甸	36	5302
丹麦	0	4

（续表）

国家/地区	进口数量（立方米）	进口金额（美元）

44079200 水青冈木（山毛榉木）木材，经纵锯、纵切、刨切或旋切，厚>6mm

国家/地区	进口数量（立方米）	进口金额（美元）
合计	715478	304122039
罗马尼亚	258959	107894332
德国	162847	68911881
克罗地亚	60471	26500617
波黑	55577	25284638
塞尔维亚	45087	20475674
法国	32909	14955375
波兰	38522	14071945
意大利	17406	7440181
乌克兰	18690	7356562
奥地利	13506	5922885
匈牙利	3980	1896027
丹麦	2123	941433
斯洛伐克	1255	576482
斯洛文尼亚	1069	461853
黑山	774	328243
智利	285	195235
日本	182	173544
保加利亚	362	169834
荷兰	403	124198
北马其顿	229	105151
俄罗斯	279	94955
美国	135	59450
西班牙	134	43017
中国台湾	29	29415
瑞士	96	28720
捷克	49	27934
加拿大	47	22972
希腊	32	15133
立陶宛	25	9027
巴布亚新几内亚	16	3276
挪威	0	2050

44079300 槭木（枫木）木材，经纵锯、纵切、刨切或旋切，厚>6mm

国家/地区	进口数量（立方米）	进口金额（美元）
合计	90168	47772725
美国	59067	32095364
加拿大	23792	11288645
乌克兰	4625	1705755
罗马尼亚	951	1021818
德国	261	639264
俄罗斯	928	233906
挪威	41	212575

（续表）

国家/地区	进口数量（立方米）	进口金额（美元）
日本	96	194718
法国	229	135534
克罗地亚	13	84826
瑞士	5	43224
波黑	58	40810
奥地利	64	38286
印度尼西亚	31	15761
黑山	7	10300
波兰	0	4312
捷克	0	3322
斯洛伐克	0	2358
意大利	0	1706
西班牙	0	135
芬兰	0	106

44079400 樱桃木木材，经纵锯、纵切、刨切或旋切，厚>6mm

国家/地区	进口数量（立方米）	进口金额（美元）
合计	205310	167888251
美国	195585	159081474
加拿大	8265	6767617
意大利	110	1222751
智利	622	376426
克罗地亚	303	132138
西班牙	104	96102
法国	132	78799
斯洛文尼亚	103	48475
日本	22	35380
中国台湾	32	30670
葡萄牙	29	17476
罗马尼亚	3	722
德国	0	127
奥地利	0	94

44079500 白蜡木木材，经纵锯、纵切、刨切或旋切，厚>6mm

国家/地区	进口数量（立方米）	进口金额（美元）
合计	466800	277522375
美国	288044	195170574
俄罗斯	96746	41420698
加拿大	23434	15750779
德国	11680	5147259
克罗地亚	11769	4864340
乌克兰	11812	4720713
法国	10616	4649212
奥地利	4519	1966466
意大利	2325	1163208
越南	1750	684690

（续表）

国家/地区	进口数量（立方米）	进口金额（美元）
罗马尼亚	904	452528
比利时	570	267196
波黑	499	253073
塞尔维亚	492	216929
捷克	354	165409
匈牙利	359	153637
葡萄牙	250	135115
斯洛文尼亚	201	113183
中国台湾	118	95560
爱沙尼亚	190	69359
瑞士	88	33264
波兰	55	18831
日本	25	10352

44079600 桦木木材，经纵锯、纵切、刨切或旋切，厚>6mm

国家/地区	进口数量（立方米）	进口金额（美元）
合计	796888	159236093
俄罗斯	743563	140877961
拉脱维亚	32742	9758452
爱沙尼亚	8953	4088609
立陶宛	5804	1636353
芬兰	2920	1374687
日本	57	482872
白俄罗斯	1292	425502
美国	487	231780
加拿大	249	138227
乌克兰	572	121117
瑞典	73	53225
波兰	130	38905
比利时	43	5912
奥地利	3	2491

44079700 杨木木材，经纵锯、纵切、刨切或旋切，厚>6mm

国家/地区	进口数量（立方米）	进口金额（美元）
合计	73771	18954911
美国	27365	11468826
俄罗斯	43489	6264312
加拿大	2227	1035863
克罗地亚	370	117817
乌克兰	132	31609
拉脱维亚	76	20007
白俄罗斯	90	12457
罗马尼亚	13	2963
新西兰	9	883
日本	0	174

(续表)

国家/地区	进口数量(立方米)	进口金额(美元)
44079910 红木木材,但编码 4407. 2940 所列热带红木木材除外,经纵锯、纵切、刨切或旋切,厚>6mm		
合计	49822	76745930
老挝	42994	67294062
越南	3473	5351433
泰国	699	1123775
印度尼西亚	581	716045
柬埔寨	327	545710
缅甸	302	434566
美国	738	402131
喀麦隆	99	365492
加蓬	225	130583
巴布亚新几内亚	191	110616
印度	29	90900
韩国	11	46977
马达加斯加	62	46138
贝宁	23	15408
尼日利亚	19	15098
坦桑尼亚	1	14878
澳大利亚	30	14566
刚果(金)	15	13873
西班牙	3	13679
44079930 经纵锯、纵切、刨切或旋切的北美硬阔叶木材,厚>6mm		
合计	556220	364946693
美国	541534	351597947
加拿大	13833	12801463
日本	186	120796
玻利维亚	35	93278
意大利	73	91786
波兰	202	60224
法国	132	49822
匈牙利	31	25744
克罗地亚	52	19183
罗马尼亚	40	18211
瑞士	2	18069
墨西哥	21	11880
西班牙	17	11735
哥伦比亚	17	9106
中国台湾	19	8711
委内瑞拉	25	6520
德国	1	2218

(续表)

国家/地区	进口数量(立方米)	进口金额(美元)
44079980 经纵锯、纵切、刨切或旋切的其他温带非针叶木材,厚>6mm		
合计	403529	122390412
俄罗斯	341977	97601514
美国	19150	9072288
拉脱维亚	15284	4914330
克罗地亚	5833	2553627
立陶宛	7129	2024969
罗马尼亚	3746	1274975
爱沙尼亚	2179	927136
乌拉圭	1152	785774
日本	1051	561972
法国	863	375759
乌克兰	1293	354370
匈牙利	331	283614
德国	526	253333
缅甸	952	244263
印度尼西亚	90	230583
加拿大	430	214189
中国台湾	358	208476
智利	248	111585
波兰	249	75238
意大利	117	74940
保加利亚	228	68496
瑞典	66	39197
韩国	1	33099
塞尔维亚	61	30065
澳大利亚	34	28635
丹麦	60	22975
马来西亚	33	17211
安哥拉	59	7734
巴西	29	43
西班牙	0	22
44079990 其他经纵锯、纵切、刨切或旋切的非叶木木材,厚>6mm		
合计	245961	113896630
乌拉圭	25392	14847641
美国	31455	12815875
泰国	34339	11960642
加蓬	13710	7943044
马来西亚	17400	7504144
秘鲁	9048	7465571
巴西	11856	6655795
澳大利亚	7978	6083032

(续表)

国家/地区	进口数量(立方米)	进口金额(美元)
玻利维亚	7907	5776416
越南	10315	4369993
莫桑比克	6813	3438349
印度尼西亚	5742	2662303
喀麦隆	3915	2465720
菲律宾	19556	2403516
克罗地亚	4665	2048181
意大利	1358	1457724
日本	3493	1227257
刚果(布)	2894	1212835
德国	1554	917657
智利	1794	909938
俄罗斯	4358	774709
安哥拉	799	708867
中国台湾	1269	701406
乌克兰	1664	689253
坦桑尼亚	885	687946
波兰	999	625782
巴拉圭	908	613333
老挝	3856	604590
奥地利	1001	580478
拉脱维亚	1668	508878
厄瓜多尔	1341	392403
巴布亚新几内亚	394	321983
南非	630	320992
加拿大	695	270887
加纳	378	242384
科特迪瓦	710	239441
缅甸	461	186413
斐济	325	134043
委内瑞拉	366	133742
尼日利亚	199	126892
贝宁	391	124655
苏里南	182	99060
西班牙	82	72967
爱沙尼亚	194	68092
柬埔寨	291	60996
葡萄牙	80	58909
赤道几内亚	61	54355
赞比亚	89	52477
危地马拉	16	48423
哥伦比亚	72	39498
墨西哥	5	37147
利比里亚	96	25901

（续表）

国家/地区	进口数量（立方米）	进口金额（美元）
韩国	136	24528
印度	8	24342
立陶宛	65	22753
洪都拉斯	23	15619
巴拿马	21	12852
罗马尼亚	28	11224
斯洛伐克	25	6395
法国	1	2745
伯利兹	5	2176
白俄罗斯	0	1461

表 5　人造板出口量值表

国家/地区	出口数量（千克）	出口金额（美元）
44081011 用胶合板等制的针叶木饰面用单板，厚≤6mm		
合计	22570	14900
菲律宾	18000	9600
柬埔寨	2890	4059
泰国	1680	1241
44081019 其他针叶木饰面用单板，厚≤6mm		
合计	736029	1480856
菲律宾	565500	837449
荷兰	14400	127376
韩国	34649	126521
巴基斯坦	20008	122452
美国	7457	82502
印度尼西亚	27853	81614
中国台湾	27735	43328
瑞典	5440	33378
缅甸	14000	10424
乌拉圭	1357	8655
安提瓜和巴布达	17250	5718
加拿大	270	1200
日本	110	239
44081020 针叶木制胶合板用单板，厚≤6mm		
合计	5495639	5330818
越南	5008272	5042126
泰国	209652	121360
缅甸	198000	101575
斯里兰卡	44835	42000
柬埔寨	34870	23546
美国	10	211

（续表）

国家/地区	出口数量（千克）	出口金额（美元）
44081090 其他针叶木木材，经纵锯、刨切或旋切，厚≤6mm		
合计	3545026	14634388
德国	892093	4963870
日本	1130147	4550002
英国	177589	850947
美国	226633	774222
法国	129334	577480
墨西哥	160544	577063
越南	112332	385828
比利时	63743	359717
菲律宾	294030	358038
阿根廷	59761	339027
韩国	45535	191285
突尼斯	44314	127154
西班牙	19202	126879
中国台湾	30851	123858
土耳其	20073	108524
泰国	20781	71018
意大利	9287	56212
缅甸	71200	44220
柬埔寨	27810	23086
葡萄牙	5088	22587
奥地利	578	1851
巴布亚新几内亚	4100	1500
捷克	1	13
瑞士	0	4
萨尔瓦多	0	3
44083111 用胶合板等制饰面单板，红柳桉木制，厚≤6mm		
合计	325021	159894
加拿大	95860	56440
比利时	73509	53847
中国台湾	135000	30000
澳大利亚	13030	12000
哥伦比亚	7552	7457
美国	70	150
44083119 其他饰面用单板，红柳桉木制，厚≤6mm		
合计	72035	232485
越南	53800	205400
马来西亚	17500	24000
中国台湾	74	1305
新加坡	191	1000

（续表）

国家/地区	出口数量（千克）	出口金额（美元）
美国	470	780
44083120 制胶合板用单板，红柳桉木制，厚≤6mm		
合计	26130	34571
中国台湾	25500	31479
菲律宾	400	3000
日本	230	92
44083190 其他经纵锯、纵切、刨切或旋切的红柳桉木木材，厚≤6mm		
合计	1496	462
中国台湾	1076	401
马来西亚	420	61
44083911 用胶合板等多层板制的饰面用单板，其他热带木制，厚≤6mm		
合计	2375890	13243893
中国台湾	569651	3393711
韩国	298950	1783919
加拿大	129485	1240073
越南	207468	1040828
意大利	142248	695165
西班牙	94300	559429
印度尼西亚	68058	483681
俄罗斯	92290	478398
马来西亚	57809	351842
孟加拉国	118696	347235
澳大利亚	36555	317453
芬兰	79710	296739
英国	52010	280298
墨西哥	36426	214736
阿联酋	38746	203088
美国	14660	193341
波兰	32095	179842
泰国	19465	178165
埃及	54745	151305
印度	66591	145914
新加坡	26770	99150
哥伦比亚	39206	94948
日本	11025	83987
智利	22579	77850
哈萨克斯坦	12962	67885
阿根廷	10200	57479
巴林	7502	46629
希腊	4560	30240
荷兰	3754	25377

（续表）

国家/地区	出口数量（千克）	出口金额（美元）
巴基斯坦	3580	19392
土耳其	10175	19376
菲律宾	1040	15501
突尼斯	2460	11922
巴西	1782	11578
中国香港	1698	11524
毛里求斯	2050	10951
阿曼	1400	7975
葡萄牙	1485	7636
厄瓜多尔	1042	5775
南非	662	3556

44083919 其他饰面用单板，其他热带木制，厚≤6mm

国家/地区	出口数量（千克）	出口金额（美元）
合计	1684898	3088284
日本	210046	1762502
中国台湾	1168718	595417
菲律宾	68873	231617
越南	67719	135273
韩国	39742	108507
意大利	56782	72550
美国	6294	61697
马来西亚	10020	61501
斯里兰卡	49000	16400
希腊	5936	13913
印度尼西亚	261	13700
澳大利亚	430	6034
南非	315	4143
阿联酋	581	3915
泰国	180	1093
新加坡	1	22

44083920 制胶合板用单板，其他热带木制，厚≤6mm

国家/地区	出口数量（千克）	出口金额（美元）
合计	6614031	9095493
菲律宾	3223240	3657707
中国台湾	1814869	2069037
美国	717980	1646431
墨西哥	223700	581064
马来西亚	306160	384034
澳大利亚	128752	347858
印度尼西亚	86110	184280
加拿大	45580	115279
越南	67640	109803

44083990 其他经纵锯、刨切或旋切的木材，其他热带木制，厚≤6mm

（续表）

国家/地区	出口数量（千克）	出口金额（美元）
合计	46149	181541
越南	17520	114422
以色列	2730	33391
中国台湾	23000	23000
巴拿马	2899	10728

44089011 用胶合板等多层板制的其他木制饰面用单板，厚≤6mm

国家/地区	出口数量（千克）	出口金额（美元）
合计	2879917	14190184
美国	422185	3171575
俄罗斯	411271	2163013
意大利	134677	810156
菲律宾	215849	714537
越南	116753	701203
阿联酋	121698	657520
印度尼西亚	350852	535274
哥伦比亚	80085	476271
柬埔寨	115000	419158
韩国	59314	405979
中国台湾	64939	363069
葡萄牙	55307	279117
巴西	57015	270322
澳大利亚	26182	258593
巴布亚新几内亚	7264	213322
新加坡	30352	202372
巴林	34721	189327
埃及	151011	183089
智利	25417	161324
泰国	22758	160803
阿根廷	35420	159989
土耳其	13845	156676
墨西哥	32350	146927
西班牙	22374	132854
埃塞俄比亚	19910	120794
马来西亚	18172	91958
日本	9470	82599
乌克兰	14898	81727
沙特阿拉伯	14565	78440
阿尔巴尼亚	23191	76034
斯里兰卡	42353	71240
立陶宛	11706	70733
奥地利	10174	70077
黎巴嫩	8573	67036
秘鲁	15702	64024
波兰	8715	61555

（续表）

国家/地区	出口数量（千克）	出口金额（美元）
摩洛哥	9763	56715
巴基斯坦	18150	49342
加拿大	5135	41889
卡塔尔	5500	31974
厄瓜多尔	5152	31731
约旦	5077	24299
印度	4637	23100
希腊	11220	20005
德国	1506	11915
巴拿马	1515	10919
英国	4500	4500
南非	597	3884
斯洛文尼亚	729	3564
萨尔瓦多	526	2817
危地马拉	135	1415
多米尼加	258	1291
斐济	319	1020
哈萨克斯坦	480	744
中国香港	650	373

44089012 温带非针叶木制饰面用单板，厚≤6mm

国家/地区	出口数量（千克）	出口金额（美元）
合计	13206219	38746045
越南	4567937	18611684
日本	4145565	9332415
柬埔寨	2327110	4082314
马来西亚	903507	1743264
印度尼西亚	379534	1250216
伊朗	181461	953769
韩国	187335	522732
俄罗斯	112975	499991
美国	89349	490489
菲律宾	109972	341159
中国台湾	67790	328637
墨西哥	72390	237430
爱沙尼亚	11570	127996
加拿大	13300	72233
意大利	12085	69465
阿根廷	8965	37833
瑞典	6020	31364
澳大利亚	4858	8090
泰国	4322	3399
阿联酋	125	1491
中国香港	49	74

44089013 竹制饰面用单板，厚≤6mm

（续表）

国家/地区	出口数量（千克）	出口金额（美元）
合计	12354	83501
马来西亚	3410	31565
土耳其	5700	23683
中国台湾	1303	12775
阿联酋	725	6903
卡塔尔	360	2818
厄瓜多尔	285	2446
秘鲁	390	2226
美国	20	800
中国香港	161	285
44089019 其他木制饰面用单板，厚≤6mm		
合计	131589624	215862195
越南	30822471	55245793
印度	37880871	40147136
马来西亚	9189875	25247378
中国台湾	8203267	15124249
泰国	4743825	11904867
印度尼西亚	3912762	7010887
埃及	6937603	6330214
韩国	2320464	6277731
西班牙	3772948	5487922
新加坡	971714	5457254
柬埔寨	4526045	5181089
菲律宾	5735513	4413594
美国	1204527	4183613
墨西哥	940273	2475832
日本	1071686	2214384
巴基斯坦	1446756	1725045
哈萨克斯坦	324810	1604249
孟加拉国	1032992	1565440
阿联酋	745263	1556849
沙特阿拉伯	597746	1487014
俄罗斯	283133	1349584
斯里兰卡	1111636	1339486
南非	319240	1232186
意大利	487529	928436
澳大利亚	364631	678862
巴西	285002	653127
缅甸	366230	439062
中国香港	49961	402734
波兰	58577	336805
英国	30130	302180
摩洛哥	311353	299183
以色列	132600	268883

（续表）

国家/地区	出口数量（千克）	出口金额（美元）
阿尔巴尼亚	116410	245734
德国	38696	168676
比利时	93307	160826
哥伦比亚	29725	160738
希腊	46972	158709
加拿大	114276	153816
法国	49903	142512
秘鲁	57370	132422
尼泊尔	101770	130404
荷兰	45400	129999
智利	85260	123936
叙利亚	54980	123430
坦桑尼亚	39239	107319
黎巴嫩	24980	106928
葡萄牙	17050	97664
科特迪瓦	20000	94000
乌克兰	16815	74591
乌兹别克斯坦	41076	74290
伊朗	27247	62377
洪都拉斯	76000	60530
厄瓜多尔	68096	57973
爱尔兰	3629	43405
斯洛文尼亚	28600	35551
科威特	5005	34439
瑞典	10976	32922
塞浦路斯	5750	32530
新西兰	2865	32195
利比里亚	2190	30748
尼日利亚	15818	29192
格鲁吉亚	42150	24340
土耳其	19084	23929
苏丹	14500	15957
巴布亚新几内亚	19128	14503
肯尼亚	19000	10746
保加利亚	8400	10080
卡塔尔	13948	9235
巴拿马	1050	8273
危地马拉	2450	6864
津巴布韦	17550	6090
多米尼加	1600	5936
阿尔及利亚	5000	5600
白俄罗斯	3300	5440
瑞士	93	2133
朝鲜	450	1765

（续表）

国家/地区	出口数量（千克）	出口金额（美元）
巴林	97	1395
委内瑞拉	70	370
塞尔维亚	360	350
特立尼达和多巴哥	106	240
牙买加	450	25
44089021 温带非针叶木制胶合板用单板，厚≤6mm		
合计	3460226	2850183
越南	1619959	1186283
洪都拉斯	720000	568120
印度尼西亚	277180	524259
柬埔寨	299000	182872
美国	138000	138799
埃及	203000	116410
日本	87112	63682
印度	26000	22468
马来西亚	46190	20827
菲律宾	35500	16117
韩国	8285	10346
44089029 其他木制胶合板用单板，厚≤6mm		
合计	128200914	116270003
印度	16663296	26634390
中国台湾	34542140	19903188
韩国	16126885	19414333
菲律宾	29506090	18785340
越南	8597460	9292861
马来西亚	3946664	6962890
埃及	4091659	5770319
柬埔寨	11049722	4115457
美国	621652	1276136
巴基斯坦	828953	862513
泰国	458480	581166
缅甸	447900	540085
墨西哥	171115	421946
印度尼西亚	290430	385422
斯里兰卡	112800	213911
日本	89291	157025
厄瓜多尔	126500	133054
以色列	41300	102512
西班牙	51690	99770
阿联酋	48600	80469
莫桑比克	46600	74167
哥伦比亚	25590	53902
智利	23900	50405

(续表)

国家/地区	出口数量（千克）	出口金额（美元）
沙特阿拉伯	27000	47625
尼日利亚	55460	47570
马拉维	23300	37083
新加坡	19906	36783
巴林	22535	35958
赞比亚	23200	34545
孟加拉国	24800	33800
摩洛哥	23000	29624
阿尔巴尼亚	20340	26028
叙利亚	48500	22000
加拿大	3600	5820
阿尔及利亚	266	1106
南非	290	800
44089091 温带非针叶木制经纵锯、刨切或旋切的木材，厚≤6mm		
合计	16277202	37586452
越南	3226911	6468225
泰国	2371851	5779570
土耳其	1850797	4660703
印度尼西亚	1904067	4199261
墨西哥	1139559	2901044
日本	1157395	2691075
巴基斯坦	715623	1616364
伊朗	432918	1282631
美国	575746	1278711
缅甸	534439	1089009
印度	457435	971475
德国	343752	886614
中国台湾	503577	819435
韩国	129500	658884
秘鲁	145330	390317
捷克	132196	370650
斯洛文尼亚	126740	323913
厄瓜多尔	112493	298850
马来西亚	106350	216403
菲律宾	64475	170267
朝鲜	57915	123350
葡萄牙	17650	103839
委内瑞拉	34320	100176
安哥拉	34179	76467
西班牙	40320	40246
柬埔寨	35200	35809
埃及	17492	10845
英国	1220	5941

(续表)

国家/地区	出口数量（千克）	出口金额（美元）
阿尔及利亚	732	4532
萨尔瓦多	2050	4526
加拿大	197	3134
尼日利亚	4530	2950
意大利	136	483
塞浦路斯	47	379
丹麦	60	374
44089099 未列名木制经纵锯、刨切或旋切的木材，厚≤6mm		
合计	4656791	9290799
越南	1352888	2997411
印度	1483218	1983849
德国	398207	1317422
墨西哥	600600	1125787
美国	299008	634123
日本	185054	522491
泰国	51319	217689
巴基斯坦	67282	133142
菲律宾	24810	75154
多米尼克	88890	64612
韩国	21110	63283
中国台湾	15300	54742
秘鲁	23100	42783
印度尼西亚	12480	16170
马来西亚	2919	13861
澳大利亚	11450	10015
塞舌尔	16350	8269
智利	1607	5500
俄罗斯	811	2005
中国香港	46	1591
加拿大	307	796
捷克	31	64
意大利	4	40
44121019 其他仅由薄板制的竹胶合板，每层厚≤6mm		
合计	18637323	15884522
阿联酋	3338564	2289041
中国台湾	1534129	1649438
坦桑尼亚	1161681	856428
安哥拉	1009567	747795
刚果(金)	720612	589684
沙特阿拉伯	752341	559889
朝鲜	728293	500305
越南	165447	487613

(续表)

国家/地区	出口数量（千克）	出口金额（美元）
斯里兰卡	561208	459463
加纳	563196	453510
赞比亚	500984	413301
荷兰	269835	373166
巴基斯坦	336336	275726
日本	117816	273344
泰国	136685	236888
南非	340146	235333
菲律宾	267742	233963
肯尼亚	286339	218109
格鲁吉亚	171319	199822
牙买加	252508	197546
科威特	294550	196150
韩国	109672	190696
莫桑比克	201708	188832
乌兹别克斯坦	180000	180121
印度尼西亚	179732	179138
埃及	301148	153931
马来西亚	214656	153247
哈萨克斯坦	148969	150568
毛里求斯	155370	141318
孟加拉国	186309	136471
美国	108950	128036
刚果(布)	115480	127593
几内亚	151160	122353
塞内加尔	158070	113292
老挝	131015	109901
科特迪瓦	150703	108344
哥斯达黎加	126870	105575
厄瓜多尔	115800	104290
马尔代夫	146144	100138
柬埔寨	141660	87657
黑山	97400	83740
爱沙尼亚	67500	77900
贝宁	105388	74229
蒙古	91550	72510
比利时	51904	67989
中国香港	33083	67539
卢旺达	93940	67457
安提瓜和巴布达	74620	67082
智利	82626	64868
俄罗斯	75023	62193
印度	29850	60065
赤道几内亚	57437	50855

（续表）

国家/地区	出口数量（千克）	出口金额（美元）
澳大利亚	7113	46572
乌干达	54349	44316
马拉维	60383	44096
古巴	60715	44049
多哥	54192	42806
摩洛哥	25665	36480
埃塞俄比亚	44525	36126
秘鲁	29061	36099
德国	26610	35246
罗马尼亚	27000	30375
布基纳法索	33750	29323
多米尼克	33980	28640
马达加斯加	30634	28518
萨摩亚	25226	27140
阿尔及利亚	41840	27086
吉布提	37527	25756
巴布亚新几内亚	33490	23472
缅甸	31815	23372
意大利	14973	21541
斐济	11710	18932
加拿大	15844	18047
委内瑞拉	39270	17978
也门	27707	16740
纳米比亚	26790	16245
佛得角	32090	16192
汤加	22630	15450
丹麦	14921	14555
塞浦路斯	19500	14530
苏里南	24500	14320
津巴布韦	22107	13830
伯利兹	15900	13600
尼日尔	15400	13536
葡萄牙	14215	12921
利比亚	18400	12298
阿曼	17170	11954
卡塔尔	21690	11539
巴拿马	23000	11500
东帝汶	14811	11401
马里	6030	9506
英国	10116	8853
巴拉圭	5236	8300
科摩罗	9930	8095
索马里	8000	8070
喀麦隆	8900	7973

（续表）

国家/地区	出口数量（千克）	出口金额（美元）
乌克兰	13900	7200
圭亚那	10280	6985
约旦	7628	6612
保加利亚	6941	6570
新加坡	1143	6115
塞拉利昂	34980	5668
乌拉圭	5800	5250
萨尔瓦多	7623	4970
墨西哥	5000	4884
海地	12500	4565
尼泊尔	3580	4322
塔吉克斯坦	4038	4322
突尼斯	420	4100
洪都拉斯	3180	2813
尼日利亚	3500	2485
斯洛伐克	480	2440
黎巴嫩	1980	1740
西班牙	1500	941
巴哈马	1100	720

44121020 其他薄板制竹胶板,单板饰面板及类似多层板

国家/地区	出口数量（千克）	出口金额（美元）
合计	8323250	6448274
马来西亚	8121185	5912982
美国	66737	319527
新加坡	16850	98741
斯里兰卡	79333	66332
日本	27000	38938
印度尼西亚	11150	10645
俄罗斯	995	1109

44121092 其他竹胶合板类似多层板,至少含有一层木碎料板

国家/地区	出口数量（千克）	出口金额（美元）
合计	53810	42181
缅甸	25500	32354
斯里兰卡	12900	5000
巴基斯坦	15000	4361
美国	410	466

44121099 其他竹制胶合板、单板饰面板及类似的多层板

国家/地区	出口数量（千克）	出口金额（美元）
合计	59618955	100333676
美国	44364158	77408127
马来西亚	4949025	4906881
荷兰	1743754	3806660
加拿大	966347	1619760
澳大利亚	560459	1196412

（续表）

国家/地区	出口数量（千克）	出口金额（美元）
法国	738874	1132669
德国	793204	1003216
意大利	441762	868905
比利时	416472	814658
英国	344618	720599
日本	363414	689841
新西兰	221659	554962
丹麦	204428	500691
韩国	319622	496425
智利	182538	320183
越南	157953	281071
安哥拉	391255	270152
南非	130743	264741
印度	98625	238099
赞比亚	227370	218993
哥伦比亚	89342	202435
波兰	112440	173292
中国台湾	74667	151137
肯尼亚	106855	137034
斯里兰卡	151776	135562
爱沙尼亚	62235	130221
瑞士	49665	123328
中国香港	46072	113596
莫桑比克	96160	111148
洪都拉斯	7100	108583
西班牙	55253	100530
斯洛文尼亚	37428	77645
伊朗	35040	76839
刚果(金)	85389	73015
泰国	14491	71974
毛里求斯	72000	64990
菲律宾	30925	61695
葡萄牙	19240	56681
沙特阿拉伯	65891	53557
巴西	10811	53111
希腊	29700	51799
利比里亚	54400	50131
匈牙利	24034	44425
以色列	21873	42490
挪威	26592	40753
墨西哥	20935	39097
危地马拉	17106	37106
阿塞拜疆	21692	32442
加纳	46350	31706

(续表)

国家/地区	出口数量(千克)	出口金额(美元)
科特迪瓦	23600	30741
尼日尔	35200	30603
几内亚	32666	28567
斐济	29618	28417
土耳其	5150	27540
科威特	10835	26822
留尼汪	13239	25791
多米尼加	13403	24197
马达加斯加	15794	23738
厄瓜多尔	16750	21916
埃塞俄比亚	28410	21103
塞内加尔	25523	17867
秘鲁	12208	17187
柬埔寨	13560	17179
印度尼西亚	21400	16987
阿尔及利亚	28440	16220
阿曼	15846	14667
摩洛哥	5880	14415
阿联酋	2718	12972
马尔代夫	16382	11825
玻利维亚	11000	11324
巴拿马	12000	10070
纳米比亚	14000	9837
朝鲜	12807	9816
格林纳达	10800	9701
乌拉圭	5700	9350
马拉维	8100	9177
黎巴嫩	13000	9000
巴林	3418	7986
罗马尼亚	4122	7552
赤道几内亚	8500	7101
新加坡	2005	6938
瑞典	409	6271
刚果(布)	19954	6178
喀麦隆	6800	5385
布隆迪	5950	5006
奥地利	1078	4753
塞舌尔	3693	3425
塞拉利昂	2000	2937
立陶宛	3800	2500
保加利亚	990	852
津巴布韦	465	396
44101100 木制碎料板		
合计	117320878	48271028
阿联酋	19843080	8235567
中国台湾	5723930	3514137
韩国	9891896	3406067
沙特阿拉伯	7254698	2739474
蒙古	23078750	2183124
马来西亚	4349071	2085006
菲律宾	4557625	2080005
日本	1868500	2075874
越南	3400445	1741264
尼日利亚	3466173	1685320
智利	3977731	1570040
卡塔尔	2871583	1484042
美国	1887139	1483253
澳大利亚	1002046	1092057
埃及	613498	1068808
中国香港	1501429	969150
新加坡	966659	963875
巴林	2197552	825739
泰国	1225778	793261
肯尼亚	2206211	736001
阿曼	1150518	569288
斯里兰卡	1181411	549532
加拿大	383241	518169
哥伦比亚	978530	475121
墨西哥	1111959	453689
缅甸	1288595	444210
俄罗斯	983323	410901
吉布提	748088	396181
印度	507395	331579
印度尼西亚	586028	299937
危地马拉	674537	270853
哥斯达黎加	521492	216358
安哥拉	492500	193507
科威特	522497	189264
南非	402372	165984
巴拿马	365904	162674
葡萄牙	241568	159492
斐济	284334	110703
留尼汪	167045	96963
埃塞俄比亚	246607	89971
玻利维亚	211628	85481
朝鲜	95423	76260
多米尼加	130423	73474
奥地利	136537	73286
阿尔及利亚	74500	68072
土耳其	111750	62337
英国	82703	54484
意大利	53832	53952
加纳	102164	44792
黎巴嫩	91574	44213
秘鲁	107094	42565
新西兰	61861	42392
巴拉圭	10080	36000
德国	71522	34912
巴基斯坦	101190	34132
马达加斯加	84890	31081
以色列	24962	30977
刚果(金)	14552	30493
尼泊尔	54831	29119
叙利亚	54000	28800
纳米比亚	53450	27639
坦桑尼亚	76500	27265
南苏丹	56000	26778
伊拉克	26963	21783
乌干达	35200	21387
法国	37109	20603
法属波利尼西亚	36900	18999
阿尔巴尼亚	43180	18392
西班牙	40840	18169
毛里求斯	39352	18146
约旦	45900	17148
也门	23200	16754
柬埔寨	51955	16143
马拉维	57900	15185
苏里南	16000	13729
塞内加尔	15900	12800
比利时	15928	12618
孟加拉国	23254	11711
亚美尼亚	6000	11651
希腊	30479	11215
厄瓜多尔	17980	11132
格鲁吉亚	22400	8890
巴西	4320	8640
新喀里多尼亚	21880	8516
立陶宛	18290	7275
乌兹别克斯坦	11562	6700
苏丹	14500	5900
巴布亚新几内亚	10200	5137

（续表）

国家/地区	出口数量（千克）	出口金额（美元）
挪威	2660	4535
乌克兰	9030	4244
索马里	7000	4175
圣卢西亚	8346	3648
马尔代夫	3250	3577
特立尼达和多巴哥	7811	3191
博茨瓦纳	2540	2700
津巴布韦	6900	2552
洪都拉斯	9481	2200
波兰	2084	2161
尼加拉瓜	3350	1700
牙买加	700	980
摩洛哥	5000	970
萨摩亚	2000	600
荷兰	255	161
乌拉圭	75	67
44101200 木制定向刨花板（OSB）		
合计	93244238	35304919
智利	47465459	18272471
美国	3963225	2201646
蒙古	17015256	1814553
秘鲁	4145593	1499782
泰国	2511958	1272208
韩国	2763832	1245651
俄罗斯	2821562	1067217
马来西亚	1057496	1066287
新加坡	124645	624245
越南	1317918	583915
墨西哥	1379778	534970
中国台湾	837956	425475
日本	745875	421107
尼日利亚	691709	386908
菲律宾	430809	302085
肯尼亚	372440	285170
危地马拉	515585	252841
马约特	118080	234919
以色列	454012	221035
留尼汪	472555	209834
缅甸	406410	179929
印度	283441	129447
塞舌尔	47800	122250
澳大利亚	190364	121226
土耳其	341100	117135
沙特阿拉伯	137579	116058

（续表）

国家/地区	出口数量（千克）	出口金额（美元）
安哥拉	295508	111194
坦桑尼亚	40000	97920
博茨瓦纳	40537	92449
古巴	131602	85791
中国香港	144989	82452
马尔代夫	132090	75392
朝鲜	104755	75350
阿联酋	143624	74494
阿根廷	134440	65630
斯里兰卡	98696	57689
约旦	62500	56222
科威特	56792	45395
黎巴嫩	10750	43000
萨尔瓦多	78180	37954
马达加斯加	69218	37065
巴拿马	81600	35573
伊拉克	33400	32281
多米尼加	83040	32022
保加利亚	83700	28440
荷兰	23535	27847
刚果（金）	61950	25170
吉布提	25860	24840
洪都拉斯	53180	23995
哈萨克斯坦	60475	23988
瑞典	32500	22000
科摩罗	14300	21075
法国	47728	20145
波多黎各	27540	19006
加拿大	39759	18844
厄瓜多尔	45380	18815
塞内加尔	3500	14000
巴林	27500	12903
巴拉圭	27500	12592
马耳他	27680	12480
莫桑比克	11830	11285
阿尔巴尼亚	27680	11028
格鲁吉亚	27859	10960
新西兰	16550	10262
埃塞俄比亚	14800	10008
圭亚那	12320	7961
加纳	10050	7858
巴基斯坦	15482	6908
巴巴多斯	22645	6688
希腊	14814	5605

（续表）

国家/地区	出口数量（千克）	出口金额（美元）
巴布亚新几内亚	9850	5437
斐济	15340	4985
喀麦隆	8348	4310
柬埔寨	3555	4041
毛里塔尼亚	6000	3730
刚果（布）	8500	2808
苏里南	10560	2618
佛得角	13450	2523
阿曼	3070	2519
突尼斯	6100	2120
英国	920	1780
南非	1800	1664
特立尼达和多巴哥	3870	1600
赤道几内亚	1600	1462
比利时	18000	1392
德国	3000	990
44101900 其他木制类似板（例如，华夫板）		
合计	13659878	16108864
韩国	1778258	2455711
美国	927010	1361809
俄罗斯	487453	1242034
印度尼西亚	921013	1173435
马来西亚	959026	1124288
中国台湾	1700430	961445
菲律宾	410014	758966
日本	98638	749894
新加坡	161140	737590
埃及	288180	614380
缅甸	911246	421859
柬埔寨	813521	395892
芬兰	75659	345729
越南	284981	321433
波兰	54535	307606
埃塞俄比亚	56365	252780
吉布提	108432	208227
南非	288422	206615
泰国	259492	205326
英国	154576	188210
尼日利亚	165607	145193
中国香港	49392	102768
澳大利亚	170390	102738
阿尔及利亚	230691	98691
印度	101439	92688
马尔代夫	57400	90821

(续表)

国家/地区	出口数量(千克)	出口金额(美元)
毛里塔尼亚	68183	86472
科威特	62320	79569
阿联酋	213688	78526
孟加拉国	48784	77911
伊拉克	304280	71610
巴拿马	37252	61617
巴布亚新几内亚	35952	58530
巴基斯坦	60995	57896
西班牙	53449	55889
老挝	128700	54955
法国	13292	53872
莫桑比克	120400	51922
巴林	188095	51697
白俄罗斯	9480	50075
比利时	13908	45655
立陶宛	9311	42385
斐济	67611	40446
肯尼亚	114970	39674
荷兰	20713	36310
卡塔尔	103014	27766
以色列	8910	25153
斯里兰卡	21960	24510
尼日尔	9386	23277
所罗门群岛	9780	22755
南苏丹	24800	20374
加拿大	26668	20222
赞比亚	19616	16981
伊朗	8195	15997
多米尼加	12800	12541
马达加斯加	20488	12103
朝鲜	27202	11997
洪都拉斯	31330	10880
墨西哥	144138	10523
厄瓜多尔	10100	10160
土耳其	2695	10046
哥伦比亚	25500	8925
新西兰	9851	8872
萨尔瓦多	16970	8028
德国	4821	7788
约旦	5743	7722
刚果(金)	6950	6954
黑山	3285	3942
沙特阿拉伯	5260	3930
马拉维	3900	3349

(续表)

国家/地区	出口数量(千克)	出口金额(美元)
斯洛文尼亚	1859	2881
尼加拉瓜	3236	2725
希腊	2432	1777
塞内加尔	390	1350
挪威	63	990
毛里求斯	547	850
奥地利	220	468
乌克兰	144	420
摩洛哥	162	416
坦桑尼亚	123	366
多哥	660	230
古巴	1855	220
意大利	22	144
文莱	10	73
智利	100	20
44109011 麦稻秸秆制碎料板		
合计	1789455	1352303
日本	173936	354474
美国	640090	322262
英国	285307	233363
韩国	183335	131656
泰国	214976	128216
中国台湾	98296	64780
荷兰	99979	57084
新加坡	61997	42903
印度尼西亚	23360	12017
新西兰	7716	5330
加拿大	260	116
瑞典	203	102
44109019 其他木质材料制碎料板		
合计	2468431	1962260
马来西亚	1012625	1106444
萨尔瓦多	1057500	471162
韩国	211563	95296
阿联酋	12842	89861
尼日利亚	104980	60349
日本	13398	40906
澳大利亚	19460	37530
印度尼西亚	15900	15300
肯尼亚	6800	14280
刚果(金)	900	9835
新西兰	4650	7249
加拿大	134	6048
巴基斯坦	4720	5664

(续表)

国家/地区	出口数量(千克)	出口金额(美元)
新加坡	2076	1931
美国	753	335
泰国	130	70
44109090 其他木质材料制定向刨花板(OSB)及类似板(例如,华夫板)		
合计	3042772	4979732
美国	1697205	1671769
马来西亚	235728	1096486
新加坡	130513	823260
俄罗斯	63882	278100
文莱	404250	233723
日本	99558	187849
韩国	149968	150834
沙特阿拉伯	50396	139000
中国台湾	35113	104593
墨西哥	23847	98965
越南	53895	78849
澳大利亚	21352	38354
赞比亚	3510	18008
德国	40500	12727
菲律宾	5167	10858
埃塞俄比亚	1155	8302
孟加拉国	8100	6288
厄瓜多尔	10140	4116
中国香港	1837	4098
哈萨克斯坦	2200	3879
泰国	1184	3171
印度	235	2235
柬埔寨	1953	1699
阿曼	26	1636
新西兰	124	500
科威特	360	184
荷兰	280	120
马尔代夫	200	77
加拿大	16	50
伊拉克	78	2
44111211 未机械加工中密度板,密度>0.8g/cucm,厚≤5mm		
合计	17661769	6733481
墨西哥	2447236	1422025
泰国	1591593	705776
苏丹	1859620	629861
中国台湾	1633082	587410
埃及	1297150	428708

（续表）

国家/地区	出口数量（千克）	出口金额（美元）
蒙古	4193260	378331
日本	650629	311448
阿尔及利亚	552044	205776
美国	309393	195650
新加坡	46317	187223
古巴	362577	132795
莫桑比克	186339	131879
韩国	185255	131702
印度	182168	108404
埃塞俄比亚	252199	108345
朝鲜	215470	104207
沙特阿拉伯	19815	91197
马来西亚	178740	88620
哥伦比亚	165106	69412
俄罗斯	114492	68110
阿联酋	77500	64416
越南	183555	63812
肯尼亚	161670	62262
危地马拉	98659	57514
孟加拉国	140413	45454
爱沙尼亚	38807	40268
柬埔寨	97100	38105
萨摩亚	9756	35575
所罗门群岛	86600	32919
摩洛哥	35000	30467
秘鲁	55900	26759
荷兰	6329	22680
尼日利亚	38110	21123
印度尼西亚	40140	15650
巴巴多斯	4511	15395
马达加斯加	32000	15237
玻利维亚	16000	13410
缅甸	31290	11998
加拿大	8000	7393
智利	18400	6840
南非	2870	4465
乍得	19000	4239
英国	661	2775
巴基斯坦	1431	2146
巴布亚新几内亚	9500	2001
中国澳门	2595	1614
中国香港	3000	1225
澳大利亚	114	535
博茨瓦纳	373	325

（续表）

国家/地区	出口数量（千克）	出口金额（美元）
44111219 经机械加工中密度板，密度>0.8g/cucm，厚≤5mm		
合计	54297675	40786334
巴基斯坦	8464712	5933293
尼日利亚	7141295	4146309
日本	2644335	3539288
美国	2024711	2879950
肯尼亚	3295545	2580792
韩国	2526178	2238028
印度	2275460	1544745
中国台湾	2272037	1418868
伊拉克	1335240	1262583
沙特阿拉伯	1757249	1059323
埃及	1424222	904589
越南	907816	857192
吉布提	1287134	757830
阿联酋	660260	676095
埃塞俄比亚	1301208	641435
墨西哥	879980	606821
苏丹	1267700	555662
伊朗	721778	530151
马来西亚	356993	487464
孟加拉国	479788	463833
约旦	662855	427287
斯里兰卡	643634	421777
以色列	452447	416262
坦桑尼亚	556512	406053
冈比亚	729266	381933
菲律宾	280026	309091
南非	399082	263753
朝鲜	430348	237611
泰国	539222	230181
利比亚	270270	227595
卡塔尔	288924	224544
哥伦比亚	203790	207471
俄罗斯	235528	199066
新加坡	135874	186867
阿富汗	161393	185584
澳大利亚	252580	182056
土耳其	204584	179169
中国香港	247836	170865
加纳	277894	154563
蒙古	813438	140228
古巴	122229	138681

（续表）

国家/地区	出口数量（千克）	出口金额（美元）
英国	65145	120153
多米尼加	139740	118588
阿尔及利亚	178238	104420
西班牙	251109	104222
加拿大	102551	102496
缅甸	166839	102419
索马里	165885	90163
毛里求斯	99520	85439
法国	71341	79618
智利	112640	78268
乌兹别克斯坦	59400	75068
莫桑比克	167270	74140
秘鲁	92704	73384
摩洛哥	70000	69634
阿曼	177950	65749
希腊	15900	60644
利比里亚	96080	57628
巴西	72779	55600
叙利亚	74665	52827
贝宁	120000	50595
黎巴嫩	89062	49297
法属波利尼西亚	70400	48320
马达加斯加	70070	40376
哥斯达黎加	51000	38590
塞拉利昂	76028	37889
萨尔瓦多	51300	37148
德国	43172	32519
赞比亚	40500	31593
印度尼西亚	57501	31466
危地马拉	42640	29790
克罗地亚	17600	25524
柬埔寨	11462	25502
塞内加尔	31810	25276
格鲁吉亚	28500	24986
斯洛文尼亚	31276	24763
葡萄牙	8884	22224
波黑	12500	21588
比利时	21713	20523
圣其茨和尼维斯	30960	19643
巴勒斯坦	17935	19140
也门	31400	17946
苏里南	28200	17500
马拉维	18000	16632
科威特	18730	14703

(续表)

国家/地区	出口数量(千克)	出口金额(美元)
荷兰	7385	13168
奥地利	2400	12699
特立尼达和多巴哥	21800	9602
斯洛伐克	9690	9598
马尔代夫	28864	8730
洪都拉斯	24600	8415
捷克	1561	8164
乌拉圭	21500	7201
意大利	2015	7133
挪威	12300	6240
乌克兰	1100	6216
保加利亚	4406	4478
巴林	9750	3139
安提瓜和巴布达	4100	3130
科特迪瓦	936	2880
所罗门群岛	8060	2795
东帝汶	2150	1425
波兰	135	761
委内瑞拉	965	550
突尼斯	2079	530
厄瓜多尔	25	302
玻利维亚	40	172
新西兰	42	125
44111221 辐射松制的中密度板,0.5g/cucm<密度≤0.8g/cucm,厚≤5mm		
合计	347098	210614
马来西亚	210438	88785
日本	55212	74142
朝鲜	49716	36869
科威特	17000	8375
澳大利亚	2032	1240
蒙古	12700	1203
44111229 其他中密度板 0.5g/cucm<密度≤0.8g/cucm,厚≤5mm		
合计	55574910	38858887
尼日利亚	7025861	6257667
吉布提	8861431	4912329
阿尔及利亚	6916498	3261812
孟加拉国	5233134	2533048
巴基斯坦	2419987	2298556
埃及	2485025	1333737
埃塞俄比亚	2565060	1316517
坦桑尼亚	409666	1086963
朝鲜	1137205	970092

(续表)

国家/地区	出口数量(千克)	出口金额(美元)
墨西哥	1534100	919597
肯尼亚	683352	805909
马来西亚	746322	797451
中国香港	599891	789244
伊拉克	1332850	748172
南非	1122040	674067
科威特	850255	555440
澳大利亚	539378	552127
苏丹	792278	547657
中国台湾	316534	497465
印度	579444	494437
缅甸	872905	476187
沙特阿拉伯	566284	473219
阿联酋	722623	464398
约旦	584097	458799
卡塔尔	602432	422535
越南	302999	397242
菲律宾	508991	323864
安哥拉	97249	284431
莫桑比克	541230	261435
冈比亚	517500	248876
新加坡	189388	234884
斯里兰卡	319042	177145
多米尼加	252854	176816
加纳	147129	167615
加拿大	221190	162957
科摩罗	54422	152133
西班牙	94692	135598
阿富汗	158020	121609
所罗门群岛	115932	119018
美国	251570	112766
泰国	84608	110809
法国	32200	105847
利比里亚	201950	105786
日本	50070	101611
智利	41196	101079
马达加斯加	101811	92527
印度尼西亚	105035	85759
韩国	37910	83614
索马里	126419	81988
俄罗斯	139869	80538
也门	126400	77013
危地马拉	106963	75269
新西兰	23382	59966

(续表)

国家/地区	出口数量(千克)	出口金额(美元)
阿曼	85070	57788
赞比亚	65089	57360
巴布亚新几内亚	18780	55062
尼加拉瓜	107860	53070
秘鲁	24200	48400
挪威	19086	38177
马约特	9540	36252
毛里求斯	13700	34909
阿根廷	54300	33018
洪都拉斯	71100	32880
哥伦比亚	48500	31699
斐济	15880	31062
英国	14762	29834
摩洛哥	35000	29536
柬埔寨	28870	27678
爱尔兰	52500	26875
巴拿马	36440	25441
哥斯达黎加	48000	24192
巴林	31239	21810
荷属安的列斯群岛	7564	20300
乌干达	24900	17248
塞拉利昂	36000	16848
塞内加尔	5250	16415
古巴	42147	15058
委内瑞拉	27700	14523
荷兰	5219	14150
密克罗尼西亚联邦	3600	13680
以色列	4764	13415
乌兹别克斯坦	8892	13054
利比亚	16500	13041
尼泊尔	35200	12903
博茨瓦纳	5600	11760
特立尼达和多巴哥	24086	11122
马尔代夫	10350	9414
文莱	9240	9064
比利时	1800	7560
布隆迪	18000	6244
赤道几内亚	2000	5600
牙买加	10400	5270
贝宁	4500	5200
叙利亚	6792	4580
德国	4415	3710
刚果(金)	6191	3600
意大利	3540	2963

（续表）

国家/地区	出口数量（千克）	出口金额（美元）
萨摩亚	5870	2886
蒙古	4450	2203
克罗地亚	1035	1931
斯洛文尼亚	4700	1613
多哥	4300	1549
丹麦	1036	660
中国澳门	180	360
瑞典	100	300
44111291 未加工中密度板，密度≤0.5g/cucm，厚≤5mm		
合计	506839	375226
朝鲜	202912	154674
马来西亚	16391	78080
加纳	103800	42783
多米尼加	77430	29818
新加坡	2430	17010
吉布提	42350	14063
中国澳门	6820	10395
孟加拉国	10898	9923
莫桑比克	20500	6600
葡萄牙	6700	2700
阿联酋	9792	2606
菲律宾	2594	2335
美国	3357	2139
澳大利亚	865	2100
44111299 加工中密度板，密度≤0.5g/cucm，厚≤5mm		
合计	7650357	7198864
尼日利亚	1169700	1231769
墨西哥	1274161	1013383
澳大利亚	1053141	592257
肯尼亚	565446	479232
印度尼西亚	194307	418349
美国	479062	355526
中国香港	257712	342035
日本	21408	285638
科威特	451500	271068
加拿大	99397	161879
越南	128496	155922
埃塞俄比亚	102824	130001
印度	126560	123401
沙特阿拉伯	30861	121805
韩国	1362	113115
克罗地亚	76385	103664

（续表）

国家/地区	出口数量（千克）	出口金额（美元）
所罗门群岛	239600	100601
泰国	103584	99052
埃及	149680	95479
朝鲜	168826	88918
缅甸	128199	83672
马来西亚	83496	77023
苏丹	17670	59725
坦桑尼亚	79300	54920
马达加斯加	107139	42892
萨摩亚	8560	41088
伊拉克	27300	38867
萨尔瓦多	69000	38102
阿尔及利亚	20840	37920
危地马拉	49224	37632
新加坡	4161	37296
安哥拉	12550	31088
智利	26050	30870
伊朗	26100	30650
赞比亚	35000	30186
以色列	27416	28308
苏里南	22500	21648
黎巴嫩	18155	21015
突尼斯	14098	18354
阿联酋	1213	17422
南非	27623	15948
英国	7533	15352
蒙古	12300	12152
德国	3440	10024
洪都拉斯	23918	9777
莫桑比克	18000	7125
巴林	1850	7030
巴基斯坦	10000	6760
菲律宾	11712	6637
巴拿马	2242	6278
特立尼达和多巴哥	5530	6241
多哥	23765	6143
汤加	11650	4672
喀麦隆	2560	4280
哥伦比亚	6559	3773
土耳其	1293	3547
乌拉圭	1960	2911
西班牙	1132	2864
斐济	3600	2570
俄罗斯	1009	2488

（续表）

国家/地区	出口数量（千克）	出口金额（美元）
比利时	648	360
乌克兰	50	160
44111311 未加工中密度板，密度>0.8g/cucm，5mm<厚≤9mm		
合计	3446890	1049205
朝鲜	2196403	614980
沙特阿拉伯	518520	176718
伊朗	333000	110282
阿尔及利亚	149952	58246
埃塞俄比亚	13950	26530
秘鲁	53477	24831
哥斯达黎加	27500	12488
蒙古	133600	12049
危地马拉	15330	5830
中国香港	2862	5379
韩国	2170	1700
英国	126	172
44111319 加工中密度板，密度>0.8g/cucm，5mm<厚≤9mm		
合计	322789980	221272900
美国	51915735	45634109
俄罗斯	31854146	20619740
印度	24107865	14778029
智利	21443886	13477371
乌兹别克斯坦	16020249	11238287
乌克兰	15884159	11194085
韩国	14689463	10384266
沙特阿拉伯	14001593	8118891
哥伦比亚	11875892	7632669
澳大利亚	9708635	6909939
厄瓜多尔	9503653	5936144
越南	7367358	4668552
南非	7808010	4646373
马来西亚	6241550	4153202
阿联酋	5181367	3715118
格鲁吉亚	5844546	3469358
伊朗	4956408	3284636
菲律宾	5064044	3254331
泰国	4843565	3144702
阿根廷	4321605	2698666
巴基斯坦	4577421	2677102
加拿大	3410399	2486193
印度尼西亚	3053690	2023036
秘鲁	3134100	1929785

(续表)

国家/地区	出口数量(千克)	出口金额(美元)
墨西哥	2552109	1732882
英国	2560829	1644926
玻利维亚	2303555	1475570
罗马尼亚	2381920	1438766
中国台湾	1981466	1340907
日本	1453090	1123153
科威特	1620843	1048708
尼泊尔	1583038	1024807
乌拉圭	1016081	593244
巴林	939969	574917
埃及	928936	569562
叙利亚	1214659	564576
西班牙	622947	521965
缅甸	615743	420377
肯尼亚	648638	401454
黎巴嫩	616918	381093
克罗地亚	651031	370711
保加利亚	632254	334352
卡塔尔	495922	331091
毛里求斯	483691	328152
阿尔巴尼亚	519298	321511
新西兰	443191	295298
吉布提	548227	277644
中国香港	203248	260886
哈萨克斯坦	350182	240631
新加坡	370929	239769
意大利	333903	203296
亚美尼亚	402460	200367
塔吉克斯坦	314654	199816
伊拉克	255432	195753
多米尼加	306133	193150
柬埔寨	229583	189897
摩尔多瓦	194710	180612
哥斯达黎加	281345	176411
尼日利亚	252590	167097
危地马拉	254367	166975
特立尼达和多巴哥	267741	165107
吉尔吉斯斯坦	167207	158351
坦桑尼亚	269580	142098
爱尔兰	228340	135785
蒙古	457663	132790
荷兰	53492	129086
斯里兰卡	160315	128665
约旦	208718	128300

(续表)

国家/地区	出口数量(千克)	出口金额(美元)
北马其顿	198407	120056
希腊	203673	119418
阿塞拜疆	184093	111068
巴西	159976	108032
马达加斯加	142390	104827
文莱	160892	96637
阿富汗	149079	93695
索马里	167740	84495
立陶宛	118644	82538
法国	119879	80137
孟加拉国	100750	78141
法属波利尼西亚	110835	75044
阿尔及利亚	85758	73695
以色列	105016	68472
埃塞俄比亚	105525	66103
津巴布韦	91562	61450
塞浦路斯	79816	60836
圭亚那	95880	60797
利比亚	85646	56971
波黑	86200	56753
莫桑比克	95250	55810
挪威	66570	49218
土库曼斯坦	68313	41648
巴拿马	61250	40814
牙买加	59460	40186
委内瑞拉	62922	38785
阿曼	65103	38075
马尔代夫	55689	35877
加纳	50771	31625
白俄罗斯	46659	31004
古巴	32170	27034
也门	35300	26999
安哥拉	39424	23479
马耳他	29928	20930
德国	25034	16098
捷克	23630	16064
圣卢西亚	26800	15912
巴布亚新几内亚	20413	13549
黑山	22000	13064
喀麦隆	17681	12510
塞内加尔	17698	11939
瓦努阿图	20000	11736
新喀里多尼亚	17780	11709
土耳其	19000	11616

(续表)

国家/地区	出口数量(千克)	出口金额(美元)
摩洛哥	19584	11479
塞舌尔	14803	10700
留尼汪	14600	9404
苏里南	10550	7821
葡萄牙	5712	5432
刚果(金)	880	3722
巴哈马	6475	3542
奥地利	390	456
芬兰	48	220
朝鲜	33	175
丹麦	13	11

44111321 辐射松制的中密度板，5mm < 厚≤9mm

国家/地区	出口数量(千克)	出口金额(美元)
合计	3151192	7997402
日本	1057456	2931711
越南	790084	1805658
泰国	264126	612621
吉布提	136747	420960
约旦	166101	356269
马来西亚	90968	246187
印度尼西亚	113580	237949
比利时	60469	177665
塞内加尔	54667	156511
刚果(金)	43180	112843
加纳	41448	111076
坦桑尼亚	35290	108599
所罗门群岛	37646	95340
毛里塔尼亚	22790	69267
尼日利亚	23808	66863
马达加斯加	16476	58984
阿联酋	17813	57892
刚果(布)	13852	52563
孟加拉国	1641[illegible]	48348
多哥	21200	45368
黎巴嫩	19243	45221
肯尼亚	13630	39487
萨摩亚	13230	36779
巴布亚新几内亚	9238	29931
乌兹别克斯坦	39875	21815
中国台湾	4255	17318
莫桑比克	5300	14363
沙特阿拉伯	4310	13964
毛里求斯	18000	5850

（续表）

国家/地区	出口数量（千克）	出口金额（美元）
44111329 其他中密度板 0.5g/cucm<密度≤0.8g/cucm,5mm<厚≤9mm		
合计	47437123	27104690
乌兹别克斯坦	7497492	4373899
阿尔及利亚	6069521	2879450
格鲁吉亚	4626992	2456759
埃及	4276983	2091561
日本	626822	1872895
斯里兰卡	2269185	1161092
约旦	2384044	1154623
越南	2540118	967328
埃塞俄比亚	2177712	955486
伊拉克	1593849	925289
美国	668142	804461
阿联酋	1420223	795643
尼日利亚	987146	613572
吉布提	1263186	577604
肯尼亚	678500	355977
坦桑尼亚	638887	341834
马来西亚	240996	320773
澳大利亚	160207	279632
缅甸	635080	267838
塔吉克斯坦	351525	224048
苏丹	617104	212042
沙特阿拉伯	331128	185981
伊朗	325436	181902
特立尼达和多巴哥	170452	157870
卡塔尔	345901	156894
古巴	231232	156218
菲律宾	251447	145160
印度	236213	137728
俄罗斯	243707	134156
韩国	216160	130263
巴林	316262	127413
朝鲜	197732	124542
墨西哥	193808	118445
新加坡	21063	118234
科威特	194386	106446
泰国	132622	100440
波兰	166864	98322
多米尼加	114930	97417
南非	167788	85200
乌克兰	125920	66382
危地马拉	93342	61757

（续表）

国家/地区	出口数量（千克）	出口金额（美元）
尼加拉瓜	128810	61227
英国	60237	57676
印度尼西亚	138102	56151
索马里	127775	56142
也门	107110	53349
土库曼斯坦	70620	47811
洪都拉斯	104000	47274
巴基斯坦	99159	46800
阿根廷	80500	44151
加纳	94305	37159
利比亚	37040	36240
中国香港	17425	35188
法国	4304	33462
中国台湾	39059	33003
阿富汗	20581	30872
孟加拉国	55680	28276
马达加斯加	37054	27551
哥伦比亚	41851	24681
智利	45013	23959
摩尔多瓦	21573	23054
新西兰	21155	22052
毛里求斯	22456	14228
阿曼	29626	13851
巴西	27000	11702
哈萨克斯坦	5557	10440
所罗门群岛	9488	9488
叙利亚	19894	9322
莫桑比克	8100	8404
文莱	22710	7871
尼泊尔	20436	7670
保加利亚	8616	6678
贝宁	12500	6640
蒙古	13200	6125
加拿大	24350	5440
吉尔吉斯斯坦	10586	5216
巴拿马	6780	4150
法属圭亚那	6018	4066
留尼汪	11280	3793
玻利维亚	4858	3193
圣卢西亚	5142	2988
荷属安的列斯群岛	1325	2981
密克罗尼西亚联邦	1800	1884
中国澳门	607	1630
刚果(金)	1110	1500

（续表）

国家/地区	出口数量（千克）	出口金额（美元）
以色列	520	1440
厄瓜多尔	3990	1135
多哥	2400	891
瓜德罗普	1427	790
新喀里多尼亚	1930	750
土耳其	360	540
津巴布韦	850	500
立陶宛	469	440
柬埔寨	100	152
巴勒斯坦	90	96
毛里塔尼亚	88	42
44111391 未加工中密度板，密度≤0.5g/cucm,5mm<厚≤9mm		
合计	125358	121228
阿联酋	10185	83517
柬埔寨	6243	11247
埃塞俄比亚	84300	8502
韩国	11600	7259
马来西亚	1980	7128
澳大利亚	4220	2245
朝鲜	3830	1072
蒙古	3000	258
44111399 加工中密度板，密度≤0.5g/cucm,5mm<厚≤9mm		
合计	2469979	2541471
马来西亚	132177	488579
阿联酋	59027	248101
多哥	356600	224301
越南	227895	193333
缅甸	217901	174379
肯尼亚	277625	167529
澳大利亚	119362	132296
贝宁	216675	120308
泰国	12900	95460
英国	45360	80778
日本	7780	68954
墨西哥	70175	66375
埃塞俄比亚	121428	50476
特立尼达和多巴哥	60960	50156
塞内加尔	60000	40429
尼日利亚	54298	35837
美国	17200	33021
吉布提	47200	28321
伊朗	10000	25000

(续表)

国家/地区	出口数量(千克)	出口金额(美元)
科威特	28928	22485
新加坡	13783	20677
叙利亚	20000	14018
卡塔尔	39490	14000
苏丹	53600	13906
刚果(金)	21000	13513
朝鲜	1200	11688
刚果(布)	20500	11526
加蓬	19800	10873
所罗门群岛	29500	10833
菲律宾	20450	9612
古巴	14600	8048
乌兹别克斯坦	24790	6510
厄瓜多尔	10290	5856
柬埔寨	1085	4883
南非	460	4450
中国澳门	2313	4094
法属波利尼西亚	4100	4050
洪都拉斯	7270	2886
萨尔瓦多	144	2712
中国香港	1472	2539
加拿大	4200	2128
克罗地亚	79	1980
埃及	2871	1950
斯里兰卡	3304	1888
巴基斯坦	4389	1756
乌克兰	406	1583
荷兰	1650	1500
以色列	231	1460
斯洛文尼亚	101	1250
德国	111	1152
韩国	3004	540
印度	126	501
意大利	125	470
西班牙	14	246
俄罗斯	20	240
玻利维亚	10	35

44111411 未加工中密度板,密度>0.8g/cucm,厚>9mm

国家/地区	出口数量(千克)	出口金额(美元)
合计	1484278	1558824
毛里塔尼亚	75823	369323
泰国	38991	170751
加纳	53264	128479
所罗门群岛	30748	87127
阿联酋	10721	84696
吉布提	15984	83117
马来西亚	128852	81686
蒙古	884250	80708
新加坡	19780	76341
中国台湾	21900	56940
安哥拉	12042	53694
葡萄牙	9900	50589
肯尼亚	7495	32753
克罗地亚	14808	32254
卢旺达	4700	26000
马尔代夫	11836	17754
阿曼	43125	13875
文莱	8400	12600
几内亚	2590	12432
朝鲜	11472	11472
中国香港	32505	11301
以色列	1920	9600
哥伦比亚	2000	9000
斯洛文尼亚	3785	8062
越南	12478	6959
毛里求斯	1450	6525
孟加拉国	3900	5850
坦桑尼亚	3330	4995
智利	9603	4007
荷兰	1575	3339
缅甸	3572	2783
意大利	306	1339
加拿大	602	1204
美国	76	743
牙买加	200	300
日本	295	226

44111419 加工中密度板,密度>0.8g/cucm,厚>9mm

国家/地区	出口数量(千克)	出口金额(美元)
合计	473654819	330004749
美国	198637278	147267702
俄罗斯	68356018	40321659
加拿大	59567911	37800332
澳大利亚	33945031	24743964
英国	11931350	7991726
乌兹别克斯坦	9309447	6222512
罗马尼亚	9529214	6077978
越南	8917718	5927644
格鲁吉亚	8537944	4682789
缅甸	6348520	4224570
马来西亚	4195356	3759166
沙特阿拉伯	3745384	3403323
爱尔兰	4851683	2937096
印度	3004001	2673655
厄瓜多尔	2933553	2355122
智利	2597582	1973017
哈萨克斯坦	2958361	1842053
法国	1298162	1531615
伊朗	2266037	1459814
巴基斯坦	2127587	1431223
新西兰	1942456	1396095
阿联酋	1611831	1274356
南非	1383602	1194949
塔吉克斯坦	1917230	1069743
泰国	1239018	889852
中国台湾	1019363	842347
新加坡	238559	818470
玻利维亚	1048336	743649
乌克兰	1221396	736586
朝鲜	682811	678341
墨西哥	898996	677186
摩尔多瓦	870074	581689
秘鲁	728519	571644
哥伦比亚	556634	568627
肯尼亚	847164	528314
卡塔尔	551885	447601
希腊	729898	434202
北马其顿	692340	421504
阿尔及利亚	178748	413201
蒙古	1786205	406842
阿根廷	507923	365221
尼泊尔	471487	342107
菲律宾	226961	331985
埃及	474131	315862
阿富汗	404787	294071
克罗地亚	428015	253221
比利时	325997	228260
塞尔维亚	312855	225863
韩国	248095	219355
吉布提	246311	218884
西班牙	279683	217589
埃塞俄比亚	421848	213220
日本	114179	208520

（续表）

国家/地区	出口数量（千克）	出口金额（美元）
中国香港	218330	189351
乌拉圭	197178	153664
阿尔巴尼亚	224787	147145
亚美尼亚	266290	139071
巴林	143618	131831
黎巴嫩	176562	130074
特立尼达和多巴哥	140987	116655
保加利亚	204291	112340
毛里塔尼亚	93131	110730
约旦	130363	101506
文莱	137618	100010
毛里求斯	156233	97929
科威特	107666	89825
印度尼西亚	76929	87636
多米尼加	75422	82081
阿塞拜疆	109803	70576
土耳其	106839	70043
尼日利亚	54288	67538
伊拉克	110000	64864
巴布亚新几内亚	23071	60166
吉尔吉斯斯坦	82428	59199
葡萄牙	73418	58394
意大利	76524	57631
巴拿马	38968	50622
多哥	18007	45735
立陶宛	72762	43808
塞浦路斯	30132	43184
阿曼	49158	38542
坦桑尼亚	28820	34654
加纳	29399	34458
德国	17626	33982
马尔代夫	41412	32171
哥斯达黎加	23998	30950
尼加拉瓜	51600	30150
波黑	43814	28949
白俄罗斯	46477	28011
孟加拉国	45733	27586
土库曼斯坦	37420	25906
马达加斯加	29180	25442
捷克	38446	24288
莫桑比克	16838	23787
刚果(布)	19134	21098
所罗门群岛	15500	21016
以色列	24379	18956

（续表）

国家/地区	出口数量（千克）	出口金额（美元）
巴西	27150	18796
牙买加	22256	18559
柬埔寨	17059	17915
波兰	2352	16687
斯里兰卡	10516	16158
丹麦	22050	16021
黑山	22840	12564
安哥拉	24540	12264
新喀里多尼亚	18547	11353
危地马拉	5048	11328
瑞典	9928	10923
摩洛哥	4577	10397
开曼群岛	6750	10125
也门	8272	9661
津巴布韦	5800	9428
刚果(金)	3390	7932
马耳他	3480	7080
荷兰	4643	6908
赞比亚	3100	6740
萨尔瓦多	22000	6679
苏里南	7952	6573
委内瑞拉	2800	5421
瓦努阿图	2888	4716
利比亚	3723	3941
法属波利尼西亚	2174	3760
喀麦隆	1835	3718
留尼汪	1786	3150
巴哈马	4200	2972
塞舌尔	2806	2214
匈牙利	1914	2105
塞内加尔	1032	1697
东帝汶	1872	1594
圣卢西亚	820	1552
奥地利	837	1442
中国澳门	1650	1320
挪威	621	1273
乌干达	1254	1165
佛得角	185	674
叙利亚	119	74
44111421 辐射松制的中密度板,厚>9mm		
合计	4199170	8969245
日本	4019314	8877575
马来西亚	82061	30090
朝鲜	75200	24254

（续表）

国家/地区	出口数量（千克）	出口金额（美元）
丹麦	6900	16220
毛里求斯	3260	8808
阿曼	8150	4500
西班牙	940	3008
中国台湾	1680	2216
泰国	237	1502
美国	70	350
阿联酋	89	256
澳大利亚	510	240
巴基斯坦	759	226
44111429 其他中密度板 0.5g/cucm<密度≤0.8g/cucm,厚>9mm		
合计	582530332	275780059
尼日利亚	168293739	87130566
沙特阿拉伯	93937939	32156778
阿联酋	74167661	28354088
日本	6991612	8912455
乌兹别克斯坦	11670866	7219067
美国	7938799	6881835
约旦	14023067	6574395
肯尼亚	16885659	6411380
越南	17673315	5729830
伊拉克	10847643	4498292
阿尔及利亚	10504001	4217431
索马里	10475485	3834847
苏丹	8922100	3101053
古巴	5315199	2733303
卡塔尔	6388608	2577884
阿曼	6481611	2567180
埃及	6742902	2565829
斯里兰卡	5712316	2540561
加纳	6063400	2534791
马来西亚	3899919	2485894
墨西哥	4255769	2409814
澳大利亚	2152252	2246513
吉尔吉斯斯坦	3363266	2205164
巴基斯坦	3796428	2077458
印度	2689526	1999787
菲律宾	3336620	1921893
南非	2384316	1841358
黎巴嫩	3659026	1761706
坦桑尼亚	3766137	1657901
新加坡	627057	1622633
埃塞俄比亚	4369577	1548020

(续表)

国家/地区	出口数量（千克）	出口金额（美元）
朝鲜	2920430	1512025
吉布提	3644069	1500732
毛里求斯	3323406	1340111
英国	1548467	1250054
缅甸	3791797	1208169
格鲁吉亚	2072278	1205495
孟加拉国	2850813	1051866
科威特	1981291	995524
哈萨克斯坦	1702662	927811
危地马拉	1639939	890601
加拿大	1037000	837842
摩洛哥	1873801	836080
利比亚	1883998	736782
俄罗斯	1194692	719709
中国香港	837364	714545
智利	1098717	714283
西班牙	576696	656014
特立尼达和多巴哥	1181821	638106
塞内加尔	734803	628932
多米尼加	1237276	623706
苏里南	1117210	611367
叙利亚	718821	463368
新西兰	596268	449548
荷兰	325237	445077
斐济	467196	419240
泰国	355910	410758
伊朗	527633	394829
以色列	393743	380714
柬埔寨	487277	374832
波兰	525778	354382
哥斯达黎加	266026	351154
秘鲁	414726	345072
也门	669207	343948
印度尼西亚	560604	331535
莫桑比克	516816	323960
中国台湾	349604	320007
巴林	661370	311556
哥伦比亚	381602	307269
马达加斯加	692361	297521
塔吉克斯坦	694004	290642
马尔代夫	685692	290527
葡萄牙	154327	285749
安哥拉	497241	267385
巴布亚新几内亚	322945	232008

(续表)

国家/地区	出口数量（千克）	出口金额（美元）
希腊	342526	191705
赤道几内亚	195576	179858
阿塞拜疆	74800	175000
阿尔巴尼亚	264111	165599
罗马尼亚	202853	165277
阿根廷	173129	157059
比利时	240576	141158
丹麦	161355	133793
巴拿马	233642	131231
韩国	199881	104112
牙买加	124079	101820
南苏丹	212850	91710
克罗地亚	95394	90637
荷属安的列斯群岛	177995	84646
德国	133844	79277
科特迪瓦	88308	78480
塞浦路斯	44936	72886
摩尔多瓦	96343	71605
挪威	77550	69728
匈牙利	25196	69564
圭亚那	166673	69384
洪都拉斯	113670	69310
蒙古	88773	68712
意大利	82481	68543
波多黎各	134720	65141
尼加拉瓜	145705	60002
刚果(金)	88655	59317
厄瓜多尔	78322	55559
圣卢西亚	98502	51527
乌拉圭	22647	49823
捷克	49012	49533
尼泊尔	129700	49209
委内瑞拉	104370	46552
贝宁	68095	44930
法国	54018	44803
所罗门群岛	29571	43589
留尼汪	85065	40250
塞拉利昂	76000	36722
多哥	69920	35867
喀麦隆	49180	31370
玻利维亚	61253	31288
阿富汗	39391	29358
乌克兰	35296	28140
加蓬	25029	24603

(续表)

国家/地区	出口数量（千克）	出口金额（美元）
毛里塔尼亚	38256	24376
土耳其	27995	23998
乌干达	49800	22291
立陶宛	35790	20756
斯洛文尼亚	10461	17763
瓜德罗普	33818	17256
巴勒斯坦	27250	17220
阿鲁巴	27800	14023
老挝	26876	14002
保加利亚	20515	13559
几内亚	38235	13338
马耳他	29383	13127
津巴布韦	19074	12413
新喀里多尼亚	20270	11465
萨尔瓦多	21248	11012
中国澳门	2449	9831
开曼群岛	2576	9677
密克罗尼西亚联邦	19500	9312
卢旺达	17200	8487
瑞典	4824	7784
土库曼斯坦	20900	7638
布隆迪	25500	7429
刚果(布)	12800	7416
塞舌尔	15760	6797
利比里亚	11880	6606
法属圭亚那	11066	6004
东帝汶	11250	5909
塞尔维亚	6700	4390
马拉维	7400	2960
帕劳	1882	2842
法属波利尼西亚	2048	1660
赞比亚	14580	1458
萨摩亚	360	1233
巴西	1200	1224
巴巴多斯	900	1000
莱索托	1398	952
冈比亚	600	900
黑山	425	893
大洋洲其他国家(地区)	105	530
芬兰	90	484
伯利兹	200	400
纳米比亚	196	323
文莱	42	71

（续表）

国家/地区	出口数量（千克）	出口金额（美元）
拉丁美洲其他国家(地区)	5	32
44111491 未加工中密度板,密度≤0.5g/cucm,厚>9mm		
合计	956981	874814
马来西亚	100320	372595
肯尼亚	257470	100437
南非	17645	90872
日本	146730	53872
阿联酋	105256	51209
英国	27158	39556
新加坡	6810	39150
朝鲜	113810	36591
法国	51260	28896
埃塞俄比亚	69957	24768
菲律宾	12421	11179
圭亚那	15400	8448
阿尔及利亚	15646	6372
孟加拉国	6810	4750
莫桑比克	2000	3034
中国香港	8120	3007
印度	150	60
加拿大	18	18
44111499 未加工中密度板,密度≤0.5g/cucm,厚>9mm		
合计	16390416	19883337
马来西亚	895476	2965499
肯尼亚	6077589	2344276
美国	1558852	1738568
新加坡	345821	1660304
泰国	319285	1066545
秘鲁	144027	890525
吉布提	231907	592546
越南	195169	515270
日本	209208	500060
澳大利亚	267927	499077
朝鲜	656407	469111
阿联酋	96356	432885
菲律宾	208003	388398
南非	159239	388330
苏丹	376790	352125
柬埔寨	421992	315081
阿尔及利亚	170532	301767
沙特阿拉伯	91738	249466

（续表）

国家/地区	出口数量（千克）	出口金额（美元）
孟加拉国	61901	236253
尼日利亚	86689	231649
加拿大	63103	217889
智利	164481	212125
埃塞俄比亚	513390	210111
意大利	194186	178614
毛里求斯	209985	151834
印度	92958	141797
特立尼达和多巴哥	262231	140984
斯里兰卡	17800	136232
危地马拉	48528	123590
摩洛哥	163355	122087
中国台湾	72345	118497
马尔代夫	30091	117300
荷兰	133635	91630
伊拉克	146091	85830
科威特	170788	82355
马达加斯加	48987	80480
莫桑比克	27330	76438
刚果(金)	94108	75848
英国	47519	75677
古巴	189800	73743
法国	81244	72693
所罗门群岛	16840	67604
加纳	17000	65434
墨西哥	49096	64168
西班牙	57357	59278
比利时	82717	52666
印度尼西亚	17895	52159
韩国	22357	45914
哥伦比亚	13720	45276
斐济	58960	43802
安哥拉	39166	40565
委内瑞拉	83000	39500
中国香港	57142	38673
也门	48068	37013
多哥	13500	36450
德国	7810	31738
博茨瓦纳	11455	28068
科特迪瓦	37693	27415
约旦	8640	25920
坦桑尼亚	10860	24435
卢旺达	5650	23797
伊朗	23232	21841

（续表）

国家/地区	出口数量（千克）	出口金额（美元）
阿曼	46080	21500
瓦努阿图	3623	20289
俄罗斯	15809	16621
土耳其	9604	16520
洪都拉斯	45828	15668
塞内加尔	5145	15435
巴拿马	22390	15083
苏里南	45460	14547
中国澳门	8788	14233
萨摩亚	7280	13832
多米尼加	18000	13772
塞舌尔	3000	13500
巴布亚新几内亚	10456	13155
圭亚那	26000	11760
巴林	28070	11325
新西兰	2405	10965
以色列	6846	8929
哈萨克斯坦	7664	7225
缅甸	18470	5975
匈牙利	5144	5824
黎巴嫩	10430	4845
索马里	1350	4050
新喀里多尼亚	2450	3465
赞比亚	380	2091
挪威	629	1573
埃及	6000	1200
哥斯达黎加	980	1000
波兰	1030	998
瑞士	75	836
海地	570	798
丹麦	839	633
巴基斯坦	600	485
44119210 未加工木纤维板,密度>0.8g/cucm		
合计	3100489	1334081
中国台湾	2834721	1102100
朝鲜	117230	165350
越南	124155	43356
韩国	24383	23275
44119290 加工木纤维板,密度>0.8g/cucm		
合计	183007230	112682967
加拿大	44505738	26238773
美国	40223547	26056181
澳大利亚	14726810	9695326
韩国	5915693	4306018

(续表)

国家/地区	出口数量(千克)	出口金额(美元)
智利	5920332	4185610
越南	4925073	3848715
印度	5097310	3461876
南非	3280492	2561622
沙特阿拉伯	3567782	2219530
俄罗斯	3596858	2079376
苏丹	5280435	2055274
尼日利亚	4161291	1982595
英国	2929384	1974652
泰国	2976306	1803083
哥伦比亚	2468659	1772267
缅甸	2617180	1758349
爱尔兰	2701231	1719576
蒙古	9234144	1669713
墨西哥	1672379	1207500
新西兰	1597833	1084346
伊朗	1136275	733463
菲律宾	1177827	716594
马来西亚	753498	670699
乌兹别克斯坦	853980	575297
巴基斯坦	810655	483463
中国澳门	245179	437699
伊拉克	426628	414820
土耳其	555613	399072
印度尼西亚	534981	376609
厄瓜多尔	534298	361493
乌克兰	586934	339355
阿根廷	421983	302202
中国台湾	377032	295414
新加坡	258674	294167
日本	259749	270606
秘鲁	346220	254652
斯洛文尼亚	316560	252073
玻利维亚	410382	248074
塔吉克斯坦	348159	234977
格鲁吉亚	413282	231830
黎巴嫩	321318	212784
埃塞俄比亚	405344	169642
波兰	276523	163153
危地马拉	191046	147276
西班牙	184735	141626
阿尔巴尼亚	182092	135160
阿联酋	195170	134487
肯尼亚	160968	114685

(续表)

国家/地区	出口数量(千克)	出口金额(美元)
挪威	157870	114190
巴西	130282	87683
埃及	139419	81312
坦桑尼亚	161553	76730
朝鲜	152679	75484
哈萨克斯坦	147004	71482
巴林	115473	70955
特立尼达和多巴哥	105968	68120
以色列	95524	67689
塞浦路斯	99350	67260
柬埔寨	92030	66914
罗马尼亚	115200	65922
土库曼斯坦	123925	64692
尼泊尔	94397	63192
科威特	58250	61337
亚美尼亚	97976	57463
哥斯达黎加	66172	47852
也门	76324	47186
毛里求斯	40296	42384
孟加拉国	60850	40859
意大利	52189	40742
斯里兰卡	55268	39547
卡塔尔	71782	38724
所罗门群岛	83950	37102
吉布提	53177	36511
比利时	48815	31716
马达加斯加	49780	30656
中国香港	27947	26163
密克罗尼西亚联邦	5815	24339
刚果(布)	28442	19921
阿尔及利亚	17000	17959
乌拉圭	21588	16144
莫桑比克	15748	15780
瓦努阿图	36160	14913
葡萄牙	16200	14221
约旦	14700	13800
利比亚	17940	13583
塞内加尔	16911	12940
多米尼加	18800	11069
加蓬	15600	10856
喀麦隆	14829	10464
奥地利	10306	10244
阿富汗	4962	9775
牙买加	21570	8605

(续表)

国家/地区	出口数量(千克)	出口金额(美元)
索马里	17586	8231
阿曼	528	7700
马尔代夫	8200	7561
佛得角	15950	5741
新喀里多尼亚	2968	4310
马拉维	5060	4140
巴布亚新几内亚	3400	3200
希腊	13600	2399
加纳	2247	2188
德国	3085	689
荷属安的列斯群岛	968	550
叙利亚	35	24
44119310 辐射松制的纤板,0.5g/cucm<密度≤0.8g/cucm		
合计	7578	16807
日本	838	12512
中国香港	6740	4295
44119390 木纤板,0.5g/cucm<密度≤0.8g/cucm		
合计	774770	2083671
阿联酋	223276	765697
越南	83897	258642
缅甸	77760	214498
马来西亚	25023	146936
阿根廷	16941	108234
泰国	24301	88710
美国	67054	88362
塔吉克斯坦	105750	84600
菲律宾	5975	59750
巴基斯坦	32625	47543
柬埔寨	30681	39319
秘鲁	4863	30130
印度尼西亚	3706	24830
卡塔尔	920	19320
以色列	7001	13303
苏丹	3629	12702
瑞典	2900	12476
印度	20718	12386
斯里兰卡	3695	11602
罗马尼亚	965	10271
中国台湾	638	6114
沙特阿拉伯	924	5903
朝鲜	8172	5311
新加坡	1748	3893

（续表）

国家/地区	出口数量（千克）	出口金额（美元）
澳大利亚	1411	3483
墨西哥	16650	3407
法国	2092	2829
德国	940	2134
英国	450	1200
吉布提	30	44
加拿大	35	42
44119410 木纤板，0.35g/cucm < 密度 ≤ 0.5g/cucm		
合计	6273606	4627584
尼日利亚	5848638	4376400
加拿大	19898	78349
菲律宾	251752	44643
澳大利亚	59780	39153
日本	11746	22076
乌兹别克斯坦	4470	9387
中国台湾	840	9227
印度尼西亚	25138	9004
朝鲜	14432	8272
赞比亚	10800	7560
厄瓜多尔	11800	6935
美国	2191	4799
俄罗斯	7131	3587
荷兰	2115	2251
新加坡	340	1870
柬埔寨	974	1748
马来西亚	301	1395
中国香港	1200	852
卡塔尔	60	76
44119421 未加工木纤板，密度≤0.35g/cucm		
合计	12850	19843
泰国	12740	19605
巴布亚新几内亚	110	238
44119429 加工木纤板，密度≤0.35g/cucm		
合计	2095058	6409229
美国	769466	2433439
马来西亚	136423	772287
尼日利亚	301734	470068
菲律宾	137731	328341
阿联酋	57650	196207
斯里兰卡	24670	179192
博茨瓦纳	65180	175608
肯尼亚	70592	172002
印度	63948	167095

（续表）

国家/地区	出口数量（千克）	出口金额（美元）
南非	20267	161189
坦桑尼亚	52840	152407
柬埔寨	52696	142617
沙特阿拉伯	28456	114586
澳大利亚	24882	83096
新加坡	11240	82476
越南	45537	80751
吉布提	24002	79241
纳米比亚	11220	71415
荷兰	27086	63239
新喀里多尼亚	11496	59894
加纳	16776	59890
伊拉克	20650	59885
索马里	9000	51300
卡塔尔	22690	49964
马尔代夫	12000	48000
韩国	3591	27005
苏丹	22500	23363
巴布亚新几内亚	26850	22000
中国台湾	1551	11945
日本	882	11447
希腊	2400	9600
中国澳门	1385	8162
巴拿马	4400	5452
斐济	940	5452
帕劳	1320	5280
俄罗斯	1320	4752
密克罗尼西亚联邦	1858	2992
泰国	858	2829
阿曼	870	2455
中国香港	237	2109
加拿大	2268	1915
巴西	323	1434
格鲁吉亚	315	1328
德国	100	874
英国	436	874
新西兰	54	823
朝鲜	240	816
智利	150	780
印度尼西亚	360	720
蒙古	70	365
汤加	1500	242
墨西哥	48	26

（续表）

国家/地区	出口数量（千克）	出口金额（美元）
44123100 仅由薄木板制的其他胶合板（竹制的除外），每层厚≤6mm，至少有一表层是热带木		
合计	437467347	372899511
美国	23149548	58193068
英国	62195287	44397579
菲律宾	47799450	32539427
阿联酋	35851648	23047399
韩国	34979968	19120929
中国台湾	23791898	15519338
澳大利亚	7466192	14783482
墨西哥	16450696	14680620
以色列	16342019	13400402
伊拉克	9933218	12888652
日本	9099910	8833628
法国	9063210	7141259
越南	7083254	6839884
泰国	7486247	6727616
沙特阿拉伯	11398499	6696424
中国澳门	8333063	6067069
新加坡	8688365	6064548
马来西亚	7027188	4654023
比利时	5367698	4535368
危地马拉	4404914	3298698
加拿大	3277928	3251227
埃及	4424229	3172675
尼日利亚	3814044	3066274
新西兰	2015350	3044503
多米尼加	4504110	3004347
哥斯达黎加	4382480	2898655
秘鲁	3664710	2730100
中国香港	3314060	2436772
荷兰	2895139	2223926
印度	1604794	2139332
柬埔寨	2680328	1938157
智利	3172358	1937843
肯尼亚	2147783	1816518
哥伦比亚	1915999	1716881
巴拿马	2603853	1578269
索马里	2144600	1509505
希腊	2319769	1432775
阿尔及利亚	2301345	1394329
孟加拉国	1921742	1323805
牙买加	1823090	1226812

(续表)

国家/地区	出口数量(千克)	出口金额(美元)
意大利	1192945	1131898
巴林	1460140	1012214
萨尔瓦多	1310362	976320
西班牙	1198088	930815
卡塔尔	1514820	896865
尼加拉瓜	1024370	830123
南非	715631	807183
德国	635387	779866
海地	1076268	744042
科威特	1125020	688310
坦桑尼亚	871020	677329
瑞典	1024000	656497
留尼汪	1027455	624335
阿曼	723700	447008
约旦	611508	436628
摩洛哥	449363	433957
俄罗斯	144281	411843
利比亚	551400	405662
巴基斯坦	526201	404058
朝鲜	400480	395099
埃塞俄比亚	463668	329672
丹麦	108600	315700
阿塞拜疆	126370	304225
爱尔兰	334330	301675
洪都拉斯	425355	272367
印度尼西亚	273500	262399
土耳其	212130	260696
黎巴嫩	318124	253099
伊朗	237749	240249
缅甸	111599	194171
也门	306200	191965
特立尼达和多巴哥	280250	189177
葡萄牙	261574	184516
苏里南	293000	181359
波多黎各	132200	158247
阿鲁巴	246220	157067
阿尔巴尼亚	241980	156970
吉布提	148998	151135
斯里兰卡	208670	134371
马约特	210000	122014
圣卢西亚	186150	121914
加纳	122920	100414
毛里求斯	131260	94335
马尔代夫	134184	80119

(续表)

国家/地区	出口数量(千克)	出口金额(美元)
马耳他	134325	79352
新喀里多尼亚	116500	75590
马提尼克	111200	74624
莫桑比克	99078	70486
斐济	111500	66004
乌拉圭	25050	65432
多米尼克	83060	64281
奥地利	37340	59222
所罗门群岛	58754	49875
罗马尼亚	58725	44856
科特迪瓦	53510	43300
科摩罗	63965	42408
赤道几内亚	56000	40722
委内瑞拉	24550	39470
圣文森特和格林纳丁斯	55430	39400
塞舌尔	56100	37466
阿根廷	54000	34346
冈比亚	27820	24027
大洋洲其他国家(地区)	9160	22230
巴布亚新几内亚	27600	21320
马达加斯加	38500	20248
圭亚那	27820	18924
芬兰	22750	18808
塞浦路斯	26820	18314
安哥拉	17682	17860
贝宁	27800	17812
波兰	25500	17289
萨摩亚	21720	14073
斯威士兰	24000	13940
塞尔维亚	16330	11933
帕劳	2625	6999
刚果(金)	5980	3947
东帝汶	5445	2277
巴西	1930	2036
老挝	1325	614

44123300 仅由薄木板制的其他胶合板(竹制除外),每层厚≤6mm,至少有一表层是下列非针叶木:桤木、白蜡木、水青冈木(山毛榉木)、桦木、樱桃木、栗木、榆木、桉木、山核桃、七叶树、椴木、槭木(枫木)、栎木(橡木)、悬铃木

国家/地区	出口数量(千克)	出口金额(美元)
合计	3956197486	2831145583
菲律宾	484409160	328564958

(续表)

国家/地区	出口数量(千克)	出口金额(美元)
日本	305279812	219188810
越南	231896111	188663369
阿联酋	295112282	181643480
英国	197938935	149008783
以色列	161786773	116498155
美国	99030860	104205279
泰国	150803378	89700692
加拿大	82027304	79985649
沙特阿拉伯	110048934	68670313
澳大利亚	64547197	66491348
尼日利亚	64602490	64749969
墨西哥	77729206	62224164
马来西亚	92294299	58356486
伊拉克	72844153	55815966
阿尔及利亚	85103222	53911669
韩国	78307549	52127411
卡塔尔	84343919	48458736
比利时	66828385	47565563
柬埔寨	51146368	47167372
埃及	67795586	46811256
德国	60347827	40554988
科威特	58824441	38191303
智利	50896619	32667257
印度	32814719	32491406
法国	44747780	30457283
阿曼	42389954	26728670
波兰	45173628	25920677
新加坡	42199056	25765877
印度尼西亚	24734069	22153867
巴拿马	29949717	20384073
缅甸	24307572	19237571
中国台湾	22730230	16394071
保加利亚	32312310	14926208
荷兰	18153401	14833624
巴林	22176661	13794309
毛里求斯	15494079	11633303
索马里	14713392	11597803
俄罗斯	23345344	11577042
瑞典	11750569	11019655
秘鲁	17253717	10719895
罗马尼亚	17855867	10641061
南非	14445917	10553331
新西兰	10987626	10235171
巴基斯坦	17371912	10005704

（续表）

国家/地区	出口数量（千克）	出口金额（美元）
意大利	8767641	9686741
肯尼亚	15419218	9330739
爱尔兰	12752447	7725071
格鲁吉亚	12970800	7698898
斯里兰卡	10734205	7250515
挪威	9260630	7053060
黎巴嫩	11294242	6801836
土耳其	9287332	6579717
西班牙	7585333	6427474
约旦	9662328	6236980
马尔代夫	7235867	5930849
朝鲜	8259449	5747395
加纳	8361375	5252229
吉布提	6640254	4947971
海地	5243640	4580756
危地马拉	5951677	4568609
哥伦比亚	5932107	4486433
摩洛哥	4433140	4167916
丹麦	6111450	4166239
葡萄牙	6274616	4115422
哈萨克斯坦	5601609	3848120
多米尼加	5408371	3489050
苏丹	5612492	3384971
尼加拉瓜	4326261	3359115
乌克兰	6171095	3350434
古巴	4097311	3243008
洪都拉斯	3320756	2973248
东帝汶	3438854	2838301
坦桑尼亚	3389358	2402609
希腊	3652089	2338350
中国香港	2324708	2288005
孟加拉国	2888092	2184027
莫桑比克	3289153	2166981
牙买加	2695476	2130952
利比亚	3041491	2058655
芬兰	2309809	2050810
哥斯达黎加	2991160	1969538
埃塞俄比亚	2307520	1964429
萨尔瓦多	2813560	1962216
留尼汪	3133446	1920350
蒙古	15653522	1918950
阿尔巴尼亚	2698153	1912018
土库曼斯坦	3257040	1911720
塞内加尔	2467509	1902047

（续表）

国家/地区	出口数量（千克）	出口金额（美元）
利比里亚	2649078	1893679
苏里南	2469100	1575597
斐济	2275319	1505543
安哥拉	2601341	1488607
法属波利尼西亚	2263670	1485154
马达加斯加	2303251	1363952
冈比亚	1896852	1306906
马耳他	1998335	1296181
塞舌尔	1806489	1270741
克罗地亚	1914597	1247316
乌兹别克斯坦	2071250	1217264
巴布亚新几内亚	916967	1180005
塔吉克斯坦	2285473	1175676
波多黎各	1302609	1121138
科特迪瓦	1649020	1119109
特立尼达和多巴哥	1589949	1105420
斯洛文尼亚	673320	1094936
黑山	2036500	1016700
塞浦路斯	1353418	868443
乌拉圭	1373971	811758
拉脱维亚	1261768	799956
刚果(金)	932967	741635
爱沙尼亚	1156000	739674
塞拉利昂	1028327	739432
南苏丹	1355700	728909
阿根廷	903360	722656
叙利亚	1034510	721666
新喀里多尼亚	1246580	721068
马约特	1075900	713544
几内亚	1005205	701755
多哥	977400	696224
圭亚那	811485	632060
立陶宛	980040	601252
文莱	813440	520483
萨摩亚	777780	517708
塞尔维亚	820670	497830
科摩罗	705752	486078
所罗门群岛	754157	485091
马提尼克	679500	454256
伊朗	532511	438898
匈牙利	598748	406188
毛里塔尼亚	558494	404332
瓦努阿图	576594	393065
也门	536900	382040

（续表）

国家/地区	出口数量（千克）	出口金额（美元）
贝宁	630365	372787
圣马力诺	107170	359505
阿鲁巴	450007	326425
喀麦隆	438827	311861
玻利维亚	299800	292110
赤道几内亚	455509	278892
汤加	415320	257653
瓜德罗普	412600	252853
尼日尔	324900	211156
格林纳达	289320	208500
巴巴多斯	274200	199171
特克斯和凯科斯群岛	234550	194418
多米尼克	237908	189055
帕劳	161680	187027
密克罗尼西亚联邦	251600	175196
阿富汗	382696	172120
伯利兹	215925	170633
瑞士	46074	168217
博茨瓦纳	254070	149544
尼泊尔	193588	145139
马拉维	236725	133521
摩尔多瓦	207260	130408
巴拉圭	215500	129746
老挝	184170	128354
巴勒斯坦	138200	115234
津巴布韦	177820	114660
圣多美和普林西比	141446	106312
圣卢西亚	168591	102471
捷克	130020	99529
委内瑞拉	110600	86284
加蓬	94600	79027
梅利利亚	167470	76659
北马其顿	146920	71163
突尼斯	83587	70932
厄瓜多尔	116500	66753
斯洛伐克	77145	64896
库腊索岛	77952	64578
佛得角	103000	61046
波黑	84480	58234
安提瓜和巴布达	82670	57555
布基纳法索	67800	54538
亚美尼亚	90320	52767
卢旺达	55400	51558
圣其茨和尼维斯	47300	47772

(续表)

国家/地区	出口数量(千克)	出口金额(美元)
开曼群岛	53000	46296
巴哈马	54500	41146
基里巴斯	43150	40009
赞比亚	50070	39061
巴西	54640	37461
乌干达	52640	28732
阿塞拜疆	27500	26159
奥地利	26136	25695
刚果(布)	15400	22225
纳米比亚	25500	19762
冰岛	27500	19129
法属圭亚那	26000	18868
中非	24260	18160
圣文森特和格林纳丁斯	27500	17053
库克群岛	27784	16626
中国澳门	7188	15930
马绍尔群岛	23000	15173
百慕大	27200	14415
图瓦卢	23000	14157
瓦利斯和浮图纳	12000	8168
大洋洲其他国家(地区)	12500	6775
吉尔吉斯斯坦	2220	2068

44123410 仅由薄木板制的其他胶合板(竹制除外),每层厚≤6mm,至少有一表层是温带非针叶木(子目 4412.33 的非针叶木除外)

国家/地区	出口数量(千克)	出口金额(美元)
合计	152378584	152312148
柬埔寨	9134405	14015701
美国	5701097	13413081
英国	8361328	12670219
中国香港	15138342	12379093
日本	16052357	12057880
菲律宾	14885673	11310641
加拿大	3830888	7824105
澳大利亚	3456989	7395078
波兰	12474500	6780195
马来西亚	7638895	6058349
墨西哥	5266045	4821775
印度尼西亚	4546000	4331428
以色列	3661367	3408603
缅甸	3889200	3086320
泰国	5149593	3058594
智利	3669817	2818825

(续表)

国家/地区	出口数量(千克)	出口金额(美元)
韩国	3856233	2786626
越南	1499394	2393822
德国	3489619	2325490
中国台湾	531980	1623262
比利时	1536798	1272157
印度	1212760	1218012
法国	1050764	1126335
危地马拉	1336140	895016
意大利	839999	883907
斯里兰卡	894461	874976
沙特阿拉伯	1421676	869698
阿根廷	242540	860556
瑞典	366016	756791
阿联酋	608074	556552
几内亚	800900	534810
新加坡	669529	503144
科摩罗	718860	497718
荷兰	537128	493921
斐济	652350	469622
哥伦比亚	387173	418681
毛里求斯	582885	388247
孟加拉国	495880	351769
肯尼亚	519300	314693
爱尔兰	82622	259400
新西兰	87900	245773
利比里亚	412500	245518
卡塔尔	289647	223625
希腊	309200	209153
塞浦路斯	105588	204073
萨尔瓦多	269500	193093
巴基斯坦	118180	187573
瓜德罗普	274400	173330
俄罗斯	353000	168191
南非	90217	146324
特立尼达和多巴哥	138400	128297
阿曼	165000	128122
马提尼克	194600	123059
科威特	170997	110745
罗马尼亚	175255	107674
马达加斯加	147800	91545
马尔代夫	129630	85294
索马里	94500	79685
朝鲜	98807	78506
厄瓜多尔	47477	76802

(续表)

国家/地区	出口数量(千克)	出口金额(美元)
埃及	81500	76012
巴拿马	152100	74902
葡萄牙	51650	74250
秘鲁	102473	68496
尼日利亚	132500	64606
黎巴嫩	19981	64579
巴布亚新几内亚	117500	62530
加纳	27200	54941
乌兹别克斯坦	101500	52838
西班牙	56700	50217
布基纳法索	27200	49624
冰岛	19548	47740
巴林	55000	47297
吉布提	55000	46206
哥斯达黎加	49000	43779
马耳他	65750	36385
马约特	55600	36364
佛得角	51200	33503
冈比亚	55000	29136
毛里塔尼亚	43567	27858
特克斯和凯科斯群岛	25500	22344
伊朗	4870	18981
所罗门群岛	25600	17834
留尼汪	25500	17504
贝宁	27800	16746
塞内加尔	27500	15857
圣卢西亚	12280	12618
约旦	27800	12497
巴西	5780	11074
委内瑞拉	1043	6621
新喀里多尼亚	12200	6263
土耳其	234	655
伊拉克	333	417

44123490 仅由薄木板制的其他胶合板(竹制除外),每层厚≤6mm,至少有一表层是上述子目未列名非针叶木

国家/地区	出口数量(千克)	出口金额(美元)
合计	16420908	23023540
中国香港	14020955	19183822
澳大利亚	479983	1171416
朝鲜	713979	752533
马来西亚	92612	570043
越南	449891	485290
韩国	104475	162543
新加坡	20148	155645

（续表）

国家/地区	出口数量（千克）	出口金额（美元）
加拿大	216846	137891
美国	79836	110413
哈萨克斯坦	14440	95304
日本	64365	79512
比利时	55800	38192
墨西哥	22000	17635
缅甸	31260	16051
巴拉圭	8500	12750
中国台湾	28800	12615
挪威	6800	10321
马尔代夫	1545	4767
菲律宾	1500	3000
阿尔及利亚	4500	2276
德国	2673	1521
44123900 仅由薄木板制的其他胶合板，每层厚≤6mm，上下表层均为针叶木		
合计	622573991	453924851
美国	274442136	225378217
中国台湾	116800182	69632149
英国	55025534	39042526
韩国	31005402	22396601
澳大利亚	11647744	10099362
柬埔寨	19314249	9580770
越南	12438913	8731545
马来西亚	13692138	7803607
中国香港	9744697	5543429
比利时	7945131	5415550
日本	6461802	5178895
印度尼西亚	7164502	4777695
新加坡	5982746	4024521
阿联酋	4187668	2828779
法国	4023778	2694346
德国	4318893	2447091
泰国	3213270	2436641
沙特阿拉伯	3113617	2281983
加拿大	2498418	2109052
新西兰	2199416	1724132
墨西哥	2312271	1653409
朝鲜	1468609	1287367
阿尔及利亚	1799810	1178252
以色列	1763433	1039025
秘鲁	1610204	1030888
缅甸	1982732	1017850
尼日利亚	1582170	985163

（续表）

国家/地区	出口数量（千克）	出口金额（美元）
俄罗斯	1557900	942443
马尔代夫	984871	625556
菲律宾	873008	624787
伊拉克	610742	560207
危地马拉	652410	506161
埃及	514900	466339
肯尼亚	271481	457122
印度	266843	378894
巴基斯坦	665308	360202
阿曼	688960	358206
罗马尼亚	567450	334572
斯里兰卡	438227	334448
挪威	372700	318521
毛里求斯	228452	262603
南非	364024	253846
莫桑比克	339789	238922
苏里南	114022	223123
坦桑尼亚	168466	222537
巴布亚新几内亚	304214	218429
卡塔尔	339798	206250
萨尔瓦多	289300	205211
安哥拉	89706	200349
几内亚	123250	196386
吉布提	219558	192900
孟加拉国	324502	185044
赞比亚	181180	156988
埃塞俄比亚	171312	126691
荷兰	51441	126355
巴拿马	201620	125377
巴林	187000	117871
贝宁	174261	99324
乌干达	49415	94099
乍得	124400	91807
斐济	129510	90361
多哥	143100	90019
希腊	120300	86108
意大利	50034	85733
布基纳法索	146674	85593
喀麦隆	133802	84000
加纳	110360	76858
智利	87026	70427
波多黎各	55000	69090
塞内加尔	52402	66497
赤道几内亚	80588	61966

（续表）

国家/地区	出口数量（千克）	出口金额（美元）
老挝	128440	58752
西班牙	54660	48360
科摩罗	14090	46626
塞舌尔	50780	45780
爱尔兰	54612	43007
刚果（金）	55134	41403
卢旺达	42095	32241
科威特	6140	31680
洪都拉斯	49000	30861
哈萨克斯坦	40300	30623
科特迪瓦	23822	29638
阿富汗	40590	29041
乌兹别克斯坦	40894	28047
毛里塔尼亚	53542	27719
马达加斯加	33210	27618
法属波利尼西亚	10720	27207
东帝汶	37750	27114
苏丹	15778	25156
古巴	38360	24547
奥地利	22640	22132
哥伦比亚	27500	19714
津巴布韦	9270	18633
博茨瓦纳	25700	17680
匈牙利	18100	16707
所罗门群岛	20492	14266
荷属安的列斯群岛	1000	12984
汤加	8903	12528
克罗地亚	27180	12096
伊朗	13920	11664
丹麦	12830	11412
文莱	10600	10796
约旦	21662	9976
密克罗尼西亚联邦	3870	9007
瑞典	2618	8636
蒙古	89400	8410
圭亚那	11340	8336
萨摩亚	8835	7112
马里	11500	6658
塞浦路斯	8000	6125
阿鲁巴	6040	4336
葡萄牙	4445	3749
新喀里多尼亚	2950	3290
多米尼克	5000	3070
马耳他	2950	2723

(续表)

国家/地区	出口数量（千克）	出口金额（美元）
利比里亚	1440	2031
叙利亚	1400	1750
瑞士	1463	1538
马拉维	1700	1479
海地	1443	1170
圣其茨和尼维斯	40550	1127
黎巴嫩	315	945
多米尼加	165	190
斯洛文尼亚	44	69
中国澳门	38	25
44129410 其他木块芯胶合板等至少一表层是非针叶木		
合计	170182924	443398566
美国	27470972	70875656
比利时	23065358	67589805
德国	22062301	64957799
加拿大	11847662	36634143
意大利	11508830	36332108
荷兰	10280799	29096046
英国	10486159	26164634
澳大利亚	7493817	23158546
法国	2377458	7733420
西班牙	2419947	7214893
中国香港	7570835	7014900
瑞典	2346300	7010121
日本	4136856	6191534
丹麦	1750102	5972138
墨西哥	1756860	4237483
克罗地亚	1163919	3348863
斯洛文尼亚	1232514	3342364
以色列	1117668	3201439
南非	899326	2909640
约旦	2627207	2507329
韩国	1503499	2194417
阿根廷	717896	1959014
缅甸	2508386	1898144
挪威	554649	1760375
新西兰	507029	1703059
瑞士	490818	1565621
波兰	538142	1547464
奥地利	386561	1294364
新加坡	911792	1280831
阿联酋	622061	1259382
印度	446580	1122572

(续表)

国家/地区	出口数量（千克）	出口金额（美元）
朝鲜	1511420	1120955
伊拉克	1241261	1082293
爱沙尼亚	337579	1017646
智利	253569	779958
葡萄牙	196691	581856
危地马拉	221284	575006
菲律宾	328076	465842
巴西	117273	407677
越南	206110	405064
中国台湾	285724	377638
摩洛哥	360500	331319
马尔代夫	238272	325303
爱尔兰	129210	304221
黎巴嫩	112723	273118
肯尼亚	286620	206700
塞浦路斯	48526	142807
冰岛	41884	139533
乌拉圭	39400	127674
埃及	240690	119695
巴基斯坦	138416	114928
希腊	26931	99699
芬兰	25590	89596
刚果(金)	40340	88148
马拉维	119015	83739
安哥拉	55370	76336
土耳其	20016	76012
沙特阿拉伯	61501	70891
哥伦比亚	19523	67874
阿尔及利亚	106519	66950
俄罗斯	16550	65930
立陶宛	14377	51452
百慕大	15140	50788
津巴布韦	35100	45293
科威特	55000	37257
赞比亚	18636	36103
厄瓜多尔	23723	35081
乌兹别克斯坦	59500	34936
赤道几内亚	20000	33126
柬埔寨	54005	31087
罗马尼亚	10290	29958
卡塔尔	23880	28368
拉脱维亚	9584	25972
纳米比亚	46000	24360
巴拿马	8584	22535

(续表)

国家/地区	出口数量（千克）	出口金额（美元）
泰国	24952	21571
苏丹	20956	18563
秘鲁	18110	17683
塞舌尔	5250	14120
加蓬	4600	9900
吉布提	8626	8610
巴布亚新几内亚	9000	7590
马来西亚	2382	7054
牙买加	6790	6496
巴林	8350	6136
斯里兰卡	5820	5750
刚果(布)	3800	5171
几内亚比绍	5210	5129
埃塞俄比亚	9600	4673
阿曼	1343	4300
斐济	2750	2200
蒙古	18980	1688
马达加斯加	1400	1404
马绍尔群岛	700	1280
莫桑比克	1600	420
44129491 其他木块芯胶合板、侧板条芯胶合板及板条芯胶合板,至少有一层是热带木		
合计	25160	19828
哥伦比亚	7060	4589
瑞士	6250	4385
朝鲜	4200	4000
越南	6930	3801
巴布亚新几内亚	400	2800
沙特阿拉伯	320	253
44129492 其他木块芯胶合板、侧板条芯胶合板及板条芯胶合板,至少有一层是木碎料板		
合计	25213	14841
朝鲜	11430	5715
肯尼亚	4266	3382
澳大利亚	6947	3174
柬埔寨	2570	2570
44129499 其他木块芯胶合板、侧板条芯胶合板及板条芯胶合板		
合计	5441975	7226669
德国	1678053	2380916
意大利	643090	1178165
加拿大	323338	1086636
中国台湾	647108	683850
朝鲜	1570150	578194

（续表）

国家/地区	出口数量（千克）	出口金额（美元）
新加坡	53040	200865
泰国	49855	199960
马来西亚	49110	198873
南非	21785	139841
葡萄牙	37500	97424
比利时	46400	67509
法国	47600	62164
斯洛文尼亚	25000	50334
菲律宾	55723	44376
美国	50529	43836
韩国	24000	36198
阿根廷	12500	32022
科特迪瓦	34000	31500
克罗地亚	11600	28707
新西兰	12900	23114
西班牙	5314	20251
文莱	26160	19032
日本	2870	8727
澳大利亚	950	6078
毛里求斯	5250	2677
马达加斯加	1750	1512
几内亚	2050	1249
埃塞俄比亚	1100	1029
巴基斯坦	1500	1000
纳米比亚	1750	630

44129910 其他胶合板等至少一表层是非针叶木

国家/地区	出口数量（千克）	出口金额（美元）
合计	608546248	1082683620
美国	212420700	483742779
加拿大	49280944	104625794
英国	48548990	67052387
中国香港	55352578	60786567
日本	12438602	41724437
澳大利亚	17024397	41457033
韩国	17185150	34743376
柬埔寨	16523071	25554882
德国	7004445	20067464
荷兰	7405087	18994727
比利时	6224651	17510433
埃及	33632410	15386796
意大利	4149903	12858843
越南	6607417	11476268
墨西哥	6313940	10953266
阿尔及利亚	17991186	9554102

（续表）

国家/地区	出口数量（千克）	出口金额（美元）
泰国	4360691	7883008
约旦	18476024	7332344
法国	3209481	5641390
菲律宾	2665285	5435210
印度	1931219	4781666
以色列	1752831	4557299
阿联酋	4300657	4537860
西班牙	1958964	4413850
新加坡	1937994	4382477
爱尔兰	1979503	4290377
南非	1355540	4040945
新西兰	1420735	4011903
马来西亚	1666003	4000013
沙特阿拉伯	6266447	3671521
俄罗斯	1653170	3413921
伊拉克	6740191	2976544
黎巴嫩	4810857	2117438
智利	826747	1964883
阿根廷	676446	1508551
肯尼亚	2032719	1429392
毛里求斯	2345553	1415389
瑞典	339650	1242029
中国台湾	606460	1240605
蒙古	743607	1027816
巴拿马	912179	1010493
丹麦	298365	1000435
秘鲁	439674	957908
危地马拉	404449	928323
印度尼西亚	233348	861102
中国澳门	315092	818500
斯洛文尼亚	320886	730999
加纳	1815400	712686
缅甸	824773	654315
巴基斯坦	1188903	590089
斯里兰卡	339273	531802
尼日利亚	613411	518263
阿曼	618207	478389
圣马力诺	139349	461813
波兰	157860	453437
马尔代夫	160902	453400
吉布提	546839	394111
老挝	427500	393673
挪威	112644	363092
埃塞俄比亚	496433	362356

（续表）

国家/地区	出口数量（千克）	出口金额（美元）
土库曼斯坦	425360	353986
科威特	680085	349098
哥伦比亚	173379	346211
卡塔尔	257461	328514
瑞士	98871	323016
朝鲜	324152	309714
芬兰	91585	277911
赤道几内亚	418398	221212
哈萨克斯坦	43876	217661
巴林	426728	209891
巴布亚新几内亚	68986	205829
苏里南	386360	184628
玻利维亚	188825	165780
希腊	139244	163876
爱沙尼亚	70752	154183
克罗地亚	54090	145129
牙买加	147089	133952
孟加拉国	66180	128232
亚美尼亚	143379	123816
马耳他	40728	107337
格鲁吉亚	124721	101623
文莱	22910	92854
苏丹	244000	91760
摩洛哥	115712	89816
南苏丹	112000	85378
莫桑比克	86581	84365
巴西	26105	83890
厄瓜多尔	37437	79810
塞舌尔	46600	74754
多米尼加	18641	74197
坦桑尼亚	130769	73369
喀麦隆	93330	64809
葡萄牙	31800	64614
乌克兰	39100	61587
冈比亚	83540	61294
土耳其	92750	59789
奥地利	17150	58333
萨尔瓦多	23300	53584
科特迪瓦	49660	46477
塞浦路斯	16914	37777
乌干达	71200	36389
斐济	42820	33978
阿尔巴尼亚	11697	29075
塞内加尔	43650	26394

(续表)

国家/地区	出口数量（千克）	出口金额（美元）
塞拉利昂	39740	26214
安哥拉	10842	21595
加蓬	27600	19424
马达加斯加	25500	17400
罗马尼亚	4970	17261
刚果(金)	12640	17217
利比亚	27005	13306
马里	2545	9510
保加利亚	2680	8647
卢旺达	9860	8591
乌拉圭	2736	8413
哥斯达黎加	2230	5654
尼泊尔	2600	5514
佛得角	6340	2609
索马里	5900	2491
帕劳	1100	1161
波黑	233	877
所罗门群岛	1480	870
纳米比亚	6600	203
44129991 其他胶合板、单板饰面板及类似的多层板,至少有一层是热带木		
合计	36479	114156
哥伦比亚	23800	56810
印度	10019	52600
日本	1165	3483
马拉维	1200	888
越南	295	375
44129992 其他胶合板等至少一表层是木碎料板		
合计	6686945	7254386
中国澳门	6654863	7197910
马里	5212	24365
坦桑尼亚	2900	11898
哈萨克斯坦	6380	6380
越南	6440	5842
巴布亚新几内亚	6875	4125
毛里塔尼亚	1400	1465
芬兰	250	1125
中国香港	1080	716
以色列	855	250
几内亚	90	160
美国	600	150
44129999 未列名胶合板、单板饰面板及类似的多层板		

(续表)

国家/地区	出口数量（千克）	出口金额（美元）
合计	63068284	51770236
美国	53233697	42218869
德国	1670166	2313032
沙特阿拉伯	2926660	1880349
挪威	652600	620753
中国澳门	339852	470831
阿尔及利亚	798154	460518
新加坡	213449	448428
阿联酋	716404	447955
韩国	232190	328388
法国	235100	319712
中国台湾	263505	294006
萨尔瓦多	334800	221366
澳大利亚	74346	173913
马来西亚	79691	167339
加拿大	96820	115675
埃及	135180	97267
所罗门群岛	78909	82451
越南	38629	81259
泰国	33399	75562
巴林	108475	74341
伊拉克	54200	64000
肯尼亚	30422	59874
贝宁	5489	56308
巴拿马	23653	50067
柬埔寨	86717	49537
日本	37017	47947
尼日利亚	31810	47715
巴布亚新几内亚	54208	41208
新西兰	46460	38375
中国香港	8421	32348
南非	28400	31681
博茨瓦纳	3960	31632
印度尼西亚	20825	29274
荷兰	20300	28293
巴基斯坦	34860	26300
墨西哥	7533	26031
秘鲁	6858	24932
马尔代夫	103250	21121
斯洛文尼亚	14100	20095
哈萨克斯坦	21720	15461
刚果(金)	22520	14561
危地马拉	3807	13848
毛里塔尼亚	17725	13471

(续表)

国家/地区	出口数量（千克）	出口金额（美元）
刚果(布)	10400	10748
菲律宾	44160	10621
乌干达	14616	7919
黎巴嫩	858	7636
朝鲜	12080	6757
英国	5132	6652
乌拉圭	1782	6482
土库曼斯坦	7470	6141
坦桑尼亚	8250	6115
印度	1768	6033
智利	1981	4453
玻利维亚	1215	4390
文莱	1161	4178
汤加	4550	3193
罗马尼亚	689	1504
葡萄牙	5651	1256
利比亚	240	65

表6 人造板进口量值表

国家/地区	进口数量（千克）	进口金额（美元）
44081011 用胶合板等制的针叶木饰面用单板,厚≤6mm		
合计	155	1093
中国	65	560
芬兰	90	533
44081019 其他针叶木饰面用单板,厚≤6mm		
合计	441255	2149327
中国台湾	132187	797879
加拿大	50050	666670
俄罗斯	164036	270615
意大利	18836	110988
德国	8944	91468
奥地利	28171	71485
美国	17508	48873
韩国	5384	36113
日本	1631	23872
西班牙	555	13290
印度尼西亚	9905	11229
罗马尼亚	3940	3769
瑞士	108	3076
44081020 针叶木制胶合板用单板,厚≤6mm		
合计	32843235	7542316
俄罗斯	32349956	7496011

（续表）

国家/地区	进口数量（千克）	进口金额（美元）
坦桑尼亚	469848	36269
马来西亚	10886	7227
马达加斯加	12541	2708
澳大利亚	4	101
44081090 其他针叶木木材，经纵锯、刨切或旋切，厚≤6mm		
合计	43144415	8244204
俄罗斯	42514851	5484713
印度尼西亚	243294	1415232
加拿大	85081	803587
美国	4262	160450
西班牙	4835	108943
瑞士	4279	91915
乌克兰	197973	39343
瑞典	65100	30923
韩国	1482	26132
德国	1042	22732
中国台湾	9681	22550
罗马尼亚	11502	20124
意大利	622	15368
印度	311	1896
澳大利亚	30	185
日本	70	111
44083111 用胶合板等制饰面单板，红柳桉木制，厚≤6mm		
合计	120	2448
日本	120	2448
44083119 其他饰面用单板，红柳桉木制，厚≤6mm		
合计	2165682	784100
马来西亚	1999520	501042
乌克兰	159247	250441
意大利	1412	21030
印度尼西亚	5443	10407
日本	60	1180
44083120 制胶合板用单板，红柳桉木制，厚≤6mm		
合计	1751050	1314021
马来西亚	1485427	1137577
印度尼西亚	44399	133376
摩洛哥	105460	16191
埃塞俄比亚	61594	13339
坦桑尼亚	54120	10255
意大利	50	3283

（续表）

国家/地区	进口数量（千克）	进口金额（美元）
44083190 其他经纵锯、纵切、刨切或旋切的红柳桉木木材，厚≤6mm		
合计	23388	5784
马达加斯加	23388	5784
44083911 用胶合板等多层板制的饰面用单板，其他热带木制，厚≤6mm		
合计	3789	27255
中国台湾	3789	27255
44083919 其他饰面用单板，其他热带木制，厚≤6mm		
合计	4148019	7955808
印度	155949	1592487
喀麦隆	2094377	1560224
意大利	88774	977152
加纳	337257	764582
巴西	120765	427470
捷克	56152	422395
缅甸	289961	406011
印度尼西亚	327632	340462
马来西亚	242385	219971
玻利维亚	61984	210289
法国	53870	203444
日本	9233	200809
加蓬	131769	127362
科特迪瓦	19450	99236
美国	17344	71563
土耳其	15337	66543
澳大利亚	10174	52868
拉脱维亚	22000	50730
刚果(金)	15308	36418
中国台湾	18786	29563
德国	81	27028
斯洛文尼亚	5490	19555
西班牙	5718	16532
老挝	16660	10270
尼加拉瓜	589	7269
刚果(布)	3051	3934
马达加斯加	271	3060
越南	26980	2889
英国	400	2263
葡萄牙	45	1665
加拿大	188	978
苏里南	13	334
中国	3	244

（续表）

国家/地区	进口数量（千克）	进口金额（美元）
秘鲁	16	206
墨西哥	7	2
44083920 制胶合板用单板，其他热带木制，厚≤6mm		
合计	310130984	55371908
越南	183687843	24184715
马来西亚	29111238	9099689
泰国	76606365	8245756
喀麦隆	12141372	7208669
印度尼西亚	6082392	5488747
加蓬	1461664	899449
缅甸	768460	84292
赤道几内亚	99410	79218
柬埔寨	147425	73248
菲律宾	24730	7142
中国台湾	85	983
44083990 其他经纵锯、刨切或旋切的木材，其他热带木制，厚≤6mm		
合计	5852543	3284248
喀麦隆	2607356	1866208
印度	21236	325660
印度尼西亚	299329	262261
越南	2829916	220381
加纳	4122	173534
中国台湾	36345	157064
美国	1873	147778
缅甸	41230	64215
意大利	686	23954
西班牙	2573	23125
厄瓜多尔	3103	11175
马来西亚	4676	6041
玻利维亚	98	2852
44089011 用胶合板等多层板制的其他木制饰面用单板，厚≤6mm		
合计	352081	627907
乌克兰	313297	460258
日本	1430	52304
法国	1943	48499
意大利	5491	38181
美国	578	17722
肯尼亚	26624	7303
西班牙	2713	3373
澳大利亚	5	164
中国	0	91

(续表)

国家/地区	进口数量（千克）	进口金额（美元）
阿联酋	0	12
44089012 温带非针叶木制饰面用单板，厚≤6mm		
合计	14182180	30667025
俄罗斯	8025657	8777818
乌克兰	3702843	5316589
中国台湾	137666	3146505
德国	107298	3100949
捷克	271506	2099231
美国	326261	1080960
西班牙	395713	1040625
罗马尼亚	59513	1038943
意大利	75541	981258
土耳其	72857	684941
爱沙尼亚	198855	642277
葡萄牙	186283	586183
斯洛文尼亚	92488	563297
波黑	212400	280604
法国	39319	278435
日本	3479	246003
芬兰	71369	220627
澳大利亚	25955	210894
韩国	34573	188353
越南	58287	93933
斯洛伐克	78900	54483
瑞士	3913	20493
奥地利	670	12156
马来西亚	824	1064
塞尔维亚	8	325
巴西	1	44
泰国	1	35
44089019 其他木制饰面用单板，厚≤6mm		
合计	10238905	23257424
美国	1452908	5283012
乌克兰	2187885	3718951
意大利	540727	2579428
西班牙	178179	1646111
越南	1248823	1640115
俄罗斯	1830542	919752
德国	109575	874455
法国	124823	656318
中国台湾	215748	599188
罗马尼亚	93913	566024
捷克	92033	454322

(续表)

国家/地区	进口数量（千克）	进口金额（美元）
玻利维亚	150210	419221
巴西	76841	387275
拉脱维亚	236647	375135
土耳其	64418	344528
葡萄牙	181320	319044
日本	38222	294920
印度	27713	280798
加纳	151172	271232
韩国	10382	250324
斯洛文尼亚	36455	212508
爱沙尼亚	247749	189572
加蓬	179665	165153
缅甸	91014	147136
克罗地亚	17200	125571
澳大利亚	51905	121555
印度尼西亚	142992	114108
泰国	400407	91322
喀麦隆	15368	75290
奥地利	18942	41473
马达加斯加	1240	28298
刚果(布)	7906	17768
比利时	318	12751
马来西亚	5661	9959
中国	2817	8229
白俄罗斯	1781	6267
瑞士	302	4532
加拿大	5040	3990
秘鲁	50	1454
国别(地区)不详	12	335
44089021 温带非针叶木制胶合板用单板，厚≤6mm		
合计	40551282	14387981
俄罗斯	34796810	10533469
乌克兰	2898960	1592082
爱沙尼亚	2252325	1435493
美国	270736	602215
芬兰	150535	134385
马来西亚	116500	76360
肯尼亚	53635	12041
马达加斯加	9071	1354
意大利	10	348
越南	2700	234
44089029 其他木制胶合板用单板，厚≤6mm		
合计	231976751	26195417

(续表)

国家/地区	进口数量（千克）	进口金额（美元）
越南	211322448	18672252
俄罗斯	10435756	3249256
加蓬	480056	1174214
马来西亚	1917246	659927
乌克兰	1990370	606287
马达加斯加	3184600	429633
拉脱维亚	307323	375848
爱沙尼亚	408210	296633
摩洛哥	814790	130160
芬兰	46620	129044
缅甸	366930	116289
刚果(布)	47820	107974
巴西	165480	64000
加纳	45020	45020
加拿大	22600	32765
埃塞俄比亚	111800	27475
澳大利亚	87575	19407
玻利维亚	39541	13506
斐济	23500	9845
老挝	87847	8432
德国	7926	7219
意大利	771	6426
葡萄牙	5965	5682
泰国	54000	5642
中国台湾	1886	1698
日本	670	646
印度	1	137
44089091 温带非针叶木制经纵锯、刨切或旋切的木材，厚≤6mm		
合计	20984775	8938391
俄罗斯	18196293	8271128
乌克兰	919290	378158
越南	1765815	136500
瑞士	1241	42986
印度尼西亚	67171	27698
荷兰	4339	23135
保加利亚	22450	15887
韩国	7259	14034
美国	131	9810
西班牙	429	9268
德国	113	7300
意大利	114	1241
加拿大	6	475
芬兰	107	292

（续表）

国家/地区	进口数量（千克）	进口金额（美元）
法国	7	140
波兰	4	135
中国	0	96
日本	4	69
丹麦	0	37
阿联酋	2	2
44089099 未列名木制经纵锯、刨切或旋切的木材，厚≤6mm		
合计	247874	1460171
玻利维亚	83971	459494
德国	21388	278666
韩国	2696	214599
意大利	19552	211394
西班牙	7943	64297
日本	35	46536
中国	5344	35704
印度	1576	33924
斯洛文尼亚	5000	30900
匈牙利	12370	22310
印度尼西亚	4071	18950
美国	749	10058
乌克兰	26050	8696
中国台湾	1255	8363
俄罗斯	54262	8240
法国	1400	7157
比利时	22	585
澳大利亚	190	298
44101100 木制碎料板		
合计	364138181	119282370
罗马尼亚	62044961	26850989
泰国	109817913	25064273
马来西亚	97695640	22166023
意大利	11736413	8805501
德国	12939549	7186318
巴西	20855861	5640259
越南	16808047	4930142
奥地利	5749188	4875452
土耳其	4499258	1854895
波兰	2685148	1842206
捷克	7608	1840656
俄罗斯	4547011	1509427
日本	2571428	1437675
西班牙	2677722	1338290
印度尼西亚	3088056	1044569

（续表）

国家/地区	进口数量（千克）	进口金额（美元）
瑞士	989710	568272
新西兰	1436080	506780
拉脱维亚	1240715	485724
英国	669665	356146
法国	177166	231931
印度	958498	220304
智利	455831	147898
韩国	114941	106543
澳大利亚	79863	77435
南非	208896	69122
克罗地亚	19750	39091
美国	5125	33724
丹麦	49550	19199
斯洛伐克	2869	17220
葡萄牙	2934	5656
中国台湾	393	3716
立陶宛	596	2279
阿根廷	1520	2276
国别（地区）不详	171	1572
荷兰	42	413
中国	59	304
墨西哥	4	90
44101200 木制定向刨花板（OSB）		
合计	134490179	62654892
加拿大	40952238	19743332
巴西	31184700	13777793
德国	27159370	13681518
罗马尼亚	11459793	4895151
马来西亚	11711724	3829423
意大利	6128521	3755644
俄罗斯	3868382	1742288
日本	367602	269787
西班牙	135189	238778
中国台湾	67594	217501
泰国	925851	209197
奥地利	266248	166703
美国	110097	78631
新西兰	49520	20659
智利	46783	14731
印度	55724	12624
澳大利亚	100	648
乌兹别克斯坦	80	243
荷兰	663	187
阿曼	0	54

（续表）

国家/地区	进口数量（千克）	进口金额（美元）
44101900 其他木制类似板（例如，华夫板）		
合计	193772227	60241528
泰国	109627133	28166702
马来西亚	48468123	11628229
罗马尼亚	19577785	11108147
意大利	4799546	4318101
奥地利	2509502	1989332
俄罗斯	4570857	1306500
越南	2470847	564868
德国	449394	288797
西班牙	469873	256481
巴西	357782	215053
比利时	247054	170875
中国台湾	122043	81149
印度尼西亚	25018	54313
智利	45739	22691
美国	3603	19215
日本	15127	18960
法国	100	13224
韩国	11466	9453
阿根廷	910	4893
波兰	76	1874
葡萄牙	127	1699
中国	57	357
英国	8	234
丹麦	9	222
印度	47	135
新加坡	1	24
44109011 麦稻秸秆制碎料板		
合计	1799	1301
捷克	1642	643
瑞典	137	373
美国	20	285
44109019 其他木质材料制碎料板		
合计	53204	92890
意大利	31379	53029
日本	20405	33572
瑞士	1250	4962
美国	165	1200
英国	2	33
澳大利亚	1	29
菲律宾	0	25
印度	1	21
中国	1	19

(续表)

国家/地区	进口数量(千克)	进口金额(美元)
44109090 其他木质材料制定向刨花板(OSB)及类似板(例如,华夫板)		
合计	11495	281126
意大利	5225	167591
中国	5219	66346
英国	372	35898
日本	331	7515
瑞典	100	1614
法国	190	1083
越南	27	831
美国	26	209
波兰	5	39
44111211 未机械加工中密度板,密度>0.8g/cucm,厚≤5mm		
合计	9287884	3786892
新西兰	3559030	1671377
印度尼西亚	2102357	856472
越南	2179470	574945
波兰	481372	286242
泰国	490984	190653
马来西亚	362943	100245
阿根廷	71516	30584
美国	24626	29133
日本	8134	15190
比利时	571	11919
荷兰	2543	9607
韩国	3800	4619
德国	375	4455
意大利	163	1451
44111219 经机械加工中密度板,密度>0.8g/cucm,厚≤5mm		
合计	4850195	2886756
印度尼西亚	3441177	1327472
韩国	108294	426875
泰国	613040	383987
中国台湾	88228	158940
波兰	91059	143622
澳大利亚	247746	130298
美国	31971	65655
匈牙利	29274	64043
法国	211	45781
新西兰	95391	44460
德国	31932	29884
西班牙	1195	20535

(续表)

国家/地区	进口数量(千克)	进口金额(美元)
马来西亚	27836	18416
中国	33431	10162
新加坡	6750	6482
奥地利	1108	3086
日本	994	2890
英国	500	2010
意大利	35	1799
丹麦	3	241
加拿大	20	70
菲律宾	0	48
44111221 辐射松制的中密度板,0.5g/cucm<密度≤0.8g/cucm,厚≤5mm		
合计	9880498	4815688
新西兰	8868237	4308879
印度尼西亚	924843	416179
韩国	87401	90618
葡萄牙	17	12
44111229 其他中密度板 0.5g/cucm<密度≤0.8g/cucm,厚≤5mm		
合计	9516875	5277382
泰国	5685506	1871927
新西兰	2296789	1579662
意大利	141159	723246
美国	67929	677961
越南	457865	177807
马来西亚	711167	154024
印度尼西亚	113140	42427
澳大利亚	34305	21151
奥地利	5910	13906
日本	761	6023
比利时	730	5875
德国	524	1361
巴林	680	1150
加拿大	15	595
土耳其	390	210
丹麦	1	47
韩国	4	10
44111291 未加工中密度板,密度≤0.5g/cucm,厚≤5mm		
合计	217000	46221
马来西亚	217000	46221
44111299 加工中密度板,密度≤0.5g/cucm,厚≤5mm		
合计	5536791	2227272

(续表)

国家/地区	进口数量(千克)	进口金额(美元)
新西兰	3806043	1712720
马来西亚	1014349	278801
印度尼西亚	576617	156211
泰国	74968	21440
日本	8550	13901
韩国	18432	13634
美国	12372	12855
乌克兰	25060	12734
越南	75	1548
中国台湾	102	1096
印度	85	964
意大利	37	555
肯尼亚	30	452
西班牙	70	346
澳大利亚	1	15
44111311 未加工中密度板,密度>0.8g/cucm,5mm<厚≤9mm		
合计	433249	334878
美国	203407	202794
澳大利亚	122026	58572
新西兰	75600	36838
德国	23735	25882
韩国	7160	7954
西班牙	302	1931
奥地利	980	725
泰国	3	112
日本	36	70
44111319 加工中密度板,密度>0.8g/cucm,5mm<厚≤9mm		
合计	40500778	42205700
德国	14313026	14917556
比利时	7686333	10343979
瑞士	9309026	8019679
奥地利	3508500	3913876
波兰	3807196	3195000
西班牙	296258	440618
白俄罗斯	567359	377290
法国	239906	299564
俄罗斯	346135	262950
意大利	80610	180907
泰国	213990	80060
马来西亚	42703	58057
挪威	23621	43995
葡萄牙	16824	25299

（续表）

国家/地区	进口数量（千克）	进口金额（美元）
新西兰	25138	12670
中国	15232	11427
阿联酋	440	8536
土耳其	170	4471
韩国	6102	2610
美国	1263	2465
斯洛伐克	94	1541
哥伦比亚	35	1399
沙特阿拉伯	65	548
日本	159	506
印度	27	320
瑞典	76	183
印度尼西亚	490	147
英国	0	47
44111321 辐射松制的中密度板，5mm＜厚≤9mm		
合计	7303903	3434723
新西兰	6670404	3171930
巴西	466168	154284
韩国	67391	72309
智利	98180	34431
日本	1760	1769
44111329 其他中密度板 0.5g/cucm＜密度≤0.8g/cucm，5mm＜厚≤9mm		
合计	3636190	2928815
比利时	608585	934380
印度尼西亚	1296081	838232
德国	778526	759223
新西兰	211597	97179
泰国	228679	76616
巴西	173472	55375
马来西亚	145615	40314
日本	37138	34163
俄罗斯	74268	23630
西班牙	15588	17933
白俄罗斯	9756	10552
中国	30081	9692
中国台湾	5776	9198
澳大利亚	1022	7011
越南	13832	3258
意大利	1922	2960
瑞士	1197	2073
韩国	1793	1907
波黑	255	1289

（续表）

国家/地区	进口数量（千克）	进口金额（美元）
希腊	267	1243
巴基斯坦	24	1058
土耳其	665	884
美国	31	554
阿联酋	0	74
法国	20	17
44111391 未加工中密度板，密度≤0.5g/cucm，5mm＜厚≤9mm		
合计	372822	206132
新西兰	372060	204632
西班牙	759	1440
越南	3	60
44111399 加工中密度板，密度≤0.5g/cucm，5mm＜厚≤9mm		
合计	2390536	1983946
德国	1609480	1479319
新西兰	510954	229930
比利时	122673	174179
韩国	44535	49118
泰国	98001	27596
意大利	169	15847
日本	1129	3528
白俄罗斯	3252	2586
瑞士	280	1588
西班牙	63	218
菲律宾	0	37
44111411 未加工中密度板，密度＞0.8g/cucm，厚＞9mm		
合计	4285	5748
罗马尼亚	3075	4476
韩国	790	421
马来西亚	40	381
印度尼西亚	99	229
奥地利	276	166
泰国	5	75
44111419 加工中密度板，密度＞0.8g/cucm，厚＞9mm		
合计	14010899	15580411
德国	7396603	6901572
瑞士	4172926	4126701
比利时	966699	2350084
西班牙	323958	511463
意大利	137255	372237
波兰	380019	341969

（续表）

国家/地区	进口数量（千克）	进口金额（美元）
日本	161200	245729
法国	183429	232652
美国	3121	177945
奥地利	130123	138807
马来西亚	72541	104490
罗马尼亚	24398	18137
白俄罗斯	14298	15684
挪威	11520	13418
韩国	13714	10924
新西兰	5350	4979
中国	366	3608
澳大利亚	5296	2953
俄罗斯	2529	2265
希腊	450	2033
中国台湾	4975	1366
荷兰	9	412
印度	41	388
阿联酋	75	320
英国	4	275
44111421 辐射松制的中密度板，厚＞9mm		
合计	15765365	7194140
新西兰	13669992	6456934
巴西	1358486	435542
委内瑞拉	511631	150686
智利	97309	33012
日本	31275	30813
韩国	25110	28095
澳大利亚	50029	27479
葡萄牙	13949	16072
西班牙	6623	13119
罗马尼亚	901	1692
印度	25	269
意大利	7	268
奥地利	16	123
德国	12	36
44111429 其他中密度板 0.5g/cucm＜密度≤0.8g/cucm，厚＞9mm		
合计	15442547	10524675
西班牙	3256319	4304038
日本	1702318	1374424
意大利	530405	920954
马来西亚	4152308	582442
越南	2482400	568516
新西兰	1075198	508069

(续表)

国家/地区	进口数量(千克)	进口金额(美元)
比利时	265290	506380
德国	345711	468476
印度尼西亚	814165	377239
葡萄牙	111934	263562
泰国	367570	143027
阿联酋	2965	66426
英国	3577	62287
法国	11865	61104
土耳其	45726	49201
奥地利	29564	43064
克罗地亚	19741	39302
澳大利亚	55152	36195
中国	98926	32795
韩国	40545	32448
波兰	15043	27493
美国	5847	27093
罗马尼亚	8428	17226
丹麦	640	6841
波黑	780	4900
荷兰	55	346
印度	40	296
科威特	10	204
尼泊尔	0	114
俄罗斯	0	99
加拿大	1	43
新加坡	24	37
尼日利亚	0	34
44111491 未加工中密度板，密度≤0.5g/cucm,厚>9mm		
合计	1837265	987309
泰国	1822230	972184
澳大利亚	15000	8388
法国	30	6610
马来西亚	3	86
越南	2	41
44111499 未加工中密度板，密度≤0.5g/cucm,厚>9mm		
合计	1456213	2077593
德国	1219062	1659133
比利时	122956	142356
意大利	64352	118319
瑞士	1583	91668
罗马尼亚	12713	21425
西班牙	2039	12814

(续表)

国家/地区	进口数量(千克)	进口金额(美元)
马来西亚	31824	9614
美国	804	8682
法国	168	7716
葡萄牙	43	1672
中国台湾	302	1036
韩国	61	730
越南	92	720
印度	152	546
丹麦	19	235
巴西	17	203
中国	5	153
墨西哥	3	149
泰国	7	137
奥地利	9	130
荷兰	1	117
南非	1	20
日本	0	18
44119210 未加工木纤维板，密度>0.8g/cucm		
合计	2621204	759703
泰国	788032	201199
葡萄牙	974751	195417
美国	184911	180063
法国	633210	175208
埃塞俄比亚	40000	7580
比利时	300	236
44119290 加工木纤维板，密度>0.8g/cucm		
合计	17125234	21766427
德国	12600336	13599848
荷兰	2030803	5013429
奥地利	379081	839185
比利时	615579	613357
美国	373401	412111
波兰	297414	356518
白俄罗斯	331095	231869
葡萄牙	77582	221689
瑞士	69032	163427
西班牙	64125	102093
法国	36681	46295
爱尔兰	48842	40660
泰国	75600	40637
马来西亚	33244	28541
乌克兰	46836	23999
阿根廷	26074	12653
匈牙利	8883	6257

(续表)

国家/地区	进口数量(千克)	进口金额(美元)
中国	2025	4229
瑞典	978	3744
意大利	7216	2900
斯洛文尼亚	232	1213
土耳其	71	671
韩国	53	479
南非	47	321
哥伦比亚	1	141
芬兰	3	114
越南	0	47
44119310 辐射松制的纤板，0.5g/cucm<密度≤0.8g/cucm		
合计	1361408	372761
新西兰	1316660	343490
葡萄牙	22406	23460
西班牙	22292	5701
美国	50	110
44119390 木纤板，0.5g/cucm<密度≤0.8g/cucm		
合计	26617593	11552000
智利	16974965	7255190
澳大利亚	8533860	3797365
韩国	387510	188688
马来西亚	426554	126131
卢森堡	96020	49855
新西兰	64888	35656
意大利	12211	30497
瑞士	6103	22133
越南	51120	13674
泰国	25073	10029
美国	14550	7859
德国	4222	6296
日本	18048	2319
罗马尼亚	44	2091
奥地利	288	1998
比利时	2109	1606
捷克	19	261
国别(地区)不详	4	188
中国	5	164
44119410 木纤板，0.35g/cucm<密度≤0.5g/cucm		
合计	21667	233238
法国	1156	195039
德国	1100	13650

（续表）

国家/地区	进口数量（千克）	进口金额（美元）
波兰	14150	7899
中国台湾	2751	7839
日本	1614	4655
比利时	676	3151
意大利	45	650
土耳其	104	240
美国	71	115
44119421 未加工木纤板,密度≤0.35g/cucm		
合计	6175	4543
日本	6175	4543
44119429 加工木纤板,密度≤0.35g/cucm		
合计	225228	306279
日本	152927	162847
美国	62229	101667
新加坡	4320	23347
中国香港	2415	4782
波兰	353	3255
英国	435	2752
马来西亚	1253	2139
德国	941	1650
意大利	65	1574
泰国	118	1387
韩国	117	575
比利时	54	256
爱沙尼亚	1	48
44121019 其他仅由薄板制的竹胶合板,每层厚≤6mm		
合计	522156	2368238
拉脱维亚	101098	1395740
意大利	221359	351277
克罗地亚	41156	220675
中国台湾	29634	136995
美国	12881	124532
芬兰	44688	55121
德国	4387	26861
俄罗斯	24920	26588
马来西亚	23700	15070
印度尼西亚	16540	9759
日本	540	3630
塞尔维亚	1183	1072
卡塔尔	18	606
新加坡	52	280
越南	0	32

（续表）

国家/地区	进口数量（千克）	进口金额（美元）
44121099 其他竹制胶合板、单板饰面板及类似的多层板		
合计	17738	26771
日本	310	18085
美国	17425	8473
中国	3	213
44123100 仅由薄木板制的其他胶合板(竹制的除外),每层厚≤6mm,至少有一表层是热带木		
合计	27074707	23338478
马来西亚	13759189	11633895
印度尼西亚	12246450	9554218
日本	630030	1420448
中国台湾	158618	371155
中国	144237	126170
意大利	23804	60212
泰国	22440	59034
塞尔维亚	9250	29709
越南	58006	24001
美国	3559	22444
匈牙利	2120	10137
澳大利亚	1320	9158
缅甸	7735	8806
爱沙尼亚	4810	4588
俄罗斯	2883	3550
印度	70	431
比利时	185	367
以色列	1	155
44123300 仅由薄木板制的其他胶合板(竹制除外),每层厚≤6mm,至少有一表层是下列非针叶木:桤木、白蜡木、水青冈木(山毛榉木)、桦木、樱桃木、栗木、榆木、桉木、山核桃、七叶树、椴木、槭木(枫木)、栎木(橡木)、悬铃木		
合计	38705593	64081503
中国台湾	5367880	27143196
俄罗斯	26463501	25366238
芬兰	2837790	4426639
意大利	435837	1388816
日本	415145	1320518
德国	484672	1158437
爱沙尼亚	611017	1056819
乌克兰	1087954	998455
中国	389849	342033
越南	225422	143505

（续表）

国家/地区	进口数量（千克）	进口金额（美元）
荷兰	9542	141859
立陶宛	18123	99215
印度尼西亚	67427	85517
拉脱维亚	55335	77941
白俄罗斯	77139	58350
匈牙利	7831	58196
加拿大	22638	43705
瑞典	8250	38506
西班牙	4665	37013
波兰	64251	30298
马来西亚	8960	16279
法国	2373	14097
美国	1513	11337
埃塞俄比亚	35600	9405
澳大利亚	1284	8195
韩国	745	3238
斯洛伐克	709	1443
英国	31	846
葡萄牙	33	814
新西兰	28	241
比利时	11	128
丹麦	17	113
新加坡	0	46
泰国	1	35
捷克	20	30
44123410 仅由薄木板制的其他胶合板(竹制除外),每层厚≤6mm,至少有一表层是温带非针叶木(子目4412.33的非针叶木除外)		
合计	5373783	16275672
中国台湾	811577	7232416
日本	1784022	4215950
芬兰	1042022	1326558
德国	162755	1273446
俄罗斯	943448	877920
美国	206052	813461
拉脱维亚	353103	419197
爱沙尼亚	43597	59125
意大利	1613	25878
波兰	13000	22119
越南	10920	3928
中国	972	3752
波黑	500	874
墨西哥	120	858
爱尔兰	2	81

(续表)

国家/地区	进口数量(千克)	进口金额(美元)
印度尼西亚	80	80
比利时	0	29
44123490 仅由薄木板制的其他胶合板(竹制除外),每层厚≤6mm,至少有一表层是上述子目未列名非针叶木		
合计	8261566	6097472
马来西亚	6988554	4480363
俄罗斯	332919	360058
意大利	249490	356371
芬兰	100738	292933
印度尼西亚	434936	276967
德国	49274	163586
日本	51280	134738
越南	53168	29437
韩国	980	1647
拉脱维亚	87	713
中国	140	659
44123900 仅由薄木板制的其他胶合板,每层厚≤6mm,上下表层均为针叶木		
合计	10643563	9782268
俄罗斯	5485532	3910716
印度尼西亚	2117918	1818186
日本	1028159	1275220
马来西亚	955467	813668
英国	147766	672370
加拿大	312703	453895
中国	151582	312161
罗马尼亚	47400	105451
中国台湾	53786	87847
美国	50944	74681
缅甸	172200	66410
意大利	24634	65119
芬兰	38038	56495
法国	1730	39551
德国	24466	21374
越南	30882	6385
阿联酋	203	1167
澳大利亚	28	708
印度	65	301
波兰	33	300
泰国	15	182
以色列	2	76
韩国	10	5

(续表)

国家/地区	进口数量(千克)	进口金额(美元)
44129410 其他木块芯胶合板等至少一表层是非针叶木		
合计	3097107	7812942
波兰	522969	1716400
印度尼西亚	1310559	1535700
意大利	149300	1508011
爱沙尼亚	335052	1061405
德国	223285	1043795
奥地利	74921	576591
中国	273028	185810
马来西亚	193201	114134
中国台湾	6360	46184
克罗地亚	2092	11019
越南	1063	4788
法国	2057	3200
日本	3034	3036
英国	168	1922
加拿大	8	409
美国	6	353
新西兰	1	53
以色列	1	45
西班牙	0	44
瑞典	2	43
44129491 其他木块芯胶合板、侧板条芯胶合板及板条芯胶合板,至少有一层是热带木		
合计	2212	3993
日本	812	2961
马来西亚	1400	1032
44129492 其他木块芯胶合板、侧板条芯胶合板及板条芯胶合板,至少有一层是木碎料板		
合计	50820	31417
印度尼西亚	44620	23618
日本	1675	4163
马来西亚	4136	2346
德国	345	806
芬兰	44	484
44129499 其他木块芯胶合板、侧板条芯胶合板及板条芯胶合板		
合计	148298	421199
意大利	110074	348847
挪威	28822	50560
奥地利	9225	20235
丹麦	18	1021
英国	24	416

(续表)

国家/地区	进口数量(千克)	进口金额(美元)
印度尼西亚	132	73
日本	3	47
44129910 其他胶合板等至少一表层是非针叶木		
合计	7098313	23193008
奥地利	1828486	5842542
比利时	1404867	4566543
马来西亚	1010682	2506620
意大利	386052	2095247
罗马尼亚	363086	1741876
瑞典	289517	1633080
美国	227117	750010
波黑	214475	721890
日本	199428	583811
芬兰	55962	406579
德国	55144	404606
白俄罗斯	54000	340258
中国	243670	326010
印度尼西亚	504791	291400
爱沙尼亚	17934	177560
匈牙利	38525	167789
俄罗斯	19647	150594
西班牙	41947	100729
波兰	22978	92178
柬埔寨	26568	51393
克罗地亚	11956	48955
法国	14194	39766
巴拉圭	9930	35750
英国	1027	20164
澳大利亚	842	18738
中国台湾	2988	17980
葡萄牙	840	13703
荷兰	1342	12197
越南	42157	11866
立陶宛	1372	9063
韩国	4443	9030
加拿大	419	3159
墨西哥	19	524
土耳其	1888	452
泰国	6	437
卡塔尔	3	152
斯洛文尼亚	7	125
印度	3	121
新加坡	0	67

（续表）

国家/地区	进口数量（千克）	进口金额（美元）
以色列	1	44
44129991 其他胶合板、单板饰面板及类似的多层板，至少有一层是热带木		
合计	4132	16664
日本	3372	13035
中国台湾	760	3629
44129992 其他胶合板等至少一表层是木碎料板		
合计	182013	195907
西班牙	181120	191336
意大利	40	1983
日本	429	929
印度	415	913
英国	9	746
44129999 未列名胶合板、单板饰面板及类似的多层板		
合计	1515660	2023269
印度尼西亚	369297	574536
拉脱维亚	370130	413853
罗马尼亚	190866	407022
荷兰	86470	113638
日本	112322	111631
俄罗斯	202989	95826
德国	47130	77073
波兰	44415	56796
奥地利	31707	48766
意大利	13999	39691
马来西亚	8613	36527
捷克	20954	25099
加拿大	14270	16423
芬兰	676	3075
韩国	1678	2517
西班牙	126	565
牙买加	18	122
澳大利亚	0	72
美国	0	37

表 7　木质家具出口量值表

国家/地区	出口数量（件）	出口金额（美元）
94016110 皮革或再生皮革面的带软垫的木框架坐具		
合计	12903122	2788190575
美国	6129387	1450425130

（续表）

国家/地区	出口数量（件）	出口金额（美元）
英国	1162432	247589015
韩国	890567	225451479
澳大利亚	605660	151604733
日本	707125	109234865
加拿大	537651	108971498
法国	320298	71840625
德国	229959	36737309
中国香港	127497	32552603
荷兰	202965	25305702
南非	145280	24757836
新加坡	59866	19446157
新西兰	89748	19349519
印度	68591	16463455
中国台湾	75710	15328411
墨西哥	85436	14066450
西班牙	111739	13919409
比利时	105121	12840217
爱尔兰	63498	12414425
印度尼西亚	55402	10659717
泰国	49054	10124809
智利	85668	9469984
以色列	46295	8874676
波多黎各	31433	8840578
马来西亚	25847	7640248
阿联酋	35755	6870585
意大利	64360	5933005
瑞士	26133	5778253
丹麦	49917	5459014
越南	17239	4935670
秘鲁	23881	4711667
沙特阿拉伯	25998	4147571
哥伦比亚	21368	4142895
瑞典	25120	4022064
菲律宾	22078	3725492
葡萄牙	21126	3233793
乌拉圭	17778	2473186
芬兰	14481	2464689
波兰	61964	2416739
中国澳门	10565	2405832
克罗地亚	12709	2220107
厄瓜多尔	13212	1916066
加纳	7036	1885114
俄罗斯	16661	1829752
阿根廷	41270	1777717

（续表）

国家/地区	出口数量（件）	出口金额（美元）
巴拿马	15832	1677127
哥斯达黎加	7613	1633365
危地马拉	15359	1562190
留尼汪	5307	1516626
巴西	29900	1490152
肯尼亚	9427	1479676
希腊	29407	1453318
罗马尼亚	9592	1428392
斯洛文尼亚	5579	1355201
多米尼加	5196	1323398
塞内加尔	4649	1278103
安哥拉	8652	1225130
巴基斯坦	4757	1217048
摩洛哥	5611	1067076
科特迪瓦	3505	1039531
尼日利亚	18120	1036044
坦桑尼亚	21584	1028149
挪威	4542	956052
孟加拉国	3314	947646
卡塔尔	5353	925106
朝鲜	5514	887898
毛里求斯	4015	852803
冰岛	3027	817293
奥地利	3435	811898
塞浦路斯	3607	809194
黎巴嫩	3421	803126
斐济	2356	752354
萨尔瓦多	4974	704676
刚果（金）	3554	701594
喀麦隆	2946	701299
刚果（布）	2558	636851
斯洛伐克	2151	594102
科威特	4927	588531
巴林	3187	586725
莫桑比克	3557	566303
蒙古	2888	552384
爱沙尼亚	4146	500272
瓜德罗普	1762	486166
立陶宛	5904	466247
阿曼	2834	451643
保加利亚	2906	429656
特立尼达和多巴哥	1567	419005
埃及	1573	413721
巴布亚新几内亚	851	403062

(续表)

国家/地区	出口数量(件)	出口金额(美元)
新喀里多尼亚	1100	382332
乌克兰	7346	375780
加蓬	1105	372466
约旦	2263	359182
拉脱维亚	3268	353825
马提尼克	1100	347898
赞比亚	2074	333469
阿尔巴尼亚	1670	326358
赤道几内亚	792	321468
哈萨克斯坦	1295	306413
乌干达	872	279372
几内亚	1062	277639
土耳其	1015	274951
柬埔寨	825	253855
捷克	1166	252347
斯里兰卡	2881	247394
津巴布韦	846	244640
格鲁吉亚	2647	237883
缅甸	1748	230802
伊拉克	3045	216578
伊朗	1111	213261
阿尔及利亚	1589	201283
马耳他	552	199885
吉布提	1193	189511
多哥	672	186442
老挝	383	181169
洪都拉斯	1123	180837
牙买加	718	179860
马达加斯加	856	174442
圭亚那	608	173892
毛里塔尼亚	1732	166486
文莱	876	158099
马约特	363	150263
委内瑞拉	348	149034
马里	921	136017
玻利维亚	624	127834
冈比亚	337	126741
尼泊尔	529	121714
苏里南	735	112324
布隆迪	533	102863
法属圭亚那	254	102677
乌兹别克斯坦	708	102100
突尼斯	322	98255
阿富汗	541	96953

(续表)

国家/地区	出口数量(件)	出口金额(美元)
纳米比亚	584	95218
尼日尔	210	92053
苏丹	2240	90972
博茨瓦纳	1718	80542
卢旺达	339	80116
马尔代夫	990	75793
莱索托	85	74643
匈牙利	1544	70862
布基纳法索	282	70222
百慕大	195	68815
贝宁	349	62702
塞舌尔	316	59461
利比亚	1672	51590
马拉维	159	51171
亚美尼亚	124	48664
塞尔维亚	207	48653
巴哈马	329	44021
法属波利尼西亚	255	42401
佛得角	91	39286
密克罗尼西亚联邦	159	38727
海地	254	37198
摩尔多瓦	219	36047
利比里亚	287	35642
埃塞俄比亚	169	33393
阿塞拜疆	161	29403
尼加拉瓜	146	29164
索马里	218	25725
塔吉克斯坦	346	25149
巴拉圭	194	23901
库腊索岛	78	19278
黑山	19	16200
格林纳达	83	15464
阿鲁巴	57	15391
巴巴多斯	90	14590
荷属安的列斯群岛	100	11605
吉尔吉斯斯坦	63	10892
塞拉利昂	61	10297
马绍尔群岛	95	7336
波黑	705	7074
土库曼斯坦	13	5855
东帝汶	33	5045
英属维尔京群岛	12	3306
所罗门群岛	56	3040
也门	5	2686

(续表)

国家/地区	出口数量(件)	出口金额(美元)
圣马丁岛	5	2624
古巴	5	2498
白俄罗斯	21	2377
巴勒斯坦	82	2321
瓦努阿图	3	2040
开曼群岛	13	2015
萨摩亚	9	1321
汤加	40	1320
圣卢西亚	9	1184
乍得	21	1071
库克群岛	6	775
多米尼克	9	648
94016190 其他带软垫的木框架坐具		
合计	71438913	5988625140
美国	29292263	2697731021
日本	3864125	400777217
澳大利亚	3012050	287516781
加拿大	2714892	278814422
英国	3475476	275250710
韩国	1812198	261762013
法国	4361475	199919152
德国	3933519	132487440
沙特阿拉伯	806444	117939616
新加坡	515715	81333371
阿联酋	604766	81176425
西班牙	1063796	60558117
荷兰	1770029	59973616
马来西亚	493714	59545299
智利	672182	47405116
墨西哥	470545	43801411
南非	584559	43370501
意大利	694273	42656221
新西兰	365388	39953826
以色列	352543	38231967
中国香港	365545	37997284
瑞典	919090	36934244
波多黎各	236355	35979966
比利时	957172	35110674
丹麦	813477	32958077
爱尔兰	309206	31927893
波兰	1291422	31014639
印度尼西亚	291618	26476953
印度	338966	25755255
中国台湾	350924	24924526

（续表）

国家/地区	出口数量（件）	出口金额（美元）
卡塔尔	112152	23791089
泰国	247389	22129112
科威特	152306	20352972
越南	179684	17749195
菲律宾	168031	16444959
葡萄牙	211106	15285910
阿曼	94267	13926848
留尼汪	58417	13208370
巴拿马	93917	13005231
俄罗斯	156900	12255858
秘鲁	153340	11566291
多米尼加	67552	10610745
中国澳门	54861	9031735
巴西	338153	8806932
阿根廷	174506	8731261
肯尼亚	69906	8560981
希腊	205233	8514060
巴林	50026	8466863
挪威	209453	8125178
哥伦比亚	104662	7246321
乌拉圭	60179	5945318
塞浦路斯	43064	5310531
哥斯达黎加	45163	5228343
芬兰	88703	4857468
哈萨克斯坦	57428	4720842
危地马拉	44930	4542879
罗马尼亚	50736	4421402
索马里	15262	4343130
加纳	30790	4252197
伊拉克	54664	3852716
厄瓜多尔	32892	3774209
拉脱维亚	69310	3659912
特立尼达和多巴哥	24627	3604558
克罗地亚	55227	3356180
埃及	15610	3094627
萨尔瓦多	18667	2976957
黎巴嫩	28260	2971495
约旦	21777	2886047
瓜德罗普	12895	2511214
尼日利亚	56638	2504599
奥地利	37077	2496442
蒙古	49659	2353438
毛里求斯	19710	2331158
摩洛哥	31040	2252033

（续表）

国家/地区	出口数量（件）	出口金额（美元）
文莱	14714	2122615
爱沙尼亚	21829	2100054
格鲁吉亚	17405	2078160
塞内加尔	16652	2058279
科特迪瓦	14292	2034849
瑞士	67955	1930789
洪都拉斯	13927	1883348
巴基斯坦	23167	1875228
莫桑比克	24985	1794205
牙买加	13795	1776129
马尔代夫	13313	1767500
坦桑尼亚	28935	1754083
乌克兰	30115	1712306
斯洛文尼亚	24747	1667772
马提尼克	6852	1664994
伊朗	11333	1551927
乌兹别克斯坦	14165	1550170
新喀里多尼亚	9968	1485741
阿尔及利亚	34206	1476073
保加利亚	33304	1371838
立陶宛	23228	1317619
缅甸	15409	1256278
安哥拉	17237	1212866
朝鲜	9792	1167627
加蓬	8676	1166232
马耳他	13065	1151084
喀麦隆	9866	1123489
斯洛伐克	26712	1103258
法属圭亚那	3839	1098037
吉布提	16177	1020501
斯里兰卡	11156	974429
柬埔寨	6712	966545
土耳其	9732	964985
刚果（金）	6898	960483
孟加拉国	6142	955812
冰岛	8067	939481
苏里南	5535	928917
捷克	23157	905801
苏丹	3667	896893
利比亚	7202	814696
赤道几内亚	4032	773591
阿尔巴尼亚	11603	769813
尼加拉瓜	5594	708577
圭亚那	5050	687715

（续表）

国家/地区	出口数量（件）	出口金额（美元）
吉尔吉斯斯坦	10374	670941
法属波利尼西亚	2956	558485
斐济	4081	541484
巴拉圭	14988	527051
刚果（布）	3364	523334
亚美尼亚	6273	518577
马约特	5036	495704
巴布亚新几内亚	2866	490154
贝宁	5496	469457
赞比亚	3760	460966
几内亚	3088	438433
匈牙利	6125	383295
巴勒斯坦	1021	377388
阿鲁巴	1338	375965
多哥	2437	358532
塔吉克斯坦	4132	356191
布基纳法索	1918	336781
博茨瓦纳	9085	332375
玻利维亚	1695	329408
马达加斯加	4825	306711
马里	2111	279365
乌干达	1639	232814
海地	1769	212896
纳米比亚	2443	200893
尼泊尔	1469	178785
圣马丁岛	1503	178305
冈比亚	815	174995
毛里塔尼亚	1345	174645
库腊索岛	961	160825
突尼斯	3692	155825
利比里亚	1148	152261
萨摩亚	790	147562
津巴布韦	942	145059
塞舌尔	694	139915
瓦努阿图	1273	138287
塞尔维亚	4018	137543
阿塞拜疆	1621	135401
马拉维	2218	134071
巴巴多斯	892	125964
大洋洲其他国家（地区）	717	119866
佛得角	525	119643
安提瓜和巴布达	408	109731
埃塞俄比亚	1114	108581

(续表)

国家/地区	出口数量(件)	出口金额(美元)
白俄罗斯	3760	87170
格林纳达	547	80064
圣卢西亚	682	80011
伯利兹	1012	76300
委内瑞拉	1172	75415
巴哈马	419	68635
拉丁美洲其他国家(地区)	350	63642
老挝	401	62848
莱索托	487	62305
开曼群岛	443	56996
尼日尔	320	55740
百慕大	209	47400
塞拉利昂	373	42835
荷属安的列斯群岛	274	40848
也门	862	38558
多米尼克	348	36425
斯威士兰	246	35874
圣多美和普林西比	164	32846
科摩罗	511	29056
古巴	346	26626
黑山	972	25775
摩尔多瓦	335	24737
东帝汶	115	22047
密克罗尼西亚联邦	346	14917
土库曼斯坦	53	10622
布隆迪	76	10202
马绍尔群岛	67	6030
南苏丹	19	5947
卢旺达	43	5884
特克斯和凯科斯群岛	60	5369
中非	306	3433
列支敦士登	77	2926
帕劳	58	2830
所罗门群岛	162	2384
格陵兰	6	2034
波黑	103	2015
圣其茨和尼维斯	10	900
阿富汗	92	768
汤加	19	114

94016900 其他木框架坐具

国家/地区	出口数量(件)	出口金额(美元)
合计	33041050	668459588
美国	7677001	195873236
日本	1780824	41146423
德国	2631302	38060984
英国	1857394	34491285
新加坡	405875	27491969
澳大利亚	1328659	26264212
法国	1609635	24494784
西班牙	1656964	22389329
加拿大	838605	17851905
中国台湾	359115	17628907
波兰	1121234	17141992
荷兰	1140796	16844742
韩国	831083	16755366
马来西亚	368289	13559515
意大利	780951	11579478
瑞典	626882	11155196
巴西	705872	9131285
菲律宾	189396	7964416
比利时	364970	7013314
印度	386589	6506849
墨西哥	390068	6472387
中国香港	298811	6432423
南非	415795	6132450
越南	141886	5751969
泰国	311019	5131957
俄罗斯	360663	4991541
智利	415059	4739213
丹麦	169486	4116082
以色列	231196	3885084
阿联酋	192873	3439419
新西兰	152350	3087549
阿根廷	270441	3016642
印度尼西亚	155192	2935465
希腊	198893	2847410
沙特阿拉伯	133824	2317062
爱尔兰	71840	2191258
哥伦比亚	157844	1995445
伊拉克	97011	1612888
瑞士	116844	1556593
秘鲁	165445	1501640
葡萄牙	135188	1312375
哈萨克斯坦	50454	1189570
肯尼亚	42625	1103863
巴拿马	63408	975842
柬埔寨	7198	970635
加纳	41357	948878
莫桑比克	45752	939218
中国澳门	31550	871043
芬兰	57409	836937
吉布提	27332	684486
摩洛哥	34127	669457
乌克兰	58873	667373
缅甸	21044	656992
拉脱维亚	102022	656834
阿尔及利亚	148887	627261
阿曼	19779	568945
克罗地亚	116290	563698
斯洛文尼亚	35195	563316
斯洛伐克	39353	550920
罗马尼亚	58507	550444
安哥拉	31369	536446
尼日利亚	20627	530952
坦桑尼亚	29419	530841
巴基斯坦	28843	515820
厄瓜多尔	34521	488686
波多黎各	10744	482518
捷克	23036	464434
土耳其	18844	445076
奥地利	39249	436112
乌拉圭	33946	431930
哥斯达黎加	25311	398744
黎巴嫩	27929	398313
立陶宛	36317	368780
格鲁吉亚	13295	356794
塞内加尔	14495	341363
塞浦路斯	17512	338981
挪威	20460	335693
毛里求斯	20469	332420
斯里兰卡	17574	329728
巴林	7629	278972
阿尔巴尼亚	12242	267678
科特迪瓦	12740	262279
卡塔尔	8322	244724
文莱	7160	243530
留尼汪	11573	228408
巴拉圭	14016	225383
科威特	11526	218080
约旦	12413	214509
马耳他	1845	205694
刚果(金)	6695	205473

（续表）

国家/地区	出口数量（件）	出口金额（美元）
保加利亚	10810	204968
亚美尼亚	6324	191194
巴布亚新几内亚	11264	187965
朝鲜	7128	184309
伊朗	14384	170944
爱沙尼亚	10916	165143
孟加拉国	3426	148564
危地马拉	11985	136843
喀麦隆	5121	134922
利比亚	6627	132919
匈牙利	5535	131355
几内亚	3430	131346
马达加斯加	6409	121019
多哥	4430	113461
多米尼加	4611	112486
乌兹别克斯坦	6083	103722
贝宁	3975	102415
蒙古	5153	100168
白俄罗斯	9449	97030
索马里	3694	94354
斐济	3770	82607
萨尔瓦多	9611	81017
加蓬	4204	78535
博茨瓦纳	4708	74375
苏丹	3403	55914
埃及	2073	52375
刚果（布）	2305	51822
尼泊尔	1351	49644
委内瑞拉	3094	47565
洪都拉斯	4020	45516
马尔代夫	1471	43471
法属波利尼西亚	1308	41708
新喀里多尼亚	2480	40669
毛里塔尼亚	1525	39993
马里	670	39150
赞比亚	968	37396
津巴布韦	562	35411
埃塞俄比亚	1903	34356
苏里南	1181	33579
特立尼达和多巴哥	1480	33226
突尼斯	1687	31917
瓜德罗普	1460	31229
黑山	2079	30007
冈比亚	894	29520

（续表）

国家/地区	出口数量（件）	出口金额（美元）
牙买加	1076	28135
海地	1650	27332
也门	3271	26850
尼加拉瓜	2400	26412
莱索托	2309	25440
纳米比亚	1675	23971
玻利维亚	387	23450
塞尔维亚	843	21463
中非	232	20880
冰岛	498	20068
马拉维	776	18851
阿塞拜疆	1428	17215
赤道几内亚	815	16267
摩尔多瓦	948	15782
佛得角	1600	13600
老挝	249	13419
科摩罗	430	13080
密克罗尼西亚联邦	416	12280
塞拉利昂	176	11479
吉尔吉斯斯坦	471	10588
阿富汗	416	9529
斯威士兰	382	8716
布基纳法索	1075	8645
土库曼斯坦	77	8316
马提尼克	545	6580
塔吉克斯坦	496	6556
开曼群岛	178	6543
萨摩亚	293	6394
塞舌尔	178	6026
圣卢西亚	56	5376
利比里亚	126	4719
叙利亚	220	4400
库克群岛	251	4393
北马其顿	60	4325
所罗门群岛	252	3783
巴巴多斯	94	3570
马约特	160	3200
波黑	310	2980
圣文森特和格林纳丁斯	72	1860
瓦努阿图	22	1806
圭亚那	131	1608
乍得	14	1576
伯利兹	144	1450

（续表）

国家/地区	出口数量（件）	出口金额（美元）
汤加	14	1310
尼日尔	32	1196
大洋洲其他国家（地区）	67	1030
东帝汶	60	960
古巴	28	794
格林纳达	33	660
乌干达	12	600
卢旺达	10	588
多米尼克	80	400
荷属安的列斯群岛	24	384
瓦利斯和浮图纳	68	272
巴哈马	6	150
南苏丹	6	90
94033000 办公室用木家具		
合计	21431505	1199583896
美国	8501846	486900043
日本	1591748	68968873
中国香港	553084	62762489
韩国	1554103	45671913
沙特阿拉伯	368426	41124967
澳大利亚	996254	38225706
新加坡	217714	33206460
英国	1514999	30222650
阿联酋	254648	28648043
菲律宾	342170	24103473
印度	197925	19775868
南非	130428	19256976
加拿大	312832	18547772
马来西亚	135845	16753748
伊拉克	117178	16563415
印度尼西亚	234941	15637829
墨西哥	184465	9655189
法国	862986	9293290
尼日利亚	93569	9165139
科威特	78310	9079858
泰国	176534	8372051
智利	177694	7904212
越南	45871	7120337
阿曼	55026	6476321
中国台湾	106037	6469575
德国	123603	6128615
塞内加尔	44110	5943741
肯尼亚	49320	5638801

(续表)

国家/地区	出口数量(件)	出口金额(美元)
荷兰	129403	5457845
加纳	63403	5441834
以色列	72596	5324406
卡塔尔	39456	5220035
吉布提	43543	4911775
摩洛哥	34653	4819641
缅甸	35623	4603247
新西兰	115611	4530511
坦桑尼亚	38380	4211908
西班牙	108048	4123196
阿尔及利亚	60175	3854041
巴拿马	55053	3730997
安哥拉	28034	2995214
波兰	201627	2885708
希腊	55644	2823423
多米尼加	82720	2599703
科特迪瓦	25735	2550918
莫桑比克	19450	2508582
巴基斯坦	25684	2467218
柬埔寨	13230	2298397
俄罗斯	122997	2207477
哥伦比亚	56812	2163133
意大利	75884	2161914
刚果(金)	17345	2121173
秘鲁	59985	1996547
巴林	13602	1955522
丹麦	106092	1905596
喀麦隆	14236	1831354
比利时	20715	1549666
马耳他	8790	1465761
哥斯达黎加	23593	1441392
多哥	7929	1396894
牙买加	26075	1357644
波多黎各	18633	1244863
中国澳门	11716	1196872
约旦	8701	1135911
苏丹	8090	1131372
危地马拉	19243	1112416
几内亚	6913	1068760
赞比亚	8270	1033121
阿根廷	31155	1026942
萨尔瓦多	14648	1014005
哈萨克斯坦	10450	971724
斯里兰卡	7576	958958

(续表)

国家/地区	出口数量(件)	出口金额(美元)
马尔代夫	8861	955814
捷克	13991	931195
瑞典	37216	886507
厄瓜多尔	43788	881257
罗马尼亚	40004	867645
孟加拉国	5027	862987
巴西	20261	854256
蒙古	13414	844136
马达加斯加	9682	811343
加蓬	6637	803729
拉脱维亚	5838	799252
博茨瓦纳	4206	722712
伊朗	3761	716459
土耳其	7864	678826
爱尔兰	16371	635093
乌拉圭	9319	591004
朝鲜	6018	557962
贝宁	4256	538297
毛里求斯	5083	534932
巴布亚新几内亚	2784	508985
毛里塔尼亚	4696	504136
格鲁吉亚	2043	495376
葡萄牙	13564	489143
洪都拉斯	9335	465327
黎巴嫩	4092	445734
奥地利	12522	443380
尼加拉瓜	5245	433529
老挝	1735	425824
埃及	2423	417094
刚果(布)	3610	408831
留尼汪	3708	374598
苏里南	1557	366510
瑞士	20853	358244
乌兹别克斯坦	2528	346448
乌干达	2053	333941
也门	1521	308030
特立尼达和多巴哥	3928	307527
芬兰	9361	307173
马拉维	2457	304865
尼泊尔	3010	298283
古巴	2288	290618
布隆迪	547	288835
克罗地亚	32548	276709
圭亚那	1344	255260

(续表)

国家/地区	出口数量(件)	出口金额(美元)
索马里	2385	255239
利比里亚	1916	252413
冈比亚	1934	242113
赤道几内亚	1895	238527
马约特	1022	227863
斐济	2017	224462
海地	1055	224109
马里	947	215336
塞浦路斯	2519	215168
阿尔巴尼亚	2616	204460
埃塞俄比亚	758	184815
乌克兰	4181	178613
玻利维亚	2157	168164
亚美尼亚	936	157078
瓦努阿图	799	151826
津巴布韦	924	151727
委内瑞拉	1247	150945
巴巴多斯	5417	136682
文莱	1373	123789
卢旺达	473	116993
吉尔吉斯斯坦	843	102427
塞拉利昂	790	95247
阿富汗	291	80768
利比亚	814	73050
保加利亚	1765	67715
突尼斯	695	67060
东帝汶	629	65600
挪威	658	64884
立陶宛	490	64266
密克罗尼西亚联邦	310	57589
新喀里多尼亚	814	52875
巴哈马	76	52213
斯洛文尼亚	823	47619
纳米比亚	540	40479
莱索托	67	38849
土库曼斯坦	198	33970
法属波利尼西亚	368	33233
白俄罗斯	131	33056
佛得角	331	32814
科摩罗	315	30886
布基纳法索	206	26573
圣卢西亚	66	25329
所罗门群岛	209	22934
匈牙利	527	17569

（续表）

国家/地区	出口数量（件）	出口金额（美元）
尼日尔	96	17511
斯洛伐克	290	14558
阿塞拜疆	78	14312
荷属安的列斯群岛	94	14103
阿鲁巴	72	13282
中非	92	12503
塔吉克斯坦	136	12150
萨摩亚	119	11848
塞尔维亚	230	11621
大洋洲其他国家（地区）	100	11222
格林纳达	60	9254
安提瓜和巴布达	62	6889
爱沙尼亚	165	6582
圣文森特和格林纳丁斯	56	6200
塞舌尔	48	4268
叙利亚	110	3674
南苏丹	17	3214
瓜德罗普	60	2240
多米尼克	136	1836
帕劳	20	1307
巴拉圭	312	1304
伯利兹	35	1213
乍得	16	1088
库克群岛	4	977
瓦利斯和浮图纳	34	442
库腊索岛	3	195
94034000 厨房用木家具		
合计	35369139	1904320931
美国	27888344	1445079637
澳大利亚	2379745	90080927
南非	261772	52425425
英国	329120	40539078
加拿大	606320	36859310
日本	539579	34148709
德国	344551	21628520
新加坡	112636	18091645
中国香港	176505	15528992
马来西亚	126059	15518418
新西兰	243015	7574717
韩国	204365	7475766
菲律宾	85943	7079249
丹麦	77660	6620803

（续表）

国家/地区	出口数量（件）	出口金额（美元）
西班牙	107628	5204087
法国	94506	5046530
沙特阿拉伯	54420	4960259
越南	55180	4695814
阿联酋	46519	4409869
比利时	41617	4293602
卡塔尔	366555	4225013
泰国	60533	3818066
荷兰	94249	3799946
印度尼西亚	40020	3633571
瑞典	64200	3474334
以色列	227701	3205776
印度	60661	3032185
挪威	28692	2561190
莫桑比克	15078	2385613
肯尼亚	14153	2132462
意大利	95898	2053894
中国台湾	39324	1931495
智利	27271	1910616
阿曼	23693	1563511
尼日利亚	10534	1559605
博茨瓦纳	16275	1515208
牙买加	39613	1471312
吉布提	9180	1273222
斯里兰卡	12479	1269788
墨西哥	32527	1220508
莱索托	5715	1202385
中国澳门	3526	1165686
柬埔寨	2757	1050392
巴林	12586	1022136
摩洛哥	6180	994709
朝鲜	10602	915630
缅甸	9674	908715
巴拿马	7360	859507
爱尔兰	4213	847737
坦桑尼亚	6366	837162
加纳	5329	768921
马尔代夫	9104	733937
伊拉克	8855	723562
俄罗斯	5367	627289
希腊	14493	613823
安哥拉	4758	612302
巴基斯坦	7880	602728
多米尼加	11160	586005

（续表）

国家/地区	出口数量（件）	出口金额（美元）
波兰	12577	579471
刚果（金）	3909	554485
科威特	3007	519334
突尼斯	4602	462352
巴哈马	7546	435444
赞比亚	2331	431801
蒙古	10330	407906
文莱	1028	401043
哥伦比亚	4999	356821
喀麦隆	1888	355633
乌拉圭	6585	349470
格鲁吉亚	1911	319284
斐济	1113	283467
埃塞俄比亚	3172	277531
哈萨克斯坦	796	275446
埃及	465	262389
利比亚	1662	243611
阿鲁巴	1832	241179
格林纳达	2718	238863
斯洛文尼亚	8102	236855
葡萄牙	11218	236416
多米尼克	3741	236089
留尼汪	2320	230738
塞内加尔	2037	227262
巴巴多斯	891	219364
巴布亚新几内亚	1145	211753
拉脱维亚	2377	209160
秘鲁	4831	207988
特立尼达和多巴哥	4118	194915
索马里	2273	188315
哥斯达黎加	3030	182236
毛里求斯	2040	169072
苏丹	761	168532
安提瓜和巴布达	2554	166815
巴西	5091	155254
芬兰	1447	151630
孟加拉国	1445	148099
黎巴嫩	2454	142526
津巴布韦	1351	138785
苏里南	547	120449
爱沙尼亚	793	106482
阿根廷	2616	101584
圣马丁岛	1648	100272
南苏丹	31	92757

(续表)

国家/地区	出口数量(件)	出口金额(美元)
尼加拉瓜	1216	86823
马达加斯加	408	84775
老挝	246	81650
英属维尔京群岛	143	81154
委内瑞拉	668	80821
厄瓜多尔	6690	80412
吉尔吉斯斯坦	128	77576
塞拉利昂	233	76782
波多黎各	1651	75263
乌干达	529	73451
所罗门群岛	804	71889
纳米比亚	558	71496
乌克兰	694	69382
危地马拉	3441	67557
刚果(布)	153	66620
奥地利	2123	62171
百慕大	736	62154
新喀里多尼亚	350	58500
克罗地亚	1405	57838
塞浦路斯	363	55491
瑞士	800	53584
东帝汶	138	52326
赤道几内亚	580	51314
伊朗	311	48930
马约特	382	46785
阿尔巴尼亚	345	46302
约旦	330	44064
萨尔瓦多	1095	42887
马拉维	314	41441
拉丁美洲其他国家(地区)	16	37844
加蓬	338	37250
阿尔及利亚	352	37082
伯利兹	163	36416
马里	32	36285
也门	285	35992
荷属安的列斯群岛	217	35478
立陶宛	2213	28712
塞舌尔	137	27594
海地	150	27098
科特迪瓦	452	26244
罗马尼亚	1071	24593
特克斯和凯科斯群岛	235	24377
瓦努阿图	100	22124

(续表)

国家/地区	出口数量(件)	出口金额(美元)
几内亚	135	21349
瓜德罗普	105	19767
马提尼克	105	19767
圭亚那	114	18777
贝宁	302	18657
捷克	486	17810
匈牙利	1506	15847
开曼群岛	24	15600
法属波利尼西亚	119	15278
多哥	214	11502
洪都拉斯	613	11275
萨摩亚	91	11171
冈比亚	65	11035
马耳他	5	10845
利比里亚	156	10660
塔吉克斯坦	148	10330
乌兹别克斯坦	199	9280
土耳其	244	8083
尼泊尔	149	6845
毛里塔尼亚	30	5764
布基纳法索	15	5460
古巴	51	4647
库克群岛	11	3453
尼日尔	11	3384
斯威士兰	46	3184
博内尔	1	2245
保加利亚	8	2239
黑山	1	1575
白俄罗斯	4	1504
佛得角	18	1440
巴拉圭	65	1375
塞尔维亚	2	1365
斯洛伐克	25	1000
科摩罗	1	666
圣卢西亚	33	602
卢旺达	1	198
亚美尼亚	48	116
波黑	4	103
玻利维亚	8	20
北马其顿	4	10
94035010 卧室用红木家具		
合计	448	177696
新加坡	81	66859
泰国	56	22817

(续表)

国家/地区	出口数量(件)	出口金额(美元)
中国台湾	15	16748
加拿大	61	16466
澳大利亚	53	13218
中国香港	12	11938
德国	9	9700
英国	95	9120
马耳他	3	2688
挪威	13	2600
中国澳门	26	2396
赞比亚	12	1558
西班牙	5	600
美国	3	370
希腊	1	200
印度	1	180
日本	1	173
捷克	1	65
94035091 卧室用天然漆(大漆)漆木家具		
合计	5540	388673
美国	3177	186662
加纳	17	77860
越南	50	33450
英国	1884	32209
加拿大	320	25697
印度	6	18126
法国	11	10780
保加利亚	30	1676
巴布亚新几内亚	40	1000
哈萨克斯坦	2	954
澳大利亚	3	259
94035099 其他卧室用木家具		
合计	32917427	3119469747
美国	11115982	822199678
中国香港	2013745	384649767
日本	2756378	255755209
英国	2495185	246476748
澳大利亚	1983717	162941220
韩国	1175760	135254916
南非	779825	115464212
沙特阿拉伯	723316	90884502
新加坡	319768	61723044
加拿大	819594	57636695
阿联酋	463302	56394825
德国	959072	53496076
马来西亚	566835	51675733

（续表）

国家/地区	出口数量（件）	出口金额（美元）
法国	715321	51147387
伊拉克	263842	32060882
意大利	404109	31234887
荷兰	516148	28365904
印度	259037	26042431
阿曼	188438	24443649
菲律宾	228076	24191220
中国台湾	240349	21214492
以色列	272747	21155248
印度尼西亚	173641	19294342
新西兰	201770	17379300
越南	82985	15889816
缅甸	143144	15521595
卡塔尔	104932	15219933
摩洛哥	109545	13872262
比利时	138887	13050793
俄罗斯	99053	12704554
泰国	108047	11915726
波兰	261381	11710947
朝鲜	69143	10687970
科威特	90359	9912830
西班牙	161612	8800652
中国澳门	41216	8272791
智利	123589	8228137
索马里	44853	7421616
瑞典	133473	5987321
墨西哥	36505	5904866
坦桑尼亚	63467	5437910
乌兹别克斯坦	34926	5090537
爱尔兰	56743	5026601
巴基斯坦	53378	4653160
巴拿马	43778	4630134
尼日利亚	40675	4619521
马尔代夫	36819	4528332
希腊	54140	4498160
塞内加尔	43021	4323999
吉布提	32790	4257723
丹麦	122996	4165232
肯尼亚	40128	4100769
巴林	27501	4044068
安哥拉	31379	3735093
约旦	21023	3210612
格鲁吉亚	24039	3189946
波多黎各	28087	3182717

（续表）

国家/地区	出口数量（件）	出口金额（美元）
莫桑比克	23093	3097717
博茨瓦纳	24537	2661962
拉脱维亚	20017	2616839
加纳	26799	2496577
伊朗	17603	2369503
利比亚	19071	2363319
罗马尼亚	15282	2352851
斯里兰卡	20746	2229007
蒙古	69737	2170007
柬埔寨	12958	2111058
哈萨克斯坦	12305	1988808
也门	16843	1773017
毛里求斯	10999	1763437
阿尔及利亚	21202	1739108
乌克兰	9684	1720635
毛里塔尼亚	9331	1457395
多米尼加	20653	1397600
孟加拉国	7051	1378964
赤道几内亚	3029	1302536
刚果(金)	13172	1272467
莱索托	8288	1264905
阿塞拜疆	11949	1259179
葡萄牙	16851	1196790
几内亚	10870	1169527
喀麦隆	8748	1135923
芬兰	8050	1066076
瑞士	18259	1051387
黎巴嫩	7610	1050105
土耳其	6579	996496
斯洛伐克	11968	946043
苏丹	6322	945174
文莱	6999	908229
斐济	5969	878381
巴布亚新几内亚	9498	874318
贝宁	7740	851860
哥斯达黎加	10510	830532
塞浦路斯	9727	810886
安提瓜和巴布达	1180	776403
洪都拉斯	7180	755557
斯洛文尼亚	12617	717899
留尼汪	8242	713940
立陶宛	5496	688645
纳米比亚	5683	686324
老挝	2796	670127

（续表）

国家/地区	出口数量（件）	出口金额（美元）
埃及	3630	653261
赞比亚	4320	632355
挪威	25144	611981
冰岛	6541	605695
塔吉克斯坦	3973	582626
危地马拉	5375	572825
科特迪瓦	4473	568128
厄瓜多尔	6008	560061
亚美尼亚	3565	556014
突尼斯	4123	534432
马耳他	2988	533421
尼泊尔	3760	530294
秘鲁	14345	509926
阿尔巴尼亚	4049	478054
冈比亚	4044	468124
克罗地亚	6172	451103
法属波利尼西亚	2699	439902
埃塞俄比亚	3856	439810
加蓬	2886	416172
刚果(布)	2603	378746
爱沙尼亚	3530	373638
马约特	3660	362621
巴哈马	1023	355590
哥伦比亚	4711	355206
乌拉圭	6371	345070
巴西	3318	280984
阿鲁巴	1457	273441
牙买加	2852	264590
特立尼达和多巴哥	868	254871
阿根廷	7186	241596
保加利亚	2431	241589
津巴布韦	2765	223923
新喀里多尼亚	2243	205613
马达加斯加	2320	202872
斯威士兰	811	202633
南苏丹	1075	191191
瓜德罗普	606	162991
苏里南	1012	159292
科摩罗	1518	154812
海地	1580	151079
吉尔吉斯斯坦	728	140850
奥地利	2946	140364
马拉维	1419	139641
多哥	1214	132030

(续表)

国家/地区	出口数量(件)	出口金额(美元)
利比里亚	1016	128840
萨尔瓦多	1567	120295
乌干达	855	93045
布基纳法索	1165	84971
匈牙利	483	82081
捷克	3759	81285
巴拉圭	483	80987
格林纳达	1424	80200
古巴	108	78220
塞拉利昂	599	76585
巴巴多斯	202	76353
塞舌尔	526	72158
土库曼斯坦	797	68422
中非	340	68000
荷属安的列斯群岛	642	65451
东帝汶	142	64194
玻利维亚	1206	60295
法属圭亚那	621	54453
委内瑞拉	268	52588
瓦努阿图	384	48031
萨摩亚	539	43421
拉丁美洲其他国家(地区)	40	41266
大洋洲其他国家(地区)	319	38906
黑山	1247	37562
塞尔维亚	646	32545
开曼群岛	97	32494
佛得角	508	31523
圭亚那	134	25896
所罗门群岛	241	25834
马提尼克	247	23831
布隆迪	93	17247
英属维尔京群岛	114	16688
库腊索岛	176	11253
白俄罗斯	64	10192
摩尔多瓦	208	9672
北马其顿	71	7529
汤加	101	5998
尼加拉瓜	23	5968
多米尼克	211	5760
圣马丁岛	105	5670
马里	74	5547
库克群岛	3	5188

(续表)

国家/地区	出口数量(件)	出口金额(美元)
乍得	16	4640
马绍尔群岛	64	4610
圣文森特和格林纳丁斯	46	4600
巴勒斯坦	7	3025
基里巴斯	60	3000
圣卢西亚	94	2246
帕劳	30	1950
阿富汗	218	1560
百慕大	8	876
伯利兹	20	605
卢旺达	4	571
94036010 其他红木家具		
合计	19805	1990369
日本	15861	1199136
美国	778	272398
中国台湾	823	187326
加拿大	135	60116
泰国	269	51651
新加坡	91	37573
中国香港	22	30528
马来西亚	47	28060
中国澳门	336	27355
菲律宾	23	22080
柬埔寨	21	16800
智利	47	10924
澳大利亚	47	6943
比利时	925	6810
德国	15	6588
乌兹别克斯坦	54	5504
布隆迪	42	4834
哈萨克斯坦	64	4748
加纳	5	2545
印度尼西亚	149	2373
印度	5	2340
新西兰	4	1430
赞比亚	14	858
捷克	15	685
刚果(金)	10	391
越南	2	273
希腊	1	100
94036091 其他天然漆(大漆)漆木家具		
合计	39497	1649815
美国	35276	985070

(续表)

国家/地区	出口数量(件)	出口金额(美元)
日本	441	289075
阿尔及利亚	1644	201711
泰国	33	59265
澳大利亚	254	31446
新加坡	9	24850
坦桑尼亚	38	14226
哥斯达黎加	1201	14172
中国台湾	62	5504
乌干达	12	5360
英国	200	5000
瑞典	13	4628
以色列	137	2600
菲律宾	78	1700
越南	19	1507
德国	1	1100
斯里兰卡	30	869
印度	9	405
巴基斯坦	12	372
南非	10	350
尼日利亚	2	220
荷兰	10	200
加拿大	4	120
意大利	1	35
蒙古	1	30
94036099 未列名木家具		
合计	179768988	7260810224
美国	63369248	2944112221
英国	11718242	369903507
日本	14249424	355171512
中国香港	2871148	340716149
澳大利亚	7672132	305751800
德国	10091398	229017783
加拿大	500538[illegible]	223652618
法国	8562440	211841770
新加坡	1249631	158286932
韩国	3833626	154972749
马来西亚	1812832	138947618
南非	1284375	124665668
荷兰	6447704	111335530
沙特阿拉伯	1996505	111121705
阿联酋	1109156	78489406
西班牙	3203341	70538184
中国台湾	1339913	69917849
比利时	2253561	63486479

（续表）

国家/地区	出口数量（件）	出口金额（美元）
意大利	3971644	59098672
印度	1132100	57849615
菲律宾	1141040	55401579
伊拉克	695050	52168201
波兰	2518003	50168643
瑞典	1891699	47816965
泰国	1246916	47391897
印度尼西亚	1220177	43928642
智利	1607035	42400166
丹麦	1680217	41167524
新西兰	1093741	38925726
越南	366056	38796285
墨西哥	920226	36500214
以色列	812714	34177732
中国澳门	279551	31903340
俄罗斯	701513	26530596
科威特	302094	19284341
莫桑比克	233452	18106554
挪威	323881	16580807
尼日利亚	167080	15935732
阿曼	204598	15850208
卡塔尔	113247	15090816
摩洛哥	259594	14458305
希腊	761360	13865318
吉布提	140735	13342676
肯尼亚	180486	12178449
阿尔及利亚	322065	11795154
巴拿马	280460	11730227
缅甸	105104	10613125
多米尼加	85618	9636837
波多黎各	179262	9283745
加纳	148871	9175351
爱尔兰	264227	9123542
葡萄牙	376526	8553093
瑞士	241692	8538417
坦桑尼亚	182867	8435858
安哥拉	133785	7950560
阿根廷	304708	7459292
秘鲁	386221	7262724
巴西	504845	6855652
巴林	91027	6817389
博茨瓦纳	61839	6690083
拉脱维亚	192691	6472668
罗马尼亚	193065	6411866

（续表）

国家/地区	出口数量（件）	出口金额（美元）
斯洛文尼亚	382394	6396129
乌克兰	87593	5988707
格鲁吉亚	55947	5981963
哈萨克斯坦	30554	5893728
约旦	54207	5855103
哥伦比亚	253965	5750894
克罗地亚	136486	5703651
芬兰	136614	5590929
巴基斯坦	74416	5000507
朝鲜	43134	4969700
乌兹别克斯坦	26859	4923231
土耳其	101425	4880355
柬埔寨	28347	4548184
奥地利	127123	4427051
索马里	30539	4261010
黎巴嫩	70740	4143027
斯里兰卡	37697	3370975
塞内加尔	43142	3364660
毛里求斯	40899	3291062
乌拉圭	95024	3222740
哥斯达黎加	152605	3221118
阿尔巴尼亚	31318	3201828
立陶宛	172684	2987677
喀麦隆	26760	2929278
马尔代夫	36921	2850815
伊朗	25409	2820811
捷克	103441	2800819
利比亚	45235	2745008
孟加拉国	12462	2636956
巴布亚新几内亚	36718	2519037
厄瓜多尔	103104	2478513
也门	38372	2353790
斯洛伐克	63600	2335252
刚果（金）	20943	2262601
蒙古	34091	2168744
危地马拉	62230	2111073
马耳他	25213	2086460
科特迪瓦	51305	2017141
马达加斯加	42799	1881524
多哥	47272	1871523
文莱	22626	1830490
牙买加	35121	1813216
几内亚	15349	1538789
塞浦路斯	28244	1432061

（续表）

国家/地区	出口数量（件）	出口金额（美元）
保加利亚	50784	1428705
贝宁	12477	1327538
留尼汪	32990	1235657
苏丹	10733	1191659
亚美尼亚	12775	1186455
斐济	12436	1180532
萨尔瓦多	50347	1098677
加蓬	13962	1066687
埃及	32152	1032303
爱沙尼亚	15904	991038
特立尼达和多巴哥	17584	952394
赞比亚	7277	924000
匈牙利	43994	791800
刚果（布）	6464	756051
新喀里多尼亚	15766	750444
巴拉圭	9590	648895
阿塞拜疆	4612	631253
苏里南	6261	599625
安提瓜和巴布达	1497	594168
洪都拉斯	24308	590313
毛里塔尼亚	7329	587268
冈比亚	3730	580667
塞尔维亚	10375	573224
尼泊尔	5938	548487
马约特	5031	521249
赤道几内亚	4766	511685
冰岛	14195	511052
纳米比亚	9065	489702
塔吉克斯坦	3602	484505
阿鲁巴	1457	474745
突尼斯	12092	431702
马拉维	4614	410904
埃塞俄比亚	7326	409463
海地	10008	385894
玻利维亚	7963	372086
瓜德罗普	3888	315266
土库曼斯坦	2251	283034
莱索托	1946	253651
古巴	1742	239160
法属波利尼西亚	7620	237467
瓦努阿图	2951	229287
马里	1936	228885
黑山	4931	221559
圭亚那	3094	221131

(续表)

国家/地区	出口数量(件)	出口金额(美元)
尼加拉瓜	10273	211501
乌干达	1453	209338
吉尔吉斯斯坦	955	196146
利比里亚	4479	194199
津巴布韦	1750	172265
白俄罗斯	15780	151695
老挝	607	141450
大洋洲其他国家(地区)	426	135654
巴勒斯坦	2302	135130
委内瑞拉	1059	130663
塞拉利昂	805	129767
马提尼克	1844	127954
阿富汗	1473	125729
斯威士兰	300	125027
巴哈马	612	122071
波黑	1749	120722
圣马丁岛	385	117524
布基纳法索	1377	117199
圣卢西亚	1230	103273
佛得角	1353	100572
科摩罗	940	99796
塞舌尔	1080	99721
摩尔多瓦	1509	94399
北马其顿	1191	92498
格林纳达	1547	89997
巴巴多斯	1109	89067
安道尔	101	87154
萨摩亚	704	80464
荷属安的列斯群岛	265	79665
法属圭亚那	1541	55653
卢森堡	2285	51996
东帝汶	533	50993
多米尼克	1128	47237
南苏丹	57	44992
百慕大	164	34712
尼日尔	144	25037
圣其茨和尼维斯	248	24075
所罗门群岛	1008	21689
伯利兹	1411	20420
英属维尔京群岛	56	19232
特克斯和凯科斯群岛	88	17412
库腊索岛	312	17066
卢旺达	67	16522

(续表)

国家/地区	出口数量(件)	出口金额(美元)
开曼群岛	30	11218
中非	54	9720
圣文森特和格林纳丁斯	174	9156
帕劳	171	8547
拉丁美洲其他国家(地区)	21	8114
乍得	86	7307
布隆迪	53	6079
汤加	136	4112
库克群岛	238	2946
叙利亚	184	2210
列支敦士登	300	356
瓦利斯和浮图纳	11	220
不丹	1	100

表 8 木质家具进口量值表

国家/地区	进口数量(件)	进口金额(美元)
94016110 皮革或再生皮革面的带软垫的木框架坐具		
合计	215331	135544780
意大利	53207	93696141
越南	59563	7319926
墨西哥	3824	5904063
挪威	5038	4758755
美国	3007	4521002
印度尼西亚	42476	3994370
德国	3633	3589731
泰国	7292	2680201
法国	642	1355088
日本	5500	848277
马来西亚	9431	838272
中国	2420	817796
丹麦	1144	807830
波黑	8905	622415
西班牙	319	351117
斯洛伐克	158	335469
中国台湾	1219	334861
罗马尼亚	817	330202
英国	224	303461
波兰	682	299884
瑞典	347	226883
斯洛文尼亚	610	197518

(续表)

国家/地区	进口数量(件)	进口金额(美元)
奥地利	283	190535
瑞士	32	189111
比利时	221	171059
荷兰	406	162599
菲律宾	555	144143
芬兰	402	107019
立陶宛	109	97721
葡萄牙	72	65435
韩国	2078	53145
印度	337	50447
加拿大	63	36416
捷克	138	29509
拉脱维亚	37	24606
澳大利亚	38	16985
圣马力诺	26	15627
匈牙利	13	14860
新加坡	10	11740
希腊	5	9665
中国香港	7	8070
土耳其	22	4286
巴西	3	4169
克罗地亚	8	2747
尼日利亚	2	1254
南非	2	250
巴基斯坦	4	120
94016190 其他带软垫的木框架坐具		
合计	901489	121542087
意大利	31999	52155442
越南	220254	12407072
美国	13273	11355002
墨西哥	11380	9937405
泰国	160680	8578247
马来西亚	341066	7301720
中国	22522	2526978
印度尼西亚	9684	2226264
孟加拉国	42777	1946284
法国	1841	1935380
波兰	6086	1422375
德国	2410	1383517
西班牙	2180	1349295
丹麦	2971	941122
日本	9400	716429
比利时	1403	711261
英国	635	586411

（续表）

国家/地区	进口数量（件）	进口金额（美元）
葡萄牙	527	503906
中国台湾	1186	484403
菲律宾	949	303629
荷兰	1496	271094
拉脱维亚	1396	270357
波黑	4691	251538
阿联酋	121	224249
新加坡	193	194821
印度	3704	180492
罗马尼亚	2812	165954
韩国	1067	164854
加拿大	322	143745
立陶宛	204	140332
土耳其	838	138118
希腊	209	123386
瑞典	190	82568
奥地利	31	52274
瑞士	19	46859
捷克	272	42585
圣马力诺	53	36015
斯洛文尼亚	39	31396
澳大利亚	116	26384
斯洛伐克	19	25228
北马其顿	6	24443
乌克兰	58	22472
中国香港	83	21541
芬兰	24	19847
匈牙利	138	17765
巴基斯坦	21	11047
挪威	36	8926
埃及	33	8388
新西兰	15	6770
安哥拉	4	3344
洪都拉斯	8	3124
以色列	5	2645
南非	28	2545
卡塔尔	1	1526
塞内加尔	3	1399
爱尔兰	1	1132
俄罗斯	8	652
柬埔寨	2	130
94016900 其他木框架坐具		
合计	2268946	75578732
越南	863378	29206406

（续表）

国家/地区	进口数量（件）	进口金额（美元）
马来西亚	662975	10088824
老挝	92755	9890267
印度尼西亚	78888	4130559
意大利	5379	3416399
罗马尼亚	188304	3337994
波兰	111651	3234067
泰国	161168	3173472
中国	17012	1726535
丹麦	7363	903116
德国	2950	831852
立陶宛	13960	659525
日本	2127	505461
法国	1524	442923
保加利亚	22785	427816
拉脱维亚	4552	386908
美国	1728	360405
波黑	4587	346625
印度	5028	315050
洪都拉斯	1977	293284
阿联酋	180	212391
葡萄牙	183	187289
比利时	1281	177642
芬兰	547	155594
中国台湾	2549	129110
英国	793	120828
西班牙	299	111963
捷克	1031	106133
柬埔寨	1482	93502
孟加拉国	2159	75788
荷兰	1093	60929
澳大利亚	208	55278
菲律宾	656	47925
奥地利	41	44848
韩国	2764	38692
瑞典	100	36989
俄罗斯	13	36620
斯洛文尼亚	300	34699
尼日利亚	201	33183
新加坡	249	27604
中国香港	107	22483
尼泊尔	307	10557
土耳其	160	9992
加拿大	261	9863
巴基斯坦	911	8711

（续表）

国家/地区	进口数量（件）	进口金额（美元）
斯里兰卡	44	8413
爱沙尼亚	341	6762
南非	125	4907
墨西哥	16	4455
巴西	156	3342
多哥	26	2971
圣马力诺	19	2659
纳米比亚	8	2560
白俄罗斯	11	2513
新西兰	4	2336
希腊	41	2050
肯尼亚	9	1935
埃及	76	1900
瑞士	2	1300
匈牙利	6	1294
玻利维亚	10	1000
塞尔维亚	4	711
塞内加尔	49	576
以色列	1	250
克罗地亚	5	235
摩洛哥	20	210
埃塞俄比亚	1	107
马里	2	105
马达加斯加	4	40
94033000 办公室用木家具		
合计	345408	34632540
立陶宛	86789	5591187
意大利	12357	5321183
葡萄牙	97016	4467492
波兰	61202	4201161
美国	1736	2936075
斯洛伐克	22020	2440481
德国	19721	1739097
瑞典	2551	1410320
韩国	4276	1394734
越南	22369	1218667
新加坡	784	671127
英国	446	420330
斯洛文尼亚	903	269220
西班牙	441	261279
丹麦	370	242797
日本	1488	242081
捷克	3941	188682
中国台湾	1162	187726

(续表)

国家/地区	进口数量(件)	进口金额(美元)
奥地利	182	170102
澳大利亚	125	158108
法国	233	144165
新西兰	379	112949
中国	1795	111326
印度尼西亚	395	110281
以色列	160	102133
芬兰	54	79893
罗马尼亚	395	75737
瑞士	27	68486
泰国	1331	50690
老挝	145	41948
荷兰	11	37008
印度	98	33072
马来西亚	159	32590
比利时	66	29558
加拿大	20	10186
菲律宾	42	9637
波黑	6	9487
缅甸	61	8033
土耳其	9	8026
中国香港	61	5867
塞尔维亚	2	3454
克罗地亚	15	2773
墨西哥	1	2519
白俄罗斯	17	2269
拉脱维亚	8	2256
斯里兰卡	16	1627
保加利亚	2	995
挪威	3	973
黎巴嫩	2	730
爱沙尼亚	4	729
玻利维亚	1	617
巴西	5	420
阿联酋	5	183
尼泊尔	1	74
94034000 厨房用木家具		
合计	1050011	183198971
德国	763143	130394906
意大利	130312	42567101
日本	2464	1653538
越南	17048	1140246
罗马尼亚	6097	1100396
立陶宛	73117	1068469

(续表)

国家/地区	进口数量(件)	进口金额(美元)
马来西亚	11899	758758
老挝	2803	733738
韩国	10061	377974
中国	4711	358285
阿联酋	51	301928
法国	625	296027
波兰	4680	245808
印度尼西亚	1363	242696
美国	1713	196521
圣马力诺	604	191409
斯洛文尼亚	6762	188513
葡萄牙	5303	172115
西班牙	61	171259
波黑	4775	149701
奥地利	78	137251
菲律宾	130	121546
中国台湾	65	118962
澳大利亚	129	109774
瑞士	18	75483
泰国	1224	73207
英国	332	62836
荷兰	36	62674
丹麦	34	49743
印度	91	19749
希腊	68	17610
加拿大	6	11376
新加坡	2	7315
比利时	10	3304
斯里兰卡	15	3200
中国香港	1	3170
土耳其	16	2444
俄罗斯	1	2253
摩洛哥	95	1857
蒙古	25	1257
肯尼亚	3	1140
爱沙尼亚	3	874
埃及	5	800
以色列	4	653
白俄罗斯	4	358
埃塞俄比亚	18	316
巴基斯坦	3	269
巴西	2	121
瑞典	1	41
94035010 卧室用红木家具		

(续表)

国家/地区	进口数量(件)	进口金额(美元)
合计	122901	20157182
越南	75346	18022026
老挝	6070	1831453
印度尼西亚	41292	230358
缅甸	40	46474
马来西亚	92	11500
德国	4	6728
意大利	3	5722
印度	51	2273
柬埔寨	1	502
新加坡	2	146
94035091 卧室用天然漆(大漆)漆木家具		
合计	33	55882
意大利	12	41235
美国	7	10682
中国	8	3142
印度尼西亚	3	387
德国	1	320
马来西亚	1	75
日本	1	41
94035099 其他卧室用木家具		
合计	1071492	202653272
意大利	119461	78775641
越南	313902	32428417
波兰	287942	26995349
马来西亚	84366	9846703
印度尼西亚	32190	7061131
美国	5843	6209188
瑞典	16106	5501784
德国	11468	5209590
罗马尼亚	56967	4307151
泰国	33060	3624426
巴西	33635	2974908
丹麦	5641	2468182
立陶宛	10187	2049434
中国	9928	1937596
英国	461	1581198
斯洛伐克	7263	1407248
西班牙	1488	925206
斯洛文尼亚	1536	923411
法国	1197	891866
菲律宾	1084	781543
奥地利	748	707300
中国台湾	1416	597443

（续表）

国家/地区	进口数量（件）	进口金额（美元）
葡萄牙	473	590725
阿联酋	84	588331
比利时	1698	552739
韩国	4289	455415
日本	1052	417220
墨西哥	277	368137
加拿大	673	337893
波黑	10177	335281
圣马力诺	1209	303616
印度	1472	233606
土耳其	1111	180769
荷兰	461	129058
拉脱维亚	729	128046
柬埔寨	733	127872
希腊	138	100457
俄罗斯	9228	92185
洪都拉斯	205	76886
澳大利亚	95	62445
老挝	528	61349
瑞士	12	60089
白俄罗斯	173	51314
匈牙利	102	48974
斯里兰卡	394	37213
新加坡	60	18073
中国香港	8	16506
芬兰	39	16159
尼日利亚	63	10472
厄瓜多尔	2	9872
爱沙尼亚	22	6457
以色列	17	6141
挪威	2	5203
巴基斯坦	19	3993
新西兰	1	2634
肯尼亚	1	2400
尼泊尔	24	2370
南非	6	2156
捷克	2	1810
沙特阿拉伯	3	1550
阿尔巴尼亚	9	1083
塞尔维亚	9	981
安哥拉	1	780
克罗地亚	1	220
巴拿马	1	77
94036010 其他红木家具		

（续表）

国家/地区	进口数量（件）	进口金额（美元）
合计	214321	36837383
越南	175262	31076099
老挝	37435	4956703
意大利	51	246535
印度尼西亚	744	147661
泰国	111	126665
日本	322	106948
缅甸	108	63178
美国	59	37508
中国	184	31435
法国	7	11112
瑞典	1	9662
柬埔寨	16	7152
德国	1	5127
斯洛伐克	2	2850
印度	4	1872
加拿大	1	1869
丹麦	2	1672
土耳其	1	1351
中国台湾	1	728
中国香港	6	671
新加坡	3	585
94036091 其他天然漆（大漆）漆木家具		
合计	207	201586
意大利	58	161456
中国	15	17912
美国	8	9336
越南	108	4922
奥地利	3	2615
新加坡	1	2527
德国	4	1172
中国台湾	7	828
印度	1	606
荷兰	1	121
法国	1	91
94036099 未列名木家具		
合计	6057969	445631506
意大利	648177	140633347
越南	701804	48036445
波兰	1703498	44376996
立陶宛	558698	35696785
马来西亚	402948	23546205
德国	126226	20769490
斯洛伐克	278803	17725311

（续表）

国家/地区	进口数量（件）	进口金额（美元）
印度尼西亚	157017	16062449
泰国	423107	15979691
法国	108650	9462053
美国	11444	7510370
罗马尼亚	58527	7341357
捷克	150675	6547446
中国	36651	5227252
俄罗斯	44562	4508695
中国台湾	14900	4027591
葡萄牙	191894	3501894
白俄罗斯	84137	3359700
菲律宾	4003	2813945
日本	11805	2771819
波黑	92993	2599495
丹麦	13458	2479883
比利时	3985	2045743
西班牙	4085	2005526
印度	20903	1816660
奥地利	1424	1574148
斯洛文尼亚	58411	1529776
韩国	11386	1345205
拉脱维亚	44792	1338773
瑞典	10037	1278146
巴西	12780	1132607
英国	1394	997095
克罗地亚	10421	768233
匈牙利	6859	580455
瑞士	172	574625
荷兰	2006	543497
挪威	2936	522165
保加利亚	33199	396134
老挝	2565	396038
加拿大	679	298644
洪都拉斯	531	205268
中国香港	301	202792
土耳其	809	171389
新加坡	914	156589
新西兰	110	140706
澳大利亚	225	122147
希腊	143	78638
墨西哥	205	62448
圣马力诺	170	49066
巴基斯坦	1062	48212
摩洛哥	112	46200

(续表)

国家/地区	进口数量(件)	进口金额(美元)
尼日利亚	129	40570
尼泊尔	405	29537
埃及	303	26212
南非	113	21174
爱沙尼亚	149	19526
柬埔寨	78	17772
芬兰	21	17554
缅甸	47	9588
阿联酋	32	9386
斯里兰卡	16	8642
国别(地区)不详	6	3569
肯尼亚	7	3310
纳米比亚	2	3203
津巴布韦	15	2700
玻利维亚	5	2651
多哥	7	2178
智利	3	2158
哥伦比亚	1	1513
塞尔维亚	10	1405
巴拿马	1	1324
孟加拉国	7	1050
蒙古	4	450
爱尔兰	10	407
塞内加尔	4	325
乌克兰	1	158

表 9　木制品出口量值表

国家/地区	出口数量(千克)	出口金额(美元)
44091010 任一边、端或面制成连续形状针叶木地板条		
合计	1408942	934643
日本	436051	484577
韩国	699400	255413
美国	214440	85842
肯尼亚	11288	38082
菲律宾	8760	22459
厄立特里亚	5240	12219
牙买加	2650	6951
安哥拉	4558	6398
荷兰	679	5975
比利时	13475	4774
新喀里多尼亚	1215	3594
意大利	378	2933

(续表)

国家/地区	出口数量(千克)	出口金额(美元)
加拿大	460	1500
新加坡	5900	1500
英国	3450	1392
新西兰	800	600
加蓬	198	434
44091090 其他任一边、端或面制成连续形状针叶木木材		
合计	5625012	9131677
日本	4395324	6837388
韩国	560236	921078
中国台湾	146994	415965
中国香港	57732	316978
加拿大	87523	166892
中国澳门	116179	153242
尼日利亚	140547	141334
美国	84620	132057
新加坡	24979	19146
澳大利亚	3500	9460
英国	1900	7176
菲律宾	1633	5585
智利	1200	1657
厄立特里亚	240	1209
斯洛文尼亚	900	900
巴布亚新几内亚	580	870
马来西亚	925	740
44092210 热带木制的地板条(块),任何一边、端或面制成连续形状		
合计	4621579	7483829
美国	3496813	5354316
加拿大	567000	1114385
中国澳门	259630	489330
日本	152865	242443
新加坡	17698	70636
阿联酋	22300	47339
阿塞拜疆	35800	46977
澳大利亚	4595	34314
韩国	17600	24300
中国台湾	13960	19332
英国	11900	17918
菲律宾	10569	14500
乌兹别克斯坦	10078	5309
埃及	540	1890
中国香港	231	840

(续表)

国家/地区	出口数量(千克)	出口金额(美元)
44092290 热带木制的任何一边、端或面制成连续形状的其他木材		
合计	21399	24695
美国	21358	24683
日本	41	12
44092910 其他任一边、端或面成连续状非针叶木地板条		
合计	117880936	165487269
美国	64148889	93998071
日本	20031151	26695372
韩国	11509372	12320545
英国	7470338	10328257
加拿大	5851327	9034903
澳大利亚	4569985	6441092
法国	1258515	1879830
中国香港	623463	781418
印度	340145	572975
俄罗斯	240637	528264
菲律宾	280594	437002
比利时	218630	316130
阿联酋	191571	310180
新加坡	194070	305917
波兰	101075	197366
巴基斯坦	87388	159201
中国台湾	115826	153192
斯洛文尼亚	89085	111820
罗马尼亚	64798	101913
泰国	42726	77316
阿塞拜疆	33077	59978
德国	32796	49427
爱尔兰	43480	48891
缅甸	28517	46731
坦桑尼亚	31748	46302
亚美尼亚	9939	46228
西班牙	29495	45055
荷兰	31200	44406
格鲁吉亚	17384	33466
意大利	29920	32485
克罗地亚	12406	31006
伊朗	17920	26923
瑞典	14500	22253
土耳其	16800	22163
南非	10640	20486
埃塞俄比亚	6797	17900

（续表）

国家/地区	出口数量（千克）	出口金额（美元）
马来西亚	12070	15408
新西兰	2245	10223
马尔代夫	5215	9794
巴林	7910	9707
牙买加	3403	9280
突尼斯	5360	8370
印度尼西亚	1670	8000
孟加拉国	6366	7038
约旦	160	6944
墨西哥	3050	6098
越南	3754	5920
哈萨克斯坦	5256	5623
加蓬	2204	5511
朝鲜	3200	5120
斯里兰卡	5190	4915
沙特阿拉伯	4000	4724
巴布亚新几内亚	5150	4302
丹麦	1682	4200
阿曼	2920	3327
密克罗尼西亚联邦	799	2736
蒙古	426	2330
柬埔寨	1900	1715
贝宁	354	600
智利	35	575
埃及	400	300
中国澳门	6	30
捷克	7	15
44092990 其他任一边、端或面成连续形状非针叶木木材		
合计	3280590	6644652
日本	1694536	2509411
美国	752219	2055734
中国香港	154525	282952
加拿大	119914	245591
印度	108095	222389
澳大利亚	58531	199153
中国澳门	55475	157698
马来西亚	26996	144043
荷兰	26356	122022
卡塔尔	45430	99487
英国	16563	87710
阿联酋	9139	57146
比利时	22579	53096
中国台湾	16139	52857

（续表）

国家/地区	出口数量（千克）	出口金额（美元）
伊拉克	38882	48780
越南	12925	44645
多哥	11836	41426
摩洛哥	11550	30590
以色列	10677	22507
刚果（布）	10500	19950
德国	6905	16516
沙特阿拉伯	8476	16007
肯尼亚	24000	16000
博茨瓦纳	3100	15434
法国	7013	15029
伊朗	2972	12968
新西兰	1578	12799
斯里兰卡	3232	10148
哈萨克斯坦	4595	4405
瑞典	1980	3485
安哥拉	800	2721
菲律宾	841	2667
巴基斯坦	2675	2598
巴拿马	373	2505
泰国	2015	2418
阿尔及利亚	145	2007
瑞士	606	1500
加纳	400	1200
危地马拉	72	1061
赤道几内亚	420	1050
朝鲜	210	1029
俄罗斯	1784	950
斐济	2100	888
吉布提	800	880
塞尔维亚	133	540
巴布亚新几内亚	150	278
黎巴嫩	68	177
韩国	50	75
塞内加尔	200	72
刚果（金）	30	58
44140010 辐射松制的画框、相框、镜框及类似品		
合计	3016537	7211596
美国	2117551	5514227
英国	190048	391590
德国	200167	322978
瑞士	111940	193186
法国	93844	160816

（续表）

国家/地区	出口数量（千克）	出口金额（美元）
荷兰	70004	115988
加拿大	41074	110006
意大利	59428	102181
西班牙	36842	87185
波兰	33298	56358
日本	16886	53108
澳大利亚	13928	36880
墨西哥	5064	20865
巴西	6453	11575
希腊	5051	8732
罗马尼亚	4725	7986
中国香港	5969	7758
南非	2111	3377
沙特阿拉伯	900	2340
巴拿马	598	2255
中国台湾	450	1800
塞浦路斯	176	282
肯尼亚	30	123
44140090 其他木制的画框、相框、镜框及类似品		
合计	187735293	494369179
美国	94612427	238984915
英国	13155850	33443953
德国	8695029	23399791
日本	6407242	22765581
荷兰	9388223	21974426
澳大利亚	10051269	20899951
加拿大	3898529	11161694
法国	4397460	10720477
西班牙	3585314	10582363
新加坡	1068117	9564224
意大利	2669389	9256432
比利时	3172686	7354431
瑞典	1989659	7038415
马来西亚	1325335	6932609
波兰	2657401	6116026
智利	2144238	4837146
丹麦	1254139	3411743
韩国	761065	2903551
俄罗斯	993402	2097183
新西兰	793916	1724564
墨西哥	500960	1710756
多米尼加	891443	1588419
巴西	411870	1569011

(续表)

国家/地区	出口数量(千克)	出口金额(美元)
南非	527398	1436809
尼日利亚	628138	1348946
爱沙尼亚	682123	1296476
以色列	538210	1288134
爱尔兰	461290	1284183
希腊	562359	1272008
阿联酋	357952	1260230
泰国	385396	1258715
吉布提	576614	1251678
印度	516677	1223117
沙特阿拉伯	305224	1184142
柬埔寨	645666	1140481
土耳其	262871	1078999
阿根廷	381514	1012152
中国台湾	327028	1009280
中国香港	267042	979446
葡萄牙	374378	954482
菲律宾	394729	945105
秘鲁	310062	874519
埃塞俄比亚	278816	853923
挪威	278684	844664
越南	108891	671072
哥伦比亚	207114	552142
印度尼西亚	179053	504199
尼加拉瓜	238960	484387
伊拉克	226639	474258
巴拿马	175120	449447
朝鲜	226914	417351
克罗地亚	93224	413119
奥地利	117538	368643
哥斯达黎加	102124	311842
肯尼亚	67274	250067
厄瓜多尔	93078	242269
斯洛文尼亚	75419	240082
斐济	87711	234743
科威特	69860	232988
罗马尼亚	56251	226511
坦桑尼亚	88841	225241
加纳	133135	216759
芬兰	77099	207325
乌克兰	51083	197831
瑞士	27870	173807
摩洛哥	59224	167854
埃及	52729	154782

(续表)

国家/地区	出口数量(千克)	出口金额(美元)
立陶宛	63116	154064
白俄罗斯	45540	150933
约旦	42596	145762
乌拉圭	46601	141065
黎巴嫩	42997	132809
波多黎各	41779	132595
捷克	54567	128013
科特迪瓦	28936	118519
多哥	54046	115751
贝宁	61581	107324
斯洛伐克	47083	103221
巴基斯坦	89706	94403
缅甸	30215	90164
中国澳门	29458	81061
洪都拉斯	29744	73823
阿尔及利亚	32394	72981
巴林	20180	69862
危地马拉	24403	66192
匈牙利	22343	63703
保加利亚	21174	60887
卡塔尔	21750	60499
马耳他	15672	58571
塞浦路斯	23495	56852
伊朗	19719	54308
巴拉圭	18211	53651
阿曼	24776	51870
牙买加	18156	47601
萨尔瓦多	20403	43746
哈萨克斯坦	15813	42218
马尔代夫	5355	41917
也门	11228	34539
拉脱维亚	10663	31817
塞尔维亚	6146	30339
玻利维亚	13670	26499
乌兹别克斯坦	19312	26040
塞内加尔	8647	25942
马达加斯加	12911	25136
巴布亚新几内亚	9140	24039
利比亚	6008	19108
格鲁吉亚	5385	18605
赞比亚	5217	17791
喀麦隆	20412	17441
突尼斯	5685	16511
安哥拉	8322	15685

(续表)

国家/地区	出口数量(千克)	出口金额(美元)
阿富汗	5168	13836
亚美尼亚	5271	12353
莫桑比克	2786	11532
加蓬	3419	11459
毛里求斯	7029	10951
波黑	3304	10085
萨摩亚	2987	9259
几内亚	5288	9181
索马里	5650	8458
阿塞拜疆	2400	7884
海地	5268	7358
阿尔巴尼亚	4339	6354
冰岛	1830	5237
大洋洲其他国家(地区)	798	5228
文莱	611	4663
孟加拉国	2165	4175
斯里兰卡	2084	4148
特立尼达和多巴哥	2420	3260
留尼汪	1863	3242
圭亚那	3763	2925
摩纳哥	865	2310
巴巴多斯	1219	2196
蒙古	327	2117
刚果(金)	731	1895
赤道几内亚	1731	1751
博茨瓦纳	1237	1530
黑山	774	1492
瓦努阿图	111	1097
吉尔吉斯斯坦	83	1087
马里	528	953
老挝	130	777
毛里塔尼亚	28[illegible]	715
津巴布韦	350	700
苏丹	456	556
刚果(布)	192	530
圣卢西亚	204	458
塞舌尔	90	360
布基纳法索	128	353
东帝汶	190	345
马拉维	66	200
卢旺达	33	189
库克群岛	30	120
摩尔多瓦	132	119

（续表）

国家/地区	出口数量（千克）	出口金额（美元）
古巴	115	10
北马其顿	2	5
44151000 木制箱、盒、桶及类似的包装容器；电缆卷筒		
合计	21458301	39463789
美国	7575783	10134303
德国	1461908	4565929
日本	3869780	4357820
新加坡	339400	2482214
韩国	1001676	2452634
马来西亚	557897	1968810
法国	252713	1730761
澳大利亚	1208196	1589000
中国香港	1649159	1443245
荷兰	404054	1213234
意大利	270144	828033
英国	268818	632726
阿联酋	353235	599961
西班牙	198565	551672
越南	76333	498796
中国台湾	161948	493302
沙特阿拉伯	54683	423606
印度尼西亚	474596	419607
泰国	172080	337740
墨西哥	33658	302223
中国澳门	78146	202263
南非	41562	199656
瑞士	24263	190889
加拿大	38469	175920
巴林	190624	151747
瑞典	40564	133728
智利	40502	132357
斯里兰卡	59329	101793
印度	108204	92319
葡萄牙	29360	91641
巴基斯坦	44844	85197
比利时	43700	80960
埃及	11268	64372
希腊	33362	58072
波兰	13789	56647
芬兰	11361	47181
尼泊尔	55007	45075
秘鲁	18586	41373
波多黎各	13840	34172

（续表）

国家/地区	出口数量（千克）	出口金额（美元）
新西兰	12469	33668
奥地利	2022	30573
挪威	10290	29734
哥伦比亚	4380	29668
土耳其	4717	29266
匈牙利	31764	27823
丹麦	7685	26550
巴西	9401	24868
朝鲜	12360	23763
以色列	6141	23095
尼日利亚	7945	22605
乌克兰	6758	17611
斯洛文尼亚	3125	16323
安哥拉	4750	15200
哥斯达黎加	6009	13413
科威特	3157	10437
菲律宾	8360	9509
俄罗斯	5028	8941
乌兹别克斯坦	4253	7300
巴拿马	3773	7206
叙利亚	1200	7200
拉脱维亚	2408	6734
柬埔寨	3502	4969
特立尼达和多巴哥	1032	4013
罗马尼亚	995	2618
危地马拉	556	2442
洪都拉斯	2546	2270
捷克	2438	2120
乌拉圭	1653	1843
黎巴嫩	480	1410
阿尔及利亚	963	1261
厄瓜多尔	1144	946
伊拉克	335	828
伊朗	200	702
保加利亚	380	680
克罗地亚	610	674
肯尼亚	14	602
马耳他	90	600
阿根廷	144	542
卡塔尔	539	539
约旦	377	513
利比亚	410	410
巴布亚新几内亚	144	324
阿曼	100	320

（续表）

国家/地区	出口数量（千克）	出口金额（美元）
哈萨克斯坦	62	210
尼加拉瓜	50	185
多米尼加	90	175
斯洛伐克	10	91
文莱	36	37
44152010 辐射松制托板箱形托盘及其他装载板托盘护框		
合计	363866	466711
泰国	125780	155447
马来西亚	96500	122315
新加坡	93625	120945
日本	32300	34766
美国	6164	14046
澳大利亚	1197	9142
中国香港	7700	7800
朝鲜	600	2250
44152090 木托板、箱形托盘及其他装载木板；托盘护框		
合计	43092183	30973489
中国香港	19294709	16227331
韩国	8901766	2695979
日本	2356325	2093319
中国台湾	3414453	1508143
马来西亚	2050710	1441643
美国	649364	1125559
新加坡	851347	1088543
中国澳门	553528	979329
缅甸	467200	451979
泰国	592859	368375
比利时	397244	331734
菲律宾	1131231	305061
法国	148972	252888
沙特阿拉伯	474561	210709
丹麦	167655	184763
澳大利亚	116709	160487
越南	182514	155557
英国	149915	121786
印度尼西亚	152553	108700
柬埔寨	134930	98843
哈萨克斯坦	14670	96822
德国	62701	93606
乌克兰	52200	86991
肯尼亚	105442	62359
荷兰	21435	52786

(续表)

国家/地区	出口数量(千克)	出口金额(美元)
阿曼	119680	51970
阿联酋	5245	46465
加拿大	10859	46388
尼日利亚	65574	45678
以色列	17538	36450
牙买加	21370	29700
尼日尔	41550	28285
葡萄牙	48031	26316
塞浦路斯	3005	25000
秘鲁	3123	23220
墨西哥	55492	23038
西班牙	4436	22663
智利	7199	22440
博茨瓦纳	42700	19299
突尼斯	2296	18005
斐济	2455	17185
塞尔维亚	9035	15860
塔吉克斯坦	22000	15251
印度	28082	15221
意大利	14543	15058
巴布亚新几内亚	9600	14979
卡塔尔	23217	11076
俄罗斯	2957	10561
罗马尼亚	3250	6982
马尔代夫	22020	5800
新西兰	1711	5180
巴拿马	1449	5032
瑞典	2085	4975
波兰	2080	4711
挪威	435	4656
利比亚	8567	4628
瑞士	743	4035
爱尔兰	2589	3725
阿根廷	1185	3581
土耳其	4082	3553
阿尔及利亚	2288	3347
埃塞俄比亚	7260	3315
特立尼达和多巴哥	551	2719
南非	4286	2542
莫桑比克	2700	2453
文莱	2980	2358
巴西	1713	2230
厄瓜多尔	312	2108
希腊	787	2087

(续表)

国家/地区	出口数量(千克)	出口金额(美元)
北马其顿	3600	1620
奥地利	1200	1582
孟加拉国	495	1485
哥伦比亚	252	1048
匈牙利	520	997
约旦	720	612
蒙古	6350	558
多米尼加	48	553
巴拉圭	45	346
毛里塔尼亚	400	313
洪都拉斯	350	297
贝宁	50	223
萨尔瓦多	45	216
马耳他	33	118
巴林	22	104
44160010 辐射松制大桶、琵琶桶、盆等箍桶及零件		
合计	66	753
美国	66	753
44160090 木制大桶、琵琶桶、盆等木制箍桶及其零件		
合计	992204	3620650
美国	345566	960637
日本	136625	378554
澳大利亚	93391	354536
新加坡	15066	333594
马来西亚	18096	290473
英国	76163	155481
荷兰	56928	136650
法国	23223	130236
德国	28346	129324
波兰	21113	79722
南非	5635	73525
芬兰	9910	62000
比利时	10857	61175
韩国	12457	56578
加拿大	16712	45079
智利	7096	44302
阿联酋	7749	31802
沙特阿拉伯	4131	30812
中国香港	12587	29488
新西兰	7350	28036
土耳其	4626	27778
阿尔及利亚	23000	18800

(续表)

国家/地区	出口数量(千克)	出口金额(美元)
中国澳门	8073	14571
瑞典	2825	13597
越南	1609	12063
丹麦	8942	11732
摩洛哥	4932	10224
爱尔兰	2068	7844
中国台湾	2770	7510
保加利亚	1244	7337
捷克	1173	6423
印度	2052	6135
俄罗斯	975	5400
西班牙	1191	5281
匈牙利	586	4680
哈萨克斯坦	2629	4338
以色列	1346	4048
厄瓜多尔	496	4020
意大利	1218	3958
泰国	750	3817
朝鲜	1750	3631
立陶宛	699	2861
危地马拉	184	2160
墨西哥	472	2010
奥地利	407	1808
巴西	500	1750
希腊	400	1380
菲律宾	589	1210
巴拿马	1595	1203
苏里南	244	1006
赤道几内亚	950	950
毛里求斯	242	902
洪都拉斯	249	637
突尼斯	444	586
科威特	200	570
印度尼西亚	211	554
秘鲁	140	530
吉布提	109	528
巴基斯坦	80	470
黎巴嫩	208	460
巴布亚新几内亚	220	458
亚美尼亚	57	457
乌兹别克斯坦	58	350
安哥拉	4	334
瑞士	39	252
巴林	31	250

（续表）

国家/地区	出口数量（千克）	出口金额（美元）
约旦	29	228
尼泊尔	26	207
多米尼加	34	192
莫桑比克	158	190
乌拉圭	43	167
白俄罗斯	55	165
塞浦路斯	25	163
老挝	130	138
尼日利亚	60	120
伊朗	30	112
斯里兰卡	26	101

44170010 辐射松制工具等；扫帚及刷子；鞋靴楦及楦头

国家/地区	出口数量（千克）	出口金额（美元）
合计	137832	112550
日本	110814	78741
土耳其	20200	20350
越南	4788	11106
美国	980	1853
韩国	1050	500

44170090 木制工具等；扫帚及刷子等；木鞋靴楦及楦头

国家/地区	出口数量（千克）	出口金额（美元）
合计	71939578	251950930
马来西亚	22375178	102641413
新加坡	13924479	63608757
沙特阿拉伯	4307352	15390747
印度尼西亚	2629567	11281701
阿联酋	1831864	6038927
南非	1625766	4009051
哈萨克斯坦	502019	3238054
韩国	2237995	3207184
吉尔吉斯斯坦	469101	2950553
美国	658239	2484172
伊拉克	3334847	2329133
日本	906999	2309929
秘鲁	719574	1990083
越南	361253	1945327
尼日利亚	524088	1321664
墨西哥	553432	1234792
危地马拉	294117	1222505
泰国	548862	1136049
中国台湾	299440	1062356
突尼斯	828402	1034017
比利时	295361	978468
巴拿马	298808	953064

（续表）

国家/地区	出口数量（千克）	出口金额（美元）
安哥拉	510639	896143
智利	682475	848765
巴基斯坦	746427	787915
英国	297797	767755
以色列	468759	750026
马耳他	191801	691022
斯里兰卡	206137	671249
哥伦比亚	82150	621028
文莱	80506	576836
意大利	294798	550346
巴西	188821	538295
加纳	292902	528341
荷兰	123220	460435
加拿大	66768	411417
约旦	388719	409570
埃及	899189	401905
印度	227532	392875
哥斯达黎加	80948	358583
卡塔尔	178226	336395
阿尔及利亚	310105	330877
多米尼加	247177	300355
巴林	58307	297626
坦桑尼亚	462145	294885
德国	79870	291653
菲律宾	166900	288532
罗马尼亚	172318	287213
摩洛哥	234938	287168
黎巴嫩	284242	282563
索马里	201689	280549
法国	73536	268514
伊朗	159733	261813
刚果（金）	143614	256377
也门	301521	251079
阿根廷	179414	243610
莫桑比克	118202	234711
葡萄牙	69698	232512
科特迪瓦	51434	220061
牙买加	65050	205760
土耳其	358035	176206
肯尼亚	146288	172936
俄罗斯	112764	170174
吉布提	240001	160136
中国香港	287065	155566
奥地利	27900	148428

（续表）

国家/地区	出口数量（千克）	出口金额（美元）
波兰	95325	142674
毛里求斯	91103	137703
利比亚	157922	122448
西班牙	93050	122326
科威特	40917	120976
波多黎各	49063	110623
塞内加尔	64215	103807
古巴	23125	95822
马达加斯加	113990	95474
叙利亚	43622	93398
阿曼	58197	91249
柬埔寨	8223	84419
苏丹	238715	72729
格鲁吉亚	22597	65577
阿尔巴尼亚	137536	60568
多哥	19698	59239
毛里塔尼亚	36774	57281
澳大利亚	16555	53730
海地	47577	52699
斯洛文尼亚	19737	43755
希腊	63867	40243
乌克兰	16818	39124
乌兹别克斯坦	15602	32098
特立尼达和多巴哥	17287	30429
瑞典	3502	29271
萨尔瓦多	17383	27629
博茨瓦纳	10911	25197
几内亚	13823	24025
埃塞俄比亚	19254	23694
新西兰	7350	22348
斐济	6000	21600
厄瓜多尔	8187	21474
卢旺达	3311	21088
丹麦	1581	20977
留尼汪	10672	19975
乌拉圭	47930	19916
加蓬	8936	16542
挪威	1223	15448
匈牙利	21574	15386
孟加拉国	15767	14478
立陶宛	27750	14354
保加利亚	10473	13144
赞比亚	6538	12662
塞尔维亚	12386	12162

(续表)

国家/地区	出口数量(千克)	出口金额(美元)
克罗地亚	4739	10874
贝宁	3475	10488
爱尔兰	1846	8761
巴布亚新几内亚	7057	8414
纳米比亚	5308	8080
刚果(布)	5336	7362
马尔代夫	4034	7236
冈比亚	5095	7154
中国澳门	5745	7026
拉脱维亚	5481	6851
喀麦隆	6143	6772
爱沙尼亚	2790	6120
塞浦路斯	4605	6083
朝鲜	608	5885
圣卢西亚	5040	5154
瓦努阿图	5190	5040
圣多美和普林西比	1150	4773
缅甸	564	4054
阿富汗	1250	3563
芬兰	723	3335
法属波利尼西亚	1093	3179
圭亚那	2545	2745
巴巴多斯	3499	2518
利比里亚	2343	2479
塞拉利昂	2400	2369
黑山	3254	2337
玻利维亚	1462	1815
赤道几内亚	1592	1639
白俄罗斯	341	1347
委内瑞拉	980	1288
塞舌尔	410	1148
巴拉圭	1968	1144
尼加拉瓜	950	969
马拉维	725	856
洪都拉斯	279	854
津巴布韦	945	824
尼日尔	775	786
法属圭亚那	742	758
佛得角	477	534
南苏丹	327	471
蒙古	766	354
新喀里多尼亚	703	270
所罗门群岛	70	235
乌干达	1450	227

(续表)

国家/地区	出口数量(千克)	出口金额(美元)
苏里南	388	207
多米尼克	118	191
厄立特里亚	50	148
尼泊尔	42	120
老挝	119	117
帕劳	9	35
汤加	8	29
44181010 辐射松制窗法兰西式(落地)窗及其框架		
合计	480	9240
日本	280	8782
英国	200	458
44181090 木制窗、法兰西式(落地)窗及其木制框架		
合计	37586925	180687842
美国	13506825	69172771
英国	7308308	40476693
澳大利亚	4814999	37398679
日本	4636712	9876826
荷兰	1830331	6172249
德国	2462274	3355895
韩国	354853	2303998
新西兰	246467	1835797
越南	221552	1234832
南非	192551	959487
中国香港	253753	956470
中国台湾	103385	748920
尼日利亚	125330	705555
贝宁	121337	610936
比利时	152716	595245
法国	272796	516870
阿联酋	61618	513235
意大利	374100	502285
加拿大	98885	462817
马来西亚	27507	231711
智利	60600	225793
新加坡	23945	206861
丹麦	27223	196609
波兰	23705	192809
印度	35932	164000
巴林	20773	157427
爱尔兰	18021	155040
俄罗斯	21098	126471
菲律宾	15928	77819

(续表)

国家/地区	出口数量(千克)	出口金额(美元)
巴基斯坦	6097	66114
中国澳门	78484	63504
泰国	12335	61901
葡萄牙	10735	43541
巴哈马	2862	38770
以色列	5888	34780
阿尔巴尼亚	5565	34477
西班牙	9480	31469
塔吉克斯坦	3500	22806
瑞士	14100	21881
土耳其	4072	19937
阿根廷	3173	16958
沙特阿拉伯	3518	13049
多哥	933	11811
卡塔尔	1711	11514
毛里求斯	1572	10817
匈牙利	656	9803
希腊	1737	8966
安哥拉	174	7798
斯里兰卡	380	4536
孟加拉国	346	2777
巴拿马	300	2526
阿尔及利亚	484	2304
哥斯达黎加	1593	2204
牙买加	313	1940
塞内加尔	820	1608
斯洛伐克	30	1583
科威特	211	1380
苏丹	880	1320
乌兹别克斯坦	138	506
乌拉圭	200	328
朝鲜	300	300
吉布提	84	218
阿曼	700	216
马里	15	65
坦桑尼亚	15	35
44182000 木制门及其框架和门槛		
合计	336974097	674200444
美国	101810555	191083514
日本	34603677	101638983
中国香港	38858950	75315372
英国	17695888	37815549
罗马尼亚	24686167	28444198
加拿大	14448177	25089191

（续表）

国家/地区	出口数量（千克）	出口金额（美元）
新加坡	4907946	19355583
马来西亚	4570359	16910722
中国澳门	6698221	15993721
澳大利亚	3452236	11491423
菲律宾	5589125	10550737
法国	3116895	10233375
爱尔兰	5474714	9825978
阿联酋	4503506	8790895
尼日利亚	5266074	7299355
沙特阿拉伯	1993338	5412526
保加利亚	4647252	4881982
韩国	3606763	4797957
伊拉克	4028228	4151270
泰国	1575932	4064804
格鲁吉亚	3883762	3928674
印度	1277317	2936402
斯里兰卡	737971	2892073
卡塔尔	1138608	2733678
越南	1123682	2703513
阿尔巴尼亚	2824950	2594424
巴基斯坦	1287103	2567338
阿曼	1462237	2260882
比利时	1024339	1980946
多米尼加	826209	1917687
科威特	1343963	1708414
赞比亚	575168	1666005
加纳	622493	1657614
亚美尼亚	1503452	1646537
肯尼亚	584725	1539185
巴拿马	654098	1499891
埃及	1447627	1444186
吉布提	382996	1355307
安哥拉	414701	1337487
伊朗	950185	1199654
阿尔及利亚	580797	1163165
塞尔维亚	993491	1143647
印度尼西亚	490777	1104397
赤道几内亚	159214	1043376
乌拉圭	710070	1019209
蒙古	1160515	1013448
牙买加	276188	1004777
乌克兰	783074	1001203
南非	595887	986228
以色列	590826	981459

（续表）

国家/地区	出口数量（千克）	出口金额（美元）
土库曼斯坦	892076	977761
墨西哥	705458	971629
摩尔多瓦	907200	968709
坦桑尼亚	324789	963909
土耳其	838975	842495
马尔代夫	157730	754941
缅甸	311189	746096
利比亚	643958	733589
阿根廷	463391	709625
智利	304744	708980
巴林	238562	693775
巴布亚新几内亚	286512	690074
哥斯达黎加	509707	613215
中国台湾	302810	598007
秘鲁	289655	580342
德国	148754	534123
希腊	461173	522394
朝鲜	253179	514762
塞内加尔	189197	513612
孟加拉国	117141	502244
埃塞俄比亚	210921	499362
特立尼达和多巴哥	238641	494746
莫桑比克	166942	486665
冈比亚	342081	486225
巴西	252781	482281
柬埔寨	162250	460538
毛里塔尼亚	136088	457048
古巴	180820	414735
乌兹别克斯坦	63547	374942
科特迪瓦	188020	370783
刚果（金）	144077	364199
马耳他	150968	324367
哥伦比亚	224691	323015
苏丹	126135	319654
新西兰	100702	299893
多哥	80283	292808
海地	139473	291775
苏里南	117486	278342
北马其顿	349201	276114
黎巴嫩	144324	270588
哈萨克斯坦	57394	246282
黑山	221111	244894
毛里求斯	107923	243772
贝宁	45301	240598

（续表）

国家/地区	出口数量（千克）	出口金额（美元）
卢旺达	50549	231734
利比里亚	67673	229814
阿富汗	60426	222184
突尼斯	87985	221210
多米尼克	55184	220887
荷兰	87323	216847
波多黎各	71286	214280
南苏丹	41915	210172
马达加斯加	100604	206024
斐济	135187	202754
意大利	74840	196780
马里	87830	188218
几内亚	71542	171065
约旦	61616	168521
安提瓜和巴布达	55236	166192
俄罗斯	97565	160933
喀麦隆	54077	157116
立陶宛	154071	156654
乌干达	60224	146830
法属波利尼西亚	32240	128111
索马里	63944	125526
津巴布韦	35919	112040
马拉维	38711	111231
萨摩亚	59500	107740
格林纳达	28308	87090
文莱	33628	85926
巴拉圭	58013	74982
阿塞拜疆	74495	66587
尼加拉瓜	31716	63246
摩洛哥	30263	59880
玻利维亚	48086	59598
挪威	18630	58714
密克罗尼西亚联邦	23624	53590
西班牙	21071	52557
巴巴多斯	46789	49884
布基纳法索	34239	49851
塞舌尔	15147	49264
萨尔瓦多	29657	48200
库腊索岛	29216	47019
新喀里多尼亚	14134	44565
洪都拉斯	20777	44424
大洋洲其他国家（地区）	15340	43767
塞拉利昂	35300	42812

(续表)

国家/地区	出口数量(千克)	出口金额(美元)
克罗地亚	26782	42045
阿鲁巴	26270	42010
所罗门群岛	24786	41006
荷属安的列斯群岛	24800	40009
葡萄牙	23564	39459
委内瑞拉	17361	38694
尼泊尔	11647	38166
博茨瓦纳	10124	37920
马约特	10320	37544
匈牙利	19154	36185
瓦努阿图	9132	35154
加蓬	23135	34217
波兰	3490	33598
老挝	18566	27976
汤加	11815	27543
刚果(布)	1951	27533
留尼汪	15281	26971
吉尔吉斯斯坦	4200	25819
芬兰	18418	25265
奥地利	2937	24769
纳米比亚	7300	24654
圭亚那	2050	23171
危地马拉	10969	21548
瓜德罗普	11560	20699
塔吉克斯坦	4320	16789
冰岛	2700	15685
科摩罗	2820	15494
东帝汶	9513	15482
斯洛文尼亚	11866	14889
英属维尔京群岛	3822	14240
厄立特里亚	4260	13309
圣文森特和格林纳丁斯	6600	13200
塞浦路斯	1340	11857
叙利亚	10340	11260
帕劳	8010	11072
拉丁美洲其他国家(地区)	684	10039
瑞典	3035	8679
马绍尔群岛	8300	8600
巴哈马	1270	8542
瑞士	2400	7559
几内亚比绍	600	4209
丹麦	875	4086

(续表)

国家/地区	出口数量(千克)	出口金额(美元)
捷克	1240	2309
斯洛伐克	690	1501
白俄罗斯	299	1370
也门	1431	973
圣马丁岛	352	564
圣卢西亚	50	113
44184000 木制水泥构件的模板		
合计	40390934	36144941
澳大利亚	8016407	7669048
中国香港	3091771	6773757
阿尔及利亚	3162648	2683592
朝鲜	3390139	2051567
印度尼西亚	2731693	1779671
美国	1985768	1482827
柬埔寨	1912304	1296824
马来西亚	1234016	1106139
中国澳门	1470545	903238
斯里兰卡	931185	830738
文莱	599680	812708
孟加拉国	850525	700548
越南	1419627	685795
阿联酋	421588	414286
马尔代夫	564009	413887
哈萨克斯坦	228452	368154
科特迪瓦	385403	355203
肯尼亚	473370	344208
巴基斯坦	489794	337203
埃塞俄比亚	406511	330872
佛得角	351678	293989
巴布亚新几内亚	324214	267218
贝宁	272271	244748
南非	56240	204288
毛里求斯	303385	196211
刚果(金)	229070	195690
赞比亚	219220	179462
喀麦隆	209474	174727
乌兹别克斯坦	184140	163077
津巴布韦	220315	157484
加纳	217045	156018
牙买加	208609	143695
毛里塔尼亚	262963	139934
菲律宾	174537	132246
所罗门群岛	60619	117255
纳米比亚	105810	114921

(续表)

国家/地区	出口数量(千克)	出口金额(美元)
巴巴多斯	200000	110606
韩国	86687	109114
蒙古	871760	103044
泰国	135000	95401
利比里亚	135260	94232
老挝	93612	94076
莫桑比克	133136	86122
塞内加尔	121505	86054
尼泊尔	128952	81701
坦桑尼亚	85097	74678
吉布提	102895	74608
塔吉克斯坦	63760	69830
新加坡	94034	67636
伊拉克	86360	61800
乌干达	67627	55276
冈比亚	58222	54348
马里	61064	51532
马拉维	22880	49944
刚果(布)	62500	47398
博茨瓦纳	56555	42177
沙特阿拉伯	53400	36540
吉尔吉斯斯坦	25840	35000
俄罗斯	37420	33992
安提瓜和巴布达	34400	27246
多哥	23000	23587
巴拿马	25500	21867
斐济	45158	21685
几内亚	29640	17785
伊朗	22500	17500
塞拉利昂	22900	17063
格鲁吉亚	26620	16800
日本	9400	14977
汤加	19660	12353
萨摩亚	13400	12263
布隆迪	13500	11535
科威特	15776	11060
多米尼克	21000	10920
乍得	12700	10625
中国台湾	12234	9668
安哥拉	11550	9040
瓦努阿图	13700	8407
卢旺达	10500	8295
缅甸	14292	7073
尼日利亚	1071	3749

（续表）

国家/地区	出口数量（千克）	出口金额（美元）
尼日尔	4944	2696
马达加斯加	25500	2645
特立尼达和多巴哥	4000	2600
塞舌尔	2747	2144
赤道几内亚	3380	1859
苏里南	3000	1800
古巴	250	1336
西班牙	21	26
44185000 木瓦及木制盖屋板		
合计	7219303	8083986
美国	6206105	6505487
韩国	492156	941509
日本	281829	286257
加拿大	42412	74394
刚果(金)	70000	57833
乌兹别克斯坦	7504	42312
中国台湾	29963	37974
沙特阿拉伯	8062	31964
毛里求斯	12091	26386
伊朗	8963	22271
中国香港	11114	17609
印度	24060	10224
印度尼西亚	5761	8380
巴林	3995	7518
南非	6020	5418
马来西亚	4899	4257
新西兰	3350	2747
几内亚	1000	950
德国	19	496
44186000 木制柱及梁		
合计	11879973	14959455
日本	7026486	7027759
美国	1364977	3378707
加拿大	583502	1431787
韩国	573919	707748
俄罗斯	231112	302871
中国香港	229210	226445
中国澳门	637259	223273
越南	186760	166859
尼日利亚	107640	143319
危地马拉	98000	138927
马尔代夫	89925	119944
中国台湾	119756	113401
马来西亚	83247	89043

（续表）

国家/地区	出口数量（千克）	出口金额（美元）
乌兹别克斯坦	13171	75825
新加坡	65774	75432
埃塞俄比亚	45621	68177
阿根廷	46915	65918
印度	82885	59648
柬埔寨	29607	55254
澳大利亚	34569	49400
斯里兰卡	29347	43047
印度尼西亚	5054	40244
南非	27560	35430
刚果(金)	22840	31181
波兰	7310	27524
德国	36468	27491
阿尔巴尼亚	14520	25010
吉布提	16000	24886
泰国	5779	21809
西班牙	1200	20000
伊朗	4462	19871
伊拉克	4800	16800
墨西哥	3640	13851
埃及	920	10442
菲律宾	2798	9539
哥伦比亚	3530	8472
土耳其	3114	6015
萨尔瓦多	6225	5982
塞浦路斯	1540	5736
英国	2410	5500
荷兰	2420	5494
毛里求斯	4706	4724
塞尔维亚	1240	4709
意大利	900	4294
阿联酋	1110	4097
安提瓜和巴布达	7500	3128
哈萨克斯坦	570	2147
以色列	1568	1961
斯洛伐克	1292	1828
克罗地亚	350	1639
智利	454	1592
乌拉圭	150	1431
朝鲜	2850	950
丹麦	171	866
巴林	352	517
比利时	220	449
突尼斯	1500	400

（续表）

国家/地区	出口数量（千克）	出口金额（美元）
安哥拉	555	260
法国	7	188
蒙古	2000	174
赞比亚	198	30
立陶宛	8	10
44187400 其他马赛克地板用已装拼的木地板		
合计	908336	1811440
韩国	494062	971649
中国台湾	105677	204374
新加坡	85879	164354
日本	49667	129596
马来西亚	61009	115995
澳大利亚	38159	70026
泰国	30681	58481
印度尼西亚	16840	32833
美国	8400	28800
中国香港	13298	25336
智利	2152	4486
英国	792	2997
俄罗斯	1191	1429
越南	529	1084
44187500 其他多层已装拼的木地板		
合计	4333396	7484432
中国香港	2409123	4047711
朝鲜	1169113	1911307
马来西亚	153568	325765
中国澳门	186930	218657
加拿大	129877	128352
印度	13484	116488
爱尔兰	26941	105410
南非	15411	76456
日本	18244	72192
吉布提	14814	58382
斯里兰卡	40244	57597
美国	21582	50113
阿联酋	28856	49140
菲律宾	5805	46626
伊朗	10300	38110
韩国	6708	34317
英国	9783	30378
以色列	10819	22870
澳大利亚	6102	16853
西班牙	3720	16295

(续表)

国家/地区	出口数量（千克）	出口金额（美元）
柬埔寨	2942	15714
多哥	1997	14282
意大利	760	4950
乌兹别克斯坦	4141	4293
刚果(布)	1126	3735
沙特阿拉伯	5914	3280
波兰	631	3155
阿尔巴尼亚	1763	2812
越南	21521	2743
泰国	761	1929
新加坡	1200	1746
巴基斯坦	2000	1529
罗马尼亚	5500	550
印度尼西亚	1600	320
墨西哥	94	275
法国	22	100
44187900 其他已装拼木地板		
合计	13523560	18824756
美国	9692986	11982543
中国澳门	573038	1211936
中国香港	822610	1084144
朝鲜	982094	814428
马来西亚	177141	720960
阿联酋	237278	614182
新加坡	148712	595499
日本	227286	352837
英国	83651	190713
泰国	35796	186772
澳大利亚	124938	174664
韩国	90384	156317
印度尼西亚	22532	98820
以色列	12560	79666
中国台湾	24123	57679
沙特阿拉伯	18376	57018
格鲁吉亚	10246	47135
伊拉克	15000	45000
南非	6075	34291
德国	9778	31238
柬埔寨	4828	30405
印度	22236	26365
科威特	7129	24047
加拿大	7162	19988
黎巴嫩	2530	17710
菲律宾	31429	17389

(续表)

国家/地区	出口数量（千克）	出口金额（美元）
越南	7088	16060
斯洛文尼亚	4361	13083
巴布亚新几内亚	9332	12278
莫桑比克	4529	11323
乌兹别克斯坦	12800	10880
塞卜泰(休达)	21240	9348
斐济	8525	7763
赞比亚	863	6885
斯里兰卡	1521	6421
法国	7196	5397
安哥拉	1440	5046
西班牙	3400	5000
克罗地亚	3746	4643
新西兰	910	4060
巴林	4304	3958
卡塔尔	11786	3742
丹麦	1145	3724
比利时	912	2758
巴西	1340	2680
智利	2079	2559
荷兰	1700	2525
乌克兰	527	2003
吉布提	6985	1967
阿尔巴尼亚	2439	1946
马拉维	4050	1775
哈萨克斯坦	3174	1768
瑞典	630	1298
伊朗	980	980
肯尼亚	450	675
巴拿马	4190	465
44189900 未列名建筑用木工制品		
合计	83058165	185973300
美国	32136885	76854638
日本	10351854	24386863
中国香港	10525715	16075252
中国澳门	7946643	13939158
英国	3109415	9968086
韩国	2657469	5892938
新加坡	703088	4805944
加拿大	2200358	4759170
马来西亚	766266	4400100
澳大利亚	694445	2837655
印度	855773	2562182
爱尔兰	1068953	1809001

(续表)

国家/地区	出口数量（千克）	出口金额（美元）
赤道几内亚	183606	1557421
意大利	509814	1146446
巴基斯坦	1040772	1070592
中国台湾	423599	971940
俄罗斯	162187	931254
法国	356455	928073
泰国	433763	796582
德国	369749	745389
卡塔尔	254769	653736
比利时	219009	650752
吉布提	242077	641618
荷兰	201833	509626
南非	179178	500019
沙特阿拉伯	414296	487060
阿联酋	197144	479509
菲律宾	105011	466240
新西兰	187950	422791
柬埔寨	736047	420962
越南	115434	335520
智利	69455	272996
坦桑尼亚	19474	250501
西班牙	47522	241812
蒙古	2245011	232977
朝鲜	252655	229649
墨西哥	23614	212484
巴拿马	8282	164085
以色列	48372	162481
南苏丹	6647	153990
巴布亚新几内亚	10474	137852
塞舌尔	8208	129407
孟加拉国	221467	123720
缅甸	105330	117053
印度尼西亚	17998	116794
瑞士	16597	107201
阿曼	26131	99261
马耳他	27158	97769
乌兹别克斯坦	16980	79107
伊拉克	19628	69933
马里	12181	59731
摩洛哥	25015	59493
埃塞俄比亚	9842	47727
马达加斯加	28074	45140
约旦	54094	44074
斯里兰卡	8684	43119

（续表）

国家/地区	出口数量（千克）	出口金额（美元）
科威特	6473	41169
萨摩亚	60000	38200
多哥	5174	38064
葡萄牙	6578	36609
哈萨克斯坦	35429	35410
安哥拉	8064	35334
多米尼加	9522	33825
马尔代夫	51328	30688
伊朗	4817	29513
尼日利亚	16410	26383
阿根廷	9821	25716
加纳	5942	24640
秘鲁	13736	22046
波兰	4304	21782
斐济	25364	18817
牙买加	12164	16162
尼泊尔	2312	15227
圭亚那	6760	13520
巴林	1451	13013
瑞典	1710	11372
莫桑比克	13002	10607
肯尼亚	5541	10454
塞浦路斯	2400	10300
罗马尼亚	3899	8899
斯洛文尼亚	1679	8100
匈牙利	2391	6988
黎巴嫩	2025	6986
阿尔及利亚	220	6813
几内亚比绍	5980	6807
玻利维亚	1160	5800
哥伦比亚	1925	5400
埃及	7431	5242
毛里求斯	1440	5197
挪威	575	4436
厄瓜多尔	2252	4334
斯威士兰	7900	3600
毛里塔尼亚	8000	3572
阿尔巴尼亚	2239	3466
爱沙尼亚	1212	3266
海地	790	3110
突尼斯	9240	2092
克罗地亚	1156	1944
哥斯达黎加	511	1825
乌拉圭	245	1713

（续表）

国家/地区	出口数量（千克）	出口金额（美元）
格鲁吉亚	1705	1705
乌干达	950	1235
巴巴多斯	147	1032
希腊	630	1008
津巴布韦	1316	963
塞内加尔	769	846
丹麦	136	675
大洋洲其他国家（地区）	550	570
乌克兰	530	530
波多黎各	1290	471
白俄罗斯	243	265
刚果（金）	200	157
巴西	85	150
佛得角	69	126
法属波利尼西亚	456	109
乍得	12	60
保加利亚	30	54
赞比亚	25	30
44199010 木制一次性筷子		
合计	63775847	90704900
日本	44053747	66732375
韩国	16594856	18097111
美国	1495590	2543416
中国台湾	408423	835800
智利	182483	428674
澳大利亚	219664	412106
印度尼西亚	98846	242083
墨西哥	85825	207138
西班牙	73212	161284
加拿大	82173	153914
德国	69539	153287
法国	85727	149049
新西兰	76068	138659
巴西	36827	89215
英国	47480	80669
瑞典	44850	68957
新加坡	30030	58428
马来西亚	19792	37055
荷兰	13463	33260
泰国	17883	24895
乌拉圭	4700	10105
阿根廷	3000	7500
多米尼加	8820	7146

（续表）

国家/地区	出口数量（千克）	出口金额（美元）
印度	1896	5091
菲律宾	1156	4680
沙特阿拉伯	780	3850
乌克兰	1250	3000
科威特	1200	2400
葡萄牙	2670	2136
委内瑞拉	1950	1594
丹麦	536	1340
阿联酋	960	1262
卡塔尔	214	1206
波兰	3300	1049
朝鲜	2520	1010
新喀里多尼亚	436	873
瑞士	2626	788
捷克	355	710
中国香港	192	550
芬兰	94	522
斯里兰卡	200	466
伊拉克	152	190
蒙古	360	32
莫桑比克	2	25
44199090 未列名木制餐具及厨房用具		
合计	46545953	223143701
美国	10997229	59081360
日本	3715506	27988823
英国	4738203	17441384
澳大利亚	2989389	11992108
德国	2577567	10902759
荷兰	2706329	9978358
新加坡	896658	9475166
加拿大	1549666	7788758
法国	1593530	6331360
韩国	995284	4770662
印度	1235274	4506710
西班牙	1075886	4181341
丹麦	613232	3820678
意大利	826395	3690143
比利时	909037	3376305
沙特阿拉伯	857437	3228289
马来西亚	350103	3138535
瑞典	533784	2605021
中国香港	718611	2577634
波兰	579435	2000445
中国台湾	358405	1988920

(续表)

国家/地区	出口数量(千克)	出口金额(美元)
新西兰	352338	1654409
巴西	298003	1333991
南非	331679	1330304
阿联酋	306256	1297652
芬兰	159074	1162161
墨西哥	265052	1132940
以色列	307540	1099974
俄罗斯	288615	1025863
智利	210265	908287
土耳其	236403	756732
泰国	112702	673612
挪威	123972	668004
阿尔及利亚	323392	659957
科威特	146208	635213
印度尼西亚	199929	598934
捷克	111769	540169
菲律宾	109059	423802
瑞士	63700	392168
希腊	104971	347708
立陶宛	69075	300781
越南	37226	293342
爱尔兰	107439	291738
斯洛文尼亚	70700	290634
哥伦比亚	77112	272997
卡塔尔	68162	259304
黎巴嫩	57835	239714
葡萄牙	66033	223129
摩洛哥	95259	194599
乌拉圭	46048	180583
乌克兰	52321	173455
巴拿马	38493	170910
伊拉克	103284	166328
罗马尼亚	44835	158576
阿根廷	41442	151489
埃及	47859	151364
波多黎各	42067	145612
利比亚	46991	133167
多米尼加	26391	126270
斯里兰卡	28472	123276
秘鲁	27401	103169
伊朗	26824	96237
拉脱维亚	22684	88841
中国澳门	42806	87449
厄瓜多尔	14886	83669

(续表)

国家/地区	出口数量(千克)	出口金额(美元)
奥地利	26721	78890
斯洛伐克	22033	64945
阿尔巴尼亚	15057	63277
克罗地亚	19932	59182
突尼斯	23840	54798
乌兹别克斯坦	14323	49354
匈牙利	17560	41553
巴拉圭	5138	39435
约旦	16749	36915
哥斯达黎加	9040	36810
孟加拉国	15675	36427
阿曼	9948	35064
巴林	7818	33950
塞浦路斯	7275	31534
哈萨克斯坦	7574	28135
危地马拉	8621	27276
也门	8728	26013
柬埔寨	4865	24621
新喀里多尼亚	10468	24504
格鲁吉亚	12753	24482
法属波利尼西亚	11598	24390
巴基斯坦	11222	20379
留尼汪	8387	19336
爱沙尼亚	3660	17865
保加利亚	16865	17837
萨尔瓦多	4460	16543
巴布亚新几内亚	2913	16155
圭亚那	3334	13927
安提瓜和巴布达	1744	12556
洪都拉斯	3114	12472
马耳他	1261	12440
白俄罗斯	3340	12187
加纳	6531	10825
牙买加	693	9946
塞尔维亚	3887	7210
黑山	1865	7113
肯尼亚	2824	7026
叙利亚	2347	5639
坦桑尼亚	1039	5594
马尔代夫	392	4778
朝鲜	431	4683
安哥拉	2085	4562
蒙古	245	4239
特立尼达和多巴哥	1023	4167

(续表)

国家/地区	出口数量(千克)	出口金额(美元)
毛里求斯	1811	4117
尼日利亚	2687	4042
吉布提	2601	3966
缅甸	899	2873
巴哈马	1046	2759
博茨瓦纳	1046	2680
苏里南	429	2442
科特迪瓦	525	2135
喀麦隆	198	2007
莫桑比克	1254	1893
圣文森特和格林纳丁斯	60	1755
毛里塔尼亚	746	1491
塞内加尔	1094	1479
文莱	113	1217
刚果(金)	163	927
斐济	815	905
索马里	332	860
纳米比亚	40	518
尼加拉瓜	192	494
塞舌尔	108	410
尼泊尔	28	405
利比里亚	140	400
刚果(布)	250	300
苏丹	79	277
库克群岛	58	245
法属圭亚那	18	229
圣卢西亚	71	142
委内瑞拉	25	130
玻利维亚	185	118
尼日尔	5	108
乌干达	18	30
津巴布韦	2	23
老挝	5	18
44201011 木刻		
合计	111245	1099761
日本	13125	740165
美国	41088	136006
泰国	21300	122328
新加坡	6296	27674
加拿大	248	18456
中国台湾	1434	12935
法国	3460	10980
立陶宛	3853	10027

（续表）

国家/地区	出口数量（千克）	出口金额（美元）
菲律宾	15650	9390
英国	2100	3740
匈牙利	900	2860
韩国	1481	2379
阿鲁巴	90	2100
越南	30	360
澳大利亚	80	239
乌兹别克斯坦	10	67
中国香港	100	55
44201020 木扇		
合计	570895	6686107
西班牙	334532	4689866
日本	18859	473790
美国	40621	290068
葡萄牙	4843	267245
匈牙利	11177	130968
希腊	7581	111702
墨西哥	32350	101205
英国	34428	99527
印度	20585	78448
土耳其	7767	75016
意大利	7579	74320
古巴	3008	40502
奥地利	1416	40126
沙特阿拉伯	12102	39770
新加坡	918	23554
法国	1938	23002
巴西	4386	17062
韩国	912	14243
荷兰	2516	12595
马来西亚	1303	10516
孟加拉国	4182	9755
比利时	2298	8260
德国	234	6539
马耳他	218	5508
中国香港	736	5013
加拿大	367	4425
阿根廷	1511	4227
以色列	727	4209
泰国	2664	3422
斯洛文尼亚	3520	3410
马尔代夫	195	3300
智利	918	2184
秘鲁	553	1181

（续表）

国家/地区	出口数量（千克）	出口金额（美元）
坦桑尼亚	230	1148
哥伦比亚	544	1001
乌兹别克斯坦	638	982
瓜德罗普	72	900
厄瓜多尔	280	896
巴拿马	321	827
伊朗	198	765
澳大利亚	265	759
约旦	18	720
俄罗斯	126	655
波兰	260	572
菲律宾	250	545
印度尼西亚	300	420
利比亚	169	338
阿曼	117	250
爱沙尼亚	64	179
克罗地亚	72	108
乌拉圭	24	53
越南	3	31
44201090 其他木制小雕像及装饰品		
合计	165873554	874465262
美国	95956755	451391888
德国	11072130	65874591
荷兰	11123072	62962472
英国	6714624	35180245
日本	2172726	26670339
意大利	3408143	24064983
新加坡	2529009	23153806
加拿大	4084014	20040148
法国	3456902	19587130
中国台湾	3692792	17901978
西班牙	2301315	14610626
比利时	2072045	14424229
澳大利亚	1552321	10387570
波兰	1201729	8420527
马来西亚	826367	6479637
丹麦	807804	5815811
希腊	908190	5175527
沙特阿拉伯	729657	3915869
巴西	629133	3384067
阿联酋	410204	3265808
印度	903045	2981896
瑞典	470223	2701957
墨西哥	690791	2582795

（续表）

国家/地区	出口数量（千克）	出口金额（美元）
南非	416671	2553915
以色列	557597	2546670
韩国	337180	2484737
中国香港	582087	2246506
俄罗斯	326063	1919784
智利	393318	1791546
斯洛文尼亚	262700	1717757
捷克	169065	1680021
泰国	193968	1425955
葡萄牙	259574	1412759
瑞士	164700	1325822
巴拿马	164728	1323644
奥地利	169124	1323523
爱尔兰	202416	1263290
土耳其	291079	1139242
斯洛伐克	261602	1115107
菲律宾	302183	941340
新西兰	140411	827426
科威特	131404	770609
匈牙利	77871	734342
秘鲁	124259	718020
波多黎各	102687	614372
保加利亚	63910	592921
黎巴嫩	102019	587265
摩洛哥	110027	519736
阿根廷	109302	518717
芬兰	93709	511062
挪威	83859	507625
越南	68694	503913
印度尼西亚	98239	501037
乌克兰	84837	469177
哥伦比亚	81774	444775
斯里兰卡	113517	430245
阿曼	62915	427294
克罗地亚	58597	401884
罗马尼亚	64151	355338
阿尔及利亚	134403	336629
伊朗	55819	309659
多米尼加	69884	264167
肯尼亚	70831	231049
爱沙尼亚	19898	229272
伊拉克	124310	225076
乌拉圭	37980	204681
卡塔尔	50516	195534

(续表)

国家/地区	出口数量(千克)	出口金额(美元)
约旦	41438	156658
拉脱维亚	18206	152024
埃及	60769	148337
哥斯达黎加	40130	145525
孟加拉国	42667	136800
塞浦路斯	22616	134625
厄瓜多尔	38712	118930
马耳他	13940	117366
尼日利亚	42996	93885
圭亚那	12332	93644
白俄罗斯	9001	92494
格鲁吉亚	26883	84892
萨尔瓦多	26449	83267
坦桑尼亚	23226	78502
巴基斯坦	44187	69491
巴林	21582	66722
安哥拉	35451	63422
洪都拉斯	18352	61012
立陶宛	10643	60044
牙买加	19421	57811
危地马拉	8538	56539
巴哈马	11638	52697
利比亚	18011	46722
马尔代夫	4231	42885
波黑	2631	37556
突尼斯	9814	36687
冰岛	3347	35172
阿尔巴尼亚	14173	34730
黑山	9125	32221
也门	12755	32126
委内瑞拉	1902	29500
毛里求斯	6228	26679
塞尔维亚	3213	24873
加纳	8072	24228
中国澳门	9745	23791
缅甸	1763	21368
阿富汗	508	20872
库克群岛	646	20648
多米尼克	5095	19850
柬埔寨	2554	19396
巴拉圭	4103	16782
巴布亚新几内亚	1842	12928
苏里南	2731	10662
尼加拉瓜	2618	10471

(续表)

国家/地区	出口数量(千克)	出口金额(美元)
巴巴多斯	3585	10236
留尼汪	2624	9375
吉布提	4026	9138
哈萨克斯坦	7386	8606
乌兹别克斯坦	2460	8308
科特迪瓦	1696	6863
玻利维亚	1141	6722
朝鲜	7334	6697
莫桑比克	3569	6562
埃塞俄比亚	2308	6432
卢森堡	286	6056
文莱	538	5888
库腊索岛	1073	5578
特立尼达和多巴哥	1930	5154
马达加斯加	1390	4520
加蓬	1265	3797
苏丹	912	3369
新喀里多尼亚	561	2572
博茨瓦纳	1125	2475
津巴布韦	586	2265
叙利亚	645	1755
塞内加尔	578	1651
阿塞拜疆	153	1499
喀麦隆	274	1271
斐济	705	1259
多哥	464	1176
马里	954	993
古巴	870	983
刚果(布)	328	966
圣其茨和尼维斯	1166	931
塞舌尔	306	918
瓜德罗普	472	913
蒙古	105	900
赞比亚	186	867
阿鲁巴	380	841
开曼群岛	186	781
刚果(金)	152	702
索马里	187	660
几内亚	125	625
法属波利尼西亚	1360	443
马提尼克	219	440
海地	36	433
乌干达	68	380
利比里亚	150	300

(续表)

国家/地区	出口数量(千克)	出口金额(美元)
萨摩亚	105	238
格林纳达	186	165
毛里塔尼亚	56	141
摩尔多瓦	110	132
法属圭亚那	80	110
44209010 镶嵌木		
合计	324812	487219
美国	284440	373373
越南	30656	66459
日本	5882	23915
丹麦	3600	17640
中国香港	168	3261
泰国	39	2550
澳大利亚	27	21
44209090 珠宝或刀具木盒及类似品;第94章以外木家具		
合计	70974747	350458561
美国	21263436	93646843
日本	5302816	30809355
新加坡	1950809	28401695
英国	4019922	21401463
德国	4691617	19354943
荷兰	5154324	16564186
马来西亚	1141790	13876540
法国	3448711	13107261
中国香港	1439275	9133949
澳大利亚	2305719	8788188
瑞士	782391	8726717
韩国	1722656	8210870
西班牙	1653371	6710712
意大利	1449175	6410598
波兰	1776889	6357421
比利时	1292572	6016610
加拿大	1246502	5743395
沙特阿拉伯	979267	5017143
阿联酋	665568	4706078
中国台湾	916359	3273015
墨西哥	426155	2192907
俄罗斯	412488	2154685
爱尔兰	235700	2066586
瑞典	383096	1831419
丹麦	364240	1534388
印度尼西亚	630884	1345918
以色列	358722	1324712

（续表）

国家/地区	出口数量（千克）	出口金额（美元）
泰国	287469	1285513
南非	272659	1272592
洪都拉斯	114483	1195822
巴西	343559	1026610
巴拿马	194836	1021219
印度	302372	992084
新西兰	237813	976663
智利	255677	929469
葡萄牙	260236	873392
多米尼加	108128	870527
越南	93915	851188
希腊	212372	724128
奥地利	109937	682405
科威特	156282	679262
斯洛文尼亚	164623	583437
土耳其	101676	573478
古巴	46591	527253
秘鲁	151887	478221
巴林	51074	444843
乌克兰	125873	435491
哈萨克斯坦	30098	412509
捷克	69086	372248
阿根廷	85211	306075
芬兰	76008	294512
菲律宾	95687	292483
挪威	68928	292030
黎巴嫩	58107	211925
阿曼	22558	201961
立陶宛	47112	169762
埃及	49514	160251
卡塔尔	35554	147261
列支敦士登	7414	137743
匈牙利	27221	127156
拉脱维亚	30079	124023
阿尔及利亚	34789	119123
利比亚	48246	111546
波多黎各	31303	107563
斯里兰卡	23409	106547
罗马尼亚	33635	105816
哥伦比亚	25235	98286
克罗地亚	23414	97895
伊拉克	52598	97617
乌拉圭	21273	94612
斯洛伐克	41442	89867

（续表）

国家/地区	出口数量（千克）	出口金额（美元）
尼加拉瓜	12311	85284
巴基斯坦	54955	81613
中国澳门	21723	75896
柬埔寨	10154	70784
厄瓜多尔	20779	63361
伊朗	20339	59478
哥斯达黎加	16105	48526
约旦	14390	41410
摩洛哥	18337	40703
毛里求斯	8299	40656
格鲁吉亚	17608	39524
保加利亚	12910	39082
塞尔维亚	7389	31992
突尼斯	8605	31979
巴巴多斯	6180	30900
萨尔瓦多	7637	25065
黑山	8829	22577
坦桑尼亚	3020	20022
尼日利亚	4321	19270
白俄罗斯	3056	18675
马耳他	2508	17325
留尼汪	2716	16057
危地马拉	5191	15883
爱沙尼亚	4210	14682
加纳	2365	14367
巴拉圭	4590	12350
孟加拉国	5440	8870
阿尔巴尼亚	1878	7442
苏丹	2569	4645
尼泊尔	557	3621
特立尼达和多巴哥	671	3550
蒙古	10276	3431
阿塞拜疆	558	3197
斐济	1424	2851
牙买加	376	2784
叙利亚	508	2701
也门	1052	2633
塞浦路斯	219	2181
马尔代夫	315	2176
科特迪瓦	365	2142
玻利维亚	699	2106
巴哈马	80	1684
巴布亚新几内亚	344	1527
乌兹别克斯坦	699	1379

（续表）

国家/地区	出口数量（千克）	出口金额（美元）
北马其顿	139	1374
文莱	145	1248
安哥拉	340	1220
法属波利尼西亚	327	1157
亚美尼亚	250	1034
库腊索岛	402	1004
瓜德罗普	521	782
摩尔多瓦	647	776
新喀里多尼亚	653	769
肯尼亚	278	616
博茨瓦纳	155	585
开曼群岛	73	409
缅甸	78	248
冰岛	76	240
苏里南	22	163
朝鲜	12	143
吉布提	54	135
加蓬	40	95
马达加斯加	80	74
老挝	45	71
阿富汗	16	32
44211000 木制衣架		
合计	55925031	201609821
美国	10723182	38668065
荷兰	3974839	13947351
西班牙	4167246	13662231
德国	3319893	12424040
英国	3192659	10494195
日本	2376293	10206415
瑞典	2796290	9591804
法国	2500324	8801547
新加坡	755602	7536224
俄罗斯	2200712	6748192
韩国	1504680	5999433
意大利	1335127	5586155
巴西	1639711	5054855
澳大利亚	1504059	4640771
加拿大	1230468	4089345
中国香港	1030828	4088661
波兰	1528698	3931213
马来西亚	676531	3666614
丹麦	566266	2374287
阿根廷	814486	2260392
印度	442823	1643743

(续表)

国家/地区	出口数量(千克)	出口金额(美元)
墨西哥	562615	1498518
阿联酋	379954	1471659
泰国	267752	1340460
比利时	373711	1179367
土耳其	424515	1162639
印度尼西亚	323634	1157381
智利	376103	1061533
中国台湾	210980	1044837
乌克兰	312686	919543
挪威	202882	759591
新西兰	270675	747505
南非	134590	731018
秘鲁	301497	730171
沙特阿拉伯	164790	719558
立陶宛	182837	705028
哥伦比亚	231190	704366
以色列	137624	703858
希腊	191852	680145
瑞士	158629	668152
菲律宾	132053	656529
斯洛文尼亚	114846	510280
越南	140737	506111
葡萄牙	242848	505822
爱尔兰	173232	465953
芬兰	122575	453703
巴拿马	70990	421491
科威特	86239	329672
奥地利	99806	311804
乌拉圭	81349	295011
摩洛哥	95552	251984
罗马尼亚	71919	221677
斯洛伐克	63914	208048
哥斯达黎加	80520	205073
埃及	56799	190968
克罗地亚	53465	186603
黎巴嫩	45757	175098
巴基斯坦	55129	155994
多米尼加	40637	147750
拉脱维亚	49016	144371
白俄罗斯	57288	141940
保加利亚	38512	116078
卡塔尔	28915	114867
爱沙尼亚	27854	109528
孟加拉国	16202	100551

(续表)

国家/地区	出口数量(千克)	出口金额(美元)
捷克	30042	97815
突尼斯	22547	96997
巴林	13286	65097
阿尔及利亚	18667	60653
伊拉克	25866	58597
中国澳门	16298	53747
斯里兰卡	7121	52765
厄瓜多尔	15203	51764
蒙古	5715	40165
哈萨克斯坦	7418	37794
巴拉圭	12347	34650
马耳他	14486	34374
加纳	11002	34265
阿尔巴尼亚	12300	33849
格鲁吉亚	13515	33051
波黑	10560	32894
塞浦路斯	6383	27059
古巴	5525	23838
伊朗	10724	21669
塞尔维亚	6440	21379
吉布提	5044	21169
玻利维亚	5519	20937
匈牙利	5182	19942
摩尔多瓦	5517	18163
冰岛	4565	18024
约旦	5659	17306
塞内加尔	4073	15498
牙买加	4940	15474
利比亚	4492	15420
危地马拉	9348	14210
多哥	1622	13377
黑山	4171	12967
萨尔瓦多	8858	11483
洪都拉斯	6007	11300
朝鲜	4707	10753
留尼汪	1304	9597
马尔代夫	790	9159
尼泊尔	6812	8711
巴哈马	1347	8193
毛里求斯	2053	7360
缅甸	1532	7251
埃塞俄比亚	2859	7228
阿曼	1729	6785
科特迪瓦	2178	6785

(续表)

国家/地区	出口数量(千克)	出口金额(美元)
刚果(金)	1536	5282
塞舌尔	169	4650
乌兹别克斯坦	3131	4375
文莱	305	4297
巴布亚新几内亚	420	3780
坦桑尼亚	641	3193
阿塞拜疆	1345	3150
波多黎各	560	2992
柬埔寨	299	2774
喀麦隆	899	2625
贝宁	772	2337
肯尼亚	1693	2194
苏里南	1405	1740
也门	651	1733
苏丹	1160	1702
叙利亚	2160	1622
瓜德罗普	240	1540
尼加拉瓜	2203	1442
亚美尼亚	317	1420
加蓬	446	1138
佛得角	429	1127
几内亚	676	1040
刚果(布)	336	1017
安哥拉	310	1009
斐济	662	946
布基纳法索	218	680
马里	218	680
圣卢西亚	91	607
特立尼达和多巴哥	113	443
莫桑比克	146	370
帕劳	242	240
吉尔吉斯斯坦	3	174
库克群岛	65	144
委内瑞拉	30	76
44219910 其他木制圆签、圆棒、冰果棒、压舌片及类似一次性制品		
合计	65096379	108316278
美国	11976404	21308612
日本	9790045	20004928
韩国	3824495	5987077
印度	4919271	5405328
印度尼西亚	3501379	4659816
泰国	1874380	4087847
英国	1606167	2874848

（续表）

国家/地区	出口数量（千克）	出口金额（美元）
意大利	1298388	2781287
土耳其	1770395	2752827
西班牙	1322982	2365556
德国	1222921	2350275
巴基斯坦	814380	2064799
加拿大	1287445	1990953
法国	640466	1648156
墨西哥	826624	1608248
荷兰	919149	1536589
巴西	884811	1522295
埃及	1583525	1485495
沙特阿拉伯	667894	1378954
伊朗	883938	1241167
哥伦比亚	581120	1129580
澳大利亚	706319	1099116
叙利亚	662833	871332
中国台湾	396955	863643
马来西亚	342579	783282
阿根廷	372460	667555
菲律宾	287773	613604
阿联酋	480717	573342
波兰	289369	538326
乌克兰	148785	520229
孟加拉国	453257	513608
也门	658313	511380
俄罗斯	235739	491912
希腊	229951	467088
南非	409251	466430
比利时	276734	459490
秘鲁	304126	422249
中国香港	300359	412897
以色列	241023	366580
摩洛哥	304606	338036
斯里兰卡	272918	336491
葡萄牙	119955	313230
克罗地亚	137117	279894
越南	214292	270476
瑞典	145486	262599
爱尔兰	110233	262303
智利	176171	259229
约旦	286346	215553
新西兰	191669	210796
黎巴嫩	228540	210053
阿尔及利亚	258633	209499

（续表）

国家/地区	出口数量（千克）	出口金额（美元）
古巴	55839	186569
丹麦	137902	183982
危地马拉	287771	181628
哈萨克斯坦	173868	178861
新加坡	77407	175525
哥斯达黎加	169668	174273
立陶宛	89544	171074
多米尼加	109751	170113
拉脱维亚	60503	169636
伊拉克	351469	162509
利比亚	224685	161931
朝鲜	194846	155359
肯尼亚	65414	140804
捷克	67082	129665
罗马尼亚	71851	122410
格鲁吉亚	55033	108557
爱沙尼亚	45560	94640
卡塔尔	59708	89593
巴拿马	36774	81204
突尼斯	86569	79068
乌拉圭	47193	74211
吉尔吉斯斯坦	318510	71831
芬兰	31139	69796
玻利维亚	26894	64211
加纳	30322	63029
阿曼	37637	61080
萨尔瓦多	72967	58698
蒙古	50676	54479
斯洛文尼亚	31836	52757
毛里求斯	26675	52516
奥地利	21470	45093
乌兹别克斯坦	29352	43231
马耳他	10092	38197
科威特	34391	37015
瑞士	15818	36147
缅甸	61640	33914
尼加拉瓜	80398	33494
北马其顿	12789	33251
保加利亚	13754	32802
厄瓜多尔	16128	32261
圭亚那	14465	31445
乌干达	7320	30648
洪都拉斯	9778	30460
巴林	21807	27735

（续表）

国家/地区	出口数量（千克）	出口金额（美元）
塞尔维亚	12296	26010
阿富汗	49817	25332
马达加斯加	22697	18479
波多黎各	9057	17860
塞浦路斯	8208	16367
坦桑尼亚	2964	15170
匈牙利	4613	14542
法属圭亚那	109	10906
索马里	19499	9747
斯洛伐克	15229	9708
尼日利亚	3533	9627
斐济	21526	9160
特立尼达和多巴哥	2600	9102
摩尔多瓦	2853	8925
波黑	4163	8890
贝宁	3120	8160
巴布亚新几内亚	4744	7171
马里	2489	6941
阿塞拜疆	2056	6916
委内瑞拉	2200	6820
巴拉圭	2593	5829
安哥拉	2400	4880
阿尔巴尼亚	2040	4765
亚美尼亚	2300	4600
塞舌尔	2457	3317
柬埔寨	840	2950
科特迪瓦	960	2790
塞内加尔	960	2790
留尼汪	538	2680
大洋洲其他国家（地区）	450	2340
喀麦隆	640	2200
布基纳法索	520	1860
瓜德罗普	249	1245
巴巴多斯	260	1188
刚果（布）	260	930
几内亚	260	930
乍得	300	925
吉布提	280	918
纳米比亚	260	600
法属波利尼西亚	392	595
海地	240	576
佛得角	248	500
津巴布韦	96	259

(续表)

国家/地区	出口数量(千克)	出口金额(美元)
挪威	38	114
刚果(金)	40	96
中国澳门	2	7
44219990 未列名木制品		
合计	952532194	2114502443
美国	477592220	878973647
日本	72503041	238430029
英国	41845972	121061151
澳大利亚	58690290	111822981
德国	34393869	97476454
韩国	42313500	92168291
荷兰	27582036	78169140
加拿大	33552654	57364674
法国	18343958	47068376
中国香港	20462907	38712472
意大利	10296435	33973923
西班牙	7563476	32441087
中国台湾	8917521	25310605
新加坡	3114813	23388809
比利时	7542076	20130010
马来西亚	6014112	18138943
越南	5265717	13997123
印度	7660763	12950494
墨西哥	6184091	12195198
波兰	2530255	10000041
新西兰	4483906	9568016
南非	3305367	8808905
菲律宾	5094955	7311975
伊拉克	4608083	6822052
泰国	1668190	6603094
中国澳门	3256491	6321957
俄罗斯	1883618	6167459
瑞士	1552476	6087094
瑞典	1807995	5959821
丹麦	1296873	5647490
印度尼西亚	2424886	5341442
智利	1461288	5002586
巴西	890027	4316223
爱尔兰	1121553	4136545
斯洛文尼亚	1332438	4074742
沙特阿拉伯	1191633	4019871
阿联酋	1077717	3901042
阿根廷	2936595	3818262
以色列	1119685	3711226

(续表)

国家/地区	出口数量(千克)	出口金额(美元)
土耳其	707740	2791946
希腊	589245	2128208
柬埔寨	2338293	1786853
多米尼加	452651	1704593
阿尔及利亚	663149	1594873
罗马尼亚	587255	1516894
巴拿马	567884	1442794
奥地利	357978	1426923
葡萄牙	423592	1301277
尼日利亚	397461	1244260
伊朗	410259	1182666
挪威	342686	1162232
芬兰	339873	1148959
波多黎各	443696	1123600
卡塔尔	297645	1046453
萨尔瓦多	1600176	1033463
克罗地亚	541089	1024483
斯里兰卡	405853	976461
科威特	261035	912732
阿曼	488194	902084
捷克	228183	861295
秘鲁	224218	833364
马耳他	141008	811181
哥伦比亚	154674	700924
黎巴嫩	244774	684153
乌拉圭	224872	645113
贝宁	109988	541274
埃及	207333	465098
博茨瓦纳	113694	449056
乌克兰	105134	360524
哥斯达黎加	120283	360439
立陶宛	112918	358883
吉布提	118431	357737
肯尼亚	132642	349188
匈牙利	145389	339518
摩洛哥	112068	326769
缅甸	123328	317485
乌兹别克斯坦	232324	315267
加纳	98726	314018
牙买加	129762	296706
巴基斯坦	122699	285139
拉脱维亚	93126	247649
安哥拉	105581	232949
斯洛伐克	48287	217421

(续表)

国家/地区	出口数量(千克)	出口金额(美元)
孟加拉国	38658	194898
危地马拉	75827	186845
塞尔维亚	74732	186663
科特迪瓦	51123	184584
爱沙尼亚	84973	175153
格鲁吉亚	61144	174710
斐济	89285	174543
约旦	41993	169173
巴巴多斯	34125	154846
特立尼达和多巴哥	42425	150173
突尼斯	41140	140945
坦桑尼亚	49607	140024
厄瓜多尔	52631	138222
巴林	38134	128477
赞比亚	35928	119637
埃塞俄比亚	86408	114136
毛里求斯	38446	110789
利比亚	82212	106555
塞浦路斯	32289	104512
蒙古	39050	102666
海地	74513	97534
乌干达	26555	96733
阿塞拜疆	19131	96451
留尼汪	20125	86167
新喀里多尼亚	19318	84649
阿尔巴尼亚	22820	77459
保加利亚	17243	72513
法属波利尼西亚	32378	69972
冰岛	27290	63595
莫桑比克	56049	62194
格林纳达	46486	61346
喀麦隆	31675	57758
圣卢西亚	1785[illegible]	52618
哈萨克斯坦	11808	52363
马尔代夫	35193	52046
朝鲜	58428	51046
也门	20134	49143
巴哈马	9304	47700
洪都拉斯	31704	46887
叙利亚	16742	46311
索马里	12734	44071
巴拉圭	12723	43565
文莱	22005	41331
圣马丁岛	1702	40122

（续表）

国家/地区	出口数量（千克）	出口金额（美元）
摩尔多瓦	27811	37766
巴布亚新几内亚	7559	34913
库腊索岛	5726	34562
多哥	24785	30740
吉尔吉斯斯坦	22333	27206
刚果(金)	12610	26672
赤道几内亚	7193	26196
黑山	8187	23573
白俄罗斯	5758	20875
瓦努阿图	1311	18666
马达加斯加	15228	18447
多米尼克	7300	17969
尼加拉瓜	10859	17663
亚美尼亚	3116	17517
刚果(布)	3434	15818
苏丹	2422	14377
圣文森特和格林纳丁斯	3680	14040
津巴布韦	9871	13700
塞内加尔	3704	13429
所罗门群岛	9448	13043
加蓬	7507	9755
玻利维亚	7221	9366
密克罗尼西亚联邦	10000	8499
阿鲁巴	2102	7193
毛里塔尼亚	3587	7178
波黑	3301	6997
斯威士兰	400	5930
法属圭亚那	1296	4415
土库曼斯坦	1598	3256
尼泊尔	2417	3190
利比里亚	1053	3005
塞舌尔	3081	3001
马里	1131	2574
拉丁美洲其他国家(地区)	640	2360
几内亚	1677	2327
佛得角	966	2143
圭亚那	718	1806
瓜德罗普	886	1791
塔吉克斯坦	817	1677
马拉维	1635	1635
纳米比亚	165	1436
英属维尔京群岛	177	1122

（续表）

国家/地区	出口数量（千克）	出口金额（美元）
苏里南	1019	1076
帕劳	854	1002
委内瑞拉	467	957
安道尔	450	900
阿富汗	417	834
北马其顿	235	647
冈比亚	474	569
库克群岛	85	335
莱索托	314	200
马提尼克	82	196
布基纳法索	67	188
卢森堡	188	188
古巴	46	124
安提瓜和巴布达	34	68
大洋洲其他国家(地区)	32	52

表 10　木制品进口量值表

国家/地区	进口数量（千克）	进口金额（美元）
44091010 任一边、端或面制成连续形状针叶木地板条		
合计	1081071	1124035
瑞典	988380	1058317
芬兰	88513	44736
日本	1239	9661
意大利	587	5628
美国	1145	2295
荷兰	900	2263
匈牙利	200	977
法国	100	88
西班牙	7	70
44091090 其他任一边、端或面制成连续形状针叶木木材		
合计	604927	791401
芬兰	184746	203314
阿联酋	4933	179891
日本	3787	150634
马来西亚	13735	90322
俄罗斯	370362	78748
德国	18600	24022
瑞典	1765	23257
加拿大	5230	21278
荷兰	1330	9551

（续表）

国家/地区	进口数量（千克）	进口金额（美元）
立陶宛	241	6226
法国	43	3873
中国台湾	154	253
挪威	1	32
44092210 热带木制的地板条(块)，任何一边、端或面制成连续形状		
合计	235739	462647
缅甸	70700	154883
印度尼西亚	103103	151281
意大利	22387	90993
泰国	6749	28665
马来西亚	10452	22272
越南	7702	6402
柬埔寨	6315	5895
秘鲁	8308	1545
荷兰	23	711
44092290 热带木制的任何一边、端或面制成连续形状的其他木材		
合计	19301203	26969487
印度尼西亚	18472891	26219085
越南	325370	424925
莫桑比克	233131	128956
巴西	241815	90538
马来西亚	9086	83483
老挝	11000	13200
泰国	7910	9300
44092910 其他任一边、端或面成连续状非针叶木地板条		
合计	3036967	10192584
美国	1703040	4691871
意大利	195851	2054067
法国	116936	668733
匈牙利	106703	450988
德国	91946	341345
印度尼西亚	223968	308710
奥地利	110677	294893
巴拉圭	120855	293760
泰国	65550	244921
缅甸	105880	187062
丹麦	10331	120744
西班牙	22827	109360
克罗地亚	26940	92652
加拿大	37620	80454
比利时	4909	44311

(续表)

国家/地区	进口数量（千克）	进口金额（美元）
捷克	13320	39477
日本	23735	31611
中国台湾	1225	27130
波兰	3725	20432
中国	7366	18063
韩国	9600	15243
马来西亚	22859	14064
葡萄牙	3237	11187
波黑	2585	6114
爱沙尼亚	540	5684
白俄罗斯	192	4538
瑞典	1429	4228
老挝	1200	4082
澳大利亚	690	3795
莫桑比克	19	1200
乌克兰	1162	576
苏里南	29	572
芬兰	8	473
国别(地区)不详	11	122
印度	1	85
阿联酋	1	37
44092990 其他任一边、端或面成连续形状非针叶木木材		
合计	4711054	6228888
美国	910590	2520978
印度尼西亚	1487301	1468757
老挝	284772	380934
俄罗斯	1546539	373684
加拿大	137322	240925
德国	30378	180542
意大利	7643	167801
马来西亚	27895	147840
危地马拉	7687	146142
比利时	48483	132350
西班牙	24296	117980
越南	64794	88378
爱沙尼亚	15895	64130
斯洛伐克	23910	39528
波黑	33000	33969
日本	5864	31379
乌克兰	37160	26384
奥地利	2928	21321
波兰	2560	15673
丹麦	1084	14175

(续表)

国家/地区	进口数量（千克）	进口金额（美元）
芬兰	350	5947
巴西	10259	5165
中国台湾	339	4716
印度	5	190
44140010 辐射松制的画框、相框、镜框及类似品		
合计	601	17615
美国	44	7440
中国台湾	126	3642
意大利	64	3270
中国	358	2782
土耳其	2	230
波兰	5	143
摩洛哥	2	108
44140090 其他木制的画框、相框、镜框及类似品		
合计	577389	2936555
波兰	452231	1666753
中国	23469	257975
越南	52683	207186
意大利	2504	183539
美国	3420	132236
法国	2810	95763
印度尼西亚	5296	94673
印度	6991	74689
西班牙	1932	33493
日本	2832	27113
英国	456	26623
马来西亚	2928	22317
中国台湾	6786	17702
罗马尼亚	8048	15383
德国	401	13419
中国香港	906	10741
瑞士	151	10473
泰国	429	8549
比利时	1105	7797
韩国	383	6440
丹麦	176	5998
捷克	292	4466
葡萄牙	141	3212
菲律宾	80	2757
乌克兰	42	1746
柬埔寨	30	1440
蒙古	200	763

(续表)

国家/地区	进口数量（千克）	进口金额（美元）
土耳其	65	594
澳大利亚	100	565
巴基斯坦	24	375
奥地利	48	360
荷兰	14	338
肯尼亚	8	300
拉脱维亚	225	299
塞内加尔	124	192
加拿大	29	166
新加坡	22	44
埃塞俄比亚	2	36
瑞典	2	34
尼泊尔	4	6
44151000 木制箱、盒、桶及类似的包装容器；电缆卷筒		
合计	5071839	10532219
中国	3007438	6046241
巴西	608230	1608808
印度尼西亚	510947	704800
美国	30909	512346
日本	177266	374924
瑞典	213765	197634
荷兰	31803	162375
西班牙	310621	135271
瑞士	3297	118414
奥地利	11216	106632
德国	21568	96106
中国台湾	15679	95764
英国	35919	85993
丹麦	13715	60957
越南	10641	41235
印度	3658	33324
法国	6307	29409
意大利	3130	23432
拉脱维亚	21248	21964
泰国	15871	15914
土耳其	762	12237
新加坡	1218	9294
立陶宛	8551	8446
中国香港	397	7197
加拿大	406	5100
爱沙尼亚	363	3775
韩国	2869	3535
波兰	3002	3164

（续表）

国家/地区	进口数量（千克）	进口金额（美元）
塞尔维亚	25	2264
马来西亚	257	1580
以色列	128	1060
澳大利亚	38	916
捷克	15	402
智利	321	343
肯尼亚	42	300
希腊	12	239
厄瓜多尔	13	195
叙利亚	40	174
古巴	10	144
国别(地区)不详	39	129
南非	75	101
比利时	28	81

44152010 辐射松制托板箱形托盘及其他装载板托盘护框

国家/地区	进口数量（千克）	进口金额（美元）
合计	320978	153640
德国	78581	69969
中国	200207	56609
波兰	28800	20399
拉脱维亚	13225	4897
美国	102	1710
日本	40	46
马来西亚	23	10

44152090 木托板、箱形托盘及其他装载木板；托盘护框

国家/地区	进口数量（千克）	进口金额（美元）
合计	18593749	12735406
瑞典	6532053	4503897
中国	7695543	2468350
德国	1228202	1888037
丹麦	933211	1318669
拉脱维亚	654454	493962
美国	74089	456584
荷兰	136015	403276
立陶宛	421901	328267
中国台湾	75861	107595
澳大利亚	57702	107033
波兰	146349	98733
瑞士	7936	82066
印度	46580	77153
新西兰	7001	54873
保加利亚	1816	46167
韩国	149545	38833
意大利	6070	37373

（续表）

国家/地区	进口数量（千克）	进口金额（美元）
菲律宾	28973	35511
法国	31762	35138
越南	99590	27775
捷克	13280	21933
英国	26850	19890
中国香港	48892	19526
爱沙尼亚	14275	12439
日本	1896	8491
南非	9820	6936
泰国	13797	5748
芬兰	2232	5336
奥地利	4235	5163
以色列	120000	5004
国别(地区)不详	2204	4282
巴西	305	3356
俄罗斯	90	3200
斯洛伐克	32	1488
印度尼西亚	100	1278
土耳其	97	579
智利	346	509
马来西亚	311	419
波黑	12	343
新加坡	32	90
西班牙	21	69
阿尔巴尼亚	269	35

44160010 辐射松制大桶、琵琶桶、盆等箍桶及零件

国家/地区	进口数量（千克）	进口金额（美元）
合计	25	467
德国	25	467

44160090 木制大桶、琵琶桶、盆等木制箍桶及其零件

国家/地区	进口数量（千克）	进口金额（美元）
合计	933424	12468916
法国	731621	11195414
西班牙	67869	400587
葡萄牙	50056	302204
美国	51959	256889
匈牙利	12728	134622
智利	8684	128902
澳大利亚	5245	20366
中国台湾	2135	9201
日本	328	7778
德国	413	3793
意大利	83	2927
英国	1608	1374

（续表）

国家/地区	进口数量（千克）	进口金额（美元）
塞尔维亚	65	1232
瑞典	35	732
奥地利	60	696
越南	144	555
印度尼西亚	94	470
泰国	29	397
比利时	56	263
中国	20	142
南非	56	120
阿根廷	97	103
希腊	10	75
黎巴嫩	20	26
波兰	1	18
印度	7	18
菲律宾	1	12

44170010 辐射松制工具等；扫帚及刷子；鞋靴楦及楦头

国家/地区	进口数量（千克）	进口金额（美元）
合计	27	766
德国	27	748
日本	0	18

44170090 木制工具等；扫帚及刷子等；木鞋靴楦及楦头

国家/地区	进口数量（千克）	进口金额（美元）
合计	405851	1560135
日本	22915	1140023
意大利	1131	88291
中国台湾	12510	58439
德国	2383	50834
巴西	10324	47622
俄罗斯	284240	31656
中国	626	30298
乌克兰	46370	21830
英国	278	17038
美国	562	14110
西班牙	308	13218
法国	158	12876
荷兰	1483	9544
柬埔寨	3551	7467
克罗地亚	19	3961
捷克	63	3493
斯洛文尼亚	70	3483
丹麦	150	2226
印度尼西亚	18483	2045
中国香港	150	1077
加拿大	63	224

(续表)

国家/地区	进口数量(千克)	进口金额(美元)
瑞士	0	164
越南	1	121
文莱	9	47
国别(地区)不详	3	36
印度	1	12

44181010 辐射松制窗法兰西式(落地)窗及其框架

国家/地区	进口数量(千克)	进口金额(美元)
合计	5276	48251
日本	2861	26222
波兰	2121	19491
德国	294	2538

44181090 木制窗、法兰西式(落地)窗及其木制框架

国家/地区	进口数量(千克)	进口金额(美元)
合计	269844	2253529
德国	78217	1081594
丹麦	120798	585841
挪威	24069	203648
澳大利亚	24782	144397
韩国	2060	70967
波兰	6420	32059
日本	560	30521
美国	1800	25675
芬兰	1950	22542
意大利	1333	20353
奥地利	810	17801
英国	80	8617
立陶宛	5250	4738
比利时	286	1373
中国台湾	130	1265
中国	52	1169
印度尼西亚	1177	725
老挝	70	244

44182000 木制门及其框架和门槛

国家/地区	进口数量(千克)	进口金额(美元)
合计	608648	6560886
德国	121398	2547594
意大利	93945	1639880
西班牙	44552	906092
瑞士	18400	313517
日本	33660	263386
阿联酋	4474	187218
印度尼西亚	126476	128581
挪威	11692	102169
新加坡	38346	68999
老挝	29600	55804

(续表)

国家/地区	进口数量(千克)	进口金额(美元)
越南	10970	50531
奥地利	2376	43650
中国	29136	36352
中国台湾	2169	34202
斯洛文尼亚	1270	27390
波黑	1608	24348
波兰	1739	21338
泰国	4408	19425
澳大利亚	15157	17478
缅甸	2799	14390
美国	1455	11841
瑞典	1467	10185
韩国	2667	10083
印度	4196	9890
荷兰	1370	6834
芬兰	580	5324
马来西亚	236	1949
英国	140	731
立陶宛	1560	574
菲律宾	350	567
巴基斯坦	280	276
法国	18	233
比利时	154	55

44184000 木制水泥构件的模板

国家/地区	进口数量(千克)	进口金额(美元)
合计	263894	444682
奥地利	194912	362739
英国	2779	59836
越南	66180	21843
德国	23	264

44185000 木瓦及木制盖屋板

国家/地区	进口数量(千克)	进口金额(美元)
合计	99292	261340
加拿大	93790	254706
意大利	3628	4245
印度尼西亚	1496	1569
日本	378	820

44186000 木制柱及梁

国家/地区	进口数量(千克)	进口金额(美元)
合计	6673808	7228214
芬兰	2822395	2619076
奥地利	960879	1369358
瑞典	1246648	1246935
德国	577026	1154818
印度尼西亚	260200	260542
俄罗斯	539166	257308
日本	91799	146174

(续表)

国家/地区	进口数量(千克)	进口金额(美元)
意大利	2753	36449
斯洛伐克	21911	27700
利比里亚	16200	24339
波兰	61290	21240
乌克兰	15000	19480
越南	26300	13952
中国	3705	7136
美国	1542	7087
罗马尼亚	20050	5542
塞尔维亚	3183	4108
印度	532	2440
中国台湾	28	1225
南非	268	946
泰国	1716	812
马来西亚	334	784
丹麦	868	477
加拿大	12	281
斯洛文尼亚	3	5

44187400 其他马赛克地板用已装拼的木地板

国家/地区	进口数量(千克)	进口金额(美元)
合计	1453433	2513489
越南	1449997	2466212
意大利	2434	40346
德国	902	6728
巴西	9	103
俄罗斯	91	100

44187500 其他多层已装拼的木地板

国家/地区	进口数量(千克)	进口金额(美元)
合计	13658752	57340543
波兰	3067474	10381905
奥地利	2383617	10093590
德国	1297322	7750948
立陶宛	1734262	6290927
印度尼西亚	1446796	5307441
爱沙尼亚	1156176	4231673
意大利	492340	4140191
匈牙利	584604	1931115
芬兰	213315	1497919
西班牙	231864	926735
马来西亚	139695	512610
法国	79497	456417
美国	93143	438887
加拿大	66750	426531
荷兰	34481	426285
克罗地亚	113115	424429

（续表）

国家/地区	进口数量（千克）	进口金额（美元）
日本	73715	335193
葡萄牙	128163	333085
白俄罗斯	65338	285284
比利时	58549	280539
瑞典	56961	205097
英国	18695	200393
瑞士	15061	96716
巴西	23678	73078
俄罗斯	22581	63346
土耳其	13474	57654
澳大利亚	9337	47242
中国台湾	16023	31519
巴拉圭	11922	31146
泰国	2845	28005
乌克兰	4351	17786
中国	1454	9443
塞尔维亚	1020	5160
越南	960	1312
印度	161	654
国别(地区)不详	12	225
新西兰	1	63
44187900 其他已装拼木地板		
合计	2809810	11304683
丹麦	1255011	5299463
马来西亚	371037	1296071
奥地利	193978	1019606
意大利	104128	921246
西班牙	119024	665892
美国	198577	515252
德国	217568	415969
俄罗斯	8448	309891
芬兰	20178	277350
印度尼西亚	161366	173953
英国	11914	65721
越南	37501	62832
法国	5761	51494
捷克	12790	49280
缅甸	10117	42380
中国	58176	32443
日本	8719	25504
波兰	5183	20199
比利时	5102	19886
中国台湾	2337	17541
巴西	567	11111

（续表）

国家/地区	进口数量（千克）	进口金额（美元）
泰国	948	6071
塞尔维亚	329	3055
葡萄牙	1051	2473
44189900 未列名建筑用木工制品		
合计	3096469	13888144
阿联酋	35157	5214048
意大利	255864	3067878
日本	140294	1949707
奥地利	182767	1202944
芬兰	712600	732083
俄罗斯	1029180	607215
德国	106302	320894
越南	397301	214750
法国	32419	139280
西班牙	36770	87967
美国	69175	76375
印度尼西亚	43751	53256
中国台湾	10057	52175
波兰	8895	42943
中国	18438	34587
马来西亚	8089	28377
瑞典	2867	24163
荷兰	84	8965
比利时	1271	7911
乌克兰	240	7197
印度	900	3900
缅甸	1158	3795
英国	1386	2627
土耳其	841	2080
国别(地区)不详	180	1323
泰国	75	695
立陶宛	7	349
加拿大	150	278
新加坡	161	147
韩国	85	105
白俄罗斯	2	98
巴西	3	32
44199010 木制一次性筷子		
合计	31189914	23887515
俄罗斯	30599421	22780415
蒙古	564300	933087
中国	16601	136480
日本	9165	35776
印度	360	1110

（续表）

国家/地区	进口数量（千克）	进口金额（美元）
印度尼西亚	52	496
中国台湾	2	104
马来西亚	13	47
44199090 未列名木制餐具及厨房用具		
合计	6956318	11010262
美国	184067	2657688
罗马尼亚	794918	2083354
老挝	4827930	2074529
泰国	242859	904601
日本	19942	801351
越南	600766	630417
中国	64449	466513
印度	71463	393175
意大利	12834	149207
菲律宾	16241	141031
中国台湾	14071	124660
塞尔维亚	60426	121031
德国	2439	96668
加拿大	2650	65332
英国	1760	42084
法国	492	41446
印度尼西亚	9600	35453
斯洛文尼亚	2813	31174
尼泊尔	6695	30102
捷克	398	17149
澳大利亚	651	13315
波兰	410	12267
西班牙	351	10081
韩国	1714	9894
葡萄牙	101	8536
突尼斯	339	8443
芬兰	145	8332
比利时	688	7922
中国香港	120	5546
荷兰	154	3647
瑞典	77	3430
丹麦	89	2848
俄罗斯	14190	2251
斯里兰卡	121	2060
新加坡	56	1736
瑞士	84	657
土耳其	25	561
匈牙利	48	436
奥地利	29	337

(续表)

国家/地区	进口数量(千克)	进口金额(美元)
立陶宛	6	268
国别(地区)不详	19	182
南非	68	179
乌克兰	4	147
巴西	3	78
阿尔巴尼亚	2	74
文莱	9	50
新西兰	2	20
44201011 木刻		
合计	17097	91348
越南	2385	14380
印度	1714	14357
中国台湾	1184	13708
中国	3898	10909
意大利	330	8810
日本	927	6795
英国	50	6618
印度尼西亚	804	5305
喀麦隆	60	2000
赞比亚	3910	1486
肯尼亚	53	1409
菲律宾	225	1388
缅甸	880	1380
美国	13	1331
南非	206	781
比利时	28	250
马来西亚	270	150
莫桑比克	100	128
新加坡	40	73
泰国	9	53
尼泊尔	11	37
44201020 木扇		
合计	1487	21188
西班牙	21	7224
日本	21	4983
法国	2	3295
中国	30	2797
缅甸	1360	1700
中国香港	8	764
德国	20	186
柬埔寨	1	100
韩国	22	88
印度尼西亚	2	51
44201090 其他木制小雕像及装饰品		

(续表)

国家/地区	进口数量(千克)	进口金额(美元)
合计	1557967	5735117
泰国	433343	1395290
日本	80273	451743
意大利	7605	419025
印度尼西亚	145073	399662
印度	63003	360192
越南	90163	353914
缅甸	343419	259765
英国	4925	223885
中国台湾	37976	199472
德国	10305	198644
中国	13409	197566
尼泊尔	52136	192799
法国	3896	154172
老挝	40829	132006
巴基斯坦	131309	131221
美国	11750	120539
菲律宾	20898	112621
南非	5498	47576
波兰	12705	36260
丹麦	681	29914
荷兰	7082	26164
芬兰	362	23340
瑞典	316	21109
韩国	583	20573
多哥	13643	19471
秘鲁	1240	19313
柬埔寨	4951	17995
西班牙	1178	17095
摩洛哥	1822	17040
肯尼亚	1393	15975
比利时	2950	14991
加拿大	2107	10879
葡萄牙	168	9116
尼日利亚	60	8618
斯里兰卡	1505	6860
加纳	158	6585
瑞士	360	6421
塞内加尔	1941	5705
澳大利亚	229	5573
阿联酋	70	5211
科特迪瓦	3000	5187
塞尔维亚	30	4484
中国香港	239	3557

(续表)

国家/地区	进口数量(千克)	进口金额(美元)
坦桑尼亚	70	3360
新西兰	572	3220
新加坡	166	3194
伊朗	714	2541
马来西亚	270	2464
喀麦隆	257	2100
奥地利	82	1922
斯洛伐克	9	1478
希腊	292	1475
挪威	68	1437
土耳其	529	1340
斯洛文尼亚	53	748
捷克	3	644
埃塞俄比亚	41	452
津巴布韦	130	448
纳米比亚	23	364
罗马尼亚	8	114
马达加斯加	22	113
文莱	22	72
乌克兰	1	67
俄罗斯	0	28
智利	52	8
44209010 镶嵌木		
合计	7589	34782
中国台湾	4442	17020
泰国	2809	8896
印度	258	4855
印度尼西亚	78	3988
荷兰	2	23
44209090 珠宝或刀具木盒及类似品;第94章以外木家具		
合计	1156243	8630706
中国	52899	1482856
波兰	392034	1409280
泰国	187269	1043957
瑞士	94085	845525
意大利	46203	831045
越南	223700	780233
法国	11307	667853
德国	8468	281863
老挝	77369	231260
日本	4235	161795
中国台湾	4318	158823
印度	8547	139393

（续表）

国家/地区	进口数量（千克）	进口金额（美元）
印度尼西亚	16617	134884
毛里求斯	529	87778
奥地利	788	51761
韩国	1576	50381
美国	2663	39142
菲律宾	527	26600
捷克	10678	26197
挪威	164	24079
斯里兰卡	1500	22370
西班牙	964	19099
中国香港	119	13497
英国	2426	12806
荷兰	491	10930
秘鲁	490	9878
保加利亚	361	9858
加拿大	123	9314
尼泊尔	2225	8376
澳大利亚	605	7755
丹麦	431	6580
白俄罗斯	880	5076
新加坡	451	4458
葡萄牙	69	2843
摩洛哥	151	1770
爱尔兰	4	1737
马来西亚	19	1422
伊朗	268	1361
叙利亚	68	1213
瑞典	20	1137
古巴	15	788
波黑	12	749
埃塞俄比亚	27	610
巴基斯坦	382	481
匈牙利	20	468
比利时	35	446
巴西	39	436
柬埔寨	8	210
黑山	1	152
希腊	50	108
卡塔尔	1	41
黎巴嫩	10	12
缅甸	1	11
南非	1	9
44211000 木制衣架		
合计	157424	2406424

（续表）

国家/地区	进口数量（千克）	进口金额（美元）
中国	85706	1063537
意大利	23941	839109
法国	2631	180286
克罗地亚	20141	109266
美国	1012	44635
德国	856	33631
日本	857	28886
印度尼西亚	6662	17548
越南	7413	14913
西班牙	289	12964
英国	307	8915
塞尔维亚	150	8715
泰国	4065	7738
波兰	401	7579
瑙鲁	75	5459
比利时	1347	4933
荷兰	355	4013
瑞典	151	3790
韩国	194	3552
中国香港	343	2379
印度	144	1124
中国台湾	222	1120
奥地利	65	914
土耳其	12	379
爱沙尼亚	31	318
丹麦	26	244
马来西亚	26	176
加拿大	2	127
芬兰	0	59
新加坡	0	53
葡萄牙	0	23
阿联酋	0	20
巴基斯坦	0	16
菲律宾	0	3
44219910 其他木制圆签、圆棒、冰果棒、压舌片及类似一次性制品		
合计	18758929	15486274
俄罗斯	17246895	14391091
朝鲜	740522	461704
中国	286353	349817
乌克兰	462652	217574
意大利	8087	14470
泰国	1170	11470
以色列	1425	11064

（续表）

国家/地区	进口数量（千克）	进口金额（美元）
法国	4008	10791
日本	276	5504
罗马尼亚	5561	4635
比利时	168	2224
埃及	88	1167
韩国	199	858
美国	242	776
阿联酋	741	682
马来西亚	38	660
印度尼西亚	237	629
中国台湾	48	418
奥地利	109	142
菲律宾	24	119
土耳其	20	119
西班牙	6	112
科威特	0	76
葡萄牙	1	61
挪威	21	43
印度	9	25
阿曼	3	18
立陶宛	6	12
中国澳门	10	8
加拿大	10	5
44219990 未列名木制品		
合计	548246615	451876467
印度尼西亚	492438077	344088160
厄瓜多尔	15726713	55962839
越南	25421709	15201791
巴布亚新几内亚	1125898	5077942
意大利	215664	4775263
德国	642294	4730302
波兰	783403	3272171
中国	325436	2891781
马来西亚	3734362	2099843
泰国	2743169	2028735
罗马尼亚	922050	1777575
匈牙利	1057678	1294092
美国	122545	852706
瑞士	15504	844906
加纳	58786	720728
日本	50675	715831
波黑	143793	713020
韩国	49101	676029
荷兰	190862	596315

(续表)

国家/地区	进口数量（千克）	进口金额（美元）
法国	161239	590711
西班牙	25216	343902
印度	16840	249418
巴西	249431	204238
拉脱维亚	132265	178564
英国	3563	176897
利比里亚	300959	167679
缅甸	274908	159711
中国台湾	17815	156094
加蓬	166480	137014
加拿大	251613	107412
奥地利	4074	97833
芬兰	34007	82876
挪威	2551	82808
俄罗斯	396258	81557
柬埔寨	93152	73645
比利时	14414	68351
斯洛文尼亚	4026	64638
中国香港	1632	61804
保加利亚	1965	56100
葡萄牙	3594	55523
丹麦	3579	51633
孟加拉国	133533	49251
尼日利亚	75000	46800
瑞典	38216	33248
菲律宾	17914	28772
毛里求斯	398	28011
澳大利亚	1886	15073
白俄罗斯	8222	14424
国别(地区)不详	168	11122
爱沙尼亚	22064	9624
英属维尔京群岛	730	9322
斯里兰卡	374	8045
玻利维亚	400	8024
塞尔维亚	433	6604
乌克兰	7450	6305
贝宁	9083	5803
安哥拉	495	4488
摩洛哥	19	3958
斯洛伐克	187	3418
新加坡	633	3079
捷克	173	2921
阿联酋	280	1745
尼泊尔	248	1203

(续表)

国家/地区	进口数量（千克）	进口金额（美元）
立陶宛	46	1182
巴基斯坦	850	1159
老挝	240	992
墨西哥	86	757
土耳其	26	603
塞拉利昂	9	574
巴拉圭	36	378
以色列	10	357
所罗门群岛	5	265
南非	16	186
喀麦隆	23	105
新西兰	12	105
伊朗	2	55
肯尼亚	6	30
秘鲁	2	23
希腊	40	19

表 11　木片出口量值表

国家/地区	出口数量（千克）	出口金额（美元）
44012100 针叶木的木片或木粒		
合计	783	4090
韩国	715	3387
新加坡	33	360
中国香港	24	223
马来西亚	11	120
44012200 非针叶木的木片或木粒		
合计	229209	473832
澳大利亚	159438	287119
美国	5608	120836
荷兰	33659	15031
新西兰	6538	11418
印度	2471	6346
日本	2991	5805
英国	162	5804
韩国	2534	5281
德国	75	2640
苏丹	6000	2400
斯洛文尼亚	5664	2266
中国香港	879	1749
奥地利	900	1500
新加坡	715	1436
马来西亚	513	1236
菲律宾	608	1174

(续表)

国家/地区	出口数量（千克）	出口金额（美元）
加拿大	32	1100
泰国	312	631
印度尼西亚	110	60

表 12　木片进口量值表

国家/地区	进口数量（千克）	进口金额（美元）
44012100 针叶木的木片或木粒		
合计	293086340	54665148
澳大利亚	138806830	29487489
美国	58881487	11392346
智利	30013170	7329376
斐济	21658390	3519488
俄罗斯	43273683	2510490
德国	272420	231969
韩国	40540	146339
荷兰	110453	36059
加拿大	11100	6159
巴西	15650	2739
委内瑞拉	53	1004
奥地利	120	953
丹麦	2444	737
44012200 非针叶木的木片或木粒		
合计	12545501357	2208923860
越南	6127845017	918699952
澳大利亚	4035562925	832880172
智利	1124841925	236054241
泰国	738940698	120354480
巴西	338698000	67519730
南非	102388460	21227759
马来西亚	52475784	6377316
印度尼西亚	23169222	3528447
法国	217850	962874
美国	850104	855265
德国	340817	250971
爱沙尼亚	70054	66417
西班牙	7447	44457
摩洛哥	4010	37635
意大利	5761	37071
坦桑尼亚	11770	13576
安哥拉	3358	5512
韩国	123	3215
瓦努阿图	2100	2100
俄罗斯	64962	1472

（续表）

国家/地区	进口数量（千克）	进口金额（美元）
厄瓜多尔	50	550
日本	915	535
新加坡	5	113

表 13　木炭出口量值表

国家/地区	出口数量（千克）	出口金额（美元）
44029000 其他木炭(包括果壳炭及果核炭)，不论是否结块		
合计	60647389	80387379
日本	33080784	25485899
沙特阿拉伯	4256834	10449851
南非	2235452	4785737
阿联酋	1360004	4616600
印度	850816	3266803
以色列	1626356	3068144
韩国	5155404	3016449
利比亚	882011	2601532
阿曼	531340	2155807
阿尔及利亚	833550	1573292
科威特	502351	1337006
埃及	328740	1230611
伊拉克	263818	995730
伊朗	352536	915462
美国	564063	803829
英国	470358	765850
尼日利亚	232902	733662
约旦	217403	730600
西班牙	378905	726961
摩洛哥	233478	686607
突尼斯	266687	685159
希腊	194341	604221
也门	151033	521571
巴基斯坦	559722	515306
中国澳门	479232	426295
比利时	478624	419321
巴林	194219	419225
马来西亚	373885	381739
澳大利亚	636609	356340
多米尼加	173131	349095
新西兰	225162	343417
朝鲜	167790	332964
德国	135395	314721
毛里塔尼亚	107565	282186

（续表）

国家/地区	出口数量（千克）	出口金额（美元）
肯尼亚	78720	276077
塔吉克斯坦	154240	269898
卡塔尔	112199	231022
荷兰	124950	230610
法国	83853	228275
菲律宾	105598	227782
土耳其	108986	227657
危地马拉	57090	211554
意大利	37761	194926
印度尼西亚	55215	184933
叙利亚	31685	159732
黎巴嫩	123036	156462
科特迪瓦	52100	135414
中国台湾	137186	115707
贝宁	36685	108395
越南	68350	104541
加拿大	39408	100255
塞内加尔	29490	95995
新加坡	32711	94374
哈萨克斯坦	86226	85359
厄瓜多尔	25534	77554
格鲁吉亚	30174	71338
几内亚	44512	59910
俄罗斯	17697	56283
多哥	14414	56267
缅甸	9650	48250
斐济	10603	45622
安哥拉	24239	44842
马尔代夫	10840	42940
加纳	18163	42150
老挝	102140	36532
坦桑尼亚	5777	36054
智利	14867	35325
墨西哥	11155	34044
中国香港	77058	30234
阿富汗	8191	26252
莫桑比克	6526	26074
乌克兰	9751	25467
丹麦	22500	24300
苏丹	6890	22141
哥伦比亚	9673	21258
泰国	6686	17757
葡萄牙	4467	17495
斯洛文尼亚	7278	16020

（续表）

国家/地区	出口数量（千克）	出口金额（美元）
毛里求斯	4290	14700
爱尔兰	20920	14016
埃塞俄比亚	11000	13520
东帝汶	2963	12473
奥地利	7400	11892
瑞典	4791	7764
巴西	3186	7274
留尼汪	1307	6648
挪威	1706	6453
柬埔寨	5163	5652
索马里	832	4410
新喀里多尼亚	12300	3998
乍得	871	3792
萨尔瓦多	650	3449
吉布提	1451	2902
巴布亚新几内亚	812	2272
马耳他	3000	2040
孟加拉国	659	1770
尼泊尔	600	1744
匈牙利	640	1669
蒙古	1406	1257
保加利亚	540	1188
赤道几内亚	789	868
波兰	25	800
巴拿马	3750	720
斯里兰卡	258	580
喀麦隆	163	497
罗马尼亚	112	314
刚果(布)	65	294
塞浦路斯	84	271
克罗地亚	72	252
巴拉圭	73	233
刚果(金)	150	176
拉脱维亚	390	152
秘鲁	97	146
委内瑞拉	100	124

表 14　木炭进口量值表

国家/地区	进口数量（千克）	进口金额（美元）
44029000 其他木炭(包括果壳炭及果核炭)，不论是否结块		
合计	298037305	87121212
印度尼西亚	71527149	26505503

(续表)

国家/地区	进口数量（千克）	进口金额（美元）
缅甸	108203650	21409029
菲律宾	32671020	15341314
越南	24003340	5694804
马来西亚	16007004	5252812
孟加拉国	8577571	4353020
泰国	6550750	2873972
老挝	10416898	2058262
俄罗斯	11818318	1725085
尼日利亚	5485578	831203
科特迪瓦	1514627	399937
印度	290510	157858
日本	14114	124406
柬埔寨	299084	106087
贝宁	248632	74589
韩国	22123	58536
中国台湾	119128	31955
美国	19443	25015
加纳	100405	21640
德国	5870	15347
纳米比亚	22320	14508
英国	4800	14184
巴拉圭	44090	12382
朝鲜	56290	9593
南非	13701	5199
法国	570	3862
奥地利	21	626
波兰	115	278
澳大利亚	122	150
阿联酋	60	42
中国	2	14

表 15　木浆出口量值表

国家/地区	出口数量（千克）	出口金额（美元）
47010000 机械木浆		
合计	6787	8675
朝鲜	6645	8639
美国	140	20
西班牙	1	10
中国香港	0	5
德国	1	1
47020000 化学木浆、溶解级		
合计	2112047	1606824
越南	1894719	1423538

(续表)

国家/地区	出口数量（千克）	出口金额（美元）
中国香港	148715	107981
朝鲜	50917	54237
土库曼斯坦	12600	16380
叙利亚	3906	3736
韩国	1190	952
47031100 未漂白的针叶木烧碱木浆或硫酸盐木浆		
合计	4192737	3755385
日本	4125539	3689593
中国香港	40000	43746
越南	25771	20291
印度尼西亚	200	1080
芬兰	1205	590
伊朗	22	85
47032100 半漂白或漂白的针叶木烧碱木浆或硫酸盐木浆		
合计	15355264	13029677
伊朗	3255232	2907325
俄罗斯	1845932	1543040
安哥拉	1571383	1274575
加纳	1215449	1010010
朝鲜	796541	610388
蒙古	692991	562182
阿联酋	627993	541488
斯里兰卡	626727	508556
乌兹别克斯坦	583878	479907
肯尼亚	511737	468510
莫桑比克	536429	428361
吉布提	479173	405570
巴基斯坦	405692	328233
老挝	300484	316792
越南	319159	235717
叙利亚	234608	198759
坦桑尼亚	191788	177821
尼日利亚	194655	163510
泰国	103387	133522
埃塞俄比亚	145365	116570
印度	123509	95185
孟加拉国	114595	93056
苏丹	113023	91648
韩国	89586	80914
科威特	70839	56985
阿富汗	57365	46155
马拉维	28797	43766

(续表)

国家/地区	出口数量（千克）	出口金额（美元）
塔吉克斯坦	27781	27317
埃及	23715	19619
伊拉克	20472	17184
格鲁吉亚	15855	12684
中国台湾	10150	11673
南非	8648	11181
加拿大	9650	8000
美国	1696	2524
阿曼	980	950
47032900 半漂白或漂白非针叶木烧碱木浆或硫酸盐木浆		
合计	1654563	1281560
中国台湾	1439510	1125377
朝鲜	140916	92341
老挝	51889	45265
越南	19188	15159
马来西亚	1658	1720
美国	1147	1546
挪威	255	152
47042100 半漂白或漂白的针叶木亚硫酸盐木浆		
合计	7000	6580
朝鲜	7000	6580
47042900 半漂白或漂白的非针叶木亚硫酸盐木浆		
合计	17600	14784
中国台湾	17600	14784
47050000 用机械与化学联合制浆法制得的木浆		
合计	1023668	672032
印度尼西亚	996000	656580
德国	26312	14984
智利	1250	375
加拿大	105	70
比利时	1	23

表 16　木浆进口量值表

国家/地区	进口数量（千克）	进口金额（美元）
47010000 机械木浆		
合计	9605437	5028149
挪威	4161116	2150331
德国	2128090	1071714
克罗地亚	2152859	899647

（续表）

国家/地区	进口数量（千克）	进口金额（美元）
瑞典	696214	418610
美国	287839	389655
法国	111802	81465
日本	1207	8774
缅甸	60810	5436
泰国	5500	2400
丹麦	0	117
47020000 化学木浆、溶解级		
合计	2838406572	2777413371
印度尼西亚	574228849	532476059
巴西	500408959	507245936
美国	325269331	383981105
南非	306122905	282768215
加拿大	206415111	190403582
捷克	168966540	161413939
奥地利	155363038	155390954
芬兰	138076009	127802803
瑞典	132928678	124822757
葡萄牙	93148162	85853427
泰国	87668140	82152353
日本	84322053	78474249
挪威	31880730	33747798
老挝	29730000	26857637
西班牙	3110571	2860107
法国	767496	1162450
47031100 未漂白的针叶木烧碱木浆或硫酸盐木浆		
合计	782054886	645573443
智利	267466449	229002438
俄罗斯	164252746	125674565
加拿大	107859667	94122249
美国	92122313	73298718
日本	89538339	72838435
新西兰	24170181	20772819
瑞典	12765646	10283034
芬兰	11246560	9053765
阿根廷	10427938	8903600
巴西	1142348	797975
奥地利	600843	492226
泰国	201600	131986
挪威	117600	107293
中国台湾	99906	60982
德国	42750	33358

（续表）

国家/地区	进口数量（千克）	进口金额（美元）
47031900 未漂白的非针叶木烧碱木浆或硫酸盐木浆		
合计	21934455	16297286
瑞典	8874491	7405967
美国	5313999	3556336
俄罗斯	2976052	2175207
老挝	2680000	1881627
比利时	1297597	790785
泰国	409800	270779
加拿大	382299	210544
日本	217	6041
47032100 半漂白或漂白的针叶木烧碱木浆或硫酸盐木浆		
合计	7946511983	6789452402
加拿大	2507986658	2192090131
美国	1460750012	1193168872
智利	1393594422	1187078457
芬兰	1210340093	1049917239
俄罗斯	935629126	797964528
瑞典	167299137	142999528
阿根廷	93252306	77043770
新西兰	59032237	52622059
巴西	63732353	51826065
德国	19902544	16497258
日本	12490780	10313148
奥地利	9464861	7689685
白俄罗斯	8759572	6821147
瑞士	1037384	936446
乌拉圭	1050300	874364
法国	1054930	770776
中国香港	490282	411837
格鲁吉亚	293166	222806
马来西亚	121718	108228
比利时	161792	71482
印度尼西亚	56425	16318
韩国	5603	3250
中国台湾	1709	2160
越南	3133	2095
捷克	30	403
保加利亚	1410	350
47032900 半漂白或漂白非针叶木烧碱木浆或硫酸盐木浆		
合计	11276544729	8297395783
巴西	6210257649	4506945749

（续表）

国家/地区	进口数量（千克）	进口金额（美元）
印度尼西亚	2404947738	1769887231
乌拉圭	805547852	624446344
智利	797050934	615167197
俄罗斯	246462362	183872622
加拿大	213477514	159501955
美国	177990012	126288866
老挝	127808000	96084317
日本	99465860	71169723
法国	59431852	40907707
芬兰	50053230	39143533
南非	41226926	31236116
韩国	16408680	12174304
瑞典	8472545	6966479
泰国	6368912	4870657
西班牙	6349882	4843288
阿富汗	2000000	1480000
德国	1000836	770644
中国台湾	827200	596935
中国	532338	399254
新加坡	501483	342031
越南	200331	155257
葡萄牙	162593	145574
47041100 未漂白的针叶木亚硫酸盐木浆		
合计	6364635	4167602
俄罗斯	6251083	4027960
日本	113552	139642
47041900 未漂白的非针叶木亚硫酸盐木浆		
合计	22	490
挪威	2	256
德国	20	234
47042100 半漂白或漂白的针叶木亚硫酸盐木浆		
合计	1364607	987360
加拿大	841973	548924
奥地利	514954	431277
德国	7680	7159
47042900 半漂白或漂白的非针叶木亚硫酸盐木浆		
合计	4718065	5391768
德国	4690398	5328247
美国	26267	57794
意大利	200	3145
比利时	1200	2582

(续表)

国家/地区	进口数量(千克)	进口金额(美元)
47050000 用机械与化学联合制浆法制得的木浆		
合计	1531629354	971485305
加拿大	1167491316	743638565
新西兰	227660997	145508429
瑞典	78233073	47368928
挪威	32830603	18952093
俄罗斯	19187363	12333661
西班牙	1656625	983588
克罗地亚	1794157	801948
德国	904508	652765
意大利	909070	569949
泰国	424000	356741
荷兰	484071	291314
美国	53421	26388
芬兰	150	936

表 17　竹藤出口量值表

国家/地区	出口数量(千克)	出口金额(美元)
14011000 竹		
合计	120406434	65577084
荷兰	11046648	8567527
美国	11706339	8321526
中国香港	31931996	8087625
西班牙	7603173	4856604
日本	6560903	4233703
中国台湾	7590382	3910399
波兰	6214638	3014133
英国	3852758	2788565
韩国	6939017	2644059
意大利	3201314	2187478
中国澳门	5330149	1644050
德国	1905719	1553987
加拿大	1466851	1450042
葡萄牙	2095036	1444095
新加坡	536875	1365354
澳大利亚	1730605	1302327
法国	2138582	1128908
马来西亚	619298	1068074
新西兰	1106252	962278
土耳其	1022598	567670
俄罗斯	793667	458356
阿尔及利亚	618963	440736

(续表)

国家/地区	出口数量(千克)	出口金额(美元)
以色列	583068	354159
希腊	395174	302823
比利时	287745	292611
沙特阿拉伯	406448	248113
印度尼西亚	248620	202653
乌克兰	261591	185396
阿联酋	54228	164834
瑞典	171445	155867
挪威	139780	133819
哈萨克斯坦	188977	129560
泰国	127474	117957
罗马尼亚	129148	90353
约旦	60029	80604
黎巴嫩	98319	78019
斯洛文尼亚	100617	69412
丹麦	69246	68037
越南	90330	58094
加纳	22221	57775
瑞士	53517	51475
科威特	65965	47199
克罗地亚	51075	46519
印度	37725	43999
南非	57267	42736
保加利亚	59278	42706
马尔代夫	42484	39991
巴林	43033	39536
斯里兰卡	19600	38222
阿塞拜疆	42213	30689
智利	26625	29759
埃及	24340	27301
卡塔尔	32395	24048
塞浦路斯	40619	23362
墨西哥	19080	22333
芬兰	28975	21496
所罗门群岛	14300	21450
阿曼	42580	21045
菲律宾	7000	20980
爱尔兰	25500	17400
巴拿马	75137	14860
伊朗	22000	13316
蒙古	23986	12497
毛里求斯	7496	11469
巴西	1631	11067
立陶宛	13325	10352

(续表)

国家/地区	出口数量(千克)	出口金额(美元)
巴基斯坦	24340	9086
乌兹别克斯坦	14990	6880
爱沙尼亚	2575	5991
塔吉克斯坦	7300	5800
帕劳	3410	5115
朝鲜	5300	4820
波黑	6200	4432
哥伦比亚	1044	3957
马耳他	3401	3593
萨尔瓦多	4002	3502
留尼汪	4370	2905
多米尼加	360	1620
巴布亚新几内亚	727	1401
斯洛伐克	2385	1185
哥斯达黎加	675	1156
巴巴多斯	490	823
捷克	930	484
巴哈马	132	431
博内尔	234	277
吉布提	119	153
刚果(金)	17	50
法属圭亚那	32	17
马提尼克	32	17
14012000 藤		
合计	963433	5975260
德国	82496	805837
西班牙	47849	666959
日本	40356	582298
英国	34511	521387
美国	97723	415097
新加坡	67283	400954
印度	142801	341028
意大利	50955	246266
越南	14272	245870
葡萄牙	15761	192110
阿联酋	15113	156682
哥伦比亚	11920	150757
法国	25000	120652
保加利亚	9515	105400
南非	5640	101206
澳大利亚	11191	100132
马来西亚	16942	98947
毛里求斯	13795	79453
荷兰	64693	76409

（续表）

国家/地区	出口数量（千克）	出口金额（美元）
苏丹	25327	59772
黎巴嫩	6344	45432
阿根廷	4460	42185
墨西哥	54186	39467
中国台湾	23175	37035
巴西	3607	34462
埃及	18720	31450
土耳其	2564	31409
泰国	12709	31135
以色列	6319	27386
中国香港	17402	25161
俄罗斯	1453	23595
波兰	787	17140
韩国	2455	16396
瑞士	466	14462
匈牙利	585	12512
厄瓜多尔	1024	12500
新西兰	817	11396
加拿大	9405	11348
爱尔兰	519	8100
瑞典	323	7363
罗马尼亚	358	6460
伊朗	195	6202
危地马拉	400	4880
比利时	1484	4452
秘鲁	78	1750
希腊	200	1400
拉脱维亚	59	1013
法属波利尼西亚	50	720
捷克	84	563
乌拉圭	47	500
丹麦	15	170
44021000 竹炭，不论是否结块		
合计	25603947	48603675
日本	4475602	10048110
伊朗	4946784	8308707
韩国	4135398	6849829
沙特阿拉伯	2237118	5897177
阿联酋	1695932	3579302
美国	1714059	2920167
印度	949410	1933976
科威特	448399	945663
土耳其	857727	620131
多米尼加	472488	605517

（续表）

国家/地区	出口数量（千克）	出口金额（美元）
德国	169975	507804
利比亚	208656	468344
以色列	123086	431605
阿曼	121346	429109
澳大利亚	151148	391687
约旦	374400	343501
荷兰	49718	334507
加拿大	388060	279251
中国台湾	249391	261435
英国	66322	252052
中国香港	95024	251258
比利时	269780	241745
伊拉克	81173	207510
巴基斯坦	195373	205275
瑞典	105221	165711
俄罗斯	7372	158746
阿根廷	27025	150550
埃及	82227	149277
越南	59723	140993
突尼斯	117591	126784
新加坡	58527	126633
巴林	27550	125660
也门	24259	100645
秘鲁	25000	100000
加纳	23950	93884
意大利	34891	79964
黎巴嫩	172355	71338
马来西亚	75292	66806
巴西	24909	59696
尼日利亚	26173	58302
摩尔多瓦	9325	49050
菲律宾	11189	48886
西班牙	23370	42377
墨西哥	10778	42279
马耳他	9828	40541
法国	5240	38940
智利	8028	36146
南非	22042	33883
泰国	24342	27831
尼泊尔	4983	20535
阿尔及利亚	23000	18202
丹麦	7286	15860
塞浦路斯	27030	15696
波兰	1711	14842

（续表）

国家/地区	出口数量（千克）	出口金额（美元）
中国澳门	13081	13604
摩洛哥	19918	11623
塞尔维亚	1300	7956
肯尼亚	3409	7014
希腊	910	6136
匈牙利	1272	4336
乌克兰	770	3431
苏丹	988	2694
新西兰	444	2442
印度尼西亚	120	2208
爱沙尼亚	100	1900
乌兹别克斯坦	993	1658
拉脱维亚	50	1400
毛里塔尼亚	1146	1284
斐济	2430	1215
巴拿马	170	504
朝鲜	200	220
格鲁吉亚	24	135
缅甸	19	106
坦桑尼亚	13	67
亚美尼亚	3	17
蒙古	1	6
44092110 任何一边、端或面制成连续形状的竹地板条块		
合计	101383319	147988756
美国	60474986	83686892
澳大利亚	7256298	9866411
荷兰	4378573	7295741
日本	2748664	5801108
德国	3400528	5158161
法国	1990409	3204937
英国	1842776	2775758
以色列	1556365	2573312
比利时	1397232	2336267
意大利	1192029	1864576
韩国	1531443	1794606
厄瓜多尔	854611	1152745
丹麦	624154	1058369
俄罗斯	789962	1033941
新西兰	614201	1007202
波兰	675157	954933
印度	505158	886464
墨西哥	626156	871952
秘鲁	561588	846083

(续表)

国家/地区	出口数量（千克）	出口金额（美元）
西班牙	524225	836254
智利	480850	782153
加拿大	421116	727275
克罗地亚	362139	720543
越南	438415	688317
菲律宾	405975	625999
泰国	375466	581621
摩洛哥	397009	569141
中国香港	164158	564233
南非	387369	560281
斯里兰卡	279740	477095
巴西	216570	422929
伊朗	271225	387353
斯洛文尼亚	283175	359203
埃塞俄比亚	201705	359186
肯尼亚	242984	350488
希腊	145899	307735
罗马尼亚	150300	285306
阿塞拜疆	209754	271828
土耳其	163228	249421
葡萄牙	180544	246614
哥伦比亚	168824	235978
阿联酋	137766	233828
格鲁吉亚	170896	224580
新加坡	69532	215570
中国台湾	111563	196938
多米尼克	67678	151290
圭亚那	67504	145465
匈牙利	80030	118739
阿根廷	95480	114870
保加利亚	83141	107477
黑山	52178	102455
瑞典	68270	93435
埃及	67431	86828
立陶宛	58487	82424
新喀里多尼亚	57426	81547
哥斯达黎加	67130	81045
缅甸	52030	78838
黎巴嫩	48228	74928
马来西亚	33835	67667
乌克兰	7938	66272
科威特	45336	61126
巴基斯坦	41114	60581
沙特阿拉伯	35351	56045

(续表)

国家/地区	出口数量（千克）	出口金额（美元）
中国澳门	23500	50250
捷克	18871	48405
多米尼加	20716	41281
斯洛伐克	16965	40614
阿尔巴尼亚	11594	40579
乌兹别克斯坦	20748	34341
挪威	23295	33704
特立尼达和多巴哥	26700	33675
柬埔寨	21200	31630
毛里求斯	14070	30305
法属圭亚那	13892	30059
留尼汪	7148	29222
尼泊尔	17720	27176
瑞士	11077	27138
尼日利亚	16900	27016
乌拉圭	18300	26933
马尔代夫	15511	22261
卡塔尔	13402	20480
斐济	4923	18218
孟加拉国	10000	16349
也门	5023	16325
爱沙尼亚	7436	9425
加纳	6593	9405
萨尔瓦多	4336	8833
特克斯和凯科斯群岛	4470	8284
马达加斯加	5032	6080
格林纳达	3631	5602
塞舌尔	4346	5354
塞浦路斯	2050	2966
博茨瓦纳	2309	2859
印度尼西亚	1410	2602
马耳他	847	1026

44092190 其他任何一边、端或面制成连续形状的竹材

国家/地区	出口数量（千克）	出口金额（美元）
合计	916611	3262309
波兰	266065	1341918
美国	234786	648913
澳大利亚	155471	355733
韩国	41606	151076
以色列	59652	146010
日本	18368	107762
中国台湾	30401	87607
比利时	16650	70491
荷兰	12122	66012

(续表)

国家/地区	出口数量（千克）	出口金额（美元）
爱沙尼亚	16092	49410
俄罗斯	8087	46935
英国	4019	25859
罗马尼亚	4842	23129
孟加拉国	3264	22396
智利	4093	21625
加拿大	7906	19915
巴西	9327	13160
肯尼亚	2877	9400
多米尼克	2730	8435
法国	2216	8344
挪威	3780	7876
德国	1256	6646
意大利	2875	6497
新西兰	2325	5334
乌干达	3092	3111
南非	1026	2476
匈牙利	305	1700
新加坡	465	1557
瑞士	305	1300
法属圭亚那	360	1210
泰国	248	472

44121019 其他仅由薄板制的竹胶合板，每层厚≤6mm

国家/地区	出口数量（千克）	出口金额（美元）
合计	18637323	15884522
阿联酋	3338564	2289041
中国台湾	1534129	1649438
坦桑尼亚	1161681	856428
安哥拉	1009567	747795
刚果（金）	720612	589684
沙特阿拉伯	752341	559889
朝鲜	728293	500305
越南	165447	487613
斯里兰卡	561208	459463
加纳	563196	453510
赞比亚	500984	413301
荷兰	269835	373166
巴基斯坦	336336	275726
日本	117816	273344
泰国	136685	236888
南非	340146	235333
菲律宾	267742	233963
肯尼亚	286339	218109
格鲁吉亚	171319	199822

（续表）

国家/地区	出口数量（千克）	出口金额（美元）
牙买加	252508	197546
科威特	294550	196150
韩国	109672	190696
莫桑比克	201708	188832
乌兹别克斯坦	180000	180121
印度尼西亚	179732	179138
埃及	301148	153931
马来西亚	214656	153247
哈萨克斯坦	148969	150568
毛里求斯	155370	141318
孟加拉国	186309	136471
美国	108950	128036
刚果(布)	115480	127593
几内亚	151160	122353
塞内加尔	158070	113292
老挝	131015	109901
科特迪瓦	150703	108344
哥斯达黎加	126870	105575
厄瓜多尔	115800	104290
马尔代夫	146144	100138
柬埔寨	141660	87657
黑山	97400	83740
爱沙尼亚	67500	77900
贝宁	105388	74229
蒙古	91550	72510
比利时	51904	67989
中国香港	33083	67539
卢旺达	93940	67457
安提瓜和巴布达	74620	67082
智利	82626	64868
俄罗斯	75023	62193
印度	29850	60065
赤道几内亚	57437	50855
澳大利亚	7113	46572
乌干达	54349	44316
马拉维	60383	44096
古巴	60715	44049
多哥	54192	42806
摩洛哥	25665	36480
埃塞俄比亚	44525	36126
秘鲁	29061	36099
德国	26610	35246
罗马尼亚	27000	30375
布基纳法索	33750	29323

（续表）

国家/地区	出口数量（千克）	出口金额（美元）
多米尼克	33980	28640
马达加斯加	30634	28518
萨摩亚	25226	27140
阿尔及利亚	41840	27086
吉布提	37527	25756
巴布亚新几内亚	33490	23472
缅甸	31815	23372
意大利	14973	21541
斐济	11710	18932
加拿大	15844	18047
委内瑞拉	39270	17978
也门	27707	16740
纳米比亚	26790	16245
佛得角	32090	16192
汤加	22630	15450
丹麦	14921	14555
塞浦路斯	19500	14530
苏里南	24500	14320
津巴布韦	22107	13830
伯利兹	15900	13600
尼日尔	15400	13536
葡萄牙	14215	12921
利比亚	18400	12298
阿曼	17170	11954
卡塔尔	21690	11539
巴拿马	23000	11500
东帝汶	14811	11401
马里	6030	9506
英国	10116	8853
巴拉圭	5236	8300
科摩罗	9930	8095
索马里	8000	8070
喀麦隆	8900	7973
乌克兰	13900	7200
圭亚那	10280	6985
约旦	7628	6612
保加利亚	6941	6570
新加坡	1143	6115
塞拉利昂	34980	5668
乌拉圭	5800	5250
萨尔瓦多	7623	4970
墨西哥	5000	4884
海地	12500	4565
尼泊尔	3580	4322

（续表）

国家/地区	出口数量（千克）	出口金额（美元）
塔吉克斯坦	4038	4322
突尼斯	420	4100
洪都拉斯	3180	2813
尼日利亚	3500	2485
斯洛伐克	480	2440
黎巴嫩	1980	1740
西班牙	1500	941
巴哈马	1100	720
44121020 其他薄板制竹胶板,单板饰面板及类似多层板		
合计	8323250	6448274
马来西亚	8121185	5912982
美国	66737	319527
新加坡	16850	98741
斯里兰卡	79333	66332
日本	27000	38938
印度尼西亚	11150	10645
俄罗斯	995	1109
44121092 其他竹胶合板类似多层板,至少含有一层木碎料板		
合计	53810	42181
缅甸	25500	32354
斯里兰卡	12900	5000
巴基斯坦	15000	4361
美国	410	466
44121099 其他竹制胶合板、单板饰面板及类似的多层板		
合计	59618955	100333676
美国	44364158	77408127
马来西亚	4949025	4906881
荷兰	1743754	3806660
加拿大	966347	1619760
澳大利亚	560459	1196412
法国	738874	1132669
德国	793204	1003216
意大利	441762	868905
比利时	416472	814658
英国	344618	720599
日本	363414	689841
新西兰	221659	554962
丹麦	204428	500691
韩国	319622	496425
智利	182538	320183
越南	157953	281071

(续表)

国家/地区	出口数量(千克)	出口金额(美元)
安哥拉	391255	270152
南非	130743	264741
印度	98625	238099
赞比亚	227370	218993
哥伦比亚	89342	202435
波兰	112440	173292
中国台湾	74667	151137
肯尼亚	106855	137034
斯里兰卡	151776	135562
爱沙尼亚	62235	130221
瑞士	49665	123328
中国香港	46072	113596
莫桑比克	96160	111148
洪都拉斯	7100	108583
西班牙	55253	100530
斯洛文尼亚	37428	77645
伊朗	35040	76839
刚果(金)	85389	73015
泰国	14491	71974
毛里求斯	72000	64990
菲律宾	30925	61695
葡萄牙	19240	56681
沙特阿拉伯	65891	53557
巴西	10811	53111
希腊	29700	51799
利比里亚	54400	50131
匈牙利	24034	44425
以色列	21873	42490
挪威	26592	40753
墨西哥	20935	39097
危地马拉	17106	37106
阿塞拜疆	21692	32442
加纳	46350	31706
科特迪瓦	23600	30741
尼日尔	35200	30603
几内亚	32666	28567
斐济	29618	28417
土耳其	5150	27540
科威特	10835	26822
留尼汪	13239	25791
多米尼加	13403	24197
马达加斯加	15794	23738
厄瓜多尔	16750	21916
埃塞俄比亚	28410	21103

(续表)

国家/地区	出口数量(千克)	出口金额(美元)
塞内加尔	25523	17867
秘鲁	12208	17187
柬埔寨	13560	17179
印度尼西亚	21400	16987
阿尔及利亚	28440	16220
阿曼	15846	14667
摩洛哥	5880	14415
阿联酋	2718	12972
马尔代夫	16382	11825
玻利维亚	11000	11324
巴拿马	12000	10070
纳米比亚	14000	9837
朝鲜	12807	9816
格林纳达	10800	9701
乌拉圭	5700	9350
马拉维	8100	9177
黎巴嫩	13000	9000
巴林	3418	7986
罗马尼亚	4122	7552
赤道几内亚	8500	7101
新加坡	2005	6938
瑞典	409	6271
刚果(布)	19954	6178
喀麦隆	6800	5385
布隆迪	5950	5006
奥地利	1078	4753
塞舌尔	3693	3425
塞拉利昂	2000	2937
立陶宛	3800	2500
保加利亚	990	852
津巴布韦	465	396
44187320 其他竹制多层已装拼的地板		
合计	13198274	18885957
美国	10983580	15719501
荷兰	701070	798894
菲律宾	365943	467832
秘鲁	64699	222864
英国	123263	186114
法国	103040	143719
丹麦	50580	140248
比利时	86530	112353
罗马尼亚	81600	108234
德国	34078	99678
肯尼亚	63221	95395

(续表)

国家/地区	出口数量(千克)	出口金额(美元)
澳大利亚	42956	78009
格鲁吉亚	60360	68906
日本	36840	67272
俄罗斯	54120	65295
巴拿马	45030	64794
波兰	41860	58557
摩洛哥	40100	54347
韩国	24037	47479
印度尼西亚	14635	44010
克罗地亚	35675	37887
朝鲜	32240	37874
中国台湾	15586	29979
巴基斯坦	20440	23898
意大利	15700	23008
伊朗	16640	21029
乌克兰	16632	18559
巴西	9100	16239
阿塞拜疆	6458	7940
印度	5315	6937
中国香港	1950	6498
毛里求斯	896	4480
以色列	2000	3684
泰国	645	2274
哈萨克斯坦	1110	1150
阿联酋	275	880
中国澳门	70	140
44187390 其他已装拼的地板,竹的或至少顶层(耐磨层)是竹的		
合计	7757684	11123662
美国	4176065	5712549
荷兰	596334	797649
墨西哥	489537	671109
秘鲁	323435	516482
加拿大	321446	503526
新加坡	106986	453226
波兰	216986	280041
西班牙	195075	272265
澳大利亚	184405	262363
南非	164017	222216
以色列	116870	177563
泰国	106953	175217
韩国	95055	143719
比利时	91768	114436
中国台湾	67816	105608

（续表）

国家/地区	出口数量（千克）	出口金额（美元）
法国	76970	104625
智利	61020	78846
阿联酋	47275	65746
哥伦比亚	41600	52502
阿塞拜疆	32400	42925
罗马尼亚	33600	42480
菲律宾	22038	41870
新西兰	39974	35729
摩洛哥	21307	35000
挪威	23409	31419
俄罗斯	20160	26631
多米尼加	15749	26194
英国	18900	26152
日本	11500	21016
马来西亚	1830	18513
印度	12864	17335
匈牙利	9376	14537
中国香港	2255	10577
印度尼西亚	5100	8835
立陶宛	2646	5204
德国	3128	5104
越南	1100	2027
科威特	235	1457
阿尔巴尼亚	500	969
44189100 竹制其他建筑用木工制品		
合计	217402	300835
塞尔维亚	10298	55609
荷兰	35257	47468
新加坡	5620	33720
马来西亚	7400	31820
韩国	21000	27785
巴布亚新几内亚	17060	21792
斯里兰卡	48000	16837
马尔代夫	35550	15749
约旦	5480	14075
贝宁	18000	12600
比利时	4680	9672
俄罗斯	1300	4550
坦桑尼亚	3800	2853
厄立特里亚	640	1676
中国香港	390	1637
塞舌尔	2000	1327
巴拿马	284	862
加拿大	149	444

（续表）

国家/地区	出口数量（千克）	出口金额（美元）
肯尼亚	486	340
英国	8	19
44191100 竹制切面包板、砧板及类似板		
合计	37074824	92531395
美国	9129302	24243498
德国	4685583	11441335
荷兰	3305800	7997870
法国	2008652	4314273
英国	1748077	4206378
俄罗斯	1534905	4058720
意大利	1585400	3502032
比利时	932475	2397383
土耳其	1141066	2395501
巴西	1015894	2315907
波兰	1149135	2313936
澳大利亚	823010	2253151
加拿大	949292	2125466
西班牙	811607	2014114
韩国	388753	1046355
新加坡	176928	1036369
中国台湾	453652	1018225
马来西亚	183418	945443
日本	301135	935904
中国香港	150208	826402
瑞典	367073	787504
印度	345112	756905
以色列	292889	611515
斯洛文尼亚	241505	530678
阿根廷	166589	471733
阿联酋	155333	463625
沙特阿拉伯	155720	439826
罗马尼亚	199311	415833
丹麦	136896	412659
墨西哥	155503	399741
新西兰	138301	359061
智利	148898	355658
巴拿马	158148	331098
南非	121557	320429
乌克兰	92670	319612
奥地利	144861	279253
菲律宾	116469	254433
希腊	98619	248691
拉脱维亚	89075	247200
摩洛哥	82317	206767

（续表）

国家/地区	出口数量（千克）	出口金额（美元）
哥伦比亚	84123	200528
立陶宛	70810	187697
葡萄牙	64569	168001
爱沙尼亚	65379	155718
蒙古	36732	126402
埃及	47883	126098
泰国	43166	109688
哈萨克斯坦	35812	108793
芬兰	41466	107562
保加利亚	50774	105893
伊朗	46142	104582
印度尼西亚	31283	83112
阿尔及利亚	33174	78441
乌拉圭	27066	75985
哥斯达黎加	28444	75721
多米尼加	22062	71527
黎巴嫩	26313	70950
克罗地亚	28594	65666
秘鲁	28403	64145
格鲁吉亚	16890	63446
朝鲜	54594	55951
捷克	21282	53302
瑞士	16808	52543
白俄罗斯	14276	49574
挪威	23933	48691
波多黎各	14901	44459
约旦	14088	41901
越南	19148	41712
斯里兰卡	12919	41407
厄瓜多尔	13762	36853
科威特	13546	34317
匈牙利	12087	28502
伊拉克	25087	28294
加纳	11966	24328
摩纳哥	9982	24060
爱尔兰	8666	20964
阿尔巴尼亚	9509	14978
卡塔尔	4247	13644
斯洛伐克	4721	12016
突尼斯	5165	10167
毛里求斯	3380	9412
洪都拉斯	4805	8821
塞浦路斯	2688	6667
缅甸	5172	6384

(续表)

国家/地区	出口数量（千克）	出口金额（美元）
肯尼亚	1820	6360
乌兹别克斯坦	2916	5253
利比亚	2672	4603
巴布亚新几内亚	749	3846
特立尼达和多巴哥	1824	3616
新喀里多尼亚	1778	3449
莫桑比克	3284	3403
尼日利亚	1924	3098
巴拉圭	1165	3093
巴基斯坦	2561	3073
阿曼	1205	2980
马耳他	811	2956
危地马拉	1328	2722
博茨瓦纳	1448	2337
留尼汪	1028	2220
巴林	732	1960
萨尔瓦多	829	1954
叙利亚	1588	1740
坦桑尼亚	863	1662
安哥拉	727	1620
塞内加尔	1590	1248
圭亚那	712	1087
库克群岛	283	804
柬埔寨	724	788
刚果(金)	232	712
巴巴多斯	450	690
法属波利尼西亚	660	660
黑山	162	648
喀麦隆	29	452
牙买加	213	427
摩尔多瓦	510	385
圣卢西亚	182	319
也门	95	311
塞舌尔	121	302
所罗门群岛	77	243
马尔代夫	55	235
乌干达	202	186
马达加斯加	80	180
科特迪瓦	78	156
文莱	34	96
马拉维	30	60
多哥	55	49
亚美尼亚	43	27
44191210 竹制一次性筷子		

(续表)

国家/地区	出口数量（千克）	出口金额（美元）
合计	113503060	237800556
日本	37264928	84097556
中国台湾	24801633	44374414
美国	12458699	23371649
泰国	10271043	23049580
韩国	3837611	7646599
俄罗斯	2900116	5828421
越南	1850047	5194395
巴西	1705458	4097681
中国香港	2172048	3556692
加拿大	1468055	3433627
新加坡	1321283	3427917
澳大利亚	1038760	2524539
印度尼西亚	1193167	2340779
马来西亚	1017708	1953378
英国	876319	1912015
法国	856403	1737201
德国	739633	1735894
菲律宾	784799	1701526
缅甸	513340	1508634
意大利	676183	1491615
荷兰	482675	1335223
西班牙	441066	1114329
乌克兰	464717	807137
老挝	255499	671438
墨西哥	385873	637041
中国澳门	266723	589706
瑞典	235905	537448
以色列	247902	511287
波兰	240741	505831
智利	193425	440150
奥地利	196946	439513
阿根廷	212651	425456
葡萄牙	156681	361417
阿联酋	163292	343165
土耳其	123186	301417
挪威	122260	268197
比利时	96711	251347
沙特阿拉伯	71799	251199
哥伦比亚	95421	240155
丹麦	99878	235182
南非	126988	230914
斯洛文尼亚	69882	166959
立陶宛	77135	148487

(续表)

国家/地区	出口数量（千克）	出口金额（美元）
黎巴嫩	74577	129820
哈萨克斯坦	73183	127480
匈牙利	48810	118596
卡塔尔	31978	97278
埃及	56859	94375
印度	46790	93352
希腊	45130	88509
秘鲁	44317	86603
伊拉克	20467	79821
罗马尼亚	23400	76200
拉脱维亚	38545	75101
芬兰	31764	75071
斯洛伐克	23000	75000
摩洛哥	28095	72773
新西兰	26911	63585
捷克	32381	63035
厄瓜多尔	19779	59896
塞浦路斯	23513	56115
白俄罗斯	21510	45171
朝鲜	48338	44247
巴拿马	7511	42599
瑞士	16308	40085
冰岛	8560	37664
科威特	15699	27664
巴林	9475	22713
爱尔兰	11160	22533
吉尔吉斯斯坦	15200	21200
多米尼加	8258	18693
乌兹别克斯坦	6490	17578
摩尔多瓦	10766	16905
马耳他	7291	16846
爱沙尼亚	7291	15764
格鲁吉亚	8078	13961
文莱	7126	13938
哥斯达黎加	6700	12150
约旦	4335	8856
乌拉圭	4200	7900
巴拉圭	7200	7353
伊朗	2550	5040
阿曼	1675	4720
毛里求斯	1750	2913
斯里兰卡	775	2088
阿尔及利亚	195	1200
巴基斯坦	360	970

（续表）

国家/地区	出口数量（千克）	出口金额（美元）
塞内加尔	36	54
马达加斯加	132	26
坦桑尼亚	3	5
44191290 其他竹制筷子		
合计	2142714	12978757
日本	1218359	8074172
越南	190591	946533
美国	151303	944225
中国台湾	77363	443914
韩国	52031	326042
马来西亚	50443	299164
加拿大	36177	298930
泰国	53811	222349
荷兰	38474	189679
德国	18025	146010
中国香港	16802	127001
英国	19576	117009
法国	27676	116415
澳大利亚	13995	104265
比利时	20891	90532
巴西	10253	78378
南非	17540	71700
意大利	16012	67514
奥地利	5233	35171
西班牙	9968	32565
新加坡	4856	27742
印度尼西亚	28195	26456
墨西哥	7648	24078
葡萄牙	3273	19587
印度	8504	18390
斯洛文尼亚	6553	15683
菲律宾	8669	14472
俄罗斯	1789	10891
巴拉圭	3375	8040
中国澳门	4020	7200
丹麦	1838	7000
科威特	784	6996
多米尼加	1780	6230
立陶宛	2083	6128
智利	2671	5942
新西兰	1037	5150
白俄罗斯	1743	4613
阿联酋	908	4094
乌拉圭	939	3416

（续表）

国家/地区	出口数量（千克）	出口金额（美元）
波兰	177	3387
土耳其	204	2672
哈萨克斯坦	672	2496
希腊	117	2005
柬埔寨	1109	1842
以色列	296	1379
蒙古	288	1152
摩洛哥	438	964
肯尼亚	906	946
保加利亚	263	842
沙特阿拉伯	472	822
巴布亚新几内亚	250	800
斯里兰卡	313	645
捷克	101	625
毛里求斯	300	585
朝鲜	50	540
津巴布韦	80	507
约旦	315	501
阿根廷	142	474
伊拉克	300	300
阿尔及利亚	207	269
拉脱维亚	36	228
厄瓜多尔	143	222
乌克兰	101	183
尼日利亚	5	156
克罗地亚	85	136
巴拿马	33	99
塞内加尔	34	88
危地马拉	55	61
芬兰	6	49
加蓬	3	32
老挝	2	26
喀麦隆	3	22
新喀里多尼亚	18	18
吉布提	2	8
44191900 其他竹制餐具及厨房用具		
合计	39219250	192230353
美国	10764915	52919285
德国	4370573	20829047
荷兰	2515631	10796341
澳大利亚	1522070	8782073
法国	1646989	8513308
英国	1590590	8420954
土耳其	1620902	7175675

（续表）

国家/地区	出口数量（千克）	出口金额（美元）
日本	775468	6484034
西班牙	1449507	5875119
意大利	851633	5146734
加拿大	1201785	5141998
巴西	999109	4242566
波兰	945690	3981088
比利时	783352	3855604
瑞典	735256	3730798
韩国	563110	3512601
俄罗斯	680568	3492280
中国台湾	451856	2461290
沙特阿拉伯	529284	2376731
新加坡	241579	1957751
墨西哥	436097	1905184
丹麦	284426	1581368
智利	285384	1294778
马来西亚	192053	1190358
新西兰	162083	1123484
以色列	276199	1119048
阿联酋	197687	1088771
奥地利	234568	916570
斯洛文尼亚	206242	888482
伊朗	160738	813770
南非	187694	812809
印度	205340	764449
中国香港	157858	665672
葡萄牙	126198	533110
菲律宾	119366	521358
泰国	77303	436500
阿根廷	111819	426291
瑞士	79685	425745
芬兰	81586	396825
印度尼西亚	66427	362999
哥伦比亚	71933	349088
科威特	62997	331291
罗马尼亚	88263	300481
立陶宛	66882	273791
克罗地亚	86369	268188
巴拿马	54490	262025
拉脱维亚	44183	261618
摩洛哥	73561	250834
挪威	36476	227485
阿尔及利亚	49867	181663
希腊	38418	161539

(续表)

国家/地区	出口数量（千克）	出口金额（美元）
乌克兰	38533	142288
多米尼加	26340	128505
厄瓜多尔	22762	126870
萨尔瓦多	40487	117702
乌拉圭	26014	113632
越南	20711	113379
爱沙尼亚	16501	103000
秘鲁	32928	102942
格鲁吉亚	26538	101043
伊拉克	42709	97473
突尼斯	24336	87897
捷克	17501	82024
埃及	27387	81288
阿曼	13663	79476
哥斯达黎加	16212	79095
黎巴嫩	11480	55320
波多黎各	6767	48923
巴基斯坦	24740	45417
哈萨克斯坦	8335	43670
保加利亚	8987	39059
卡塔尔	9812	38626
爱尔兰	10506	36662
约旦	16382	34638
危地马拉	7897	34269
塞尔维亚	5102	32739
巴拉圭	10185	30520
肯尼亚	11235	30240
白俄罗斯	9598	26941
中国澳门	17131	26156
毛里求斯	4898	26046
匈牙利	6196	21269
尼日利亚	4089	21011
利比亚	10088	20739
孟加拉国	10769	19223
卢森堡	295	18800
塞浦路斯	3945	17791
阿尔巴尼亚	4709	17173
冰岛	1441	16497
坦桑尼亚	3613	14432
洪都拉斯	3079	12309
安哥拉	4642	11657
斯洛伐克	1738	10312
留尼汪	5240	8913
朝鲜	2963	8613

(续表)

国家/地区	出口数量（千克）	出口金额（美元）
加纳	5200	8056
马耳他	597	7261
特立尼达和多巴哥	1885	7245
乌兹别克斯坦	4459	6425
玻利维亚	2201	5082
莫桑比克	2560	3658
塞内加尔	2264	3180
摩纳哥	565	3165
巴林	1622	3068
新喀里多尼亚	1679	3041
乌干达	1399	2938
叙利亚	1824	2690
摩尔多瓦	2417	1953
吉布提	719	1821
尼加拉瓜	301	1798
科特迪瓦	1633	1499
巴布亚新几内亚	378	1465
蒙古	294	1399
斯里兰卡	1216	1344
瓜德罗普	415	969
苏里南	1710	941
黑山	470	887
加蓬	279	837
牙买加	444	780
贝宁	257	635
尼泊尔	450	630
也门	380	608
马达加斯加	192	480
刚果(金)	105	420
亚美尼亚	362	231
多哥	248	145
斐济	101	79
法属波利尼西亚	50	78
索马里	19	55
文莱	8	44
马尔代夫	4	16
44201012 竹刻		
合计	1747	43700
瑞士	1350	24751
美国	273	17160
中国台湾	37	1170
澳大利亚	30	312
韩国	57	307

(续表)

国家/地区	出口数量（千克）	出口金额（美元）
44219110 竹制圆签、圆棒、冰果棒、压舌片及类似一次性制品		
合计	135744458	305879775
印度	30179902	37433012
美国	9117002	30307306
日本	7059797	22490151
印度尼西亚	9936679	22033252
泰国	7024021	18521930
巴西	7353667	15936264
越南	6730466	14730500
荷兰	7335434	14660767
新加坡	3074201	10382405
中国台湾	4592473	9022854
马来西亚	3056426	7018075
英国	2183003	6967608
韩国	3112511	6843172
意大利	1951204	5652995
加拿大	2065571	5326976
德国	1765808	5071212
西班牙	1504636	4900586
菲律宾	1325067	4587861
比利时	1322679	4544687
法国	1278411	4460309
俄罗斯	1650792	4265731
希腊	1495360	3575967
哥伦比亚	1473351	3550632
土耳其	1653431	3537506
澳大利亚	885700	2751841
缅甸	563183	2334583
中国香港	891097	2270626
阿联酋	837088	2077332
以色列	894833	2049668
智利	695623	1767273
墨西哥	651446	1388106
尼日利亚	605928	1387470
波兰	693736	1350365
沙特阿拉伯	621289	1313637
斯里兰卡	980497	1279256
南非	485178	1267932
秘鲁	505635	1000309
巴基斯坦	629524	987286
厄瓜多尔	430984	918362
阿根廷	458823	790826
阿曼	457817	777421

（续表）

国家/地区	出口数量（千克）	出口金额（美元）
瑞典	182305	644466
埃及	279861	639720
肯尼亚	349505	609034
乌克兰	230366	585671
新西兰	209089	560616
坦桑尼亚	364299	515809
罗马尼亚	225223	480118
摩洛哥	203119	472095
孟加拉国	201548	461092
巴拿马	120502	449380
加纳	208928	448061
拉脱维亚	135853	419276
黎巴嫩	170570	391120
伊朗	240064	348567
葡萄牙	113996	331500
伊拉克	202735	322017
哥斯达黎加	76014	317323
阿尔及利亚	200396	295529
科特迪瓦	125843	281856
巴拉圭	167109	277644
斯洛文尼亚	45983	269776
保加利亚	61417	257857
捷克	98948	250359
丹麦	71250	223404
朝鲜	147208	205546
危地马拉	84695	205030
叙利亚	107809	202550
多哥	61289	198313
格鲁吉亚	41393	197368
安哥拉	46443	189973
芬兰	93171	188118
多米尼加	93455	147580
几内亚	34140	146528
塞浦路斯	43321	144760
哈萨克斯坦	70505	143562
萨尔瓦多	74523	142484
利比亚	65604	137113
斯洛伐克	35550	131967
波多黎各	83494	122781
乌兹别克斯坦	55743	122643
立陶宛	37248	119319
匈牙利	37173	112521
突尼斯	29999	98022
马达加斯加	43337	97148

（续表）

国家/地区	出口数量（千克）	出口金额（美元）
爱尔兰	35107	94915
克罗地亚	30635	86244
约旦	57244	82047
吉布提	38695	77600
卡塔尔	35103	77175
阿尔巴尼亚	34320	75715
瑞士	16881	72505
贝宁	35157	68470
喀麦隆	34383	57953
卢旺达	13149	57161
爱沙尼亚	28842	53302
柬埔寨	15389	51532
挪威	37209	45730
科威特	14682	41207
塞内加尔	16771	39993
中国澳门	16979	36020
玻利维亚	20028	35503
洪都拉斯	15179	32474
白俄罗斯	11068	32066
也门	14741	30898
毛里求斯	8907	30092
牙买加	4367	23405
乌拉圭	9076	22141
苏丹	10796	20640
留尼汪	11354	20507
文莱	14046	18541
巴林	4384	18451
冰岛	3057	15314
莫桑比克	8033	14445
埃塞俄比亚	5520	13417
马尔代夫	5014	10035
巴布亚新几内亚	2624	9585
赤道几内亚	2800	8960
大洋洲其他国家（地区）	1600	7750
刚果（金）	4198	6427
吉尔吉斯斯坦	1720	5989
乌干达	2480	5724
塞尔维亚	4075	4262
新喀里多尼亚	1580	4188
奥地利	1034	2899
刚果（布）	1276	2807
蒙古	588	2424
加蓬	1462	2374

（续表）

国家/地区	出口数量（千克）	出口金额（美元）
乍得	750	2250
津巴布韦	2530	2237
利比里亚	1625	1865
马耳他	569	1747
法属圭亚那	41	1606
巴哈马	479	1566
所罗门群岛	366	1213
斐济	253	1081
毛里塔尼亚	856	1008
圭亚那	300	900
塞拉利昂	887	832
海地	550	698
马拉维	292	590
东帝汶	295	586
瓦努阿图	467	529
阿富汗	178	392
苏里南	174	364
摩尔多瓦	226	362
塞舌尔	234	356
博茨瓦纳	94	293
黑山	165	245
瓜德罗普	14	143
法属波利尼西亚	49	131
尼加拉瓜	150	102
圣卢西亚	48	96
马提尼克	12	21
老挝	5	8
44219190 未列名竹制品		
合计	26440916	91588180
美国	4379030	19305694
波兰	3692685	8748629
德国	1405219	6116161
澳大利亚	1620953	5586062
日本	1418736	5390941
西班牙	1765150	4824643
英国	1328054	4105265
法国	1033188	3923079
荷兰	1350804	3742095
韩国	778834	3577788
新加坡	623611	3414068
马来西亚	534215	3162331
加拿大	638846	2168749
南非	864561	1413299
意大利	397159	1410773

(续表)

国家/地区	出口数量（千克）	出口金额（美元）
中国台湾	159330	1100707
俄罗斯	232772	1090806
比利时	229339	933437
沙特阿拉伯	133995	897823
巴西	206643	808903
瑞典	115325	772000
新西兰	143179	673548
葡萄牙	261609	648107
中国香港	54989	526523
以色列	462863	508492
墨西哥	120255	483863
智利	175576	410736
阿联酋	199724	401319
印度	103643	366822
埃及	113188	315900
丹麦	62597	312158
莫桑比克	160569	299624
阿根廷	145615	296871
土耳其	130145	295712
秘鲁	111095	242582
希腊	114608	217189
泰国	40257	198095
奥地利	35900	173296
挪威	68018	167382
利比亚	70857	146751
多米尼加	43489	129814
安哥拉	34557	121946
巴林	10508	112875
阿尔及利亚	56324	111325
斯里兰卡	68470	111195
巴拿马	8479	110453
黎巴嫩	45468	109943
斯洛文尼亚	41241	105925
保加利亚	46562	99108
巴基斯坦	67506	96747
芬兰	21905	91480
菲律宾	32448	74793
印度尼西亚	10933	70624
叙利亚	38657	70454
罗马尼亚	24722	69564
马耳他	27390	55090
塞浦路斯	21199	49080
越南	42648	46472
约旦	17495	45975

(续表)

国家/地区	出口数量（千克）	出口金额（美元）
卡塔尔	18343	42393
捷克	9451	41726
爱尔兰	12996	39840
伊拉克	13779	38321
波多黎各	15783	34826
厄瓜多尔	7016	32126
科威特	13735	27180
毛里求斯	7199	26972
瑞士	12781	25568
苏丹	15708	24302
爱沙尼亚	4959	23441
白俄罗斯	6261	23221
博茨瓦纳	11449	22919
乌克兰	4462	21188
克罗地亚	6142	21048
斯洛伐克	2108	19928
帕劳	7066	19419
斐济	18250	17800
乌拉圭	5228	16057
伊朗	7279	15453
特立尼达和多巴哥	9238	14811
危地马拉	7011	14039
哈萨克斯坦	3997	13785
哥伦比亚	6359	12909
哥斯达黎加	2202	10854
牙买加	2000	10000
孟加拉国	5372	9726
拉脱维亚	1971	9219
阿曼	4344	8829
坦桑尼亚	5064	8025
巴哈马	241	7870
格鲁吉亚	3147	7258
巴布亚新几内亚	3474	6214
摩洛哥	2016	6048
缅甸	2992	5984
乍得	15000	5393
立陶宛	1255	5099
萨尔瓦多	2196	4118
匈牙利	1811	3869
洪都拉斯	1930	3511
肯尼亚	1769	2744
朝鲜	3153	2579
塞内加尔	100	2080
阿尔巴尼亚	911	2008

(续表)

国家/地区	出口数量（千克）	出口金额（美元）
巴巴多斯	1835	1818
尼日利亚	939	1736
津巴布韦	1157	1562
乌兹别克斯坦	430	1509
瓦努阿图	817	1444
新喀里多尼亚	458	1374
贝宁	522	969
库腊索岛	1490	949
波黑	350	861
马尔代夫	378	600
毛里塔尼亚	285	496
留尼汪	100	436
巴拉圭	210	420
加纳	110	330
中国澳门	215	315
马达加斯加	128	240
阿鲁巴	66	198
加蓬	126	189
纳米比亚	75	176
塞尔维亚	124	166
黑山	189	164
博内尔	18	151
刚果(金)	26	91
尼泊尔	38	76
古巴	95	73
摩尔多瓦	45	29
喀麦隆	5	22
46012100 竹制的席子、席料及帘子		
合计	30092360	99012876
越南	9262576	33990934
美国	3252190	13811539
日本	2513757	8439337
中国台湾	2309443	7247257
韩国	2635719	7216689
意大利	1752501	3933865
荷兰	627457	2481053
德国	876598	2457528
马来西亚	956974	2314571
西班牙	810428	2242104
墨西哥	465842	2016664
法国	399695	1103764
俄罗斯	407743	1054945
加拿大	299424	922357
澳大利亚	326187	919283

（续表）

国家/地区	出口数量（千克）	出口金额（美元）
英国	209210	689118
乌克兰	296093	628161
以色列	330625	612595
土耳其	185608	580624
比利时	153305	473800
南非	101216	425998
智利	147736	380594
波兰	136211	338177
克罗地亚	140810	332734
希腊	140802	313538
巴西	77585	272690
印度尼西亚	104909	265757
伊拉克	70417	247650
马尔代夫	45158	189025
阿联酋	52954	183895
孟加拉国	59270	171298
中国香港	43277	167764
哥伦比亚	58798	165174
泰国	39924	153700
葡萄牙	50207	149162
沙特阿拉伯	48020	141753
匈牙利	47989	135945
秘鲁	40676	108489
留尼汪	34613	104283
印度	38974	101876
丹麦	31194	101182
立陶宛	33069	92634
哥斯达黎加	17661	89802
巴基斯坦	46233	87874
阿根廷	29727	86896
斯洛文尼亚	27080	82410
拉脱维亚	33485	77700
斯里兰卡	21054	66302
多米尼加	11074	57203
瑞士	16902	52184
新加坡	15700	50496
伊朗	33343	49967
白俄罗斯	7182	48588
罗马尼亚	20791	47551
利比亚	16275	43754
巴拿马	12834	40114
摩洛哥	9516	38248
叙利亚	9808	35748
朝鲜	7714	32459

（续表）

国家/地区	出口数量（千克）	出口金额（美元）
毛里求斯	9543	28841
危地马拉	8399	26426
乌拉圭	10510	24718
菲律宾	9662	24459
瑞典	6358	22150
塞尔维亚	6878	22120
缅甸	7947	21606
黎巴嫩	5533	18995
法属波利尼西亚	6565	18087
斯洛伐克	6986	16209
巴拉圭	6120	15463
波多黎各	14850	10297
哈萨克斯坦	5746	9991
萨尔瓦多	2050	9252
新西兰	7329	8495
中国澳门	3225	8298
巴巴多斯	2552	7900
塞浦路斯	3553	6994
新喀里多尼亚	2929	5971
特立尼达和多巴哥	1642	4820
捷克	2412	4799
阿尔巴尼亚	854	4270
刚果(金)	1750	3877
塞舌尔	920	3680
坦桑尼亚	546	2785
约旦	1012	2614
安哥拉	326	2069
挪威	440	2006
奥地利	344	1260
突尼斯	848	1097
埃及	260	1035
厄瓜多尔	340	748
格林纳达	616	678
芬兰	59	473
蒙古	385	432
阿尔及利亚	208	416
喀麦隆	150	400
圣卢西亚	94	398
老挝	35	327
科特迪瓦	120	300
阿曼	30	285
纳米比亚	52	281
柬埔寨	167	184
斐济	22	128

（续表）

国家/地区	出口数量（千克）	出口金额（美元）
莫桑比克	62	126
洪都拉斯	12	112
尼日利亚	54	96
塞内加尔	20	42
吉布提	20	36
巴布亚新几内亚	262	28
46012200 藤制的席子、席料及帘子		
合计	38195	192970
美国	17662	110370
中国台湾	10088	36441
中国香港	3031	9375
土耳其	3212	8057
菲律宾	145	7610
马来西亚	1067	6622
荷兰	1012	3864
希腊	200	3708
意大利	685	2153
巴西	420	1680
西班牙	397	1588
印度尼西亚	180	1000
日本	66	442
澳大利亚	25	30
中国澳门	5	30
46012911 灯心草属材料制的席子、席料及帘子		
合计	20653755	87816125
日本	20217808	86524698
中国台湾	94421	322492
希腊	136300	297765
美国	50878	135158
意大利	37169	111444
韩国	5761	61844
马来西亚	12161	37155
克罗地亚	14397	34955
秘鲁	11033	33795
德国	5411	32736
荷兰	8230	31830
新加坡	7885	26304
西班牙	9497	25921
葡萄牙	6700	22833
加拿大	7435	21386
英国	7413	18025
中国香港	3402	17118
阿根廷	2814	15784

(续表)

国家/地区	出口数量（千克）	出口金额（美元）
俄罗斯	4500	13696
波兰	1810	6247
奥地利	3000	6000
泰国	960	4416
法国	1031	3749
巴西	1785	3323
印度尼西亚	683	2859
以色列	825	2592
阿联酋	287	939
澳大利亚	25	650
乌拉圭	83	240
中国澳门	45	147
沙特阿拉伯	6	24
46012919 其他草制的席子、席料及帘子		
合计	6764843	14641232
美国	1678241	4685739
日本	2210904	2537173
荷兰	614261	1184553
法国	265148	652273
西班牙	189115	570781
英国	315402	563271
科威特	56096	524447
俄罗斯	203162	478608
比利时	143083	438563
德国	223586	422478
中国台湾	116446	291558
巴西	81015	274091
意大利	64600	199116
希腊	77424	183280
阿根廷	50525	170523
马来西亚	75107	151741
澳大利亚	24946	148625
加纳	21951	137339
韩国	42076	127677
土耳其	38691	114177
新加坡	32266	99462
斯洛文尼亚	31805	91294
加拿大	29484	77037
南非	27105	59539
智利	15619	58539
中国香港	9775	40387
丹麦	13185	36024
哥斯达黎加	10771	33469
乌克兰	20052	30735

(续表)

国家/地区	出口数量（千克）	出口金额（美元）
摩洛哥	6842	25861
罗马尼亚	8522	20675
巴拿马	6968	18823
克罗地亚	8150	18777
印度	3552	18275
葡萄牙	5323	15460
阿联酋	4690	14489
塞浦路斯	4709	14115
泰国	2269	13980
瑞典	3710	13319
越南	2405	10195
波兰	2098	7344
匈牙利	2523	6736
秘鲁	1320	5200
乌拉圭	1941	5169
印度尼西亚	663	4815
黑山	1400	4250
瑞士	959	3777
毛里求斯	588	3360
巴基斯坦	1860	3350
芬兰	1020	2978
保加利亚	1061	2812
孟加拉国	1028	2292
新西兰	722	2231
危地马拉	403	1905
捷克	244	1856
菲律宾	1630	1786
洪都拉斯	291	1385
墨西哥	470	1379
阿尔及利亚	252	1159
萨尔瓦多	242	1159
尼加拉瓜	242	1153
瓜德罗普	413	1148
肯尼亚	1500	980
中国澳门	320	960
斯洛伐克	286	950
阿曼	234	794
以色列	940	752
卡塔尔	210	690
立陶宛	150	618
塞拉利昂	480	576
留尼汪	88	525
马尔代夫	79	237
苏里南	143	204

(续表)

国家/地区	出口数量（千克）	出口金额（美元）
法属波利尼西亚	36	134
马提尼克	18	67
法属圭亚那	8	33
46012921 苇帘		
合计	27970070	33822092
日本	13128529	17347897
意大利	2684874	3233235
美国	2262500	2164988
法国	1877534	2055783
比利时	1471477	1440975
西班牙	989593	1107811
德国	828801	952562
韩国	698983	872810
英国	776237	813366
荷兰	567725	777549
澳大利亚	645851	769914
希腊	489888	667235
以色列	366669	426362
克罗地亚	240026	176572
智利	180637	167237
波兰	104210	144133
瑞士	74384	74787
黎巴嫩	7605	68400
奥地利	106470	67071
斯洛文尼亚	61465	55537
波多黎各	34940	39209
加拿大	46877	38672
匈牙利	40620	37322
巴西	22877	35897
塞浦路斯	34660	28389
爱沙尼亚	24830	28288
泰国	14034	23815
乌克兰	1859[illegible]	20198
捷克	19615	15598
乌拉圭	12100	13801
阿联酋	20295	12928
马来西亚	6919	11667
哥伦比亚	8905	11434
中国香港	5859	11060
罗马尼亚	14321	11011
葡萄牙	7888	10599
墨西哥	7235	9628
拉脱维亚	6731	9222
新西兰	5310	8878

（续表）

国家/地区	出口数量（千克）	出口金额（美元）
南非	7700	7347
保加利亚	6030	6808
芬兰	6410	6092
哥斯达黎加	6810	5734
黑山	7050	5540
新喀里多尼亚	2200	4524
沙特阿拉伯	3772	4281
挪威	1350	4246
菲律宾	1980	3825
新加坡	3366	3649
瑞典	2138	3083
卡塔尔	2200	2765
爱尔兰	3000	2358
46012929 芦苇制的席子、席料		
合计	6713410	6356316
荷兰	5416827	5275082
德国	934980	707622
法国	337040	330299
丹麦	19290	18904
日本	2549	12408
希腊	1400	7506
加拿大	1030	2575
韩国	294	1920
46012990 其他植物材料制的席子、席料及帘子		
合计	10192459	33260740
美国	749799	9654143
西班牙	3570915	8177305
印度	433984	3095331
墨西哥	179719	2114883
法国	1177815	1903290
荷兰	938169	1610040
比利时	1064423	1427663
德国	337036	645950
英国	343130	595943
波兰	223801	516577
秘鲁	122641	458751
俄罗斯	209736	427850
希腊	184916	356976
意大利	128272	334733
智利	13484	212340
日本	17557	196078
澳大利亚	86063	194336
以色列	97545	170119

（续表）

国家/地区	出口数量（千克）	出口金额（美元）
阿联酋	16932	168906
巴基斯坦	10265	102012
哥伦比亚	18647	80009
拉脱维亚	25766	75613
加拿大	24988	70825
中国台湾	9590	65592
土耳其	15620	60727
摩洛哥	10022	57712
立陶宛	20471	40244
沙特阿拉伯	13588	31982
厄瓜多尔	3980	31192
奥地利	24330	30749
斯里兰卡	2655	29114
泰国	4100	26847
巴拿马	2410	25429
哈萨克斯坦	1491	24601
韩国	4167	23881
爱尔兰	20200	22512
斯洛文尼亚	16100	21498
罗马尼亚	4267	20487
中国香港	754	19691
保加利亚	8500	18180
南非	12100	16567
瑞典	12800	14963
塞浦路斯	6950	12495
丹麦	2846	10429
阿根廷	2929	10196
菲律宾	1275	10050
葡萄牙	5200	5865
爱沙尼亚	3000	5764
新加坡	853	5589
卡塔尔	1104	5019
哥斯达黎加	1581	4871
多米尼加	1126	4388
新西兰	1180	3700
埃及	219	2400
印度尼西亚	340	2190
马来西亚	421	2133
毛里求斯	400	1664
安哥拉	50	1647
中国澳门	200	400
越南	37	299
46019210 竹制的缏条及类似产品，不论是否缝合成宽条		

（续表）

国家/地区	出口数量（千克）	出口金额（美元）
合计	551086	1104494
日本	110177	268500
韩国	88408	216017
中国台湾	118615	197335
西班牙	113408	170993
荷兰	36820	147117
比利时	31000	35267
意大利	20981	23559
美国	10475	22356
法国	18127	17921
加拿大	2277	3632
爱沙尼亚	145	929
塞浦路斯	577	468
瑞士	64	256
朝鲜	8	88
新加坡	4	56
46019290 竹制其他平行连结或编结的产品		
合计	12341763	32479872
意大利	1871764	4329532
日本	806329	4123578
美国	1027809	2972919
以色列	1192418	2972161
英国	1016704	2254083
荷兰	881753	2253083
法国	826843	1792828
德国	640341	1678412
韩国	498163	1036656
西班牙	411227	918075
希腊	342816	868499
澳大利亚	497618	761067
比利时	349684	716258
加拿大	178598	599518
中国台湾	143893	392226
马来西亚	110283	373068
波兰	184074	329759
巴西	120266	315849
俄罗斯	108223	306498
印度	53162	292665
新西兰	177873	286413
新加坡	58677	245957
马尔代夫	50175	240492
哥伦比亚	63627	224679
墨西哥	61980	192090
阿联酋	29882	183548

(续表)

国家/地区	出口数量(千克)	出口金额(美元)
葡萄牙	73729	178582
斯洛文尼亚	100995	178094
埃及	13349	148250
罗马尼亚	33671	126018
秘鲁	16093	92846
智利	21793	91162
摩洛哥	27595	77676
拉脱维亚	22919	68474
保加利亚	24539	52312
新喀里多尼亚	15023	48950
丹麦	7563	47400
捷克	22020	46598
立陶宛	14261	46235
阿根廷	14777	40753
爱沙尼亚	14601	37092
利比亚	2250	36750
沙特阿拉伯	11450	36465
越南	14827	34571
留尼汪	71589	32143
巴林	11189	31769
南非	6971	30145
匈牙利	1065	28900
泰国	5785	28375
黎巴嫩	11285	27000
厄瓜多尔	2200	26650
乌克兰	6554	25832
危地马拉	7237	24185
瑞典	14663	23776
印度尼西亚	9113	22836
中国香港	5799	20310
土耳其	6175	18526
乌拉圭	5069	16978
毛里求斯	3674	15927
多米尼加	189	12379
菲律宾	2020	8612
芬兰	2341	7589
瑞士	926	6096
巴基斯坦	87	4560
马耳他	3761	4520
爱尔兰	1500	3780
博内尔	1851	2986
卡塔尔	1895	2061
朝鲜	405	1260
伊朗	233	1102

(续表)

国家/地区	出口数量(千克)	出口金额(美元)
吉布提	750	938
阿尔巴尼亚	216	691
科威特	245	632
塞浦路斯	959	563
尼日利亚	200	350
中国澳门	110	210
莫桑比克	70	50

46019310 藤制的缏条及类似产品,不论是否缝合成宽条

国家/地区	出口数量(千克)	出口金额(美元)
合计	116573	945429
德国	13420	158774
西班牙	12613	120940
新加坡	2908	98834
巴西	1085	69350
意大利	3319	62599
希腊	1957	58710
越南	4441	51516
哥伦比亚	2250	49640
马来西亚	2140	45662
中国香港	57674	39305
日本	1095	34019
葡萄牙	2926	32049
澳大利亚	2524	26791
法国	602	22238
韩国	340	12101
爱尔兰	515	11417
以色列	660	9570
美国	1355	6321
中国台湾	229	5330
波兰	386	4967
斯洛文尼亚	1700	4800
南非	185	4500
芬兰	190	4200
英国	154	3369
印度	224	3136
比利时	293	1465
瑞典	99	1418
阿联酋	95	1160
莫桑比克	1136	970
爱沙尼亚	14	145
黎巴嫩	44	133

46019390 藤制其他平行连结或编结的产品

国家/地区	出口数量(千克)	出口金额(美元)
合计	284093	1914541
德国	118718	571881

(续表)

国家/地区	出口数量(千克)	出口金额(美元)
意大利	28401	386205
美国	13900	267108
斯洛伐克	27209	124814
阿根廷	11560	108468
日本	13140	97131
荷兰	17238	50311
波兰	3316	49108
丹麦	1584	39158
中国香港	19192	34530
法国	4655	25575
哥伦比亚	1439	19500
英国	808	16710
西班牙	5153	14222
新加坡	2676	11961
巴西	1157	11616
印度	784	10164
墨西哥	606	9605
阿联酋	3360	8064
中国台湾	1482	7476
土耳其	714	6800
毛里求斯	979	6248
澳大利亚	721	6231
黎巴嫩	306	4590
瑞典	213	3658
泰国	1502	3420
越南	258	3100
韩国	61	3075
加拿大	326	2723
菲律宾	703	2685
南非	118	2124
希腊	97	1728
印度尼西亚	817	1634
新西兰	390	1114
捷克	190	1037
以色列	150	390
瑞士	28	235
利比亚	142	142

46019491 未列名植物编结材料编成的缏条及类似产品

国家/地区	出口数量(千克)	出口金额(美元)
合计	61319	426894
美国	8182	127884
意大利	16754	126198
新加坡	4810	45899
法国	2140	33675

（续表）

国家/地区	出口数量（千克）	出口金额（美元）
西班牙	2185	16278
荷兰	3878	15036
德国	5278	13194
秘鲁	225	10395
丹麦	3870	9241
日本	1378	7633
加拿大	3844	7350
伊朗	890	3805
中国香港	5036	3478
乌拉圭	1000	2748
以色列	500	1500
墨西哥	539	1078
朝鲜	550	665
新西兰	160	457
澳大利亚	100	380
46019499 未列名植物编结材料制其他平行连结或编结品		
合计	7738033	47615915
中国香港	57851	16007892
西班牙	2291797	8880857
法国	1273935	4715841
荷兰	761196	2945362
比利时	652963	2319628
日本	363393	2166994
美国	345392	1748961
英国	407770	1675422
澳大利亚	407090	1266915
越南	11234	814963
德国	212344	788821
意大利	194708	786269
俄罗斯	37979	709775
希腊	23589	531246
新西兰	235035	438825
以色列	97017	433132
韩国	24186	256777
瑞典	108343	234207
加拿大	42984	212877
阿联酋	49211	136923
新喀里多尼亚	23141	92420
爱尔兰	19259	86120
波兰	12548	56960
拉脱维亚	11129	50995
丹麦	5151	33179
乌拉圭	9124	28030

（续表）

国家/地区	出口数量（千克）	出口金额（美元）
阿根廷	7388	27011
斯洛伐克	7959	22472
黎巴嫩	4489	22000
葡萄牙	8903	20771
瑞士	6144	18969
乌克兰	1638	14022
爱沙尼亚	4189	13200
罗马尼亚	2382	12531
墨西哥	2532	11497
沙特阿拉伯	2164	8538
巴西	5461	7311
土耳其	1287	4327
多米尼加	1760	4229
芬兰	875	3600
马来西亚	1700	2200
智利	32	902
牙买加	201	848
立陶宛	150	680
南非	25	501
赞比亚	360	387
泰国	12	353
克罗地亚	13	175
46021100 竹制篮筐及其他编结品		
合计	29505039	140705548
美国	3981980	34043836
以色列	4911837	14648339
日本	1342041	11367156
意大利	2979366	10135280
法国	2074074	7128827
德国	1311388	6655222
英国	1476442	6103563
荷兰	1102705	5481505
比利时	1107877	3735380
中国香港	660130	3681885
西班牙	636104	3600297
加拿大	466053	3437076
澳大利亚	952318	3311308
波兰	1318287	2976798
新加坡	342519	2420615
葡萄牙	887611	2251874
俄罗斯	306625	2186802
中国台湾	365364	1489644
希腊	435554	1228330
土耳其	145763	1197410

（续表）

国家/地区	出口数量（千克）	出口金额（美元）
韩国	219284	1012188
马来西亚	134803	985187
阿联酋	219270	914156
丹麦	126118	835519
墨西哥	103885	764744
瑞典	208799	689125
斯洛文尼亚	74216	686504
巴西	124183	621288
罗马尼亚	69825	519984
沙特阿拉伯	82823	432173
智利	89166	423178
南非	107422	402731
阿根廷	44195	398334
科威特	42969	384103
印度	80478	374330
泰国	60050	353499
瑞士	52516	309567
巴拿马	39326	284266
肯尼亚	29958	243905
匈牙利	61893	206238
印度尼西亚	118467	198566
萨尔瓦多	16441	181224
哥伦比亚	29754	161780
奥地利	21414	133084
中国澳门	67685	131927
立陶宛	32292	126684
克罗地亚	21105	126637
越南	17522	115995
新西兰	20390	113530
阿尔及利亚	25991	97983
约旦	13460	89624
芬兰	14511	85494
秘鲁	11745	80456
哈萨克斯坦	18612	78168
挪威	9620	75780
摩洛哥	28995	74792
卡塔尔	8965	69687
乌克兰	23520	63915
捷克	6186	59510
苏丹	15684	57232
马尔代夫	41851	52532
哥斯达黎加	8045	42954
菲律宾	9542	37466
爱尔兰	6068	35404

（续表）

国家/地区	出口数量（千克）	出口金额（美元）
坦桑尼亚	5393	31875
波多黎各	5333	30980
黎巴嫩	7170	30074
新喀里多尼亚	12260	29091
塞尔维亚	3080	28736
拉脱维亚	6228	27304
孟加拉国	8978	26000
格鲁吉亚	5625	20859
伊朗	13711	20515
斯洛伐克	4751	20124
保加利亚	3554	17898
乌拉圭	3790	17457
多米尼加	4372	17410
加纳	3035	15942
埃及	5027	15616
阿尔巴尼亚	3426	14768
吉布提	4701	14504
乌兹别克斯坦	6604	12363
牙买加	1941	9852
特立尼达和多巴哥	694	9703
塞浦路斯	547	7456
利比亚	1398	6446
波黑	507	5047
毛里求斯	519	4808
洪都拉斯	1283	4704
伊拉克	3009	4581
巴基斯坦	2980	4447
危地马拉	747	4341
埃塞俄比亚	422	3696
突尼斯	1546	3235
白俄罗斯	1534	2696
古巴	196	2650
留尼汪	1051	2606
科特迪瓦	633	1980
阿曼	870	1585
萨摩亚	370	1528
土库曼斯坦	600	1500
塞内加尔	655	1467
尼日利亚	551	1463
加蓬	940	1368
喀麦隆	201	1196
伯利兹	194	972
爱沙尼亚	51	969
尼泊尔	375	953

（续表）

国家/地区	出口数量（千克）	出口金额（美元）
帕劳	674	923
老挝	7000	861
乍得	900	844
斐济	420	840
巴林	91	737
也门	185	690
安哥拉	413	646
缅甸	35	591
巴巴多斯	105	570
厄瓜多尔	715	457
巴拉圭	45	454
塞舌尔	135	432
多哥	40	368
刚果（金）	40	368
黑山	146	350
贝宁	20	184
刚果（布）	20	184
赞比亚	20	184
尼加拉瓜	25	180
阿鲁巴	35	152
文莱	15	71
朝鲜	16	55
法属圭亚那	3	21
马提尼克	3	21
圣卢西亚	4	10
46021200 藤制篮筐及其他编结品		
合计	9181626	80794574
美国	1965845	24078730
荷兰	1231735	9831697
英国	2059496	7364757
德国	669249	5771434
西班牙	272085	4880123
新加坡	436802	4411720
日本	293362	3987388
加拿大	319302	3102427
韩国	142185	1972037
墨西哥	161819	1402986
意大利	141561	1363007
波兰	94781	1170042
马来西亚	116676	1168890
澳大利亚	164030	1008724
希腊	53522	919704
法国	82478	848839
中国香港	95437	839804

（续表）

国家/地区	出口数量（千克）	出口金额（美元）
比利时	86992	720987
丹麦	56858	690400
挪威	48709	633956
葡萄牙	20122	376159
土耳其	48366	343624
巴西	26143	325079
俄罗斯	66751	299201
瑞典	36301	246347
爱尔兰	78509	240007
斯洛文尼亚	36340	216946
巴拿马	14625	213248
中国台湾	19569	211136
厄瓜多尔	5788	205427
波多黎各	14890	187407
斯里兰卡	21144	104245
阿曼	13713	102979
芬兰	11752	97087
匈牙利	10722	95882
阿根廷	7386	91295
多米尼加	11719	89255
秘鲁	5195	88712
印度	21383	81306
沙特阿拉伯	22185	79915
斯洛伐克	11994	78680
以色列	17031	76251
泰国	9338	64632
克罗地亚	11266	57796
越南	4502	50702
奥地利	5332	44601
智利	10242	43720
伊朗	5079	35647
立陶宛	2854	34870
罗马尼亚	17314	33590
伊拉克	12350	33458
印度尼西亚	1504	26214
黎巴嫩	5256	24865
瑞士	4727	24802
南非	5435	24214
突尼斯	11145	24170
哥伦比亚	715	23663
捷克	2845	19902
新西兰	2421	19411
哥斯达黎加	1998	18409
格鲁吉亚	3359	17383

（续表）

国家/地区	出口数量（千克）	出口金额（美元）
吉布提	4151	16604
科威特	5922	13988
乌克兰	4059	12282
洪都拉斯	3489	12186
保加利亚	3922	12034
约旦	2279	7356
乌拉圭	1949	6862
巴基斯坦	5308	5987
阿富汗	1130	5650
卡塔尔	608	5472
牙买加	758	5054
菲律宾	1749	4747
塞浦路斯	1015	4179
拉脱维亚	377	4127
阿联酋	701	3985
冰岛	264	3603
中国澳门	1407	3393
毛里求斯	541	3072
塞尔维亚	487	3064
阿塞拜疆	160	2948
留尼汪	1555	2909
阿尔及利亚	1235	2470
利比亚	735	2455
柬埔寨	1417	2126
加纳	1787	1502
危地马拉	146	1128
科特迪瓦	452	1100
也门	379	1000
叙利亚	480	960
埃及	413	911
乌兹别克斯坦	185	670
哈萨克斯坦	54	351
巴巴多斯	154	220
斐济	104	208
苏丹	20	82
46021910 草制篮筐及其他编结品		
合计	16589788	131731715
美国	5545792	45749813
日本	2196995	17341530
荷兰	1175918	11423806
英国	1403949	7646775
德国	1054204	7072544
法国	616599	5541290
西班牙	355954	4310128

（续表）

国家/地区	出口数量（千克）	出口金额（美元）
澳大利亚	430952	3976488
韩国	274463	3778406
加拿大	422392	3437803
比利时	413865	2511255
意大利	306949	2469194
新加坡	205605	1641192
丹麦	305609	1594621
波兰	276683	1360242
马来西亚	101370	1055480
墨西哥	119068	881739
瑞典	130706	867252
中国台湾	100485	648713
沙特阿拉伯	68881	578090
俄罗斯	62211	501218
土耳其	55732	479251
新西兰	93657	475810
斯里兰卡	7562	462104
阿根廷	56640	453736
希腊	68856	437173
巴西	58369	426974
芬兰	48224	362840
以色列	59293	356749
南非	42318	337187
阿联酋	40140	303759
中国香港	26129	295994
葡萄牙	35955	273418
挪威	24291	244612
秘鲁	15492	199311
立陶宛	12165	182377
智利	35413	182255
科威特	28658	174157
克罗地亚	62646	156383
瑞士	14960	119677
泰国	12725	116125
巴拿马	11052	103628
利比亚	5947	91778
突尼斯	16000	91280
奥地利	8980	81774
波多黎各	5282	80952
捷克	12705	75772
伊朗	14392	72397
斯洛文尼亚	12581	71650
乌拉圭	14274	60138
爱尔兰	13465	48869

（续表）

国家/地区	出口数量（千克）	出口金额（美元）
越南	10363	47939
孟加拉国	6732	46312
匈牙利	4421	34337
印度尼西亚	4288	31965
印度	11009	31136
哥伦比亚	4533	31055
斯洛伐克	3792	30726
留尼汪	7833	29277
阿尔及利亚	4658	25087
拉脱维亚	3517	21139
毛里求斯	2848	17716
罗马尼亚	3084	17486
危地马拉	3058	16971
卡塔尔	2924	12487
菲律宾	7586	10750
多米尼加	653	10118
刚果(金)	980	9961
厄瓜多尔	1704	9300
塞浦路斯	1237	9219
尼日利亚	1649	8320
马耳他	2170	7950
新喀里多尼亚	2000	7679
黎巴嫩	3102	7000
巴林	1398	6525
巴勒斯坦	1080	5564
伊拉克	2206	4677
牙买加	158	3640
塞尔维亚	374	3613
坦桑尼亚	450	3500
法属波利尼西亚	125	3156
乌克兰	677	2742
中国澳门	1202	2039
柬埔寨	837	1953
也门	420	1588
保加利亚	319	1548
约旦	465	1363
巴拉圭	369	1185
阿曼	57	1146
马尔代夫	93	1129
埃及	499	981
格鲁吉亚	322	975
摩洛哥	847	932
特立尼达和多巴哥	223	892
海地	24	658

(续表)

国家/地区	出口数量(千克)	出口金额(美元)
阿富汗	153	612
巴基斯坦	486	444
文莱	18	432
哥斯达黎加	224	360
乌兹别克斯坦	7	196
哈萨克斯坦	11	126
朝鲜	50	100
46021930 柳条制篮筐及其他编结品		
合计	50009045	467656639
美国	10010762	107285548
英国	7106573	60982156
荷兰	5955657	47281433
德国	4258482	38220664
波兰	1880291	23070210
韩国	1443192	21654037
意大利	2242982	18742819
泰国	1130360	15765709
西班牙	2070423	15161079
法国	2002553	14435248
日本	1416956	10937884
加拿大	1084428	8506073
俄罗斯	650064	7443183
比利时	812560	6920499
澳大利亚	1041283	6796032
新加坡	543153	5979658
瑞典	562792	4604054
阿联酋	455764	4128430
丹麦	347781	3684381
希腊	560587	3621311
马来西亚	200670	2536668
印度	198636	2446080
土耳其	214496	2273523
捷克	188546	1995018
爱尔兰	190523	1993870
南非	183493	1818132
以色列	207745	1612842
新西兰	158516	1599645
中国香港	104147	1579863
匈牙利	113509	1523394
沙特阿拉伯	180533	1246996
墨西哥	162137	1209362
挪威	217086	1209043
巴西	111677	1194204
葡萄牙	110135	1123035

(续表)

国家/地区	出口数量(千克)	出口金额(美元)
芬兰	140711	1064649
中国台湾	75520	1017285
斯洛文尼亚	95167	1015912
厄瓜多尔	66705	971040
瑞士	170856	937465
智利	76600	820733
哈萨克斯坦	74408	727145
罗马尼亚	84306	662689
巴拿马	63132	628538
多米尼加	56783	596969
阿尔及利亚	64433	577302
拉脱维亚	53605	497821
黎巴嫩	32303	489952
哥斯达黎加	48191	482977
保加利亚	31446	430066
斯洛伐克	61062	428911
克罗地亚	33049	374436
秘鲁	36356	350475
立陶宛	32715	348383
越南	42894	330005
科威特	54304	313232
白俄罗斯	20715	298102
伊朗	29444	286713
哥伦比亚	38151	261240
塞浦路斯	24174	260290
阿根廷	29576	257479
奥地利	30100	257311
乌克兰	34026	248947
卡塔尔	29473	238784
乌拉圭	16777	217730
爱沙尼亚	29213	171208
波多黎各	29339	145742
特立尼达和多巴哥	6615	106281
约旦	6059	105984
菲律宾	8669	85862
坦桑尼亚	6264	74865
马耳他	10818	71412
印度尼西亚	7908	60266
巴哈马	2900	50430
科特迪瓦	2485	47916
格鲁吉亚	10704	47130
萨尔瓦多	7245	46204
阿塞拜疆	8550	44040
塞尔维亚	4933	41508

(续表)

国家/地区	出口数量(千克)	出口金额(美元)
黑山	9387	40424
摩洛哥	10452	40109
巴勒斯坦	2440	31600
埃及	4258	31203
肯尼亚	5324	30152
塞内加尔	3969	30095
巴林	3062	29347
冰岛	5368	28876
马尔代夫	1000	28000
安哥拉	4893	27918
苏里南	2160	22528
波黑	1081	22240
洪都拉斯	3890	21397
加纳	5127	19754
斯里兰卡	3008	18263
安道尔	1709	18057
刚果(金)	652	17790
巴拉圭	3160	17345
阿曼	3893	15102
马里	2100	13834
毛里求斯	1459	13665
加蓬	2347	13660
土库曼斯坦	4232	12468
巴基斯坦	8163	10125
伊拉克	5381	8302
孟加拉国	364	6782
卢森堡	360	4600
玻利维亚	202	2755
刚果(布)	247	1362
柬埔寨	264	1328
毛里塔尼亚	267	935
塞舌尔	196	627
莫桑比克	620	620
萨摩亚	133	466
阿富汗	216	410
巴布亚新几内亚	116	348
利比亚	75	336
中国澳门	245	245
突尼斯	49	59
46021990 其他植物材料制篮筐等编结品;丝瓜络制品		
合计	13710719	118778138
美国	4704150	42027027
荷兰	1469632	9526506

（续表）

国家/地区	出口数量（千克）	出口金额（美元）
泰国	319385	9294418
德国	1124280	6601972
英国	1017049	6540106
日本	609095	5597983
加拿大	609160	5227076
意大利	530611	4771476
新加坡	164946	3229330
马来西亚	148158	2270358
西班牙	380693	2213941
法国	257573	2055173
墨西哥	139367	1825896
比利时	241878	1762277
瑞典	188874	1419291
波兰	217652	1387218
南非	95015	1224196
俄罗斯	140729	1210364
澳大利亚	173982	1192011
丹麦	87581	1079778
韩国	146759	1048125
中国香港	50961	878982
以色列	131555	800790
希腊	98061	570561
阿联酋	66264	467275
爱尔兰	43258	442308
菲律宾	42556	352874
芬兰	40071	340619
土耳其	69141	333342
印度	12623	209246
巴西	22893	208110
捷克	18907	192991
新西兰	39186	190609
科威特	17145	186934
中国台湾	15931	186923
智利	16339	163282
乌克兰	19511	138607
葡萄牙	16917	126000
瑞士	26757	123391
哥斯达黎加	27159	121918
沙特阿拉伯	12796	105636
巴拿马	3472	91148
乌拉圭	10714	88921
挪威	11040	84916
斯洛文尼亚	21879	78827
越南	4828	63364

（续表）

国家/地区	出口数量（千克）	出口金额（美元）
阿根廷	8638	59290
摩洛哥	3640	54021
卡塔尔	7545	48455
罗马尼亚	7229	44998
伊朗	4227	42917
拉脱维亚	4132	37981
保加利亚	5861	35263
波多黎各	1573	34974
印度尼西亚	4680	33519
奥地利	5352	29527
黎巴嫩	6103	28483
尼日利亚	500	26000
中国澳门	6013	25803
立陶宛	2549	23942
利比亚	4270	20125
塞浦路斯	2617	19538
匈牙利	2503	16636
埃及	3126	14928
斯洛伐克	2616	12632
留尼汪	2168	11683
厄瓜多尔	1319	10341
秘鲁	809	9711
约旦	868	8569
克罗地亚	1930	8473
哥伦比亚	1177	7071
加纳	1318	5864
马耳他	797	4923
阿曼	401	4569
科特迪瓦	902	3912
贝宁	519	3871
多米尼加	631	3717
肯尼亚	240	3304
毛里求斯	167	2989
塞内加尔	603	2873
斯里兰卡	660	2276
多哥	450	2031
喀麦隆	331	1783
刚果（金）	369	1710
波黑	175	1700
加蓬	341	1688
赞比亚	295	1526
刚果（布）	308	1444
巴林	140	1440
牙买加	161	1260

（续表）

国家/地区	出口数量（千克）	出口金额（美元）
塞尔维亚	150	1104
格鲁吉亚	320	1088
巴基斯坦	1385	1049
突尼斯	765	790
孟加拉国	42	638
阿尔巴尼亚	137	612
阿尔及利亚	91	485
萨尔瓦多	254	467
坦桑尼亚	78	459
伊拉克	148	408
文莱	85	330
乌兹别克斯坦	8	251
危地马拉	159	225
洪都拉斯	146	196
委内瑞拉	17	57
柬埔寨	120	46
缅甸	2	46
尼加拉瓜	26	31
47063000 其他纤维状纤维素竹浆		
合计	2706910	2840915
德国	1323940	1308065
澳大利亚	320000	301600
日本	230720	275332
美国	209600	262489
印度	82000	122307
比利时	100000	107790
土耳其	82700	95642
中国台湾	92750	89482
英国	80000	76000
韩国	62560	74406
波兰	46000	50588
斯洛文尼亚	24640	29814
菲律宾	32000	28800
意大利	20000	18600
48236100 竹浆纸或纸板制的盘、碟、盆、杯及类似品		
合计	3401517	11165270
美国	1974739	4974298
荷兰	443434	1708297
德国	116702	766455
加拿大	128301	562839
澳大利亚	111326	503149
英国	38784	236182
中国香港	61886	229370

(续表)

国家/地区	出口数量(千克)	出口金额(美元)
比利时	33232	201663
沙特阿拉伯	76138	187594
新加坡	22402	151020
日本	28640	144359
俄罗斯	23054	111314
新西兰	20941	100304
智利	16706	91358
加纳	16360	88538
中国台湾	17402	85928
菲律宾	16887	81638
越南	18532	68864
希腊	19048	59290
坦桑尼亚	20872	57398
爱尔兰	7291	52310
韩国	10780	51507
法国	12684	50609
以色列	13393	47214
南非	9902	45846
阿尔及利亚	11492	45591
保加利亚	4461	41500
印度	9005	36677
泰国	10876	35363
马来西亚	9592	32496
西班牙	9946	29633
挪威	8113	28096
阿联酋	7112	23275
塔吉克斯坦	7290	22165
瑞士	2372	20026
刚果(金)	4892	15654
利比亚	2804	15179
波兰	2068	13762
尼日利亚	7060	12708
爱沙尼亚	2215	12317
巴西	4116	12293
肯尼亚	2482	10331
意大利	1521	8439
哈萨克斯坦	1055	8290
牙买加	2250	7974
巴基斯坦	4090	7902
丹麦	1545	7063
朝鲜	6200	6294
马尔代夫	1840	6059
奥地利	1002	5000
瑞典	320	4514

(续表)

国家/地区	出口数量(千克)	出口金额(美元)
蒙古	5893	4361
苏丹	821	4167
刚果(布)	1200	3960
留尼汪	546	3402
巴林	685	3185
摩洛哥	943	2694
黎巴嫩	578	2293
科特迪瓦	450	2250
科威特	418	1824
缅甸	387	1581
柬埔寨	254	1365
约旦	406	1350
伊朗	1425	1189
斯里兰卡	260	1059
大洋洲其他国家(地区)	700	1050
危地马拉	510	1020
喀麦隆	110	606
吉布提	220	594
巴拿马	64	320
乌拉圭	61	209
冈比亚	6	200
乌克兰	37	133
克罗地亚	137	120
中国澳门	90	90
印度尼西亚	16	70
冰岛	69	68
土耳其	30	66
毛里求斯	40	60
赞比亚	5	20
卡塔尔	1	17
埃及	0	2
94015200 竹制的坐具		
合计	717115	11839223
美国	234309	4130011
澳大利亚	130060	1364478
韩国	34248	787942
丹麦	25851	650677
德国	48610	638112
法国	25730	464842
波兰	34382	426493
比利时	21999	355972
西班牙	18033	326950
斯洛文尼亚	15062	308018

(续表)

国家/地区	出口数量(千克)	出口金额(美元)
挪威	3642	303023
荷兰	14562	261063
马来西亚	4046	230917
加拿大	12406	212408
英国	13234	189769
中国台湾	11320	157128
新西兰	12879	116710
瑞典	10802	116491
以色列	5084	79625
俄罗斯	2419	64853
阿根廷	3163	58289
中国香港	2521	58071
日本	3562	54881
墨西哥	3145	53335
意大利	3864	49524
新加坡	2283	46725
智利	2636	42502
泰国	1888	41572
巴西	2188	39172
南非	572	32989
芬兰	362	27150
克罗地亚	1624	24967
奥地利	1207	20433
沙特阿拉伯	2895	16857
厄瓜多尔	1309	14446
印度	1156	13969
阿尔及利亚	800	10900
黎巴嫩	610	9462
越南	250	7000
菲律宾	311	4031
约旦	20	4019
安哥拉	218	3130
葡萄牙	450	2625
阿联酋	152	2618
保加利亚	160	2410
爱尔兰	100	2237
巴拿马	1	2025
朝鲜	40	2000
印度尼西亚	214	1796
洪都拉斯	375	975
中国澳门	24	927
利比亚	200	800
乌拉圭	65	780
科威特	16	558

（续表）

国家/地区	出口数量（千克）	出口金额（美元）
津巴布韦	6	252
孟加拉国	44	154
土耳其	2	100
特立尼达和多巴哥	4	60
94015300 藤制的坐具		
合计	64833	6569508
波兰	7209	1980980
意大利	3105	718623
美国	21476	667897
以色列	1309	337445
丹麦	1867	311838
西班牙	4861	237075
荷兰	1502	236981
新加坡	1723	228571
加拿大	1211	217945
韩国	3457	190374
澳大利亚	4014	185402
土耳其	460	156400
爱沙尼亚	552	143520
比利时	430	102328
俄罗斯	400	101070
德国	835	80469
挪威	310	62217
泰国	1220	53482
新西兰	706	52882
法国	156	42270
拉脱维亚	123	41820
立陶宛	116	41760
塞尔维亚	109	39240
马来西亚	963	38630
中国香港	1063	37845
日本	865	35613
中国台湾	705	26191
巴巴多斯	153	23409
朝鲜	524	23259
南非	47	16260
牙买加	68	16179
科特迪瓦	30	12600
中国澳门	449	12525
哈萨克斯坦	581	9851
英国	253	7775
尼日利亚	46	7129
印度	73	6794
巴拿马	197	5346

（续表）

国家/地区	出口数量（千克）	出口金额（美元）
乌兹别克斯坦	10	5311
加纳	13	4875
芬兰	150	4800
黎巴嫩	39	4485
巴西	60	4345
安哥拉	10	3750
吉尔吉斯斯坦	92	3680
希腊	152	3040
葡萄牙	60	2884
印度尼西亚	56	2554
厄瓜多尔	20	2503
留尼汪	271	1929
卡塔尔	25	1517
墨西哥	77	1489
吉布提	190	1280
越南	30	1151
索马里	3	1125
菲律宾	31	1083
白俄罗斯	5	887
刚果(金)	2	874
哥斯达黎加	63	630
马达加斯加	30	600
圣卢西亚	60	600
秘鲁	5	510
科威特	16	498
哥伦比亚	29	437
阿根廷	42	430
阿联酋	11	396
肯尼亚	22	374
波多黎各	12	260
乌拉圭	3	240
伊朗	20	192
利比亚	36	173
瑞典	6	160
斐济	7	150
赤道几内亚	1	131
塔吉克斯坦	2	80
马尔代夫	2	50
捷克	2	40
94015900 柳条及其他类似材料制的坐具		
合计	71013	9216872
波兰	18462	4393567
意大利	7090	849766
以色列	3214	733177

（续表）

国家/地区	出口数量（千克）	出口金额（美元）
俄罗斯	2365	612301
立陶宛	1852	306261
西班牙	2213	303271
澳大利亚	2647	280107
韩国	8161	223099
荷兰	1917	190969
比利时	659	133395
阿根廷	491	114713
爱沙尼亚	547	113605
德国	2853	108359
阿联酋	365	76405
拉脱维亚	396	73943
南非	319	70518
巴林	206	64748
突尼斯	466	60114
乌拉圭	1396	57325
捷克	231	52994
塞尔维亚	235	50525
美国	3435	48955
瑞典	120	41152
英国	694	39359
尼日利亚	127	34629
罗马尼亚	165	21285
中国台湾	1242	19962
希腊	166	19588
马来西亚	2608	19021
新加坡	998	16211
摩洛哥	127	14605
法国	838	13154
泰国	720	12005
匈牙利	1050	11853
葡萄牙	1080	11700
乌克兰	860	7376
中国香港	348	5716
印度尼西亚	180	2664
沙特阿拉伯	60	2555
吉布提	10	1556
中国澳门	34	1020
印度	14	1012
哈萨克斯坦	5	1000
特立尼达和多巴哥	40	800
克罗地亚	5	500
科威特	2	32
94038200 竹制家具		

(续表)

国家/地区	出口数量(千克)	出口金额(美元)
合计	7239809	105214675
美国	2110375	36179424
德国	963422	13755329
澳大利亚	622685	6736530
法国	406609	5264405
荷兰	402280	4710138
英国	308268	3982684
韩国	266444	3948649
意大利	313823	3755814
日本	135712	2801088
丹麦	121760	2540616
波兰	158296	2416566
西班牙	167032	2257858
瑞典	151637	2163460
比利时	151032	1908879
加拿大	78074	1212125
中国台湾	63238	1145403
新西兰	96314	976987
马来西亚	15125	890634
沙特阿拉伯	68524	840175
墨西哥	59122	757080
奥地利	44959	696454
新加坡	43382	543305
中国香港	22157	532154
泰国	30525	515416
俄罗斯	45334	475179
智利	41237	401912
阿联酋	29645	368661
以色列	32712	364828
阿根廷	28669	342751
巴西	43769	342428
印度	20686	301365
葡萄牙	21419	201287
菲律宾	8808	156494
南非	26039	137015
芬兰	6336	125090
孟加拉国	19628	117529
瑞士	7767	113504
土耳其	32081	86070
斯洛文尼亚	2545	82329
挪威	2410	66205
哈萨克斯坦	2861	54846
希腊	3036	52401
印度尼西亚	5346	51792

(续表)

国家/地区	出口数量(千克)	出口金额(美元)
巴拿马	1699	49782
科威特	2767	48525
秘鲁	4300	43708
捷克	4425	39188
塞内加尔	2274	35969
特克斯和凯科斯群岛	119	35370
乌克兰	3133	30134
卡塔尔	3009	29962
留尼汪	2678	29897
摩洛哥	2300	28038
爱沙尼亚	1852	26503
爱尔兰	1103	24737
科特迪瓦	1535	23166
多米尼加	957	21904
哥斯达黎加	880	20963
安哥拉	1204	20424
伊拉克	2288	20339
加纳	1180	19431
克罗地亚	2300	17979
中国澳门	513	17606
波多黎各	1458	17350
喀麦隆	1115	16585
哥伦比亚	1303	14875
阿尔巴尼亚	1286	14532
约旦	898	14438
厄瓜多尔	498	13158
立陶宛	592	12769
罗马尼亚	2077	12111
刚果(金)	757	11921
冰岛	98	11547
阿尔及利亚	634	11200
洪都拉斯	450	10313
加蓬	630	10293
匈牙利	904	9791
乌拉圭	548	9387
拉脱维亚	1000	9200
刚果(布)	570	9192
赞比亚	570	9192
黎巴嫩	185	7712
斐济	852	5783
特立尼达和多巴哥	142	5640
玻利维亚	140	4225
伊朗	228	3658
保加利亚	45	2160

(续表)

国家/地区	出口数量(千克)	出口金额(美元)
利比亚	72	2160
尼日利亚	360	1980
坦桑尼亚	102	1521
格鲁吉亚	286	1486
多哥	92	1337
牙买加	100	1000
阿曼	48	696
瓜德罗普	39	468
新喀里多尼亚	16	178
摩尔多瓦	37	111
莫桑比克	30	90
文莱	1	48
贝宁	3	46
朝鲜	4	38
94038300 藤制家具		
合计	34029	1195946
美国	7466	319843
韩国	6721	198185
新加坡	3425	152210
澳大利亚	5546	149262
法国	345	68045
中国香港	1493	33222
日本	532	32051
泰国	1377	31020
加拿大	175	30370
马来西亚	1649	30328
中国台湾	1309	26810
索马里	250	25000
俄罗斯	124	15870
印度	195	10120
巴巴多斯	56	9210
南非	150	9000
新西兰	423	7690
科威特	400	7602
土耳其	202	5226
以色列	347	4983
印度尼西亚	307	4785
荷兰	440	4521
突尼斯	120	3360
葡萄牙	360	2750
朝鲜	79	2203
墨西哥	100	1456
中国澳门	28	1340
尼日利亚	13	1274

（续表）

国家/地区	出口数量（千克）	出口金额（美元）
巴拿马	36	1008
卡塔尔	14	978
越南	46	859
巴基斯坦	60	780
阿尔及利亚	45	724
苏里南	45	648
沙特阿拉伯	40	620
圣卢西亚	20	500
莫桑比克	4	392
智利	30	300
保加利亚	24	287
乌兹别克斯坦	3	272
阿联酋	3	265
哥伦比亚	15	115
肯尼亚	4	108
秘鲁	1	90
西班牙	2	75
乌拉圭	1	60
菲律宾	2	56
捷克	1	50
希腊	1	23
94038910 柳条及类似材料制家具		
合计	90649	3532970
美国	25024	1009108
德国	18041	908827
英国	19838	702908
波兰	4042	257756
加拿大	1465	164342
荷兰	2772	142420
比利时	3138	125639
意大利	2908	63932
法国	10080	53021
墨西哥	174	35633
希腊	375	18401
西班牙	1070	16551
科威特	640	9100
马耳他	23	6840
巴基斯坦	40	6374
沙特阿拉伯	275	3300
立陶宛	203	2132
新西兰	131	2083
泰国	220	1852
黎巴嫩	170	1170
哈萨克斯坦	5	1000

（续表）

国家/地区	出口数量（千克）	出口金额（美元）
乌兹别克斯坦	4	215
新加坡	2	160
澳大利亚	8	121
克罗地亚	1	85

表 18　竹藤进口量值表

国家/地区	进口数量（千克）	进口金额（美元）
14011000 竹		
合计	11648101	844555
缅甸	11084230	496399
中国台湾	325333	204958
印度尼西亚	128997	60342
越南	84095	52624
中国	13000	9787
埃塞俄比亚	7500	8890
日本	3938	8572
韩国	812	1800
意大利	48	439
西班牙	132	431
印度	16	313
14012000 藤		
合计	15787696	15691863
马来西亚	10485748	11399515
菲律宾	3316021	3262814
缅甸	1244640	491183
新加坡	190957	255748
巴布亚新几内亚	404490	145354
印度尼西亚	145840	137249
44021000 竹炭，不论是否结块		
合计	62203	668983
越南	33150	401674
中国台湾	3479	140915
韩国	4116	108435
日本	165	12514
古巴	20797	3235
中国	496	2210
44092110 任何一边、端或面制成连续形状的竹地板条块		
合计	141	1076
中国香港	116	517
中国	24	453
危地马拉	1	106

（续表）

国家/地区	进口数量（千克）	进口金额（美元）
44092190 其他任何一边、端或面制成连续形状的竹材		
合计	35353	134762
中国	32250	77469
葡萄牙	3103	57293
44187320 其他竹制多层已装拼的地板		
合计	41970	64916
中国	41970	64916
44191100 竹制切面包板、砧板及类似板		
合计	27940	64119
中国	27226	59379
德国	134	1259
意大利	97	942
印度尼西亚	392	706
瑞典	7	590
中国台湾	8	298
日本	15	261
荷兰	30	237
美国	10	178
马来西亚	13	155
英国	3	50
西班牙	5	35
突尼斯	0	29
44191210 竹制一次性筷子		
合计	11624	91819
中国	9511	62735
日本	1011	24846
美国	243	1672
中国台湾	24	1451
泰国	606	351
荷兰	118	288
德国	77	241
印度尼西亚	22	150
马来西亚	12	85
44191290 其他竹制筷子		
合计	13691	619301
中国台湾	5587	386476
日本	3961	189691
中国	3617	35258
印度尼西亚	510	7659
德国	4	129
美国	0	63
越南	1	20
韩国	11	5

(续表)

国家/地区	进口数量（千克）	进口金额（美元）
44191900 其他竹制餐具及厨房用具		
合计	203632	1099523
越南	189503	969368
中国	10059	69299
日本	586	16111
中国台湾	1608	15098
英国	192	14741
美国	148	4932
捷克	1143	4514
德国	74	1654
加拿大	46	1202
丹麦	21	900
法国	0	410
韩国	88	406
国别(地区)不详	1	261
印度尼西亚	15	237
以色列	10	115
新西兰	8	98
斯里兰卡	120	52
印度	0	44
阿联酋	8	40
缅甸	1	30
意大利	1	11
44201012 竹刻		
合计	149	838
日本	35	803
印度尼西亚	114	35
44219110 竹制圆签、圆棒、冰果棒、压舌片及类似一次性制品		
合计	44060	68437
中国	26702	41513
中国台湾	14355	10079
泰国	1561	9579
中国香港	719	3161
日本	242	2163
韩国	274	722
美国	97	507
印度尼西亚	65	276
阿联酋	41	233
西班牙	4	192
德国	0	12
44219190 未列名竹制品		
合计	13471	287939
中国	12518	263336

(续表)

国家/地区	进口数量（千克）	进口金额（美元）
日本	354	12768
中国台湾	82	5691
印度尼西亚	389	1869
西班牙	50	1125
印度	26	1034
美国	16	720
危地马拉	7	370
泰国	10	301
厄瓜多尔	0	180
意大利	5	170
越南	8	134
德国	2	114
丹麦	1	109
英国	0	11
立陶宛	2	5
挪威	1	2
46012100 竹制的席子、席料及帘子		
合计	12655	47884
越南	8104	34656
中国	3300	7911
日本	282	3818
中国台湾	657	801
美国	312	698
46012200 藤制的席子、席料及帘子		
合计	17290	33271
印度尼西亚	17205	31844
日本	82	1377
泰国	3	50
46012911 灯心草属材料制的席子、席料及帘子		
合计	12425	120903
日本	4925	93903
中国	7500	27000
46012919 其他草制的席子、席料及帘子		
合计	601820	1134072
越南	599377	1107923
日本	1180	13660
朝鲜	1000	6000
菲律宾	135	4200
丹麦	2	1186
马达加斯加	126	1103
46012921 苇帘		
合计	8735	7004
韩国	8730	6984

(续表)

国家/地区	进口数量（千克）	进口金额（美元）
日本	5	20
46012929 芦苇制的席子、席料		
合计	300	1860
朝鲜	294	1850
日本	6	10
46012990 其他植物材料制的席子、席料及帘子		
合计	14035	108500
越南	12298	91799
美国	824	8130
菲律宾	457	6041
韩国	438	1396
奥地利	18	1134
46019210 竹制的缏条及类似产品，不论是否缝合成宽条		
合计	23	442
中国台湾	15	354
日本	8	88
46019290 竹制其他平行连结或编结的产品		
合计	9274	65622
意大利	1117	37706
中国	7744	24447
越南	400	2872
中国台湾	12	452
德国	1	145
46019310 藤制的缏条及类似产品，不论是否缝合成宽条		
合计	20	262
缅甸	12	196
中国	0	40
意大利	8	26
46019390 藤制其他平行连结或编结的产品		
合计	18655	30506
菲律宾	17860	21481
缅甸	400	6904
意大利	128	1626
日本	189	363
中国	2	105
印度尼西亚	76	27
46019491 未列名植物编结材料编成的缏条及类似产品		
合计	906748	957972
越南	714081	652006
朝鲜	192507	303397

（续表）

国家/地区	进口数量（千克）	进口金额（美元）
日本	160	2489
中国	0	80
46019499 未列名植物编结材料制其他平行连结或编结品		
合计	28269	45370
马达加斯加	2665	16903
印度尼西亚	18089	15799
越南	7278	10383
印度	164	1483
孟加拉国	64	349
西班牙	0	315
泰国	8	72
菲律宾	1	66
46021100 竹制篮筐及其他编结品		
合计	57593	857023
越南	46266	449458
日本	3378	232914
中国	924	55001
泰国	1697	40360
中国台湾	2011	22002
印度	300	11571
印度尼西亚	983	11539
美国	550	10408
意大利	36	5773
德国	338	4797
菲律宾	19	4342
孟加拉国	573	1626
马达加斯加	11	1327
丹麦	45	1168
秘鲁	2	883
摩洛哥	3	856
厄瓜多尔	5	805
尼泊尔	288	458
法国	2	388
比利时	94	247
委内瑞拉	1	241
国别(地区)不详	1	205
格鲁吉亚	2	177
希腊	19	131
英国	1	104
韩国	26	85
西班牙	1	45
加拿大	9	38
哥伦比亚	1	36

（续表）

国家/地区	进口数量（千克）	进口金额（美元）
文莱	5	26
荷兰	2	12
46021200 藤制篮筐及其他编结品		
合计	307971	2578536
印度尼西亚	177898	1129115
越南	104843	1112702
菲律宾	13134	118751
缅甸	6069	65652
中国	2909	63264
意大利	93	29763
泰国	623	24892
摩洛哥	796	8094
印度	742	4029
西班牙	111	3822
德国	61	3503
芬兰	62	3355
马来西亚	97	2947
日本	100	1939
英国	34	1633
法国	36	1450
孟加拉国	230	1085
柬埔寨	80	948
瑞士	0	382
丹麦	6	284
哥伦比亚	0	278
比利时	12	238
秘鲁	1	172
塞内加尔	26	132
美国	1	50
新加坡	6	33
奥地利	1	23
46021910 草制篮筐及其他编结品		
合计	290579	2323442
越南	243587	1873580
朝鲜	37225	214632
菲律宾	1102	57166
印度尼西亚	977	32799
南非	885	21236
中国	797	21010
孟加拉国	2065	13524
摩洛哥	426	11496
印度	556	11468
加纳	54	10527
美国	138	7995

（续表）

国家/地区	进口数量（千克）	进口金额（美元）
日本	404	7590
意大利	11	5945
西班牙	13	5782
厄瓜多尔	25	4445
哥伦比亚	5	4357
塞内加尔	493	3616
秘鲁	10	3586
泰国	880	3554
布基纳法索	160	3417
马达加斯加	545	3181
英国	17	1042
马来西亚	6	375
德国	170	285
比利时	4	261
法国	1	250
巴西	1	144
墨西哥	0	88
尼泊尔	22	76
中国香港	0	15
46021930 柳条制篮筐及其他编结品		
合计	61185	278627
朝鲜	60008	142692
法国	91	67960
中国	932	49582
意大利	14	12292
菲律宾	12	4559
韩国	6	337
印度尼西亚	14	319
摩洛哥	97	270
日本	8	232
德国	1	216
国别(地区)不详	2	133
美国	0	35
46021990 其他植物材料制篮筐等编结品；丝瓜络制品		
合计	225448	1908660
越南	123709	1038381
西班牙	1363	243039
印度	33535	200070
中国	6026	96578
印度尼西亚	5028	70953
坦桑尼亚	30507	55997
孟加拉国	6399	39809
肯尼亚	528	29138

(续表)

国家/地区	进口数量（千克）	进口金额（美元）
菲律宾	3429	24637
朝鲜	5407	23955
意大利	22	20615
法国	14	15806
巴基斯坦	3562	14967
日本	4855	11502
泰国	235	7318
韩国	2	6279
美国	51	2676
墨西哥	158	1346
斯里兰卡	280	1240
南非	118	1239
德国	158	971
津巴布韦	6	407
马达加斯加	0	389
比利时	31	365
摩洛哥	10	277
哥伦比亚	4	266
纳米比亚	1	207
葡萄牙	2	94
文莱	7	70
中国台湾	1	69
48236100 竹浆纸或纸板制的盘、碟、盆、杯及类似品		
合计	32458	15762
韩国	31994	10335
荷兰	195	2903
中国	32	888
意大利	62	652
日本	50	276
德国	39	223
马来西亚	65	208
泰国	21	188
越南	0	89
47063000 其他纤维状纤维素竹浆		
合计	137	117
美国	136	115
中国	1	2
94015200 竹制的坐具		

(续表)

国家/地区	进口数量（千克）	进口金额（美元）
合计	62168	454914
越南	19171	337785
尼泊尔	42946	98835
日本	15	13582
意大利	10	3222
澳大利亚	10	660
泰国	12	490
比利时	2	313
法国	1	15
中国台湾	1	12
94015300 藤制的坐具		
合计	56303	2093247
印度尼西亚	51769	1749966
越南	3734	130096
菲律宾	472	117808
中国	24	21761
意大利	29	19648
日本	6	13870
丹麦	72	13785
波兰	1	6013
德国	7	4165
南非	54	4087
美国	10	3009
印度	9	1659
中国台湾	11	1603
西班牙	25	1287
英国	18	1101
缅甸	24	1080
瑞典	4	730
荷兰	11	538
法国	19	526
泰国	2	320
澳大利亚	2	195
94015900 柳条及其他类似材料制的坐具		
合计	31203	461956
越南	30872	397747
意大利	166	42332
荷兰	64	8052
泰国	18	5623

(续表)

国家/地区	进口数量（千克）	进口金额（美元）
菲律宾	39	4531
印度尼西亚	26	1667
中国	11	997
波兰	5	880
法国	1	67
南非	1	60
94038200 竹制家具		
合计	2690	79711
印度尼西亚	2457	56727
泰国	1	6609
中国	202	4592
意大利	3	3158
印度	1	2726
日本	8	2512
美国	3	2320
丹麦	12	717
德国	2	305
法国	1	45
94038300 藤制家具		
合计	37965	972751
印度尼西亚	15143	579375
越南	22462	303649
菲律宾	304	77673
意大利	10	8160
法国	9	1537
中国	3	807
泰国	3	600
缅甸	20	500
中国台湾	3	210
德国	4	146
日本	4	94
94038910 柳条及类似材料制家具		
合计	72	21563
意大利	4	17672
菲律宾	1	1971
中国	2	1217
印度	56	283
越南	5	216
丹麦	4	204